Hoffmann/Schmutterer
Parasitäre Krankheiten und Schädlinge
an landwirtschaftlichen Kulturpflanzen

Parasitäre Krankheiten und Schädlinge an landwirtschaftlichen Kulturpflanzen

Von

Prof. Dr. agr. habil. Günter Martin Hoffmann, Ordinarius,
Lehrstuhl für Phytopathologie,
Technische Universität München-Weihenstephan

Prof. Dr. phil. nat. Heinrich Schmutterer,
Gf. Direktor des Instituts für Phytopathologie
und Angewandte Zoologie,
Justus-Liebig-Universität Gießen

168 Farbfotos
93 Schwarzweißfotos
148 Zeichnungen

Verlag Eugen Ulmer Stuttgart

CIP-Kurztitelaufnahme der Deutschen Bibliothek

Hoffmann, Günter Martin:
Parasitäre Krankheiten und Schädlinge an landwirtschaftlichen Kulturpflanzen / von Günter Martin Hoffmann ; Heinrich Schmutterer. – Stuttgart : Ulmer, 1983.
ISBN 3-8001-3058-0

NE: Schmutterer, Heinrich:

Wollgrasweg 41, 7000 Stuttgart 70 (Hohenheim)
Printed in Germany
Einbandgestaltung: Alfred Krugmann
Satz und Druck: Laupp & Göbel, Tübingen
Bindung: Koch, Tübingen

Vorwort

Eine wesentliche Grundlage des Naturhaushaltes ist in den vielfältigen Regelkreisen auf der Basis synergistischer oder antagonistischer Beziehungen zwischen verschiedenen Lebewesen des Tier- und Pflanzenreiches zu sehen. Nahrungskonkurrenz und Parasitismus sind in allen Bereichen des Lebens anzutreffen und das Vorkommen von Parasiten, Schadtieren, Krankheitserregern und Schadpflanzen zeigt daher ein allgemeines biologisches Phänomen auf, welches seit frühester Zeit belegt ist und mit dem Übergang des Menschen zum Pflanzenanbau und seiner weiteren Entwicklung zunehmend an Bedeutung gewonnen hat. In früherer Zeit wirkten sich die Vielfalt der Nahrungspflanzen, die notgedrungen geringen Ansprüche an Quantität und Qualität der Ernteprodukte, in gewisser Weise kompensierend aus.
Die gegenwärtig oft beklagte Zunahme der Probleme mit Schaderregern und die wirtschaftlichen Folgen stehen in unmittelbarem Zusammenhang mit der zur Produktionsförderung notwendigen Weiterentwicklung der Anbautechnik, der Pflanzenernährung, der Einführung neuer Kulturpflanzen bzw. hochertragreicher Sorten. Auch die verbesserte Diagnose hat zur Erleichterung der Erkennung und Differenzierung von Schadursachen beigetragen.
Die fortlaufende Entwicklung in den Landnutzungs- und -bewirtschaftungssystemen war begleitet von zahlreichen Epidemien und Kalamitäten durch Krankheiten und Schädlinge. Die Bedrohung der Kulturpflanzen durch eine Vielzahl von Nahrungskonkurrenten, Pathogenen und Schadtieren existiert permanent. Realistische Schätzungen der weltweiten Ernteminderungen durch biotische Negativfaktoren deuten an, daß durch diese jährlich etwa ein Drittel der pflanzlichen Produktion verloren geht. Dieser für die Welternährungslage, sowie volks- und privatwirtschaftlich in hohem Maße nachteilige Verlust kann wesentlich gemindert werden, wenn die Schaderreger rechtzeitig erkannt werden können, ihre Biologie erforscht ist und Ansätze, Möglichkeiten und Verfahren erarbeitet sind, ihr Auftreten zu verhüten oder durch therapeutische, direkte Bekämpfungsmaßnahmen ihrer Massenentwicklung entgegenzutreten. Dies sollte mit möglichst geringen Nebenwirkungen auf die Umwelt erfolgen.
Mit dem vorliegenden Buch wird der Versuch unternommen, den derzeitigen Kenntnisstand in dem oben skizzierten Sinn zusammenzufassen. Die Stoffgliederung und Darstellung orientiert sich daher an der Kulturpflanze und den einzelnen Schaderregern. Dabei wird auf ihre Verbreitung und wirtschaftliche Bedeutung hingewiesen, eine auf die Diagnose abzielende Beschreibung der Schadsymptome gegeben, der Schaderreger in seiner Morphologie und Biologie charakterisiert und auf die ökologischen Bedingungen seines Auftretens eingegangen; weitere Abschnitte widmen sich dem Wirtspflanzenkreis, der genetischen Variabilität der Organismen und der Resistenzsituation bei den Wirtspflanzen. Bei den Schädlingen werden auch die wichtigsten natürlichen Antagonisten berücksichtigt. Diese biologischen Grundlagen bilden die Basis für Verhütungs- und Abwehrmaßnahmen pflanzenbaulicher, biologischer und chemischer Art, wobei je nach Gegebenheit die Verknüpfung verschiedener Möglichkeiten im Sinne des Konzepts des integrierten Pflanzenschutzes besonders eingehend angesprochen wird. Dabei gilt der Grundsatz, daß chemische Bekämpfungsmittel erst dann zur Anwendung kommen sollten, wenn andere Maßnahmen keinen Erfolg erwarten lassen. Auch mögliche negative Nebenwirkungen vor allem chemischer Maßnahmen finden gebührende Beachtung.
Auf allgemeine, einführende Kapitel in die Phytomedizin und in die Charakteristik der verschiedenen Schaderregergruppen ist verzichtet worden; auch die Herbologie und Unkrautbekämpfung wurden bewußt ausgeklammert, da hierüber einschlägige Werke vorliegen. Bezüglich der Literatur war aus Platzgründen eine Beschränkung auf wenige wichtige, hauptsächlich neuere Titel bei den einzelnen Schaderregern erforderlich. Die Einengung des Spektrums der be-

handelten Kulturpflanzen, d.h. unter anderem der Verzicht auf eine Berücksichtigung der Krankheiten und Schädlinge der Futtergräser, erfolgte ebenfalls aus Platzgründen. Wichtige polyphage Schädlinge wurden nur einmal bei der Kulturpflanze eingehend behandelt, an der sie in der Regel besonders bedeutsam sind. Aus Zweckmäßigkeitsgründen erfolgte hierbei auch eine Berücksichtigung ihrer Beziehungen zu anderen Nutzpflanzenarten und der an diesen möglichen Bekämpfung.

Die aufgeführten biologischen Fakten werden in der Regel ihre Gültigkeit über einen längeren Zeitraum hinweg behalten; das Gegenteil ist z.B. vor allem bei chemischen Bekämpfungsmaßnahmen der Fall. Aus einsichtigen Gründen war es deshalb auch nicht sinnvoll, alle bei der Abwehr eines Schaderregers verwendbaren Pflanzenbehandlungsmittel, für die im übrigen bevorzugt chemische Bezeichnungen verwendet wurden, zu berücksichtigen. Gerade in diesem Punkt sind subjektive Einflüsse bei der Auswahl nicht auszuschalten. Ein größerer Unsicherheitsfaktor ergibt sich auch bei der Nennung wirtschaftlicher Schadensschwellen, da diese keinen statischen, sondern unter dem Einfluß vieler Faktoren ausgesprochen dynamischen Charakter besitzen.

Auf speziellen Gebieten ist der heutige Kenntnisstand so breit und vertieft, daß die Übernahme vieler Einzelfakten, selbst bei Beschränkung auf die wichtigsten Kulturpflanzen und Schaderreger, den Rahmen eines Buches sprengen würde. Soweit sie zum Verständnis der Zusammenhänge notwendig erschienen, fanden sie Berücksichtigung; allerdings können die einzelnen Abhandlungen in sehr vertieften Fragen nicht das Studium von Spezialliteratur ersetzen.

Das Buch kann zur Orientierung über Krankheiten und Schädlinge dienen, soll Hilfestellung bei der Einarbeitung in spezielle Fragen vermitteln, zeichnet die Möglichkeiten des praktischen Pflanzenschutzes auf und bietet sich als Basis für das Studium über Krankheiten und Schädlinge im landwirtschaftlichen Pflanzenbau an. Es richtet sich daher an Studenten einschlägiger Fachdisziplinen, ermöglicht dem Fachkundigen eine Erweiterung der Kenntnisse, gibt dem praktischen Landwirt Hinweise auf heutige Möglichkeiten des Einsatzes von hygienischen und therapeutischen Maßnahmen und kann einem weiten Interessentenkreis Einblick in die besondere phytomedizinische Problematik der pflanzlichen Produktion geben.

Bezüglich der Nomenklatur der Schaderreger erfolgte bei den Bakterien und Pilzen eine enge Anlehnung an die vom Commonwealth Institute of Mycology (CIM) verwendeten wissenschaftlichen Namen, bei den Schädlingen an die vom Commonwealth Institute of Entomology (CIE) herausgegebene „Review of Applied Entomology".

Die Krankheiten mit Ausnahme der Virosen der Kartoffel und der einiger Leguminosen (Ackerbohne, *Phaseolus*-Bohne, Erbse) wurden vom erstgenannten, die restlichen Krankheiten und die Schädlinge vom zweitgenannten Autor bearbeitet. Falls die Fülle des Stoffes zu wesentlichen Lücken oder gar fehlerhaften Angaben geführt haben sollte, werden die Fachkollegen gebeten, die Autoren hierauf hinzuweisen.

Die Anordnung der Farbtafeln im Text und deren Reihenfolge ließ sich aus technischen Gründen nicht optimal gestalten. Dennoch sollte es dem Leser mit Hilfe der im Text vermerkten Seitenzahlen möglich sein, die gesuchten Abbildungen rasch aufzufinden. Ein Teil des farbigen Bildmaterials wurde uns von Kollegen bereitwillig zur Verfügung gestellt; ihnen gebührt unser Dank für diese wertvolle Unterstützung. Besondere Anerkennung gilt Mitarbeitern des Instituts für Phytopathologie und Angewandte Zoologie der Universität Gießen und des Lehrstuhls für Phytopathologie der TU München-Weihenstephan für die Hilfe bei der Fertigstellung der Manuskripte und bei Korrekturen. Es handelt sich im einzelnen um Frau Inge Kleinschmit (Gießen), Frau Karin Brandl und Frau Hildegund Mergans (Weihenstephan).

Die weitaus meisten sehr hochwertigen Strichzeichnungen der Schädlinge verdanken wir Herrn Oberamtsrat i.R. R. Gauß (Kirchzarten-Burg). Nachhaltige Unterstützung wurde den Verfassern auch durch Fachkollegen zuteil, die einzelne Kapitel des Buches einer kritischen Durchsicht unterzogen, vor allem den Herren Prof. Dr. F. Schütte (Braunschweig), Dr. J. Rößner (Gießen), Dr. W. Hunnius (München), Dr. P. Blaszyk und Dr. W. Schütz (Oldenburg).

Weihenstephan und Gießen, Dezember 1982

Die Verfasser

Inhaltsverzeichnis

Vorwort 5

1 **Getreide** 15

1.1 Viruskrankheiten. 15
1.1.1 Gelbverzwergung der Gerste . 15
1.1.2 Gerstenvergilbungsmosaik . . 16
1.1.3 Streifenmosaik der Gerste . . 17
1.1.4 Europäisches Streifenmosaik des Weizens 17
1.1.5 Sterile Verzwergung des Hafers 18
1.1.6 Weidelgrasmosaik 18
1.1.7 Queckenmosaik 19
1.1.8 Knaulgrasscheckung 19

1.2 Pilz- und Bakterienkrankheiten 20
1.2.1 Fusarium-Sämlings-, Fuß- und Ährenkrankheiten 20
1.2.2 Typhula-Fäule 24
1.2.3 Rhynchosporium-Blattfleckenkrankheit 26
1.2.4 Echter Mehltau. 28
1.2.5 Septoria-Blatt- und Ährenkrankheiten 33
1.2.6 Halmbruch-, Augenflecken- oder Medaillonfleckenkrankheit. 38
1.2.7 Scharfer Augenfleck, Spitzer Augenfleck 42
1.2.8 Schwarzbeinigkeit 43
1.2.9 Streifenkrankheit der Gerste . 46
1.2.10 Netzfleckenkrankheit der Gerste 51
1.2.11 Streifenkrankheit des Hafers . 53
1.2.12 Gelbrost 54
1.2.13 Braunrost des Weizens und des Roggens 58
1.2.14 Zwergrost der Gerste. 61
1.2.15 Schwarzrost 63
1.2.16 Haferkronenrost 69
1.2.17 Flugbrand des Weizens und der Gerste 71
1.2.18 Haferflugbrand 74
1.2.19 Steinbrand des Weizens . . . 75
1.2.20 Zwergsteinbrand. 78
1.2.21 Gerstenhartbrand, Gedeckter Gerstenbrand 81
1.2.22 Gerstenschwarzbrand 82
1.2.23 Brandkrankheiten von geringerer Bedeutung. 83
Gedeckter Haferbrand 83
Rispenbrand des Glatthafers . 83
Staubbrand der Kolbenhirse . 83
Trespenbrand 83
Streifenbrand der Gräser . . . 83
Streifenbrand des Weizens . . 83
Roggenstengelbrand 83
1.2.24 Drechslera-Wurzel-, Halm- und Blattkrankheit . . 84
1.2.25 Mutterkorn 85
1.2.26 Krankheiten von geringerer Bedeutung 87
Bakterielle Blattdürre des Hafers 87
Schwarzspelzigkeit. 87
Basale Spelzenfäule an Weizen und Gerste 87
Bakterielle Blattfleckenkrankheit an Hafer und Gerste . . . 87
Ascochyta-Blattdürrekrankheit. 87
Schwärzepilze 87
Federbuschsporenkrankheit . 88
Grauschimmelfäule 88
Pythium-Wurzelfäule. 88
Polymyxa-Wurzelfäule. . . . 88

1.3 Schädlinge 89
1.3.1 Nematoden 89
Wurzelläsionsnematoden, Läsionenälchen. 89
Stockälchen, Stengelälchen, Rübenkopfälchen 93
Weizenälchen, Weizengallenälchen 93
Gewöhnliches Getreidezystenälchen, Haferzystenälchen, Hafernematode. . . . 93

Schwedisches Getreidezystenälchen 97
Gramineen-Wurzelgallenälchen 97
1.3.2 Schnecken 97
Ackerschnecken 97
Farnschnecke 100
1.3.3 Weichhautmilben 100
Hafermilbe 100
1.3.4 Geradflügler 103
Maulwurfsgrille 103
1.3.5 Blasenfüßer, Thripse 104
Getreideblasenfüßer, Getreidethripse 104
Frühjahrs-Ackerblasenfuß . . 107
1.3.6 Wanzen 107
Gemeine Getreidewanze . . . 107
Mittlere Getreidespitzwanze . 107
Trübe Feldwanze 109
Wiesenwanze 109
1.3.7 Blattläuse 109
Getreideblattläuse 109
Hellgrüne Brombeerblattlaus . 116
1.3.8 Halmwespen 116
Getreidehalmwespe 116
1.3.9 Blattwespen 118
Getreideblattwespen 118
1.3.10 Käfer 121
Getreidelaufkäfer 121
Schnellkäfer 123
Salatschnellkäfer 127
Mausgrauer Sandschnellkäfer 127
Maikäfer 127
Getreidehähnchen 127
Gelbstreifiger Getreideerdfloh 130
1.3.11 Schmetterlinge 130
Getreidewickler und Ährenwickler 130
Queckeneule 132
Wintersaateule 134
Ausrufezeichen 137
Ypsiloneule 137
Weizeneule 137
1.3.12 Schnaken 137
Sumpfschnake 137
Kohlschnake 139
Herbstschnake 139
1.3.13 Haarmücken 140
Märzhaarmücken 140
1.3.14 Gallmücken 141
Hessenmücke, Hessenfliege . . 141
Sattelmücke 143
Weizengallmücken 146
1.3.15 Sumpffliegen 151
Gerstenminierfliege 151
1.3.16 Halmfliegen 151
Fritfliege 151
Gerstenfliege 157
Weizenhalmfliege, Gelbe Weizenhalmfliege 157
1.3.17 Blumenfliegen 159
Brachfliege 159
1.3.18 Vögel 161
Sperlinge 161
Saatkrähe 164
Aaskrähe 164
Dohle 164
Jagdfasan 165
Buchfink 165
Bergfink 165
Haustaube 165
Stockente 165
Graugans 166
Ringelgans 166
1.3.19 Säugetiere 166
Feldmaus 166
Schermaus, Große Wühlmaus 170
Hamster 170
Wildkaninchen 173
Hase, Feldhase 175
Maulwurf 175
Reh 175
Rothirsch 176
Damwild 176

2 Mais 177

2.1 Viruskrankheiten 177
2.1.1 Blattfleckigkeit 177
2.1.2 Rauhverzwergung 177
2.1.3 Europäisches Maismosaik . . 177

2.2 Pilzkrankheiten 177
2.2.1 Keimlingskrankheiten 177
2.2.2 Fusarium-Stengelfäule 178
2.2.3 Stengelfäuleerreger von geringerer Bedeutung 180
2.2.4 Fusarium-Kolbenfäule 181
2.2.5 Kolbenfäuleerreger von geringerer Bedeutung 182
2.2.6 Maisbeulenbrand 182
2.2.7 Kopfbrand 184
2.2.8 „Helminthosporium“-Blattfleckenkrankheit 185
2.2.9 Maisrost 188

2.3 Schädlinge 189
2.3.1 Nematoden 189
Wurzelläsionsnematoden, Läsionenälchen. 189
Rübenkopfälchen, Stockälchen, Stengelälchen. 189
Gewöhnliches Getreidezystenälchen, Haferzystenälchen, Hafernematode. . . . 189
2.3.2 Schnecken 189
Ackerschnecken 189
2.3.3 Blattläuse 189
Bleiche Getreideblattlaus . . . 189
Große Getreideblattlaus, Getreideblattlaus 189
Haferblattlaus 189
2.3.4 Käfer. 189
Schnellkäfer 189
Maikäfer. 189
2.3.5 Schmetterlinge 189
Ährenwickler. 189
Maiszünsler 189
Wintersaateule 193
Kartoffelbohrer 193
2.3.6 Schnaken. 193
Sumpfschnake 193
2.3.7 Halmfliegen 193
Fritfliege 193
2.3.8 Vögel 193
Jagdfasan 193
Haussperling und Feldsperling 194
Elster. 195
Eichelhäher 195
Aaskrähe. 195
2.3.9 Säugetiere 195
Wildschwein 195
Reh, Rothirsch und Damwild. 195

3 **Kartoffel** 197

3.1 Viruskrankheiten. 197
3.1.1 Blattrollkrankheit 197
3.1.2 Y-Virus-Mosaik 198
3.1.3 A-Virus-Mosaik 200
3.1.4 X-Virus-Mosaik 201
3.1.5 S-Viruskrankheit. 202
3.1.6 M-Virus-Mosaik 203
3.1.7 Stengelbunt oder Pfropfenbildung. 204
3.1.8 Bukettkrankheit 207
3.1.9 Büscheltriebkrankheit 208
3.1.10 Viruskrankheiten von geringerer Bedeutung. 208
Aucuba-Mosaik 208
Luzernemosaik-Virus 209
Latente Anden-Viruskrankheit. 210
ABC-Krankheit 210
Gurkenmosaik-Virus. 210
Rübenringflecken-Serotyp . . 210

3.2 Viroidkrankheiten 210
3.2.1 Spindelknollenkrankheit . . . 210

3.3 Von Mycoplasma-ähnlichen Organismen verursachte Krankheiten 211
3.3.1 Stolburkrankheit. 211

3.4 Bakterien- und Pilzkrankheiten 211
3.4.1 Schwarzbeinigkeit, Knollennaßfäule 211
3.4.2 Bakterienringfäule 214
3.4.3 Schleimkrankheit, Bakterielle Braunfäule 215
3.4.4 Kartoffelschorf. 216
3.4.5 Pulverschorf 218
3.4.6 Kartoffelkrebs 220
3.4.7 Kraut- und Knollenfäule . . . 226
3.4.8 Rhizoctonia- oder Wurzeltöterkrankheit 231
3.4.9 Trocken- und Weißfäule . . . 234
3.4.10 Phoma-Trockenfäule. 236
3.4.11 Dürrfleckenkrankheit 238
3.4.12 Verticillium-Welke. 240
3.4.13 Pilzkrankheiten von geringerer Bedeutung. 242
Sclerotinia-Stengelfäule . . . 242
Colletotrichum-Welke 242
Silberschorf 243
Tüpfelfleckenkrankheit . . . 243
Rotfäule 243
Wäßrige Wundfäule 243
Violette Wurzelfäule 243
Grauschimmel 243
Echter Mehltau. 243
Cercospora-Blattfleckenkrankheit. 243
Clonostachys-Knollenfäule. . 243
Hallimasch. 244

3.5 Schädlinge 244
3.5.1 Nematoden 244
Kartoffelzystenälchen, Kartoffelnematoden 244
Kartoffelkrätzeälchen 249
Nördliches Wurzelgallenälchen 250
Stoppelwurzelälchen 251
3.5.2 Milben 252
Gemeine Spinnmilbe 252
3.5.3 Wanzen 252
Grüne Futterwanze 252
Zweipunktige Wiesenwanze . 252
Wiesenwanze 252
Trübe Feldwanze 252
3.5.4 Zikaden 253
Zwergzikaden 253
3.5.5 Blattläuse 253
Grüne Pfirsichblattlaus 253
Kreuzdornblattlaus 259
Gurkenblattlaus 259
Grünstreifige Kartoffelblattlaus 260
Grünfleckige Kartoffelblattlaus 261
3.5.6 Käfer 261
Schnellkäfer 261
Maikäfer 261
Kartoffelkäfer 262
Kartoffelerdfloh 265
3.5.7 Schmetterlinge 265
Wintersaateule 265
Gammaeule 265
3.5.8 Haarmücken 266
Gartenhaarmücke 266
3.5.9 Säugetiere 266
Feldmaus 266

4 **Beta-Rüben** 267

4.1 Viruskrankheiten 267
4.1.1 Vergilbungskrankheit 267
4.1.2 Rübenmosaik 268
4.1.3 Wurzelbärtigkeit 269
4.1.4 Kräuselkrankheit 270
4.1.5 Rübenvirosen von geringerer Bedeutung 271
Verzwergung 271
Ringfleckigkeit 271
Gelbfleckigkeit der Zuckerrübe 271
Viröse Fleckigkeit 271
Beet cryptic virus 272
Rübengelbnetzvirus 272
Westliches Rübenvergilbungsvirus 272

4.2 Pilz- und Bakterienkrankheiten 272
4.2.1 Wurzelbrand 272
4.2.2 Cercospora-Blattfleckenkrankheit 274
4.2.3 Echter Mehltau 279
4.2.4 Rübenrost 280
4.2.5 Ramularia-Blattfleckenkrankheit 281
4.2.6 Krankheiten von geringerer Bedeutung 282
Falscher Mehltau 282
Pleospora-Blattfleckenkrankheit 282
Alternaria-Blattbräune 282
Wurzelkropf 283
Rübenschorf 283
Rotfäule 283
Mietenfäule 283

4.3 Schädlinge 284
4.3.1 Nematoden 284
Rübenkopfälchen, Stengelälchen, Stockälchen 284
Rübenzystenälchen, Rübennematode 287
4.3.2 Schnecken 290
Ackerschnecken 290
4.3.3 Tausendfüßer 290
Getüpfelter Tausendfuß . . . 290
4.3.4 Collembolen 291
Rübenspringschwänze, Rübencollembolen 291
4.3.5 Wanzen 293
Rübenblattwanze 293
Zweipunktige Wiesenwanze . 296
4.3.6 Blattläuse 296
Schwarze Rübenblattlaus, Schwarze Bohnenblattlaus . . 296
Mietenlaus 300
Grüne Pfirsichblattlaus 300
4.3.7 Käfer 300
Moosknopfkäfer 300
Maikäfer 303
Gartenlaubkäfer 307
Rübenaaskäfer 307
Rübenerdflöhe 311

Nebliger Schildkäfer 312
Goldstreifiger Schildkäfer . . 312
Rübenderbrüßler 312
Fingerkäfer 313
4.3.8 Schmetterlinge 313
Rübenmotte 313
Wintersaateule 315
Kohleule 315
Gammaeule 315
4.3.9 Blumenfliegen 317
Rübenfliege 317
4.3.10 Säugetiere 319
Waldmaus, Springmaus . . . 319
Wildkaninchen 321
Hase, Feldhase 321

5 **Cruciferen** 323

5.1 Viruskrankheiten 323
5.1.1 Wasserrüben- und Kohlrübenmosaik 323
5.1.2 Gelbmosaik der Wasser- und Kohlrübe 323
5.1.3 Blumenkohlmosaik 324
5.1.4 Kräuselkrankheit der Wasser- und Kohlrübe 324
5.1.5 Milde Vergilbung der Kohl- und Wasserrübe 324

5.2 Pilz- und Bakterienkrankheiten 324
5.2.1 Umfallkrankheiten, Schwarzbeinigkeit 324
5.2.2 Schwarzadrigkeit des Kohls . 325
5.2.3 Kohlhernie 325
5.2.4 Rapskrebs 330
5.2.5 Phoma-Wurzelhals- und Stengelfäule 331
5.2.6 Krankheiten von geringerer Bedeutung 333
Raps- und Kohlschwärze . . . 333
Botrytis-Stengelfäule 334
Falscher Mehltau 334
Echter Mehltau 334
Verticillium-Welke 335

5.3 Schädlinge 335
5.3.1 Nematoden 335
Wurzelläsionsnematoden . . . 335
Stockälchen 335
Kohlzystenälchen 335
Rübenzystenälchen 335
5.3.2 Schnecken 335
Ackerschnecken 335
Gartenwegschnecke 335
5.3.3 Tausendfüßer 336
Getüpfelter Tausendfuß . . . 336
5.3.4 Geradflügler 336
Maulwurfsgrille 336
5.3.5 Wanzen 336
Kohlwanzen 336
5.3.6 Blattläuse 336
Mehlige Kohlblattlaus 336
Grüne Pfirsichblattlaus 338
5.3.7 Blattwespen 338
Kohlrübenblattwespe, Rübsenblattwespe 338
5.3.8 Käfer 340
Maikäfer 340
Schnellkäfer 340
Rapsglanzkäfer 340
Hederich-Glanzkäfer 342
Großer Rapsstengelrüßler, Großer Kohltriebrüßler . . . 342
Gefleckter Kohltriebrüßler, Kleiner Kohltriebrüßler . . . 342
Kohlschotenrüßler 346
Schwarzer Kohltriebrüßler . . 348
Kohlgallenrüßler 348
Rapserdfloh 349
Kohlerdflöhe 351
5.3.9 Schmetterlinge 353
Kohlschabe, Kohlmotte, Schleiermotte 353
Kohlzünsler 355
Gammaeule 355
Kohleule 355
Gemüseeule 357
Wintersaateule 357
Großer Kohlweißling 357
Kleiner Kohlweißling 360
Rapsweißling 363
5.3.10 Schnaken 363
Sumpfschnake 363
5.3.11 Gallmücken 363
Kohldrehherzmücke 363
Kohlschotenmücke 365
5.3.12 Blumenfliegen 368
Kohlfliegen 368
5.3.13 Vögel 371
Ringeltaube 371
Hänfling 373
Grünfink 374
Sperlinge 374

5.3.14 Säugetiere 374
Feldmaus. 374
Wildkaninchen. 374
Hase, Feldhase 374

6 **Leguminosen. 375**

Klee und Luzerne. 375
6.1 Viruskrankheiten. 375
6.1.1 Luzernemosaik. 375
6.1.2 Rotkleeadernmosaik 375
6.1.3 Rotkleemosaik. 375
6.1.4 Rotkleescheckung 375
6.1.5 Weißkleemosaik 375

6.2 Durch Mycoplasma-ähnliche Organismen verursachte Krankheiten 376
6.2.1 Blütenvergrünung, Kleeverlaubung. 376

6.3 Pilzkrankheiten 376
6.3.1 Kleekrebs 376
6.3.2 Fusarium-Wurzelfäulekomplex 378
6.3.3 Echter Mehltau. 381
6.3.4 Kleestengelbrand. 382
6.3.5 Kleeschwärze. 383
6.3.6 Braunfleckenkrankheit an Klee, Blattschütte der Luzerne 384
6.3.7 Pseudopeziza-Blattfleckenkrankheit, Klappenschorf . . 385
6.3.8 Stengelschwärze der Luzerne . 386
6.3.9 Krankheiten von geringerer Bedeutung 387
Falscher Mehltau. 387
Blattbrand 387
Anthraknose 387
Falscher Mehltau der Luzerne 388
Verticillium-Welke an Luzerne 388
6.3.10 Verschiedene Rosterkrankungen an Kleearten 388
6.3.11 Luzernerost 388

6.4 Parasitische Samenpflanzen . 389
6.4.1 Kleeseide. 389

6.5 Schädlinge 389
6.5.1 Nematoden 389
Stockälchen 389
Kleezystenälchen 389
6.5.2 Schnecken 390
Ackerschnecken 390
6.5.3 Geradflügler 390
Gemeiner Ohrwurm 390
6.5.4 Wanzen 390
Trübe Feldwanze. 390
Wiesenwanze. 390
6.5.5 Blattläuse 390
Erbsenblattlaus. 390
6.5.6 Käfer. 390
Schnellkäfer 390
Maikäfer. 390
Luzerneblattnager 390
Kleespitzmäuschen. 392
Grünes Kleespitzmäuschen . . 393
Erbsenrüßler. 393
Bleigraues Kleespitzmäuschen 393
Luzernestengelrüßler. 394
Luzernerüßler 394
Gestreifter Blattrandkäfer, Linierter Blattrandkäfer . . . 396
6.5.7 Schmetterlinge 396
Wintersaateule. 396
Gammaeule 396
6.5.8 Schnaken. 396
Sumpfschnake 396
6.5.9 Gallmücken 396
Luzerneblütengallmücke . . . 396
Orangerote Luzernesproß-Gallmücke 398
Gelbe Luzernesproß-Gallmücke 398
6.5.10 Säugetiere 399
Feldmaus. 399
Wildkaninchen. 399

Gartenbohne, Phaseolus-Bohne 399

6.6 Viruskrankheiten. 399
6.6.1 Gelbmosaik der Gartenbohne 399
6.6.2 Gewöhnliches Mosaik der Gartenbohne. 400
6.6.3 Viruskrankheiten von geringerer Bedeutung. 401
Viröse Streifenfleckigkeit. . . 401
Ringfleckigkeit der Gartenbohne 402
Gelbfleckung. 402
Scheckung 402
Südliches Bohnenmosaik . . . 402

6.7 Pilz-und Bakterienkrankheiten 402
6.7.1 Fettfleckenkrankheit 402
6.7.2 Bohnenbrand. 404
6.7.3 Brennfleckenkrankheit 405
6.7.4 Sprüh- oder Braunfleckenkrankheit. 406
6.7.5 Bohnenrost. 408
6.7.6 Wurzelfäulen. 409
6.7.7 Pilzkrankheiten von geringerer Bedeutung. 409
Grauschimmelfäule 409
Sclerotinia-Fäule 409
Bohnenwelke. 409

6.8 Schädlinge 409
6.8.1 Nematoden 409
Stockälchen 409
6.8.2 Schnecken 409
Ackerschnecken 409
6.8.3 Tausendfüßer 409
Getüpfelter Tausendfuß . . . 409
6.8.4 Spinnmilben 409
Gemeine Spinnmilbe, Bohnenspinnenmilbe 409
6.8.5 Blattläuse 410
Schwarze Rübenblattlaus, Schwarze Bohnenblattlaus . . 410
6.8.6 Käfer. 410
Speisebohnenkäfer 410
6.8.7 Blumenfliegen 411
Bohnenfliege, Wurzelfliege . . 411
Haarfuß-Wurzelfliege 413

Erbse. 413

6.9 Viruskrankheiten. 413
6.9.1 Scharfes Adernmosaik 413
6.9.2 Gewöhnliches Erbsenmosaik . 415
6.9.3 Blattrollkrankheit 415
6.9.4 Viruskrankheiten von geringerer Bedeutung. 416
Frühe Bräune. 416
Blattrollmosaik. 417
Erbsenstauche 417
Nekrotische Stauchung. . . . 418
Erbsenwelke 418
Erbsennekrose 418
Braune Ringfleckigkeit 418
Luzernemosaik-Virus 418
Gurkenmosaik-Virus. 418
Rübenmosaik-Virus 418
Echtes Ackerbohnenmosaik-Virus. 418

6.10 Pilzkrankheiten 418
6.10.1 Aphanomyces-Wurzelfäule. . 418
6.10.2 Ascochyta-Fuß- und Brennfleckenkrankheiten. 419
6.10.3 Fusarium-Welke- und Fußkrankheiten 421
6.10.4 Falscher Mehltau. 422
6.10.5 Echter Mehltau. 424
6.10.6 Erbsenrost 425

6.11 Schädlinge 426
6.11.1 Nematoden 426
Stockälchen 426
Erbsenzystenälchen 426
6.11.2 Schnecken 427
Ackerschnecken 427
6.11.3 Blasenfüßer 427
Erbsenblasenfuß 427
Frühjahrs-Ackerblasenfuß, Früher Ackerthrips 428
6.11.4 Blattläuse 428
Erbsenblattlaus. 428
6.11.5 Käfer. 430
Schnellkäfer 430
Gestreifter Blattrandkäfer, Linierter Blattrandkäfer . . . 430
Großer Erbsenkäfer, Gemeiner Erbsenkäfer 432
6.11.6 Schmetterlinge 434
Erbsenwickler, Olivbrauner Erbsenwickler 434
6.11.7 Gallmücken 436
Erbsengallmücke. 436
6.11.8 Minierfliegen. 437
Erbsenminierfliege 437
6.11.9 Vögel 438
Sperlinge 438

Ackerbohne

6.12 Viruskrankheiten. 438
6.12.1 Blattrollkrankheit 438
6.12.2 Gewöhnliches Ackerbohnenmosaik 439
6.12.3 Enationenmosaik. 440
6.12.4 Viruskrankheiten von geringerer Bedeutung. 440
Samenverfärbung 440
Ackerbohnenwelke. 440
Echtes Ackerbohnenmosaik . 441
Scheckung 442
Luzernemosaik-Virus 442

6.13 Pilz- und Bakterienkrankheiten 442
6.13.1 Schokoladen- oder Braunfleckenkrankheit 442
6.13.2 Ackerbohnenrost. 443
6.13.3 Ascochyta-Brennfleckenkrankheit. 443
6.13.4 Bakterielle Schwarzbeinigkeit und Blattfleckenkrankheit . . 444

6.14 Schädlinge 444
6.14.1 Nematoden 444
Stockälchen 444
6.14.2 Blasenfüßer 444
Erbsenblasenfuß 444
Frühjahrs-Ackerblasenfuß, Früher Ackerthrips 444
6.14.3 Blattläuse 444
Wickenlaus. 444
Erbsenblattlaus. 445
Schwarze Rübenblattlaus, Schwarze Bohnenblattlaus . . 445
Erdnußblattlaus, Schwarze Wickenlaus. 445
6.14.4 Käfer. 445
Linierter Blattrandkäfer . . . 445
Ackerbohnenkäfer, Pferdebohnenkäfer 445
6.14.5 Minierfliegen. 447
Ackerbohnenminierfliege. . . 447

7 **Hopfen**. 449

7.1 Viruskrankheiten. 449
7.1.1 Hopfenmosaik 449
7.1.2 Mosaikchlorose 449
7.1.3 Nesselkrankheit 449
7.1.4 Ring- und Bandmosaik 449
7.1.5 Gelbnetzkrankheit 450

7.2 Pilzkrankheiten 450
7.2.1 Hopfenwelke. 450
7.2.2 Falscher Mehltau. 452
7.2.3 Echter Mehltau. 455

7.3 Schädlinge 456
7.3.1 Nematoden 456
Hopfenzystenälchen 456
7.3.2 Spinnmilben 457
Gemeine Spinnmilbe, Bohnenspinnmilbe, Hopfenspinnmilbe 457
7.3.3 Blattläuse 460
Hopfenblattlaus 460
7.3.4 Käfer. 462
Schnellkäfer 462
Maikäfer. 462
Luzernerüßler 462
7.3.5 Schmetterlinge 462
Schattenwickler 462
Maiszünsler 463
Kartoffelbohrer 463
7.3.6 Säugetiere 463
Reh 463

8 **Tabak** 465

8.1 Viruskrankheiten. 465
8.1.1 Tabakmosaik 465
8.1.2 Tabakrippenbräune 465
8.1.3 Tabakmauche 465
8.1.4 Viruskrankheiten von geringerer Bedeutung. 466
Gurkenmosaik-Virus. 466
Luzernemosaik-Virus 466
Tomatenbronzeflecken-Virus. 466
Kartoffel-X-Virus 466
Tabakringflecken-Virus . . . 466

8.2 Pilz- und Bakterienkrankheiten 466
8.2.1 Blauschimmelkrankheit . . . 466
8.2.2 Krankheiten von geringerer Bedeutung 467
Wildfeuerkrankheit 467
Tabak-Stengelfäule. 468
Wurzelbräune 468
Froschaugenkrankheit 468

8.3 Schädlinge 468
8.3.1 Nematoden 468
Stockälchen 468
Wurzelläsionsnematoden, Läsionenälchen. 468
8.3.2 Schnecken 468
Ackerschnecken 468
8.3.3 Blattläuse 468
Grüne Pfirsichblattlaus. . . . 468
8.3.4 Käfer. 469
Schnellkäfer 469
Maikäfer. 469
8.3.5 Schmetterlinge 469
Wintersaateule 469
Kohleule 469
Gammaeule 469

Bildquellen 471
Register 473

1 Getreide

1.1 Viruskrankheiten

1.1.1 Gelbverzwergung der Gerste (barley yellow dwarf)

Erreger
Gelbverzwergungs-Virus der Gerste, GeGVzV (barley yellow dwarf virus, BYDV)

Verbreitung, wirtschaftliche Bedeutung
Nachdem die Krankheit erstmals 1954 in Holland gefunden wurde, kann ihre heutige Verbreitung als weltweit betrachtet werden (Nordamerika, Europa, Asien, Australien, Afrika). Ertragsausfälle von 30 bis 40% sind bei Gerste und Weizen möglich; sie sollen 1959 in der Praxis in England bei Gerste und Hafer sogar 80% erreicht haben. Bei Frühinfektion wird die Kornzahl, bei Spätinfektion das Korngewicht reduziert. In der Bundesrepublik Deutschland wurde starker Befall insbesondere 1977, 1978 und 1982 an Wintergetreide festgestellt (Nordrhein-Westfalen, Hessen, Baden-Württemberg). Im Einzelfall war Umbruch angeraten.

Symptome
Das Krankheitsbild an Wintergerste wird bei Herbstinfektion ab April nesterweise sichtbar, an Sommergerste etwa ab Mitte Juni. Die Pflanzen zeigen goldgelbe bis orange Verfärbungen, die von der Blattspreite ausgehen und sich über die Ränder zur Basis hinziehen. Die Blätter stehen steif aufrecht, die Bestockung ist bei Sommergerste verstärkt (grasartiger Wuchs) und das Wachstum gehemmt (Farbtafel 1, S. 49). Das Wurzelsystem entwickelt sich nur gering und Schossen bzw. Ährenbildung können unterbleiben. Einzelne Blätter oder ganze Pflanzen sterben ab, der Bestand lichtet sich. Hafer reagiert zunächst mit Gelbverfärbung der Blattspitzen und anschließender Rotfärbung der Spreiten (Farbtafel 1); die Fahnenblätter laufen spitz aus, die Blattränder sind nach oben eingerollt. Die Blütenzahl ist reduziert und die Kornbildung unterbleibt häufig (Flissigkeit). Bei Winterweizen treten starke Wachstumsreduktionen, begleitet von Rotfärbung der Blätter, ein, die Ähren bleiben schmal. An Sommerweizen sind nur geringe Symptome zu erkennen; die Pflanzenhöhe ist um 20% reduziert, die Blätter zeigen Gelbfärbungen und Röte. Die sichere Erkennung der Krankheit wird erschwert durch die starke Abhängigkeit der Symptome vom Infektionszeitpunkt, der Sortenresistenz und dem Virusstamm. Die Prüfung der Boden- und Nährstoffverhältnisse kann Hinweise zur Abgrenzung von nichtparasitären Erscheinungen (Kälte, Staunässe, Trockenheit, Nährstoffmangel) ergeben. In Zweifelsfällen sollte eine Virusübertragung auf empfindliche Hafersorten erfolgen.

Eigenschaften, Wirtskreis, Übertragung
Die sphärischen Viruspartikeln (25 bis 30 nm) werden zirkulativ durch Blattläuse, aber nicht durch Samen oder Boden übertragen. Bisher wurden 18 Aphidenarten als Vektoren erkannt, von denen *Rhopalosiphum padi* (L.), *Sitobion avenae* (F.) und *Metopolophium dirhodum* (Wlk.) wegen weiter Verbreitung zu nennen sind (s. S. 109). Allgemein gefährden die Herbstläuse die Winterung und die Frühjahrsläuse das Sommergetreide; besonders *R. padi* kann im Oktober auf Getreide noch stärker anzutreffen sein. Die hohe Mobilität der Blattläuse in Verbindung mit der Persistenz des Virus kann zu rascher und relativ gleichmäßiger Ausbreitung im Feldbestand führen.

Es sind mehrere Virusstämme mit unterschiedlicher Pathogenität bekannt. Aufgrund der Vektor-Virus-Beziehung werden 5 Stämme des Gelbverzwergungsvirus unterschieden [RMV – *Rhopalosiphum maidis*; RPV – *R. padi*; MAV – *Sitobion (Macrosiphum) avenae*; PAV – *R. padi* + *S. avenae*; SGV – *Schizaphis graminum* (Rond.)]. Die von *R. padi* übertragenen Stämme führen bei Frühinfektion, die von *S. avenae* bei späterer Infektion zu den höchsten Verlusten.

Der Wirtspflanzenkreis umfaßt neben den vier Hauptgetreidearten Mais, Hirse und mehr als 100 weitere Gräserarten, darunter *Poa praten-*

sis, Dactylis glomerata, Bromus inermis, Phleum pratense, Lolium perenne, L. multiflorum, Agropyron repens, Agrostis spp. Das Virus führt bei diesen meist zu wenig auffälligen Symptomen; an Weidelgras tritt starke Verzwergung und eine Rotfärbung der Blätter ein; kranke Pflanzen werden überwachsen und sind schwer zu erkennen.
Ausdauernde Gräser besitzen große Bedeutung für die Epidemiologie, da sie als ständiges Reservoir dienen. Sie stellen die wichtigste Infektionsquelle für Wintergetreide im Herbst, insbesondere für Frühsaaten von Wintergerste dar. In Grünlandbeständen können 30% der Gräser infiziert sein, auf altem Grünland wurde ein Befall bis zu 70% nachgewiesen. Infektionen können auch von Ausfallgetreide und benachbarten Maisfeldern ausgehen. In Abhängigkeit von den Witterungsbedingungen und der Entwicklung der Vektorenpopulation unterliegt das Auftreten der Krankheit von Jahr zu Jahr großen Schwankungen. Höhere Tagesmitteltemperaturen im September/Oktober, Frühsaat, rasches Auflaufen der Herbstsaat, Windstille und stärkere Abwanderung der Vektoren von Mais und Grünflächen begünstigen die Infektionshäufigkeit.

Bekämpfung
In gefährdeten Lagen sollten zur Verhütung von Infektionen folgende Maßnahmen Beachtung finden: Vernichtung des Ausfallgetreides, Abmähen von grasbewachsenen Wegrainen, spätere Herbstsaat, Frühsaat im Frühjahr und Vermeidung von Reifeverzögerungen. Bei hoher Vektorenpopulation im Herbst oder Frühjahr kann der Einsatz von Insektiziden die Infektionen und Ernteverluste mindern. Zur Schonung von Nützlingen wird Pirimicarb (Pirimor) empfohlen (s. S. 115).

Literatur
HUTH, W., 1979: Die Getreidevirosen in der Bundesrepublik Deutschland. Nachr. Bl. Dtsch. Pfl. Schutzd. **31**, 53–55. – SLYKHUIS, J. T., 1976: Virus and virus-like diseases of cereal crops. Ann. Rev. Phytopath. **14**, 189–210. – SPAAR, D., SCHUMANN, K., SCHMELZER, K., 1972: Zur Situation des Auftretens von Getreidevirosen im europäischen Raum und mögliche Entwicklungstendenzen in der Deutschen Demokratischen Republik. Nachr. Bl. Pfl. Schutzd. Berlin **26**, 185–189. – STONER, W. N., 1976: Reaction of some grasses to barley yellow dwarf virus. Plant Disease Reporter, **60**, 593–596. – OPPITZ, K., 1970: Einfluß von Getreidevirosen auf Ertrag und Korneigenschaften von Gersten-, Weizen- und Hafersorten bei verschiedenen Infektionszeitpunkten. Zeitschr. Acker-, Pfl.bau **131**, 302–324.

1.1.2 Gerstenvergilbungsmosaik
(barley yellow mosaic)

Erreger
Gerstenvergilbungsmosaik-Virus, GeVMV (barley yellow mosaic virus, BYMV).

Verbreitung, wirtschaftliche Bedeutung
Die Virose scheint seit etwa 20 Jahren in Europa (England, Nordfrankreich) bekannt zu sein. Sie wurde seit 1978 an mehreren Orten Niedersachsens, Westfalens, in der Rheinebene bei Köln und in Nordhessen nachgewiesen. Zum Teil waren mehrjährige Beobachtungen über Vergilbungserscheinungen an Wintergerstenfeldern vorausgegangen. In den Befallsgebieten sind mehrere Hundert Hektar Anbaufläche betroffen. Die wirtschaftliche Bedeutung wird höher eingeschätzt als die des Gelbverzwergungs-Virus; Ertragsverluste von 20 bis 40% wurden auf befallenen Flächen ermittelt.

Symptome
Die Krankheit tritt als Vergilbungserscheinung nesterweise im zeitigen Frühjahr bei verschiedenen Gerstensorten auf. Der Befall ist mehrjährig auf der gleichen Fläche zu beobachten. An den jungen Blättern bilden sich hellgrüne Strichel und Streifen, die sich auf älteren vergrößern, von nekrotischen Flecken begleitet sind und in fahlgelbe, von der Blattspitze fortschreitende Verfärbungen übergehen (Farbtafel 1, S. 49). Das Wachstum ist reduziert, die Pflanzen erreichen oft nur die halbe Höhe. Einzelne Sorten reagieren stark mit Absterbeerscheinungen.

Eigenschaften, Wirtskreis, Übertragung
In kranken Pflanzen wurden gestreckte Viruspartikeln gefunden; durch serologische Tests ließ sich eine Verwandtschaft mit dem barley yellow mosaic nachweisen. Das Virus wird mit dem Boden ausgebreitet; eine Übertragung erfolgt nicht durch Samen. Es wird vermutet, daß *Polymyxa graminis* in das Infektionsgeschehen

eingeschlossen ist (s. S. 88). Die Befallsstellen dehnen sich in der Bearbeitungsrichtung aus.
Die Krankheitsentwicklung wird durch niedrige Temperaturen stark begünstigt. Bei Frühsaaten können Symptome bereits ab Februar auftreten. Ab Mai erholen sich die Pflanzen aufgrund der höheren Temperaturen; sie erreichen jedoch nicht die normale Größe. Bisher wurde die Krankheit nur an Gerste festgestellt. Durch 3jährigen Fruchtwechsel ließ sich das Virus im Boden nicht ausschalten. Einzelne Sorten zeigen starke Symptome (z. B. 'Vogelsanger Gold', 'Doris', 'Igri', 'Maja') und haben ihre Anbauwürdigkeit lokal verloren; ohne Symptome blieben 'Barbo', 'Birgit', 'Ogra' und 'Franka'. Die Verhütung der Krankheit ist durch die Wahl resistenter Sorten möglich; eine planmäßige Züchtung erscheint sehr aussichtsreich.

Literatur

HUTH, W., LESEMANN, D., 1978: Eine für die Bundesrepublik neue Virose an Wintergerste. Nachr. Bl. Dtsch. Pfl.schutzd. **30**, 184–185. – RADTKE, W., HUTH, W., WEDLER, W., 1978: Versuche zur Klärung des Phänomens „vergilbende Wintergerste im Raum Königslutter". Ges. Pfl. **7**, 163–167.

1.1.3 Streifenmosaik der Gerste
(barley stripe mosaic)

Erreger

Streifenmosaik-Virus der Gerste, GeSMV (barley stripe mosaic virus, BSMV).

Verbreitung, wirtschaftliche Bedeutung

Die Krankheit wurde in Westeuropa meist nur in Zuchtgärten oder Sortimenten nachgewiesen; in Dänemark wurde sie inzwischen in Praxisbeständen beobachtet. Sie könnte wegen der Samenübertragung lokal größere Bedeutung gewinnen. In den USA (Montana) wurden Verluste bis zu 30% ermittelt. Virusfreie Pflanzen bringen einen bis 16% höheren Ertrag als viruserkrankte.

Symptome

An jüngeren Gerstenblättern entstehen zwischen den Blattadern streifig angeordnete Mosaikverfärbungen, die später in chlorotische Streifen übergehen; das Gewebe stirbt unter Verbräunung ab. Strichförmige Nekrosen treten besonders an älteren Blättern hervor. Die Pflanzen bleiben im Wuchs zurück, die Ähren treten nicht oder nur teilweise aus den Blattscheiden hervor; der Kornansatz und das Korngewicht sind ver- (Farbtafel 1, S. 49).

Eigenschaften, Wirtskreis, Übertragung

Das Virus besitzt eine relativ kurze, tubuläre Gestalt (128×20 nm) und wird mit dem Samen, sowie mechanisch übertragen. Zum Wirtskreis gehören Gerste, Weizen, Hafer, Roggen und zahlreiche weitere Gräser, sowie einige dikotyle Pflanzen. Der Anteil der infizierten Samen ist von der Sortenreaktion abhängig und kann zwischen 0,1 und 10% schwanken.

Literatur

SANDFAER, J., HAAHR, V., 1975: Barley stripe mosaic virus and the yield of old and new barley varieties. Zeitschr. Pfl.züchtung **74**, 211–222. – STINGL, H., 1969: Die Anfälligkeit von 21 Gersten- und 18 Weizensorten gegenüber dem Streifenmosaikvirus der Gerste, gemessen an Ertrags- und Qualitätsmerkmalen. Bayer. Landw. J. **46**, 294–301. – OHMANN-KREUTZBERG, G., 1962: Ein Beitrag zur Analyse der Gramineenvirosen in Mitteldeutschland. I. Das Streifenmosaikvirus der Gerste. Phytopath. Zeitschr. **45**, 260–288.

1.1.4 Europäisches Streifenmosaik des Weizens
(European wheat striate mosaic)

Erreger

Europäisches Streifenmosaik-Virus des Weizens, WESMV (European wheat striate mosaic virus, WSMV).

Verbreitung, wirtschaftliche Bedeutung

Die Krankheit hat bereits weite Verbreitung in Europa erlangt. Nachweise liegen aus England, Deutschland, Dänemark und der ČSSR vor. Bisher blieben die wirtschaftlichen Verluste unbedeutend; sie können ansteigen, wenn eine stärkere Übertragung einsetzt.

Symptome

Auf den Spreiten der jüngsten Blätter entstehen parallel verlaufende, chlorotische Streifen; besonders deutlich auf der Blattunterseite. Später verstärken sich die Chlorosen und es treten zunehmend braune Flecke hinzu, so daß die Blätter absterben können. Neben allgemeinen Wachstumshemmungen tritt stärkere Bestockung ein; die Ähren sind steril oder das Korn erreicht geringe Qualität. Bei Hafer bilden sich chlorotische Strichel an Blättern und Halmen, die Rispen können vertrocknen; infizierte Sämlinge sterben häufig ab.

Eigenschaften, Wirtskreis, Übertragung
Die Form der Viruspartikeln wird mit bazillenförmig angegeben. Es scheint mehrere Stämme von unterschiedlicher Form und Größe zu geben, die auf Amerika, Australien und Europa verteilt sind. Als Überträger der europäischen Form sind Zikaden aus der Gattung *Javesella* bekannt [(*J. obscurella* Boh., *J. dubia* (Kirschb.), *J. pellucida* F.]. Auf Gräsern lebt besonders *J. pellucida* (Wiesenzirpe) verbreitet; bei dieser Art wird auch propagative und transovariale Übertragung des zirkulativen Virus angegeben. Außereuropäische Virusstämme werden durch die Zwergzikade *Endria inimica* (Say) verbreitet. Zum Wirtspflanzenkreis gehören Weizen, Gerste, Hafer, Roggen, Mais und einige häufig vorkommende Gräser (*Phleum pratense, Poa annua, Lolium perenne, Bromus* spp.).

Literatur
SINHA, R. C., 1971: Distribution of wheat striate mosaic virus in infected plants and some morphological characters of the virus in situ and in vitro. Virology **44**, 342–351. – AMMAR, E. D., 1975: Effect of European wheat striate mosaic, acquired transovarially on the biology of its plant hopper vector *Javesella pellucida*. Ann. appl. biol. **79**, 203– 213.

1.1.5 Sterile Verzwergung des Hafers
(oat sterile dwarf)

Erreger
Virus der sterilen Verzwergung des Hafers, HSVzV (oat sterile dwarf virus, OSDV).

Verbreitung, wirtschaftliche Bedeutung
Die geographische Verbreitung blieb in Mitteleuropa bisher gering. Die Krankheit ist in der ČSSR, Finnland, Schweden, England und Deutschland nachgewiesen. Sie hat wirtschaftliche Bedeutung in gewissen Jahren in Finnland und der ČSSR erlangt, dabei traten an Hafer örtliche Schäden von 80 bis 100% ein.

Symptome
Erste Krankheitsanzeichen sind Ende Juni an der dunkelgrünen Verfärbung der ganzen Pflanze und starken Wachstumshemmungen festzustellen. Junge Blätter weisen am Grunde einen größeren Abschnitt mit streifenförmiger Vergilbung auf. Es folgt auffallende Anthocyanfärbung, die von den Spitzen der oberen Blätter nach unten fortschreitet. Die Verzwergung kann stark ausgeprägt sein, die Pflanzen erreichen zum Teil nicht ein Drittel der Normalgröße; die Bestokkung ist stark und das Schossen unterbleibt bzw. geschieht unvollständig. Die Rispen bzw. Ähren bleiben klein, von blasser Farbe und meist ohne Kornansatz. An Hafer ist die Anthocyanfärbung besonders auffällig, bei Weizen und Gerste sind meist nur gelbliche Längsstreifen auf den Blättern erkennbar.

Eigenschaften, Wirtskreis, Übertragung
Der Viruscharakter des Erregers ist nachgewiesen, nachdem zeitweilig auch Mykoplasmen verantwortlich gemacht wurden. Die Übertragung geschieht durch Zikaden *Javesella pellucida* F., *J. obscurella* Boh., *J. discolor* (Boh.) und *Dicranotropis hamata* (Boh.). Praktische Bedeutung als Vektor hat wahrscheinlich nur *J. pellucida*. Das zirkulative Virus wird von Larven und Adulten verbreitet. Als Wirtpflanzen werden Hafer, Gerste, Weizen, Roggen und Mais, sowie *Poa annua, Lolium multiflorum* und *Trisetum aureum* genannt; latent können *Festuca pratensis, L. perenne* und *Bromus mollis* infiziert sein.

Literatur
CATHERALL, P. L., 1970: Oat sterile dwarf virus. Pl. Path. **19**, 75–80. – PRUSA, V., 1958: Die sterile Verzwergung des Hafers in der Tschechoslowakischen Republik. Phytopath. Zeitschr. **33**, 99–107. – LINDSTEN, K., GERHARDSON, B., PETTERSON, J., 1973: Cereal tillering disease in Sweden and some comparisons with oat sterile dwarf and maize rough dwarf. Meddelanden fran Statens Växtskyddanstalt **15**, 375–397.

1.1.6 Weidelgrasmosaik
(ryegrass mosaic)

Erreger
Raygrasmosaik-Virus, RaMV (ryegrass mosaic virus, RMV).

Verbreitung, wirtschaftliche Bedeutung
Erste Nachweise der Virose erfolgten in England und Nordamerika, inzwischen wurde sie ebenfalls in Deutschland, Dänemark und Frankreich gefunden. Die wirtschaftliche Bedeutung ist gering.

Symptome
Auf den Blättern entstehen chlorotische Strichel, vereinzelt verbunden mit nekrotischen Verbräunungen; bei Hafer werden graue, chlorotische Streifen auf den oberen Blättern gebildet; die rostig aussehenden Pflanzen sind etwas verzwergt und die unteren Rispenteile bleiben steril.

Eigenschaften, Wirtskreis, Übertragung
Das stäbchenförmige Virus wird durch alle Entwicklungsstadien der Milbe *Abacarus hystrix* Nal. übertragen. Als Wirtspflanzen sind Hafer und zahlreiche Gräser bekannt, darunter *Avena fatua, Lolium perenne, L. multiflorum, Dactylis glomerata, Festuca pratensis, Poa pratensis* und *Bromus* spp.

Literatur
Schumann, K., Spaar, D., 1972: Einige neue Erkenntnisse zur Verbreitung von Gramineenvirosen in Europa. Arch. Pflanzenschtz. **8**, 199–208. – Ohmann-Kreutzberg, G., 1963: Ein Beitrag zur Analyse der Gramineenvirosen. II. Das Weidelgrasmosaikvirus. Phytopath. Zeitschr. **47**, 1–18. – Mulligan, T. E., 1960: The transmission by mites, host range and properties of ryegrass mosaic virus. Annals of applied biology, **48**, 575–579.

1.1.7 Queckenmosaik
(agropyron mosaic)

Erreger
Queckenmosaik-Virus, QMV (Agropyron mosaic virus, AMV).

Verbreitung, wirtschaftliche Bedeutung
Die Virose ist in Nordamerika und Europa verbreitet, häufig nur auf Gräserbeständen. Je nach Zeitpunkt der Infektion und klimatischen Verhältnissen können die Wachstumsdepressionen zu spürbaren Ertragsverlusten führen (bis über 80%); vielerorts gilt die Krankheit als bedeutungslos (Westeuropa).

Symptome
Auf den Blättern bilden sich schwachgrüne bis gelbliche, strichelförmige Mosaikzeichnungen. Die Chlorosen sind mit Nährstoffmangel oder genetisch bedingten Fleckungen zu verwechseln. Die Symptome werden am deutlichsten während des Ährenschiebens an den oberen Blättern sichtbar. Kranke Pflanzen bestocken sich geringer, ihre Halme bleiben kürzer.

Eigenschaften, Wirtskreis, Übertragung
Das Queckenmosaik-Virus ist fadenförmig (710×19 nm) und wird von der Milbe *Abacarus hystrix* übertragen. Es kann auch mit den Rhizomen der Quecke ausgebreitet werden und überwintert in diesen. Zum Wirtskreis gehören Weizen und Roggen; Sommerweizen weist hohe Anfälligkeit auf, Hafer und Gerste werden nicht infiziert. Neben Quecke werden *Poa pratensis, Festuca rubra* und *Cynosurus cristatus* befallen.

Literatur
Schumann, K., 1969: Untersuchungen zur Charakterisierung des Queckenmosaikvirus (Agropyron mosaic virus). Phytopath. Zeitschr. **64**, 258–275. – Slykhuis, J. T., 1976: Virus and virus-like diseases of cereal crops. Ann. rev. Phytopath. **14**, 189–210.

1.1.8 Knaulgrasscheckung
(cocksfoot mottle)

Erreger
Knaulgrasscheckungs-Virus, KnSV (cocksfoot mottle virus, CMV).

Verbreitung, wirtschaftliche Bedeutung
Die bisherigen Nachweise zeigten eine stärkere Verbreitung in den Knaulgrasbeständen zur Saatguterzeugung in Mittelengland; hier wurde auch der Übergang auf Weizen beobachtet. Allgemein ist eine weitere Verbreitung als bekannt anzunehmen; die wirtschaftliche Bedeutung der Virose ist gering.

Symptome
Jüngere Blätter des Knaulgrases erscheinen zuerst gelbgestreift oder gescheckt, werden mit zunehmendem Alter weißlich oder nekrotisch und sterben vorzeitig ab. Weizen reagiert mit Scheckung der jüngsten Blätter und Wachstumshemmungen; die Pflanzen vergilben schließlich und

sterben nach wenigen Wochen ab. Bei Hafer treten ähnliche Symptome wie beim Weidelgrasmosaik auf.

Eigenschaften, Wirtskreis, Übertragung
Die sphärischen Viruspartikeln (30 nm) werden von Blattkäfern der Gattung *Oulema* [*O. melanopus* (L.), *O. lichenis* (Voet.)] übertragen (s. S. 128), wobei die adulten Tiere bessere Vektoren als die Larven darstellen. In Grasbeständen ist die mechanische Übertragung mit Mähgeräten besonders wirksam. Der Wirtspflanzenkreis umfaßt Knaulgras, ferner *Anthoxanthum odoratum, Agropyron repens, Bromus mollis, Lolium perenne* und *Poa pratense.* Von den Getreidearten sind Weizen, Hafer und Gerste anfällig. Zum Zeitpunkt der Hauptinfektionen (Juni) ist meist eine gewisse Altersresistenz erreicht.

Literatur
Benigno, D. A., A'Brook, J., 1972: Infection of cereals by cocksfoot mottle and *Phleum* mottle viruses. Ann. appl. Biol. 72, 43–52. – Serjeant, E. P., 1967: Some properties of cocksfoot mottle virus. Ann. appl. biol. 59, 31–38. – Paul, H. L., Huth, W., 1970: Untersuchungen über das cocksfoot mild mosaic virus. II. Vergleich des cocksfoot mild mosaic virus mit dem brome mosaic virus, dem cocksfoot mottle virus, dem *Phleum* mottle virus und dem sowbane virus. Phytopath. Zeitschr. 69, 1–8.

1.2 Pilz- und Bakterienkrankheiten

1.2.1 Fusarium – Sämlings-, Fuß- und Ährenkrankheiten
(Fusarium diseases of cereals)

Erreger
Micronectriella nivalis (Schaffnit) Booth [syn. *Calonectria nivalis* Schaffnit, *Griphosphaeria nivalis* (Schaffnit) Müller et v. Arx] [Konidienform: *Fusarium nivale* (Fr.) Ces.],
Fusarium culmorum (W. G. Sm.) Sacc.,
Gibberella avenaceae Cook [Konidienform: *Fusarium avenaceum* (Fr.) Sacc.],
Gibberella zeae (Schw.) Petch. (Konidienform: *Fusarium graminearum* Schw.).

Systematische Stellung
Perfektstadium: Ascomycotina, Pyrenomycetes, Sphaeriales, Hypocreaceae.
Konidienstadium: Deuteromycotina, Hyphomycetes, Tuberculariales.

Verbreitung, wirtschaftliche Bedeutung
Die Erreger sind in den Hauptgetreideanbaugebieten weit verbreitet; in einzelnen Gebieten kann ihre Bedeutung sehr unterschiedlich sein. Am stärksten verbreitet scheinen *F. culmorum* und *F. avenaceum* zu sein; in Nordeuropa ist *F. nivale* häufiger als in Nordamerika; in warmen, trockenen Regionen überwiegt *F. graminearum.* Auswinterungsschäden durch Schneeschimmel können bei Roggen sehr erheblich sein; in manchen Jahren, bei anhaltender, hoher Schneedekke, war Umbruch bei einem hohen Wintergetreideanteil notwendig. Die hohen Ausfälle sind ein Hauptgrund für die heute breit eingeführte Saatgutbeizung. Mit steigendem Getreideanteil haben auch die *Fusarium*-Fußfäulen beachtlich zugenommen; in Einzelfällen sind Ertragsverluste bis zu 50% ermittelt worden. Allgemein ist der Schaden bis an 10% einzuschätzen. Allerdings liegen meist andere Halmbasiserkrankungen gleichzeitig vor, so daß sich die Schäden summieren.
Ährenbefall durch *Fusarium*-Arten hat besonders bei Weizen zugenommen; möglicherweise besteht ein Zusammenhang mit der Verwendung von Wachstumsregulatoren. Abgesehen von einem direkten Kornverlust, der mitunter an 10% heranreicht, kann eine Belastung des Erntegutes durch Mycotoxine eintreten, die bei Tier und Mensch schädigend wirken.

Symptome
Sämlingserkrankungen zeigen sich in frisch aufgelaufenen Beständen bei Roggen und Weizen in Form von Fehlstellen, mehr oder weniger großen Nestern oder Flächen mit geringerem Aufgang oder schlechter Entwicklung der Sämlinge. Ein Teil der Keimlinge hat die Bodenoberfläche nicht erreicht, ist spiralig verkrümmt und zum Teil abgestorben (Abb. 1). Aufgelaufene Pflanzen bleiben in Wuchs und Entwicklung zurück. An der Basis der Coleoptile oder den Wurzeln sind braune Verfärbungen entstanden.
F. nivale verursacht ein besonderes Symptombild an der Basis des ersten und zweiten Blattes; es entstehen rotbraune, ovale, leicht eingesunke-

ne Läsionen, umgeben von einem dunkelbraunen Rand. Bei länger liegendem, hohem Schnee auf ungefrorenem Boden tritt die Schneeschimmelkrankheit *(F. nivale)* ein. Die Blätter sind mit einem rötlichen „Schimmel" überzogen, zeigen stärkere Verbräunungen oder sind beim Abtauen abgestorben; fleckenweise können die Pflanzen ausgefallen sein (Farbtafel 1, S. 49).
Fußkrankheiten stellen sich in allen weiteren Entwicklungsstadien bei allen Getreidearten ein. An den Blattscheiden, später an der Halmbasis treten diffuse, flächige Verbräunungen oder

Abb. 1. Sämlingsbefall durch *F. nivale* bei Weizen.

dunklere, strichförmige Läsionen auf. Die Symptome variieren stark; mitunter ist der ganze Halmgrund rotbraun, streifig ausgezogen, verfärbt oder nur der erste Halmknoten betroffen (Farbtafel 1, S. 49). Das Gewebe kann den Anflug eines rosa Sporenbelages zeigen. Pflanzen mit starker Fußfäule bleiben im Wuchs zurück, bestocken sich weniger und bilden weiße, taube Ähren bzw. die Kornausbildung ist stark gemindert.
Kurz nach dem Ährenschieben können auf den Spelzen braune, später ausbleichende Flecke auftreten. Bei feuchtem Wetter werden rötliche Sporenlager gebildet. Die befallenen Blüten bleiben taub; teilweise geht der Erreger auf die Ährenspindel über und unterbricht die Gefäßbahnen. Dadurch entsteht partielle Taubährigkeit; Teile der Ähre sterben ab und bleichen aus; an den Befallstellen wird ein rötlicher Anflug sichtbar (Farbtafel 2, S. 50).

Biologie der Erreger

Die Arten sind an Form und Größe der Konidien, Chlamydosporen und Ascosporen zu unterscheiden. *Fusarium nivale* bildet an lockerem, weißem bis rötlichem Luftmycel spindelige bis sichelförmig gekrümmte, meist 1 bis 3septierte Konidien ohne Fußzelle (1sept. 10 bis 20 × 2,5 bis 5 µm; 3sept. 19 bis 30 × 3,5 bis 5 µm); Chlamydosporen fehlen (Abb. 2, a). Die Art ist homothallisch und erzeugt in den Blattscheiden an der Halmbasis eingesenkte Perithecien (120 bis 180 × 100 bis 150 µm) mit hyalinen, 1- bis 2septierten, spindeligen Ascosporen (10 bis 17 × 3,5 bis 4,5 µm). Neuerdings wird das Perfektstadium als *Monographella nivalis* bezeichnet.
Bei *Fusarium culmorum* entstehen 3 bis 5 septierte, spindelig-sichelförmige, mit deutlicher Fußzelle versehene Makrokonidien (3sept. 26 bis 36 × 4 bis 6 µm; 5sept. 34 bis 50 × 5 bis 7 µm) (Abb. 2, b); Chlamydosporen meist interkalar, einzeln oder in Ketten (10 bis 14 × 9 bis 12 µm).
Gibberella avenaceae bildet langgestreckte 4 bis 7septierte Makrokonidien mit verlängerter Spitzen- und Fußzelle (40 bis 80 × 3,5 bis 4 µm); Chlamydosporen fehlen (Abb. 2, c). Die dunklen Perithecien sind an den unteren Knoten der Weizenhalme zu finden; die Ascosporen sind hyalin, 1- bis mehrfach septiert, eingeschnürt (13 bis 19 × 4 bis 5 µm).
Gibberella zeae entwickelt 3 bis 7septierte, hyaline, sichelförmige, am Scheitel zugespitzte Makrokonidien mit Fußzelle (3 bis 4sept. 25 bis 40 × 2,5 bis 4 µm; 5 bis 7sept. 48 bis 50 × 3 bis 3,5 µm) (Abb. 2, d); Chlamydosporen interkalar. Die Perithecien (140 bis 250 µm) stehen in Gruppen an den unteren Halmknoten; die Ascosporen sind hyalin, leicht gekrümmt, bei der Reife 3septiert (19 bis 24 × 3 bis 4 µm); die Art ist homothallisch.
Die *Fusarium-Arten* werden meist mit dem Saatgut übertragen. Die Kontamination erfolgt durch den Ährenbefall und während des Drusches. Mitunter ist neben außenhaftenden Spo-

ren gekeimtes Mycel in der äußeren Samenschale. Die Infektion der Sämlinge kann auch vom Boden ausgehen, da die Erreger auf Stoppelresten überdauern. Die Hyphen dringen durch die Stomata oder zwischen den Epidermiszellen, durch die Coleoptile oder über das Coleorhizagewebe in die Pflanze; in späteren Entwicklungsstadien werden die Blattscheiden verbräunt und Das Mycel wächst bis zum Halm. Letzterer wird partiell durchwachsen und kann stärker vermorschen.

An der Schneeschimmelkrankheit ist in erster Linie *Fusarium nivale* beteiligt. Der Erreger entwickelt sich gut bei niedrigen Temperaturen und hoher Luftfeuchtigkeit. Höhere CO_2-Gehalte der Bodenluft unter einer Schneedecke sollen das Wachstum stimulieren. *Fusarium culmorum* und *F. graminearum* verursachen Keimlingskrankheiten vornehmlich bei höheren Temperaturen und in trockneren Böden, in denen der Aufgang der Saat verzögert ist. Bei Weizen wird die Krankheit verstärkt durch geringe Lichtin-

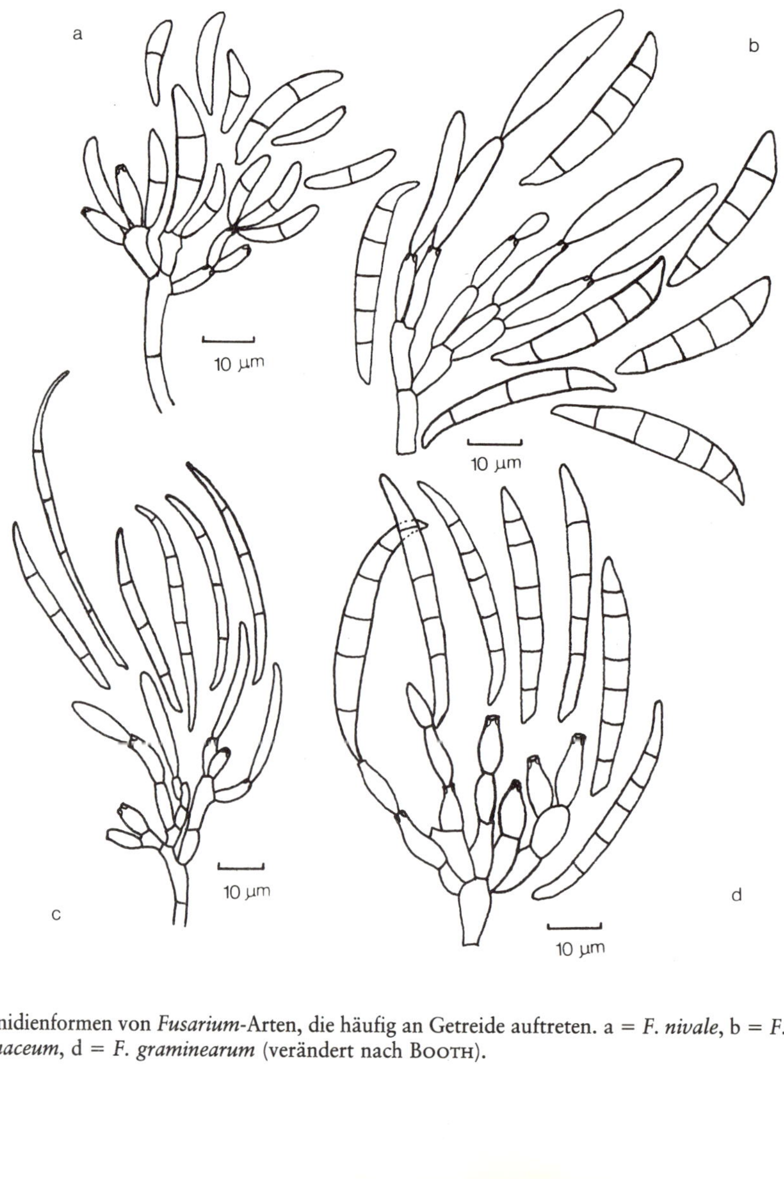

Abb. 2. Konidienformen von *Fusarium*-Arten, die häufig an Getreide auftreten. a = *F. nivale*, b = *F. culmorum*, c = *F. avenaceum*, d = *F. graminearum* (verändert nach BOOTH).

tensität. *Fusarium avenaceum* ist weniger virulent als die anderen Arten.
Bei engen Getreidefolgen kann sich auf Pflanzenrückständen ein erhebliches Inokulum anreichern, so daß Wurzelinfektionen und Fußfäulen während der Vegetationszeit vermehrt auftreten. Die Infektionen sollen bei trockenen Bedingungen günstiger verlaufen; höhere Temperaturen wirken sich ebenfalls fördernd aus, so daß die Symptome an der Halmbasis meist erst spät zu erwarten sind. Sie zeigen sich vermehrt mit zunehmender Ernteverzögerung. Der Spätbefall hat keine Ertragsauswirkungen. Die Infektion des Halmes verläuft über die Blattscheiden. Die Erreger besiedeln abgestorbene Blätter stark saprophytisch und erzeugen reichlich Sporen, die auf die Ähren gelangen und infizieren. Ährenbefall wird durch Niederschläge bei höheren Temperaturen begünstigt. Am häufigsten beteiligt sind *F. culmorum, F. graminearum* und *F. avenaceum.* Abgesehen davon siedeln sich auf abreifenden Pflanzenteilen (Blätter, Ähren) sehr viele Fusarien an. Meist kommt es in der Abreifephase zur Entwicklung der Perithecien auf den unteren Halmpartien. *Micronectriella nivalis* erzeugt die Fruchtkörper meist an den Blattscheiden, gelegentlich am Halmgrund. Licht ist für die Perithecienentwicklung erforderlich, daher sind sie nur an den dem Licht zugewandten Partien zu finden. *Gibberella zeae* bildet Perithecien an der Stengelbasis oder auf den oberen Wurzeln, meist oberflächlich in Gruppen zusammenstehend. Die epidemiologische Bedeutung der Fruchtkörper bzw. Ascosporen ist nicht bekannt; als Überdauerungsorgane sind sie kaum anzusehen.
Die Erreger überdauern auf dem Saatgut für längere Zeit; ungünstige Ernte- oder Lagerungsbedingungen führen zu starker Kontamination mit deutlicher Reduktion der Keimkraft. Der Fußkrankheitsbefall nimmt seinen Ausgang von saprophytisch besiedelten Ernterückständen; auch *F. nivale* kann längere Perioden im Boden überstehen und wird besonders in Nordamerika als bodenbürtiger Pilz betrachtet. Von den übrigen Arten zeigt *F. culmorum* die stärkste Kraft in der Konkurrenz mit anderen Bodenmikroben.

Wirtskreis

Die genannten *Fusarium*-Arten haben einen breiten Wirtskreis, zu dem unter anderem die Hauptgetreidearten, insbesondere die Winterformen von Roggen und Weizen, seltener Gerste gehören. *Fusarium nivale* verursacht Schneeschimmel auch an zahlreichen Gräsern (z. B. *Lolium, Phleum*), sowie eine Rasenfäule insbesondere an *Festuca-*, *Poa-* und *Agrostis*-Arten. Eine biologische Spezialisierung liegt nicht vor. Bei den einzelnen Arten können viele Herkünfte nachgewiesen werden, die sich physiologisch, auch in der Virulenz, stark unterscheiden.

Bekämpfung

Die Übertragung der Erreger mit dem Samen erfordert die Verwendung von Saatgut aus befallsfreien bzw. gut abgereiften und unter günstigen Bedingungen geernteten Beständen. Die heimischen Sorten zeigen zwar keine Resistenz, sind aber den nicht bodenständigen durch ihre bessere Anpassung an die Bedingungen überlegen. Ungünstige Schneelagen sind für den Anbau von Winterung, besonders Winterroggen, zu meiden. Mit der Zunahme des Getreideanteils gewinnen auch Fruchtfolgemaßnahmen stärkere Bedeutung. Der gegen Schneeschimmel anfälligere Roggen sollte vor Weizen und Gerste stehen; häufiger Getreidebau kann zur Anreicherung der Erreger beitragen, meist sind aber andere Krankheiten als begrenzende Faktoren wichtiger. Die Düngung ist so zu bemessen, daß die Bestände nicht zu üppig in den Winter gehen und möglichst frei von Unkräutern sind.
Mit der Saatgutbeizung wird die Samenübertragung der *Fusarium*-Arten begrenzt und der Keimling in der Anfangsphase vor Bodeninfektionen geschützt. Gegen Keimlingskrankheiten bei Roggen und Weizen hat sich die Beizung seit vielen Jahrzehnten voll bewährt. Sie wurde bis vor kurzer Zeit ausschließlich mit organischen Hg-Präparaten vorgenommen. Die Hg-Verbindungen wurden durch metallfreie Substanzen abgelöst. Um den universellen Einsatz der Beizmittel zu erhalten, werden meist Kombinationen aus mehreren, teilweise systemischen Wirkstoffen eingesetzt. Von den Hg-freien Beizmitteln haben sich in der Praxis, auch gegen BCM-resistente Biotypen, besonders Panoctin UTB (Guazatine + Fenfuram + Imazalil), Drawigran special (Thiabendazol + Maneb + PCNB) und Sibutol (Bitertanol + Fuberidazol) bewährt. Gegen spätere Wurzel- oder Stengelbasisinfektionen helfen die Beizmittel nicht; Schäden können zusammen mit einer Bekämpfung des Halmbru-

ches *(Pseudocercosporella herpotrichoides)* eingedämmt werden.
Der Ährenbefall wird kaum beeinflußt durch die Septoria- oder Mehltaubekämpfung nach dem Ährenschieben bei Weizen. Maßnahmen zur gezielten Ausschaltung der Ährenfusariosen (Weizen) sind noch nicht erarbeitet; in gewissen Jahren und besonderen Lagen wären sie wünschenswert.

Literatur

Booth, C., 1971: *Micronectriella nivalis* (conidial state: *Fusarium nivale*). C. M. I. Descriptions of pathogenic fungi and bacteria No. 309. – Häni, F., 1980: Über Getreidefusariosen in der Schweiz: Saatgutbefall, Ährenbefall und Bodenkontamination. Zeitschr. Pflkr. Pflschutz, **87,** 257–280. – Duben, J., Fehrmann, H., 1979: Vorkommen und Pathogenität von *Fusarium*-Arten an Winterweizen in der Bundesrepublik Deutschland. I. Artenspektrum und jahreszeitliche Sukzession an der Halmbasis. Zeitschr. Pflkr. Pflschutz **86,** 638–652. – Millar, C. S., Colhoun, J., 1969: Fusarium diseases of cereals. IV. Observations on *Fusarium nivale* on wheat. Trans. Br. mycol. Soc. **52,** 57–66. – Müller, E., 1977: Die systematische Stellung des Schneeschimmels. Rev. Mycol. (Paris) **41,** 129–134.

1.2.2 Typhula – Fäule
(Typhula blight)

Erreger

Typhula incarnata Lasch ex Fries (syn. *Typhula graminum* Karsten, *Typhula itoana* Imai),
Typhula idahoensis Remsberg,
Typhula ishikariensis Imai.

Sytematische Stellung

Basidiomycotina, Hymenomycetes, Holobasidiomycetidae, Aphyllophorales, Clavariaceae.

Verbreitung, wirtschaftliche Bedeutung

Alle drei *Typhula*-Arten sind in kühl-feuchten und gemäßigten Klimazonen weit verbreitet. *T. incarnata* tritt in Nord- und Mitteleuropa, Nordamerika, Japan und der UdSSR auf. *T. idahoensis* ist in Nordeuropa, der UdSSR und den USA bekannt, *T. ishikariensis* wurde in Japan, Skandinavien, Kanada und den USA gefunden. Die letzteren beiden Arten wurden bisher nur in Gebieten mit lange anhaltender Schneedecke nachgewiesen; *T. idahoensis* war auf ehemaligem Grasland, *T. ishikariensis* auf früher bewaldeten Flächen vorherrschend. Die Auswinterungsschäden können in Einzelfällen beträchtlich sein, die Halmzahl pro Fläche wird reduziert, die Halme bleiben kürzer, die Reife ist verzögert und die Qualität des Erntegutes gemindert. Meist bleiben die Ertragsausfälle unterhalb 10%; die Krankheit ist auf leichteren Böden häufiger.

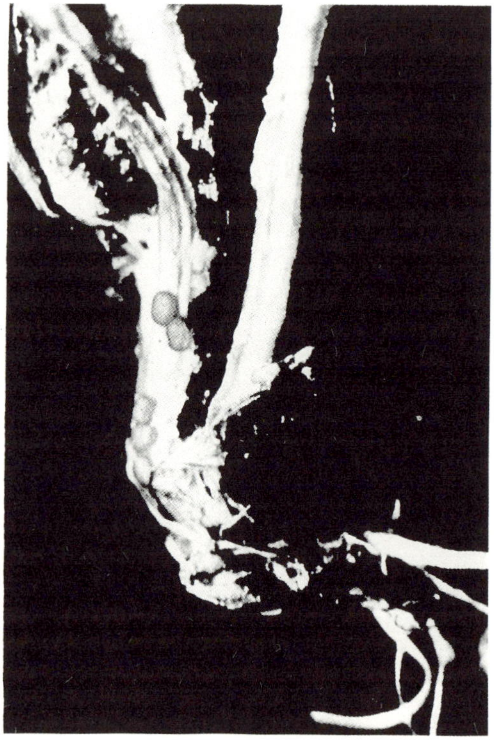

Abb. 3. *Typhula incarnata,* Sclerotienbildung an Gerste.

Symptome

Kurz nach der Schneeschmelze im Frühjahr sind einzelne, nester- oder reihenweise vergilbte Pflanzen zu erkennen. Ihre älteren Blätter sterben ab, die jüngeren, noch grünen, sind schmal und starr aufgerichtet, die Zahl der Seitentriebe bleibt zurück. Bei starkem Befall sind die graugrün verfärbten, älteren Blätter von einem grauweißen Mycel überzogen und am Boden haftend. Die Pflanzen lassen sich leicht aus dem Boden ziehen, die Wurzeln sind teilweise oder vollständig abgestorben (Farbtafel 2, S. 50). Besonders auffallend und charakteristisch sind die dunkelbraunen bis schwarzen, kugeligen oder abgeflachten Sklerotien der Erreger, die sich auf und unter den Blattscheiden, im Innern von vermorschtem Gewebe, am Halmheber oder an den oberen Wurzeln bilden (Abb. 3). Die Krankheit tritt nur an jungen Getreidepflanzen im Spätherbst oder Frühjahr zu Tage.

Biologie der Erreger

Die den Sommer in Keimruhe an der Oberfläche oder in geringer Bodentiefe überdauernden Sklerotien wachsen ab Mitte Oktober, in kühleren Lagen ab September, mit Mycel aus, welches vom Boden auf die oberirdischen Pflanzenteile übergreift; bei *T. incarnata* kann die Infektion auch über die Wurzeln verlaufen. Die Keimung wird durch UV-Licht stimuliert. Der Keimbereich liegt bei *T. incarnata* zwischen 1,4 und 13,5 °C, mit einem Optimum bei 6 °C. Hohe Luftfeuchtigkeit ist für das Mycelwachstum notwendig, welches noch bei −1,5 °C stattfindet. Die Infektionen beginnen meist vor den ersten Schneefällen, sind aber bei Wintergerste bis in den März möglich. Die Besiedlung der Wirtspflanze wird durch hohe Bodenfeuchte, Temperaturen um den Gefrierpunkt und eine anhaltende frühe Schneelage sehr gefördert.
Die Abnahme der relativen Feuchte, die Zunahme der Lichtintensität und ansteigende Temperaturen im Frühjahr bewirken den Übergang der Erreger in das Sklerotienstadium. Die Bildung der Dauerform setzt bei Temperaturen von 7 °C ein und erreicht das Maximum bei 17 °C. *T. idahoensis* und *T. ishikariensis* beginnen früher als *T. incarnata* mit der meist reichlichen Entwicklung von Sklerotien an der Sproßbasis und den Blattscheiden. Diese sind bei *T. incarnata* anfangs rosa, später hell- bis dunkelbraun, bei *T. idahoensis* zunächst bernsteinfarben, später schwarz, kugelförmig oder mehr oder weniger abgeflacht, mitunter zu mehreren zusammengeballt, und 0,5 bis 2,5 × 1,5 bis 4,5 mm groß. Sie können im Boden meist bis zu vier, selten bis zu acht Jahren überdauern; bei starker mikrobieller Tätigkeit werden sie rasch zerstört. Beste Überlebensbedingungen sind an der Bodenoberfläche gegeben.

Die Entwicklung des Perfektstadiums setzt ebenfalls nach der Sommerruhe ein. Aus den Sklerotien wachsen gestielte Sporophoren (3,5 bis 30 mm) mit einer keuligen Anschwellung an der Spitze hervor, die das Hymenium trägt (Abb. 4, a). Die einzelnen Arten sind durch Form und Größe der Fruchtkörper zu unterscheiden. Die ellipsoiden Basidiosporen (6 bis 12 × 3 bis 5 µm) (Abb. 4, b) können tiefere Temperaturen (−15 °C) mehrere Monate überdauern, ihre Keimung erfolgt im Bereich von 2 bis 22 °C (Optimum 17 °C). Das monokaryotische Mycel ist wenig pathogen; durch Hyphenfusion bildet sich das zweikernige, mit Schnallen versehene Basidiomycetenmycel, welches weitgehend im vegetativen Stadium verbleibt und Hauptinfektionsquelle ist. Die Basidiosporen haben epidemiologisch eine zweitrangige Bedeutung.

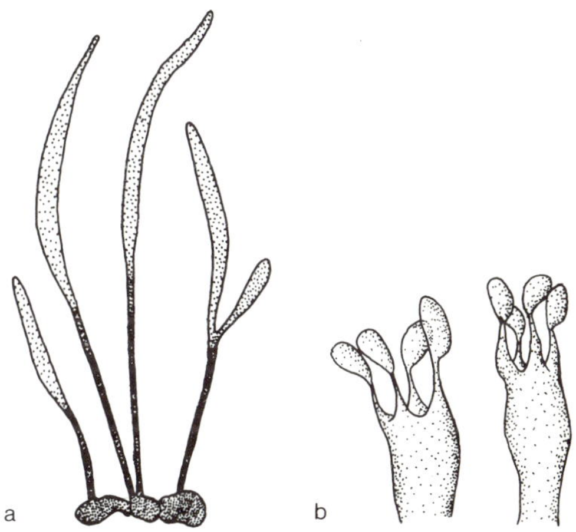

Abb. 4. *Typhula incarnata*. a = Fruchtkörper auf einem Sclerotium, b = Basidie mit Basidiosporen (schematisch).

Wirtskreis

Die *Typhula*-Arten sind Schwächeparasiten, wenig spezialisiert und haben einen weiten Wirtskreis, vornehmlich unter den Gramineen. *T. incarnata* und *T. idahoensis* befallen Gerste, Weizen, Roggen sowie unter anderem *Agrostis-*, *Agropyron-*, *Bromus-*, *Festuca-*, *Holcus-* und *Poa*-Arten. Zum Wirtskreis von *T. ishikariensis* gehören, neben Winterweizen und einigen Gräsern, auch Leguminosen (Rotklee, Luzerne), breitblättrige Unkräuter und Raps, ferner Tulpen und Iris. Bei der Wintergerste gibt es deutliche Sortenunterschiede in der Anfälligkeit. Stark befallen werden die Sorten 'Dunja', 'Dura', 'Igri' und 'Malta'; bei 'Doris', 'Inka', 'Majo' und 'Mira' waren bisher kaum Ausfälle zu beobachten. Physiologische Rassen sind bei den Erregerarten bisher nicht nachgewiesen, jedoch liegen Populationen mit unterschiedlicher Virulenz vor. Zwischen den Arten *T. ishikariensis* und *T. idahoensis* wurde Hybridisierung nachgewiesen.

Bekämpfung

In gefährdeten Gebieten haben sich gewisse akker- pflanzenbauliche Maßnahmen als hilfreich erwiesen. So wird Spätsaat mit höherer Aussaatstärke und flacher Einsaat empfohlen, bzw. zu frühe, dichte und tiefe Saat ist zu vermeiden. Bei der Bestellung sollte ein guter Bodenschluß vorliegen; eine frühzeitige Gabe raschwirkender N-Dünger wirkt sich günstig aus. Zur Förderung der Schneeschmelze wird verschiedentlich die Ausbringung von schwarzem Material (Kohlenstaub, schwarzes Superphosphat, Graphitpulver) praktiziert. Ein Eggenstrich im Frühjahr fördert die Abtrocknung der Böden. Enge Fruchtfolgen mit Wintergerste sind zu vermeiden, Leguminosen wirken einer Bodenverseuchung entgegen. Ungräser und Unkräuter sollten in allen Kulturarten bekämpft werden; auf Anfälligkeitsunterschiede bei den Sorten ist zu achten. Kalkstickstoff besitzt eine gewisse fungistatische Wirkung, jedoch darf das Risiko von Ätzschäden nicht übersehen werden, ferner wirkt überhöhte N-Düngung befallsfördernd. Durch Mehltau geschwächte Pflanzen leiden stärker unter *Typhula*-Fäule, ebenfalls mit Blatt- und Bodenherbiziden behandelte Bestände. Zu frühe Anwendung von Wuchsstoffmitteln, Dinosebacetat oder DNOC kann die Prädisposition der Pflanzen negativ beeinflussen. Sorgfältige Beizung mit Baytan UT reicht bei in Fruchtwechsel stehender Wintergerste meist aus. Bei zweizeiligen, anfälligen Gerstensorten im wiederholten Anbau auf gleicher Fläche kann eine zusätzliche Behandlung mit Bayleton (0,5 l/ha) Ende Oktober bis Ende November vorteilhaft sein; müssen frühere Spritzungen wegen späterer schlechter Befahrbarkeit der Flächen erfolgen, ist die Aufwendmenge auf 1 l/ha zu erhöhen.

Literatur

Bruehl, G. W., Cunfer, B. M., 1975: *Typhula* species pathogenic to wheat in the Pacific Northwest. Phytopathology **65**, 755–760. – Kiewnik, L., 1968: Die Typhula-Fäule der Wintergerste. Gesunde Pflanzen, **20**, 107–112. – Lehmann, H., 1965: Untersuchungen über die Typhula-Fäule des Getreides. I. Zur Physiologie von *Typhula incarnata* Lasch ex Fries. II. Zur Pathologie durch *Typhula incarnata* Lasch ex Fries erkrankter Wirtspflanzen. Phytopath. Zeitschr. **53**, 255–288; **54**, 209–239. – Mielke, H., 1978: Untersuchungen zur Schadwirkung von *Typhula incarnata* Lasch ex Fr. an Wintergerstensorten. Zeitschr. Acker- u. Pflanzenbau **147**, 161–170. – Hossfeld, R., 1981: Möglichkeiten der Bekämpfung der Typhula-Fäule (*Typhula incarnata* Lasch ex Fr.) an Wintergerste unter starkem Befallsdruck. Gesunde Pflanzen **33**, 10–14.

1.2.3 Rhynchosporium – Blattfleckenkrankheit

(Rhynchosporium leaf blotch)

Erreger

Rhynchosporium secalis (Oudem) J. J. Davis (syn. *Marsonia secalis* Oudem, *Rhynchosporium graminicola* Heinsen).

Systematische Stellung

Deuteromycotina, Hyphomycetes, Hyphomycetales, Dematiaceae.

Verbreitung, wirtschaftliche Bedeutung

Die Krankheit ist weltweit in den gemäßigten Klimaregionen verbreitet. Ihre wirtschaftliche Bedeutung steht in Zusammenhang mit der Intensivierung des Getreideanbaues, insbesondere der Ausdehnung von Wintergerste in den maritimen Gebieten Nordeuropas, Nordamerikas und Australiens. Hohe Ertragsverluste bei Gerste traten in Nord- und Südamerika, Ostafrika und Japan ein. In Südwestengland nimmt die Krankheit nach Mehltau und Rost die dritte Position ein und verursacht durchschnittliche Verluste von etwa 7%. Stärkerer Befall wurde in einzelnen Jahren in Nordrhein-Westfalen, Niedersachsen und Mecklenburg mit Ertragsminderungen bis zu 25% beobachtet. Aus Osteuropa und der Schweiz wird über starken Befall an Roggen berichtet.

Symptome

Auf Blättern, Blattscheiden, später auch auf Spelzen und Grannen von Gerste sind 1 bis 2 cm lange, ovale oder unregelmäßige, zunächst wäßrige, dann weißgraue Flecke sichtbar, die oft zusammenfließen und am Rand purpurrot bis dunkelbraun eingefaßt sind. Mitunter sind die Ränder gezackt, es treten auch Zonierungen auf; das angrenzende Gewebe vergilbt und trocknet vorzeitig ein. Meist sind die unteren Blätter am stärksten betroffen, jedoch kann sich schwerer Befall bis zum Fahnenblatt und den Ähren erstrecken (Farbtafel 2, S. 50). Erste Symptome können bei Frühsaaten von Wintergerste bereits an Sämlingen im Oktober eintreten, die vereinzelt unter Welkesymptomen absterben. Meist wird die Krankheit erst im Frühjahr deutlicher. Auf Roggen sind die Läsionen ähnlich, jedoch mit weniger ausgeprägter Randverfärbung. Samenbefall an Gerste ist nur schwer an gelblicher Färbung mit bräunlichem Rand zu erkennen.

Biologie des Erregers

Das Mycel des Pilzes parasitiert unter der Kutikula, die aufreißt, und später im Mesophyll. Es bildet ein Stroma mit einfachen Hyphenauswüchsen, an denen seitlich mehrere hyaline, zweizellige, 11 bis 35 × 3 bis 5 µm große, leicht gekrümmte Konidien entstehen, deren obere Zelle hakenförmig umgebogen ist (Abb. 5). Die

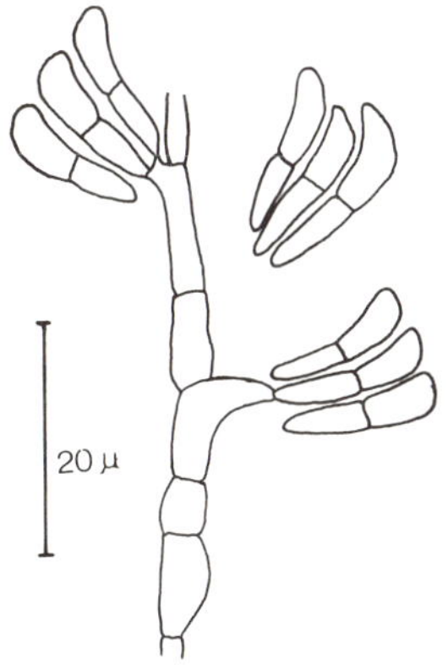

Abb. 5. *Rhynchosporium secalis*, Konidienbildung.

Sporulation, Konidienkeimung und Infektion erfolgen über einen weiten Temperaturbereich mit einem Optimum bei 15 bis 20 °C; höhere Temperaturen wirken negativ. Hohe relative Feuchte (mehr als 95%) ist für die Entstehung von Konidien, anhaltende Feuchtigkeit für die Infektion erforderlich. Die Konidien dringen nach Appressorienbildung durch die intakte Epidermis ein; das Mycel wächst interzellulär bis in das Mesophyll, dessen Zellen rasch absterben. Hierbei wird die Mitwirkung von Toxinen angenommen. Der Erreger bildet einen Komplex von Zellulaseenzymen. Die Ausbreitung der Sporen geschieht durch Regenspritzer, weniger durch Wind. Die Vegetationsruhe bzw. Anbaupausen kann der Erreger auf infizierten Stoppeln oder Auflaufpflanzen bzw. auf überwinternden anfälligen Getreidearten und Ungräsern überstehen; in geringem Ausmaß kommt auch Samenübertragung vor.

Wirtskreis

Der Erreger befällt neben Gerste auch Roggen und mehrere Arten aus den Gräsergattungen *Agropyron, Lolium, Bromus, Phalaris* und *Brachypodium*. Mehrfach ist eine strenge Spezialisierung auf einzelnen Gattungen nachgewiesen, so daß die formae speciales *hordei, secalis, agropyri* und *phalaris* unterschieden wurden. Andererseits ließen sich auch plurivore Formen finden, so daß der Übertritt des Erregers von Gräsern auf Gerste stets erwogen werden muß. Das Vorliegen mehrerer physiologischer Rassen bei Gerstenisolaten ist in verschiedenen Ländern nachgewiesen, jedoch fehlt ein allgemeiner Überblick. Rassenspezifische und allgemeine Resistenz liegen in einzelnen Gerstengenomen vor. Unter den deutschen Sorten scheinen 'Malta', 'Vogelsanger Gold', 'Igri' und 'Kiruna' stärker anfällig zu sein; 'Dunja', 'Barbo', 'Hydra' und 'Vogelsanger Früh' erkranken schwächer.

Bekämpfung

Die Einschränkung des Gerstenanteiles in der Fruchtfolge und die Vermeidung des benachbarten Anbaus von Winter- und Sommergerste können dem Auftreten der Krankheit entgegenwirken. Extreme Frühsaat der Wintergerste fördert den Befall im Herbst. Tiefes Unterpflügen der Pflanzenrückstände, Vernichtung von Ausfallgetreide und Quecke und die Wahl einer weniger anfälligen Sorte sind als Maßnahmen in Befallsgebieten zu ergreifen. Verschiedene Herbizide (2,4 – D, MCPA, Barban) haben hemmende Nebenwirkungen auf die Konidienbildung. Durch Saatgutbeizung mit Baytan oder Behandlung mit

Bayleton zur Ausschaltung des Befalls durch Echten Mehltau wird eine Nebenwirkung gegen *R. secalis* erzielt. Bei starkem Befallsdruck kann eine direkte Bekämpfung notwendig werden; während im Herbst bei Befallsbeginn eine Behandlung mit Triadimefon (Bayleton), Propiconazol (Desmel), Nuarimol (Trimidal) ausreicht, können im Frühjahr zwei Applikationen im Abstand von drei Wochen empfehlenswert sein. Nach Anwendung spezifischer Mehltaufungizide (Milstem, Calixin) trat mitunter die Rhynchosporium-Blattfleckenkrankheit verstärkt auf.

Literatur

Ali, S. M., Boyd, W. J. R., 1974: Host range and physiologic specialization in *Rhynchosporium secalis*. Austr. J. agr. res. **25**, 191–200. – James, W. C., Jenkins, J. E. E., Jemmett, J. L., 1968: The relationship between leaf blotch caused by *Rhynchosporium secalis* and losses in grain yield. Ann. appl. biol. **62**, 273–288. – Kay, J. G., Owen, H., 1973: Host range of *Rhynchosporium secalis*. Trans. Brit. mycol. Soc. **60**, 412–422. – Shipton, W. A., Boyd, W. J. R., Ali, S. M., 1974: Scald of barley. Rev. Pl. Path. **53**, 839–861. – Webster, R. K., 1980: Sources of resistance in barley to *Rhynchosporium secalis*. Plant Dis. Reptr. **64**, 88–90.

1.2.4 Echter Mehltau
(powdery mildew)

Erreger

Erysiphe graminis D. C.

Systematische Stellung

Ascomycotina, Plectomycetes (Pyrenomycetes), Erysiphales, Erysiphaceae.

Verbreitung, wirtschaftliche Bedeutung

Der Echte Mehltau an Getreide ist weltweit verbreitet und tritt hauptsächlich in den gemäßigten Klimabereichen Europas, in den maritimen Gebieten Kanadas, an der Ost- und Westküste der USA, in Vorderasien und im Norden Indiens hervor. Von den Getreidearten sind Gerste und Weizen besonders gefährdet, Roggen wird ebenfalls regelmäßig befallen, jedoch scheinen nur örtlich und bei Intensivanbau Ertragsminderungen einzutreten. An Hafer entwickelt sich Echter Mehltau meist nur gering und verspätet, stärkerer Befall wurde in bestimmten Regionen (z. B. Wales, Jütland, Rheinpfalz) beobachtet. Je nach Befallsbeginn und Epidemieverlauf treten mehr oder weniger hohe Ertragsverluste ein, die im Einzelfall 25% übersteigen können. Bei Winter- und Sommergerste wirkt sich Blattbefall in der Jugendentwicklung besonders nachteilig auf die Bestandesdichte und die Kornzahl/Ähre aus. Bei Weizen kann der Ährenbefall mit einer Reduktion des Korngewichtes den Ausschlag geben. Häufig werden die Auswirkungen eines leichten und mittleren Blattbefalls unterschätzt, zumal die Pflanzen keine auffälligen, negativen Folgen erkennen lassen; trotzdem kann die Assimilationsleistung soweit vermindert sein, daß vermeidbare Ertragsverluste entstehen.

Symptome

Der Befall durch Echten Mehltau äußert sich am auffälligsten durch die Bildung weißer, mehliger Pusteln auf den Assimilationsorganen. Sie gewinnen rasch an Größe, nehmen elliptische Formen an, können zusammenfließen und eine mehr oder weniger große Oberfläche auf Blättern und Blattscheiden bedecken. Ältere Mehltaupusteln werden zu pelzigen, graubraunen Belägen, in denen die als kleine schwarze Punkte erkennbaren Fruchtkörper (Cleistothecien) entstehen. Wintergerste wird oft bereits sehr frühzeitig befallen. Erste Symptome zeigen sich an dichten Stellen im jungen Bestand, zum Teil als punktartige chlorotische Verfärbungen. An alten Befallstellen können die Pusteln durch Regen abgewaschen werden und es bleiben nekrotische Flecke zurück. Befallene Pflanzenorgane vergilben und sterben vorzeitig ab. Starke Herbstinfektionen führen zu Minderung der Bestandesdichte und erhöhen die Auswinterungsgefahr. Mit zunehmendem Alter steigt die Toleranz des Blattgewebes. Bei Gerste, Roggen und Hafer sind hauptsächlich die Blattspreiten betroffen, bei Weizen auch Blattscheiden, Nachschosserhalme und Ähren. Ährenmehltau führt zu Spelzenverbräunungen und ist mitunter nur anhand von Mycelresten zwischen den Blütchen eindeutig zu identifizieren (Farbtafel 2, S. 50).

Biologie des Erregers

Erysiphe graminis ist ein obligater Parasit, dessen Thallus sich weitgehend auf der Oberfläche von Assimilationsgewebe des Wirtes entwickelt und durch Haustorien aus den Epidermiszellen Nahrung entzieht. An den eng verzweigten, oberflächlichen Hyphen bilden sich dicht nebeneinander einfache Sporenträger mit keuliger Basalzelle, an denen Sporenketten mit etwa acht, zunächst fest aneinander haftenden Konidien entstehen. Nur die jeweilige Spitzenkonidie wird reif, trennt sich ab und wird durch Luftturbulenz abgeweht. Die ovalen, hyalinen Konidien haben nur geringe Oberflächenstrukturen und eine Größe von 25 bis 30 × 12 bis 15 µm (Abb. 6, a). Der Pilz ist heterothallisch; in alternden Mycelien und mit zunehmender Seneszenz des Pflanzengewebes werden Sexualorgane (Antheridien, Ascogonien) gebildet und es entstehen die im Mycel eingelagerten, zunächst hellbraunen, später schwarzen, kugeligen, derbwandigen Cleistothecien (∅ 200 µm). Sie besitzen mycelartige Appendices und enthalten bis zu 25 Asci mit jeweils 8, seltener 4 einzelligen, ovalen Ascosporen (20 bis 24 × 10 bis 14 µm) (Abb. 6, b). Ihre Reifung ist stark witterungsabhängig und wird nach vorausgehender Trockenheit durch hohe Feuchte (Regen) und Temperaturen unter 20 °C gefördert. Die Fruchtkörper reißen bei Nässe auf, die Ascosporen werden aktiv ausgeschleudert.

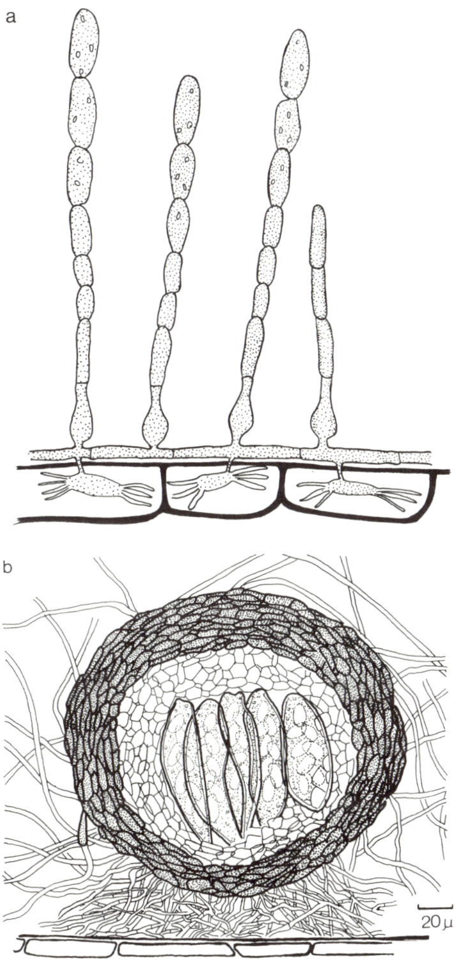

Abb. 6. *Erysiphe graminis.* a = Konidienbildung, Haustorien in Epidermiszelle, b = Cleistothecium mit Asci und Ascosporen (schematisch).

Die Infektion verläuft in mehreren Stadien; die Konidien keimen mit kurzem Keimschlauch, an dem sich das primäre Appressorium bildet. Nach seiner Reifung tritt eine schmale Infektionshyphe aus, welche durch die Kutikula und Zellwand in eine Epidermiszelle vordringt und zu einem fingerartig verzweigten Haustorium auswächst. Aus sekundären Hypheninitialen wächst auf der Pflanzenoberfläche bei fortlaufender Neubildung von Appressorien und Haustorien in benachbarten Zellen ein lockeres, verzweigtes Mycel zu einer Mehltaupustel heran. Unter optimalen Bedingungen kann Keimung und Appressorienbildung innerhalb von 4 Stunden, die Penetration etwa 10 Stunden nach der Inokulation erreicht sein, nach 16 Stunden werden Haustorien sichtbar, die nach 34 bis 36 Stunden voll ausgebildet sind und in einer sackähnlichen Einstülpung des Wirtszytoplasmas liegen; sie enthalten Zellkern, Mitochondrien, Vakuolen und endoplasmatisches Retikulum; der Hals ist an der Wirtszellwand von einem Kragen umgeben und wird durch ein Septum abgeschlossen. Das Eindringen der Infektionshyphe erfolgt durch enzymatischen Abbau der Kutikula und Zellwand im Spitzenbereich und mechanischen Druck, wobei auch Schichtmaterial an der Unterseite der Epidermiswand (Papille), welches der Wirt während der Appressorienbildung abgelagert hat, durchstoßen wird.

Die Konidienkeimung kann im Bereich von nahe 0 bis 30 °C erfolgen, das Optimum liegt um 20 °C bei 100% relativer Feuchte. Bei geringerer Feuchte ist die Keimung verzögert möglich, da die Konidien bis zu 70% Wasser enthalten, durch Abbau von Lipiden dieses zusätzlich freisetzen und hohe Wasserhaltekraft aufweisen. Das Keimschlauchwachstum verläuft optimal bei 25 °C, jedoch unterhalb von 98% relativer

Feuchte nur gering. Der Erreger ist an die täglichen Mikroklimaschwankungen im Bestand gut angepaßt, zumal Temperatur- und Feuchtewechsel die Zeitdauer und Rate der Keimung günstig beeinflussen. Die Lebensfähigkeit der Konidien ist auf wenige Tage begrenzt; hohe Keimraten ergeben sich nur bei günstiger Reproduktion. Die Inkubationszeit beträgt etwa 3 bis 5 Tage bei 20 °C und verzögert sich auf 14 Tage bei 5 °C. Bei höheren Temperaturen (25 bis 30 °C) tritt meist keine Pustelbildung ein; die Pflanzen reagieren mit chlorotischen Flecken, die schwache Haustorienentwicklung ermöglicht kein ausreichendes Wachstum sekundärer Hyphen.

Die Konidienbildung verläuft optimal bei 20 °C und 100% relativer Feuchte, innerhalb weniger Stunden reift die Spitzenkonidie heran und kann frei werden; bei höheren und niedrigeren Temperaturen nimmt die Sporulation stark ab und wird durch Benetzung der Pusteln (Tau, Regen) zeitweise unterbrochen. Die passive Freisetzung und Ausbreitung der Konidien wird durch trokkene Blattflächen, höhere Temperaturen, geringere relative Luftfeuchte, kurze Windstöße und leichten, kurzen Regenfall gefördert. Der Konidiengehalt der Luft ist im befallenen Bestand meist hoch, darüber jedoch relativ niedrig; das Maximum wird am frühen Nachmittag erreicht (diurnale Periodizität). Die Hauptsporenmasse wird in kurzer Distanz abgelagert; trotzdem ist der Transport durch Winde über Hunderte Kilometer innerhalb von 24 Stunden möglich (England → Dänemark; Nord- → Süddeutschland). Schwere Regen entfernen die Konidien aus der Luft und schädigen Mycel und Konidienträger; der Aufbau einer neuen Sporengeneration nimmt 3 bis 5 Tage in Anspruch. Die Entwicklung der Erregerpopulation kann im Bestand explosionsartig geschehen, da unter günstigen Bedingungen bereits 2 Generationen (10 Tage) für den Beginn einer Epidemie ausreichend sind.

Während der warmen, trockenen Sommermonate überdauern die Cleistothecien an Pflanzen oder Stoppelresten; in semiariden Gebieten kann sich diese Periode über fünf Monate erstrecken. Kühles, regenreiches Wetter im Herbst induziert die Differenzierung und Verbreitung von Ascosporen. Sie infizieren Auflaufgetreide, frühe Herbstsaat oder in gewissen Regionen Wildgräser. Die Überwinterung gelingt in vegetativer Form an lebendem Wirtsgewebe. Hierbei entsteht in kälteren Gebieten eine Art „Ruhemycel"; Schneeschichten begünstigen das Überleben. In milden Wintern kann Sporulation und Befallsausweitung während kurzer Perioden ohne Frost eintreten. Eine Cleistothecienüberwinterung erfolgt auch in maritimen Gebieten nicht; Ascosporen werden maximal bis Februar nachgewiesen.

Der Befall durch Echten Mehltau führt zu deutlichen physiologischen Veränderungen im Assimilationsgewebe. Neben einer Atmungssteigerung mit besonderer Aktivierung des Pentosephosphatweges, aus Gründen eines erhöhten Energiebedarfes, erfolgt Abbau von Chloroplasten, Änderung des Proteinmusters mit der Anreicherung von Amiden und Ammonium-Ionen, verstärkte Mobilität und gesteigerter Transfer von Nährstoffen (Zucker, Aminosäuren, organischer Säuren, Phenole, Phosphate, Calcium) zum Befallsort. Bei stärkerem Befall nimmt auch die kutikuläre Transpiration zu. Die geringere Photosyntheseleistung führt zur Reduktion von Wurzel- und Sproßwachstum, Minderung der Bestokkung und der Einlagerung von Assimilaten mit entsprechenden Auswirkungen auf den Ertrag.

Wirtskreis

Erysiphe graminis parasitiert auf einer großen Zahl verschiedener Gramineen. Neben Weizen, Gerste, Hafer und Roggen werden auch die meisten heimischen Wildgräser befallen. Die Getreidearten wärmerer Zonen (Reis, Mais und Hirse) zählen nicht zum Wirtskreis. Die Spezifität des Parasitismus ist die Grundlage für die Unterscheidung von formae speciales (z. B. ff. sp. *tritici, hordei, avenae, secalis* und andere), die jedoch nicht überall nur auf eine Gattung beschränkt bleiben. Während in Mitteleuropa Wildgräser kaum Nebenwirte für die verschiedenen Formen des Getreidemehltaus sind, werden in Israel Arten aus zahlreichen Gattungen befallen, wobei auch Hybridisierungen zwischen den ff. sp. vorkommen. Kreuzungen zwischen ff. sp. *agropyri, tritici* und *hordei* sind nachgewiesen. Allgemein liegt Kreuzungsinkompatibilität vor und zudem sorgt ein Virulenzverlust nach Hybridisierung für die Konstanz der Wirtsspezialisierung. Innerhalb der formae speciales sind zahlreiche physiologische Rassen auf Testsortimenten identifiziert worden. Ihre Häufigkeit in einer Region steht in engem Zusammenhang mit

den Resistenzeigenschaften des angebauten Sortenspektrums und unterliegt starken Schwankungen. Durch Mutationen und die regelmäßige Hybridisation, auch zwischen verschiedenen Rassen, kommt es leicht zu Virulenzgenkombinationen, die eine rasche Anpassung an Sorten mit neuen und mehreren Resistenzgenen ermöglichen; Virulenzänderungen können sich auch nach Fusion keimender Konidien mit Hyphen einer Mehltaupustel ergeben.
Der Widerstandsfähigkeit gegen Echten Mehltau können verschiedene qualitativ-quantitativ wirkende Mechanismen zugrunde liegen. Sie verhindern oder verzögern das Eindringen der Infektionshyphen, die Ausbildung der Haustorien, Entwicklung sekundärer Hyphen und die Sporulation. Die Reaktionen laufen in der invadierten Zelle oder den benachbarten Mesophyllzellen ab. Sie reichen von einer Papillenbildung (Callose) am Infektionsort, als Ausdruck einer allgemeinen Resistenz, über eine Einkapselung der Haustorien, den Kollaps des Zytoplasmas bis zum Absterben der benachbarten Mesophyllzellen. Die Wirt-Parasit-Interaktionen werden von Resistenz- bzw. Virulenzgenen kontrolliert. Es wird angenommen, daß dominante Virulenzgene mit dominanten Resistenzgenen zu inkompatiblen Reaktionen (Resistenz) führen. Während Anfälligkeit eine weniger spezifische Beziehung zwischen Pathogen und Wirt zu sein scheint, wird auf eine gezielte Erkennung der korrespondierenden Genwirkungen bei der Inkompatibilität geschlossen. Wichtige, in die praktische Züchtung eingeführte Resistenzgene bei Gerste sind Mla 4 (Lyallpur 3645), Mla 6 *(H. spontaneum nigrum)*, Mla 9 (Monte Cristo), Mla (arabische), Mlg (Pflug's Intensiv), Mln (Ragusa B), Mlv *(Hordeum laevigatum)*. In oder um den Mla-Locus am Chromosom 5 liegt ein Bündel von etwa 20 eng gekoppelten Resistenzgenen. Mla, Mlg und Mlp wirken auf die Häufigkeit der Penetration; die Eindringungsresistenz steigt bei anfälligen und resistenten Systemen mit dem Zellalter. Beim Weizenmehltau verhindern die Gene Pm_1 und Pm_4 die Bildung makroskopischer Symptome, Pm_2 besitzt Einfluß auf die sekundäre Haustorienbildung mit Zellkollaps (Hypersensibilität), Pm_3 hat Wirkungen auf Frühstadien der Infektion. Resistenz gegen Hafermehltau liegt in *Avena strigosa* ssp. *hirtula* und *A. ludoviciana* vor. Neben sogenannten Hauptgenen kann eine Vielzahl von Nebengenen angenommen werden, sie haben meist pleiotrope Wirkung.
Bei bestimmten Sorten-Rassenkombinationen wird die Konidienbildung soweit verzögert, daß sich eine Mehltauepidemie im Bestand nur langsam auf eine mittlere Höhe ausrichtet. Bei Gerste und Hafer ist eine Altersresistenz bekannt, die ebenfalls negativ auf die Infektionsrate und Sporulation einwirkt, und der eine längere Persistenz zugesprochen wird. Resistenzverschiebungen sind unter anderem durch Ernährungs-, Temperatur- und Lichtverhältnisse möglich. Die Infektion mit einer virulenten Rasse kann die physiologischen Bedingungen lokal im Wirtsgewebe soweit verändern, daß es z. B. anfällig gegen andere formae speciales oder bisher avirulente Rassen wird.

Bekämpfung

Das Auftreten des Echten Mehltaus wird durch Kulturbedingungen beeinflußt, daher sind akker- und pflanzenbauliche Maßnahmen zur Begrenzung von Ertragsminderungen beachtenswert. Steigende N-Versorgung führt, auch bei wiederholten geringen Gaben, zur Erhöhung des Befallsrisikos durch Minderung der natürlichen Abwehrkräfte und Änderung des Mikroklimas (dichte Bestände). Nach der Einwirkung von Herbiziden kann vorübergehend eine erhöhte oder verminderte Prädisposition vorliegen. Die Verbesserung des Flächenertrages durch verstärkte Mineraldüngung ist in befallsgefährdeten Gebieten und bei befallsfördernder Witterung unmittelbar von der Effektivität der direkten Mehltaubekämpfung abhängig.
Auf Böden mit häufiger Stallmistdüngung wird wegen der Verbesserung des Wasserhaushaltes, langsamer Freisetzung von N und gleichmäßiger Versorgung mit sonstigen Mineralstoffen allgemein ein geringerer Mehltaubefall festgestellt, der jedoch nicht immer unter der Schadensgrenze liegt. Phosphatdüngung hat eine uneinheitliche Wirkung, Kalimangel ergibt erhöhte Anfälligkeit. Frühsaaten der Winterung und Spätsaaten der Sommerung leiden am stärksten unter Mehltau. Unter gewissen Umständen kann die Anpassung des Saattermines zu einer Minderung der Verluste durch Mehltau beitragen, jedoch hat die Aussaatzeit unabhängig vom Krankheitsbefall großen Einfluß auf den Ertrag, so daß verschiedene Risiken gegeneinander abzuwägen sind.

Die Verhütung des Krankheitsbefalls durch Ausschalten von Infektionsquellen (z. B. Anbauverbot von Winterung) ist wegen der großräumigen Ausbreitung des Erregers nicht sinnvoll. Die Ausnutzung von Hyperparasitismus (*Ampelomyces*-Arten) findet Beschränkung durch die verschiedenen ökologischen Ansprüche von Parasit und Hyperparasit. Lange Jahre war der Anbau resistenter Sorten die wichtigste Maßnahme. Mit der zunehmenden Verbreitung von Sorten mit monogen bedingter Resistenz wirkten sich Änderungen in der parasitischen Potenz der Erregerpopulation aus, d. h., die Sorten wurden durch neue Rassen befallen. Multiline-Sorten könnten ein zukünftiger Weg zur besseren Ausnutzung von Resistenzgenen sein, jedoch ist das Risiko der Entstehung komplexer Erregerrassen noch nicht abschätzbar.

Eine gezielte, direkte Bekämpfung des Echten Mehltaus durch Fungizideinsatz ist erstrebenswert. Jedoch ist die zuverlässige Voraussage des Befallsverlaufes während kritischer Entwicklungsstadien in einzelnen Getreidebeständen noch nicht möglich. Zudem sind die Beziehungen zwischen Krankheitsbefall und Ertragsminderung noch nicht soweit abzuschätzen, daß sie zusammen mit der Befallsprognose als Grundlagen für die Entscheidung über Pflanzenschutzmaßnahmen dienen können. Hierzu wäre eine Beurteilung der Reaktion von Pflanzenart und Sorte, der Einflüsse örtlicher Anbaubedingungen, meteorologischer Faktoren, der epidemiologischen Potenz der Erregerpopulation und der Effektivität von Pflanzenschutzmaßnahmen notwendig, wobei nicht nur eine akute Situation zu beurteilen ist, sondern eine längere Vorhersage des Zusammenspiels aller Einflußgrößen notwendig wird. Bisher erarbeitete Prognosemethoden geben nur einen groben Anhalt und entbinden den Anbauer nicht von einer örtlichen Entscheidung über die zu treffenden Maßnahmen.

Zur direkten Bekämpfung können seit wenigen Jahren auch Fungizide mit systemischer, kurativer Wirkung eingesetzt werden, nachdem zuvor nur elementarer Schwefel oder schwefelhaltige Verbindungen für protektive Maßnahmen zur Verfügung standen. Als Beizmittel können Baytan UT bzw. Baytan Special (Mehltaukomponente Triadimenol) besonders bei Gerste in alljährlichen Befallslagen Anwendung finden; Milstem (Ethirimol) ist bei Sommergerste zugelassen. Regen, Trockenheit und die Absorption an organisches Material (Moorböden) können die Aufnahme des Wirkstoffes durch die Pflanze beeinträchtigen. Für die direkte Mehltaubekämpfung unter Berücksichtigung der akuten Befallslage stehen für Weizen, Gerste und Roggen Bayleton (Triadimefon), für Gerste und Weizen Desmel (Propinonazol), für Gerste Saprol (Triforin) und Trimidal (Nuarimol), gegen Blattbefall an Gerste und Weizen Calixin (Tridemorph), für Gerste und Ährenbefall an Weizen Milgo E (Ethirimol) zur Verfügung. Gegen Ährenbefall an Weizen haben sich ebenfalls Mischpräparate mit Captafol und einem Mehltauwirkstoff (Präparate: Topadin, Tilt, Furesan, Bayleton DF, Desmel plus) bewährt. Bei Gerste ist die Fungizidanwendung lohnend, wenn Befall in frühen Entwicklungsstadien (Bestockung bis Schoßbeginn) einsetzt; bei Weizen werden Empfehlungen erst bei höherem Blattbefall und bei Übergang auf die Ähren gegeben. Bei stärkerer Entwicklung der Weizenbestände im Herbst sollten negative Auswirkungen eines Mehltaubefalls nicht unterschätzt werden; bei starkem Befallsdruck und hochanfälligen Sorten können Saatgutbeizung und Bestandsbehandlung notwendig werden, wobei additive Effekte zu erwarten sind. Zur Bestimmung des Behandlungstermines sind Befallskontrollen erforderlich. Die Wirtschaftlichkeit der Maßnahmen hängt auch von der Sortenreaktion ab; bei anfälligen Sorten (Wintergerste: 'Espe', 'Mirra'; Sommergerste: 'Carina', 'Villa'; Winterweizen: 'Caribo', 'Domus', 'Dietrich'; Sommerweizen: 'Janus', 'Kolibri', 'Justin' und anderen) wird sich der Bekämpfungserfolg besonders auswirken. Fungizide vermögen zwar auch hochanfällige Sorten zu schützen; für die Zukunft sollte eine sinnvolle Ausnutzung der Feldresistenz mit begrenztem Einsatz von Bekämpfungsmitteln bei Berücksichtigung der Wirtschaftlichkeit angestrebt werden.

Literatur

Ellingboe, A. H., 1972: Genetics and physiology of primary infection by *Erysiphe graminis*. Phytopathology **62**, 401–406. – Eshed, N., Wahl, J., 1970: Host ranges and interrelations of *Erysiphe graminis hordei, E. graminis tritici* und *E. graminis avenae*. Phytopathology **60**, 628–634. – Hyde, P. M., Colhoun, J., 1975: Mechanisms of resistance of wheat to *Erysiphe graminis* f. sp. *tritici*. Phytopath. Zeitschr. **82**,

185–206. – MOSEMAN, J. G., 1966: Genetics of powdery mildews. Ann. rev. Phytopath. 4, 269–290. – SPENCER, D. M. (Edit.), 1978: The powdery mildews. Academic Press, London, New York, San Francisco, 565 pp.

1.2.5 Septoria – Blatt- und Ährenkrankheiten
(Septoria diseases, glume blotch)

Erreger

1. *Septoria nodorum* (Berk.) Berk. (Perfektstadium: *Leptosphaeria nodorum* E. Müller).
2. *Septoria avenae* f. sp. *triticea* Johnson (Perfektstadium: *Leptosphaeria avenaria* f. sp. *triticea* Johnson).
3. *Septoria tritici* Rob. ex Desm.
4. *Septoria avenae* f. sp. *avenae* Frank (Perfektstadium: *Leptosphaeria avenaria* f. sp. *avenaria* Weber).
5. *Septoria passerinii* Sacc.
6. *Septoria secalis* Prill. et Delacr.

Systematische Stellung

Konidienform: Deuteromycotina, Coelomycetes, Sphaeropsidales.
Perfektstadium: Ascomycotina, Loculoascomycetes, Pleosporales, Pleosporaceae.

1. Septoria nodorum

Erreger einer Blattfleckenkrankheit und Spelzenbräune.

Verbreitung, wirtschaftliche Bedeutung

Der Erreger scheint weltweit verbreitet zu sein, die Krankheit tritt aber vornehmlich in kühleren, feuchten Gebieten und in regenreichen Sommern auf. Die Ertragsausfälle können bei Befall der Ähre kurz nach dem Ährenschieben sehr beträchtlich sein und erreichen nicht selten bis über 30%. Blattbefall hat häufig nur geringe Auswirkungen auf den Ertrag; starke Infektionen an Blättern am Ende der Halmentwicklung oder Beginn der Blüte werden in ihrer Bedeutung jedoch meist unterschätzt. Die Bestandesdichte bleibt unbeeinflußt, in geringerem Maße die Kornzahl/Ähre; hauptsächlich wird das Korngewicht vermindert. In wärmeren Gebieten wird auch dem Befall der Keimlinge Bedeutung beigemessen. Spelzenbräune in späten Stadien der Kornausbildung wirkt sich nur bei hohem Infektionsdruck, d. h. bei längerem Lager oder anhaltendem Regen, auf Ertrag und Qualität aus.

Symptome

Die Krankheit kann sich bereits im Keimlingsstadium an einem schlechten Feldaufgang bemerkbar machen. Die Keimpflanzen zeigen auf der Koleoptile knotenartige, braungefärbte Gewebeanschwellungen und besitzen verminderte Triebkraft. Koleoptile und Sproß sind verkürzt und gekrümmt. Auf den Blättern und Blattscheiden bilden sich zunächst weniger auffällige, ovale, 1 bis 2 × 1 mm große braune Nekrosen, die zu größeren Komplexen zusammenfließen. Das Blattgrün hellt sich um die Befallsstellen auf und die Blätter sterben vorzeitig ab. Die Verfärbungen gehen später auf die Halmknoten und Halme über und werden besonders auffällig an den Spelzen. Hier entstehen mehr oder weniger große, braune, teilweise grauviolette Flecke von unterschiedlicher Form, welche diffus vergilbend in das gesunde Gewebe übergehen. Das Symptom wird als Braunfleckigkeit oder Spelzenbräune

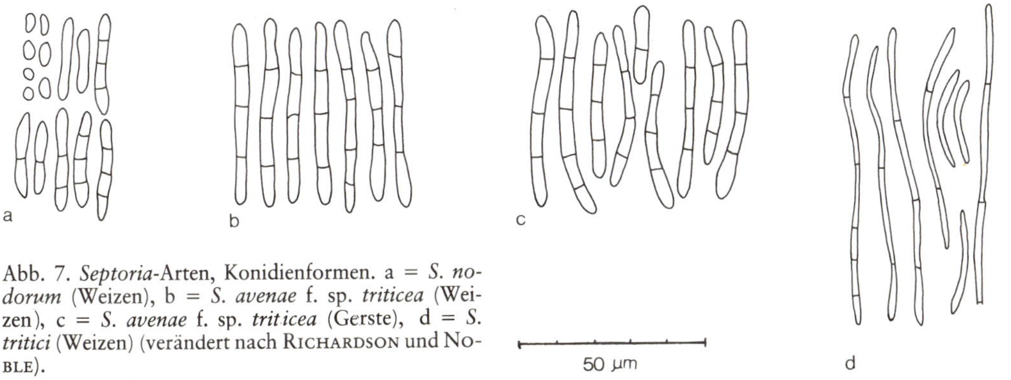

Abb. 7. *Septoria*-Arten, Konidienformen. a = *S. nodorum* (Weizen), b = *S. avenae* f. sp. *triticea* (Weizen), c = *S. avenae* f. sp. *triticea* (Gerste), d = *S. tritici* (Weizen) (verändert nach RICHARDSON und NOBLE).

charakterisiert (Farbtafel 2, S. 50). In dem abgestorbenen Blatt- oder Spelzengewebe werden bei feuchter Witterung kleine, durchscheinende, später dunkle Sporenbehälter (Pyknidien) in großer Zahl gebildet. Befallene Bestände reifen früher ab, lagerndes Getreide kann bei Regen innerhalb weniger Tage stark erkranken, so daß Schmacht- und Kümmerkorn die Folgen sind.

Biologie des Erregers

Septoria nodorum bildet in das Pflanzengewebe eingesenkte, kugelige, 160 bis 210 μm große Pyknidien mit zunächst durchsichtiger, später dunkler Wandung. Die Pyknosporen sind zylindrisch, hyalin, 1 bis 4zellig und 15 bis 34 × 2,5 bis 4 μm groß (Abb. 7, a). Sie treten bei hoher Luftfeuchtigkeit in Schleimranken aus den Öffnungen der Fruchtkörper hervor und behalten in diesen für längere Zeit ihre Keimfähigkeit. Die dunklen, kugeligen Perithecien (160 bis 250 μm) bilden sich in infizierten, oberflächlichen Strohresten während des Herbstes. Sie entstehen in Gruppen durch ein Stroma verbunden und enthalten Asci mit vierzelligen, beiderseits zugespitzten Ascosporen (20 bis 26 × 4 μm), deren zweite Zelle verdickt ist. Mitunter werden Mikropyknidien mit Mikrosporen nachgewiesen; *S. nodorum* scheint heterothallisch zu sein. Nach mittlerem bis starkem Regen werden die Ascosporen im späten Herbst, meist aber im März bis April ausgeschleudert und keimen bei niedrigen Temperaturen. Ihre epidemiologische Bedeutung ist im Vergleich zu den Pyknosporen gering, sie können aber zu einer Verbreitung über größere Distanz beitragen.

Durch den Spelzenbefall gelangen die Sporen des Erregers an den Samen, bzw. auskeimendes Mycel dringt in die Testa ein und wird mit dem Saatgut übertragen. Die Saatgutverseuchung kann sortenmäßig unterschiedlich sein und hält auch bei trockener Lagerung mehrere Monate an. Nach regenreichen Sommern wird Samenbefall von über 50% nicht selten erreicht; unterhalb von 20% Verseuchung soll die Keimungsrate weniger reduziert sein, jedoch wird die Triebkraft bei niedrigen Temperaturen geschwächt. Epidemiologisch wird die Saatgutverseuchung unterschiedlich bewertet; da sie durch Beizmittel nicht vollständig auszuschalten ist, sollte sie nicht unterschätzt werden. Der Befall des Saatgutes kann an Keimproben durch die Knotenbildung an der Koleoptile und braunen, lokalen Verfärbungen nachgewiesen werden.

Eine wesentliche Überdauerung findet auf Ernterückständen statt, dabei sind die Überlebenschancen auf Pflanzenresten im Boden nur gering, an der Oberfläche jedoch günstig. Bei kühler, feuchter Witterung bleiben die Pyknidien 6 bis 8 Monate lebensfähig, die Sporenbildung wird durch häufigen Regen stark gefördert. In trockenen Pflanzengeweben kann der Pilz zwei Jahre und länger überstehen. Oberflächlich verbleibende Ernterückstände sind die wichtigste Quelle des Inokulums, auch auf Nebenwirten (Gräser) oder abgestorbenem Gewebe von Nichtwirtspflanzen kann sich Überdauerung und Vermehrung ergeben.

Die Primärinfektionen an Keimpflanzen und die Sekundärinfektionen bis zur Gelbreife gehen von Pyknosporenmassen aus, die durch Regenspritzer verbreitet werden. Einzelsporen bleiben nur kurzfristig lebensfähig. Ihre Keimung verläuft in weitem Temperaturbereich (5 bis 37 °C; optimal 20 bis 25 °C) bei 98 bis 100% relativer Luftfeuchte. Tropfbar flüssiges Wasser ist nicht notwendig, jedoch fördern die im Sporenschleim vorliegenden Aminosäuren bei wäßriger Verdünnung den Keimvorgang, in höheren Konzentrationen liegt Hemmung vor. Der Pilz dringt durch die intakte Epidermis und über Stomata in die Pflanze ein; die Infektion kann oberhalb 10 °C innerhalb von drei Stunden vollzogen sein. Die Inkubationszeit hängt stark von den Umweltbedingungen ab; bei optimalen Verhältnissen (23 °C; 100% relativer Feuchte) tritt Sporenbildung nach 6 Tagen ein. Eine Reduktion der Feuchteperiode auf 12 Stunden verzögert um 5 Tage; unterhalb von 95% relativer Feuchte bleibt die Sporulation aus, auch die Symptomentwicklung bleibt gering. Blattnässedauer und Temperatur sind die wesentlichen Faktoren der asexuellen Vermehrung, daher treten Epidemien auch bei häufigen, kurzen Feuchteperioden auf, wobei die Höhe der Niederschläge zweitrangig ist. Durch mehrfaches Anfeuchten und Abtrocknen der Blätter werden immer wieder neue Sporen aus den Pyknidien ausgestoßen. Die Sporenbildung wird durch Licht (350 nm) induziert; Dauer und Intensität des Lichtes haben Einfluß auf die Zahl der Fruchtkörper im infizierten Gewebe und ihre Sporenmenge. Während im Feldbestand auf grünen Blättern eine Sporengeneration in 11 bis 14 Tagen heran-

wächst, erfolgt dies auf totem Gewebe innerhalb von 4 bis 5 Tagen. Der saprophytischen Fähigkeit des Erregers kommt daher große Bedeutung für den Aufbau des Inokulums zu. Faktoren, welche die Seneszens des befallenen Gewebes fördern, begünstigen auch die Sporulation, die mit steigendem Blattbefall daher zunimmt. Pollenablagerungen auf Blättern von Roggen wirken positiv auf die Infektion und Symptomausprägung.
Infektionen an den Spelzen setzen meist mit dem Ährenschieben ein und vollziehen sich rasch, zum Teil erfolgt der Befall durch Mycel über die Blattscheiden. Je früher die Ähre erfaßt wird, um so höher werden die Ertragsminderungen; von der Gelbreife ab bleiben die Auswirkungen gering, jedoch ist noch mit einer Kontamination der Samen zu rechnen. Das Übergreifen des Erregers von den Blättern auf die Ähren wird durch Halmverkürzung (CCC-Anwendung) begünstigt. Frühzeitiges Lagern zieht häufig schwere Ähreninfektionen nach. Starke N-Düngung verzögert die Abreife und erhöht damit die Infektionschancen. Mit der Verbräunung der Spelzen sinkt die Photosyntheseleistung und die Translokation der Assimilate wird reduziert, so daß die Kornausbildung stark leidet.

Wirtskreis
Septoria nodorum tritt vornehmlich an Weizen auf; an Gerste werden meist nur Blattflecke gebildet und der Ährenbefall bleibt gering, auch bei Roggen sind nur Blattläsionen zu finden. Der Wirtskreis umfaßt eine größere Zahl von Gramineenarten, von denen *Poa pratensis, Poa annua, Agropyron repens* und *Lolium perenne* zu erwähnen sind. Ihre Bedeutung als Nebenwirte und Quelle des Inokulums wird gering eingeschätzt. Viele Erregerherkünfte scheinen wenig spezialisiert zu sein, gewisse Anpassungen an bestimmte Wirtsarten sind jedoch nachgewiesen. An Gerste treten auch spezialisierte Rassen auf, die als *S. nodorum* f. sp. *hordei* beschrieben werden; für die übrigen Herkünfte wurde die Bezeichnung *S. nodorum* f. sp. *nodorum* vorgeschlagen.
Hohe Resistenz gegen Spelzenbräune liegt bei Weizen nur selten vor; einzelne Sorten zeigen geringeren Ertragsabfall trotz starker Infektionen (Toleranz), andere sind deutlich sensitiver; meist liegt mittlere Anfälligkeit vor. Zu den Sorten mit weiter Befall-Verlust-Relation oder geringer Anfälligkeit werden 'Probus', 'Hinal', 'Renega', 'Relin', 'Granat', 'Maris Totem', 'Maris Widgeon', 'Magnet', 'Nimbus', 'Bongo' gestellt. In 'Atlas 66' wurde ein dominantes Resistenzgen nachgewiesen, auch *Triticum timopheevi* enthält resistente Herkünfte.

Bekämpfung
In befallsgefährdeten Lagen und in regenreichen Sommern können durch acker- und pflanzenbauliche Maßnahmen, wie Verwendung gesunden Saatgutes, Anbau toleranter Sorten, Beizung, Fruchtfolge, Vermeidung hoher Mineraldüngergaben oder Verzicht auf Halmverkürzungsmittel, Ernteverluste nicht ausreichend vermieden werden. Gebiets- und jahrweise wird eine chemische Behandlung erforderlich werden, wobei neben der Verhütung des parasitären Lagers (s. Halmbruchkrankheit, Seite 38) besonders der Schutz gegen Ährenbefall durch *Septoria*-Arten anzustreben ist. Eine Prognose des Krankheitsauftretens bereitet Schwierigkeiten, da die Symptomentwicklung vor dem Ährenschieben meist wenig auffällig ist. Die Berücksichtigung des Witterungsverlaufes (Blattnässedauer), insbesondere während der Schoßphase und des Ährenschiebens, gibt Hinweise auf die Befallswahrscheinlichkeit. Auch der Zeitpunkt erster Symptome an den Ähren kann für die Entscheidung über den notwendig werdenden Einsatz von Fungiziden herangezogen werden. Der beste Bekämpfungserfolg wird derzeit durch Anwendung von Captafol (Ortho Difolatan) erzielt. Viele zugelassene Captafol-haltige Präparate stellen Mischungen mit einem Wirkstoff gegen Echten Mehltau dar (+ Halacrinat = Tilt; + Pyrazophos = Furesan; + Triadimefon = Bayleton DF; + Propinonazol = Desmel plus); Drawitek (Chaptafol + Thiabendazol) besitzt Zulassung gegen Spelzenbräune und Halmbruchkrankheit.
Die Anwendung der Präparate gegen *Septoria*-Befall wird allgemein zu Beginn bis Ende des Ährenschiebens (51 bis 59) empfohlen. In besonderen Fällen, bei anhaltenden Niederschlägen zu dieser Zeit, kann eine Behandlung zu Beginn oder Ende der Blüte noch sinnvoll sein. Allerdings kann man bei Spritzungen in die Blüte Befruchtungsstörungen nicht ausschließen. Beginnende Infektionen in der Teig- bis Gelbreife wirken sich nicht so ertragsmindernd aus, daß Fungizideinsatz notwendig wäre. Der Aufbau

der *Septoria*-Population kann deutlich verzögert werden durch Behandlungen vor dem Ährenschieben (30 bis 37). In starken Befallslagen, insbesondere bei Sommerweizen, dürften sich zwei Applikationen (30 bis 37 + 51 bis 59) mit voller Dosis empfehlen, da die Ährenbehandlung häufig nur einen Teil der Verluste verhindern kann.

2. Septoria avenae f. sp. triticea
Erreger einer Blattfleckenkrankheit und Spelzenbräune

Verbreitung, wirtschaftliche Bedeutung
Das Verbreitungsgebiet scheint sich mit dem von *S. nodorum* zu decken. Allerdings wird häufig ein geringerer Anteil an der Erregerpopulation festgestellt. In den USA zeigte sich ein Anstieg von *S. avenae* f. sp. *triticea* in der Phase des Ährenschiebens bei Sommerweizen, so daß diese Art häufiger als *S. nodorum* nachzuweisen war. Die wirtschaftliche Bedeutung beider Arten ist daher generell gleichzustellen, obgleich lokale Unterschiede nicht auszuschließen sind.

Symptome
Das Krankheitsbild ist weitgehend identisch mit den durch *S. nodorum* erzeugten Symptomen. Diese Übereinstimmung hat verbreitet zu der Ansicht geführt, daß für die Spelzenbräune nur *S. nodorum* verantwortlich sei. In manchen Gebieten werden vornehmlich nur Blattläsionen nachgewiesen, in den USA und in regenreichen Gebieten Mitteleuropas ist auch Ährenbefall häufiger.

Biologie des Erregers
Soweit bekannt verläuft der Lebenszyklus wie bei *S. nodorum,* auch Samenübertragung ist nachgewiesen. Das regional unterschiedliche Auftreten kann zur Zeit nicht auf verschiedene ökologische Ansprüche zurückgeführt werden. *Leptosphaeria avenaria* f. sp. *triticea* ist eine homothallische Art, so daß die höhere Fruchtform häufiger beobachtet wird. Die Perithecien können sich in abreifenden Weizenbeständen im Spätsommer (Sommerweizen) oder an Strohresten und Stoppeln im Herbst bilden. Ihre Entwicklung setzt eine längere Periode hoher Lichtintensität voraus. Die Fruchtkörper werden subepidermal angelegt, sind schwarz, kugelig (100 bis 200 µm) und brechen aus der Epidermis hervor. Die keuligen Asci enthalten zweireihig gelagerte, spindelförmige, 4zellige Ascosporen (19 bis 25 × 4 bis 6 µm). Die Pyknidien stimmen mit *S. nodorum* überein, die Sporen sind länger (35 bis 40 µm) und regelmäßiger zylindrisch geformt (Abb. 7, b, c). Dieses Merkmal ist jedoch recht variabel, so daß eine Identifizierung anhand der Konidienmorphologie problematisch bleibt. Zur sicheren Unterscheidung ist die Kultur auf Differentialnährböden und die Erfassung des Perfektstadiums notwendig.

Wirtskreis
Der Erreger wurde an Weizen, Gerste und Roggen nachgewiesen. Allgemein scheint keine Spezialisierung vorzuliegen, jedoch sind Stämme mit begrenztem Wirtskreis gefunden worden, so daß in Einzelfällen Roggen oder Gerste stärker als Weizen befallen werden kann.

Bekämpfung
S. *Septoria nodorum,* Seite 35.

3. Septoria tritici
Erreger einer Blattfleckenkrankheit

Verbreitung, wirtschaftliche Bedeutung
Die Verbreitung von *Septoria tritici* ist regional sehr unterschiedlich. Während der Erreger in Mitteleuropa seltener nachgewiesen wurde, ist er in Westbritannien, Nord- und Südamerika häufiger. In manchen Jahren wird er als dominierende Species unter den *Septoria*-Arten gefunden. Mitunter treten Infektionen deutlich früher als durch *S. nodorum* oder *S. avenae* f. sp. *triticea* auf, so daß schon im Bestockungsstadium Schäden vorliegen. Obgleich Ährenbefall selten ist, können Blattschäden Ertragsverluste bis zu 20% nach sich ziehen.

Symptome
Auf den Blättern zeigen sich in allen Entwicklungsstadien zunächst hellgrüne, später gelbliche bis rötlichbraune, unregelmäßig runde bis ovalgeformte Läsionen, die an den Blatträndern mitunter streifig zusammenfließen. Blattscheiden und Halme werden ebenfalls betroffen. Die Läsionen zeigen oft ein gesprenkeltes Aussehen, da sich im Gewebe zahlreiche dunkelbraune Pyknidien, teilweise in Reihen parallel zu den Blattadern, bilden. Das Blattgewebe vergilbt und stirbt von der Spitze her ab. An Wintergetreide können im frühen Herbst bereits nekrotische

Flecke an den unteren Blättern auftreten (Farbtafel 2, S. 50).

Biologie des Erregers

Septoria tritici bildet, in großer Zahl, in befallenen Pflanzengewebe eingesenkte, gelbe bis dunkelbraune Pyknidien (100 bis 150 µm), die morphologisch schwer von *S. nodorum* bzw. *S. avenae* f. sp. *triticea* zu unterscheiden sind. Die Pyknosporen sind dagegen in typischer Weise fädig-keulig, meist vierzellig und 35 bis 98 × 1,4 bis 2,8 µm groß (Abb. 7, d). Mitunter werden einzellige, gekrümmte Mikrokonidien (5 bis 9 × 0,3 bis 1 µm) erzeugt. Als Perfektstadium wurde eine homothallische *Mycosphaerella*-Art beschrieben. Epidemiologisch sind die Ascosporen ohne Bedeutung.

Der Erreger überdauert mehrere Monate auf Ernterückständen an der Bodenoberfläche; auf untergepflügtem Material stirbt der Pilz rasch ab. Die Überdauerung am oder im Samen erfolgt selten, jedoch an Strohresten im Saatgut. Zur Sporulation an Pflanzenrückständen ist anhaltend hohe Feuchtigkeit notwendig, die Ausbreitung der Sporen im Bestand erfolgt wie bei *S. nodorum*. Die Infektion erfordert ebenfalls längere Feuchteperioden, als Minimum wird eine Blattnässedauer von 15 Stunden bei Temperaturen über 12 °C angegeben. Schwerer Befall tritt ein bei 35 Stunden Regen und anschließend hoher Luftfeuchte (48 Stunden). Hierdurch werden die Bildung von Sporen, ihr Austritt aus den Pyknidien, Verbreitung, Infektionsverlauf und Ausdehnung der Läsionen stark gefördert. Die Notwendigkeit langer Feuchteperioden wird als Erklärung für den relativ seltenen Ährenbefall angesehen. Der Pilz dringt vornehmlich bei Tageslicht (Optimum 8000 Lux) über die Stomata in das Blattgewebe ein; Mycelwachstum und Pyknidienproduktion werden ebenfalls durch Licht (3100 bis 4000 Å) stimuliert. Die einzelnen Wirtssorten können darauf Einfluß nehmen, z. B. wird die Weizensorte 'Kolibri' am stärksten bei 2000 Lux und 'Maris Ranger' bei 8000 Lux infiziert. Infektionen mit Echtem Mehltau erhöhen die Prädisposition von Weizen und Gerste für den Befall durch *S. tritici*.

Wirtskreis

Septoria tritici befällt vornehmlich Weizen, selten Gerste, Roggen und Hafer. Als Nebenwirte sind zahlreiche Wildgräser bekannt, darunter *Poa pratensis, P. annua, P. trivialis, Bromus mollis, B. sterilis, Holcus lanatus, Agropyron repens, Alopecurus pratensis,* ferner *Agrostis-, Festuca-, Vulpia-* und *Hordeum*-Arten. Früher wurde eine engere Spezialisierung auf *Triticum* angenommen. Wildgräser können als Infektionsquellen für Weizen angesehen werden, besonders frühe Winterinfektionen werden damit in Beziehung gebracht. Die Weizensorten zeigen unterschiedliche Widerstandsfähigkeit, teilweise liegt nur Sämlingsresistenz vor; sehr frühe Winterweizen haben häufig geringeren Befall, durum-Sorten sind dem Weichweizen meist überlegen. Resistenzgene sind in Herkünften von *T. monococcum, T. timopheevi* und *T. dicoccum* nachgewiesen. Kreuzungslinien von Weizen × *Agropyron elongatum* waren hochresistent, ebenfalls Roggen × Weizen-Kreuzungen. Als widerstandsfähig werden die Sorten 'Maris Dove', 'Chalk' und 'Tommy' genannt. Die auf Hafer auftretende Form wird als f. sp. *avenae* betrachtet. *Lolium multiflorum* wird durch *S. tritici* var. *lolicola* (Sprague et Johnson) befallen.

Bekämpfung

S. *Septoria nodorum,* Seite 35.

4. Septoria avenae f. sp. avenae

Verbreiteter Blattparasit auf Hafer in den USA, Schottland und Nordwestengland; längsovale Läsionen mit rötlichbraunem Zentrum und orangefarbigem Rand; an Keimlingen schwarze, nekrotische Streifen an der Koleoptile, der Aufgang kann geschädigt sein. Samenübertragung ist möglich. Pyknidien werden an älteren Blättern und Halmknoten reichlich gebildet; Sporen 4- und mehrzellig (40 bis 65 µm), etwas länger als bei f. sp. *triticea*. Perithecien bilden sich auf Stoppeln und überwintertem Stroh. Die vierzelligen, hellgelben bis olivfarbenen, an den Querwänden eingeschnürten Ascosporen (23 bis 48 × 4 bis 6 µm) sorgen für die Verbreitung der Krankheit und die primären Infektionen. Auf Grenzstandorten und ungedüngten Böden ist der Befall häufiger; hohe N-Gaben fördern, Kalidüngung reduziert das Krankheitsauftreten. In frühen und mittelfrühen Hafersorten (Typ 'Kherson', 'Silvermine', 'Swedish Select') liegt Feldresistenz vor. Widerstandsfähigkeit wurde in *Avena brevis, A. nudibrevis, A. strigosa* und *A. wiestii* gefunden.

5. Septoria passerinii

Gelegentlich an Gerste vorkommend; die Species erzeugt diffuse, gelblich bis bräunliche Blattflecke. Die Pyknidiosporen sind 2- bis 4zellig, beidendig breit abgerundet und 23 bis 46 × 1,7 bis 3 µm groß. Die Ertragsverluste können bei starker Infektion 20% erreichen, die Brauqualität des Erntegutes ist stark gemindert.

6. Septoria secalis

Auf Roggen, von untergeordneter Bedeutung. Blattflecke an den unteren Blättern und Blattscheiden gelblich-braun. Pyknidiosporen zylindrisch, vierzellig, 25 bis 50 × 2,0 bis 3,5 µm groß.

Literatur

BRÖNNIMANN, A., 1968: Zur Kenntnis von *Septoria nodorum* Berk., dem Erreger der Spelzenbräune und einer Blattdürre des Weizens. Phytopath. Zeitschr. **61**, 101–146. – KRÜGER, J., HOFFMANN, G. M., 1978: Differenzierung von *Septoria nodorum* Berk. und *Septoria avenae* Frank f. sp. *triticea* T. Johnson. Zeitschr. Pflkr. Pflschutz **85**, 645–650. – RICHARDSON, M. J., NOBLER, M., 1970: *Septoria* species on cereals-a note to aid their identification. – Pl. Path. **19**, 159–163. – SCHEITZA, R., KRÜGER, J., 1980: Vergleichende methodische Untersuchungen des Samenbefalles von Weizen durch *Septoria.* Zeitschr. Pflkr. Pflschutz **87**, 193–199. – SHIPTON, W. A., BOYD, W. R. J., ROSIELLE, A. A., SHEARER, B. L., 1971: The common Septoria diseases of wheat. Bot. Rev. **37**, 231–262.

1.2.6 Halmbruch-, Augenflecken- oder Medaillonfleckenkrankheit

(eyespot of cereals)

Erreger

Pseudocercosporella herpotrichoides (Fron.) Deigh. (syn. *Cercosporella herpotrichoides* Fron.).

Systematische Stellung

Deuteromycotina, Hyphomycetes, Hyphomycetales, Moniliaceae.

Verbreitung, wirtschaftliche Bedeutung

Die Halmbruchkrankheit ist in fast allen Ländern mit Getreidebau nachgewiesen. Die Häufigkeit des Auftretens und die Befallsschwere in einem Bestand stehen in enger Beziehung zu den Anbauverhältnissen des landwirtschaftlichen Betriebes. Die Krankheit ist vorherrschend bei hohem Getreideanteil in der Rotation, insbesondere von Weizen und Gerste; sie kann als typische Fruchtfolgekrankheit bei hoher Anbauintensität angesehen werden. Auf den besseren Weizenstandorten ist sie mitunter weiter verbreitet als auf Übergangsböden. Von den Getreidearten leiden besonders Weizen und Gerste, dabei sind Ertragseinbußen von 10 bis 15% recht häufig, sie können 30% und mehr erreichen. Sie gehen auf eine Minderung der Winterfestigkeit bzw. der Bestandesdichte bei frühem Herbstbefall zurück. Frühjahrsinfektionen führen zur Reduktion von Kornzahl/Ähre und Korngewicht. Bei parasitärem Lagern treten zusätzliche Verluste durch Ähreninfektionen *(Septoria)* ein. Die Schädigung der Halmbasis kann sich im völligen Ausbleiben des Kornansatzes (Weißährigkeit) auswirken. Stengelinfektionen nach der Blüte bleiben meist ohne Auswirkungen. Die Ertragsverluste bei Weizen und Gerste sind in der Praxis meist schwer erfaßbar und werden daher häufig unterschätzt, besonders bei ausbleibendem Lager. Wegen des alljährlichen weiten Vorkommens der Krankheit summieren sich letzten Endes auch geringere Einbußen zu erheblicher Größe. Bei Roggen sind meist nur geringe Verluste zu erwarten, auch bei Hafer treten Ertragsminderungen nur selten ein.

Symptome

An jungen Getreidepflanzen werden ab dem drei- bis vier-Blattstadium auf der äußeren Blattscheide, dicht über der Bodenoberfläche, unspezifische, fleckenartige Verbräunungen sichtbar, die bald auch auf die inneren Scheiden übergreifen. Die äußeren Blattscheiden sind in den Läsionen mehrfach aufgerissen. Erst während der Schoßphase, oder bei späterem Infektionsbeginn, nach dem Ährenschieben, bilden sich auf dem Halm typische ovale, hellbraune, häufig dunkler umrandete Flecke, die ohne scharfe Abgrenzung in das gesunde Gewebe übergehen. Nach Form und Ausprägung werden sie als Medaillon- oder Augenflecke bezeichnet (Farbtafel 3, S. 67). Auf dem später hellbraun gebleichten Stengelgewebe entwickeln sich punktartige Mycelansammlungen, aus denen das dunkelbraune, derbe Stroma des Pilzes hervorgeht. Letzteres ist auf Getreidestoppeln noch gut erkennbar. Bei

Spätbefall werden auf dem Halm meist nur ovale spitz zulaufende, braune Gewebefärbungen unterschiedlicher Größe erkennbar. Die Symptome sind an den Hauptgetreidearten übereinstimmend, häufig ist die Diagnose bei Roggen und Hafer weniger eindeutig zu treffen. Durch frühzeitige, schwere Infektion stirbt das Halmgewebe bis zum Mark rasch ab, im Halminnern zeigt sich ein watteähnliches, grauweißes Mycel. Die partielle Vermorschung gibt Anlaß zu Halmbruch, d. h. die Stengel knicken an der Befallszone um, und die Pflanzen liegen, falls keine zusätzlichen äußeren Kräfte (Wind, Regen) einwirken, kreuz und quer. Die Halmlänge und das Wurzelwachstum sind nicht beeinflußt; befallene Pflanzen bleiben fest im Boden verankert.

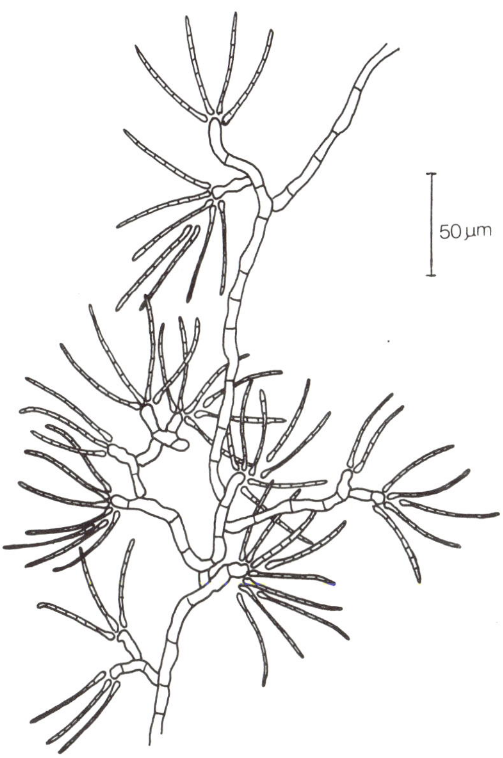

Abb. 8. *Pseudocercosporella herpotrichoides,* Konidienbildung an Mycel.

Biologie des Erregers

Pseudocercosporella herpotrichoides bildet an büschelartig verzweigten, einfachen Trägern hyaline, mehrfach septierte, an einem Ende stumpf abgerundete, am anderen spitz auslaufende Konidien mit einer Länge von 30 bis 80 × 1,5 bis 3,5 µm (Abb. 8). Nach starker Quellung keimen diese an mehreren Sporenzellen mit einem sich bald verzweigenden Keimschlauch. Die Keimung findet in einem Temperaturbereich von 6 bis 25 °C, mit einem Optimum bei 15 °C statt. Die Konidien bilden sich auf den Läsionen, auch an Stroh- und Stoppelresten, bei Temperaturen von 1 bis 20 °C; das Optimum (5 °C) liegt in der Nähe der Begrenzung des Mycelwachstums. Die Sporulationszeit kann bei alternierenden niedrigen Temperaturen mehrere Wochen umfassen; Temperaturen unter 0 °C wirken hemmend, wenn sie länger als 14 Stunden einwirken. Hohe Luftfeuchte in Bodennähe und Lufttemperatur für mehr als 8 Stunden/Tag über dem Gefrierpunkt ermöglichen noch eine Sporulation.

Der Erreger übersteht ungünstige Perioden in Form eines derben Mycelgeflechtes (Stroma) auf Stroh- und Stoppelresten. Er scheint sich nur kurzfristig als Bodenpilz saprophytisch halten zu können, überdauert aber dafür auf Pflanzenresten mehrjährig, auch wenn sie bis auf 60 cm Tiefe im Boden untergearbeitet wurden. Infiziertes Stroh zersetzt sich langsamer; solange die Pflanzenreste nicht abgebaut sind, kann der Erreger, wenn er durch Bearbeitung wieder an die Bodenoberfläche kommt, erneut mit Sporulation beginnen. In Lehmböden ist die Überdauerung länger als in Sandböden. Die Mikroflora des Standortes hat auf diesen Prozeß wenig Einfluß.

Die Konidien sind das entscheidende Inoculum; sie werden meist durch Oberflächenwasser und Regenspritzer über geringe Distanzen verstreut. Ihre Lebensdauer kann bis zu 4 Wochen reichen. Bedeutsam für die Ausbreitung des Erregers im Bestand ist die Kontinuität des primären Inoculums, d. h. die fortlaufende Sporenbildung und ihr frühzeitiger Beginn auch bei Sekundärinfektionen. Die Infektion beginnt an der Coleoptile und den äußeren Blattscheiden an der Bodenoberfläche oder in geringer Bodentiefe. Der Pilz dringt direkt oder durch Stomata in das Gewebe ein; dieser Vorgang ist bei Weizen und Gerste innerhalb von 48 Stunden abgeschlossen. Auffallende Gewebeveränderungen (Nekrosen) stellen sich erst innerhalb von 3 bis 6 Wochen ein, der Erreger hat inzwischen mit der Konidienbildung eingesetzt. Halmbruchbefall tritt unter weiten Temperaturbedingungen ein (6 bis 20 °C). Die optimalen Infektionstemperaturen liegen bei Weizen zwischen 7 bis 10 °C, bei Roggen um 11 °C und bei Gerste um 14 bis 15 °C. Frühe Weizenaussaaten können daher noch im Herbst stark infiziert werden. In Süddeutschland treten Masseninfektionen meist erst im Frühjahr ein; bei entsprechend kühler, feuchter Witterung kann noch im Juni-Juli ein Befall erfolgen, der zu lagernden Beständen führt. Mit beginnender Getreidereife verstärkt sich die Bildung des Stromas auf den Befallsstellen, während die Konidienproduktion ganz zurücktritt. Auflaufgetreide kann frühzeitig befallen sein.

Wirtskreis

Zum Wirtskreis des Halmbrucherregers gehören Weizen, Gerste, Roggen und Hafer in absteigender Bedeutungsfolge. Von den Wild- und Ungräsern sind Quecke *(Agropyron repens)*, Windhalm *(Apera spica - venti)*, Flughafer *(Avena fatua)*, *Lolium perenne*, *Phleum pratense* und *Cynosurus cristatus* anzuführen; sie sind ohne Bedeutung für die Epidemiologie des Erregers. Zwischen verschiedenen Herkünften des Pilzes bestehen Virulenzunterschiede, jedoch liegen sie unterhalb einer physiologischen Spezialisierung, da die Rassen auf alle Wirtsarten übergreifen. Die fehlende Spezialisierung läßt wenig Hoffnung auf eine starke Resistenz innerhalb des Wirtskreises.

Die zugelassenen Weizen- und Gerstensorten haben meist mittlere Anfälligkeit; den Weizensorten 'Capelle', 'Artois', 'France Nord' und 'Viking' wird stärkere Widerstandsfähigkeit zugeschrieben. Geringeren Befall bei Sortenvergleichen zeigten 'Maris Widgeon', 'Rubigus', 'Markus', 'Consul', 'Felix' und 'Hanno'. Diese Sorten besitzen kürzere Basalinternodien und stärkere Halme. Von zahlreichen *Aegilops*-Arten war *A. ventricosa* am resistentesten; die Resistenzgene liegen im D-Genom und lassen sich in *T. aestivum* einkreuzen. *T. dicoccoides pseudojordanicum*, *T. turanicum* und *T. durum namuricum* besitzen ebenfalls Resistenzeigenschaften. Höchste Resistenz zeigten Nachkommen aus Kreuzungen *(Aegilops ventricosa* × *Triticum persicum)* × *T. aestivum* und *T. aethiopicum* × *T. aestivum*. Die Züchtung wird durch das Fehlen genetisch kalkulierbarer Gene erschwert. Mit der Auslese auf kurzstrohige Formen zur Vermeidung des parasitären Lagers werden die Schäden nicht ausreichend reduziert; die Selektion nach Befallsgraden ist nicht praktikabel; daher scheint nur das Korngewicht/Ähre im Zuchtbestand unter starken Infektionsbedingungen eine indirekte Beurteilung der Resistenz zu erlauben.

Bekämpfung

Die Verhütung und Bekämpfung der Halmbruchkrankheit kann nur durch integrierte Maßnahmen befriedigend erfolgen. Einseitige Getreidefruchtfolgen mit verstärktem Winterweizenanbau sind zu vermeiden. Eine Minderung der Befallsgefährdung wird durch Übergang zu Sommerweizen möglich, da häufig die Infektionsbedingungen im Frühjahr weniger günstig sind. Weizen, Gerste und Roggen sind als Vorfrucht zu Weizen in gleichem Maße unbefriedigend; Hafer ist grundsätzlich nicht viel besser einzuschätzen, eine Befallsreduktion tritt erst nach zwei Jahren ein. Zuckerrüben, Kartoffeln, Raps, Mais, Luzerne, Bohnen und Futtergräser wirken befallsmindernd, aber ein entscheidender Rückgang wird erst erreicht, wenn der Getreideanbau für zwei Jahre unterbrochen ist. Dreijähriger Anbau von Kleegras oder zwei Jahre Feldfutterbau und ein Jahr Kartoffeln waren bei entsprechenden Boden- und Klimaverhältnissen anderen Maßnahmen überlegen. Gründüngung vor einer anfälligen Getreidefrucht kann zur Befallsförderung beitragen, da die Sporulation des Erregers auf den Stoppelresten angeregt wird. Kleeuntersaaten wirken in gleicher Richtung. In verunkrauteten Feldern kann der Befall deutlich verstärkt sein.

Bodenbearbeitungsmaßnahmen, welche eine rasche Zersetzung von Stoppeln und Stroh begünstigen, sind zu bevorzugen; Abflammen der Stoppeln hat allerdings wenig Effekt. Infektiöses Pflanzenmaterial sollte nicht wieder an die Bodenoberfläche gelangen. Daher empfiehlt sich eine tiefere Furche unmittelbar nach der Ernte und eine flache Bearbeitung und Saat im Herbst; die Aussaat sollte, soweit vertretbar, spät erfolgen. Flache Bearbeitungen mit ungenügender Einarbeitung von Stoppeln wirken sich nachteilig für nachfolgendes Getreide aus. Hohe und frühe Düngergaben sind befallsfördernd, da in dichten Beständen günstige Klimabedingungen für die Infektion vorliegen. Zudem wird die Lagerneigung verstärkt und in Zusammenhang mit der Halmbruchkrankheit besonders ausgeprägt.

Kalkstickstoffanwendung im Frühjahr (3 bis 4 dt/ha) kann sich befalls- und verlustmindernd auswirken. Behandlungen des Weizens mit Cycocel führen zur Reduktion der Bestandeshöhe, die Halmbasis wird verstärkt und die Lagergefahr wesentlich gemindert. Herbizidanwendung (Harnstoffderivate, Triazine) kann den Krankheitsbefall reduzieren, in Einzelfällen (Oxytril) soll ein Anstieg eingetreten sein. Bei der Direktdrillsaat war der Infektionsgrad der Pflanzen geringer, wahrscheinlich ließ das schlechtere Anfangswachstum der Keimlinge stärkere Infektionen nicht zu.

Seit einigen Jahren kann eine Bekämpfung des Erregers durch Fungizide vorgenommen werden. Sie haben befallsmindernde Wirkung und sind eine wesentliche Ergänzung der acker- und pflanzenbaulichen Maßnahmen. Der Fungizideinsatz ist wirtschaftlich bei stärkerem Krankheitsbefall auf Winterweizenschlägen nach Weizen, Gerste oder Roggen oder nach einjähriger Anbaupause mit Hackfrüchten, Mais oder Hafer. Bei Wintergerste und Roggen sind allgemein die Ertragseinbußen durch die Halmbruchkrankheit geringer und daher wird sich der Fungizideinsatz nur in starken Befallslagen anbieten. Die enge Abhängigkeit der Infektion und Krankheitsentwicklung von den Witterungsverhältnissen bereitet Schwierigkeiten bei der Wahl des richtigen Behandlungstermins. Nach langjährigen Erfahrungen wird bei Fungizideinsatz in den Stadien H bis J (30 bis 32) (Schoßbeginn bis zweites Knotenstadium) durch einmalige Anwendung eine gute Schadensminderung erreicht. Gute Erfolge können auch noch durch Fungizidbehandlung in J bis K erzielt werden. Allein die Vermeidung von parasitärem Lager kann mit hoher Verlustminderung verbunden sein. Prognoseverfahren sind in verschiedenen Regionen seit längerer Zeit in Erprobung. Sie werden erschwert durch die Vielzahl von Einflußgrößen auf die Biologie des Erregers und die Prädisposition des Pflanzenbestandes. Eine Kombination von Fungiziden ist mit den meisten Herbiziden möglich; falls sich die Termine decken, kann auch Cycocel mit Fungiziden zusammen ausgebracht werden. Neben Captafol (Ortho Difolatan) und Mischungen dieses Wirkstoffes mit Thiabendazol (Drawitek) oder Thiophanatmethyl (Cercobin Combi) werden Carbendazim (Derosal, Stempor, Triticol, Custos) oder Thiophanatmethyl (Cercobin M) empfohlen. Verlustminderungen bis zu 10% sind keine Seltenheit geblieben. Die Vermeidung des parasitären Lagers erleichtert die Ernte und trägt auch zur Verhütung von Ährenerkrankungen *(Septoria)* bei. Erste Nachweise von Resistenz gegen Benzimidazole liegen vor.

Literatur

DEIGHTON, F. C., 1973: Studies on *Cercospora* and allied genera. IV. *Cercosporella* Sacc., *Pseudocercosporella* gen. nov. and *Pseudocercosporidium* gen. nov. Mycologicae Papers No. 133, 62 pp., Commonwealth Mycol. Inst. Kew, Surrey. – GLIEMEROTH, G., KÜBLER, E., 1973: Untersuchungen an unterschiedlich getreidestarken Fruchtfolgen auf fünf Standorten. II. Ertragsbildung und Fußkrankheiten von Winterweizen bei steigender Stickstoffgabe sowie Einsatz systemischer Fungizide. Zeitschr. Acker- u. Pfla.bau **137**, 153–173. – HARTZ, P., 1969: Die Anfälligkeit verschiedener Gramineen gegen *Cercosporella herpotrichoides* Fron. im Hinblick auf die Fruchtfolgezusammenhänge bei der Halmbruchkrankheit des Weizens. Mitt. Biol. Bundesanst. Land- und Forstw. Berlin, H. 135, 38 pp. – LANGE – DE LA CAMP, M., 1966: Die Wirkungsweise von *Cercosporella herpotrichoides* Fron., dem Erreger der Halmbruchkrankheit des Getreides: I. Feststellung der Krankheit. Beschaffenheit und Infektionsweise ihres Erregers. II. Aggressivität des Erregers. III. Art und Ausmaß des Schadens – Bekämpfungsmöglichkeiten. Phytopath. Zeitschr. **55**, 34–66; **56**, 154–190; **56**, 363–392. – MIELKE, H., 1970: Befallstoleranz und Halmbruchresistenz verschiedener Weizensorten gegen *Cercosporella herpotrichoides* Fron. Zeitschr. Pfl.Zucht **64**, 248–288. – OBST, A., KRUMREY, G., HOYOS F. GRAF, KLOSE, A., KLEIN, E., HEUSER, H., 1973: Zur gezielten Bekämpfung der Halmbruchkrankheit des Weizens *(Cercosporella herpotrichoides)* mit Benomyl. Bayer. Landw. J. 50, 105–112. – SAUR, R., HAMPEL, M., LÖCHER, F., MAPPES, C., 1980: Siebenjährige Untersuchungen über die Ertragswirkung der Fußkrankheitsbekämpfung bei Winterweizen in Abhängigkeit von Befallsdruck und Standorten. Zeitschr. Pflanzenkr., Pflanzenschutz **87**, 328–334. – SCOTT, P. R., HOLLIUS, T. W., 1974: Effects of eyespot on the yield of winter wheat. Ann. appl. Biol. 78, 169–179.

1.2.7 Scharfer Augenfleck, Spitzer Augenfleck (sharp eyespot)

Erreger
Ceratobasidium spec. (syn. *Rhizoctonia cerealis* v. d. Hoev.),
Tanatephorus cucumeris (Frank) Donk *(Rhizoctonia solani* Kühn).

Sytematische Stellung
Basidiomycotina, Hymenomycetes, Holobasidiomycetidae, Tulasnellales, Ceratobasidiaceae.

Verbreitung, wirtschaftliche Bedeutung
Die Krankheit ist weltweit verbreitet und tritt gelegentlich bis stärker an Weizen, Gerste und Roggen hervor. Im allgemeinen bleibt die Befallshöhe gering und Ertragsverluste sind bisher kaum gesichert nachgewiesen. *Ceratobasidium* spec. wird als schädigender Erreger an Turfgras (coolweather disease) beschrieben.

Symptome
Zum Zeitpunkt der Bestockung werden an den Blattscheiden längsovale bis unregelmäßig flekkige Verbräunungen sichtbar. Das Symptom ist schwer vom Befall durch den Halmbrucherreger *(Ps. herpotrichoides)* zu differenzieren. Später bilden sich am Halmgrund längliche, anfangs spitz zulaufende, dann unregelmäßige, dunkelbraun umsäumte Nekrosen mit hellgrauer Mitte, auf der meist flaches, bräunliches, sklerotiales Myzel entsteht (Farbtafel 3, S. 67). Die Läsionen ziehen sich nach dem Ährenschieben auf den Blattscheiden weit nach oben, unter günstigen Bedingungen treten auch hier spitz zulaufende bzw. mehr unregelmäßig-fleckige Nekrosen mit dunkelbrauner Umgrenzung auf. Die Stengelvermorschungen führen in der Regel nicht zu Halmbruch; allerdings kann im Stengelinneren auch Myzel sichtbar werden. Die hellbraunen sklerotialen Auflagerungen auf den Befallsstellen lassen sich leicht entfernen. Die Bezeichnung „scharfer" Augenfleck trifft die typische Symptomausprägung besser.

Biologie der Erreger
Die Krankheit wurde lange Zeit dem Pilz *Rhizoctonia solani* zugeschrieben. Dieser Erreger kann durchaus an Getreidehalmen, gelegentlich in der Perfektform, *Thanatephorus cucumeris* (Weißhosigkeit), nachgewiesen werden. Allerdings sind seine parasitischen Fähigkeiten an Getreidearten stark begrenzt. Die beschriebenen Symptome werden vornehmlich von einem Pilz erzeugt, der aufgrund morphologischer Merkmale (Hyphendurchmesser 5 µm; zweikernige Myzelabschnitte, flache gelblich-braune Sklerotien) und der fehlenden Zugehörigkeit zu einer der Anastomosengruppen von *R. solani* zur Gattung *Ceratobasidium* gestellt werden kann. Ein Perfektstadium wurde bisher nicht nachgewiesen. Der Erreger kann saprophytisch im Boden und auf Pflanzenresten überleben. Das Infektionsverhalten entspricht dem von *R. solani.* Die Daten über ökologische Ansprüche sind noch wenig erhärtet; die Krankheit tritt in Mitteleuropa bei höheren Sommertemperaturen stärker auf. Bei fehlendem Halmbruchbefall oder chemischer Bekämpfung der Erkrankung mit Benzimidazolfungiziden wird der scharfe Augenfleck häufiger gefunden. Bei künstlichen Inokulationen im Feld beginnt der Befall frühzeitiger, auch unter kühleren Bedingungen, und mindert Zahl und Schwere der Halmbruchsymptome.

Wirtskreis
Während über den Wirtskreis und die biologische Spezialisierung bei *R. solani* genauere Kenntnisse vorliegen (Abschnitt 3.3.8), sind diese für *Cerotobasidium* spec. noch lückenhaft. Dieser Pilz greift neben allen Getreidearten auch verschiedene Gräser (*Poa* sp., *Agrostis* sp.) an. Gräserisolate zeigen auch Pathogenität an Getreide. Scheinbar liegt keine Spezialisierung auf Gramineen vor, da bei Inokulationsversuchen auch Kartoffeln, Bohnen und Erbsen befallen wurden. *Ceratobasidium*-Herkünfte mit Perfektstadium sind unter anderem von Erdbeere isoliert worden; steriles Myzel nahe verwandter Stämme ist an zahlreichen Wirtspflanzen nachgewiesen worden. Systematische Untersuchungen zum Wirtskreis dieser *Ceratobasidium*-Isolate stehen noch aus.

Bekämpfung
Die Krankheit trat bisher meist ohne gesicherten Einfluß auf den Ertrag auf, so daß gezielte Maßnahmen unterbleiben konnten. Die chemische Halmbruchbekämpfung führt zu keiner Befallsreduktion. Anreicherungen bei enger Fruchtfolge wurden nur vereinzelt festgestellt.

Literatur
HOFFMANN, G. M., 1980: „Rhizoctonia"-ähnliche Pilze und *Rhizoctonia solani* Kühn *(Thana-*

tephorus cucumeris (Frank Donk) an Getreide. Zeitschr. Pflakr. Pflschutz **87**, 317–327. – PITT, D., 1964: Studies on sharp eyespot diseases of cereals. I. Disease symptoms and pathogenicity of isolates of *Rhizoctonia solani* Kühn and the influence of soil factors and temperature on disease development. Ann. Appl. Biol. **54**, 77–89. – REINECKE, P., 1977: Untersuchungen zum Erregerspektrum des Fußkrankheitskomplexes an Getreide unter besonderer Berücksichtigung von *Rhizoctonia solani* Kühn. Diss. Univ. Göttingen. – SANDERS, P. L., BURPEE, L. L., COLE, H.,. 1978: Preliminary studies on binucleate turfgrass pathogens that resemble *Rhizoctonia solani*. Phytopathology **68**, 145–148.

1.2.8 Schwarzbeinigkeit
(take-all diseases of cereals)

Erreger
Gaeumannomyces graminis (Sacc.) *Arx* et *Olivier* (syn. *Ophiobolus graminis* Sacc.).

Systematische Stellung
Ascomycotina, Pyrenomycetes, Sphaeriales, Diaporthaceae.

Verbreitung, wirtschaftliche Bedeutung
Die Schwarzbeinigkeit ist weltweit an Gramineen verbreitet, tritt aber hauptsächlich in gemäßigten Klimabereichen und auf Böden mit mittlerer oder geringerer Qualität (Grenzböden) hervor. Durch die enge Beziehung zum Standort und den Anbauverhältnissen kann ihre wirtschaftliche Bedeutung weit auseinander liegen. Unter ungünstigen Bedingungen für die Weizen- und Gerstenkultur, wobei der Anteil von Gramineen in der Rotation und die Stellung der genannten Arten den größten Einfluß haben, können Ertragsausfälle von über 30% eintreten; vereinzelt kann totaler Ausfall vorliegen. Die Ertragsminderungen sind hauptsächlich auf eine reduzierte Zahl fertiler Ähren/Fläche und ein geringes TKG zurückzuführen. Da die Krankheit sich häufig nur in schwer erkennbaren Wurzelschäden äußert, werden die Ertragsverluste meist unterschätzt. Die Schwarzbeinigkeit ist eine typische Fruchtfolgekrankheit und daher in den letzten Jahrzehnten bei zunehmender Einengung der Rotation und Bevorzugung von Weizen und Gerste verstärkt aufgetreten, dabei auch auf typischen Weizenstandorten nicht unbekannt geblieben.

Symptome
In Weizenbeständen wird die Krankheit besonders nach der Blüte durch Weißährigkeit an Einzelpflanzen oder nesterweise an einer Pflanzengruppe erkennbar. Dieses sekundäre Symptom geht auf eine mehr oder weniger starke Zerstörung des Wurzelsystems zurück. Ab Mai-Juni bilden sich an Haupt- und Nebenwurzeln der Getreidearten zunächst dunkelbraune, kleine, gut abgegrenzte Läsionen; später geht die Erkrankung auf die übrigen Wurzelteile über, die dann völlig schwarz verfärbt sind. Das Wurzelwerk kann in verschiedenen Graden erfaßt werden; mitunter sind nur einzelne Nebenwurzeln betroffen, oder eine Hauptwurzel ist mit allen Nebenwurzeln verfärbt; im extremen Fall ist das Wurzelsystem völlig funktionslos geworden. Über den Wurzelhals dehnen sich die Schwarzverfärbungen auch auf die Halmbasis aus, umgreifen sie allseitig oder partiell und bleiben nach oben oft streifig ausgezogen. Je nach Zeitpunkt und Ausmaß des Wurzelbefalles können Bestockung und Wachstum reduziert sein. Die Pflanze versucht, durch Adventivwurzeln den Schaden auszugleichen. Wegen der Wurzelschädigungen lassen sich die Pflanzen leicht aus dem Boden ziehen; auf tauben Ähren siedeln sich bald Schwärzepilze an (Farbtafel 3, S. 67). Sämlingsbefall ist selten und führt zu fleckenartigen Fehlstellen. Wintergetreide wird meist schwerer als Sommergetreide betroffen, in Jahren mit feuchten und kühlen Bedingungen im Juni-Juli leidet Sommerweizen bei ungünstiger Fruchtfolgestellung ebenfalls stark.

Biologie des Erregers
Als Erreger der Schwarzbeinigkeit an Getreide ist bereits frühzeitig der erstmals von Gräsern isolierte Ascomycet *Ophiobolus (Rhaphidophora) graminis* (Sacc.) Sacc. erkannt worden. Später wurde an Hafer und Rasengräsern eine abweichende Form mit längeren Ascosporen nachgewiesen (var. *avenae*). Die vor Jahren festgestellte taxonomische Zugehörigkeit zur Familie Diaporthaceae führte zur Gattungsbezeichnung *Gaeumannomyces*. Auf der Basis von Wirtskreis, Hyphopodien- und Ascosporenmorphologie werden folgende Varietäten unterschieden:

- *G. graminis* var. *graminis* (syn. *O. oryzae*),
- *G. gr.* var. *avenae* (E. M. Turner) Dennis,
- *G. gr.* var. *tritici* J. Walker (syn. *Phialophora*

radicicola Lemaire et Ponchett 1963; *P. radicicola* sensu Simonsen 1971).

Alle Varietäten erzeugen am Myzel gebogene Phialosporen (5 × 2 µm) mit der Funktion von Spermatien. Auf Blattscheiden, unteren Halmteilen oder Stoppel- und Wurzelresten werden ab Juni, meist im September-Oktober, dunkle, flaschenförmige Perithecien (∅ 400 µm) gebildet. Der Öffnungskegel ragt aus dem Gewebe hervor; sie enthalten Asci mit sichelförmigen, mehrfach septierten Ascosporen (60 bis 90 × 3 µm; var. *avenae* 100 bis 120 × 3 bis 4 µm). Ihre Keimfähigkeit hält bis Dezember an. Epidemiologisch sind sie von untergeordneter Bedeutung; für die Neubesiedelung von Flächen scheint ihre Ausbreitung durch Wind verantwortlich zu sein. Die meisten Erregerstämme sind homothallisch, bei heterothallischen Formen scheint zwischen den Varietäten keine Anastomosebildung vorzukommen. Die Perithecienbildung wird durch ein enges C: N-Verhältnis und Licht begünstigt. Das saprophytische Wachstum ist von der äußeren Versorgung mit Thiamin und Biotin abhängig. Optimale Entwicklung in Reinkultur erfolgt bei pH 5,5 und 20 bis 25 °C, von tropischen Stämmen (var. *graminis*) bei etwa 30 °C. Perithecien entstehen auf Nährböden nur bei Kontamination mit Bodenbakterien.

Getreidewurzeln können in allen Entwicklungsstadien von der Krankheit erfaßt werden, meist erfolgen die Infektionen ab Ende Mai, ausgehend von kolonisierten Pflanzenrückständen (Wurzel- und Stoppelreste) bzw. infektiven Fragmenten. Der Erreger hat enge Bindungen an organische Bodenpartikel über 420 µm Größe. Da der Pilz sich mittels Laufhyphen rasch im Wurzelbereich ausbreiten kann, führt eine relativ kleine Bodenpopulation unter günstigen Bedingungen bereits zu schwerem Befall. Die Infektionen an Sämlings- und Kronenwurzeln, Coleoptile oder im Bereich des Bestockungsknotens geht von dünnen Infektionshyphen aus, die aus den breiteren, dunklen Laufhyphen auswachsen. An Blattscheiden und Halmen werden Hyphopoden und Myzelmatten gebildet; in der Wurzelhaarzone geht dem Eindringen ein kurzer Vermehrungsprozeß (Myzelverzweigungen) und die Bildung einer Appressorien-ähnlichen Struktur voraus. Zunächst werden Wurzelhaare befallen und stark deformiert, später die intakte Rhizodermis durchbrochen; bevorzugt wird die meristematische Wurzelregion.

Der Pilz überdauert im Boden durch aktiven Saprophytismus, weniger durch ein Ruhemycel (Chlamydosporen, Mikrosclerotien), in befallenen Wurzelresten, besiedelten Wurzelkronen und Halmbasen. Daher ist ein enges N:C-Verhältnis förderlich für das Überleben des vegetativen Myzels, andererseits können durch die Begünstigung der allgemeinen Zersetzung von Pflanzenrückständen für den Erreger Nachteile entstehen. Die Minderung des Infektionspotentials im Boden ist entweder auf das Unvermögen zu saprophytischem Wachstum wegen zu geringem Bodenstickstoff oder auf die Konkurrenz durch andere Mikroben bei ausreichendem N-Angebot zurückzuführen. Innerhalb eines Jahres soll es jedoch nur geringfügige Schwankungen des Infektionspotentials, auch bei Anbau einer nichtanfälligen Kultur geben, da Rückstände der anfälligen Getreidearten erhalten bleiben; Ungräser und Auflaufgetreide haben dabei keine Bedeutung. Der natürliche Rückgang des Infektionspotentials im Boden wird verzögert durch Stickstoffgaben. Die Konkurrenz durch andere Mikroben oder Antibiosis scheinen nur zweitrangig zu sein. Die Schwarzbeinigkeit des Getreides kann auf allen Bodenarten nachgewiesen werden, gewöhnlich aber überwiegend auf den leichteren, nicht typischen Weizenböden. Physikalische Faktoren, die chemische Zusammensetzung und die biologische Aktivität des Bodens geben den Ausschlag. Die Krankheitsentwicklung wird begünstigt durch Niederschläge im Mai bis Juni. Daher kann auch die Bewässerung von Weizenkulturen in manchen Gebieten zu einer Verstärkung des Befalls beitragen. In Jahren mit trockenen Mai-Juni-Perioden treten kaum Infektionen ein; der Erreger wächst am besten bei mäßiger Bodenfeuchte (– 1,2 bis 1,5 bars). Niedrige Bodentemperaturen wirken befallshemmend, bei 12 bis 20 °C kommt es zu stärksten Erkrankungen. Der Erreger ist recht tolerant gegen einen geringen Sauerstoffpartialdruck in der Bodenluft; Sauerstoffmangel allein ist daher kaum ein begrenzender Faktor im Boden. Dagegen besteht hohe Sensitivität gegenüber CO_2, wodurch leicht Autolyse des Myzels eintritt. In biologisch aktiven Böden geht der Krankheitsbefall unterhalb pH 7 im Wurzelbereich deutlich zurück und wird unterhalb pH 6,6 stark reduziert; unterhalb pH 5 wird eine direkte Wirkung der H-Ionenkonzentration nicht ausgeschlossen, zwischen pH 5 und 6,6 scheinen biologische Faktoren wirksamer; der Erreger wächst nicht auf Nährböden mit einem pH-Wert > 5. Für die Infektion im Wurzelbereich scheint der pH-Wert der Rhizosphäre daher von Bedeutung zu sein. Er wird erniedrigt bei der Aufnahme von NH_4^+-Stickstoff durch die Pflanze und steigt an im Zuge der NO_3-Aufnahme. Der Krankheitsbefall ist bei NH_4-Stickstoffgaben, besonders wenn die Nitrifikation gehemmt werden kann, reduziert, dagegen verstärkt bei $Ca(NO_3)_2$-Düngung. Kalkung kann den Effekt des Ammonium-Stickstoffs aufheben. Das Verhältnis von NH_4^+: NO_3^- im Boden ist daher nicht unwesentlich für die Befallshöhe des Pflanzenbestandes. Der Einfluß scheint jedoch komplexer Art zu sein und wird in Zusammenhang mit einem Anstieg des Wurzelwachstums, der Erhöhung der Wirtsresistenz, einer Änderung der Rhizosphärenflora und der Erregervirulenz gesehen.

Mehrjähriger Anbau anfälliger Getreidearten (Weizen, Gerste) auf gleicher Fläche kann bei einigen Böden zu einem sehr hohen Befallsanstieg (50 bis 60%) führen. Das Maximum der Erkrankung kann bereits im dritten Anbaujahr vorliegen oder sich z. B. bei Gerste erst im siebenten Jahr einstellen. Örtliche Unterschiede vermögen sich stark variierend auszuwirken. Dieser maximalen Häufigkeit der Erkrankung kann eine Reduktion in den weiteren Anbaujahren folgen, so daß sich die Ertragsverluste mindern und auf einer gewissen Höhe einpendeln. Dieses als „Decline" bezeichnete Phänomen ist eine natürliche Folge der Getreidemonokultur und stellt sich bei Weizen allgemein frühzeitiger und deutlicher als bei Gerste ein. Der depressiven Phase muß eine schwere Erkrankungswelle vorausgegangen sein, denn je einseitiger sich eine Erregerpopulation aufbaut, desto schärfer ist ihr Zusammenbruch. In Gebieten mit alter traditioneller Ackerkultur treten Populationsschwankungen bei Krankheitserregern im Boden in weniger großen Extremen hervor; dadurch verlaufen Anstieg und Abklingen der Krankheit in einer flachen Kurve. Der „Decline"-Effekt kann durch einmaligen Anbau einer Nichtwirtspflanze (Leguminose, Kartoffel, Mais) aufgehoben werden, wobei im zweiten Jahr wieder verstärkter Krankheitsbefall einsetzt. Durch Hafer und Weidelgras wird dieser Effekt nicht ausgelöst.

Das Phänomen „Decline" wurde unter verschiedenen edaphischen Bedingungen nachgewiesen, ohne daß klare Vorstellungen über die kausalen Zusammenhänge erreichbar waren. Neben dem oben beschriebenen „reinen Decline" und dem „Langzeit-Decline" (alte Kulturböden) können sich die depressiven Kräfte im Boden ebenfalls bei fortgesetzter, „gesunder" Monokultur von Weizen entwickeln, ferner auch bei Anbau von Nichtwirtspflanzen. Unabhängig von der Anwesenheit des Erregers oder der Wirtspflanzen ist die Bildung depressiver Agentien ebenfalls möglich. Schließlich ist auch eine Form unspezifischer Aktivität bekannt geworden. Die Erklärung dieser repressiven Aktivität für *Gaeumannomyces graminis* wird in dem Aufbau bzw. Vorhandensein von natürlichen Antagonisten, Mycoparasiten und Virusinfektionen gesehen, welche die Virulenz des Erregers kontrollieren und auf ein mittleres Niveau ziehen. Die verschiedenen Decline-Typen können durchaus auf gleiche biologische Prinzipien zurückgehen, welche durch örtliche Abweichungen Änderungen erfahren.

Wirtskreis

Die verschiedenen Varietäten von *Gaeumannomyces graminis* haben unterschiedliche Wirtskreise, die jedoch nicht streng voneinander zu trennen sind. *G. graminis* var. *graminis* ist hauptsächlich auf tropische und subtropische Regionen beschränkt und befällt Reis, *Pennisetum*-Arten (Federborstengras) und *Stenotaphrum* (St. Augustine-Gras); wahrscheinlich kommt sie verbreitet an Wurzeln und Stolonen vieler Gräser in wärmeren Gebieten vor. *G. graminis* var. *tritici* befällt am stärksten Weizen und Gerste, seltener Roggen, ferner Mais und zahlreiche Gräserarten, darunter *Dactylis glomerata, Festuca pratensis, Bromus sterilis, B. vulgare, Lolium perenne, Agropyron repens, Agrostis*-Arten. Weniger gute Wirtspflanzen sind *Phalaris minor, Avena fatua, A. sterilis, Vulpia* und *Ehrharta.* Zum Teil dienen Gräser als Überbrükkungswirte und verbessern die Überlebenschancen des Erregers in der Fruchtfolge. *G. graminis* var. *avenae* ist in Rasenflächen und an Futtergräsern *(Lolium, Agrostis, Poa, Holcus, Festuca, Agropyron)* verbreitet; sie zeigt starke Pathogenität an Hafer und kann auch auf Weizen und Gerste übergehen. Die Resistenz der Haferwurzeln gegen var. *tritici* wurde auf das Glucosid Avenacin zurückgeführt, welches von *G. graminis* var. *avenae* abgebaut werden kann. Umfangreiche Sortentestungen haben erkennen lassen, daß bei Weizen, Gerste und Roggen weder ausgeprägte Resistenz noch Toleranz gegen *G. graminis* var. *tritici* vorliegt. Unterschiede in den Sortenreaktionen stehen zum Teil mit der Fähigkeit zu stärkerer Adventivwurzelbildung im Zusammenhang. Für eine erfolgreiche Resistenzzüchtung liegen keine brauchbaren genetischen Grundlagen vor. Die Resistenz im amphidiploiden Roggen wird in Weizenlinien stark abgeschwächt. Widerstandsfähigkeit wurde bei *Agropyron caninum* und *A. donianum* nachgewiesen. Physiologische Rassen liegen nicht vor, jedoch scheint sich eine physiologische Anpassung des Erregers an bestimmte Wirtspflanzen einzustellen.

Bekämpfung
Als bodenbürtiger Krankheitserreger entzieht sich *G. graminis* der Wirkung großflächig einsetzbarer Fungizide. Daher können allein acker- und pflanzenbauliche Maßnahmen zur Abwendung von Schäden beitragen. Das Schwergewicht liegt auf der Gestaltung der Fruchtfolge; enge Getreidefolgen führen zwangsläufig zur Anreicherung des Erregers im Boden und zu steigenden Ertragseinbußen. Die Ausnutzung des „Decline"-Phänomens ist unsicher und wirtschaftlich nicht tragbar. Auf gefährdeten Standorten sollte der Getreideanteil 60% (besser 50%) nicht übersteigen. Mais und Hafer als Vorfrüchte für Weizen geben eine deutliche Befallsreduktion. Gerste, Roggen und Weizen sind bezüglich der Erregerförderung im Boden gleich zu bewerten. Alle Nicht-Getreidearten reduzieren das Inokulum; Brache, Gründüngung und Kleegrasgemische wirken ebenfalls befallsmindernd. Bei Graseinsaaten soll sich *Phialophora radicicola* als Antagonist stark aufbauen. Bei Direktdrillsaat tritt die Schwarzbeinigkeit weniger stark in Erscheinung, da sich der Erreger im ungestörten Boden nur ungenügend ausbreiten kann. Durch Stickstoffdüngung können bei gesunder Fruchtfolge die Ährenzahl/Fläche und der Ertrag erhöht werden, jedoch sind bei unbalancierter Rotation die Schäden nicht auszugleichen; die Infektionen können verstärkt auftreten. Aufgrund der Reaktion in der Rhizosphäre sollte Ammonium-haltigen Düngemitteln der Vorzug gegeben werden. Versuchsweise hat sich die Reihenanwendung von $(NH_4)_2SO_4$ positiv ausgewirkt. Starke Verunkrautung wirkt befallsfördernd, insbesondere sollten Ungräser, die dem Erreger als Nebenwirte dienen, weitgehend ausgeschaltet werden.

Literatur
ARX, J. A. V., OLIVIER, D. L., 1952: The taxonomy of *Ophiobolus graminis* Sacc. Trans. Brit. myc. Soc. **35**, 29–33. – BOCKMANN, H., KROTH, K. E., 1971: Der verstärkte Getreidebau aus pflanzenpathologischer und pflanzenhygienischer Sicht. Zeitschr. Pflanzenkr. Pflanzenschutz, **78**, 1–33. – GERLAGH, M., 1968: Introduction of *Ophiobolus graminis* into new polders and its decline. Neth. J. Pl. Path. **74**, Suppl. 2, 97 pp. – MIELKE, H., 1974: Untersuchungen über die Anfälligkeit verschiedener Getreidearten gegen den Erreger der Schwarzbeinigkeit *Ophiobolus graminis* Sacc. Mitt. Biol. Bundesanst. Land- u. Forstw. Berlin H. 160, 61 pp. – WALKER, J., 1975: Take-all diseases of Gramineae: A review of recent work. Rev. Pl. Path. **54**, 113–144.

1.2.9 Streifenkrankheit der Gerste
(stripe disease of barley)

Erreger
Pyrenophora graminea (Died.) Ito et Kurib. [Konidienstadium: *Drechslera graminea* (Rab. ex Schlecht.) Shoem., syn. *Helminthosporium gramineum,* Rab. ex Schlecht.].

Systematische Stellung
Ascomycotina, Loculoascomycetes, Pleosporales, Pleosporaceae (früher zu den Pyrenomycetes, Sphaeriales gestellt).
Konidienstadium: Deuteromycotina, Hyphomycetes, Hyphomycetales, Dematiaceae.

Verbreitung, wirtschaftliche Bedeutung
Die Streifenkrankheit der Gerste besitzt weltweite Verbreitung und ist seit über 100 Jahren in Deutschland bekannt. In Nord- und Nordosteuropa ist sie zu den potentiell wichtigsten Gerstenkrankheiten zu rechnen. Ihre fast vollständige Ausschaltung durch Saatgutbeizung täuscht darüber hinweg, daß Ertragsausfälle von 60 bis 80% möglich sind. Als die regelmäßige Beizung noch weniger verbreitet war, traten durchschnittliche Schäden von 6 bis 10% ein.

Symptome

Die Streifenkrankheit tritt an einzelnen Gerstenpflanzen im Bestand auf und breitet sich während der Vegetationszeit nicht nester- oder flächenartig aus. Erste Symptome können sich bereits im Keimlingsstadium in Form 0,5 bis 1 mm breiter, von der Basis zur Spitze verlaufender, chlorotischer Streifen auf Blättern und Blattscheiden äußern. Mehrere Streifen sind parallel angeordnet, das dazwischen liegende Gewebe hellt sich langsam auf (Verblassungsstadium). Die ersten Laubblätter können frühzeitig absterben; stark geschädigte Pflanzen gehen bereits vier Wochen nach dem Auflaufen zugrunde. Schädigungen des Wurzelsystems tragen zu Auswinterungsverlusten bei. Die Bestockung ist stark reduziert, meist erkranken alle Teile einer Pflanze. Bis zur Schoßphase nimmt die Zahl kranker Pflanzen im Bestand zu. Häufig sind erst zu diesem Zeitpunkt überhaupt Symptome erkennbar, die sich dann besonders an den obersten Blättern als auffällige chlorotische, rasch absterbende Gewebestreifen zeigen, auf denen später ein dunkelbrauner Sporenbelag sichtbar wird (Farbtafel 3, S. 67). Die Blattspreite reißt entlang der Streifen tief ein und zerschlitzt, die Pflanzen bleiben im Wuchs stark zurück. Die Ähren treten nicht oder nur unvollständig aus den Blattscheiden hervor, wobei sich die Grannen verbiegen (Lockenähren). Teilweise unterbleibt die Kornbildung, meist entsteht nur Schrumpfkorn ohne Keimfähigkeit.

Biologie des Erregers

Der Lebenszyklus von *Pyrenophora graminea* vollzieht sich weitgehend nur auf der Wirtspflanze. Das im Inneren parasitierende Mycel tritt mit wenig spezifischen Sporenträgern an die Oberfläche der dunkelbraunen Läsionen und bildet porogene Konidien *(Drechslera)*. Sie sind ein- bis achtfach pseudoseptiert, zylindrisch mit abgerundeten Enden (50 bis 90 x 16 bis 21 µm) und braun gefärbt. Die äußere Zellwand umschließt alle Konidienabschnitte (holosporer Typ), die Pseudosepten entstehen durch Invagination einer inneren Membran (Abb. 9). Daneben werden sehr kleine Pyknosporen (1,0 bis 3,2 × 1,0 bis 1,6 µm) gebildet, deren Bedeutung in der Spermatisierung vermutet wird. Nach der Überwinterung entwickelt sich auf befallenen Pflanzenresten gelegentlich die Hauptfruchtform *(Pyrenophora)*. Die Perithecien sind dunkelbraun (200 bis 400 µm) und enthalten bitunicate Asci mit 4 bis 8 mehrzelligen, quer- und längsseptierten Ascosporen (38 bis 60 x 20 bis 25 µm). Ihre Bedeutung für das Krankheitsgeschehen scheint gering zu sein, da alle parasitischen Phasen ohne Einschluß des Sexualzyklus verlaufen.

Die Infektion der Gerstenpflanzen erfolgt hauptsächlich während der Samenkeimung, ausgehend von einem Ruhemycel am Korn; Bodeninfektionen treten nur sehr selten ein. Die Ausbreitung des Erregers vollzieht sich durch den Konidienflug im Bestand während der Blühphase. Die Sporen bleiben an der Kornspitze oder der Ansatzstelle der Grannen haften. Sie keimen bei ausreichend hoher Feuchtigkeit optimal zwischen 19 bis 20 °C (Minimum bzw. Maximum liegen bei 2,5 bzw. 35 °C). Aus den einzelnen Konidienabschnitten treten bis zu drei Keimhyphen hervor, die rasch zwischen Deck- und Vorspelze wachsen; das Mycel besiedelt zunächst parenchymatische Zellschichten in den Spelzen und der Karyopse und geht in eine Ruheform über. Das Ausmaß der Saatgutverseuchung

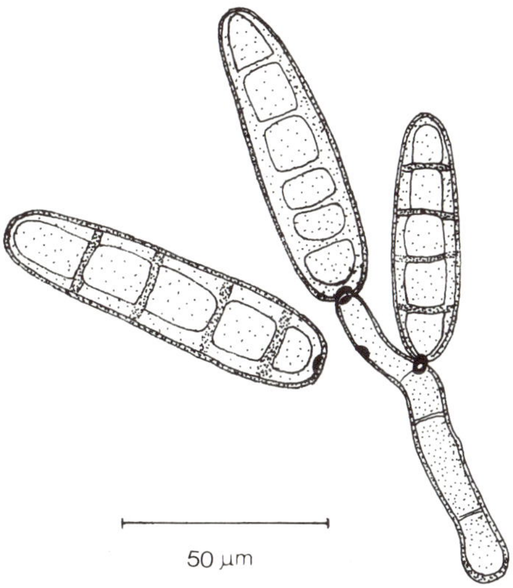

Abb. 9. *Pyrenophora (Drechslera) graminea*, porogene Konidien mit Pseudosepten.

hängt von der Höhe des Inokulums im Bestand und den herrschenden Infektionsbedingungen ab. Eine Verbräunung der Spelzen kann den Samenbefall andeuten.

Der Erreger dringt während früher Stadien der Keimung in die Pflanze ein. Unter Ausbildung von Appressorien wird zunächst die Koleorhiza infiziert und der Wurzelknoten erreicht. Die Besiedlung der Pflanze reicht über die embryonalen Blatt- und Halmanlagen bis zum Vegetationskegel; aus der Sproßachse dringen die Hyphen in junge Blätter vor, wobei die Leitgefäße die seitliche Ausbreitung begrenzen. Bei der Streckung der unteren Internodien werden Mycelfragmente im Gewebe mitgeführt. Die typischen Streifennekrosen entstehen durch Hyphen in Leitgefäßen, Hemmung des Wasser- und Assimilatetransports, Abbau von Chlorophyll und dem lokalen Absterben der betroffenen Zellen. Mycelteile in den Halmknoten führen zu Halmverkürzungen und Verbleiben der Ähre in der Blattscheide.

Das Ausmaß der systemischen Besiedlung hängt in starkem Maße von den Bedingungen während der Samenkeimung ab. Faktoren, welche die Keimung des Kornes verzögern, begünstigen den Infektionsverlauf. Pflanzen aus kleinen Körnern mit geringer Wachstumsrate und Triebkraft werden häufiger befallen. Sechs- und vierzeilige Gerste mit geringerem Tausendkorngewicht erscheint anfälliger als zweizeilige. Bei Keimtemperaturen von 2 °C wird der höchste Befall erreicht, ein starker Rückgang tritt oberhalb von 12 °C ein, nur minimale Erkrankungen werden bei 18 bis 27 °C beobachtet. Keimverzögerungen verlängern das anfällige Stadium der Pflanze und ermöglichen dem Dauermycel, auch von entfernteren Positionen aus, die Koleorhiza zu erreichen. Durch abgestufte Besiedlung des Wirtes ergeben sich alle Übergänge von leichten zu schweren Symptomen; auch latenter Befall ist möglich. Umweltbedingungen nach dem Aufgang der Pflanzen haben wenig Einfluß auf die Befallstärke; die Inkubationszeit verkürzt sich mit steigenden Temperaturen bis 20 °C, wobei Temperaturwechsel stimulierend wirken.

Wirtskreis

Im Gegensatz zu anderen *Drechslera*-Arten kommt *D. graminea* fast nur auf Winter- und Sommergerste vor; gelegentlich wurde Befall an *Dactylis glomerata* festgestellt. Gerstensorten und -linien können Anfälligkeitsunterschiede aufweisen; Nacktgersten zeigen meist nur geringe Befallsraten, offenblühende und pollensterile Linien werden stärker infiziert, dagegen bleiben Kapuzengersten meist befallsfrei. Der Befallsgrad wird von blütenbiologischen Gegebenheiten deutlich beeinflußt. Ihre Ausnutzung für eine gezielte Resistenzzüchtung wurde bisher wegen einfacher chemischer Bekämpfungsmaßnahmen nicht angestrebt; eine Beurteilung der Anfälligkeit des derzeitigen Gerstensortiments liegt nicht vor.

Von *Drechslera graminea* sind eine Vielzahl von Varianten bekannt; Heterokaryose wurde nachgewiesen und auch der seltener vorkommende Sexualzyklus fördert die Rekombinationen. Eine klare Abgrenzung von Rassen war wegen fehlender Differentialsorten bisher nicht möglich. Zwischen *P. graminea* und *P. teres* wurden Kreuzungen nachgewiesen; ihre Bedeutung für das Verhalten des Erregers ist noch unklar, jedoch werden enge verwandtschaftliche Beziehungen erkennbar.

Bekämpfung

Die Verwendung gesunden Saatgutes, seine sachgerechte Lagerung und alle Maßnahmen zur Verbesserung der Keim- und Triebkraft haben prophylaktische Wirkung. Bei früher Aussaat der Wintergerste ist durch den raschen Saatenaufgang die Infektionsgefahr gemindert, bei Verzögerung steigt der Befall deutlich an. Kühle Frühjahrswitterung kann die Infektionsrate bei Sommergerste erhöhen. Die Saatgutverseuchung geht bei längerer Überlagerung nur langsam zurück; durch Wärmebehandlungen und Heißwasserbeizung ließen sich keine befriedigenden Bekämpfungserfolge erreichen.

Mit der Entwicklung organischer Hg-Verbindungen konnte der Erreger unter Praxisbedingungen fast vollständig ausgeschaltet werden, so daß in den zurückliegenden Jahrzehnten kaum Ertragsverluste eingetreten sind. Bevorzugt wur-

Tafel 1
Oben links: Gelbverzwergung an Gerste (BYDV). Oben rechts: Gelbverzwergung an Hafer (BYDV). Mitte links: Gerstenvergilbungsmosaik (BYMV), Blattaufhellungen und Nekrosen an Bestockungstrieben. Mitte rechts: Streifenmosaik der Gerste auf Weizen (BSMV), rechts gesundes Blatt. Unten links: *Micronectriella nivalis (Fusarium nivale)*, Schneeschimmel an Roggen. Unten rechts: *Fusarium* spec., Fusarium-Fußkrankheit an Weizen.

den Universal Trockenbeizmittel, zu denen unter anderem Abavit-Spezial, Ceresan-Spezial (Methoxyäthyl-Hg-Silikat), Fusariol-Universal (Äthyl-Hg-Phosphat) und Germisan-Universal (Phenyl-Hg-Acetat) gehören. Die Aufwandmenge beträgt 200 bis 300 g/100 kg Saatgut, der Hg-Anteil liegt bei 1,75 bis 2,0%. Bei Saatgutbehandlungsmitteln mit Zusätzen werden Nebenwirkungen gegen Drahtwurm bzw. eine Verminderung des Krähenfraßes bei junger Saat erzielt. Die Ablösung der Hg-haltigen Beizmittel erfolgte aus Gründen des Anwenderschutzes mit dem Jahr 1982; es stehen rein organische Wirkstoffe zur Verfügung. Sie werden in der Regel als Kombinationspräparate (s. Steinbrand) zur gleichzeitigen Bekämpfung von Schneeschimmel, Flugbrand, Steinbrand und Streifenkrankheit eingesetzt. Gegen *Drechslera graminea* wirksame Verbindungen sind Imazalil, Dimetbenzazol, Triforine und Iprodion.

Literatur

Blankenburg, J., 1968: Zur Biologie einiger *Helminthosporium*arten unter besonderer Berücksichtigung von *Helminthosporium gramineum* Rabenh. und *Helminthosporium* teres Sacc. Diss. Martin Luther-Univ. Halle-Wittenb. Diss. 13 391, 110 S. – Bravermann, S. W., 1960: The *Helminthosporium gramineum* complex and related species on cereals and forage grasses. Phytopathology **50**, 688–695. – Ellis, M. B., Walle, J. M., 1973: *Pyrenophora graminea* (Conidial state: *Drechslera graminea*). C. M. J. Descript. Path. Fungi and Bacteria No. 388. – Platenkamp, R., 1976: Investigations on the infection pathway of *Pyrenophora graminea* in germinating barley. Arsskr. Kgl. Vet. Landbohojsk, (1976) 49–64. – Walther, H. F., 1980: Biologische Grundlagen zur Wirkung Hg-freier, systemischer Fungizide gegen *Drechslera graminea (Phyrenophora graminea)*, dem Erreger der Streifenkrankheit an Gerste. Diss. Techn. Univ. München-Weihenstephan, 1980, S. 1–100. – Walther, H. F., Hoffmann, G. M., 1982: Der Einfluß der Temperatur auf die Befallshöhe von Gerstenpflanzen durch Streifenkrankheit *(Drechslera graminea)* und die Wirkung Hg-freier Beizmittel. Zeitschr. Pflkr. u. Pflschutz **89**, 449–462.

Tafel 2
Oben links: *Fusarium* spec., Ährenbefall an Weizen. Oben rechts: *Typhula incarnata,* Typhula-Fäule an Gerste. Mitte links: *Rhynchosporium secalis,* Rhynchosporium-Blattfleckenkrankheit an Gerste. Mitte rechts: *Erysiphe graminis,* Echter Mehltau, Blatt-, Ähren- und Stengelbefall an Weizen. Unten links: *Septoria nodorum,* Braunspelzigkeit an Weizen. Unten rechts: *Septoria tritici,* Blattbefall an Weizen.

1.2.10 Netzfleckenkrankheit der Gerste
(net blotch of barley)

Erreger
Pyrenophora teres (Died.) Drechsler [Konidienform: *Drechslera teres* (Sacc.) Shoemaker].

Systematische Stellung
Ascomycotina, Loculoascomycetes, Pleosporales, Pleosporaceae.
Konidienform: Deuteromycotina, Hyphomycetes, Hyphomycetales, Dematiaceae.

Verbreitung, wirtschaftliche Bedeutung
Die Krankheit ist an Gerste in den gemäßigten, humiden Gebieten allgemein verbreitet. In Kanada wird sie zu den wichtigsten, samenbürtigen Erkrankungen der Gerste gerechnet; Ertragsausfälle bis zu 40% wurden festgestellt. In den USA war sie vor 50 Jahren noch von erheblicher Bedeutung; heute übersteigen die Verluste kaum 5% bei stärkerem Auftreten. Auch in Südamerika, Skandinavien, Israel und Ägypten wurde stärkerer Befall beobachtet. In Mitteleuropa kommt die Krankheit verbreitet vor, aber verursachte bisher kaum beachtete Schäden.

Symptome
Der primäre Befall ist am ersten Sämlingsblatt in Form blasser oder hellbrauner Flecke bzw. Streifen von geringer Größe meist anfangs nur schwer zu erkennen. Die Läsionen vergrößern sich in der Längsrichtung und werden zu Streifen. Auf den späteren Blättern bilden sich zerstreut Flecke, die ein eigentümliches Netzwerk aus engen dunkelbraunen, längs und quer verlaufenden Linien aufweisen. Das Gewebe vergilbt, verbräunt, ohne daß sich das Netzmuster ändert, und wird durch einen gelblichen Saum vom gesunden Blatteil abgegrenzt. Mehrere

Flecke fließen zusammen, dadurch kommen mehr oder weniger blasse Streifen zustande (Farbtafel 3, S. 67). Stark befallene Blätter welken von der Spitze zur Basis, die Flecke werden dunkelbraun und sind reichlich mit Konidien besetzt. Infektionen an Spelzen sind möglich, führen aber nur zu geringen Braunverfärbungen. An befallenen Körnern entwickeln sich unspezifische fahle oder dunkle Verfärbungen.

Biologie des Erregers

Pyrenophora teres bildet auf den Läsionen an einfachen Trägern porogene, einzelstehende, zylindrische, beidendig abgerundete Konidien mit 4 bis 6 Pseudosepten. Ihre Größe liegt zwischen 90 bis 120 x 19 bis 21 µm, die Färbung variiert von subhyalin über strohgelb bis leicht braun (Abb. 10). Auf überwintertem Stroh bzw. auf

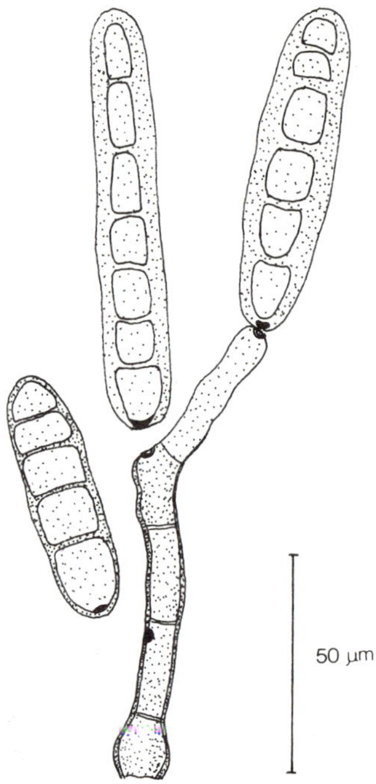

Abb. 10. *Pyrenophora (Drechslera teres),* porogene Konidien mit Pseudosepten.

Stoppelresten werden im Frühjahr dunkle Pseudothecien (200 bis 400 µm) mit wenigen, doppelwandigen Asci und ovalen, gelbbraunen Ascosporen, die mehrfach querseptiert sind und ein oder mehrere Längsseptierungen zeigen (38 bis 60 × 20 bis 25 µm), gebildet.

Vom Saatgut aus infiziert der Erreger das erste Sämlingsblatt, von dort gehen nach Sporulation Sekundärinfektionen aus. Eine geringe Saatgutverseuchung kann einen starken Befall auslösen. Auflaufpflanzen werden auch durch Konidien von Stroh- und Stoppelresten infiziert. Sämlingsbefall wird durch Temperaturen von 10 bis 15 °C gefördert; die Konidien keimen in gemäßigten Breiten optimal zwischen 10 bis 15 °C, in warmen Gebieten bei 25 °C. Für eine hohe Infektionsrate ist Blattnässe über 10 bis 30 Stunden erforderlich; auch die Konidienbildung ist an humide Bedingungen gebunden. Der Pilz hat keine der Konkurrenz widerstehende Saprophase und kann sich daher im Boden nicht halten und anreichern.

Wirtskreis

Pyrenophora teres ist in der Natur weitgehend auf *Hordeum* begrenzt, vereinzelte Befunde von Hafer und Weizen liegen vor. Wahrscheinlich gibt es einige Alternativwirte, da Arten aus 17 Gräsergattungen nach künstlicher Inokulation infiziert wurden, darunter *Agropyron repens, Alopecurus pratensis, Avena fatua, Dactylis-, Festuca-* und *Bromus*-Arten, sowie Hafer, Roggen und Weizen. Der Erreger variiert stark in Morphologie und Physiologie, bisher sind 3 bis 4 gut differenzierbare Rassen unterschieden worden. In mandschurischen Gersten wurden mehrere Resistenzgene nachgewiesen (Pt_1, Pt_2, Pt_3), die in amerikanische Kultursorten ('Tifang', 'Atlas 46', 'Ming', 'Harbin' u. a.) eingekreuzt sind.

Bekämpfung

Die Krankheit wird in Befallsgebieten (Kanada, Israel, Norwegen) durch frühe Saat, flache Bodenbearbeitung, Mähdrusch, enge Rotation und Anreicherung von infiziertem Stroh im Boden verstärkt. Zur Verhütung ihres Auftretens ist gesundes, gebeiztes Saatgut zu verwenden; bei der Fruchtfolge sollte Gerste erst nach dem zweiten Jahr wieder angebaut werden. Es empfiehlt sich Aussaat zum optimalen Zeitpunkt für die Pflanzenentwicklung; resistenten Sorten ist in Befallslagen der Vorzug zu geben. Vernichten der Auflaufpflanzen und gutes Unterpflügen der Stoppel- und Strohreste mindern die Überdauerungschancen des Erregers. Notwendigkeit und Möglichkeiten zur direkten Bekämpfung von *Pyrenophora teres* sind für Mitteleuropa zur Zeit noch nicht abgeklärt.

Literatur

SHIPTON, W. A., KHAN, T. N., BOYD, W. J. R., 1973: Net blotch of barley. Rev. Plant Path. **52**, 269–290. – SMEDEGARD-PETERSEN, V., 1976: Pathogenesis and genetics of net-spot blotch and leaf stripe of barley caused by *Pyrenophora teres* and *Pyrenophora graminea*. DSR Forlag Copenhagen, pp. 176.

1.2.11 Streifenkrankheit des Hafers
(oat leaf blotch)

Erreger

Pyrenophora avenae Ito et Kuribay. [Konidienform: *Drechslera avenae* (Eidam) Scharif]

Systematische Stellung

Ascomycotina, Loculoascomycetes, Pleosporales, Pleosporaceae.
Konidienform: Deuteromycotina, Hyphomycetes, Hyphomycetales, Dematiaceae.

Verbreitung, wirtschaftliche Bedeutung

Die Krankheit tritt vor allem in den kalten, feuchten Regionen Nordwesteuropas auf (Schottland, Wales, Irland); daher ist die wirtschaftliche Bedeutung nur lokal gegeben.

Symptome

Die. Krankheit äußert sich in der ersten Phase durch Absterben der Sämlinge vor oder nach dem Auflaufen. Bei überlebenden Pflanzen sind dunkelbraune Streifen oder Flecke auf der Koleoptile erkennbar. Die ersten Blätter infizieren sich von der Koleoptile aus und zeigen zahlreiche hellgrüne Flecke mit rötlich-braunem Hof und rötlichem Rand; später fließen diese zu Streifen zusammen (Abb. 11); die Pflanzen bleiben im Wuchs schwach oder gehen zugrunde. Auf den oberen Blättern bilden sich größere, olivfarbige, später braune, dunkel umrandete Flecke. Bei Befall der oberen Halmknoten kann es zu Halmbruch kommen.

Biologie des Erregers

Pyrenophora avenae ist samenbürtig; der Pilz überdauert am Korn mit einem langlebigen Ruhemycel. Während der Samenkeimung wird die Koleoptile infiziert, sowie von hier aus die ersten Blätter. Auf dem abgestorbenen Gewebe bilden sich einzeln oder in Ketten gelbliche bis olivbraune Konidien (50 bis 110 x 15 bis 19 µm) mit 2 bis 6 Pseudosepten, die zu den Sekundärinfektionen an oberen Blättern und Infloreszenzen führen. Die primäre Infektion wird durch niedrige Temperaturen bei hoher Bodenfeuchte begünstigt; in trockenen Böden kommt auch bei höheren Temperaturen Befall vor. Warmes, trockenes Wetter mindert die Konidienbildung und Verbreitung im Bestand. Die Überdauerung des Erregers auf Pflanzenresten im Boden scheint nur gering zu sein; Perithecien wurden nur selten auf Befallsstellen beobachtet. Sie entsprechen etwa denen von *Pyrenophora teres.*

Wirtskreis

Der Erreger wurde auf Hafer und gelegentlich an Wildgräsern nachgewiesen. Eine verwandte Art *(Drechslera avenacea)* kommt auch an Weizen und Gerste vor.

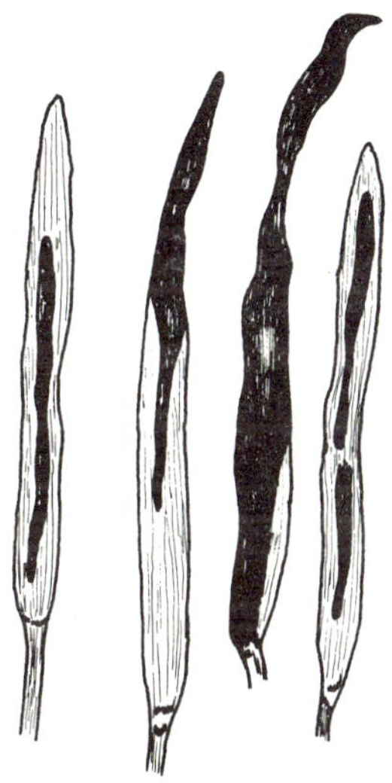

Abb. 11. Streifenkrankheit des Hafers, streifige Nekrosen auf Haferblättern.

Bekämpfung

Durch Beizung mit organischen Hg-Verbindungen konnte der Erreger bisher ausgeschaltet werden; allerdings scheint sich in letzter Zeit eine gewisse Resistenz herausgebildet zu haben. Es kann angenommen werden, daß die gegen die Streifenkrankheit an Gerste zugelassenen Hg-freien, organischen Beizmittel auch ausreichende Wirkung gegen die Krankheit an Hafer aufweisen.

Literatur
ELLIS, M. B., WALLER, J. M., 1973: *Pyrenophora avenae*. C. M. I. Descriptions of path. Fungi and Bacteria No. 389. – LUKE, H. H. WALLACE, A. T., CHAPMAN, W. H., 1957: A new disease symptom incited by the oat leaf blotch pathogen, *Helminthosporium avenae*. Pl. Dis. Reptr. **41**, 109–110. – MALONE, J. P., 1968: Mercury-resitant *Pyrenophora avenae* in Northern Ireland seed oats. Pl. Path. **17**, 41–45.

1.2.12 Gelbrost
(stripe rust of cereals)

Erreger
Puccinia striiformis Westend. (syn. *Puccinia glumarum* Erikss. et Henn.).

Systematische Stellung
Basidiomycotina, Teliomycetes, Uredinales, Pucciniaceae.

Verbreitung, wirtschaftliche Bedeutung
Der Gelbrost zählt in vielen Teilen Europas und der Welt zu den bedeutendsten Krankheiten an Weizen und Gerste. Sein Auftreten wird seit Ende des 18. Jahrhunderts beschrieben, die Ätiologie konnte Mitte des vorigen Jahrhunderts geklärt werden. Der ursprünglich wahrscheinlich auf Wildgräsern vorkommende Gelbrost scheint aus Asien nach Europa und anderen Kontinenten, mit Ausnahme von Australien, gewandert zu sein. Die starke Abhängigkeit von Umweltbedingungen führt zu sehr unregelmäßigem Auftreten und einer Konzentrierung in Nordwest- und Nordeuropa, in der Schweiz, Spanien und Portugal. Im Vorderen Orient kommt er in Bewässerungsgebieten und mittleren Gebirgslagen vor. Größere Bedeutung hat die Krankheit auch in Indien und China. Obgleich in vielen Klimaten nachgewiesen, werden die kühleren und feuchteren Küsten- und Mittelgebirgslagen bevorzugt.
Gelbrost vermag an Getreide epidemisch aufzutreten; nach mehrjähriger geringfügiger Entwicklung kann plötzlich verheerender Befall einsetzen. Schwere Gelbrostepidemien traten 1937, 1938, 1955 und 1961 in Mittel- und Nordwesteuropa auf, verbunden mit Ertragsverlusten an einzelnen Standorten und Sorten bis zu 50%. In Holland wird der 1955 entstandene Schaden auf 5 Millionen Gulden geschätzt; etwa 10% der Weizenproduktion des Landes war ausgefallen. Stärkerer Befall trat 1972 in England ein; der Befallsanstieg in den Jahren 1960 bis 1965 an Gerste hatte seine Ursachen in dem verstärkten Gerstenanbau und der Einführung anfälliger Sorten wie 'Maris Concord', 'Union' und 'Impala'. Zwischen Ertragsverlust und Gelbrostbefall ergibt sich eine enge Korrelation im Stadium der Milchreife. Besonders ertragsschädigend ist die Erkrankung des Fahnenblattes und der Spelze.

Symptome
Aus der Blattepidermis junger Pflanzen brechen 0,5 bis 1 x 0,4 mm große, lebhaft orange bis zitronengelb gefärbte Sporenlager (Uredolager) hervor. Sie sind anfangs auf beiden Blattseiten in der Nähe der Spitze, später auch auf Blattscheiden, Halmen und allen Teilen der Ähre zu finden (Farbtafel 3, S. 67). Rasch erfolgt eine Weiterentwicklung von Sporenlagern in Längsrichtung, so daß die für Gelbrost charakteristischen 7 bis 11 cm langen Längsstreifen aus dicht stehenden Uredolagern oder chlorotischen Verfärbungen entstehen. Die parallel zu den Blattnerven angeordneten Streifen fließen später zusammen und können die ganze Blattspreite bedecken. Die Blätter schlitzen auf und rollen sich ein. Bei starkem Allgemeinbefall sind bei Gerste auch die Halme betroffen; Halmbefall ist bei Weizen seltener und die Sporenlager bleiben meist von der Epidermis bedeckt. Gelbrost findet sich auch auf Spindeln, Blütenstielen, Spelzen, Grannen und Körnern, wobei sich die Sporenlager an den Spelzen nach innen öffnen. In späteren Entwicklungsstadien treten auf allen Teilen der Wirtspflanze bis 1 mm lange, neben- oder hintereinander angeordnete schwarze Strichel auf, in denen sich, von der Epidermis bedeckt bleibend, Teleutosporen ausbilden.

Biologie des Erregers
Puccinia striiformis besitzt einen unvollständigen Entwicklungszyklus, ein alternativer Wirt für die monokaryotische Phase ist nicht bekannt. Als infektiöse Vermehrungsorgane werden nur Uredosporen gebildet (Abb. 12); sie entstehen auf kurzen Stielchen in den Uredolagern, sind mit konischen Stacheln besetzt, zweikernig und mit 4 Keimporen versehen; ihre Größe beträgt 15 bis 33 x 14 bis 26 µm, die durch Quellung rasch verändert wird. Die Teleutosporen sind zweizellig, gestielt, obere Breite 17 bis 19

Abb. 12. *Puccinia striiformis* (Gelbrost), Uredosporen.

µm, untere Breite 14 bis 16 µm, Länge 44 bis 52 µm (Abb. 13, a). Sie keimen meist mit der Bildung von Basidiosporen, die Getreide jedoch nicht infizieren können. Die Teleutosporen haben daher keine weitere biologische Funktion.

Die Keimung der Uredosporen ist an tropfbar flüssiges Wasser gebunden. Die minimale Blattbenetzungsdauer beträgt 3 Stunden, die optimale 8 Stunden. Die günstigsten Keimungstemperaturen liegen im Bereich von 9 bis 11 °C, das Maximum wird mit 20 bis 25 °C und das Minimum mit 0 °C angegeben. Die Uredosporen entwickeln einen Keimschlauch, der direkt auf eine Spaltöffnung zuwächst und ohne Appressorienbildung auch bei geschlossenem Zustand in diese eindringt. Ähnliches Verhalten wird auch bei nicht kongenialen Wirten beobachtet. Bei optimalen Bedingungen kann der Eindringungsprozeß nach 3 Stunden abgeschlossen sein. In kompatiblen Systemen schwillt die Penetrationshyphe in der Atemhöhle zu einer vielkernigen (10 bis 20), runden, gelbgefärbten Blase (substomatäres Vesikel) an, aus welcher 2 bis 3 Hyphen entwachsen. Sie breiten sich interzellulär aus und entsenden 2 bis 3 Haustorien in die angrenzenden Wirtszellen. Die weitere Besiedelung geschieht durch Hyphen in den Interzellularen des Mesophylls. Nach wenigen Tagen bilden sich Laufhyphen, mit dünnen Abzweigungen zur Nahrungsaufnahme, die entlang der Blattadern

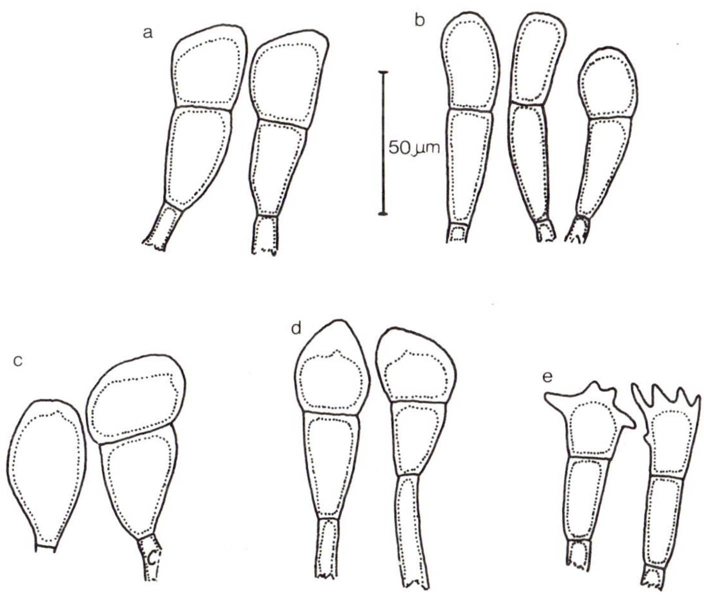

Abb. 13. Teleutosporenformen von *Puccinia-Arten, die häufig an Getreide auftreten. a = P. striiformis,* b = *P. recondita,* c = *P. hordei,* d = *P. graminis,* e = *P. coronata.*

für die streifenförmige Verbreitung im Blatt sorgen, und an denen zahlreiche Uredolager angelegt werden. Der Erreger wächst halbsystemisch, daher genügt ein relativ geringes Inokulum für einen starken Infektionserfolg. Bei inkompatiblen Systemen kollabieren die Wirtszellen kurz nach der Penetration, zum Teil in mehreren Zelllagen, und der Parasit stirbt ab. Von anderen Rostpilzen unterscheidet sich *Puccinia striiformis* durch den Anspruch an tropfbar flüssiges Wasser zur Keimung, der kurzen Eindringungsphase, dem Fehlen des Appressoriums und der halbsystemischen Ausbreitung mittels Laufhyphen im Gewebe.

Die Inkubationszeit bis zum Auftreten erster Symptome in Form von Chlorosen bzw. Uredopusteln wird von der Temperatur stark beeinflußt. Unter optimalen Bedingungen (10 bis 20 °C) vergehen wenigstens 11 Tage, bei 15 °C etwa 12 bis 15 Tage, bei 5 °C etwa 25 Tage bis zur Entwicklung von Sporen. Infektionen und Sporenbildung sind nahe 0 °C unterbunden. Bei niedrigen Temperaturen im Winter und geringer Sonneneinstrahlung kann die Inkubationszeit 60 Tage und mehr betragen. Die Sporulationsdauer variiert in Abhängigkeit von den Witterungsbedingungen und dem physiologischen Zustand des infizierten Blattgewebes von wenigen Tagen bis zu einigen Wochen. Bei den durchschnittlichen Tagestemperaturen im gemäßigten Klima sporuliert der Gelbrost gut. Innerhalb einer Vegetationsperiode können daher bis zu 20 Sporengenerationen gebildet werden. In strengen Wintern stirbt der Rostpilz, zusammen mit den untersten Getreideblättern, ab. Hohe Feuchtigkeit im Mai ist günstig für Sporulation und Infektion; starke Regenfälle mit Verschmutzung der Blätter reduzieren den Befall, daher sind in Gebieten mit normalerweise hohen Niederschlägen eher trockene Jahre von starkem Rostauftreten begleitet. Hitzeperioden und Trockenheit, die mitunter im Juni eintreten, stoppen eine Epidemie. Sie setzt sich jedoch bei günstigen Bedingungen fort, wenn bereits ein hohes Inokulum erreicht war. Auf toten oder fast abgestorbenen Blättern erfolgt die Sporulation solange, wie diese turgeszent sind. Derartige Blätter bleiben häufig bis wenige Tage vor der Ernte erhalten. Die Übersommerung des Rostpilzes findet auf Auflaufpflanzen statt, die sich in feuchten Jahren bereits vor der Ernte entwickelt haben können; auf diesen werden kurz nach dem Mähdrusch bereits Läsionen beobachtet. Bei trockenem Sommer sind Auflaufpflanzen erst wesentlich später auf den Getreidefeldern, so daß der Erreger nur in geringem Ausmaß überdauert. Feuchte Sommer können somit epidemiologische Nachwirkungen haben, indem sich im frühen Herbst bereits ein hohes Inokulumpotential aufbaut. In Alpengebieten übersommert der Rostpilz auf hochgelegenen Schlägen, die später ausreifen. Die Ausbreitung der Sporen durch Wind geschieht bei Auflaufgetreide meist über eine kurze Distanz (10 m), während des Herbstes und Winters über Entfernungen von etwa 100 m. Im Frühjahr und Sommer werden mittlere (10 bis 15 km) bis große Distanzen (1000 bis 1500 km) überwunden. Für die Beurteilung des Gelbrostbefalles im Feldbestand kann nach epidemiologischen und züchterischen Kriterien folgende Bonitierung erfolgen:

0 = ohne Infektion,
1 = eine Läsien auf 10 m Drillreihe,
2 = auf 1 m,
3 = auf 0,1 m Drillreihe,
4 = wenigstens eine Läsion pro Trieb, bis 1% Blattfläche besiedelt,
5 = 5% der Blattfläche befallen,
6 = 10%,
7 = 25%,
8 = 50%,
9 = 75% und
10 = 100% der Blattfläche mit Gelbrost bedeckt.

Die Infektion führt zu Veränderungen des Stoffwechsels im befallenen Gewebe und in der ganzen Pflanze. Eine unmittelbare Auswirkung wird in lokalen, schwach bis starken chlorotischen Blattaufhellungen und Nekrosen erkennbar. Die Transpiration steigt an, besonders beim Aufbrechen der Sporenlager; die Atmung ist erhöht, der Chlorophyllgehalt und die Assimilation sind reduziert. Assimilate werden aus befallenem Gewebe weniger abtransportiert, der Saccharosegehalt ist gemindert, die Anteile an löslichen N-Verbindungen und Phenolsubstanzen steigen. Je nach Zeitpunkt der Infektion und Schwere des Befalls bleiben die Pflanzen mehr oder weniger im Wuchs zurück, die Blattspreiten sind reduziert und das Wurzelsystem ist unterentwickelt.

Wirtskreis

Der Gelbrost tritt nur an Gramineen auf. Von den Kulturarten werden hauptsächlich Weizen und Gerste, vergleichsweise selten Roggen befallen; auf Hafer, Mais, Reis und Hirsearten ist die Krankheit unbekannt. Nach bisherigen Beobachtungen gehören zum Wirtskreis von *P. striiformis* 230 Wildgrasarten aus 40 Gattungen, darunter *Bromus, Festuca, Poa, Brachypodium, Briza, Vulpia, Agropyron, Elymus, Phalaris, Dactylis, Lolium* und *Hordeum*. Bei der Abschätzung der Bedeutung von Wildgräsern für die Epidemiologie des Gelbrostes an Weizen und Gerste ist zu beachten, daß die Rostherkünfte auf einzelne Gattungen meist hochspezialisiert sind. Der Gelbrosterreger an Gerste (f. sp. *hordei*) ist auf *Hordeum vulgare* begrenzt, gelegentlich wird er auf Roggen gefunden; auf *H. murinum* und *H. marinum* parasitieren andere Formen. Der Gelbrosterreger des Weizens (f. sp. *tritici*) geht auf Roggen über und wird auch an anderen Gräsern angetroffen (*Bromus tectorum, B. rubens, B. sitchensis, Hordeum jubatum, Agropyron caninum, A. cristatum, Festuca scoparia*). Auf *Agropyron*-Arten (*A. repens*) ist die f. sp. *agropyri*, auf *Dactylis glomerata* die f. sp. *dactylidis* zu finden. Da die Entwicklung des Gelbrostes auf *Agropyron* wesentlich später einsetzt, die Menge an entwickeltem Inokulum gering bleibt, der Befall außerdem relativ selten eintritt und die Gelbrostformen auf Weizen und Gerste leicht überwintern bzw. übersommern können, sind Nebenwirte für die Gelbrostepidemien von keiner oder nur geringer Bedeutung.

Die Aufsplitterung der Virulenz ist bei *P. striiformis* f. sp. *tritici* und f. sp. *hordei* sehr groß, so daß auf geeigneten Testsortimenten zahlreiche physiologische Rassen zu unterscheiden sind, wobei Infektionstypen (i, 0, 1, 2, 3, 4) je nach Chlorose- und Nekrosebildung, Pustelzahl und -größe als Differenzierungsmerkmale dienen. Für epidemiologische Aspekte werden sogenannte Feldrassen als eigentliche Einheiten von Epidemien analysiert, die an der spezifischen Virulenz und der Versatilität (Virulenz gegenüber einer Anzahl von Differenzialsorten) zu erkennen sind. Die Rassenbildung erfolgt durch Mutationen und Hyphenfusionen (Heterokaryosis); die Änderung des Rassenspektrums geschieht in Abhängigkeit vom Sortenspiegel in einzelnen Phasen. Eine neue Rasse wird zunächst auf einzelnen Sorten gefunden, welche Resistenz gegen andere weit verbreitete Rassen besitzen; später ist sie auch auf anderen Sorten, für die sie keine spezifische Virulenz aufweist, zu finden. Wenn Sorten wegen hoher Feldinfektionen im Anbau zurückgehen, nimmt das Vorkommen und die Bedeutung der neuen Rasse ebenfalls ab.

Mit den jahrzehntelangen Bemühungen um die Züchtung widerstandsfähiger Sorten sind beachtliche Teilerfolge erzielt worden. Bei Weizen sind zahlreiche Genloci (Yv_1 – Yv_7) mit Allelen für Resistenz bekannt. Die Beurteilung des Sortenverhaltens ist gegenüber Gelbrost schwierig; neben hypersensiblen Genotypen (I) sind tolerante (II) und in ihrer Reaktion stark umweltabhängige Formen (III) zu unterscheiden; andere sind im Sämlingsalter anfällig und später tolerant (IV), oder als Sämlinge und während der Kornbildung stark anfällig (V), bzw. anfällig in allen Stadien (VI).

Bekämpfung

Zur Verhütung des Gelbrostauftretens standen lange Zeit nur pflanzenbauliche Maßnahmen zur Verfügung, unter anderem Vernichtung des Auflaufgetreides, räumliche Trennung von Winter- und Sommergetreide, Vermeidung von hohen N-Gaben oder Leguminosenvorfrucht. Seit Jahrzehnten wird in Mitteleuropa Resistenzzucht betrieben, so daß einige Sorten eine Art „Feldresistenz“, andere auch Keimlingsresistenz aufweisen. Die Anfälligkeit eines großen Teils deutscher Winterweizensorten wird mit gering bzw. gering-mittel eingestuft. Höheren Befall können ‘Clement’, ‘Kormoran’, ‘Pantus’ und ‘Topfit’ aufweisen, starke Erkrankungen wurden bei ‘Kranich’, ‘Saturn’, ‘Ural’ und ‘Vuka’ beobachtet. Unter den Sommerweizensorten zeigten ‘Herakles’, ‘Janus’ und ‘Max’ starke, ‘Arkas’ mittlere, ‘Famos’, ‘Kolibri’ und ‘Mephisto’ geringere Anfälligkeit. Bei Wintergerste können die Sorten ‘Ago’, ‘Bollo’ und ‘Dunja’ starken Befall zeigen, geringer bis mittlerer Gelbrost wurde auf ‘Barbo’, ‘Dura’ und ‘Birgit’ nachgewiesen. Der größte Teil der Sommergerstensorten liegt im Bereich mittlerer Gelbrostanfälligkeit. ‘Aramir’ gehört zu den widerstandsfähigeren, ‘Carina’ zu den stark anfälligen Sorten.

Die Resistenzzüchtung hat wesentlich zur Minderung von Ertragsverlusten durch Gelbrost in den vergangenen Jahrzehnten beigetragen, jedoch sind den Bemühungen durch die Selektion neuer Erregerrassen Grenzen gesetzt. Diese normale, biologische Reaktion der Erregerpopulation wird umso stärker provoziert, je großflächiger und großräumiger der Anbau weniger Sorten mit monogen bedingter Resistenz betrieben wird. Sorten mit rassenspezifischer Sämlingsresistenz und unspezifischen Genen für Altersresistenz sollte in Zukunft der Vorrang gegeben werden. Weizenzüchtungen mit aufrechtem Wuchshabitus können ebenfalls zu geringerem Befall beitragen, da sich weniger Uredosporen ablagern. Bei „multiline" Sorten könnte der Effekt der induzierten Resistenz ausgenutzt werden, der durch Infektionen mit avirulenten Rassen eintritt.

Eine direkte Bekämpfung wurde mit der Entwicklung der Azol-Fungizide Triadimefon (Bayleton) und Propinonazol (Desmel) möglich. Ihre systemischen Eigenschaften erlauben protektiven und eradikativen Einsatz. Die Wirkungsdauer kann mehrere Wochen umfassen. Beide Wirkstoffe haben zudem eine sehr gute Wirkung gegen den Echten Mehltau, sowie Nebeneffekte auf *Rhynchosporium secalis, Puccinia recondita* und *P. hordei*. Die gezielte Behandlung gegen Gelbrost sollte besonders bei Frühbefall nach Erscheinen erster Uredosporenlager vorgenommen werden. Die Beizmittel Baytan universal und Baytan spezial haben auch gute Wirkungen gegen Rostbefall an auflaufenden Pflanzen.

Literatur

BROWNING, J. A. FREY, K. J., 1969: Multiline cultivars as a means of disease control. Ann. Rev. Phytopathology 7, 355–382 – FUCHS, E., 1965: Untersuchungen über die physiologische Spezialisierung des Weizengelbrostes (*Puccinia striiformis* West. f. sp. *tritici* Erikss. et Henn.) in den Jahren 1959–1964 und über das Anfälligkeitsverhalten einiger Weizensorten. Nachr. Bl. Dtsch. Pfl. Schutzd. **17**, 161–176. – HASSEBRAUCK, K., 1965: Nomenklatur, geographische Verbreitung und Wirtsbereich des Gelbrostes. *Puccinia striiformis* West. Mitt. biol. Bundesanst. Ld. u. Forstw. **116**, 75 pp. – HASSEBRAUCK, K., 1970: Der Gelbrost *Puccinia striiformis* West. II. Befallsbild. Morphologie und Biologie der Sporen. Infektion und weitere Entwicklung. Wirkungen auf die Wirtspflanze. Mitt. Biol. Bundesanst. Ld. u. Forstw. **139**, 111 p. – HASSEBRAUCK, K., RÖBBELEN, G., 1974: Der Gelbrost *Puccinia striiformis* West. III. Die Spezialisierung. Mitt. Biol. Bundesanst. Ld. u. Forstw. **156**, 150 pp. – SHANER, G., POWELSON, R. L., 1971: Epidemiology of stripe rust of wheat 1961–1968. Tech. Bull. Oreg. State Univ. Corvallis **117**, 1–31. – ZADOKS, J. C., 1961: Yellow rust on wheat: studies in epidemiology and physiologic specialization. Tijdschr. Plantenzkt. **67**, 69–256.

1.2.13 Braunrost des Weizens und des Roggens (leaf rust of cereals)

Erreger

Puccinia recondita Rob. ex Desm. (syn. *P. rubigo-vera* Wint.).

Systematische Stellung

Basidiomycotina, Teliomycetes, Uredinales, Pucciniaceae.

Verbreitung, wirtschaftliche Bedeutung

Der Braunrost ist in allen Weizen- und Roggenanbaugebieten verbreitet, in einzelnen Ländern und Gebieten kann er dominieren. Über epidemisches Auftreten wurde in den 50er Jahren aus Kanada und 1977 aus Mexiko berichtet. Wenn auch vergleichbare Katastrophen wie bei Schwarzrost und Gelbrost kaum oder selten eintraten, so wird doch dem Braunrost größere Bedeutung zugesprochen. Der regelmäßig auftretende mehr oder weniger starke Befall, d. h. die Summierung jährlicher Ertragsverluste geben hierbei den Ausschlag. In ariden Gebieten sind auch bei leichter Erkrankung durch die starke Erhöhung der Transpiration deutliche Ertragsverluste anzusetzen. Sie gehen auf die Reduktion des Tausendkorngewichtes und des Litergewichtes zurück; damit verbunden ist auch eine Minderung des Proteingehaltes. Die besten Korrelationen zwischen Befall und Verlust sind im Stadium der Milchreife gegeben. Stärkerer Befall vor der Bestockung soll Ertragsreduktionen von über 90% herbeigeführt haben. Die Bedeutung des Braunrostes an Roggen, der in Mittel- und Osteuropa regelmäßig vorkommt, wird meist unterschätzt. Erhöhte N-Gaben zu standfesteren Sorten und zu Futterroggen, sowie frühere Aussaaten haben zunehmend zu höheren Herbstinfektionen geführt, womit auch negative Auswirkungen auf die Winterfestigkeit verbunden sind. Die heute dichteren Bestände bieten ein günstigeres Mikroklima für die Entwicklung der Krankheit.

Symptome

Auf Weizenblättern erscheinen entweder vereinzelt auf beiden Seiten oder dichter stehend, be-

vorzugt auf der Oberseite, ovale, ocker- bis rostbraune Sporenlager (Uredolager). Gelegentlich sind sie ringartig angeordnet, in späteren Entwicklungsstadien der Pflanze werden sie auch an Blattscheiden und Halmen sichtbar. Selten fließen sie zu kompakteren Lagern zusammen. Das Befallsbild zeigt unter dem Einfluß der Sorte, Erregerherkunft, klimatischer Faktoren, Düngung und Blattalter eine erhebliche Labilität. Später bilden sich blattunterseits, von der Epidermis bedeckt bleibende, schwarze, längliche Teleutolager. Bei frühzeitigem starken Befall bleiben die Pflanzen im Wuchs zurück, das Wurzelsystem ist schlecht entwickelt. Im Herbst befallene Wintersaaten können durch Auswinterung leiden.
Auf Roggen ist das Krankheitsbild fast übereinstimmend wie bei Weizen (Farbtafel 4, S. 68); die blattoberseits gebildeten Uredolager haben eine etwas dunklere Färbung. Die Teleutolager auf der Blattunterseite sind meist zahlreicher angelegt.

Biologie des Erregers
Puccinia recondita ist eine große Sammelart, in welche neuerdings fast 70 bisher als selbständig angesehene Species eingereiht werden, die alle auf Gramineen „Braunrost" hervorrufen. Sie weisen zum Teil deutliche morphologische und biologische Unterschiede auf und ihre Haplontenwirte gehören zu den Ranunculaceen, Boraginaceen, Hydrophyllaceen, Balsaminaceen, Crassulaceen und Compositen. Im landwirtschaftlichen Bereich sind der Braunrost des Weizens (*P. recondita* f. sp. *tritici* = *Puccinia triticina* Erikss.) und der Roggenbraunrost (*P. recondita* f. sp. *secale* = *Puccinia dispersa* Erikss. et Henn. = *Puccinia secalis* Grove) von Bedeutung.
Der Weizenbraunrost bildet Spermogonien und Aecidien auf einer größeren Anzahl von *Thalictrum*-Arten (Wiesenraute) und auf *Isopyrum fumarioides* (Muschelblümchen). Das Aecidienstadium wird allgemein selten angetroffen, auf *Thalictrum foetidum* (Italien), *Th. thunbergii* (Japan) und *Isopyrum* (Sibirien) häufiger. Es besitzt für die Überdauerung des Erregers in Mitteleuropa keine Bedeutung. Bei den *Thalictrum*-Arten scheinen noch nicht näher bekannte Anfälligkeitsunterschiede vorzuliegen. Die Uredolager werden auf *Triticum*-Arten etwa 1 bis 2 x 0,5 mm groß, die Uredosporen sind kugelig bis ellipsoidisch und messen 18 bis 29 x 17 bis 22 μm. Die schwarzen Teleutolager werden durch Paraphysen unterteilt und enthalten zweizellige, kurz gestielte, länglich-keulenförmige Teleutosporen (30 bis 42 x 14 bis 17 μm) (Abb. 13, b).
Die Uredosporen sind gegenüber tiefen Temperaturen sehr widerstandsfähig, bleiben unter Schnee monatelang lebend und benötigen zur Auskeimung tropfbar flüssiges Wasser. Bereits bei 99% relativer Feuchte nimmt die Keimungsrate stark ab. Rasche Keimung erfolgt bei 10 bis 28 °C, die Kardinaltemperaturen liegen bei 2 °C, 20 °C bzw. 31 °C. Die Uredosporen haben eine Lichtsensibilität, wenn sie in Dunkelheit gebildet wurden. Durch Lichteinwirkung soll in angefeuchteten Sporen ein Hemmstoff entstehen, der die Keimung anfänglich verzögert, jedoch kurzfristig wieder abgebaut wird. Die Infektion (Appressorienbildung, Eindringen in Stomata) erfolgt lichtunabhängig, der CO_2-Gehalt der Blattatmosphäre hat nicht den Einfluß wie bei *P. graminis*. Die Überlebensdauer der Uredosporen ist temperaturabhängig; auf trockenen Weizenblättern behielten sie ihre Keimfähigkeit bei 5–8 °C über 45 Tage, bei 10 bis 27 °C etwa 12 Tage und bei 18 bis 39 °C etwa 8 Tage. Die Überlebensdauer kann Bedeutung gewinnen, wenn Sporenflug und günstige Infektionsbedingungen nicht miteinander übereinstimmen. Der Uredosporenflug zeigt eine typische Tagesperiodizität mit einem Höhepunkt am Nachmittag. Die Generationszeit beträgt unter günstigen Bedingungen etwa 12 bis 14 Tage; daher kann, besonders nach dem Ährenschieben, innerhalb von 2 Wochen starker Befall eintreten. Bei Temperaturen um 25 °C werden die größten Uredosporenmengen erzeugt, die Sporulation erlischt bei 35 °C, jedoch kann das Mycel überleben.
Die Keimung der Teleutosporen erfolgt im Bereich von 7 bis 27 °C (Optimum 10 bis 16 °C), gewöhnlich nach mehrmonatiger Ruheperiode. In Japan wurde Keimungsfähigkeit bereits kurz nach der Bildung festgestellt. Die Basidiosporen infizieren nur sehr junge Pflanzen bzw. Organe; ihre Ausbreitungsdistanz ist sehr begrenzt.
Aufgrund der großen Temperaturtoleranz ist die Überwinterung bzw. Überdauerung ungünstiger Bedingungen im gemäßigten und subtropischen Klima im Uredostadium sichergestellt. Bei Winterweizenanbau ist das Auflaufgetreide ein Infektionsreservoir. Die jungen Saaten können bereits im Herbst befallen werden, wobei sich der Erreger bis zum Frühjahr meist im Mycelsta-

dium erhält. Wenn die Überwinterungschancen wegen fehlender oder später Herbstsaat reduziert sind, gehen Erstinfektionen im Frühsommer auf Zuflug von Uredosporen aus entfernteren Gebieten zurück.
Die Roggenform des Braunrosterregers gehört ebenfalls zu den wirtswechselnden Rostpilzen. Spermogonien und Aecidien sind im Frühjahr, Spätsommer und Herbst auf Boraginaceen z. B. häufiger und reichlich auf *Anchusa officinalis* (Ochsenzunge), sowie auf *Lycopsis, Omphalodes* und *Echium* zu finden. An Ochsenzunge bilden sich lebhaft orangefarbene, rundliche, bis 2 cm große Blattflecke. Die Uredosporen auf Roggen messen 20 bis 28 x 17 bis 22 µm, die kurzgestielten, zweizelligen Teleutosporen 40 bis 50 x 14 bis 19 µm. Letztere sind unmittelbar nach der Reife keimfähig und die Basidiosporen infizieren die Haplontenwirte bereits im Spätsommer oder Herbst bzw. bei Überwinterung der Teleutosporen im Frühjahr. Der Wirtswechsel ist nicht obligatorisch, da der Erreger regelmäßig auch im Uredostadium überwintert.
Das Mycel des Braunrostes wächst lokal interzellulär und entnimmt Nährstoffe durch Haustorien. Aus befallsfreiem Gewebe wird ein Nährstoffzufluß induziert. Daher bilden sich um die Befallsstellen grüne Inseln, während das übrige Gewebe einer frühzeitigen Alterung (Seneszenz) unterliegt und bei Weizen unter anderem von *Septoria*-Arten stärker befallen wird. Rostbefallene Weizenpflanzen zeigen auch an den Ähren häufig stärkere Septoria-Infektionen. Die Uredolager des Braunrostes können unter Feldbedingungen durch den Pilz *Eudarluca australis* (Fr.) O. Erikss. *(Darluca filum)* parasitiert werden, der jedoch erst relativ spät in der Vegetationszeit und bei spätreifen Sorten anzutreffen ist. Maximale Infektionen junger Uredolager finden bei 22 °C statt; die Latenzzeit beträgt 5 bis 7 Tage. Einzelne Stämme von *P. recondita* können als Uredomycel in Reinkultur auf Nährboden mit Glukose, Pepton und Aminosäuren gezüchtet werden; die sich bildenden Uredosporen zeigen keinen Pathogenitätsverlust.

Wirtskreis
Für die Sammelart *P. recondita* werden Wirtspflanzen aus wenigstens 37 Gramineengattungen angegeben. Die Weizenform ist hauptsächlich auf *Triticum*, daneben werden selten *Hordeum, Secale, Agropyron, Aegilops* und *Elymus* befallen. Sie haben als Nebenwirte keine Bedeutung. Der Erreger des Braunrostes an Roggen beschränkt sich weitgehend auf Kulturroggen und andere *Secale*-Arten, geht selten auf Weizen und ist übertragbar unter anderem auf *Bromus sterilis, Elymus arenarius* und *Eremopyron*-Arten.
Beide Braunrostformen splittern sich in eine Vielzahl physiologischer Rassen auf, von denen jedoch meist nur wenige eine stärkere Verbreitung finden. In Deutschland sind die Rassen 17 und 52 von f. sp. *tritici* seit vielen Jahren vorherrschend. Neue Rassen entstehen durch vegetative Kernmischungen, Mutationen und Hybridisationen (auf *Thalictrum thunbergii* in Japan häufig). Zur Rassendifferenzierung wird ein Testsortiment mit verschiedener rassenspezifischer Resistenz verwendet; die Rassenbezeichnung ist international noch nicht übereinstimmend; unter anderem wird eine Codierung vorgeschlagen, aus der unmittelbar Virulenz/Avirulenz, sowie Jahr und Land des ersten Auftretens hervorgehen (1.4.5/6.8; 63 KS 1 = 1963 Kansas 1). Viele Rassen sind heterozygot und besitzen mehrere Virulenzgene, teils rezessiver, teils dominanter Art. Rassenspezifische Resistenz liegt bei einem Teil der Winter- und Sommerweizensorten vor. Widerstandsfähig sind auch Herkünfte von *T. monococcum, T. timopheevi* und *T. zhokowskyi.* Zum Teil ist eine genetische Analyse der beteiligten Gene erfolgt und ihre Position bekannt (z. B. Lr 10 an 1 A Chromosom; Lr 12, Lr 16 an 4 A). Die Resistenz bei Triticale-Sorten stammt vom tetraploiden Weizen, Resistenzgene des Roggenelter kommen in dem amphiploiden Triticale nicht zur Auswirkung. Die Resistenz richtet sich gegen Rassen der Weizen- und der Roggenform des Braunrostes; das Resistenzgen Lr 12 kontrolliert eine Altersresistenz. Uredosporenkeimung und Keimschlauchwachstum werden durch die Resistenz einer Sorte nicht beeinflußt. Nach der Infektion verlaufen in anfälligen Sorten wenig auffällige, plasmatische Reaktionen ab, mit zunehmender Resistenz nehmen sie den Charakter einer Hypersensibilität an.

Bekämpfung
Späte Herbstsaat und frühe Frühjahrssaat, Vermeidung zu dichter Bestände und die Ausnutzung einer geringeren Sortenanfälligkeit unter Feldbedingungen dienen der Verhütung von Er-

tragseinbußen. Die Winterweizensorten 'Benno', 'Berthold' und 'Perseus' zeigten meist nur geringen Befall, 'Caribo', 'Diplomat', 'Jubilar', 'Kranich' stärkere Erkrankung; damit kann jedoch nicht auf die Ertragsleistung geschlossen werden. Die chemische Bekämpfung des Braunrostes an Weizen kann bei mittlerem und starkem Befall zur Minderung der Verluste beitragen, jedoch liegen noch keine gesicherten Berechnungen der wirtschaftlichen Schadensschwelle vor. In Versuchen führten mehrfache Behandlungen mit Mancozeb, Dithiocarbamate + Ni-Salze (Sabithane M) oder Indar (n-Butyl-1.2.4-Triazol) zur Verzögerung des Rostbefalls und erheblichem Ertragsanstieg; Triforine besitzt ebenfalls eine Rostwirkung; Triadimefon (Bayleton) wurde in Mittelamerika bei Braunrostepidemien mit Erfolg eingesetzt und ist neuerdings in der Bundesrepublik zugelassen; seine Anwendung gegen Echten Mehltau kommt der Eindämmung von Rostpilzen entgegen. Bei der Entwicklung von Prognosen sind neben meteorologischen Daten auch die Entwicklungsstadien des Wirtes, seine Anfälligkeit bzw. Toleranz und die Befallssituation zu berücksichtigen.

Literatur

EVERSMEYER, M. G., BURLEIGH, J. R., 1968: Effect of temperature on the longevity of *Puccinia recondita* f. sp. *tritici* urediospores on dry wheat foliage. Pl. Dis. Reptr. 52, 186–188. – HASSEBRAUK, K., 1962: Uredinales (Rostpilze). In: Sorauer P., Handbuch der Pflanzenkrankheiten. Bd. III, 2–275. Verlag Paul Parey Berlin, Hamburg, 6. Aufl. – SCHMIEDEKNECHT, M., 1971: Histologische Beobachtungen an anfälligen und resistenten Weizensorten während der ersten Infektionsstadien mit Braunrost (*Puccinia triticina* Erikss.) Arch. Pfl. Schutz 7, 343–350. – WAL, A. F. v. d., 1970: Interaction between *Puccinia recondita* f. sp. *triticina* and *Septoria nodorum* on wheat, and its effect on yield. Neth. J. Pl. Path. 76, 261–263.

1.2.14 Zwergrost der Gerste
(brown leaf rust of barley)

Erreger

Puccinia hordei Otth. [syn. *Uromyces hordei* Nielson, *P. simplex* (Koern.) Erikss. et Henn., *P. anomala* Rostr.].

Systematische Stellung

Basidiomycotina, Teliomycetes, Uredinales, Pucciniaceae.

Verbreitung, wirtschaftliche Bedeutung

Der Erreger ist an das gemäßigte Klima angepaßt und in Nord- und Südamerika, Europa bis Ostasien, Australien und Neuseeland bekannt. Die Krankheit ist früher weniger beachtet worden, hat jedoch vereinzelt zu Epidemien geführt. Im intensiven Getreidebau Mitteleuropas tritt sie regional zunehmend häufiger schädigend auf. Bei Frühbefall wurden Ertragsausfälle über 20% erreicht. In manchen Jahren kommt dem Zwergrost eine größere Bedeutung als dem Echten Mehltau an Gerste zu. Ungünstige Witterungsbedingungen und Rostbefall minderten 1970 in Nordfrankreich den Ertrag um 50 bis 60%.

Symptome

Auf den Blattspreiten der Gerste werden, meist ab Juni stärker zunehmend, relativ kleine, 0,3 bis 0,5 mm lange und 0,1 bis 0,2 mm breite zitronen- bis orangegelbe Sporenlager (Uredosporen) erkennbar (Farbtafel 4, S. 68). Bei ungünstigen Bedingungen werden nur schwer identifizierbare, kleine Chlorosen oder Nekrosen gebildet. Die Sporenlager sind bevorzugt auf der Blattoberseite, selten an Spelzen und Grannen, sowie an Halm und Blattscheide. Sie bleiben meist getrennt und können durch ihre große Zahl eine erhebliche Blattfläche bedecken. Blattunterseits und an Halmen entwickeln sich später schwarze, ebenfalls sehr kleine von der Epidermis bedeckt bleibende Lager mit Teleutosporen. Bei starkem Befall sterben die Blätter vorzeitig ab und die Pflanzen reifen früher.

Biologie des Erregers

Puccinia hordei ist ein wirtswechselnder Rostpilz mit vollem Entwicklungszyklus. Taxonomisch stellt sie eine Sammelart dar, der neuerdings viele an Gräsern beschriebene Species (z. B. *P. triseti, P. holcina, P. loliicola, P. loliina)* zugeordnet werden, deren Aecidienstadium auf *Allium, Ornithogalum-* bzw. *Sedum*-Arten zu finden ist. Die auf Gerste parasitierende Form durchläuft ihre Haplophase auf *Ornithogalum*-Arten (z. B. *O. umbellatum, O. pyrenaicum*), ihre Entwicklung erfordert offenbar besondere Bedingungen, da sie selten anzutreffen ist. Sie besitzt damit keine Bedeutung für die Überlebens-

chancen des Erregers. Der Grund für diese Seltenheit kann in einer klimatisch bedingten Diskongruenz zwischen dem Keimungsrhythmus des Erregers und dem Entwicklungsverlauf des Aecidienwirtes liegen.
Die Uredolager auf Gerste enthalten gestielte, kugelige bis ellipsoidische (20 bis 30 x 17 bis 22 µm), blaßbraune, mit Stacheln besetzte Uredosporen. Die Teleutosporenlager sind punktförmig (0,5 mm), schwarz und bleiben von der Epidermis bedeckt. Die Teleutosporen sind zum größten Teil einzellig, von verschiedener Gestalt und oft unsymmetrisch, keulenförmig, länglich, kantig (genannt Mesosporen), mit einer Größe von 34 bis 44 x 18 bis 23 µm. Die zweizelligen Sporen messen 40–60 x 18 bis 23 µm, sind am Scheitel abgestutzt; die untere Zelle ist schmaler als die obere und in den Stiel verjüngt (Abb. 13, c).
Puccinia hordei findet günstigste Entwicklungsbedingungen bei gemäßigten Temperaturen. Die Uredosporenkeimung verläuft bei 100% relativer Luftfeuchte zwischen 5 bis 28 °C mit einem Optimum bei 16 bis 20 °C. Innerhalb von sechs Stunden wird bei optimalen Voraussetzungen das Keimungsmaximum erreicht. Die Generationszeit vom Beginn der Infektion bis zum Aufbrechen erster Rostpusteln beträgt 6 Tage bei 25 °C, 8 Tage bei 20 °C, 10 Tage bei 15 °C, 16 Tage bei 10 °C und 60 Tage bei 5 °C. Die Sporenproduktion ist bei 20 °C am größten, bei 15 °C stärker als bei 10 °C. Die Generationszeit verlängert sich mit zunehmender Entwicklung der Pflanzen; sie erreicht ihr Maximum mit dem Erscheinen des Fahnenblattes und wird vom Genotyp des Wirtes stark beeinflußt.
Die Überwinterung ist im Uredostadium auf Herbstsaaten leicht möglich. Rostpusteln können im maritimen Klima von Dezember bis März beobachtet werden. Befallene Blätter sterben bis Ende März meist ab. Durch Neuinfektion im Februar kann sich die Entwicklung des Erregers im Bestand fortsetzen, jedoch werden Uredolager erst ab Ende April reif. Ab Ende März treten auch Infektionen an Bestockungstrieben ein. Meist bleibt die Rostentwicklung in den Wintermonaten gering und weitgehend unbemerkt. Wintergerstenbestände sind der Ausgang für einen Befall an der Sommerung. Die Windausbreitung der Uredosporen kann über größere Distanzen erfolgen, so ist z. B. die Verbreitung von Westeuropa bis zu den Faroer-Inseln beobachtet worden.

Die Zwergrostinfektion reduziert die Chlorophyllsynthese im befallenen Gewebe, später entstehen Substanzen, die zu Chlorosen führen und die Photosynthese hemmen. Zwischen Echtem Mehltau und Zwergrost bestehen deutliche Interaktionen aufgrund stoffwechselphysiologischer Änderungen im Wirt; Frühbefall durch Mehltau hemmt die Rostentwicklung und umgekehrt; ein Ausschalten des einen Parasiten (Fungizidbehandlung) kann zur Begünstigung des anderen führen.

Wirtskreis

Für die Sammelart *P. hordei* werden als Wirtspflanzen u. a. Arten aus folgenden Gattungen angegeben: *Aegilops, Arrhenaterum, Avena, Bromus, Deschampsia, Holcus, Hordeum, Lolium* und *Trisetum*. Für die auf Gerste vorkommende Form wird eine engere Spezialisierung auf *Hordeum vulgare* angenommen. Auf *H. murinum* und anderen wildwachsenden Arten (*H. bulbosum*) tritt die als eigene Species angesehene *P. hordei-murini* auf. Für die Gerstenform von *P. hordei* sind auf Sorten von *H. vulgare* eine Reihe physiologischer Rassen nachgewiesen worden; sie können je nach Temperaturbedingungen und Sorte zu unterschiedlichen Befallsbildern führen. Trotz verbreitetem Anbau von Sorten ohne Resistenzgene treten Rassen auf, die über mehrere Virulenzgene verfügen, da zwischen Überlebenschance und Zahl der Virulenzgene kein enger Zusammenhang besteht. Die angebauten Sorten sind meist mäßig bis hochanfällig; in wenigen Fällen kann ein höherer Grad von Feldresistenz vorliegen. Genotypische Resistenzunterschiede sind in späteren Entwicklungsstadien ausgeprägter als bei Sämlingen, wobei die Inkubationszeit deutlich verlängert ist. Bei anfälligen Sorten wird dieser Zeitraum im Vergleich zur Sämlingsreaktion von 100 auf 117%, bei resistenten von 123 auf 233% ausgedehnt. Damit ist eine langsamere Entwicklung einer Epidemie im Pflanzenbestand verknüpft.

Bekämpfung

Eine spezielle Bekämpfung des Zwergrostes wurde bisher in vielen Gebieten nicht für notwendig erachtet. Mit der Zunahme des Gerstenanbaus und der Verknüpfung von Herbst- und Frühjahrssaat kann jahresabhängig die Schadensschwelle überschritten werden. Dichte und üppige Bestände begünstigen den Befall. Durch räumliche Trennung der Wintergerste von der Sommerung kann der Übertritt des Erregers auf letztere verzögert werden. In Dänemark wurde vor wenigen Jahren der Wintergerstenanbau vorübergehend eingestellt, um die Überwinterung von Echtem Mehltau und Rostpilzen zu verhindern. Die deutschen Wintergerstensorten haben meist mittlere Anfälligkeit, stärker befallen werden 'Bello', 'Inka', 'Vogelsanger Früh', bei Sommergerste 'Canova' und 'Frankengold'. Die Sorten 'Europa' und 'Triumpf' zeigten meist geringeren Befall. Eine planmäßige Resistenzzüchtung steckt noch in den Anfängen; eine Übersicht über das Rassenspektrum liegt nur begrenzt vor. Bei stärkerem Befall bietet sich die chemische Bekämpfung mit Triadimefon (Bayleton) an. Da der Wirkstoff ebenfalls gegen Echten Mehltau eingesetzt wird, kann ein kombinierter Effekt erzielt werden. Beizungen mit Triadimenol (Baytan) mindern die Überwinterungschancen für den Erreger und seinen Übergang auf Sommergerste.

Literatur

Clifford, B. C., Clothier, R. B., 1974: Physiologic specialization of *Puccinia hordei* on barley. Trans. Brit. myc. Soc. 63, 421–430. – Hermansen, J. E., 1968: Studies on the spread and survival of cereal rust and mildew diseases in Denmark. Friesia 8, 1–206. – Massenot, M., 1971: La rouille brune de l'orge *(Puccinia hordei* Otth.) dans le Nord de la France. C. r. Seance Acad. Fr. 57, 325–328. – Simkin, M. B. Wheeler, B. E. J., 1974: Overwintering of *Puccinia hordei* in England. Cereal rusts bull. 2, 2–4. – Simkin, M. B. Wheeler, B. E. J., 1974: Effects of dual infections of *Puccinia hordei* and *Erysiphe graminis* of barley, cv. Zephyr. Ann. appl. biol. 78, 237–250.

1.2.15 Schwarzrost
(stem rust of grains and grasses)

Erreger
Puccinia graminis Pers.

Systematische Stellung
Basidiomycotina, Teliomycetes, Uredinales, Pucciniaceae.

Verbreitung, wirtschaftliche Bedeutung
Der auch auf Wildgräsern parasitierende Erreger des Schwarzrostes hat weltweite Verbreitung und kann in ariden Anbaugebieten oder wärmeren Jahren durch epidemisches Auftreten zur wichtigsten Getreidekrankheit werden. Er kommt daher häufiger in Nord-und Mittelamerika, Argentinien, Süd- und Südosteuropa, Indien und Australien vor. Innerhalb von Deutschland wird Schwarzrost seltener im Norden und etwas häufiger im Süden beobachtet.
Schwarzrostepidemien haben Ende des vorigen und bis zur Mitte dieses Jahrhunderts in verschiedenen Regionen mehrfach zu katastrophalen Ernteausfällen geführt. Die Verluste erreichten Ausmaße von 50 bis 80%; abgesehen von Epidemien in den 20er und 30er Jahren dieses Jahrhunderts in den USA und Kanada, trat der Schwarzrost 1932 auch in Süd- und Osteuropa (einschließlich deutscher Gebiete) mit hohen Ausfällen auf; 1951 wurde von einer Epidemie im Baltikum, 1955 in Südengland berichtet, wobei in Einzelfällen bis zu 90% der Ernte verloren gingen. In Westaustralien erreichten die Ertragsverluste durch Schwarzrost 1963/64 eine Höhe von etwa 10 Millionen Dollar. Wenn auch schwere Schädigungen in gemäßigten Klimabereichen selten eintreten, so ist der Schwarzrost in vielen Gebieten bis heute eine potentielle Gefahr geblieben. Bei hochanfälligen Sorten und hochvirulenten Erregerrassen ist unter geeigneten Umweltbedingungen mit Totalverlusten zu rechnen.

Symptome
Auf Stengeln und Blattscheiden, weniger auf Blattspreiten und selten auf Ähren und Rispen treten, unter mitteleuropäischen Bedingungen meist erst im fortgeschrittenen Stadium der Vegetation, dunkelorangefarbene, ocker- bis kaffeebraune Uredosporenlager auf (Farbtafel 4, S. 68). Sie bleiben von Resten der Epidermis umsäumt, sind auf Blättern zerstreut, auf Halmen und Blattscheiden mehr oder weniger streifig angeordnet. Benachbarte Sporenlager fließen polsterartig zusammen. Bei starkem Befall sind große Teile der Blattscheiden und Stengel besetzt, teilweise tritt Stengelbruch ein. Später bilden sich feste, langgestreckte, polsterförmig aus der Epidermis hervorbrechende, schwarze Teleutosporenlager. Bei frühem Befall bleiben die Pflanzen im Wachstum zurück, zeigen Verzögerungen des Schossens oder bei Herbstbefall eine geringere Winterhärte.

Biologie des Erregers

Puccinia graminis ist ein wirtswechselnder (heterözischer) Rostpilz mit vollem Entwicklungszyklus (Euform), dessen Haplontenphase (Spermogonien, Aecidien) sich auf *Berberis*- und *Mahonia*-Arten entwickelt. Als Dikaryontenwirte (Uredo-, Teleutolager) dienen Gramineen.

Ab Ende Mai treten auf *Berberis* oder *Mahonia*, als Folge der Infektion durch Basidiosporen, orange bis rotgefärbte Flecke auf. Sie enthalten blattoberseits die punktförmigen, eingesenkten Spermogonien (Ø 120 µm) und, blattunterseits hervorbrechend, becherartige Aecidien mit runden bis polyedrischen feinwarzigen Aecidiosporen (16 bis 23 × 15 bis 19 µm). Das Aecidienstadium erstreckt sich über mehrere Monate, die Aecidiosporen werden bei feuchtem Wetter ausgeschleudert, behalten ihre Keimfähigkeit 3 bis 6 Wochen und vermögen Gramineen zu infizieren. Die Keimung erfolgt, am besten bei tropfbar flüssigem Wasser, im Bereich von 5 bis 18 °C. Auf Gramineen können n-Generationen Uredosporen entstehen. Die ocker- bis kaffeebraunen Uredolager enthalten braune, stachelwarzige, gestielte, mit 3 bis 4 Keimporen versehene Uredosporen (17 bis 40 x 13 bis 23 µm). Ihre Lebensdauer wird durch Temperatur und Sonneneinstrahlung beeinflußt. Sie verlieren die Keimfähigkeit bei Trockenheit nach 1 bis 2 Wochen, bei höherer Luftfeuchte erst nach 5 Wochen. Unter Feldbedingungen kann die Keimrate bei höherer Temperatur (Ø 27 °C) innerhalb von 15 Tagen unter 1% fallen. Bei mäßigen Tag-Nacht-Temperaturen (16°/10 °C) reduziert sie sich erst nach 25 Tagen auf dieses Niveau. Längere Sonneneinstrahlung wirkt ebenfalls negativ. Uredosporen keimen nur in tropfbar flüssigem Wasser bei Temperaturen von 5 bis 25 °C mit hoher Rate; das Temperaturminimum liegt bei 2 °C und das Maximum bei 31 °C. Die Keimung beginnt mit einem enzymatischen Abbau von Sporenwandmaterial in der Nähe eines Keimporus. Die anfängliche, endogene Keimhemmung durch Methylferulate (cis, trans-Methyl-4-hydroxy-3-methoxycinnamate) beruht auf Enzymblockierung. Licht kann vorübergehend ähnliche Effekte auslösen. Der Selbsthemmstoff wird nach kurzer Zeit abgebaut, und der Keimschlauch tritt aus; sein optimales Wachstum wird bei 20 °C erreicht. Nonylderivate (lineare Hydrocarbone) stimulieren den Keimvorgang. Der Keimschlauch findet seine Orientierung wahrscheinlich durch das regelmäßige Gitter aus Wachskristallen auf der Weizencuticula. Sobald dieses Gitter berührt wird, erfolgt eine Ausrichtung auf thigmotropischer Basis parallel zur kurzen Blattachse, wodurch sich die Wahrscheinlichkeit zum Auffinden einer Stomazelle stark erhöht. Die Appressorienbildung und das Eindringen in Stomata wird durch Licht gefördert und erfolgt bei ausreichender Feuchtigkeit mittags am häufigsten; bei höherem Co_2-Gehalt (5 %) der Phyllosphäre werden diese Vorgänge unterbunden. Die photosynthetische Reduktion des Co_2-Gehaltes ermöglicht somit die Eindringung des Parasiten. Im allgemeinen sind Tage mit einer Blattbenetzungsdauer (Regen, Tau) von über 8 Stunden und Temperaturen über 10 °C für die Infektion sehr günstig. Sie verläuft innerhalb von 8 bis 10 Stunden bei 22 bis 24 °C. Die Infektionshyphe bildet in der Stomahöhle ein Vesikel mit Ausbreitungshyphen, die interzellulär das Mesophyll durchziehen und Haustorien in die Wirtszellen senden. Diese invaginieren den Protoplasten, ohne ihn zu durchdringen. Die Wirtszellwand bildet am Haustorienhals eine Scheide, der Haustorienkopf ist in eine amorphe Masse eingeschlossen (Einkapselung), die teilweise Pilzzytoplasma darstellt. Der Wirtsprotoplast reagiert mit Vesikelbildung im Plasmalemma, Verstärkung des endoplasmatischen Retikulums, Kontraktion und Teilung der Vakuole, Anstieg des Cytoplasmavolumens und schließlich mit vollständiger Degeneration. Die Uredopusteln brechen nach 10 bis 14 Tagen aus dem Blattgewebe hervor, unterhalb von 16 °C ist die Inkubationsperiode verlängert, die Generationszeit ist bei 27 bis 30°C und starker Lichteinwirkung am kürzesten. Die Sporenproduktion ist oberhalb 21 °C und bei häufiger Taubildung sehr begünstigt. Das Uredostadium kann auf Nährböden kultiviert werden; die Uredosporen behalten ihre Virulenz.

Teleutosporen werden entweder zusammen mit den Uredosporen angelegt oder in streifigen Lagern gebildet, aus denen sie als polsterförmige, dunkelbraune bis schwarze Masse hervorragen. Sie sind zweizellig, keulenförmig (27 bis 77 x 19 bis 23 µm), dickwandig und an der Basis gestielt (Abb. 13, d). Sie keimen nach Überwinterung mit einer unterteilten Basidie, an deren vier Zellen jeweils eine Basidiospore abgeschnürt wird. Sie werden durch Wind über kurze Distanzen verbreitet und infizieren *Berberis*- und *Mahonia*-

Arten, auf denen dann die Spermogonien und Aecidien entstehen.
Puccinia graminis überdauert in gemäßigten Breiten durch Teleutosporen, nur Roggenschwarzrost soll auch im Uredostadium überwintern können. Dagegen wird in subtropischen, tropischen und milden, küstennahen Lagen die Erhaltung durch Uredosporen generell möglich. Diese Gebiete können Ausgangspunkte für Epidemien in größeren Arealen sein (z. B. Mexiko, Texas, Iberische Halbinsel), da die Ausbreitung durch Windströmungen leicht gegeben ist. In heißen Zonen (Indien) ist eine Übersommerung nicht möglich.

Wirtskreis
Der Schwarzrost ist auf einer Vielzahl von Gramineen-Gattungen anzutreffen. Nach neuerer Taxonomie wird auf der Basis der Uredosporengrößen die folgende Untergliederung der Erregerspecies getroffen: *Puccinia graminis* ssp. *graminis* var. *graminis* (Uredosporen 26 bis 36 x 16 bis 21 μm), var. *stakmanii* (33 bis 36 x 14 bis 21 μm).; *Puccinia graminis* ssp. *graminicola* (20 bis 30 × 14 bis 20 μm). Zum Wirtskreis der var. *graminis* sollen Arten der Gattungen *Triticum*, *Aegilops* und *Elymus*, der var. *stakmanii* aus den Gattungen *Avena*, *Hordeum* und *Secale* gehören. Die ssp. *graminicola* soll vornehmlich auf Wildgräsern vorkommen. Entsprechend einer älteren Aufgliederung werden formae speciales (f. sp. *tritici*, *avenae*, *secalis*, *phlei-pratensis*, *agrostis*, *poae*, *oryzae*) unterschieden, die auf Weizen, Hafer, Roggen bzw. auf den Wildgräsergattungen zu finden sind. Diese Einteilungen finden ihre Grenzen durch die deutlichen Überschneidungen der Wirtskreise verschiedener Varietäten oder formae speciales.
An Weizen pathogene Erregerherkünfte wurden von zahlreichen Wildgräsern, darunter *Agropyron repens*, *Avena*- und *Hordeum*-Arten isoliert. Die Roggenform ist auch an Weizen, *Dactylis* und *Agropyron repens* nachgewiesen; auch die f. sp. *avenae* kann *A. repens*, *Alopecurus*, *Briza*, *Vulpia* u. a. befallen. Isolierungen von Triticale waren an Weizen, Roggen und Triticale pathogen. Diese Überschneidungen werden erklärbar durch die häufigen Chancen zur Hybridisation, insbesondere zwischen den f. sp. *tritici* und *secalis*. Auf *Agropyron scabrum* können z. B. beide parasitieren, so daß somatische Hybriden entstehen. Somatische Rekombinationen sind auch zwischen f. sp. *tritici* und *avenae*, sowie zwischen f. sp. *avenae* und *agrostidis* nachgewiesen. Hybriden aus *tritici* × *secalis* können meist beide Elternwirte (Weizen, Roggen) befallen, haben aber oft geringere Virulenz; sie erscheinen damit als primitivere Formen. Die Evolution hat die Tendenz, zu höherer Virulenz und gleichzeitig strengerer Spezialisierung zu führen.
Das Vorliegen, auf bestimmte Genotypen einer Wirtsart spezialisierter, sogenannter physiologischer Rassen ist bei allen formae speciales frühzeitig erkannt worden. Zu ihrer Identifizierung dient ein Testsortiment aus Resistenzgenträgern, welches unter Einbeziehung neuer Gene fortlaufend erweitert wird. Die Rassenzahl ist eine Frage der Differenzierungsmöglichkeiten; sie kann nicht exakt angegeben werden und beläuft sich auf mehrere Hundert. Obgleich in der Nähe des Aecidienwirtes häufig eine große genetische Vielfalt anzutreffen ist, setzen sich unter Feldbedingungen meist nur wenige Rassen für längere Zeit durch, wobei der Sortenspiegel eine Rolle spielt. Beim Weizenschwarzrost hatten im Zeitraum von 1919 bis 1969 nur 7 Rassen in Nordamerika große Bedeutung erreicht; gute Überlebensfähigkeiten haben die Rassen 56, 38 und 15B. Beim Haferschwarzrost dominieren in den USA in den letzten Jahren die Rassen 31 und 61 mit 90% Anteil an der Population. Viele Rassen besitzen mehrere Virulenzgene, dabei kann Avirulenz bzw. Virulenz dominant oder rezessiv sein. Neubildung von Rassen kann durch Mutation oder Umkombination vorhandener Gene auf dem Aecidienwirt erfolgen. Somatische Rekombinationen (Hyphenfusionen) scheinen bei Uredosporengemischen nicht selten stattzufinden; manche Sorten bieten dazu wegen breiter Anfälligkeit günstige Möglichkeiten. Die Zahl der Virulenzgene ist nicht der entscheidende Schlüssel für die Erhaltung und Ausbreitung einer Rasse in der Natur. Unter kontrollierten Bedingungen hatten Rassen mit wenigen Virulenzgenen, unter Feldbedingungen solche mit einer größeren Zahl die besseren Überlebenschancen, auch wenn mehrere Gene für den Befall an den angebauten Sorten nicht entscheidend waren.
Die Sortenresistenz wird bei Weizen und Hafer durch mehrere Gene kontrolliert, die zum Teil genetisch analysiert und lokalisiert sind. Bei Weizen liegen z. B. die Gene Sr 8, 13, 15, 22 im A Genom, Sr 16, 19, 20 auf 2B, Sr 2 auf 3B, Sr 17 auf 7B und Sr 18 auf 1D. Viele Weizensorten

tragen mehrere Resistenzgene, die dominant oder rezessiv sein können. Sie stammen zum Teil aus dem Roggen; durch intraspezifische Kreuzungen kann Resistenz von diploiden Arten (*T. monococcum)* auf tetra- und hexaploide Sorten übertragen werden. Der Grad der Resistenz nimmt jedoch mit zunehmender Ploidie ab. In *Avena sativa* liegen mehrere Resistenzgene vor, ebenso in Herkünften von *A. strigosa* und *A. ludoviciana*. In einzelnen anfälligen Weizensorten verläuft die epidemische Entwicklung des Schwarzrostes verzögert (slow rusting); bei einigen Genotypen ist die Resistenz-/Anfälligkeitsreaktion temperaturabhängig. Bei manchen Rassensortenkombinationen nimmt die Anfälligkeit mit steigender Temperatur zu (Beispiel Sorte 'Rodney', resistent bei 24 °C und anfällig bei 28 °C). Der Temperatureinfluß geht auf eine lokalisierte Reaktion zurück und hängt vom Stadium der Pathogenese ab; er wird nur vor der Symptombildung wirksam. Die Resistenz äußert sich durch rasche nekrotische Reaktionen der durch Haustorien infizierten Mesophyllzellen, der Zellinhalt unterliegt der Desorganisation; das Zytoplasma der Nachbarzellen kann verändert sein, granuläres Material wird an der Zellwand abgelagert. Das Haustorium und die Haustorienmutterzelle sterben ebenfalls ab. Nach neuerer Meinung sind diese hyperergischen Reaktionen nicht die eigentliche Ursache, sondern die Folge der Resistenz.

Bekämpfung

Als Maßnahme zur Verhütung des Schwarzrostes wird seit langer Zeit die Vernichtung der Haplontenwirte (*Berberis*-Arten) empfohlen, jedoch scheint nicht allen Arten die gleiche Bedeutung zuzukommen. *Berberis thunbergii* blieb bisher befallsfrei und *Mahonia aquifolium* ist in verschiedenen Regionen kein Aecidienwirt. Nach entsprechenden Bekämpfungsaktionen kann eine mehrjährige Pause eingelegt werden. Durch die Überdauerung des Uredostadiums in günstigen Klimabereichen und die rapide, großflächige Verbreitung von Uredosporen mit dem Wind, hat die Ausrottung der Zwischenwirte nicht überall zu befriedigenden Ergebnissen geführt. Besondere Bedeutung ist der Züchtung resistenter Sorten beizumessen, auch wenn stets neugebildete physiologische Rassen den Erfolg begrenzen.

Die meisten in Deutschland zugelassenen Sorten zeigen mittleren Befall, in starkem Maße wurde er an 'Saturn', 'Magnet', 'Kranich' und 'Schernauer' beobachtet. Geringen Feldbefall zeigten die Sorten 'Benno', 'Feldkrone' und 'Perseus'. Großräumig würde sich ein Genmanagement, d. h. eine Anbauplanung von Sorten mit verschiedenen Resistenzgenen anbieten, wodurch einer epidemischen Ausbreitung z. B. vom Süden zum Norden der USA entgegengewirkt werden könnte. In Überwinterungsgebieten sollten Sorten mit hoher Allgemeinresistenz angebaut werden. Die Beachtung der Sortendiversität in begrenzten Arealen kann ebenfalls zur Schadensverhütung beitragen.

Für den Einsatz von Fungiziden standen lange Zeit keine geeigneten Wirkstoffe zur Verfügung. Versuchsweise wurden früher Nickelsalze + Dithiocarbamate eingesetzt. Höhere N-Gaben, unausgeglichene NPK-Düngung und die Verwendung von CCC erhöhen das Risiko der Infektion. Eine praxisreife Prognose ließ sich noch nicht erarbeiten, da zahlreiche Variable zu berücksichtigen sind und meteorologische Daten allein nicht ausreichen. Die gute Wirkung von Triadimefon (Bayleton) gegen andere Getreideroste scheint Einsatzmöglichkeiten auch bei Schwarzrostepidemien zu bieten.

Literatur

Borlaug, N. E., 1965: Wheat, rusts and people. Phytopathology **55**, 1088–1098 – Green, G. J., 1971: Physiologic races of wheat stem rust in Canada from 1919 to 1969. Canad. J. Bot. **49**, 1575–1588. – Hassebrauk, K., 1967: Untersuchungen über die physiologische Spezialisierung des Weizenschwarzrostes *(Puccinia graminis tritici)* in den Jahren 1965 und 1966. Nachr. Bl.

Tafel 3
Oben links: *Pseudocercosporella herpotrichoides,* Stengelgrundbefall an Weizen. Oben rechts: *Ceratobasidium* spec., scharfer Augenfleck an Weizen. Mitte links: *Gaeumannomyces graminis,* Schwarzbeinigkeit an Weizen (rechts: Weißährigkeit und Befall durch Schwärzepilze). Mitte rechts: *Pyrenophora graminea,* Streifenkrankheit der Gerste. Unten links: *Pyrenophora teres,* Netzfleckenkrankheit der Gerste. Unten rechts: *Puccinia striiformis,* Gelbrost an Gerste (Uredo- und Teleutolager).

Dtsch. Pfl. Schutzd. **19,** 25–27. – KERBER, E. R., DYCK, P. L., 1973: Inheritance of stem rust resistance transformed from diploid wheat (*Triticum monococcum*) to tetraploid and hexaploid wheat und chromosom location of the gene involved. Canad. J. Genet. and Cytol. **15,** 397–409. – LUIG, N. H. WATSON, J. A., 1972: The role of wild and cultivated grasses in the hybridization of formae speciales of *Puccinia graminis*. Aust. J. biol. Sci. **25,** 335–342. – STAKMAN, E. C., 1964: Will the fight against wheat rust ever end? Zeitschr. Pfl. kr. Pfl. schutz **71,** 67–73. – WOLF, F. T., 1974: The cultivation of rust fungi upon artificial media. Canad. J. Bot. **52,** 767–772. – ZADOKS, J. C., 1965: Epidemiology of wheat rusts in Europe. Pl. Prod. Bull. F. A. O. **13,** 97–108.

1.2.16 Haferkronenrost
(crown rust of oats)

Erreger
Puccinia coronata Corda.

Systematische Stellung
Basidiomycotina, Teliomycetes, Uredinales, Pucciniaceae.

Verbreitung, wirtschaftliche Bedeutung
Der Haferkronenrost ist weltweit verbreitet. Die höheren Ansprüche des Erregers an die Temperaturverhältnisse begrenzen sein Auftreten in gemäßigten Klimazonen. In arideren Gebieten gehört er zu den wichtigsten Getreidekrankheiten, und größere Epidemien sind aus den Südstaaten der USA und aus Südosteuropa bekannt, wobei Ertragsverluste von 30 bis 60% eintraten. In Kanada wurden die jährlichen Schäden in den Jahren 1965 bis 70 auf 0,8 bis 30% geschätzt. Neben quantitativen sind auch qualitative Minderungen des Erntegutes bei seiner Verwendung als Nährmittel (Haferflocken) zu berücksichtigen. In Mitteleuropa setzt eine beachtenswerte Entwicklung am Hafer meist so spät ein, daß der Kornertrag nicht mehr beeinträchtigt wird.

Symptome
Blattober- und blattunterseits bilden sich lebhaft orangegefärbte, runde bis ovale, 0,5 mm große Sporenlager (Uredolager). Sie stehen einzeln oder fließen bei stärkerem Befall zu Komplexen zusammen (Farbtafel 4, S. 68). Der Rost ist gelegentlich an Blattscheiden, selten an Spelzen und Körnern zu finden. Später werden um die Uredolager, auf der Blattunterseite oder allein auf Blattscheiden schmale, strichförmige, schwarze Teleutolager angelegt. Zunächst von der Epidermis bedeckt, reißt diese im Herbst oder Frühjahr auf und gibt die kompakt stehenden Teleutosporen frei. An abgestorbenen Gräsern sind diese polsterartig hervorquellenden Sporenlager deutlich zu erkennen.

Biologie des Erregers
Puccinia coronata ist eine heterözische Sammelart, die sich in mehrere formae speciales aufgliedern läßt. *P. coronata* f. sp. *avenae* bildet das Aecidienstadium auf *Rhamnus*-Arten, in Mitteleuropa wahrscheinlich häufiger auf *R. cathartica* und nicht auf *R. frangula*. Im Vorderen Orient gilt *R. palaestina* als wichtiger Haplontenwirt. *P. coronata* f. sp. secalis entwickelt Aecidien auf *R. pallasii,* auf welchem auch f. sp. *avenae* parasitiert. Die Spermogonien werden blattoberseits in gelblich gefärbten Blattflecken angelegt; die becherförmigen, kräftig orangefarbenen Aecidien brechen unterseits aus hypertrophiertem Gewebe, auch an Blütenteilen und jungen Trieben hervor. Die rundlichen, feinstacheligen Uredosporen auf Gramineen sind bei f. sp. *avenae* 25 bis 30 x 20 bis 24 μm groß. Die zweizelligen Teleutosporen sind von variabler Gestalt, meist länglich keulenförmig, mitunter gekrümmt, kurz und geschwollen, an der Querwand leicht eingeschnürt. Die braungefärbte Membran trägt am Scheitel mehrere ungleiche, aufwärts oder seitlich gerichtete Fortsätze (Krone). Die kurzgestielten Sporen haben eine Größe von 36 bis 65 x 14 bis 19 μm (Abb. 13, e).
Die Uredosporen keimen am besten in tropfbar flüssigem Wasser bei 20 bis 25 °C, das Tempe-

---

Tafel 4
Oben links: *Puccinia recondita,* Braunrost an Roggen (Uredolager). Oben rechts: *Puccinia hordei,* Zwergrost der Gerste (Uredolager). Mitte links: *Puccinia graminis,* Schwarzrost an Weizen (Uredolager). Mitte rechts: *Puccinia coronata,* Haferkronenrost (Uredolager). Unten links: *Ustilago nuda,* Flugbrand an Gerste. Unten rechts: *Ustilago avenae,* Haferflugbrand.

raturminimum liegt bei 2 bis 4 °C, das Maximum bei 32 °C. Keimung und Infektion verlaufen wie bei anderen Rostpilzen, letztere am stärksten bei 20 bis 22 °C. Die höheren Temperaturansprüche erklären die meist späte Entwicklung in Mitteleuropa. Keimung und Keimschlauchwachstum werden durch Licht gehemmt; auch der Genotyp der Wirtspflanze kann auf die Keimungsrate Einfluß nehmen, jedoch steht dies nicht in Beziehung zur Resistenz. Die Überwinterung geschieht im Teleutosporenstadium; ihre Keimung verläuft von Mitte April bis Anfang Mai. Die Infektion durch Basidiosporen auf dem Haplontenwirt führt ab Mitte Mai bis Anfang Juni zur Aecidienbildung. Erste Uredolager auf Gramineen werden gewöhnlich ab Mitte Juni beobachtet. Bei Temperaturen zwischen 8 bis 16 °C beträgt die Generationszeit für die Uredosporen etwa 11 Tage, bei 18 bis 22 °C etwa 8 Tage. Die Überwinterung als Uredomycel erfolgt in Mitteleuropa selten, ist aber auf Winterhafer bzw. bei einigen formae speciales auf Wildgräsern möglich. Epidemiologisch verhält sich der Kronenrost ähnlich wie *P. graminis*, auch wenn er meist früher als der Schwarzrost auftritt. Der Erreger konnte auf komplexen Medien mit Zusatz von verschiedenen Aminosäuren kultiviert werden, Wachstum und Sporulation (Uredosporen) blieben jedoch gering.

Wirtskreis

Der Wirtskreis der Sammelart *P. coronata* umfaßt eine Vielzahl von Gräsergattungen, darunter *Agropyron, Agrostis, Bromus, Dactylis, Holcus, Lolium, Phleum, Poa, Festuca* und *Trisetum*. Landwirtschaftlich bedeutsam ist die auf *Avena*-Arten vorkommende f. sp. *avenae*, welche neben dem Kulturhafer auch *A. sterilis* und *A. barbata* befällt. Die auf Roggen parasitierende f. sp. *secalis* kann Hafer nicht infizieren, jedoch in geringem Maße Weizen. Auf Gräsern werden unter anderem die f. sp. *agrostis*, f. sp. *festucae*, f. sp. *lolii* und f. sp. *arrhenatheri* unterschieden. Die Hafersorten zeigen deutliche Unterschiede in der Widerstandsfähigkeit. Einerseits kann eine rassenspezifische Resistenz zur Wirkung kommen, andererseits können auch rassenunspezifische Faktoren vorliegen. Das Resistenzverhalten wird von der Temperatur stark beeinflußt, meist nimmt die Anfälligkeit mit steigender Temperatur zu. Mit Hilfe eines Standardtestsortiments (10 Sorten) wurden über 200 Rassen identifiziert; neuerdings werden nahezu isogene Linien (Sorte 'Pendek') zur Rassentrennung verwendet. Die vielfältige Virulenz der Rassen, die sich durch ständige Rekombinationen zwischen den meist heterozygoten Herkünften erhält, erschwert die Züchtung auf spezifische (vertikale) Resistenz erheblich, so daß Bestrebungen zunehmen, die polyfaktorielle, unspezifische (horizontale) Resistenz auszunutzen. Auf spätreifen Sorten ist häufig eine geringere Entwicklung des Rostes im Bestand zu beobachten (slow rusting). Einige Genotypen zeigen Altersresistenz, wobei die Infektionsrate und das Hyphenwachstum in den oberen Blättern, auch die Uredolagergröße reduziert wird. Resistenz liegt in Herkünften von *Avena sterilis* und *A. barbata* vor; Einkreuzungen in Kultursorten gelangen und die Nachkommen haben zwar höhere Rosttoleranz, jedoch geringere Erträge bei fehlender Rostepidemie im Vergleich zu anfälligen Sorten.

Bekämpfung

Das jahreszeitlich späte Auftreten des Haferkronenrostes in Mitteleuropa führt nur in seltenen Fällen zu Schäden, die direkte Bekämpfungsmaßnahmen erfordern würden. In gefährdeten Regionen können durch zeitige Aussaat frühreifer Sorten Verluste vermieden werden; ferner hat die Vernichtung des Haplontenwirtes zur Befallsminderung beigetragen. In Deutschland zugelassene Sorten besitzen meist mittlere Anfälligkeit, 'Delphin', 'Etzel' und 'Julius' scheinen weniger befallen zu werden. Als Ziel wäre der Anbau weitgehend toleranter Sorten und ein Genmanagement anzustreben, um die Resistenzgene in ihrer Wirkung länger zu erhalten und Epidemien zu verzögern. Bei chemischen Bekämpfungsversuchen hat das Insektizid Parathion selektive Wirkung gegen Haferkronenrost gezeigt. Großflächige Bekämpfungen mit Fungiziden sind bisher unterblieben.

Literatur

Fleischmann, G., Baker, R. J., 1971: Oat crown rust differential varieties with a new set of single resistance gene lines derived from *Avena sterilis*. Canad. J. Bot. **49**, 1433–1437. – Heagle, A. S., 1968: The nature and effect of adult plant resistance of crown rust in several commercial oat varieties. Diss. Abstr. **29**, 837. – Si-

MONS, D. M., 1970: Crown rust of oats and grasses. Monogr. Amer. phytopath. Soc. 5, 47 pp. – SIMONS, M. D., MICHEL, L. J., 1964: International register of pathogenic races of *Puccinia coronata* var. *avenae*. Pl. Dis. Reptr. **48**, 763–766. – ZIMMER, D. E., SCHAFER, J. F., 1961: Relation of temperature to reaction type of *Puccinia coronata* on certain oat varieties. Phytopathology **51**, 202–203.

1.2.17 Flugbrand des Weizens und der Gerste
(nuda loose smut)

Erreger
Ustilago nuda (Jens.) Rostr. (syn. *Ustilago tritici* Pers., *Ustilago vavilovii* Jacz., *Ustilago secalis* Rabh.)

Systematische Stellung
Basidiomycotina, Teliomycetes, Ustilaginales, Ustilaginaceae.

Verbreitung, wirtschaftliche Bedeutung
Der Flugbrand an Weizen und Gerste ist weltweit anzutreffen, hat aber seine stärkste Verbreitung in humiden und semihumiden Klimabereichen. In früherer Zeit gehörte er zu den wichtigsten Getreidekrankheiten. Durch die verbreitete Anwendung von Pflanzenschutzmaßnahmen bleibt das Auftreten heute allgemein gering (2%). In Einzelfällen wird von 20 bis 50% Befall berichtet, woran die potentielle Gefahr erkennbar ist. In verschiedenen Gebieten trat mit der vorübergehenden Einführung offenblühender Gerstensorten ein Anstieg des Flugbrandbefalles ein. Die Ertragsausfälle gehen bei hoher Intensitätsstufe des Getreideanbaues mit den Befallsprozenten einher, bei geringerer Ertragsleistung der Bestände war bis zu einem Flugbrandbesatz von 5% kaum ein Ertragsabfall nachzuweisen. Die Konkurrenz der gesunden Sämlinge mit höherer Bestockung erbringt einen gewissen Ausgleich. Bei Saatgutvermehrungsbeständen führt bereits ein geringer Brandbesatz zur Aberkennung und damit zu finanziellen Einbußen.

Symptome
Alle Blütenteile, einschließlich der Spelzen, sind zu braunschwarzen Sporenlagern verändert (Farbtafel 4, S. 68). Sie sind anfangs von einem grauweißen Häutchen überzogen, welches aufreißt und die dunkle Sporenmasse freigibt. Das Ausstäuben der Sporen erfolgt innerhalb weniger Tage und es bleiben die nackten, etwas geschwärzten, aufrechtstehenden Ährenspindeln zurück, die zur Reifezeit die gesunden, geneigten Ähren überragen. Meist sind alle Ähren einer infizierten Pflanze erfaßt, jedoch kann je nach Sorte das Ausmaß der Blütenzerstörungen verschieden sein. Teilweise erkrankte Ähren oder Befall nur einzelner Triebe findet man bei Sorten mit Resistenzeigenschaften. Vor dem Ährenschieben kann sich die Erkrankung durch Gelbverfärbung des obersten Blattes anzeigen. Selten sind streifen- oder schwielenartige Sporenlager an oberen Blättern zu beobachten.

Biologie des Erregers
Die Erreger des Flugbrandes bei Weizen (Abb. 14) und Gerste wurden früher als zwei verschiedene Arten (*Ustilago tritici* bzw. *U. nuda*) ange-

Abb. 14. *Ustilago nuda* (Flugbrand an Weizen).

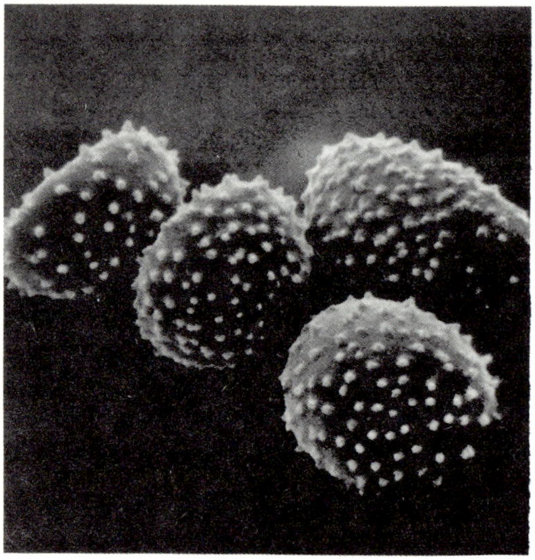

Abb. 15. *Ustilago nuda*, Brandsporen.

sehen. Abgesehen von getrennten Wirtskreisen sind auch physiologische Unterschiede bekannt, so ist bei *U. nuda* (Gerste) ein Kreuzungstyp Prolin-auxotroph. Trotzdem werden sie heute, wegen weitgehender Übereinstimmung in Morphologie und Biologie, unter der gemeinsamen Artbezeichnung *Ustilago nuda* geführt. Beide Formen bilden in den brandigen Ähren große Mengen brauner, feinwarziger, kugeliger, 5 bis 9 µm großer Sporen (Chlamydosporen, Brandsporen) (Abb. 15), die zur Blütezeit frei werden und durch Luftbewegung auf blühende Ähren gelangen. In der Regel kommen nur Brandsporen zur Weiterentwicklung, die offene Blüten erreichen. Sie keimen mit einem vierzelligen, monokaryotischen Promycel aus, an dem sich nach Konjugation zwischen Nachbarzellen (+ bzw. −) ein verzweigtes, dikaryotisches, infektiöses Mycel entwickelt. Nach Bildung einer appressorienartigen Struktur besiedeln die Infektionshyphen das Perikarp des Fruchtknotens, später das Scutellum und Teile des Embryos (Coleoptile, Coleorhiza, Hypokotyl und Vegetationspunkt). Dieser Vorgang wird innerhalb von 18 bis 33 Tagen abgeschlossen. Mit der Kornausreifung geht das interzelluläre Mycel in ein Ruhestadium über. Die Korngröße infizierter Samen bleibt meist geringer. Infektionen über die Narbe erfolgen wahrscheinlich nicht, die Brandsporen keimen bis zu acht Tagen nach der Inokulation aus. Bei späten Infektionen wird eine geringere Besiedlung des Samens erreicht. Die optimale Temperatur für die Sporenkeimung liegt bei 18 bis 20 °C (Gerste) bzw. 20 bis 26 °C (Weizen), das Temperaturminimum bei 5 °C, das Maximum bei 30 °C (Gerste) bzw. 35 bis 37 °C (Weizen). Feuchte Witterungsbedingungen während der Blüte erhöhen den Infektionserfolg, wodurch örtliche Schwankungen des Befallsgrades erklärt werden können.

Das ruhende Mycel kann mehrjährig im Samen überdauern, während fünfjähriger Lagerung (Gerste) geht der Erkrankungsgrad kaum zurück; insgesamt läßt die Keimfähigkeit stärker nach als die Gesundung zunimmt. Mit der Keimung des Saatgutes wird der Erreger aktiviert, dringt in Seitenverzweigungen und Ährenanlagen vor und wird während der Streckung unregelmäßig über die Pflanze verteilt; weniger aktives Mycel ist in den Knoten und Internodien nachzuweisen. In den Blütenanlagen entstehen dagegen stark verzweigte und verdickte Hyphen, welche sich zu Brandsporen umbilden. Der Brandpilz wurde früher in der Phase bis zum Ährenschieben häufig nur als Raumparasit betrachtet, jedoch können Störungen in der Pflanzenentwicklung auftreten. Infizierte Sämlinge haben eine geringere Triebkraft, der Feldaufgang ist reduziert, das Wurzelsystem geringer entwickelt und die Anfälligkeit gegen Auswinterung erhöht. Ferner bleibt die Bestockung zurück, befallene Pflanzen erreichen nicht die normale Wuchshöhe und die Länge der Ährenspindel ist reduziert. Das Ausmaß des Feldbefalles hängt auch von den Umweltbedingungen während des Pflanzenwuchses ab. Wenn Keimpflanzen bei niedrigen Temperaturen (5 °C) aufwachsen, ist der Flugbrand in den Ähren geringer; hierbei wird eine Langzeitwirkung auf die Sporulation, weniger ein Einfluß auf die apikale Ausbreitung des Erregers angenommen. Flugbrand tritt daher meist stärker bei Sommerweizen als bei Winterweizen auf.

Das Ausmaß der Blüten-Embryoinfektion ist abhängig von der Sortenreaktion (offene-geschlossen Blüte), der Witterung zur Blütezeit und der Entfernung von der Inokulumquelle. Mit zunehmender Distanz vom Befallsherd nimmt die Infektionsgefahr ab; sie besteht in der allgemeinen Windrichtung bis zu 150 m, entgegen dieser Richtung bis zu 60 m. Der Sporenflug zeigt keine Beziehung zur Tageszeit oder bestimmten

Wetterlagen. Das Inokulum ist etwa 3 bis 4 Wochen (Juni–Juli) über dem Feldbestand nachzuweisen, der maximale Sporenflug (10 bis 12 Tage) fällt meist mit der Blütezeit zusammen.
Die mono- und dikaryotischen Stadien des Erregers können in Reinkultur gezüchtet werden. Pectin, L-Sorbose und Glycin führen zu maximalem Wachstum bei pH 3,9. Saatgutbefall wird durch Präparation der Embryonen und Färbung des Mycels nachgewiesen. Eine enge Korrelation zwischen Embryoinfektion und Feldbefall ist jedoch nicht bei allen Rassen- Sorten- Kombinationen zu finden. Infektionen im Keimlingsstadium sind nach Entfernen der Koleoptile bei künstlicher Inokulation möglich; sie haben unter Freilandbedingungen aber keine Bedeutung.

Wirtskreis
Die Weizenform des Flugbrandes befällt neben Saatweizen und Hartweizen vereinzelt auch Roggen; Anfälligkeit liegt ebenfalls bei Triticale – Hybriden und anderen *Triticum* – Arten vor. Die Gerstenform vermag sich nur in *Hordeum*-Arten zu entwickeln. Beide Erregerformen treten in verschiedenen physiologischen Rassen auf, gegen die unterschiedliche Resistenz im Weizen- bzw. Gerstensortiment vorliegt. Die Widerstandsfähigkeit äußert sich in verschiedener Art. Die Inkompatibilität zwischen Wirt und Erreger kann dazu führen, daß keinerlei Infektionen eintreten (1); in anderen Fällen bleibt das Mycel auf das Scutellum beschränkt (2), oder es kommt zu einer partiellen Embryoinfektion, die aber nicht auf den Vegetationspunkt übergreift (3); wenn der Vegetationspunkt vom Mycel besiedelt wird, können die Sämlinge nach starken Wuchshemmungen absterben (4). Letztere Form der Resistenz wird Hypersensibilität genannt. Der physiologisch begründeten Widerstandsfähigkeit steht die sogenannte Scheinresistenz gegenüber; sie liegt bei geschlossen blühenden Sorten vor, bei denen die Brandsporen dadurch nicht an infizierbares Gewebe gelangen. Als Weizensorten mit Resistenzgenen sind unter anderem bekannt: 'Thatcher', 'Capelle-Desprez', 'Hope-Husar', 'Kawvale', 'Rieti', 'Heine 241', 'Carsten Sommerweizen', 'Peragin Garant' und 'Wachtel'; bei Sommergerste sind 'Jet', 'Emir', 'Bonanza', 'Conquest', 'Keystone', 'Paragon', 'Barbican', 'Glabron', 'Zeiners Immun' zu erwähnen. Einzelne Erregerrassen können diese Sorten jedoch befallen. Der Aufbau eines Flugbrandbefalles in resistenten Sorten blieb bei fünfjährigem ununterbrochenen Nachbau in Gebieten der USA (New York) relativ niedrig. Vollständige Resistenz liegt bei einzelnen Herkünften von *Triticum monococcum, T. timopheevi, T. carthlicum* und *T. zhukorskii* vor. Auf *Triticum durum* soll eine spezialisierte Unterart (*U. tritici* f. sp. *duri*) auftreten.

Bekämpfung
Eine direkte chemische Bekämpfung des Flugbrandes war bis vor wenigen Jahren nicht möglich. Neben dem Anbau resistenter Sorten (USA, England) und der Verwendung von Saatgut aus gesunden bzw. anerkannten Vermehrungsbeständen blieben als pflanzenbauliche Möglichkeiten nur späte Herbst-, frühe Frühjahrsaussaaten und das Absieben kleiner Korngrößen zur Befallsminderung. Trotzdem waren insbesondere bei Gerste in den meisten Gebieten Mitteleuropas direkte Maßnahmen erforderlich. Die geringere Temperaturtoleranz des Erregers im Saatkorn ermöglichte seine Abtötung durch Heißwasser-Heißluftbehandlung. Das Saatgut wurde hierzu nach Vorquellung einer Temperatur von 41 °C (5 bis 6 Stunden) bis 49 °C (1½ bis 2 Stunden) bei Weizen bzw. 41 °C (5 Stunden) bis 49 °C (1½ Stunden) bei Gerste ausgesetzt. Eine weitere Möglichkeit ergab sich durch anaerobe Saatgutdesinfektion (Lagerung des angefeuchteten Saatgutes in geschlossenen Gefäßen 7 bis 8 Tage bei 20 bis 25 °C). Vorübergehend wurde eine Naßbeizung mit einem Methanolpräparat (Ustilgan) empfohlen. Die Entwicklung von systemisch wirksamen Fungiziden hat wesentlich zur Lösung des Flugbrandproblemes beigetragen. Gegen Gerstenflugbrand war Vitavax (Carboxin) zugelassen, gegen Gersten- und Weizenflugbrand werden Drawigran plus (Fenfuram + Imazalil + Quintozen + Thiabendazol), Baytan universal (Fuberidazol + Imazalil + Triadimenol) und Arbosan Feucht (Imazalil + Methfuroxam + Thiabendazol) eingesetzt. Zur Beizung gegen Weizenflugbrand finden auch Baytan special, Arbosan special, Derosal, AA-grano 2000 UT und Rovral UTB Verwendung. Diese Kombinationsmittel wirken auch gegen andere samenbürtige Erreger.

Literatur
Moseman, J. G., 1968: Fungicidal control of smut diseases of cereals. Beltsville, Md USDA

36pp. – NIEMANN, E., 1962: Ustilaginaceae (Spezieller Teil) In: Sorauer, P. Handbuch der Pflanzenkrankheiten. Bd III, 4. Lief. 317–457. Verlag P. Parey Berlin, Hamburg, 6. Aufl. – OERTEL, K., 1955: Untersuchungen zur Biologie des Gerstenflugbrandes (*U. nuda* (Jens.) Kellerm. et Sw. Kühn-Archiv **69**, 552–602. – STRASS, F., 1964: Ein Beitrag zur Kenntnis über das Auftreten des Gerstenflugbrandes (*Ustilago nuda hordei* Schaffn.) Bayer. land. Jb. **41**, 106–321.

1.2.18 Haferflugbrand
(black loose smut on oats)

Erreger
Ustilago avenae (Pers.) Rostrup.

Systematische Stellung
Basidiomycotina, Teliomycetes, Ustilaginales, Ustilaginaceae.

Verbreitung, wirtschaftliche Bedeutung
Der Haferflugbrand ist weltweit in allen Anbaugebieten des Hafers beobachtet worden. Vor der Einführung der Saatgutbeizung gehörte er zu den wichtigsten Getreidekrankheiten im gemäßigten Klima. Gebietsweise und jahrweise verschieden, traten früher z. B. in den USA Ausfälle bis zu 90%, in Mitteleuropa von 10 bis 20% ein. Flugbrandbefall war lange Zeit wichtigster Grund für die Aberkennung von Hafervermehrungsbeständen.

Symptome
Mit dem Schieben der Rispen werden die typischen Blütenveränderungen erkennbar. Aus den unteren und mittleren Teilen der Spelzen treten dunkelbraune, stäubende Sporenlager hervor, die oberflächlich auch an den Achsen gebildet werden (Farbtafel 4, S. 68). Am Fruchtknoten ist eine kompaktere Sporenmasse zu finden. Das Krankheitsbild ist nicht einheitlich, da es häufig nur zu Teilbefall der Rispe mit Erkrankung der unteren Blüten kommt, auch finden sich Übergänge zum „gedeckten Haferbrand". Latenter Befall ist möglich, wobei die Pflanzen nur verkürzt bleiben. Selten treten Brandsporenlager an den oberen Blättern auf. Verdrehungen und Hellverfärbungen des ersten Blattes können die Erkrankung der Pflanze frühzeitig ankündigen. Da die Sporenlager rasch ausstäuben, sind zur Erntezeit nur noch Rispen mit Spelzenresten zu finden. Kranke Pflanzen werden im Feldbestand wegen ihres reduzierten Wuchses häufig übersehen.

Biologie des Erregers
Die nach dem Rispenschieben freigewordenen, durch Wind und Regen ausgebreiteten Sporen gelangen unter die geöffneten Spelzen der Haferblüte. Der Zeitraum der Dissemination fällt mit der Blütezeit zusammen. Der Sporenflug über befallenen Flächen erreicht in der Zeit von 11 bis 15 Uhr sein Maximum und bleibt zwischen 22 und 6 Uhr sehr gering. Bei feuchtem Wetter während der Blüte werden die Spelzen nur wenig geöffnet und die Kontamination anfälligen Gewebes erfolgt seltener. Entweder keimen die Brandsporen bei feuchter Witterung sofort und das Mycel besiedelt die äußeren Zellschichten von Karyopse und Spelzen, ehe es in ein Ruhestadium übergeht, oder dieser Vorgang vollzieht sich später, z. B. unter feuchten Bedingungen während der Saatgutlagerung. Häufiger kommt ein Überdauern ungekeimter Sporen an der Karyopse vor. Den Spelzen äußerlich anhaftende Sporen haben allerdings keine Infektionschancen.
Die Keimung der braunen, feinstacheligen, meist kugeligen Sporen (5 bis 9 µm Durchmesser) erfolgt optimal um 15 °C, das Temperaturminimum liegt bei 0 bis 1 °C, das Maximum bei 31 bis 34 °C. Aus der Spore wächst ein vierzelliges Promycel aus, welches Seitenverzweigungen bildet, seltener Sporidien abschnürt. Das infektiöse, dikaryotische Mycel entsteht nach paarweiser Fusion von Promycelzellen. Es vermag Haferpflanzen nur im Keimlingsstadium zu befallen und wächst durch die Koleoptile und die ersten Internodien in die Blätter; über das dritte bis vierte Blatt wird der Vegetationspunkt innerhalb von 14 bis 21 Tagen erreicht. Der Erreger wird durch die Streckung der Internodien mitgetragen. In den Ovarien entwickelt sich stärkeres Mycel, welches später in Brandsporen umgebildet wird.
Das Ausmaß der Keimlingsinfektionen wird wesentlich von den Umweltbedingungen nach der Aussaat bestimmt. Auflauftemperaturen unter 7 °C reduzieren die Infektionschancen stark, bei 16 bis 18 °C wird das Befallsmaximum erreicht. Bei geringer Bodenfeuchte ist der Anteil kranker Pflanzen deutlich reduziert. Der Haferflugbrand tritt daher häufiger an Südhängen und in mäßig

feuchten Lagen auf. Alle Bedingungen, welche Keimung, Aufgang und Jugendentwicklung fördern, mindern den Infektionserfolg des Pathogens.

Wirtskreis

Haferflugbrand tritt an zahlreichen *Avena*-Arten (*A. sativa, A. nuda, A. byzantina, A. fatua, A. ludoviciana, A. sterilis*) und *Trisetum flavescens* auf. Eine Übertragung auf andere Getreidearten gelingt nicht. Verschiedene Hafersorten unterscheiden sich in ihrer Anfälligkeit, wobei Eindringungs- und Ausbreitungsresistenz verschiedenen Grades zur Wirkung kommen. Resistenzeigenschaften haben die Sorten 'Avon', 'Belar', 'Mugga' und Kreuzungsnachkommenschaften mit 'Victoria'. Es kommen zahlreiche Rassengruppen des Erregers vor, von denen einige z.B. auf *A. brevis* und *A. nuda* ssp. *strigosa* spezialisiert sind; auch Hybridformen aus natürlichen Kreuzungen zwischen *U. avenae* und *U. kolleri* sind bekannt. Einzelne Rassen unterscheiden sich auch in der Art der Brandsporenlager, welche lockerer (pulvrig) oder kompakter sein können.

Bekämpfung

Pflanzenbauliche Maßnahmen wie z.B. zeitige Frühjahrsaussat, Sortenwahl und die Verwendung anerkannten Saatgutes mindern die Befallswahrscheinlichkeit. Die Ausschaltung des Erregers am Saatkorn gelingt durch Beizung, wie bei anderen Brandkrankheiten, mit Hg-freien Präparaten zufriedenstellend. Von diesen sind in der Bundesrepublik zugelassen: AAgrano 2000 UT, Arbosan feucht, Baytan UT, Baytan special, Derosal, Drawigran, Drawigran plus, Panoctin UTB, Rovral UTB und andere. Sie besitzen gleichzeitig Wirkungen gegen andere samenbürtige Erreger.

Literatur

Hille, M., 1958: Zur Symptomatik und Taxonomie von *Ustilago perennans* Rostr. und *U. avenae* (Pers.) Rostr. Phytopath. Zeitschr. **32,** 293–324. – Holton, C.S., 1967: Race population dynamics in *Ustilago avenae* as related to the persistence of loose smut in oats. Pl. Dis. Reptr. **51,** 844–846. – Mills, J.T., 1967: Spore dispersal and natural infection in the oat loose smut (*Ustilago avenae*). Trans. Br. mycol. Soc. **50,** 403–412. – Niemann, E., 1962: Ustilaginaceae (Spezieller Teil). In: Sorauer, P., Handbuch der Pflanzenkrankheiten Bd. III, 4. Lief., 317–457. Verlag P. Parey Berlin, Hamburg, 6. Aufl. – Rusch, R., 1957: Untersuchungen über die Überwinterungsweise des Haferflugbrandes (*Ustilago avenae* (Pers. Jens.) und den brandmindernden Einfluß tieferer Keimbettemperaturen. Angew. Bot. **31,** 221–239.

1.2.19 Steinbrand des Weizens
(common bunt of wheat)

Erreger

Tilletia caries (DC) Tul. [syn. *Tilletia tritici* (Bjerk.) Wint.]
Tilletia foetida (Wallr.) Liro (syn. *Tilletia laevis* Kühn).

Systematische Stellung

Basidiomycotina, Teliomycetes, Ustilaginales, Tilletiaceae.

Verbreitung, wirtschaftliche Bedeutung

Der Steinbrand kommt in allen Ländern mit Weizenanbau vor. Die beiden Erregerarten sind geographisch unterschiedlich verbreitet. In Nord- und Mitteleuropa wird fast ausschließlich *T. caries* nachgewiesen, in Mittel- und Süditalien, Südrußland und den Balkanländern ist *T. foetida* vorherrschend.
Vor Einführung der Saatgutbeizung war der Weizensteinbrand die wichtigste Getreidekrankheit, die zu Verlusten von 50% und mehr führen konnte. In Ländern, in denen diese Maßnahme nicht konsequent angewendet wird oder eine stärkere Bodenverseuchung vorliegt, bestehen bis heute erhebliche Probleme. Auch wenn derzeit der Krankheit in Mitteleuropa meist keine wirtschaftliche Bedeutung zukommt, bleibt sie eine potentielle Gefahr.

Symptome

Das Krankheitsbild zeigt sich am deutlichsten nach dem Ährenschieben, die Symptome sind jedoch je nach Wirtspflanzensorte und Erregerrasse abgewandelt. Bei einzelnen Sorten sind gesunde und kranke Ähren auf den ersten Blick kaum zu unterscheiden, bei anderen wird eine Streckung der Ährenspindel sichtbar; die Ähren können deutlich gespreizt sein und lassen brandige Körner (Brandbutten) zwischen den Spelzen erkennen (Farbtafel 5, S. 101). Kranke Pflanzen

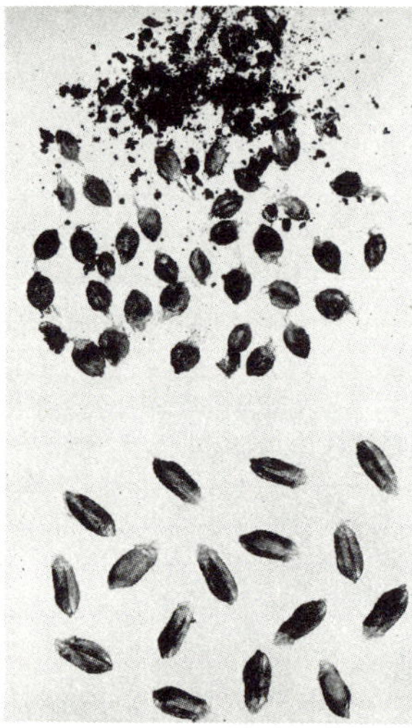

Abb. 16. *Tilletia caries* (Steinbrand), Brandbutten mit Sporen und normale Weizenkörner.

Abb. 17. *Tilletia caries,* Brandsporen.

bleiben länger grün und im Wuchs um ein Drittel zurück. Die Ovarien sind während der Blüte dunkelgrün und vergrößert. Die gesamte Ähre nimmt blaugrüne Färbung an. In der Regel sind alle Kornanlagen erkrankt und die Zahl der Brandbutten ist meist größer als die normale Kornzahl pro Ähre. Die Spelzen und die äußeren Schichten der Karyopse bleiben erhalten, das Endosperm und der Keimling sind vollständig in die Reproduktion (Sporenbildung) des Pilzes eingeschlossen.

Unreife Brandbutten sind noch weich und enthalten eine schwarze, schmierige, nach Heringslake riechende Masse; mit zunehmender Reife werden sie härter, nehmen mattbraune Farbe an, reißen zum Teil auf und die Sporenmasse beginnt auszustäuben (Abb. 16). Meist werden die Sporen aber erst beim Drusch frei. Der stinkende Geruch geht auf ein Gemisch von Aminen (Trimethylamin) und Ammoniumverbindungen zurück. Die verschiedenen Entwicklungsstadien des Ährenbrandes gaben Anlaß zu den Bezeichnungen „Schmier-, Stink- und Steinbrand". Allererste Symptome äußern sich bei jungen Pflanzen in einer unspezifischen, chlorotischen Blattsprenkelung. Latenter Pflanzenbefall ist möglich, der nur an Halmverkürzungen erkennbar wird.

Biologie der Erreger

Die beiden Erregerarten unterscheiden sich in der Sporenmorphologie und weniger in den biologischen Reaktionen. Die Brandsporen besitzen eine dicke Wand aus zwei äußeren Schichten, einer Zwischen- und einer Innenschicht. Für die Taxonomie ist besonders ihre Oberflächenstruktur von Bedeutung. Die Sporen von *T. caries* sind gelblich-braun bis dunkeloliv, kugelig und 16 bis 24 μm groß, ihre äußere Membran ist mit netzartig angeordneten Leisten versehen, die unregelmäßige fünf- bis sechseckige Maschen bilden (Abb. 17). *T. foetida* hat kugelige bis ellipsoide Sporen mit glatter Außenmembran ohne Anzeichen von Netzleisten und einer Größe von 14 bis 27 x 12 bis 18 μm. Als Zwischenform werden verschiedentlich *T. triticoides* mit niedrigen Netzleisten, bzw. *T. intermedia* mit sehr feinen Netzleisten angesehen. Unterschiede im Sporenaufbau zu *T. contraversa* werden in wasserfreiem Propanol erkennbar; bei *T. caries* und *T. foetida* treten stärkere Schrumpfungen auf. Durch eine negative Färbetechnik mit Methylenblau und Tusche werden die verschiedenen Sporenkapseln sichtbar. Eine weitere Differenzierung ergibt sich dadurch, daß Sporenkeimung bei 17 °C auf Wasseragar innerhalb einer Woche nicht bei *T. contraversa* eintritt. Die Brandsporen enthalten Trimethylammoniumverbindungen (Ergothionin, Cholin, Betain) als Vorstufen des Trimethylamins.

Die Übertragung des Erregers geschieht durch die äußerlich am Samen haftenden Sporen, die während des Drusches besonders an die „Bärtchen" gelangen. Ihre Keimung verläuft in so kurzer Zeit, daß die Keimpflanze den infektionsanfälligen Stadien kaum so rasch entwachsen kann. Vor der Infektion des jungen Keimlings tritt aus der Spore ein Promycel aus, welches fusionierende Kranzkörper, ein dikaryotisches Mycel und Konidien erzeugt. Innerhalb von vier Tagen wird das Perikarp durch die Hyphen besiedelt. Der Erreger kann während der folgenden sieben Tage die Koleoptile intrazellulär durchdringen und sich interzellulär im Sproß ausbreiten. Innerhalb von 50 Tagen bzw. bei Ausbildung des fünften Blattes kann das Mycel bei 30% der infizierten Pflanzen den Vegetationskegel erreicht haben. Dabei werden zunächst Sproßachse und Blätter besiedelt, frühzeitig ebenfalls Zellschichten der Ährenanlagen. Mit der Differenzierung der Ähre werden alle Blütenteile von Hyphen erfaßt. Beim Schossen sind vorwiegend die Nodien besiedelt, in der reifen Pflanze finden sich Mycelreste in den Blättern und Halmknoten. Das Dikaryon entwickelt sich nur in nährstoffreichem Gewebe; aus den Ovarien und terminalen Internodien kann es isoliert werden. Keimlinge mit einer Länge von über 2 cm können noch infiziert werden, aber der Erreger vermag die zur Reproduktion notwendige Besiedlung nicht zu erreichen; es kommt zu latentem Befall.

Der Infektionserfolg ist vom Witterungsverlauf während der Keimlingsentwicklung abhängig. Bodentemperaturen von 5 bis 10 °C sind für die Infektion im Feldbestand optimal, da sich die Samenkeimung verzögert, ohne die Entwicklung des Erregers zu begrenzen. Kalte Nächte während des Wachstums bis zum Ährenschieben und eine Photoperiode von mehr als 14 Stunden fördern den Befallsverlauf. Hohe Bodenfeuchte ist jedoch negativ, starke Infektionen treten in Sandböden bei 40 bis 60%, in Lehmböden bei 20 bis 40% und in Moorböden bei 70% WK ein. Weizenaussaaten von Ende September bis Ende Oktober werden am stärksten befallen, frühere bzw. spätere wegen ungünstiger Umweltbedingungen schwächer; Winterweizen ist allgemein stärker gefährdet als Sommerweizen. Nach Grünlandumbruch, Luzerne und Erbsen soll der Steinbrandbefall erhöht sein. Die Düngung hat keinen besonderen Einfluß, bei Superphosphat- und Kalkstickstoffgaben wurde eine verminderte Erkrankungsrate beobachtet. Mit zunehmender Saattiefe verstärkt sich das Krankheitsauftreten, da Auflaufverzögerungen eintreten. Die Ansprüche der Erregerarten bzw. Rassen sind nicht übereinstimmend. Bei *T. foetida* erfordert die Sporenkeimung nur mäßige Feuchtigkeit und verläuft optimal bei 16 bis 18 °C (Maximum 27 bis 28 °C; Minimum 5 °C). Für *T. caries* und *T. triticoides* werden höhere Ansprüche an die Feuchtigkeit angegeben, daher sollen beide Arten in Gebieten mit höheren Niederschlägen vorherrschen. Neben weitgehend temperaturunabhängigen Rassen von *T. caries* treten Herkünfte mit Infektionsoptima von 5°, 10°, bzw. 20 °C auf.

Die Brandsporen können im Boden bis zu zwei Winter überdauern, jedoch tritt in Mitteleuropa eine Infektion vom Boden aus selten ein. Trockene Lagerung bei Raumtemperatur erhält die Keimfähigkeit bis zu 20 Jahren. Die Kultur des Erregers auf künstlichen Medien ist möglich, dabei können dikaryotische Mycelien Brandsporen erzeugen. Thiamin (Vitamin B_1) und Folsäure stimulieren die vegetative Entwicklung.

Wirtskreis

Der Steinbrand tritt hauptsächlich an *Triticum*-Arten auf, daneben können zahlreiche Kultur- und Wildgräser aus den Gattungen *Aegilops, Agropyron, Arrhenatherum, Bromus, Dactylis, Lolium* und anderen befallen werden. *T. caries* und *T. foetida* haben keinen deutlich abgegrenzten Wirtskreis; Antagonismus zwischen beiden Arten ist nicht bekannt, meist kommt in einer Pflanze jedoch nur eine Species vor. Bei Doppelinokulationen wurde die Hybride *T. intermedia* nachgewiesen; Hybridisierung ist ebenfalls mit *T. contraversa* möglich. Die Wirtskreise dieser Arten überschneiden sich teilweise.

Die Erreger besitzen große Variabilität in der Virulenz. Auf geeigneten Testsorten ('Hussar', 'Turkey', 'Ridit', 'Omar', 'Hohenheimer') können mehrere Rassen differenziert werden. Es wurden zahlreiche Virulenzgene auf verschiedenen Loci nachgewiesen, die unabhängig von der sexuellen Kompatibilität vererbt werden. Wildgräser sind häufig ein Reservoir für neue Rassen. Einzelne Varietäten von *T. monococcum* (*hor-*

nemannii, flavescens), *T. timopheevi*, *T. aestivum* (ssp. *macha)*, *T. dicoccum* (v. *majus)* sind immun; *T. aestivum spelta (vulpinum, recens)*, *T. aest. compactum (wernerianum)*, *T. aest. vulgare (erythrospermum)* zeigen hohe Resistenz. Absolute Resistenz liegt bei den Kulturweizensorten nicht vor, jedoch lassen sich deutliche Anfälligkeitsunterschiede feststellen, wobei Standorteinflüsse erkennbar sind. In resistenten Varietäten hält sich das Mycel bis zum Zeitpunkt der Bestockung in der Pflanze, ohne die Ährenanlagen zu erreichen, degeneriert und wird aufgelöst. Einzelne Resistenzgene sind genetisch analysiert. Auf *Triticum monococcum* soll eine streng spezialisierte Varietät vorkommen, die *Tilletia tritici* f. n. *monococci* benannt wurde.

Bekämpfung

Die große Bedeutung des Steinbrandes in früheren Jahrhunderten ergab sich besonders dadurch, daß acker-und pflanzenbauliche Maßnahmen (Saatzeit, Saattiefe, Düngung, Fruchtfolge, Sortenwahl) keinen wesentlichen Einfluß auf die Befallshöhe besitzen. Die Getreidebeizung gegen Weizensteinbrand gehört daher zu den ersten chemischen Maßnahmen, die breiten Eingang in die Praxis gefunden haben. Nachdem anfangs anorganische Schwermetallverbindungen mit hoher Giftigkeit eingesetzt wurden, gelang der eigentliche Durchbruch mit organischen Hg-haltigen Verbindungen, die unter Beachtung des Anwenderschutzes weltweit Jahrzehnte Verwendung fanden. In der Vergangenheit ist mit der Beizung gegen Pilzkrankheiten auch auf Nebenwirkungen (Verminderung von Krähenfraß, Drahtwurmfraß) abgezielt worden, daher standen einfache und kombinierte Saatgutbehandlungsmittel zur Verfügung. Als fungizide Wirkstoffe wurden unter anderem Methoxyäthyl-Hg-Silikat (Abavit special, Ceresan special) Athyl-Hg-Phosphat (Fusariol-Universal), Phenyl-Hg-Acetat (Germisan universal) verwendet. Zu den Hg-freien Wirkstoffen gehören unter anderen Carbendazim (Derosal Trockenbeize), Fuberidazol + Triadimenol + Imazalil (Baytan Universal), Thiabendazol + Fenfuram + PCNB + Imazalil (Drawigran plus), Thiabendazol + Methfuroxam + Imazalil (Arbosan Universal), Fenfuram + Guazatine + Imazalil (Panoctine Universal). Es sind ebenfalls zugelassen: Aagrano 2000 UT, Fusariol neu, Rovral UTB, Drawigran, Arbosan Spezial, Baytan Spezial, Sibutol. Die Aufwandmengen liegen zwischen 100–300 g/100 kg Saatgut. Mit Hg-Präparaten gebeiztes Saatgut ist nur begrenzt in geschlossenen Behältern lagerfähig, da phytotoxische Effekte auftreten können. Bei den Hg-freien Beizmitteln ist auf eine besonders gleichmäßige Verteilung in der Saatgutpartie zu achten. Quecksilberhaltige Beizmittel dürfen ab 1982 nicht mehr zur Anwendung kommen.

Literatur

Blumer, S., 1963: Rost- und Brandpilze auf Kulturpflanzen. Gustav Fischer, Jena. – Fischer, G. W., Holton, C. S., 1957: Biology and control of the smut fungi. Ronalt Press, New York, 622 p. – Holton, C. S., Kendrick, E. L., 1956: Problems in the delimination of species of *Tilletia* occuring on wheat. Bot. Rev. **19**, 187–208. – Schuhmann, G., 1962: Tilletiaceae. In Sorauer P., Handbuch der Pflanzenkrankheiten III. 4. Lief., 458–525, P. Parey, Berlin, Hamburg, 6. Aufl. – Tapke, V. F., 1948: Environment and the cereal smuts. Bot. Rev. **14**, 358–412.

1.2.10 Zwergsteinbrand
(dwarf bunt)

Erreger

Tilletia contraversa Kühn [syn. *Tilletia brevifaciens* Fischer, *Tilletia tritici-repentis* (DC) Liro].

Systematische Stellung

Basidiomycotina, Teliomycetes, Ustilaginales, Tilletiaceae.

Verbreitung, wirtschaftliche Bedeutung

Der Zwergsteinbrand ist weltweit in den kühleren, gemäßigten Klimazonen verbreitet und daher auch häufiger in höher liegenden Regionen, Hügelländern und Berglagen. Innerhalb Deutschlands wird er vornehmlich an Winterweizen im süddeutschen Raum angetroffen. Er übersteigt in diesen Gebieten die Bedeutung des Steinbrandes, zumal die Ertragseinbußen wesentlich höher sein können. In einzelnen Staaten der USA (Utah, Idaho, Montana) stellt er eine ernste Bedrohung des Weizenanbaues dar. Im niederbayerischen Raum wurde 1958 häufiger Befall zwischen 15 bis 25%, in Einzelfällen bis 75% nachgewiesen. An Roggen blieben Ertragsausfälle bisher unbedeutend.

Symptome

Die Krankheit äußert sich in den meisten Fällen durch eine deutliche Veränderung der Wuchsform befallener Pflanzen. Sie zeigen zahlreiche, mitunter 8 und mehr Bestockungstriebe und bleiben während der Schoßphase im Wachstum stark zurück, so daß sie nur $^{2}/_{3}$ bis $^{1}/_{5}$ der normalen Höhe erreichen. Einzeltriebe mit einer Länge von 9 cm, einschließlich Ähre, sind keine Seltenheit (Farbtafel 5, S. 101). Das Ausmaß der Wuchsverkürzung kann sortentypisch sein und ist abhänbgig vom Jahreswitterungsverlauf und der vorliegenden Erregerrasse. Daher ist eine sichere Abgrenzung zum Steinbrandbefall gelegentlich nicht einfach. Befallene Pflanzen haben während der Bestockung eine hellere Farbe. Nicht alle Triebe einer Pflanze zeigen die Halmverkürzung, häufig entwickeln sich die Haupttriebe und wenige Nebentriebe normal und die übrigen bleiben verzwergt. Die Ähren befallener Pflanzen bleiben zuweilen tiefer in der Blattscheide, sind unregelmäßiger aufgebaut, schmaler als bei Steinbrand, reifen früher und haben eine geringe Zahl von Kornanlagen. Anstelle der Karyopsen entstehen Brandbutten, die zur Blütezeit bereits ihre Endgröße erreicht haben. Sie sind meist kleiner, runder und fester als beim Steinbrand und zerstäuben schwerer. Bei Roggen ist die Halmverkürzung weniger ausgeprägt, meist sind alle Triebe befallen; die Ähren bleiben kürzer und sind unregelmäßig aufgebaut.

Biologie des Erregers

Die Brandbutten enthalten kugelige, bräunliche bis dunkelolivfarbene, 17 bis 22 µm große Sporen. Sie besitzen eine gelatinöse Hülle und sind mit einem vieleckigen Leistennetz, mit einer Maschenweite von 3 bis 4 µm und einer Höhe von 1,5 bis 3 µm überzogen (Abb. 18). Bei der Sporenkeimung wird die Schleimschicht abgebaut; es bildet sich das typische Promycel mit 2 bis 16 Kranzkörpern, an denen, nach Fusion kompatibler Partner, dikaryotische Konidien entstehen. Sie wachsen zu einem dikaryotischen, infektiösen Mycel aus.

Die Keimungsvorgänge werden durch Licht und niedrige Temperaturen induziert. Dauerlicht hoher Intensität hat den stärksten Effekt, wobei Blaulicht höchste und grünes Licht geringere Wirkung besitzen. Der Lichtreiz wird durch einen Photorezeptor aufgenommen, wahrscheinlich wird die Lipaseaktivität gesteigert und die Entwicklung des Promycels dadurch eingeleitet. Die Sporenkeimung erfolgt im Bereich von 0 bis 10 °C, mit einem Optimum bei 5 °C. Unter den entsprechenden Licht- und Temperaturbedingungen beginnt sie nach 3 bis 5 Wochen und erreicht das Maximum nach 8 bis 10 Wochen. Während kurzfristige, tägliche Temperaturerhöhungen die Keimung verhindern, tritt durch Frost nur Verzögerung ein. Die Wirkung des Lichtes auf die Sporenkeimung ist abhängig von den Bedingungen während der Sporenruhe. Bei einigen Erregerherkünften scheinen optimale Temperaturen (5 °C) allein zu genügen, an anderem Material wurde die Keimrate durch Licht wesentlich erhöht. Eine Reihe chemischer Verbindungen, die z. B. in N-Düngemitteln oder Hg-Beizmitteln vorliegen, können in geeigneter Konzentration die Keimung stimulieren. Gleiche Wirkungen können auch von Bodenmikroorganismen ausgehen. Das dikaryotische, infektiöse Mycel wächst im Boden ebenfalls nur bei niedrigen Temperaturen, bereits bei 15 °C setzt eine starke Hemmung ein.

Die Brandsporen überdauern bis zu 8 Jahren im Boden, in welchen sie durch ihre Freisetzung beim Mähdrusch oder durch Ähren gelangen, die wegen der geringen Wuchshöhe bei der Ernte nicht erfaßt werden. Ihre Ausbreitung auf befallsfreie Flächen kann durch ungebeiztes Saatgut und auch durch kontaminiertes Stroh erfol-

Abb. 18. *Tilletia contraversa*, Brandsporen.

gen. In manchen Gebieten sorgen Nebenwirte (Gräser) für eine längere Erhaltung des Erregers. Die Sporen überleben die Passage durch den Intestinaltrakt von Insekten und Würmern. Ihre Keimrate nimmt innerhalb von 6 Monaten im Boden deutlich ab. Die Bodenbearbeitung sorgt für eine Einmischung in den Boden, bringt aber auch immer wieder infektiöses Sporenmaterial im Herbst an die Oberfläche, so daß Keimung und Infektion möglich werden. Das periodische Auftreten der Krankheit wird zum Teil mit dem Unter- bzw. Aufpflügen von Brandsporen in Verbindung gebracht.

Weizen ist eine längere Periode gegenüber *T. contraversa* anfällig. Wegen des verzögerten Keimungsbeginns der Sporen geht die Infektion kaum von dem samenbürtigen, sondern meist von dem bodenbürtigen Inokulum aus. In manchen Gebieten erfolgen Infektionen von Dezember bis April mit einem Schwerpunkt Ende Dezember bis Februar. Besonders während der Anlage der Bestockungstriebe befindet sich die Pflanze in einem sehr anfälligen Stadium, da diese als Eintrittspforten für den Erreger dienen können. Daher werden auch sehr frühe oder sehr späte Aussaaten weniger stark befallen bzw. unter günstigen Herbstbedingungen erkranken verstärkt die Haupttriebe oder bei späteren Infektionen besonders die Bestockungstriebe. Die zeitliche Koordination von Sporenkeimung und Entwicklung anfälliger Stadien (Anlage von Nebentrieben) hat großen Einfluß auf die Befallshöhe; daher bringen in Süddeutschland meist spätere Aussaaten und in anderen Gebieten frühere die stärkste Zwergbranderkrankung. Bei Winterroggen bleibt der Befall meist sehr niedrig, da zum Zeitpunkt der Infektion (November, Dezember) das anfällige Stadium überschritten ist. Allgemein sind bei trokkenen Herbstbedingungen größere Infektionschancen gegeben als bei Nässe, trotzdem wird der fördernde Einfluß der Bodenfeuchtigkeit in tiefer liegenden Feldstellen, in Flächen mit längerer Schneebedeckung und an Feldrändern deutlich. Es bestehen enge Korrelationen zwischen der Zahl der Schneefalltage sowie dem Zeitraum der Schneelage und der Befallsstärke. Flachsaaten sind stärker gefährdet als Aussaaten mit tieferer Kornablage. Eine geringe Bodenversäuerung kann befallsmindernd wirken; bei der Düngung sind bisher widersprechende Beobachtungen gemacht worden. Leguminosenvorfrucht, insbesondere Klee, soll den Befall begünstigen.

Das dikaryotische Mycel durchdringt bei Keimpflanzen intrazellulär die Koleoptile und breitet sich interzellulär im Blattgewebe aus; nur wenige Hyphen erreichen den Vegetationskegel. Der größte Teil der Hyphen gelangt nicht über die Koleoptile hinaus, daher sind Infektionen über Anlagen von Nebentrieben meist erfolgreicher. Das Mycel besiedelt ähnlich wie bei *T. caries* die Pflanze und bildet in den Blüten die Brandbutten. Die starke Halmverkürzung deutet auf Eingriffe in den Wuchsstoffhaushalt (Hypoauxenie). Der Erreger kann in Reinkultur auf künstlichen Medien mit Sucrose, L-Asparagin und Thiamin gezüchtet werden und entwickelt einen vollständigen Zyclus. Kreuzungen mit *T. caries* sind möglich, wobei beide „mating typs" (+ und −) kompatibel sind. In der Kreuzungsnachkommenschaft treten Heterosiseffekte bei der Sporengröße auf, die Lichtabhängigkeit der Keimung wird rezessiv vererbt. Die sexuelle Kompatibilität wird durch multiple Allele an einem Locus kontrolliert.

Wirtskreis

Tilletia contraversa kann Weizen, Roggen, Gerste und zahlreiche Gräserarten aus den Gattungen *Aegilops, Agropyron, Alopecurus, Beckmannia, Bromus, Elymus, Holcus, Hordeum, Lolium, Poa* und *Trisetum* infizieren. Verschiedentlich wird der Erreger des Gerstensteinbrandes, *Tilletia pancicii* Bub. et Ran., als identisch mit *T. contraversa* betrachtet; gleiches gilt für *Tilletia secalis* (Cda.) Körn., den Erreger des Roggensteinbrandes. Einzelne Weizensorten zeigen unterschiedliche Anfälligkeiten, welche in Nordamerika zur Resistenzzüchtung genutzt werden. Als Resistenzquellen dienen besonders die Sorten 'Omar', 'Hussar', 'Ridit', 'Comanche', 'White Odessa' und 'Martia'. In mehreren Ländern sind physiologische Rassen nachgewiesen worden, von denen einzelne alle Handelssorten eines Gebietes befallen können. Wenigstens acht Rassengruppen liegen in Deutschland vor. Steinbrandresistenz und Widerstandsfähigkeit gegen Zwergbrand sind meist nicht korreliert, d. h. Zwergbrandrassen können steinbrandresistente Sorten infizieren.

Bekämpfung

In den USA konnte der Zwergsteinbrand viele Jahre durch die Züchtung und den Anbau widerstandsfähiger Sorten zurückgedrängt werden. Die lokal begrenzte Verbreitung der Krankheit in Mitteleuropa gab keinen Anreiz für Züchtungsarbeiten, so daß z. B. im deutschen Weizensortiment keine verwendbare Resistenz vorliegt. Die Saatgutbeizung mit Hg-haltigen Mitteln blieb unbefriedigend, da der Schutz vor Bodeninfektionen nicht ausreichte. Am wirksamsten waren Saatgutbehandlungen mit hexachlorbenzolhaltigen Präparaten bzw. Bodenbehandlungen mit Hexachlor etwa 14 Tage nach der Saat oder 1 bis 3 Wochen vor der Saat. Die hohe Persistenz der Verbindungen und Rückstandsprobleme in Folgekulturen haben zu einem Anwendungsverbot geführt. Neuerdings ist zur Beizung das Präparat Sibutol (Bitertanol + Fuberidazol) zugelassen. Darüberhinaus sind pflanzenbauliche Maßnahmen beachtenswert. Auf befallsfreien Flächen ist durch Hygiene die Einschleppung des Erregers zu verhindern. Bei höherem Winterweizenanbau (20%) besteht in Befallslagen eine verstärkte Gefahr für die Bodenverseuchung. Anstelle des Winterweizens können Roggen, Gerste oder Sommerweizen treten. Die Ungräserbekämpfung unterstützt die natürliche Sanierung verseuchter Böden. Die normale Saatgutbeizung und die Verwendung anerkannten Saatgutes verhindern die Ausbreitung des Erregers auf befallsfreie Flächen.

Literatur

Durau, R., Fischer, G. W., 1961: The genus *Tilletia*. Washington State Univ. Press, 138 pp. – Gassner, G. G., Niemann, E., 1954: Untersuchungen über die Temperatur- und Lichtabhängigkeit der Sporenkeimung verschiedener *Tilletia*-Arten. Phytopath. Zeitschr. **21**, 367–394. – Purdy, L. H., Kendrick, E. L., Hoffmann, J. A., Holton, C. S., 1963: Dwarf bunt of wheat. Ann. Rev. Microbiol. **17**, 199–222. – Riehm, E., 1954: Der Zwergbrand (*Tilletia brevifaciens* G. W. Fischer). Ein Sammelbericht. Zeitschr. PflKrankh. Pfl.Schutz **61**, 129–139. – Schuhmann, G., 1962: Tilletiaceae. In: Sorauer, P. Handbuch der Pflanzenkrankheiten. Bd. III, 4. Lief. 458–525, Verlag P. Parey, Berlin, Hamburg.

1.2.21 Gerstenhartbrand, Gedeckter Gerstenbrand

(covered smut of barley)

Erreger
Ustilago hordei (Pers.) Lagerhaim.

Systematische Stellung
Basidiomycotina, Teliomycetes, Ustilaginales, Ustilaginaceae.

Verbreitung, wirtschaftliche Bedeutung
Der Gerstenhartbrand ist weltweit verbreitet, seine Bedeutung jedoch gebietsweise unterschiedlich; zum Teil übertrifft er die des Flugbrandes. In Deutschland ist das Auftreten in den letzten Jahrzehnten stark zurückgegangen, früher wurden Befallsstärken bis zu 20% beobachtet; aus den USA wird über Befall bis zu 60% berichtet. Die potentielle Gefahr darf daher nicht unterschätzt werden. Die wirtschaftlichen Verluste entsprechen den Befallsprozenten; bei der Saatgutvermehrung kann Vorkommen des Gerstenhartbrandes zur Aberkennung führen.

Symptome
Das Krankheitsbild ähnelt dem des Gerstenflugbrandes, jedoch sind die Sporenlager in den Kornanlagen der Ähren längere Zeit von einem silbergrauen Häutchen überzogen, die Grannen bleiben normal oder werden deformiert (Farbtafel 5, S. 101). Zur Erntezeit sind die schwarzbraunen Sporenmassen noch nicht voll ausgestäubt, sondern hart und krümelig. Häufiger treten abnorme Verzweigungen der Ährenspindel auf, die Ähren können teilweise oder vollständig in den Blattscheiden verbleiben, die Halme sind verkürzt.

Biologie des Erregers
Die Sporen von *Ustilago hordei* sind im Unterschied zu anderen Brandpilzen an Gerste glatt; ihre Gestalt ist kugelig, die Größe beträgt 5 bis 9 µm. Sie werden beim Drusch freigesetzt, oder stäuben vorher aus, und gelangen an das Äußere der Körner bzw. keimen und bilden ein Ruhemycel zwischen Karyopse und Spelzen. Bei der Keimung entsteht ein vierzelliges Promycel mit Abschnürung von Sporidien, die nach Fusion (Heterothallie) zu einem dikaryotischen, infektiösen Mycel auswachsen. Die Infektion der Wirtspflanzen erfolgt im frühen Keimlingsstadium. Der Pilz dringt über die Koleoptile in den Sproß ein und besiedelt frühzeitig die Ährenanlagen. Wie bei anderen Brandkrankheiten er-

folgt die Sporenbildung vor dem Schossen der Blüten. Das Keimungsoptimum der Brandspore liegt bei 20 bis 25 °C, das Temperaturminimum bei 5 °C, das Maximum bei 35 °C. Die Infektion verläuft am besten bei 15 bis 20 °C, daher wirken niedrige Keimtemperaturen befallsmindernd. Die Sporen können im Boden überwintern; Keimlingsinfektionen sind auch vom Boden aus möglich.
Als Erreger des gedeckten Haferbrandes ist *Ustilago kolleri* Wille beschrieben worden. Diese Art wird von verschiedenen Autoren als identisch mit *U. hordei* betrachtet.

Wirtskreis
Ustilago hordei befällt meist nur *Hordeum*-Arten, gebietsweise und seltener auch Roggen, Hafer und *Agropyron*-Arten. In genetischen Studien wurden zahlreiche Rassengruppen nachgewiesen. Hybridisationen zwischen *U. hordei* und *U. nigra*, sowie zwischen *U. hordei* und *U. bullata* sind möglich. Durch Rekombinationen können neue Unterarten oder Rassen entstehen. Kreuzungen mit *U. nuda* treten nicht auf. Resistenz liegt bei verschiedenen Gerstensorten ('Jet', 'Pillsburg', 'Brachytic', 'Kitchin') und Hafersorten ('Avon', 'Belar', 'Mugga') vor.

Bekämpfung
Wegen der äußeren Kontamination von Saatgut durch Sporen oder Mycel wird eine zufriedenstellende Bekämpfung mit Beizmittel wie bei Steinbrand bzw. Flugbrand erreicht; die Kurznaßbeize mit Hg-haltigen Präparaten war einer Trockenbeize meist überlegen.

Literatur
Cherewick, W. J., 1967: The inheritance of virulence in *Ustilago hordei* and *U. nigra*. Can. J. Genet. Cytol. **9**, 141–146. – Niemann, E., 1961: Die Ustilago-Brande der Gerste und ihre Verbreitung in der Bundesrepublik Deutschland. Nachr. Bl. Dtsch. PflSchutzd. Braunschweig, **13**, 17–22.

1.2.22 Gerstenschwarzbrand
(nigra loose smut)

Erreger
Ustilago nigra Tapke.

Systematische Stellung
Basidiomycotina, Teliomycetes, Ustilaginales, Ustilaginaceae.

Verbreitung, wirtschaftliche Bedeutung
Die Brandkrankheit ist in Europa und Nordamerika nachgewiesen; in Südeuropa kann sie ähnliche Häufigkeit wie der Gerstenflugbrand erreichen. Die wirtschaftliche Bedeutung entspricht allgemein derjenigen des Gerstenhartbrandes.

Symptome
In den Krankheitssymptomen ist der Schwarzbrand kaum vom Gerstenflugbrand zu unterscheiden; die brandigen Ähren erscheinen bis zu zwei Wochen später als beim Flugbrand und das Ausstäuben der etwas dunkleren Sporenmassen erfolgt verzögert. Der Typus der Brandähren kann Übergänge zum Schadbild des Gerstenhartbrandes aufweisen.

Biologie des Erregers
Die Unterscheidung zu *U. nuda* kann anhand der Keimungsprozesse der Sporen getroffen werden. *U. nigra* bildet am Promycel zahlreiche Sporidien, die sich durch hefeartige Knospung vermehren. Das Keimungsoptimum liegt bei 18 bis 22 °C.
Die kugeligen, feinwarzigen Sporen (6 bis 7 µm) gelangen mit dem Wind in gesunde Gerstenblüten, später zwischen Korn und Spelzen oder haften äußerlich. Entweder bildet sich ein Ruhemycel oder sie überdauern ungekeimt die Periode bis zur Aussaat. Die Infektion des Keimlings, die Besiedlung des Wirtes und die Sporenbildung entspricht der Art wie beim Gerstenhartbrand.

Wirtskreis
Der Gerstenschwarzbrand entwickelt sich nur an *Hordeum*-Arten; häufig kommen *U. nigra* und *U. hordei* im gleichen Feldbestand vor. Zwischen beiden Arten scheinen interspezifische Kreuzungen zu einem intermediären Befallstyp zu führen. Künstliche Bastardierungen zwischen beiden Arten sind gelungen. Mehrere Rassengruppen sind bekannt.

Bekämpfung
Beizmaßnahmen gegen *U. hordei* haben den gleichen Effekt gegen *U. nigra*.

Literatur
Cherewick, W. J., 1967: The inheritance of virulence in *Ustilago hordei* and *U. nigra*. Canad. J. Genet. Cytol. **9**, 141–146. – Pshinnik, D. P.,

1973: Distribution of nigra loose smut of barley in the USSR. Mikologiya i Fitopatologiya 7, 216–218. – SAVULESCU, T., 1957: Schwarzer Gerstenflugbrand (*Ustilago* nigra Tapke) in der Rumänischen Volksrepublik. Zeitschr. Pflkr. Pflschtz **64**, 457–469. – TAPKE, V. F., 1943: Occurrence, identification, and species validity of the barley loose smuts, *Ustilago nuda*, *U. nigra*, and *U. medians*. Phytopathology **33**, 194–209.

1.2.23 Brandkrankheiten von geringerer Bedeutung

Gedeckter Haferbrand
(covered smut of oats)

Erreger
Ustilago kolleri Wille.
Brandsporenmassen bleiben bis zur Ernte von den Hüllspelzen umschlossen; Sporenübertragung meist beim Drusch; Keimlingsinfektion. Verbreitung in allen Haferanbaugebieten, in Deutschland kaum bekannt. Wirtskreis *Avena*-Arten. Bekämpfung wie Haferflugbrand.

Rispenbrand des Glatthafers
(flag smut)

Erreger
Ustilago perennans Rostr.
Sporenlager in Blüten- und Ährenachsen; Entwicklung wie Haferflugbrand, Mycel perennierend. Auf Wiesen in Mitteleuropa teilweise häufig, auch in Amerika, Vorderasien, Nordafrika und Australien bekannt. Wirtskreis *Arrhenatherum*-Arten; Bekämpfung wie Haferflugbrand.

Staubbrand der Kolbenhirse
(millet kernel smut)

Erreger
Ustilago crameri Körnike.
Sporenlager in den Fruchknoten, Ausstäuben bei Reife, Keimlingsinfektion über Saatgut oder Boden. Verbreitung: Südosteuropa, Afrika, Asien. Wirtskreis *Setaria*-Arten. Bekämpfung durch Saatgutbeizung.

Trespenbrand
(head smut of grasses)

Erreger
Ustilago bullata Berk.
Sporenlager in Fruchtknoten und unter Spelzenteilen; Keimlingsinfektion, in perennierenden Gräsern kann Mycel überdauern. Weltweite Verbreitung, besonders in Trockengebieten, wirtschaftlich bedeutsam in Samenbeständen von *Agropyron pauciflorium* (Kanada). Sammelart mit großem Wirtskreis, die unter anderem auf *Agropyron*- und *Bromus*-Arten, häufig auf *B. tectorum* und *B. secalinus*, auftritt.

Streifenbrand der Gräser
(stripe smut)

Erreger
Ustilago striiformis (West.) Niessl.
Sporenlager in parallelen Streifen auf den Blättern; Keimlingsinfektion, in perennierenden Gräsern überdauert das Mycel. Vorkommen in Europa, Amerika, Asien und Australien, besonders in temperiert-feuchten Gebieten; wirtschaftliche Schäden traten an *Phleum pratense* und *Poa pratense* in Nordamerika auf. Großer Wirtskreis, unter anderem auf *Agropyron, Agrostis, Bromus, Dactylis, Festuca, Lolium.*

Streifenbrand des Weizens
(stripe smut of wheat)

Erreger
Urocystis agropyri (Preuss) Schröt. [syn. *U. tritici* Körnicke., *Tuburcinia agropyri* (Preuss) Liro.]
An den oberen Blatträndern bilden sich vor dem Ährenschieben bei Weizen, seltener bei Gerste streifige Brandsporenlager, parallel zu den Blattnerven verlaufend. Der auch auf zahlreichen Wildgräsern vorkommende Brandpilz ist nur in wärmeren Klimazonen (Mittelmeerländer, Vorderasien, Australien, Südafrika, USA) anzutreffen; Keimungsoptimum 19 bis 23 °C. Die Brandsporen der *Urocystis*-Arten sind bis zu dritt, zusammen mit sterilen Nebenzellen, in Ballen angeordnet. Durch Saatgutbeizung und Anbau resistenter Sorten kann der Erreger bekämpft werden.

Roggenstengelbrand
(stalk smut of rye)

Erreger
Urocystis occulta (Wallr.) Rabenh. [syn. *Tuburcinia occulta* (Wallr.) Liro].

An Blättern, Blattscheiden und Halmen, selten an Blütenorganen des Roggens entstehen streifige Brandsporenlager; die Halme bleiben verkürzt, reißen auf, die Ähren treten nur unvollständig aus den Blattscheiden; die Kornbildung bleibt aus. Brandsporenübertragung mit Saatgut; Keimlingsinfektion. Die Krankheit ist in Mittel- und Nordeuropa, Asien, Japan, Australien und Amerika verbreitet. Wirtschaftliche Schäden traten vereinzelt in Osteuropa, Jugoslawien und Nordamerika ein. Die Bekämpfung des Erregers erfolgt durch Saatgutbeizung.

Literatur

NIEMANN, E., 1962: Ustilaginaceae (Spezieller Teil). In: Sorauer, P. Handbuch der Pflanzenkrankheiten. Bd. III. 4. Lief. 317–457 Verlag P. Parey, Berlin, Hamburg, 6. Aufl. SCHUHMANN, G., 1962: Tilletiaceae. In: Sorauer, P. Handbuch der Pflanzenkrankheiten, Bd. III. 4. Lief. 458–528 Verlag P. Parey, Berlin, Hamburg, 6. Aufl.

1.2.24 Drechslera – Wurzel-, Halm- und Blattkrankheit

(Drechslera foot rot and seedling blight)

Erreger

Cochliobolus sativus (Ito et Kurib.) Drechsler ex Dastur. [Konidienstadium: *Drechslera sorokiniana* (Sacc.) Surbam. et Jain, syn. *Helminthosporium sativum* (Pamm.) King et Bakke].

Systematische Stellung

Ascomycotina, Loculoascomycetes, Pleosporales, Pleosporaceae.

Verbreitung, wirtschaftliche Bedeutung

Die Krankheit ist zwar weltweit verbreitet, kommt aber in erster Linie in den wärmeren Getreideanbaugebieten der gemäßigten Zone vor. Ausfälle durch Keimlingsinfektionen und Wurzelfäule sind in den ariden und semiariden Regionen der USA nachgewiesen. In Mitteleuropa sind direkte Schäden bisher ausgeblieben; in Sommergerstenbeständen kann frühzeitiges Lager eintreten. Auf Grasarten ist die Krankheit in Kanada und im nördlichen Teil der USA verbreitet und kann im Hochsommer zu erheblichen Blattschäden führen.

Symptome

Bei der Infektion von Keimlingen erfolgt der Aufgang lückig; später fallen Keimpflanzen um. Bei Gerste setzt starke Bestockung ein, wobei nur einzelne Triebe bis zur Ährenbildung gelangen. Wurzelfäulen sind vorherrschend in ariden Gebieten, unter feuchteren Bedingungen können sich auch Blatt- und Stengelläsionen, sowie Flekke auf Spelzen und Samen entwickeln. Auf den Blättern bilden sich zunächst rötliche, ovale, kleine Flecke, die Mitte wird später hellgrau, umgeben von einem braunroten Rand; das Blatt stirbt langsam ab und verdorrt. Fleckige Verbräunungen treten auch an Blattscheiden, Halmen und unteren Halmknoten auf (Farbtafel 5, S. 101), letztere vermorschen, so daß Lager entsteht. Braune, dunkelumrandete Flecke entstehen auf den Spelzen und Körnern.

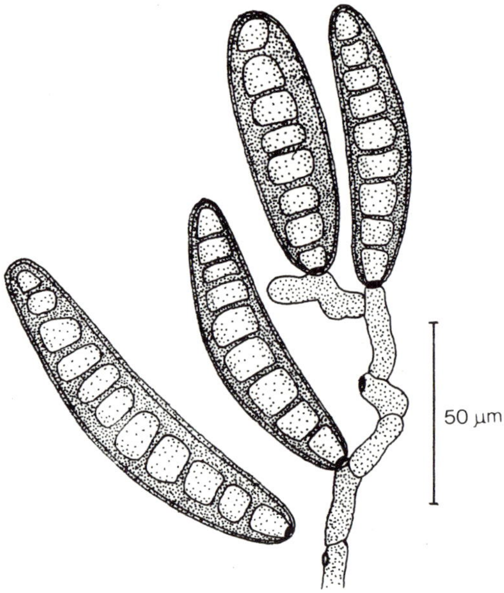

Abb. 19. *Cochliobolus sativus (Drechslera sorokiniana)*, porogene Konidien mit Pseudosepten.

Biologie des Erregers

Drechslera sorokiniana entwickelt an einfachen, dunklen Sporenträgern, die aus Stomata oder zwischen den Epidermiszellen hervorwachsen, einzeln oder 2 bis 3 in Büscheln stehende Konidien (60 bis 120 × 15 bis 20 µm), mit zylindrischer, gebogener Gestalt, dunkelolivbrauner Farbe und 3 bis 10 Pseudosepten (Abb. 19). Die schwarzen, kugelförmigen Perithecien (370 bis 530 x 340 bis 470 µm) werden vereinzelt auf Pflanzenrückständen gefunden. Sie enthalten in Asci fädige, 6 bis 13 septierte, spiralig angeordnete Ascosporen (160 bis 360 x 6 bis 9 µm). Der Erreger wird mit dem Saatgut übertragen, oder er überdauert in Form der Konidien auf Stoppelresten bzw. in den oberen Bodenschichten. Von hier aus erfolgt der primäre Befall von Sämlingen. Blatt-, Stengel- und Ähreninfektionen gehen von Konidien aus, die durch Wind und Regen verbreitet wurden. Die Entwicklung des Erregers wird durch höhere Temperaturen stark gefördert. Sämlingsinfektionen und Wurzelfäulen können im Bereich von 8 bis 28 °C eintreten, maximaler Befall wird erst bei 20 °C erreicht. Blattflecke entwickeln sich rasch bei 24 bis 28 °C, Ährenbefall setzt verstärkt bei 25 bis 30 °C ein. Die hohen Temperaturansprüche sind wahrscheinlich der begrenzende Faktor für die Verbreitung des Erregers und erklären seine geringe Bedeutung in Mittel- und Nordeuropa.

Wirtskreis
Der Pilz befällt Gerste, Weizen, Hafer, Roggen und Mais, daneben auch zahlreiche Arten aus den Gattungen *Agropyron, Agrostis, Avena, Bromus, Dactylis, Festuca, Lolium, Poa* und andere. In Mitteleuropa wird die Krankheit eher an Sommergerste und Sommerweizen als an Winterung beobachtet.

Bekämpfung
Der Saatgutbefall kann durch Beizung ausgeschaltet werden. Eine Fruchtfolge mit geringerem Gersten- und Weizenanteil kann das Befallsrisiko mindern; die Temperaturbedingungen während der Hauptvegetationszeit geben allerdings den Ausschlag über das Ausmaß des Krankheitsbefalles.

Literatur
ANDERSON, W. H., BANTARRI, E. E., 1976: The effect of *Bipolaris sorokiniana* on yield, kernel weight and kernel discoloration in six-row spring barleys. Pl. Dis. Reptr. **60**, 754–758. – WHITTLE, A. M., 1977: *Cochliobolus sativus* as a pathogen of barley in Scotland. Plant Path. **26**, 67–74. – VERMA, P. R., MORRALL, R. A. A., TINLINE, R. D., 1976: The effect of common root rot on components of grain yield in Manitou wheat. Canad. J. Bot **54**, 2888–2892.

1.2.25 Mutterkorn
(ergot)

Erreger
Claviceps purpurea (Fr.) Tul.

Systematische Stellung
Ascomycotina, Pyrenomycetes, Clavicipitales (Sphaeriales), Clavicipitaceae.

Verbreitung, wirtschaftliche Bedeutung
Die Krankheit ist im gemäßigten Klima auf Wildgräsern weit verbreitet und kommt auch auf Getreidearten, insbesondere Roggen vor. Mit der Verbesserung der Saatgutreinigung ging das Auftreten sehr stark zurück, so daß dem Mutterkorn heute im Getreideanbau allgemein nur geringe Bedeutung zukommt. Allerdings wurde in letzter Zeit in maritimen Gebieten mit der Zunahme des Weizenanbaus und dem Aufkommen von Wildgräsern ein Anstieg der Krankheit beobachtet. Die Sclerotien des Pilzes (Mutterkörner) enthalten verschiedene Alkaloide (Ergometrin, Ergometrinin, Ergotamin, Ergocormin, Ergocristinin), welche Derivate der Lysergsäure darstellen und beim Warmblüter Vergiftungen hervorrufen, die sich als Krippelkrankheit bzw. Brandseuche an den Extremitäten äußern. Durch den Verzehr mutterkornhaltigen Getreides traten gebietsweise in früheren Jahrhunderten ernste Kalamitäten auf. Die häufig eintretenden Erkrankungen bei Menschen („heiliges Feuer") gaben Anlaß zur Gründung des Antoniterordens in Europa, der sich der Pflege der an „Antoniusfeuer" Erkrankten widmete. Derzeit wird gelegentlich von Vergiftungsfällen bei Tieren nach Verzehr von befallenem Gras bzw. Heu berichtet. Die toxischen Inhaltsstoffe des Mutterkorns finden in der Humanmedizin Anwendung. Für pharmazeutische Zwecke wird es in kleinerem Rahmen im feldmäßigen Anbau durch künstliche Infektionen der Roggenblüten gewonnen.

Symptome
Noch während der Blütezeit werden an den Infloreszenzen von Gramineen gelbliche, klebrige Tropfen (Honigtau) sichtbar. Meist wird dieses Stadium übersehen, denn auffälliger ist die Bildung eines hornartig gebogenen, dunkelvioletten Sclerotiums (Mutterkorn), welches sich anstelle der Karyopse entwickelt und aus der Blüte

mehr oder weniger weit hervorragt (Farbtafel 5, S. 101). Bei starken Infektionen z. B. an Feldrändern, in feuchten Mulden oder entlang von Gehölzen oder Wäldern können zahlreiche Blüten einer Ähre befallen sein, wobei Sekundärinfektionen durch Honigtau meist zu kleineren Mutterkörnern führt. Je nach Gramineenart variiert ihre Größe von wenigen Millimetern bei Wildgräsern bis zu 4 cm Länge bei Roggen. An Mais sind ungewöhnlich große Formen gefunden worden. Beim Durchbrechen des Sklerotiums ist im Innern ein weißgrauer Teil und eine Randschicht von dunkelvioletter Farbe zu erkennen, gelegentlich treten weiße oder graue Formen auf. Das Mutterkorn ist zum Zeitpunkt der Getreidereife voll entwickelt, fällt aus der Ähre zu Boden oder wird mit den normalen Körnern zusammen erdroschen.

Biologie des Erregers

Die zur Erntezeit auf den Boden fallenden oder mit ungereinigtem Saatgut ausgesäten Sklerotien keimen im folgenden Frühjahr bzw. zeitigen Sommer. Der winterliche Frost ist keine Voraussetzung, jedoch förderlich für die Auslösung des Keimvorganges. Der Pilz wächst mit zahlreichen stromatischen, weißen Stielchen an die Bodenoberfläche, an ihrer Spitze bildet sich ein rot gefärbtes Köpfchen, in welches die krugartigen Perithecien (150 bis 175 x 200 bis 250 µm) in großer Zahl eingesenkt sind. Bei hoher Luftfeuchtigkeit werden die fadenförmigen Ascosporen (100 bis 125 x 4 µm) ausgestoßen und durch Regentropfen, Insekten oder Wind ausgebreitet. Wenn Regenschauer und sonnige Abschnitte rasch wechseln, werden die Sporen in die Luft geschleudert und erreichen dann durch die Turbulenz die Narben des zu dieser Zeit offenblühenden Getreides und von Gräsern. Die Ascosporen keimen sofort, das Mycel wächst zum Fruchtknoten und dringt an der Basis ein. An seiner Oberflache entstehen zahlreiche Konidienträger mit einzelligen Konidien, welche in dem von der Pflanze ausgeschiedenen, zuckerhaltigen Saft aus der Blüte heraustreten (Honigtau). Bei den angelockten Insekten bleiben Honigtau bzw. Konidien äußerlich haften und werden auf andere Blüten übertragen. Da die Koniden nach Verdünnung des Saftes, und durch Pollen stimuliert, sofort auskeimen, sind Sekundärinfektionen häufig. Sie treten auch durch Regen und den direkten Kontakt von Ähren ein. Etwa fünf Tage nach der Inokulation wird erneut Honigtau ausgeschieden. Die Konidienproduktion geht jedoch bald zurück und der Pilz bildet im Fruchtknoten ein sich vergrößerndes Mycel, welches aus der Blüte hervorwächst und am Scheitel noch Reste von Griffel, Narbe und Staubgefäßen trägt. Das zunächst hellgefärbte Sklerotium erhärtet bei der Reife und färbt sich äußerlich dunkel.

Der Pilz kann nur in geöffneten Blüten zur Infektion kommen. Daher steht die Anfälligkeit verschiedener Pflanzenarten bzw. Wirtspflanzensorten in Beziehung zur Länge der Blühphase. Fremdbefruchter werden stärker befallen, besonders wenn kühles, feuchtes Wetter oder die Standortbedingungen die Befruchtung verzögern. Bei Roggen zeigen Einzelpflanzen mit starker Bestockung oft einen höheren Mutterkornbesatz.

Wirtskreis

Claviceps purpurea hat einen sehr weiten Wirtskreis, jedoch ausschließlich innerhalb der Gramineae. Die Liste der Wirtspflanzen umfaßt über 400 Species, darunter die Hauptgetreidearten, von denen Roggen und Triticale-Formen häufiger, Weizen gelegentlich, Gerste und Hafer selten befallen werden.

Von den Gräsern sind die Gattungen *Lolium, Festuca, Arrhenatherum* mit bis zu 20 mm langen Sklerotien, *Dactylis, Holcus, Phleum, Phalaris, Anthoxanthum* mit etwa 10 mm und *Alopecurus* bzw. *Agrostis* mit 5 mm langen Mutterkörnern zu erwähnen. In der Gattung *Claviceps* sind etwa 30 Arten beschrieben, z. B. *C. microcephala* an *Pennisetum typhoides*. An Mais wurden in Mexico übergroße Mutterkörner in Form zapfenähnlicher, bis 8 x 5 cm großer, gekrümmter Sclerotien gefunden. Sie werden einer besonderen Art, *Claviceps gigantea*, zugeschrieben. *C. purpurea* umfaßt eine größere Anzahl spezialisierter Rassen, aber offenbar keine formae speciales. Sie können sich im Wirtskreis, der Sclerotienform und -farbe, der Konidiengröße und dem Gehalt an Alkaloiden unterscheiden.

Bekämpfung

Im Roggenanbau sind keine besonderen Maßnahmen zur Verhütung des Mutterkornbefalles erforderlich, da bei der Saatgutreinigung die Sclerotien entfernt werden. Im allgemeinen haben diese nur eine einjährige Überlebensdauer im Feld, so daß eine einmalige Anbaupause ausreicht; durch Tiefpflügen wird das Mutterkorn ebenfalls vernichtet. Im Grassamenanbau sollte in Befallslagen eine Fruchtfolge mit 2 bis 3jährigem Verzicht auf anfällige Pflanzen eingehalten werden; auf Weiden ist das Gras vor der Honigtaubildung zu mähen. Systemische Fungizide (Benzimidazole) können die Ascosporenbildung an der Bodenoberfläche, wie auch die Sklerotienbildung verhindern.

Literatur

Bové, F. J., 1970: The story of ergot. S. Karger, Basel, New York. – Darpoux, M., 1955: La maladie de l'ergot de Gramińees. Rev. Path. gén. comp. **55**, 1479–1510. Fuentes, M., Ullstrup, A. J., Rodriuez, E., 1964: *Claviceps gigantea*, a new pathogen of maize in Mexico. Phytopathology **54**, 379–381. – Mühle, E., 1971: Krankheiten und Schädlinge der Futtergräser. Hirzel Verlag, Leipzig.

1.2.26 Krankheiten von geringer Bedeutung

Bakterienkrankheiten

Bakterielle Blattdürre des Hafers
(halo blight of oats)
Pseudomonas coronafaciens (Elliott) Stev.
Auf den Blättern anfangs hellgrüne, ovale 4 bis 5 mm große Flecke mit braunem Zentrum; später bildet sich ein chlorotischer Ring um die Läsionen. Starker Befall führt zum Vergilben und Verdorren der Blätter; auf den Spelzen ähnlich typische Flecke. Der Erreger ist samenübertragbar. Die Krankheit wird gelegentlich in Schottland und Nordengland beobachtet, sie trat in Deutschland nur selten hervor.

Schwarzspelzigkeit
(bacterial blight)
Xanthomonas translucens (Jones et al.) Dowson
Auf Spelzen braune, streifige Verfärbungen; die Körner sind an der Basis geschrumpft und zeigen kleine; wabenartige Höhlungen. Es liegen auf einzelne Getreidearten spezialisierte Varietäten vor. Der Erreger wird mit dem Saatgut übertragen. Die Krankheit ist vornehmlich in Nordamerika beobachtet worden.

Basale Spelzenfäule an Weizen und Gerste
(basal glume rot)
Pseudomonas atrofaciens(McCulloch) Stev.
Dunkelbraune bis schwarze Verfärbungen an unteren Spelzenteilen, besonders an der Innenseite; Körner an der Basis braun bis tiefschwarz. Die Krankheit ist aus Nordamerika, Australien und Südafrika bekannt.

Bakterielle Blattfleckenkrankheit an Hafer und Gerste
(bacterial stripe blight)
Pseudomonas striafaciens (Elliott) Starr et Burkh.
Auf den Blättern wasserdurchzogene, streifige Flecke mit schmalem gelblichen Rand, später durchscheinend und rotbraun; vereinzelt in den USA, Kanada und der UdSSR nachgewiesen.

Literatur

Knösel, D., Weltzien, H. C., 1959: Über das erstmalige Auftreten der bakteriellen Blattdürre („halo blight“) *Pseudomonas coronafaciens* (Elliott) Stevens an Hafer in Deutschland. Zeitschr. Pflkr. Plschutz **66**, 676–680. – Stapp, C., 1956: Bakterielle Krankheiten. In: Sorauer, P. Handbuch der Pflanzenkrankheiten. Bd. II, 2. Lief., Verlag P. Parey, Berlin, Hamburg, 6. Aufl.

Pilzkrankheiten

Ascochyta-Blattdürrekrankheit
(leaf scorch)
Didymella exitialis (Morini) Müller
(Konidienstadium: *Ascochyta*)
Auf den Blättern von Getreide (besonders Weizen, Gerste) und Gräsern (*Agropyron repens, Dactylis glomerata, Festuca rubra* und andere) runde bis ovale, punktgroße nekrotische Flecke mit schmaler brauner Umrandung, im letzten Drittel des Blattes häufiger. Bei starkem Auftreten können die Blätter vorzeitig absterben. Häufig eine Begleiterscheinung des *Septoria*-Befalls. Auf den Läsionen bilden sich Pyknidien mit zweizelligen Sporen und Pseudothecien mit bitunicaten Asci, Ascosporen zweizellig, hyalin. Der Erreger ist in Mittel- und Nordeuropa weit verbreitet; Infektiosität, Epidemiologie und wirtschaftliche Bedeutung können derzeit noch nicht fundiert bewertet werden.

Schwärzepilze
(dark moulds)
Cladosporium herbarum Link
Perfektform: *Mycosphaerella tassiana* (de Not.)

Joh.
Cladosporium, spp., *Alternaria* spp., *Stemphylium* spp., *Coniosporium* spp.
Auf Blättern, Blattscheiden, Halmen, auffallend besonders auf Ähren notreifer Planzen (z. B. Weißährigkeit), entwickelt sich nach kurzer Zeit ein schwärzlicher Belag (Farbtafel 5). Gleiches tritt in der Vollreife bei anhaltender Feuchtigkeit ein. Die Schwärzung geht auf die Besiedelung des abreifenden oder abgestorbenen Gewebes durch oben genannte Saprophyten oder Schwächeparasiten mit der Bildung von dunklen Sporenträgern oder Lagern und Sporenmassen zurück (Abb. 20). Auch die Körner können dunkelbraune Überzüge aufweisen. Qualitätsminderungen und gelegentliche Keimschädigungen sind nicht auszuschließen. Bei der Anwendung von Fungiziden zur Bekämpfung der Ährenkrankheiten (*Septoria*, Echter Mehltau) wird der Befall durch Schwärzepilze verzögert.

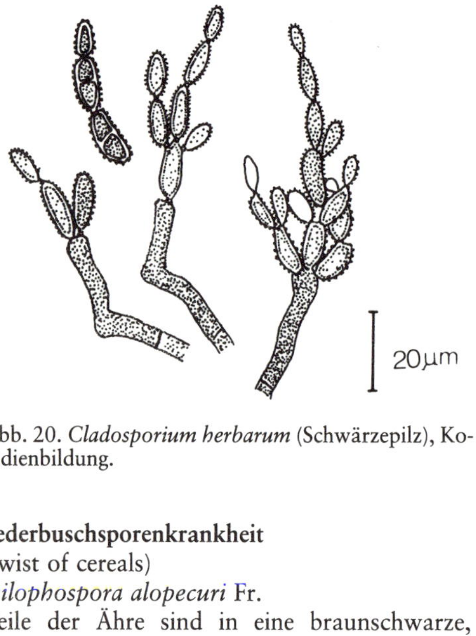

Abb. 20. *Cladosporium herbarum* (Schwärzepilz), Konidienbildung.

Federbuschsporenkrankheit
(twist of cereals)
Dilophospora alopecuri Fr.
Teile der Ähre sind in eine braunschwarze, schmierige, später trockene Masse umgebildet; die mehr oder weniger zerstörten Spelzen sind noch erkennbar. Die Ähren können in der Blattscheide verbleiben, mitunter ist die ganze Pflanze verkrüppelt. In den dunklen Überzügen werden Pyknidien mit einzelligen, an beiden Enden mit gegabelten Borsten besetzten Sporen (10 x 1 bis 2 µm), gebildet. Die Krankheit komt meist in Verbindung mit Nematodenbefall (*Anguina tritici*) vor. Die Samenübertragung wird durch Beizung verhindert. Befallen werden Weizen, Dinkel, Gerste und Roggen.

Grauschimmelfäule
(gray mould blight)
Botrytis cinerea Pers.
Auf den unteren abreifenden Blättern bilden sich bei feuchtem Wetter mausgraue Pilzrasen; Ährenbefall setzt in Perioden mit schlechtem Wetter nach der Gelbreife ein; die Körner werden braun und schrumpfen. In älteren Überzügen entstehen dunkle, flache Sclerotien. Der Pilz kommt auf allen Getreidearten vor.

Pythium-Wurzelfäule
(damping off)
Pythium spp.
Alle Getreidearten können im Keimlingsstadium vom Boden aus durch Wurzelfäuleerreger aus der Gattung *Pythium* befallen werden. Die Pilze dringen nur in junge Wurzeln ein, die unter Braunfärbung absterben. Nur in wenigen Fällen kommt es zu nesterweisen Pflanzenausfällen; unter günstigen Bedingungen entwächst die Pflanze dem anfälligen Stadium rasch. Die Erreger (z. B. *P. debaryanum, P. irregulare, P. graminicolum*) sind an hohe Bodenfeuchte, kühlere Temperaturen angepaßte und verbreitete Bodenpilze. Eine parasitische Spezialisierung liegt nicht vor; ihr Wirtskreis umfaßt eine große Zahl verschiedener Pflanzenarten.

Polymyxa-Wurzelfäule
(Polymyxa root rot)
Polymyxa graminis Ledingh.
Der zu den Myxomycotina gehörende Pilz parasitiert in den Haarwurzeln; er entwickelt Zoosporangien und Plasmodien, letztere bilden sich zu Dauersporen um. Direkte Pflanzenschäden sind bisher nicht beobachtet worden. Der Parasit wird mit der Übertragung von Viruskrankheiten an Getreide (Weizenmosaik, Hafermosaik) in Verbindung gebracht. Neuerdings sprechen Anzeichen dafür, daß auch das Gelbmosaik der Wintergerste in *P. graminis* einen Vektor besitzt.

Literatur
Becker, A., 1955: Beobachtungen über das Auf treten der Federbuschsporenkrankheit in den Jahren 1951–1953 in der Eifel und die Durch-

führung von Bekämpfungs- und Verhütungsmaßnahmen. Nachr. Bl. Dtsch. Pf. schutzd. Braunschweig 7, 100–104. – HENDRIX, F. F., CAMPBELL, W. A., 1973: *Pythiums* as plant pathogens. Ann. Rev. Phytopath. **11**, 77–98. – LINFORD, M. B., MCKINNEY, H. H., 1956: Occurrence of *Polymyxa graminis* in roots of small grains in the United States. Pl. Dis. Reptr. **38**, 711–713. – MÄKELÄ, K., KOPONEN, H., 1975: *Lidophia graminis* (Sacc.) Walker et Sutton and *Dilophospora alopecuri* (Fr.) Fr. on grasses in Finland. Acta Agr. Scand. **25**, 169–175. – PUNITHALINGAM, E., 1979: *Didymella exitialis*, C. M. I. Descriptions of path. fungi and Bacteria Nr. 633. – RAO, A. S., 1968: Biology of *Polymyxa graminis* in relation to soil-borne wheat mosaic virus. Phytopathology **58**, 1516–1521.

1.3 Schädlinge

1.3.1 Nematoden

Wurzelläsionsnematoden, Läsionenälchen
(root lesion nematodes)

Pratylenchus crenatus Loof; *P. neglectus* (Rensch); *P. penetrans* (Cobb); *P. thornei* Sher & Allen

Systematische Stellung
Tylenchida, Pratylenchidae

Geographische Verbreitung
Die vier genannten *Pratylenchus*-Arten kommen in einigen europäischen Ländern und auf dem nordamerikanischen Kontinent vor. *P. neglectus* (Abb. 22), *P. thornei* (Abb. 22) und *P. penetrans* (Abb. 22) treten auch in Indien, Japan und Südafrika auf; die beiden zuletzt genannten Arten darüber hinaus in anderen Teilen Afrikas. Weitere Angaben liegen über ein Vorkommen von *P. penetrans* in Neuseeland, Peru und auf den Philippinen und von *P. thornei* im Iran und auf Teneriffa vor.

Beschreibung
Weibchen: In erwachsenem Zustand etwa 0,35 bis 0,8 mm lang und 20 bis 30 µm breit. Beide Körperenden abgerundet. Cuticula schwach geringelt. Kopfsklerotisation deutlich, Lippenregion flach und je nach Art mit 2 bis 4 Ringen. Mundstachel kurz, d. h. 14 bis 19 µm lang, an der Basis kräftig geknöpft. Darmmündung im After etwa 2 bis 3 Körperbreiten vom Schwanzende entfernt. Vulva weit hinten liegend (Abb. 21).
Männchen: Dem ♀ ähnlich, aber kleiner. Begattungsorgan (Spicula) sklerotisiert; hinteres Schwanzende mit Bursa (Abb. 21).

Brutpflanzen
P. crenatus (Abb. 22) befällt unter anderem Getreide (Hafer, Gerste, Weizen, Roggen) und Mais, Erbse, Klee (Rot- und Weißklee), Möhre, Salat, Spinat und weitere Gemüsepflanzen, sowie Zierpflanzen (z. B. Rose, Phlox, Chrysanthemen) und Gehölzpflanzen (z. B. Apfel, Birne, Kirsche, Weißdorn).
P. neglectus lebt in Wurzeln von Getreide (Roggen, Gerste, Hafer, Weizen), Mais, Rose, Mohn und Unkräutern.
P. penetrans hat einen sehr weiten Wirtspflanzenkreis (weltweit mehr als 350 Pflanzenarten!), da unter anderem viele Gehölzpflanzen (Apfel, Birne, Pflaume, Kirsche, Liguster, Weißdorn usw.), krautige Zierpflanzen, Getreide (Gerste, Roggen, Hafer, Weizen), Mais, Klee (Rot- und Weißklee), Luzerne, Ackerbohne, Weißkohl, Kohlrübe, Kartoffel und Erbse befallen werden.
P. thornei besiedelt unter anderem Wurzeln von Getreide (Weizen, Gerste, Hafer), Mais, von verschiedenen Gemüsepflanzen, Zierpflanzen und Obstgehölzen.

Schadsymptome und wirtschaftliche Bedeutung
Die *Pratylenchus*-Arten, von denen derzeit in Europa etwa 14 bekannt sind, verursachen in vielen Fällen an ihren Wirtspflanzen eine Wachstumshemmung, die oft nesterweise auftritt. Hinzu kommen bei einjährigen Pflanzen Vergilbungssymptome an den älteren Blättern oder Blattspitzen. Getreidepflanzen zeigen eine geringe Bestockungs- und Schoßneigung; die Halme bleiben schwach, die Ähren klein, und der Ertrag ist stark reduziert. Bei Trockenheit tritt Notreife ein.
Die Wurzeln befallener Pflanzen weisen braune bis schwarze, nekrotisierte Zonen (Läsionen) auf. Diese Schadstellen sind zunächst klein und mehr oder weniger punktförmig, später breiten sie sich stärker aus, so daß dann größere Wurzelabschnitte eine dunkle Färbung annehmen.

Falls die von den befallenen Pflanzen neugebildeten Wurzeln ebenfalls geschädigt werden, bekommt das Wurzelwerk insgesamt ein braunes, struppiges Aussehen.

Die durch die Nematoden verursachten Verletzungen der Wurzelrinde werden vielfach von Bakterien und Pilzen infiziert, die den Schaden verstärken und das Wurzelgewebe schließlich zum Zerfall bringen. Pilze der Gattungen *Fusarium, Verticillium* und *Cylindrocarpon* spielen dabei eine wichtige Rolle.

Die *Pratylenchus*-Arten müssen zu den schädlichsten pflanzenparasitischen Nematoden gerechnet werden. Gefördert durch Monokultur im Intensivgetreidebau und im Maisanbau haben sie heute zumindest in einigen Gebieten Mitteleuropas eine beachtliche wirtschaftliche Bedeutung erlangt, die sich im Laufe der nächsten Zeit bei Anhalten der Tendenz zu „vereinfachter Fruchtfolge“ und Daueranbau noch vergrößern dürfte. Schäden sind vor allem dann zu erwarten, wenn ungünstige Wachstumsfaktoren, z. B. niedrige pH-Werte (4,5) des Bodens vorliegen.

P. crenatus wird als schädlichste *Pratylenchus*-Art an Getreide (Hafer, Sommergerste, Roggen) und Mais angegeben, während *P. penetrans* an

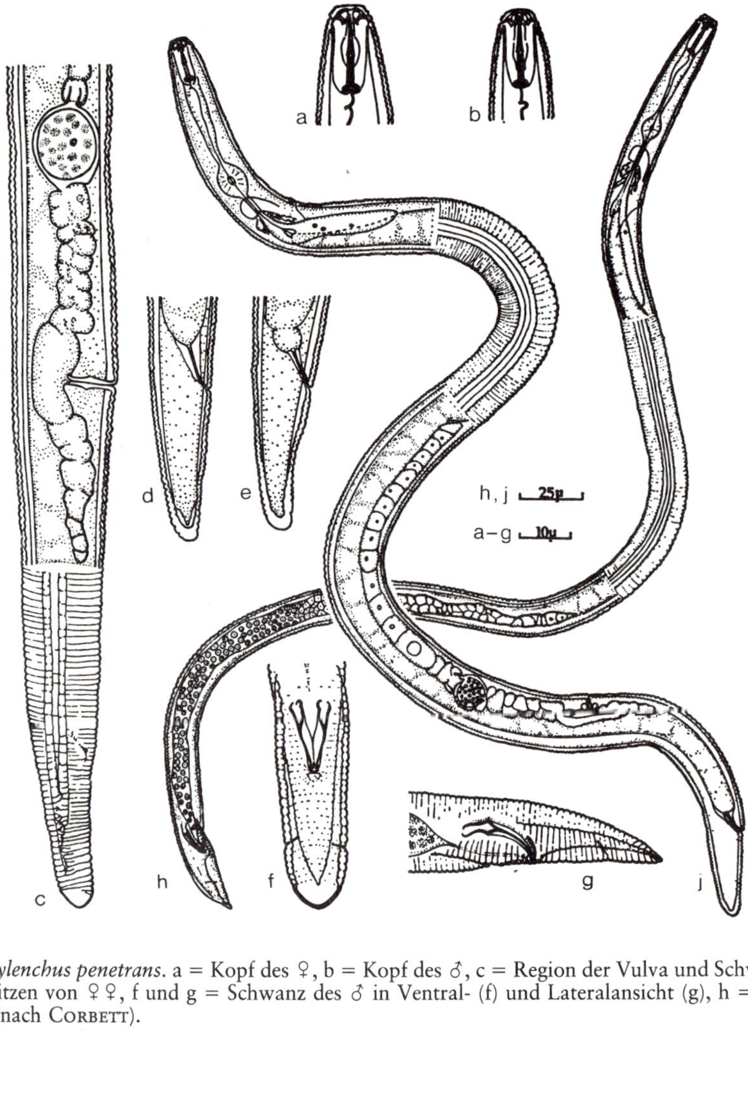

Abb. 21. *Pratylenchus penetrans*. a = Kopf des ♀, b = Kopf des ♂, c = Region der Vulva und Schwanz, d und e = Schwanzspitzen von ♀♀, f und g = Schwanz des ♂ in Ventral- (f) und Lateralansicht (g), h = ♂, j = ♀ in Totalansicht (nach Corbett).

Kartoffeln stärkeren Schaden verursachen kann. Mais gilt für alle vier behandelten *Pratylenchus*-Arten als gute Brutpflanze und scheint im allgemeinen empfindlicher als Getreide zu reagieren.

Entwicklungszyklus, Biologie und Ökologie
Die *Pratylenchus*-Arten bohren sich als Wurzelendoparasiten in die Wurzelrindenschicht der Nährpflanzen ein und leben vom Zellinhalt. Das Einbohren, das an der Wurzelspitze oder an der -basis vor sich geht, erfolgt mit Hilfe von rhythmischen Bewegungen des Mundstachels. Die Ösophagusdrüsen sezernieren Zellulase und Pektinase.

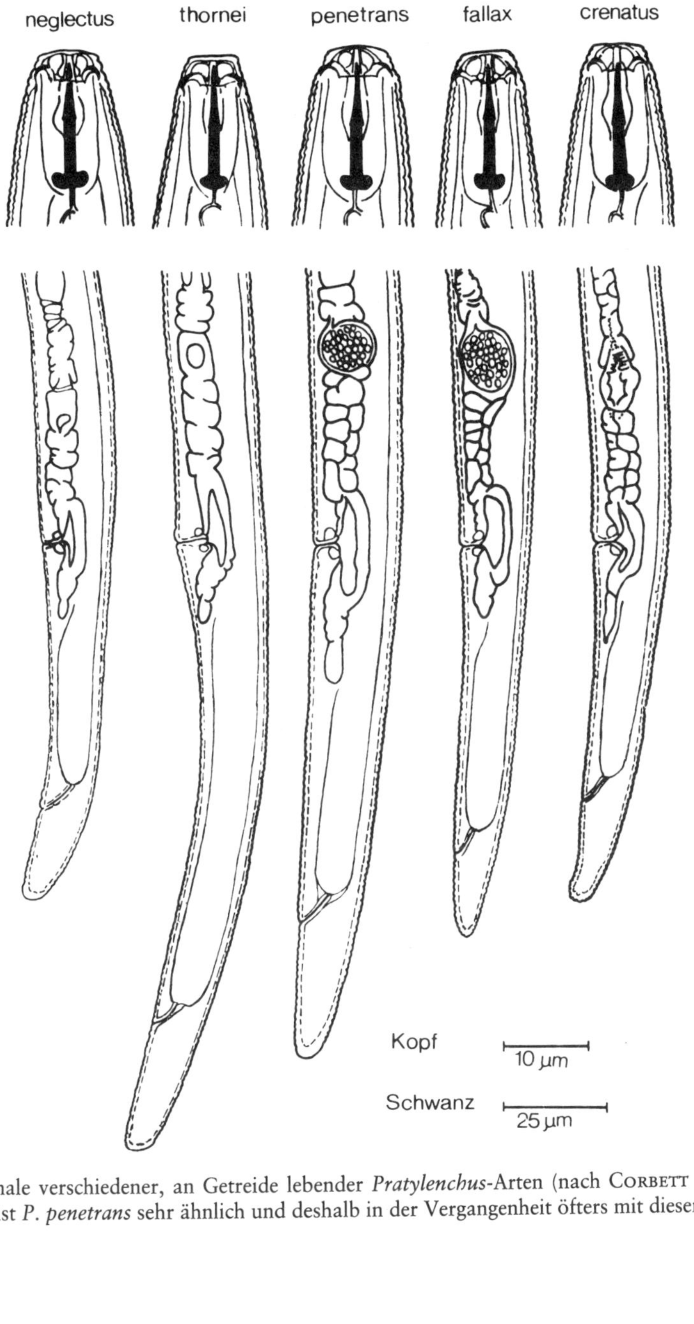

Abb. 22. Merkmale verschiedener, an Getreide lebender *Pratylenchus*-Arten (nach CORBETT aus DECKER). *P. fallax* Seinhorst ist *P. penetrans* sehr ähnlich und deshalb in der Vergangenheit öfters mit dieser Art verwechselt worden.

Im Wurzelrindengewebe erfolgt auch die Eiablage. Da die Weibchen parallel zur Längsachse der Wurzeln im Gewebe wandern, sind die Eier oft in Reihen angeordnet. Die Inkubationszeit (Eizeit) dauert etwa 6 bis 8 Tage. Im Laufe der Larvalentwicklung erfolgen mehrere Häutungen. Für eine Generation ist in Abhängigkeit von den Umweltbedingungen eine Entwicklungsdauer von etwa 6 bis 8 Wochen anzunehmen. Während der Vegetationszeit ist somit mit mehreren, aufeinanderfolgenden Generationen zu rechnen, im Jahr etwa mit 5 bis 6 *(P. neglectus)*.

Alle drei freien juvenilen Stadien und adulte Tiere der *Pratylenchus*-Arten können die Pflanzenwurzeln infizieren und wieder verlassen, um nach einer Wanderung im Boden in neue Wurzeln einzudringen („wandernde Wurzelnematoden"). Ein bestimmtes Infektionsstadium wie bei anderen Nematoden gibt es somit nicht. In 1 g Wurzeln können Tausende von Nematoden, z. B. bis 12 400 in 1 g Maiswurzeln vorhanden sein; häufig liegen dabei Artgemische vor.

Für die Wanderung ist eine gewisse Bodenfeuchtigkeit von Bedeutung. *P. penetrans* und *P. crenatus* bevorzugen leichte bis mittlere sandige Böden, *P. neglectus* und *P. thornei* mittlere bis schwere. Bei Trockenheit vermögen die *Pratylenchus*-Arten, besonders ihre Larven, in eine Anabiose („Trockenstarre") zu verfallen, aus der sie bei Vorhandensein von Feuchtigkeit wieder erwachen.

Natürliche Feinde

Vor allem weit verbreitete und polyphage Pilze wie z. B. nematodenfangende Arten aus der Gattung *Arthrobotrys* sowie polyphage räuberische Nematoden wie *Prionchulus punctatus* (Cobb) und *Mononchus aquaticus* Coeltz. stellen Larven und vollentwickelten Tieren der *Pratylenchus*-Arten nach.

Bekämpfung

Zur Bekämpfung der *Pratylenchus*-Arten ist eine vielseitige Fruchtfolge empfehlenswert, außerdem sind alle Maßnahmen sinnvoll, die das Pflanzenwachstum fördern und dadurch einen Teil der möglichen Schäden ausgleichen.

Beta-Rüben reduzieren die Populationen aller wichtigen *Pratylenchus*-Arten. Kreuzblütler und Kartoffeln wirken bei Auftreten von *P. crenatus* ebenfalls befallsmindernd, sind aber gegenüber *P. penetrans* empfindlich. Roggen wirkt sich auf *P. neglectus*-Populationen hemmend aus. Der Ölrettich (*Raphanus oleiferus*) kann als Feindpflanze von *P. neglectus* angesehen werden. Eine besonders negative Einwirkung auf die Wurzelläsionsnematoden haben *Tagetes*-Arten, die deshalb ebenfalls als Feindpflanzen bezeichnet werden können. Ihr großflächiger Anbau zur *Pratylenchus*-Bekämpfung ist jedoch aus praktischen Gründen nicht realisierbar.

Als wirtschaftliche Schadensschwelle werden bei Getreide etwa 500 Nematoden in 250 cm^3 Erde angesehen.

Die chemische Bekämpfung der *Pratylenchus*-Arten ist bei Mais durch Anwendung von Granulaten auf Aldicarb- und Carbofuran-Basis möglich. Die Mittel sind bei der Aussaat mit auszubringen (Reihenbehandlung). Bei Gerste (Sommer- und Wintergerste) liegen gleichfalls positive Versuchsergebnisse vor. Bei starkem Auftreten in Gemüsekulturen kann Dazomet-Granulat 20 cm tief in den Boden eingearbeitet werden. Anschließend ist der Boden 10 Tage lang gut feucht zu halten. Die starke Wachstumsförderung, die bei Mais in manchen Jahren vor allem bei feuchtkühler Frühjahrswitterung nach Anwendung von Carbofuran zustandekommt (Abb. 52), ist zumindest zum Teil auf pflanzenphysiologische („tonische") Wirkungen zurückzuführen, da sich dieser auch ertragswirksame Effekt des Wirkstoffs selbst bei sehr geringem Nematodenbefall einstellt.

Literatur

Corbett, D. C. M., 1970: Cereal *Pratylenchus* sp. in England and Wales and their recognition. Plant Pathol. **19**, 6–10. – Corbett, D. C. M., 1973: *Pratylenchus penetrans*. C. I. H. Descr. Plant-paras. Nemat., Set 2, No. 25. – Decker, H., 1969: Phytonematologie. VEB Deutscher Landwirtschaftsverlag Berlin, 526 S. – Decker, H., 1972: Probleme und Erfahrungen bei der Bestimmung von *Pratylenchus*-Arten an Gramineen. Arch. Pflanzenschutz **8**, 291–304. – Hirling, H., 1974: Schädliche Nematoden an Mais in Baden-Württemberg. II. Wiesenälchen (*Pratylenchus* spp.) und Getreidezystenälchen (*Heterodera avenae*). Bekämpfung schädlicher Nematoden bei Mais. Anz. Schädlingskd. Pflanzenschutz Umweltschutz **47**, 65–71. – Kemper, A., 1967: Verbreitung und Schadwirkung der Gattung *Pratylenchus* in Westfalen-Lippe. Mitt. Biol. Bundesanst. Land- Forstwirtsch. Berl.-

Dahlem 121, 88–92. – OOSTENBRINK, M., 1961: Nematodes in relation to plant growth. III. *Pratylenchus penetrans* (Cobb) in tree crops, potatoes and red clover. Neth. J. Agric. Sci. **9**, 188–209. – SCHÖNROCK-FISCHER, R. und SCHWÄBE, L., 1973: Untersuchungen über die Möglichkeiten zur Verminderung nematodenbedingter Ertragsverluste bei konzentriertem Getreideanbau. Ber. 12. Tagg. Probl. Phytonematol., Groß Lüsewitz, 1. Juni 1973, 55–69. – WEISCHER, B., 1968: Nematodenschäden an Getreide. Nachrichtenbl. Dtsch. Pflanzenschutzdienstes (Braunschw.) **20**, 83–88.

Stockälchen, Stengelälchen, Rübenkopfälchen, *Ditylenchus dipsaci*, siehe Seite 284.

Weizenälchen, Weizengallenälchen
(wheat gall nematode)
Anguina tritici (Steinb.) (Tylenchida, Tylenchidae)

In früheren Zeiten war das Weizenälchen ein wichtiger Getreideschädling, doch ist seine Bedeutung in Mitteleuropa durch Saatgutreinigung und Saatgutwechsel heute praktisch auf den Nullpunkt gesunken. In Süd- und Südosteuropa, im Nahen und Mittleren Osten kann es dagegen noch sehr schädlich werden und hohe Ertragsausfälle verursachen.

Vom Weizenälchen befallene Weizenpflanzen zeigen Kräuselungen und Wellungen der Blattränder sowie verdrehte, oft mit der Spitze in der Blattscheide steckengebliebene Blätter. Die Internodien sind verkürzt; die Basis der Triebe ist jedoch im Gegensatz zum Befall durch das Stockälchen (*Ditylenchus dipsaci*, s. Seite 284) nicht verdickt. Wenn die befallenen Pflanzen nicht schon vorher absterben, so bilden sie kurze, gedrungene Ähren aus, die länger grün bleiben als normale. Anstatt normaler Körner entwickeln sich sog. Radekörner, die mehr oder weniger rundliche Gallen darstellen, in denen sich Tausende von weißlichen Nematoden befinden (Abb. 23). Diese Gallen fallen zu Boden oder kommen bei der Aussaat wieder ins Feld zurück und geben bei Vorhandensein von genügend Feuchtigkeit die Zweitlarven frei, die monatelang im Boden ohne Nahrungsaufnahme überleben können. In den Gallen selbst können die Nematoden sogar jahrzehntelang lebensfähig bleiben. Sobald Nährpflanzen vorhanden sind, werden diese schon in sehr frühem Entwicklungsstadium angegriffen.

Außer Weizen werden auch andere *Triticum*-Arten sowie Roggen befallen. An Hafer unterbleibt die Gallenbildung; die Gerste erweist sich als praktisch immun.

Zur Bekämpfung von *A. tritici* empfehlen sich besonders Fruchtfolgemaßnahmen, wobei schon ein zweijähriger Anbau von Nichtwirtspflanzen (z. B. einer Hackfrucht) Abhilfe schaffen kann, außerdem eine Saatgutreinigung.

Abb. 23. Rechts: durch Weizenälchen *(Anguina tritici)* in Gallen umgewandelte Weizenkörner. Links: gesunde Körner (nach KRANZ et al.).

Literatur

BECKER, A., 1955: Über das Vorkommen der Radekrankheit in der Eifel. Höfchen-Briefe **8**, 53–59. – RADEMACHER, B., 1950: Auftreten und Bekämpfung des Weizenälchens (*Anguina tritici* Steinb.) beim Dinkel (*Triticum spelta*) im Zusammenhang mit der Federbuschsporenkrankheit (*Dilophosphora graminis* Desm.) und einer Bakteriose. Z. Pflanzenkr. Pflanzenpathol. Pflanzenschutz **57**, 334–343.

Gewöhnliches Getreidezystenälchen, Haferzystenälchen, Hafernematode
(cereal cyst-nematode)
Heterodera avenae Wollenweber

Systematische Stellung
Tylenchida, Heteroderidae

Geographische Verbreitung

Außer in Europa, wo verschiedene Biotypen (Rassen) von *H. avenae* unter anderem in Skandinavien, England, Irland, Holland, Bundesrepublik Deutschland, Deutsche Demokratische Republik, Belgien, Griechenland, Italien, Polen und der UdSSR vorkommen, ist der weltweit verbreitete Schädling auch aus Nord- und Südafrika, Israel, Peru, Kanada, Indien, Japan, Neuseeland und Australien bekannt.

Beschreibung

Larve (2. Stadium): Langgestreckt und fadenförmig, etwa 0,5 bis 0,6 mm lang. Abgerundete Lippenregion mit 2 bis 4 Ringen. Mundstachel gut entwickelt und kräftig geknöpft.

Weibchen: Weibchen/Zyste zitronenförmig (Abb. 24), zunächst festsitzend, später abfallend. Länge etwa 0,6 bis 0,8 mm, Breite 0,4 bis 0,5 mm; an der Pflanzenwurzel haftend mit dikker weißer Schicht bedeckt, im Boden nach deren Verlust dunkelbraun. Zystenrand mit unregelmäßiger Punktierung. Vulvakegel stumpf.

Männchen: Etwa 1,1 bis 1,6 mm lang, schlank und freibeweglich. Lippenregion abgerundet, mit 5 (4 bis 6) Ringen. Enden der Spicula stumpf und zahnlos.

Brutpflanzen

Als Wirtspflanzen von *H. avenae* gelten in erster Linie Hafer, aber auch Sommer- und Wintergerste, Sommer- und Winterweizen sowie Roggen. Außerdem lebt das Gewöhnliche Getreidezystenälchen an Roggentrespe, Flughafer, Deutschem und Welschem Weidelgras, Wiesenrispe, Wiesenschwingel, Knaulgras und anderen Gräsern. Mais wird zwar befallen, kann aber nach den bisherigen Befunden nicht als gute Brutpflanze bezeichnet werden.

Die verschiedenen Pathotypen (biologischen Rassen) dieser Nematodenart unterscheiden sich in ihrer Wirtswahl voneinander mehr oder weniger stark.

Schadsymptome und wirtschaftliche Bedeutung

Bei stärkerem Wurzelbefall sind besonders an Hafer, in geringerem Maße auch an anderen Getreidearten, auffällige Schäden zu beobachten. Etwa ab Mitte Mai zeigen befallene junge Pflanzen nesterweise eine mehr oder weniger deutliche Wachstumshemmung (Farbtafel 7, S. 119). Ihre Bestockung ist nur schwach oder sie kommt überhaupt nicht zustande. Die jüngeren Blätter verfärben sich zunächst rötlich, später gelblich. Der Kornansatz bleibt gering und die Reife ist verzögert. Die Wurzeln erscheinen struppig und dunkel; das Gesamtwurzelwerk ist stark reduziert. Zusätzlich kann es noch zu einem Sekundärbefall durch Pilze der Gattung *Fusarium* kommen.

H. avenae hat in den letzten Jahren, gefördert durch die Tendenz zum Daueranbau im Intensivgetreidebau, wobei auf die Fruchtfolge ganz oder weitgehend verzichtet wird, eine deutliche Förderung erfahren, so daß dieser Nematode auf leichteren und mittleren Böden in feuchten und niederschlagsreichen Gebieten als sehr wichtiger Fruchtfolgeschädling gelten muß, zumal schon schwacher Befall, vor allem bei Sommergetreide, zu deutlichen Ertragsverlusten führen kann. Das Ausmaß des Schadens hängt stark von der Pflanzenart ab; der Hafer reagiert jedoch am empfindlichsten. Bei starkem Befall können Ertragseinbußen bis 50% und darüber beobachtet werden.

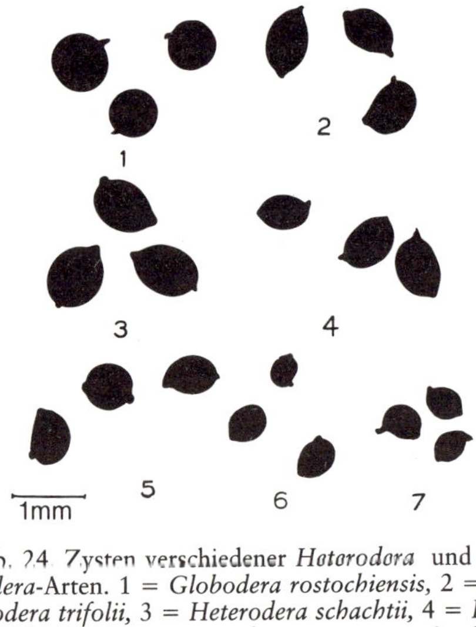

Abb. 24. Zysten verschiedener *Heterodera* und *Globodera*-Arten. 1 = *Globodera rostochiensis*, 2 = *Heterodera trifolii*, 3 = *Heterodera schachtii*, 4 = *Heterodera avenae*, 5 = *Heterodera göttingiana*, 6 = *Heterodera humuli*, 7 = *H. cruciferae* (nach GOFFART, verändert).

Entwicklungszyklus, Biologie und Ökologie

Das Schlüpfen der Zweitlarven aus den stecknadelkopfgroßen Zysten beginnt schon im März bei Bodentemperaturen von etwa 4 °C. Wurzelausscheidungen spielen bei *H. avenae* als schlupffördernde Faktoren offenbar keine wesentliche Rolle, vielmehr schlüpfen die Larven bereitwillig schon bei Vorhandensein von ausreichender Feuchtigkeit. Die meisten Getreidezystenälchen schlüpfen im April und Mai und dringen dann in die Getreidewurzeln ein, wobei sie die Wurzelspitze bevorzugen. Das Schlüpfen aus der einzelnen Zyste kann sich über mehrere Jahre erstrecken.

Die Entwicklung beider Geschlechter erfolgt wie beim Rübennematoden (s. Seite 288). Die Saugtätigkeit der weiblichen Tiere bedingt auch bei *H. avenae* die Bildung von Riesenzellen (Synzytien). Die ersten Weibchen haben ihre Entwicklung etwa Mitte Juni abgeschlossen, da von diesem Zeitpunkt ab die weißen bis gelblichweißen, zitronenförmigen Weibchen bzw. Zysten an den Wurzeln beobachtet werden. Später verfärben sich die Zysten braun. An Mais dauert die Entwicklung etwa 1 Woche länger als an Hafer. Ein Weibchen erzeugt im Durchschnitt etwa 200 bis 250 Eier, doch können auch bis zu 600 Eier in einzelnen großen Zysten gefunden werden. Pro Jahr entwickelt sich nur eine Generation.

Der Schlupf der Larven aus den neugebildeten Zysten findet meist erst im kommenden Jahr statt. Falls ein Befall der Wintersaat durch aus alten Zysten geschlüpfte Larven im Herbst erfolgt, so entwickeln sich die Nematoden höchstens noch bis zum Frostbeginn weiter und setzen erst im kommenden Frühjahr ihr Wachstum fort, um frühestens im Juni zur Zystenbildung überzugehen.

Ein höherer Porenanteil im Boden begünstigt, ein geringer verschlechtert die Entwicklungsmöglichkeiten des Getreidezystenälchens. Feuchte, kühle Frühjahre wirken sich besonders fördernd auf den Nematoden aus, dessen Schäden bei anschließender Trockenheit dann verstärkt in Erscheinung treten. Ungräser sind zwar für die Erhaltung von Populationen wichtig, eignen sich aber als Nährpflanzen im allgemeinen weniger als Getreide.

Natürliche Feinde

Nematodenfangende Pilze aus der Gattung *Arthrobotrys* können die Zahl der Getreidezystenälchen reduzieren. In England gilt der parasitische Pilz *Nematophthora gynophila* Kerry & Crump als bedeutender Gegenspieler, da er die Zahl der Hafernematoden durch Abtötung der ♀♀ und Verhinderung der Zystenbildung deutlich vermindern kann, und zwar auch bei Daueranbaubedingungen („Decline-Effekt") (Abb. 25). Ein weiterer parasitischer Pilz, der Weibchen bzw. Zysten befällt, ist *Tarichium auxiliare* (Kühn). Die Nematodeneier in den Zysten werden von *Verticillium chlamydosporium* Godd. zerstört.

Räuberische Nematoden der Ordnungen *Mononchida* und *Dorylaimida* sind ebenfalls zu den Feinden des Haferzystenälchens zu rechnen.

Bekämpfung

Frühe Saat und zusätzliche Stickstoffdüngung mit schnellwirkenden Düngern etwa 2 bis 3 Wochen vor der Aussaat vermindern die Schäden durch *H. avenae* deutlich, obwohl die Vermehrung der Nematoden durch N-Düngung gefördert wird. Eine regelmäßige organische Düngung kann die Populationsstärke der Nematoden auch bei langjährigen Monokulturen auf niedrigem Niveau halten. Kalidüngung vermindert die Schäden auf Böden mit niedrigem pH-Wert.

Es besteht auch die Möglichkeit, weniger anfällige bzw. tolerante oder resistente Hafer-, Gersten- und Weizensorten anzupflanzen. Dabei ist zu beachten, daß Pathotypen (Rassen) von *H. avenae* vorkommen, die sich den einzelnen Sorten gegenüber verschieden verhalten. Bisher sind mindestens zehn solcher Rassen bekannt. Die Pathotypen A und C sind in der Bundesrepublik Deutschland am verbreitetsten. Manche neuen Getreidesorten sind gegen alle Pathotypen resistent. Wintergetreide wird weniger geschädigt als Sommergetreide, kann aber Nematodenpopulationen stärker anwachsen lassen.

Eine Ungräserbekämpfung wirkt sich populationsmindernd aus. Dabei sind vor allem Flughafer und Roggentrespe zu beachten.

Fruchtfolgemaßnahmen sind nach wie vor sehr wichtig. Hafer, der das Getreidezystenälchen besonders fördert, sollte nicht häufiger als alle 5 bis 6 Jahre und nicht unmittelbar nach Sommergerste oder Sommerweizen zum Anbau kommen. Die Erhöhung des Anteils an Wintergetreide in der Fruchtfolge wirkt sich befallssenkend aus. Gleiches gilt für den Anbau von Hack-, Öl- und Hülsenfrüchten sowie von Mais und Futterpflanzen (keine Gräser!). Mais kann *H. avenae* zwar als Nährpflanze dienen, ermöglicht dem Nematoden aber keine stärkere Vermehrung. Von manchen Autoren wird er sogar als Feindpflanze bewertet, obwohl er geschädigt werden kann. Durch Anbau von Nichtnährpflanzen wird die Zahl der Nematodenlarven im Boden im Vergleich zum Vorjahr um 50 bis 60% reduziert. Als besonders wirksam werden in dieser Hinsicht Zuckerrübe und Luzerne betrachtet.

Als wirtschaftliche Schadensschwelle werden u. a. bei Hafer etwa 125 Eier bzw. Larven, bei Gerste 500 Eier bzw. Larven pro 100 cm^3 Boden angegeben. Diese Schwelle kann sich jedoch je nach Standort und Jahr stärker nach unten oder oben verschieben. Bei Weizen liegt diese Zahl etwa zwischen diesen Werten. Eine chemische Bekämpfung des Getreidezystenälchens auf größerer Fläche wird bis jetzt in der Regel nicht als wirtschaftlich angesehen.

Literatur

BAUMER, G., BEHRINGER, P., GRAF, F., DIERCKS, R. und FISCHBECK, G., 1979: Untersuchungen zur Schätzung der physiologischen Schadensschwelle des Getreidezystenälchens (*Heterodera avenae* Woll.) bei Hafer und Sommerweizen. Z. Pflanzenkr. Pflanzenschutz **86**, 2–38. – DOWE, A. und DECKER, H. 1977: Zur Bedeutung pflanzenparasitärer Nematoden bei intensivem Getreidebau und Wege zur Verhinderung von nematodenbedingten Schäden. Nachrichtenbl. Pflanzenschutz DDR **31**, 159–162. – HIRLING, H., 1974: Schäden an Mais durch das Getreidezystenälchen und die Untersuchungstechnik für den Nachweis des Befalls. Ges. Pflanzen **26**, 58–62. – KERRY, B. R., 1975: Fungi and the decrease of cereal cyst nematode population in cereal monoculture. Eur. Plant Prot. Org. Bull. **5**, 353–361. – KORT, I., DANTUMA, G. and VAN ESSEN, A., 1964: On biotypes of the cereal-root eelworm (*Heterodera avenae*) and resistance in oats and barley. Neth. J. Plant Pathol. **70**, 9–17. – KÜBLER, E., 1980: Auftreten und Schadwirkungen des Getreidezystenälchens (*Heterodera avenae* Woll.) in Abhängigkeit von Standort und Fruchtfolgestellung . Kali-Briefe **15**, 223–231. – LÜCKE, E., 1976: Pathotypen-Untersuchungen mit *Heterodera avenae*-Populationen (1975–1976): Z. Pflanzenkr. Pflanzenschutz **83**, 647–656. – NEUBERT, E., 1975: Untersuchungen zur Populationsentwicklung des Getreidezystenälchens (*Heterodera avenae* Woll.) unter dem Einfluß verschiedener Getreidearten. Nachrichtenbl. Pflanzenschutz DDR **29**, 101–105. – SAEFKOW, M. und LÜCKE, E., 1979: Die Ent-

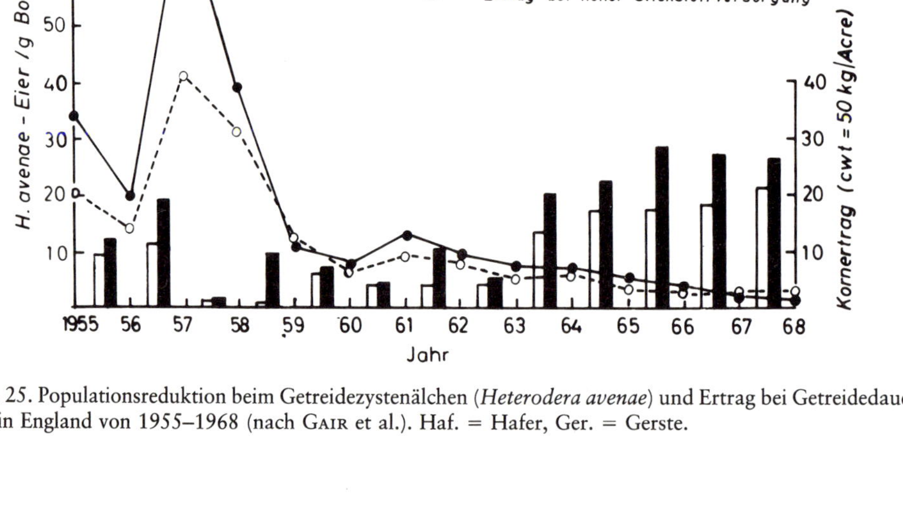

Abb. 25. Populationsreduktion beim Getreidezystenälchen (*Heterodera avenae*) und Ertrag bei Getreidedaueranbau in England von 1955–1968 (nach GAIR et al.). Haf. = Hafer, Ger. = Gerste.

wicklung von *Heterodera avenae* in Maiswurzeln. Nematologica **25**, 309–313. – WEISCHER, B., 1968: Nematodenschäden an Getreide. Nachrichtenbl. Dtsch. Pflanzenschutzdienstes (Braunschw.) **20**, 83–88. – WILLIAMS, T. D. and SIDDIQI, M. R., 1972: *Heterodera avenae.* C. I. H. Descr. Plant-paras. Nemat., Set 1, No. 2.

Schwedisches Getreidezystenälchen
Heterodera hordecalis Anders. (Tylenchida, Heteroderidae)
H. hordecalis ist eine *H. avenae* sehr ähnliche zystenbildende Art, die an Getreidewurzeln (z. B. von Gerste und Roggen) in Mitteleuropa auftritt. Häufiger ist sie auf pflanzenbaulich nicht genutzten Böden anzutreffen. Bis jetzt sind bei uns noch keine nennenswerten Schäden durch diesen Nematoden bekannt geworden, jedoch ist er vor allem wegen der Verwechslungsmöglichkeit mit Pathotypen des Gewöhnlichen Getreidezystenälchens zu beachten.
Weitere nahe verwandte Arten an Getreide sind *H. bifenestra* Coop. (Gramineenzystenälchen), *H. iri* Math. und *H. mani* Math. Bei Untersuchungen von *Heterodera*-Proben von Getreidewurzeln ist somit unter Umständen mit dem Vorhandensein eines Artenkomplexes zu rechnen.

Literatur
ANDERSSON, S., 1974: *Heterodera hordecalis* (Nematoda: Heteroderidae), a cyst nematode of cereals and grasses in Southern Sweden. Nematologica **20**, 445–454. – STURHAN, D., 1976: Das Getreidezystenälchen – ein Arten-Komplex! Ges. Pflanzen **28**, 236–238.

Gramineen-Wurzelgallenälchen
Meloidogyne naasi Frankl. (Tylenchida, Meloidogynidae)
M. naasi hat in der Bundesrepublik Deutschland eine weite Verbreitung. Die Art kommt sowohl in Getreidefeldern als auch im Grasland vor. Der Befall äußert sich in einer für *Meloidogyne*-Arten typischen Vergallung der Wurzeln, z. B. bei Gerste. Da aus anderen Ländern Schäden durch diesen Nematoden an Getreide beschrieben worden sind, verdient er auch bei uns vor allem im Intensivgetreidebau Beachtung.

Literatur
GOORIS, J. and H'DERDE, C. J., 1977: Study on the biology of *Meloidogyne naasi* Franklin 1965. State Nematol. Ent. Res. Stat. Merelbeke (Belgien), 115 S.

1.3.2 Schnecken

Ackerschnecken
(field slugs)

Genetzte Ackerschnecke, *Deroceras reticulatum* (O. F. Müll.) [syn. *Agriolimax reticulatus* (O. F. Müll.)];
Graue Ackerschnecke, *Deroceras agreste* (L.) [syn. *Agriolimax agrestis* (L.)]

Systematische Stellung
Stylommatophora (Landlungenschnecken), Limacidae (Egelschnecken)

Geographische Verbreitung
Beide *Deroceras*-Arten sind heute infolge Verschleppung nahezu weltweit in Gebieten der nördlichen Hemisphäre mit feucht-kühlem bis feucht-warmem Klima verbreitet. *D. reticulatum* ist im Süden und in den mittleren Teilen, *D. agreste* in den nördlichen Teilen der Bundesrepublik Deutschland im allgemeinen stärker vertreten.

Beschreibung
D. reticulatum: Etwa 50 bis 65 mm lang und 6 bis 7 mm breit. Rückenseite in der Körpermitte mit schuppenartiger Bildung („Schild"); Atemloch hinter der Schildmitte. Hinterende des Körpers oben deutlich gekielt. Färbung der weichen Haut gelblichweiß, grau oder rötlichbraun; außerdem meist dunkle Fleckung und netzartige Zeichnung vorhanden (Abb. 26; Farbtafel 19, S. 275) Sohle hellbraun, Schleim kalkweiß.

Abb. 26. Ackerschnecke (*Deroceras* sp.).

D. agreste: Meist etwas kleiner und schmäler als *D. reticulatum:* Färbung oft einfarbig gelblich-

Abb. 27. Schadfraß von Ackerschnecken (*Deroceras* sp.) an Buschbohnenblatt.

Abb. 28. Schadfraß von Ackerschnecken (*Deroceras* sp.) an Zuckerrübenblättern.

weiß bis hellbräunlich; dunkle Fleckung und Zeichnung fehlend. Sohle gelblich-weiß; Schleim weniger stark milchig als bei *D. reticulatum*. Eindeutige Identifizierung nur durch anatomische Untersuchung durch einen Spezialisten möglich.

Nährpflanzen

Die Ackerschnecken greifen als ausgesprochen polyphage Schädlinge die verschiedensten Kulturpflanzen wie junges Winter- und Sommergetreide, Mais, Kartoffeln (besonders Knollen), Rüben, Raps, Rübsen, Kohl, Stoppelrübe, Salat, Tabak, Erbse, Bohne, Luzerne, Kleearten, Gurke, Karotte und Erdbeere an. Besonders Winterroggen, aber auch Raps kann im Herbst empfindlich geschädigt werden. *D. reticulatum* bevorzugt Leguminosen, Kruziferen, Kompositen, Kartoffelblätter und -knollen, Getreidekörner und Jungpflanzen sowie Karotten.

Schadsymptome und wirtschaftliche Bedeutung

Die Schnecken besitzen ein zungenförmiges, mit zahlreichen chitinigen Zähnchen versehenes Organ („Radula"), mit dessen Hilfe sie pflanzliche Substanz abraspeln.

Der oberirdische Fraß der Ackerschnecken an Blättern ist ein unregelmäßiger Fenster-, Loch- oder Blattrandfraß. Die stärkeren Adern bleiben stets verschont (Abb. 27, 28). Auf den geschädigten Blättern befinden sich graugrün gefärbte, schmierige Kothäufchen und silbrig glänzender Schleim. Unterirdischer Fraß erfolgt z. B. an Kartoffelknollen, Rüben und Karotten. Hierbei werden Löcher in die Knollen und Rübenkörper hineingefressen. Wintergetreide, Luzerne und Karottensaat kann im Boden durch Fraß an Körnern, Keimlingen und Wurzeln schon vor dem Auflaufen vernichtet werden, insbesondere Roggen. In Kohlköpfe bohren sich die Schnecken vor allem bei Trockenheit ein. Derart geschädigtes Gemüse ist nicht verkaufsfähig.

Ackerschnecken sind auch in der Lage, hochinfektiöse Viren (z. B. Tabakmosaik-Virus) gelegentlich zu übertragen.

In feuchten Jahren, in denen es Massenauftreten mit mehr als 1 Million Tiere pro Hektar gibt, kann es an Getreide, Mais, Knollen- und Wurzelfrüchten, Raps, Tabak, Gemüse sowie Futterpflanzen wie Klee zu erheblichen Fraßschäden kommen. Wintergetreide und Raps mußten z. B. schon häufiger umgebrochen und neu gesät wer-

den. Es kann sogar vorkommen, daß Schnecken an Mähdreschern ein Verkleben der Einzugsaggregate bewirken, was zu Unterbrechungen der Erntearbeiten führt.
Die Ackerschnecken haben demnach beachtliche wirtschaftliche Bedeutung. Hinzu kommt noch, daß sie als Überträger von Parasiten und anderen Pathogenen für Mensch und Haustiere fungieren können. Andererseits können die *Deroceras*-Arten insofern teilweise als nützlich gelten, als sie sich an der Stoffumwandlung und Humusbildung nennenswert beteiligen. Schneckenschäden treten besonders auf schweren Böden, z. B. Marschböden, nach Vorfrüchten wie Raps, Rüben und Winterweizen ein.

Entwicklungszyklus, Biologie und Ökologie
Da die Schnecken Hermaphroditen (Zwitter) sind, erfolgt vor der Eiablage eine wechselseitige Begattung. Die runden, glashellen Eier werden in Gelegen von etwa 10 bis 30 Stück vom Frühjahr bis in den Herbst hinein in kleine Erdlöcher oder in verrottende organische Substanz abgelegt. Pro Weibchen ist mit 300 bis 500 Eiern zu rechnen. Das Schlüpfen der jungen Schnecken, die den adulten im Aussehen ähneln, erfolgt je nach Temperatur etwa 3 bis 4 Wochen nach der Eiablage. Die Fortpflanzungsfähigkeit der Jungtiere kann bereits nach 1 1/2 Monaten erreicht werden. Die Lebensdauer der Ackerschnecken beträgt 1/2 Jahr bis 8 Monate. Die Überwinterung erfolgt vorwiegend als Ei, ist aber auch als Schnecke möglich.
Die Ackerschnecken leben von organischer Substanz, die sie mit ihrer derben, chitinösen Radula (Zunge) abraspeln. Sie sind in ihrer Existenz von hoher Feuchtigkeit abhängig. Es handelt sich um vorwiegend nachtaktive Tiere, die sich am Tage an Plätzen versteckt halten, an denen eine hohe relative Luftfeuchtigkeit herrscht, also unter Steinen, Pflanzenresten, in vermoderndem, feuchtem Holz, unter Erdschollen u. dgl.. Nachts verlassen sie diese Schlupfwinkel, um umherzuwandern und zu fressen. Vielfach finden sich diese Verstecke an Grabenrändern, Feldrainen, Hecken sowie in Wiesen und Weiden, von wo aus sich die Tiere in die Felder hinein ausbreiten. An Regentagen sind die Ackerschnecken auch am Tag unterwegs.
In feuchten Jahren und nach milden Wintern kommt es zu besonders starker Vermehrung, da diese Bedingungen für die Fortpflanzung sehr günstig sind. Trockene, kalte Winter wirken sich dagegen oft negativ aus, da sie unter den Schneckenpopulationen eine hohe Sterblichkeit verursachen. In England wurde in Feldern mit reduzierter Bodenbearbeitung Massenauftreten von Ackerschnecken beobachtet.

Natürliche Feinde
Den Schnecken stellen z. B. Insekten wie Laufkäfer (*Carabus violaceus* L. und andere), Amphibien wie die Erdkröte, Reptilien wie die Blindschleiche, Insektenfresser wie Igel und Maulwurf, Vögel wie Krähen, Stare und Drosseln sowie Enten und Gänse nach.

Bekämpfung
Als Vorbeugemaßnahme wird in der Literatur die Beseitigung unnötiger Raine, von Steinhaufen und anderen Schlupfwinkeln empfohlen, doch dienen diese auch als Refugien für nützliche Wirbeltiere und Insekten. Weiterhin kann der Schutz von Amphibien, Insektenfressern und Vögeln örtlich bis zu einem bestimmten Grade zu einer Entlastung führen.
Nach der Aussaat von Wintergetreide kann durch ein- oder zweimaliges Walzen erreicht werden, daß die Hohlräume im Boden stark reduziert werden. Dies verschlechtert die Lebensbedingungen für die Ackerschnecken, da ihnen die Schlupfwinkel entzogen werden. Das Walzen sollte vor einer Anwendung von Bodenherbiziden erfolgen. Auch andere Maßnahmen, die zu einer Beschleunigung der Keimung und Jugendentwicklung des Getreides führen, wie z. B. Aussaat in gut durchfeuchteten Böden in einer Tiefe von nicht mehr als 3 cm, können sich schadensmindernd auswirken.
Zu einer chemischen Bekämpfung besteht erst dann Veranlassung, wenn die Bekämpfungs- bzw. wirtschaftliche Schadensschwelle – d. h. wenn 10% der Saat, Keimlinge oder jungen Pflanzen vernichtet sind – erreicht oder überschritten wird. Wenn chemische Mittel angewendet werden, so sollte dies nur an den tatsächlich von den Schnecken geschädigten Stellen erfolgen.
Auf Grund der Empfindlichkeit der Ackerschnecken gegen wasserentziehende, ätzende Stoffe ist ein Einsatz von Chemikalien mit diesen Eigenschaften möglich. Früher wurden z. B.

Branntkalk und eine Mischung von Kupfersulfat und Staubkainit verwendet.
Heute werden vor allem Ködermittel, die die Wirkstoffe Methaldehyd oder Mercaptodimethur enthalten, zur Anwendung gebracht. Auf größeren Flächen können diese Molluskizide gleichmäßig mit Hilfe des Schleuderstreuers ausgebracht, auf kleineren auch mit der Hand in Häufchen zwischen die Pflanzen ausgelegt werden.
Wenn die Schnecken z. B. von Grünland, Gräben oder Hecken her zuwandern, so sollte man an den angrenzenden Feldrändern Streifen von 3 bis 5 m Breite mit Ködermitteln zum Schutz vor der Zuwanderung behandeln. Manchmal müssen die Behandlungen wiederholt werden, zumal die Wirkung der Bekämpfungsmittel durch Regen oder niedrige Temperaturen vermindert werden kann.

Literatur

Böhm, O., 1975: Über Schnecken und Schneckenbekämpfung. Pflanzenschutzberichte **19**, 111–129. – Godan, D., 1973 Schadwirkung und wirtschaftliche Bedeutung der Schnecken in der Bundesrepublik Deutschland. Nachrichtenbl. Dtsch. Pflanzenschutzdienstes (Braunschw.) **25**, 97–101. – Godan, D., 1979: Die Schadschnecken. Eugen Ulmer, Stuttgart, 467 S. – Graf, A., 1981: Schnecken, deren Schäden an landwirtschaftlichen Kulturen, Bekämpfungsmöglichkeiten. Mitt. Schweiz. Landw. **29**, 36–44. – South, A., 1965: Biology and ecology of *Agriolimax reticulatum* (Müll.) and other slugs: spatial distribution. J. Anim. Ecol. **34**, 103–177. – Wouters, L., 1970: Schneckenbekämpfung in Oost-Flevoland. Pflanzenschutz-Nachr. **23**, 173–177.

Farnschnecke

Deroceras laeve (Müll.) (Stylommatophora, Limacidae)
D. laeve ist meist dunkelbraun gefärbt und den Ackerschnecken sehr ähnlich. Die Nacktschnecke tritt an manchen feuchten Standorten sehr häufig auf und verursacht dann gleiche Schäden wie die anderen *Deroceras*-Arten.

1.3.3 Weichhautmilben

Hafermilbe

Stenotarsonemus spirifex (March.) [syn. *Tarsonemus spirifex* (March.)] (Acari, Tarsonemidae)
Die langgestreckt ovale, etwa 0,2 bis 0,3 mm große, weißliche Hafermilbe (Abb. 29) lebt oft in großer Zahl vor allem unter der obersten Blattscheide von Hafer und Futtergräsern. Durch ihre Saugtätigkeit treten besonders an Pflanzen auf Böden mit unzureichender Nährstoffversorgung Schäden auf. Die ersten Symptome machen sich dadurch bemerkbar, daß sich die Blattspitzen und -spreiten schon im zeitigen Frühjahr gelblich oder rötlichbraun verfärben, wobei diese Erscheinungen nesterweise auftreten. Später zeigen befallene Haferpflanzen Wachstumsdepressionen und teilweise auch korkenzieherartige Verkrümmungen des oberen Halmabschnittes. Die Rispen bleiben klein und z. T. in der Blattscheide stecken; zusätzlich ist noch Weißrispigkeit und Fedrigkeit zu beobachten. Die oberste Blattscheide und die Blattsprei-

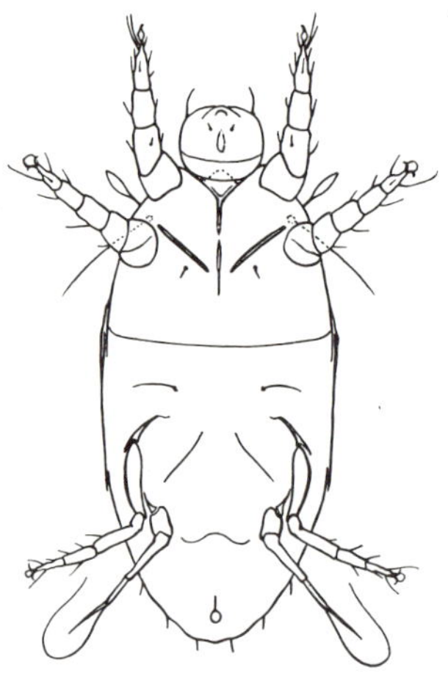

Abb. 29. Weibchen der Hafermilbe *(Stenotarsonemus spirifex)* (nach Klinkowski et al.).

Tafel 5
Oben links: *Tilletia caries,* Steinbrand des Weizens (links: gesunde Ähre). Oben rechts: *Tilletia contraversa,* Zwergsteinbrand des Weizens. Mitte links: *Ustilago hordei,* Gerstenhartbrand. Mitte rechts: *Cochliobolus sativus,* Drechslera-Fußkrankheit an Weizen. Unten links: *Claviceps purpurea,* Mutterkorn auf Roggen. Unten rechts: *Cladosporium herbarum,* Schwärzepilz an Weizenähren.

ten sowie die Spelzen sind an stark befallenen Pflanzen rötlich oder rötlichgelb verfärbt. Die Überwinterung der Hafermilben erfolgt an der Wintersaat, an Pflanzenresten oder am Boden. Ein nicht näher identifizierter parasitischer Pilz tritt als natürlicher Antagonist in Erscheinung. Intensive Bodenbearbeitung und reichliche Düngung wirken befallsmindernd, ebenso zeitige Aussaat. Durch Fruchtfolgemaßnahmen, d. h. Vermeidung von Haferanbau nach Hafer oder nach anderen Gramineen läßt sich der Schädling jedoch am besten unter Kontrolle bringen.

Literatur

FRITZSCHE, R., 1963: Milbenschäden an Hafer. Dtsch. Landwirtsch. **14**, 236–237.

1.3.4 Geradflügler

Maulwurfsgrille
(mole cricket)
Gryllotalpa gryllotalpa (L.) (syn. *Gryllotalpa vulgaris* Latr.) (Orthoptera, Gryllotalpidae)

G. gryllotalpa lebt in Europa, im westlichen Asien bis zum Himalaya, in Nordafrika und in Teilen Nordamerikas, wohin sie eingeschleppt wurde.

Die Larve ist nach dem Schlüpfen aus dem Ei ameisenähnlich. Ihre Färbung ist zunächst weißlich, später dunkler. Ältere Larvenstadien sind den vollentwickelten Maulwurfsgrillen ähnlich. Beim Vollkerf ist der Körper bei beiden Geschlechtern oben dunkelbraun, unten hellbraun, etwa 3,5 bis 5,8 cm (Ø 4,5 bis 5 cm) lang und mit feiner, seidig glänzender Behaarung bedeckt. Die Vorderbrust ist sehr groß und stark sklerotisiert. Die Vorderbeine sind zu sehr kräftigen, mit großen Zähnen versehenen Grabwerkzeugen umgewandelt (Abb. 30). Die Vorderflügel sind schuppenförmig und gelblichbraun, die Hinterflügel in der Regel spitz auslaufend und überragen den Hinterleib. Das Hinterende des Körpers ist mit zwei langen, behaarten, abwärts gebogenen Fortsätzen versehen.

Zu den Nährpflanzen gehören die verschiedensten landwirtschaftlichen, gärtnerischen und forstlichen Kulturpflanzen, da die Maulwurfsgrille sehr polyphag ist. Getreide, Kartoffeln, Kohl- und Stoppelrüben, Tabak, Hopfen, Salat, Kohl und andere Gemüsepflanzen werden von ihr oft geschädigt, vor allem die unterirdischen Teile, die abgebissen oder angefressen werden, wenn *G. gryllotalpa* beim Anlegen ihrer Gänge und Nester auf sie trifft. Außer pflanzlicher Nahrung nimmt die Maulwurfsgrille auch tierische (z. B. Insektenlarven, Regenwürmer und Schnecken) zu sich, die sie zumindest zeitweise sogar bevorzugt.

Schäden durch die Maulwurfsgrille äußern sich durch Kahlstellen in der Umgebung der Nester und Gänge des Schädlings, da Wurzeln, Knollen, Rübenkörper, Blätter und keimende Samen angefressen werden. Durch die Wühltätigkeit wird manchmal noch größerer Schaden verursacht, da kleine Pflanzen aus dem Boden gerissen werden.

Die Maulwurfsgrille liebt besonders an Wasserläufe angrenzende Stellen, wo sie in warmen, tiefgründigen, gleichmäßig feuchten Böden dicht unter der Oberfläche ihre fingerdicken Gänge gräbt, in denen sie sich tagsüber aufhält. Nachts verläßt sie ihre Schlupfwinkel und läuft auf der Suche nach Nahrung umher. Von ihren Flügeln macht sie nur selten Gebrauch; gelegentlich sind aber in gewitterschwülen Nächten Massenflüge beobachtet worden.

Im Mai/Juni legt das Weibchen nach der Kopulation in humosem Boden an sonnigen Stellen in etwa 5 bis 30 cm Bodentiefe eine etwa hühnereigroße, mit Pflanzenteilen ausgekleidete Höhlung an, die mehrere Zugänge aufweist. Die Wurzeln der über dem Nest wachsenden Pflanzen werden abgebissen und es kommt dadurch nesterweise zu Welke- und Absterbeerscheinungen. Im Nest werden im Durchschnitt 200 bis 300, manchmal bis über 600 zunächst grünlich gelbbraune, später gelblichweiße, leicht abgeplattete, hanfkorn-

---

Tafel 6
Oben links: Kolonie der Bleichen Getreideblattlaus *(Metopolophium dirhodum)* an Fahnenblattunterseite von Hafer. Oben rechts: Larve von *Oulema* sp. und Schadbild an Fahnenblatt von Sommergerste. Mitte links: Larven und Schadbild („Sättel") der Sattelmükke *(Haplodiplosis marginata)* an Weizenhalmen. Mitte rechts: Durch Sattelmückenbefall aufgeblähte Blattscheiden von Weizen. Unten links: Befall durch Gelbe Weizengallmücke *(Contarinia tritici)* an Weizen. Unten rechts: Larve (Scheinpuppe) von *Sitodiplosis mosellana* an einem Weizenkorn.

große Eier abgelegt. Nach der Eiablage bleibt das Weibchen in der Nähe des Geleges, um dieses von Zeit zu Zeit zu belecken. Findet diese Brutpflege nicht statt, so verpilzen die Eier. Nach etwa 10 bis 20 Tagen schlüpfen die anfangs weißlichen, später dunkleren Larven. Sie ernähren sich von organischer Substanz wie Wurzeln, anderen Pflanzenteilen und Humus. Die jungen Maulwurfsgrillen bleiben unter Betreuung des Weibchens bis zur 4. Häutung im Nest und zerstreuen sich erst dann. Die meisten

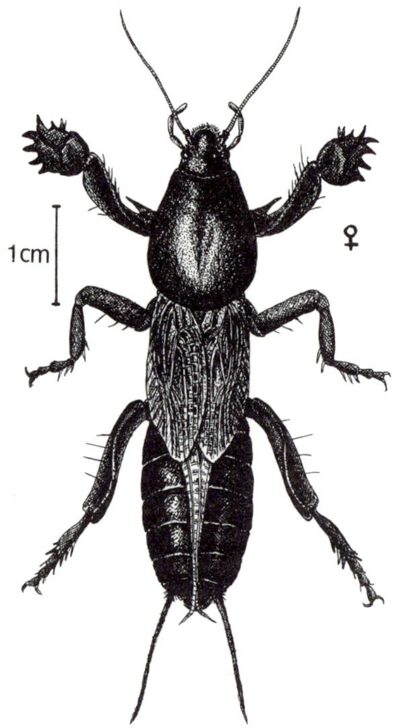

Abb. 30. *Gryllotalpa gryllotalpa* (Maulwurfsgrille).

Tiere entwickeln sich im Juli/August nach insgesamt 10 Häutungen zu Vollinsekten und gehen dann ins Winterquartier. Die Überwinterung kann auch im Dritt- und Viertlarvenstadium in einer Bodentiefe von 0,3 bis 1,3 m erfolgen. Im März und April begeben sich die Tiere wieder in die oberen Bodenschichten und erreichen, falls sie als Larven überwintert haben, im Laufe der folgenden Monate die Geschlechtsreife. Die Lebensdauer der ♂♂ beträgt im Durchschnitt etwa 300, die der ♀♀ 550 Tage.

Maulwurfsgrillen werden von Vögeln wie Krähen, Stare, Würger, Reiher, Eulen und von größeren räuberischen Laufkäferarten (*Carabus* spp.) verzehrt. Dem Schädling wird außerdem von Maulwürfen, Spitzmäusen, Füchsen, ja sogar von Katzen nachgestellt. Kannibalismus kann sich ebenfalls als bedeutender populationsmindernder Faktor auswirken; so werden zahlreiche Larven durch die Muttertiere abgetötet (etwa 95%).

In Gärten kann man die Maulwurfsgrille dadurch bekämpfen, daß man Konservendosen oder Blumentöpfe bis zum Rand eingräbt. Die nachts umherwandernden Tiere geraten in diese Fallen und können am nächsten Morgen herausgeholt und abgetötet werden. Man kann auch die Maulwurfsgrillennester ausgraben, solange diese noch Brut enthalten.

Auf größeren Flächen sind Köder- oder Streumittel anwendbar. Als Wirkstoff enthalten Ködermittel z. B. Lindan (γ-HCH) oder Parathion-methyl, die Streumittel Kieselfluornatrium. Als weitere Möglichkeit bietet sich im Gartenbau die Verwendung von Parathion-methyl-Staub an, der in die Gänge geblasen werden muß. Dieser Wirkstoff wird verhältnismäßig rasch abgebaut und nicht in Pflanzen gespeichert.

Literatur

Godan, D., 1967: Die Nahrung der Maulwurfsgrille und ihr Einfluß auf Massenwechsel und Bekämpfung. Mitt. Dtsch. Entomol. Ges. **26**, 55–59. – Hahn, E., 1958: Untersuchungen über die Lebensweise und Entwicklung der Maulwurfsgrille (*Gryllotalpa vulgaris* Latr.) im Lande Brandenburg. Beitr. Entomol. **8**, 334–365.

1.3.5 Blasenfußer, Thripse

Getreideblasenfüßer, Getreidethripse

Unbezahnter Getreideblasenfuß (corn thrips), *Limothrips cerealium* Hal.;
Bezahnter Getreideblasenfuß, *L. denticornis* Hal.;
Haferblasenfuß, *Stenothrips graminum* Uzel;
Gemeiner Getreideblasenfuß, *Haplothrips aculeatus* (F.)

Systematische Stellung
Thysanoptera (Blasenfüßer, Thripse, Fransenflügler), Thripidae *(Limothrips, Stenothrips)* und Phlaeothripidae *(Haplothrips)*.

Geographische Verbreitung
Alle oben erwähnten Arten sind in Europa weit verbreitet. *L. cerealium* kommt auch in Nord-, Zentral- und Südamerika, Nordafrika, Südaustralien, Neuseeland, Hawaii und einigen weiteren Gebieten vor (CIE-Verbreitungskarte Nr. 245); *L. denticornis* (Abb. 31; Farbtafel 7, S.119) wurde nach Nordamerika eingeschleppt. *H. aculeatus* (Abb. 32) lebt in der Paläarktis vor allem in Gebieten mit gemäßigtem Klima.

Beschreibung
Nymphenstadien: 0,8 bis 1,0 (*S. graminum*), 1,2 bis 1,5 (*Limothrips* spp.) oder 1,8 bis 2,0 mm (*H. aculeatus*) lang. Färbung gelblichbraun (*L. cerealium*), weißlich (*L. denticornis*), gelblich (*S. graminum*) oder rot (*H. aculeatus*). Aussehen sonst der Imago ähnlich; Flügel, Fühler und Beine jedoch noch nicht voll entwickelt.

Vollkerf: Langgestreckt und schlank, nur etwa 0,8 bis 1,0 (*S. graminum*), 1,2 bis 1,5 (*Limothrips* spp.) oder etwa 2,0 mm (*H. aculeatus*) lang. Färbung schwarzbraun (*Limothrips* spp., *H. aculeatus*) oder gelbbraun (*S. graminum*). Fühler 7gliedrig (*S. graminum*) oder 8gliedrig (alle anderen Arten). 3. Fühlerglied von *L. denticornis* mit zahnartigem Fortsatz (Abb. 31) . Flügel bei Männchen der *Limothrips*-Arten fehlend (Abb. 31, rechts), sonst leistenförmig und mit langen Fransen. Weibchen der Gattungen *Limothrips* und *Stenothrips* mit, von *Haplothrips* ohne Legeapparat.

Nähr- und Brutpflanzen
Die Getreideblasenfüßer können verschiedene Getreidearten, Kultur- und Wildgräser befallen, jedoch herrschen bei den einzelnen Arten hinsichtlich der Wirtspflanzenpräferenz und der befallenen Organe deutliche Unterschiede. Dieses Verhalten ist bei Getreide auch mehr oder weniger stark durch die verschiedenen Sorten beeinflußt.
S. graminum ist im allgemeinen vor allem an Hafer sowie Wildgräsern wie *Avena fatua* und *A. myosuroides* zu finden, während *L. denticornis* diese Getreideart weitgehend meidet und vorzugsweise Winterroggen, Sommerweizen und Sommergerste besiedelt. *L. cerealium* bevorzugt Roggen, Hafer und Wildpflanzen wie *Agropyrum* spp. und *Hordeum murinum*, während über die Besiedlung von Gerste widersprüchliche Angaben vorliegen. *H. aculeatus* ist an allen Getreidearten und *Alopecurus pratensis* zu beobachten.

Schadsymptome und wirtschaftliche Bedeutung
Die Getreidethripse saugen mit ihren stechend-saugenden, asymmetrisch gebauten Mundwerkzeugen die äußeren Zellschichten ihrer Nährpflanzen aus. Als Folge davon stellt sich zunächst eine diffuse weißliche bis silbrig glänzende, später gelbliche bis bräunliche Verfärbung des geschädigten Gewebes ein. Auf den geschädigten Pflanzenteilen sind auch dunkle, punkt-

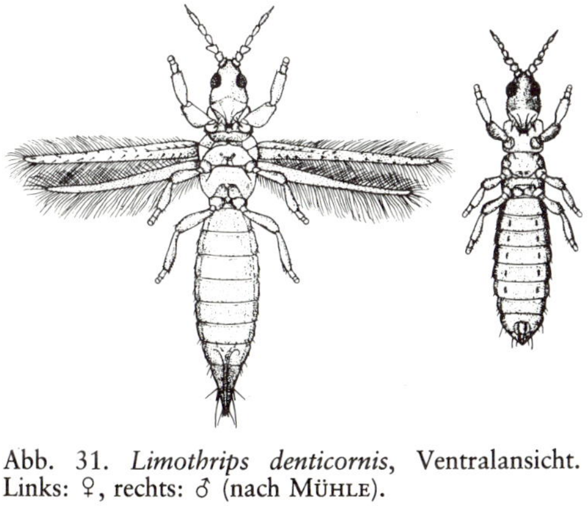

Abb. 31. *Limothrips denticornis*, Ventralansicht. Links: ♀, rechts: ♂ (nach MÜHLE).

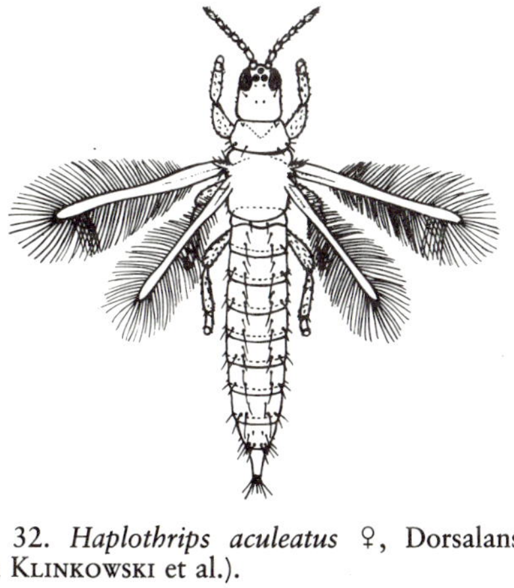

Abb. 32. *Haplothrips aculeatus* ♀, Dorsalansicht (nach KLINKOWSKI et al.).

förmige Kotflecken zu finden. Durch die Saugtätigkeit an den Spelzen, an den Fruchtknoten und an den in Entwicklung befindlichen Samenanlagen kommt vielfach eine mangelhafte Ausbildung der Karyopsen zustande. *L. denticornis* saugt vor allem an Roggen, Weizen und Sommergerste an der Innenseite der Scheide des Fahnenblattes, so daß sich diese teilweise gelblichweiß verfärbt (Farbtafel 7, S. 119). Dieses Symptom wird oft mit Frostschäden verwechselt.

Die Frage, ob Blasenfüßer als Erreger von Weißährigkeit an Getreide auftreten, war lange Zeit umstritten. In der neueren Fachliteratur wird sie jedoch durchweg verneint. Dagegen kann an bestimmten Wiesengräsern gelegentlich partielle Weißährigkeit hervorgerufen werden.

In Mitteleuropa wurden Getreideblasenfüßer bisher im allgemeinen als Schädlinge von untergeordneter praktischer Bedeutung betrachtet. Über Ertragsminderungen von wenigen bis zu 15% und Reduktion der Kornzahl pro Ähre bei starkem Befall ist jedoch berichtet worden, während ein direkter Einfluß der Saugtätigkeit von *H. aculeatus* auf die Backqualität des Weizens nicht nachweisbar war. Es ist zu erwarten, daß aufgrund der erheblichen Ausdehnung des Getreideanbaues, wegen des Anbaues anfälliger Sorten sowie infolge bestimmter Nebenwirkungen von Agrochemikalien (z. B. fördernder Einfluß hoher Stickstoffgaben) in Zukunft mit stärkeren Schäden durch diese Insektengruppe gerechnet werden muß.

Entwicklungszyklus, Biologie und Ökologie

Die Getreideblasenfüßer überwintern als Vollkerfe entweder in Tiefen bis über 1 m im Boden (*S. graminum*) oder in Grasbüscheln an Wegrändern, in Moos, in Häusern (*L. cerealium*), an Feldrainen, Böschungen, in Fallaub, in hohlen Stengeln von Kräutern, unter Steinen oder Baumrinde.

Im Frühjahr (April) erfolgt von den Überwinterungsplätzen aus nach einer mehrtägigen Wanderperiode, während der Frühlingsblumen wie Buschwindröschen angeflogen werden, die Besiedlung der Getreidefelder, wo zunächst ein Reifungsfraß stattfindet. Der Wind kann die Ausbreitung wesentlich begünstigen. Gut entwickelte, üppige Pflanzen wirken auf die Thripse besonders anziehend. Nach dem Schieben von Ähren und Rispen gehen die Thripse auf diese Pflanzenteile über. Die Eiablage erfolgt bei den Arten, die einen Legeapparat besitzen, ins Gewebe verschiedener Pflanzenteile, bei *H. aculeatus* frei hinter die Spelzen, Ährchen oder die Blattscheide.

Die Ernährungsbiologie der Larvenstadien an den Nährpflanzen ist bei den einzelnen Arten auch in Abhängigkeit von den befallenen Pflanzenteilen verschieden. Von *S. graminum* und *H. aculeatus* werden nur oder im wesentlichen generative Teile besaugt, von *L. denticornis* die Blattscheiden und Halme. *L. cerealium* kann sich sowohl an vegetativen als auch an generativen Organen der Nährpflanzen entwickeln.

Die Entwicklung, die über zwei Larvenstadien, ein Pronymphen- und ein oder zwei halbruhende Nymphenstadien zum Vollkerf erfolgt (Remetabolie), ist bei den meisten Arten je nach Witterung in etwa 3 bis 5½ Wochen abgeschlossen (*L. cerealium*). Bei *S. graminum* kann die Entwicklung von Ei zu Ei jedoch 1 bis 2 Jahre dauern, da die überwinternden, unvollkommen ausgefärbten Vollkerfe das Winterlager im Boden oft erst im übernächsten Jahr verlassen. Bei *S. graminum* und *H. aculeatus* tritt pro Jahr eine Generation auf, bei den *Limothrips*-Arten werden zwei Generationen beobachtet. Bei den *Limothrips* spp. werden schon die weiblichen Pronymphen von den flügellosen Männchen begattet.

Warmes und trockenes Wetter im Frühjahr und Frühsommer begünstigt die Vermehrung. Die stärksten Populationen sind an Getreide nach dem Ähren- bzw. Rispenschieben während der Reifungsperiode der Körner festzustellen. Bei den Arten, die zwei Generationen pro Jahr aufweisen, erfolgt der Übergang auf Sommergetreide im Laufe des Juni und Anfang Juli. Im September suchen die Vollkerfe der *Limothrips*-Arten die Winterquartiere auf, nachdem sie vorher an Wildgräsern Nahrung aufgenommen haben. Es kommt aber auch vor, daß vor allem bei Mangel an geeigneten Nährpflanzen (Trockenheit) die Winterlager schon im Juli bezogen werden.

L. cerealium und *L. denticornis* neigen an schwülen Tagen im Juli und August dazu, in großer Zahl zu schwärmen („Gewitterfliegen"), wie z. B. im Jahre 1979 in Hessen, als Hochhäuser in Frankfurt/Main von großen Massen angeflogen wurden.

Die Blasenfüßer lassen sich dann auch auf Menschen nieder und versuchen, an der Haut Schweiß zu saugen, was einen unangenehmen

Juckreiz hervorruft. Thripse können durch den Wind als Luftplankton über weite Entfernungen transportiert werden.
Milde, feuchte Winter wirken sich bei manchen Arten ungünstig aus, da sie die Sterblichkeit beträchtlich erhöhen.

Natürliche Feinde
Über die Bedeutung der natürlichen Gegenspieler der Getreidethripse ist nur verhältnismäßig wenig bekannt; sie wird deshalb bisher als gering angesehen. Raubthripse wie *Aeolothrips intermedius* Bagn. saugen Eier, Larven und Vollkerfe von Getreideblasenfüßern aus, ebenso Wanzen der Gattung *Orius* (Anthocoridae). Andere Prädatoren, die an Getreide auftreten, sind in erster Linie als Blattlausfeinde (Larven von Chrysopiden, Syrphiden, Coccinelliden) anzusehen. Hinzu kommen ausgesprochen polyphage Arten wie Spinnen und Ameisen. Für größere Räuber sind die Blasenfüßer in ihrem geschützten Habitat an den Nährpflanzen kaum zugänglich. Unter Blattscheiden oder Spelzen sowie im Winterquartier können gelegentlich Verluste durch parasitische Pilze auftreten. Bei *Haplothrips* spp. kann es infolge von Nahrungsmangel zu Kannibalismus kommen.

Bekämpfung
Als partiell wirksame prophylaktische Maßnahme wird das Niederhalten der Vegetation auf Feldrainen, Wegrändern u. dgl. während des Frühjahrs und Sommers angesehen.
Als wirtschaftliche Schadensschwelle, über die bisher noch wenig Konkretes bekannt ist, gelten etwa 2000 Eier oder Larven pro m^2 oder etwa 10, nach anderen Angaben etwa 30 Larven und/ oder Imagines pro Ähre oder Rispe zur Zeit der beginnenden Kornentwicklung.
Direkte chemische Maßnahmen gegen Getreidethripse allein sind in Mitteleuropa bisher nur gelegentlich durchgeführt worden. Falls Getreideblattläuse bekämpft werden, so wäre zu erwarten, daß Dimethoat und andere Präparate (s. Seite 115) auch die Blasenfüßer zumindest zum Teil erfassen, doch sind zuverlässige Informationen hierüber sehr spärlich. Von reinen Kontaktmitteln dürfte wegen des geschützten Habitats der Thripse in der Regel keine befriedigende Wirkung zu erwarten sein.

Literatur
Franssen, C. J. H. en Mantel, W. P., 1965: De graantripsen in Nederland. Entomol. Ber. (Amst.) **25**, 131–133. – Franssen, C. J. H. en Mantel, W. P., 1965: Tripsen in graangewassen (levenswijze, economische betokenis en bestrijding). I. Levenswijze. Versl. Landbouwkd. Onderz. (Agric. Res. Rep.) No. 662, 97 S. – Holtmann, H., 1963: Untersuchungen zur Biologie der Getreide-Thysanopteren. Teil I. u. II. Z. Angew. Entomol. **51**, 1–41, 285–299. – Lewis, T., 1959: The annual cycle of *Limothrips cerealium* Haliday (Thysanoptera) and its distribution in a wheat field. Entomol. Expl. Appl. **2**, 187–203. – Mantel, W. P., 1969: Tripsen in haver. Landbouwvoorlichting **26**, 35–41. – Nuorteva, D. und Kanervo, V., 1952: Einwirkung von Thysanopterenschädigungen auf die Backfähigkeit des Weizens. Ann. Entomol. Fenn. **18**, 137–147.

Frühjahrs-Ackerblasenfuß, *Thrips angusticeps*, s. Seite 428.

1.3.6 Wanzen

Gemeine Getreidewanze
Eurygaster maura (L.);
Mittlere Getreidespitzwanze
Aelia acuminata (L.)

Systematische Stellung
Heteroptera, Pentatomidae

Geographische Verbreitung
E. maura kommt in Mittel- und Südeuropa und in der Orientalischen Region, *A. acuminata* in Europa, Nordafrika und Vorderasien vor.

Beschreibung
Die Gemeine Getreidewanze ist als Vollkerf annähernd breit oval, stark abgeflacht und etwa 10 mm lang (Abb. 33). Die Grundfärbung ist hell- bis dunkelbraun. Der Kopf ist stumpf dreieckig. Das Rückenschildchen (Scutellum) weist zwei helle Erhebungen auf. Die Mittlere Getreidespitzwanze ist langgestreckt oval, etwa 8 bis 9 mm lang und etwas mehr als doppelt so lang wie breit (Abb. 34). Die Grundfärbung ist gelblichbraun; der Halsschild und das Schildchen (Scutellum) sind mit dunkleren Längsstreifen versehen. Der Kopf ist dreieckig und nach vorne rüsselartig verlängert.

Brut- und Nährpflanzen

E. maura und *A. acuminata* saugen außer an einigen Pflanzen aus anderen Familien vor allem an Getreide, Kultur- und Wildgräsern. Sie kommen an Weizen, Roggen und Gerste vor, bevorzugen aber den Weizen.

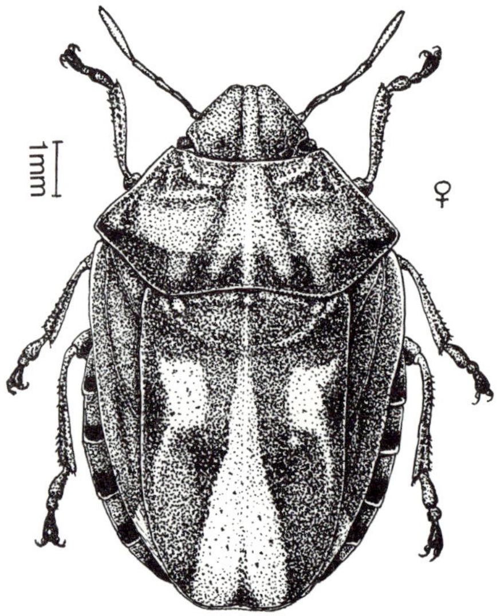

Abb. 33. Gemeine Getreidewanze *(Eurygaster maura)*.

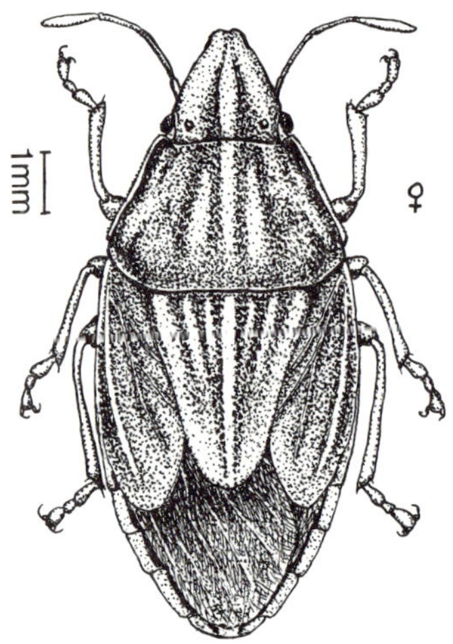

Abb. 34. Mittlere Getreidespitzwanze *(Aelia acuminata)*.

Schadsymptome und wirtschaftliche Bedeutung

Durch ihre Saugtätigkeit an reifenden Körnern, während der mit dem Speichel Proteinasen ins Pflanzengewebe abgegeben werden, verursachen die Getreidewanzen dunkle Stichstellen mit hellem Hof. Die eiweißspaltenden Fermente bewirken den Abbau des Klebereiweißes, woraus der Verlust der Backfähigkeit des Mehles infolge Bildung von Leimkleber resultiert. Man hat festgestellt, daß bereits 3 bis 5% besaugte Körner – was etwa 2 Wanzenlarven pro m^2 Weizenfeld entspricht – das Mehl unbrauchbar machen. Auch Kümmerkorn kann infolge der Wanzenstiche entstehen.

Entwicklungszyklus, Biologie und Ökologie

Die Getreidewanzen überwintern als Vollkerfe unter Fallaub an Waldrändern oder auf Feldrainen im Grasgenist. Nach der Überwinterung werden zunächst Gräser auf Wiesen und Ödflächen zum Reifungsfraß aufgesucht. Anschließend fliegen die Wanzen in Getreidefelder ein. Randbefall ist dabei zunächst sehr typisch. An Ähren, Halmen und Blättern werden die kugeligen Eier in Reihen abgelegt. Ein Weibchen erzeugt etwa 100 bis 200 Eier, die im Laufe einiger Wochen in mehreren Gelegen abgesetzt werden. Die jungen Wanzen, die durch warme und trokkene Witterung gefördert werden, erreichen nach fünf Häutungen das Vollkerf-Stadium. Während dieser Entwicklung nehmen sie zusammen mit den Altwanzen, die später absterben, vor allem an Getreidekörnern durch Saugen Nahrung auf. Nach der Ernte erfolgt die Abwanderung auf Gräser und Unkräuter, im Oktober das Aufsuchen der Winterquartiere. Demnach tritt pro Jahr nur eine Generation in Erscheinung.

In manchen Jahren mit günstigen, warmen Witterungsbedingungen im Sommer, die ein stärkeres Ansteigen der Getreidewanzenpopulationen bedingen, kann es stellenweise, wie im Rheingebiet, zu stärkeren Wanzenschäden kommen. Eine starke Vermehrung der Getreidewanze ist vor allem dann zu erwarten, wenn der Sommer mindestens 2 Jahre hintereinander heiß und trocken war.

Natürliche Feinde

Als wichtige Getreidewanzenfeinde gelten Hymenopteren-Arten, die wie *Microphanurus semistriatus* (Nees) (Scelionidae) als Eiparasiten auftreten. Im Winterquartier kommen Verluste durch den Pilz *Beauveria bassiana* (Bals.) zustande. Die Larven werden von Räubern wie dem Kurzflügler *Staphylinus olens* Müll. und von der parasitischen Raupenfliege *Cistogaster globosa* (Fln.) angegriffen.

Bekämpfung
Als Bekämpfungs- bzw. wirtschaftliche Schadensschwelle werden etwa 2 Larven pro m^2 Weizenfeld angegeben. Diese Zahl wird aber unter mitteleuropäischen Verhältnissen nur selten erreicht (Rheingebiet), so daß in der Regel keine chemischen Bekämpfungsmaßnahmen, für die Produkte wie z. B. Lindan, Parathion oder Propoxur in Frage kämen, vorgenommen werden müssen.

Literatur
BENEDEK, P., 1971: Differences in the seasonal activity of central European cereal bugs concerning their population dynamics and origin. Z. Angew. Entomol. **67**, 238–255. – BULLMANN, O. und FABER, W., 1958: Studien zum Getreidewanzenproblem. Pflanzenschutzberichte **20**, 33–160. – FAURE, G., 1967: Untersuchungen über die Auswirkungen des Pentatomidenbefalls auf die Proteinfraktion des Getreides. Getreide Mehl Brot **17**, 93–96.

Trübe Feldwanze, *Lygus rugulipennis* (Popp.), s. Seite 252.
Wiesenwanze, *Lygus pratensis* (L.), s. Seite 252.

1.3.7 Blattläuse

Getreideblattläuse

Bleiche Getreideblattlaus (rose-grain aphid), *Metopolophium dirhodum* (Wlk.) [syn. *Macrosiphum dirhodum* (Wlk.), *Acyrthosiphon dirhodum* (Wlk.)];

Große Getreideblattlaus, Getreideblattlaus* (grain aphid), *Sitobion avenae* (F.) [syn. *Macrosiphum avenae* (F.)];

Haferblattlaus, Traubenkirschenlaus (bird cherry aphid) *Rhopalosiphum padi* (L.)

Systematische Stellung
Homoptera (Pflanzenläuse), Aphididae (Röhrenläuse)

Geographische Verbreitung
Die drei wichtigsten Getreideblattlausarten sind in der Alten und Neuen Welt weit verbreitet. In den Tropen und Subtropen treten *R. padi* und *M. dirhodum* meist nur in höheren Lagen mit kühlerem Klima (Gebirge) auf.
In der Bundesrepublik Deutschland dominiert in vielen Gebieten *M. dirhodum,* in anderen *S. avenae; R. padi* ist dagegen in der Regel die am schwächsten vertretene Art.

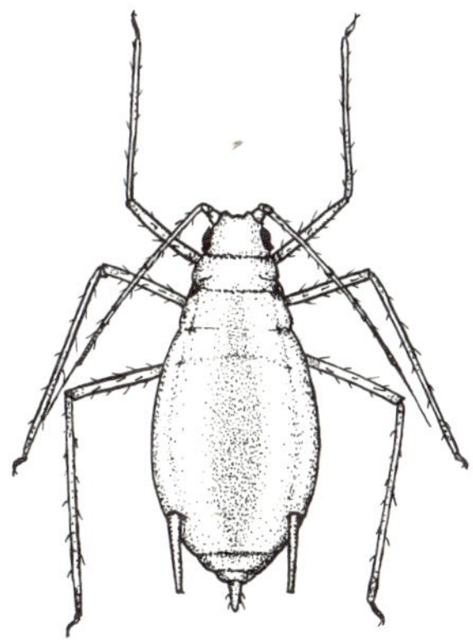

Abb. 35. Ungeflügelte Virgo der Bleichen Getreideblattlaus *(Metopolophium dirhodum)* (nach FREIER et al., etwas verändert). Nat. Größe s. Text.

Beschreibung
Ungeflügelte, vivipare Jungfer (Virgo)
M. dirhodum: Spindelförmig und etwa 1,9 bis 2,8 mm lang (Abb. 35). Färbung blaßgrün bis hell gelblichgrün oder gelegentlich rot (rote Rasse). Rücken mit hellgrünem Längsstrich (Farbtafel 6, S. 102). Fühler ¾ bis fast so lang wie Körper, Endabschnitte der Segmente und Endglied dunkel. Beine und Siphonen blaß, letztere von mittlerer Länge.
S. avenae: Breit spindelförmig und etwa 1,9 bis 3,3 mm lang (Abb. 36). Färbung sehr variabel, d.h. gelbgrün, grün, rot oder rotbraun, braun oder schwarzbraun (Farbtafel 7, S. 119). Fühler

* Der deutsche Name „Große Getreideblattlaus" wird hier vorgezogen, da *S. avenae* von den drei wichtigsten Getreideblattlausarten am größten wird. Die in der Literatur wiederholt gebrauchte Bezeichnung „Kleine Getreideblattlaus" ist irreführend und sollte deshalb vermieden werden.

fast so lang oder so lang wie Körper (ohne Schwänzchen), Enden der Bein- und Fußglieder dunkel. Siphonen schwarz, Länge des Schwänzchens etwa ½ bis ¾ der der Siphonen. Oberseite des Hinterleibs mit dunkler Pigmentierung.
R. padi: Rundlich oval, etwa 1,6 bis 2,2 mm lang. Färbung bräunlich olivgrün bis dunkel graugrün; zwischen den relativ kurzen, bräunlichen Siphonen rotbraun. Fühler ½ oder höchstens ¾ so lang wie Körper (Abb. 37).

Brutpflanzen
Die Getreideblattläuse befallen sämtliche Getreidearten sowie Futter- und Wildgräser. Daneben treten sie, besonders *M. dirhodum* und *R. padi*, an Mais auf (Farbtafel 10, S. 154). *S. avenae* wird im Sommer auch an *Typha, Triglochin, Iris, Spergula* und *Capsella bursa-pastoris* gefunden. Für die wirtswechselnden Arten *M. dirhodum* und *R. padi* stellen im Herbst und Frühjahr wilde und angebaute Rosen (*Rosa* spp.) resp. die Traubenkirsche *(Prunus padus)* weitere Wirtspflanzen (Primär-, Winterwirte) dar.

Schadsymptome und wirtschaftliche Bedeutung
Durch die Saugtätigkeit der Getreideblattläuse wird an den Nährpflanzen meist kein auffälliges Schadbild verursacht. Geringer Befall kann sich sogar positiv auf Wachstum und Ertrag auswirken. Nur bei Massenbefall treten an befallenen Blättern und Trieben vor allem bei Trockenheit Vergilbungs- und Vertrocknungserscheinungen auf, gelegentlich auch Blattrollung und Blattkräuselung *(R. padi)*. Durch Saftentzug sowie direkte und indirekte Wirkungen des Honigtaues, d. h. die Ausscheidungen der Läuse, wird etwa 72% des Schadens verursacht (Abb. 39). Die restlichen 28% des Ertragsverlustes gehen auf die Einwirkung saprophytischer und anderer Pilze zurück. Der Honigtau wird von Rußtaupilzen (Schwärzepilzen) besiedelt. Vermutlich wirkt sich auch der in die Pflanze injizierte Speichel negativ aus. Der Alterungsprozeß der Blätter wird sowohl durch Honigtau als auch die Saugtätigkeit beschleunigt. Durch die vor allem an den Ähren bzw. Rispen (Abb. 38) saugende Art *S. avenae* kann der Ertrag besonders deutlich reduziert werden, wenn sich starke Kolonien für längere Zeit an diesen generativen Pflanzenorganen aufhalten. Pro Laus wird mit einem mittleren Substanzverlust von 4 bis 7 mg gerechnet. *M. dirhodum* wird nur dann eine größere Schadwirkung zugeschrieben, wenn diese Blattlaus das Fahnenblatt und das zweitoberste Blatt längerfristig stärker besiedelt. Ein Befall durch *R. padi* hat in der Regel eine ähnlich negative Auswirkung auf die Nährpflanze wie ein solcher durch *M. dirhodum*. Es tritt vor allem eine Minderung des Tausendkorngewichtes ein, während die Kornzahl pro Ähre nicht oder nur relativ schwach beeinflußt wird. Durch die Einwirkung der Getreideläuse wird auch eine Verringerung des Proteingehaltes, des Sedimentationswertes und der Keimfähigkeit von Weizen bewirkt. Bei Sommergetreide wurde bei Befall durch *R. padi* außer Ertragsminderung ein negativer Einfluß auf den Korngrößenanteil, die Keimfähigkeit und die Extraktausbeute festgestellt.

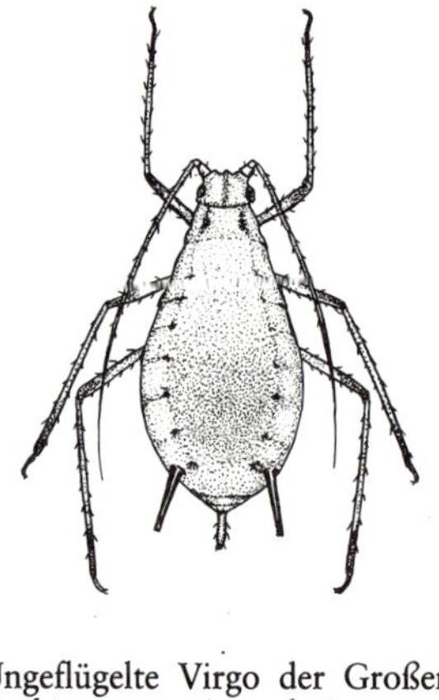

Abb. 36. Ungeflügelte Virgo der Großen Getreideblattlaus *(Sitobion avenae)* (nach Freier et al., etwas verändert). Nat. Größe s. Text.

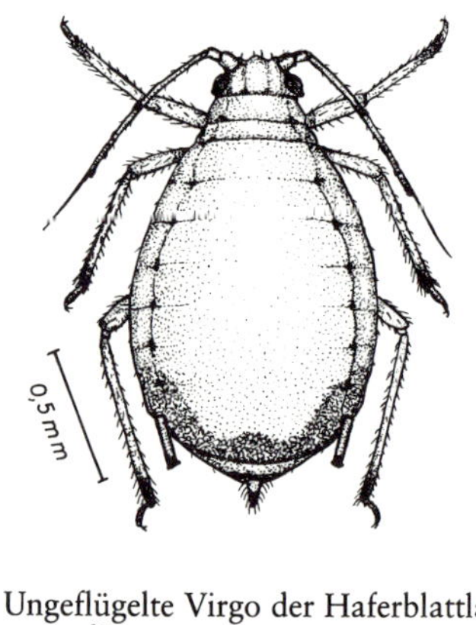

Abb. 37. Ungeflügelte Virgo der Haferblattlaus *(Rhopalosiphum padi)*.

Abb. 38. Starker Befall durch die Große Getreideblattlaus *(Sitobion avenae)* an Haferrispe.

Als noch nicht völlig geklärt muß die Frage angesehen werden, unter welchen Voraussetzungen durch die einzelnen Arten bzw. Artengemische mit Sicherheit praktisch bedeutsamer Schaden hervorgerufen wird, da auch die Feststellung einer festen Beziehung zwischen der Zahl der Blattläuse und den zu erwartenden Ertragsverlusten vor allem auf Grund der verschiedeneren Schadwirkungen (Saftentzug, Honigtau und Rußtau, Speichel) sowie infolge der Einwirkung von Witterung und Kondition der Pflanzen auf diese Effekte schwierig ist.

Da die Getreideblattläuse das zirkulative (persistente) Gerstengelbverzwergungs-Virus (s. Seite 15) übertragen, wobei *R. padi* am leistungsfähigsten ist, muß dieser Tatsache bei steigender Bedeutung der Getreidevirosen auch in Mitteleuropa in Zukunft vermehrte Aufmerksamkeit gewidmet werden. Es können von den Getreideblattläusen auch noch andere Viren übertragen werden, doch erfolgt dies meist mehr zufällig, da diese Krankheitserreger nicht das Getreide, sondern andere Pflanzen wie z. B. Leguminosen infizieren.

Entwicklungszyklus, Biologie und Ökologie

M. dirhodum überwintert als eine wirtswechselnde (holozyklische) Art im Eistadium an verholzten Teilen von wilden und angepflanzten Rosen (*Rosa* spp.). Im Frühjahr entwickeln sich an jungen Blättern und Triebspitzen dieser Winterwirte parthenogenetisch 2 bis 3 Generationen (Abb. 40, 41). Die geflügelten Läuse verlassen die Rosen etwa ab Mitte Mai und in der 1. Junihälfte und siedeln sich an Getreideblättern an. Hafer wird oft bevorzugt, aber auch an Weizen kann sich starker Befall einstellen. Ältere Maisblätter werden im Sommer ebenfalls befallen, jedoch gibt es an ihnen nur gelegentlich eine intensive Vermehrung. Am Halm und den Ähren kommt die Laus meist nur bei Massenvermehrungen und nach Abtrocknen der Blätter gegen Ende der Vegetationsperiode vor. Schon während der Gradation am Getreide, die über mehrere parthenogenetisch erzeugte Generationen verläuft, entwickeln sich viele Geflügelte. Nach der Getreideernte leben die Läuse vor allem an Wildgräsern, von denen sie im Oktober und November wieder zu Rosen zurückfliegen, an denen die Begattung und Eiablage erfolgt. In wintermilden Gebieten können auch vivipare Virgines an Gräsern und Getreide überwintern (England).

S. avenae hält sich das ganze Jahr über auf vielen Grasarten incl. Getreide auf, ist also im Gegensatz zu *R. padi* und *M. dirhodum* keine wirtswechselnde Art. Die Große Getreideblattlaus besaugt an Getreide zunächst die oberen Blätter, später bevorzugt sie Spindeln von Ähren (Weizen) und die Basis der Spelzen (Weizen, Hafer). In meist geringerer Zahl kann sie auch an den Blattunterseiten von Mais auftreten. Eine Generation entwickelt sich bei Temperaturen zwischen 15 und 20 °C innerhalb von 10 Tagen. Eine ungeflügelte Virgo kann in 2 Wochen parthenogenetisch 20–40 Larven erzeugen. An Getreide entstehen die meisten geflügelten Virgines erst während des Abklingens der Gradation. Die Eiablage der Weibchen erfolgt im Herbst nach dem Auftreten von Männchen und der Begattung an Gräsern oder Ausfallgetreide. Eine Überwinterung von *S. avenae* in der viviparen Form ist in milden Wintern möglich.

R. padi überwintert im Eistadium am Winterwirt, der Traubenkirsche *(Prunus padus)*. Im Frühjahr entwickeln sich an dieser Pflanze an Blättern und Triebspitzen parthenogenetisch mehrere Generationen. Hierbei rollen sich die befallenen Traubenkirschenblätter zusammen und zeigen eine gelbe Fleckung. Die am Winterwirt entstandenen Geflügelten fliegen im Laufe des Mai auf die Sommerwirte, unter denen sich neben den Getreidearten und Mais auch viele Futter- und Wildgräser befinden. Zunächst werden an Getreide vor allem die unteren Pflanzenteile besiedelt, wobei sich die Läuse oft in den Blattscheiden aufhalten, um später bevorzugt auf die oberen Blätter und Halme überzugehen. Ähren und Rispen sind für diese Art in der Regel weniger attraktiv. In wärmeren Ländern, wie z. B. im Mittelmeergebiet, führt *R. padi* eine vorwiegend unterirdische Lebensweise an der Basis der Nährpflanzen und den Wurzeln. An Mais tritt die Haferblattlaus vor dem Stäuben insbesondere an den jüngsten Blättern (Innenseite) und den männlichen Blütenständen, später vor allem unter den Lieschblättern an den Kolben, aber auch an den älteren Blättern und Stengeln auf. Sie kann dann mit *R. maidis* (Fitch), einer bei uns gelegentlich besonders in warmen Sommern auftretenden Art, verwechselt werden. Nach der Getreideernte halten sich die Haferblattläuse bevorzugt an Gräsern auf, bis sie im Herbst als geflügelte Gynopare, die Weibchen erzeugen, oder als Männchen an den Winterwirt zurückkehren. Hier findet die Kopulation und die Eiablage statt. In Gebieten mit warmem

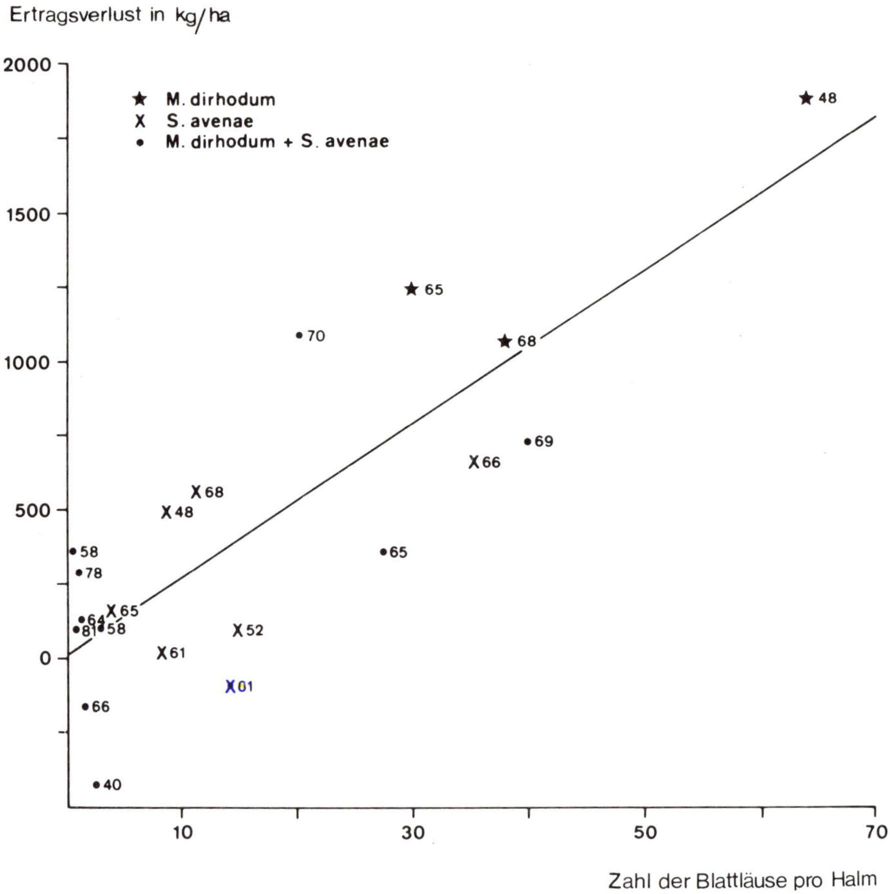

Abb. 39. Beziehung zwischen maximaler Blattlauszahl pro ährentragendem Halm und Ertragsverlust bei Winterweizen. Die Zahlen neben den Symbolen für die Blattläuse geben die Erträge (in dt/ha) in den unbehandelten Parzellen an (nach Rabbinge & Mantel).

Abb. 40. Kolonie der Bleichen Getreideblattlaus *(Metopolophium dirhodum)* an Zierrosenblatt.

Winterklima ist auch eine Überwinterung als Jungfer (Virginogenia) möglich.

Das Abundanzmaximum der Getreideblattläuse liegt bei *S. avenae* vor Abschluß, bei *R. padi* während und bei *M. dirhodum* zu Beginn der Milchreife des Getreides. Anschließend nehmen die Populationen wegen der sich verschlechternden Ernährungsbedingungen bei der Abreife des Getreides, wegen des sog. „Crowding-Effektes" (~ Übervölkerungs-Effektes) und wegen der natürlichen Feinde mehr oder weniger stark ab, bilden viele Geflügelte und brechen schließlich zusammen.

Die erhebliche Ausdehnung und Intensivierung des Getreidebaues in Mitteleuropa während der letzten beiden Jahrzehnte hat in Verbindung mit dem Anbau hochleistungsfähiger, aber vermutlich zumindest teilweise anfälligerer Sorten sowie gesteigerter, aufgeteilter Stickstoff-Düngung (Abb. 42) dazu geführt, daß sich die Lebensbedingungen für die Getreideblattläuse erheblich verbessert haben und sie deshalb jetzt im Gegensatz zu früher vielerorts als sehr wichtige Schädlinge betrachtet werden müssen, gegen die in zunehmendem Maße auch chemische Bekämp-

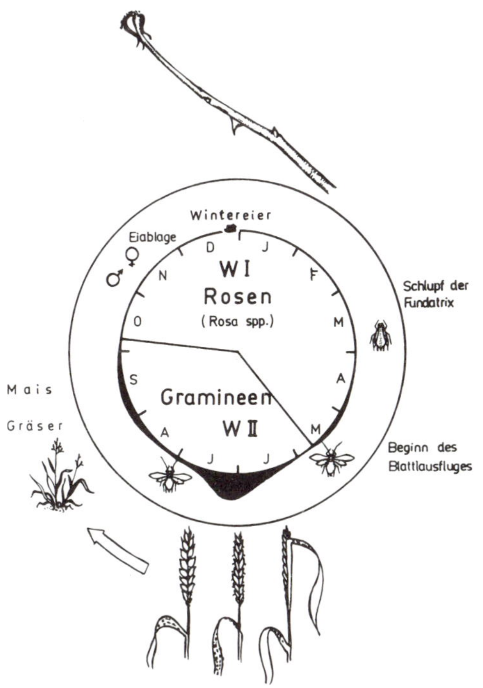

Abb. 41. Generations- und Wirtswechsel der Bleichen Getreideblattlaus *(Metopolophium dirhodum)* (nach Freier et al.).

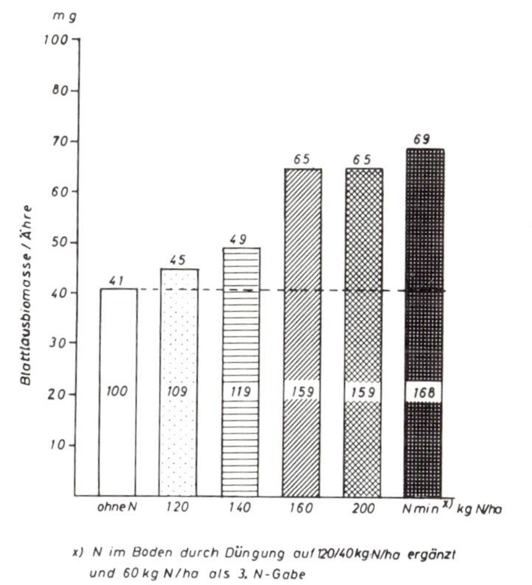

Abb. 42. Förderung der Vermehrung von *Sitobion avenae* durch gesteigerte N-Düngung auf einem Standort mit hohem Gehalt an mineralisiertem Stickstoff im Boden. Blattlausbiomasse = Gewicht der Blattläuse/ Ähre. Die Zahlen in den Säulen geben die prozentuale Steigerung in bezug zur nicht gedüngten Variante (= 100) an.

fungsmaßnahmen durchgeführt werden. Eine weitere Förderung haben die Blattläuse durch systemische Fungizide erfahren, die beispielsweise eine Chlorophyllretention bewirken und damit die Vegetationszeit des Getreides praktisch verlängern. Überdies ist die epigäische Prädatorenfauna in den Getreidefeldern durch fehlende Untersaat stark zurückgegangen.

Die Getreideläuse treten in Zyklen auf, d.h. es wechseln Jahre mit geringerem Befall mit solchen mit starkem („Blattlausjahre"; z.B. 1968 und 1981) ab. Das Witterungsgeschehen spielt hierbei eine entscheidende Rolle. Platzregen, Hagelschauer, starke Winde und sehr hohe Temperaturen wirken sich auf die Getreideblattlauspopulationen sehr negativ aus, trocken- oder schwülwarmes Wetter hat einen positiven Effekt. Durch den Wind können die geflügelten Läuse über größere Strecken verfrachtet werden.

Natürliche Feinde

Die Getreideblattläusen haben viele natürliche Feinde, die in manchen Jahren, in denen diese Antagonisten hohe Populationsdichten besitzen, zumindest örtlich auch eine wesentliche praktische Bedeutung erlangen können. Wichtig sind u.a. räuberische Schwebfliegen wie *Episyrphus balteatus* (Deg.) (Farbt. 28, S. 380), *Metasyrphus corollae* (F.), *Scaeva pyrastri* (L.) (Farbtaf. 28, S. 380) und *Syrphus vitripennis* Mg., Marienkäfer wie *Coccinella septempunctata* L. (Farbtaf. 28, S. 380), *Adalia bipunctata* (L.) (Farbtaf. 28, S. 380), *Hippodamia variegata* (Goeze) und *Propylea quattuordecimpunctata* (L.), Laufkäfer wie *Agonum dorsale* (Pont.), Netzflügler wie *Chrysopa carnea* Steph., Wanzen wie *Anthocoris nemorum* (L.) (Farbtafel 27, S. 379), der Ohrwurm (*Forficula auricularia* L., Abb. 43) und Spinnen. Ein Siebenpunkt *(C. septempunctata)* kann im Laufe von 57 Tagen bis zu 6624 Blattläuse *(S. avenae)* aussaugen, während eine Larve im Laufe ihrer Entwicklung durchschnittlich 648 Läuse als Nahrung benötigt. Blattlauswespen (*Aphidius* spp., *Praon* spp.) (Farbtafel 27, S. 379) sowie Pilze (*Entomophthora aphidis* Hoffm., *E. planchoniana* Cornu und *E. thaxteriana* Petch.) sind als Parasiten wichtig. *M. dirhodum*, vor allem geflügelte Tiere, werden von *Entomophthora*-Arten besonders stark befallen (Farbtafel 27, S. 379). Vor allem die parasitischen Hymenopteren können durch Auftreten von Hyperparasiten in ihrer Wirkung negativ beeinflußt werden. Die natürlichen Feinde sind in ihrer Populationsentwicklung von der Dichte der Populationen ihrer Beute- oder Wirtstiere abhängig.

Abb. 43. Ohrwurm *(Forficula auricularia)* an Weizenähre.

Bekämpfung

Es sollte vermieden werden, in Getreideanbaugebieten Straßenböschungen und dergleichen mit größeren Beständen von Rosen (z.B. *Rosa rugosa* u.a.) zu bepflanzen. Gleiches gilt für die Traubenkirsche, auf die bei Neuanlage von Feldgehölzen, z.B. für Vogelschutzzwecke, besser verzichtet werden sollte. Beide Pflanzenarten sind Winterwirte von Getreideblattläusen.

Bei manchen Weizen- und Hafersorten ist eine Teilresistenz gegen bestimmte Getreideblattlausarten festgestellt worden. Spätreifende Sorten sind in der Regel gefährdeter als frühreifende.

Die Bestände sind auf Getreideblattlausbefall – beginnend etwa zur Zeit der Winterroggenblüte oder des Ährenschiebens des Winterweizens – zu kontrollieren. Ähren, Rispen und Fahnenblätter sind dabei besonders zu beachten. Der Blattlausflug kann mit Saugfallen, Gelbschalen und gelben Leimtafeln überwacht werden.

Bei der Prognose der Getreideblattläuse und der

Festlegung der wirtschaftlichen Schadensschwelle bestehen wegen des möglichen Einflusses einer Vielzahl von Umweltfaktoren manche Probleme (s. S. 111). Nach Untersuchungen in der Schweiz, den Niederlanden und in England erscheint bei *S. avenae* eine Prognose für einen Zeitraum von mehreren Wochen möglich. Es handelt sich hierbei zum Teil um Simulationsmodelle.

1982 galten bei *S. avenae* in der Bundesrepublik Deutschland etwa 3 bis 5 Läuse/Ähre bzw. Rispe während der Blüte bis zum Milchreifebeginn als Bekämpfungsschwelle. Wirtschaftlich nennenwerte Schäden sind erst ab etwa 10 Läusen/Ähre zu erwarten. Bei *M. dirhodum* und *R. padi* liegt in der DDR die Bekämpfungsschwelle mit etwa 10 bis 15 Läusen pro Fahnenblatt bzw. Ährenbasis etwa 3 × so hoch wie bei *S. avenae.* Es ist anzunehmen, daß sich nach besserer Erforschung der wichtigsten Einflußgrößen Veränderungen dieser Zahlen ergeben. Neuerdings wird z. B. schon ein Durchschnitt von nur 1 Blattlaus pro ährentragendem Halm zu Beginn der Blüte als Bekämpfungsschwelle vorgeschlagen.

Es hat sich in der Praxis gezeigt, daß die Bekämpfungsschwelle ebenfalls als erreicht angesehen werden kann, wenn bis Ende des Ährenschiebens 20%, Ende der Blüte 25% und während der Milchreife 80% der Ähren, Halme und Fahnenblätter Befall aufweisen.

Durch Anwendung von Natriumsilikat während des Ährenschiebens konnte bei manchen Weizensorten eine Senkung des Blattlausbefalles und Ertragsstabilisierung erreicht werden.

Die Bekämpfung der Getreideblattläuse mit Insektiziden ist relativ leicht, da systemische Wirkstoffe wie z. B. Oxidemeton-methyl und Dimethoat, sowie nicht systemische wie Pirimicarb ('Pirimor Granulat') gute Bekämpfungserfolge erzielen lassen. Als günstigster (dann meist jedoch prophylaktischer) Bekämpfungstermin hat sich der Beginn der Blüte erwiesen. Bei einer Behandlung zu diesem Zeitpunkt kommen im Vergleich zu unbehandelten Weizenbeständen die höchsten Erträge zustande, wenn die Läuse in letzteren anschließend bis zur Milchreife die wirtschaftliche Schadensschwelle überschreiten

Da Pirimicarb wichtige Nützlinge wie Marienkäfer und Florfliegen nur wenig oder nicht schädigt (Abb. 44) und unter Freilandbedingungen auch Syrphiden oft nicht tötet, außerdem für Bienen nicht gefährlich ist, sollte es aus diesen ökologischen Gründen bevorzugt werden. Ab Beginn der Weizenblüte sollten ohnehin keine bienengefährliche Mittel mehr zur Blattlausbekämpfung eingesetzt werden.

Eine Randbehandlung ist bei Spritzungen oft ausreichend, da die Getreideblattläuse, vor allem aber *R. padi*, zumindest zu Beginn der Be-

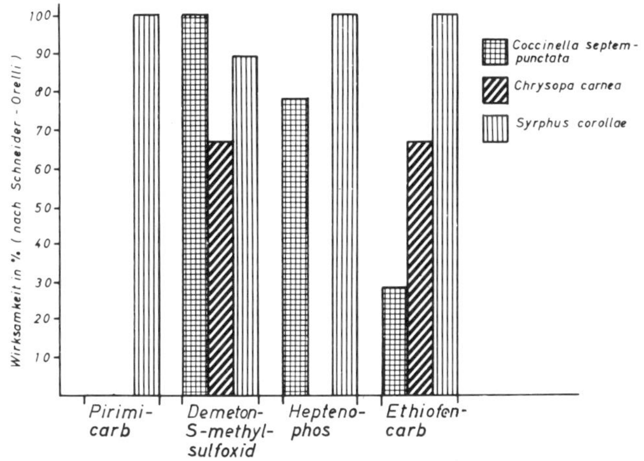

Abb. 44. Wirkung einiger Insektizide auf drei natürliche Feinde von Getreideblattläusen im Laborversuch (nach GRÄPEL). Primicarb erweist sich im Freiland gegenüber Schwebfliegen meist als weniger schädlich.

siedlungsperiode, zu Randbefall neigen. Eine großflächige, womöglich sogar prophylaktische, oder späte Anwendung von breitwirkenden Mitteln wie Parathion, Dimethoat und anderen muß wegen der Gefahr ökologischer Nebenwirkungen, z.B. weitgehende Ausschaltung natürlicher Feinde, auf Bedenken stoßen. Außerdem sind dann Bienenvergiftungen über den Honigtau der Blattläuse, der von den Bienen in manchen Jahren gesammelt wird, zu erwarten.

Eine Bekämpfung der Getreideblattläuse an Mais wird bisher nicht als wirtschaftlich angesehen.

Literatur

Ankersmith, G.W. and Carter, N., 1981: Comparision of the epidemiology of *Metopolophium dirhodum* and *Sitobion avenae* on winter wheat. Neth. J. Plant Pathol. **87**, 71–87. – Bauers, Ch. und Lindenberg, H., 1980: Ein Beitrag zur Blattlausbekämpfung im Getreide. Ges. Pflanzen **32**, 160–169. – Dean, G.J., 1974: Effect of temperature on the cereal aphids *Metopolophium dirhodum* (Wlk.), *Rhopalosiphum padi* (L.) and *Macrosiphum avenae* (F.) (Hom. Aphididae). Bull. Entomol. Res. **63**, 401–409. – Freier, B. und Wetzel, Th., 1976: Untersuchungen zum Einfluß von Getreideblattläusen auf die Ertragsbildung bei Winterweizen. Beitr. Entomol. **26**, 187–196. – Freier, B. und Wetzel, Th. 1980: Der Verlauf der Progradation der Getreidelaus *Macrosiphum avenae* (Fabricius) im Winterweizen und die Möglichkeit der kurzfristigen Befallsvorhersage. Beitr. Entomol. **30**, 137–143. – Hanisch, H.-Ch., 1980: Untersuchungen zum Einfluß unterschiedlich hoher Stickstoffgaben zu Weizen auf die Populationsentwicklung von Getreideblattläusen. Z. Pflanzenkr. Pflanzenschutz **87**, 546–556. – Henderson, I.F. and Perry, J.N., 1978: Some factors affecting the build up of cereal aphid populations in winter wheat. Ann. Appl. Biol. **89**, 177–183. – Rabbinge, R., Ankersmit, G.W., and Pak, G.A., 1979: Epidemiology and simulation of population development of *Sitobion avenae* in winter wheat. Neth. J. Plant Pathol. **85**, 197–220. – Rabbinge, R., Drees, E.M., Van der Graaf, M., Verberne, F.C.M. and Wesselo, A., 1981: Damage effects of cereal aphids in wheat. Ibid. **87**, 217–232. – Rautapää, J., 1976: Population dynamics of cereal aphids and method of predicting populations trends. Ann. Agric. Fenn. **15**, 272–293. – Vereijken, P.H., 1979: Feeding and multiplication of three cereal aphid species and their effect on yield of winter wheat. Onderzoek. Ned. Wageningen 888, 58 pp.. – Vickerman, G.P. and Wratten, S.D., 1979: The biology and pest status of cereal aphids (Hemiptera: Aphididae) in Europe: a review. Bull. Entomol. Res. **69**, 1–32. – Wratten, S.., 1978: Effects of feeding position of the aphids *Sitobion avenae* and *Metopolophium dirhodum* on wheat yield and quality. Ann. Appl. Biol. **90**, 11–20.

Hellgrüne Brombeerblattlaus

(blackberry aphid)

Sitobion fragariae (Wlk.) [syn. *Macrosiphum fragariae* (Wlk.)] (Homoptera, Aphididae)

Die ungeflügelten Virgines, die wie die von *Sitobion avenae* vor allem die Ähren von Getreidearten im Sommer besiedeln, ähneln denen der Großen Getreidelaus, sind aber meist etwas kleiner und weniger stark pigmentiert. Die Länge ihrer Siphonen beträgt etwa ¼ der des Körpers. Es handelt sich um eine wirtswechselnde (holozyklische) Art, da die Überwinterung im Eistadium an Rosen und Brombeere erfolgt. Als Sommerwirte dienen Gramineen (Getreide und Wildgräser). Wirtspflanzen an feuchten und schattigen Standorten werden bevorzugt besiedelt. Im Getreide tritt *S. fragariae* vor allem in Winterweizenbeständen auf.

Die Bekämpfung entspricht der anderer Getreideblattläuse, besonders von *S. avenae.*

Literatur

Freier, B., Reinsch, B. und Wetzel, Th., 1980: Zur Bedeutung der Artdetermination bei Getreideblattläusen für die Überwachung und gezielte Bekämpfung. Nachrichtenbl. Pflanzenschutz DDR **34**, 1–5. – Müller, F.P., 1964: Merkmale der in Mitteleuropa an Gramineen lebenden Blattläuse (Homoptera, Aphididae). Wiss. Z. Univ. Rostock, Math.-naturwiss. Reihe 13, 269–278.

1.3.8 Halmwespen

Getreidehalmwespe

(wheat stem sawfly)

Cephus pygmaeus (L.)

Systematische Stellung
Hymenoptera (Hautflügler), Cephidae (Halmwespen)

Geographische Verbreitung
C. pygmaeus tritt in Europa, Vorderasien, Nordafrika (Marokko, Algerien, Ägypten), in nordöstlichen Teilen Nordamerikas sowie im Osten Kanadas auf (CIE-Verbreitungskarte Nr. 30; revidiert).

Beschreibung
Larve: Langgestreckt und schlank, S-förmig gekrümmt (Abb. 45, 46), bis etwa 10 bis 14 mm lang. Färbung weißlich bis gelblichweiß. Segmentierung deutlich sichtbar. Kopfkapsel braun, Beine fehlend.
Wespe: Körper schlank, etwa 8 bis 10 mm lang (Abb. 45). Färbung glänzend schwarz, Abdomen mit zwei gelben Querbinden. Rückenseite des Brustabschnittes und Beine mit gelblichen Flecken. Antennen 21gliedrig, letzte Fühlerglieder leicht verdickt.

Brutpflanzen
Die Larve der Getreidehalmwespe befällt vor allem Weizen und Roggen, gelegentlich die Gerste. Sie kann sich auch in Gräsern wie Trespe, Quekke und Lieschgras entwickeln, wenn diese starke Halme besitzen.

Schadsymptome und wirtschaftliche Bedeutung
Durch die Fraßtätigkeit der Larven in Getreidehalmen kann totale Weißährigkeit und Kümmerkornbildung hervorgerufen werden. In manchen Fällen bleibt die Ähre in der Blattscheide stecken. Im Inneren der geschädigten Halme findet sich ein Fraßgang, der mit Exkrementen und Fraßmehl gefüllt ist (Abb. 46). Vor der Ernte können geschädigte Halme in der Nähe der Halmbasis umknicken.
C. pygmaeus tritt in Mitteleuropa in manchen, vor allem warmen und trockenen Jahren, stärker auf und richtet dann größeren Schaden an. Wenn befallene Weizenhalme umknicken, geht der Ertrag pro Halm um 10,3%, sonst um 8,7% zurück. In der ersten Hälfte der sechziger Jahre wurde in der Rheinebene (ehemals Südbaden) ein Befall von etwa 11 bis 17%, im Elsaß von etwa 30% der Halme von Winterweizen festgestellt. In Südosteuropa ist die Halmwespe ein sehr bedeutender Weizenschädling.

Entwicklungszyklus, Biologie und Ökologie
Die Halmwespen schlüpfen in der 2. Maihälfte und im Juni aus den Puppen. Sie sind dann oft in beträchtlicher Zahl an gelbblühenden Ackerunkräutern wie Ackersenf bei der Nahrungsaufnahme und Begattung anzutreffen. Einige Zeit

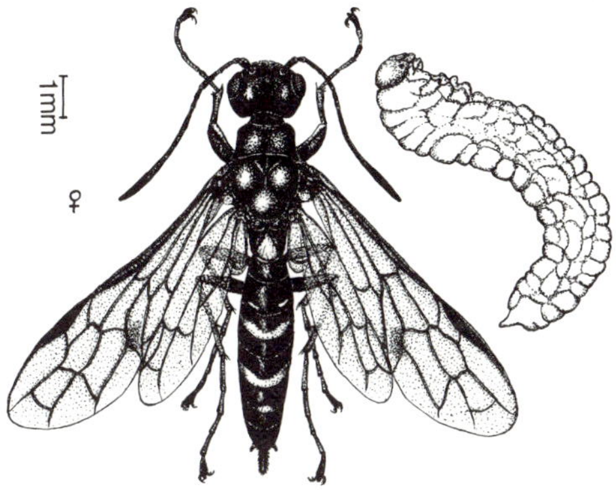

Abb. 45. Larve und Vollkerf der Getreidehalmwespe *(Cephus pygmaeus)*.

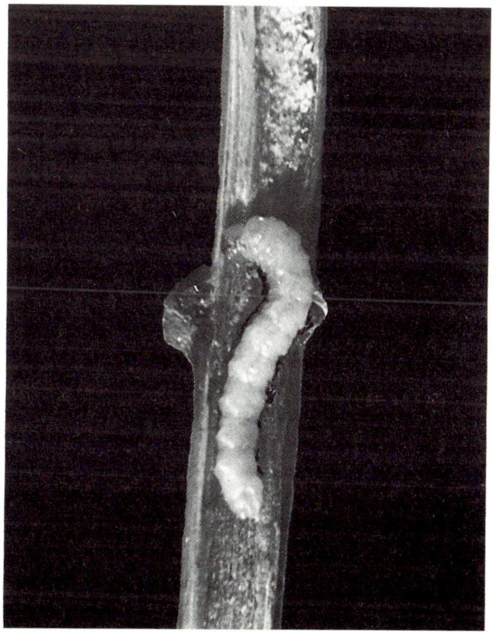

Abb. 46. Larve der Getreidehalmwespe *(Cephus pygmaeus)* in Weizenhalm.

danach legen die Weibchen etwa 50 weiße, ovale Eier mit Hilfe ihres Legebohrers einzeln zumeist in das oberste Halmglied der Nährpflanzen. Feldränder werden hierbei besonders bevorzugt. Neben bisexueller wurde auch parthenogenetische Fortpflanzung festgestellt, wobei sich aus unbefruchteten Eiern nur männliche Tiere entwickeln (Arrhenotokie). Die Larven schlüpfen etwa 10 Tage nach der Eiablage. Sie fressen am inneren Zellgewebe des Halmes und finden sich nach dem Durchbohren der Halmknoten zuletzt an der Halmbasis ein. Schließlich nagen sie, wenn sie in vollentwickeltem Zustand sind, eine ringförmige Zone in den Halm und verschließen den direkt darüber befindlichen Halmteil mit einem Pfropfen aus Genagsel. Dann spinnen sie einen dünnen, semitransparenten, zellophanartigen Kokon, in dem sie den Winter in Diapause überstehen. Die Verpuppung erfolgt erst im folgenden Frühjahr. Die Puppenruhe dauert 8 bis 14 Tage.

Natürliche Feinde
Als Parasit von *C. pygmaeus* ist neben anderen Hautflüglern (*Hemiteles* sp., *Pediobius* sp.) die Ichneumonide *Collyria calcitrator* (Grav.) festgestellt worden. Diese Art, die ihre Eier in die ihres Wirtes ablegt, wurde auch mit Erfolg in Nordamerika eingebürgert.

Bekämpfung
Tiefes Umbrechen befallener Felder sowie möglichst tiefes Mähen der Stoppeln werden als mechanische Maßnahmen empfohlen. Außerdem wurde festgestellt, daß durch späte Aussaat von Winterweizen die Schäden vermindert werden. Eine chemische Bekämpfung mit Kontaktinsektiziden müßte sich gegen die Wespen vor der Eiablage richten, da es schwierig sein dürfte, die Larven in den Halmen abzutöten. Es wird angenommen, daß 4 Wespen auf 3 m^2 in der Lage sind, so viele Eier abzulegen, daß die Zahl der daraus schlüpfenden Larven später die wirtschaftliche Schadensschwelle (32 Larven/m^2 oder 1 Larve/12 Halme) überschreitet.

Literatur
GOLĘBIOWSKA, Z., 1955: Szkodliwosó ździeblarza pszenicznego (*Cephus pygmaeus* L.). Rocz. Nauk. Poln. **71** (A), 249–283. – KRIEGEL, M., 1966: Zur Kenntnis der Parasitierung der Getreidehalmwespe *Cephus pygmaeus* L. (Hym., Cephidae) in Mitteleuropa. Z. Angew. Entomol. **57**, 221–228. – RADEMACHER, B., 1967: Untersuchungen über die tatsächlichen Ertragsschäden bei Befall von Winterweizen und Sommergerste durch die beiden Getreidehähnchen (*Lema cyanella* L. und *L. melanopus* L.) sowie durch die Getreidehalmwespe (*Cephus pygmaeus* L.). Z. Pflanzenkr. Pflanzenpathol. Pflanzenschutz **74**, 311–316. – SMITH, R. W., 1961: Notes on parasites of the wheat stem sawfly, *Cephus pygmaeus* (L.) (Hymenoptera : Cephidae) from continental Europe. Can. Entomol. **93**, 714–717.

1.3.9 Blattwespen

Getreideblattwespen
(cereal sawflies)
Dolerus spp., *Pachynematus* spp., *Selandria serva* (F.) (Hymenoptera, Tenthredinidae)
Verschiedene Blattwespen der Gattungen *Dolerus, Pachynematus* und *Selandria* treten in stark wechselnder Populationsstärke in Getreidefeldern auf. Die Larven, die vorwiegend grünlich oder bräunlich gefärbt sind und Schmetterlingsraupen ähneln, fressen an den jüngsten Blättern und den unteren Teilen der Blütenstände von Getreide und Wildgräsern. Der stärkste Fraß findet in der Zeit zwischen dem Ährenschieben und der beginnenden Milchreife statt. Bisher ist in der Bundesrepublik Deutschland im Gegensatz zu Österreich jedoch noch kein wirtschaftlicher Schaden nachgewiesen worden, was z. T. auch auf eine starke Parasitierung der Larven und Befall durch Krankheitserreger wie Viren zurückzuführen sein dürfte.

Tafel 7
Oben links: Befallsherd des Gewöhnlichen Getreidezystenälchens *(Heterodera avenae)* in einem Haferfeld. Oben rechts: Schadbild des Stockälchens *(Ditylenchus dipsaci)* an Roggen-Jungpflanzen. Mitte links: Saugschäden durch *Limothrips denticornis* an Blattscheiden von Sommergerste. Mitte rechts: Larven und Vollkerfe von *L. denticornis.* Unten links: Starker Befall durch die grüne Form der Getreideblattlaus *(Sitobion avenae)* an Weizenähren. Unten rechts: Rotbraune und grüne Formen der Getreideblattlaus *(S. avenae)* an Weizenähre.

Literatur
ENGEL, H., 1964: Blattwespen der Gattung *Dolerus* an Getreide. Nachrichtenbl. Dtsch. Pflanzenschutzdienstes (Braunschw.) **16**, 45–46. – FABER, W., 1970: Die Getreideblattwespe setzt sich durch. Pflanzenarzt **23**, 54–55. – WETZEL, TH. und FREIER, B., 1980: Zum Auftreten und zur Bedeutung der Blattwespen (Tenthredinidae) im Getreideanbau. Nachrichtenbl. Pflanzenschutz DDR **34**, 10–13.

1.3.10 Käfer

Getreidelaufkäfer
Zabrus tenebrioides (Goeze)

Systematische Stellung
Coleoptera (Käfer), Carabidae (Laufkäfer)

Geographische Verbreitung
Der Getreidelaufkäfer ist in Süd- und Mitteleuropa, im südlichen Nordeuropa, in Kleinasien und Westsibirien zu finden. In Mitteleuropa tritt er nur im Flachland auf. In Asien, z. B. in der Türkei und in Teilen der Sowjetunion, kommen neben *Z. tenebrioides* weitere *Zabrus*-Arten als Getreideschädlinge vor.

Beschreibung
Larve: Langgestreckt und im letzten Entwicklungsstadium bis etwa 30 mm lang (Abb. 47). Kopf dunkelbraun bis schwarz, stark sklerotisiert, mit kurzen 4gliedrigen Antennen und kräftigen, beißenden Mundwerkzeugen. Brustabschnitt mit 6 relativ kurzen, kräftigen Beinen. Brust und Hinterleib hellgelb und mit großen, dunkelbraunen Rückenplatten (Tergiten). Hinterende des Körpers mit zwei dornenartigen, beborsteten Fortsätzen.
Käfer: Körperform langgestreckt oval (Abb. 47), Körperlänge etwa 12 bis 16 mm, Körperbreite etwa 6 mm. Färbung mattglänzend schwarz, Unterseite heller. Fühler und Beine rötlichbraun, Vorderschiene an der Spitze mit zwei Dornen. Halsschild nahezu quadratisch, Flügeldecken stärker gewölbt.

Brut- und Nährpflanzen
Im Gegensatz zu vielen anderen Laufkäfern, die zoophag (räuberisch) leben und dadurch zum Teil nützlich werden, ernährt sich der Getreidelaufkäfer als Larve und Käfer vorwiegend von Pflanzen, ist also phytophag. Gelegentlich ist er aber auch karnivor (fleischfressend), wenn er beispielsweise seine eigenen Eier verzehrt.
Die Käfer fressen zur Zeit der Milchreife an reifenden Weizen-, Roggen- und Gerstenkörnern sowie an milchreifen Grassamen. Mais und Hafer werden von ihnen wesentlich seltener geschädigt. Die Larven befressen vor allem die Blätter von jungen Wintergetreidepflanzen (Weizen, Gerste, Roggen) und von Futter- und Wildgräsern. Mais, *Beta*-Rüben, Mangold, in selteneren Fällen Hafer, kommen ebenfalls als Nährpflanzen in Frage, werden aber in der Regel aber nur in Jahren mit Massenvermehrungen des Schädlings angegriffen.

Schadsymptome und wirtschaftliche Bedeutung
Die Käfer können beim Fraß an milchreifen Karyopsen die Ähren am Spindelansatz verletzen und dadurch zum Abknicken bringen. Manchmal bleiben nur noch leere Ährenspindeln übrig. Im Herbst verursachen die Käfer auch Blattfraß. Die praktische Bedeutung dieser durch die Käfer selbst verursachten Schäden ist meist wesentlich geringer als die des Larvenfraßes.
Die Fraßschäden durch Larven treten an jungem Getreide im Herbst, in noch stärkerem Maße im anschließenden Frühjahr (Februar bis April) auf, wenn Zweit- und Drittlarven vorhanden sind. Die Tiere, die in 20 bis 30 cm tiefen, strohhalmbreiten, senkrechten Erdröhren leben, kauen die Blätter aus und lassen die Blattrippen übrig, die dann als graugrüne, wergartig zusammengeknäuelte Klümpchen an den Nährpflanzen zurückbleiben (Abb. 48). Im Herbst fressen die Erstlarven vor allem an der Basis der Blätter,

Tafel 8
Oben links: *Fusarium* spec., *Fusarium*-Stengelfäule an Mais. Oben rechts: *Fusarium* spec., *Fusarium*-Maiskolbenfäule. Mitte links: *Ustilago maydis*, Maisbeulenbrand. Mitte rechts: *Sphacelotheca reiliana*, Kopfbrand an Mais. Unten links: *Trichometasphaeria turcica*, Blattfleckenkrankheit an Mais. Unten rechts: *Cochliobolus heterostrophus*, Blattfleckenkrankheit an Mais.

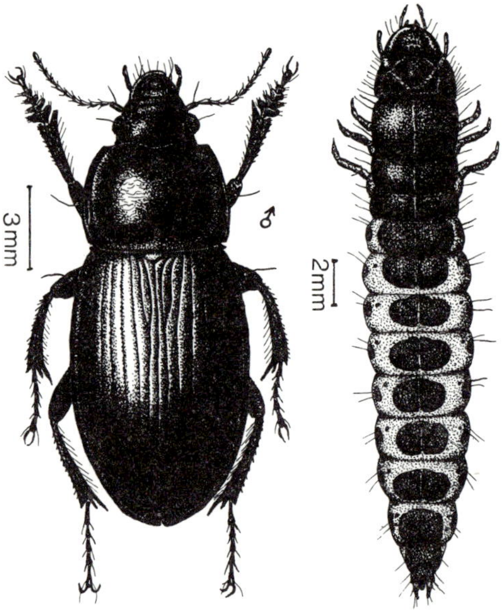

Abb. 47. Vollkerf und Larve des Getreidelaufkäfers *(Zabrus tenebrioides)*.

deren distaler Teil dann vergilbt. Bei Befall von auflaufendem Getreide werden die Keimlinge manchmal bis zur Erdoberfläche abgebissen. Bei Massenauftreten kann es in den Frühjahrsmonaten zu Kahlfraßerscheinungen kommen. Früher war dies vor allem in der Umgebung der Feldränder zu beobachten, heute ist dies – durch neuzeitliche, vielfach großflächige Getreideproduktion bedingt – oft nicht mehr typisch, da in Getreidefruchtfolgen ständig ein günstiges Nahrungsangebot für den Schädling herrscht, der deshalb nicht mehr auf die Feldränder ausweichen muß.

Abb. 48. Schadbild der Getreidelaufkäferlarve *(Zabrus tenebrioides)* an jungen Getreidepflanzen.

Es wurde errechnet, daß eine Larve im Laufe ihrer Entwicklung etwa 100 cm^2 Blattfläche oder 25 Winterweizenpflanzen schädigt, d. h. zerkaut und aussaugt. Obwohl die Vegetationspunkte meist nicht geschädigt werden, wird das Wachstum der Jungpflanzen durch stärkeren Schadfraß doch so gehemmt, daß keine vollkommene Erholung mehr stattfinden kann und eine beträchtliche Ertragseinbuße eintritt. In der Praxis wird dieser Schaden gelegentlich mit Spritzschäden durch Herbizide verwechselt.
Der Getreidelaufkäfer kann in Mitteleuropa in manchen Jahren durch seinen Larvenfraß, vor allem in trockenwarmen Gebieten, an Wintersaaten auf schweren Böden so schädlich werden, daß dies zu Bekämpfungsmaßnahmen führt. Zwischen den Massenvermehrungsperioden des Käfers liegen in der Regel lange Latenzphasen.

Entwicklungszyklus, Biologie und Ökologie
Die Käfer schlüpfen im Juni/Juli aus ihren Erdkokons und besiedeln Getreidefelder, Wiesen und Weiden. Sie sind langlebig, haben eine vorwiegend nächtliche Lebensweise und halten sich tagsüber unter Steinen, Erdschollen, in selbstgegrabenen Höhlen und in anderen Schlupfwinkeln auf. Während der Nacht begeben sie sich zum Fraß an Getreideähren. Eine Flugaktivität ist während der Reifungsperiode an warmen, klaren Tagen beobachtet worden. Die weiblichen Käfer legen unter mitteleuropäischen Verhältnisssen im Juni und Juli – nach anderen Angaben nach einer Sommerdiapause, die sie in Erdhöhlen in 10 bis 30 cm Tiefe verbringen – erst von August bis September insgesamt 30 bis 100 Eier in Gruppen von 3 bis 5 in die obersten Bodenschichten von Grasland, Feldrainen und Getreidefeldern bzw. Feldern mit aufgelaufenem Ausfallgetreide oder Ungräsern. Nach etwa 9 bis 21 Tagen schlüpfen die Larven und beginnen mit dem Fraß. Solange kein Wintergetreide vorhanden ist, ernähren sie sich von Ungräsern und Ausfallgetreide. Sie leben in selbstgegrabenen, bis 30 cm langen und bis etwa bleistiftdicken Erdröhren, in die sie auch Pflanzenteile hineinziehen. In diesen Röhren findet die Überwinterung statt. Auch die Käfer können überwintern.

Schließlich wird sogar eine Überwinterung im Eistadium vermutet, da im Frühjahr frischgeschlüpfte Larven beobachtet wurden. Die Larven sind sehr beweglich und daher in der Lage, von einem Feld ins andere zu wandern und dabei auch Straßen zu überqueren. So kann es zu einer Einwanderung in Wintergetreidebestände von Wiesen und Weiden her kommen. Ältere Larven fressen etwa 10mal soviel pro Tag wie die Erstlarven. Im Frühjahr, d. h. von Mitte April bis Anfang Juni, erfolgt die Verpuppung in etwa 15 bis 25 cm tief liegenden Erdhöhlen, etwa 3 bis 6 Wochen später das Schlüpfen der Jungkäfer. Der Getreidelaufkäfer hat folglich nur eine Generation im Jahr.

Daueranbau von Getreide, vor allem von Wintergetreide, fördert den Käfer deutlich. Von Bedeutung ist auch die Bodenart; besonders auf schweren, lehmigen Böden kommt es zu starker Vermehrung, da diese für die Anlage der Wohnröhren der Larven sehr gut geeignet sind. Feuchte Witterung im August und September ist für das Auftreten des Getreidelaufkäfers im folgenden Herbst und Frühjahr ebenfalls sehr günstig.

Natürliche Feinde

Als solche werden vor allem insektenfressende Wirbeltiere wie der Maulwurf sowie Vögel (Krähen, Möwen) und größere Laufkäferarten angegeben. Die Larve der Raupenfliege *Viviana cinerea* (Fall.) parasitiert in den Käfern.

Bekämpfung

Eine Fruchtfolge ist von Bedeutung, d. h. der Nachbau von Getreide und anderen Gramineen auf befallenen Flächen oder in deren Umgebung ist zu vermeiden. Ein Stoppelumbruch unmittelbar nach der Ernte kann die Zahl der Larven bedeutend vermindern, außerdem auch ein ein- oder mehrmaliges Grubbern vor der Aussaat.

Von großer Bedeutung ist eine frühzeitige Erkennung der Schäden durch Bestandsüberwachung im Herbst ab Auflaufen und im Frühjahr ab Vegetationsbeginn. Als ökonomische Schadensschwelle werden 1 bis 2 Larven oder etwa 4 geschädigte Pflanzen im Herbst und 3 bis 5 Larven oder etwa 8 bis 10 frischgeschädigte Pflanzen pro m^2 im Frühjahr angegeben.

In Gebieten mit häufigerem Auftreten von *Z. tenebrioides* ist eine vorbeugende Saatgutbehandlung mit Lindan-haltigen Mitteln wirksam. Weiterhin ist eine chemische Bekämpfung der Befallsherde durch Anwendung von Streumitteln auf Lindan-Basis oder durch Spritzungen mit Parathion-, Chlorpyrifos-, Diazinon- und Lindan-Präparaten möglich, wodurch die Zahl der Larven bedeutend reduziert wird. Die restlichen Teile der Felder brauchen nicht mitbehandelt zu werden. Eine Bekämpfung der Käfer selbst wurde in Mitteleuropa bisher nicht durchgeführt.

Literatur

Cate, P., 1980: Der Getreidelaufkäfer (*Zabrus tenebrioides* Goeze), ein wichtiger Schädling im Getreide in Österreich. Pflanzenarzt **33**, 115–117. – Gennatas, J., 1977: Dégâts insolites du zabre des moissons à l'automne sur les céréales, dans L'Est. Phytoma **29**, 20–21. – Thiede, H. und Röllecke, J., 1975: Der Getreidelaufkäfer – ein Gelegenheitsschädling. Ges. Pflanzen **25**, 146–148. – Wetzel, Th. und Epperlein, K., 1978: Biologie, Schadwirkung und Bekämpfung des Getreidelaufkäfers (*Zabrus tenebrioides* Goeze). Nachrichtenbl. Pflanzenschutz DDR **32**, 31–34. – Winstel, K., 1978: Der Getreidelaufkäfer; Wirtspflanzen – Schadbild – Biologie – Bekämpfungsversuche. Ges. Pflanzen **30**, 258–260.

Schnellkäfer (Larven: Drahtwürmer)
(click beetles: Käfer; wireworms: Larven)

Düsterer Humusschnellkäfer, *Agriotes obscurus* (L.);
Saatschnellkäfer, *Agriotes lineatus* (L.)

Systematische Stellung

Coleoptera (Käfer), Elateridae (Schnellkäfer)

Geographische Verbreitung

A. obscurus kommt von Europa bis Zentralasien (Sibirien) vor, *A. lineatus* tritt außer in diesen Gebieten noch in Nordafrika und Neuseeland auf.

Beschreibung

Larve (beide Arten): Zylindrisch langgestreckt und gelbbraun gefärbt (Abb. 49). Länge bei *A. lineatus* bis 22 mm, bei *A. obscurus* bis 25 mm. Kopfkapsel dunkelbraun, mit kräftigen Oberkiefern (Mandibeln). Haut hart und glänzend, Behaarung spärlich. Hinterende (letztes Segment) bei *A. lineatus* mit gleichartig feinen, haartragenden Poren, Seiten auf den ersten zwei Dritteln nahezu gerade, im letzten Drittel stumpf kegelförmig (Abb. 49). Letztes Segment bei *A. obscurus* sonst wie bei *A. lineatus*, Seiten jedoch von der Basis an leicht konvex gebogen und im letzten Drittel spitz kegelförmig.

Käfer: Etwa 7,5 bis 11 mm *(A. lineatus)* (Abb. 50, rechts) bzw. 8 bis 10 mm *(A. obscurus)* (Abb. 50, links). Färbung von *A. lineatus* gelbbraun, braun oder schwärzlich. Körper mit dichter grauer Behaarung. Flügel mit hellen und dunklen Längsstreifen, Fühler und Beine rostrot. Färbung von *A. obscurus* matt braunschwarz bis rostbraun, Fühler und Beine gelbbraun bis braun.

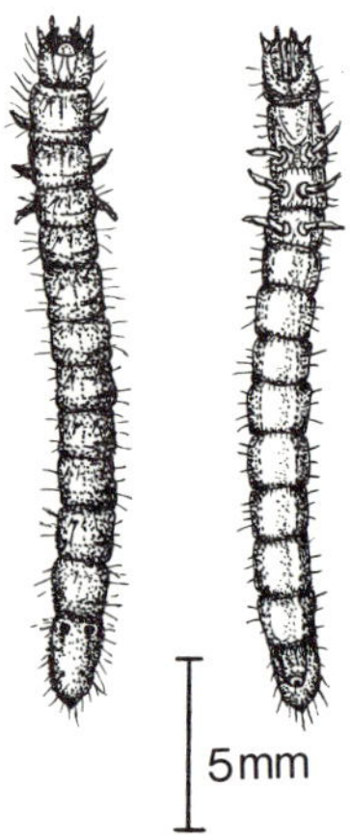

Abb. 49. Larve (Drahtwurm) des Saatschnellkäfers *(Agriotes lineatus)* in Dorsal- (links) und Ventralansicht.

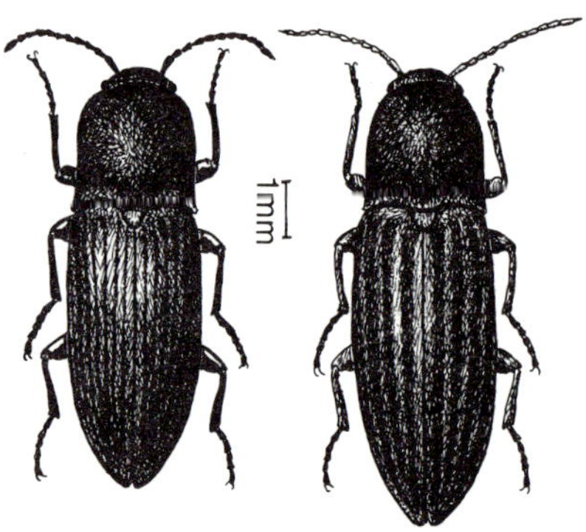

Abb. 50. Saatschnellkäfer (*Agriotes lineatus,* rechts) und Düsterer Humusschnellkäfer (*A. obscurus,* links).

Brut- und Nährpflanzen

Beide *Agriotes*-Arten sind ausgesprochen polyphag und befallen im Larvenstadium viele Kultur- und Wildpflanzen, d. h. z. B. alle Getreidearten, Mais, Kultur- und Wildgräser, *Beta*-Rüben, Kartoffeln, Leguminosen (Erbse, Klee, Ackerbohne, *Phaseolus*-Bohne), Möhre, Spargel, Tabak, Hopfen, Salat, Erdbeere, Weinrebe, Obstgehölze und viele Zierpflanzen. Ältere Larven zeigen gelegentlich auch eine karnivore Lebensweise.

Die Käfer selbst fressen u. a. an der Basis von Getreideblättern und Wildgräsern, werden dadurch aber nicht nennenswert schädlich.

Schadsymptome und wirtschaftliche Bedeutung

Die Drahtwürmer, wie die Larven der Schnellkäfer genannt werden, greifen fast ausschließlich unterirdische Pflanzenteile an. Nur unter bestimmten Voraussetzungen schädigen sie auch oberirdische, z. B. Erdbeerfrüchte, wenn diese dem Boden aufliegen. An jungem Getreide werden die etwas oberhalb der Basis befindlichen Teile der Pflanzen so geschädigt, daß eine faserige Fraßstelle entsteht. Dieser Schaden kommt dadurch zustande, daß die Larven mit ihren Mandibeln den Saft aus dem Gewebe pressen und dessen härtere Bestandteile zurücklassen. Die Blätter verwelken daraufhin, werden gelb bis rötlichgelb und sterben schließlich ab. Sie lassen sich leicht herausziehen, da sie an der Schadstelle abreißen. Im Bestand werden oft mehrere nebeneinander stehende Pflanzen zerstört, da die Drahtwürmer von Pflanze zu Pflanze, aber auch von Reihe zu Reihe wandern. Nach der Bestockung des Getreides besteht durch die Drahtwürmer keine wesentliche Gefahr mehr. Junge Rübenpflänzchen werden oft am Hypocotyl abgebissen (Farbtafel 16, S. 224). Es kommt auch vor, daß Rübensämlinge schon vor dem Auflaufen abgefressen werden. Bei Mais dringen die Drahtwürmer tief in die Basis der jungen Pflanzen ein und töten den Vegetationspunkt ab (Farbtafel 10, S. 154). Dies bewirkt ein Vertrocknen der Herzblätter und im Zusammenhang damit stärkere Bestockung, z. T. auch völliges Absterben der befallenen Pflanzen. In Kartoffelknollen und Rübenkörpern fressen die

Schädlinge Bohrgänge, in denen sie sich längere Zeit aufhalten. An anderen Pflanzen werden von den Larven selbst stärkere Wurzeln angefressen oder unterirdische Teile zerstört. Diese Schäden führen meist nicht zum Tod, können aber Wachstumshemmung, Ertragsminderung und dergleichen bewirken.

Die Schnellkäferlarven (Drahtwürmer), besonders die der *Agriotes*-Arten, sind weit verbreitete und alljährlich unterschiedlich stark auftretende Schädlinge, die an Getreide, Mais, Hackfrüchten, an Grünlandpflanzen auf Wiesen und Weiden, in Kleebeständen und gärtnerischen Kulturen großen Schaden verursachen können (Farbtafel 16, S. 224).

Entwicklungszyklus, Biologie und Ökologie

Die Käfer treten hauptsächlich von Mitte Mai bis Ende Juni auf. Sie sind dadurch auffällig, daß sie sich aus der Rückenlage unter einem klickenden Geräusch hochschnellen („Schnellkäfer"). Am Tage halten sie sich oft unter Erdschollen, Steinen und dergleichen auf, während sie nachts bedeutend aktiver sind, besonders bei feuchtem Wetter.

Im Juni und in der ersten Julihälfte erfolgt die Eiablage, wobei pro Weibchen etwa 150 bis 230 annähernd rundliche, weißliche, glänzende Eier einzeln oder in Gruppen bis zu 20 Stück etwa 1 bis 2 Zentimeter tief in den Boden abgelegt werden. Die Käfer bevorzugen dabei dicht bewachsene Stellen, da sie selbst wie ihre Entwicklungsstadien ausreichende Feuchtigkeit benötigen.

Etwa vier bis sechs Wochen später schlüpfen die Junglarven, die im ersten Jahr im wesentlichen von totem, organischem Material (Humus) leben. Vom zweiten Jahr ab werden sie schädlich, vor allem dann, wenn sie in humusarmen Böden

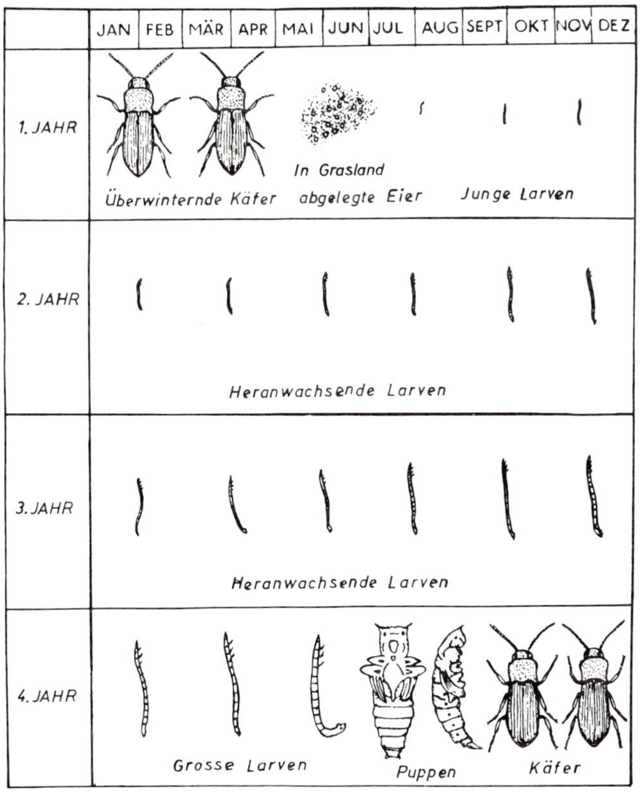

Abb. 51. Vierjähriger Entwicklungszyklus von *Agriotes* sp. (nach JONES & JONES, etwas verändert).

ihren Nahrungs- und Feuchtigkeitsbedarf in Trockenperioden an den Kulturpflanzen decken müssen. Andererseits können sie aber auch in feuchten, humusreichen Böden empfindlichen Schaden verursachen *(A. lineatus)*. Die Larven gehen im Sommer und Winter unter den Einfluß hoher bzw. tiefer Temperaturen sowie abnehmender Feuchtigkeit von der oberen Bodenschicht aus tiefer in den Boden.

Die Gesamtentwicklungszeit der Larven dauert 3 bis 5 Jahre, ist also verhältnismäßig lang (Abb. 51). Im letzten Entwicklungsjahr erfolgt die Verpuppung im Juli und August in einem Erdkokon in etwa 10 bis 20 cm Tiefe. Das Schlüpfen der Käfer vollzieht sich wenige Wochen später, vor allem im September. Die Überwinterung der Vollkerfe erfolgt entweder im Puppenlager im Boden oder oberirdisch in der Bodenstreu, die der Larven in Bodentiefen bis zu 60 cm.

Starke Drahtwurmvorkommen werden besonders in sauren Böden beobachtet, was zumindest teilweise darauf beruht, daß diese auch einen hohen Humusgehalt aufweisen. Man kann im Laufe eines Jahres zwei Hauptfraßperioden unterscheiden, nämlich eine im Frühjahr und eine im Herbst.

Natürliche Feinde

Verschiedene Vogelarten, z.B. Fasan und Rebhuhn, können durch Reduzierung der Drahtwurmpopulationen sehr nützlich werden. Als Parasiten der Larven wurden die Proctotropide *Paracodrus apterogynus* Hal., Nematoden (Mermithiden) und Pilze der Gattung *Entomophthora* nachgewiesen.

Bekämpfung

Besonders starker Schaden ist im 2. und 3. Jahr nach Wiesen- oder Weidenumbruch zu erwarten, da das Grünland den natürlichen Entwicklungsort der Schnellkäfer darstellt und deshalb auch von einer großen Zahl von Drahtwürmern besiedelt wird. Im ersten Jahr nach dem Umbruch, wenn möglich auch im zweiten, sollte deshalb auf den Anbau besonders empfindlicher Pflanzen verzichtet werden.

Mehrfache Bodenbearbeitung, vor allem bei warmem Wetter, kann zu einer Verminderung der Schädlinge führen. Wintergetreide sollte möglichst spät, Sommergetreide früh zu Aussaat kommen und durch reichliche Düngung so gefördert werden, daß die kritischen Jugendstadien möglichst schnell ablaufen. Die Erhöhung der Aussaatstärke und flache Saat stellen weitere vorbeugende Maßnahmen dar.

Auf kleinen Flächen, d.h. in Gärten und dgl. können die Drahtwürmer durch Eingraben von Kartoffel- oder Möhrenscheiben in die oberste Bodenschicht oder durch Anpflanzen von Salat als Fangpflanze von wertvolleren Kulturen abgelenkt, von den Ködern abgesammelt und abgetötet werden. Die anlockenden Fähigkeiten der Kartoffelscheiben beruhen im wesentlichen auf ihrem Feuchtigkeitsgehalt.

Zur Kontrolle der Stärke der Drahtwurmpopulationen wird empfohlen, 2 bis 3 Wochen vor der Saat an vier Stellen des Feldes von je 0,25 m^2 Größe jeweils vier Kartoffelhälften in 5 und 10 cm Bodentiefe auszulegen. Die Bekämpfungs- bzw. wirtschaftliche Schadensschwelle ist bei Getreide dann als erreicht anzusehen, wenn 1 Drahtwurm an 4 Kontrollstellen gefunden wird. In der Schweiz werden für Zuckerrüben 3 bis 4, für Mais 2, für Kartoffeln 6 Drahtwürmer/m^2 als ökonomische Schadensschwellen angegeben.

Abb. 52. Wachstumsförderung bei Mais nach Carbofuran-Anwendung (rechte Reihe behandelt, linke unbehandelt).

Die chemische Bekämpfung der Drahtwürmer erfolgt bei Getreide z. B. durch Saatgutbehandlung mit Bromophos- und Lindan-Präparaten. Es gibt auch kombinierte Saatgutbehandlungs-/Beizmittel, die ein Insektizid und ein Fungizid enthalten. Eine Einarbeitung von Streumitteln in den Boden einige Zeit vor der Saat oder vor dem Pflanzen ist bei Getreide, Mais oder Gemüse ebenfalls möglich, aber wesentlich kostspieliger. Entsprechendes gilt für die Anwendung verschiedener Spritzmittel. Im Rübenbau kann z. B. Carbofuran- oder Fonofos-Granulat auch zur Reihenbehandlung (Beidrillverfahren) verwendet werden, ebenso im Maisanbau (Abb. 52). Hierdurch wird bei Rüben ein zusätzlicher Schutz der jungen Pflanzen gegen andere Schädlinge wie Nematoden, Moosknopfkäfer, Rübenfliege und früh anfliegende Blattläuse erreicht. Im Hopfenbau wird zur Drahtwurmbekämpfung entweder Parathion-methyl-Staub in die Pflanzlöcher eingebracht oder die Stöcke werden mit Parathion gegossen.
Wenn im Gemüsebau eine Flächenbehandlung mit Lindan-haltigen Streumitteln erfolgt ist (bei Möhren nicht zugelassen!), so dürfen Wurzelgemüse frühestens nach einem, Möhren nach zwei Jahren angebaut werden.

Literatur

Blunck, H. und Maercks, H., 1951: Lebensweise und Bekämpfung der Drahtwürmer. Flugbl. 6 (Biol. Bundesanst. Braunschw.), 6 S. – Dunning, R.A. and Winder, G.H., 1966: Sugar beet seedling populations and protection from the wireworm injury. Proc. 3rd. Brit. Insect. Fungic. Conf., 85–99. – Evans, A. C., 1944: Observations on the biology and physiology of wireworms of the genus *Agriotes* Esch.. Ann. Appl. Biol. **31**, 235–250. – Küthe, K., 1975: Möglichkeiten der Anwendung von Curaterr im Maisanbau und Auswirkungen auf den Ertrag. Pflanzenschutz-Nachr. **28**, 67–79. – Meier, W., 1981: Über Befall-Schaden-Relationen bei Schädlingen in Feldkulturen. Mitt. Schweiz. Landw. **29**, 1–19. – Missionier, J. and Brund, E., 1979: Control tests against wireworm (*Agriotes* sp.) by broadcast and localised soil treatments: development of attacks on tubers, from treatment to harvest. Meded. Fac. Landbouwwet. Rijksuniv. Gent **44**, 143–152.

Salatschnellkäfer
Agriotes sputator (L.);

Mausgrauer Sandschnellkäfer
Brachylacon murinus (L.) (syn. *Lacon murinus* L.) (beide Arten: Coleoptera, Elateridae)
Die Larven (Drahtwürmer) des Salatschnellkäfers und des Mausgrauen Sandschnellkäfers können an Wurzeln und anderen unterirdischen Pflanzenteilen der verschiedensten Kulturpflanzen (Getreide, Rüben, Kartoffeln, Gemüsepflanzen) ähnlichen Fraßschaden hervorrufen wie *Agriotes lineatus*- und *A. obscurus*-Larven. Beide Arten treten jedoch in der Regel zahlenmäßig nicht so stark hervor wie der Saatschnellkäfer und der Düstere Humusschnellkäfer.
A. sputator-Larven können von dem parasitischen Pilz *Entomophthora elateridiphaga* (Tur.) befallen und abgetötet werden.

Literatur

Keller, S., 1975: Ein Massensterben beim Schnellkäfer *Agriotes sputator* verursacht durch den Pilz *Entomophthora elateridiphaga*. Schweiz. Landwirtsch. Forsch. **15**, 489–495.

Maikäfer (Larven: Engerlinge), *Melolontha* spp., s. Seite 303.

Getreidehähnchen
(cereal leaf beetles: Käfer; oat slugworms: Larven)

Rothalsiges Getreidehähnchen, Buntes Getreidehähnchen, *Oulema melanopus* (L.) [syn. *Lema melanopus* (L.), *Lema melanopa* (L.), *Oulema melanopa* (L.)];
Blaues Getreidehähnchen, Blaues Blatthähnchen, *Oulema lichenis* (Voet) [syn. *Lema lichenis* (Voet), *Hapsidolema lichenis* (Voet.)]

Systematische Stellung
Coleoptera (Käfer), Chrysomelidae (Blattkäfer)

Geographische Verbreitung
O. melanopus kommt in großen Teilen Europas einschließlich Madeira, in Nordwest- und Nordafrika (Tunesien, Algerien, Marokko), in West- und Zentralasien sowie infolge von Einschleppung auch in östlichen Teilen der USA und Kanadas vor (CIE-Verbreitungskarte Nr. 260). *O. lichenis* tritt in Europa und in zentralen Teilen der UdSSR (Sibirien) sowie im Kaukasusgebiet auf.

Beschreibung

Larve (beide Arten): Stark gewölbt, bis etwa 4,5 mm lang, Aussehen nacktschneckenähnlich, da Rückenseite mit klebriger, gelblichgrauer Kotschicht bedeckt (Farbtafel 6, S. 102). Haut gelblich, Kopfkapsel kräftig und dunkelbraun, Beine plump.

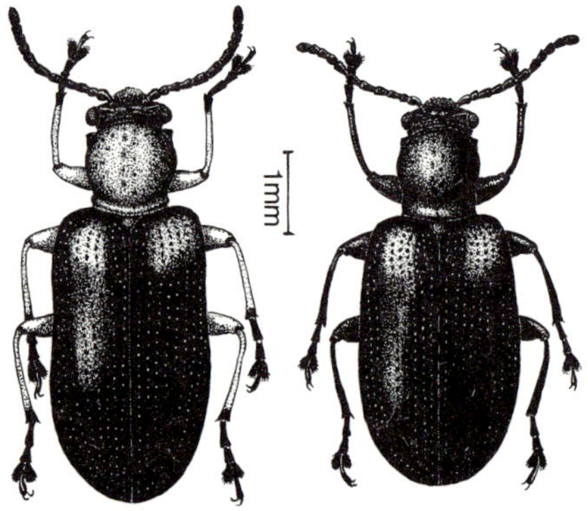

Abb. 53. Rothalsiges Getreidehähnchen (*Oulema melanopus,* links) und Blaues Getreidehähnchen (*O. lichenis,* rechts).

Käfer (*O. melanopus*): Körper langgestreckt, etwa 5 bis 6 mm lang (Abb. 53, links). Flügeldekken blau, grün oder seltener auch schwarz, mit deutlichen Punktreihen. Halsschild, Schenkel und Schienen orangerot, Kopf und Fußglieder schwarz. Antennen etwa halb so lang wie Körper und 11gliedrig.

Käfer (*O. lichenis*): Körper etwa 3,5 bis 5 mm lang (Abb. 53, rechts). Flügeldecken, Halsschild, Kopf und Beine blau bis blaugrün. Deckflügel mit Punktreihen.

Brutpflanzen

O. melanopus lebt als Larve und Käfer an insgesamt 24 Pflanzenarten aus 18 Gattungen. Hierzu gehören unter den Kulturpflanzen Hafer, Weizen, Gerste, Roggen und gelegentlich auch Mais, unter den Wildgräsern z. B. *Lolium perenne*. *O. lichenis* ist an 17 Gramineen-Arten aus 16 Gattungen festgestellt worden, wobei unter den Getreidearten der Weizen bevorzugt wird.

Schadsymptome und wirtschaftliche Bedeutung

Der Käferfraß äußert sich im Frühjahr durch langgestreckte Löcher zwischen den parallel laufenden Blattrippen („Fensterfraß", „Schabefraß", „Streifenfraß"). Dieser Reifungsfraß ist im allgemeinen ohne praktische Bedeutung, jedenfalls unter mitteleuropäischen Verhältnissen. Im Juli/August ernähren sich die Jungkäfer im wesentlichen von Wildgräsern.

Die Larven vollführen an den Oberseiten der Getreideblätter ebenfalls einen sehr typischen Fensterfraß, d. h. sie nagen die Zellschichten der Blätter mit Ausnahme der Epidermis der Blattunterseite ab, die als durchsichtiges „Fenster" zwischen den Längsrippen erhalten bleibt. Die Fahnenblätter werden beispielsweise bei Sommergerste und -weizen bevorzugt geschädigt. Der Larvenfraß kann stellenweise ein erhebliches Ausmaß erreichen, so daß stark geschädigte Felder bereits aus einiger Entfernung infolge ihrer Weißfärbung auffallen. Bei Versuchen in der Deutschen Demokratischen Republik wurden von einer Larve im Durchschnitt etwa 10% der Fläche (Winterweizensorte „Kawkas") des Fahnenblattes zerstört. Im letzten Falle ergaben sich Ertragsdepressionen von 9,5%, während Fahnenblattflächenverluste von 25% Einbußen von etwa 35% zur Folge hatten. Bei völliger Zerstörung der Fahnenblätter muß sogar mit 60% Ertragsverlust gerechnet werden.

In der Bundesrepublik Deutschland hatten die Getreidehähnchen als Getreideschädlinge bisher nur eine untergeordnete und örtliche Bedeutung. In den letzten Jahren sind stellenweise jedoch chemische Bekämpfungsmaßnahmen gegen sie durchgeführt worden; auch in der Deutschen Demokratischen Republik hat man eine Zunahme der Hähnchen festgestellt. Man muß damit rechnen, daß die *Oulema*-Arten bei fortschreitender Intensivierung des Getreidebaues – wobei die verwendeten Agrochemikalien durch Nebenwirkungen auf die Parasiten eine indirekte Rolle spielen können – in Zukunft zu wichtigeren Schädlingen werden.

Die *Oulema*-Arten sind auch zur Übertragung von Viren, z. B. des Knaulgrasscheckungs-Virus, auf verschiedene Gräser einschließlich Getreide befähigt (s. S. 20).

Entwicklungszyklus, Biologie und Ökologie

Die Überwinterung der Käfer erfolgt unter Laub und anderen Pflanzenresten, in Grasgenist, teilweise auch im Boden. Im Frühjahr verlassen die Tiere die Winterquartiere und führen zunächst an Gräsern, später an jungem Getreide von der 1. Maidekade an einen Reifungsfraß durch. In der Regel suchen sie zuerst die Wintergerste auf und fliegen anschließend zu den Winterweizenfeldern. Später erfolgt vor allem bei *O. lichenis* ein Übergang auf Sommerweizenfelder. Etwa ab Beginn der 2. Maidekade erfolgt die Ablage der ovalen, glänzendgelben Eier in Reihen in der Mitte der Blattoberseiten des Getreides. Ein Weibchen legt etwa 100, bei günstigen Bedingungen bis zu 300 Eier ab. Die Larven schlüpfen nach 8 bis 10 Tagen und beginnen mit dem Fensterfraß. Dieser Fraß kann sich an Winterweizen vom Ährenschieben bis zum Ende der Milchreife hinziehen. Bei frühzeitigem Befall unter trockenen Witterungsbedingungen kann an geschädigten Halmen schon das Ährenschieben durch den Larvenfraß verhindert werden, während es sonst zu einer Reduktion der Halmlänge, der Kornzahl pro Ähre und der Trockenmasse kommt. Nach Beendigung des Fraßes gehen die Altlarven von *O. melanopus* in den Boden, wo sie sich in etwa 2 bis 5 cm Tiefe in einem Erdkokon verpuppen, während die von *O. lichenis* ihre Verpuppung an Blättern, Halmen oder Ähren in einem weißen Schaumkokon vollziehen (Abb. 54). *O. lichenis* ist deshalb während des Verpuppungsstadiums einer wesentlich größeren Mortalität ausgesetzt als *O. melanopus*. Die starken Populationsschwankungen des Blauen Getreidehähnchens im Vergleich der Jahre werden zumindest zum Teil dieser sensiblen Phase zugeschrieben. Das Schlüpfen der Jungkäfer findet ca. 2 Wochen nach der Verpuppung etwa in der letzten Julidekade statt. Die Entwicklungsdauer von der Eiablage bis zum Erscheinen der Jungkäfer beträgt bei *O. melanopus* etwa 40, bei *O. lichenis* nur etwa 34 Tage. Die Jungkäfer fliegen in spätreifende Getreidefelder ein oder an Wildgräser, von denen sie spätestens Ende Oktober wieder in die Überwinterungsquartiere abwandern. Unter den klimatischen Gegebenheiten Mitteleuropas entwickelt sich demnach nur eine Generation im Jahr; in Süd- und Südosteuropa kann es zu zwei Geschlechterfolgen kommen. Bei warmer Frühjahrs- und Sommerwitterung vermehren sich die Käfer infolge höherer Eiproduktion besonders stark, wobei übernormal hohe Temperaturen in den letzten beiden Maidekaden eine herausragende Rolle spielen.

Abb. 54. Schaumkokons des Blauen Getreidehähnchens *(Oulema lichenis)* an Weizenähren.

Eine Unterschreitung langjähriger Temperaturmittel (z. B. 16 bzw. 17 °C im Mai/Juni in der Deutschen Demokratischen Republik), verbunden mit starken Niederschlägen, führt zu hoher Mortalität im Larven- und Puppenstadium. Hohe Stickstoffgaben fördern die Entwicklung der Getreidehähnchen.

Natürliche Feinde

Den Larvenparasiten *Tetrastichus julis* (Wlk.), *Diaparsis carinifer* (Thoms.) und *Lemophagus curtus* Town. wird größere Bedeutung beigemessen. Sie sind auch in die USA zur biologischen Bekämpfung von *O. melanopus* eingeführt worden. Als wirksamer Eiparasit ist die Mymaride *Anaphes flavipes* (Först.) bekannt. Weitere natürliche Feinde sind Larven von *Chrysopa*-Arten und die räuberische Wanze *Nabis ferus* (L.), die die Hähnchenlarven aussaugen, außerdem verschiedene Marienkäferarten und ein parasitischer Pilz aus der Gattung *Entomophthora*, der ebenfalls Larven abtötet.

Bekämpfung

Starke Behaarung bestimmter Getreidesorten erweist sich in den USA gegenüber *O. melanopus* als Resistenzmerkmal.

Ein durchschnittlicher Befall von 1 bis 1,5 Eiern bzw. Larven pro Fahnenblatt bzw. die Zerstörung von schätzungsweise einem Zehntel, nach anderen Angaben erst einem Fünftel der Blattfläche ab Ende des Schossens, werden als Bekämpfungs- bzw. wirtschaftliche Schadensschwellen betrachtet. Falls diese Werte erreicht sind, ist eine chemische Bekämpfung angebracht. Hierzu eignen sich z. B. Lindan-haltige Mittel, Parathion und einige andere, gegen beißende Insekten wirkende Kontaktinsektizide. Da die Käfer nach der Überwinterung zunächst die Feldränder befallen, ist es oft ausreichend, den Einsatz von Insektiziden auf die Randzonen der Felder zu beschränken.

Literatur

HEYER, W., 1977: Biologie und Schadwirkung der Getreidehähnchen *Lema (Oulema)* spp. in der industriemäßigen Getreideproduktion. Nachrichtenbl. Pflanzenschutz DDR **31**, 167–169. – HEYNES, D.L. and GAGE, S.H., 1981: The cereal leaf beetle in North America. Ann. Rev. Entomol. **26**, 259–287. – HILTERHAUS, V., 1965: Biologisch-ökologische Untersuchungen an Blattkäfern der Gattungen *Lema* und *Gastroidea* (Chrysomelidae, Col.). Z. Angew. Zool. **52**, 257–295. – MICZULSKI, B., 1973: Untersuchungen zur wirtschaftlichen Bedeutung von *Oulema* spp. (Coleoptera, Chrysomelidae) in Polen. Rocz. Nauk. Roln. **3**, 71–86. – REINSCH, B., WETZEL, TH. und FREIER, B., 1980: Der Einfluß eines kombinierten Schadauftretens der Getreideblattlaus (*Macrosiphum avenae* (Fabr.)) und des Rothalsigen Getreidehähnchens (*Oulema melanopus* (L.)) auf den Ertrag von Winterweizen und die Festlegung von Bekämpfungsrichtwerten. Nachrichtenbl. Pflanzenschutz DDR **34**, 7–10.

Gelbstreifiger Getreideerdfloh
(barley flea beetle)
Phyllotreta vittula (Redt.) (Coleoptera, Chrysomelidae)

Der Gelbstreifige Getreideerdfloh ist 1,5 bis 1,8 mm lang. Auf seinen Flügeldecken befindet sich ein gelber Längsstreifen. Alle anderen Körperteile sind mehr oder weniger dunkel gefärbt.

Der Käfer frißt von Mai bis September an den Blättern von Getreidearten, Mais und Wildgräsern. Er verursacht dabei einen typischen Streifenfraß (Fensterfraß). Die Larven entwickeln sich dagegen an der Halmbasis.

Die wirtschaftliche Bedeutung des in Europa, Vorder- und Mittelasien verbreiteten Käfers ist bisher begrenzt; es besteht jedoch auf Grund der Bedingungen des Intensivgetreideanbaues die Möglichkeit zu einer Zunahme der Populationsstärke. Der Getreideerdflohkäfer ist deshalb vor allem dort, wo er stärker auftritt, bei der Überwachung der Bestände mit zu berücksichtigen.

1.3.11 Schmetterlinge

Getreidewickler und Ährenwickler

Getreidewickler, *Cnephasia pumicana* Zell.;

Ährenwickler (omnivorous leaf tier), *Cnephasia longana* (Haw.)

Systematische Stellung

Lepidoptera (Schmetterlinge), Tortricidae (Wickler)

Geographische Verbreitung

Während *C. pumicana* als atlanto-mediterrane Art vor allem in wärmeren Teilen Süd-, Südwest- und Südosteuropas vorkommt, tritt *C. longana* auch in klimatisch weniger begünstigten Gebieten im europäischen Raum sowie in Nordamerika auf.

In der Bundesrepublik Deutschland kommt der Getreidewickler insbesondere in Südhessen und Rheinland-Pfalz (Rheintal), aber auch an der mittleren Donau (Ingolstadt) vor. Er scheint sich, den Flußtälern folgend, weiter auszubreiten.

Beschreibung

Raupe: Maximale Länge 10 bis 18 mm. Färbung älterer Stadien meist hell- bis dunkelgrau, bei Eiraupen rötlich oder orangegelb. Kopf und Nackenschild dunkler.

Falter: Flügelspannweite etwa 15 bis 20 mm. Flügel beim ♂ und ♀ von *C. pumicana* grau bis graubraun und mit unregelmäßiger Bindenzeichnung; beim ♂ von *C. longana* gelblichweiß bis bräunlichgelb und ohne Zeichnung, beim ♀ gelbweiß, lehmgelb, braungrau oder rotbraun mit ausgeprägter Bindenzeichnung.

Brutpflanzen

Der Getreide- und der Ährenwickler sind ausgesprochen polyphage Arten. Sie leben außer an Getreide (besonders Gerste, Weizen, Roggen) noch an vielen anderen Pflanzen. *C. pumicana* wurde beispielsweise auch an Rüben und Kartoffeln, *C. longana* an Mais, Ackerbohne, Wikken, Gelber Lupine, Luzerne, Erbse, Spargel, Hopfen sowie Obstbäumen und Beerensträuchern gefunden. Unter den Wildpflanzen wird u. a. der Flughafer von beiden Arten befallen. Der Getreidewickler hat sich offenbar erst in den letzten Jahren auf Getreide spezialisiert.

Schadsymptome und wirtschaftliche Bedeutung

An Getreide werden von den Erst- und Zweitlarven zunächst bis zu 5 mm lange Minen in die Blätter gefressen (Abb. 55, links). Die Drittlarven verlassen die Minen, wickeln die Blätter ein und vollführen einen Fensterfraß (Abb. 55, rechts). Ältere Raupen zerstören milchreife Körner oder beschädigen z. B. an Wintergerste nach Durchbohren der Blattscheiden die Halme derart, daß diese vor dem Schieben steckenbleiben oder später umbrechen (*C. pumicana*). Durch einen Raupenfraß vor dem Ährenschieben kann

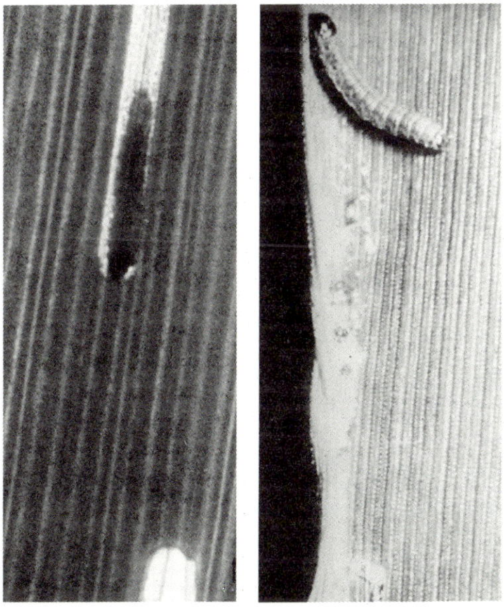

Abb. 55. Links: Minierfraß des Getreidewicklers *(Cnephasia pumicana)* in Getreideblatt, rechts Raupe.

auch partielle Weißährigkeit zustandekommen. An Mais kommt es zu einem Schabe- und Lochfraß an den jungen Blättern, außerdem werden viele Blätter zusammengesponnen. An Lupine werden die Blütenstände zerstört (*C. longana*). Der Getreidewickler hat in den letzten Jahren in verschiedenen Teilen Europas (Frankreich, Bulgarien, Österreich, Rheinland-Pfalz) zunehmende Bedeutung erlangt. In Frankreich und Österreich gilt er derzeit als wichtigster Getreideschädling überhaupt, da Ertragsverluste bis zu 35% festgestellt wurden (Österreich). Der Ährenwickler ist wiederholt in der DDR stärker aufgetreten, in Rheinland-Pfalz und in Südhessen zusammen mit dem Getreidewickler.

Entwicklungszyklus, Biologie und Ökologie

Beide Wicklerarten zeigen nach den bisherigen Erkenntnisssen eine weitgehend übereinstimmende Lebensweise. Die Weibchen legen meist am Tage nach der Begattung, d. h. gewöhnlich im Juli und Anfang August, ihre weißlichen, ovalen, teilweise mit Bauchschuppen bedeckten Eier vor allem an die Rinde von Laub- und Nadelbäumen bis in etwa 5 m Höhe ab. Rauhborkige Kiefern werden besonders bevorzugt (*C. longana*). Pro Weibchen ist mit etwa 80 bis 130 Eiern zu rechnen. Etwa 2 bis 3 Wochen nach der Eiablage schlüpfen die rötlich bis orangegelb gefärbten Eiraupen, die aber zunächst keine Nahrung aufnehmen. Sie überwintern in einem Gespinst (Hibernaculum) in Borkenrissen. Bei ungünstiger Witterung kann unter ihnen hohe Mortalität auftreten.

Die 0,5 bis 1,0 mm langen Erstlarven wandern vor allem bei durchschnittlichen Tagestemperaturen von 12 bis 13 °C von etwa Mitte April ab an den Baumstämmen und Ästen aufwärts und werden dann, an einem Gespinstfaden hängend, vom Wind in Felder geweht. Getreidebestände in der Nähe von Wäldern, Feldgehölzen, Alleen und dergleichen werden deshalb am stärksten befallen, besonders die Bäumen zugekehrten Feldränder. Bei windigem Wetter ist eine Vertriftung bis in Entfernungen von mehr als 400 m möglich.

Die Raupen wandern nach einem Minier- und späteren Fensterfraß an zusammengesponnenen Blättern, wobei sie während dieser Periode die Pflanze häufig mit Hilfe von Gespinstfäden wechseln, an die Ähren, wo sie zunächst an den Spelzen und Grannen fressen. Später werden die

Grannen zusammengesponnen und es erfolgt von einem schützenden Gespinst aus ein Fraß an den milchreifen Körnern. Die Verpuppung findet an den Ähren oder unter den Blattscheiden eines der oberen Blätter in einem Kokon statt. Etwa 2 bis 3 Wochen später schlüpfen die Falter in der Zeit vor oder während der Getreideernte, frühestens in der letzten Junidekade. Sie sitzen am Tage ruhig an den Pflanzen und werden in der Dämmerung aktiv. Es erfolgt dann ein Flug zu Waldrändern, Alleen, Feldgehölzen und dergleichen, wo auch die Kopulation stattfindet. Anschließend legen die am Vortage begatteten ♀♀ Eier ab, was bis etwa 4 Uhr morgens andauert. Der Flug der ♂♂ erfolgt am frühen Morgen und dauert bis etwa 7 Uhr. Im Jahr entwickelt sich nur eine Generation.

Natürliche Feinde

Die Eier beider Wicklerarten werden von Wanzen ausgesaugt. Die Falter werden oft von Spinnen gefangen. In Frankreich werden die Raupen von *C. pumicana* von der Braconide *Microgaster tiro* (Reinh.), die Puppen von der Ichneumonide *Itoplectis maculator* (F.) mehr oder weniger stark parasitiert. Pilzliche und andere Krankheitserreger können ebenfalls eine hohe Sterblichkeit verursachen, und zwar vor allem bei kühler, regenreicher Witterung im Mai/Juni.

Bekämpfung

Die Verdriftung der Raupen im April und Mai kann mit Hilfe von Klebetafeln, die in verschiedener Höhe und unterschiedlicher Entfernung von den Überwinterungsplätzen aufzustellen sind, gut überwacht werden. Sobald der Höhepunkt der Ausbreitungsphase der Wicklerraupen überschritten ist, kann eine chemische Bekämpfung durchgeführt werden. Der Flug der männlichen Falter der *Cnephasia*-Arten ist mit Hilfe eines synthetischen Pheromons erfaßbar.

Als wirtschaftliche Schadensschwelle gelten bei *C. pumicana* mehr als 40 Blattminen (Raupen)/m^2, bei *C. longana* in Winterroggen mehr als 100 Raupen/100 Ähren.

Gute Bekämpfungsergebnisse bei *C. pumicana* wurden mit Kontaktinsektiziden wie Azinphos, Parathion, Chlorpyrifos, Diazinon, Fenthion, Bromophos und Deltamethrin erzielt, jedoch sind bei uns bisher nicht alle diese Mittel zur Anwendung in Getreide zugelassen. In der Regel dürfte eine Behandlung – vor allem der Feldränder – ausreichend sein, da oft ein typischer Randbefall vorliegt.

Literatur

Bathon, H., 1981: Zur Erfassung und Bestimmung einiger mitteleuropäischer *Cnephasia*-Arten (Lepidoptera, Tortricidae). Entomol. Z. **91**, 248–252. – Cate, P., 1981: Neues zum Problem des Getreidewicklers (*Cnephasia pumicana* Zell.) in Österreich. Planzenarzt **34**, 12–16. – Chambon, J.P., Costes, J.L. et Janus, C., 1977: La tordeuse des céréales *Cnephasia pumicana* Zell. In: Lutte contre les maladies et les ravageurs des céréales. Inst. Techn. Cér. Techn. Fourr., Paris, 261–280. – Erfurth, P., Hahn, E., Patschke, K. und Halbing, W., 1975: Zum Auftreten des Wicklers *Cnephasia longana* Haw. in der DDR 1974. Nachrichtenbl. Pflanzenschutz DDR **29**, 87–90. – Hahn, E., 1963: Der Wickler *Cnephasia longana* Haw. als Getreide- und Maisschädling. Ibid. **15**, 91–93.

Queckeneule

(rustic shoulder knot moth)

Apamea sordens (Hfn.) [syn. *Hadena basilinea* (Schiff.), *Parastichtis basilinea* (Schiff.)]

Systematische Stellung

Lepidoptera (Schmetterlinge), Noctuidae (Eulenfalter)

Geographische Verbreitung

Die Queckeneule ist in der ganzen Paläarktischen Region von Europa bis zum Fernen Osten zu finden.

Beschreibung

Raupe: Mit 8 Beinpaaren, etwa 30 bis 35 mm lang und mit graubrauner oder brauner Grundfärbung. Rucken mit drei weißlichen Längslinien und schwarz gepunktet (Abb. 56, 57). Erstes Brustsegment oben schwärzlich und weiß gestreift. Behaarung spärlich.

Falter: Flügelspannweite etwa 36 bis 40 mm, Körperlänge etwa 20 mm. Färbung der Vorderflügel bräunlichgrau; Nierenfleck in der Flügelmitte gelblich und mit dunkler Umrandung (Abb. 57). Vordere Flügelbasis mit schwarzem Längsstrich. Hinterflügel graubraun mit dunkler Randzone.

Abb. 56. Raupe der Queckeneule *(Apamea sordens)* an Gerstenähre.

Abb. 58. Von Queckeneulenraupen *(Apamea sordens)* befressene Weizenkörner.

Brutpflanzen

Als solche dienen alle Getreidearten und einige Wildgräser wie Weidelgräser und Quecke (*Agropyrum repens*). In manchen Gebieten werden Weizen und Hafer gegenüber Gerste und Roggen bevorzugt.

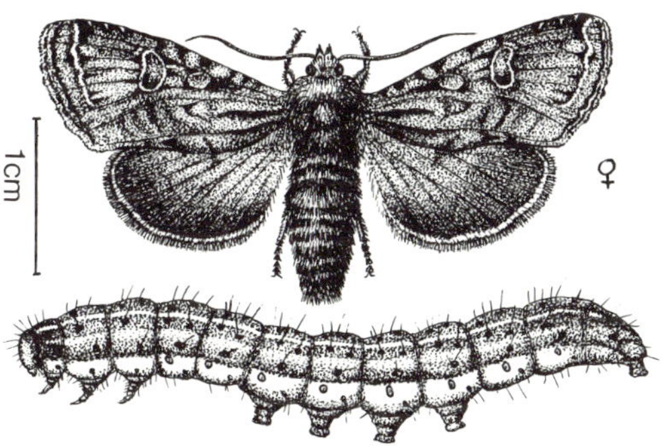

Abb. 57. Raupe und Falter der Queckeneule *(Apamea sordens)*.

Schadsymptome und wirtschaftliche Bedeutung

Die Raupen befressen die Körner an den Ähren bzw. Rispen von der Seite her, so daß an diesen unregelmäßige Fraßspuren entstehen. Manchmal sind die Körner auch fast vollständig ausgehöhlt (Abb. 58). Geschädigte milchreife Körner schrumpfen und ergeben Kümmerkorn. Auch an den Spelzen sind unregelmäßige Fraßlöcher zu erkennen, die bei starkem Befall sehr zahlreich sein können. Winter- und Sommergetreide wird gleichstark befallen. Früher, als man das Getreide vor dem Dreschen in Scheunen brachte, wurden die Raupen zum Teil in großer Zahl in diese verschleppt, richteten dort aber praktisch keinen Schaden mehr an. Fraßschäden sollen auch im Herbst und Frühjahr an jungen Saaten entstehen.

Zu nennenswerten Schadauftreten der Queckeneule kommt es nur in manchen Jahren mit Massenvermehrung des Schädlings. Es treten dann zumindest örtlich größere Ertragsverluste auf, die z. B. bei Weizen mehr als 20% betragen können. Außerdem kommen wegen der angefressenen Körner beträchtliche Qualitätsverluste zustande.

Entwicklungszyklus, Biologie und Ökologie
Die Überwinterung erfolgt als Raupe, die sich vorher im Herbst 3 bis 4 cm tief in den Boden eingräbt. Die Verpuppung erfolgt etwa ab Mitte Mai in der obersten Bodenschicht in einem Kokon. Von Ende Mai ab schlüpfen die Falter, die bis Juli fliegen. Die Schmetterlinge legen ihre Eier nachts einzeln an Getreide und einige Wildgräser ab. Die Jungraupen dringen nach dem Schlüpfen, das etwa 1 ½ Wochen nach der Eiablage stattfindet, durch die Spelzen in die milchreifen Körner ein. Der Raupenfraß erfolgt vor allem bei Nacht; während des Tages halten sich die Tiere zwischen den Ährchen oder in der obersten Blattscheide verborgen. Harte Körner werden nicht benagt. Nach der Ernte fressen die Raupen noch an Auflaufgetreide, Gräsern oder Stoppeln; ein späteres Überwandern in frisch bestellte Getreidefelder ist ebenfalls beobachtet worden. Es entwickelt sich nur eine Generation im Jahr.
Stärkeres Auftreten und entsprechender Schaden wird in Mitteleuropa vor allem in Höhenlagen zwischen 600 und 900 m beobachtet. Felder in Waldnähe weisen oft größere Populationen auf als solche, die inmitten der Gemarkung liegen. Die Ursachen für den Massenwechsel der Queckeneule sind bisher kaum bekannt.

Natürliche Feinde
Als Raupenparasit wurde ein Fadenwurm (*Mermis* sp.) festgestellt. Als Räuber kommt der Siebenpunkt (*Coccinella septempunctata* L.) in Frage.

Bekämpfung
Der Schädling wird wegen seiner nächtlichen und verborgenen Lebensweise in Getreidefeldern oft nicht oder erst spät erkannt. Als wirtschaftliche Schadensschwelle werden ca. 20 Raupen pro m^2 angegeben.
Bei rechtzeitigem Erkennen des Befalls sind Spritzungen mit Lindan- oder Parathion-Präparaten wirksam und verhindern größeren Schaden.

Literatur
BUBINIAK, H., 1972: Gniazda gradacyjne sówki psenicówki (*Parastichtis basilinea* Schiff.) w rejonie Pomorza Zachodniego. Biul. inst. Ochr. Rosl. No. **52**, 389–407. – ENGEL, H., 1958: Beobachtungen und Erfahrungen bei dem Auftreten der Queckeneule in Südbaden. Ges. Pflanzen **10**, 239–244. – KOLTERMANN, A., 1952: Bekämpfung der Larven der Queckeneule mit Hexamitteln. Ibid. **4**, 116.

Wintersaateule
(turnip moth)
Agrotis segetum (Schiff.) [syn. *Euxoa segetum* (Schiff.), *Scotia segetum* (Schiff.)]

Systematische Stellung
Lepidoptera (Schmetterlinge), Noctuidae (Eulenfalter)

Geographische Verbreitung
Die Wintersaateule ist in Europa, Asien und Afrika weit verbreitet.

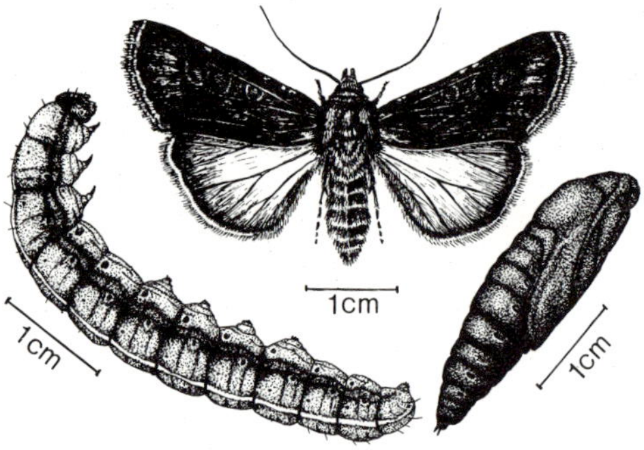

Abb. 59. Falter, Raupe und Puppe der Wintersaateule *(Agrotis segetum)*.

Beschreibung
Raupe: Relativ plump, etwa 40 bis 50 mm lang. Körper mit 8 Beinpaaren. Haut glänzend, sehr schwach behaart, bräunlich oder grau mit hellerer, dunkel umrandeter Rückenlinie und braunem Seitenlängsstreifen (Abb. 59). Kopf mit x-förmiger Zeichnung.
Falter: Körperlänge etwa 20 mm, Flügelspannweite etwa 35 bis 40 mm. Vorderflügel bräunlich bis graubraun und mit deutlichem, dunkel gesäumtem Nieren- und Kreisfleck in der Mitte (Abb. 59). Basales Flügeldrittel mit dunklem, gewelltem Längsstreifen. Hinterflügel weißlich bis hellgrau und mit schmalem, dunklem Rand.

Brutpflanzen

A. segetum ist eine ausgesprochen polyphage Art. Die Raupe wird z. B. an Getreide (Wintersaaten), Kartoffelknollen, jungem Tabak, Hopfen, Kohl, Steckrüben, Stoppelrüben, Salat, Rüben, Raps, Mais, Leguminosen (Erbse, Klee, Luzerne), Möhren, Zwiebeln, Sellerie und vielen anderen Kulturpflanzen, z. B. jungen Obstgehölzen und Forstpflanzen, schädlich. Außerdem kommt sie – vor allem ihre jüngeren Raupenstadien – an einer großen Zahl von Unkräutern, z. B. Gänsefußarten vor.

Schadsymptome und wirtschaftliche Bedeutung

Junge Raupen vollführen einen wenig auffälligen Loch- und Blattrandfraß. Später ernähren sich die Tiere bei Getreide (besonders Wintersaaten) an ober- und unterirdischen Teilen, wobei die Blattränder beschädigt werden und manchmal auch größere Teile, z. B. Halme, abgebissen werden. Die befallenen Pflanzen welken, kümmern und gehen ein, wobei ein nesterweises Auftreten der Schäden typisch ist. An Rüben und Kartoffeln fressen sich die Raupen in die oberen Teile der Rübenkörper bzw. in die Knollen ein (Farbtafel 14, S. 206). An Kartoffeln kann auch die Basis der Stengel stärker befressen werden. Junge Rüben in spätgedrillten Feldern können durch den Fraß jüngerer Raupen an der Basis der Blätter stark geschädigt oder ganz zum Absterben gebracht werden. An Mais werden vor allem die Stengelbasis und die Adventivwurzeln befressen, was oft zu Wachstumshemmung, Welke und zum Umfallen der geschädigten Pflanzen führt.

Die Wintersaateule spielt in Mitteleuropa als Schädling landwirtschaftlicher Kulturpflanzen eine bedeutende Rolle. Ihre als „Erdraupen" bezeichneten Larven können vor allem in trockenwarmen Jahren auf leichten Böden in Massen auftreten und auch auf großer Fläche sehr schädlich werden. In Kartoffelbeständen kommt es dann z. B. durch Knollenfraß zu Totalverlusten. Örtlich vorhandene Populationen werden durch Zuwanderung von Faltern unter Umständen erheblich verstärkt.

Entwicklungszyklus, Biologie und Ökologie

Die Weibchen legen etwa von Ende Mai an zwischen etwa 200 bis 2000 (Mittelwert etwa 800) Eier meist einzeln, seltener in kleinen Gruppen, vor allem an die unteren Teile krautiger Pflanzen. Flächen mit starkem Unkrautbesatz werden oft bevorzugt. Das Schlüpfen der Jungraupen erfolgt je nach Temperatur nach 8 bis 14 Tagen. Sie bewegen sich zunächst spannerartig vorwärts, weil bei ihnen die zwei vorderen Bauchbeinpaare reduziert sind. Während sie in der ersten Zeit positiv phototaktisch sind an oberirdischen Pflanzenteilen leben und an diesen Fenster- und Lochfraß vollführen, reagieren sie nach mehreren Wochen, vor allem vom 3. Larvenstadium ab, negativ phototaktisch und halten sich dann tagsüber in den obersten Bodenschichten auf. Nur während der Nacht verlassen sie zum Fraß den Boden, gelegentlich auch an Tagen mit starker Bewölkung. Bei Störungen rollen sie sich in charakteristischer Weise spiralig zusammen (Farbtafel 14, S. 206).

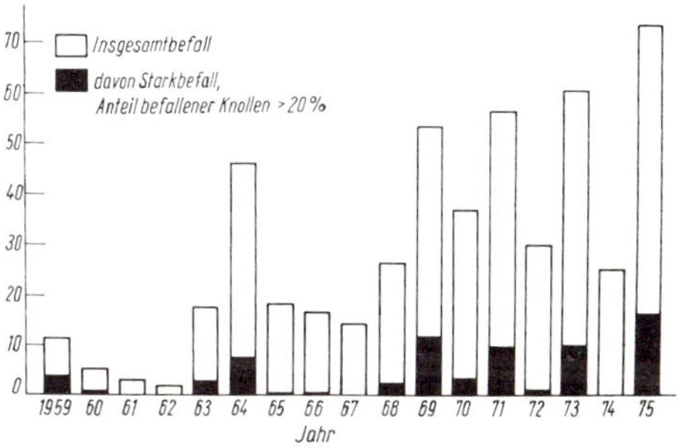

Abb. 60. Schadauftreten der Wintersaateule *(Agrotis segetum)* an Kartoffel von 1959 bis 1975 in der DDR (nach Ramson et al.).

Zur Überwinterung gehen die Raupen (6. Stadium) in tiefere Bodenschichten (bis zu 50 cm). Bei dieser Winterruhe handelt es sich um eine temperaturbedingte Quieszenz. Während des Winters ist die Sterblichkeit der Raupen sehr hoch. Im Frühjahr, d. h. im April/Mai, wird die Ruheperiode beendet, wenn die Bodentemperatur über 10 °C angestiegen ist. Im April und Mai erfolgt die Verpuppung eines Teiles der Populationen in einem Erdkokon in etwa 2 bis 5 cm Bodentiefe, ohne daß vorher noch einmal Nahrung aufgenommen werden muß. Ein anderer Teil der Populationen verpuppt sich aber erst im August/September, da sich diese Tiere wesentlich langsamer entwickeln als die anderen. Zur gleichen Zeit verpuppen sich auch die Raupen einer partiellen 2. Generation, die aus „Schnellentwicklern" hervorgeht, deren Determinierung auf Langtagbedingungen zurückzuführen ist. Eine solche 2. Teilgeneration kam beispielsweise 1976 zustande. Aufgrund dieser Verhältnisse ist auch ein Flughöhepunkt der Falter im Mai/Juni und ein weiterer ab August zu unterscheiden. Das letzte Larvenstadium dauert deshalb sehr lange, weil es bei ungünstigen hohen Temperaturen, Trockenheit und langer Photoperiode in eine „Diapause" mit sehr geringer Fraßaktivität gehen kann.

Starke Schäden sind besonders in warmen, trokkenen Jahren zu erwarten (Abb. 60). Zuletzt traten solche in weiten Teilen Mitteleuropas, unter anderem an Kartoffeln, im klimatischen Extremjahr 1976 auf. *A. segetum* kann als Falter wie andere Eulenfalter weite Wanderungen durchführen.

Natürliche Feinde

Den Faltern wird von Fledermäusen nachgestellt, die bei uns aber vielerorts sehr selten geworden sind. Als Räuber der Larven sind vor allem verschiedene Vogelarten (Hühner), Maulwurf, Kröten und Laufkäfer zu erwähnen. Als Parasiten treten Ichneumoniden [z. B. *Gravenhorstia cerinops* (Grav.)], Braconiden und Tachiniden [z. B. *Peleteria rubescens* (Rob.-Desv.) und *Phryxe vulgaris* (Fall.)] auf. Bei feuchter Witterung sterben viele Raupen infolge von Infektionen durch Viren, Microsporidien wie *Nosema perezoides* Hug., Bakterien und Pilze [*Beauveria bassiana* (Bals.) und *Paecilomyces* spp.] ab.

Bekämpfung

Als wirksame Vorbeugungsmaßnahmen sind häufige Bodenbearbeitung sowie Unkrautbekämpfung anzusehen. Letztere ist deshalb wichtig, weil die Wintersaateulenweibchen vom Unkraut angelockt werden und an dieses mit Vorliebe ihre Eier ablegen. Die Aussaat von Wintergetreide sollte möglichst spät vorgenommen werden. Durch Beregnen gefährdeter Kartoffelfelder lassen sich Schäden weitgehend verhindern.

Der Beginn und Verlauf des Falterfluges läßt sich mit Lichtfallen überwachen.

Zur biologischen Bekämpfung gibt es bisher nur wenige Ansatzpunkte. In Dänemark sind bei Versuchen mit einem Granulose-Virus gute Bekämpfungsergebnisse erzielt worden.

Die chemische Bekämpfung von *A. segetum* und anderen Erdraupen bereitet einige Schwierigkeiten. Dies hängt zum Teil mit der meist zu späten Entdeckung der jungen Raupen und der Widerstandsfähigkeit älterer gegen bestimmte Insektizide zusammen.

Als Bekämpfungs- bzw. wirtschaftliche Schadensschwelle werden 6 Jungraupen pro qm bei Vorhandensein weiterer Eier angegeben. In der Deutschen Demokratischen Republik gilt eine mittlere Larvenzahl/100 Pflanzen von 25 bei Kartoffeln, von 50 bei Zuckerrüben und von 75 bei Mais in Hauptfruchtstellung als Schadensschwelle. Im Ackerbau können jüngere Larven (1. bis 3. Stadium) im Mai/Juni durch eine oder mehrere Behandlungen mit verschiedenen Kontaktinsektiziden wie Azinphos-äthyl, Parathion, Methomyl und Endosulfan (Wartezeiten!) abgetötet werden, ältere lassen sich durch Einarbeiten von Lindan-Streumitteln in den Boden oder Auslegen von Kleieködern (Kleie + Insektizid + Zucker + Wasser) erfassen. Als Wirkstoffe für diese Köder eignen sich z. B. Lindan, Trichlorfon und Parathion. Der Einsatz von Ködern ist auch im Gemüsebau möglich. Die Köder sollten feucht sein und möglichst nahe bei den befallenen Pflanzen ausgelegt werden.

Literatur

Crüger, G., 1978: Beobachtungen zum starken Erdraupen-Auftreten (*Agrotis* spp.) im Jahre 1976. Nachrichtenbl. Dtsch. Pflanzenschutzdienstes (Braunschw.) **30**, 17–19. – De Brouver, W.M.Th.J., 1973: Waarnemingen over aardrupsen in het bijzonder *Agrotis segetum* Den. et Schiff.. Gewasbescherming **4**, 37–45. – Erfurth, P., 1973: Die Befallssituation durch Erdraupen (*Scotia* (*Agrotis*) *segetum* Schiff.) und Wege zur Befallsverhinderung. Nachrichtenbl. Pflanzenschutz DDR **27**, 65–68. – Jørgensen, A.S., 1978: The species of cutworms (*Agrotis* spp.) found in Danish agricultural and horticultural crops. Z. Angew. Entomol. 87, 76–81. – Ramson, A., Herold, H., Hülpert, D., Pallut, W. und Kordts, M., 1977: Auftreten, Biologie und Bekämpfung der Wintersaateule (*Scotia* (*Agrotis*) *segetum* Schiff.). Nachrichtenbl. Pflanzenschutz DDR **31**, 25–39. – Zethner, O., 1977: Losses caused by cutworms (*Agrotis segetum* Schiff.) and approaches to their control in Denmark. Proc. Brit. Crop Pest Conf. Pests Dis. 271–277.

Ausrufezeichen
(heart and dart moth)
Agrotis exclamationis (L.);

Ypsiloneule
(greasy cutworm)
Agrotis ipsilon (Hfn.);

Weizeneule
(white line dart)
Euxoa tritici (L.) (alle drei Arten: Lepidoptera, Noctuidae)
Diese drei Eulenfalterarten haben im polyphagen Raupenstadium eine ähnliche Lebensweise wie die Wintersaateule (*Agrotis segetum*, s.Seite 135). Die Schadsymptome an Kulturpflanzen sind entsprechend, doch treten die Schäden hinter die durch *A. segetum* verursachten meist stärker zurück. Auch diese Schädlinge werden besonders durch trockenwarme Jahre begünstigt, in denen die Falter der Ypsiloneule bei uns von Süden her zuwandern, da sich diese Art während des Winters in Mitteleuropa nicht halten kann. Die Raupen von *A. ipsilon* können stark von *Macrocentrus collaris* Spih. parasitiert werden.

Literatur
Bollow, W., 1960: Die landwirtschaftlich wichtigen Erdraupen (Gattung *Agrotis*). Prakt. Bl. Pflanzenbau Pflanzenschutz **55**, 86–101. – Nolte, H.-W. und Fritzsche, R., 1953: Beobachtungen anläßlich des Massenauftretens der Ypsiloneule (*Rhyacia* = *Agrotis ipsilon* Rott.) im Sommer 1952 in Mitteldeutschland. Anz. Schädlingskde. **26**, 33–35. – Schreier, O., 1966: *Autographa gamma* L. und *Agrotis exclamationis* L. (Lep., Noct.) in Österreich. Pflanzenschutzberichte **33**, 171–179. – Thygesen, T., 1968: Knoporme, lagttagelser over biologien samt resultater at bekaempselses forsøg 1959–66. Tidsskr. Planteavl. **71**, 429–443. – Von Bothmer, U., Graf, G. und Klingler, J., 1970: Zum Massenauftreten von Erdraupen im Sommer 1970. Mitt. Schweiz. Landb. **18**, 185–198.

1.3.12 Schnaken

Sumpfschnake
(marsh cranefly: Schnake; leatherjacket: Larve)
Tipula paludosa Mg.

Systematische Stellung
Diptera (Zweiflügler), Tipulidae (Schnaken)

Geographische Verbreitung
Die Sumpfschnake ist in der Paläarktis (Europa, westl. Asien) weit verbreitet. Außerdem kommt sie in der Nearktis, d. h. in Teilen Ostkanadas und in nordwestlichen Teilen der USA (Staat Washington) vor (CIE-Verbreitungskarte Nr. 370).

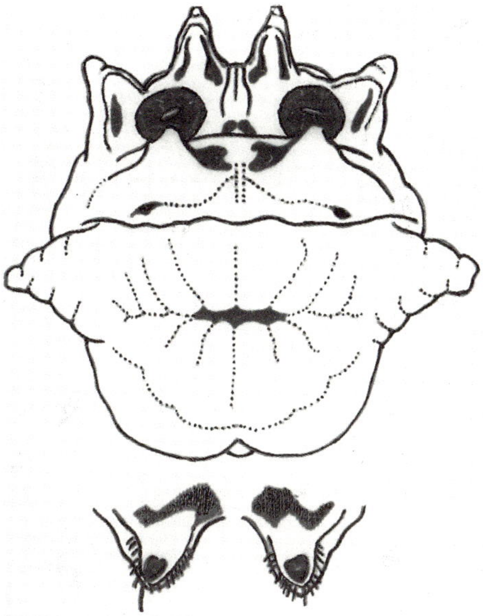

Abb. 61. Hinterende der Larve der Sumpfschnake *(Tipula paludosa)* (nach Sawtschenko).

Beschreibung
Larve: Körper walzenförmig und 30 bis 40 mm lang (Abb. 62). Haut grau gefärbt, runzelig, derb und mit einigen kurzen Borsten versehen. Beine fehlend, Kopfkapsel klein, schwarzbraun, stark chitinisiert und vom übrigen Körper nicht deutlich abgesetzt. Hinterende mit 6 größeren, arttypischen Fortsätzen; obere äußere Hautzapfen nicht oder nur wenig länger als innere (Abb. 61).
Schnake: Schlank und auffallend langbeinig; (Abb. 62) Länge 15 bis 25 mm. Färbung grau bis graubraun. Brust dunkel und längsgestreift.

Fühler 14gliedrig. Füße länger als Schienen. Vorderflügel braungelb mit rotbraunem Vorderrand, Hinterflügel stark reduziert und trommelstockförmig.

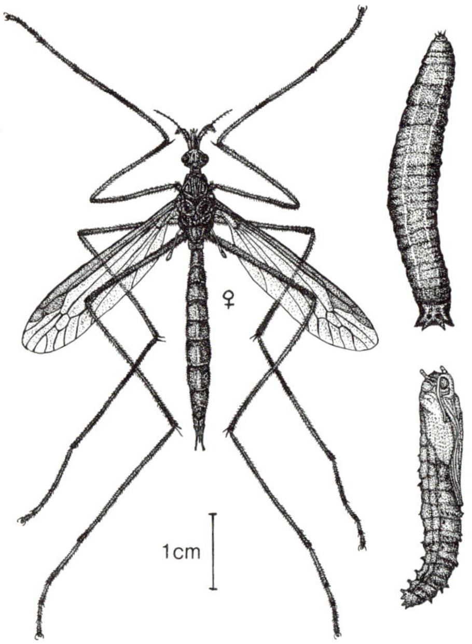

Abb. 62. Larve (rechts oben), Puppe und Vollkerf der Sumpfschnake *(Tipula paludosa).*

Brutpflanzen
An sich ist die Larve der Sumpfschnake in erster Linie ein Schädling von Wiesen und Weiden, wo sie vor allem Gräser und Klee befällt, jedoch greift sie nach Wiesenumbruch oder in der Nachbarschaft von Grünland praktisch alle Kulturpflanzen an, die ihr zu Verfügung stehen, so z. B. Getreidearten, Hackfrüchte, Raps und Rübsen, Luzerne, Bohnen, Erbse und Kohl.

Schadsymptome und wirtschaftliche Bedeutung
Bei Winterroggen kommt es vor, daß Keimlinge schon vor dem Auflaufen abgebissen und auch keimende Körner ausgefressen werden. Ältere Pflanzen welken und knicken um. Die Schnakenlarven bewirken diese Erscheinungen durch Befressen der Wurzeln und Abbeißen der Sprosse unter oder kurz über der Erdoberfläche, wobei solche Schäden oft zuerst an den Feldrändern beobachtet werden. Teile der Pflanzen können auch in die Erdgänge der Larven hineingezogen werden. Die Ränder der Fraßstellen sind faserig, weshalb eine Verwechslungsmöglichkeit mit dem Fraßschaden von Drahtwürmern besteht. Ein nesterweises Auftreten der Tipulidenschäden in befallenen Beständen ist typisch.
Die Sumpfschnake zeigt besonders bei Vorhandensein feuchter, humusreicher, anmooriger oder mooriger Böden hohe Populationsdichten (bis 1000 Larven/m^2), die zu starken Schäden vor allem in Wiesen und Weiden, aber auch an Kulturpflanzen auf oftmals an Grünland angrenzenden, ackerbaulich genutzten Flächen oder nach Grünland- und Kleeumbruch besonders im April/Mai führen können.

Entwicklungszyklus, Biologie und Ökologie
Die Überwinterung von *T. paludosa* erfolgt im 2. und 3. Larvenstadium. Nach intensivem Fraß im Frühjahr findet die Verpuppung im Laufe des Juli in etwa 10 cm Bodentiefe statt. Die Puppe ist hellbräunlich, langgestreckt und zylindrisch; in der Nähe ihres Vorderendes befinden sich 2 hornartige Atemröhren. Etwa 2 Wochen nach der Verpuppung schlüpfen die Schnaken. Vorher arbeiten sich die Puppen unter kreisenden Bewegungen ihres bedornten Hinterleibes an die Erdoberfläche. Die Hauptflugzeit der Wiesenschnaken liegt im August und September. Ihre Lebensdauer beträgt nur etwa 10 Tage. Während dieser Zeit nehmen die Tiere nur Regen- oder Tautropfen auf. Die Weibchen legen nach der Begattung im Durchschnitt etwa 300 längliche, schwarzglänzende Eier in den Boden oder in die Grasnarbe ab. Bei Vorhandensein von reichlich Feuchtigkeit schlüpfen die Larven 2 bis 3 Wochen nach der Eiablage. Während der ersten 3 Larvenstadien halten sich die Tiere in der obersten Bodenschicht auf. Nachts und an regnerischen Tagen erfolgt oberirdischer Fraß, wobei die Larven nur die vorderen Körpersegmente aus dem Boden herausstrecken. Bei Übervermehrung und feuchtschwüler Witterung wandern sie an die Erdoberfläche. Erst nach der 3. Häutung gehen die Larven wieder tiefer in den Boden, um sich hier zu verpuppen. Es entwickelt sich nur eine Generation im Jahr.
Die Eier sind gegen Austrocknung und hohe Temperaturen empfindlich (August-September). Wenn Perioden mit stärkerem Frost und solche mit Tauwetter und viel Regen wechseln, kann unter den überwinternden Larven hohe Sterb-

lichkeit verursacht werden. Dauerschadgebiete sind durch feuchte, kühle Sommer und milde, regenreiche Winter charakterisiert. Die Sumpfschnake zeigt einen typischen Massenwechsel, bei dem nach einem Populationszusammenbruch oft in 1 bis 3 Jahren wieder eine Vermehrung bis zum Erreichen der wirtschaftlichen Schadensschwellen erfolgt.

Natürliche Feinde
Vögel (Stare, Dohlen, Möwen) und Kleinsäuger (z. B. Maulwurf, Spitzmaus) sind wirksame Vertilger der Schnakenlarven. Früher – als sie noch zahlreicher vorkamen – hatten auch Weißstörche einige Bedeutung. Die vollentwickelten Schnaken werden auch von Staren und Schwalben gefangen. Als Räuber sind Vollkerfe und Larven von Carabiden, Staphyliniden und Cantariden bekannt. Als Krankheitserreger sind Viren (z. B. Polyeder-Viren), die Rickettsie *Rickettsiella tipulae* Müll.-Kögl. und Pilze (*Entomophthora* spp.) festgestellt worden. Als Larvenparasit tritt die Tachinide *Siphona geniculata* Deg. auf. Ein weiterer natürlicher Feind ist die Buckelfliege *Megaselia rufipes* Mg. (fakultativer Parasit).

Bekämpfung
Auf Umbruchflächen sollten raschwüchsige Hafer- oder Sommerroggensorten angebaut werden. Kartoffeln sind als Vorfrucht von Winterroggen in gefährdeten Lagen zu verwenden.
Wenn bei Wintergetreide am Ende der Vegetationsruhe, bei Sommergetreide zu Beginn des Auflaufens 4 Larven pro laufenden Meter Drillreihe in den obersten Bodenschichten gefunden werden, so ist die Bekämpfungs- bzw. wirtschaftliche Schadensschwelle erreicht. Bei Mais gilt Entsprechendes bei Nachweis von 2 Larven je laufendem Meter Drillreihe während des Auflaufens, bei Rüben von 10 Larven pro m^2.
In befallsgefährdeten Lagen sowie nach Grünlandumbruch empfiehlt es sich, Getreidesaatgut vorbeugend mit Bromophos-Saatgutpuder zu behandeln. Eine andere wirksame chemische Bekämpfungsmaßnahme ist im Acker- und Gemüseanbau das Auslegen von Kleieködern, in denen z. B. Parathion oder Parathion-methyl als Wirkstoff enthalten ist. Frostfreies, mildes Wetter ist eine Voraussetzung für eine gute Wirkung dieser Köder, die am besten abends oder bei bedecktem Himmel ausgebracht werden sollten. Spritzungen mit Parathion sind gleichfalls wirksam.

Literatur
CARTER, J.B., 1976: A survey of microbial, insect and nematode parasites of Tipulidae (Diptera) in north-east England. J. Appl. Ecol. **13**, 103–122. – GERSDORF, E. und LÜCKE, E., 1967: Untersuchungen über die Einwirkung von Schutzhecken auf das Auftreten von Wiesenschnaken (*Tipula* spec.) auf norddeutschen Moorweiden. Z. Angew. Entomol. **60**, 60–80. – HAHN, E., 1978: Einige Bemerkungen zum Auftreten und zur Schädlichkeit der Wiesenschnaken (Tipulidae) im Grasland. Nachrichtenbl. Pflanzenschutz DDR **32**, 16–17. – MAERCKS, H., 1953: Über den Massenwechsel von *Tipula paludosa* Meig. in den Jahren 1918–1953 und seine Abhängigkeit von der Witterung. Nachrichtenbl. Dtsch. Pflanzenschutzdienstes (Braunschw.) **5**, 177–181. – RICON, G., 1967: Recherches sur les populations des tipules. Action de certains facteurs écologiques sur *Tipula paludosa* Meig.. Ann. Epiphyt. **18**, 451–481.

Kohlschnake
Tipula oleracea L.;

Herbstschnake
Tipula czizeki De Jong (beide Arten: Diptera, Tipulidae)
Die Kohlschnake ist 22 bis 26 mm lang und hat einen hellgrauen Kopf. Die Flügel überragen beim Weibchen den Hinterleib. Es treten bei dieser Art zwei Generationen auf, wobei die Larven der zweiten überwintern. Die Flugzeiten dauern von April bis Anfang Juni und August bis Oktober.
Die Herbstschnake ist 13 bis 27 mm lang und hat einen braungrauen Kopf. Die Flügel reichen bis ans Hinterende des Hinterleibs. Diese Art hat im Jahr nur eine Generation; die Schnaken sind von Oktober bis November zu beobachten. Die Eier überwintern. Die Lebensweise der vollentwickelten Schnaken und der Larven ist der der Sumpfschnake (*T. paludosa*, s. Seite 137) sehr ähnlich. Entsprechendes gilt für die an Kulturpflanzen verursachten Fraßschäden. Die Larven der verschiedenen Schnakenarten sind anhand der Strukturen und Anhänge ihrer Hinterenden zu unterscheiden.
Die Bekämpfung der Kohl- und der Herbstschnake erfolgt wie bei der Sumpfschnake.

Literatur
DEN HOLLANDER, J., 1975: The phenology and habitat of the species of the subgenus *Tipula* Linnaeus in the Netherlands (Diptera, Tipulidae). Tijdschr. Entomol. **118**, 83–97.

1.3.13 Haarmücken

Märzhaarmücken

Gartenhaarmücke, *Bibio hortulanus* (L.);

Markushaarmücke (St. Mark's fly), *B. hortulanus* var. *marci* (L.) [syn. *Bibio marci* (L.)];

Johannishaarmücke, *B. johannis* (L.)

Systematische Stellung
Diptera (Zweiflügler), Bibionidae (Haarmükken)

Geographische Verbreitung
B. hortulanus, die wichtigste Haarmückenart in Mitteleuropa, kommt in ganz Europa und in Nordafrika vor. Die anderen genannten Arten sind in Europa ebenfalls weit verbreitet.

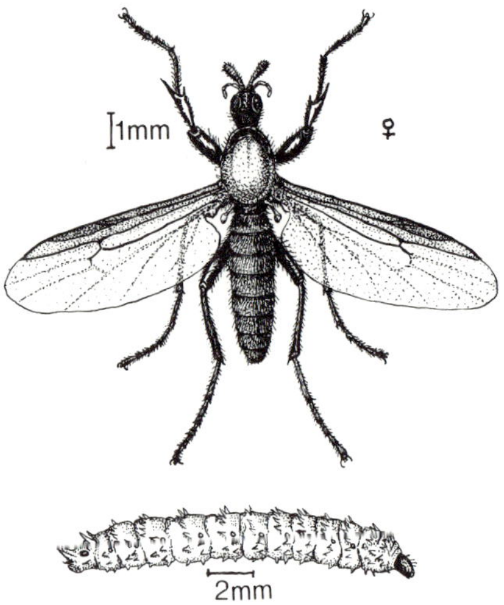

Abb. 63. Larve und Vollkerf der Gartenhaarmücke *(Bibio hortulanus)*.

Beschreibung (*B. hortulanus*)
Larve: Langgestreckt und raupenähnlich (Abb. 63), bis etwa 16 mm lang; Färbung schmutzig braungrau. Kopfkapsel relativ klein, dunkelbraun bis schwärzlich und mit kräftigen Mandibeln. Beine fehlend. Rückenseite der Körpersegmente mit je einer Querreihe weicher, dornartiger Fortsätze, Bauchseite mit je 2 Querreihen. Hinterende mit 2 sklerotisierten Atemplatten, dahinter 4 größere, gekrümmte Dornen; Seiten mit je einem größeren Dorn. Larve der anderen *Bibio*-Arten der von *B. hortulanus* sehr ähnlich und oft nicht mit Sicherheit zu unterscheiden.
Mücke: Verhältnismäßig plump, fliegenähnlich und stark behaart (Abb. 63). Größe etwa 8 bis 10 mm. Männchen schwarz; Hinterleib mit weißlicher Behaarung (bei var. *marci* ganz schwarz). Oberseite des Brustabschnittes und Hinterleib des Weibchens gelbrot. Augen des ♂ sehr groß und dicht beisammenstehend, beim ♀ klein und weit auseinander. Fühler bei beiden Geschlechtern relativ kurz. Vorderschienen stark bedornt. Flügel bräunlich und mit weißlichen Spitzen.
♂ und ♀ bei anderen *Bibio*-Arten ebenfalls mit deutlichen Habitus- und Färbungsunterschieden (Sexualdimorphismus und -dichromismus).

Brutpflanzen
Die Larven der *Bibio*-Arten sind ausgesprochen polyphag. Sie fressen an Getreide (Weizen, Roggen, Gerste), Kartoffeln, Rüben, Spargel und anderen Gemüsekulturen sowie Hopfen.

Schadsymptome und wirtschaftliche Bedeutung
Bei Massenauftreten greifen die Haarmückenlarven bei Witterungsbedingungen, die für ihre Entwicklung günstig sind, manchmal schon im Herbst, meist aber erst im zeitigen Frühjahr im Boden liegende Getreidekörner und vor allem unterirdische Teile junger Getreidepflanzen an. Die Körner werden angefressen oder ausgehöhlt, so daß die Saat nicht oder nur schlecht aufläuft. Außerdem werden Jungpflanzen oft unter der Erdoberfläche abgebissen oder manchmal auch dicht über dem Boden geschädigt. Als Folge stellen sich Welke, Vergilbung und Absterben der angefressenen Pflanzen ein, die sich leicht aus dem Boden herausziehen lassen. In Kartoffelknollen werden Löcher hineingefressen, wobei im Extremfall nur die Schale übrigbleibt.
Haarmückenlarven treten in manchen Jahren und dann meist nur stellenweise in Massen auf, können jedoch vor allem an jungem Getreide empfindlichen Schaden verursachen, der soweit

geht, daß Wintergetreidefelder umgebrochen und neu bestellt werden müssen.

Entwicklungszyklus, Biologie und Ökologie
Die weiblichen Haarmücken legen vor allem in der zweiten Mai-, manchmal auch in der ersten Junihälfte etwa 100 Eier in Klumpen in den Boden. Sie bevorzugen dabei solche Böden, die mit Stallmist gedüngt bzw. besonders humusreich sind.
Die Larven leben im Hochsommer von verrottetem Stallmist und anderem organischem Material. Bei Trockenheit, Mangel an Pflanzenrückständen oder Mist greifen sie im Herbst und besonders im ersten Frühjahr dann auch Getreidekörner, Keimlinge und Jungpflanzen an. Sie zeigen hierbei ein geselliges Verhalten. Bei Fraß an Kartoffeln wurden bis zu 35 Larven pro Knolle festgestellt. Wenn sie nicht an Kulturpflanzen fressen, können sie im Boden zur Humusbildung wesentlich beitragen. Tagsüber halten sie sich, da sie gegen Austrocknung empfindlich sind, stets im Boden auf, verlassen diesen aber in feuchten Nächten, um auch an oberirdischen Pflanzenteilen, die sich in Bodennähe befinden, zu fressen. Die Überwinterung erfolgt in 5 bis 10 cm Bodentiefe, die Verpuppung im April und Anfang Mai in der gleichen Bodenschicht. Wenig später, d. h. etwa ab Mitte Mai, schlüpfen die Mücken. Die ♂♂ sind dann oft in großer Zahl bei ihrem charakteristischen Schwebeflug, bei dem sie die Hinterbeine herunterhängen lassen, zu beobachten. Die ♀♀ sitzen auf Büschen und Bäumen und sind vergleichsweise wenig aktiv. Durch Blütenbesuch können die Haarmücken an Obstbäumen durch Bestäubung nützlich werden. Neben Nektar dient ihnen der Honigtau saugender Insekten (Homopteren) als Nahrung. Sie leben nur wenige Wochen. Im Jahr entwickelt sich eine Generation.

Natürliche Feinde
Die Mücken und Larven werden von verschiedenen Vogelarten wie Fasanen, Staren und Krähen gefressen. Als Larvenparasiten sind z. B. Nematoden wie *Neoaplectana bibionis* Bov. festgestellt worden (Dänemark).

Bekämpfung
Die Fraßperiode der Haarmückenlarven im Frühjahr ist relativ kurz. Wenn der Schaden bemerkt wird, ist durch Bekämpfungsmaßnahmen oft kein wirtschaftlicher Erfolg mehr zu erzielen, da die Fraßaktivität der Larven ohnehin von selbst sehr bald zum Stillstand gekommen wäre. Falls Wintersaaten aufgrund von Fraßschäden umgebrochen werden müssen, darf eine Neubestellung nicht vor Mitte April erfolgen. Es kann dann jede beliebige Frucht angebaut werden. Stalldünger muß rasch und sorgfältig untergepflügt werden, ebenso Pflanzenrückstände.
Als wirtschaftliche Schadensschwelle gilt ein Ausfall von etwa 20% an jungen Pflanzen in einem Bestand. Wo erfahrungsgemäß mit einem stärkeren Auftreten von Haarmückenlarven zu rechnen ist, kann Getreidesaatgut vorbeugend mit Lindan-Saatgutpudern behandelt werden. Eine weitere erfolgsversprechende chemische Bekämpfungsmaßnahme im Getreidebau ist das Beidrillen von Granulaten, die Lindan, Bromophos oder andere zugelassene Wirkstoffe enthalten. Wirksam sind auch insektizidhaltige Kleieköder, die in den Boden eingearbeitet werden müssen.

Literatur
BOLLOW, H., 1951: Zur Biologie und Systematik der landwirtschaftlich wichtigen Haarmükken (Bibioniden). Pflanzenschutz 3, 131–132. – MÜLLER, K.R., 1953: Zur Biologie und Bekämpfung der Gartenhaarmücke (*Bibio hortulanus* L.). Nachrichtenbl. Dtsch. Pflanzenschutzdienst (Berl.) NF 7, 41–48. – VORSATZ, E. und RODE, H., 1967: Über ein Massenauftreten von Haarmückenlarven an Winterweizen und ein Versuch zu ihrer Bekämpfung. Ibid. **21**, 218–220.

1.3.14 Gallmücken

Hessenmücke, Hessenfliege
(Hessian fly)
Mayetiola destructor (Say) [syn. *Mayetiola secalis* Bollow, *Phytophaga destructor* (Say)]

Systematische Stellung
Diptera (Zweiflügler), Cecidomyiidae (Gallmücken)

Geographische Verbreitung
Die Hessenmücke ist in Europa und Asien, in Nordafrika, Nordamerika (USA, Kanada) und in Neuseeland verbreitet (CIE-Verbreitungskar-

te Nr. 57). Die Frage, ob *M. destructor* durch hessische Truppen (Name!) mit mitgebrachtem Stroh während der amerikanischen Befreiungskriege nach Nordamerika eingeschleppt wurde, ist nicht eindeutig zu beantworten.

Beschreibung

Larve: Etwa 2,5 bis 3 mm lang und weißlich bis gelblichweiß gefärbt. Kopfkapsel und Beine fehlend. Bauchseite des 1. Brustsegments mit zweispitziger Brustgräte.

Puparium: Etwa 3 bis 5 mm lang, anfangs weißlich, später glänzend dunkelbraun und leinsamenförmig (Abb. 65).

Mücke: Etwa 2,5 bis 3,5 mm lang; Färbung schwarz und rot oder rötlich-ockerfarben. Flügel grau, Beine langgestreckt, dünn und beschuppt (Abb. 64).

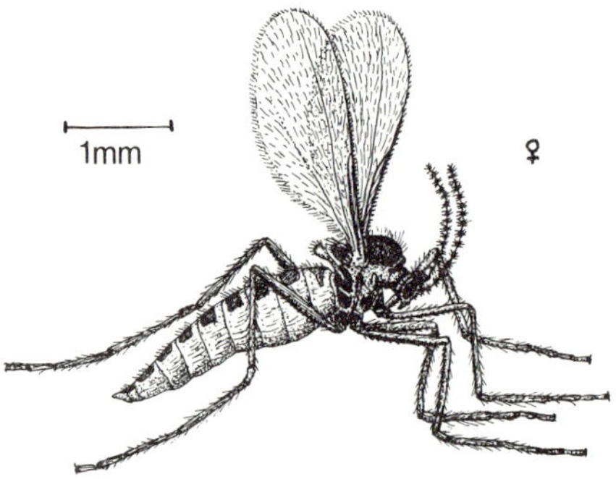

Abb. 64. Hessenmücke *(Mayetiola destructor).*

Brutpflanzen

Von den Getreidearten wird von *M. destructor* vor allem Weizen und Roggen befallen, Gerste seltener, während Hafer gemieden wird. Unter den Wildgräsern stellt die Quecke (*Agropyron repens*) eine wichtige Nebenwirtspflanze dar. Außerdem wird z.B. die dem Weizen systematisch nahestehende Art *Aegilops ovata* befallen.

Schadsymptome und wirtschaftliche Bedeutung

Schäden an Getreide werden durch Larven der Frühjahrs- und der Herbstgeneration hervorgerufen. Im Frühjahr entstehen an den Saugstellen zwischen Blattscheide und Halm oberhalb der Knoten – insbesondere des untersten Knotens – Eindellungen und es kann an diesen Stellen zum Umbrechen der geschädigten Halme kommen. Stark befallene Felder sehen nach zusätzlicher Einwirkung kräftiger Winde wie verhagelt aus. Der Kornertrag wird an den geschädigten Pflanzen erheblich reduziert.

Im Herbst besaugen die Hessenmückenlarven die Triebe der Winterung, wodurch zuerst die äußeren Blätter braun werden und schließlich absterben, später auch die Triebe und die ganzen befallenen Pflanzen.

Das zahlenmäßige Auftreten von *M. destructor* schwankt von Jahr zu Jahr sehr stark; meist kommt es nur in Abständen von einigen Jahren zu örtlichem Massenauftreten, das mit beträchtlichem Schaden verbunden sein kann, wie z.B. an Roggen in den ersten Jahren nach dem Ende des 2. Weltkrieges in Teilen Bayerns. Aus Norddeutschland sind bisher noch keine größeren Schäden bekannt geworden, was mit dem frühen Erscheinen der Sommergeneration, der noch kein Wintergetreide für die Eiablage zur Verfügung steht, in Zusammenhang gebracht wird. In Zuchtgärten, wo besondere Bedingungen vorliegen, kann sich die Mücke jedoch in größeren Populationen halten.

Entwicklungszyklus, Biologie und Ökologie

Im April und Mai legen die weiblichen Mücken, die relativ träge und flugunlustig sind, im Durchschnitt etwa 180 rötliche Eier einzeln oder in kleinen Gruppen auf die Oberseite der Getreideblätter parallel zu den Längsadern ab. Nachschosser werden bei der Eiablage bevorzugt. Die Junglarven schlüpfen nach etwa 1 Woche und wandern anschließend in der Nähe der Ligula in die Blattscheide hinein, wo sie oberhalb eines Halmknotens – meist des untersten – mit ihrer Fraßtätigkeit beginnen. Sie scheiden zu diesem Zweck Verdauungssekrete aus. In vielen Fällen sind mehrere Larven neben- oder übereinander zwischen Blattscheide und Halm zu finden. Sie verursachen am Halm die bereits beschriebenen Schadsymptome. Nach etwa 3 ½ bis 4 Wochen Larvalentwicklungszeit erfolgt die Verpuppung an der Fraßstelle, wobei die letzte Larvenhaut der Tiere erhärtet und das anfangs weißliche, später braune Puparium bildet (Abb. 65). Es schließt die eigentliche Mückenpuppe ein. Die Puppenruhe dauert im Sommer etwa 1 ½ Wochen. Von Ende Juli ab bis in den September hinein fliegen die Mücken der neuen Generation. Sie belegen die Blätter von Ausfallgetreide und Quecken mit ihren Eiern, in manchen Jah-

Abb. 65. Puparien („Leinsamenstadium") der Hessenmücke *(Mayetiola destructor)*.

ren auch früh gesätes Wintergetreide. Die Larven begeben sich an die Basis der Triebe und nehmen dort Nahrung auf. Die Überwinterung erfolgt als Larve im Puparium („Leinsamenstadium"), meist zwischen Blattscheide und Haupttrieb. Die Larven in den Puparien können eine unterschiedlich lange Diapause durchmachen („überliegen"), die in manchen Fällen bis zu mehreren Jahren dauert. Die Hessenmücke hat in unseren Breiten meist 2, seltener 3 Generationen im Jahr.

Natürliche Feinde

Als Parasiten sind im mitteleuropäischen Verbreitungsgebiet der Hessenmücke Proctotrupiden wie *Platygaster hiemalis* Forb. und *P. herrickii* Pack. sowie Chalcididen als Larvenparasiten festgestellt worden. Die vollentwickelten Kleinwespen schlüpfen aus den Puparien der Wirtstiere.

Bekämpfung

In den USA, wo verschiedene Rassen der Hessenmücke auftreten, sind schon vor längerer Zeit resistente Weizensorten gezüchtet worden. Diese Resistenz hat sich bis jetzt als stabil erwiesen.

Wichtige Vorbeugungsmaßnahmen sind die möglichst frühe Aussaat des Sommer- und möglichst späte des Wintergetreides. Hessenmückenbefall in größerem Ausmaß an der Winterung kommt meist dann zustande, wenn sich die Flugzeit der Mücken über einen langen Zeitraum hinzieht und Wintergetreidefelder früh bestellt werden. Tiefes Einpflügen der Stoppeln und frühzeitige Beseitigung des Ausfallgetreides sind weitere sinnvolle prophylaktische Maßnahmen. Als wirtschaftliche Schadensschwelle werden 400 Eier und Larven oder 40 befallene Pflanzen pro m^2 angegeben.

Über die chemische Bekämpfung der Hessenfliege liegen in Mitteleuropa nur wenige Erfahrungen vor. Eine Saatgutpuderung mit Lindan-Präparaten kann gegen die Larven der Herbstgeneration Entlastung bringen, vermutlich auch der Einsatz von verschiedenen Kontaktinsektiziden gegen die Mücken während der Hauptflugzeit.

Literatur

Bollow, H., 1950: Schwere Schäden an den Wintersaaten in Bayern durch eine bisher unbekannte Getreidegallmücke. Pflanzenschutz **2**, 41–44. – Buhl, C., 1957: Beobachtungen über das Vorkommen der echten „Hessenfliege" *Mayetiola destructor* (Say) in Norddeutschland. Z. Pflanzenkr. Pflanzenpathol. Pflanzenschutz **64**, 271–286. – Stokes, B.M., 1957: Observations and experiments on the Hessian fly (*Mayetiola destructor* Say). Ann. Appl. Biol. **45**, 122–132.

Sattelmücke

Haplodiplosis marginata (Roser) [syn. *Haplodiplosis equestris* (Wagn.), *H. marginatus* (Roser)]

Systematische Stellung

Diptera (Zweiflügler), Cecidomyiidae (Gallmücken)

Geographische Verbreitung

Die Sattelmücke kommt in großen Teilen Nord-, Mittel-, Süd- und Osteuropas vor. In Westeuropa wurde sie unter anderem in England, in den Niederlanden und Belgien nachgewiesen.

Beschreibung

Larve: Länge bis etwa 5 mm. Färbung zunächst (junge Stadien) weißlich, später (letztes Stadium) intensiv orangerot bis rot. Beine und Kopfkapsel

fehlend. Körper deutlich segmentiert (insgesamt 14 Segmente) und mit charakteristischer Brustgräte auf der Bauchseite des 1. Brustsegments.
Mücke: Körper etwa 4 bis 4,5 mm lang, gelblich behaart. Brustabschnitt schwarzbraun, Hinterleib rot. Flügel hyalin, 2. Flügelader hinter der Flügelspitze mündend. Beine lang und schlank.

Brutpflanzen
Von den Getreidearten werden vor allem Weizen, Gerste und Roggen befallen. Hafer dient nur stellenweise als Nährpflanze. Als wichtigste Wirtspflanze unter den Ungräsern ist die Quecke (*Agropyron repens*) anzusehen, außerdem eignen sich auch Arten der Gattungen *Elymus* und *Lolium*.

Abb. 67. Links: Kümmerkorn von Halmen mit Sattelmückenbefall, rechts: Körner von befallsfreien Weizenhalmen.

Schadsymptome und wirtschaftliche Bedeutung
Die Larven der Sattelmücke saugen gesellig zwischen Blattscheiden und Halm. Dadurch werden die Halmteile oberhalb der Knoten aufgebläht (Farbtafel 6, S. 102). An den befallenen Halmzonen bilden sich sattelförmige Querwülste (Farbtafel 6, S. 102). Die Halme bleiben kurz und brechen an geschädigten Stellen leicht um. Das oberste Internodium wird in der Regel am stärksten befallen, weniger das zweite (von oben), am wenigsten das dritte. Die Ähren geschädigter Halme bleiben oft in der Blattscheide stecken (Abb. 66) und erzeugen nur Kümmerkorn (Abb. 67). An den Saugstellen der Mückenlarven kommt es in feuchten Jahren auch zu Pilzinfektionen (*Fusarium* spp., s. S. 20). In manchen Jahren ist auch Frühbefall schon vor dem Schossen möglich, was zu beachtlichen Schäden führt.
H. marginata tritt in der Bundesrepublik Deutschland und in anderen Teilen Europas (Niederlande, Österreich, Dänemark, Schweden) meist nur in bestimmten Jahren in getreidereichen Fruchtfolgen sehr stark auf. Sie kann

Abb. 66. Infolge von Sattelmückenbefall (*Haplodiplosis marginata*) in der Blattscheide teilweise steckengebliebene Weizenähren.

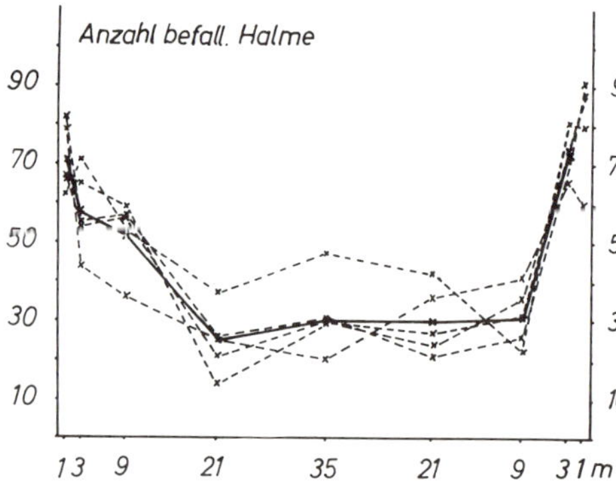

Abb. 68. Verteilung des Befalls durch Sattelmückenlarven (*Haplodiplosis marginata*) in einem Weizenbestand (nach Becker). Die untere Zahlenreihe gibt die Entfernungen von den Feldrändern an.

dann den Ertrag an Winter- und Sommerweizen sowie Sommergerste erheblich vermindern. Einbußen von 15 bis 30% und darüber sind möglich, in extremen Fällen sogar Totalverluste. Schon bei 3 Gallen (Larven) pro Halm wird bei Winterweizen das Ährengewicht reduziert.

Entwicklungszyklus, Biologie und Ökologie
Die Mücken schlüpfen, sobald sich die oberste Bodenschicht auf etwa 18 °C erwärmt hat, d. h. von Anfang Mai bis etwa Mitte Juni. Bei starkem Wind können sie über größere Strecken verweht werden, doch ist die Frage, ob sie dies intakt überstehen können. Aktiv fliegen sie nur über kurze Distanz, sie sind somit flugträge.
Die Weibchen legen bevorzugt in der Nähe von im Vorjahr befallenen Feldern im Durchschnitt etwa 200 rötliche Eier reihenweise hintereinander („Eischnüre") parallel zu den Blattrippen auf die Blattoberseiten. Stärkerer Randbefall der Felder ist oft typisch (Abb. 68). Die Larven, die bei 18 °C 6 bis 7 Tage nach der Eiablage schlüpfen, dringen in die Blattscheiden ein, wandern dann nach unten und setzen sich schließlich oberhalb eines Knotens fest, um hier mit der Saugtätigkeit zu beginnen. Im Laufe der Larvalentwicklung, die 3 bis 4 Wochen dauert, bilden sich die charakteristischen Querwülste an den Halmen aus. In der Regel werden 3 bis 10, in Extremfällen 80 bis 100 Larven bzw. Gallen an einem Halm gefunden. Die Larven begeben sich gegen Ende Juni und im Juli, wenn sie ihre volle Größe erreicht haben, in den Boden, wo sie in Diapause gehen und meist in 6 bis 10 cm Tiefe überwintern. Bei extremer Trockenheit können sie ihren Entwicklungsort an den Halmen nicht verlassen.
Die Verpuppung erfolgt im Frühjahr, nachdem sich die Larven vorher in die obersten Bodenschichten begeben haben. Die Puppenruhe dauert bei 18 °C 6 bis 8 Tage. Ein Teil der Larven (10 bis 20%) kann die Diapause fortsetzen, d. h. noch ein weiteres Jahr überliegen. Im Jahr tritt also nur eine Generation in Erscheinung.
Schwere Böden sagen der Sattelmücke wegen ihres Feuchtigkeitsbedarfes besonders zu. Massenvermehrungen sind vor allem nach Jahren mit länger anhaltenden Regenperioden zu erwarten. Falls im Winter der Boden austrocknet, gehen die Sattelmückenlarven zugrunde. Der Schädling wird durch den Intensivgetreidebau mit reinen Getreidefruchtfolgen deutlich begünstigt.

Natürliche Feinde
Der Hautflügler *Platygaster equestris* Spittl. (Platygasteridae) wurde als wichtiger Ei- und Larvenparasit der Sattelmücke nachgewiesen. Eine zweite Hymenopteren-Art, die Eulophide *Chrysocharis seiuncta* Del., ist ein Larvenparasit, vermag jedoch *H. marginata* nicht in Kulturfelder zu folgen und ist deshalb nur in Wildgrasbeständen (Quecke usw.) zu finden.

Bekämpfung
Bei frühreifen bzw. frühgesäten Wintergerstensorten bieten die rasch erhärtenden Halme den Junglarven keine geeignete Nahrungsgrundlage (Scheinresistenz). Die Wintergerstensorte „Hauters" hat sich als besonders resistent erwiesen. Es wird empfohlen, nach einem Massenauftreten der Sattelmücke die Frucht zu wechseln, d. h. für 1 bis 2 Jahre kein anfälliges Getreide anzubauen. Hierbei ist zu berücksichtigen, daß frühreifende Wintergerste und Winterroggen – wenn überhaupt – dann höchstens schwach befallen werden, dagegen Sommer- und Winterweizensorten sowie Sommergerste sehr stark. Eine intensive Queckenbekämpfung durch Bodenbearbeitung oder mit Herbiziden kann örtlich ebenfalls eine Entlastung bringen. Eine Verkleinerung der Feld- und Wegränder führt gleichfalls zur Verminderung des Queckenbestandes. Ein Einsatz von Halmverkürzungsmitteln wie Chlormequat fördert nach Untersuchungen in Belgien das Auftreten von *H. marginata*, vor allem bei Sommerweizen.
Tiefe Pflugfurche mit Vorschäler im Herbst und Winter, mehrmaliges Eggen und Striegeln im Frühjahr, erhöhte Saatmenge und späte Stickstoffgabe sind gleichfalls Maßnahmen, die den Sattelmückenbefall reduzieren und/oder seine Folgen mindern.
Sommergerste, Sommer- und Winterweizen sind vor Beginn des Schossens bis Beginn des Ährenschiebens auf Befall zu kontrollieren, wobei besonders auf Eiablagen zu achten ist. Werden bei Kontrollen etwa von Beginn der Wintergerstenblüte an bei Sommergerste und -weizen mehr als 25% der Halme mit Eiern gefunden, so bedeutet dies, daß die Bekämpfungs- bzw. wirtschaftliche Schadensschwelle erreicht ist. An Winterweizen liegt diese Schwelle mit mehr als 50% mit Eiern belegter Halme (etwa 15 Eilarven/Halm) etwa doppelt so hoch.

Bei chemischen Bekämpfungsmaßnahmen mit Kontaktinsektiziden hat sich Parathion am besten bewährt. Auch Fenitrothion, Dimethoat, Deltamethrin und Trichlorfon sind wirksam. Je nach Befallsstärke sind 1 bis 2 Behandlungen erforderlich. Über die Notwendigkeit einer 3. Behandlung bei besonders langer Flugperiode der Sattelmücke wird noch diskutiert. In der Regel sollte der Insektizideinsatz etwa 6 bis 8 Tage nach der Eiablage erfolgen, um ein Eindringen der Larven in die Blattscheiden zu verhindern. Wenn der Befall der Getreidebestände vor allem auf Zuflug beruht, so genügen meist schon Randbehandlungen, um einen befriedigenden Bekämpfungserfolg zu erreichen.

Literatur

Bayer, M., 1963-64: Zur Biologie und Gradologie der Sattelmücke *Haplodiplosis equestris* Wagner (Diptera, Cecidomyiidae). Z. Angew. Entomol. **53**, 217–273. – Faber, W., 1959: Untersuchungen über ein katastrophales Auftreten der Sattelmücke (*Haplodiplosis equestris* Wagner) in Osttirol. Pflanzenschutzberichte **33**, 65–90. – Heddergott, H., 1963: Zum Massenauftreten der Sattelmücke *Haplodiplosis equestris* Wagn. (Diptera, Cecidomyiidae). Ges. Pflanzen **15**, 161–167. – Nijveldt, W. en Hulshoff, A.J.A., 1960: Voorkomen, biologie, fenologie en bestrijding van de tarwestengalmug in 1960. Tienjarenplan Granonderzoek **7**, 105–119. Schütte, F., 1964: Zum Wirtpflanzenkreis und zu Vagilität der Sattelmücke (*Haplodiplosis equestris* Wagner). Z. Angew. Entomol. **54**, 196–201. – Weigand, G., 1972: Zur Bekämpfung der Sattelmücke (*Haplodiplosis equestris* Wagner) in Sommerweizen und Sommergerste unter besonderer Berücksichtigung eigener Studien in Versuchen 1970-71. Ges. Pflanzen **24**, 37–46.

Weizengallmucken

Gelbe Weizengallmücke (wheat blossom midge), *Contarinia tritici* (Kby.);

Orangerote Weizengallmücke (orange wheat blossom midge), *Sitodiplosis mosellana* (Géh.)

Systematische Stellung

Diptera (Zweiflügler), Cecidomyiidae (Gallmücken)

Geographische Verbreitung

Beide Weizengallmückenarten kommen in großen Teilen Europas und einigen Gebieten Asiens einschließlich Japan vor, *C. tritici* auch in Nordafrika (Tunesien) (CIE-Verbreitungskarte Nr. 182) und *S. mosellana* in den USA und Kanada (CIE-Verbreitungskarte Nr. 183).

Beschreibung

Larve: Etwa 2 bis 2,5 mm lang, madenförmig und orangerot (*S. mosellana*) oder zitronengelb (*C. tritici*) gefärbt. Kopfkapsel und Beine fehlend. Unterseite des 1. Brustsegments mit Brustgräte. Hinterende des Körpers mit mehreren zackenförmigen Fortsätzen (Abb. 69). Sprungfähigkeit bei *C. tritici* vorhanden, bei *S. mosellana* fehlend.

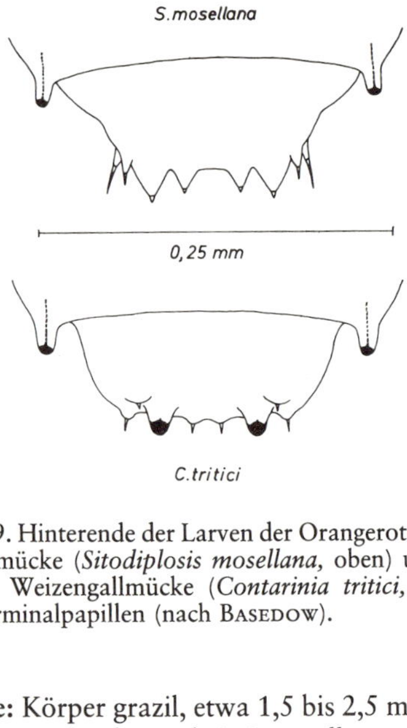

Abb. 69. Hinterende der Larven der Orangeroten Weizengallmücke (*Sitodiplosis mosellana*, oben) und der Gelben Weizengallmücke (*Contarinia tritici*, unten) mit Terminalpapillen (nach Basedow).

Mücke: Körper grazil, etwa 1,5 bis 2,5 mm lang (Abb. 70). Färbung bei *S.mosellana* orange rot, bei *C. tritici* gelb. Beine lang und dünn, bei *T. tritici* gelblich, bei *S. mosellana* hellbraun gefärbt; Fühler schwarz (*C. tritici*) oder braun (*S. mosellana*). Hinterleib beim ♀ mit kurzer, nicht ausstreckbarer (*S. mosellana*) oder langer, ausstreckbarer Legeröhre (*C. tritici*) (Abb. 71).

Brutpflanzen

Beide Gallmückenarten kommen vor allem an Weizen, daneben an Roggen und Gerste vor. Die Gelbe Weizengallmücke kann sich auch an

Quecke (*Agropyron repens*) und Ackerfuchsschwanz (*Alopecurus myosuroides*) entwickeln.

Schadsymptome und wirtschaftliche Bedeutung
Die Larven saugen in den Ähren an den Körnern (Farbtafel 6, S. 102). Bei einseitigem Befall sind die Ähren oft gekrümmt, erscheinen atypisch schlank und fühlen sich sehr weich an. Bei Roggen kann Schartigkeit auftreten. Früher Befall, vor allem durch *C. tritici*, führt dazu, daß sich die Körner infolge Zerstörung der Fruchtknoten überhaupt nicht entwickeln. Es kommt somit zu einer Verminderung der Kornzahl pro Ähre. Späteres Auftreten der Larven bedingt die Bildung von Schmachtkörnern, die mehr oder weniger geschrumpft oder mißgebildet sind (Abb. 72). An der unteren Hälfte der die befallenen Körner umhüllenden Spelzen ist anfänglich oft eine helle, später dunklere Verfärbung ähnlich wie bei einem Befall durch den Pilz *Septoria nodorum* (s. Seite 33) zu beobachten. In vielen Fällen kommt es zu einem Aufplatzen der Samenschale und sekundären Pilzinfektionen. Der Saatgutwert wird stark beeinträchtigt. Keimfähigkeit, Keimschnelligkeit, Triebkraft und Tausendkorngewicht können erheblich vermindert werden. Auch die Backqualität wird zumindest bei Roggen durch *S. mosellana*-Befall deutlich negativ beeinflußt.

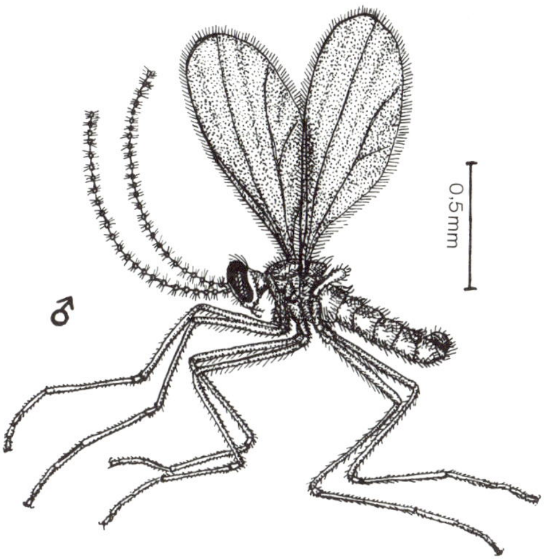

Abb. 70. Männchen der Gelben Weizengallmücke (*Contarinia tritici*).

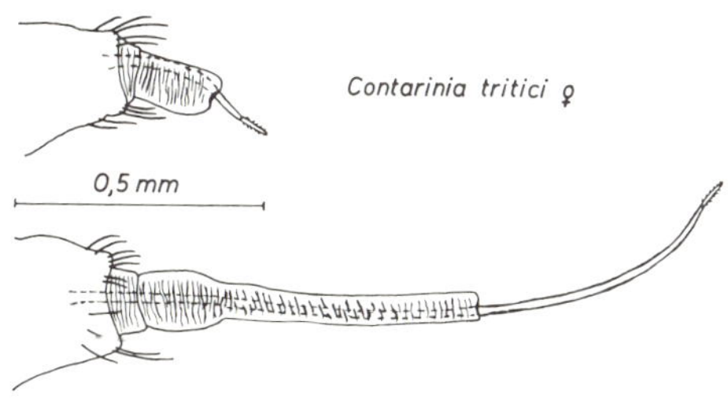

Abb. 71. Legeröhre der Gelben Weizengallmücke (*Contarinia tritici*) in Ruhestellung und in etwa zur Hälfte ausgestrecktem Zustand (unten) (nach BASEDOW).

Abb. 72. Links: von Weizengallmücken geschädigte Körner. Rechts: gesunde Weizenkörner.

Die beiden Weizengallmückenarten sind in Mitteleuropa in Weizenanbaugebieten weit verbreitet und treten von Zeit zu Zeit stellenweise als gefährliche, ertragsmindernde Schädlinge in Erscheinung. Ein Befall von durchschnittlich 15 Larven von *S. mosellana* pro Weizenähre kann den Ertrag um 4 dt/ha senken.

Entwicklungszyklus, Biologie und Ökologie
Beide Gallmückenarten haben im Jahr nur eine Generation. Sie überwintern als Larve in einem rundlichen, durchscheinenden Kokon im Boden. Bei steigenden Frühjahrstemperaturen verlassen die Larven die Überwinterungsquartiere in den oberen Bodenschichten und begeben sich unmittelbar unter die Erdoberfläche zur Verpuppung. Die Puppenperiode dauert etwa 2 Wochen.
Bei *C. tritici* fliegen die Mücken vor allem zur Zeit des frühen Ährenschiebens des Winterweizens, bei *S. mosellana* etwas später, d. h. zur Zeit der Weizenblüte (Abb. 73). Sie können vom Wind verfrachtet werden und dadurch in weiter ent-

fernte Felder gelangen, falls ihnen solche nicht am Schlüpfort zur Verfügung stehen. *C. tritici* ist noch in 16 m Höhe festgestellt worden. Im Feld halten sich die Gallmücken, deren Lebensdauer nur einen oder wenige Tage beträgt, meist am Erdboden oder in dessen Nähe auf. Am Abend fliegen sie, besonders bei ruhiger Witterung nach Sonnenuntergang, nach oben an die Ähren zur Eiablage. Bei hoher relativer Luftfeuchtigkeit kann auch am Tage eine Eiablage erfolgen. Die Flugperiode dauert meist ungefähr 2 bis 3 Wochen, kann sich aber vor allem bei *S. mosellana* noch länger hinausziehen. Die Weibchen von *C. tritici* legen insbesondere an Ähren, die gerade aus der Blattscheide heraustreten, 5 bis 8 Eier pro Kornanlage ab. Die Gesamteizahl pro Tier beträgt etwa 30 bis 40. Im Gegensatz zur Gelben Weizengallmücke legen die Weibchen der Orangeroten ihre Eier einzeln ab. Hierdurch kann bei Mehrfachbelegung jedoch gleichfalls ein Befall von mehreren Larven pro Korn zustande kommen. Der Weizen ist nur während einer kurzen Periode von 5 Tagen durch die Gallmücken gefährdet. Zur Zeit des späten Ährenschiebens können Weizenähren von *C. tritici* nicht mehr erfolgreich belegt werden. Für *S. mosellana* sind nur Ähren vor der Blüte gut geeignet, da in später belegten meist keine vollständige Entwicklung mehr möglich ist.

Das Schlüpfen der Junglarven erfolgt etwa 5 bis 10 Tage nach der Eiablage. Die Periode der Nahrungsaufnahme der Larven dauert etwa 3 bis 4 Wochen. Nach Erreichen der endgültigen Größe verlassen die Larven bei feuchter Witterung die Ähren und begeben sich in die obersten Bodenschichten, wo sie einen Kokon spinnen und in diesem eine Diapause von unterschiedlicher Länge durchmachen. Durch Bodenbearbeitungsmaßnahmen können sie später auch in tiefere Schichten gelangen. Bei Trockenheit bilden die *S. mosellana*-Larven in den Ähren „Scheinpuppen", d. h. sie sondern eine pergamentähnliche, durchsichtige Hülle ab, in der sie eingeschlossen sind (Farbtafel 6, S. 102) und wandern erst später bei Feuchtigkeit in den Boden ein. Im Normalfall verpuppen sie sich im kommenden Frühjahr, können aber auch jahrelang überliegen (Diapause, Abb. 74). Die Überliegensrate einer Population kann von 0 bis 96% schwanken. Sie wird von den Niederschlägen

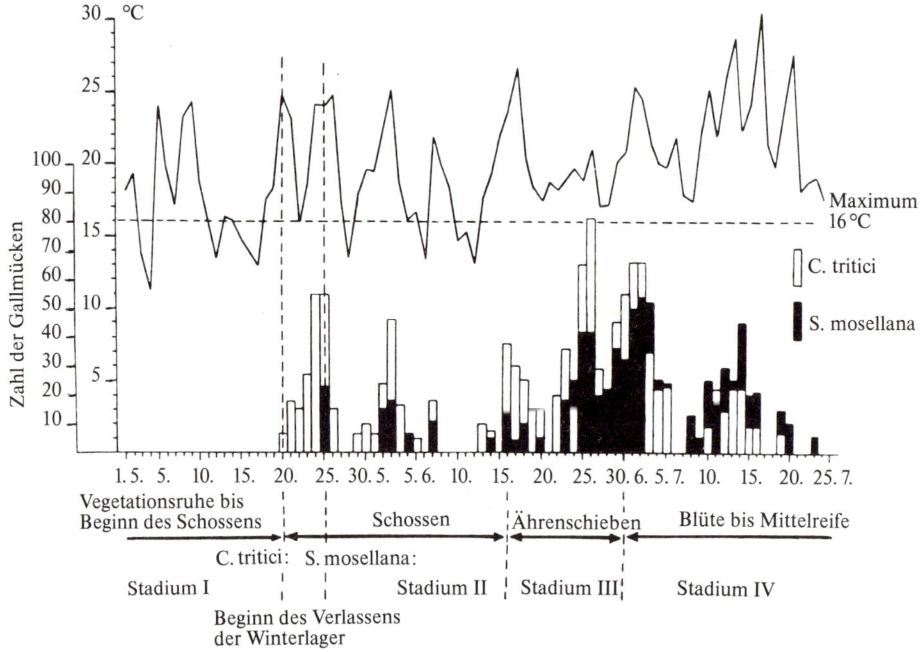

Abb. 73. Weizengallmückenfänge in Weißschalen in Abhängigkeit von der Lufttemperatur und dem Entwicklungszustand des Weizens (nach FRITZSCHE).

und der Bodenfeuchtigkeit sowie vom Fruchtwechsel beeinflußt. Auch ein Überliegen im Puppenstadium ist nachgewiesen worden; bei *C. tritici* soll dieses bis 3, bei *S. mosellana* bis 12 Jahre dauern können. Schließlich wurde festgestellt, daß sich einzelne Larven im Sommer sofort verpuppen und noch eine zweite Mückengeneration ergeben, die ihre Eier an Wildgräserähren ablegt.

Wesentliche Einflüsse auf die Populationsdynamik der Weizengallmücken werden durch Parasiten (s. u.), das Überliegen der Larven und die Inkoinzidenz, d. h. nicht mit der sensiblen Periode der Nährpflanze zusammenfallendes Schlüpfen der Mücken, ausgeübt.

Durch heftige Niederschläge („Platzregen“) während der Flugperiode werden die Gallmükken zu Boden geschlagen und abgetötet.

Natürliche Feinde

Es gibt eine Reihe von Hautflüglerarten, die als Parasiten der Entwicklungsstadien der Weizengallmücken auftreten, z. B. die Platygasteride *Isostasius punctiger* Nees bei *C. tritici.* Außerdem können *Platygaster tuberosus* Nees und *Isostasius inserens* (Kby.) sowie besonders die Pteromalide *Pirene penetrans* (Kby.) Bedeutung erlangen. Bei der Gelben Weizengallmücke wurden Parasitierungsprozentsätze bis zu 41%, bei der Orangenroten bis zu 74% festgestellt. Den

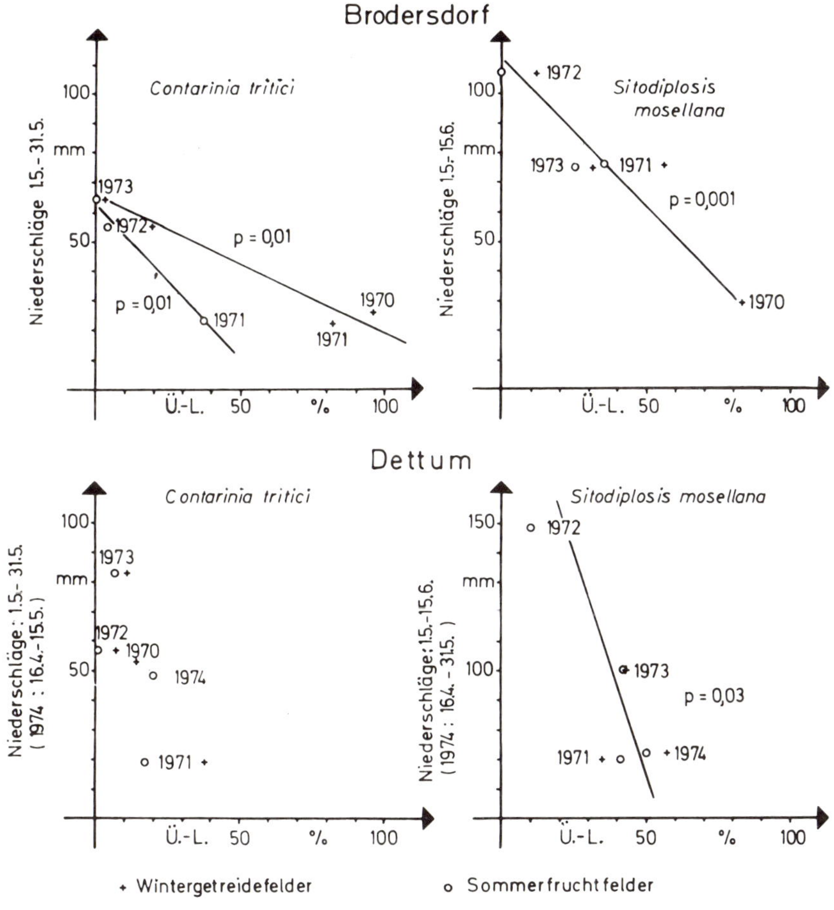

Abb. 74. Überliegen der Weizengallmücken *Contarinia tritici* und *Sitodiplosis mosellana* in Beziehung zu Niederschlägen im Mai/Juni am Standort Brodersdorf (Krs. Plön; sandiger Lehm) und Dettum (Krs. Wolfenbüttel; degenerierter Löß in feuchter Lage). Ü.–L. = Überliegende Larven in % der Frühjahrsgeneration im Boden (nach Basedow & Gillich).

epigäischen Prädatoren (Carabiden und Staphyliniden und ihre Larven) wird ebenfalls eine wichtige Rolle als natürlichen Antagonisten der im Boden befindlichen Stadien (Larven, Puppen) der Gallmücken zugesprochen.

Bekämpfung

Als noch kein so ausgedehnter Getreideanbau wie heute betrieben wurde, konnten die Weizengallmücken durch Fruchtfolgemaßnahmen weitgehend unter Kontrolle gebracht werden. Heute ist bei Massenvermehrungen, die in Zyklen auftreten, nur durch Insektizideinsatz gegen die Mücken ein Bekämpfungserfolg möglich.

Geschlossenes Abblühen bestimmter Weizensorten bedingt eine Scheinresistenz gegen *C. tritici*.

Falls im April in Bodenproben aus vorjährigen Weizenfeldern pro 100 cm^2 weniger als 13 Larven der Gelben und weniger als 6 der Orangenroten Weizengallmücke gefunden werden, so ist kein Schadauftreten dieser Arten zu erwarten (Negativprognose). Eine verläßliche, großräumige Voraussage wichtiger, den Massenwechsel beeinflussender Faktoren wie z. B. Parasitierungsgrad, Überliegensrate und Inkoinzidenz ist nicht zufriedenstellend möglich. Mit Hilfe von Weißschalen kann der Zuflug der Weizengallmücken in den Feldern überwacht werden (Abb. 73).

Die Bekämpfungs- bzw. wirtschaftlichen Schadensschwellen der beiden Weizengallmücken lassen sich durch Auszählen der eierlegenden Mücken am Abend bei künstlichem Licht (Taschenlampe), windstillem und warmem Wetter ermitteln. Bei *C. tritici* müssen diese Zählungen etwa kurz nach Beginn (40% der Ähren seitlich sichtbar) bis etwa zum Ende des Ährenschiebens erfolgen, bei *S. mosellana* von einem Zeitpunkt ab, an dem 50% der Ähren frei sind. Auch im letzteren Fall sind die Kontrollen bis zum Ende des Ährenschiebens fortzusetzen. Bei der Gelben Weizengallmücke ist die Schadensschwelle bei etwa 10 Mücken, bei der Orangeroten bei 5 Mücken/10Ähren, nach anderen Angaben bei durchschnittlich einem ♀ von *C. tritici*/Ähre bzw. einem ♀ von *S. mosellana*/3 Ähren anzusetzen. Durch die Kompensationsfähigkeit der Weizenpflanzen wird ein Teil des durch Weizengallmückenlarven verursachten Schadens wieder ausgeglichen.

Die chemische Bekämpfung, beispielsweise mit Dimethoat- oder Parathion-Präparaten, ist nur dann sinnvoll, wenn sie bei *C. tritici* während des Ährenschiebens, bei *S. mosellana* kurz vor der Blüte erfolgt. Im Rahmen integrierter Pflanzenschutzmaßnahmen würde sich Methoxychlor am besten eignen, da es nützlingsschonende Eigenschaften hat, besonders wenn es als Staub auf taunasse Ähren und Halme ausgebracht wird. Auf größeren Feldern, auf denen nicht Weizen auf Weizen folgt, erweisen sich Feldrandbehandlungen (etwa 30 bis 50 m breite Streifen) vor allem bei der Bekämpfung von *C. tritici* oft als ausreichend. Wenn in den letzten 3 Jahren auf jeder Seite des Feldes einmal Weizen gestanden hatte, so müssen alle Ränder behandelt werden. Die Bekämpfung sollte nach Möglichkeit am Abend erfolgen.

Literatur

Basedow, T., 1972: Über Zusammenhänge zwischen Phänologie und Wirtspflanzen bei den Weizengallmücken *Contarinia tritici* (Kirby) und *Sitodiplosis mosellana* (Géh.). Z. Angew. Entomol. **72**, 359–367. – Basedow, T. und Schütte, F., 1973: Neue Untersuchungen über Eiablage, wirtschaftliche Schadensschwelle und Bekämpfung der Weizengallmücken (Dipt., Cecidomyiidae). Ibid. **73**, 238–251. – Basedow, Th. und Schütte, F., 1982: Die Populationsdynamik der Weizengallmücken *Contarinia tritici* (Kirby) und *Sitodiplosis mosellana* (Géhin) (Dipt., Cecidomyiidae) in zwei norddeutschen Weizenanbaugebieten von 1969 bis 1976. Zool. Jb. Syst. **109**, 33–82. – Buhl, C. und Tietze, U., 1969: Beeinflussung des Saatgutwertes und der Backqualität von Roggen und Weizen durch den Befall der Orangeroten Weizengallmücke (*Sitodiplosis mosellana*). Nachrichtenbl. Dtsch. Pflanzenschutzdienstes (Braunschw.) **21**, 41–45. – Doeksen, I.J., 1938: De Tarwegallmuggen (*Contarinia tritici* Kirby en *Sitodiplosis mosellana* Géhin) (Diptera, Cecidomyiidae) in Nederland. Versl. Techn. Tarwe Comm. Groningen **12**, 237–296. – Fritzsche, R., 1959: Beiträge zur Weizengallmückenprognose. Mitt. Biol. Bundesanst. Land- Forstwirtsch. Berl.-Dahlem 97, 181–188. – Speyer, W., 1957: Die Eiablage der Weizengallmücken *Contarinia tritici* Kirby und *Sitodiplosis mosellana* Géhin. Z. Pflanzenkr. Pflanzenpathol. Pflanzenschutz **64**, 534–540.

1.3.15 Sumpffliegen

Gerstenminierfliege

Hydrellia griseola Fall. (Diptera, Ephydridae)

Die Gerstenminierfliege ist etwa 2,0 bis 2,5 mm lang und hat relativ große, irisierende Flügel. Ihr Körper ist glänzend braun gefärbt und dicht grau behaart, die Beine sind schwarz. Die Larve erreicht etwa 4 bis 5 mm Länge, ist weißlich gefärbt und fußlos. In der vordersten Körperregion befinden sich schwarze Mundhaken, am Hinterende sind zwei fleischige Auswüchse vorhanden, zwischen denen die Stigmen liegen. Die Tönnchenpuppe ist dunkelbraun und trägt am Hinterende zwei Fortsätze.

Die Eier werden in Gruppen auf den oberen Blättern oder Blattscheiden verschiedener Getreidearten, von Mais und Wildgräsern abgelegt. Die Larven schlüpfen nach 5 bis 6 Tagen, dringen ins Innere der Blätter ein und bewirken durch ihren Fraß zwischen den beiden Epidermen die Bildung einer Blasenmine. Die Verpuppung erfolgt entweder in der Mine selbst oder die Larven wandern aus ihr aus, um in anderen Blättern – zum Teil auch von Nichtbrutpflanzen – kurze „Verpuppungsminen" anzulegen und sich hier zu verpuppen. Die Puppenzeit dauert 10 bis 14 Tage. Im Jahr ist mit 2 bis 3 Generationen zu rechnen. Da die Gerstenminierfliege hohe Luftfeuchtigkeit bevorzugt, tritt sie vor allem an Standorten auf, an denen sie entsprechende Bedingungen findet (z. B. Küstengegenden).

Durch gute Düngung kann möglichen Schäden entgegengewirkt werden. Eine chemische Bekämpfung dürfte nur bei Massenbefall, wie er bisher selten vorgekommen ist, ökonomisch sinnvoll sein. Es besteht jedoch die Möglichkeit, daß im Zuge weiterer Intensivierungsmaßnahmen im Getreidebau auch mit *H. griseola* stärker gerechnet werden muß. Als wirtschaftliche Schadensschwelle gilt eine mehr als 30%ige Schädigung der assimilierenden Blattfläche junger Pflanzen.

Neben der Gerstenminierfliege, die zu den Sumpffliegen (Ephydridae) gehört, treten in Mitteleuropa als Blattminierer an Getreidearten noch verschiedene andere Fliegen auf, die zu den Minierfliegen (Agromyzidae) gehören, z. B. *Agromyza ambigua* (Fall.), *A. albipennis* Mg., *A. megalopsis* Her. und *A. nigrella* (Rond.). Sie verursachen ähnliche Schadbilder und können deshalb mit *H. griseola* verwechselt werden.

Literatur

GEIGENMÜLLER, M., 1966: Beobachtungen bei einem Massenauftreten der Minierfliege *Agromyza megalopsis* Hering an Gerste. Anz. Schädlingskd. **39**, 57–60. – SCHERNEY, F., 1966: Zur Biologie der an Gerste minierenden Agromyzidenart *Agromyza nigrella* Rondani (Dipt.). Z. Pflanzenkr. Pflanzenpathol. Pflanzenschutz **73**, 141–146. – SPENCER, K.A., 1973: Agromyzidae of economic importance. Junk, The Hague, 418 S. – WEIGAND, G., 1966: Zur Problematik der an Gerste vorkommenden *Agromyza nigrella* Rondani. Ges. Pflanzen **18**, 43–48.

1.3.16 Halmfliegen

Fritfliege

(frit fly)

Oscinella frit (L.) [syn. *Oscinis frit* (L.)]

Systematische Stellung

Diptera (Zweiflügler), Chloropidae (Halmfliegen)

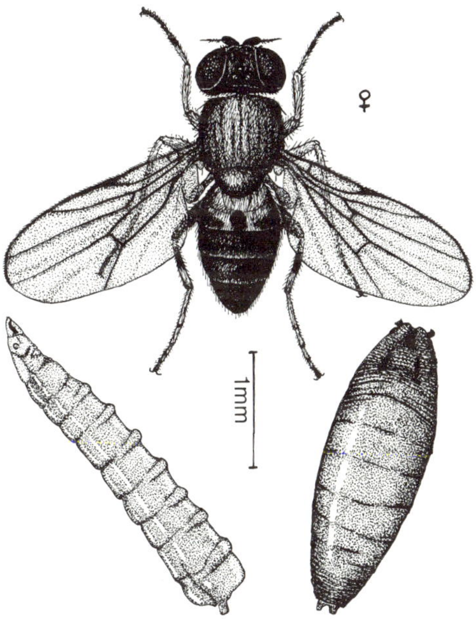

Abb. 75. Larve, Puppe und Vollkerf der Fritfliege *(Oscinella frit)*.

Geographische Verbreitung

O. frit hat in der paläarktischen Region eine sehr weite Verbreitung. Die Fliege ist auch nach Nordamerika eingeschleppt worden.

Beschreibung

Larve: Langgestreckt und schmal, etwa 3 bis 4 mm lang (Abb. 75). Färbung glänzend weiß. Kopfkapsel und Beine fehlend; Mundhakenpaar schwärzlich. Hinterende mit zwei kleinen, hökkerartigen Fortsätzen.

Puparium: Langgestreckt, etwa 3 bis 4 mm lang; Färbung glänzend hellbraun. Hinterende mit zwei kleinen Fortsätzen (Abb. 75).

Fliege: Etwa 3 mm lang. Körper mit Ausnahme des helleren vordersten Teils des Hinterleibes glänzend schwarz gefärbt (Abb. 75), Unterseite graubraun. Augen rot, Fußglieder gelblich, Fühlerborste schwach behaart.

Brut- und Nährpflanzen

O. frit ist eine polyphage, aber auf Gramineen beschränkte Art. Alle bei uns angebauten Getreidearten werden befallen, außerdem der Mais. Zu den Brutpflanzen zählen darüber hinaus viele Kultur- und Wildgräser, insbesondere aus den Gattungen *Poa (P. pratensis, P. palustris), Trisetum (T. flavescens), Lolium (L. perenne, L. multiflorum), Festuca (F. rubra)* und *Agrostis (A. stolonifera).*

Die Fliegen nehmen an Blüten, z. B. von Löwenzahn und Winterraps, Nahrung auf.

Schadsymptome und wirtschaftliche Bedeutung

Da die Fritfliegenlarven verschiedene Teile der Nährpflanzen befallen, werden von ihnen unterschiedliche Schadbilder verursacht. Im Frühjahr und Herbst wird an jungem Getreide durch Zerstörung des Herzblattes bzw. Vegetationspunktes Gelbherzigkeit hervorgerufen (Farbtafel 9, S. 153). Die geschädigten Herzblätter lassen sich leicht herausziehen und zeigen an der Basis oft Fäulniserscheinungen. Dieser Schaden ist in vielen Fällen, besonders im Frühjahr, mit einer stärkeren Bestockung der geschädigten Pflanzen verbunden. Das Schadbild ist dem der Brachfliege und der Weizenhalmfliege ähnlich.

Im Frühsommer werden vor allem an Hafer und Gerste, gelegentlich auch an Weizen und Roggen, die milchreifen Körner zerstört, was zu Taubährigkeit oder Kümmerkorn führt (Farbtafel 9, S. 153). Solches Korn wurde schon von den Römern als „frit“ bezeichnet und hat zu dem Namen Fritfliege geführt. Es tritt demnach eine Verminderung der Kornzahl pro Ähre/Rispe und des Tausendkorngewichtes ein. An Wintergerste kann bei 10 geschädigten Körnern pro Ähre ein Ertragsverlust von 25 dt/ha, an Sommergerste von 20 dt/ha bei einer Ertragserwartung von 50 bzw. 40 dt/ha eintreten. Bei 4 zerstörten Körnern/Ähre liegen die Verluste bei etwa 10 bzw. 8 dt/ha.

An Hafer tritt ein weiteres Schadbild auf, wenn Fritfliegenmaden an der Rispe unter der Blattscheide noch vor dem Rispenschieben gefressen haben. Es handelt sich um partielle oder in Extremfällen auch totale Weißährigkeit infolge Zerstörung oder Verkrüppelung der Kornanlagen und anderer Rispenteile (Farbtafel 9, S. 153).

An jungen Maispflanzen werden nur die ganz jungen, dann noch zusammengerollten Blätter geschädigt. Eine Zerstörung des Vegetationspunktes und Vergilbung der Herzblätter ist bei dieser robusten Pflanze selten zu beobachten. Später sieht man auf den Blattspreiten langgestreckte, helle, vernarbte Fraßstellen und unregelmäßig geformte Löcher (Farbtafel 10, S. 154). Verdrehte Blattspreiten und solche, die mit der Spitze in der Blattscheide steckengeblieben und später abgebrochen sind, kann man ebenfalls beobachten. Manche Maispflanzen neigen bei frühem Befall wie Getreidearten zu stärkerer Bestockung. Durch Fritfliegenlarvenfraß werden auch Infektionen durch den Maisbeulenbrand (s. Seite 183) begünstigt.

Die Fritfliege ist ein alljährlich in meist hoher Populationsdichte vorhandener, wichtiger Getreide- und Maisschädling, der bedeutende Ertragsminderungen hervorrufen kann. Bei Mais wird bei stärkerem Befall mit einem Ertragsverlust an Kornmasse von etwa 10% (3,6 bis 9,6 dt/ha) gerechnet. In großen Maisfeldern werden vor allem die Randzonen geschädigt. Auch an Kulturgräsern können beträchtliche Schäden verursacht werden.

Tafel 9
Oben links: Schadbild und Puppe der Weizenhalmfliege *(Chlorops pumilionis)* an Gerste. Oben rechts: Schadbild von Fritfliegenlarven *(Oscinella frit)* an jungen Gerstenpflanzen. Mitte links: Schaden von Fritfliegenlarven *(O. frit)* an Haferrispen. Mitte rechts: Schaden durch Fritfliegenlarven *(O. frit)* an Körnern von Wintergerste (gelblichbraune Verfärbung). Unten links: Abwelkende und absterbende Triebe von Winterweizen infolge Schädigung durch Brachfliegenlarven *(Delia coarctata).* Unten rechts: Schaden durch Haussperlinge *(Passer domesticus)* an Weizenähren.

Entwicklungszyklus, Biologie und Ökologie

Im Jahr ist unter mitteleuropäischen Verhältnissen in der Regel mit 3 Generationen zu rechnen, die sich überlappen und deshalb oft schwer auseinanderzuhalten sind. Bei besonders günstigen Verhältnissen kann noch eine 4. Generation auftreten.

Die Frühjahrsgeneration schlüpft je nach Witterung im April-Mai nach einer Puppenruhe von etwa 20 bis 25 Tagen. Der Schlüpfbeginn der Fritfliege fällt etwa mit dem Beginn der Löwenzahn- bzw. der Süßkirschenblüte zusammen. Die Weibchen, deren Aktionsradius nur bis etwa 600 m reicht, legen bis zu 70 weiße, 0,2 bis 0,3 mm lange, auf der Oberfläche mit parallelen Längslinien versehene Eier einzeln an die Coleoptile, die Blätter hinter der Ligula sowie an Blattscheiden junger Sommergetreidepflanzen vom Keimblatt- bis zum 4-Blattstadium oder von Gräsern ab. An jungen Maispflanzen erfolgt die Eiablage vor allem im 2 bis 3-Blattstadium, wobei bei feuchtem Wetter der Spalt hinter der Coleoptile als Ablageort bevorzugt wird, bei sehr trockenem die Erde. Die Larven schlüpfen bei 18 bis 20 °C nach 3 bis 5 Tagen aus den Eiern, begeben sich unter die Blattscheiden der Getreidepflanzen an die Basis des Herzblattes und zerstören dieses bzw. den Vegetationspunkt, wodurch Gelbherzigkeit entsteht. Eine Wanderung zu benachbarten Trieben oder Pflanzen findet nicht statt. An Mais bohren sich die Junglarven durch die Blattscheiden ein. Die Verpuppung erfolgt in der Nähe des Fraßortes in der Pflanze. Die Puppendauer beträgt im Sommer etwa 8 bis 14 Tage. An Mais dauert die Gesamtentwicklung einer Generation etwa 44 Tage (Abb. 76).

Spät geschlüpfte Fliegen der Frühjahrsgeneration und die ersten Tiere der 2. Generation belegen Hafertriebe mit Eiern. Die Larven schädigen dann, nachdem sie unter die oberste Blattscheide gelangt sind, die sich hier entwickelnde Rispe.

Die meisten Tiere der Sommergeneration („Ährengeneration") fliegen im Juni/Juli, wobei sich bei Temperaturen zwischen 20 und 25 °C die größte Flugaktivität zeigt, und belegen die Ährchen von Hafer, Gerste, wesentlich seltener auch von Weizen und Roggen, mit Eiern. Die Larven fressen dann die milchreifen Körner aus und verpuppen sich in ihnen. Ihre Entwicklung dauert etwa 2 bis 3 Wochen. Eine Larve kann mehrere Körner zerstören; gelegentlich sind auch zwei Larven in einem Korn zu finden.

Die Herbstgeneration fliegt von August bis spätestens Oktober. Ihre Eiablage konzentriert sich vor allem in der 1. Septemberhälfte auf verschiedene Gräser, Ausfallgetreide und früh gesätes Wintergetreide. An letzterem wird erneut der bereits für die 1. Generation beschriebene Schaden, also Gelbherzigkeit verursacht. Die Überwinterung erfolgt im 2. oder 3. Larvenstadium in den befallenen Pflanzen, hauptsächlich Gräsern wie *Poa pratensis, P. palustris* und *Trisetum flavescens*, im folgenden Frühjahr dann die Verpuppung. Im allgemeinen bevorzugt die Fritfliege feuchtere Standorte. Ihre wichtigsten Brutpflanzen unter den Wildgräsern sind hygrophile Arten.

Natürliche Feinde

Als wichtige Ei- und Larvenräuber kommen nach Beobachtungen in England Laufkäfer der Gattungen *Bembidion* und *Agonum* in Frage. Einige Hautflüglerarten sind als Parasiten der verschiedenen Entwicklungsstadien der Fritfliege in Europa bekannt. Aus den Puparien schlüpfen z. B. die Cheleitide *Calliptula bicolor* Spin. und *Rhoptromeris*-Arten (Cynipidae). Der Nematode *Tylenchinema oscinellae* (Good.) parasitiert in den Fliegen und kann sie dadurch sterilisieren. Die Milbe *Microtrombidium demeijrei* Oud. saugt an den Fliegen.

Bekämpfung

Bestimmte Maishybriden und Inzuchtlinien leiden unter Fritfliegenbefall weniger als andere, wobei unter anderem eine rasche Jugend- und Blattentwicklung von Einfluß ist (Scheinresistenz). Amerikanische Dentmaise sind anfälliger als Flintmaise. Auch bei manchen Hafer- und anderen Getreidesorten bleibt ebenfalls wegen

Tafel 10
Oben links: Kolonien der Haferblattlaus *(Rhopalosiphum padi)* an Maisblatt. Oben rechts: Schaden durch Drahtwurm (*Agriotes* sp.) an jungem Mais. Mitte links: Drahtwurm (*Agriotes* sp.) an der Basis von junger Maispflanze. Mitte rechts: Von Fritfliegenlarven *(Oscinella frit)* geschädigter junger Mais. Unten links: Raupe des Maiszünslers *(Ostrinia nubilalis)* in Maiskolben. Unten rechts: Vom Maiszünsler befallener Mais (abgebrochene Stengel).

rascher Jugendentwicklung, zum Teil aber auch wegen bestimmter Inhaltsstoffe, der Befall geringer als bei anderen. Frühreifende Wintergerste ist im Gegensatz zu spätreifender aufgrund der raschen Kornreifung nicht oder nur wenig anfällig. Auch hierbei handelt es sich um eine Scheinresistenz.

Um Fritfliegenbefall vorzubeugen, gilt die bekannte Regel, Wintergetreide möglichst spät (d. h. nach dem 20. September) und Sommergetreide möglichst früh auszusäen. Hierauf ist im Frühjahr besonders bei dem sehr empfindlichen Hafer zu achten. Heute wird von dem Grundsatz einer möglichst späten Aussaat vor allem bei Wintergetreide aus pflanzenbaulichen Gründen oft abgewichen, was vielfach stärkeren Fritfliegenschaden sowie Befall durch andere Schädlinge und Krankheiten zu Folge hat. Bei Mais, dessen Aussaatzeit ohnehin relativ spät im Frühjahr liegen muß, ist diese „Saatzeitenregelung“ nicht realisierbar.

Auch eine sorgfältige Vorbereitung des Saatbeets kann sich befallsmindernd auswirken. Aufwuchs von Ausfallgetreide ist tief unterzupflügen.

Der Fritfliegenflug ist mit Hilfe von Farbschalen, wobei violett und blau gefärbte am fängigsten sind, überwachbar. An Mais kann man Auszählungen der Eier an den auflaufenden Pflanzen durchführen. Die wirtschaftliche Schadensschwelle ist bei etwa 6 Eiern/10 Pflanzen erreicht.

Bei chemischer Bekämpfung sind meist günstige Ergebnisse gegen die Frühjahrsgeneration mit Saatgutpudern zu erzielen, die z. B. Bromophos oder Lindan (γ-HCH) als Wirkstoffe enthalten. An Mais, an dem nur die 1. Fritfliegengeneration bedeutenden Schaden verursachen kann, ist neben einer Saatgutbehandlung mit Mercaptodimethur (Methiocarb) der Einsatz von beigedrillten Granulaten, die Carbofuran, Fonofos oder Chlormephos als Wirkstoffe enthalten, mit gutem Erfolg möglich, außerdem können Flächenbehandlungen (Spritzungen z. B. mit Azinphosäthyl, Bromophos-äthyl, Diazinon, Fonofos, Triazophos, Fenvalerat und Chlorfenvinphos),

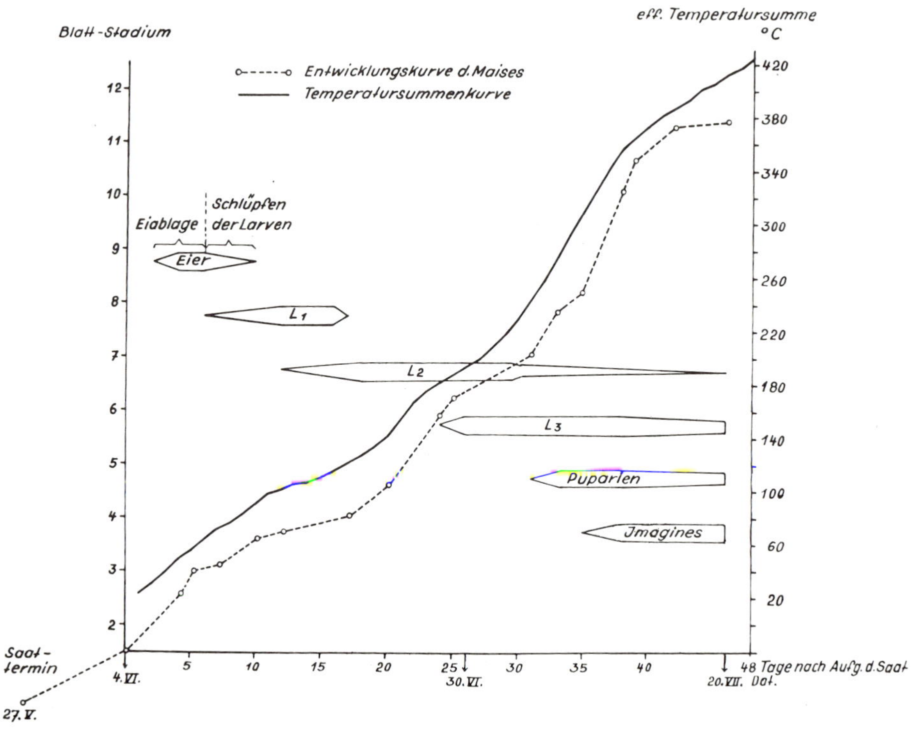

Abb. 76. Zyklus der Fritfliege *(Oscinella frit)* an Mais in der DDR (nach OSCHMANN).

die frühzeitig vor Beginn des Larvenfraßes (1 bis 2-Blattstadium) erfolgen müssen, sehr wirksam sein. Carbofuran-Granulate erfassen auch Nematoden (*Pratylenchus* spp.) und fördern überhaupt das Jugendwachstum der Maispflanzen (Abb 52).
Falls es dazu kommen sollte, daß die 2. Fritfliegengeneration an Getreide bekämpft wird, so müßten sich entsprechende Maßnahmen vor allem gegen die Fliegen selbst richten, da die in die Pflanzen eingedrungenen Larven relativ schwer zu erfassen sind.

Literatur

Dolinka, B. und Zscheischler, J., 1970: Zur Beurteilung des durch die Fritfliege (*Oscinella frit* L.) bei Mais in der Bundesrepublik Deutschland verursachten Schadens und Möglichkeiten zur Züchtung auf Resistenz gegen die Fritfliege. Z. Pflanzenkr. Pflanzenpathol. Pflanzenschutz 77, 481–489. – Hemer, M., 1959: Zur Biologie, wirtschaftlichen Bedeutung und Bekämpfung der Fritfliege (*Oscinis frit* L.) an Gerste. 1. Teil. Z. Angew. Entomol. **44**, 314–339. – Hemer, M., 1960: Zur Biologie, wirtschaftlichen Bedeutung und Bekämpfung der Fritfliege (*Oscinis frit* L.) an Gerste. 2. Teil. Ibid. **46**, 71–119. – Horber, E., 1961: Sortenabhängigkeit der Ertragseinbußen an Wintergerste infolge unterschiedlichen Befalls durch die Fritfliege (*Oscinella frit* L. – Dipt., Chloropidae). Z. Pflanzenzücht. **45**, 55–68. – Jonasson, T., 1980: Susceptibility of oat seelings to oviposition by the frit fly, *Oscinella frit* L. (Dipt., Chloropidae). Z. Angew. Entomol. **89**, 263–268. – Lutze, G. und Volkmar, C., 1977: Untersuchungen zum Auftreten der Fritfliege (*Oscinella frit* L.) an den Infloreszenzen wichtiger Getreidearten. Arch. Pflanzenschutz **13**, 419–424. – Ohnesorge, B., 1970: Die Anfälligkeit von Mais verschiedener Genotypen für Fritfliegenbefall, *Oscinella frit* L. (Dipt., Chloropidae). Z. Angew. Entomol. 65, 286–295. – Oschmann, M., 1974: Zur Biologie, Ökologie und Ethologie der Fritfliege (*Oscinella frit* L.; Dipt. Chloropidae). Arch. Pflanzenschutz **10**, 103–116.

Gerstenfliege

Oscinella pusilla Mg. (Diptera, Chloropidae)
O. pusilla wird zum Teil als eigene Art, zum Teil als eine Form der Fritfliege (*O. frit*) angesehen. Neuere Untersuchungen deuten daraufhin, daß es sich tatsächlich um eine selbständige Art handelt. Als Unterscheidungsmerkmale wurden bei *O. pusilla* in der Regel gelbe Tibien anstatt dunklen bei *O. frit* sowie die Länge der Aristae und die Verteilung der Dornen auf dem Femur der ♂♂ angegeben. Bei Kreuzungsversuchen zwischen *O. pusilla* und *O. frit* konnten keine Nachkommen erzielt werden.
O. pusilla ist besonders an Gerste angepaßt, befällt aber auch Mais und Weizen. Im Gegensatz zur Fritfliege kann sie sich an den Ähren (Körnern) nicht entwickeln. Im Frühjahr tritt sie später als *O. frit* auf und hat im Gegensatz zur zuletzt genannten Art, die drei Generationen pro Jahr aufweist, lediglich zwei.
Die Gerstenfliege kommt vor allem in Osteuropa (Ungarn, UdSSR), aber auch in Mittel- und Westeuropa (Bundesrepublik Deutschland, DDR, Frankreich) vor. Ihre wirtschaftliche Bedeutung ist im mitteleuropäischen Raum nach den bisherigen Erkenntnissen wesentlich geringer als die der Fritfliege.

Literatur

Agapova, E.G., 1966: Die Rolle der Nährpflanzen bei der Unterscheidung von Arten der Gattung *Oscinella* (russ.). Trudy̆ Vses. Naucho-Issled. Inst. Zashch. Rast. **26**, 185–192. – Chevin, H., Durand, Y., Le Berre, V. R. et Moreau, V.P., 1971: Étude de quelques facteurs intervenant dans la prolifération de deux espèces d'oscines *O. frit* et *O. pusilla* Mg.. Ann. Zool. Ecol. Anim. **3**, 347–359.

Weizenhalmfliege, Gelbe Weizenhalmfliege

(gout fly)
Chlorops pumilionis (Bjerk.) (syn. *Chlorops taeniopus* Mg.)

Systematische Stellung

Diptera (Zweiflügler), Chloropidae (Halmfliegen)

Geographische Verbreitung

Die Weizenhalmfliege hat in der paläarktischen Region (Europa, große Teile des gemäßigten Klimagürtels in Asien) ein weites Verbreitungsgebiet.

Beschreibung

Larve (Made): Langgestreckt und schmal (Abb. 78), etwa 5 bis 7 mm lang, gelblichweiß gefärbt.

Beine und Kopfkapsel fehlend; Mundwerkzeuge bis auf schwärzliche Mundhaken reduziert. Letztes Körpersegment mit zwei kleinen Hökkern.

Fliege: Weibchen etwa 3,5 bis 4,5, Männchen etwa 3 bis 4 mm lang. Grundfärbung gelblich. Oberseite des Kopfes mit dreieckigem, schwarzem Fleck zwischen den Augen (Abb. 77). Rükkenseite des Brustabschnittes mit drei dunklen, schokoladenbraunen Längsstreifen, Hinterleib mit dunklen Querbinden. Weibchen mit metallisch-grünem Glanz. Überwinternde Generation (tiefe Temperaturen!) oft dunkler gefärbt als Sommergeneration.

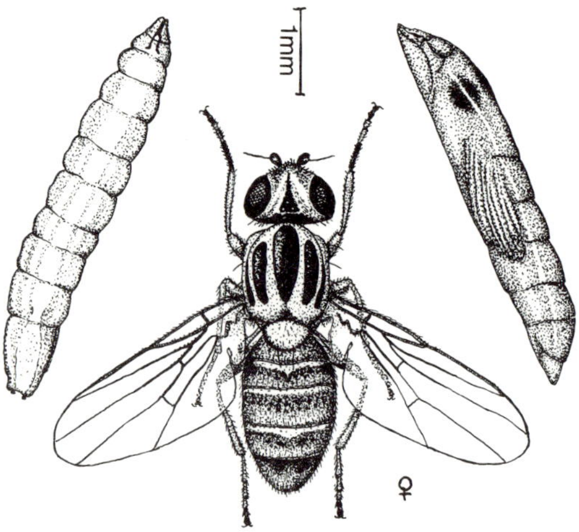

Abb. 77. Weizenhalmfliege (*Chlorops pumilionis* – Larve, Puppe, Fliege).

Brutpflanzen

Es werden vor allem Gerste, Weizen und Roggen befallen; Hafer bleibt dagegen befallsfrei. Unter den Wildgräsern werden in erster Linie die Quecke *(Agropyron repens)* und verschiedene *Aegilops*-Arten als Brutpflanzen genutzt.

Schadsymptome und wirtschaftliche Bedeutung

Man kann bei der Weizenhalmfliege zwei verschiedene Schadbilder unterscheiden. Das erste ist im Herbst an früh gesätem Wintergetreide, Ausfallgetreide und Quecken zu beobachten. Es handelt sich um ein Vergilben und Verfaulen des Herztriebes, wobei große Ähnlichkeit mit dem Schadbild der Fritfliege besteht. Unter bestimmten Voraussetzungen können sich die geschädigten Blätter im Frühjahr stark verdicken. Die befallenen Pflanzen neigen zu stärkerer Bestokkung. Das andere Schadsymptom tritt an Winterweizen, vor allem aber am Sommergetreide im Juni-Juli auf. In diesem Falle ist der Halm verdickt und die Ähre oft nicht in der Lage, die oberste Blattscheide zu verlassen. In den geschädigten Ähren entwickelt sich eine geringere Zahl von Körnern, die außerdem klein bleiben (Schmachtkörner). Die Reduktion der Kornzahl kann bei Winterweizen über 31%, die des Tausendkorngewichtes über 12% pro Ähre betragen. Bei Sommerweizen kommen ähnlich hohe Ertragsverluste zustande. Manchmal bleiben die Ähren ganz taub. Von ihrer Basis bis zum ersten Halmknoten zieht sich eine nach unten zu verbreiterte Rinne, die durch den Fraß der Fliegenlarven verursacht wird (Farbtafel 9, S. 153). Infolge dieses Fraßes weist das oberste Internodium oft auch Verkrümmungen und Verdrehungen auf. Manchmal wird auch die Ähre selbst geschädigt.

C. pumilionis tritt in der Bundesrepublik Deutschland, wenn man vom Alpenraum absieht, wo in kleinen Feldern häufiger stärkerer Schaden verursacht wird, in der Regel nur örtlich und in bestimmten Jahren stärker auf. Zu nennenswertem Schaden kam es in Mitteleuropa z. B. in den Jahren 1917, 1928 und 1967, in denen die Entwicklung des Getreides schon sehr früh in Gang kam. In der Deutschen Demokratischen Republik erwiesen sich 1967 18% der Weizenanbaufläche als befallen. Es wurden dabei bei Sommerweizen Befallswerte von stellenweise über 90% der Halme erreicht, bei Winterweizen bis über 50%.

Entwicklungszyklus, Biologie und Ökologie

Im Mai und Juni legen die Fliegen der überwinternden Generation 3 bis 5 Tage nach dem Schlüpfen ihre Eier einzeln an die Blätter und Triebe vor allem junger Gersten- und Weizenpflanzen ab. Starkes Auftreten und Schäden sind insbesondere dann zu beobachten, wenn der Flugbeginn im Frühjahr mit dem für den Befall empfindlichsten Wachstumsabschnitt des Weizens zusammentrifft. Ein Weibchen kann, wenn es nur Wasser aufnimmt, etwa 100 Eier erzeugen, sonst nach Nahrungsaufnahme (Nektar, Pollen, Honigtau) im Durchschnitt 150. Sommergetreide wird bevorzugt, da Wintergetreide

zur Zeit der Eiablage im Wachstum oft schon so weit fortgeschritten ist, daß sich die Pflanzen für die Entwicklung der Larven als wenig geeignet erweisen. Nach etwa 6 bis 8 Tagen schlüpfen die Larven und gelangen durch die Blattscheide bis zum Halm, an dem sie durch ihren Fraß das bereits geschilderte, typische Schadbild hervorrufen. Die Verpuppung erfolgt meist am Ende der Fraßrinne oberhalb des obersten Halmknotens (Farbtafel 9, S. 153). Die Fliegen der 2. Generation schlüpfen im Laufe des Juli und August aus den braunen Puparien. Sie belegen Ausfallgetreide und Quecken, später auch früh gesätes Wintergetreide (Wintergerste, Winterroggen) mit ihren Eiern. Die aus diesen Eiern geschlüpften Larven fressen an den jungen Trieben und bringen sie zum Absterben. Die Blätter geschädigter Jungpflanzen sind oft breiter und dunkler grün gefärbt als bei normalen. Die Überwinterung der Larven erfolgt an der Basis der geschädigten Triebe, die Verpuppung im kommenden Frühjahr am gleichen Ort.
Leichtere Böden (diluviale Sandböden) begünstigen eine Vermehrung der Fliege, ebenso starke Stickstoffdüngung durch Anregung der Bestokkung.

Natürliche Feinde
Als Parasiten der Weizenhalmfliegeneier, -larven und -puppen sind mehrere Hautflüglerarten bekannt. In Mitteleuropa dürften die Brackwespe *Coelinius niger* Nees und die Pteromalide *Stenomalus micans* (Ol.) am wichtigsten sein, da durch beide zusammen ein Parasitierungsprozentsatz bis über 90% zustandekommen kann (Schweiz). *Calliptula bicolor* Spin. (Braconidae) ist weniger wichtig.

Bekämpfung
Schäden im Herbst können durch spätere, im Frühjahr und Frühsommer durch möglichst frühe Aussaat mehr oder weniger stark reduziert werden. Auf leichten Böden wird der Vorteil der Frühsaat im Frühjahr jedoch durch die Nachteile der Bodenbeschaffenheit wieder ausgeglichen. Frühschossende Sorten leiden weniger als spätschossende. Überhaupt sind alle Maßnahmen zur Beschleunigung des Schossens nützlich. Ein Anbau von Wintergerste nach Winterweizen sollte vermieden werden. Eine Bekämpfung der Quecken, die wichtige Nebenwirtspflanzen sind, kann ebenfalls Entlastung bringen.
Als wirtschaftliche Schadensschwelle wird etwa 1 Ei bzw. 1 Larve pro 10 Halme betrachtet, jedoch sind hierüber noch genauere Untersuchungen erforderlich.
Über chemische Bekämpfungsmaßnahmen liegen in Mitteleuropa bisher nur wenige Informationen vor. Bei Spritzversuchen in der Schweiz (2malige Behandlung von Winterweizen im Oktober und von Sommerweizen im Frühjahr gegen die Fliegen) gelang es, vor allem mit Parathion, den Befall deutlich zu reduzieren. In vielen Fällen dürfte eine Randbehandlung ausreichend sein, da die Ränder oft wesentlich stärker als die anderen Teile der Felder befallen werden.

Literatur
HEMER, M., 1955: Zum Auftreten der Fritfliege (*Oscinis frit* L.) und der Gelben Getreidehalmfliege (*Chlorops pumilionis* Bjerk.) in Westfalen. Ges. Pflanzen **7,** 145–149. – HINKE, H., 1950: Die Getreidehalmfliege (*Chlorops taeniopus* Meig.). Pflanzenschutz **2,** 105–151. – HORBER, E., 1950: Untersuchungen über die Gelbe Getreidehalmfliege *Chlorops* (*Oscinis*) *pumilionis* Bjerkander 1778 und ihr Auftreten in verschiedenen Höhenlagen der Schweiz. Jahrb. Landw. **64,** 887–1000. – JOHANNSON, E., 1960: Skadegörande fluarter i strasäd och vallgräs och möjligheterna för deras bekämping. Medd. Växtskyddanst. **11,** 459–471. – LEDGE, G., 1972: Neue Erkenntnisse über Verbreitung und Schadauftreten der Gelben Weizenhalmfliege (*Chlorops pumilionis* Bjerk.). Nachrichtenbl. Pflanzenschutzdienst DDR **26,** 193–196. – MASURAT, G., 1968: Angaben zum Auftreten der Weizenhalmfliege (*Chlorops pumilionis* Bjerk.) im Jahre 1967 und einige Schlußfolgerungen über die Arbeit des Warndienstes. Nachrichtenbl. Dtsch. Pflanzenschutzdienst (Berl.) NF **22,** 88–91.

1.3.17 Blumenfliegen

Brachfliege
(wheat bulb fly)
Delia coarctata (Fall.) [syn. *Phorbia coarctata* (Fall.), *Hylemy(i)a coarctata* (Fall.), *Leptohylemyia coarctata* (Fall.)]

Systematische Stellung
Diptera (Zweiflügler), Anthomyiidae (Blumenfliegen)

Geographische Verbreitung
Die Brachfliege kommt in West-, Mittel-, Nord- und Osteuropa, in den zentralen Teilen der Sowjetunion (Sibirien) und in Kanada vor (CIE-Verbreitungskarte Nr. 115).

Beschreibung
Larve: Bis etwa 8,5 mm lang und weißlich gefärbt. Beine und Kopfkapsel fehlend. Mundhakenpaar schwarz und deutlich erkennbar. Hinterleibsende abgeschrägt und mit 6 Fortsätzen, mittleres Paar dieser Fortsätze weitaus am größten und mit je 2 Spitzen.
Fliege: Bis etwa 8 mm lang, stark behaart; in Aussehen und Größe der Stubenfliege ähnlich (Abb. 78). Färbung grau bis gelblichgrau; Flügel 6 bis 8 mm lang. Beine dunkel mit Ausnahme heller Schenkel und Schienen von Vorder- und Mittelbeinen beim Weibchen. Fühlerborste behaart.

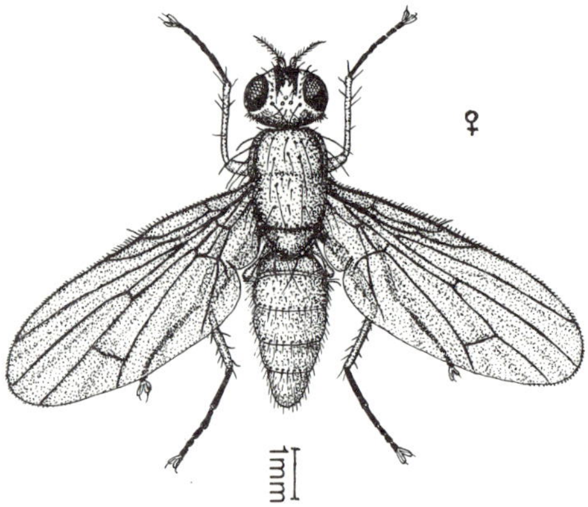

Abb. 78. Weibchen der Brachfliege *(Delia coarcata)*.

Brutpflanzen
Es werden vor allem Wintersaaten von Roggen, Weizen und Gerste befallen, seltener auch Sommersaaten (Gerste, Weizen); Hafer wird nicht geschädigt. *D. coarctata* entwickelt sich außerdem in verschiedenen Wildgräsern wie Quecke sowie in einigen Kulturgräsern. In Quecke ist die Larvalentwicklung kürzer als in Getreide.

Schadsymptome und wirtschaftliche Bedeutung
Das Winter-, selten auch das Sommergetreide, zeigt von Februar bis April, also schon zu Beginn der Vegetationsperiode, Welkesymptome mit einer darauffolgenden Vergilbung der Herzblätter, die wie bei Fritfliegenbefall leicht herausgezogen werden können. Fritfliegenschaden tritt im Laufe des Frühjahrs gewöhnlich später als Brachfliegenschaden auf. Die von *D. coarctata* geschädigten Triebe sterben oft unter Fäulniserscheinungen an ihrer Basis ab (Farbtafel 9, S. 153).
Die Brachfliege erweist sich vor allem an Winterweizen auf leichterem Boden als gefährlicher Schädling. Da eine Larve mehrere Triebe vernichtet, kann bei stärkerem Befall das Ausmaß des angerichteten Schadens so groß werden, daß ganze Felder umgebrochen werden müssen.

Entwicklungszyklus, Biologie und Ökologie
D. coarctata hat im Jahr nur eine Generation. Die Fliegen schlüpfen im Mai und Juni aus den im Boden befindlichen, braunen Puparien und beginnen etwa 3 bis 4 Wochen später mit der Eiablage, bevorzugt in Spalten und Ritzen der obersten Bodenschichten. Die Schlüpfperiode der Fliegen fällt mit der Roggen- und Wiesenkerbelblüte zusammen.
Die Hauptmasse der Eier wird im Zeitraum von 2 bis 3 Wochen, in der Regel zwischen Ende Juli und Anfang August abgesetzt. Manchmal zieht sich die Eiablage noch bis Ende August, gelegentlich bis Anfang September hin. Die weißen Eier – im Durchschnitt 200 pro Weibchen – werden einzeln abgelegt. Oft wird eine Eisterilität um die 50% beobachtet. Früher, als sie im Rahmen der Fruchtfolge noch Bedeutung hatten, wurden brachliegende oder wenig bedeckte Flächen bevorzugt zur Eiablage aufgesucht. Heute zeigt sich, daß auch dichtstehende Bestände mit vielen Eiern belegt werden. Es handelt sich dabei vor allem um Randzonen von Feldern, die mit Hackfrüchten (Rüben, Kohlrüben, Kartoffeln, Zuckerrüben) oder Kleegras bestellt sind. In Getreide-, Mais- und Luzernefeldern kommt es in der Regel zu keiner oder nur zu geringerer Eiablage. Es liegen jedoch auch Beobachtungen über stärkere Eiablage in Hafer- und anderen Getreidefeldern vor.
Lockerer und gut strukturierter Boden hat eine anlockende Wirkung auf eiablagewillige Weibchen. Die Eier verharren nach etwa einwöchiger Embryonalentwicklung kurz nach der Eiablage monatelang in Diapause, so daß die Junglarven erst ab Februar des kommenden Jahres schlüpfen, zur Erdoberfläche wandern und sich anschließend in die Basis der Wintergetreidepflanzen unmittelbar über dem Bestockungsknoten

einbohren. Während der Überwinterung sind in den Eiern bereits vollentwickelte Erstlarven zu finden. Im Laufe ihrer etwa 8–10 Wochen dauernden Entwicklung bringt eine Larve im Durchschnitt 2,5, im Maximum 8 Triebe zum Absterben. Demnach wandert sie von Trieb zu Trieb, oft auch von Pflanze zu Pflanze. Die Verpuppung erfolgt im Mai in den obersten Bodenschichten.

Natürliche Feinde

Die Larven von *D. coarctata* werden z. B. von der Eucoliide *Trybliographa spaniandra* Kerr. & Quinl., die Puparien von den Staphyliniden *Aleochara laevigata* Gylh. und *A. bipustulata* L. sowie der Ichneumonide *Phygadeuon trichops* Thoms. parasitiert. Außerdem treten Nematoden (Mermithiden) als Parasiten in den Puparien auf. Die Larven können auch durch Bakterien abgetötet werden, die Fliegen durch den Pilz *Entomophthora muscae* Fres.. In den oberen Bodenschichten lebende Kurzflügler (Staphylinidae) und Laufkäfer (Carabidae) tragen zur Verminderung der Eidichte bei. Als Eiräuber wird auch der Ohrwurm *Forficula auricularia* L. (Abb. 43) genannt.

Bekämpfung

Hackfrüchte sind im Hinblick auf möglichen Brachfliegenbefall ungünstige Vorfrüchte für Weizen und Roggen. Zeitige Aussaat (die aber bei anderen Schädlingen und Krankheiten von Nachteil ist), Sortenwahl (stark bestockende Sorten) und Düngungsmaßnahmen können bei Winterweizen die Bestockung und damit die Widerstandsfähigkeit gegen Brachfliegenschäden positiv beeinflussen. Wenn durch starken Befall ein Umbruch erforderlich wird, sollte möglichst tief gepflügt werden. Schwächer geschädigte Felder sind im Frühjahr mehrmals zu walzen und zusätzlich mit einem schnell wirkenden Stickstoffdünger zu düngen. Auch eine systematische Queckenbekämpfung kann sich befallsmindernd auswirken.

Eine Befallsprognose ist durch Entnahme von Bodenproben und deren Untersuchung auf Brachfliegeneier von Ende August bis Mitte September möglich. In der Deutschen Demokratischen Republik galt vor etwa 10 Jahren ein durchschnittlicher Besatz von 100 bis 150 Eiern/m^2 als wirtschaftliche Schadensschwelle. Unter diesen Voraussetzungen sind Triebverluste von 5 bis 7% zu erwarten. Nach anderen Angaben liegt die ökonomische Schadensschwelle bei 60 bis 90 Eiern/m^2 im Herbst (DDR, Schweiz).

Als meist ausreichend wirksame vorbeugende chemische Bekämpfungsmaßnahme hat sich eine Saatgutpuderung mit Bromophos-Präparaten erwiesen. Sie reduziert den Befall deutlich und erfaßt auch Drahtwürmer, Fritfliegen- und Schnakenlarven. Chemische Maßnahmen gegen die Fliegen selbst werden bisher nicht als sinnvoll angesehen.

Falls in Zukunft Methoden gefunden werden, durch welche die Larven in den Pflanzen erfaßt werden können, so wäre ein Befall von 10 von 30 untersuchten Pflanzen als wirtschaftliche Schadensschwelle anzusehen.

Literatur

Buhl, C. und Sol, R., 1967: Beitrag zur Frage der Beziehungen zwischen Vorfrucht und Befall durch die Brachfliege, *Phorbia coarctata* Fall. Z. Pflanzenkr. Pflanzenpathol. Pflanzenschutz **74**, 521–527. – Fuldner, D., 1960: Beiträge zur Morphologie und Biologie von *Aleochara bilineata* Gylh. und *A. bipustulata* L. (Coleoptera: Staphylinidae). Z. Morphol. Ökol. Tiere **49**, 312–386. – Sol, R., 1972: Beitrag zur Frage einiger Begrenzungsfaktoren des Massenwechsels der Brachfliege (*Phorbia coarctata* Fall.). Anz. Schädlingskde. Pflanzenschutz **45**, 20–24. – Way, M. I., 1954: The effect of temperature, particularly during diapause on the development of the egg of *Leptohylemyia coarctata* Fallén (Diptera : Muscidae). Trans. R. Entomol. Soc. **111**, 351–364. – Wetzel, T., 1971: Untersuchungen über die Schadwirkung und das Schadausmaß der Brachfliege (*Leptohylemyia coarctata* Fallén). Nachrichtenbl. Pflanzenschutzdienst DDR **25**, 157–161. – Wetzel, T. und Mende, F., 1972: Untersuchungen zur Eiablage der Brachfliege (*Leptohylemyia coarctata* Fallén) (Diptera : Anthomyiidae). Arch. Pflanzenschutz **8**, 125–132.

1.3.18 Vögel

Sperlinge

Haussperling (house sparrow), *Passer domesticus* L.;

Feldsperling (tree sparrow), *Passer montanus* (L.)

Systematische Stellung
Passeriformes (Sperlingsvögel), Ploceidae (Webervögel)

Geographische Verbreitung
Der Haussperling ist mit mehreren Unterarten in großen Teilen der Alten Welt (Europa, Afrika, Asien, Australien, Neuseeland) und der Neuen Welt (Nordamerika, Karibik, Südamerika) verbreitet. Im vergangenen Jahrhundert ist er zum Teil absichtlich, z. B. zur biologischen Schädlingsbekämpfung, in überseeische Gebiete eingeführt worden.
Der Feldsperling kommt in Europa, Afrika und in vielen Teilen Asiens vor, außerdem auf den Bermuda-Inseln.

Beschreibung
P. domesticus
Männchen: Flügel und Rücken rotbraun mit schwarzen Streifen; Oberkopf aschgrau. Flügel mit deutlicher weißlicher Querbinde; Kehle, Zügel und Streifen hinter dem Auge schwarz. Unterseite schmutziggrau (Abb. 79, oben rechts).
Weibchen und Jungvögel: Oberkopf, Rücken und Schwanz aschgrau bis graubraun. Flügel graubraun und mit schmaler, heller Querbinde. Unterseite oft etwas heller als beim Männchen. Länge beider Geschlechter etwa 14,5 bis 15 cm. Schnabel kurz und kräftig (Abb. 79, oben links).

Abb. 79. Haussperling (*Passer domesticus*, ♀ oben links und ♂ oben rechts) und Feldsperling (*Passer montanus*, unten).

P. montanus
Beide Geschlechter: Länge etwa 14 cm. Oberkopf bei ♂♂ und ♀♀ rötlichbraun; Wangen weiß mit schwarzem Fleck. Flügel mit doppelter weißer Binde (Abb. 79, unten).

Nahrung
Von Natur aus ein Allesfresser, wird der Haussperling besonders durch seinen Fraß an milchreifem und hartreifem Getreide schädlich. Weizen und Gerste werden deutlich bevorzugt; Hafer wird im allgemeinen weniger gern angenommen, am wenigsten Roggen. Gelegentlich werden auch Maiskörner verzehrt. Weiterhin werden Salat, Erbsen, Sonnenblumen (Kerne), Aussaaten im Gartenbau und im Hausgarten, Raps, ausgesätes Getreide, verschiedene Obstarten (Kirschen, Erdbeeren, Weintrauben) und Knospen von Obstbäumen gefressen (Frühjahr).
P. montanus hat ein ähnliches Nahrungsspektrum wie *P. domesticus.*

Schadsymptome und wirtschaftliche Bedeutung
Von Sperlingsschwärmen heimgesuchte Getreidefelder sind wegen der leeren oder teilweise leeren Ährenspindeln und umgeknickten Halme auffällig (Farbtafel 9, S. 153). Viele Körner fallen auf den Boden und gehen hier verloren. Gewöhnlich werden die Feldränder zuerst befallen. An Mais werden die Körner nach Aufschlitzen der Lieschblätter am oberen Teil der Kolben ausgepickt (Farbtafel 17, S. 257), an Salat die Blätter abgefressen. Schäden sind manchmal auch im Rübenbau möglich, da pilliertes Saatgut aus dem Boden herausgepickt und verzehrt wird. Erbsen werden aus den Hülsen herausgehackt. Kirschen werden entweder nur angehackt oder ganz von den Stielen gerissen. In Getreidelagern kommt es außer zu Fraßschäden zu beträchtlicher Verschmutzung. Der Sperling wird auch an Häusern durch Verkoten lästig.
Der Haussperling ist zu den wirtschaftlich bedeutendsten Feldschädlingen zu rechnen, da er im Bundesgebiet jährlich schätzungsweise etwa 4 Millionen DM an Verlusten verursacht, vor allem im ortsnahen Getreideanbau. Ein Sperling verzehrt etwa 2,5 kg Weizen im Jahr. Sein täglicher Nahrungsbedarf beträgt 5 bis 6 g trockene und 10 g milchreife Körner. Hinzu kommen beträchtliche Schäden in Hausgärten.
Der Feldsperling sammelt sich ebenfalls zur Zeit der Getreidereife auf den Feldern und schädigt dann vor allem Weizen und Gerste. Insgesamt gesehen ist er aber als bedeutend weniger schädlich als der Haussperling anzusehen.
Haus- und Feldsperlinge werden auch dadurch schädlich, daß sie Singvögel verdrängen bzw. deren Eier und Nestlinge aus den Nestern werfen.

Sperlingsnester stellen überdies ein Reservoir für Milben dar, die als Vorratsschädlinge auftreten können. Andererseits verzehren die Sperlinge auch Unkrautsamen und füttern ihre Jungen in den ersten Tagen nach dem Schlüpfen mit zum Teil schädlichen Insekten.

Entwicklungszyklus, Biologie und Ökologie

P. domesticus gehört zu den häufigsten mitteleuropäischen Vogelarten. Sein biologischer Erfolg ist vor allem durch seine enorme Anpassungsfähigkeit an den Menschen und seine Siedlungen zu erklären. Hier findet er reichlich Nistmöglichkeiten und Futter zu allen Jahreszeiten, da er oft im Winter noch zusätzlich gefüttert wird oder sich an den für andere Vögel gedachten Futterstellen Nahrung holt, was ihm bei seinem anpassungsfähigen Verhalten relativ leicht fällt. Die Siedlungsdichte des Haussperlings wird auf etwa 2 bis 4 Tiere pro ha landwirtschaftliche Nutzfläche veranschlagt; sie erreicht am Rande großer Städte die höchsten Werte.

Bei günstigen Umweltbedingungen brüten die Haussperlinge bei uns 2 bis 3 mal im Jahr, wobei die Bruten aus Gelegen mit 4 bis 7 Eiern bestehen. Die unordentlichen Nester, die aus Stroh, Heu, Haaren, Federn und anderen Materialien bestehen, finden sich vor allem unter Dächern oder in anderen Schlupfwinkeln in oder an Gebäuden. Manchmal nisten die Spatzen auch in Kugelnestern im wilden Wein oder in Bäumen.

Die Nestlinge werden zunächst 2 Tage lang ausschließlich mit weichhäutigen Insektenlarven (Frostspannerraupen, Blattläuse) gefüttert; später wird das Weichfutter schrittweise durch Körnerfutter ersetzt. Nach insgesamt 16 bis 19 Tagen sind die Jungvögel flügge.

Nach der Brut bildet der auch sonst gesellig lebende Vogel große, bis zu mehrere hundert Tiere zählende Schwärme, die sich vor allem aus Jungvögeln zusammensetzen. Diese Schwärme vagabundieren laut lärmend besonders in der Umgebung von Städten und Ortschaften umher, wobei sie, wie bereits erwähnt, vor allem in Weizen- und Gerstenfeldern schweren Schaden verursachen.

Der Feldsperling hat nicht die enge Beziehung zu menschlichen Siedlungen wie der Haussperling. Er nistet bei uns vor allem auf Bäumen, in hohlen Stämmen, in Mauerlöchern oder in Nistkästen, die für Singvögel aufgehängt werden. Sonst ist seine Lebensweise, wenn man von den bereits erwähnten Unterschieden absieht, der des Haussperlings ähnlich.

Warme Frühjahre begünstigen die Sperlinge, da dann unter den Nestlingen geringere Sterblichkeit auftritt. Ein erheblicher Teil der Jungsperlinge geht im Herbst aus nicht näher bekannten Gründen ein.

Natürliche Feinde

Zu den natürlichen Feinden zählt vor allem die Hauskatze, die aber meist nur Jungvögel im Nest oder kurz nach dem Flüggewerden erbeutet. Der Sperber und die Schleiereule besaßen früher stellenweise einige Bedeutung, doch sind die Bestände in den letzten Jahrzehnten deutlich zurückgegangen, was zumindest zum Teil auf die negativen Auswirkungen persistenter Umweltchemikalien (DDT, HCB, PCB u. a.), z. B. auf die Fortpflanzung dieser Vögel, zurückgeführt wird. Als Parasiten treten unter anderem Nematoden auf.

Bekämpfung

In der Nähe von Stallungen und alten Gebäuden mit vielen Schlupfwinkeln ist erfahrungsgemäß mit stärkeren Sperlingsschäden an Feldfrüchten und im Gartenbau zu rechnen. Durch Verminderung oder möglichst restlosen Entzug der Nistmöglichkeiten unter Dächern und an anderen geschützten Stellen ließen sich die Haussperlingspopulationen erniedrigen, doch müßte eine solche Maßnahme größere Gebiete, zumindest ganze Ortschaften – oder noch besser, mehrere benachbarte – umfassen, da sonst rasch die Zuwanderung neuer Sperlinge erfolgen würde.

Akustische Abwehrmaßnahmen (Knallapparate) oder optische (Stanniolstreifen, Aufhängen von Greifvogelattrappen usw.) sind höchstens für kurze Zeit wirksam.

Die Schwing'sche Sperlingsfalle, in welche die Vögel durch eine reusenartige Öffnung im Oberteil hineingeraten, eignet sich zum Fang einer größeren Zahl vor allem von Jungvögeln. Bedeutend bessere Fangergebnisse werden jedoch der modifizierten „Australischen Sperlingsfalle" zugeschrieben, in welche die von Futter und – wenn vorhanden – Lockvögeln angelockten Sperlinge durch einen zwischen zwei Oberteilen befindlichen, 4,5 cm breiten Einflugschlitz hineingelangen. Sie können dann herausgefangen und abgetötet werden. Grünfinken [*Carduelis chloris* (L.)] und andere Vogelarten, die gelegent-

lich in die Falle geraten, müssen freigelassen werden. Manchmal werden auch Amseln in größerer Zahl gefangen. Eine regelmäßige Beaufsichtigung der Fallen durch Fachleute ist angebracht.
Kleine, z. B. zu Versuchszwecken angebaute und deshalb besonders wertvolle Getreidebestände in Ortsnähe können durch Plastiknetze geschützt werden, ebenso niedrige Obstbäume, Gartenbeete und dergleichen. Bei größeren Feldern ist dies nicht möglich. Auch durch Anbau von Roggen anstelle von anderen Getreidearten ließen sich bedeutende Schäden vermeiden.
Früher, besonders während der fünziger Jahre, war es auch üblich, eine chemische Sperlingsbekämpfung mit grün gefärbtem Strychnin-Weizen im Spätwinter durchzuführen, doch ist man wegen der hohen Giftigkeit des Strychnins für Warmblüter davon abgekommen; außerdem waren Verluste unter anderen körnerfressenden Vogelarten (z. B. Goldammern) nicht zu vermeiden.

Literatur

Creutz, G., 1949: Untersuchungen über die Brutbiologie des Feldsperlings (*Passer m. montanus* L.). Zool. Jahrb. Abt. Syst. Ökol. Geogr. Tiere **78**, 133–178. – Hammer, M., 1948: Investigations on the feeding-habits of the house sparrow (*Passer domesticus*) and the tree sparrow (*Passer montanus*). Dan. Rev. Game Biol. **1**, 1–59. – Keil, W., 1973: Möglichkeiten der Schadenskontrolle körnerfressender Vogelarten in Europa – eine Übersicht. Luscinia **42**, 22–25. – Kleinschmidt, A., 1951: Der Haussperling (*Passer domesticus* L.) als Getreideschädling und seine Bekämpfung insbesondere mit grüngefärbtem Giftweizen. Z. Hyg. Zool. **39**, 157–183. – Mansfeld, K., 1950: Beiträge zur Erforschung der wissenschaftlichen Grundlagen der Sperlingsbekämpfung. Nachrichtenbl Dtsch. Pflanzenschutzdienst (Berl.) NF **4**, 131–136, 147–154, 164–175. – Preiser, F., 1964: Untersuchungen über die Ortsstetigkeit und Wanderung der Sperlinge (*Passer domesticus domesticus* L.) als Grundlage für die Bekämpfung. Z. Pflanzenpathol. Pflanzenschutz **71**, 594–612. – Raab, R., 1976: Die Sperlingsmassenfalle im praktischen Einsatz. Ges. Pflanzen **28**, 85–90.

Saatkrähe
(rock)
Corvus frugilegus L.;

Aaskrähe
(carrion crow)

Rabenkrähe, *Corvus corone pulchroniger* O.Kl.;

Nebelkrähe, *Corvus corone cornix* (L.);

Dohle
(jackdaw)

Coleus monedula (L.) (alle drei Arten bzw. Unterarten: Passeriformes, Corvidae)
Diese Arten/Unterarten gehören zu den Rabenvögeln. Die Saatkrähe unterscheidet sich durch ihren verhältnismäßig langen, keilförmigen und spitzen Schnabel und das weiße, nackte Hautgrind der Schnabelwurzel (Abb. 80) von anderen heimischen Krähenarten. Sie brütet im Gegensatz zur Rabenkrähe in Brutkolonien.
Schaden durch *C. frugilegus* entsteht vor allem im Herbst, Winter und Frühjahr durch Fraß von ausgesätem Getreide, von Getreidekeimlingen und Jungpflanzen, insbesondere wenn in kalten Wintern große Saatkrähenschwärme, vergesellschaftet mit anderen Rabenvögeln, von Osten her bei uns einwandern. Die Saatkrähe macht sich durch Vertilgen von Insekten (Engerlinge, Drahtwürmer, Erdraupen, Maulwurfsgrillen, Getreidelaufkäferlarven), Schnecken und gelegentlich Feldmäusen jedoch auch sehr nützlich, ja sie zieht nach Möglichkeit tierische Nahrung der pflanzlichen sogar vor.
Die Rabenkrähe (Abb. 80, unten und 81) richtet Schäden durch Fraß von Getreide- und Maissaatgut nach der Feldbestellung sowie durch Zerstören von Keimlingen und Jungpflanzen an.

Abb. 80. Kopf der Saatkrähe (*Corvus frugilegus*, oben) und der Rabenkrähe (*Corvus corone pulchroniger*, unten).

Gleiches gilt für die nah verwandte schwarz und grau gefärbte Nebelkrähe. Sie ist die ostwärts der Elbe brütende Unterart der Rabenkrähe, die ab Oktober vor allem in Norddeutschland oft in größerer Zahl überwintert.

Dohlen werden durch Verzehr von Getreide-, Erbsen- und Gurkensaatgut sowie durch Heraushacken von Erbsensamen aus den Hülsen zu Schädlingen. Manchmal werden auch – wie bei der Rabenkrähe – Maissämlinge aus dem Boden herausgerissen, um das Saatkorn abfressen zu können. Andererseits wird auch *C. monedula* durch Insektenvertilgung zeit- und stellenweise nützlich.

Abb. 81. Rabenkrähe *(Corvus corone pulchroniger)*.

Die Bekämpfung der Krähen und Dohlen bereitet oft Schwierigkeiten. Hierbei spielt auch die Tatsache, daß die Saatkrähe und Dohle unter Naturschutz stehen, eine bedeutende Rolle.

Eine Aufnahme von Saatgut, z. B. von Mais, läßt sich durch Behandlung mit fraßabschreckenden Mitteln wie dem Insektizid Mercaptodimethur, mit Anthrachinon oder dem Fungizid Ziram verhindern. Bis zum Auflaufen der Saat hilft auch eine Beizung mit der Kombination Fenfuram + Guazatin + Imazalil. Erbsen- und Bohnensaatgut kann gleichfalls durch Anthrachinon geschützt werden. Die Zugabe einer 1%igen Dextrinlösung erhöht die Haftfähigkeit der Mittel. Getreide- und Maissaatgut sollte möglichst tief eingedrillt werden. Das Aufstellen von Bölleranlagen und Vogelscheuchen (Aufhängen von Habichtattrappen oder toten Artgenossen) hilft nur vorübergehend, auch wenn der Standort häufiger gewechselt wird. In jüngerer Zeit wurden durch Abschießen von Pfeifraketen Saatkrähenschwärme mit Ausnahme solcher in der Umgebung von Mülldeponien erfolgreich vertrieben.

Literatur

Anonym, 1978: Erhebungen über die von Säugetieren und Vögeln in der Bundesrepublik Deutschland an Kulturpflanzen verursachten Schäden. Mitt. Biol. Bundesanst. Land- und Forstwirtsch. Berl.-Dahlem 186, 144 S. – Mansfeld, K., 1952: Probleme der Krähenbekämpfung. Nachrichtenbl. Dtsch. Pflanzenschutzdienst (Berl.) NF **6**, 54–60. – Pfeifer, S., 1950: Die landwirtschaftliche Bedeutung der Saatkrähe. Anz. Schädlingskde. **23**, 132–135. – Porath, E., 1964: Ein Beitrag zur Ökologie der Saatkrähe. Z. Angew. Zool. **51**, 31–47.

Jagdfasan, *Phasianus colchicus*; s. Seite 193.

Buchfink

(chaffinch) *Fringilla coelebs* L.;

Bergfink

Fringilla montifringilla L. (beide Arten: Passeriformes, Fringillidae)

F. coelebs ist entweder das ganze Jahr über in Mitteleuropa vorhanden oder er zieht im Herbst und Winter in wärmere Gebiete Süddeutschlands, nach Frankreich oder Spanien. Der Bergfink tritt bei uns als Wintergast auf und lebt im Sommer in Nordeuropa. Beide Arten können im Herbst und Frühjahr, wenn sie in Schwärmen auftreten, durch Aufpicken von Getreidesaatgut auf frisch bestellten Flächen örtlich begrenzten Schaden anrichten.

Haustaube

(pigeon)

Columba livia (Gmel.) (Columbiformes, Columbidae)

Haustauben verursachen zur Saatzeit im Frühjahr und Herbst stellenweise bedeutenden Schaden durch Verzehr von Getreide-, Mais- und Erbsensaatgut. Aus diesem Grunde sind Sperrzeiten angeordnet, in denen es verboten ist, diese Vögel frei umherfliegen zu lassen. Da die Haustaubenhaltung im ganzen gesehen zurückgegangen ist, werden heute in Feldern insgesamt betrachtet nicht mehr so starke Schäden wie in früheren Jahrzehnten angerichtet.

Stockente

(wild duck)

Anas platyrhynchos L. (Anseriformes, Anatidae)

Stockentenschwärme richten vor allem in Norddeutschland nicht selten in lagernden Winterweizenfeldern zur Reifezeit Fraßschaden an.

Graugans
Anser anser (L.);

Ringelgans
Branta bernicla (L.) (beide Arten: Anseriformes, Anseridae)
In der Umgebung des Dümmer (Krs. Diepholz) haben in den letzten Jahren Graugänse an Getreide und Grünland beträchtlichen Schaden verursacht. Die Graugans wurde vor etwa 20 Jahren dort eingebürgert und hat sich zwischenzeitlich stark vermehrt.
Noch größer sind die Schäden durch die Ringelgans auf den Halligen Schleswig-Holsteins durch Abfressen von Gras, weshalb das Vieh erst Wochen später als normal ausgetrieben werden kann. Die Ringelgans steht auf der „Roten Liste" der vom Aussterben bedrohten Tierarten, was Abwehrmaßnahmen gegen sie erschwert, wenn nicht unmöglich macht.

1.3.19 Säugetiere

Feldmaus
(common vole)
Microtus arvalis (Pall.)

Systematische Stellung
Rodentia (Nagetiere), Cricetidae (Wühler)

Geographische Verbreitung
Die Feldmaus ist mit einigen Unterarten in Europa weit verbreitet und kommt darüber hinaus in Südwest-, West- und Zentralasien vor.

Abb. 82. Feldmaus *(Microtus arvalis)*.

Beschreibung
Körperlänge bei ♂♂ und ♀♀ meist 9 bis 11 cm, gelegentlich bis etwa 15 cm. Schwanzlänge 3 bis 4,5 cm oder 30 bis 40% der Körperlänge (Abb. 82). Oberseite gelblichgrau bis graubraun, Unterseite und Füße weißlich. Ohrenlänge etwa ⅓

Abb. 83. Fraßschaden der Feldmaus *(Microtus arvalis)* an Zuckerrüben.

der Länge des Kopfes. Ohr vom Kopfhaar wenig bedeckt, innen dicht und kurz behaart. Hinterfuß mit 6 Schwielen. 1. Backenzahn im Unterkiefer gut entwickelt und mit scharfer Ecke an der Außenseite.

Nahrung
M. arvalis lebt vor allem von grünen, saftigen Pflanzenteilen und Samen, aber auch von unterirdischen Organen wie Wurzeln, Knollen und Rhizomen. Getreidepflanzen jeden Alters, Zuckerrübe, Kartoffel, Bohnen, Erbse, Karotte, Raps, Kohlarten, Klee und Luzerne werden häufig geschädigt, insbesondere aber Grünlandpflanzen. An Obstbäumen und -sträuchern wird die Rinde abgenagt. Der tägliche Nahrungsbedarf einer Feldmaus liegt bei 13% ihres Körpergewichtes, also bei etwa 3 bis 4 g.

Schadsymptome und wirtschaftliche Bedeutung
Bei Feldmausschäden handelt es sich in erster Linie um Fraßschäden; daneben kommt es auch zu Wühlschäden, die weitere Folgen, z. B. für die Weidewirtschaft, nach sich ziehen. Die Mäuse fressen mit ihren scharfen, meißelartigen Nage-

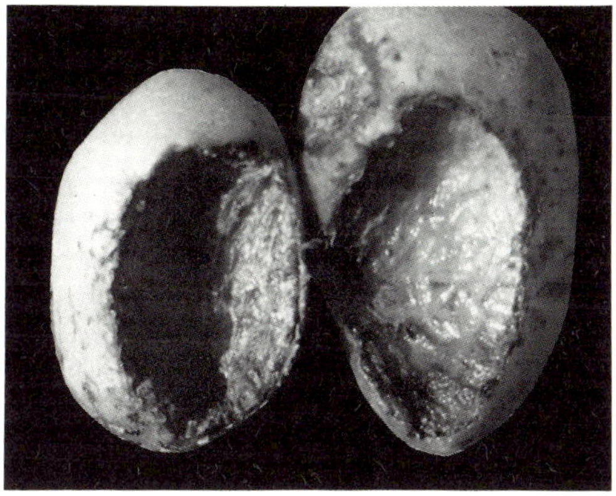

Abb. 84. Fraßschäden durch Feldmäuse an Kartoffelknollen.

zähnen Löcher in Rübenkörper (Abb. 83) und Kartoffeln (Abb. 84). Getreidekeimpflanzen werden entweder ganz gefressen oder ihre Blätter entfernt. Ältere Halme werden an der Basis abgebissen und die Ähren abgeschnitten. Beim Klee werden die Wurzeln durchgenagt, was viele Pflanzen zum Absterben bringt. Samenaufwüchse können binnen weniger Wochen vollständig vernichtet werden. Wühlschäden kommen in Feldfutterbeständen und im Grünland vor; im letzteren Falle führen diese oft zusammen mit Fraßschäden zu einer Zerstörung der Grasnarbe mit erheblichen Konsequenzen für die Viehwirtschaft. Der stärkste Schadfraß wird im Spätsommer und Herbst hervorgerufen, wenn die Feldmauspopulationen am größten sind.

Bedeutender Schaden durch Feldmäuse wird in der Bundesrepublik Deutschland derzeit vor allem in einförmigen, baumarmen Marsch- bzw. Weidegebieten Nordwestdeutschlands (Weser-Ems) verursacht. Anderswo kommt es besonders in Gebieten mit kleinbäuerlicher Struktur, wie in Teilen Baden-Württembergs und Bayerns (Jurahochfläche), sowie in Bördelandschaften (Paderborn) zu stärkeren Schäden an Feldfrüchten. An Getreide, insbesondere Winterungen, erreicht der Schaden vor allem auf kleineren Flächen bis zu 80%. Seit der Einschränkung des Feldfutterbaues infolge zurückgegangener Viehhaltung zeigt die Bedeutung der Feldmaus aber insgesamt gesehen eine eher rückläufige Tendenz.

Entwicklungszyklus, Biologie und Ökologie

Die Feldmaus ist an sich ein Steppentier. Als ein Schädling mit ausgesprochener Neigung zu Gradationen mit verhältnismäßig plötzlichem Ausbruch und schnellem Zusammenbruch ihrer Populationen ist sie genauer untersucht worden. Trotzdem sind noch manche wichtigen Fragen nicht befriedigend beantwortet. Massenvermehrungsgebiete sind vor allem Ackerbaugebiete mit nennenswertem Feldfutterbau und einförmiges, weiträumiges, extensiv genutztes, mehrjähriges Grünland, wo für den Schädling wenig interspezifische Konkurrenz vorhanden ist.

Feldmausmassenvermehrungen sind schon seit dem Mittelalter bekannt, werden also nicht durch neuzeitliche Veränderungen der Anbaumethoden im landwirtschaftlichen Pflanzenbau, fehlende Fruchtfolgen und dergleichen provoziert. Vielfach hat jedoch die Trockenlegung und Kultivierung von Hochmooren und Niederungsgebieten vor allem im norddeutschen Raum dazu beigetragen, daß neue Befallsareale entstehen konnten.

M. arvalis lebt in bis zu 50 cm tiefen, selbstgegrabenen Erdbauen, in denen sich auch Nester und Vorratskammern für den Winter befinden.

Abb. 85. Ausgang eines Feldmausbaues am Rand eines Wintergetreidefeldes.

Die Behausungen der Tiere werden trotz mehrerer gemeinsamer Ausgänge (Abb. 85) nur von einer Familie besiedelt und in Zeiten außerhalb der Massenvermehrungsperioden gegen arteigene Eindringlinge verteidigt. Die lichtbedürftige Feldmaus wählt für ihre Baue leichte Bodenerhebungen in offenem Gelände, Wiesen, Felder mit Feldfutterbeständen, Feldraine, Böschungen, Ödländereien, Weiden, Dämme, Deiche, Wald- und Wegränder aus. Leichte Sand- und schwere Tonböden werden meist gemieden, trockenere Standorte mit mittelwüchsiger Vegetation bevorzugt. Von den Einschlupflöchern gehen oberirdische Laufgänge aus, an deren Rändern die hauptsächlich tagaktiven Mäuse ihre Nahrung holen. Im Sommer und Herbst tragen sie Getreideähren, Wurzeln und andere Pflanzenteile in ihre Vorratskammern ein, um über genügend Nahrung für den Winter zu verfügen.

Die zyklischen Massenvermehrungen, die beispielsweise in weidewirtschaftlich genutzten Teilen des Weser-Ems-Gebietes meist alle 3, gelegentlich alle 4 Jahre wiederkehren, sind in erster Linie auf das sehr hohe Vermehrungspotential der Feldmaus zurückzuführen. Die Fortpflanzungsperiode dauert in der Regel von Ende Februar/Anfang März bis Oktober/November, doch ist in Strohhaufen und dergleichen auch eine Wintervermehrung möglich, wodurch die Wintersterblichkeit ausgeglichen wird.

Die weiblichen Tiere können bereits im Säuglingsalter begattet werden und setzen schon im Alter von 5 Wochen ihren ersten Wurf ab. Dann folgen praktisch alle drei Wochen neue Würfe, die sich aus je 3 bis 13 (∅ 7) Jungen zusammensetzen. Die Trächtigkeitsdauer beträgt etwa 20 Tage. Die Nachkommen bleiben im Lebensraum der Mutter und bilden Nestgemeinschaften, wobei die Jungen gemeinsam gesäugt werden. So können bei günstigen Umweltbedingungen nach mehreren Generationen sehr hohe Populationen zustandekommen, die Individuenzahlen bis zu 4000 pro Hektar erreichen. Die hohe Populationsdichte führt dann zu zunehmender Aggressivität infolge von Nahrungsmangel und anderen Streßerscheinungen („Streß-Syndrom", verbunden mit vermehrter Adrenalinausschüttung, Hyperglykämie usw.), die den Zusammenbruch der Gradationen nach sich ziehen sollen. Dies ist auch mit einem Rückgang der Reproduktionsrate sowie einer Steigerung der prä- und postnatalen Sterblichkeit verbunden.

Es gibt auch genetische Erklärungsversuche für den Massenwechsel der Feldmaus. Danach wird die Selektion während der Massenvermehrung zunehmend in eine Richtung gesteuert, die zu einer Verschlechterung des genetischen Materials und damit der Leistungsfähigkeit führt. Nach anderen Untersuchungen wird allein der Nahrungsmangel bei Massenvermehrungen als Ursache für den Populationszusammenbruch angesehen.

Trockene und warme Witterung sowie schneereiche Winter begünstigen die Massenvermehrung der Feldmaus. Ungünstig wirken sich dagegen starke Regenfälle während des Winters und Frühjahrs und ein ständiger Wechsel zwischen trockenen Frost- und niederschlagsreichen Tauwetterperioden aus.

Natürliche Feinde

Fuchs, Mauswiesel, Iltis, Spitzmäuse, Igel, Hamster und Hauskatzen sind neben anderen Säugetieren als Feldmausfeinde bekannt. Unter den Vögeln sind in diesem Zusammenhang Mäusebussard, Turmfalke, Ohreulen, Fasan, Möwen (Sturmmöwe), Krähen, Reiher (Graureiher) und Störche zu nennen. Auf die Populationsdynamik der Feldmaus bei Massenvermehrungen können diese Nützlinge keinen nennenswerten Einfluß ausüben, zumal einige Vogelarten (Eulen, Weißstorch) nur noch selten vorkommen. Entsprechendes gilt für Krankheitserreger, zu denen beispielsweise Salmonellen gehören. Es gibt jedoch Anhaltspunkte dafür, daß natürliche Antagonisten bei niedriger Populationsdichte eine nicht zu unterschätzende Rolle spielen können.

Bekämpfung

Eine kurz- oder langfristige Prognose der Feldmauspopulationsdynamik ist bisher noch nicht befriedigend möglich, was dadurch erklärbar ist, daß über die Bedeutung und das Zusammenwirken der dem Massenwechsel zugrundeliegenden Faktoren keine ausreichenden Kenntnisse vorliegen.

Allgemein empfehlenswert ist der Greifvogelschutz. In manchen Gebieten werden seit altersher Julen und Reuterböcke als Rastplätze für Greifvögel in den Feldern aufgestellt, um diese natürlichen Feinde der Mäuse anzulocken und zum Verbleib zu veranlassen.

Der Einsatz von Krankheitserregern wie Salmonellen ist wegen der Gefährdung anderer wildlebender Säugetiere, Haustiere und des Menschen nicht statthaft.

Die Pflege von Gräben und Grabenrändern, Anpflanzung von Hecken zur Schaffung einer „gemischten Landschaft“ werden u. a. als Kulturmaßnahmen gegen die Feldmaus empfohlen. Das Ziehen einer Pflugfurche von mindestens 20 cm Tiefe möglichst bald nach der Getreideernte kann zu starker Reduzierung der Feldmauspopulationen führen. Dabei ist sehr sorgfältiges Arbeiten erforderlich.

Im Grünland soll auch die Nutzung als Mäh- und Umtriebs- oder Portionsweide mit erhöhter Viehbesatzdichte Entlastung bringen, außerdem die Beseitigung von horstbildenden Unkräutern und Geilstellen. Unter bestimmten Voraussetzungen ist auch durch Überflutung von Befallsgebieten eine Bekämpfung auf größeren Flächen möglich. Hierbei besteht jedoch die Gefahr einer Wiederbesiedlung von nicht überschwemmten Gebieten her.

Als wirtschaftliche Schadensschwelle gelten 20 bis 30 befahrene Mäuselöcher/100 m^2 im Herbst oder 5 bis 10 solche Löcher im Frühjahr.

Da der Befall von bestellten Feldern oft von vernachlässigtem, verunkrautetem Grünland, Wegrainen, vergrasten Waldrändern, Grabenrändern, Ödländereien und dergleichen ausgeht, empfiehlt sich hier zunächst eine Herdbekämpfung. Zu Beginn von Massenvermehrungen sind chemische Bekämpfungsmaßnahmen nur bei gleichzeitiger Durchführung auf größerer Fläche sinnvoll, da die Feldmäuse besonders bei hoher Populationsdichte eine deutliche Ausbreitungstendenz erkennen lassen und so durch Bekämpfungsmaßnahmen entvölkerte Räume relativ rasch wieder besiedelt werden. Es können dabei Ködermittel wie Giftgetreide, Räuchermittel und Begasungspatronen verwendet werden. Mit Rodentiziden behandeltes Getreide darf jedoch, wenn man von dem Wirkstoff Chlorphacinon absieht (s. unten), nicht offen auf den Boden ausgestreut werden, sondern muß verdeckt in die Mäuselöcher eingebracht werden. In größeren Befallsgebieten ist diese Methode, bei der das behandelte Getreide mit Legeflinten oder Flaschen in die Baue befördert wird, zu zeitaufwendig. Unterirdische Ausbreitung ist mit dem traktorgezogenen Gerät „Polytanette“ möglich. Auf Getreidefeldern, auf denen oft zunächst ein Randbefall zu beobachten ist, kann Getreide, das mit den Wirkstoffen Zinkphosphid und Crimidin behandelt wurde, in Drainagerohren, die mit etwas Stroh bedeckt werden, in Abständen von etwa 5 m an gefährdeten Feldrändern ausgelegt werden. Das Giftgetreide muß solange ergänzt werden, bis nichts mehr verzehrt wird. Um Getreidediemen, Silagehaufen und Mieten ist vergiftetes Getreide in gleicher Weise anwendbar. Nach Beginn der Vegetationszeit kann der Bekämpfungserfolg nachlassen, da den Feldmäusen dann andere Nahrung zur Verfügung steht, die sie vorziehen. Auf Wiesen, Weiden und in Grassamenbeständen ist eine breitwürfige Anwendung von Chlorphacinon-Giftgetreide („Lepit“) mit dem Schleuderstreuer im Zeitraum zwischen dem 10. September und dem 15. März statthaft.

Es besteht derzeit die dringende Notwendigkeit zur Entwicklung möglichst selektiver, zur großflächigen Feldmausbekämpfung bzw. zur Anwendung eines integrierten Bekämpfungskonzeptes geeigneter Mittel. Dieses Ziel ist jedoch nur durch erhebliche Verbesserung der Kenntnisse über die Umweltansprüche der Feldmaus erreichbar.

Literatur

Anonym, 1978: Erhebung über die von Säugetieren und Vögeln in der Bundesrepublik Deutschland an Kulturpflanzen verursachten Schäden. Mitt. Biol. Bundesanst. Land- Forstwirtsch. Berl.-Dahlem 186, 144 S. – Frank, F., 1953: Untersuchungen über den Zusammenbruch von Feldmausplagen (*Microtus arvalis* Pallas). Zool. Jahrb. Abt. Syst. Ökol. Geogr. Tiere **82**, 95–136. – Frank, F., 1954: Die Kausalität der Nagetierzyklen im Lichte neuerer populationsdynamischer Untersuchungen an deutschen Microtinen. Z. Morphol. Ökol. Tiere **43**, 321–356. – Herold, W., 1954: Beobachtungen über den Witterungseinfluß auf den Massenwechsel der Feldmäuse. Z. Säugetierkd. **1**, 86–107. – Lauenstein, G., 1979: Zur Problematik der Bekämpfung von Feldmäusen (*Microtus arvalis* (Pall.)) auf Grünland. Z. Angew. Zool. **66**, 35–59. – Stein, G.H.W., 1958: Die Feldmaus (*Microtus arvalis* Pallas). Neue Brehm-Bücherei, A. Ziemsen Verlag, Lutherstadt Wittenberg, 76 S.. – Van Wijngaarden, A., 1957: De Periodiciteit in de Populatiemaxima van de Feldmuis, *Microtus arvalis* (Pallas) in Nederland, 1906–1956. Vakbl. Biol. **37**, 1–8.

Schermaus, Große Wühlmaus
Arvicola terrestris (L.) (Rodentia, Cricetidae)
Die Schermaus besiedelt in erster Linie die Umgebung von Gewässern. Durch ihre Wühltätigkeit und ihren Nagefraß an unterirdischen Pflanzenteilen wird sie örtlich vor allem im Obst- und Gartenbau schädlich, kann gelegentlich aber auch den Feldgemüse- (Erbse, Kohl, Möhre) und Futterbau (Klee) stärker beeinträchtigen. Sie frißt auch Kartoffelknollen an. Getreidehalme werden dicht über dem Boden abgebissen.

Die Bekämpfung der Schermaus erfolgt durch Aufstellen von Schlagfallen in den Gängen, was das ganze Jahr hindurch möglich ist. Weiterhin ist eine Anwendung von chemischen Mitteln, die Phosphorwasserstoff freisetzen (Gaspatronen usw.), sowie von Ködermitteln, die Zinkphosphid oder das blutgerinnungshemmende Warfarin als Wirkstoff enthalten, in den Gangsystemen möglich. Als wirksam hat sich auch das Einleiten von Benzinauspuffgasen (Dauer 5 Minuten) mit Hilfe eines hitzebeständigen Schlauches in die vorher freigelegten Gänge erwiesen. Die Verwendung des persistenten Chlorkohlenwasserstoffes Endrin ist nach dem Auftreten von Sekundärvergiftungen bei Vögeln seit 1982 nicht mehr gestattet.

Literatur
KLEMM, A., 1960: Beitrag zur Prognose des Auftretens der Großen Wühlmaus (*Arvicola terrestris* L.) in Deutschland. Z. Angew. Zool. **47**, 129–158. – MEHL, S., 1958: Stand und Probleme der Bekämpfung der Gr. Wühlmaus oder Schermaus (*Arvicola terrestris* L.). Desinfekt. Gesundheitswes. **50**, 4–12. – SCHREIER, O., 1962: Wirksamkeit und Wirtschaftlichkeit der Wühlmausbekämpfung. Pflanzenarzt **15**, 8. – VAN WIJNGAARDEN, A., 1954: Biologie en Bestrijding van de Woelrat *Arvicola terrestris* (L.) in Nederland. Plantenziektenkd. Dienst Wageningen, Meded. Nr. 123, 13–147.

Hamster
(hamster, German marmot)
Cricetus cricetus (L.) (Rodentia, Cricetidae)
Dieser rötlich-graugelbe, weißgefleckte und mit schwarzer Bauchseite versehene Nager (Abb. 86) ist ein Steppentier, dessen Vorkommen sich in der Bundesrepublik Deutschland im wesentlichen auf Lößböden beschränkt (südl. Niedersachsen, Kölner Bucht, südwestl. Hessen, Rheinland-Pfalz, Oberrheinebene usw.). Infolge der Vermehrungskapazität des Hamsters (2 bis 3mal 4 bis 18 Junge/Jahr) kann es zu starkem Auftreten kommen, so daß dann über hundert Tiere pro Hektar vorhanden sind. Seine Lebensdauer beträgt 6 bis 10 Jahre.

Der Hamster wird vor allem an Getreide, Mais, Zuckerrübe, Raps, Erbse, Bohnen, Luzerne und Klee schädlich, besonders in trockenen Sommern. Für den Winter sammelt er in seine Vorratskammern in einem tiefen, verzweigten Erdbau pflanzliche Nahrung wie Getreide im Gewicht von 10 bis 25 kg pro Bau. Außer von pflanzlicher Kost lebt der Hamster auch von tierischer, wie z. B. Insekten, Jungvögeln und Kleinsäugern (Mäusen).

Abb. 86. Hamster *(Cricetus cricetus)*.

Die Bekämpfung des Hamsters kann durch Fallenstellen am Eingang der Baue, Ausgießen der Baue mit Wasser oder eine Baubegasung mit Mitteln erfolgen, die Phosphorwasserstoff erzeugen (Begasungspatronen). Es sollte jedoch beachtet werden, daß er in der Bundesrepublik

---

Tafel 11
Oben links: Kartoffelblattrollkrankheit. Oben rechts: Y-Virus-Mosaik an Kartoffel. Mitte links: A-Virus-Mosaik an Kartoffel. Mitte rechts: X-Virus-Mosaik an Kartoffel. Unten links: *Streptomyces scabies,* Kartoffelschorf. Unten rechts: *Spongospora subterranea,* Pulverschorf an Kartoffel.

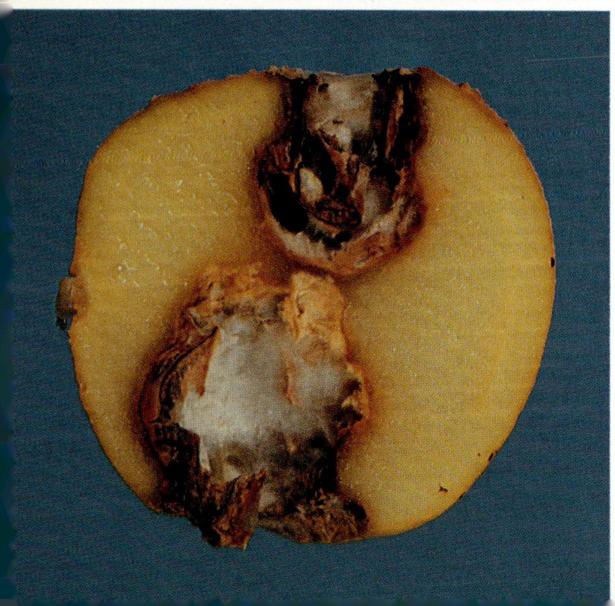

Deutschland zu den bestandesbedrohten Arten gerechnet wird, die in der „Roten Liste" aufgeführt sind (siehe auch Bundesnaturschutz-Verordnung). Eine Bekämpfung wäre demnach nur bei Massenvermehrungen mit erheblichen Schäden an Kulturpflanzen vertretbar.

Literatur

PETSCH, H., 1950: Der Hamster. Neue Brehm-Bücherei Nr. 21, A. Ziemsen Verlag, Leipzig und Wittenberg, 56 S.

Wildkaninchen
(rabbit)
Oryctolagus cuniculus (L.)

Systematische Stellung
Lagomorpha (Hasenartige), Leporidae (Hasen und Kaninchen)

Geographische Verbreitung
Das Wildkaninchen stammt aus dem westlichen Mittelmeergebiet. Heute kommt es in weiten Gebieten West- und Mitteleuropas und in Nordwestafrika (Marokko) vor. Es wurde auch nach Südafrika, Australien, Neuseeland und auf verschiedene Inseln im Atlantischen und Stillen Ozean absichtlich eingeführt.

Beschreibung
Beide Geschlechter: Körper 35 bis 48 cm lang, Schwanzlänge etwa 5 bis 7 cm. Ohren etwa 6,5 bis 7 cm lang und ohne schwarze Flecke an den Spitzen (Abb. 87). Oberseite des dichten Fells braungrau, gelbgrau oder gelblichbraun. Unterseite und Innenseite der Beine grau bis grauweiß. Schädel mit langem Jochbeinfortsatz.

Nahrung
O. cuniculus lebt praktisch ausschließlich von pflanzlicher Nahrung. Es werden junge Getreidepflanzen, Rüben, verschiedene Feldfutterpflanzen wie Klee, Zierpflanzen und die Rinde junger Bäume (Winter) verzehrt. Sehr charakteristisch ist, daß das Kaninchen auch seinen eigenen Kot aufnimmt (Koprophagie).

Schadsymptome und wirtschaftliche Bedeutung
Durch das Kaninchen kommt es zu typischen Nagefraßschäden, die sich z.B. an Rüben anhand der deutlichen Spuren der Nagezähne oder an befressenen Obstbaumstämmen gut erkennen lassen. Junge Getreidepflanzen werden teilweise oder ganz abgeweidet, ältere oft in einiger Entfernung von der Basis abgebissen (Abb. 88). Junge Wintergetreidepflanzen kümmern nach solchen Fraßschäden oder gehen ganz ein. In aufgelockerten Beständen können sich Unkräuter stärker entwickeln. Der größte Schaden entsteht an den Feldrändern, die den Kaninchenbauen am nächsten liegen. Außer durch Fraßschäden wird das Kaninchen durch seine Wühltätigkeit an Böschungen, Dämmen, Deichen und in Gärten stellenweise sehr lästig.
Nach den Ergebnissen von Erhebungen während der letzten Jahre wird durch das Wildkaninchen in der Landwirtschaft der Bundesrepublik Deutschland ein Schaden von jährlich etwa 6 Millionen DM verursacht. Damit steht es hinsichtlich seiner wirtschaftlichen Bedeutung neben der Feldmaus an der Spitze der einheimischen Schadwirbeltiere.

Entwicklungszyklus, Biologie und Ökologie
Das weibliche Kaninchen setzt nach einer Tragezeit von 30 bis 31 Tagen bis zu 10 bei der Geburt nackte Junge, die nach 10 Tagen die Augen öffnen. Ein Weibchen kann im Jahr bis zu 6 Würfe haben, weshalb die Populationen, die in großen Familienverbänden zusammenleben, bei günstigen Umweltbedingungen sehr rasch anwachsen. Gradationen (Massenvermehrungen) sind nicht selten. Die Jungkaninchen sind nach 5 bis 8 Monaten fortpflanzungsfähig.
O. cuniculus bevorzugt Gebiete mit leichten, sandigen oder lehmigen Böden, die zum Graben der Baue gut geeignet sind. Welliges Gelände mit lockerem Baumbestand und Gebüsch wird als Lebensraum bevorzugt, gebirgige und feuchte Gegenden werden dagegen gemieden.

Tafel 12
Oben links: *Synchytrium endobioticum*, Kartoffelkrebs. Oben rechts: *Phytophthora infestans*, Krautfäule an Kartoffel. Mitte links: *Phytophthora infestans*, Knollenfäule an Kartoffel. Mitte rechts: *Rhizoctonia solani*, Wipfelrollen durch basale Triebvermorschung. Unten links: *Phoma exigua* v. *foveata*, Phoma-Trockenfäule an Kartoffel. Unten rechts: *Alternaria porri* f. sp. *solani*, Dürrfleckenkrankheit an Kartoffel.

Abb. 87. Wildkaninchen (*Oryctolagus cuniculus,* links) und Feldhase (*Lepus europaeus,* rechts).

Die Baue werden vor allem an der Südseite von Hügeln und Böschungen gegraben. Sie bestehen aus einer unterschiedlichen Anzahl von Gängen, die in 30 bis 60 cm Tiefe unter der Erdoberfläche liegende Kessel führen. In manchen Gebieten graben die Kaninchen keine Baue mehr, sondern finden in dichten Hecken, Streuhaufen und dergleichen Schutz. Hier legen die Weibchen aber auch an unbedeckten Stellen vor dem Setzen etwa 1 m lange Setzröhren an, deren Hinterende sie mit Haaren aus ihrem eigenen Fell auspolstern. Der Eingang dieser Höhle wird sorgfältig verschlossen.
Das Kaninchen ist ein vorwiegend dämmerungs- und nachtaktives Tier; während des Tages bleibt es in seinem Bau und in anderen Verstecken oder es sonnt sich in deren Nähe.

Natürliche Feinde
Unter den Säugetieren stellen vor allem Fuchs, Marder, Wieselarten, Iltis, Dachs, wildernde Hunde und Katzen den Kaninchen nach. Bekannte Kaninchenvertilger unter den Vögeln sind der Habicht, Sperber, Waldkauz und Uhu, deren Bestände jedoch zu gering sind, um die Schädlingspopulationen wirksam beeinflussen zu können.
Unter den Krankheitserregern ist vor allem das Myxomatose-Virus von praktischer Bedeutung,

Abb. 88. Schaden durch Wildkaninchen (*Oryctolagus cuniculus)* an Roggen (abgebissene Halme).

da es auch zur biologischen Bekämpfung eingesetzt wurde.

Bekämpfung

Eine befriedigende Prognose von Kaninchengradationen und der dann zu erwartenden Schäden an Feldfrüchten ist längerfristig noch nicht möglich, da das Massenwechselgeschehen von einer Vielzahl von Faktoren beeinflußt wird.

Eine sorgfältige Einzäunung mit möglichst engmaschigem Draht ist bei garten- und obstbaulich genutzten Flächen sinnvoll, nicht aber in der Feldflur. Optische und akustische Geräte bringen wegen schneller Gewöhnung der Kaninchen keinen dauerhaften Erfolg. Mit chemischen Abschreckmitteln liegen in Mitteleuropa bisher nur wenig befriedigende Erfahrungen vor.

Die biologische Bekämpfung des Wildkaninchens ist durch das ursprünglich aus Amerika stammende Myxomatose-Virus möglich. Es ist jedoch bekanntgeworden, daß in verschiedenen Ländern Kaninchenstämme entstanden sind, die eine mehr oder weniger starke Widerstandsfähigkeit gegen das Virus zeigen.

Das Myxomatose-Virus wird vor allem vom Kaninchenfloh *Spilopsyllus cuniculi* (Dale), gelegentlich auch von Stechmücken übertragen. Von der Myxomatose befallene Tiere zeigen Apathie, herunterhängende Ohren und stark angeschwollene Augenlieder. Der Tod tritt erst nach einigen Tagen ein. In einheimischen Wildkaninchenpopulationen sind in Abständen von mehreren Jahren Myxomatoseepidemien auch ohne Zutun des Menschen aufgetreten.

Eine Reduzierung der Kaninchen ist durch Abschuß durch die Jagdausübungsberechtigten möglich. Es ist dies eine wirksame Maßnahme, wenn sie konsequent durchgeführt wird. In einigen Bundesländern dürfen in befriedeten Gebieten, in denen die Jagd nicht ausgeübt werden darf (Siedlungsgebiete), Kaninchen auch von nicht jagdberechtigten Personen gefangen und getötet werden. Ein Fang ist beispielsweise mit Kastenfallen möglich, die an Zaunlücken aufgestellt werden. Gelegentlich wird die Kaninchenjagd auch heute noch mit Hilfe von Frettchen (Albinoform des Iltis) durchgeführt, die die Nager aus den Bauen in Netze treiben.

Literatur

Hase, A., 1954: Die Myxomatose der Wild- und Hauskaninchen. Nachrichtenbl. Dtsch. Pflanzenschutzdienstes (Braunschw.) **6**, 81–86. – Henderson, B.A., 1979: Regulation of the size of the breeding population of the European rabbit, *Oryctolagus cuniculus*, by social behaviour. J. Appl. Ecol. **16**, 383–392. – Klemm, H., 1977: Verhütung von Wildverbißschäden im Gemüsebau. Spez. Ber. Landwirtsch., 50–52. – Sol, R., 1977: Schäden an Wintergetreide durch Wildkaninchen (*Oryctolagus cuniculus* L.). Mitt. Biol. Bundesanst. Land- Forstwirtsch. Berl.-Dahlem 178, 143.

Hase, Feldhase

(hare)

Lepus europaeus Pall. (Lagomorpha, Leporidae)

Der Hase unterscheidet sich vom Kaninchen durch seine wesentlich längeren, mit schwarzen Spitzen versehenen Ohren, die länger sind als der Kopf (Abb. 87). Die Fußsohle der Hinterbeine ist ohne Krallen über 11 cm lang. *L. europaeus* besiedelt lichte Wälder und als Steppentier besonders offenes Gelände mit schweren Böden. Schäden durch den Hasen entstehen im Herbst und Winter durch Beäsen der Wintersaaten, im Sommer von Rübenkörpern, Kohl, Bohnen sowie durch Abbeißen von Getreide-, Klee- und Luzernepflanzen. Da Feldhasen aber nie in großer Zahl auftreten, hält sich ihr Schadfraß im landwirtschaftlichen Pflanzenbau in erträglichen Grenzen; wesentlich negativer ist dagegen ein Schälen der Rinde von Obstbäumen während des Winters zu beurteilen.

Maulwurf

(mole)

Talpa europaea L. (Insectivora, Talpidae)

Der Maulwurf ist infolge seines rüsselartig verlängerten Vorderkopfes, seiner schaufelartigen Grabbeine (Vorderbeine), seines kurzen Schwanzes und seines samtschwarzen Fells ein sehr charakteristisches, bodenbewohnendes Tier. Als Insektenfresser wird er durch Vertilgen schädlicher Larven und dergleichen nützlich. Er kann aber auch Schaden anrichten, wenn er im Herbst und in milden Wintern Erdhaufen aufwirft, durch die beispielsweise Wintergetreidepflanzen bedeckt werden und dadurch absterben.

Reh

(roe deer)

Capreolus capreolus L.;

Rothirsch
(stag, hart)
Cervus elaphus L.;

Damwild
(fallow deer)
Cervus dama L. (alle drei Arten: Artiodactyla, Bovidae)

Diese drei Paarhuferarten, die wie das Wildschwein eigentlich als Waldtiere zu bezeichnen sind, richten Fraßschäden an Wintersaaten, in Klee-, Raps-, Bohnen-, Mais- und Kartoffelfeldern und anderen Kulturen an. Das Damwild scharrt im Herbst mit Vorliebe Kartoffeln aus dem Boden. Der Hauptschaden entsteht oft an Jungpflanzen durch Zertreten und Abtreten mit den scharfen Hufkanten.
Eine Verminderung des Schadens durch Reh, Rothirsch und Damwild ist durch die Anpflanzung von Wildäckern im Walde und Anlage von elektrischen Weidezäunen möglich. Wildscheuchen wirken wie beim Wildschwein höchstens kurzfristig.

2 Mais

2.1 Viruskrankheiten

Der Mais kann durch mehrere Virosen erkranken, von denen in Mittel-, Süd- und Osteuropa nur die folgenden eine gewisse Bedeutung erreicht haben.

2.1.1 Blattfleckigkeit
(maize leaf fleck)

Erreger
Maisblattflecken-Virus, MBFV (maize leaf fleck virus, MLFV).
An den älteren Blättern entsteht eine von der Basis beginnende Nekrotisierung. Zahlreiche hellgrüne oder hellgelbe Flecke treten ab 5. Blattstadium hervor; die jüngsten Blätter zeigen mitunter rotgefärbte Streifung. Das Virus ist samenübertragbar; als Vektoren dienen die Blattläuse *Rhopalosiphum maidis* (Fitch), *R. padi* (L.) und *Myzus persicae* (Sulz.). Die Krankheit kommt in Ost- und Südosteuropa vor.

2.1.2 Rauhverzwergung
(maize rough-dwarf)

Erreger
Virus der Rauhverzwergung, MRVzV (maize rough dwarf virus, MRDV).
Die Pflanzen bleiben im Wuchs zurück, der Stengel ist an der Basis verdickt. Die Blattunterseite ist rauh durch zahlreiche kleine Gallen an den Adern (histoide Enationen). Die Blätter zeigen chlorotische Aufhellungen, die Kolben sind deformiert. Bei Spätinfektionen tritt keine Verzwergung ein. Das Virus wird zirkulativ-propagativ (Vermehrung des Virus im erstgenannten Vektor) unter anderem durch die Zikaden *Laodelphax striatellus* (Fall.) und *Javesella pellucida* (F.) übertragen. Der Wirtskreis umfaßt neben Mais *Digitaria-* und *Echinochloa*-Arten, wahrscheinlich auch andere Gramineen. Die Krankheit tritt in Italien, Spanien, Südfrankreich und Jugoslawien auf.

2.1.3 Europäisches Maismosaik
(maize mosaic)

Erreger
Europäisches Maismosaik-Virus, MEMV (European maize mosaic virus, MMV).
Die Krankheit äußert sich in chlorotischen Punkten und Ringen auf den Blättern; zwischen den Blattadern bilden sich längliche Aufhellungen. Das Virus wird durch verschiedene Aphiden nicht zirkulativ übertragen; seine Verbreitung erstreckt sich vornehmlich auf Südosteuropa. Es wird als Maisstamm des Zuckerrohrmosaik-Virus betrachtet.

Literatur
Klinkowski, M., 1977: Pflanzliche Virologie. Bd. II., Akademie Verlag Berlin, 3. Aufl. – Lovisolo, O., 1971: Maize rough dwarf virus. C.M.I./A.A.B. Descriptions of Plant Viruses No. 72.

2.2 Pilzkrankheiten

2.2.1 Keimlingskrankheiten
(damping-off)

Erreger
Drechslera sorokiniana (Helminthosporium sativum), Fusarium avenaceum, F. culmorum, F. equiseti, F. graminearum, F. moniliforme, F. oxysporum, Pythium-Arten.

Systematische Stellung
S. Fusarium-Stengelfäule, Seite 178

Verbreitung, wirtschaftliche Bedeutung
In klimatisch begünstigten Maisanbaugebieten wird das gefährdete Keimlingsstadium so rasch überwunden, daß die Pflanzen den Erregern entwachsen. In Regionen mit kühleren, feuchten Frühjahrsbedingungen, in Lagen und Jahren mit Auflaufverzögerungen und bei Saatgut von ge-

ringerer Qualität sind Keimlingskrankheiten verbreitet und können Schäden herbeiführen, die Umbruch erforderlich machen.
In Mitteleuropa sind meist *Fusarium culmorum* und *F. avenaceum* nachzuweisen, in wärmeren Gebieten stärker *F. graminearum.*

Symptome
Ein verzögerter Aufgang und lückige Bestände sind deutliche Hinweise auf Keimlingskrankheiten. Sie äußern sich an der Einzelpflanze entweder vor oder nach dem Auflaufen durch wässrige hell- bis dunkelbraune Flecke an den Wurzeln bzw. unterirdischen Sproßteilen (Mesokotyl), mitunter sind die Wurzeln stark zerstört oder verfault. Aufgelaufene Pflanzen zeigen an den Blättern chlorotische Streifungen bis vertrocknete Gewebepartien. Sie wachsen dann selten zu normalen Pflanzen aus, sondern sterben bei anhaltend ungünstigen Bedingungen ab. Pflanzen, welche das Dreiblattstadium überschritten haben, können Schäden durch Adventivwurzelbildung ausgleichen.

Biologie der Erreger
Die zahlreichen Erreger von Keimlingskrankheiten, von denen oben nur die wichtigsten angeführt wurden, werden hauptsächlich mit dem Saatgut übertragen. Zum Teil sind sie bereits in das Korn eingedrungen oder liegen in äußerer Kontamination vor, hervorgerufen durch pilzliche Fäulnis an den Kolben während der Reifezeit. Je früher und häufiger diese Kolbenfäulen eintreten, umso stärker kann das Saatgut belastet sein. Bei den *Pythium*-Arten handelt es sich um weitverbreitete Bodenpilze, die besonders unter feuchtkühlen Bedingungen geschwächte Keimlinge befallen. Die *Fusarium*-Arten können Ernterückstände längere Zeit besiedeln oder überdauern als reine Bodensaprophyten; ein Teil führt bei älteren Pflanzen auch zu Wurzel- und Stengelfäulen (s. Fusarium-Stengelfäule).

Wirtskreis
Die Erreger von Keimlingskrankheiten sind nicht auf Mais spezialisiert, sondern haben einen breiten Wirtskreis, der unter anderem alle Getreidearten einschließt.

Bekämpfung
Alle Maßnahmen, welche hohe Keimfähigkeit, rasche Keimung und schnellen Auflauf der Pflanzen begünstigen, wirken dem Auftreten von Keimlingskrankheiten entgegen. Die Verwendung anerkannten Saatgutes gewährt meist eine gute Keimung; jedoch können bei der Trocknung im Herbst Risse im Perikarp eintreten oder Beschädigungen während des Drusches vorkommen, die bei ungünstigen Keimungsbedingungen Krankheiten fördern. Beizung des Saatgutes ist daher erforderlich. Die Saatgutbehandlung kann mit Captan- oder Thiram-Beizmitteln vorgenommen werden. Zur Abwehr von Schadvögeln (Krähen, Fasane) ist Ziram (AAvolex), Thiram (Cunitex), Mercaptodimethur (Mesurol) und Diazinon (Basudin) zugelassen (s. Seite 194). Letztere beiden Wirkstoffe und Chlorfenvinphos (Birlane) verhindern Fritfliegenbefall in frühen Stadien (s. Seite 151). Zur besseren Haftung am Maiskorn wird bei der Saatpuderung Magermilch oder Bier zugesetzt. Bei der Verwendung pneumatischer Saatgeräte erhöht Dextrin (1%) die Haftfähigkeit.

2.2.2 Fusarium – Stengelfäule
(stalk rot of corn)

Erreger
Fusarium culmorum (W.G.Smith) Sacc.,
Gibberella zeae (Schw.) Petch (Konidienform: *Fusarium graminearum* Schwabe),
Gibberella fujikuroi (Sawada) Ito et Kimura (Konidienform: *Fusarium moniliforme* Sheldon).

Systematische Stellung
Deuteromycotina, Hyphomycetes, Tuberculariales.
Perfektstadium: Ascomycotina, Pyrenomycetes, Sphaeriales, Hypocreaceae.

Verbreitung, wirtschaftliche Bedeutung
Maisstengelfäulen sind in allen Anbaugebieten bekannt, jedoch variiert das Erregerspektrum. Während in Südeuropa und anderen warmen Ländern die durch *Gibberella zeae* verursachte Fäule vorherrscht, wird in Mittel- und Nordeuropa die Krankheit hauptsächlich von *Fusarium culmorum* verursacht. *Gibberella fujikuroi* (*Fusarium moniliforme*) ist zwar weltweit als Stengelfäuleerreger an Mais nachgewiesen, in Deutschland aber nur gelegentlich häufiger. Da die Krankheit mit einer gewissen Regelmäßig-

keit in allen Anbaugebieten vorkommt, hat sie erhebliche wirtschaftliche Bedeutung. Im Durchschnitt der Jahre wird ein Verlust in der Welternte von 7% geschätzt; auf Einzelschlägen können die Ertragsminderungen durch Notreife und Sekundärfäulen weit höher liegen.

Symptome
Die ersten noch wenig auffälligen Symptome werden kurz nach der Blüte in Form fleckiger, dunkler Gewebeverbräunungen, bevorzugt am unteren Stengelknoten oder in dessen Nähe, sichtbar. Mit der zunächst langsamen, später rascheren Ausdehnung der Nekrosen erweicht das Gewebe und läßt sich leicht eindrücken. Das Mark im Stengel ist weitgehend zerstört, mitunter rötlich verfärbt, und nur die Rinde sowie das Leitgewebe behalten ihre Festigkeit (Farbtafel 8, S. 120). Die Pflanzen sterben je nach Befallsgrad vorzeitiger ab (Notreife), die Blätter gehen dabei von zunächst blaugrün in eine helle graubraune Färbung über, die Blattscheiden und Stengel werden blaßgelb. Starke Stengelfäule führt zum Umknicken bzw. Umbrechen der Pflanzen, wobei der Bruch durch den Knoten verläuft. Die Symptome nehmen im Feldbestand quantitativ und qualitativ mit steigendem Reifezustand mitunter sehr rasch zu, so daß die Notreife innerhalb von zwei Wochen ganze Bestände erfassen kann. Bei Wind und Regen brechen die Pflanzen leicht um, sekundäre Fäulen an Kolben werden dadurch stark begünstigt (Abb. 89).
Stengelfäulen stehen häufig in direktem Zusammenhang mit Wurzelerkrankungen, die entweder vorausgehen oder eine Folgeerscheinung darstellen. Dieser Krankheitskomplex wird daher nicht gesondert abgehandelt, zumal meist die gleichen Erreger beide Krankheitserscheinungen hervorrufen.

Abb. 89. Fusarium-Stengelfäule an Mais, starker Pflanzenumbruch im Bestand.

Biologie der Erreger
Die verschiedenen *Fusarium*-Arten vermögen auf Ernterückständen oder mittels Mycelfragmenten bzw. Chlamydosporen im Boden zu überdauern. *Fusarium culmorum* ist ein weit verbreiteter Bodenpilz mit hoher saprophytischer Konkurrenzfähigkeit und erheblicher Toleranz gegenüber antibiotischen Effekten. Zum Teil ist Saatgutübertragung gegeben. Die Infektionen können entweder über das Wurzelsystem verlaufen, so daß die Stengelfäule eine Folge des primären Wurzelbefalles ist, oder die Erreger infizieren den Stengel oberirdisch und dringen dann zur Wurzel vor. Oberirdische Infektionen gelingen meist erst während oder nach der Blüte, bei früherem Eindringen wird die Symptombildung bis zu diesem Zeitpunkt verzögert. Die Eintrittswege verlaufen über die Verbindungsstellen zwischen Wurzel und Stamm, verletzte oder angefaulte Wurzeln, über Blattscheiden und Halmknoten. Die starken physiologischen Veränderungen in der Wirtspflanze nach der Blüte begünstigen die Ausbreitung der Erreger. Mit dem Absinken des Zuckergehaltes im Stengel verstärkt sich die Fäule fortlaufend. Auch durch Frost geschädigte Pflanzen unterliegen rasch einer Infektion. Alle sonstigen Schwächungen der Pflanze begünstigen die Erreger in der Pathogenese.
Bei Befall durch *Gibberella zeae* werden auf abreifenden Pflanzen einzeln oder in Gruppen stehende, blauschwarze Perithecien (150 bis 300 × 100 bis 250 µm) gebildet, welche spindelförmige, hyaline, meist vierzellige Ascosporen (18 bis 27 × 5 µm) enthalten. Die Art ist normalerweise homothallisch. Auf befallenem Gewebe entstehen bei feuchtem Wetter Konidienlager (Pionnotes oder Sporodochien) mit meist sechszelligen, spindelig-sichelförmigen Konidien (35 bis 62 × 2,5 bis 5 µm) (Abb. 2). *Gibberella fujikuroi* entwickelt kugelige bis ellipsoide Perithecien (250 bis 300 × 220 bis 280 µm), deren Asci 4 bis 8 zweizellige ascosporen (14 bis 18 × 4 bis 7 µm) enthalten. Die Makrokonidien werden in rosa bis rötlichen Sporenlagern gebildet, meist 4 bis 6zellig (32 bis 63 × 2 bis 4µm); die 1 bis 2zelligen Mikrokonidien (5 bis 12 × 1,5 bis 2,5 µm) werden in Ketten abgeschnürt.

Fusarium culmorum bildet nur Makrokonidien, meist 6zellig, von spindelig-sichelförmiger Gestalt (30 bis 50 × 5 bis 7 µm) (Abb. 2).

Wirtskreis
Gibberella zeae kommt weltweit unter tropischen Bedingungen an Mais und Reis vor, in gemäßigten Gebieten auch an Weizen, Hafer, Gerste und Roggen sowie an verschiedenen Gräserarten. *Fusarium culmorum* kann zahlreiche Gramineen, einschließlich der Hauptgetreidearten parasitieren und ist auch als Fäuleerreger an verschiedenen Organen bei Caryophyllaceae, Compositae, Leguminosae, Solanaceae und anderen bekannt. *Gibberella fujikuroi* ist ein wichtiger Krankheitserreger auch an Reis (Bakanaë-Krankheit), Zuckerrohr und Hirse; ferner wurde die Art an zahlreichen Vertretern anderer Familien nachgewiesen. Die Stämme dieser Species scheinen einen beträchtlichen Grad an Spezialisierung aufzuweisen. Sie bilden verschiedene Gibberelline.

Bekämpfung
Die Bekämpfung der Maisstengelfäulen muß sich auf acker- und pflanzenbauliche Maßnahmen beschränken. Erhöhte N-Gaben begünstigen die Fäule, gute Kaliversorgung wirkt befallsmindernd, da eine erhöhte Stengelstärke und bessere Standfestigkeit erreicht wird. Maiszünslerbefall prädestiniert die Pflanzen für Stengelfäule, daher empfiehlt sich in Befallslagen eine Bekämpfung (s. S. 189). Fruchtfolgen haben nur wenig Einfluß auf Höhe und Ausmaß der Erkrankung. Die Sorten zeigen deutliche Unterschiede in der Anfälligkeit. Gute Widerstandsfähigkeit wird den Sorten 'Anjou 21', 'Blizzard', 'Eta', 'Limagold', 'Forte', 'Garbo', 'Giga' und 'Kaceplus' zugeschrieben. Stark anfällig sind 'Edo', 'Fello', 'Prior' und 'Velox'. Sobald die Ausreifung erfolgt ist, sollte die Ernte einsetzen, um weiteres Umbrechen der Stengel und eine Kolbenfäule zu vermeiden.

Literatur
Christensen, J.J., Wilcoxson, R.D., 1967: Stalk rot of corn. Monograph. Amer. phytopath. Soc. 3, 59 pp. – Krüger, W., 1976: Zum Auftreten der Wurzel- und Stengelfäule des Maises in der Bundesrepublik Deutschland 1969–1973. Mitt. Biol. Bundesanst. Land-Forstw. H. 172, 49 pp. – Rintelen, J., 1972: Maiskrankheiten und ihre Bekämpfung. In Rintelen P.: Mais. Ein Handbuch über Produktionstechnik und Ökonomik. BLV-Verlag München.

2.2.3 Stengelfäuleerreger von geringerer Bedeutung

Macrophomina phaseoli (Tassi) Goid. [syn. *Sclerotium bataticola* Taub, *Rhizoctonia bataticola* (Taub) Butl.].
Meist am Ende der Vegetationsperiode auftretend; schmutzigweiße, graue, später dunkelbraune Faulstellen an den unteren Knoten und Internodien. Unter der Rinde und im Stengelinneren zahlreiche kleine, schwarze Sklerotien; auf Blättern und Stengeln dunkelbraune Pyknidien mit einzelligen Sporen (14 bis 30 × 5 bis 10 µm). Der Erreger ist in tropischen und subtropischen Gebieten verbreitet.

Colletotrichum graminicola (Ces.) Wilson
Stengelverfärbungen und -fäulen zunächst in Form schwarzer Längsstreifen zu erkennen. Auf Blättern und Blattscheiden streifenartige, hellere Verfärbungen; auf dem befallenen Gewebe dunkle Acervuli mit Borsten und gekrümmten, spindeligen, einzelligen Konidien (18 bis 26 × 3 bis 4 µm). Die Species wird mitunter als Konidienform von *Glomerella tucumanensis* betrachtet, unterscheidet sich aber in der Pathogenität. Der Wirtskreis umfaßt zahlreiche Gramineen.

Phaeocytostroma ambigua (Mont.) Petr. [syn. *Phaeocytosporella zeae* (Stout.)]
Am Stengelgrund Gewebezerstörungen von dunkler Markierung umgeben; unregelmäßige größere oder kleinere grauschwarze, rauhe Krusten; Pyknidien in Stroma gebündelt; Konidien einzellig, olivbraun, 7,5 bis 16 × 5 bis 6,5 µm.

Diplodia maydis (Berk.) Sacc.
Ähnlich der Fusarium-Stengelfäule, befallenes Gewebe dicht besetzt mit dunklen Pyknidien, Stengelmark zerstört, Leitbündel unversehrt; Sporen olivgrün, 2zellig, 25 bis 30 × 4,5 bis 6,5 µm.

Literatur
Buhl, C., Weidner, H., Zogg, H., 1976: Krankheiten und Schädlinge an Getreide und Mais. Verlag Eugen Ulmer, Stuttgart, 431 pp. – Krüger, W., 1978: Mais. Krankheiten und Schädlinge und ihre Bekämpfung. Saaten Union

G.m.b.H., Hannover, 120 pp. – MORDUE, J. E. M., 1967: *Colletotrichum graminicola*. C.M.I. Descriptions of path. Fungi and Bacteria No 13. – SUTTON, B. C., WATERSTON, J. M., 1966: *Diplodia maydis*. C.M.I. Descriptions of path. Fungi and Bacteria No 8.

2.2.4 Fusarium – Kolbenfäule
(cob rot of corn)

Erreger
Fusarium culmorum (W.G. Smith) Sacc., *Gibberella zeae* (Schw.) Petch (Konidienform: *Fusarium graminearum* Schwabe), *Gibberella fujikuroi* (Sawada) Ito et Kimura (Konidienform: *Fusarium moniliforme* Sheldon), *Fusarium poae* (PK.) Wr.

Systematische Stellung
S. Fusarium-Stengelfäule, Seite 178

Verbreitung, wirtschaftliche Bedeutung
Die durch *Fusarium*-Arten erzeugte Kolbenfäule ist weit verbreitet; die einzelnen Erreger stellen aber verschiedene Klimaansprüche. *F. graminearum* ist in wärmeren, feuchten Regionen häufiger, *F. culmorum* und *F. poae* in kühleren Gebieten stärker nachzuweisen. Die wirtschaftliche Bedeutung ergibt sich aus den unmittelbaren Ertragsverlusten, die insbesondere bei anhaltenden Regenfällen im August, September und Oktober erheblich sein können, aus der Minderung der Keimfähigkeit des Saatgutes und durch Qualitätseinbußen für die Verwertung. Von *Gibberella zeae* infizierte Körner können nach Verfütterung Vergiftungserscheinungen (Mykotoxine) herbeiführen; bei Schweinen liegen negative Erfahrungen auch mit durch *F. culmorum* befallenem Futter vor. Kühe reagierten mit reduzierter Nahrungsaufnahme und Milchleistung. Stoffwechselprodukte der Fäuleerreger können auch zu Veränderungen an den Geschlechtsorganen bei Schwein und anderen Tierarten beitragen. Daher ist die Verwendung durch Pilze veränderten Maisfutters nicht unbedenklich.

Symptome
Die Kolben sind teilweise oder vollständig mit einem weißlichen, oft rosa- bis rotgefärbten Mycel überdeckt. Die Lieschblätter zeigen bei starkem Befall ebenfalls rötliche Verfärbungen; meist haften sie fest aneinander und sind durch weißliches Mycel verklebt. Die Maiskörner sind braunrot oder weißlich gestreift, mitunter vollständig verbräunt und im Inneren trockenfaul (Farbtafel 8, S. 120). Spindel und Mark des Kolbens verfärben sich gelblich, verrotten und werden brüchig. Stark faulende Kolben haben zum Teil einen typisch pfirsichartigen Geruch (*F. poae*). Der frühe Befall beginnt meist an der Kolbenspitze, im Spätherbst treten oft Infektionen von der Basis ein. Bei *F. moniliforme* werden stärker Einzelkörner oder Korngruppen befallen, während *F. poae* eine Weißfäule des ganzen Kolbens hervorruft. Die einzelnen Erregerarten sind am Befallsbild nur schwer zu unterscheiden.

Biologie der Erreger
Die Erreger sind in der Natur verbreitete Saprophyten und Parasiten, die sich unter anderem auf Ernterückständen oder im Boden ansiedeln. Die Kolbenfäulen werden zwar erst einige Zeit nach der Befruchtung sichtbar, die Infektion setzt jedoch nach dem Austritt der Stempel ein, auf welche die Pilzsporen durch Wind und Regen gelangen. Die auskeimenden Hyphen wachsen an diesen entlang zur Kolbenspitze und dringen in die sich entwickelnden Körner ein bzw. besiedeln diese äußerlich. Mechanische Verletzungen an Kolben, Schädlingsbefall (Zünslerfraß) und Vogelschäden, sowie zu kurze Lieschblätter begünstigen den Beginn der Kolbenfäule. Rissige oder weißrissige Körner, die sich bei ungleichmäßigem Wasserhaushalt bilden, werden rasch infiziert. Kolbenfäulen sind auch Folgeerscheinungen von Frostschäden und dem Umbrechen der Pflanzen durch Stengelverrottung. Hohe Feuchtigkeit und kühle Temperaturen begünstigen allgemein die Fäuleentwicklung. Kornbefall durch *F. moniliforme* tritt allerdings besonders in trockenen Jahren auf. Sporen der Erreger werden mit dem Saatgut übertragen, zum Teil liegt auch unmittelbarer Samenbefall vor. Daher besteht ein Zusammenhang zwischen Kolbenfäule und Keimlingserkrankungen bei nachfolgender Aussaat.

Wirtskreis
Die angeführten *Fusarium*-Arten sind nicht auf Mais spezialisiert, sondern haben einen weiten Wirtskreis, der auch die Hauptgetreidearten und zahlreiche andere Gräser einschließt (s. S. 20).

Bekämpfung

Die direkte Bekämpfung der Kolbenfäulen im Bestand ist nicht möglich und prophylaktische, chemische Maßnahmen können bei sachgemäßem Anbau unterbleiben. Wichtig ist, daß durch Standort- und Sortenwahl die volle Ausreifung der Pflanzen vor dem Frost möglich ist. Die Ernte sollte unverzüglich erfolgen, und das Erntegut ist umgehend zu trocknen bzw. zu verarbeiten, um eine Fäulnisausbreitung im Lager zu vermeiden. Zu fortschreitender Pilzbesiedlung kommt es, wenn die Temperaturen 20 °C und die Feuchtigkeit im Erntegut 25% übersteigen.

Literatur

FOCKE, I., 1966: *Fusarium culmorum* (W.G.Sm.) Sacc. und *Fusarium moniliforme* Sheld. als Erreger von Kolbenfäulen des Maises (*Zea mays* L.) im mitteldeutschen Raum. Wiss. Z. Univ. Rostock **15**, 219–228. – FOCKE, I., KÜHNEL, W., 1964: Die Weißfäule der Maiskolben (*Fusarium poae* (PK.) Wr.). Nachr. Bl. Dtsch. Pfl. schutzd. (Berlin) **18**, 116–123. – RINTELEN, J., 1972: Maiskrankheiten und ihre Bekämpfung. In Rintelen, P.: Mais. Ein Handbuch über Produktionstechnik und Ökonomik. BLV Verlag München.

2.2.5 Kolbenfäuleerreger von geringerer Bedeutung

Diplodia maydis (Berk.) Sacc.

Weißliches Mycel zwischen Lieschblättern und Kolben sowie zwischen den Kornreihen; Pyknidienbildung mit olivgrünen, zylindrischen, zweizelligen Pyknidiosporen (25 bis 30 × 4,5 bis 6,5 µm). Befallene Körner sterben ab, der ganze Kolben wird graubraun verfärbt. Die Krankheit hat in wärmeren Gebieten größere Bedeutung; der Erreger befällt auch Stengel und Wurzeln (s. S. 180).

Khuskia oryzae Hudson [Konidienstadium: *Nigrospora oryzae* (Berk. et Br.) Petch]

Die Kolben werden weich, die Körner sitzen lokker und sind an der Spitze schwarz, streifig oder runzelig; die Kolben brechen leicht ab, die Spindeln sind mit einem grauen Mycel- und Sporenbelag überzogen. Konidien einzellig, schwarz, kugelig (12 bis 15 µm). Die Krankheit tritt bei der Reife hervor, meist nur an ungenügend ausgereiften Pflanzen.

Colletotrichum graminicola (Ces.) Wilson

Vom Kornansatz ausgehend streifige Schwärzungen der Karyopse; Spindeln dunkel verfärbt, mit typischen Acervuli besetzt.

Acremoniella atra (Cda.) Sacc., *Acremoniella verrucosa* Togn.

Kolbenschimmel, bei dem die Körner äußerlich von einem dunkelbraunen Sporenbelag überzogen sind; keine Nachteile für die Saatgutqualität. Die Pilze bilden auf einfachen Trägern einzellige, gold- bis dunkelbraune, kugelige Konidien (20 bis 30 × 15 bis 25µm).

Literatur

BUHL, C., WEIDNER, H., ZOGG, H., 1975: Krankheiten und Schädlinge an Getreide und Mais. Verlag Eugen Ulmer, Stuttgart, 431 pp. – KRÜGER, W., 1978: Mais. Krankheiten und Schädlinge und deren Bekämpfung. Saaten Union G.m.b.H. Hannover, 120 pp. – SIVANESAN, A., HOLLIDAY, P., 1971: *Khuskia oryzae*. C.M.I. Descriptions of pathogenic Fungi and Bacteria. No 311.

2.2.6 Maisbeulenbrand

(corn smut)

Erreger

Ustilago maydis (DC.) Corda [syn. *Ustilago zeae* (Schw.) Ung.].

Systematische Stellung

Basidiomycotina, Teliomycetes, Ustilaginales, Ustilaginaceae.

Verbreitung, wirtschaftliche Bedeutung

Die ursprünglich in Amerika beheimatete Krankheit wird seit Mitte des 19.Jahrhunderts in Mitteleuropa beobachtet und ist heute weltweit verbreitet. Während in Südosteuropa der Beulenbrand zu den wichtigsten Krankheiten gezählt wird, tritt er in Deutschland allgemein seltener, verstärkt nur im süddeutschen Raum auf. In Jahren mit trockenen Vorsommern sind Epidemien möglich, bei denen Befallshöhen von 50 bis 70% erreicht werden. Im langjährigen Durchschnitt wird der Befall in Deutschland auf etwa 1% geschätzt. Die Ertragsausfälle sind von der Zahl der Infektionen, der Größe des Gallengewebes und der Art des Sproßbefalles abhängig. Bezogen auf die Einzelpflanze kann bei Stengelbefall der Ertrag um 30%, bei Kolbeninfektion bis zu 100% gemindert sein. Gallenbildung oberhalb des Kolbenansatzes hat den größten Effekt, auch Rispenbefall macht sich nachteilig bemerkbar.

Symptome
Maispflanzen können in allen Entwicklungsstadien an Maisbeulenbrand erkranken, sofern der Erreger mit meristematischem Gewebe in Kontakt kommt. An Stengeln, Blättern, Kolben und Rispen, seltener an Adventivwurzeln, entsteht ein weiches, hypertrophiertes Gallengewebe, welches später zunehmend mit dunkelbraunen Sporen durchsetzt oder vollständig gefüllt ist. Die in Größe und Gestalt variablen Gallen werden anfangs von einer weißgrauen, dünner werdenden Gewebehaut des Wirtes überzogen, welche aufreißt und den Inhalt der Ausbreitung durch Wind, Regen usw. freigibt. Den Blattgallen gehen streifenförmige Aufhellungen, gelbe oder rötliche Verfärbungen und Verkrümmungen des infizierten Gewebes voraus. Am häufigsten werden die Achselknospen des Stengels befallen und die Gallen erreichen Durchmesser bis zu 10 cm (Farbtafel 8, S. 120). An den Kolben entstehen meist an zahlreichen Blütenanlagen nebeneinander kleinere Beulen; bei den männlichen Rispen werden nicht selten zahlreiche Blüten deformiert. An jungen Pflanzen treten starke Verdrehungen, Chlorosen und Verzwergungen ein, die bis zum Absterben führen. Meist werden die ersten Erkrankungen in Beständen ab 30 cm Höhe und mehr beobachtet.

Biologie des Erregers
Die im Gallengewebe in großen Mengen erzeugten kugeligen, hell- bis mittelbraunen, mit stumpfen Stacheln besetzten Sporen (8 bis 12 µm) (Abb. 90) werden durch Wind, Regen, Insekten oder bei Feldarbeiten verbreitet. Die Primärinfektionen im Frühjahr gehen vom Boden aus, an dessen Oberfläche oder in dessen oberster Schicht die Sporen längere Zeit überdauern können. Der zunehmende Krankheitsbefall während der Vegetationsperiode geschieht durch wiederholte Sekundärinfektionen. Die auskeimenden Sporen bilden ein vierzelliges Promycel mit Sporidien oder Seitenverzweigungen. Nach paarweiser Fusion entsteht das dikaryotische, infektiöse Mycel. Ein einkerniges, haploides Mycel kann auch infizieren, muß aber dann in der Pflanze mit einem kompatiblen Partner verschmelzen, um Gallengewebe und Sporenlager zu produzieren. Die Sporenkeimung verläuft bei höherer Feuchtigkeit optimal bei 26 bis 34 °C, das Temperaturmaximum wird mit 36 bis 38 °C, das Minimum mit 8 °C angegeben. Die hohen Temperaturansprüche erklären das relativ späte Auftreten der Krankheit im Feldbestand und die stärkere Verbreitung in wärmeren Gebieten.

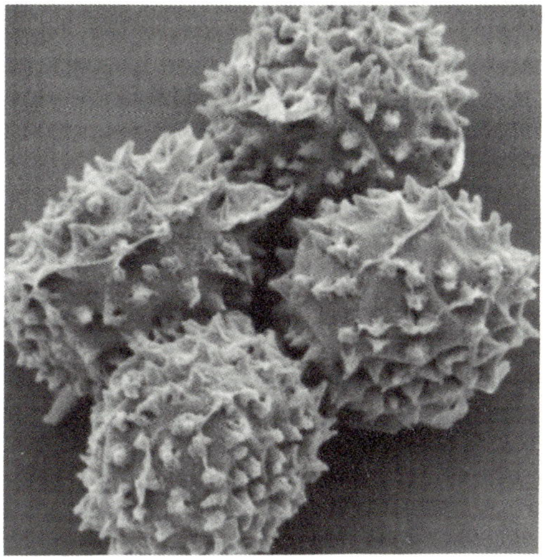

Abb. 90. *Ustilago maydis*, Brandsporen.

Die Sporenkeimschläuche bzw. das Mycel dringen durch Epidermiszellen, Spaltöffnungen oder Wunden ein, vermögen aber Gallen nur in meristematischem Gewebe zu erzeugen bzw. die durch Verletzungen dazu umgestimmten Zellen (Wundreaktion) zur krankhaften Vermehrung und Zellvergrößerung anzuregen. Vorausgehender Schädlingsbefall (Fritfliege; Maiszünsler) oder Hagelschlag verbessern daher die Infektionschancen stark. Der Erreger wächst im Gewebe nur wenig über den Infektionsort hinaus (Lokalinfektion), eine systemische Besiedlung wie bei anderen Brandpilzen setzt nicht ein. Der Erreger kann in Axillarknospen latent bleiben. Die Inkubationszeit beträgt 10 bis 12 Tage; innerhalb von 25 bis 30 Tagen reift eine neue Sporengeneration heran. Durch die hohe Sporendichte im Gallengewebe und die leichte Ausstreuung mit dem Wind genügen wenige Brandbeulen im Bestand, um bei geeigneten Bedingungen Massenbefall herbeizuführen.
Die Überdauerung des Erregers im Boden geschieht nicht in einem saprophytischen Stadium,

sondern mit ungekeimten Sporen in Gallenresten oder kleineren Klumpen. In Silage und Stallmist bleiben die Sporen lebensfähig. Die Sporenkeimung kann durch äußere oder innere Zustände (Keimruhe) verzögert sein; daher bleibt ein Boden für längere Zeit verseucht. In Jahren bzw. Gebieten mit geringem Niederschlag und hoher Sonnenscheindauer werden Sporenkeimung im Boden sowie Infektionen begünstigt. Bei zeitigen, warmen Frühjahrsregen kommt es zu verfrühter Sporenauskeimung, die nicht zu Infektionen führt; der Primärbefall kann dadurch erniedrigt werden.
Die toxikologische Unbedenklichkeit mit der Nahrung aufgenommener Sporenmengen scheint nicht abschließend geklärt. Sie können Alkaloide enthalten, die ähnlich den Mutterkornalkaloiden wirken sollen. Wenn in Fütterungsversuchen auch mit tragenden Tieren in Deutschland keine Schäden zu beobachten waren, liegen doch nachteilige Erfahrungen aus Südosteuropa vor. Der Alkaloidgehalt von Pilzen kann regional sehr verschieden sein. Durch Kontakt mit Brandsporen können beim Menschen allergische Reaktionen ausgelöst werden.

Wirtskreis
Ustilago maydis ist auf Mais *(Zea mays)* weitgehend beschränkt, in Amerika und Italien wird auch Teosinte bzw. Rayanagras *(Euchlaena mexicana)* befallen. Die vorhandene physiologische Spezialisierung des Erregers zeigt im Feldanbau in Europa noch keine Folgen, da die angebauten Sorten in der Anfälligkeit keine größeren Unterschiede aufweisen.

Bekämpfung
Die Bekämpfung des Beulenbrandes ist in stärker gefährdeten Gebieten noch ein ungelöstes Problem. In Mitteleuropa sind in den meisten Jahren keine Maßnahmen notwendig. Durch weitgestellte Fruchtfolge kann einer Anreicherung von Sporen im Boden entgegengewirkt werden, jedoch sind wenige Primärinfektionen bzw. der Zuflug der Sporen von Nachbarbeständen in der Lage, derartige Wirkungen zu überdecken. Eine Minderung der Primärinfektion tritt nach Anwendung von Kalkstickstoff ein. Dichte und durch reichliche Düngung (auch Stallmist) gut ernährte Bestände zeigen meist eine höhere Befallsrate. Die chemische Bekämpfung hat sich noch nicht eingeführt, da ausreichende Unterlagen über die Auswahl von Wirkstoffen und deren termingerechten Einsatz noch fehlen. Die Vermeidung von Fritfliegenschäden und die gezielte Bekämpfung des Maiszünslers bewirken eine Reduktion des Auftretens von Maisbeulenbrand (s. S. 156 und 191). Mechanische Verletzungen durch Hacken oder Düngerstreuen können Infektionen begünstigen. In stärkeren Befallslagen kann unter Beachtung der Ertragsleistung eine widerstandsfähigere Sorte angebaut werden. Sehr anfällig scheint die Sorte 'Granat' zu sein, widerstandsfähiger sind die Sorten 'Limac', 'Kacedrei' und 'Listron'.

Literatur
Christensen, J.J., 1963: Corn smut caused by *Ustilago maydis*. Amer. Phytopath. Soc. Monograph No 2, 41 pp. – Niemann, E., 1962: Ustilaginaceae. Spezieller Teil. In: Sorauer, P.: Handbuch der Pflanzenkrankheiten. 3 Bd., 6. Aufl. 4. Lief., Verlag Paul Parey, Berlin und Hamburg, S. 436–446.

2.2.7 Kopfbrand
(head smut of corn)

Erreger
Sphacelotheca reiliana (Kühn) Clint. [syn. *Sorosporium reilianum* (Kühn) McAlp.].

Systematische Stellung
Basidiomycotina, Teliomycetes, Ustilaginales, Ustilaginaceae.

Verbreitung, wirtschaftliche Bedeutung
Die Krankheit ist weltweit verbreitet, tritt aber ausschließlich in wärmeren Gebieten auf, in denen sie die Bedeutung des Maisbeulenbrandes übertreffen kann. Von größeren Ertragsausfällen wurde aus Ungarn, Südamerika, Südafrika und den USA berichtet.

Symptome
Die Krankheit zeigt sich zunächst an den männlichen Blüten. Sie werden einzeln oder insgesamt zu Brandgallen umgewandelt, die anfangs mit einer dünnen, weißlichen Haut überzogen sind, später aufreißen und das dunkle Pulver aus Brandsporen freigeben. Die Kolben sind verdickt und weicher, an Stelle der Kornanlagen wird meist eine einzige brandige Masse gebildet, die durch die Hüllblätter zunächst umschlossen

bleibt, später ausstäubt (Farbtafel 8, S. 120). Dabei werden noch faserartige Reste der Gefäßbündel erkennbar. In Einzelfällen sind nur die Kolben durch Gallbildung verändert. Befallene Pflanzen reifen später ab. Brandgallen an Blättern oder Verlaubung der Blüten wird bei künstlichen Infektionen beobachtet.

Biologie des Erregers
Die Brandsporen werden mit dem Saatgut übertragen bzw. überdauern im Boden. Zur Keimung sind höhere Bodentemperaturen erforderlich, so daß Infektionen optimal bei 24 °C erfolgen. Sie sind nur im Bereich von 16 bis 32 °C möglich, wobei Bodenfeuchten über 50% WK den Infektionserfolg mindern. Die Pflanzen können nur im frühen Keimlingsstadium infiziert werden, der Erreger dringt über die Koleoptile oder Wurzeln ein und parasitiert bis zur Ausbildung der Blütenorgane symptomlos in den Pflanzen. Das in Fahne und Kolben angereicherte Mycel veranlaßt die partielle Vergallung und erzeugt große Massen an Brandsporen. Diese sind kugelig, feinwarzig, 9 bis 14 µm groß und werden anfangs durch hyaline oder hellbraune, sterile Zellen in kleineren Ballen zusammengehalten. Bei der Keimung entsteht ein Promycel, welches durch paarige Fusion dikaryotisch und infektiös wird. Sporidienbildung wurde nur bei künstlicher Kultur beobachtet.

Wirtskreis
Sphacelotheca reiliana befällt neben Mais auch eine größere Anzahl von *Sorghum*-Arten. Verschiedentlich sind auf Mais bzw. Hirsearten spezialisierte Rassen nachgewiesen worden. Die spezifische Pathogenität scheint jedoch nicht vollständig zu sein. Als weitere Wirtspflanzen werden *Euchlaena mexicana* und Arten der Gattungen *Andropogon, Hackelochloa* und *Cleistachne* genannt. *S. reiliana* kreuzt sich wahrscheinlich mit *Ustilago maydis* spontan; künstliche Hybridisierung gelang mit *S. sorghi* und *S. cruenta*.

Bekämpfung
Zur Minderung der Bodeninfektionen wird eine Fruchtfolge mit 2- bis 3jähriger Anbaupause für Mais bzw. Hirsearten empfohlen. Saatgut sollte nur aus befallsfreien Beständen gewonnen und gebeizt (Captan, Thiram) ausgesät werden. Erkrankte Pflanzenrückstände sind tief unterzupflügen.

Literatur
Fischer, G.W., Holton, C.S., 1957: Biology and control of the smut fungi. The Ronald Press Co. New York. – Niemann, E., 1962: Ustilaginaceae. Spezieller Teil. In: Sorauer, P.: Handbuch der Pflanzenkrankheiten. Bd. 3, 6. Aufl. 4. Lief., S. 337–343.

2.2.8 „Helminthosporium“ – Blattfleckenkrankheiten

(Helminthosporium leaf diseases of corn, southern corn leaf blight, northern corn leaf blight)

An Mais sind einige Blatterkrankungen bekannt, die von Pilzen verursacht werden, deren Konidienstadium früher zur Gattung *Helminthosporium* gehörte. Vielfach wurden die Krankheiten auch „Helminthosporiosen“ genannt. Obgleich wissenschaftlich heute nicht mehr haltbar, werden die Krankheiten zur Erleichterung des Verständnisses unter der obigen Bezeichnung abgehandelt.

1. Erreger
Trichometasphaeria turcica Luttr. [Konidienstadium: *Bipolaris turcica* (Pass.) Shoem., syn. *Helminthosporium turcicum* Pass.].

Systematische Stellung
Ascomycotina, Loculoascomycetes, Pleosporales, Pleosporaceae.

Verbreitung, wirtschaftliche Bedeutung
Der Pilz ist kosmopolitisch verbreitet; die Krankheit tritt besonders in feuchteren und warmen Anbaulagen auf. In Europa scheint sie auf die älteren südlichen und südöstlichen Maisanbauregionen begrenzt zu bleiben. Der Befall wird meist erst nach der Bestäubung beobachtet, kann aber dann noch zu Schäden bis zu 30% führen. Je später der Befallsbeginn, um so geringer bleiben die Auswirkungen.

Symptome
Anfangs auf den unteren, später auch auf den oberen Blättern kleine, längliche, wässrige Flekke, die zu langgestreckten oder streifigen, graugrünen bis hellbraunen Läsionen mit dunklerem Saum auswachsen können. Die Blattflecke fließen zusammen und die Spreite kann vollständig absterben. Die Befallsstellen werden bis zu 20 cm lang und 5 cm breit (Farbtafel 8, S. 120).

Biologie des Erregers
Der Erreger überdauert auf befallenen Pflanzenrückständen mit Mycel und Sporen auf der Bodenoberfläche. Die Infektion erfolgt bei Temperaturen zwischen 24 bis 30 °C und Blattnässe innerhalb weniger Stunden. Die Symptome erscheinen nach 10 bis 14 Tagen. Die Sporulation ist auf der Blattunterseite bei feuchtem Wetter reichlich und zeigt sich als dunkelgrüner samtartiger Belag. Die Konidien sind an beiden Enden verjüngt, 2 bis 9zellig, gerade oder leicht gekrümmt, gelblich-braun und 45 bis 132 × 15 bis 25 µm groß (Abb. 91, a). Die Perithecien werden im Freiland kaum beobachtet.

Bekämpfung
Mit der Züchtung bestimmter Hybriden trat die Krankheit stärker hervor; sie kann durch Anbau widerstandsfähiger Sorten weitgehend eingedämmt werden. Einpflügen der Ernterückstände kann den Befall mindern. Bei Anbau von Zukkermais kann eine Fungizidbehandlung notwendig werden.

2. Erreger
Cochliobolus heterostrophus (Drechsler) Drechsler [Konidienstadium: *Bipolaris maydis* (Nisik. et Miyak.) Shoem., syn. *Helminthosporium maydis* Nisik. et Miyak., *Drechslera maydis* (Nisik. et Miyak.) Subram. et Jai.]

Systematische Stellung
Ascomycotina, Loculoascomycetes, Pleosporales, Pleosporaceae.

Verbreitung, wirtschaftliche Bedeutung
Der Erreger ist hauptsächlich in warmen und tropischen Gebieten verbreitet; in Mitteleuropa wurde er nur gelegentlich nachgewiesen. Nach der Einführung von Maishybriden mit „Texas male sterile-zytoplasma" (Tcms) trat eine Rasse (T) des Pilzes in verstärktem Maße auf und verursachte hohe Ertragsausfälle. Mit der Umstellung des Sortenspiegels verlor sich die Bedeutung der Krankheit wieder.

Symptome
Blattflecke anfangs in Form gelblicher Punkte, später langgestreckt zwischen den Blattnerven, 2 bis 4 × 0,5 bis 1 cm groß, gelb bis rötlichbraun, mit dunklerem Saum. Die durch Rasse T erzeugten Läsionen sind hellbraun bis braun, spindelförmig oder langgestreckt viereckig. Sie treten auch auf Blattscheiden, Stengeln und Kolben

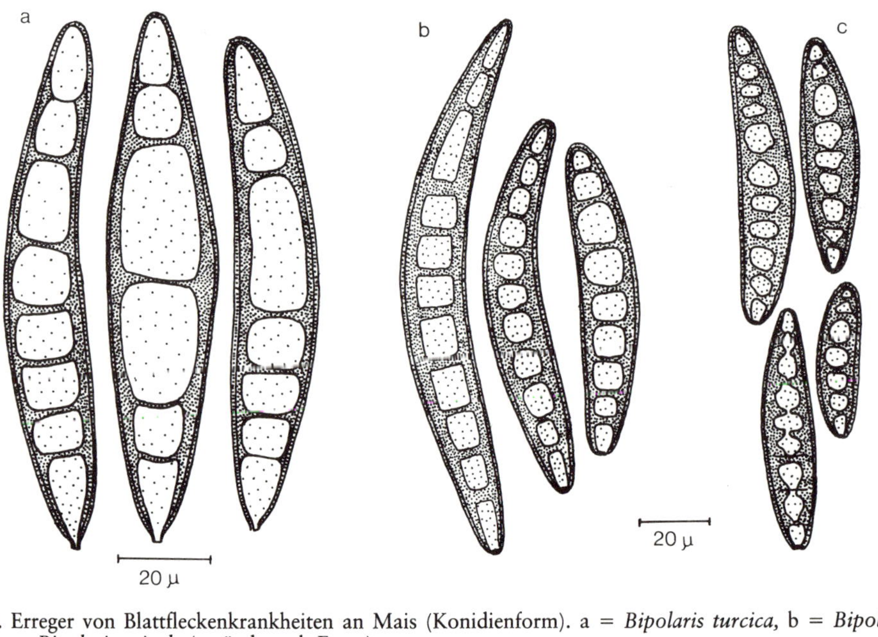

Abb. 91. Erreger von Blattfleckenkrankheiten an Mais (Konidienform). a = *Bipolaris turcica*, b = *Bipolaris maydis*, c = *Bipolaris zeicola* (veränd. nach Ellis).

auf, fließen zusammen und zerstören größere Gewebepartien (Farbtafel 8, S. 120). Bei Kornbefall wird ein dunkles Mycel zwischen den Zeilen sichtbar. Die Kornbildung bleibt zurück oder aus.

Biologie des Erregers
Der Pilz kann unter tropischen Bedingungen und bei strengen Wintern auf Pflanzenresten überdauern. Trockene und kühle Witterung wirken nachteilig auf die Infektion, welche am besten bei 28 bis 32 °C und regennassen Blättern erfolgt. Die Konidien sind spindelförmig, gekrümmt, grau bis helloliv, 7 bis 11zellig und 30 bis 115 × 10 bis 17 μm groß (Abb. 91, b). Die schwarzen Perithecien (400 bis 600 μm) werden im abgestorbenen Gewebe gebildet, die Ascosporen sind fädig, 6 bis 10zellig, an den Querwänden eingeschnürt und 130 bis 340 × 6 bis 7 μm groß.

Wirtskreis
Am stärksten wird Mais befallen, daneben *Sorghum*-Arten und *Euchlaena mexicana*. Es werden die Rassen T und O unterschieden. Erstere tritt stark an Hybriden mit Tcms auf und ist auf Sorten mit normalem Zytoplasma von geringer Virulenz. Die Resistenz gegen Rasse O ist unabhängig vom Zytoplasma und wird durch mehrere Gene kontrolliert.

Bekämpfung
Anbau resistenter Sorten hat sich als wirksamste Maßnahme erwiesen.

3. Erreger
Cochliobolus carbonus Nelson [Konidienstadium: *Bipolaris zeicola* (Stout.) Shoem., syn. *Helminthosporium carbonum* Ullstrup.].

Systematische Stellung
S. *C. heterostrophus*, Seite 186.

Verbreitung, wirtschaftliche Bedeutung
Die Krankheit kommt in wärmeren Ländern vor, in Mitteleuropa wurde sie nur vereinzelt beobachtet.

Symptome
Auf Blättern, Blattscheiden, Stengeln und Lieschblättern kleine hellgrüne oder gelbliche

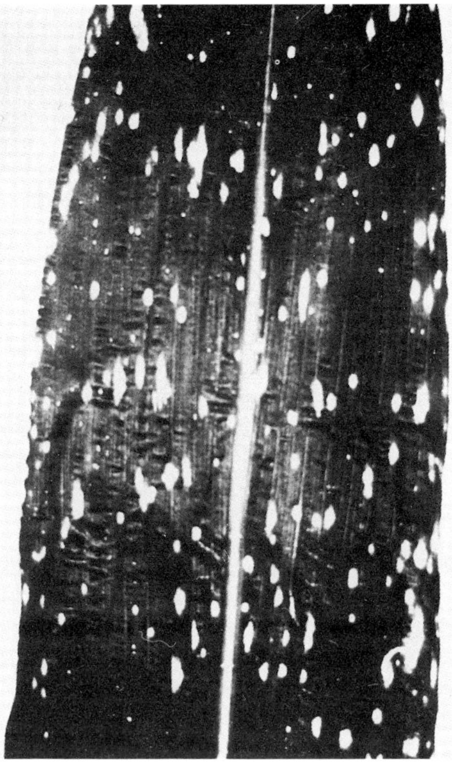

Abb. 92. Blattfleckenkrankheit an Mais *(Cochliobolus carbonus)*.

runde, später langgestreckte braune Flecke, zum Teil mit konzentrischen Zonen und dunklerem Saum (Abb. 92). Eine virulentere Rasse (II) erzeugt stärker verbräunte Läsionen, die zusammenfließen und größere Blattbereiche umfassen. Auf Kolben und Körnern kann sich ein dunkler, filziger Überzug bilden.

Biologie des Errregers
Cochliobolus carbonus überwintert auf dem Saatgut oder auf Pflanzenresten an der Bodenoberfläche. Er kann bereits Keimlinge infizieren. Die Konidien sind zylindrisch, an den Enden verjüngt und abgerundet, meist gerade, überwiegend 7zellig (3 bis 13) und 25 bis 100 × 7 bis 18 μm groß (Abb. 91, c). Die schwarzen Perithecien haben ein längeres Ostiolum, die Ascosporen sind fädig, 6 bis 10zellig, 182 bis 306 × 6 bis 10 μm groß.

Wirtskreis

Der Pilz befällt neben Mais zahlreiche Gräserarten; auf Mais sind zwei physiologische Rassen bekannt, die sich durch die Symptombilder unterscheiden lassen.

Bekämpfung

Durch Anbau resistenter Sorten kann der Befall durch Rasse I weitgehend vermieden werden.

Literatur

Ellis, M.B., Holliday, P., 1971: *Cochliobolus heterostrophus*. C.M.I. Descriptions of path. Fungi and Bacteria No. 301. – Ellis, M.B., Holliday, P., 1971: *Trichometasphaeria turcica*. C.M.I. Descriptions of path. Fungi and Bacteria No. 304. – Ellis, M.B., Holliday, P., 1972: *Cochliobolus carbonus*. C.M.I. Descriptions of path. Fungi and Bacteria No. 349. – Ullstrup, A. J., 1954: Helminthosporium diseases on corn. Pl. Dis. Reptr. Suppl. 228. – Ullstrup, A.J., 1972: The impact of the southern corn leaf blight epidemics of 1970–71. Ann. Rev. Phytopathology 10, 37–50.

2.2.9 Maisrost

(corn rust)

Erreger

Puccinia sorghi Schwein. (syn. *Puccinia maydis* Ber.).

Systematische Stellung

Basidiomycotina, Teliomycetes, Uredinales, Pucciniaceae.

Verbreitung, wirtschaftliche Bedeutung

Die Krankheit ist besonders in den tropischen und subtropischen Gebieten verbreitet und tritt in Mitteleuropa kaum schädigend hervor, da die Uredosporen hier nicht überwintern können und notwendige Zwischenwirte selten sind. Epidemisches Auftreten kommt in Zentralafrika, Mittel- und Südamerika, sowie Teilen der USA vor. In diesen Gebieten ist die wirtschaftliche Bedeutung groß, da hohe Ernteverluste eintreten können. In den Tropen tritt auch *Puccinia polysora* stärker hervor.

Symptome

Auf der Ober- und Unterseite der Blätter entwikkeln sich ovale bis längliche, 1 bis 3 mm große zimtbraune Sporenlager, die anfangs noch von der hellglänzenden Epidermis bedeckt sind. Sie enthalten die ellipsoidischen bis kugeligen, mit feinen Stacheln locker besetzten Uredosporen (21 bis 35 × 22 bis 29 µm). Bei starkem Befall fließen die Sporenlager streifig zusammen, größere Blattpartien sterben ab, mitunter die ganze Pflanze, welche dann wie verbrannt aussieht. Im Spätsommer werden in größeren Gruppen zusammenstehende, kompakte, dunkelbraune bis schwarze Teleutosporenlager gebildet.

Biologie des Erregers

Puccinia sorghi ist ein heterözischer Rostpilz, der Spermogonien und Aecidien auf *Oxalis*-Arten (*O. stricta, O. corniculata*), die in Mitteleuropa wenig verbreitet sind, bildet. Die Überwinterung als Uredosporen findet nur in wärmeren Gebieten statt. Ihr Zuflug in die gemäßigten Breiten vollzieht sich relativ selten. Die Keimung der Aecidio- bzw. Uredosporen erfolgt im Bereich gemäßigter Temperaturen (8 bis 28 °C). Das weitgehende Fehlen des Rostes in Mittel- und Nordeuropa geht vornehmlich auf die mangelnden Überwinterungsmöglichkeiten zurück.

Wirtskreis

Neben Mais werden *Euchlaena mexicana* und *E. perennis* durch das Uredostadium befallen. Der Erreger tritt in verschiedenen physiologischen Rassen auf. Als Resistenzquellen haben sich mexikanische Maislinien bewährt.

Bekämpfung

In Befallslagen wurde bisher der Schaden durch den Anbau resistenter Sorten gemindert.

Literatur

Mahindalapa, R., 1978: Occurrence of maize rust, *Puccinia sorghi*, in England. Trans. Brit. mycol. Soc. 70, 393–399. – Neuhaus, W., 1970: Verbreitung und jahreszeitliches Auftreten des Maisrostes (*Puccinia sorghi* Schweidnitz) in der DDR und den benachbarten Ländern. Nachr. Bl. Dtsch. Pflschutzd. Berlin **24**, 229–231. – Wood, J.I., Lipscomb, R., 1956: Spread of *Puccinia polysora* with a bibliography on the three rusts of *Zea mays*. Spec. Publ. Agr. res. serv. USDA **9**, 59 pp.

2.3 Schädlinge

2.3.1 Nematoden

Wurzelläsionsnematoden, Läsionenälchen, *Pratylenchus* spp., s. Seite 89.

Rübenkopfälchen, Stockälchen, Stengelälchen, *Ditylenchus dipsaci,* s. Seite 284.

Gewöhnliches Getreidezystenälchen, Haferzystenälchen, Hafernematode, *Heterodera avenae,* s. Seite 93.

2.3.2 Schnecken

Ackerschnecken, *Deroceras* spp., s. Seite 97.

2.3.3 Blattläuse

Bleiche Getreideblattlaus, *Metopolophium dirhodum,* s. Seite 109.

Große Getreideblattlaus, Getreideblattlaus, *Sitobion avenae,* s. Seite 109.

Haferblattlaus, *Rhopalosiphum padi,* s. Seite 109.

2.3.4 Käfer

Schnellkäfer (Larven: Drahtwürmer), *Agriotes* spp., s. Seite 123.

Maikäfer (Larven: Engerlinge), *Melolontha* spp., s. Seite 303.

2.3.5 Schmetterlinge

Ährenwickler, *Cnephasia longana,* s. Seite 130.

Maiszünsler
(European corn borer)
Ostrinia nubilalis (Hb.) [syn. *Pyrausta nubilalis* (Hb.)]

Systematische Stellung
Lepidoptera (Schmetterlinge), Pyralidae (Zünsler)

Geographische Verbreitung
O. nubilalis kommt in vielen Gebieten Europas, in Vorderasien, in Nordafrika (Ägypten) und in den USA vor, wo der Schädling eingeschleppt wurde („European corn borer") und großen Schaden verursacht. Außerdem wurde der Maiszünsler in Zentralamerika (Guatemala) nachgewiesen (CIE-Verbreitungskarte No. 294).

Beschreibung
Raupe: Körper gelb bis gelbbraun, manchmal auch rosa mit dunklerer Rücken- und hellerer Seitenlinie (Abb. 93; Farbtafel 10, S. 154). Länge in vollentwickeltem Zustand etwa 25 bis 30 mm. Brust- und Hinterleibssegmente mit je 6 kleinen, dunklen Warzen. Kopfkapsel schwarzbraun, Nackenschild braun.
Falter: Flügelspannweite etwa 25 bis 30 mm. Vorderflügel beim Männchen zimtbraun mit gezackten, gelben Querbinden; Hinterflügel grau mit heller Randzone. Weibchen (Abb. 93) etwas größer als Männchen; Vorderflügel ockergelb und mit 3 bräunlichen, gezackten Querbinden und 2 Flecken. Hinterflügel gelblich mit 2 Querbinden.

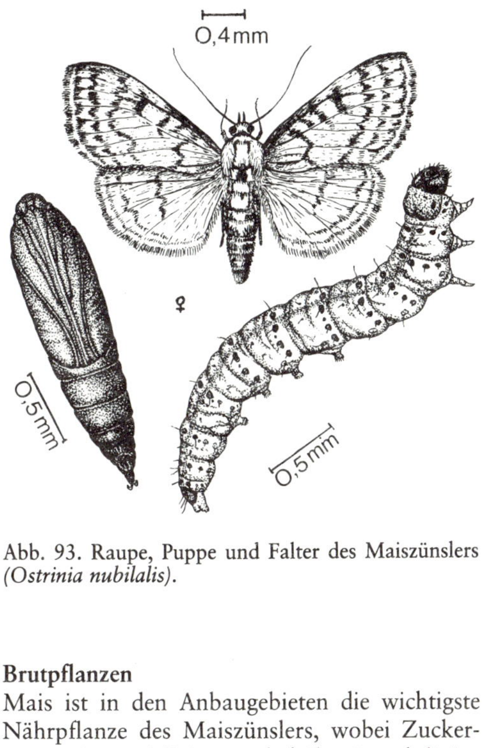

Abb. 93. Raupe, Puppe und Falter des Maiszünslers *(Ostrinia nubilalis).*

Brutpflanzen
Mais ist in den Anbaugebieten die wichtigste Nährpflanze des Maiszünslers, wobei Zuckermais, Hartmaislinien und frühe Inzuchtlinien bevorzugt werden. Weiterhin lebt *O. nubilalis* auch an Hopfen, Bohne, Kartoffel, Tomate, Hirse, Hanf, Paprika und Sonnenblume, an Zierpflanzen wie Chrysantheme und Dahlie sowie an Unkräutern wie Knöterich-Arten (*Polygonum* spp.), Brennesseln (*Urtica* spp.), Beifuß-Arten (*Artemisia* spp.) und einigen anderen Wildpflanzen.

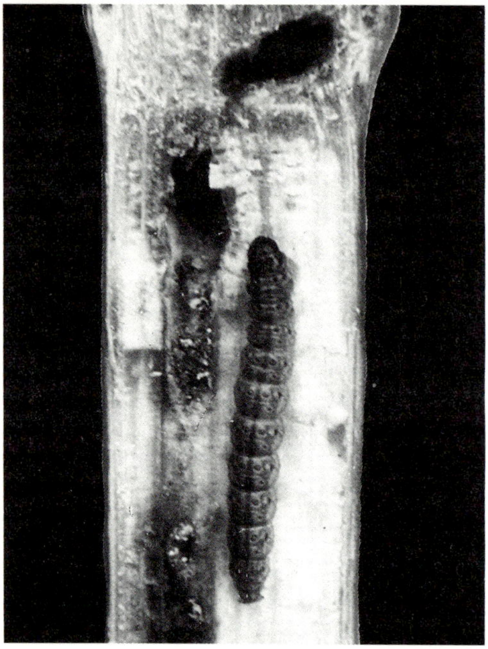

Abb. 94. Raupe des Maiszünslers *(Ostrinia nubilalis)* in Maisstengel mit Bohrgängen.

Abb. 95. Bohrmehl einer Maiszünslerraupe an der Bruchstelle eines Maisstengels.

Die unterschiedliche Präferenz von Wirtspflanzen in verschiedenen Gebieten – in den nördlichen Teilen Mitteleuropas leben die Raupen nur an Unkräutern – weist auf die Existenz von biologischen Rassen (Biotypen) des Zünslers hin.

Schadsymptome und wirtschaftliche Bedeutung
Der Maiszünsler schädigt an Mais durch den Bohrfraß seiner Raupe im Stengel und im Kolben. Dies bewirkt ein Umbrechen der männlichen Blütenstände (Farbtafel 10, S. 154) und anderer Stengelteile infolge Schwächung durch die Bohrgänge (Abb. 94), vor allem bei Einwirkung von Wind und Sturm. An den Stengeln befinden sich Bohrlöcher, durch die Bohrmehl und Kot ausgeworfen werden (Abb. 95). Später stellen sich auch an den Kolben Fraßschäden ein, besonders an Spindeln und Körnern. An Hopfen werden die befallenen Triebe zum Absterben gebracht. An Mais wird der Grad der von *Fusarium*-Arten verursachten Stengelfäule (s. Seite 178) und das Auftreten des Beulenbrandes (s. Seite 182) durch Zünslerbefall gefördert.
O. nubilalis ist in der Bundesrepublik Deutschland, vor allem in wärmeren Gebieten mit starkem Körnermaisanbau wie in Baden-Württemberg und Südhessen der wichtigste Maisschädling, gegen den Jahr für Jahr Bekämpfungsaktionen unternommen werden. Nördlich der Mainlinie tritt er wesentlich seltener auf, weshalb hier bisher in der Regel keine besonderen Maßnahmen notwendig waren. Besonders stark geschädigt werden Körner- und Zuckermais, Silomais dagegen nur bei sehr starkem Befall. Schon geringer Fraßschaden bewirkt, daß Süßmaiskolben unverkäuflich werden. Bei Körnermais wird bei 70 bis 100%igem Befall ein Ertragsausfall zwischen 10 und 20 dt/ha verursacht; es wird jedoch auch von Verlusten bis 30 dt/ha und darüber berichtet.

Entwicklungszyklus, Biologie und Ökologie
Der Maiszünsler tritt in Zyklen auf; 1981 und besonders im trocken-warmen Jahr 1982 war ein ausgesprochenes Massenauftreten zu beobachten. Die Flugzeit liegt im Juni und Juli und zieht sich – entsprechend auch die Eiablage – über mehrere Wochen hin. Die Weibchen setzen ihre weißlichen, miteinander verkitteten Eier während der Dämmerung in Gelegen mit jeweils etwa 5 bis 50 Stück auf den Unterseiten der Blätter ab (Abb. 96, links). In trockenen, warmen

Jahren sind die Eigelege tiefer an den Maispflanzen zu finden als in feuchtkühlen. Höhere und üppige Bestände (hohe Stickstoff-Düngung!) werden bis zum Ausstäuben der Pollen anderen gegenüber bevorzugt. Als durchschnittliche Gesamtzahl pro Falter werden 700 bis 800, in einzelnen Fällen auch mehr als 1000 Eier angegeben. Die Lebensdauer der Falter beträgt 9 bis 10 Tage.

Der Schlupf der gelblichen Räupchen erfolgt etwa 1½ bis 2 Wochen nach der Eiablage. Nach dem Schlüpfen breiten sie sich kriechend auf benachbarte Pflanzen aus. Eine Ausbreitung ist aber auch mit Hilfe des Windes möglich, wenn die Erstlarven an Gespinstfäden hängend über kurze Entfernungen verweht werden. Ihr Aktionsradius beträgt in der Regel etwa bis 1,5 m. Die Jungraupen benagen zunächst äußerlich die Blätter und männlichen Blüten (Fahnen), von denen sie die Pollen abfressen. Vom 3. Raupenstadium ab bohren sie sich in den Schaft der Rispe ein, die kurz darauf in vielen Fällen umknickt. Je größer die Raupen werden, desto weiter dringen sie im Stengel nach unten vor. Manche von ihnen verlassen ihn oberhalb eines Knotens und bohren sich unterhalb dessen wieder ein oder wandern auf benachbarte Pflanzen. Wie bereits erwähnt, kann auch in den Kolben Fraß stattfinden. Im Herbst erfolgt an der Basis der Maispflanze das Einspinnen der nunmehr erwachsenen Raupen (Präpuppen) zur Überwinterung. Die Verpuppung erfolgt an Ort und Stelle im Mai des folgenden Jahres und etwa drei Wochen später das Schlüpfen der Falter aus den braunen, weichhäutigen Puppen. Der Maiszünsler hat demnach bei uns nur eine Generation pro Jahr.

Hohe Temperaturen und vor allem hohe rel. Luftfeuchtigkeit erweisen sich für die Falter und Eier als besonders günstig, während kühle und feuchte Witterung für die Jungraupen sehr abträglich ist.

Natürliche Feinde

Krähen picken im Herbst die Maiszünslerraupen aus den unteren Stengelteilen. Der Eiparasit *Trichogramma evanescens* Westw. (Farbtafel 28, S. 380) kann, wenn er zur rechten Zeit in den Maisfeldern freigelassen wird, einen hohen Prozentsatz der Eier befallen (s. S. 192). Die Ichneumonide *Lampoplex alkae* Ell. & Sacht. tritt gelegentlich als Raupenparasit auf. Als weitere natürliche Begrenzungsfaktoren kommen räuberische Coccinelliden, Staphyliniden, Syrphiden, Chrysopiden, Anthocoriden und Spinnen bei Eigelegen und Jungraupen sowie verschiedene parasitische Pilze und Bakterien bei älteren Raupen in Frage.

Abb. 96. Rechts: von *Trichogramma evanescens* parasitiertes Eigelege. Links: nicht parasitiertes Eigelege des Maiszünslers.

Bekämpfung

Manche Maissorten mit größerer „Gewebehärte" sind gegen den Maiszünsler weniger anfällig. Süßmaissorten zeigen eine geringere Gewebehärte. In den USA ist eine Resistenz gegen Frühbefall nachgewiesen worden, die durch das Aglucon 2-4-Dihydroxy-7-methoxy-2H-1,4-benzoaxin-3(4H)-on (DIMBOA) bedingt ist. Es gibt auch Resistenz gegen späteren Befall, wie bei der Inzuchtlinie B 52, die aber eine sehr lange Vegetationszeit benötigt und deshalb für einen Anbau in Mitteleuropa nicht in Frage kommt.

Eine Reihe von pflanzenhygienischen und Kulturmaßnahmen kann den Befall vermindern. Dazu gehört eine geregelte Fruchtfolge und die Vermeidung des Anbaues von Mais in der Nachbarschaft von im Vorjahr stark befallenen Feldern. Das Maisstroh sollte im Herbst möglichst sorgfältig von den Feldern entfernt werden.

Der Schnitt muß so tief wie möglich vorgenommen werden, um die Zahl der in den basalen Teilen der Maispflanzen befindlichen Raupen zu reduzieren. Silomais wird meist so früh geerntet, daß die noch nicht an der Basis der Maispflanzen befindlichen Raupen dadurch mit erfaßt und abgetötet werden. Die Stoppeln müssen tief, d.h. bis etwa 30 cm untergepflügt werden.

Durch Häckseln der Stoppeln und tiefes Unterpflügen kann die Zahl der Raupen stark vermindert werden (bis 99%), jedoch müssen solche Maßnahmen auf möglichst großer Fläche erfolgen.
Auf kleineren Feldern ist eine mechanische Bekämpfung durch sog. Entfahnen möglich, d.h. die männlichen Blütenstände müssen etwa eine Woche nach der Blüte abgeschnitten und sofort vernichtet werden. Als Folge kann sich jedoch stärkerer Beulenbrandbefall einstellen (s. Seite 184).
Der Falterflug kann mit Hilfe von Schlüpfkäfigen und UV-Lichtfallen ermittelt werden. Die Lichtfallen sind in den Feldern vor Beginn der Flugzeit im Juni aufzustellen. Nach deren Fangergebnissen läßt sich der Zeitraum für die Kontrolle der Eiablage bestimmen. Versuche, synthetische Pheromone zu Prognosezwecken einzusetzen, haben in Mitteleuropa bisher zu unterschiedlichen Ergebnissen geführt, was z.T. mit dem Vorkommen von verschieden reagierenden Rassen (Biotypen) des Maiszünslers zusammenhängt.
Als wirtschaftliche Bekämpfungs- bzw. Schadensschwelle werden 4 bis 8 Eigelege je 100 Maispflanzen oder Eigelege an 12–15% der Pflanzen (Schweiz) angesehen. Für Ostfrankreich (Elsaß) werden 10 bis 15 Gelege/100 Pflanzen als Schadensschwelle angegeben.
Eine mikrobiologische Bekämpfung ist mit Spritzmitteln auf *Bacillus thuringiensis*-Basis möglich. Zur Ausbringung dieser (und synthetischer) Insektizide müssen Stelzenschlepper oder Luftfahrzeuge (Hubschrauber) verwendet werden. Es sind meist zwei Behandlungen im Abstand von etwa 10 Tagen erforderlich. Gute Ergebnisse werden auch mit einer Kombination von *B. thuringiensis*-Präparaten und aus Massenzuchten stammenden Eiparasiten (*Trichogramma evanescens*) erzielt. Neuerdings wird sogar mit *Trichogramma*-Freilassung allein ein Parasitierungsprozentsatz bis zu 90% erzielt. Es werden hierzu auf ausgestanzten Kartonrähmchen aufgeklebte parasitierte Mehlmotteneier in die Felder gebracht; die Rähmchen werden an den Blättern der Maispflanzen befestigt. Nach dem Ausschlüpfen legen die Parasiten ihre Eier in die der Maiszünsler ab. Diese Maßnahme muß während der Eiablageperiode des Zünslers in 7- bis 10tägigem Abstand mit je etwa 50000 parasitierten Eiern 2- bis 3mal wiederholt werden. Pro Hektar Körnermais sind demnach ca. 150000 parasitierte Mehlmotteneier erforderlich, bei Süßmais bis zu 240000. Neuerdings wird auch durch einmaliges Ausbringen von etwa 135000, zu unterschiedlichen Zeiten parasitierten Mehlmotteneiern ein guter Bekämpfungserfolg erzielt. Die Eier bzw. Nützlinge müssen dann jedoch gegen Witterungseinflüsse und natürliche Feinde besonders geschützt werden, z.B. durch Sarangazebeutel mit einer dachartigen Plastikabdeckung.
Zur chemischen Bekämpfung sind verschiedene Wirkstoffe wie z.B. Acephat, Cypermethrin, Deltamethrin, Endosulfan, Fenvalerat, Methamidophos, Permethrin, Tetrachlorvinphos und Triazophos zugelassen. Mit den Pyrethroiden Deltamethrin und Fenvalerat wurden in mehrjährigen Versuchen gute Ergebnisse erzielt. Mit diesen Produkten ist nur eine Behandlung erforderlich. Durch Insektizidanwendung wird der Grad der durch *Fusarium* spp. verursachten Stengelfäule und der Beulenbrandbefall deutlich vermindert. Bei Einsatz von Luftfahrzeugen wie Hubschraubern zur Anwendung synthetischer Insektizide ist wegen der Abdrift ein 50 m breiter Sicherheitsstreifen neben den behandelten Feldern zu berücksichtigen. Falls Bienenschäden nicht ausgeschlossen werden können, müssen die Vorschriften der Bienenschutzverordnung beachtet werden, was bei Verwendung von bienenungefährlichen Endosulfan-Präparaten nicht erforderlich ist.

Literatur

Brod, G., 1973: Mehrjährige Beobachtungen über den Flug und die Eiablage des Maiszünslers in Nordbaden. Ges. Pflanzen **25**, 195–204. – Hassan, S. A. und Heil, M., 1980: Bekämpfung des Maiszünslers mit einmaliger Freilassung des Eiparasiten *Trichogramma evanescens*. Nachrichtenbl. Dtsch. Pflanzenschutzdienstes (Braunschw.) **32**, 97–99. – Heil, M., Zotzmann, F. und Kaplan–Reiterer, O., 1980: Über das Auftreten und die Bekämpfung des Maiszünslers in Südhessen in den Jahren 1975–1979. Ges. Pflanzen **32**, 31–39. – Krüger, W. und Weller, W., 1977: Zum Auftreten der Stengelfäule an Maissorten bei Zünslerbefall (*Ostrinia nubilalis*). Z. Pflanzenkr. Pflanzenschutz **84**, 602–611. – Langenbruch, G. A., 1981: Verfahren zur mikrobiologischen und mechanischen Bekämpfung des Maiszünslers. Meded. Fac. Landbouwwet. Rijksuniv. Gent **46**, 429–436. – NEUFFER, G., 1981: Zur biologischen Bekämpfung des Maiszünslers *Ostrinia nubilalis* Hbn. mit *Trichogramma evanescens* Westw. in Speisemaiskulturen. Mitt. dtsch. Ges. allg. ang. Ent. **2**, 208–213. – STENGEL, M., 1975: Integrierte Bekämpfung des Maiszünslers *Ostrinia nubilalis* Hübn. (Lepidopt., Pyralidae) im Elsaß. Z. Angew. Entomol. 77, 417– 424. – SUTER, H. und RAMSER, E., 1978: Auftreten und biologische Bekämpfung des Maiszünslers (*Ostrinia nubilalis* Hbn.) in der deutschsprachigen Schweiz. Mitt. Schweiz. Landwirtsch. **26**, 57–65.

Wintersaateule, *Agrotis segetum,* s. Seite 134.

Kartoffelbohrer, *Hydraecia micacea,* s. Seite 463.

2.3.6 Schnaken

Sumpfschnake, *Tipula paludosa,* s. Seite 137.

2.3.7 Halmfliegen

Fritfliege, *Oscinella frit,* s. Seite 151.

2.3.8 Vögel

Jagdfasan
(pheasant)
Phasianus colchicus L.

Systematische Stellung
Galliformes (Hühner), Phasianidae (Echte Hühner)

Geographische Verbreitung
Der Jagdfasan, der ursprünlich aus Transkaukasien stammt, ist in verschiedene Teile der Alten und Neuen Welt (Europa, Neuseeland, Nordamerika) aus jagdlichen Gründen eingeführt worden. Der Vogel wurde schon von den Römern nach Europa gebracht.

Beschreibung
Männchen (Hahn): Gefieder sehr bunt, je nach Rasse oder Rassenkreuzung (z. B. *P. colchicus* × *P. torquatus*) verschieden gefärbt. Länge 76 bis 89 cm. Schwanz lang und spitz (Abb. 97). Kopf glänzend blau oder dunkelgrün, mit scharlachroter Haut („Rosen") um die Augen und kurzen Federohren. Hals mit oder ohne mehr oder weniger breitem weißem Ring.
Weibchen (Henne): Braun bis gelblichbraun und schwarz gefleckt bzw. gebändert: Länge 55 bis 64 cm. Schwanz wesentlich kürzer als beim Hahn.

Nahrung
P. colchicus lebt von grünen Pflanzenteilen, Samen, Beeren und Insekten. Von den Kulturpflanzen werden vor allem Mais, Getreide, Kohl, Rüben, Kartoffeln und Zierpflanzen auf unterschiedliche Weise geschädigt. Auch Unkrautsamen, besonders die des Weißen Gänsefußes (*Chenopodium album*) und des Schwarzen Nachtschattens (*Solanum nigrum*) werden in großer Zahl aufgenommen.

Schadsymptome und wirtschaftliche Bedeutung
Der Jagdfasan frißt ausgesäte Mais- und Getreidekörner und scharrt oder pickt auch Maiskeimlinge reihenweise aus dem Boden, um deren Hypokotyl abfressen zu können. Ähnliche Schäden werden an Zucker- und Futterrüben beobachtet. Ältere Maispflanzen im 4- bis 6-Blattstadium werden aus dem Boden herausgehackt, um an das Korn zu kommen. Dadurch vertrocknen die Pflanzen oder fallen später um (Farbtafel 17, S. 257). Es entstehen große Fehlstellen; kleine Felder können nahezu vollständig abgeräumt werden. Auch Maiskolben werden, vor allem an

Abb. 97. Jagdfasan (*Phasianus colchicus,* ♀ im Flug und ♂).

niedrigen Sorten, im Herbst geplündert, wobei die Hüllblätter erhalten bleiben und nur wenig Beschädigung aufweisen. Fraßschäden entstehen darüber hinaus an Rüben und Kohl, stellenweise auch Verluste an Wein und Erdbeeren.

Schäden durch den Jagdfasan fallen bei uns vor allem im Maisanbau ins Gewicht. Bei der auf Endabstand gedrillten Saat wirken sich Körnerverluste und auch solche an wenigen jungen Keimlingen schon ertragsmindernd aus. Schäden entstehen besonders dann, wenn der Mais in einem trockenen Frühjahr nur langsam aufläuft. Neu- oder Nachsaat führt in jedem Falle zu erheblichen Ertragseinbußen.

Erhebungen während der letzten Jahre haben ergeben, daß in der Bundesrepublik Deutschland in der Landwirtschaft jährlich mit Gesamtschäden von etwa 2,5 Millionen DM durch den Jagdfasan gerechnet werden muß. (Bei Auftreten von Fasanenschäden sind die Jagdberechtigten zu Wildschadenersatzzahlungen verpflichtet).

Entwicklungszyklus, Biologie und Ökologie

Der gesellige, polygyne Hühnervogel hat im Frühjahr eine Brut, wozu die auf dem Boden befindlichen, einfachen Nester von den Hennen an geschützten Stellen wie Hecken angelegt werden. Die Gelege bestehen aus 16 bis 19 Eiern. Die Brutzeit beträgt 23 bis 25 Tage. Die Jungvögel wachsen im Laufe des Sommers heran. Vielfach werden die Fasanenbestände durch die Jagdberechtigten durch Aussetzen zusätzlicher Tiere künstlich verstärkt. Die Verluste an Gelegen und Kücken durch natürliche Feinde sind erheblich, ebenso die in strengen Wintern trotz guter Fütterung.

Der Jagdfasan liebt flaches oder hügeliges, als Grünland oder ackerbaulich genutztes, von Wasserläufen durchzogenes Gelände mit Gebüsch, dichten Hecken und Bäumen, wo er Unterschlupf und Schlafmöglichkeiten findet. Außer Pflanzenteilen gehören, wie schon erwähnt, Insekten sowie Schnecken zu seiner Nahrung. Durch Vertilgen von Drahtwürmern, Rüsselkäfern, Raupen, Haarmückenlarven und Ackerschnecken kann er stellenweise nützlich werden bzw. den an Mais oder Weizen angerichteten Schaden teilweise wieder ausgleichen.

Natürliche Feinde

Fuchs, Marder, Wiesel, Uhu, wildernde Katzen und andere Säugetiere sowie Greifvögel wie der Habicht stellen vor allem den Eiern und/oder Jungvögeln nach. Gelegentlich fallen ihnen auch Altvögel zum Opfer.

Bekämpfung

Das Aufstellen von Bölleranlagen oder Aufhängen von Greifvogelattrappen ist gegen den Jagdfasan nicht oder höchstens nur vorübergehend wirksam. Eine Bestandesverminderung durch Abschuß zieht eine fühlbare Reduzierung der Schäden nach sich. Dies kann jedoch laut Jagdgesetz nur durch die Jagdausübungsberechtigten erfolgen. Eine Saatgutinkrustierung oder -behandlung mit Mercaptodimethur oder Diazinon mit Hilfe von Magermilch, Buttermilch, Bier und Dextrin oder mit den Fungiziden Thiram und Ziram bewirkt, daß das Korn für den Jagdfasan wegen seines Geschmackes nicht mehr attraktiv ist, kann den jungen Keimling jedoch nicht oder nur teilweise schützen. Es wird deshalb eine Behandlung des Maissaatgutes mit den genannten Abschreckmitteln – verbunden mit einer gleichzeitigen Ablenkungsfütterung am Rande von gefährdeten Flächen – empfohlen. Letzteres ist jedoch Aufgabe des Jagdberechtigten, nicht des betroffenen Landwirtes. Die obengenannten Mittel wirken auch gegen Krähenfraß, Mercaptodimethur gegen alle Schadvögel sowie gegen die Fritfliege (s. Seite 156).

Literatur

Anonym, 1978: Erhebung über die von Säugetieren und Vögeln in der Bundesrepublik Deutschland an Kulturpflanzen verursachten Schäden. Mitt. Biol. Bundesanst. Land- Forstwirtsch. Berl.-Dahlem 186, 144 S.. – Dunning, R. A., 1974: Bird damage to sugar beets. Ann. Appl. Biol. **76**, 325–335. – Engel, H., 1971: Der Schadvogelfraß an Mais und seine Verhütung. AID-Informat. WB 20, 4–7. – Hermann, G. und Kolbe, W., 1971: Wirkung der Saatgutinkrustierung mit Mesurol zur Vogelabwehr im Maisanbau unter Berücksichtigung der Sortenverträglichkeit und der Nebenwirkungen. Pflanzenschutz-Nachr. **24**, 283–323. – Weigand, G., 1970: Fasanenvergrämung – ein Problem im Mais. Ges. Pflanzen **22**, 96–99.

Haussperling, *Passer domesticus*, und **Feldsperling**, *Passer montanus*, s. Seite 161.

Abb. 98. Schaden durch Eichelhäher *(Garrulus glandarius)* an Maiskolben.

Elster
(magpie)
Pica pica (L.);
Eichelhäher
(jay)
Garrulus glandarius (L.) (beide Arten: Passeriformes, Corvidae)
Diese beiden bekannten Standvogelarten können durch Aufreißen der Lieschblätter von Maiskolben (Abb. 98) und Abpicken der hierdurch freigelegten Körner vor allem in Waldnähe stellenweise schädlich werden. Negativ ist auch ein Plündern der Nester von insektenfressenden Singvögeln durch die Elster und den Eichelhäher zu beurteilen, während die Zerstörung von Ringeltaubenbruten als Nutzen betrachtet werden kann (s. Seite 372).

Literatur

Schmutterer, H., 1957: Der Eichelhäher als Maisschädling. Ges. Pflanzen **9**, 93–95.

Aaskrähe, *Corvus corone pulchroniger* und *C. c. cornix*, s. Seite 164.

2.3.9 Säugetiere

Wildschwein
Sus scrofa L. (Artiodactyla, Suida)
Dieser Paarhufer lebt gesellig in Wäldern, wo er durch Vertilgen von Schadinsekten, die er bei seiner Wühltätigkeit findet, oft sehr nützlich wird. Besonders bei Vorhandensein stärkerer Rotten zieht das Wildschwein jedoch auf waldnahe Felder und verwüstet Saaten (besonders Mais), Kartoffeln, reifendes Getreide (vor allem Hafer), Rüben, Ölfrüchte und Kohl. Die Pflanzen werden abgefressen oder zertreten. Zusätzlicher Schaden entsteht durch die Wühltätigkeit, wenn die Wildschweine nach Insekten, Ameisen und anderen im Boden lebenden Tieren suchen. Der Maisanbau sollte nicht in unmittelbarer Nähe des Waldrandes erfolgen. Die Flächen sind aufzugliedern, indem um den Mais herum und im Mais mindestens zwei Arbeitsbreiten mit früher Halmfrucht bestellt werden.
Ein Schutz gefährdeter Kulturen ist durch elektrische Weidezäune möglich, durch Ablenkungsfütterung oder Anlage von Wildäckern im Wald. Saatgutbehandlung mit Mercaptodimethur kann eine abschreckende Wirkung nach sich ziehen und schützt so die Saat und Sämlinge, ebenso das Aufhängen mit „Stinkteufel“ getränkter Lappen an Büschen und Pfählen, wenn dies großräumig erfolgt. Verstärkter, konsequent betriebener Abschuß durch die Jagdausübungsberechtigten führt gleichfalls zu fühlbarer Schadensverminderung. Dabei hat sich die Wegnahme von mehr als 70% des jährlichen Frischlingszuwachses bewährt.

Literatur

Klemm, M., 1951: Das Schwarzwild und die biologische Bekämpfung unserer Forstschädlinge. Nachrichtenbl. Dtsch. Pflanzenschutzdienst (Berl.) NF **5**, 231–233.

Reh, *Capreolus capreolus;* **Rothirsch,** *Cervus elaphus;* **Damwild,** *Cervus dama*, s. Seite 175–176.

3 Kartoffel

3.1 Viruskrankheiten

3.1.1 Blattrollkrankheit

Erreger
Kartoffelblattroll-Virus, KBRV (potato leaf roll virus, PLRV).

Verbreitung, wirtschaftliche Bedeutung
Das Kartoffelblattroll-Virus ist in praktisch allen Kartoffelanbaugebieten der Welt zu finden. Die Ertragsverluste bei Verwendung sekundärinfizierter Knollen (s. unten) als Pflanzgut sind erheblich; sie liegen infolge verminderter Knollenzahl und Knollengröße zwischen 20 und 87%. Hinzu kommen Stärkegehaltsminderungen bis zu 4%. Da die Blattrollkrankheit Jahr für Jahr mehr oder weniger stark auftritt, ist sie in Mitteleuropa und auch weltweit betrachtet eine sehr wichtige, wenn nicht die wichtigste Kartoffelvirose überhaupt.

Symptome
Das typische Krankheitsbild der Sekundärinfektion (Aufwuchs aus blattrollkranker Knolle) ist das Einrollen der Fiederblätter von den Seiten her nach oben, so daß sie kahn- oder tütenförmig aussehen (Farbtafel 11, S. 171). Dieses Symptom hat der Krankheit den Namen gegeben. Die Blätter werden mehr oder weniger chlorotisch (Stickstoffmangel!). Oft zeigen Blattränder und -spitzen auch rötliche oder bläuliche Anthozyanfärbung. Die Blätter sind überdies starr, rascheln bei Berührung metallisch und sind glasig spröde infolge der Stärkestauung durch die gestörte Assimilatableitung.
Bei der Sekundärinfektion breiten sich die Rollerscheinungen von unten nach oben über die gesamte Pflanze aus. Die Staude ist im Wachstum deutlich gehemmt, zeigt gestauchten Wuchs und spießige, steile Blatthaltung. Dagegen beginnt bei der Primärinfektion (Infektion gesunder Pflanzen während der Vegetationsperiode) das Einrollen an der Triebspitze der Pflanze und schreitet von oben nach unten fort. Bei sehr früher Infektion kann auch das Bild der Sekundärinfektion entstehen. Meist werden aber die Primärsymptome durch Abreifeerscheinungen überdeckt und daher oft übersehen.
In den Leitbündeln treten Phloemnekrosen und eine verstärkte Kallosebildung auf, die zum Nachweis der Krankheit in Stengel und Knolle herangezogen werden können (Phloroglucin, Fuchsin bzw. Resorcinblau -„Igel-Lange-Test“). Bei einigen, vor allem amerikanischen Sorten, tritt Netznekrose im Knollenfleisch auf. Unter bestimmten Bedingungen reagiert die blattrollinfizierte Knolle mit Fadenkeimigkeit. Einzelne Sorten zeigen Überempfindlichkeit (Intoleranz), die zu Fehlstellen im Aufwuchs führt.
Bei Mischinfektionen mit den Mosaik-Viren A, X, Y, M und S-Virus kommt es außer bei Beteiligung des letzteren meist zu einer Verstärkung der Symptome.

Eigenschaften, Wirtskreis, Übertragung
Das Virus tritt mit mehreren Stämmen auf. Seine isometrischen, einen Durchmesser von 24 nm aufweisenden Partikeln enthalten im Gegensatz zu früheren Angaben keine Desoxyribonucleinsäure (DNS), sondern Ribonucleinsäure (RNS) wie fast alle anderen Pflanzenviren. Der thermale Inaktivierungspunkt in Extrakten aus infizierten Pfirsichblattläusen und im Saft der Testpflanze *Physalis floridana* liegt bei etwa 70 °C, der Verdünnungsendpunkt bei etwa 10^{-4}.
Der natürliche und experimentell ermittelbare Wirtspflanzenkreis ist relativ eng, da es sich meist um Angehörige der Nachtschattengewächse (Solanaceae) handelt. Es sind dies *Solanum-*, *Nicotiana-*, *Physalis-*, *Lycopersicon-*, *Datura-* und andere Arten; aber auch Chenopodiaceen (z.B. *Amaranthus* spp.) und Compositen (z.B. *Gomphrena globosa*) gehören hierher.
Das Kartoffelblattroll-Virus wird nur durch Vektoren übertragen. Übertragung durch Kontakt (mechanisch) oder durch Samen kommt also nicht vor. Wirksamster Überträger ist die Grüne Pfirsichblattlaus (*Myzus persicae*). Einige

andere, an Kartoffeln häufig auftretende Arten, wie z. B. *Macrosiphum euphorbiae, Aphis nasturtii* und *Aulacorthum solani* übertragen das Blattroll-Virus nur in geringerem Maße. Das Virus ist zirkulativ-propagativ, d. h. es vermehrt sich im Vektor *M. persicae* und wird von ihm praktisch zeitlebens übertragen. Seine Aufnahmezeit aus kranken Pflanzen und die Abgabezeit bei der Infektion betragen je etwa 12 bis 24 Stunden; dazwischen liegt eine etwa gleich lange Periode, während der das Virus im Vektor vom Darm zu den Speicheldrüsen wandert (Zirkulations-, Celationszeit). Zwischen den verschiedenen Rassen/Biotypen von *M. persicae* bestehen z. T. deutliche Unterschiede in der Übertragungsleistung.

Bekämpfung

Eine direkte Bekämpfung des Blattroll-Virus durch Wärmetherapie infizierter Knollen (25 Tage bei 37 °C) ist zwar theoretisch möglich, hat aber kaum praktische Bedeutung.

Wichtiger sind die indirekten Maßnahmen. An erster Stelle steht die Verwendung resistenter Sorten. Im deutschen Kartoffelsortiment gibt es derzeit etwa 58 Sorten mit hoher bis sehr hoher Resistenz. Eine Sorte zeigt Intoleranz, viele andere Infektionsresistenz.

Im Konsumkartoffelbau ist die Verwendung von gesundem, anerkanntem (zertifiziertem) Pflanzgut die wichtigste Maßnahme, da ja nur die Sekundärinfektion ertragswirksam ist, d. h. der Anteil kranker Pflanzen im Bestand den Endertrag bestimmt. Bei der Erzeugung dieses gesunden Pflanzgutes im Rahmen des Pflanzkartoffelbaues sind die Maßnahmen auf die Infektionsverhütung auszurichten. Dies gilt für alle anderen Kartoffelviren in gleicher Weise. Es handelt sich um: Erzeugung in „Gesundlagen", die vom Klima her weniger Infektionen ermöglichen (Küsten-, Moor-, Mittelgebirgslagen) bzw. in isolierten Gebieten mit wenig kranken Nachbarbeständen; Entfernung kranker Stauden als Infektionsquellen durch ständige Bereinigung; Vorverlegung der Altersresistenz durch frühes Pflanzen vorgekeimter oder keimgestimmter Knollen; betonte Phosphatgabe und Zurückhaltung in der Stickstoffdüngung; Verhinderung von Übertragung durch Vektoren durch Anwendung von systemischen und anderen Insektiziden (s. Seite 256), die bei „Blattroll" wegen der zirkulativen Übertragungsweise des Virus besonders wirksam sind, allerdings im wesentlichen nur Infektionen im Bestand verhüten; Verhinderung der Abwanderung des Virus nach Spätinfektionen durch Frühroduhg bzw. Krautabtötung.

Bei Verwendung eigenen, nicht anerkannten Pflanzgutes ist eine Untersuchung auf Virusbefall während der Wintermonate empfehlenswert. Diese kann z. B. mit Hilfe des Augenstecklingstests und des Igel-Lange-Tests (Kallosefärbeverfahren) erfolgen. Auch der ELISA-Test (enzyme-linked immunosorbent assay) ist für den Nachweis des Blattroll-Virus und anderer wichtiger Kartoffelviren anwendbar.

Literatur

Arenz, B. und Hunnius, W., 1959: Der Infektionserfolg beim Blattroll- und Y-Virus in Abhängigkeit vom Infektionszeitpunkt und von der Abwanderungsdauer. Bayer. landw. Jb. **36,** 18–36. – Arenz, B. und Hunnius, W., 1959: Der Einfluß verschiedener Virusarten auf die Ertragsbildung bei der Kartoffel. Ibid., 163–173. – Bode, O., 1962: Die Blattrollkrankheit der Kartoffel. Die durch die Virose bei der Kartoffel hervorgerufenen Veränderungen und die Möglichkeiten des Nachweises. Ang. Bot. **36,** 86–116. – Hunnius, W., 1977: Virusbekämpfung im Kartoffelbau (Sammelbericht). Z. Pflanzenkr. Pflanzenschutz **84,** 615–637. – Peters, D., 1970: Potato leafroll virus. C.M.I./A.A.B. Descript. Plant Vir. No. 36. – Van der Wolf, J. P. M., 1964: Virusübertragung und Vektorenbekämpfung bei Saatkartoffeln. Pflanzenschutz-Nachr. **17,** 113–184.

3.1.2 Y-Virus-Mosaik

Erreger

Kartoffel-Y-Virus, KYV (potato virus Y, PVY, s. auch S. 465).

Verbreitung, wirtschaftliche Bedeutung

Das Y-Virus ist weltweit verbreitet, d. h. in Kartoffelanbaugebieten in allen Erdteilen zu finden. Bei Y^o-Stämmen sind bei Verwendung kranker (sekundär-infizierter) Kartoffelknollen Ertragseinbußen von 50 bis 60%, bei Y^n-Stämmen trotz relativ milder Symptome von 14 bis 88% festgestellt worden. Der Stärkegehalt wird um etwa 1,8% vermindert.

Demnach ist das weit verbreitete und alljährlich in unterschiedlicher Stärke auftretende Y-Virus in Mitteleuropa der Erreger einer der wirtschaftlich bedeutendsten Virosen der Kartoffel. Die letzte große Y-Virus-Epidemie wurde im trokken-warmen Jahr 1976 beobachtet.

Symptome

Die Symptome an infizierten Pflanzen sind je nach Virusstammgruppe und befallener Kartoffelsorte verschieden.

Y^o-Stammgruppe („altes" Y-Virus): Als erste Anzeichen einer Primärinfektion durch Stämme der Y^o-Gruppe erscheinen an den Blättern dunkelbraune, nekrotische Flecke von unterschiedlicher Form und Größe, sogenannte Tintenspritzer. Bei sekundär-infizierten Pflanzen entwickelt sich anfangs ein starkes Rauhmosaik mit epinastischer Krümmung der Blattspitzen. Später kräuseln sich die Blätter, zeigen Nekrosen an den Nerven der Blattunterseiten (Farbtafel 11, S. 171) und werden glasig-spröde, weshalb sie bei Berührung leicht abknicken. Sie bleiben jedoch an den Stengeln hängen und trocknen schließlich ab. Die verbliebenen Blätter an der Stengelspitze zeigen ein Rauhmosaik in unterschiedlicher Stärke. Kranke Pflanzen weisen außerdem oft eine starke Wuchshemmung auf.

Y^n-Stammgruppe („neues" Y-Virus, Tabakrippenbräune-Virus): Bei Primärinfektion treten Nervenstrichel auf der Blattunterseite, häufig aber nur schwaches Mosaik auf. Bei Sekundärinfektion sind die Symptombilder wechselnd – in Abhängigkeit von Sorte und Umwelt – von Latenz bis zu schwerem Mosaik, wobei die leichten Formen vorherrschen; Strichelsymptome auf den Blattadern sind dagegen selten.

Elektronenmikroskopisch sind in infizierten Pflanzen schaufelradförmige Einschlüsse („pin wheels") nachweisbar.

Mischinfektionen mit den Viren A,M,X und Blattroll-Virus führen in der Regel zu Symptomverstärkung, die bei solchen mit dem S-Virus meist nicht beobachtet wird.

Eigenschaften, Wirtskreis, Übertragung

Das Y-Virus bildet langgestreckte, fadenförmige Partikeln, die etwa 730 x 11 nm messen (Abb. 99). Der Verdünnungsendpunkt für die meisten Isolate liegt zwischen 10^{-2} und 10^{-3}, für andere zwischen 10^{-4} und 10^{-6}. Es werden, wie schon erwähnt, mehrere Stammgruppen unterschieden

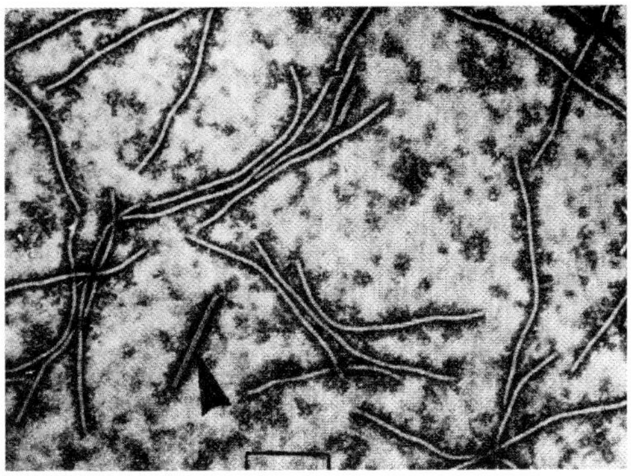

Abb. 99. Kartoffel-Y-Virus (PVY), Negativfärbung (nach TEAKLE & PARES).

(Y^o, Y^n und Y^c), von denen die Y^n-Gruppe (Tabakrippenbräune-Virus) besonders bekannt geworden ist.

Vom Kartoffel-Y-Virus können vor allem viele Nachtschattengewächse (Solanaceae) spontan und experimentell infiziert werden (z. B. *Solanum* spp., *Hyoscyamus niger, Lycopersicon esculentum, Nicotiana* spp., *Physalis* spp., *Datura* spp., *Capsicum* spp. und andere), daneben auch Pflanzen aus anderen Familien, z. B. Chenopodiaceen, Amaranthaceen, Leguminosen und Compositen (z. B. *Beta vulgaris, Convolvulus arvensis, Gomphrena globosa, Portulaca oleracea, Senecio vulgaris* usw.).

Eine Übertragung mit dem Preßsaft kranker Pflanzen ist leicht möglich. Hochinfektiöse Stämme können im Bestand schon durch geringfügigen Kontakt von Pflanzenteilen – wie z. B. von Stengeln und Blättern bei Wind und Sturm – übertragen werden.

Blattläuse sind die wichtigsten Vektoren. Als effizienteste Art gilt die Grüne Pfirsichblattlaus *(Myzus persicae)*; daneben können auch z. B. *Aphis nasturtii, A. gossypii, A. fabae, Macrosiphum euphorbiae, Phorodon humuli* und *Aulacorthum solani* das nicht zirkulative (nicht persistente), d. h. den Stechborsten anhaftende Virus weitergeben. Durch eine Hungerzeit von 15 Minuten bis einer Stunde vor der Virusaufnahme werden die Übertragungsleistungen verbessert. Die Stammgruppe Y^o kann nur dann durch Blattläuse übertragen werden, wenn gleichzeitig Viren anderer Stammgruppen (z. B. Y^n) als „Helferviren" vorhanden sind. Die optimale Zeit für die Virusaufnahme liegt zwischen 30

Sekunden und 5 Minuten, nach anderen Befunden zwischen 15 und 60 Sekunden; die Virusabgabe (Inokulation) erfolgt schon innerhalb von 30 bis 60 Sekunden, ist aber auch bis 24 Stunden noch möglich.

Bekämpfung

Als direkte Bekämpfungsmaßnahme ist eine Eliminierung des Virus aus befallenen Einzelpflanzen durch Meristemkultur möglich. Wichtiger sind jedoch die indirekten Bekämpfungsmaßnahmen.

In erster Linie ist der Anbau resistenter Sorten zu empfehlen. Im derzeitigen deutschen Sortiment gibt es mehrere Sorten mit extremer Resistenz und mehr als zwei Dutzend Sorten mit mehr oder weniger starker Infektionsresistenz.

Im Konsumkartoffelbau ist die Verwendung von gesundem, anerkanntem (zertifiziertem) Pflanzgut die wichtigste Maßnahme. In der Pflanzkartoffelerzeugung sind die beim Blattroll-Virus erwähnten Erzeugungsmaßnahmen, d. h. Anbau in Gesund- oder Isolierlagen, Bereinigung, Vorverlegung der Altersresistenz durch frühe Pflanzung vorgekeimter bzw. keimgestimmter Knollen, betonte Phosphatgabe, mäßige Stickstoffgabe sowie Krautabtötung in gleicher Weise einzusetzen. Dazu kommt wegen der auch über den Kontakt gesunder und kranker Pflanzen möglichen Übertragung des Y-Virus die Forderung, die mechanische Unkrautbekämpfung zu unterlassen und an deren Stelle eine chemische durchzuführen. Weiterhin ist wegen der nicht zirkulativen Übertragungsweise des Y-Virus (s. Seite 199) die Anwendung systemischer Insektizide unter anderen Gesichtspunkten zu sehen. Wegen der sehr kurzen Übertragungsdauer des Y-Virus ist nur dann eine Verminderung der Übertragung durch die Blattlausbekämpfung zu erwarten, wenn der Insektizideinsatz großflächig erfolgt und durch frühzeitige Behandlung der Bestände der Aufbau einer Blattlauspopulation von Anfang an unterbunden wird. Auch der Einsatz von Mineralölen ermöglicht die Verminderung der Y-Virus-Übertragung, ist aber wegen bestimmter Nachteile (unter anderem Minderertrag) nur bei sehr hohen Anbaustufen wirtschaftlich.

Bei Verwendung von eigenem, nicht zertifiziertem Pflanzgut ist eine Untersuchung auf Virusbefall während der Wintermonate z. B. mit Hilfe von serologischen und anderer Verfahren, z. B. dem „A6-Test", wozu Blätter einer Kreuzung von *Solanum demissum* x *S. tuberosum* verwendet werden, zu empfehlen.

Literatur

De Bokx, J. A. and Huttinga, H., 1981: Potato virus Y. CMI/AAB Descript. Plant Vir. No. 242. – Hunnius, W., 1977: Virustestung bei Pflanzkartoffeln. Z. PflKrankh. PflSchutz **84**, 748–763. – Klinkowski, M. und Schmelzer, K., 1957: Beiträge zur Kenntnis des Virus der Tabakrippenbräune. Phytopath. Z. **28**, 285–306. – Piechowiak, K., 1967: Einfluß der Blattlausbekämpfung auf den Y-Virusbesatz der Pflanzkartoffeln. Saat- u. Pflanzgut **8**, 236–239. – Van Hoof, H. A., 1977: Determination of the infection pressure of potato virus Y^n. Netherl. J. Plant Path. **83**, 123–127. – Wenzl, H. und Foschum, H., 1973: Die Bekämpfung von Y-Virus der Kartoffel durch Ölspritzungen. Z. PflKrankh. PflSchutz **80**, 341–345.

3.1.3 A-Virus-Mosaik

Erreger

Kartoffel-A-Virus, KAV (potato virus A, PVA).

Verbreitung, wirtschaftliche Bedeutung

Das A-Virus hat weltweite Verbreitung.

Bei alleiniger Infektion mit diesem Pathogen liegen die Ertragsausfälle bei etwa 40%, bei Mischinfektionen mit anderen Mosaik-Viren sind sie meist noch höher, z. B. bei A- + X-Virus („Schweres Mosaik", „Kräuselmosaik").

Symptome

Die Primärinfektion ist beim A-Virus nur als leichtes Mosaik sichtbar und verläuft meist latent. Bei Sekundärinfektion sind die Symptombilder je nach Virusstammgruppe und Kartoffelsorte stark wechselnd von Latenz bis zum ausgesprochenen Rauhmosaik mit blasig aufgewölbter Blattoberfläche und unregelmäßig verkrümmten Blatträndern (Farbtafel 11, S. 171). Leichtere Mosaikformen sind oft maskiert, d. h. durch überhöhte Stickstoffgabe zeitweise nicht sichtbar bzw. nur bei kühler Witterung zu erkennen.

Eigenschaften, Wirtskreis, Übertragung

Das Kartoffel-A-Virus hat ähnlich langgestreckte, fadenförmige Partikeln (730 x 15 nm) wie das Y-Virus, mit dem es serologisch verwandt ist. Der Verdünnungsendpunkt liegt bei 1 : 10 bis 1 : 40. Auch beim A-Virus werden mehrere Stammgruppen unterschieden.

Die vom A-Virus spontan infizierten und experimentell infizierbaren Wirtspflanzen sind fast ausschließlich Nachtschattengewächse (Solanaceae). Hierzu gehören *Hyoscyamus-*, *Nicotiana-*, *Petunia-*, *Physalis-* und *Solanum-*Arten sowie die Tomate *(Lycopersicon esculentum)*.

Die Virusübertragung ist experimentell mit dem Preßsaft infizierter Pflanzen möglich. Im Feld kann ein Kontakt kranker mit gesunden Pflanzen oder mit viruskontaminierten Arbeitsgeräten zur Infektion führen. Außerdem fungieren Blattläuse wie *Myzus persicae, Aphis nasturtii, A. gossypii* und *Macrosiphum euphorbiae* als Vektoren des nicht zirkulativen (nicht persistenten) Virus. *M. persicae* als wichtigster Überträger kann das A-Virus in 20 Sekunden aufnehmen und innerhalb von 20 Minuten in 20 Sekunden wieder übertragen.

Bekämpfung

Für die Bekämpfung des nicht zirkulativen A-Virus gelten im wesentlichen die schon beim Y-Virus genannten Maßnahmen (s. Seite 200). Nahezu die Hälfte des deutschen Kartoffelsortiments besitzt hohe Resistenz bzw. Überempfindlichkeit gegenüber dem Virus.

Literatur

Bartels, R., 1971: Potato virus A. C.M.I./ A.A.B. Descript. Plant Vir. No. 54. – Köhler, E., 1952: Beiträge zur Kenntnis des A-Virus der Kartoffel. Phytopath. Z. **19**, 295–306. – Ross, H., 1955: Über die Resistenz der Kartoffelsorten gegen das A-Virus auf der Basis der Überempfindlichkeit. I. Mitt. Z. PflZücht. **32**, 153–166. – Šip, V., 1972: Eradication of potato viruses A and S by thermotherapy and sprout tip culture. Potato Res. **15**, 270–273. – Wenzl, H., 1968: Virus A als Ursache von Strichelsymptomen sekundärkranker Kartoffelpflanzen. Pflanzenschutzberichte **37**, 197–202.

3.1.4 X-Virus-Mosaik

Erreger

Kartoffel-X-Virus, KXV (potato virus X, PVX, s. auch Seite 466).

Verbreitung, wirtschaftliche Bedeutung

Wie andere wichtige Kartoffelviren ist auch das X-Virus weltweit verbreitet.

Die Ertragseinbußen bei X-Virus-Befall betragen 10 bis 20%, bei Mischinfektionen mit den Viren A,M,Y und dem Blattroll-Virus, die zu den stärkeren Symptomen führen, liegen sie meist noch deutlich höher.

Symptome

Die Primärinfektion verläuft symptomlos. Bei Sekundärinfektion treten in Abhängigkeit von der Virusstammgruppe, Sorte und Umweltbedingungen unterschiedliche Symptome von Latenz bis zu schwerem Mosaik auf. Vorherrschend ist jedoch in der Regel das leichte Mosaik mit Mosaikfleckung (Farbtafel 11, S. 171), die mit zunehmendem Alter meist verschwindet.

In Palisaden- und Epidermiszellen befallener Pflanzen sind X-Körper und sphärische Einschlüsse nachweisbar.

Eigenschaften, Wirtskreis, Übertragung

Das Virus hat fadenförmig gerollte Partikeln (515 x 13 nm) (Abb. 100). Sein Verdünnungsendpunkt liegt mit 10^{-5} bis 10^{-6} sehr hoch. Es sind insgesamt 4 Stammgruppen mit unterschiedlich starken Symptomen bekannt.

Zum natürlichen Wirtskreis gehören außer der Kartoffel die Tomate sowie Leguminosen (z. B. *Melilotus albus)* und Compositen (z. B. *Taraxacum officinale)*. Experimentell läßt sich das Vi-

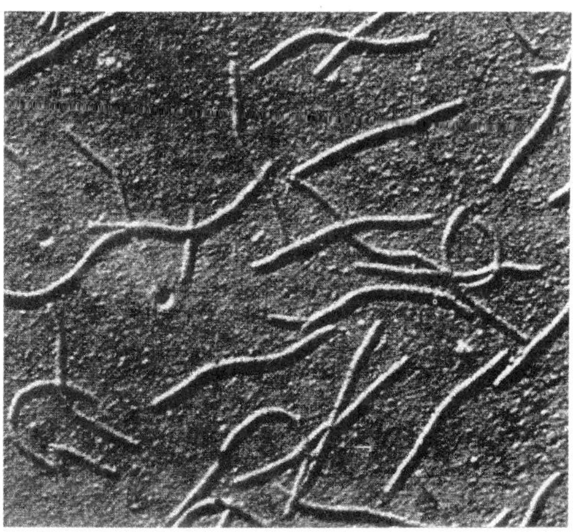

Abb. 100. Kartoffel-X-Virus (PVX) (nach Brandes).

rus auf viele Solanaceen, Chenopodiaceen und einige Leguminosen und Compositen übertragen.
Die Übertragung des X-Virus erfolgt nahezu ausschließlich durch Kontakt von Pflanzenteilen. Die Infektion kommt dabei sehr leicht zustande, so daß auch eine Virusverschleppung mit landwirtschaftlichen Geräten, Kleidung und durch größere Tiere, wie z. B. Wildkaninchen, möglich ist. Auch beim Schneiden von Knollen vor dem Auslegen kann eine Übertragung zustandekommen.
Blattläuse scheiden als Vektoren aus, dagegen können in geringem Ausmaß Insekten mit beißend-kauenden Mundwerkzeugen (z. B. Kartoffelkäfer, Große grüne Laubheuschrecke, Raupen) als solche fungieren.

Bekämpfung
Eine direkte Bekämpfungsmaßnahme ist die Anwendung der Meristemkultur zur Eliminierung des Virus in befallenen Einzelpflanzen.
Als indirekte Maßnahme ist die Verwendung von gesundem Pflanzgut beim X-Virus wichtiger als die Resistenzzüchtung, obwohl Immunität (extreme Resistenz) vorhanden ist und 8 Sorten des deutschen Sortiments eine solche besitzen.
Bei der Pflanzguterzeugung ist infolge der leichten mechanischen Übertragbarkeit besonders auf gesundes Ausgangsmaterial (Testung mit serologischen Verfahren und der Testpflanze *Gomphrena globosa*) zu achten. Die Kartoffel besitzt gegen das X-Virus eine ausgeprägte Altersresistenz, die durch entsprechende Maßnahmen genutzt werden sollte (siehe Y-Virus!). Vor allem ist bei den Pflegemaßnahmen darauf zu achten, daß keine Berührung kranker und gesunder Pflanzen möglich ist, d. h. chemische Unkrautbekämpfung durchzuführen.

Literatur
BERCKS, R., 1970: Potato virus X. C.M.I./A.A.B. Descript. Plant Vir. No. 4. – LEISER, R. M. und RICHTER, J., 1980: Differenzierung von Stämmen des Kartoffel-X-Virus (KXV). Tag.-Ber. Akad. Landw.-Wiss. DDR Berlin 184, 107–113. – MELLOR, F. C. and STACE-SMITH, R., 1967: Eradication of potato virus X by thermotherapy. Phytopathology 57, 674–678. – TURSKA, E., 1975: Vergleich der Ausbreitung der Kartoffelviren X, S und M unter Feldbedingungen bei verschiedenen Pflegemaßnahmen. Potato Res. 18, 632–636. – WINTHER-NIELSEN, P., 1972: Spread of potato viruses by tractors. Tidsskr. PlAvl 76, 297–305.

3.1.5 S-Viruskrankheit

Erreger
Kartoffel-S-Virus, KSV (potato virus S, PVS).

Verbreitung, wirtschaftliche Bedeutung
Das S-Virus kommt praktisch überall in Kartoffelanbaugebieten vor. Es verursacht Ertragseinbußen von etwa 10 bis 20%, was bedeutet, daß es eine der leichteren Kartoffelvirosen verursacht.

Symptome
Ein S-Virus-Befall ist an Kartoffeln nicht leicht zu erkennen, da er sich nur in einer leichten Aufhellung der Blattfarbe, durch eine Rauhblättrigkeit, d. h. leichte Vertiefung der Blattrippen auf der Oberseite sowie schwaches Abwärtsneigen der Blattspitzen und Ausbildung kleinerer Blätter äußert. Bei sehr anfälligen Sorten werden die Blätter bronzefarben und zeigen nekrotische Flecken auf der Oberseite. Bei Mischinfektionen werden die Symptome durch das S-Virus meist nicht verstärkt.

Eigenschaften, Wirtskreis, Übertragung
Das S-Virus ist im Hinblick auf sein Aussehen und die Größe seiner Partikeln (650 × 12 nm) dem M-Virus ähnlich. Beide Viren sind serologisch auch nahe miteinander verwandt. Sie kommen in manchen Kartoffelsorten nebeneinander vor.
Der natürliche Wirtspflanzenkreis ist relativ klein und setzt sich außer aus Solanaceen vermutlich auch aus einigen Pflanzen anderer Familien zusammen; Tomate und Tabak gelten als nicht anfällig.
Das S-Virus kann experimentell mit Preßsaft und im Feld durch einen Kontakt der Pflanzen miteinander übertragen werden. Manche Isolate sind durch Blattläuse wie *Aphis nasturtii* und *Myzus persicae* kurzfristig (d. h. nicht zirkulativ) übertragbar, andere nicht.

Bekämpfung
Eine Bekämpfung des S-Virus erfolgt über die Erhaltungszucht und über Meristemkultur. In der Pflanzkartoffelerzeugung ist eine Infektionsausbreitung nur über die Nutzung der Altersresistenz durch Vorkeimung/Keimstimulierung, hohe Phosphat- und mäßige Stickstoffgaben, Vermeidung von Kontakt (chemische Unkrautbekämpfung durchführen) sowie Krautabtötung möglich.

Literatur
HUNNIUS, W., 1969: Zum Verhalten des S-Virus in der Kartoffelknolle bei Mischinfektion mit X- und Y-Virus. Z. PflKrankh. PflSchutz **76,** 513–528. – HUTH, W. und BODE, O., 1970: Befreiung völlig infizierter Kartoffelsorten von Infektionen des Kartoffel-S-Virus durch Meristemkultur. NachrBl. dt. PflSchutzdienst (Braunschweig) **22,** 37–39. – MÜNSTER, J. et PELLET, F., 1954: Le virus S et son influence sur le rendement d'une varieté de pomme de terre. Ann. agric. Suisse **55,** 931–936. – ROZENDAAL, A. and BRUST, J.H., 1954: The significance of potato virus S in seed potato culture. Proc. 2nd Conf. Potato Vir. Dis. Lisse-Wageningen, 120–132. – SCHOLZ, M., 1962: Die Bedeutung des S-Virus für den Kartoffelbau und Probleme der Virussanierung. NachrBl. dt. PflSchutzdienst (Berlin) NF **16,** 174–179. – WETTER, C. und BRANDES, J., 1956: Untersuchungen über das Kartoffel-S-Virus. Phytopath. Z. **26,** 81–92.

3.1.6 M-Virus-Mosaik

Erreger
Kartoffel-M-Virus, KMV (potato virus M, PVM).

Verbreitung, wirtschaftliche Bedeutung
Das M-Virus hat wie andere Kartoffelviren eine weltweite Verbreitung.
Die Ertragsverluste liegen bei alleiniger Infektion mit diesem Virus zwischen 20 bis 40%, der Stärkegehalt wird um etwa 2% vermindert. Demnach ist auch das M-Virus der Erreger einer wichtigen Virose an Kartoffel.

Symptome
Bei Primärinfektion sind keine Symptome bekannt. Bei Sekundärinfektion treten in Abhängigkeit von der Sorte wechselnde Symptome von Latenz bis zu starkem Rollmosaik mit Mosaikfleckung, Blattdeformation und Blattrollen auf (Abb. 101). Schwere Symptome herrschen dabei vor. Im Gegensatz zum Blattrollbefall bleiben beim Rollmosaik die Blätter weich. Daher läßt sich dieses Krankheitsbild leicht mit *Rhizoctonia*-Befall verwechseln (s. Seite 232). Bei Mischinfektionen mit den Viren A,X,Y und dem Blattroll-Virus werden die Symptome in der Regel noch verstärkt, bei solchen mit dem S-Virus meist nicht.

Abb. 101. M-Mosaik der Kartoffel.

Eigenschaften, Wirtskreis, Übertragung
Das M-Virus besitzt fadenförmige, leicht gebogene Partikeln von 650 x 12 nm Größe. Es ist mit dem S-Virus serologisch verwandt. Sein Verdünnungsendpunkt liegt zwischen 10^{-2} und 10^{-3}.
Der begrenzte natürliche und experimentell ermittelbare Wirtspflanzenkreis umfaßt außer einigen Solanaceen (*Solanum tuberosum, Datura* spp., *Lycopersicon esculentum, Physalis* spp. usw.) auch verschiedene Pflanzen aus anderen Familien, z.B. Leguminosen und Chenopodiaceen.

Die Blattlausübertragung spielt die wichtigste Rolle und erfolgt nach dem nicht zirkulativen (nicht persistenten) Modus. Als Überträger sind beispielsweise die Arten *Aphis nasturtii, Myzus persicae, Macrosiphum euphorbiae* und *Aphis gossypii* bekannt. *A. nasturtii* erwies sich als leistungsfähigerer Überträger als *M. persicae.* Übertragung durch Kontakt (mechanisch) ist ebenfalls möglich.

Bekämpfung

Für die Bekämpfung des nicht zirkulativen (nicht persistenten) M-Virus gelten im wesentlichen die beim Y-Virus genannten Maßnahmen. Resistenzunterschiede bei den Sorten sind bekannt, jedoch ist das deutsche Sortiment bisher noch nicht systematisch auf vorhandene Resistenz überprüft worden.

Literatur

Bode, O., 1968: Viruskrankheiten der Kartoffel und ihre Bekämpfung, insbesondere Rattle- und M-Virus. Kartoffelbau **19**, 175–178. – Hunnius, W., 1972: Zum Verhalten des M-Virus in der Kartoffel. Z. PflKrankh. PflSchutz **79**, 385–399. – Roozendaal, A. and Van Slogteren, D. H. M., 1957: A potato virus identified with potato virus M and its relationship with potato virus S. Proc. 3rd Conf. Potato Vir. Dis. Lisse-Wageningen 1957, 30–36. – Scholz, M., 1965: Die Differenzierung des Kartoffel-S- und M-Virus und das Vorkommen des M-Virus im Kartoffelsortiment der DDR. NachrBl. dt. PflSchutzdienst (Berlin) NF **19**, 5–8.

3.1.7 Stengelbunt oder Pfropfenbildung

Erreger

Tabak-Rattle-Virus (= Tabakmauche-Virus), TRV (tobacco rattle virus, TRV, s. a. Seite 465).

Verbreitung, wirtschaftliche Bedeutung

Das Tabak-Rattle-Virus ist in Europa weit verbreitet und auch aus den USA (Kalifornien, Idaho) bekannt. Der Schaden, der durch das Virus hervorgerufen wird, beruht vor allem auf einer Qualitätsbeeinträchtigung (Nekrosen im Knollenfleisch, s. Abb. 102). Er kann örtlich, insbesondere auf leichten und anmoorigen Böden, erheblich sein.

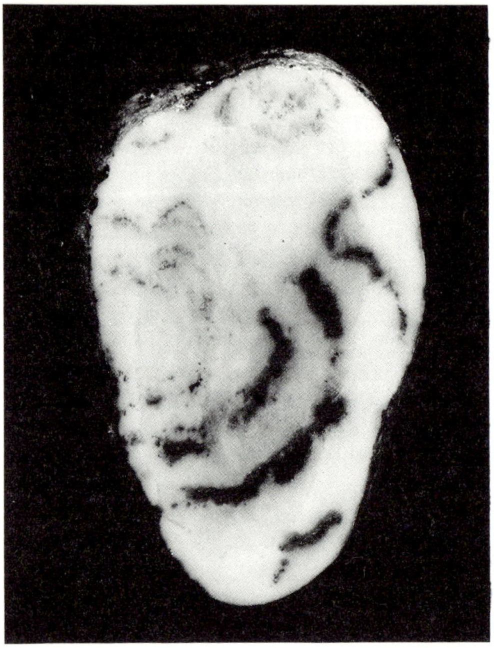

Abb. 102. Propfenbildung in der Kartoffelknolle (Tabak-Rattle-Virus).

Symptome

Primärsymptome am Laub infizierter Pflanzen treten nicht auf. Typisch für das sekundäre Krankheitsbild ist der meist nur einzeltriebweise Befall (Name!). Auf den Blättern treten oft bogenförmige Zeichnungen, ringförmige Flecken und feine Scheckungen auf. Die Blattspreiten sind verkleinert. Blattstiele und Stengel zeigen nekrotische Strichelungen. Die Triebe sind oft gestaucht. Die Symptome am Kraut werden bei Temperaturen über 20 °C maskiert. Auf der

Tafel 13
Oben links: Zysten des Goldfarbenen Kartoffelzystenälchens *(Globodera rostochiensis)* an Kartoffelwurzeln. Oben rechts: Zweipunktige Wiesenwanze *(Calocoris norvegicus)* und Saugschaden an Kartoffelblättern. Mitte links: Grüne und rote Fundatrizen und Larven der Pfirsichblattlaus *(Myzus persicae)* an Pfirsich. Mitte rechts: Larven und Nymphen der Grünstreifigen Kartoffelblattlaus *(Macrosiphum euphorbiae)* an Kartoffelblatt. Unten links: Kolonien der Kreuzdornblattlaus *(Aphis nasturtii)*. Unten rechts: Engerling (*Melolontha* sp.) in geschädigter Kartoffelknolle.

Knollenschale sind nekrotische, eingesunkene Ringe sichtbar. Diese Nekrosen setzen sich bogenförmig im Knollenfleisch fort (Abb. 102), zum Teil treten auch nur über das ganze Knollenfleisch verstreute „Eisenflecken“ auf.

Eigenschaften, Wirtskreis, Übertragung

Das Rattle-Virus gehört zur Tobra-Virusgruppe (früher Netu-Viren). Es besitzt zwei Hauptkomponenten von Partikeln, nämlich hohle, gerade Stäbchen mit 180 bis 210 x 20 bis 25 nm und 45 bis 115 x 20 bis 25 nm Größe. Nur die längeren Partikeln sind infektiös, jedoch sind beide Komponenten zur Bildung intakter Viruspartikeln, also auch für die Infektion notwendig (zweigeteiltes Virus-Genom). Man kann zwei Stammgruppen unterscheiden, nämlich Stengelbunt verursachende Stämme mit geringen oder fehlenden Laubsymptomen und pfropfenbildende mit oft fehlenden Laubsymptomen.

Das TRV besitzt vermutlich den größten Wirtspflanzenkreis pflanzlicher Viren. Es konnte auf über 400 Arten aus mehr als 50 Pflanzenfamilien übertragen werden. Unter den Kulturpflanzen gehört der Tabak, an dem die Mauchekrankheit (s. Seite 465) hervorgerufen wird, zum Wirtskreis. Unter den Wirtspflanzen befinden sich auch zahlreiche Unkräuter, wie z. B. die Vogelmiere, das Hirtentäschelkraut, das Ackerstiefmütterchen und das Franzosenkraut. Sie stellen die Infektionsreservoire dar. Bei den zuletzt genannten Arten ist das Virus auch samenübertragbar.

Die Übertragung durch Vektoren erfolgt durch freilebende, ektoparasitische Nematoden der Gattungen *Trichodorus* und *Paratrichodorus*. Es besteht dabei eine hohe Virus-Vektor-Spezifität und starke Abhängigkeit von den Niederschlägen. So wurde in Dänemark festgestellt, daß die Übertragungsrate erheblich ansteigt, wenn die Niederschläge zwischen 15. und 31. Juli über 75 mm betragen.

Die Übertragung durch Knollen (Sekundärinfektion) ist bei Stengelbuntstämmen zu 50%, bei Pfropfenstämmen zu 30% nachgewiesen worden.

Bekämpfung

Die Bekämpfung erfolgt vor allem durch Fruchtwechsel, Anbau resistenter Sorten, sorgfältige Unkrautbekämpfung und Gründüngung. Die Gründüngung mit Ölrettich, Perko und Lupine vermindert den Rattle-Virus-Befall der nachfolgend angebauten Kartoffeln um mehr als die Hälfte gegenüber einer solchen mit Winterrübsen, Winterraps und Gelbsenf.

Literatur

Bode, O., 1968: Viruskrankheiten der Kartoffel und ihre Bekämpfung, insbesondere Rattle- und M-Virus. Kartoffelbau **19**, 175–178. – Borchard, G., 1976: Die Verminderung der Eisenfleckigkeit durch Gründüngung. Kartoffelbau **27**, 202–203. – Eibner, R., 1961: Untersuchungen über das Vorkommen von Tabakmauchebzw. Rattlevirus in Westdeutschland. NachrBl. dt. PflSchutzdienst (Braunschweig) **13**, 104–105. – Steck, U., 1971: Zur Biologie, Ökologie und Bekämpfung des Tabak-Rattle-Virus (TRV) im Kartoffelbau. Bayer. landw. Jb. **48**, 867–891. – Steudel, W., 1974: Versuchsergebnisse zur Wirkung einiger systemischer Nematizide auf das Auftreten der durch Tabak-Rattle-Virus verursachten Stippigkeit der Kartoffel. NachrBl. dt. PflSchutzdienst (Braunschweig) **26**, 165–167.

3.1.8 Bukettkrankheit

Erreger

Stämme des Tomatenschwarzring-Virus, ToSRV (tomato black ring virus, TBRV).

Das die Bukettkrankheit verursachende Virus besteht aus isometrischen (polyedrischen) Partikeln mit einem Durchmesser von etwa 30 nm. Es läßt sich mechanisch nur schwer auf Kartoffeln übertragen.

Tafel 14
Oben links: Nahezu vollentwickelte Larven des Kartoffelkäfers *(Leptinotarsa decemlineata)* beim Fraß an Kartoffelblättern. Oben rechts: Kartoffelkäfer *(L. decemlineata)* beim Fraß an Kartoffelblättern. Mitte links: Raupe und Schadbild der Wintersaateule *(Agrotis segetum)* an Kartoffelknolle. Mitte rechts: Durch Rapsglanzkäfer *(Meligethes aeneus)* geschädigte Rapsblütenstände. Unten links: Nach Eiablage des Großen Rapsstengelrüßlers *(Ceuthorhynchus napi)* aufgeplatzter Haupttrieb einer Rapspflanze. Unten rechts: Larve und Schadbild des Kohlschotenrüßlers *(Ceuthorhynchus assimilis)* in Rapsschote.

Eine Diagnose kranker Pflanzen im Feld kann schwierig sein; sie ist oft nur im Jugendstadium der Entwicklung möglich, da nach dem Auftreten von Symptomen oft eine rasche Wiedergenesung erfolgt. Typisch ist eine starke Verkürzung der Rhachis, was dazu führt, daß die Fiederblättchen eng zusammenrücken. Die Mittelrippe des Endblättchens einer Fieder ist sichelförmig nach unten gebogen. Gelegentlich können auf den Blättern geschlossene oder nekrotische Ringe in Erscheinung treten. Oft zeigen, wie beim Stengelbunt (s. Seite 204), nur einzelne Triebe Symptome.

Da der Knollenansatz bei kranken Pflanzen stark reduziert ist, können die Ertragsverluste im Extremfall bis 80% betragen. Die wirtschaftliche Bedeutung der Krankheit ist infolge ihres nur örtlichen Auftretens jedoch als gering zu bewerten.

Als Vektoren dieses Nepovirus sind ektoparasitisch lebende Nematoden der Gattung *Longidorus* (z.B. *L. elongatus* und *L. attenuatus*) ermittelt worden. Da diese Nematoden vorzugsweise in leichten (sandigen) Böden vorkommen, tritt die Bukettkrankheit vor allem auf entsprechenden Standorten auf.

Wirtspflanzen sind unter anderem Unkräuter. Daher ist auch hier eine sorgfältige Unkrautbekämpfung zur Beseitigung von Infektionsquellen eine wichtige Bekämpfungsmaßnahme.

Literatur

Köhler, E., 1952: Die Bukettkrankheit, eine Viruskrankheit der Kartoffel. Phytopath. Z. **19**, 284–294. – Murant, A.F., 1970: Tomato black ring virus. C.M.I./A.A.B. Descript. Plant Vir. No. 38.

3.1.9 Büscheltriebkrankheit

Erreger

Kartoffelbüscheltrieb-Virus, KBTV (potato mop top virus, PMTV).

Diese auch als Feudelkrankheit bezeichnete Erkrankung führt zu Symptomen, die in Abhängigkeit von der befallenen Kartoffelsorte und der Witterung sehr variabel sind. Es handelt sich um Wachstumshemmung, gewellte und eingerollte Blätter (Büschelgipfel), gelbe Flecke, Ringe und Linienmuster auf den mittleren und unteren, gelegentlich auch Mosaikfleckung auf den oberen Blättern. Ähnlich wie bei der Stengelbunt- (Rattle-) Krankheit zeigen sich an Knollen, die vom Boden her infiziert werden, nekrotische, leicht erhabene Ringe mit 1 bis 5 cm Durchmesser. Der Ertrag wird je nach Sorte um 0 bis 26% reduziert. Der relativ enge Wirtspflanzenkreis des Virus beschränkt sich auf Solanaceen, Kruziferen und Chenopodiaceen.

Das „bodenbürtige" Virus besitzt verschieden lange, stäbchenförmige Partikeln, von denen nur die größeren infektiös sind. Es kommt in allen Böden, besonders aber in mittleren und schweren Lehmböden vor. Das KBTV wurde bisher in West- und Mitteleuropa (England, Niederlande) sowie in Südamerika (Peru) nachgewiesen. Als Vektor fungiert der Pilz *Spongospora subterranea*. Das Virus kann in den Pilzsporen im Boden überdauern. Eine begrenzte Übertragung ist auch durch kranke Knollen möglich. Bei einem Jahresniederschlag von mehr als 1400 mm tritt die Virose besonders stark auf.

Abwehrmaßnahmen gegen die Büscheltriebkrankheit sind die Selektion kranker Pflanzen in den Feldbeständen, der Anbau resistenter Sorten auf „infizierten" Böden und Unkrautbekämpfung.

Literatur

Calvert, E.L. and Harrison, B.D., 1966: Potato mop top, a soil-borne virus. Plant Pathol. **15**, 134–139. – Harrison, B.D. and Jones, R.A.C., 1970: Host range and some properties of potato mop-top virus. Ann. Appl. Biol. **65**, 393–402. – Van Hoof, H.A. and Rozendaal, A., 1969: Het voorkomen van 'potato mop-top virus' in Nederland. Netherl. J. Plant Pathol. **75**, 275.

3.1.10 Viruskrankheiten von geringerer Bedeutung

Aucuba-Mosaik

Erreger

Kartoffel-Aucuba-Virus, KAuV (potato aucuba virus, PAV).

Dieses nur ab und zu in mitteleuropäischen Kartoffelbeständen nachgewiesene, daher wirtschaftlich wenig bedeutende Virus ruft im typischen Fall eine großflächige Gelbfleckigkeit vor allem an den unteren Blättern hervor (Abb. 103).

Abb. 103. Aucuba-Mosaik an Kartoffel (Kartoffel-Aucuba-Virus).

Dieses Symptom ist vielfach nicht von dem des Luzernemosaik- Virus an Kartoffel zu unterscheiden. Andere Symptome sind Blattdeformationen und Wuchsstauchungen, die mit Spitzennekrose und Anthozyanbildung einhergehen können. Gelegentlich kommt es auch zur Bildung nekrotischer Bronzeflecken an den mittleren Blättern. Bei der Lagerung können in den Knollen nekrotische Flecken und Netznekrosen entstehen, insbesondere bei höherer Lagertemperatur. Auch ein Absterben der Augen ist möglich.

Das Kartoffel-Aucuba-Virus, das fadenförmige Partikeln besitzt, ist leicht mit dem Preßsaft kranker Pflanzen übertragbar. Vektoren wie die Pfirsichblattlaus (*Myzus persicae*) können das nicht zirkulative (nicht persistente) Virus nur dann weitergeben und Infektionen verursachen, wenn sogenannte Helferviren, die der Kartoffel-Y-Virusgruppe angehören, vorhanden sind. Am wirksamsten ist dabei das Kartoffel-Y-Virus. Eine erfolgreiche Übertragung kommt zustande, wenn der Vektor entweder beide Viren gleichzeitig oder zunächst das „Helfervirus“ und dann das Kartoffel-Aucuba-Virus aufnimmt. Die Übertragungsfähigkeit der Blattläuse geht in wenigen Stunden verloren.

Zur Bekämpfung ist eine Selektion kranker Stauden in den Feldern zu empfehlen.

Literatur

De Bokx, J. A., 1975: Reactions of various plant species to inoculation with potato aucuba mosaic virus. Potato Res. **18**, 397–409. – Kassanis, B. and Govier, D. A., 1971: The role of the helper virus in aphid transmission of potato aucuba mosaic virus and potato virus C. J. Gen. Virol. **13**, 221–228.

Luzernemosaik-Virus

Erreger

Luzernemosaik-Virus, LMV (alfalfa mosaic virus, AMV, s. auch Seite 375).

Das Luzernemosaik-Virus verursacht an Kartoffel in Abhängigkeit von Virusstamm und befallener Sorte unterschiedliche Symptome. Man unterscheidet zwischen Kaliko- und Knollennekrosestämmen. In vielen Fällen zeigen infizierte Pflanzen große, leuchtend gelbe Blattflecken. Die Kalikostämme können auch Blattdeformierungen und -nekrosen verursachen. Bei Sekundärinfektionen (Aufwuchs aus infizierten Knollen) tritt starke Wuchshemmung ein. In den Knollen können Nekrosen vorhanden sein, die den durch die Eisenfleckigkeit verursachten ähnlich sind. Es sind Ertragsminderungen bis zu 60% beobachtet worden. Das Virus kommt in Mitteleuropa an Kartoffeln nur sporadisch vor. Die Übertragung des Luzernemosaik-Virus, das einen sehr großen Wirtskreis hat, erfolgt in erster Linie durch Blattläuse nach dem nicht zirkulativen Modus. Es kann nur bei manchen Stämmen in begrenztem Ausmaß über die Knollen weitergegeben werden.

Zur Bekämpfung empfiehlt sich unter anderem die Vermeidung von Kartoffelanbau in der Nähe von Luzernebeständen und die sorgfältige Selektion der Feldbestände.

Literatur

Oswald, J. W., Rozendaal, A. and Van der Want, J. H. P., 1955: The alfalfa mosaic virus in the Netherlands, its effect on potato and a comparison with the aucuba mosaic virus. Proc. 2nd

Conf. Potato Vir. Dis. Lisse-Wageningen 1954, 137–147. – Ramson, A. und Janke, C., 1958: Das Luzernemosaik als Erreger der Gelbfleckigkeit des Kartoffellaubes. NachrBl. dt. PflSchutzdienst (Berlin) NF **12**, 173–179.

Latente Anden-Viruskrankheit

Erreger
Latentes Anden-Kartoffel-Virus, KLAV (Andean potato latent virus); Westeuropa.

ABC-Krankheit

Erreger
Tabaknekrose-Kartoffel-Virus, TNV (s. Seite 401); West- und Südeuropa.

Gurkenmosaik-Virus, GMV
(s. Seite 271); West- und Osteuropa

Rübenringflecken-Serotyp

Erreger
Stämme des Tomatenschwarzring-Virus, ToSRV (Rübenringflecken-Serotyp); West- und Mitteleuropa.

Literatur

Gehring, F. und Bercks, R., 1956: Untersuchungen über das Bukett- und Pseudo-Aucuba-Virus der Kartoffel. Phytopath. Z. **27**, 215–234. – MacArthur, A. W., 1958: A note on the occurrence of cucumber mosaic virus in potato. Scottish Plant Breed. Sta. Rep., 75–76. – Noordam, D., 1957: Tabaknekrosevirus in samenhang met een oppervlakkige aantasting van aardappelknollen. T. Plantenziekt. **63**, 237–241.

3.2 Viroidkrankheiten

3.2.1 Spindelknollenkrankheit

Erreger
Spindelknollen-Viroid der Kartoffel, KSpKVd (PSTVd)

Diese Krankheit wird durch ein Viroid und somit von einem RNS-Molekül hervorgerufen, das von keinem Hüllprotein umgeben ist. Das Spindelknollen-Viroid bildet kreisförmige Moleküle mit einem geschätzten Gewicht von 127 000 ± 4000 Daltons. Kranke Kartoffelstauden, die aus infizierten Knollen hervorgegangen sind, besitzen nur wenige steif aufgerichtete, im Wuchs zurückgebliebene Stengel. Befallene Knollen sind mehr oder weniger spindelförmig, deformiert und rissig. Es sind Ertragsverluste bis zu 40% nachgewiesen worden.

Die Spindelknollenkrankheit ist mit Sicherheit in Nordamerika, Mexiko, Australien, Peru, Westeuropa und mit einiger Wahrscheinlichkeit auch in Osteuropa verbreitet; jedenfalls kommt in der UdSSR eine sehr ähnliche, wenn nicht identische Erkrankung an Kartoffel vor, die als „Gotika" bezeichnet wird. Man vermutet, daß der Erreger auch in mittel- und westeuropäischen Kartoffelsorten latent vorhanden sein könnte, obwohl in der Literatur, wenn man von England (Schottland) absieht, aus diesen Gebieten noch keine einwandfreien Angaben vorliegen.

Die Übertragung des Viroids ist durch Preßsaftabreibung, durch Schneiden von Knollen und im Feld durch Kontakt der Pflanzen untereinander möglich. Als Vektoren kommen die Blattlausarten *Macrosiphum euphorbiae* und *Myzus persicae* in Frage. Sie übertragen das Viroid relativ schlecht und nach dem nicht zirkulativen Modus (Stechborstenübertragung). Ob hierzu auch Insekten mit beißenden Mundwerkzeugen wie Heuschrecken, Kartoffelkäfer und Erdflöhe fähig sind, ist noch nicht einwandfrei geklärt.

Es wurde auch Pollen- und Samenübertragung nachgewiesen.

Außer der Kartoffel wird die Tomate spontan infiziert, experimentell noch einige weitere Pflanzenarten, bei denen es sich fast ausschließlich um Solanaceen handelt.

Eine Bekämpfung ist durch Selektieren kranker Knollen und Pflanzen möglich.

Literatur

De Bokx, J. A. and Piron, P. G. M., 1981: Transmission of potato spindle tuber viroid by aphids. Neth. J. Pl. Pathol. **87**, 31–34. – Diener, T. O. and Raymer, W. B., 1971: Potato spindle tuber 'virus.' C. M. I./A. A. B. Descr. Plant-paras. virus, No. 66. – Diener, T. O. 1979; Viroids and viroid diseases. John Wiley & Sons, New York, Chichester, Brisbane and Toronto, 252 S. – Igontow, W. G., 1973: Das Spindelknollen-Virus der Kartoffel und einige seiner Besonderheiten (russ.). Biol. Nauki **16**, 101–104.

3.3 Von Mykoplasma-ähnlichen Organismen (MLO) verursachte Krankheiten

3.3.1 Stolburkrankheit

Die Stolburkrankheit der Kartoffel (= Welkekrankheit der Kartoffel), die auch an Tomate und anderen Pflanzen auftritt, äußert sich an Kartoffel zunächst durch eine chlorotische Verfärbung der Ränder der oberen Blätter, der ein löffelartiges Einrollen folgt. Schließlich tritt eine Welke und ein Vertrocknen der Triebe ein, da die Wurzeln trockenfaul werden. Die Knollen werden gummiartig weich und keimen mit fädigen Keimen, falls sie ihre Keimfähigkeit nicht vollständig verloren haben. Manchmal können am Haupttrieb in den Blattachseln Luftstolonen und dicke, kurze Triebe mit starker Anthozyanfärbung entstehen.

Diese Krankheit wird von Mykoplasma-ähnlichen Organismen hervorgerufen, für die Zikaden wie *Macrosteles* spp. *Hyalesthes obsoletus* (Sign.) und *Euscelis plebejus* (Fall.) als Vektoren fungieren. Sie kommt in Mitteleuropa bisher nur verhältnismäßig selten vor, hat aber in Südost- und Osteuropa stellenweiße größere Bedeutung. Auch die Parastolburkrankheit, die Metastolburkrankheit und die Hexenbesenkrankheit der Kartoffel, die meist in Ost-, gelegentlich auch in Mitteleuropa auftreten, sind wahrscheinlich auf Mykoplasma-ähnliche Organismen zurückzuführen, die meist von Zikaden übertragen werden.

Literatur

Klinkowski, M., 1958: Beiträge zur Kenntnis der Stolburkrankheit der Kartoffel. Proc. 3rd Conf. Potato Vir. Dis. Lisse-Wageningen 1957, 264–277. – Wenzl, H., 1964: Die Welkekrankheit der Kartoffel. Pflanzenschutzberichte (Wien) **31**, 161–178.

3.4 Bakterien- und Pilzkrankheiten

3.4.1 Schwarzbeinigkeit, Knollennaßfäule (black leg)

Erreger

Erwinia carotovora var. *atroseptica* (van Hall) Dowson,
Erwinia carotovora var. *carotovora* (Dye).

Systematische Stellung

Procaryotae, Bacteria, Gruppe 8 (Gram-negative, fakultativ anaerobe Stäbchen), Enterobacteriaceae.

Verbreitung, wirtschaftliche Bedeutung

Die Krankheit ist weltweit verbreitet und stellt in Mitteleuropa die wichtigste Bakteriose an Kartoffeln dar. Die jährlichen Verluste werden insgesamt auf 20% geschätzt, in Einzelfällen liegen sie deutlich darüber. Im gemäßigten Klima wurde ein langjähriger Befallsdurchschnitt im Feldbestand von 2 bis 4% ermittelt, bei einzelnen Sorten kann dieser auf über 10% ansteigen. Die Knollenfäule zählt zu den gefürchteten Lagerkrankheiten mit hoher Verlustquote; sie kann im langjährigen Mittel mit 5 bis 8% angenommen werden. Unter den modernen Lagerbedingungen sind sie in den letzten Jahren rückläufig, allerdings hat die Krankheit im Feldbestand wegen der vollmechanisierten, oft wenig schonenden Anbau-, Ernte- und Sortierverfahren an Bedeutung wieder zugenommen.

Symptome

Während des Auflaufens und der Entwicklung bis zur Blüte zeigen Einzeltriebe oder alle Sprosse einer Pflanze Vergilbungen und Wuchsdepressionen zunehmenden Grades. Die Fiederblätter sind nach oben eingerollt und aufwärts gerichtet, am unteren Stengel oder an den Blattachseln werden vereinzelt Luftknollen gebildet. Mit zunehmender Krankheitsentwicklung treten an den Trieben Absterbe- und Dürreerscheinungen ein. Die Pflanzen lassen sich leicht aus dem Boden ziehen und zeigen an der Stengelbasis eine typische Schwarzfärbung mit starker Gewebezerstörung. Im Sproßteil ist das Gefäßsystem in weiten Bereichen verbräunt. Die Wurzeln sind meist völlig abgestorben (Abb. 104). Bei akutem Krankheitsverlauf bleibt die Knollenbildung aus. Frühzeitiger Krankheitsausbruch kann zu erheblichen Fehlstellen im Bestand beitragen. Mit zunehmendem Pflanzenalter wird die Symptomausprägung an den Sprossen schwächer. Weiterentwickelte Pflanzen zeigen Fäuleerscheinungen an Stolonen und jungen Knollen, die bis zur Ernte völlig zerstört sein können.

Meist beginnt die Knollenfäule am Nabelende; das Fleisch ist lokal wasserdurchtränkt, entfärbt und geht in eine weißliche bis rosa getönte, breiige Masse über, die nur durch die Schale zusammengehalten wird. Der Faulbrei verfärbt sich an der Luft rötlich bis dunkelbraun und nimmt einen stechenden Geruch an. Schwach erkrankte oder bei der Ernte kontaminierte Knollen zersetzen sich im Lager. Der Faulbrei geht auf benachbarte Knollen über und es entstehen um sich greifende Fäulnisherde. Während längerer Transporte kann eine Kartoffelpartie ebenfalls hohe Verluste erleiden.

Abb. 104. Schwarzbeinigkeit der Kartoffel *(Erwinia carotovora* var. *atroseptica).*

An gewaschenen, kühl und gut belüftet gelagerten Knollen kann eine Hartfäule eintreten. Die Symptome erinnern an Phytophthora-Befall und äußern sich in 3 bis 4 cm großen, leicht eingesunkenen, trockenen, dunkelbraunen Läsionen um Lentizellen oder Wunden. Das Speichergewebe ist nur bis zu einer Tiefe von 1 bis 4 mm erfaßt und schließt sich durch Suberineinlagerung von der Läsion ab.

Biologie des Erregers

Die Ätiologie der Krankheit wurde bereits um die Jahrhundertwende als eine der ersten Bakteriosen an Pflanzen aufgeklärt, allerdings blieb die taxonomische Einordnung der beteiligten Erreger lange Zeit unbefriedigend. Es konnten zahlreiche physiologisch und serologisch unterscheidbare Erregerstämme nachgewiesen werden, die zur Zeit zwei Varietäten einer Species, *Erwinia carotovora* var. *carotovora* bzw. *E. carotovora* var. *atroseptica*, zugeordnet werden. Wegen der besonderen Fähigkeit zu pektolytischer Aktivität wurden sie vorübergehend in der Gattung *Pectobacterium* zusammengestellt. Die *Erwinia*-Arten sind fakultativ anaerobe Stäbchen mit peritricher Begeißelung, gramnegativ und mit einer Größe von 1,5 bis 2,5 x 0,6 bis 0,8 µm. Stärke wird nicht hydrolysiert, Zellulose nicht zersetzt, verschiedene Kohlehydrate werden unter Gasbildung abgebaut. Ein wesentlicher Unterschied zwischen den Varietäten besteht in der fehlenden Nutzung von Äthanol, Dulcit, Erytritol und anderen organischen Verbindungen als C-Quelle bei *E. carotovora* var. *atroseptica.* Wachstumsoptimum, -minimum und -maximum liegen für var. *carotovora* bei 27°, 6° bzw. 37 °C, für var. *atroseptica* bei 27°, 3° bzw. 32 °C. Während man früher annahm, daß Schwarzbeinigkeit und Knollennaßfäule von beiden Varietäten erzeugt werden, wird neuerdings der Sproßbefall im Feldbestand (Schwarzbeinigkeit) vornehmlich auf *E. carotovora* var. *atroseptica* zurückgeführt. Beide Erregertypen können gemeinsam auftreten, in manchen Ländern überwiegt *E. carotovora* var. *carotovora* in warmen Regionen.

Die Erreger vermögen sich saprophytisch nicht längere Zeit zu halten; in lehmigen Böden ist die Überdauerung des Inokulums nur unwesentlich länger als in sandigen. Niedrige Temperaturen, Stroh- und sonstige Pflanzenreste können die Überlebenschancen verbessern; in krankem Stengel- bzw. Knollenmaterial kann Überwinterung bei mildem Klima möglich sein. Die Erregerpopulation sinkt im Boden, auch bei hoher Ausgangsverseuchung, durch Nährstoffkonkurrenz und antagonistische Wirkungen der übrigen Mikroflora während der Wintermonate rasch ab, so daß der Boden nur bei sehr enger Fruchtfolge eine wesentliche Quelle des Inokulums darstellt.

Entscheidend für den Neubefall austreibender

Sprosse ist die Übertragung der Erreger durch befallene, angefaulte Knollen bzw. durch latent verseuchtes oder äußerlich kontaminiertes Pflanzgut. Der Erreger kann sich im Lager von Herbst bis Frühjahr auf der Knollenoberfläche, in den Lentizellen und im Periderm halten; Gefäße und Speichergewebe bleiben meist frei. Die latente Verseuchung des Pflanzgutes ist ein wichtiges Problem bei der Schwarzbeinigkeit. Auch Knollen von scheinbar gesunden Stauden können zu einem erheblichen Anteil (10%) kontaminiert sein; bei schwarzbeinigen Pflanzen wurden Werte um 30% gefunden. Spätreife Sorten haben einen höheren Anteil befallener Knollen als frühreife, gleiches gilt bezüglich des Erntezeitpunktes. Latenter Befall der Knollen entsteht durch Infektionen an Pflanzen im Feldbestand, die ohne erkennbare Symptome verlaufen; die Vermehrung des Erregers reicht meist für einen Übergang auf die neuen Knollen aus. Als Quelle des Inokulums dient auch die sich zersetzende Mutterknolle; Kontakt mit dem Erreger kann ferner während der Ernte, Sortierung und Lagerung eintreten.

Diese vielfachen Möglichkeiten erklären die regelmäßig hohe latente Verseuchung der Pflanzknollen, jedoch sind andere Fakten für die Ausbreitung der Krankheit im Feldbestand und Lager von größerer Bedeutung. Die Erreger sind typische Wundparasiten; Beschädigungen der Knollen während der Bodenbearbeitung im Zuge von Pflegemaßnahmen, bei der Ernte und Aufbereitung sind ihre wichtigsten Eintrittspforten. Gleichzeitig werden durch diese Arbeitsgänge die Bakterien von Knolle zu Knolle bzw. durch kontaminierte Maschinenteile übertragen. Im Feldbestand geht der Erreger von den Trieben über die Stolonen auf die jungen Knollen über.

Die Schwarzbeinigkeit tritt auf allen Bodenarten, jedoch stärker auf sandigen Böden auf. Mit steigendem Tonanteil nimmt die Knollennaßfäule stärker zu; die gleiche Auswirkung haben Niederschläge bei niedrigen Temperaturen, die im Frühjahr zu verstärkter Schwarzbeinigkeit und während des Spätsommers die Knollenerkrankungen und latenten Infektionen fördern. Große Knollen und solche mit Wachstumsrissen faulen häufiger. Manche Jahre sind daher als Knollennaßfäule- bzw. Schwarzbeinigkeitsjahre zu bezeichnen. Jedoch sind nicht nur die Witterungsbedingungen während der Vegetationsperiode, sondern auch diejenigen des Vorjahres, welche günstige Voraussetzungen für latente Infektionen geschaffen haben, von Bedeutung.

Auf die Verluste durch Knollennaßfäule in eingelagerten Kartoffelpartien haben die Lagerbedingungen großen Einfluß, insbesondere Temperatur, Luftfeuchtigkeit und CO_2-Gehalt der Luft. Hohe relative Luftfeuchte ermöglicht das Eindringen des Pathogens durch die geöffneten Lentizellen, mit steigender Temperatur nimmt der Befall zu, hohe Fäulnisraten treten bei höherem CO_2-Gehalt (5 bis 10%) auf. Untere Schichten im Lagerbestand sind daher stärker gefährdet. Verletzte und faulende Knollen haben, besonders in der ersten Lagerperiode, eine hohe Atmungsintensität (CO_2-Produktion), so daß in solchen Partien höhere Verluste eintreten können. Die Intensität der Wundkorkbildung ist für den Befall und die Entwicklung der Gewebezerstörungen von Bedeutung. Sie verläuft am günstigsten bei 70 bis 80% relativer Luftfeuchte und Temperaturen von 18 bis 20 °C. Die Ausbreitung des Erregers erfolgt in den interzellulären Räumen des Speicherparenchyms; das Zellwandmaterial wird mazeriert, das Zytoplasma desorganisiert, wobei die Membransysteme zusammenbrechen. Suberineinlagerungen (Wundkork) verhindern das Eindringen des Pathogens in das Pflanzengewebe.

Wirtskreis

Die Erreger der Schwarzbeinigkeit und Knollennaßfäule sind nicht auf die Kartoffel spezialisiert. Außer einer Vielzahl von *Solanum*- und *Nicotiana*-Arten werden u. a. als Wirtspflanze angegeben: *Brassica oleracea, B. napus, Cucumis melo, Daucus carota, Raphanus sativus* sowie *Allium cepa, Iris* sp., *Lupinus* sp. und *Vicia* sp. Nur bei *Daucus carota* sind unter mitteleuropäischen Bedingungen im Feld und Lager wirtschaftliche Verluste bekannt.

Die einzelnen Kartoffelsorten besitzen keine ausgesprochene Resistenz; es zeigen sich jedoch in den Feldbeständen deutliche Befallsunterschiede in allen Reifegruppen. Die meisten Sorten werden nur gering befallen; stärkere Verluste wurden bei 'Rheinhorst', 'Sirtema' (früh), 'Hydra', 'Irmgard' (mittelfrüh), 'Amigo' und 'Carmen' (spät) beobachtet. Die Ursachen der relativen Widerstandsfähigkeit sind weitgehend unbekannt; nicht allein verantwortlich sind Schalenstärke, Verletzungsempfindlichkeit, Wundkorkbildung und die Farbe des Knollenfleisches, vielmehr kommt ein Faktorenkomplex zur Wirkung. Inhaltstoffe, wie reduzierende Zucker, Pektine und Nitratgehalt stehen meist in Beziehung zur Resistenz. Für eine planmäßige Resistenzzüchtung stehen noch keine befriedigenden Methoden zur Beurteilung der Anfälligkeit für Schwarzbeinigkeit und Knollennaßfäule zur Verfügung.

Bekämpfung

Die Verwendung von gesundem Pflanzgut ist der entscheidende Faktor für die Verhütung der Schwarzbeinigkeit und Knollennaßfäule. Wegen der möglichen latenten Verseuchung ist die Bewertung des Pflanzgutes allerdings schwierig. Selbst bei augenscheinlich befallsfreien Kartoffelbeständen ist die Gefahr der Kontamination von Pflanzknollen nicht auszuschließen. Die Knollenbeizung gegen die *Erwinia*-Arten hat sich nicht eingeführt; in einigen Ländern sind Mischpräparate aus einem Fungizid (Zineb) und einem bakteriziden Antibiotikum (Chloramphenicol) zugelassen. Für die chemische Bekämpfung der Krankheit im Feldbestand ergeben sich keine Möglichkeiten. Daher sind nachfolgende hygienische Maßnahmen besonders bei der Pflanzkartoffelerzeugung von Bedeutung.

Zur raschen Entwicklung sind vorgekeimte Knollen in gut gelockerten, mäßig feuchten Boden zu pflanzen; durch schonende Bearbeitung sind Nässe oder Sauerstoffmangel zu vermeiden. Der Feldbestand sollte auf schwarzbeinige Stauden selektiert werden. Die Ernte ist möglichst frühzeitig bei trockenem Wetter und Boden vorzunehmen; für rasche Abtrocknung und Belüftung des Erntegutes ist zu sorgen, Erwärmung und Trocknung fördern den Wundheilungsprozeß. Besondere Beachtung ist den Verletzungen beim Ernteprozeß oder bei Sortierungen zu schenken, sie erhöhen die Gefahr der Knollenfäule erheblich. Befallene Knollen sind bei allen Arbeitsgängen sorgfältig auszulesen. Einseitiger Kartoffelanbau und anfällige Sorten sind in gefährdeten Lagen zu meiden, in der Fruchtfolge sollten vor der Kartoffel nicht Möhren stehen. Auf hohe N-Gaben ist zu verzichten, da die Knollen eine erhöhte Anfälligkeit gegen Verletzungen zeigen. Zur Sanierung von wertvollem Zuchtmaterial kann Stecklingsvermehrung nach Testung vorgenommen werden.

Literatur

Hellmers, E., 1959: *Pectobacterium carotovorum* var. *atrosepticum* (van Hall) Dowson the correct name of the potato black leg pathogen; a historical and critical review. Europ. Potato Journ. **2**, 251–271. – Hoffmann, G. M., 1961: Pilz- und Bakterienkrankheiten der Kartoffel. In: Schick, R. und M. Klinkowski: Die Kartoffel. Bd. II, 1139–1297. – Naumann, K., Ficke, W., Müller, H. J., Skadow, K., Zielke, R., 1974: Die Übertragung der Schwarzbeinigkeit und Knollennaßfäule der Kartoffel (*Pectobacterium carotovorum* var. *atroseptica* (van Hall) Dowson) durch den Boden, das Pflanzgut und die Bodenbearbeitung. Arch. Phytopathol. u. Pfl. Schutz, Berlin, **10**, 301–316. – Perombelon, M. C. M., Lowe, R., 1975: Studies on the initiation of bacterial soft rot in potato tubers. Potato res. **18**, 64–82.

3.4.2 Bakterienringfäule
(ring rot)

Erreger

Corynebacterium sepedonicum (Spieck. et Kotth.) Skapt. et Burkh.

Systematische Stellung

Procaryotae, Bacteria, Gruppe 17 (Actinomycetes und verwandte Organismen), Coryneforme Gruppe.

Verbreitung, wirtschaftliche Bedeutung

Die Krankheit ist in Mittel- und Nordeuropa früher häufiger beobachtet worden, ohne daß es zu ernsthaften Schäden gekommen wäre. Neuerdings ist die Ringfäule in Dänemark nachgewiesen. Sie scheint in den letzten Jahrzehnten in Deutschland im Feld nicht mehr aufgetreten zu sein. Gelegentlich wurde sie an Kartoffelimporten festgestellt. In den USA (Maine) und Canada ist sie dagegen verbreitet und hat teilweise zu hohen Verlusten, insbesondere auch durch die Aberkennung von Pflanzkartoffelbeständen beigetragen. Eine sorgfältige Beobachtung scheint nach wie vor angebracht, da Einschleppungen mit dem Pflanzgut oder lokales, zunächst unbedeutendes Vorkommen nicht auszuschließen sind.

Symptome

Die Krankheit ist im Feldbestand nur schwer zu identifizieren. Die Blätter weisen eine unspezifische, schwache Gelbfärbung auf, rollen sich leicht nach oben und vertrocknen kurz vor der normalen Abreife. Stengel und Knollen zeigen äußerlich keine auffallenden Veränderungen; im Knolleninneren ist der Gefäßbündelring vom Nabelende ausgehend glasig bis schwach gelblich gefärbt. Bei starker Erkrankung enthält die ringförmige Zone eine weichfaule, breiige Masse, die bei leichtem Druck hervorquillt. In den USA werden stärkere Symptome beobachtet; die Pflanzen kümmern oder welken im Feldbestand; an Stengelquerschnitten werden Gefäßverbräunungen sichtbar, aus denen ein bakterienhaltiges Exsudat austritt. In den Knollen treten unter anderem Kavernen im Gefäßbündelring auf, die eintrocknen können. Bei der Pflanzung infizierter Knollen kommt es zu Auflaufverzögerungen und Fehlstellen.

Biologie des Erregers

Corynebacterium-Arten sind grampositive, unbegeißelte Stäbchen (0,4 bis 0,6 x 0,8 bis 1,2 µm). Die Infektion der Pflanzen bzw. Knollen erfolgt durch Wunden. Der Erreger kann sich in Pflanzenrückständen im Boden, an Erntemaschinen, Lager- und Transporteinrichtungen längere Zeit lebensfähig erhalten und von hier aus das Pflanzgut kontaminieren bzw. Pflanzknollen und Pflanzen über das Wurzelsystem (Boden) infizieren. Die Ausbreitung des Pathogens geschieht hauptsächlich mit dem teilweise latent verseuchten Pflanzgut. Das Bakterium entwickelt sich in der Pflanze meist nur langsam, so daß Symptome erst später auftreten. Die jungen Knollen werden über die Stolonen infiziert; der Erreger beschränkt sich weitgehend auf das Gefäßsystem. Eine besondere Beziehung zu bestimmten Boden- und Klimabedingungen liegt nicht vor, jedoch verstärkt Trockenheit den Ausbruch der Krankheitssymptome. Bei kühler Witterung kann ein Befall latent bleiben.

Wirtskreis

Corynebacterium sepedonicum wurde bisher nur von Kartoffeln isoliert. Der Wirtskreis scheint sich auf *Solanum*-Arten zu beschränken, von denen allerdings viele resistent sind.

Bekämpfung

Die Verwendung von gesundem Pflanzgut ist die wichtigste Maßnahme zur Verhütung der Krankheit. Daher sind Importkontrollen bei Kartoffeln in befallsfreien Ländern von Bedeutung. In Gebieten oder landwirtschaftlichen Betrieben mit starkem Auftreten der Ringfäule (USA) wurden weitreichende Sanierungsmaßnahmen vollzogen, unter anderem Säuberung und Desinfektion von Lagerräumen, Maschinen, Geräten, Säcken usw., Entfernung aller Kartoffelrestbestände und vollständiger Pflanzgutwechsel.

Literatur

European and Mediterranean Plant Protection Organization, 1974: Bacterial ring rot of potatoes (*Corynebacterium sepedonicum* (Spieck et Kotth.) Skapt. et Burkh.). Plant Health Newsletter No. 77, 57–61. – Hoffmann, G. M., 1961: Pilz- und Bakterienkrankheiten der Kartoffel. In: Schick, R., Klinkowski, M.: Die Kartoffel, ein Handbuch. Bd. II, 1139–1297, Landwirtsch. Verlag Berlin. – Leliot, R. A., Sellar, P. W., 1976: The detection of latent ring rot (*Corynebacterium sepedonicum* (Spieck. et Kotth.) Skapt. et Burkh.) in potato stocks. EPPO Bulletin **6**, 101–106. – Stapp, C., 1956: Bakterielle Krankheiten. In: Sorauer, P.: Handbuch der Pflanzenkrankheiten. II, 2. Verlag P. Parey, Berlin u. Hamburg.

3.4.3 Schleimkrankheit, Bakterielle Braunfäule

(bacterial wilt)

Erreger

Pseudomonas solanacearum (E. F. Smith) E. F. Smith [syn. *Phytomonas solanacearum* (E. F. Smith) Bergey et al., *Xanthomonas solanacearum* (E. F. Smith) Dowson].

Systematische Stellung

Procaryotae, Bacteria, Gruppe 7 (Gram-negative aerobe Stäbchen und Coccen), Pseudomonadaceae.

Verbreitung, wirtschaftliche Bedeutung

Die Krankheit hat in Mittel- und Nordeuropa keine Bedeutung. Der Erreger ist weit verbreitet in tropischen, subtropischen und wärmeren Gebieten Asiens, Afrikas, Australiens, Europas, Nord- und Mittelamerikas und Westindiens. Die Krankheit wird zum Teil als begrenzender Faktor des Kartoffelanbaues betrachtet. Der Erreger verursacht an verschiedenen Wirtspflanzen weltweit die wichtigste Bakterienkrankheit.

Symptome
Die Pflanzen zeigen chronische oder akute Welkeerscheinungen; Stengel, Wurzel, Stolonen und Knollen weisen braune Verfärbungen der Gefäßsysteme auf, aus denen ein bräunlicher Bakterienschleim hervorquillt. Aus den Knollen tritt an den Keimanlagen zur Erntezeit ebenfalls schleimiges Exsudat aus und ist mit Bodenpartikeln verklebt. Die Knollen gehen auch im Lager rasch in Fäulnis über.

Biologie des Erregers
Pseudomonas solanacearum ist ein gramnegatives, polar begeißeltes Stäbchen (1 bis 1,5 x 0,5 µm). Das Entwicklungsoptimum liegt bei Temperaturen um 30 °C, daraus ist seine Verbreitung in den Tropen zu erklären. Das Bakterium ist ein Wundparasit und kann sich mehrere Jahre im Boden halten. Infektion und Krankheitsentwicklung werden durch hohe Bodenfeuchtigkeit und -temperaturen wesentlich gefördert. Die Ausbreitung des Erregers geschieht durch Bodenpartikel, mittels Wasser, Wind, Bearbeitungsmaschinen usw., Insektenübertragung (Kartoffelkäfer) wird ebenfalls nicht ausgeschlossen.

Wirtskreis
Die große Verbreitung von *Pseudomonas solanacearum* und die hohe wirtschaftliche Bedeutung erklären sich auch aus dem großen Wirtskreis. Der Erreger befällt neben Kartoffeln insbesondere auch Tomaten, Eierfrucht, Tabak und Bananen, sowie Pflanzenarten aus über 100 Gattungen. Bei einzelnen Erregerstämmen kann der Wirtskreis z. B. auf Kartoffel und Tomaten begrenzt sein.

Bekämpfung
Zur Bekämpfung der Schleimkrankheit werden vornehmlich phytosanitäre Maßnahmen ergriffen; dazu gehören mehrjährige Anbaupausen auf verseuchten Böden, späte Ernte der Knollen, um infiziertes Erntegut sorgfältig verlesen zu können, ständiger Pflanzgutwechsel und Anbau von weniger anfälligen Sorten.

Literatur
KELMAN, A., 1953: The bacterial wilt caused by *Pseudomonas solanacearum*. Tech. Bull. N. C. Agric. Exp. Sta. **99**, 194 pp. – STAPP, C., 1956: Bakterielle Krankheiten. In: Sorauer, P.: Handbuch der Pflanzenkrankheiten. II, 2., Verlag P. Parey, Berlin u. Hamburg.

3.4.4 Kartoffelschorf
(common scab)

Erreger
Streptomyces scabies (Thaxt.) Waksman et Henrici [syn. *Actinomyces scabies* (Thaxt.) Güss.].

Systematische Stellung
Procaryotae, Bacteria, Gruppe 17 (Actinomycetes und verwandte Organismen), Actinomycetales, Streptomycetaceae.

Verbreitung, wirtschaftliche Bedeutung
Der Kartoffelschorf ist über alle Kartoffelanbaugebiete verbreitet und kommt besonders auf den leichteren Böden vor. Nur in schweren Fällen ist damit eine Ertragsminderung verbunden; in der Regel führt der Schorf nur zu einer Minderung der Qualität des Erntegutes. Seine wirtschaftliche Bedeutung hängt daher nicht zuletzt von dem Anspruch des Marktes an die Qualität ab. Schorfige Knollen sind im Geschmack nicht beeinflußt, jedoch müssen höhere Schälverluste in Kauf genommen werden. In manchen Ländern ist schorfige Ware nicht abzusetzen; teilweise wurden Felder mit Frühkartoffeln wegen zu hohem Schorfbefall nicht geerntet oder der Kartoffelbau mußte auf bestimmten Flächen aufgegeben werden.

Symptome
Der Kartoffelschorf ist eine Krankheit, von der allgemein nur die Knollen betroffen sind; sehr selten werden auch Stolonen und Wurzeln befallen. Auf der Knollenoberfläche sind flache, unregelmäßige, rissige, rostbraune Läsionen mit rauher, grindiger und borkiger Oberfläche zu beobachten (Flachschorf). Meist sind sie unregelmäßig verteilt, gelegentlich nur in bestimmten Wachstumszonen der Knolle anzutreffen oder nehmen die ganze Knollenoberfläche ein. Die äußeren verbräunten Auflagerungen sind die abgelösten Zellen des ursprünglichen Periderms; darunter hat sich eine Wundkorkschicht gebildet, so daß eine scharfe Abgrenzung zum gesunden Speichergewebe vorliegt. Mitunter entstehen wenige Millimeter tiefe Narben, deren Grund rötliche bis violette Verfärbungen aufweist. Die Ränder der Vertiefungen sind aufgeworfen; sie sind mit abgestorbenen, braunver-

färbten Resten des Periderms gefüllt (Tiefschorf). Die Schorfpusteln können auch durch verstärktes lokales Wachstum zu Quaddeln werden (Buckelschorf). Auf den um wenige Millimeter erhöhten Warzen finden sich Reste des abgestorbenen Periderms, mitunter ist dieses abgestoßen und es bleiben nur die buckelartigen Gewebehöcker zurück. Gelegentlich liegen in den Quaddeln mehr oder weniger tiefe, kraterförmige Narben (Buckeltiefschorf) (Farbtafel 11, S. 171). Die verschiedenen Symptome sind das Ergebnis von Einflüssen der Umweltbedingungen, des Infektionszeitpunktes, der Befallshäufigkeit, der Entwicklung des Erregers und der Abwehrreaktionen der Knollen.

Biologie des Erregers

Der Kartoffelschorf gehört zu den wenigen Krankheiten an Kulturpflanzen, die durch zur Klasse der Bakterien gehörende Strahlenpilze verursacht werden. Während man früher glaubte, daß zahlreiche Arten kausal mit dem Schorf in Zusammenhang stehen, wird heute nur eine Spezies *(Streptomyces scabies)* als Erreger angesehen. Der Streptomycet bildet ein feines, unseptiertes Mycel (Durchmesser 0,7 μ). Durch Plasmateilung erfolgt im Luftmycel die Sporenbildung in spiralig gedrehten Nebenästen der axialen Hyphen. Die zylindrischen Konidien (1,1 bis 1,3 x 0,8 bis 1,0 μ) liegen kettenartig hintereinander. *Streptomyces scabies* ist ein strenger Aerobier, der sich auch längere Zeit saprophytisch im Boden halten kann; er bevorzugt eine neutrale bis alkalische Bodenreaktion.

Die Krankheit entwickelt sich nur an wachsenden Knollen; die Infektion geht vom Boden aus, der Übergang des Erregers von befallenen Mutterknollen auf Tochterknollen ist nachgewiesen. Der Eintritt des Pathogens erfolgt an Knollenpartien, an denen die Peridermbildung noch nicht abgeschlossen ist, wobei Lentizellen bevorzugt werden. Während des Wachstums der Knolle verschiebt sich daher das Gewebe, welches sich im anfälligen Stadium befindet, vom Nabel zum Kronenteil; die ältesten Infektionen sind daher am Nabelende zu finden. Die kritische Periode der Anfälligkeit liegt in den ersten 10 bis 15 Tagen der Knollenentwicklung. Die verschiedenen Schorftypen differenzieren sich erst relativ spät. Der Erreger wächst interzellulär und regt die Zellen zu Hypertrophien an. Unterhalb der Infektionsstelle entsteht ein neues Kambium, welches bei Tiefschorf durchbrochen und in tieferen Schichten neu angelegt wird. Aufbau und Durchbruch der Wundkorkschichten können sich fortsetzen, solange die Knolle wächst. Das Auftreten des Kartoffelschorfes ist in starkem Maße von den Umweltbedingungen abhängig (Schorfjahre!). Mit steigender Bodentemperatur nimmt der Schorfbefall zu (Optimum 23 bis 26 °C); Trockenheit begünstigt das Krankheitsauftreten und Niederschläge während des Zeitraumes des Knollenansatzes haben schorfmildernde Wirkung. Zwischen den Niederschlagsmengen im Juni bis August und der Schwere des Schorfbefalls gibt es enge Beziehungen. Die negative Wirkung einer höheren Bodenfeuchtigkeit von 60 % WK und darüber ist in erster Linie auf eine Verminderung des Sauerstoffgehaltes der Bodenluft und eine damit bedingte Benachteiligung des Erregers zurückzuführen. Der Kartoffelschorf ist daher eine typische Krankheit auf leichteren Böden. In schweren Böden bleibt auch in Trockenjahren der Befall meist gering, wofür unter anderem auch mikrobielle Faktoren verantwortlich sind. In einzelnen Ländern der USA (Minnesota) werden starke Infektionen auch in Moorböden beobachtet. Bei niedrigem pH-Wert (5,5 und darunter) wird die Krankheit selten festgestellt, dagegen steigt der Befall deutlich mit zunehmendem pH-Wert an.

Wirtskreis

Streptomyces scabies gilt ebenfalls als Erreger des Rübenschorfes, sowie des Schorfes an *Beta vulgaris* var. *vulgaris* (Mangold) und roten Rüben (var. *conditiva*). Die gleiche Krankheit ist an Radieschen, Rettich, Raps, Rübsen, Pastinake, Wasserrüben, sowie an Schwarzem Nachtschatten (*Solanum nigrum*) und Amarant (*Amaranthus retroflexus)* gefunden worden. Wurzeln zahlreicher Pflanzenarten konnten künstlich infiziert werden (Soja, Erbsen, Weizen, Möhren und andere). Der Erreger ist daher nicht auf Kartoffel spezialisiert und dürfte unter Feldbedingungen einen bisher noch unbekannten breiteren Kreis von Wirtspflanzen haben. Das Vorkommen von Erregerrassen ist mehrfach nachgewiesen worden; sie treten örtlich getrennt oder in stark verseuchten Böden eng nebeneinander auf. Eine biologische Spezialisierung scheint nicht vorzuliegen, jedoch sind deutliche Unterschiede in physiologischen Eigenschaften (Stärkeabbau,

Tyrosinasebildung, pH-Abhängigkeit) gefunden worden. Alle Rassen bilden eine serologisch eng verwandte Gruppe. Einzelne Kartoffelsorten haben eine geringere Anfälligkeit für Schorf; aus diesem Grund sind die früher verbreiteten Sorten 'Ackersegen', 'Jubel', 'Erdgold', 'Sabina' und 'Carnea' häufig zu Kreuzungszwecken verwendet worden. Im deutschen Kartoffelsortiment liegt geringe Anfälligkeit in allen Reifegruppen vor; stärker befallen werden unter anderem die Sorten 'Saskia', 'Sieglinde', 'Désirée', 'Ulla', 'Montana', 'Amigo', 'Datura', 'Filli' und 'Gelda'. Bei verschiedenen Wildkartoffelarten (*S. tuberosum* ssp. *andigenum, S. aucale, S. commersonii, S. chacoense*) und anderen sind keine Resistenzeigenschaften gefunden worden. Eine Beziehung zwischen Chlorogensäuregehalt der Sorten und Schorfresistenz besteht nicht. Wahrscheinlich gibt es Zusammenhänge mit dem Periderm, welches bei resistenten Sorten als reaktionsfähiges Gewebe während der Knollenentwicklung erhalten bleibt und bei anfälligen frühzeitig von kollabierten Zellen bedeckt ist.

Bekämpfung

Auf leichten Böden ist der Kartoffelschorf in manchem Jahr noch immer ein Problem, welches durch pflanzenbauliche Maßnahmen nur gemildert werden kann. Kurze Fruchtfolgerotationen zeigen keinen sanierenden Effekt, nach Beta-Rüben und perennierenden Gräsern kann der Befall ansteigen, Leguminosenvorfrucht und Weizen führen zu einer Minderung. Gründüngung mit Lupinen, Senf, Wicken und Roggen ergeben meist eine Befallsreduktion, mit Gerste jedoch eine Erhöhung. Düngung mit Stallmist kann sich ebenfalls befallsfördernd auswirken. Für die Verhütung von Infektionen durch Gründüngung wird eine Anreicherung mit Antagonisten (*Bacillus subtilis* und andere) verantwortlich gemacht. Um den pH-Wert des Bodens zu senken, wird die Verwendung physiologisch saurer Düngemittel (schwefelsaures Ammoniak, Superphosphat, Kalimagnesia) empfohlen. Eine Aufkalkung ist vor dem Pflanzen der Kartoffeln zu vermeiden. Durch Mangandüngung läßt sich der Schorfbefall reduzieren; dabei wird ein direkter Einfluß auf die Erregerpopulation angenommen. Höhere Konzentrationen löslichen Mangans in sauren Böden tragen wahrscheinlich zur Befallsminderung bei. Der schorfhemmende Einfluß einer höheren Bodenfeuchtigkeit, wobei eine geringere Besiedlung anfälliger Lentizellen durch *S. scabies* eintritt, kann durch termingerechte, ausreichende Beregnung ausgenutzt werden. Die Beregnung sollte mit dem Beginn der Knollenentwicklung einsetzen; hohe Bodenfeuchtigkeit (> 60% WK) ist etwa 3 bis 4 Wochen nach diesem Termin, d. h. bis zur Bildung von 7 Augenanlagen oder 8 Internodien zu halten. Bei trockenem, warmem Wetter kann eine Bewässerung alle 4 bis 5 Tage notwendig werden. Direkte Möglichkeiten zur Bekämpfung von *Streptomyces scabies* im Boden sind derzeit nicht gegeben. Bodenbehandlungen mit Pentachlornitrobenzol-haltigen Präparaten (Quintozen 120 kg/ha) brachten in Versuchen überzeugende Ergebnisse, verbieten sich aber aus umwelttoxikologischen Gründen. In Regionen mit stärkerem Schorfauftreten und höherem Kartoffelanbau ist den weniger anfälligen Sorten der Vorzug zu geben.

Literatur

Hoffmann, G. M., 1958: Untersuchungen zur Ätiologie pflanzlicher Actinomykosen. Phytopath. Zeitschr. **34**, 1–56. – Hoffmann, G. M., 1961: Pilz- und Bakterienkrankheiten der Kartoffel. In: Schick, R., Klinkowski, M.: Die Kartoffel, ein Handbuch. Bd. II, 1139–1297. – Lapwood, D. H., Wellings, L. W., Hawkins, J. H., 1973: Irrigation as a practical means to control potato common scab *(Streptomyces scabies)*: final experiments and conclusions. Plant Path. **22**, 35–41. – Wenzel, H., 1975: Die Bekämpfung des Kartoffelschorfes durch Kulturmaßnahmen. Zeitschr. PflKrankh. u. Pflschutz **82**, 410–440.

3.4.5 Pulverschorf

(powdery scab)

Erreger

Spongospora subterranea (Wallr.) Lagerh. f. sp. *subterranea* Tomlinson.

Systematische Stellung

Myxomycota, Plasmodiophoromycetes, Plasmodiophorales, Plasmodiophoracea.

Verbreitung, wirtschaftliche Bedeutung

Der Pulverschorf ist in regenreichen Gebieten mit schweren Böden weltweit verbreitet, jedoch hält sich das Befallsausmaß meist in Grenzen. In Skandinavien kann er häufiger als der gewöhnliche Schorf sein. In Süddeutschland zählen Schwarzwald, Schwäbische Alb und die bayerischen Mittelgebirge zum Verbreitungsgebiet. Bei dem stärkeren Kartoffelanbau in früherer Zeit hatte die Krankheit, welche weniger Ertragseinbußen als einen Mangel an Qualität herbeiführt, in diesen Regionen eine wirtschaftliche Bedeutung; sie ist heute relativ gering einzuschätzen.

Symptome
Auf jungen Knollen entstehen 2 bis 4 mm große, kreisrunde, leicht braunverfärbte Flecke, die verstreut oder in Gruppen bzw. Reihen angeordnet sind. Sie werden von einem helleren Hof umgeben und erscheinen im Querschnitt gelatinös. Später bilden sich Quaddeln, deren Oberfläche aufreißt und kleine, mit braunem Sporenpulver gefüllte Kavernen freigibt. Ausgewachsene Pusteln sind bis etwa 6 mm groß. Mitunter kommt es zu stärkeren Gewebezerstörungen (Farbtafel 11, S. 171) mit lokalen, tieferen Aushöhlungen; ferner können kleine Gallen auch an Stolonen, Wurzeln und Stengeln entstehen, die gelegentlich als einziges Symptom auftreten.

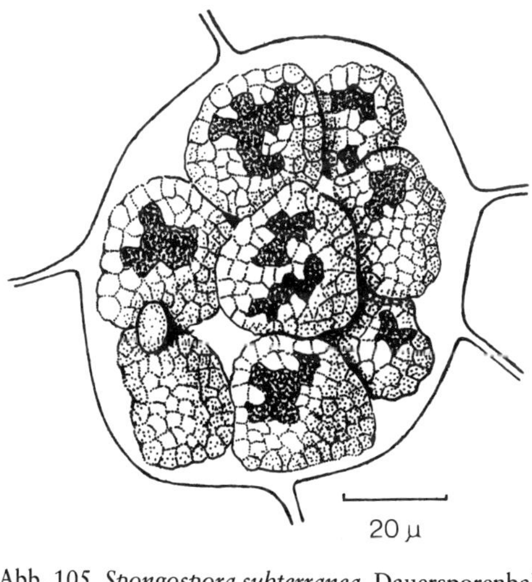

Abb. 105. *Spongospora subterranea,* Dauersporenballen an Wirtszelle.

Biologie des Erregers
Spongospora subterranea ist ein obligater Parasit. In den Schorfpusteln bilden sich 19 bis 38 µm große, schwammartige Zusammenballungen von Dauersporen (3 bis 4 µm) (Abb. 105). Bei ihrer Keimung, die durch Ausscheidungen der Wirtspflanzen gefördert wird, schlüpft eine zweifach begeißelte Zoospore (4 bis 8 µm), die unmittelbar infizieren kann oder sie encystiert sich und es tritt unter günstigen Bedingungen eine Amöbe aus. Die Infektion durch Zoosporen oder Myxamöben erfolgt an den Haarzellen der Wurzeln, den Epidermiszellen von Sproß und Knollen, auch über Lentizellen und Wunden. Als Schleimpilz bildet der Erreger in den infizierten Zellen ein vielkerniges Plasmodium; die Zellen werden zur vermehrten Teilung angeregt, vereinzelt entstehen Riesenzellen, Warzen oder Gallen. Das Plasmodium dehnt sich durch die Zellteilungen auf lokale Gewebebereiche aus. Aktive Ausbreitung des Parasiten in der Wirtspflanze kommt nicht vor. In den Wurzelhaaren können Teile des Plasmodiums zu Zoosporangien umgebildet werden, wodurch eine vegetative Vermehrung gegeben ist. Die austretenden Zoosporen infizieren neues Wirtsgewebe, zum Teil tritt vorher Sporenfusion ein, über deren Bedeutung noch keine Klarheit besteht. Aus den Plasmodien bilden sich nach abgeschlossener Zellteilung des Wirtes Sporenballen, die durch eine Kontraktion der Membranen um die einzelnen Dauersporen entstehen. Sie überleben in der Ruhepause mehrere Jahre im Boden. Dauersporenkeimung und Infektion sind an eine sehr hohe Bodenfeuchtigkeit gebunden und erfolgen optimal bei Temperaturen unter 15 °C. Regenmengen von 60 bis 70 mm im Mai und Juni begünstigen die Infektionshöhe in starkem Maße. Die Krankheit ist daher auch auf schweren Böden mit Staunässe häufiger und meist sehr selten auf Sand- oder Lößlehmböden. *Spongospora subterranea* wird als Überträger des Mop-top-Virus (s. S. 208) bei Kartoffeln angesehen.

Wirtskreis
Der Erreger befällt vornehmlich Kartoffeln und gelegentlich Tomatenwurzeln. Zu seinem Wirtskreis gehören jedoch zahlreiche weitere Solanaceen, darunter *S. nigrum, S. dulcamara, Nicotiana rustica, N. tabacum, Capsicum annuum, Datura-, Physalis-* und *Hyoscyamus*-Arten. An *Brassica*-Arten, *Sinapis arvensis, Thlaspi arvense, Capsella bursa-pastoris* und *Senecio vulgaris* wurde Zoosporangienbildung beobachtet. Die Kartoffelsorten zeigen unterschiedliche Anfälligkeit, jedoch liegt volle Resistenz nicht vor. Ver-

schiedene Erregerherkünfte zeichnen sich durch unterschiedliche Virulenz aus; eine Rassenspezialisierung scheint nicht vorzukommen.

Bekämpfung
Auf Befallsflächen sollte eine vielgliedrige Fruchtfolge angestrebt werden. Die Böden sind entsprechend zu entwässern. Die Verwendung von Pflanzgut aus befallenen Beständen ist zu vermeiden. Befallene Knollen sind vor der Verfütterung zu dämpfen, damit die Dauersporen, die ungeschädigt den Verdauungstrakt der Tiere passieren, nicht mit dem Stallmist auf Felder gelangen.

Literatur
HIMS, M. J., PREECE, T. F., 1975: *Spongospora subterranea* f. sp. *subterranea*. C. M. I. Descriptions of pathogenic Fungi and Bacteria No. 477. – HOFFMANN, G. M., 1961: Pilz- und Bakterienkrankheiten der Kartoffel. In: Schick, R., KLINKOWSKI, M.: Die Kartoffel, ein Handbuch. Bd. II, 1139–1297. – JANKE, C., 1963: Untersuchungen zur Ökologie des Pulverschorfes der Kartoffel (*Spongospora subterranea* Wallr. Johns.). Nachr.Bl. Dtsch. Pflanzenschtzd. Berlin **17**, 65–75. – JONES, R. A. C., HARRISON, B. D., 1969: The behavior of Potato mop-top virus in soil, and evidence for its transmission by *Spongospora subterranea* (Wallr.) Lagerh. Ann. appl. Biol. **63**, 1–17. – WÜRZER, B., 1965: Ergänzende Untersuchungen über den Pulverschorf der Kartoffel und dessen Erreger *Spongospora subterranea* (Wallr.) Lagerh. Arb. Landw. Hochsch. Hohenheim **34**, 1-104, Verlag Eugen Ulmer, Stuttgart.

3.4.6 Kartoffelkrebs
(potato wart disease)

Erreger
Synchytrium endobioticum (Schilb.) Perc.

Systematische Stellung
Mastigomycotina, Chytridiomycetes, Chytridiales, Synchytriaceae.

Verbreitung, wirtschaftliche Bedeutung
Die Krankheit wurde Ende des vorigen Jahrhunderts erstmals in Ungarn, Schottland, England nachgewiesen und ist seit 1907 in Deutschland bekannt. Sie hat in der Zwischenzeit ständige Ausbreitung erfahren, so daß sie heute in allen mittel- und nordeuropäischen Ländern lokal verbreitet auftritt. Mehr oder weniger häufige Nachweise liegen unter anderem aus Osteuropa, Indien, Südamerika, Nord- und Südafrika und von der Ostküste der USA vor. Nach neuesten Erhebungen wird die Zahl der Fundorte in vielen europäischen Ländern von Jahr zu Jahr größer. Auch in Deutschland nehmen Zahl und Größe der mit Kartoffelkrebs verseuchten Flächen trotz allgemeiner Einschränkung des Kartoffelanbaues zu; zum Teil sind traditionelle Pflanzkartoffelgebiete bedroht.
Die direkten Ertragsverluste bleiben unter den heutigen Anbaubedingungen meist begrenzt. Die Krankheit tritt im Feld nesterweise auf, meist sind nur einzelne Knollen einer Staude befallen, deren Größe leicht vermindert ist. Nur bei sehr hoher Bodenverseuchung als Auswirkung eines starken Kartoffelanbaues kann die Bildung von Knollen an einzelnen Stauden stärker in Mitleidenschaft gezogen sein oder gar vollständig ausfallen. Nachteile für den Anbauer ergeben sich hauptsächlich durch die Beschränkung der Verwertung des Erntegutes aus Befallsflächen, dem Verbot des weiteren Anbaus von Kartoffeln auf verseuchten Böden und den Anbaubeschränkungen in einer Sicherheitszone bis zum Nachweis der Tilgung des Krebsherdes.

Symptome
An Knollen, Stolonen und dem Stengelgrund bilden sich krebsartige, meist hasel- bis walnußgroße Gewebewucherungen (Gallen). Sie gehen an den Knollen meist von einem Auge aus, zeigen blumenkohlartige oder korallenförmige Gestalt und sind anfangs elfenbeinfarbig, später mittel- bis dunkelbraun (Farbtafel 12, S. 172); bei anthocyanhaltigen Sorten zeigen sie bläuliche oder rötliche Färbung. Die Gallen besitzen kein Periderm und bestehen aus teilweise stark hypertrophierten Parenchymzellen. Gelegentlich entstehen an oberirdischen Stengelteilen in Erdbodennähe ergrünte Gallen mit unregelmäßiger Oberfläche; zum Teil wachsen sie mit den zunächst bodenbedeckten Sproßteilen empor. Der sehr seltene Blattbefall äußert sich in Form fleischiger Verdickungen bis zu starker lokaler Verkrüppelung. Das Wurzelsystem bleibt befallsfrei. Blatt- und Stengelwucherungen gehen rasch in Zersetzung über, an den Knollen können die Gallen

dauerhafter sein und die Ernte überstehen; sie trocknen im Lager stark ein und können bei der Pflanzgutauswahl übersehen werden. Bei Bodennässe geht das Gallengewebe vor der Ernte in eine schwarze, breiige Masse über. Bei schwachem Befall wird dadurch die Krankheit am Erntegut nicht mehr erkennbar. Die Symptome des Kartoffelkrebses sind so typisch, daß Verwechslungen kaum möglich sind; keine andere Knollenerkrankung äußert sich in dieser Form. Der Begriff „Scheinkrebs" für andere Knollendeformationen sollte daher vermieden werden.

Biologie des Erregers

Der Erreger des Kartoffelkrebses, *Synchytrium endobioticum*, gehört zu den weniger differenzierten Pilzen in der Klasse Mastigomycotina, die kein eigentliches Mycel bilden; der tubuläre, vielkernige Thallus lebt intrazellulär parasitisch und wird zur Reproduktion vollständig zu Zoosporangien bzw. einer Dauerspore umgebildet (holocarp). Die nichtparasitische Phase überlebt der Erreger als kugelige bis ovale, etwa 50 µm große, mehrwandige Dauerspore, bei welcher ein goldgelbes Exospor und ein dünnes Endospor das netzadrige Plasma mit zahlreichen Granula umgeben (Abb. 106, a). Nach Ablauf einer kürzeren oder längeren Ruhepause, die in Abhängigkeit zum Alter und den Bodenbedingungen (Feuchte, Temperatur, Sauerstoffgehalt) steht, erfolgt die Umbildung der Dauerspore zu einem Zoosporangium. Die ausschlüpfenden Zoosporen sind oval bis kugelig, bis 3,6 µm groß und tragen eine 25 µm lange Peitschengeißel. Das Schwarmstadium ist bei Temperaturen über 20 °C stark verkürzt und hält bei 15 °C nur eine Stunde an. Die Infektion erfolgt nur an jungen Epidermiszellen. Nach dem Einziehen der Geißel und der Bildung einer stärkeren Plasmamembran dringt der Thallus durch die Zellwand vollständig in die Wirtszelle ein und entwickelt sich nach bestimmten Zwischenstadien (Prosorus) innerhalb von 12 bis 14 Tagen zu einem Sorus aus vier bis fünf eng aneinanderliegenden Zoosporangien; jedes Sporangium setzt 200 bis 300 Zoosporen frei. Die infizierte Epidermiszelle reagiert bei anfälligen Pflanzen mit Vergrößerung des Volumens; gleichzeitig bilden die Nachbarzellen durch perikline Querwände einen rosettenartigen Zellkomplex oder eine Umwallungsgalle (Abb. 106, b). Während die befallene Wirtszelle schließlich abstirbt und durch die Nachbarzellen nach außen gepreßt wird, brechen die Sporangien auf, und die ausschwärmenden Zoosporen können die jungen, benachbarten Zellen nach kurzer Schwärmperiode infizieren. Es beginnt ein neuer Zyklus, der sich mehrfach wiederholt, so daß die Galle durch laufende Infektionen und Rosettenbildungen heranwächst; ihre Größe wird von den Infektionsbedingungen und der Reaktionsfähigkeit des Wirtsgewebes bestimmt.

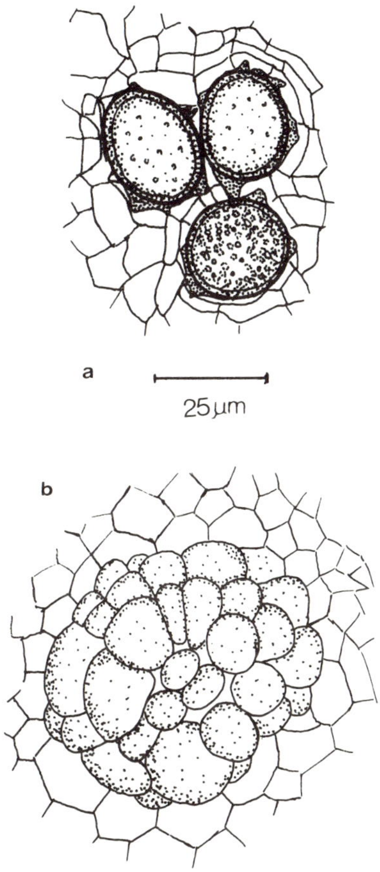

Abb. 106. *Synchytrium endobioticum*. a = Dauersporen in Wirtszellen, b = Umwallungsgalle (Rosettenstadium) nach Infektion.

Der Dauersporenbildung geht eine Umstimmung der Zoosporen zu Gameten voraus; die zweigeißelige Zygote dringt in eine Epidermiszelle ein; der Thallus wird durch antikline Zellteilungen in tiefer gelegene Tochterzellen verlagert und geht in das Ruhestadium über. Die Dauersporen werden bei der Zersetzung des Gallengewebes frei und bleiben im Boden mindestens 6 Jahre lebensfähig. Unter Gras- und Heideland werden Ruheperioden bis zu 15 Jahren überstanden. Ihre Keimung wird durch Wuchsstoff- und Vitamin-ähnliche Substanzen, wie sie in Pflanzen und organischem Dünger vorkommen, gefördert. Sie erfolgt in einem pH-Bereich von 3,6 bis 8,7 und bei 5 bis 30 °C. Periodischer Wechsel von Feuchtigkeit und Trockenheit sowie ausreichender Sauerstoffgehalt im Boden wirken stimulierend. Die Häufigkeit der Primärinfektionen wird bestimmt von der Zahl der Dauersporen im Boden; noch bei einem Verseuchungsgrad von einer Dauerspore in 10 g Erde sind Infektionen beobachtet worden. Theoretisch ist davon auszugehen, daß eine Dauerspore Anlaß für eine Krebsgalle ist, das Ausmaß der entstehenden Galle wird durch die Intensität der Sekundärinfektionen bestimmt. Die Zoosporen überwinden im Boden keine längere Distanz, sondern verbleiben weitgehend am Entstehungsort; die sekundären Infektionen führen daher nicht unmittelbar zu einer Ausbreitung des Erregers im Feldbestand. *S. endobioticum* kann von den Dauersporen aus die ganze Vegetationszeit hindurch den Wirt befallen, der an jungen Sprossen, Stolonen und Knollen immer wieder neues meristematisches Epidermisgewebe anbietet.

Die Abhängigkeit der Gallenzahl und Größe von fortlaufenden Infektionsmöglichkeiten erklärt die starke Abhängigkeit der Krankheit von den Umweltbedingungen. Der Erreger hält sich daher vornehmlich in montanen und submontanen Gebieten, wenn niedrige Sommertemperaturen (unter 18 °C), reichliche Niederschläge (700 bis 800 mm Jahresdurchschnitt), lange Winter sowie ein gut kultivierter Boden vorliegen, auf dem Kartoffeln alle 2 bis 3 Jahre angebaut werden. Für die Primärinfektionen sind 15 °C optimal, das Maximum liegt bei 25 °C, das Minimum bei 11 °C. Kartoffelkrebs wurde auf allen Bodentypen und bei pH-Werten von 3,9 bis 8,3 beobachtet.

Der Erreger wird in Form der Dauersporen in Erdresten an Pflege-, Ernte- und Zugmaschinen innerhalb des Feldes oder auf neue Anbauflächen verbreitet. Die Sporen überstehen die Passage durch den Darmtrakt und werden durch Wild weitergetragen. Häufig ist kontaminiertes oder infiziertes Pflanzgut Ausgang eines neuen Krebsherdes. Eine Übertragung des Kartoffel-X-Virus durch *S. endobioticum* ist unwahrscheinlich.

Wirtskreis

Als Wirtspflanzen sind für *Synchytrium endobioticum*, neben der Kulturkartoffel und verschiedenen Wildkartoffelarten, die Tomate und Unkräuter aus der Familie Solanaceae bekannt (*S. nigrum, S. dulcamara, S. alatum, Hyoscyamus niger, Lycium barbarum, Nicandra physaloides*). Arten der Gattung *Nicotiana* werden nicht befallen.

Die unterschiedliche Anfälligkeit von Kartoffelsorten wurde bereits frühzeitig erkannt und bildete die Grundlage für eine planmäßige Resistenzzüchtung. Zur Selektion resistenter Zuchtstämme werden meist Laborprüfungen vorgenommen, wobei nach dem Spieckermann-Verfahren Knollenstücke mit einem Auge 4 bis 5 Wochen mit einem Krebskompost (Gemisch aus verrottetem Gallengewebe und Sand) kontaminiert werden. Das Glynne-Lemmerzahl-Verfahren beruht auf der Inokulation 1 mm großer, angetriebener Augen an Knollenstücken mit Zoosporangien aus frischem Gallengewebe. Nach 4 bis 5 Wochen bzw. 2 bis 3 Wochen bei Temperaturen von 16 bis 20 °C (Verfahren 2) werden an den ausgetriebenen Sprossen Reaktionen sichtbar, die eine Beurteilung des Resistenzgrades ermöglichen. Hierbei werden sechs Befallsbilder unterschieden. Frühe Abwehrnekrosen (1) zeigen sich durch streifenförmige, dunkelbraune Schuppen aus abgestorbenen Epidermiszellen. Bei späten Abwehrnekrosen (2) sind in den dunkelbraunen Epidermiszellen noch unreife Thalli des Erregers zu erkennen, sehr späte Nekrosen (3) lassen noch vereinzelte Aus-

Tafel 15
Oben links: Vergilbungskrankheit, nekrotisches Rübenvergilbungs-Virus (BYV). Oben rechts: Vergilbungskrankheit, mildes Rübenvergilbungs-Virus (BMYV). Mitte links: Rübenmosaik (BMV). Mitte rechts: Wurzelbärtigkeit (BNYVV). Unten links: Kräuselkrankheit der Rübe (BLCV). Unten rechts: *Erysiphe betae*, Echter Mehltau.

reifung von Zoosporangien in einer Wirtszelle, umgeben von einigen gesunden Zellen, zu; dieser Komplex ist durch einen Ring toter Zellen vom übrigen Gewebe abgetrennt. Mitunter entstehen größere Infektionsfelder mit mehreren reifen Sporangien. Vereinzelter Befall (4) bedeutet, daß an den Trieben nur bis zu 5 reife Sporangien je Sproß zur Entwicklung gekommen sind. Zerstreuter Befall (5) wird angezeigt durch eine größere Zahl reifer Sporangien und Ring- bzw. Höckergallen. Dichter Befall (6) liegt vor, wenn die Sporangien in Infektionsfeldern dicht nebeneinander liegen, die Epidermiszellen sind blasenartig aufgetrieben, wenn Sporangiensori, bzw. glatt, wenn Dauersporen gebildet wurden. Kartoffelsorten oder Stämme mit den Befallsbildern 1, 2 und 4 werden in die Resistenzgruppe 1 (ausgeprägte Resistenz) eingestuft, mit den Befallsbildern 1, 2, 4 und 3 in die Resistenzgruppe 2 (Grenztypen). Das unter 5 und 6 beschriebene Verhalten wird nur bei anfälligen Genotypen gefunden. Die Abwehrreaktionen können mit zunehmendem Alter der Knollen oder bei ungünstiger Lagerung abgeschwächt werden.
S. endobioticum liegt in mehreren Rassen mit verschiedenen Virulenzeigenschaften vor. Von den 11 in Europa beschriebenen Varianten wird in der Bundesrepublik Deutschland den Rassen 1, 2, 6 und 8 besondere Aufmerksamkeit gewidmet; sie sind durch ein Testsortiment ('Prinzess', 'Irmgard', 'Saphir', 'Ultimus') zu differenzieren. Die Sorte 'Saphir', besitzt Resistenz gegen die Rassen 1, 6 und 8, Ultimus gegen 1, 2 und 6. In Bayern sind die Rassen 2 und 6 verbreitet. Das Vorkommen der neuen Rassen ist nicht signifikant mit der früheren Verbreitung von Rasse 1 korreliert. Innerhalb einer Gemeindeflur können verschiedene Varianten vorliegen; an einem Fundort (Schlag) ist bisher jeweils nur eine Rasse nachgewiesen worden.
Die Resistenz gegen *S. endobioticum* wird polygen dominant vererbt; die Genkombinationen sind bei den einzelnen Sorten sehr unterschiedlich. Resistenzgene wurden auch durch Einkreuzungen von *S. andigenum, S. demissum, S. acaule* und *S. polyadenium* übernommen; es liegen Hybriden mit Resistenz gegen alle wichtigen Biotypen vor, aus denen anbauwürdige Sorten entwickelt werden können. Zur Zeit ist bei dem überwiegenden Anteil zugelassener Sorten in Deutschland nur Resistenz gegen Rasse 1 vorhanden; eine Kombination mit Kartoffel-Nematoden-Resistenz ist vielfach gegeben. Die 1981 zugelassene Sorte 'Judika' zeigt Resistenz gegen alle genannten Rassen.

Bekämpfung
Acker- und pflanzenbauliche Maßnahmen (organische Düngung, Bodenbearbeitung, Fruchtfolge) haben nur sehr langfristige Wirkungen auf die Überdauerung des Erregers im Boden. Chemische Verfahren zur Bodenentseuchung (Formaldehyd, Chlorpikrin, Methylbromid) haben sich bisher großflächig wegen des erheblichen materiellen Aufwandes nicht durchgesetzt. Methylbromid wurde in einzelnen Ländern erfolgreich zur Herdtilgung verwendet. Die Bekämpfung richtet sich daher vordringlich gegen die Verschleppung des Erregers in unverseuchte Gebiete (äußere und innere Quarantäne), sowie auf eine langfristige natürliche Tilgung der Krebsherde durch Verzicht auf den Kartoffelanbau. Die notwendigen Maßnahmen sind für die Bundesrepublik Deutschland in der „Verordnung zur Bekämpfung des Kartoffelkrebses" (20. 4. 1972) niedergelegt. Danach ist der Anbauer verpflichtet, das Auftreten der Krankheit oder einen Verdacht zu melden. Befallene Kartoffelstauden (Knollen und Kraut) sollen vernichtet werden. Auf den Befallsflächen dürfen keine Kartoffeln angebaut werden, desgleichen keine Pflanzenarten, die später auf andere Flächen verpflanzt werden sollen. Auch das vorübergehende Einschlagen oder Lagern von Pflanzen ist nicht erlaubt. Durch die Pflanzenschutzbehörden wird die Erregerrasse bestimmt und eine Sicherheitszone (bis 300 m) abgegrenzt. In dieser Zone dürfen nur Sorten gepflanzt werden, welche Resistenz gegen die vorliegende Rasse aufweisen.

Tafel 16
Oben links: Moosknopfkäferfraß *(Atomaria linearis)* an Blättern einer jungen Rübenpflanze. Oben rechts: Futterrübenpflänzchen mit Fraßstellen des Moosknopfkäfers *(A. linearis)* am Hypocotyl. Mitte links: Drahtwürmer *(Agriotes lineatus)* neben abgefressenen Rübensämlingen. Mitte rechts: Durch Drahtwurmfraß entstandene Fehlstellen in Rübenfeld. Unten links: Schadbild der Rübenmotte *(Scrobipalpa ocellatella)*. Unten rechts: Rübenpflanze mit Minierfraß durch Larven der Rübenfliege *(Pegomyia hyoscyami)*.

Beim Fehlen einer entsprechenden Widerstandsfähigkeit wurden bisher Sorten empfohlen, die unter Feldbedingungen in der Regel befallsfrei bleiben (z. 'Désirée', 'Maja', 'Nicola', 'Gelda'). Die Freigabe der Flächen erfolgt nach mehrjähriger Anbaupause bzw. Anbau resistenter Sorten, nachdem durch den amtlichen Pflanzenschutzdienst die Befallsfreiheit bestätigt wurde. Diese Maßnahmen haben die Weiterverbreitung neuer Rassen des Erregers nicht vollständig aufhalten können, da die Bekämpfung häufig zu spät einsetzt, d. h. bei der Entdeckung können die Krebsherde bereits mehrere Jahre existieren, da häufig die Krankheit bei der Ernte übersehen wird. In einzelnen Regionen wird man in Zukunft zu einer chemischen Herdbehandlung übergehen müssen, um einen konzentrierten Kartoffelanbau weiterführen zu können.

Literatur

HAMPSON, C., PROUNDFOOT, K. G., 1974: Potato wart disease, its introduction in North America, distribution and control problems in Newfoundland. Pl. Prot. Bull. F. A. O. **22**, 53–64. – HILLE, M., 1965: Die Beurteilung von Kartoffelsorten hinsichtlich ihres Verhaltens gegenüber *Synchytrium endobioticum* (Schilb.) Perc., dem Erreger des Kartoffelkrebses. Nachr.Bl. Dtsch. Pflz.Schutzd. Braunschweig **17**, 137–142. – HOFFMANN, G. M., 1961: Pilz- und Bakterienkrankheiten der Kartoffel. In: SCHICK, R., KLINKOWSKI, M.: Die Kartoffel, ein Handbuch. Bd. II, 1139–1297, Dtsch. Landw. Verl. Berlin. – NOBLE, M., GLYNNE, M. D., 1970: Wart disease of potatoes. Pl. Prot. Bull. F. A. O. **18**, 125–135.

3.4.7 Kraut- und Knollenfäule
(potato blight, late blight)

Erreger

Phytophthora infestans (Mont.) de Bary.

Systematische Stellung

Mastigomycotina, Oomycetes, Peronosporales, Pythiaceae.

Verbreitung, wirtschaftliche Bedeutung

Die Kraut- und Knollenfäule der Kartoffel ist weltweit verbreitet und wird in manchen Gebieten als wichtigste Erkrankung angesehen. Sie tritt epidemisch auf und ist besonders in Regionen mit Seeklima bzw. in regenreichen Gebieten und Jahren bis heute eine ernste Gefahr für den Kartoffelbau geblieben. Wenn auch in Mittel- und Südeuropa durch warme, trockene Perioden im Juni bis August in vielen Gegenden kein wirtschaftlicher Schaden eintritt, so sind auch hier einzelne Lagen, Bodensenken und windgeschützte Felder gefährdet. In den feuchtkühlen Klimazonen Nordeuropas und Nordamerikas ist mit dem jährlichen Auftreten der Krankheit zu rechnen und die durchschnittlichen Verluste werden auf 8 bis 10% geschätzt. In Großbritannien erreichen sie in *Phytophthora*-Jahren etwa 16%, in trockenen Jahren 2% im Durchschnitt. Bei ungestörter epidemischer Ausbreitung des Erregers können Ertragsminderungen bis zu 70% eintreten. Bei mittelspäten Sorten sind, bei Zerstörung der Blattmasse zu 75% Ende Juli, Ausfälle von 50%, Mitte August bis 28%, Ende August 13% und Mitte September etwa 4% zu erwarten. Die Krankheit ist seit etwa 1840 in Europa bekannt und wahrscheinlich nach Einführung der Dampfschiffahrt mit angefaulten Knollen aus Amerika eingeschleppt worden. Die Verluste sind in früheren Jahren so erheblich gewesen, daß sich Hungersnöte in einzelnen Ländern einstellten. Die Bedeutung des Krankheitsbefalles ist in Relation zur Verwertung des Erntegutes zu sehen. Pflanzkartoffelbestände sollten weitgehend befallsfrei bleiben, bei einzulagernden Speiseknollen sind Fäule- und Schälverluste zu verhindern; für rasch zu verwertende Industriekartoffeln ist die Erkrankung des Bestandes in späteren Entwicklungsstadien, besonders kurz vor der Ernte, weniger ausschlaggebend. Durch die moderne Vollerntetechnik in Verbindung mit der unmittelbar anschließenden Lagerung der Knollen in speziellen Lagerhäusern haben die Verluste in den letzten Jahren wieder zugenommen. Ein wesentlicher Anteil davon geht auf sekundäre Weichfäulen zurück, die sich im Gefolge einer Knolleninfektion durch *Phytophthora infestans* während der Vegetationszeit, bei der Rodung oder Einlagerung einstellen.

Symptome

Als Anfangssymptome werden an den unteren Blättern kleine gelbliche oder dunkelgrüne Flekke vorzugsweise am Blattrand sichtbar. Bei feuchtwarmer Witterung vergrößern sie sich rasch, fließen zusammen, werden bis auf eine helle Randzone dunkelbraun bis schwarz und sind schließlich über die ganze Pflanze verteilt (Farbtafel 12, S. 172). Am Rande des noch nicht abgestorbenen Gewebes wird blattunterseits ein weißlichgrauer Mycelflaum gebildet, der beim Eintrocknen der Läsion verschwindet. Unter anhaltend feuchten Bedingungen kann das gesamte Blattwerk in kurzer Zeit zerstört werden, so daß nur mehr oder weniger braun verfärbte, aufrechtstehende Stengel übrig bleiben, an denen Reste der abgestorbenen Blätter herabhängen. Ganze Feldbestände brechen in dieser Weise zusammen, wobei ein muffiger Geruch nach faulendem Kartoffelkraut auf größere Entfernung wahrzunehmen ist. Beim Einsetzen trockener Witterung kommt die Ausdehnung der Einzelflecke auf den Blättern und die Ausbreitung der Krankheit im Bestand zum Stillstand. Die befallenen Blattpartien trocknen ein, werden brüchig und fallen aus. Sobald wiederum feuchtes Wetter einsetzt, nimmt der Krankheitsbefall wieder zu. Mit der Krautfäule steht eine Braunfäule der Knollen in unmittelbarem Zusammenhang. Oberflächlich sind mehr oder weniger große, unregelmäßige, leicht eingesunkene blaugrau gefärbte Flecke zu erkennen (Farbtafel 12, S. 172). Das Speichergewebe ist unter diesen Befallsstellen in größeren Bereichen, mitunter bis zur Knollenmitte, rostbraun verfärbt; teilweise sind die Verfärbungen adrig-flockig oder diffus entwickelt, eine scharfe Trennungslinie zwischen gesundem und krankem Speichergewebe ist nicht zu beobachten. Durch sekundäre Fäulniserreger werden die Symptome während der Kartoffellagerung verändert; die Knollen können in eine weichfaule Masse übergehen. Bei geringer Anfangserkrankung setzen sich die Verbräunungen im Speichergewebe während der Lagerzeit langsam fort.

Biologie des Erregers

Phytophthora infestans bildet als Thallus ein relativ breites (8 bis 14 µm), knorrig verzweigtes, unseptiertes Mycel, an welchem sich Sporangienträger entwickeln. Sie sind sympodial verzweigt, in Intervallen leicht angeschwollen und bilden, terminal an den Verzweigungen, zitronenförmige Sporangien. An ihrer Spitze besitzen sie eine Papille mit verdickter Membran; sie sind farblos, dicht mit körnigem Protoplasma gefüllt und 27 bis 30 x 15 bis 20 µm groß. Bei der indirekten Keimung in tropfbar flüssigem Wasser schlüpfen nach Öffnung der Papille 6 bis 16 Zoosporen (10 x 7 µm) aus, die heterokont zwei Geißeln tragen (Abb. 107). Sie schwärmen kurze Zeit im Wasser umher, setzen sich fest und umgeben sich mit einer festen Membran. Auf der Wirtspflanze tritt beim Infektionsvorgang ein Keimschlauch aus, an dem sich das Appressorium mit der Infektionshyphe bildet. Bei direkter Sporangienkeimung wächst neben der Papille ein Keimschlauch aus, an dem sich ein sekundäres Sporangium, später ein tertiäres bilden kann.

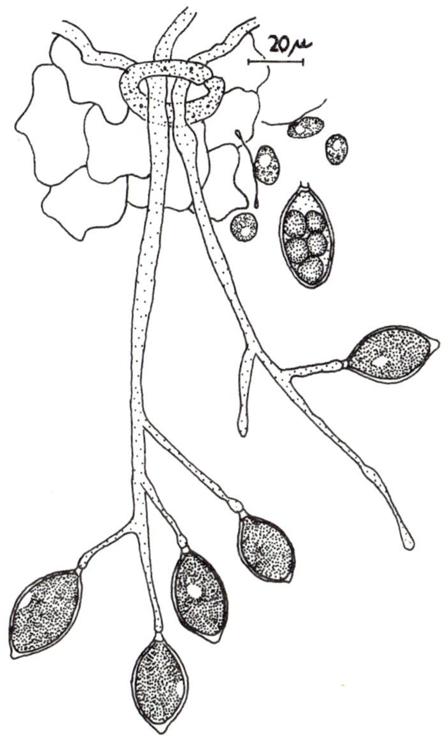

Abb. 107. *Phytophthora infestans*, Zoosporangienträger mit Zoosporangien und Zoosporen.

Direkte Keimung führt nicht zu Appressorienbildung und Infektionen. Bei der sexuellen Vermehrung werden Oogonien und amphigyne Antheridien gebildet; nach ihrer Fusion (Kernübertritt) entsteht eine derbwandige Oospore, die nach einer Ruheperiode mit mehreren Keimschläuchen auskeimt, an denen sich terminal ein Sporangium entwickelt. Der Erreger ist heterothallisch; die 'mating types' sind jedoch sehr ungleich verbreitet. Oosporenbildung wurde in Europa bisher nicht beobachtet; sie ist in Mexiko und Peru relativ häufig und kann durch Kreuzungen von nord- und mittelamerikanischen Rassen erzielt werden.

Die Überwinterung des Erregers erfolgt nur in Verbindung mit der Wirtspflanze. *Phytophthora infestans* ist zwar zu saprophytischer Lebensweise fähig, kann sich jedoch, im Gegensatz zu anderen *Phytophthora*-Arten, im Boden nicht längere Zeit halten oder anreichern. Der Boden scheidet daher als Quelle des Inokulums weitgehend aus. Obgleich der Erreger nicht nur auf Kartoffel spezialisiert ist, kommt der Überwinterung auf Nebenwirten in Europa keine Bedeutung zu. Die Überdauerung des *Phytophthora*-Mycels in Knollen, die als Ernterückstände im Feld verbleiben, ist möglich. Wenn auch ein Teil in den Wintermonaten erfriert, kann doch in manchen Jahren und Gebieten (z. B. isolierender Moorboden) ein beträchtlicher Aufwuchs überwinterter Knollen beobachtet werden. Dabei können Primärherde des Befalls entstehen. Der Erreger übersteht die Vegetationspause hauptsächlich in eingemieteten oder eingelagerten Knollen. Bei der Auslagerung werden kranke Knollen häufig auf Haufen geworfen, können z. B. an Mietenplätzen auskeimen und primäre Befallsherde entwickeln, von denen sich der Erreger auf größere Flächen ausbreiten kann. Zu einem geringen, aber epidemiologisch bedeutsamen Anteil gelangen *Phytophthora*-infizierte Knollen auch zur Auspflanzung. Bei der Keimung wächst der Erreger von der Knolle in junge Triebe ein; viele dieser Keimlinge sterben ab, ehe sie die Bodenoberfläche erreichen, wenige werden nach oben durchstoßen und den Erreger mittragen. Einzelne Knollen scheinen anfangs mit gesunden Sprossen auszuwachsen und später unter günstigen Temperatur- und Feuchtigkeitsbedingungen kleine infizierte Keimlinge nachzutreiben. Dadurch entstehen primäre Befallsherde im Bestand.

Die Entwicklung der Krautfäule ist weitgehend von den klimatischen Verhältnissen abhängig. Die Sporangienbildung hat bei ausreichender Feuchtigkeit ihr Temperaturoptimum, -maximum bzw. -minimum bei 18 bis 23 °C, 27 bzw. 6,5 °C. Im Feldbestand erfolgt die Sporulation im Bereich von 10 bis 23 °C. Der Pilz benötigt von der Infektion bis zur ersten Fruktifikation bei 15 bis 23 °C nur drei bis vier Tage, bei 10 bis 14 °C fünf bis acht Tage. Die Keimung durch Freisetzen von Zoosporen erfolgt optimal bei 12 bis 14 °C (Minimum 0 bis 3 °C, Maximum 25 °C). Die Bildung von sekundären Sporangien (direkte Keimung) geschieht am häufigsten bei 24 °C. Die Entwicklung des Erregers im Feldbestand folgt einer zweigipfligen Optimumkurve; der eine Gipfel deckt sich annähernd mit der Optimumtemperatur für die Sporangienkeimung und Infektion, der andere, stärker ausgeprägte, fällt mit dem Optimum für die Sporangienbildung zusammen. Hohe Anforderungen werden an die Feuchtigkeitsbedingungen gestellt. Die Sporenträger und Sporangien werden im günstigen Temperaturbereich nur bei 10 Stunden anhaltender, mehr als 90%iger relativer Luftfeuchte oder Benetzung der Blätter gebildet. Die Entlassung der Zoosporen kann nur in tropfbar flüssiges Wasser erfolgen; Keimung und Infektion setzen eine 4stündige Blattbenetzung voraus. Dieser Zeitraum ist deshalb von epidemiologischem Interesse, da Sporangien des Erregers auch Tage mit geringer Luftfeuchtigkeit überleben können. Die Sporangien werden meist nachts entwickelt und sind am nächsten Morgen reif; ihre maximale Keimfähigkeit erreichen sie nachmittags bis abends. Sofern entsprechende Temperaturen herrschen, sind praktisch fast jede Nacht die Voraussetzungen für Infektionen erfüllt. Daher ist im Feldbestand mit ständiger Ausbreitung des Erregers nach der Entwicklung von Initialherden zu rechnen, die bei ungünstigen klimatischen Bedingungen „schleichenden" Charakter besitzt.

Die große Reproduktionskraft und die sofortige Keimbereitschaft der Sporangien sind Eigenschaften, die *Phytophthora infestans* in höchstem Grade zu epidemischem Auftreten befähigen. Der Erreger muß zunächst vier bis sechs Generationen ausbilden, um, von wenigen Herden ausgehend, größere Flächen befallen zu können. Geringfügige Temperaturschwankungen können sich dabei bereits negativ auf den Pilz auswirken. Anhaltend warme und trockene Witterung kann er bis zu 40 Tage im Stengelgewebe der Kartoffelpflanze überstehen. Die Hauptausbreitung der Sporangien über größere Entfernungen geschieht mit dem Wind, im Bestand meist durch Regenspritzer auf benachbarte Pflanzen. Für die Entwicklung einer *Phytophthora*-Epidemie sind die Anzahl der Primärherde, der prozentuale Anteil der Kartoffelanbaufläche, die Anfälligkeit der Sorten und das Makro- und Mikroklima entscheidend. Unter mitteleuropäischen Bedingungen setzt ein beachtenswerter Befall meist erst nach der Kartoffelblüte, zunächst bei den frühen Sorten ein. Die Befallszeit verschiebt sich entsprechend den Reifegruppen. Die Kartoffelpflanze ist jedoch in allen Entwicklungsstadien anfällig; die unterschiedlichen Befallszeiten werden den Unterschieden im Bestandsklima zugesprochen. Der Zeitraum vom Ausbruch einer Epidemie bis zum Absterben des Krautes kann 15 bis 40 Tage betragen.

Die Infektion des Pflanzengewebes erfolgt durch Zoosporen, die sich nach kurzer Schwärmzeit unter Einzug der Geißel enzystieren und nach Appressorienbildung mittels Infektionshyphe die Epidermiszellwand durchdringen. Aus dem primären Mycel wachsen Hyphenverzweigungen mit interzellulärer Ausbreitung, von denen Haustorien in die Zellen zur Nahrungsaufnahme vordringen. Der Infektionsvorgang kann an der Blattober- und -unterseite verlaufen und ist unter optimalen Bedingungen nach zwei Stunden bereits vollzogen. Das unseptierte Mycel durchwuchert das Mesophyll reichlich; die Stomata öffnen sich auch nachts abnorm weit und erlauben einen leichten Austritt der Sporangienträger; das Blattgrün wird zerstört, die Zellen verlieren den Turgor, der Inhalt färbt sich braun und stirbt schließlich ab. Gleichzeitig verliert auch der Erreger in diesem Gewebe seine Lebensbedingungen.

Die Infektion der Knollen kann während der Vegetationszeit im Boden erfolgen. Die Sporangien werden von Tau- und Regentropfen bzw. ablaufendem Regenwasser in die obere Bodenschicht gespült. Die auskeimenden Zoosporen dringen bei sehr jungen Knollen durch die Epidermis, später durch noch nicht geschlossene Lentizellen, über Stomata oder den Nabel in das Speichergewebe ein; Augen sind ebenfalls längere Zeit infektionsgefährdet. Bereits vor der Ernte können 40 bis 80% des Gesamtknollenbefalls eintreten. Praktische Erfahrungen sprechen dafür, daß in vielen Gebieten und Jahren der Hauptteil des *Phytophthora*-Befalles über Schalenrisse und Wunden bei der Rodung und Einlagerung entsteht. Eintrittspforten sind auch durch andere Erreger gebildete Läsionen (z.B. *Spongospora subterranea*). Das Inokulum (Sporangien) kann längere Zeit infektiös im Boden bleiben, da es 30 Tage und mehr überlebt und dazu eventuell chlamydosporenartige Dauerformen bildet.

Das Ausmaß der Knolleninfektion ist abhängig von der Zahl der Sporangien und dem Zeitraum, in dem diese an die Knollen bzw. in den Boden gelangen. Dies steht in Beziehung zur Anfälligkeit des Laubes, zu dem Ablauf der Krautfäuleepidemie, eventuellen Bekämpfungsmaßnahmen, der Häufigkeit und Menge des Regens, der räumlichen Lage der Knollen, sowie dem Grad der Bodenbedeckung, dem Bodentyp und der Bodenfeuchte. Geringer Blattbefall reicht mitunter bereits aus, um deutliche Knolleninfektionen nach sich zu ziehen. Nach 5 mm Regen werden bereits die obersten Knollen befallen, tiefer liegende bei 25 mm und einem Anstieg der Bodenfeuchte auf Feldkapazität für 25 Stunden. Auf lehmigen Böden kann in feuchten Jahren mit starken Knolleninfektionen gerechnet werden.

Im Kartoffellager treten Weichfäulen ein, wenn die Infektion durch *Phytophthora infestans* und sekundäre Fäulniserreger unmittelbar nach der Verwundung der Knollen erfolgt. Suberineinlagerungen in den an Wunden angrenzenden Zellen vor der eigentlichen Wundkorkbildung halten nur die Bakterien (Weichfäuleerreger) zurück; mit zunehmender Verkorkung nimmt auch die Braunfäulerate ab. Eine Ausbreitung des Befalls im Lager findet bei 4 °C nicht statt; bei einigen Sorten ('Erstling', 'Clivia') entsteht bei 6 °C und höher eine Fäule, wobei der Erreger zur Sporulation kommt und frische Wunden neu infizieren kann. Andere Sorten ('Grata', 'Maritta', 'Saskia') wehren eine Infektion im Bereich von 4 bis 10 °C durch nekrogene Prozesse ab.

Wirtskreis

Zum Wirtskreis von *P. infestans* gehören, neben der Kartoffel, Tomate, Eierfrucht (*S. melongena*), zahlreiche Wildkartoffelarten und einige Unkräuter und Wildpflanzen wie *Solanum dulcamara, S. nigrum, S. aviculare, S. laciniatum, Hyoscyamus niger,* sowie *Lycium halimifolium, L. turcomanicum, Physalis alkekengi, Datura metel, Anthoceris viscosa, Schizanthus grahami, Petunia-* Hybriden, *Physalis angulata, Atropa belladona.*

Das Laubwerk verschiedener Sorten von *S. tuberosum* bzw. Herkünften von Wildkartoffelarten (*S. demissum, S. andigenum, S. stoloniferum* und andere) besitzt unterschiedliche Resistenzei-

genschaften. Ihre Effektivität steht zum Teil in direkter Beziehung zur Virulenz der Erregerrassen. Zwei Formen der Widerstandsfähigkeit sind zu unterscheiden:
1. Die relative Resistenz auf polyfaktorieller Grundlage; sie ist weitgehend rassenunabhängig und äußert sich in einer verminderten Infektions-, Ausbreitungs- und Sporulationsrate.
2. Die auf spezifischen Resistenzgenen beruhende Überempfindlichkeitsresistenz (Hypersensibilität), die postinfektionell bei bestimmten Wirt-Parasit-Beziehungen (Inkompatibilität) induziert wird.
Beide Formen der Resistenz können in einem Genom nebeneinander vorliegen. Die Sorte 'Datura' besitzt mittlere relative Resistenz und gleichzeitig spezifische Resistenz gegen Rasse 4; 'Vertifolia' zeigt eine hohe relative Widerstandsfähigkeit, die auch als „Feldresistenz" bezeichnet wird. Obgleich deutliche Resistenzunterschiede bei deutschen Sorten vorliegen, reicht die Widerstandsfähigkeit nicht aus, um das epidemische Auftreten des Erregers zu verhindern. Die Resistenzgene zeigen keine Korrelation zur Widerstandsfähigkeit gegen die Viren X, Y und S.
Die Knollenreaktionen entsprechen bei einigen Sorten denen der Blätter, bei anderen liegt in beiden Richtungen abweichendes Verhalten vor. Sortenunterschiede wurden in der Anfälligkeit der Augen und Lentizellen gegen Infektionen beobachtet; die Wundreaktionen verlaufen meist mit gleichen Effekten, wodurch Knollenbefall verzögert oder verhindert wird. Die meisten deutschen Sorten zeigen mittlere bis geringe Knollenanfälligkeit im Feldbestand. Sorten mit stärkerer Braunfäule sind besonders in der Reifegruppe II ('Palma', 'Maja', 'Feldeslohn', 'Ina' und andere) zu finden; von den späten Sorten werden 'Astrid' und 'Bodenkraft' stark bis sehr stark befallen. Die physiologischen Grundlagen der Resistenzprozesse sind noch nicht hinreichend aufgeklärt; sie werden neuerdings mit dem Phytoalexin Rishitin in Verbindung gebracht. Bei widerstandsfähigen Sorten sollen auch die Haustorien durch Callosematerial stärker eingekapselt sein; das Verhalten der Zoosporen scheint vor der Penetration bereits verändert. Die Anfälligkeit der Blätter hängt auch von ihrem physiologischen Alter ab, nach der Blüte sind Spitzen und Basisblätter am wenigsten widerstandsfähig.

Die genetische Variabilität des Erregers ist beträchtlich, wobei Mutationen, Heterokaryose und parasexuelle Vorgänge von Bedeutung sind. Auf der Basis von Resistenzgenen wurde eine größere Anzahl von Rassen differenziert, die nach einem Genschlüssel (0; 1; 2; 3; 4; 1,2; 1,3 usw.) bezeichnet werden. Ihre Verbreitung steht in Abhängigkeit zu den Resistenzeigenschaften des angebauten Kartoffelsortiments. In Mitteleuropa sind die Rassen 1.4, 1.3.4, 1.2.3.4, 1.3 und 4 am häufigsten, letztere tritt meist früher in der Vegetationszeit als die übrigen auf; auch Rassen mit zahlreichen Virulenzgenen überwintern.

Bekämpfung
Eine Reihe pflanzenbaulicher Maßnahmen helfen die Gefahr von Krautfäule-Epidemien zu reduzieren. Dazu gehören sorgfältige Auslese des Pflanzgutes, Beseitigung von Mietenabfällen, Vorkeimung, Auswahl weniger anfälliger Sorten, Anlage der Pflanzreihen in der Hauptwindrichtung zur besseren Abtrocknung des Laubes, Vermeidung zu hoher N-Gaben und die räumliche Trennung von Sorten unterschiedlicher Reifegruppen.
Die Festsetzung des richtigen Zeitpunktes für eine wirksame, ökonomisch vertretbare, chemische *Phytophthora*-Bekämpfung war lange Zeit schwierig, so daß ausschließlich prophylaktische Maßnahmen ergriffen wurden. Bei allen Prognose-Systemen, denen die Erfassung von Temperatur, relativer Luftfeuchte und Dauer der Blattbenetzung zur Beurteilung der epidemischen Ausbreitung des Erregers zugrunde liegen, sind erhebliche Unsicherheiten nicht auszuschließen. Die Negativ-Prognose nach Ullrich und Schrödter hat praktische Bewährung erfahren. Dabei wird, auf der Basis statistisch-mathematischer Daten der Biometeorologie und Epidemiologie von *Phytophthora infestans*, die Dauer der mit hoher Wahrscheinlichkeit befallsfreien Zeit, vom Aufgangstermin anfälliger Sorten an gerechnet, festgestellt. Für die einzelnen Gebiete sind dabei kritische Bewertungsziffern zu ermitteln, bei deren Überschreitung die Empfehlung zum Einsatz von Fungiziden ausgesprochen wird. Der deutsche Wetterdienst erarbeitet seit Jahren unter der Bezeichnung „Phytprog" Werte für die Negativprognose.
Die Notwendigkeit für eine chemische Bekämpfung und ihr Erfolg hängen ab vom Zeitpunkt

des Ausbruchs der Epidemie in Beziehung zum Erntetermin, dem Epidemieverlauf, dem Grad der Feldverseuchung vor der Bekämpfungsmaßnahme und der Sorgfältigkeit und Regelmäßigkeit der Aktionen. Die ökonomische Schadensschwelle läßt sich durch Angabe des Zeitpunktes bestimmen, bis zu welchem eine Wachstumsverlängerung der Kartoffelpflanze gerechtfertigt ist. Die Bekämpfungsschwelle gibt an, bis zu welchem Zeitpunkt eine Fungizidspritzung unter Berücksichtigung der kritischen Bewertungsziffer (Grenzbewertungsziffer) des Phytprog-Dienstes noch wirtschaftlich ist. Auf die ökonomische Schadensschwelle haben die Resistenzeigenschaften der Sorte, die Kosten der Krautfäulebekämpfung, deren Nebenwirkungen und das Marktgeschehen Einfluß. Die kritischen Werte werden bei verschiedenen Sorten bis etwa 100 Tage nach Aufgang erreicht, die Bekämpfungsschwelle liegt häufig um etwa 70 Tage nach Aufgang. Bei Anbau unter Folie oder stärkerer Beregnung sind die begünstigenden Faktoren besonders zu beachten.

Zur chemischen Krautfäulebekämpfung stehen Präparate auf der Basis von Kupferoxychlorid (Cupravit, Grünkupfer), Captafol (Ortho-Difolatan), Mancozeb (Dithane Ultra), Maneb, Metiram (Phytox-Super), Propineb (Antracol), Vondozeb (Triziman D) und Fentinacetat + Maneb (Brestan 60) zu Verfügung. Neuerdings liegt in Metalaxyl (+ Mancozeb = Ridomil MZ) ein systemischer Wirkstoff mit Schwerpunkt bei den Peronosporales vor. Gegen Metalaxyl kann Resistenz gegeben sein. Die Wiederholungsbehandlungen sind in Abständen von 10 bis 14 Tagen auszuführen, bei feuchtwarmer Witterung und anfälligen Sorten in kürzeren Intervallen. In behandelten Beständen kann mitunter höherer Braunfäulebefall eintreten, wenn der Erreger nicht vollständig vernichtet wurde und sich in den unteren Blattregionen weiter ausgebreitet hat. Bei unbehandelten Kulturen kann der rasche Zusammenbruch der Pflanzen die Weiterentwicklung des Pathogens und damit Knolleninfektionen verhindern. Die Gefahr des Knollenbefalls kann durch Kombination mit einer Krautabtötung mit Deiquat (Reglone) etwa drei Wochen vor der Ernte verringert werden. Trockene Witterung bei der Ernte, Vermeidung von Verletzungen und die Einlagerung abgetrockneten Erntegutes (Wundheilung) tragen zur Verhütung von Lagerverlusten bei.

Literatur

HOFFMANN, G. M., 1961: Pilz- und Bakterienkrankheiten der Kartoffel. In: SCHICK, R., KLINKOWSKI, M.: Die Kartoffel, ein Handbuch. Bd. II, 1939–1297, Dtsch. Landw. Verlag Berlin. – KAMPE, W., HOFMANN, K., BOHN, A., 1970: Vierjährige Erfahrung mit der Negativprognose im *Phytophthora*-Warndienst bei Frühkartoffeln. Nachr. Bl. Dtsch. Pflanzenschutzd. Braunschweig **22,** 163–166. – LAPWOOD, D. H., 1977: Factors affecting the field infection of potato tubers of different cultivars by blight ('*Phytophthora* infestans'). Ann. Appl. Biol. **85,** 23–42. – MALCOLMSON, J. F., 1979: Isolation and identification of races of *Phytophthora infestans* from breeders assessment plots. Trans. Brit. Myc. Soc. **73,** 155–156. – RESCHKE, M., HEITEFUSS, R., FUCHS, W. H., 1974: Untersuchungen zur Bestimmung wirtschaftlicher Schadensschwellen im Kartoffelanbau. I. Die ökonomische Schadensschwelle der Kraut- und Knollenfäule *(Phytophthora infestans).* Zeitschr. Pflkr. Pflschtz **81,** 1–27. – ULLRICH, J., SCHRÖDTER, H., 1966: Das Problem der Vorhersage des Auftretens der Kartoffelkrautfäule (*Phytophthora infestans*) und die Möglichkeiten seiner Lösung durch eine „Negativprognose". Nachr. Bl. Dtsch. Pflschutzd. Braunschweig **18,** 33–34.

3.4.8 Rhizoctonia- oder Wurzeltöterkrankheit (black scurf)

Erreger

Rhizoctonia solani Kühn [Perfektstadium: *Thanatephorus cucumeris* (Frank) Donk, syn. *Hypochnus solani* Prill. et Delacr., *Corticium solani* (Prill. et Delacr.) Bourd. et Galz].

Systematische Stellung

Basidiomycotina, Hymenomycetes, Holobasidiomycetidae, Tulasnellales, Ceratobasidiaceae.

Verbreitung, wirtschaftliche Bedeutung

Die *Rhizoctonia*-Krankheit ist in allen kartoffelbautreibenden Ländern bekannt und führt alljährlich zu Verlusten, die jedoch nur schwer abzuschätzen sind. Im Durchschnitt werden sie mit 2 bis 5% angegeben, in Einzelfällen sollen sie bis 15% erreichen können. Früher wurden in manchen Jahren Vermehrungsbestände häufiger wegen starken *Rhizoctonia*-Befalles aberkannt. Mit der Abnahme des Anteils der Kartoffel in der

Fruchtfolge, der besseren Bodenvorbereitung und der Ankeimung vor der Pflanzung, sind die Schäden deutlich zurückgegangen. Die Krankheit hat jedoch in konzentrierten Anbaugebieten, bei stärkerem Kartoffeldurchwuchs nach wie vor in Jahren mit kühlem Frühjahrswetter ihre Bedeutung.

Symptome

Die ersten Krankheitsanzeichen werden durch verzögertes Auflaufen und die Entwicklung nur weniger, zum Teil geschwächter, oberirdischer Triebe deutlich. An den Pflanzknollen ist ein mehr oder weniger großer Teil der Triebspitzen dunkelbraun verfärbt und abgestorben, oder an den hellen Austrieben haben sich größere rostbraune Flecke gebildet. Triebe mit abgestorbenem apikalem Teil bilden seitliche Verzweigungen, die unter den gleichen Symptomen wie der Haupttrieb zerstört werden können (Abb. 108). In späteren Stadien werden an der Stengelbasis, an Stolonen und Wurzeln braune, flächige, abgegrenzte Faulstellen sichtbar. Geringe Auflaufschäden können sich weitgehend auswachsen, schwerer Befall ist bis zur Ernte durch Fehlstellen und Pflanzen mit geringer Stengelzahl zu erkennen.

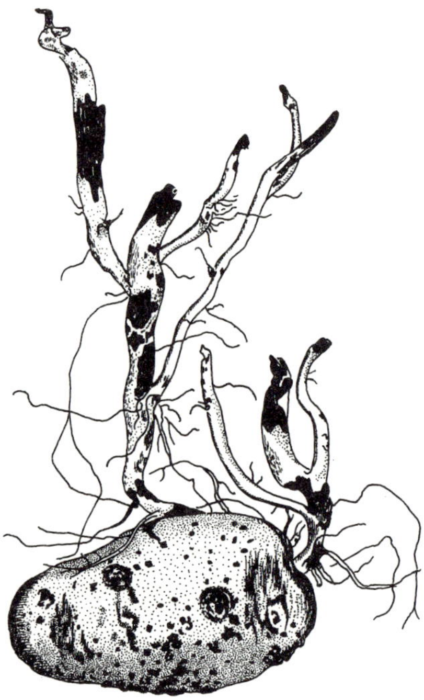

Abb. 108. *Rhizoctania solani*, austreibende Kartoffelknolle mit Triebfäule.

Befallene Pflanzen zeigen nach dem Schließen des Bestandes ein „Wipfelrollen“, wobei sich die oberen Blätter um die Mittelrippe einrollen und eine gelblich-rote bis rot-violette Färbung annehmen (Farbtafel 12, S. 172). Die Internodien am oberen Trieb können verkürzt sein und gelegentlich kommt es zu Luftknollenbildung, da wegen zunehmender Vermorschung des unterirdischen Stengelteiles die Assimilate ungenügend abgeleitet werden. Ein Befall der Stolonen führt teilweise zu ihrer Zerstörung, es treten blinde Spitzen auf oder es kommt zur Bildung von verunstalteten, unregelmäßig gewachsenen, schorfig verbräunten Knollen. In seltenen Fällen entwickeln sich auf der Schale scharf begrenzte, braune Flecke von 3 bis 6 mm Durchmesser. Die Epidermis ist im Zentrum aufgerissen, das Knollengewebe linsenartig flach verbräunt; es trocknet zu einer dunkelbraunen Masse zusammen und kann pfropfenartig herausfallen (dry core-Krankheit). Bei hoher Luftfeuchtigkeit kann sich oberirdisch am Stengelgrund ein weißlicher, krustenartiger, dichter Mycelbelag auf gesundem Gewebe einstellen. Diese als „Weißhosigkeit“ bezeichnete Erscheinung geht auf die Bildung des Perfektstadiums (Hymenium und Basi-

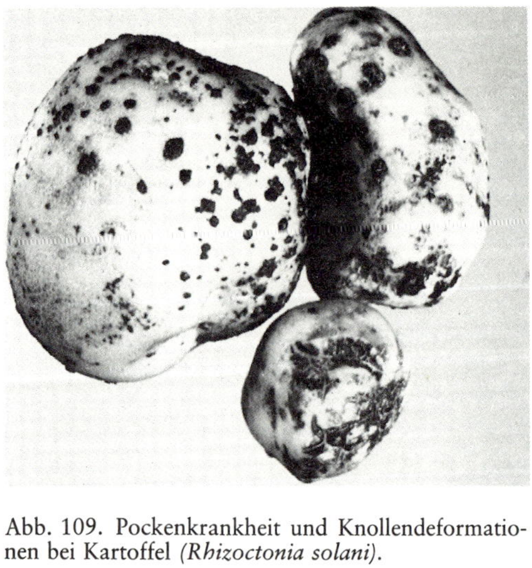

Abb. 109. Pockenkrankheit und Knollendeformationen bei Kartoffel *(Rhizoctonia solani)*.

dien) von *Thanatephorus cucumeris* zurück. Während der Abreife der Pflanzen bildet der Pilz, meist unabhängig vom sonstigen Befall, auf der unbeschädigten Knollenoberfläche schwarzbraune, unregelmäßige krustenartig flache Auflagerungen oder kompaktere, erhabene Pocken, die der Oberfläche nur leicht anhaften (Pockenkrankheit) (Abb. 109).

Biologie des Erregers
Als Ursache der Krankheit wurde bereits von J. Kühn (1858) der Pilz *Rhizoctonia solani* beschrieben. Er ist die sterile Mycelform eines Basidiomyceten, dessen taxonomische Stellung längere Zeit umstritten war und welcher heute übereinstimmend als *Thanatephorus cucumeris* bezeichnet wird. Die höhere Fruchtform, die sich oberirdisch als Weißhosigkeit am Stengelgrund entwickelt, stellt eine grauweiße, dünne Membran (60 bis 100 µm) dar, auf der sich das Hymenium mit kugeligen Basidien, langen, zugespitzten Sterigmen und ovalen, hyalinen Basidiosporen (9,3 x 4,8 µm) bildet. In Reinkultur wird nur von einigen Stämmen nach Überschichtung mit Boden das Basidienstadium gebildet, so daß sich die Identifizierung des Erregers auf folgende Hyphenmerkmale stützt: Blasses bis dunkelbraunes, rasch wachsendes Mycel; Hyphendurchmesser über 5 µm; rechtwinkelige Verzweigung; Einschnürung an der Basis der Seitenhyphen; dolipores Septum; fehlende Schnallenbildung; vielkernige Hyphenabschnitte; monilioide Zellen; variable Sclerotien. Der Erreger wird häufig mit Vertretern der Gattung *Ceratobasidium* verwechselt.
Die Infektion der Wurzeln und unterirdischen Sproßteile geht von den auf der Pflanzknolle überdauernden Sclerotien oder von saprophytischem Mycel im Boden aus. Die bis zu 2 cm großen Sclerotien, aus unregelmäßig verzweigten, monilioiden, eng aneinanderliegenden, braunen Hyphenzellen, wachsen mit Laufhyphen aus. Bei Erreichen von jungem Gewebe bilden sich durch starke Seitenverzweigungen Infektionskissen, von denen zahlreiche Hyphen in die Epidermis und das Parenchym vordingen; sie zerstören durch Pektinasen und Zellulasen das Pflanzengewebe. Durch die lange Lebensdauer von Mycel und Sclerotien, die Saprophytie und den großen Wirtskreis kann sich der Erreger fast unbegrenzt in Böden halten; er gehört vielfach zur normalen Bodenflora. Seine Ausbreitung erfolgt durch Sclerotien an Pflanzknollen, Ernterückständen und mit Bodenpartikeln. Die Basidiosporen dürften nur lokale Bedeutung besitzen.
Der Wurzel- und Sproßbefall an der Kartoffel ist in starkem Maße von äußeren Faktoren abhängig. Die Krankheit tritt bevorzugt auf schweren, lehmig-tonigen Böden auf, die kalt, feucht und wenig durchlüftet sind. Humose Böden sollen die saprophytische Entwicklung des Erregers stark fördern. Bei geringer Inokulumdichte (Sclerotienbesatz der Pflanzknolle) sind die Erkrankungen bei Bodentemperaturen von 10 bis 12 °C am stärksten; bei höheren Temperaturen kann die Pflanze dem Parasiten entwachsen. Hoher Sclerotienbesatz führt meist unter allen Bedingungen zu stärkerem Befall. Die Sclerotien bilden sich mit Beginn der Knollenreife zunächst am Nabelende, später gleichmäßig verteilt, wofür Nährstoffexudate verantwortlich sind. Auch apathogene Stämme besiedeln die Knollen, so daß der Sclerotienbesatz nicht immer in Zusammenhang mit dem späteren Erkrankungsgrad steht. Die Vorfrucht hat auf das Ausmaß der Pockenbildung auf der Knolle Einfluß. Sie ist am stärksten bei kurzen Rotationen ohne Leguminosen; Luzernevorfrucht wirkt negativ, der Befall ist nach Mais und Zuckerrübe geringer als nach Weizen. In schlecht gepflegten, verunkrauteten Kartoffelbeständen ist der Knollenbesatz durch Sclerotien oft deutlich erhöht. Die *Rhizoctonia*-Krankheit an Kartoffel wird gefördert durch Befall mit *Globodera rostochiensis*, wodurch sich die Anfälligkeit des Gewebes erhöht.

Wirtskreis
Rhizoctonia solani ist eine Sammelart und hat insgesamt einen sehr großen Wirtskreis. Er schließt Gymnospermen, wie mono- und dikotyle Kulturpflanzen und Unkräuter unter den Angiospermen aus über 60 Familien (etwa 250 Arten) ein. Das Vorkommen von Erregerstämmen mit verschiedenen Wirtskreisen ist seit langer Zeit bekannt. Eine klare Gruppierung auf der Grundlage der Virulenz gelingt nicht, da starke Überschneidungen im Wirtsbereich vorliegen. Die Species wird in sogenannten Anastomosis-Gruppen (AG) untergliedert, wobei Isolate, deren Hyphen miteinander Anastomosen bilden können, in die gleiche Gruppe gestellt werden. Die an Kartoffeln stärker pathogenen Stämme gehören meist zur Anastomosengruppe 3 (Kar-

toffelgruppe). Nichtspezifische bzw. *Rhizoctonia*-Stämme anderer Gruppen können ebenfalls die Kartoffeltriebe infizieren, rufen aber nur punkt- oder strichförmige, schwache Läsionen hervor. Die Kartoffelstämme können auch Unkräuter und andere Kulturpflanzen besiedeln. Mitunter tritt Weißhosigkeit auch an Getreide auf. Als Erreger des spitzen Augenfleckes an Getreide kommt in Europa weniger *Rhizoctonia solani*, sondern Pilze der Gattung *Ceratobasidium* in Betracht (s. Seite 42).

Bekämpfung

Häufiger Anbau der Kartoffel auf gleicher Fläche führt zu steigender Bodenverseuchung und Erhöhung des Befalls; bereits eine zweimalige Wiederholung der Kartoffelkultur kann schwere Schäden nach sich ziehen. Demgegenüber mindert eine zweijährige Anbaupause die vom Boden ausgehenden Infektionen deutlich, allerdings ist der Aufwuchs überlagerter Knollen zu verhindern. Bei normaler Fruchtfolge mit einem Kartoffelanteil bis 25% ist die Gefahr der Bodeninfektion gering, um so stärker ist auf die Verwendung gesunden Pflanzgutes zu achten. Alle Maßnahmen, die ein schnelles Auflaufen der Kartoffel fördern (vorgekeimtes Pflanzgut, flaches Auspflanzen in lockere, gut erwärmte Böden), wirken dem Krankheitsbefall entgegen. Eine direkte Bekämpfung des Erregers kann durch Abtöten der Sclerotien auf der Pflanzknolle erfolgen. Hierzu werden Beizmittel auf der Basis von Thiram + Quintozen (Pomteral), Mancozeb (Dithane Ultra), Thiram (Pomarsol) und neuerdings Pencycuron (Monceren) angeboten. Die Behandlung sollte kurz vor dem Pflanzen erfolgen. Die Maßnahme wird besonders auf neugewonnenen Flächen (z.B. Polder) mit unbalancierten Böden empfohlen. Ein gewisser Infektionsschutz wird auch durch Benzimidazolfungizide erreicht. Bodenbehandlungen mit PCNB-Präparaten haben trotz guter Wirkung aus preislichen und umwelttoxikologischen Gründen keinen Eingang in die Praxis gefunden. Resistenz liegt bei den Kulturkartoffelsorten nicht vor, jedoch werden einzelne Sorten weniger stark befallen; sie können durch hohe Keimkraft, starkes Bewurzelungsvermögen und gute Regeneration dem Erreger besser entwachsen.

Literatur

Frank, J. A., Murphy, H. J., 1977: The effect of crop rotations on *Rhizoctonia* disease of potatoes. Ann. Pot. Journ. **54**, 315–322. – Henriksen, J. B., 1961: *Corticium solani* as the cause of pitrot. Europ. Pot. Journ. **4**, 243–252. – Ogoshi, A., 1975: Studies on the anastomosis groups of *Rhizoctonia solani* Kühn. Jap. agr. res. quart. **9**, 198–203. – Parmeter, J. R. (Ed.), 1970: *Rhizoctonia solani*, Biology and Patholgy. Univers. Calif. Press, Berkeley, Los Angeles, London. – Schwinn, F. J., 1961: Über die „dry core" Krankheit der Kartoffelknolle. Zeitschr. Pflkr. Pflschutz **68**, 395–406.

3.4.9 Trocken- und Weißfäule

(dry rot)

Erreger

Fusarium solani var. *coeruleum* (Sacc.) Booth (syn. *F. coeruleum* Lib. ex Sacc.),
Fusarium sulphureum Schlecht. (syn. *F. sambucinum* Fuckel f. 6. Wollenw.).

Systematische Stellung

Deuteromycotina, Hyphomycetes, Tuberculariales.

Verbreitung, wirtschaftliche Bedeutung

Die Trockenfäule ist weltweit verbreitet und tritt von Jahr zu Jahr mit wechselnder Stärke in Lagerbeständen auf. Eine Fusariumwelke wird besonders in den südlichen Gebieten der USA beobachtet. Die Höhe der durchschnittlichen, jährlichen Lagerverluste durch Fäuleerreger wird auf wenigstens 5% der Gesamternte geschätzt. Im Einzelfall können sie 20% erreichen; frühe Sorten sind besonders gefährdet. Die zunehmende Mechanisierung der Kartoffelernte, -lagerung und -aufbereitung mit der dadurch gestiegenen Beschädigungsrate haben zu einer allgemeinen Erhöhung der Verluste beigetragen, die nur unter günstigen Lagerungsbedingungen in Grenzen gehalten werden können.

Symptome

Die Trockenfäule entwickelt sich nach zwei- bis mehrmonatiger Lagerung an gesund eingelagerten Knollen. Die Anfangssymptome bestehen in kleinen, braunen Verfärbungen an der Knollenoberfläche, die an Größe rasch zunehmen und meist in Verbindung mit Verletzungen stehen; das Gewebe sinkt etwas ein. Mit fortschreitender Krankheit erfolgt bei trockener Lagerung zunehmende Schrumpfung der befallenen Knollenteile und eine mehr oder weniger konzentrische Faltung der Schale. Die Fäule dringt tief in das Speichergewebe vor, schließlich wird die ganze Knolle ergriffen. Das zersetzte Gewebe ist braun verfärbt und pulvrig trocken; frisch abgetötete Partien sind feucht, von gelblicher Farbe und körniger Beschaffenheit. Eine dunkle Trennungslinie zwischen kranken und gesunden Teilen der Knolle ist nicht immer deutlich ausgebildet. Im Knolleninneren entstehen Risse und Höhlungen, die mit weißlichem Mycel gefüllt sind. Die Knollen werden hart, mumifiziert oder von einer sekundären Weichfäule erfaßt. Durch die Schale brechen schmutzig-weiße bis gelbliche, lockere oder gallertartige Mycelpolster hervor, die bei Lichteinwirkung bläulich oder rötlich werden (Abb. 110). Die Krankheit ist unter europäischen Verhältnissen meist eine Lagerfäule; bei Verwendung geschnittenen, vorgekeimten Pflanzgutes können Auflaufschäden eintreten, da die Knollen an den Schnittstellen faulen. Gelegentlich werden Welkeerscheinungen im Feldbestand durch Vermorschung der Mutterknolle und der Stengelbasis beobachtet.

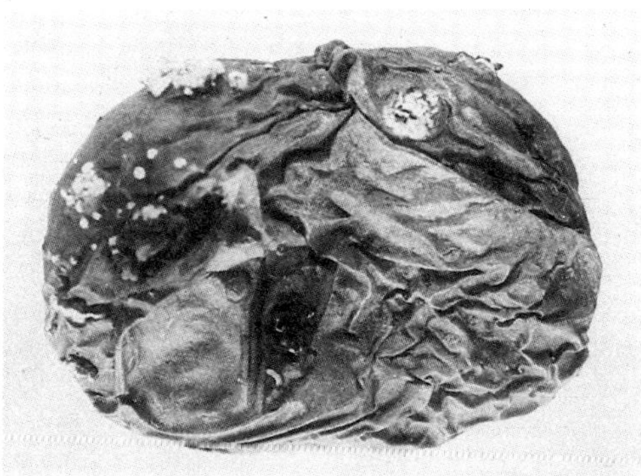

Abb. 110. *Fusarium*-Trocken- und Weißfäule *(F. coeruleum)*.

Biologie der Erreger

Fusarium solani var. *coeruleum* bildet auf Nährböden ein grau-weißes Mycel mit tiefblauem Pigment, an dem sich in cremefarbigen Massen, an Sporodochien, Mikrokonidien (8 bis 12 x 2 bis 4 µm) und reichlich 4 bis 5 septierte Makrokonidien (50 bis 58 x 5; 60 bis 65 x 5–5.5 µm) bilden (Abb. 111, a). Chlamydosporen entstehen gelegentlich in den Konidienzellen, jedoch nicht im Mycel. *Fusarium sulphureum* erzeugt ein cremefarbenes bis leicht braunes Mycel. Die Makrokonidien sind sichelförmig gekrümmt, haben eine deutliche Fußzelle und variieren von 0 bis 6 Septen; ihre Größe reicht bei 0 bis 1sep-

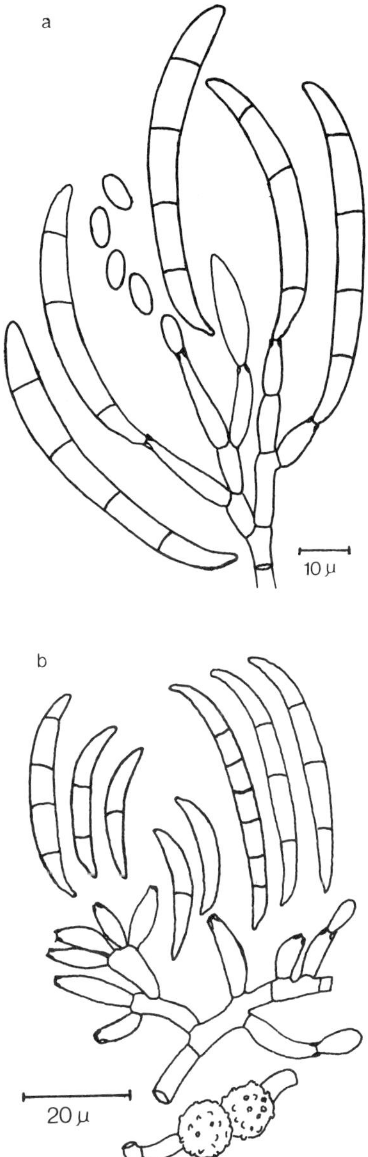

Abb. 111. Konidienformen von *Fusarium*-Arten, die häufig an Kartoffel auftreten. a = *F. solani* var. *coeruleum*, b = *F. sulphureum* (veränd. nach Booth).

tierten von 14 bis 22 x 3 bis 4 µm bei 3 bis 4septierten von 22 bis 40 x 3,5 bis 4 µm und bei 5 bis 6septierten von 40 bis 55 x 4 bis 5 µm (Abb. 111, b). Chlamydosporen werden in kurzen Ketten im Mycel oder in Konidienzellen entwickelt. Als höhere Fruchtform wird *Gibberella cyanogena* (Desm.) Sacc. genannt. Der Pilz ist heterothallisch und die Pherithecien werden in der Natur selten gefunden.
Die Erreger der Trockenfäule sind im Boden weit verbreitet und können sich saprophytisch mehrere Jahre halten; sie haften mit Erdresten an den Knollen, latenter Befall ist verbreitet. Eine Überdauerung geschieht ebenfalls im Kartoffellager. Die Infektion erfolgt hauptsächlich über Verwundungen, die den Knollen bei der Ernte, Ein- und Umlagerung zugefügt werden. Primärbefall durch Pulverschorf oder Braunfäule *(Phytophthora infestans)* kann Trockenfäule nachziehen. Eine Ausbreitung im Lagerbestand geschieht durch direkten Kontakt von kranken und gesunden Knollen. Die Fäule wird bei Temperaturen um 15 °C und einer relativen Luftfeuchte von 50% und darüber gefördert, niedrige Temperaturen (6 °C) verzögern die Ausbreitung der Erreger im Speichergewebe. Die Trockenfäule beginnt meist nicht vor Dezember und erreicht ihren Höhepunkt im zeitigen Frühjahr. Es wird angenommen, daß mit dem Auslauf der Keimruhe physiologische Veränderungen in der Knolle die Fäule begünstigen. Nach trockenen, warmen Sommern tritt die Krankheit im Lager verstärkt auf, da die Knollen stärkeren Beschädigungen bei der Ernte unterliegen.

Wirtskreis
Beide Erregerarten treten nur an Kartoffeln schädigend auf; bei *F. solani* existieren eine Reihe formae speciales mit begrenztem Wirtskreis. Die verschiedenen Kartoffelsorten zeigen deutliche Unterschiede in der Anfälligkeit, die von der physiologischen Reife der Knollen abhängig ist, so daß Änderungen während des Wachstums und der Lagerung eintreten. In der Nachblüteperiode ist die Anfälligkeit relativ hoch, nimmt bis zum Absterben des Krautes laufend ab und steigt während der Lagerperiode wieder an. Dieses Verhalten korreliert mit dem Zuckergehalt der Knollen und wird durch Düngungsmaßnahmen beeinflußt. Hohe Stickstoff- und Kaligaben fördern die Anfälligkeit. Keine der Handelssorten besitzt ausreichende Resistenz; frühe Sorten (z. B. 'Atica', 'Sirtema', 'Sieglinde') sind stärker befallsgefährdet als spätreife (z. B. 'Maritta'). Bei geringer Anfälligkeit werden die Läsionen durch rasche Suberineinlagerungen abgegrenzt.

Bekämpfung
Der Verhütung der Trockenfäule dient eine sorgfältige Ernte bei trockenem Wetter und die Vermeidung stärkerer Knollenbeschädigungen. Bei trockener Einlagerung sollte eine 10 bis 14tägige Periode bei 10 bis 15 °C zur Wundheilung eingeschaltet werden; feuchte Knollen sind durch sofortige Belüftung zunächst abzutrocknen. Bei Lagertemperaturen von 5 °C kann die Trockenfäule eingeschränkt werden. Alle Sortier- und Aufbereitungsarbeiten sollten bereits im Herbst vorgenommen werden; Umwälzungen während der Lagerzeit sind meist mit erhöhten Verlusten verbunden. Das Entfernen trokkenfauler Kartoffeln während des Lagers ist meist nicht nötig und gefährdet die gesunden Knollen. Hochanfällige Frühsorten sind besonders sorgfältig auszulesen und einzulagern. Saatkartoffeln sollten einige Wochen vor der Pflanzung aus dem Lager genommen werden; bei der Vorkeimung trocknen die Wunden gleichzeitig ein. Zur vorbeugenden Bekämpfung von Knollenfäulen wird das Einsprühen mit Thiabendazol (Tecto Fl) unmittelbar vor dem Einlagern empfohlen.

Literatur
BOOTH, R. H., 1980: Tuber diseases of seed potatoes. J. nat. Inst. agric. Bot. **12,** 72–76. – BOYD, A. E. W., 1972: Potato storage diseases. Rev. Pl. Path. **51,** 297–321. – LANGERFELD, E., 1977: Vergleichende Darstellung pilzlicher Lagerfäuleerreger an Kartoffelknollen. Nachr. Bl. Dtsch. Pflanzenschtzd. Braunschweig **29,** 20–24.

3.4.10 Phoma – Trockenfäule
(gangrene)

Erreger
Phoma exigua Desm. var. *foveata* (Foister) Boerema.

Systematische Stellung
Deuteromycotina, Coelomycetes, Sphaeropsidales, Sphaeropsidaceae.

Verbreitung, wirtschaftliche Bedeutung

Der Erreger scheint in allen Ländern mit Kartoffelanbau vorzukommen. Stärkere Verbreitung liegt auf den Britischen Inseln und in Südaustralien vor. Außer in diesen ursprünglichen Befallsgebieten ist die Krankheit in Skandinavien, der Sowjetunion, Nordamerika und Mitteleuropa nachgewiesen. In Deutschland wurde sie erstmals 1953 erkannt, ohne jedoch bisher auffällige Schäden verursacht zu haben. Der Erreger scheint jedoch an Bedeutung zu gewinnen, da die zunehmende Mechanisierung der Ernte zu Verletzungen beiträgt, die Infektionen begünstigen. Die wirtschaftliche Bedeutung liegt in den Lagerverlusten, die in verseuchten Gebieten 30% übersteigen können. Feldbefall mit Mindererträgen bis zu 20% traten bei Verwendung stark erkrankten Pflanzgutes auf. Stengelläsionen haben keinen Einfluß auf den Ertrag.

Symptome

Auf der Knollenoberfläche findet man schüsselförmige, daumenartig eingedrückte Vertiefungen, die einen Durchmesser von 5 bis 25 mm erreichen. Einzelne Läsionen können gelegentlich auch ineinander übergehen. Der gut ausgeprägte Rand der Befallsstellen ist häufig geriffelt. Die Dellen sind an der Oberfläche längsoval gefaltet, gelegentlich glatt und straff (Abb. 112). Die Schale wird rissig; aus den Rissen wächst unter feuchten Bedingungen ein weißes bis graues Luftmycel aus. Im fortgeschrittenen Befallsstadium werden in diesem stecknadelkopfgroße, braun- bis schwarzgefärbte Sporenbehälter (Pyknidien) sichtbar. Der Befall bleibt jedoch nicht auf die Oberfläche beschränkt, sondern dringt ins Innere der Knolle vor. Dabei können zuweilen Risse im befallenen Gewebe entstehen, die sich zu Hohlräumen ausweiten. Charakteristisch für das Schadbild ist die scharfe Abgrenzung von gesundem und krankem Gewebe durch eine dunkle Korkzone (Farbtafel 12, S. 172). Im Feldbestand sind erste Symptome an den Stengeln zur Blüte zu beobachten. In der Nähe der Blattstiele bilden sich bis 8 cm große, längliche, diffuse, hellgraue Flecke, besetzt mit braunen Pyknidien. Dieser Sproßbefall wird bei frühen und mittelfrühen Sorten beobachtet, bei späteren entstehen bis 4 cm lange, ovale, 1,5 mm tiefe Läsionen mit braunem Rand. Oberirdischer Sproßbefall kommt nur in Gebieten mit langer Vegetationsdauer vor.

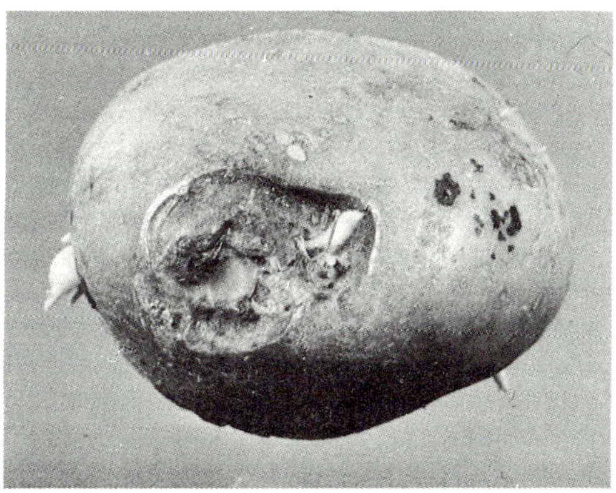

Abb. 112. Phoma-Trockenfäule *(Ph. exigua* var. *foveata).*

Biologie des Erregers

Phoma exigua var. *foveata* bildet meist einzeln stehende, in das Gewebe eingesenkte, gelbbraune bis schwarze Pyknidien von kugeliger Gestalt (117 bis 187 µm). Die hyalinen Pyknosporen sind einzellig, oval (5,2 x 1,8 µm) und treten in Schleimranken aus. Ein Perfektstadium (*Ophiobolus porphyrogonus*) wurde auf überwintertem Kartoffelkraut gefunden und mit dem Erreger in Verbindung gebracht.

Die Kontamination der Knollen im Feld erfolgt durch Sporen, die sich in Pyknidien an den oberen Sproßteilen bilden; sie werden durch Regen in den Boden gespült. Knolleninfektionen gehen meist von Verletzungen aus, die während des Rodevorganges, des Transportes, der Einlagerung, Sortierung oder Pflanzung entstanden sind. Der Erreger dringt gelegentlich auch durch Keimanlagen oder Lentizellen ein. Der Befall an oberirdischen Organen geht von der erkrankten Pflanzknolle aus. Die Ausbreitung der Stengelinfektionen im Bestand geschieht durch Pyknosporen, welche mit Regenspritzern oder durch Wind verteilt werden. Der Erreger greift seltener vom Stengelgrund über die Stolonen auf die Knollen über.

Knolleninfektionen im Lager verlaufen optimal bei Temperaturen unter 10 °C und einer relativen Feuchte von 80%. Sie werden ferner begünstigt durch Dunkelheit und höheren O_2-Gehalt der Luft. Die Inkubationszeit beträgt im günstigsten Fall 14 Tage, meist vergehen jedoch mehrere Wochen. Bei niedrigen Temperaturen wird die Bildung von Wundkork verzögert, und die Fäule dehnt sich aus; bei Wärme (20 °C) wird das Fortschreiten der Knollenfäule durch neu angelegte Korkschichten verhindert. Infektionen können vom Zeitpunkt der Ernte bis zum Pflanzen in der nächsten Vegetationsperiode vorkommen, da die Infektiosität des Inokulums lange Zeit erhalten bleibt.

Wirtskreis
Phoma exigua var. *foveata* tritt als Krankheitserreger nur an Kartoffel auf. Der Pilz vermag sich auch an Gerste, Raps, Zuckerrübe und Kohlarten zu halten. Pyknidienbildung wurde auch auf abgestorbenen Unkrautstengeln nachgewiesen. Verschiedene Isolate der Erreger haben eine unterschiedliche Virulenz; Rassenbildung ist aber kaum gegeben. Innerhalb von *Solanum tuberosum* liegt keine vollständige Resistenz vor, jedoch unterscheiden sich einzelne Sorten in ihrer Anfälligkeit, dabei hat die Reifegruppe keinen wesentlichen Einfluß. Die Sorten 'Esta', 'Maritta' und 'Saturna' zeigten in Tests meist eine geringe Ausdehnung der Knollenfäule.
Phoma exigua var. *exigua* ist ein weit verbreiteter Bodenpilz, der aber eine vergleichsweise geringe Pathogenität auf Kartoffel und anderen Wirtspflanzen besitzt. In künstlicher Kultur kann durch das Fehlen einer Pigmentbildung (Antrachinone) eine Differenzierung zu var. *foveata* vorgenommen werden.

Bekämpfung
Eine gezielte Bekämpfung der *Phoma*-Trockenfäule ist in den Befallslagen in Großbritannien notwendig. Durch frühe Pflanzzeit und ausgewogene Düngung kann die Wundkorkbildung der Knollen verstärkt und die Ausdehnung der Fäule gemindert werden. Die Kontamination der Knollen bei der Rodung wird durch Herausziehen und Entfernen des Krautes vermindert; Zerschlagen oder Totspritzen der Sprosse ist weniger effektiv. Chemische Krautabtötung kann *Phoma*-Befall sogar steigern, wenn ein längerer Zeitraum bis zur Ernte vergeht. Besonders bedeutsam ist die Vermeidung von Knollenbeschädigungen bei Rodung, Transport, Sortierung und Aufbewahrung. Die Lagerung sollte anfangs 10 bis 14 Tage bei Temperaturen von 12 bis 15 °C vorgenommen werden, um ausreichende Wundheilung zu ermöglichen; anschließend ist das Lagergut auf 6 bis 7 °C abzukühlen. Wegen der Überdauerung des Erregers sollte eine gründliche Reinigung der Einrichtungen vor der Einlagerung vorgenommen werden.
In Deutschland waren chemische Maßnahmen zur Bekämpfung der *Phoma*-Fäule bisher nicht erforderlich. In England werden bei besonderen Fällen (Pflanzgut) Tauchbehandlungen mit Hg-haltigen Präparaten angeraten. Zur Bekämpfung pilzlicher Lagerfäuleerreger hat sich das Besprühen mit Thiabendazol (Tecto Fl) bewährt. Die Behandlungen müssen unmittelbar nach der Ernte durchgeführt werden, da innerhalb von 10 bis 14 Tagen der Erreger in unbehandelten Knollen sich bereits soweit festgesetzt haben kann, daß die Fungizide ohne Wirkung bleiben.

Literatur
Adams, M. J., 1979: Factors affecting survival of *Phoma exigua* var. *foveata* in soil. Trans. Brit. myc. Soc. **73**, 91–97. – Boyd, A. E. W., 1972: Potato storage diseases. Rev. Plant Pathol. **51**, 297–321. – Langerfeld, E., 1975: Betrachtungen zum Phoma-Problem. Kartoffelbau **26**, 102–103. – Logan, C., Copeland, R. B., Little, W. G., 1977: Potato storage disease control. Agr. N. Ireland **52**, 80–83. – Popkova, K. V., Mamekova, V. K. Kovaleva, L. V., 1974: Die Phoma-Fäule der Kartoffel (Gangrene of potatoes). Arch. Phytopath., Pflanzenschutz **10**, 89–101.

3.4.11 Dürrfleckenkrankheit
(early blight)

Erreger
Alternaria porri (Ell.) Neerg. f. sp. *solani* (syn. *Alternaria solani* Sorauer).

Systematische Stellung
Deuteromycotina, Hyphomycetes, Hyphomycetales, Dematiaceae.

Verbreitung, wirtschaftliche Bedeutung
Die Dürrfleckenkrankheit ist in Deutschland bisher wenig in Erscheinung getreten. In Ländern mit häufigem Wechsel von Trockenheit und Feuchte bei hoher Wärme, z. B. in den USA und Indien, kann sie epidemisch auftreten. Über Lagerverluste durch Trockenfäule wurde früher häufiger berichtet. Sie sind bei den modernen

Ernte- und Lagerverfahren jedoch heute ebenfalls von untergeordneter Bedeutung.

Symptome

Sehr frühzeitig, ab Anfang Juni, werden auf den Blättern zerstreut, anfangs punktartige, sich rasch vergrößernde Blattflecke von dunkelbrauner bis schwarzer Farbe gebildet. Sie weisen meist konzentrische Ringe auf, wobei sich dunkelbraunes, flaches und schwarzes, gratartig erhöhtes Gewebe abwechseln. Erkranktes Gewebe ist scharf von dem gesunden abgegrenzt. Die unteren Blätter erkranken zuerst, bei Trockenheit dörren die Flecke ein, das Gewebe wird brüchig und fällt aus (Farbtafel 12, S. 172). An Stengeln treten dunkelbraune, konzentrische Ringe hervor. Auf den Knollen kommt es zu einer meist wenig bemerkten Trockenfäule. Das befallene Gewebe ist muldenartig verbräunt und leicht eingesunken; die Knollen schrumpfen stärker. Wegen des frühen Auftretens hat die Krankheit auch den Namen „Early blight“ erhalten.

Biologie des Erregers

Der Erreger infiziert das Blattgewebe bevorzugt, wenn es physiologischen Streßsituationen unterworfen war. Dazu gehören Beschattung, ungenügende Ernährung, feuchter Standort, Insektenbefall sowie Spritz-, Kälte- und Hitzeschäden, die eine gewisse Notreife hervorgerufen haben. Die an einfachen Konidienträgern kettenartig gebildeten, keulenförmigen Konidien haben eine lange Scheitelzelle und sind mauerartig septiert (12 bis 20 x 120 bis 296 µm) (Abb. 113). Sie keimen bei hoher Feuchtigkeit und dringen mit Infektionshyphen durch Stomata und Epidermiszellen in das Blatt. Die Anfangssymptome sind bereits nach zwei bis drei Tagen sichtbar. Optimale Ausbreitung der Krankheit geschieht bei häufigem Regen, starkem Tau und Temperaturen zwischen 25 und 27 °C. Die Knolleninfektion erfolgt zur Erntezeit, vornehmlich an Wundstellen. Ein Neubefall gesunder, unverletzter Knollen während der Lagerung tritt gewöhnlich nicht ein. Hohe N-Gaben bei geringer P-Versorgung mindern das Auftreten der Krankheit im Feldbestand.

Wirtskreis

Der Wirtskreis von *Alternaria porri* f. sp. *solani* umfaßt eine größere Anzahl von Kultur- und Wildpflanzen, darunter Tomate, Paprika, Eierfrucht (*Solanum melongena*), Kohl, Möhren, Salat und Zwiebeln, sowie *Hyoscyamus niger, Nicandra physaloides* und *Solanum nigrum*. Gelegentlich treten Infektionen an Tomatenfrüchten auf. Der Pilz bildet eine größere Anzahl von Stämmen mit unterschiedlicher Aggressivität an Kartoffel. Mitunter sind Blattstämme aggressiver als Knollenisolate. Glattschalige Knollen sollen stärker befallen werden als rauhschalige.

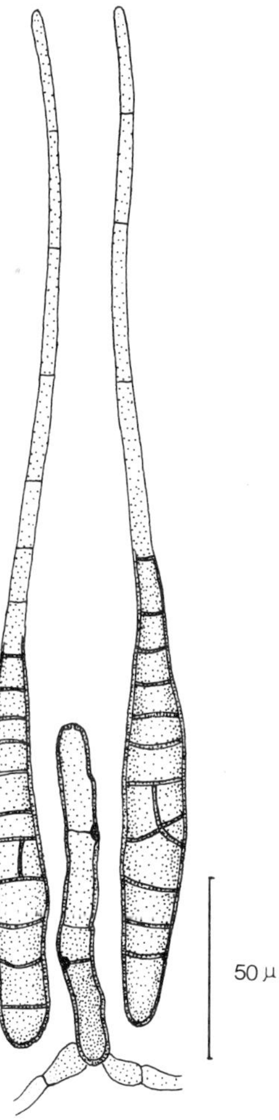

Abb. 113. *Alternaria porri* f. sp. *solani*, Konidien, Konidienträger.

Bekämpfung

Sofern notwendig, kann die Dürrfleckenkrankheit ähnlich wie die Krautfäule (*P. infestans*) mit Fungiziden aus der Gruppe der Thiocarbamate

bekämpft werden. Kupferkalkbrühe brachte nicht immer befriedigende Ergebnisse.
Die Knolleninfektion kann weitgehend vermieden werden durch Krautabtötung vor der Ernte. Infizierte Knollen sollen nicht als Pflanzgut Verwendung finden, da lückige Bestände erwachsen können. Gute Standortbedingungen und Pflegemaßnahmen drängen das Krankheitsauftreten zurück. In Befallsgebieten dürfte sich der Anbau widerstandsfähiger Sorten empfehlen, die in ausländischen Sortimenten vorliegen. Eine planmäßige Züchtung scheint in Europa bisher nicht notwendig, da der Befall meist gering bleibt.

Literatur

Barclay, G. M., Murphy, H. J., Manzer, F. E., Hutchinson, F. E., 1973: Effects of differential rates of nitrogen and phosphorus on early blight in potatoes. Am. Pot. Journ. 50, 42–48. – Ellis, M. B., Gibson, J. A. S., 1975: *Alternaria solani*, C. M. I. Descriptions of pathogenic Fungi and Bacteria No. 475. – Hoffmann, G. M., 1961: Pilz- und Bakterienkrankheiten der Kartoffel. In: Schick, R., und Klinkowski, M.: Die Kartoffel. Bd. II, 1139–1297. – Venette, J. R., Harrison, M. D., 1973: Factors affecting infection of potato tubers by *Alternaria solani* in Colorado. Am. Pot. Journ. 50, 283–292.

3.4.12 Verticillium-Welke
(early-dying disease, Verticillium wilt)

Erreger

Verticillium albo-atrum Rke. et Berth.,
Verticillium dahliae Kleb.

Systematische Stellung

Deuteromycotina, Hyphomycetes, Hyphomycetales, Moniliaceae.

Verbreitung, wirtschaftliche Bedeutung

Die *Verticillium*-Welke an Kartoffeln ist weltweit verbreitet; sie tritt in Mitteleuropa jedoch nur sporadisch auf und die Symptome sind häufig kaum zu identifizieren bzw. bei früher Krautabtötung überhaupt nicht wahrzunehmen. Die verbreitete Latenz täuscht ein geringes Vorkommen vor; nennenswerte Schäden sind bisher ausgeblieben. Aus Südosteuropa, dem Vorderen Orient, Indien und Nordamerika wird von teilweise starkem Auftreten berichtet. Große Bedeutung besitzt die Krankheit bis heute in den Staaten Maine, Idaho, Oregon und Nord-Dakota sowie in Ost-Kanada, wo Verluste bis zu 50% eingetreten sind. In Deutschland wird an mittelspäten und späten Sorten nach vorausgegangener warmer, trockener Sommerperiode die Welkekrankheit häufiger beobachtet.

Symptome

Erste Anzeichen einer Erkrankung werden zur Blütezeit ab Mitte Juli sichtbar. Die untersten Blätter vergilben, welken und sterben schließlich unter Braunfärbung ab. Die Internodien der obersten Sproßteile erreichen nicht die normale Länge, so daß die Pflanzen gestaucht und die Blätter stärker rosettenartig angeordnet sind; die obersten Fiederblätter rollen sich um die Mittelrippe einwärts. Mitunter beobachtet man nur eine einseitige Erkrankung der Triebe. Bei leichtem Befall erreicht die Pflanze ihre normale Höhe, zeigt nur geringfügige, teils unspezifische Symptome, die weitgehend der natürlichen Abreife ähneln und erst kurz vor dieser zu erkennen sind. Schwerer Befall äußert sich in starker Verkümmerung und frühzeitiger Welke. Das Syndrom erinnert an die Schwarzbeinigkeit und die Blattrollkrankheit, jedoch tritt keine Fäule an den unteren Stengelabschnitten auf; die Gefäßbahnen sind gelblichbraun verfärbt. Nach dem Absterben der Triebe bilden sich Mikrosclerotien oder Streifen dunklen Mycels unter der Epidermis. Erkrankte Knollen zeigen äußerlich keine Veränderungen; bei Querschnitten ist am Nabelende eine Braunfärbung von Gefäßteilen zu erkennen, die sich mehr oder weniger in das Knolleninnere zieht; mitunter liegt latenter Befall vor. Die Symptomausprägung ist stark von den Umweltbedingungen abhängig; warmes, trockenes Wetter begünstigt die Entwicklung des Krankheitsbildes.

Biologie des Erregers

Als Erreger der Kartoffelwelke wurde *Verticillium albo-atrum*, ein weitverbreiteter Bodenpilz, frühzeitig nachgewiesen. Während zunächst zwei Varianten dieser Art unterschieden wurden, liegen nach neuerer Ansicht die beiden Species *V. albo-atrum* und *V. dahliae* vor. In Reinkultur und Pflanzengewebe erzeugt *V. albo-atrum* ein dunkles, mit verdickten Zellwänden und Hyphenknoten versehenes Dauermycel. Die einfachen, wirteligen Konidienträger zeigen eine dunkle, verdickte Basis; die einzelligen, mitunter einseptierten Konidien werden in Tröpfchen terminal gebildet und messen 3,5 bis 8 x 2 bis 3 µm. *V. dahliae* erzeugt meist zahlreiche, schwarze Mikrosclerotien, die Konidienträger sind hyalin, die Konidien 3 bis 6 x 1,5 bis 2 µm groß (Abb. 114). Nicht geklärt ist die Bedeutung weiterer an Kartoffeln nachgewiesener *Verticillium*-Arten (*V. tricorpus, V. nigrescens, V. nubilum*). *V. nubilum* scheint an der Bildung spiralig verdrehter Sprosse bei der Keimung der Knollen beteiligt zu sein.

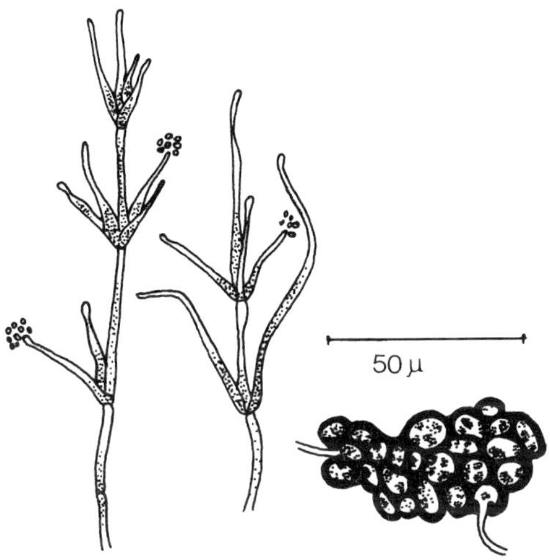

Abb. 114. *Verticillium dahliae,* Konidienträger, Konidien, Mikrosclerotium.

Die Infektion der Pflanze geschieht vornehmlich über das Wurzelsystem; Blattinfektionen durch Stomazellen sind möglich, aber im Feldbestand kaum zu erwarten. Die im Boden liegenden Dauermycelien und Mikrosclerotien keimen mit Mycel aus oder bilden Konidien; die Keimhyphen dringen besonders an den Austrittsstellen von Nebenwurzeln, an Wunden und Beschädigungen ein. Das Mycel erreicht über den Zentralzylinder das Xylem und breitet sich mit dem Wasserstrom über die Pflanze aus, wobei insbesondere Konidien transportiert werden. Über die Stolonen dringen die Pathogene in die jungen Knollen vor und verursachen Gewebeveränderungen besonders am Nabelende. Die *Verticillium*-Arten sind an die besonderen Bedingungen im Xylem (reduzierter Sauerstoffgehalt, fließende Nährlösung und geringe Zucker- und Aminosäureanteile) gut angepaßt; durch enzymatischen Abbau von Zellwandbestandteilen und stärkerem Ausfluß von Nährstoffen aus dem Parenchym in das Xylem werden die Bedingungen für das Wachstum des Erregers verbessert. Die Welkesymptome sind das Ergebnis eines hohen Wasserdefizits in der Pflanze; die Transpiration ist zwar deutlich gemindert, aber sie kann die stark reduzierte Wasserversorgung nicht ausgleichen. Für die Schädigung der wasserleitenden Gefäße werden verschiedene Stoffwechselprodukte der Erreger verantwortlich gemacht (Wuchsstoffe; Polysaccharide und Polypeptide; Enzyme; Respirations- und Welketoxine), deren Reaktionen im einzelnen noch nicht voll aufgeklärt sind. Das Welkesyndrom geht auf verschiedene, ineinandergreifende Stoffwechselprozesse zurück. Auffällige Veränderungen zeigen sich in der verstärkten Thyllenbildung und der Braunfärbung (Phenoloxydation) des Xylems. Die Ausprägung der Symptome wird von der Tageslänge beeinflußt; Bedingungen, welche das vegetative Wachstum fördern (Langtag), führen zu einer Verzögerung der Krankheitserscheinungen. Kurztag (10 Stunden) begünstigen die Symptombildung, so daß z. B. latenter Befall erkannt werden kann. Geringe Lichtintensität und hohe relative Luftfeuchte wirken ebenfalls infektionsfördernd.

Die Erreger überdauern in Kartoffelknollen, abgestorbenen Kartoffelstengeln, im Boden oder in Unkräutern; besonders bedeutsam ist die äußere Kontamination von Pflanzknollen. Gefäßinfektionen in der Knolle haben wenig Einfluß auf Aufgang, Wuchs, das Auftreten von Welkesymptomen und die Befallsschwere. Die Infektionen gehen überwiegend von dem Inokulum im Boden bzw. an den Knollen aus; hierbei ist die Dichte von großem Einfluß. Stärkere Welkeerkrankungen treten nur bei hoher Verseuchung auf. Die beiden *Verticillium*-Arten stellen unterschiedliche Temperaturansprüche; *V. albo-atrum* zeigt bei niedrigeren Temperaturen eine höhere Aggressivität, *V. dahliae* wird in Gebieten mit höheren Bodentemperaturen stärker angetroffen. Beide Erreger können gleichzeitig in einer Pflanze auftreten.

Wirtskreis

V. albo-atrum und *V. dahliae* haben einen weiten, sich stark überschneidenden Wirtskreis, zu dem u. a. Hopfen, Luzerne, Lupine, Tomate, Eierfrucht, Gurke, Melone, Erdbeeren, Beerensträucher und eine Vielzahl von Zierpflanzen und -sträucher gehören. Besondere Beachtung ist der Anfälligkeit zahlreicher Unkräuter zu schenken, da sich durch Verunkrautung von Flächen ebenfalls die Erregerpopulation im Boden erhöhen kann. Eine strenge biologische Spezialisierung liegt nicht vor, jedoch können Stämme von beiden Arten gefunden werden, die sich in ihrem Wirtskreis und der Pathogenität unterscheiden. Durch Monosporisolate wird die starke physiologische Heterogenität der *Verticillium*-Arten erkennbar. Stärkeres Auftreten der *Verticillium*-Welke in Nordamerika hat sortentypische Resistenzunterschiede erkennen lassen. Volle Widerstandsfähigkeit liegt kaum vor, jedoch gibt es Sorten mit geringerem Befall bzw. höherer Toleranz. Die Resistenz wird in Zusammenhang gebracht mit dem Gehalt an o-Dihydroxyphenolen, hauptsächlich Chlorogensäure und deren Oxydationsprodukten, in den jungen Kartoffelwurzeln; resistente Sorten haben bis zu fünffach höhere Anteile als anfällige. Mit zunehmendem Alter nimmt die Fähigkeit zur Synthese phenolischer Verbindungen ab und die Anfälligkeit gegen *Verticillium* spp. zu. Chlorogensäure hemmt die Sporenkeimung bei ähnlichen Konzentrationen, wie sie in resistenten Pflanzen vorliegen.

Bekämpfung

Das sporadische Auftreten der *Verticillium*-Welke an Kartoffeln hat in Mittel- und Nordeuropa bisher keine Maßnahmen zur Verhütung von Schäden erfordert. In Nordamerika wird auf die Befallsreduktion durch 3- und mehrjährige Fruchtfolgerotationen hingewiesen. Eine direkte Bekämpfung während der Vegetationszeit ist nicht möglich; die Entseuchung der Böden mit Methylbromid, Dazomet oder 1,3 Dichlorpropen + Chlorpicrin ist wirtschaftlich nicht tragbar oder verzögert lediglich die Symptombildung, nur bei Methylbromid wird eine längere Wirkung erreicht. Die latente Kontamination des Pflanzgutes kann erheblich sein, Knollenbehandlungen mit Benomyl und Thiophanatmethyl zeigten sehr gute Wirkung hinsichtlicht der Befallsreduktion. Dem Anbau resistenter Sorten ist die größte Bedeutung beizumessen. Über Anfälligkeitsunterschiede im deutschen Sortiment liegen keine Untersuchungen vor.

Literatur

Beckman, C. H., 1973: The incidence of *Verticillium* species in soils, vines and tubers of Rhode Island-grown potatoes. Pl. Dis. Reptr. **57**, 928–932. – Emmond, G. S., Ledingham, R. J., 1972: Effects of crop rotation on some soilborne pathogens of potato. Canad. J. Pl. Sci. **52**, 605–611. – Harrison, D. E., 1967: *Verticillium* wilt of potato. J. agr. Vict. Dep. Agric. **65**, 113–122. – Isaac, J., Harrison, J. A. C., 1968: The symptoms and causal agents of early-dying disease (*Verticillium* wilt) of potatoes. Ann. appl. biol. **61**, 232–244. – Pegg, G. F., 1974: *Verticillium* diseases. Rev. Pl. Path. **53**, 157–182.

3.4.13 Pilzkrankheiten von geringerer Bedeutung

Sclerotinia-Stengelfäule
(stalk break)

Erreger

Sclerotinia sclerotiorum Bref. [syn. *Whetzelinia sclerotiorum* (Sacc.) Korf et Dumont].
In Bodennähe bilden sich an den Stengeln weißliche Mycelpolster. Die Blätter welken, die Stengel brechen um. Im Mycel entstehen erbsengroße, dunkle Sclerotien, mit denen der Erreger im Boden überdauert. Die Krankheit tritt auch an zahlreichen Gemüsearten (Kohl, Möhren, Gurken, Tomaten und anderen) auf.

Colletotrichum-Welke
(black dot)

Erreger

Colletotrichum atramentarium (Berk. et Br.) Taubenh.
Die Pflanzen lassen im Wuchs nach, die Blätter vergilben; bei trockenheißer Sommerwitterung sterben sie vorzeitig ab. Die Stengel sind graugrün bis braun gerieft, bleiben aufrecht und zeigen mitunter Luftknöllchen. Das Wurzelsystem ist vermorscht, die Knollen sind gummiartig weich (Gummiknollenwelke). Auf den abgestorbenen Stengeln zeigen sich in großer Zahl dunkle Acervuli des Erregers.

Silberschorf
(silver scurf)

Erreger
Spondylocladium atrovirens Harz.
Auf der Knollenoberfläche werden zur Erntezeit leicht eingesunkene, bräunliche Flecke sichtbar. Nach kurzer Zeit nehmen diese silbergraue Färbung an; dunkle Sporenträger und Konidien geben den Flecken ein rußig-schwarzes Aussehen. Befallene Knollen schrumpfen stark; bei gefärbten Sorten wird das Pigment zerstört; das Speichergewebe wird meist nicht verändert.

Tüpfelfleckenkrankheit
(skin spot)

Erreger
Oospora pustulans Owen et Wakefield.
Während des Winterlagers bilden sich auf der Knollenschale wenige Millimeter große, scharf umgrenzte Pickel. Die Schale bleibt intakt und erscheint glänzend. Später sinkt das Gewebe um das Zentrum der Läsion ringförmig ein. Die Befallsstelle wird braun, mit einem etwas heller gefärbten gut markierten Rand. Die Tüpfelflecke sind einzeln verteilt oder in Gruppen angeordnet und fließen dann zusammen. Das Speichergewebe ist unterhalb der Läsion wenige Millimeter verbräunt und wird durch eine Korkschicht abgegrenzt.
Die Infektion erfolgt vom Boden aus, der Erreger scheint in manchen Gebieten ein verbreiteter Bodenpilz zu sein.

Rotfäule
(pink rot)

Erreger
Phytophthora erythroseptica Pethybridge.
Die Pflanzen zeigen Vergilbungs- und Welkeerscheinungen, der Stengelgrund ist vermorscht. Typische Symptome äußern sich in einer mattbraunen Verfärbung der Knollenoberfläche; die Schale läßt sich leicht abstreifen. Befallenes Speichergewebe nimmt beim Aufschneiden nach einiger Zeit eine lachsrote, später braune bis schwarze Färbung an. Eine deutliche Abgrenzung von gesundem Gewebe wird nicht sichtbar.

Wäßrige Wundfäule
(watery wound rot)

Erreger
Pythium ultimum Trow.
An mechanischen Verletzungen bildet sich eine rasch fortschreitende Naßfäule. Zwischen dem gesunden und kranken, dunkelbraun gefärbten, stark erweichten Knollenfleisch entsteht eine dunkle Trennungslinie. Mitunter sind größere Gewebepartien in der Knollenmitte zerstört.

Violette Wurzelfäule
(violet root rot)

Erreger
Helicobasidium purpureum (Tül.) Pat.
Auf den Knollen wird ein feines Netzwerk von rötlichen Mycelsträngen sichtbar, mitunter wird die ganze Knolle in Mycel eingehüllt. Das Gewebe zeigt eine typische Trockenfäule; im Pilzgeflecht werden kleine, violette bis schwarze Sclerotien gebildet. Die Krankheit tritt auch an Zukkerrüben und Möhren auf.

Grauschimmel
Botrytis cinerea Pers. kann bei anhaltend feuchtkühlem Wetter zu Blatt- und Stengelnekrosen führen; auf dem abgestorbenen Gewebe bildet sich ein grauer Pilzrasen (Grauschimmel). Gelegentlich kann auch eine Weichfäule an Knollen verursacht werden.

Echter Mehltau
Erysiphe cichoracearum DC. wird vereinzelt im Gewächshaus beobachtet; blattoberseits und/ oder -unterseits entwickeln sich die typischen weißlichen Pusteln. Der Erreger tritt im Vorderen Orient auch im Freiland schädigend auf.

Cercospora-Blattfleckenkrankheit
Cercospora concors (Casp.) Sacc. wurde als Erreger einer Blattfleckenkrankheit mit enger lokaler Verbreitung nachgewiesen. Ab Mitte Juli entstehen anfangs diffuse, gelblich-grüne, später scharf abgegrenzte gelbe-dunkelbraune Blattflecke von 3 bis 10 mm Größe; blattunterseits bildet der Erreger einen violettgrauen Mycelüberzug.

Clonostachys-Knollenfäule
Clonostachys araucariae Corda var. *rosea* Preuss. ist der Erreger einer selten auftretenden Knollenfäule im Lager. Das Speichergewebe ist dunkelbraun verfärbt und trocknet unter Kaver-

nenbildung ein. Der Pilz entwickelt weißliche Mycelrasen auf den Knollen und in dem zerstörten Gewebe.

Hallimasch
Der Hallimaschpilz (*Armillariella mellea* Karsten) überzieht die Knollen mit einem groben Netzwerk aus Pilzsträngen, unter denen das Gewebe verbräunt und einsinkt. Der Erreger ist an holzigen Gewächsen verbreitet und kann von Baumstümpfen aus den Boden durchwachsen.

Literatur
BOYD, A. E. W., 1972: Potato storage diseases. Rev. Pl. Path. **51**, 297–321. – HOFFMANN, G. M., 1961: Pilz- und Bakterienkrankheiten der Kartoffel. In: Schick, R., Klinkowski, M.: DIE KARTOFFEL, EIN HANDBUCH. BD. II, 1139–1297. – WENZL, H., 1964: Die Welkekrankheiten der Kartoffel. Pflanzenschutzber. Wien, **31**, 161–178.

3.5 Schädlinge

3.5.1 Nematoden

Kartoffelzystenälchen, Kartoffelnematoden

Cremefarbenes Kartoffelzystenälchen, Weißer Kartoffelnematode (white potato cyst nematode), *Globodera pallida* (Stone) (syn. *Heterodera pallida* Stone);

Goldfarbenes Kartoffelzystenälchen, Gelber Kartoffelnematode (golden potato cyst nematode), *Globodera rostochiensis* (Wollenw.) (syn. *Heterodera rostochiensis* Wollenw.)

Systematische Stellung
Tylenchida, Heteroderidae

Geographische Verbreitung
G. pallida ist in West-und Mitteleuropa verbreitet, kommt aber auch in Island, Indien (Nilgiri), Neuseeland und in einigen Ländern Südamerikas (Peru, Equador, Kolumbien, Bolivien) vor. *G. rostochiensis* ist aus weiten Teilen Europas einschließlich der westlichen Gebiete der UdSSR, aus Süd- und Nordafrika (Tunesien, Algerien), Indien (höhere Lagen), Japan, Philippinen, Neuseeland, Süd- und Mittelamerika, USA und Kanada bekannt. Als ursprüngliche Heimat der Kartoffelzystenälchen wird die Andenregion Südamerikas angenommen (Abb. 115).

Beschreibung
Larve (2. Stadium) – Schlank und fadenförmig, Länge etwa 0,4 bis 0,5 mm. *G. pallida* im Durchschnitt etwas größer als *G. rostochiensis* (Ø 468 μm). Mundstachel kräftig, bei *G. pallida* etwa 21 bis 26 μm lang, bei *G. rostochiensis* 21 bis 23 μm (Abb. 116).
Weibchen bzw. **Zyste:** Zyste zunächst an Wurzeln festsitzend. Durchmesser etwa 0,5 mm (Abb. 116). Zystenform rundlich mit deutlich vorstehendem Hals. Färbung des vollentwickel-

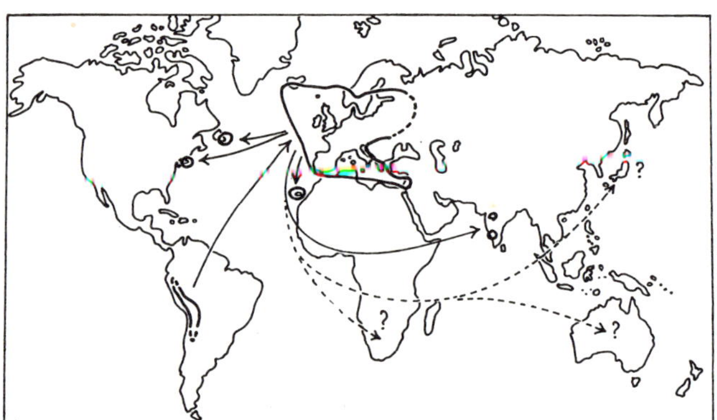

Abb. 115. Von den südamerikanischen Anden ausgehende Verbreitung des Goldfarbenen Kartoffelzystenälchens *(Globodera rostochiensis)* (nach SOUTHEY).

ten ♀ bzw. der Zyste bei *G. pallida* zunächst weiß und später braun, bei *G. rostochiensis* zuerst weißlich, dann goldgelb und schließlich braun (Farbtafel 13, S. 205). Mundstachel von *G. pallida* 23 bis 29 µm (Ø 26,7 µm) lang, von *G. rostochiensis* 21 bis 25 µm (Ø 22,9 µm). Distanz zwischen After und Vulva bei *G. pallida* (Ø 43,9 µm) kürzer als bei *G. rostochiensis* (Ø 60 µm).

Männchen: Länge etwa 1,1 bis 1,3 mm. Tier frei beweglich, schlank und mit gut entwickeltem Mundstachel (Abb. 116).

Brutpflanzen

Beide *Globodera*-Arten leben an Pflanzen der Familie der Nachtschattengewächse (Solanaceae). Unter den Kulturpflanzen werden Kartoffel, Tomate und Aubergine (*Solanum melongena*) befallen. Unter den Unkräutern werden vor allem Bittersüß (*S. dulcamara*), Schwarzer Nachtschatten (*S. nigrum*), Geflügelter Nachtschatten (*S. miniatum*) und als weniger wichtige Art das Bilsenkraut (*Hyoscyamus niger*) und der Stechapfel (*Datura stramonium*) als Wirtspflanzen genannt.

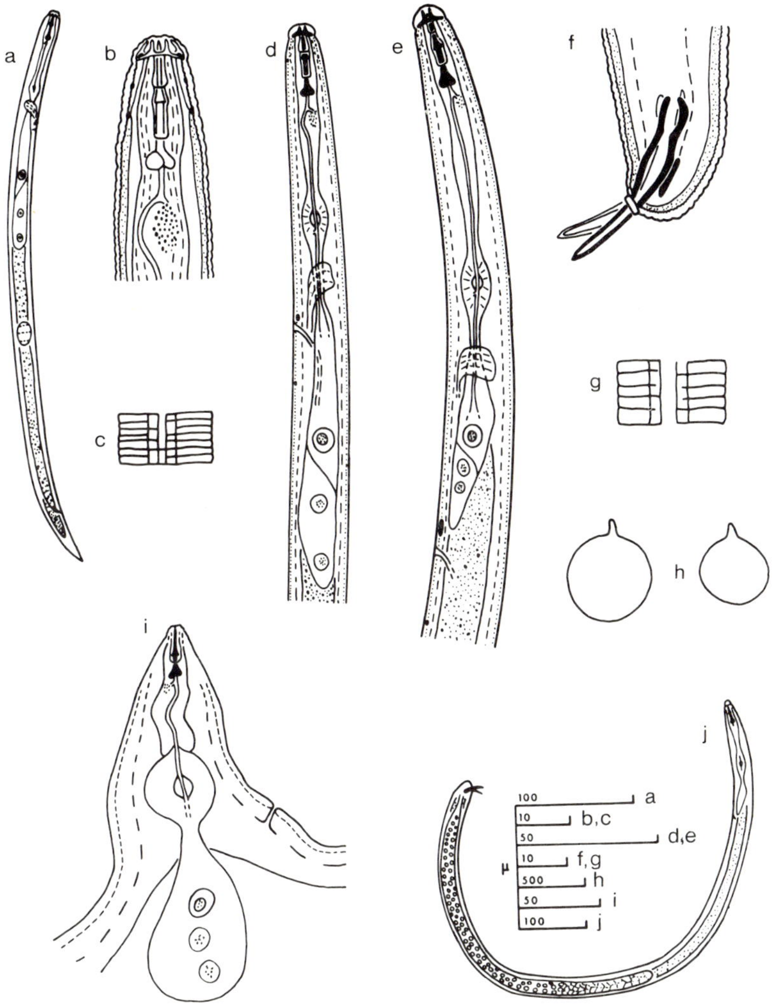

Abb. 116. *Globodera rostochiensis* (nach Stone). a = Zweitlarve, b = Kopfregion der Zweitlarve, c = Seitenfeld der Zweitlarve aus der Körpermitte, d = Ösophagalregion der Zweitlarve, e = Ösophagalregion des Männchens, f = Hinterende des Männchens, g = Seitenfeld des ♂ aus der Körpermitte, h = Zysten, i = Kopf und Halsregion des ♀, j = ♂.

Hinsichtlich der Wirtspflanzenwahl bestehen zum Teil starke Unterschiede zwischen den beiden Arten und den verschiedenen biologischen Rassen der Kartoffelzystenälchen. Hierdurch lassen sich beispielsweise verschiedene Rassen der *Globodera*-Arten voneinander trennen.

Schadsymptome und wirtschaftliche Bedeutung
In befallenen Kartoffelbeständen bleiben die Pflanzen, ähnlich wie bei Nährstoffmangel, nesterweise klein und bilden nur wenige Stengel aus (Abb. 117), an denen sich kleine, meist aufrecht stehende, allmählich vergilbende und absterbende Blätter befinden. Die Bestände sind lückig und zeigen deshalb oft verstärkten Unkrautbesatz, was sich auch auf die Nachfrüchte auswirkt. Die Wurzeln sind struppig; vielfach sind auch „Etagenwurzeln" zu beobachten. Bei schlechten Wachstumsbedingungen können stark befallene Pflanzen sogar ganz absterben. An den Wurzeln befinden sich die cremefarbenen (*G. pallida*) oder goldfarbenen (*G. rostochiensis*) Zysten der Kartoffelnematoden in großer Zahl. Auch an Knollen können Zysten vorhanden sein.
Da der Kartoffelertrag durch den Kartoffelzystenälchenbefall besonders bei frühen und mittelfrühen Sorten bis zu 80% zurückgehen kann, zählen die *Globodera*-Arten zu den wichtigsten Schädlingen des Kartoffelanbaues. Am stärksten sind Betriebe betroffen, die auf einen leistungsfähigen und intensiven Kartoffelanbau angewiesen sind. Besonders starke Schäden sind nach feuchtem Frühjahr und trockenem Sommer zu erwarten.

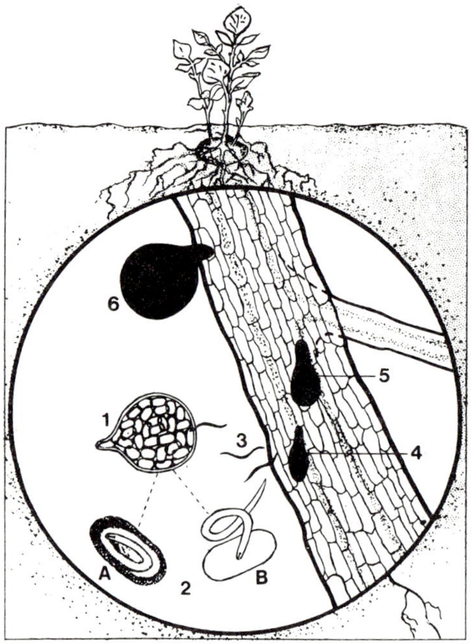

Abb. 118. Zyklus der Kartoffelzystenälchen (nach RUMPENHORST). 1 = Zyste mit Eiern, 2 A = Ei mit L_2, 2 B = Schlüpfende L_2, 3 = Eindringen der L_2 in Wurzel, 4 = Sekundäre L_2, 5 = L_3, 6 = Adultes Weibchen.

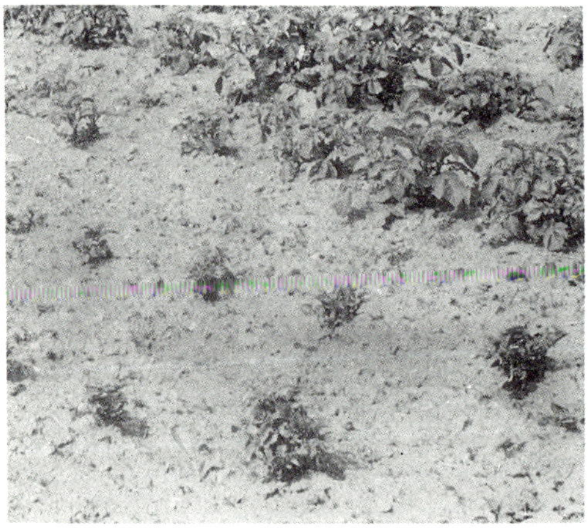

Abb. 117. Schaden durch Goldfarbenes Kartoffelzystenälchen *(Globodera rostochiensis)* in Kartoffelfeld.

Entwicklungszyklus, Biologie und Ökologie
Die Zweitlarven, die das vorangegangene 1. Stadium schon in der Eihaut durchlaufen haben, schlüpfen vor allem in den Monaten März bis Juni aus den überwinterten Zysten (Abb. 118). Die Zysten entlassen aber in der Regel nur einen Teil der in ihnen befindlichen Nematodenlarven, die restlichen folgen erst in den nächsten Jahren. Das Schlüpfen der Larven und deren Anlockung wird durch Ausscheidungen der Wurzeln der Wirtspflanze bewirkt. Die Larven sammeln sich in der Zone der feinen Haarwurzeln und stechen diese in der Streckungszone hinter der Wurzelspitze wiederholt an, wodurch bei den befallenen Pflanzen starke Wachstumsbeeinträchtigungen zustandekommen. Später erfolgt ein Eindringen in die Wurzeln und ein Festsetzen nahe der Endodermis in der Nähe der Wurzelachse.

Der Schwanz ist dabei meist zur Wurzelspitze gerichtet.
In der Nähe der Kopfregion der Nematoden bilden sich in der Folgezeit durch Einwirkung des Speichels Riesenzellen aus, die eine Art „Vergallung“ darstellen. Diese Gallen („Syncytien“) sind für die Ernährung der Nematoden von erheblicher Bedeutung. Besonders die Weibchen sind auf solche Riesenzellkomplexe angewiesen, während die weniger anspruchsvollen Männchen auch ohne sie auskommen können.
Die weitere Entwicklung erfolgt wie bei *H. schachtii* (s. Seite 288), d. h. nach mehreren Häutungen verlassen die Männchen die Pflanzen, um dann die mit ihrer hinteren Körperpartie durch die äußeren Zellschichten der Wurzeln gebrochenen Weibchen zu begatten. Letztere wandeln sich schließlich durch Verhärtung ihrer Haut zu Zysten um, in die die Eier abgelegt werden. In den Eiern liegen eng aufgewunden die infektionsfähigen Larven (L_2).
Die Hauptaktivität der Larven im Frühjahr findet bei Temperaturen über 15 °C statt; unterhalb 12 °C ist die Wanderintensität nur gering. Hohe Feuchtigkeit im Frühjahr und Sommer begünstigt die Kartoffelnematoden sehr deutlich. Der günstigste Feuchtigkeitsgehalt des Bodens liegt bei 70% der Wasserkapazität. Etwa ab Mitte Juni sind die ersten Zysten zu beobachten, da im Frühjahr mit einer Entwicklungsdauer von etwa 6 Wochen zu rechnen ist. Die Zysten sind auch bei *G. rostochiensis* zunächst hell gefärbt, werden im Laufe mehrerer Wochen dann allmählich goldgelb und später braun; die von *G. pallida* verfärben sich von weiß nach braun ohne goldgelbe Phase. In der Zyste befinden sich im Durchschnitt 200 bis 300 Eier bzw. Larven, gelegentlich bis zu 600. Die Zysten, deren Wand aus mit Chinonen gegerbten Proteinen besteht, sind sehr widerstandsfähig, können leicht verschleppt werden und schützen die Eier und Larven hervorragend vor Außeneinflüssen, so daß die Zweitlarven in ihnen 8 bis 10 Jahre oder noch länger (bis 20 Jahre) lebensfähig bleiben können.
Im Jahr entsteht im wesentlichen nur eine Generation; tritt eine zweite auf, so ist diese wesentlich schwächer als die erste.

Natürliche Feinde

Hierzu gehören parasitische Pilze, die Weibchen der Kartoffelnematoden infizieren und noch vor der Zystenbildung abtöten können, z. B. *Tarichium auxiliare* (Kühn) bei *G. pallida.* Als räuberische Pilze sind Arten aus der Gattung *Arthrobotrys*, die klebrige Schlingen oder Schlingennetze zum Nematodenfang ausbilden, zu nennen.
Ein nennenswerter Einfluß dieser natürlichen Antagonisten auf die Populationsdynamik der Kartoffelnematoden ist bisher noch nicht nachgewiesen worden, da die festgestellten Parasitierungsgrade allgemein relativ niedrig lagen.

Bekämpfung

Die Kartoffelnematoden sind Quarantäneschädlinge, d. h. sie dürfen an importierten Pflanzen oder Pflanzenteilen nicht vorhanden sein. Außerdem ist ihr Auftreten den zuständigen Stellen zu melden (Verordnung vom 20. 4. 1972).
Daß Kartoffeln aus befallenen Feldern wegen Verschleppungsgefahr nicht als Pflanzgut anderswo verwendet werden dürfen, versteht sich von selbst. Zur Vermeidung der Verschleppung von Zysten aus befallenen in nicht befallene Böden sind alle Geräte und Maschinen nach der Bearbeitung nematodenverseuchter Felder gründlich von anhaftender Erde zu reinigen. Dies ist bei Maschinen und Geräten, die in mehreren Betrieben benutzt werden, besonders wichtig. Maschinen sollten grundsätzlich nur in gereinigtem Zustand verwendet werden. Kartoffellager und Kartoffelsäcke sind bei Verschleppungsgefahr ebenfalls sorgfältig zu säubern. Die Zysten können auch durch den Wind verbreitet werden, was praktisch nicht zu verhindern ist.
Eine richtige Fruchtfolge kann den Befall wie bei anderen Nematoden erheblich mindern. Sie sollte möglichst weitgestellt sein, d. h. Kartoffeln (oder Tomaten) sollten nur alle 4 Jahre zum Anbau kommen. Ein Durchwuchs muß durch sorgfältige Ernte verhindert werden.
Wenn diese Fruchtfolge nicht befolgt oder aus bestimmten Gründen nicht eingehalten werden kann, so ist der Anbau resistenter Kartoffelsorten möglich, von denen bei uns derzeit insgesamt 70 zur Verfügung stehen. 61 von diesen sind gegen den *G. rostochiensis*-Pathotyp Ro_1 resistent, der der in der Bundesrepublik Deutschland häufigste Pathotyp ist, 4 weitere außerdem noch gegen Ro_5. Gegen Ro_2 und Ro_4, die bei uns ebenfalls vorkommen, gibt es bisher nur wenige resistente Sorten. 2 Sorten sind gegen Ro_1–Ro_5, also alle Pathotypen resistent. Gegenüber *G.*

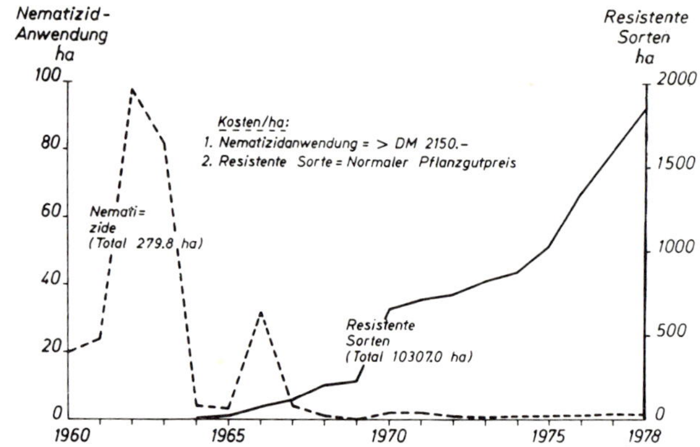

Abb. 119. Rückgang der Nematizidanwendung, durch Anpflanzung von resistenten Kartoffelsorten im Donaumoos (aus Diercks nach Behringer).

pallida, bei der man bisher 3 Pathotypen unterscheidet (Pa_1, Pa_2 und Pa_3), ist derzeit nur in den Niederlanden und in Dänemark Resistenz bekanntgeworden, was auch zur Entwicklung widerstandsfähiger Sorten geführt hat.

Die resistenten Sorten, bei denen es sich um Kreuzungsprodukte zwischen Kulturpflanzkartoffeln und *Solanum tuberosum* ssp. *andigena* sowie anderen Wildformen handelt, stimulieren den Schlupf der Nematodenlarven aus den Zysten, doch können sich die in die Wurzeln eingedrungenen Tiere dann meist nicht weiterentwikkeln, da das Wurzelgewebe in ihrer Umgebung Abwehrnekrosen bildet. Der Anbau resistenter Sorten auf befallenen Böden ist genehmigungspflichtig.

Als wirtschaftliche Schadensschwelle gelten etwa 5000 Eier und/oder Larven in 500 cm^3 Boden.

Eine integrierte Bekämpfung von *G. rostochiensis* erfolgt im wesentlichen durch Anbau von resistenten Sorten oder durch Kombinationen von Nematiziden und resistenten Sorten (Abb. 119). Auch in nicht befallenen Betrieben sollte bei dreijähriger oder kürzerer Fruchtfolge eine resistente Sorte mit verwendet werden. Wenn durch eine Bodenuntersuchung mit 8 Mischproben/ha von je 200 bis 250 ml Boden Befall festgestellt wird, so ist bei geringem Auftreten des Goldfarbenen Kartoffelzystenälchens der Anbau einer resistenten Sorte, bei stärkerem zusätzlich der Einsatz eines Nematizids zu empfehlen. Sind Nematodenherde vorhanden, so müssen diese sofort nach der Ernte mit einem Nematizid in höherer Aufwandmenge behandelt werden.

Nach mehrjährigem Anbau resistenter Sorten auf nematodenverseuchten Böden können bei *G. rostochiensis* „Resistenzbrecher", d. h. neue Pathotypen selektiert werden. Ein solcher Daueranbau von Kartoffeln muß deshalb nach Möglichkeit vermieden werden.

Zur chemischen Bekämpfung eignen sich z. B. nicht-pflanzenverträgliche Mittel wie Dazomet, Methylisothiocyanat, Dichlorpropen oder eine Kombination von Dichlorpropan + Dichlorpropen oder Dichlorpropan + Dichlorpropen + Methylisothiocyanat. Diese Produkte wirken durch ihre Gasphase, die bei Temperaturen zwischen 7 und 15 °C am stärksten zur Geltung kommt (September/Oktober). Die Präparate müssen, wenn sie flüssig sind, in dem dem Kartoffelanbau unmittelbar vorangehenden Jahr mit Spezial-Entseuchungsgeräten in 18 bis 22 cm Tiefe in den Boden eingebracht werden. Ebenso kann der Träufelpflug hierfür verwendet werden. Auch eine Frühjahrsbehandlung mit der niedrigsten zugelassenen Menge ist möglich. Starke Trockenheit und Nässe wirken sich negativ auf das Behandlungsergebnis aus, ebenso kalkhaltige und organische Düngemittel. Wenn die Mittel in Granulatform verfügbar sind, können sie mit dem Düngerstreuer ausgebracht und anschließend mit der Fräse in den Boden eingearbeitet werden.

Es gibt auch pflanzenverträgliche, systemische Nematizide, von denen in der Bundesrepublik Deutschland solche auf der Basis des Wirkstoffes Carbofuran zugelassen sind. Sie werden als Granulate vor allem bei resistenten Sorten angewendet, um die Entstehung von Resistenzbrechern zu verhindern bzw. zu verzögern. In der Praxis hat sich vielfach eingebürgert, bei stärkerem Befall vor dem Anbau einer resistenten Sorte eine Bodenbehandlung mit geringeren Aufwandmengen von Nematiziden vorzunehmen, um den Pflanzen optimale Entwicklungsmöglichkeiten zu bieten, wodurch der „Entseuchungseffekt“ verstärkt wird.

Literatur

BEHRINGER, P., 1975: Die Lösung der Nematodenprobleme in Bayern aus der Sicht des integrierten Pflanzenschutzes. Ges. Pflanzen **27**, 257–259. – KIEL, W., 1968: Fruchtfolgeversuche zur Populationsdynamik der Kartoffelnematoden (*Heterodera rostochiensis* Woll.). Nachrichtenbl. Dtsch. Pflanzenschutzdienst (Berl.) NF **22**, 32–37. – OOSTENBRINK, M., 1950: Het aardappelaaltje (*Heterodera rostochiensis* Wollenweber) een gevaarlijke parasiet voor de eenzijdige aardappelcultuur. Versl. Meded. Plantenziektenk. Dienst 115, 230 S. – ROSS, H., 1969: Züchtung von Kartoffelsorten mit Resistenz gegen *Heterodera rostochiensis* Woll. Mitt. Biol. Bundesanst. Land- Forstwirtsch. Berl.-Dahlem 136, 59–64. – RUMPENHORST, H. J., 1980: Kartoffelnematoden. AID 38, 23 S. – STELTER, H., 1971: Der Kartoffelnematode (*Heterodera rostochiensis* Wollenweber). Akademie-Verlag Berlin, 290 S. – STELTER, H. und ENGEL, K.-H., 1975: Wirtspflanzen von *Heterodera rostochiensis* Woll., Rasse A und *Heterodera pallida* Stone, Rasse E, aus der Familie der Solanaceae. Arch. Phytopathol. Pflanzenschutz **11**, 233–244. – STONE, A. R., 1973: *Heterodera rostochiensis*. C. I. H. Descr. Plant-paras. Nemat., Set 2, No. 16.

Kartoffelkrätzeälchen

(potato tuber-rot nematode)

Ditylenchus destructor Thorne (Tylenchida, Tylenchidae)

Durch diesen 0,8 bis 1,4 mm großen Nematoden, der in Europa, Nordamerika, Südafrika, Bangladesch und auf Hawaii verbreitet ist, wird die Älchenkrätze oder Wurmfäule der Kartoffelknolle hervorgerufen. Sie äußert sich zunächst in kleinen, weißgrauen Flecken, die später, wenn sich das Knollengewebe unter der Schale braun verfärbt hat, als schwach eingesunkene, graubraune Befallsstellen in Erscheinung treten (Abb. 120). Es ist dann eine Verwechslung mit der *Phytophthora*-Knollenfäule (s. Seite 226) möglich. Ähnlichkeiten bestehen auch mit den Schäden, die gelegentlich von der Wurzelmilbe

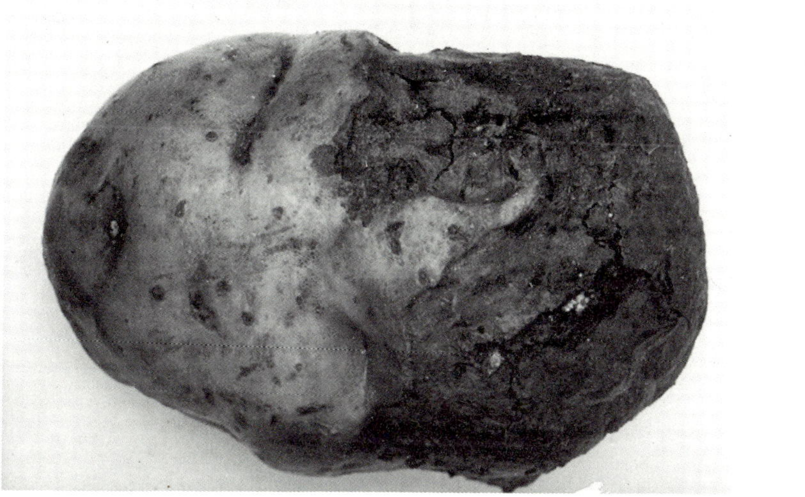

Abb. 120. Vom Kartoffelkrätzeälchen *(Ditylenchus destructor)* geschädigte Kartoffelknolle.

Rhizoglyphus echinopus Fum. & Rob. hervorgerufen werden. Später wird die Schale an den Befallsstellen dünn und papierartig, reißt dann schließlich auf, so daß darunter eine krümelige, trockenfaule Masse sichtbar wird.

Der Befall erfolgt entweder vom Boden aus, oder die Pflanzkartoffeln sind bereits vor dem Auspflanzen infiziert. Im ersteren Fall dringen die Nematoden vor allem von den Ausläufern her in die Knollen ein. Ein hoher Feuchtigkeitsgehalt des Bodens ist für den Befall sehr förderlich.

Im Jahr entwickeln sich mehrere Nematodengenerationen. Die Überwinterung erfolgt im Eistadium. Temperaturen zwischen 15 und 20 °C wirken sich auf den Schädling besonders günstig aus. Die Verbreitung erfolgt vor allem durch befallenes Pflanzgut. Auf dem Lager können die Nematoden von befallenen, allmählich verfaulenden Kartoffeln auf gesunde übergehen.

Außer der Kartoffel, die die Hauptbrutpflanze darstellt, werden auch Rüben, verschiedene Knollen- und Zwiebelgewächse sowie Hopfen und Rotklee befallen. An Rübe wird von *D. destructor* im Herbst ein Schadbild hervorgerufen, das dem von *D. dipsaci* gleicht (s. Seite 285).

Zur Bekämpfung des Kartoffelkrätzeälchens sollten befallene Flächen mehrere Jahre lang nicht mit Knollen-, Zwiebel- oder Rhizomgewächsen bebaut werden.

Literatur

Goodey, J. B., 1951: Investigations into the host ranges of *Ditylenchus destructor* Thorne and *D. dipsaci*. Ann. Appl. Biol. **39**, 221–229. – Hooper, D. J., 1973: *Ditylenchus destructor*. C. I. H. Descr. Plant-paras. Nemat., Set 2, No. 21. – Kühn, H., 1959: Zur Kenntnis der Wirtspflanzen von *Ditylenchus destructor* Thorne, 1945. Nachrichtenbl. Dtsch. Pflanzenschutzdienst (Berl.) NF **13**, 57–58. – Sprau, F., 1960: Einige Bemerkungen über *Ditylenchus destructor* Thorne, den Erreger der Älchenkrätze an Kartoffel und sein verstärktes Auftreten in den Jahren 1959 und 1960. Pflanzenschutz **12**, 151–153.

Nördliches Wurzelgallenälchen

Meloidogyne hapla Chitwood (Tylenchida, Meloidogynidae)

M. hapla (Abb. 121) ist in Mitteleuropa die häufigste der im Freiland auftretenden *Meloido-*

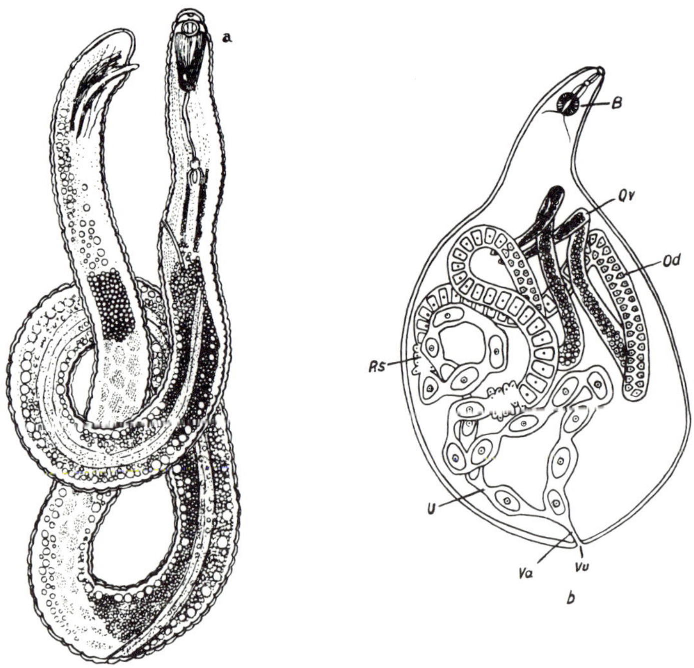

Abb. 121. Nördliches Wurzelgallenälchen *(Meloidogyne hapla)*. a = ♂, b = ♀ (nach Stone & Smith).

gyne-Arten. Außerhalb der Bundesrepublik Deutschland lebt diese Art z. B. in vielen anderen Teilen Europas, im Vorderen Orient, in Afrika, Amerika, im Fernen Osten (Japan) und in Australien.
M. hapla ist extrem polyphag, da über 350 Wirtspflanzenarten befallen werden. Hierzu gehören unter anderem Kartoffel, Zuckerrübe, Kleearten, Luzerne, Kohl, Kohlrübe, Ackerbohne, Sonnenblume, Erbse, Möhre, Salat, Tomate und viele Zierpflanzen. Getreide wird im allgemeinen nicht befallen. Bei schwächerem Auftreten zeigen die oberirdischen Pflanzenteile keine Schäden, bei stärkerem kommt es zu Wachstumshemmung und Welkeerscheinungen. Typisch ist das Auftreten unterschiedlich großer Gallen an den Seitenwurzeln. Durch Sekrete des Parasiten bilden sich in der Nähe des Kopfes der in die Wurzel eingedrungenen Nematoden 4 bis 6 Riesenzellen („Syncytien"), anschließend hypertrophiert das Wurzelgewebe und es entsteht eine Galle. Das Weibchen wird später birnenförmig, durchbricht die Wurzelrinde und legt in einen aus strukturlosem Glykoprotein bestehenden, gelatinösen Eisack mehrere hundert Eier ab.
Unter Freilandbedingungen ist *M. hapla* und andere Arten der gleichen Gattung in Mitteleuropa im allgemeinen ohne größere wirtschaftliche Bedeutung, doch werden in Gewächshäusern durch Wurzelgallenälchen teilweise empfindliche Schäden verursacht, welchen durch Bodenentseuchung begegnet werden muß. Im Freiland kann *M. hapla* durch Einschaltung einer Graminee in die Fruchtfolge im Schach gehalten werden. Als wirtschaftliche Schadensschwelle werden bei Kartoffel etwa 100 Larven pro g (oder pro 100 cm^3) Boden angegeben.

Literatur

Decker, H., 1961: Der Wurzelgallennematode *Meloidogyne hapla* Chitwood und sein Freilandauftreten im Norden der DDR. Wiss. Z. Univ. Rostock **10**, 59–70. – Hahn, S., 1958: Wurzelgallenälchen (*Meloidogyne hapla* Chitw.) als Freilandschädlinge an Salat und Möhren. Nachrichtenbl. Dtsch. Pflanzenschutzdienstes (Braunschw.) **10**, 123–126. – Kemper, A., 1958: Schaden durch Wurzelgallenälchen an Freilandkulturen. Ges. Pflanzen **10**, 219–222. – Williams, K. J. O., 1979: *Meloidogyne hapla.* C. I. H. Descr. Plant-paras. Nemat., Set 3, No. 31.

Stoppelwurzelälchen
(stubby root nematodes)
Trichodorus spp. und *Paratrichodorus* spp. (Tylenchida, Trichodoridae)

Mehrere Arten dieser beiden weit verbreiteten Nematodengattungen kommen auch in Mitteleuropa vor. Sie leben ektoparasitisch und polyphag an den verschiedensten Nutz- und Wildpflanzen wie Kartoffel, Rübe, Tabak, Erbse, Mais, Luzerne, Gartenbohne, Hafer, Kohl und Kleearten.
Die Stoppelwurzelälchen werden zwischen 0,6 und 1,2 mm lang und haben einen kurzen, abgerundeten Schwanz. Zwischen den einzelnen Arten differiert die Körperlänge sehr stark. Der Mundstachel ist meist hinter der Mitte dreigeteilt, bogenförmig und an der Basis verdickt (Abb. 122). Die Saugtätigkeit erfolgt vor allem an oder dicht hinter der Wurzelspitze, was zu einer Einstellung des Wurzelwachstums und im Extremfall zum Absterben der Wurzel führt. In den Niederlanden wurden solche Wurzelschäden durch *Paratrichodorus* spp. z. B. an Rüben nachgewiesen. In der Bundesrepublik Deutschland wurden mehrere Arten in besonders großer Zahl in 20 bis 40 cm Bodentiefe gefunden, andernorts in Mitteleuropa auch in 40 bis 60 cm Tiefe.

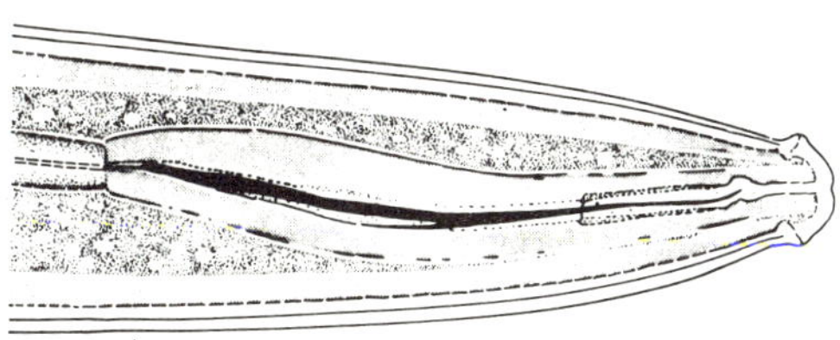

Abb. 122. Vorderer Körperteil von *Trichodorus primitivus* (nach Hooper & Siddiqi, verändert).

Als Überträger des Tabak-Rattle-Virus (tobacco rattle virus) an Kartoffel (s. Seite 207) wurden bei uns *Paratrichodorus pachydermus* (Seinh.) und *T. primitivus* (de Man) nachgewiesen. Wahrscheinlich kommen hierfür noch weitere Arten in Betracht. *P. teres* (Hooper) und *P. pachydermus* wurden auch als Vektoren der Frü-

hen Bräune der Erbse ermittelt (Niederlande). Von der Zweitlarve an kommen alle Entwicklungsstadien für die Übertragung von stäbchenförmigen Viren (Tobraviren) in Frage.
Trichodorus- und *Paratrichodorus*-Arten bevorzugen leichte Sandböden; einige Arten kommen aber auch in Torf- und Lehmböden vor (Bekämpfung s. Seite 207).

Literatur

HOOPER, D. J. and SIDDIQUI, M. R., 1972: *Trichodorus primitivus*. C. I. H. Descr. Plant-paras. Nemat., Set 1, No. 15. – STURHAN, D., 1967: Vorkommen von *Trichodorus*-Arten in Westdeutschland. Mitt. Biol. Bundesanst. Land-Forstwirtsch. Berl.-Dahlem 121, 146–151. WEISCHER, B., 1964: Nematoden als Vektoren von Pflanzenviren. Mitt. Biol. Bundesanst. Land-Forstwirtsch. Berl.-Dahlem 111, 98–105.

3.5.2 Milben

Gemeine Spinnmilbe, *Tetranychus urticae*, s. Seite 457.

3.5.3 Wanzen

Grüne Futterwanze
(common green capsid)
Lygocoris pabulinus (L.) [syn. *Lygus pabulinus* (L.)];

Zweipunktige Wiesenwanze
(potato bug)
Calocoris norvegicus (Gmel.);

Wiesenwanze
(tarnished plant bug)
Lygus pratensis (L.) [syn. *Exolygus pratensis* (L.)];

Trübe Feldwanze
Lygus rugulipennis (Popp.) [syn. *Exolygus rugulipennis* (Popp.)] (alle vier Arten: Heteroptera, Miridae)

Die Grüne Futterwanze (*L. pabulinus*) ist etwa 5 bis 6 mm lang; Halsschild, Schildchen, Vorderflügel und Beine sind hellgrün bis grün gefärbt. Die Beine und Fühler sind auffällig lang und dünn (Abb. 123 links; Farbt. 13, S. 205). Die Art kommt in ganz Europa, in großen Teilen Asiens einschließlich China und in Nordamerika (Alaska, Kanada, USA) vor. *C. norvegicus* (Abb. 123 rechts) ist *L. pabulinus* ähnlich, kann von dieser Art aber durch die dunkle Färbung des hinteren Drittels der Vorderflügel unterschieden werden, das bei der Futterwanze grün gefärbt ist. *L. pratensis* ist 5 bis 7 mm lang und grau bis graubraun. Die Beine sind weißlich, die Flügeldecken mit einer dunklen, gefransten Binde versehen. *L. rugulipennis* ist 4,7 bis 5,7 mm lang und grau, braun oder grünlichbraun gefärbt. Der Körper ist dicht behaart.

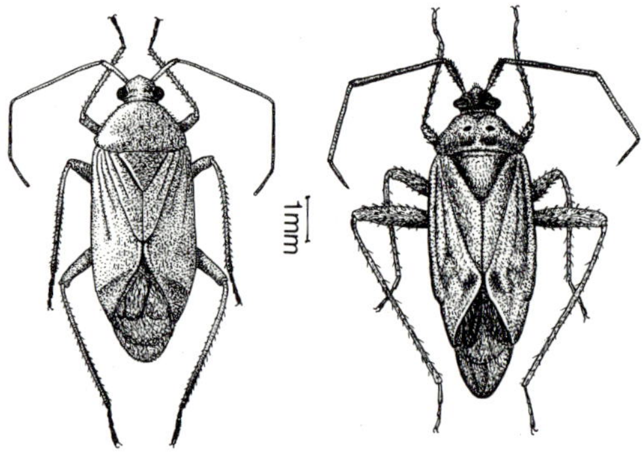

Abb. 123. Grüne Futterwanze (*Lygocoris pabulinus*, links) und Zweipunktige Wiesenwanze (*Calocoris norvegicus*, rechts).

Die Überwinterung erfolgt bei den beiden *Lygus*-Arten im Imaginal-, bei *L. pabulinus* und *C. norvegicus* im Eistadium. Die Eier befinden sich im äußeren Zellgewebe beispielsweise krautiger Pflanzen oder in den Nadeln von Koniferen, wohin sie von den Weibchen im Spätsommer und Frühherbst mit Hilfe ihres Legeapparates abgelegt werden. Im Jahr tritt bei *C. norvegicus* eine Generation auf, bei den anderen drei Arten werden zwei Generationen beobachtet. Im Sommer dauert die Entwicklung einer Generation über 5 Larvenstadien etwa 4 bis 5 Wochen.
Die Larven und Vollkerfe, die sehr scheu sind, d. h. sich bei Störungen sofort fallen lassen bzw. abfliegen, besaugen bevorzugt im Wachstum befindliche Pflanzengewebe in der Spitzen- und Knospenregion. Durch diese Saugtätigkeit bzw. die phytotoxische Wirkung des Speichels treten an den Blättern Verkrümmungen, Kräuselerscheinungen und unregelmäßige Löcher auf, da das zerstörte Pflanzengewebe aufreißt und aus-

fällt. Besonders an Kartoffeln, aber auch an Bohnen und Rüben können auf diese Weise von der Grünen Futterwanze stärkere Blattschäden und Wachstumsstörungen entstehen, die den Ertrag aber nur in Extremfällen negativ beeinflussen dürften. Durch Besaugen von Früchten kann *L. pabulinus* dagegen im Obstbau wesentlich schädlicher werden. Das Schadbild, das *C. norvegicus* an Kartoffel- und Rübenblättern hervorruft, entspricht dem von *L. pabulinus*. Die beiden anderen häufigen Blindwanzenarten *L. pratensis* und *L. rugulipennis* schädigen durch ihre Saugtätigkeit beispielsweise junge Teile von Luzernepflanzen und Getreideähren (Weizen) manchmal empfindlich, *L. pratensis* auch Kartoffeltriebe, die welken und absterben können. Auch an Buschbohnenblättern werden Saugschäden verursacht. Besondere Bekämpfungsmaßnahmen, bei denen z. B. Parathion verwendet wird, sind gegen die Blindwanzen meist nicht erforderlich.

Literatur

Boness, M., 1963: Biologisch-ökologische Untersuchungen an *Exolygus* Wagner (Heteroptera, Miridae). (Ein Beitrag zur Agrarökologie). Z. Wiss. Zool. **168**, 376–420. – Bech, R., 1969: Untersuchungen zur Systematik, Biologie und Ökologie wirtschaftlich wichtiger *Lygus*-Arten (Homoptera: Miridae). Beitr. Entomol. **19**, 63–103. – Gersdorf, E., 1964: Schaden durch Blindwanzen an Rüben. Ges. Pflanzen **16**, 235–238. – Southwood, T. R. E., 1955: The nomenclature and life-cycle of the European tarnished plant bug, *Lygus rugulipennis* Poppius (Hem. Miridae). Bull. Ent. Res. **46**, 845–848.

3.5.4 Zikaden

Zwergzikaden
Empoasca spp. (Homoptera, Cicadellidae)

In Mitteleuropa leben an Kartoffelblättern als Larven und Imagines drei blaßgrün gefärbte Zikadenarten. Es handelt sich um *Empoasca decipiens* Paoli, *E. flavescens* (F.) und *E. pteridis* (Dahlb.) Durch Saugen an den Blattunterseiten entstehen Chlorophyllschäden, die sich als weißliche, teilweise ineinander übergehende Flecke äußern. Die Eiablage erfolgt mit Hilfe eines Legeapparates ins Pflanzengewebe. Die Zwergzikaden sind sehr scheue Insekten, d. h. die Larven laufen bei Störungen rasch seitlich weg und die vollentwickelten Tiere fliegen ab. Neben Kartoffeln werden auch Rüben und verschiedene Unkräuter befallen. Die Überwinterung erfolgt im Imaginalstadium.

3.5.5 Blattläuse

Grüne Pfirsichblattlaus
(peach potato aphid)
Myzus persicae (Sulz.) [syn. *Myzodes persicae* (Sulz.)]

Systematische Stellung
Homoptera (Pflanzenläuse), Aphididae (Röhrenläuse)

Geographische Verbreitung
Die Grüne Pfirsichblattlaus kommt in allen Erdteilen einschließlich subtropischer und tropischer Gebiete vor. In Mitteleuropa gehört sie zu den häufigsten Blattlausarten überhaupt (CIE-Verbreitungskarte Nr. 45; revidiert).

Beschreibung
Ungeflügelte, vivipare Jungfer (am Sommerwirt): Etwa 1,8 bis 2,3 mm lang und glänzend grün, gelblichgrün oder gelb gefärbt (Farbtafel 20, S. 276). Fühler etwas kürzer als Körper oder etwa körperlang. Stirnhöcker gut ausgebildet, leicht nach innen vorspringend, Stirn daher U-förmig. Siphonen relativ lang (1/5 bis 1/4 der Körperlänge) und leicht verdickt, Schwänzchen konisch, an jeder Seite mit 2 Borsten (Abb. 124).
Geflügelte, vivipare Jungfer (am Sommerwirt): Etwa 2 bis 2,5 mm lang. Kopf und Brustabschnitt schwarzbraun. Hinterleib glänzend gelblichgrün, mit dunklem, unregelmäßig geformtem Mittelfleck und davor liegenden schmalen Querbinden und Fleckenreihen. Siphonen und Schwänzchen ziemlich dunkel. Fühler körperlang (Abb. 125).
Nymphen und andere Larvenstadien der Geflügelten sowie Fundatrizen (Farbtafel 13, S. 205) oft mit rötlicher Färbung.

Brutpflanzen
Weltweit betrachtet besiedelt *M. persicae* mit verschiedenen Formen mehr als 400 Pflanzenarten.

Als Winterwirt dient in Mitteleuropa bei wirtswechselnden (holozyklischen) Formen der Pfirsichbaum *(Prunus persica)*, die Spätblühende Traubenkirsche (*P. serotina*), weitere *Prunus*-Arten (Ziergehölze) und *Lycium halimifolium*. Im Sommer werden in Mitteleuropa und anderswo mit Vorliebe Solanaceen, Kruziferen und Chenopodiaceen befallen, also z. B. *Beta*-Rüben, Kartoffel, Spinat, Tabak und Kohlarten. Aber auch an anderen Kulturpflanzen wie Erbse, Luzerne, Salat und Bohne sowie vielen Unkräutern wie Hirtentäschelkraut können sich Pfirsichblattläuse gut entwickeln.

Schadsymptome und wirtschaftliche Bedeutung

Durch die Saugtätigkeit von *M. persicae* entsteht meist kein auffälliger Schaden an den Nährpflanzen. Am Winterwirt (Pfirsichbaum) können sich stark befallene Blätter kräuseln und Vergilbungserscheinungen zeigen, unter Umständen kann auch Blattfall eintreten. Bei gelegentlichem Massenbefall an Kartoffel ist infolge von Saugschäden das Absterben von Blatträndern, ganzen (vor allem älteren) Blättern und Trieben sowie starke Ertragsminderung zu beobachten.

Der größte (indirekte) Schaden entsteht durch die Übertragung vieler phytopathogener Viren und Virusstämme an den verschiedensten Kulturpflanzenarten. *M. persicae* ist – auch weltweit betrachtet – der leistungsfähigste Virusvektor überhaupt, da die Laus über 100 verschiedene Viren überträgt. In Mitteleuropa werden, um einige Beispiele zu nennen, an Kartoffel das Blattroll-, das A-, Y-, M- und Aucuba-Virus übertragen, an *Beta*-Rüben das Nekrotische und das Milde Rübenvergilbungs-Virus sowie das Rübenmosaik-Virus. Hinzu kommen noch zahlreiche wichtige Viren an Leguminosen, z. B. das Gewöhnliche Bohnenmosaik-Virus, das Bohnengelbmosaik-Virus, Blattroll-Virus der Ackerbohne, Erbsenmosaik-Virus, Luzernemosaik-Virus, und an Kruziferen z. B. das Schwarzringflecken-Virus des Kohls, Blumenkohlmosaik-Virus, Wasserrübenmosaik-Virus und Wasserrübenvergilbungs-Virus.

Der durch die von *M. persicae* übertragenen Viren verursachte indirekte Schaden ist so erheblich, daß die Blattlaus als einer der wichtigsten, wenn nicht sogar als der bedeutendste Schädling landwirtschaftlicher Kulturpflanzen in der Bundesrepublik Deutschland angesehen werden kann.

Entwicklungszyklus, Biologie und Ökologie

Die wirtswechselnden (holozyklischen) Formen von *M. persicae* überwintern im Eistadium an den bereits im Abschnitt über Brutpflanzen genannten Pflanzen, also hauptsächlich *Prunus*-Arten. Nicht wirtswechselnde (anholozyklische) Formen können dagegen in parthenogenetischer

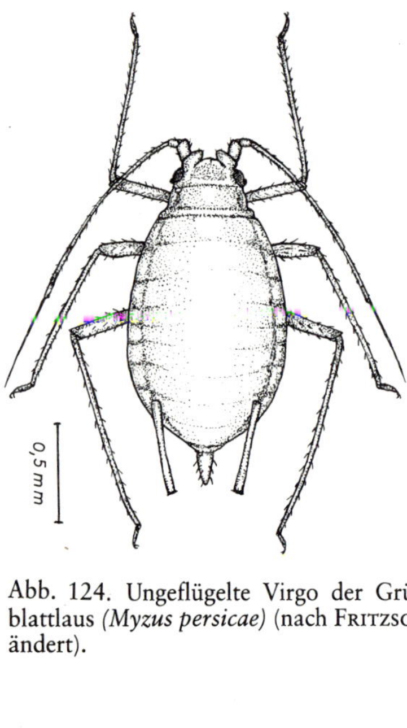

Abb. 124. Ungeflügelte Virgo der Grünen Pfirsichblattlaus *(Myzus persicae)* (nach FRITZSCHE et al., verändert).

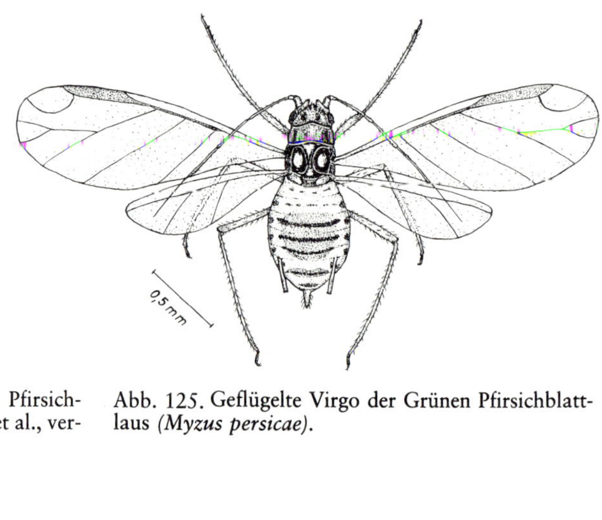

Abb. 125. Geflügelte Virgo der Grünen Pfirsichblattlaus *(Myzus persicae)*.

Generationsfolge auch im Freien, z. B. an spät gepflanztem Kohl (Wirsing-, Kraus- und Rosenkohl) überwintern, sofern die Temperaturen nicht mehrere Tage lang unter –12 °C absinken. Auch in Futterrübenmieten kann eine derartige Überwinterung stattfinden. Wenn dies in kalten Wintern nicht möglich ist, so bieten Gewächshäuser Gelegenheit, die kalte Jahreszeit zu überstehen.

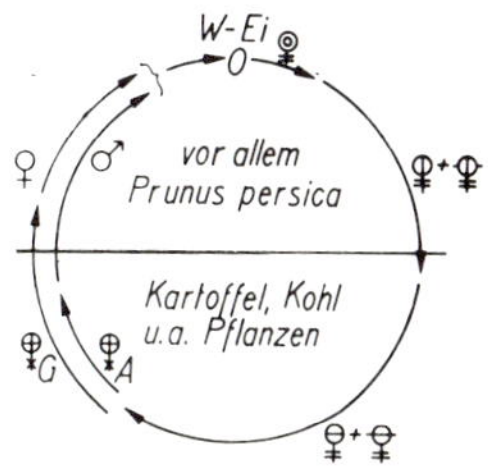

Abb. 126. Zyklus der Grünen Pfirsichblattlaus *(Myzus persicae)*. ♀ = Fundatrix, ♀ = Fundatrigenia aptera, ♀ = Fundatrigenia alata, ♀ = Exul(is) aptera, ♀ = Exul(is) alata, ♀$_A$ = Andropara, ♀ G = Gynopara, ♂ = Männchen, ♀ = (Geschlechts-)Weibchen (nach Fritzsche et al.).

schieben und Blüte des Winterroggens. An den Winterwirten entstehen dann gleichfalls parthenogenetisch noch weitere fundatrigene Generationen, bis etwa Mitte Juni keine Pfirsichblattläuse mehr an ihnen zu finden sind.

Beim Flug der Alaten (Geflügelten) unterscheidet man vor allem zwischen einem Distanzflug, der in größerer Höhe und über größere Entfernungen erfolgt und einem Befallsflug in Boden-

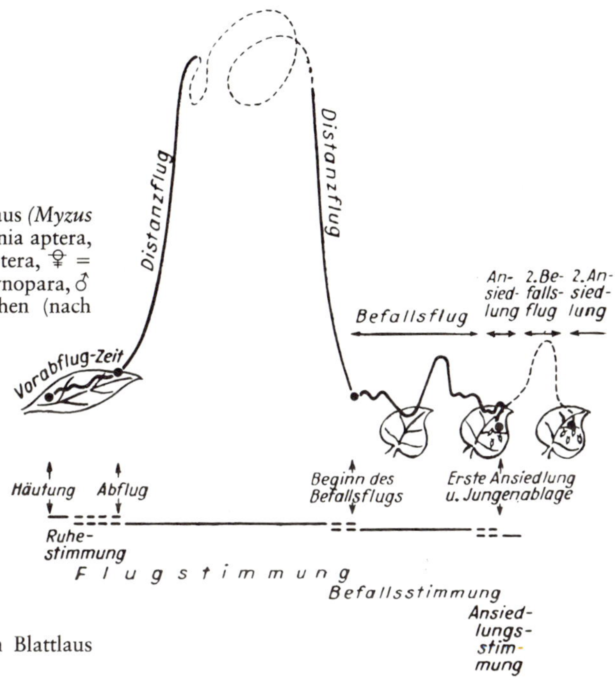

Abb. 127. Lebensphasen einer geflügelten Blattlaus (nach Moericke).

Die Larven der 1. Generation am Winterwirt (Fundatrix-Larven) schlüpfen je nach Witterung im März und April (Abb. 126). Sie saugen zunächst an den Knospen, dann an der Unterseite der jungen Blätter. Die ungeflügelten Fundatrizen unterscheiden sich von den ungeflügelten, gleichfalls lebendgebärenden Weibchen (Exules) an den Sommerwirten durch kürzere Siphonen und Fühler sowie durch das Fehlen von Stirnhöckern. Die von den Fundatrizen parthenogenetisch erzeugten Läuse der 2. Generation (Fundatrigenien) sind teils ungeflügelt, teils geflügelt. Die ersten Geflügelten verlassen den Winterwirt schon Anfang Mai; die Hauptflugzeit liegt aber in der Periode zwischen beginnendem Ähren-

nähe, wobei es mehrere Landungen und nach Probestichen Wiederaufflüge geben kann (Abb. 127). Auch nach der Ansiedlung und Abgabe von Larven kann es erneut Abflüge und Landungen geben. Die Flughöhe kann, wenn die Blattläuse von vertikalen Luftströmungen erfaßt werden, weit über 1000 m betragen, die Flugstrecke Hunderte von Kilometern. Bei wolkigem Wetter werden oft nur kurze „Jungfernflüge" durchgeführt (1–100 m).

Auf den Sommerwirten („Sekundärwirten") werden von den hier zur endgültigen Ansiedlung gekommenen Läusen zunächst nur ungeflügelte Virgines („Exules") parthenogenetisch erzeugt. Bei 18 °C dauert die Entwicklung einer Generation etwa 10 Tage. Demnach können im Laufe des Sommers mehrere Generationen von Exules ihre Entwicklung abschließen. Von Mitte Juli ab treten die ersten geflügelten Virgines auf, deren Zahl bis zum Maximum der Besiedlungsdichte ständig zunimmt. Die Geflügelten fliegen von ihren Wirtspflanzen ab und suchen neue auf, wobei ihre Ausbreitungsmöglichkeiten, wie bereits erwähnt, durch den Wind stark verbessert werden können. Im August und September nehmen die Populationsdichten erheblich ab, was im wesentlichen auf ungünstige Ernährungsverhältnisse, in heißen Sommern auch auf hohe Temperaturen zurückgeführt wird.

Die ersten Gynoparen (♀♀ erzeugende Läuse) fliegen gegen Ende September von den Sommerwirten auf die Winterwirte („Primärwirte") und setzen hier Larven ab, aus denen sich rötlichbraune, ungeflügelte, eierlegende Weibchen entwickeln. Die Männchen entstehen an den Sommerwirten und fliegen ab Anfang Oktober zu den Winterwirten, wo sie mit den Weibchen kopulieren. Die schwarzglänzenden Eier werden in den Spalt zwischen Knospe und Rinde abgelegt. Pro Weibchen ist mit 5 bis 10 Eiern zu rechnen.

Natürliche Feinde

Als natürliche Gegenspieler von *M. persicae* kommen viele Nützlinge in Betracht. Es handelt sich vor allem um räuberische Larven von Netzflüglern wie *Chrysopa carnea* Steph., Wanzen wie *Anthocoris nemorum* (L.), Larven und Vollkerfe von Marienkäfern wie *Coccinella septempunctata* L. und *Adalia bipunctata* (L.), Larven von Schwebfliegen wie *Episyrphus balteatus* (Deg.), *Sphaerophoria scripta* (L.), *Syrphus corollae* (F.) und *S. vitripennis* Mg., Larven von zoophagen Gallmücken wie *Aphidoletes aphidimyza* (Rond.), parasitische Brackwespen wie *Praon*- und *Aphidius*-Arten sowie Pilze der Gattung *Entomophthora.*

Bekämpfung

Für möglichst frühe Bestellung der Kartoffel- und Rübenfelder und gute Versorgung mit Nährstoffen sowie Vermeidung lückiger Bestände sollte gesorgt werden. Ertragsrüben und Stecklingsanzuchten sind möglichst weit von Samenrüben entfernt anzubauen.

Durch Untersuchung von Pfirsichbäumen auf Besatz mit Eiern während des Winters – spätestens aber Mitte Januar – läßt sich ein Eindruck über die mögliche Stärke der Startpopulationen der Geflügelten im Frühjahr an den Winterwirten gewinnen. Nach dem Schlüpfen der Larven sollten wöchentliche Kontrollen vorgenommen werden, um den Zeitpunkt des Auftretens der ersten Nymphen und Geflügelten ermitteln zu können. Wenn solche festgestellt werden, so sind die Kontrollen in Rübenfeldern etwa ab dem 2. Laubblattstadium ebenfalls in wöchentlichen Abständen fortzusetzen.

An Kartoffeln werden, wenn man von der Saatkartoffelerzeugung absieht, in der Regel keine Bekämpfungsmaßnahmen gegen *M. persicae* durchgeführt, da das Saatgut ohnehin wegen fortschreitender Virusverseuchung gewechselt werden muß, wenn Ertragsverluste vermieden werden sollen (s. Seite 200). Im Saatkartoffelanbau können mehrfache Spritzungen mit dem nützlingsschonenden Pirimicarb oder z. B. mit Cypermethrin, Oxidemeton-methyl, Dimethoat und Methamidophos zur Niederhaltung der Vektoren durchgeführt werden.

Vorbeugend läßt sich ein Befall an jungen Rüben (früher Zuflug) durch Anwendung von Aldicarb- und Carbofuran-Granulaten bei der Aussaat verhindern.

Der Blattlausflug ist mit Hilfe von Gelbschalen, die an den Feldrändern aufgestellt werden, gut zu überwachen, außerdem mit größeren Saugfallen, die die Läuse noch aus mehreren Metern Höhe ansaugen können.

Chemische Bekämpfungsmaßnahmen durch Spritzungen sind im Zuckerrübenbau dann angezeigt, wenn der Befall durch Geflügelte von *M. persicae* im Durchschnitt 3 Tiere auf 10 Pflanzen erreicht hat (Bekämpfungs- bzw. wirtschaftliche Schadensschwelle), nach anderen Angaben

Tafel 17

Oben links: Schaden durch Haussperlinge *(Passer domesticus)* an Maiskolben. Oben rechts: Schadfraß durch Jagdfasan *(Phasianus colchicus)* an jungem Mais. Mitte links: Rechts gesunde, links von Rübenzystenälchen *(Heterodera schachtii)* geschädigte („bärtige") Zuckerrübe. Mitte rechts: Schaden durch Rübenkopfälchen *(Ditylenchus dipsaci)* („Kopffäule") an Zuckerrüben. Unten links: Durch schwarze Rübenblattlaus *(Aphis fabae)* geschädigte Futterrübe. Unten rechts: Engerlingsschaden *(Melolontha melolontha)* an jungen Zuckerrüben.

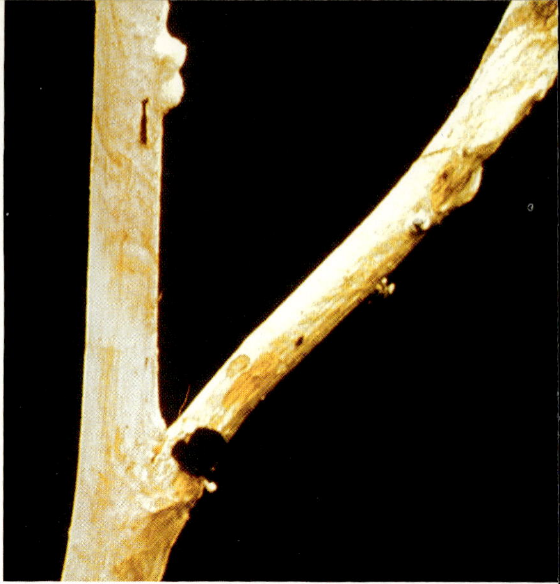

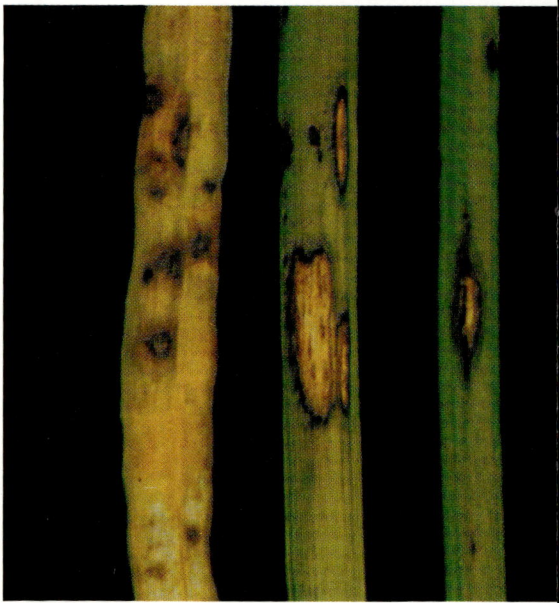

wenn pro Pflanze 0,5 Blattläuse vorhanden sind (Schweiz). Diese für eine Blattlausart relativ niedrigen Schadensschwellen hängen mit den besonderen Fähigkeiten der Pfirsichblattlaus zur Virusübertragung zusammen. Bei anhaltend starkem Zuflug nach der Bekämpfung kann, falls die Schadensschwelle erneut erreicht wird, eine weitere Insektizidapplikation notwendig werden. Als Spritzmittel kommen systemisch wirkende Produkte wie z. B. Oxidemeton-methyl, Ethiofencarb, Methamidophos, Omethoat und Phosphamidon in Frage; gegen Dimethoat, das ebenfalls vielfach angewandt wird, hat sich gebietsweise eine Toleranz- bzw. Resistenz aufgebaut. In der Schweiz sind wegen solcher Resistenzerscheinungen nur noch drei Carbamate gegen Pfirsichblattläuse an Rüben zugelassen. Auch in Gewächshäusern sind wiederholt Populationen mit Resistenz gegen Pflanzenbehandlungsmittel aus verschiedenen chemischen Gruppen nachgewiesen worden. Pirimicarb ist ein Wirkstoff ohne systemische, jedoch mit guten nützlingsschonenden Eigenschaften. Im integrierten Pflanzenschutz sollten Pirimicarb-Produkte deshalb vorgezogen werden. Falls an *Beta*-Rüben Rübenfliegen gleichzeitig stark auftreten und die Schadensschwelle erreichen (s. Seite 317), so sind Kombinationsprodukte auf der Basis von Oxidemeton-methyl + Trichlorfon, Omethoat + Parathion-methyl oder Oxidemeton-methyl + Parathion oder Methamidophos allein verwendbar.

Literatur

KOLBE, W., 1970: Einfluß direkter Saugschäden bei starkem Blattlausbefall auf den Kartoffelertrag. Pflanzenschutz-Nachr. **23**, 282–291. – MOERICKE, V., 1955: Über die Lebensgewohnheiten der geflügelten Blattläuse (Aphidina) unter besonderer Berücksichtigung des Verhaltens beim Landen. Z. Angew. Entomol. 37, 29–91. – MÜLLER, F. P., 1954: Holozyklie und Anholozyklie bei der Grünen Pfirsichblattlaus *Myzodes persicae* (Sulz.). Ibid. **36**, 369–380. – MÜLLER, F. P., 1957: Die Hauptwirte von *Myzus persicae* (Sulz.) und von *Aphis fabae* Scop.. Nachrichtenbl. Dtsch. Pflanzenschutzdienst (Berl.) NF **11**, 21–27. – SCHREIER, O. und RUSS, K., 1954: Über den Massenwechsel von *Doralis fabae* Scop. und *Myzodes persicae* Sulz. und seine Bedeutung für das Auftreten der virösen Vergilbung in Österreich. Pflanzenschutzberichte **13**, 1–43. – STEUDEL, W., 1952: Untersuchungen zur anholozyklischen Überwinterung der Grünen Pfirsichlaus (*Myzodes persicae* Sulz.) an Brassicaceen. Mitt. Biol. Bundesanst. Land-Forstwirtsch. Berl.-Dahlem 73, 5–32. – THIELEMANN, R., 1980: Resistenzerscheinungen von *Myzus persicae* an Zuckerrüben im Jahre 1975 in der Köln-Aachener Bucht. Nachrichtenbl. Dtsch. Pflanzenschutzdienstes (Braunschw.) **32**, 25–28. – VAN EMDEN, H. F., EASTOP, V. F., HUGHES, R. D. and WAY, M. J., 1979: The ecology of *Myzus persicae*. Ann. Rev. Entomol. **14**, 197–270.

Kreuzdornblattlaus
(buckthorn-potato aphid)
Aphis nasturtii Kalt. (syn. *Aphidula rhamni* Auct.) (Homoptera, Aphididae)

Die Kreuzdornblattlaus tritt in mitteleuropäischen Kartoffelbeständen sehr häufig auf. In der Deutschen Demokratischen Republik wird sie als die häufigste Blattlausart an Kartoffel bezeichnet. Sie ist eine polyphage, obligat wirtswechselnde (holozyklische) Laus, der *Rhamnus cathartica* (Kreuzdorn) als Winterwirt dient.
Die Färbung der Kreuzdornblattlaus ist meist matt zitronengelb (Farbtafel 13, S. 205), manchmal auch grünlich. Die Körperlänge beträgt 0,8 bis 1,8 mm. Die Fühler sind etwa halb so lang wie der Körper. Die kurzen Siphonen sind bei den Ungeflügelten mit Ausnahme der dunkleren Spitze hell und messen 1/7 bis 1/8 der Körperlänge. Stirnhöcker sind nicht vorhanden.
A. nasturtii kommt als direkter Kartoffelschädling höchstens bei Massenauftreten in Frage, hat aber als indirekter infolge von Virusübertragungsfähigkeiten beachtliche Bedeutung. Die Blattlaus kann unter anderem das Blattroll-, A-, Y- und Aucuba-Virus der Kartoffel sowie den sog. Tabakrippenbräunestamm des Y-Virus (Y^n-Stammgruppe) an Tabak gut übertragen.

Tafel 18
Oben links: Kohlschwarzringvirus an Weißkohl (TuMV). Oben rechts: *Sclerotinia sclerotiorum*, Rapskrebs. Mitte links: *Leptosphaeria maculans*, Phoma-Stengelfäule. Mitte rechts: *Alternaria* spec., Rapsschwärze. Unten links: *Mycoplasma* spec., Blütenvergrünung an Weißklee. Unten rechts: *Sclerotinia trifolium*, Kleekrebs.

Die Bekämpfung der Kreuzdornblattlaus im Saatkartoffelbau ist mit der der Grünen Pfirsichblattlaus identisch.

Literatur

AUE, H., 1949: Über das Auftreten und den Massenwechsel der grünen Pfirsichblattlaus (*Myzodes persicae* Sulz.) und der Kreuzdornblattlaus (*Doralis rhamni* Boy.) auf der Kartoffel in Württemberg in Verbindung mit dem Kartoffelabbau. Diss. Univ. Hohenheim. – NEITZEL, K. und RAEUBER, A., 1970: Ökologische Untersuchungen an Aphiden. II. Über die Fortpflanzungspotenz von *Myzus persicae* (Sulzer) und *Aphis nasturtii* (Kaltenbach) auf Kartoffeln. Beitr. Entomol. 20, 173–182.

Gurkenblattlaus
(melon aphid, cotton aphid)
Aphis gossypii Glov. (syn. *Aphis frangulae* Kalt.) (Homoptera, Aphididae)

Die Gurkenblattlaus, die zu einem Komplex verschiedener nah verwandter Arten und/oder Formen gehört, ist vor allem in wärmeren Ländern als Schädling von Gemüsepflanzen und Baumwolle bekannt und ähnelt der Kreuzdornblattlaus (*A. nasturtii*). Sie besiedelt in Mitteleuropa öfters Kartoffelpflanzen, manchmal auch in großer Zahl. Sie pflanzt sich bei uns ständig parthenogenetisch fort, ist also eine anholozyklische Art.
A. gossypii kann z. B. das Y-Virus der Kartoffel, an anderen Kulturpflanzen noch einige weitere Viren übertragen.

Literatur

HORN, R., 1970: Zum Auftreten der Faulbaumlaus (*Aphis frangulae* Kalt.) und der Gurkenlaus (*Aphis gossypii* Glover) an Kartoffel. Arch. Pflanzenschutz 6, 57–65. – THOMAS, K. H., 1969: Das Vorkommen von *Aphis frangulae* Kaltenbach 1845 sensu latiore an Kartoffel. Ibid. 5, 127–132.

Grünstreifige Kartoffelblattlaus
(potato and rose aphid)
Macrosiphum euphorbiae (Thos.) (syn. *Macrosiphum solanifolii* Ashm.) (Homoptera, Aphididae)

Die weltweit verbreitete Grünstreifige Kartoffelblattlaus, die einem Komplex nah verwandter Arten und/oder Formen angehört, befällt junge Triebe, Blätter und Blüten von Kartoffeln, Zier- und Kulturpflanzen. In manchen Jahren mit trockenwarmem Frühjahr und Frühsommer kann es zu Massenbefall kommen, so daß dann Saugschäden an Kartoffel nicht auszuschließen sind (z. B. 1976). Die Art ist polyphag und tritt im Winter auch in Gewächshäusern besonders an Cinerarien auf. Die Fortpflanzung erfolgt das ganze Jahr über im wesentlichen parthenogenetisch.

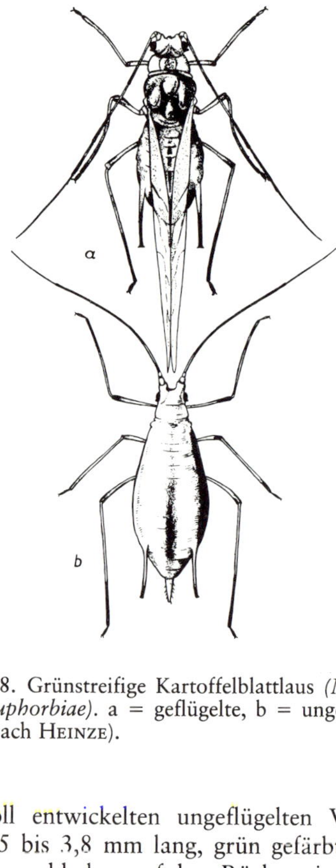

Abb. 128. Grünstreifige Kartoffelblattlaus (*Macrosiphum euphorbiae*). a = geflügelte, b = ungeflügelte Virgo (nach HEINZE).

Die voll entwickelten ungeflügelten Virgines sind 2,5 bis 3,8 mm lang, grün gefärbt, meist glanzlos und haben auf dem Rücken einen dunkelgrünen Längsstrich (Abb. 128, b). Die Fühler sind deutlich länger als der Körper, die langen Siphonen messen 1/4 bis 3/10 der Körperlänge. Die Larven, die gleichfalls einen dunklen Längsstrich auf der Dorsalseite besitzen, sind mit Wachs bepudert (Farbtafel 13, S. 205). Neben einer grünen tritt auch eine rot bis rötlich-violett gefärbte Rasse an Kartoffel auf.

Die Grünstreifige Kartoffelblattlaus hat vor allem als Virusvektor Bedeutung. Sie ist in der Lage, an Kartoffel das A-, M-, Y- und Blattroll-Virus zu übertragen, ist aber im Vergleich zu *Myzus persicae* ein verhältnismäßig schlechter Blattroll-Virus-Vektor. An Rübe kann das Rübenmosaik-Virus und das Virus der Milden Rübenvergilbung, an Erbse das Scharfe Adernmosaik-Virus, an Ackerbohne das Blattroll-Virus, das Gewöhnliche Erbsenmosaik-Virus und das Bohnengelbmosaik-Virus, an Kohl das Schwarzringflecken-Virus von ihr übertragen werden.

Bekämpfung
Siehe *Myzus persicae*, Seite 256.

Literatur

MEIER, W., 1961: Beiträge zur Kenntnis der Grünstreifigen Kartoffelblattlaus, *Macrosiphum euphorbiae* Thomas 1870, und verwandter Arten (Hemipt., Aphid.). Mitt. Schweiz. Entomol. Ges. **34**, 127–186. – MÖLLER, F. W., 1972: Überwinterung des Artenkomplexes der Grünstreifigen Kartoffelblattlaus *Macrosiphum euphorbiae* (Thomas) und Polyözie der Fundatrize. Arch. Phytopathol. Pflanzenschutz **8**, 305–312.

Grünfleckige Kartoffelblattlaus
(glasshouse potato aphid)
Aulacorthum solani (Kalt.) [syn. *Macrosiphum solani* (Kalt.), *Dysaulacorthum pseudosolani* (Theob.)] (Homoptera, Aphididae)

A. solani ist als ungeflügelte Virgo hellgelblich bis grün gefärbt, birnenförmig, stark glänzend und etwa 1,8 bis 2,9 mm lang. Die Fühler sind deutlich länger als der Körper, die Siphonen messen 1/5 bis 1/4 der Körperlänge. In der Umgebung der Basis der Siphonen liegt ein grüner bis gelblicher Fleck (Abb. 129), der auch bei den jungen Larven schon sichtbar ist. Stirnhöcker sind vorhanden, aber nicht wie bei *Myzus persicae* nach innen vorgezogen.
Die Grünfleckige Kartoffellaus ist polyphag und zerfällt in mehrere Biotypen (Rassen), die nicht wirtswechselnd sind und sich ständig parthenogenetisch fortpflanzen. Wirtschaftliche Bedeutung besitzt die Art vor allem durch die Übertragung zahlreicher phytopathogener Viren, an Kartoffel z. B. des nicht zirkulativen Aucuba-, A-, M- und Y-Virus sowie des zirkulativen Blattroll-Virus. Im Vergleich zu *M. persicae* ist sie jedoch ein wesentlich schlechterer Vektor des Blattroll-Virus. An anderen Kulturpflanzen kann sie z. B. das Bohnengelbmosaik-Virus, das Schwarzringflecken-Virus des Kohls, das Gurkenmosaik-Virus, das Gewöhnliche Erbsenmosaik-Virus und das Scharfe Adernmosaik-Virus der Erbse, das Milde Rübenvergilbungs-Virus, das Rübenmosaik-Virus und das Luzernemosaik-Virus übertragen.

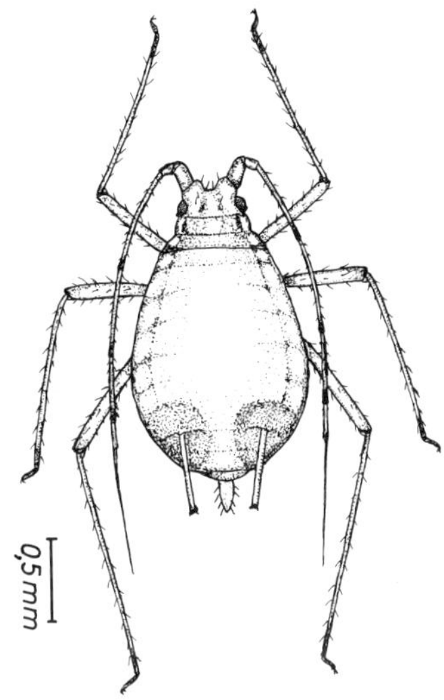

Abb. 129. Ungeflügelte Virgo der Grünfleckigen Kartoffelblattlaus *(Aulacorthum solani)* (nach FRITZSCHE et al., etwas verändert).

Bekämpfung
Siehe *Myzus persicae*, Seite 256.

Literatur

MÜLLER, F. P., 1970: Zucht- und Übertragungsversuche mit Populationen der Grünfleckigen Kartoffelblattlaus *Aulacorthum solani* (Kaltenbach, 1843) (Homoptera: Aphididae). Dtsch. Entomol. Z. **17**, 259–27.

3.5.6 Käfer

Schnellkäfer
(Larven: Drahtwürmer), *Agriotes* spp., s. Seite 123.

Maikäfer (Larven: Engerlinge), *Melolontha* spp., s. Seite 303.

Kartoffelkäfer
(Colorado beetle)
Leptinotarsa decemlineata (Say)

Systematische Stellung
Coleoptera (Käfer), Chrysomelidae (Blattkäfer)

Geographische Verbreitung
Der aus Nordamerika stammende, bei uns seit 1936 von Frankreich her eingewanderte Kartoffelkäfer ist heute auch in West-, Mittel-, Süd- und Osteuropa weit verbreitet. Er kommt auch in Mittelamerika (Costa Rica) vor (CIE-Verbreitungskarte Nr. 139). In den westlichen Teilen Asiens ist der Käfer weiter im Vordringen.

Beschreibung
Larve: Bis etwa 15 mm lang. Körper weich, Hinterleib dick und hochgewölbt (Abb. 131). Färbung dunkel- bis hellrot; bei höheren Temperaturen fahlgelb. Kopfkapsel, Beine und Rückenschild auf dem 1. Brustsegment schwarz. Seiten des Hinterleibes mit Doppelreihe schwarzer Flecken (Farbtafel 14, S. 206). Hinterende des Körpers mit paarigen, einziehbaren Nachschiebern.
Käfer: Etwa 10 bis 12 mm lang, oval und oberseits stark gewölbt; Unterseite abgeplattet. Flügeldecken strohgelb mit je 5 schwarzen Streifen (Abb. 131, 133; Farbtafel 14, S. 206). Hinterflügel häutig und rötlich gefärbt. Halsschild hell rötlichgelb und mit 11 bis 13 schwarzen Flecken von unterschiedlicher Form und Größe; mittlere Flecke bei Verschmelzung etwa V- oder U-förmig. Hinterenden der Fühler und Fußglieder schwarz. Unterseite des Körpers rötlich- bis orangegelb.

Brutpflanzen
In erster Linie wird die Kartoffel befallen. Außerdem können Käfer und Larven auch an anderen Nachtschattengewächsen wie der Aubergine (*Solanum melongena*), bestimmten tomatinarmen Tomatensorten (*Lycopersicon esculentum*), Bittersüß (*Solanum dulcamara*), Bilsenkraut (*Hyoscyamus niger*), Schwarzem Nachtschatten

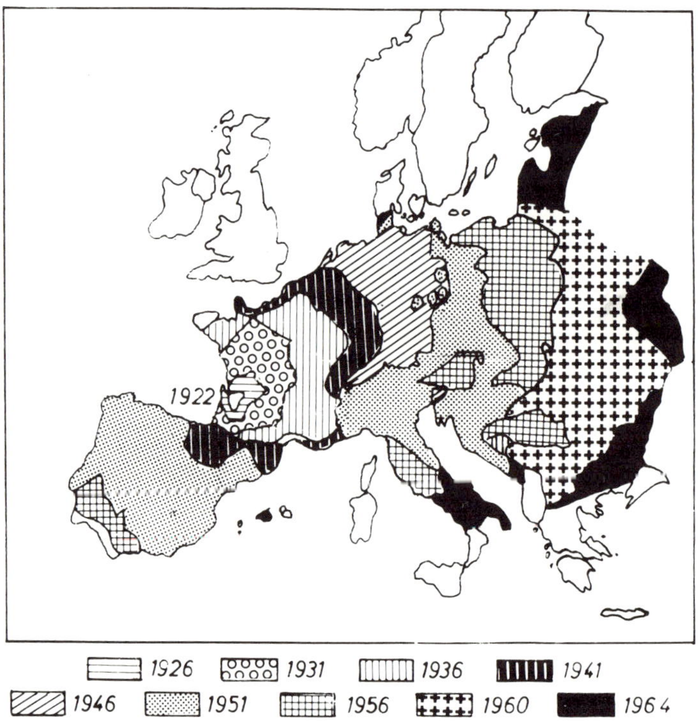

Abb. 130. Ausbreitung des Kartoffelkäfers *(Leptinotarsa decemlineata)* in Europa von 1922–1964 (nach Klinkowski et al., verändert).

(*Solanum nigrum*) und Tollkirsche (*Atropa belladonna*) mehr oder weniger gut leben. Entsprechendes gilt für Ziertabake, wobei sich Formen mit niedrigem Nikotingehalt als besser geeignet erweisen.

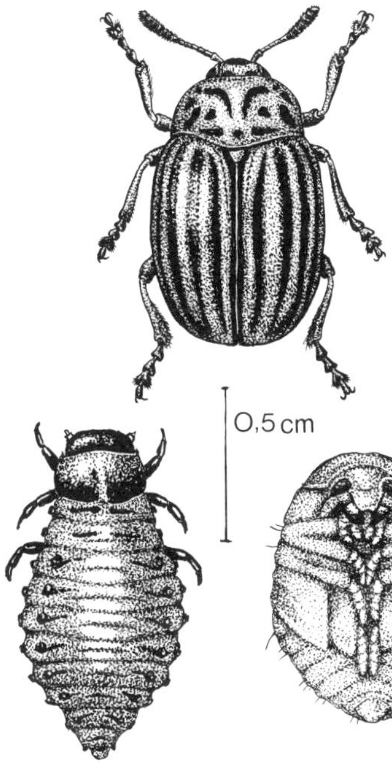

Abb. 131. Larve (unten links), Puppe (unten rechts) und Vollkerf des Kartoffelkäfers *(Leptinotarsa decemlineata)*.

Schadsymptome und wirtschaftliche Bedeutung
Käfer und Larven vollführen einen Blattrand- und Lochfraß, der im Extremfall bis zum Kahlfraß gehen kann, bei dem nur noch die stärkeren Blattrippen und Stengel übrigbleiben (Abb. 132). Der Knollenansatz und die Knollengröße werden bei starkem Fraßschaden deutlich reduziert. Geringer Fraßschaden, wie er oft beobachtet wird, fällt dagegen wirtschaftlich nicht ins Gewicht.
In manchen Jahren, besonders bei trocken-warmer Witterung, kann der Kartoffelkäfer bei starkem Auftreten vor allem in klimatisch begünstigten Gebieten beachtlichen Schaden verursachen.

Abb. 132. Schadfraß von Kartoffelkäferlarven an Kartoffel.

Entwicklungszyklus, Biologie und Ökologie
Zur Überwinterung kommen nur die Käfer. Diese verlassen etwa zur Zeit des Auflaufens der Kartoffeln (Löwenzahnblüte) im Mai die Winterquartiere im Boden und beginnen nach einer Wanderphase mit dem Reifungsfraß an den Kartoffelblättern. Die Altkäfer werden dann nach etwa 1 1/2 bis 2 Wochen fortpflanzungsfähig.
Die Weibchen legen nach der Begattung (Abb. 133), die schon im Vorjahr erfolgt sein kann, im Laufe von 2 Monaten im Durchschnitt etwa 400, maximal etwa 800 Eier in Gelegen von 10

Abb. 133. Kartoffelkäferpaar während der Kopulation.

bis 30, seltener bis 80 Stück an die Blattunterseiten ab (Abb. 134). Die Eier sind langgestreckt oval, etwa 1,5 bis 2 mm lang, orangerot gefärbt und stehen aufrecht mit unterschiedlichem Abstand voneinander. Zur Eientwicklung sind Temperaturen von mindestens 12 °C erforderlich.
Das Schlüpfen erfolgt je nach Temperatur 10 bis 14 Tage nach der Eiablage oder noch später. Unmittelbar danach fressen die Junglarven die Eischalen und beginnen dann mit der Nahrungsaufnahme an den Fiederblättern der Kartoffelpflanzen, wobei sie zunächst einen Lochfraß verursachen. Später gehen sie dann zum Blattrandfraß über, der – wie bereits erwähnt – bis zum Kahlfraß führen kann. Blattverluste während der Blütezeit wirken sich auf den Ertrag am stärksten aus, später werden sie weniger ertragswirksam. Zuerst werden die oberen, später die unteren Blätter befressen. Es treten insgesamt 4 Larvenstadien auf, von denen die ersten gesellig leben, während sich die älteren an der Nährpflanze oft stark zerstreuen. Das 3. und 4. Larvenstadium zeichnet sich durch besondere Gefräßigkeit aus. Nach etwa 3 bis 4 Wochen sind die Tiere verpuppungsreif und verpuppen sich etwa 10 cm tief im Boden in einer Puppenwiege. Die Puppe ist orange- bis gelblichrot und etwa 10 mm lang. Das Schlüpfen der Jungkäfer erfolgt etwa 14 Tage später. Für die ganze Entwicklung vom Ei bis zum Käfer werden in Mitteleuropa etwa 40 bis 60 Tage benötigt.

Abb. 134. Eigelege des Kartoffelkäfers *(Leptinotarsa decemlineata)*.

Die Jungkäfer verlassen nach dem Schlüpfen den Boden früher oder später im Juli/August und führen nach teilweise weiten, vom Wind geförderten Wanderflügen einen Blattfraß durch. Anschließend begeben sich die meisten von ihnen wieder in die Erde und bleiben dort gewöhnlich in 20 bis 25, manchmal in 30 bis 60 cm Tiefe bis zum nächsten Frühjahr. Bei der Induktion dieser Diapause spielt die Photoperiode eine dominierende Rolle. Die restlichen Tiere pflanzen sich noch im gleichen Jahr fort, jedoch kann die Entwicklung ihrer Nachkommen unter unseren Klimaverhältnissen nur unter sehr günstigen Voraussetzungen, also einem langen und warmen Herbst, abgeschlossen werden. Die meisten Tiere der 2. Generation gehen also in der Regel im Herbst zugrunde. Bei günstigen Bedingungen entwickeln sich in Mitteleuropa also 2 Geschlechterfolgen, unter schlechteren nur eine vollständige oder höchstens noch eine unvollständige.
Manche Käfer können etwa 2 Jahre leben, also zwei Fortpflanzungsperioden durchmachen, andere überliegen im Boden bis zu 1 1/2 Jahren.

Natürliche Feinde

Mehrere Vogelarten wie Star, Haussperling, Amsel, Krähen, Jagdfasan und andere fressen Käfer und/oder Larven. Weitere Gegenspieler sind Kleinsäuger (Waldmaus, Maulwurf und Igel), Eidechsen und Kröten. Als Prädatoren aus der Gruppe der Arthropoden werden Spinnen, Laufkäfer (Carabidae, z. B. *Carabus cancellatus* Illig und *C. granulatus* L.), Kurzflügler (Staphylinidae, z. B. *Staphylinus* spp.), Raubwanzen (Reduviidae), Marienkäfer wie *Coccinella septempunctata* L., Aaskäfer wie z. B. *Silpha obscura* L. und Ohrwürmer wie *Forficula auricularia* (L.) angegeben. Als Parasiten sind Nematoden (z. B. *Hexamermis cornuta* Gleiss), die Buckelfliege *Megaselia rufipes* Mg., die Raupenfliege *Meigenia mutabilis* (Fall.) und Pilze wie *Beauveria bassiana* (Bals.) und *Paecilomyces farinosus* (Br. & Smith) zu nennen. Alle diese natürlichen Feinde scheinen aber auf die Populationsdynamik des Kartoffelkäfers keinen entscheidenden Einfluß ausüben zu können.

Bekämpfung

Es ist wiederholt versucht worden, durch Kreuzung mit resistenten, durch bestimmte Alkaloidglykoside charakterisierte Kartoffel-Wildarten (wie *Solanum chacoense*) neue Kultursorten zu züchten. Dies ist jedoch nicht gelungen, da die Zuchtprodukte entweder ungenügende Mengen des wirksamen Inhaltsstoffes Demissin erzeugten oder eine Verwertung durch den Menschen oder Haustiere nicht möglich war. Bei Tomate ist das Phytoalexin Tomatin als fraßabschreckender Stoff erkannt worden.

Biologische Bekämpfungsversuche mit räuberischen Wanzen wie der aus Amerika stammenden Art *Perillus bioculatus* (F.) blieben in Mitteleuropa ohne Erfolg, da sich dieser Nützling an unsere klimatischen Verhältnisse nicht anpassen konnte. Bekämpfungsversuche mit dem Pilz *Beauveria bassiana* (Bals.) ergaben dagegen bessere Ergebnisse. Das Vorhandensein von zahlreichen Fasanen kann sich deutlich populationsmindernd auswirken (Polen).

Die Befallskontrolle muß ab Erscheinen der überwinterten Käfer (Löwenzahnblüte) erfolgen. In den folgenden Wochen muß auf Altkäfer, Eiablage und Larven kontrolliert werden. Etwa ab Anfang Juli sind die Kartoffelpflanzen dann außer auf Stadien der letzten Generation auch auf Jungkäfer, deren Eiablage und das Schlüpfen der Larven aus den Eiern zu untersuchen.

Chemische Bekämpfungsmaßnahmen gegen die jungen Larven sind dann erforderlich, wenn pro Pflanze 15 Larven oder mehr festgestellt werden (Bekämpfungs- bzw. wirtschaftliche Schadensschwelle).

Geeignete Wirkstoffe sind z. B. Azinphos-äthyl, Deltamethrin, Chlorfenvinphos, Chlorthiophos, Etrimphos, Lindan, Phosmet, Propoxur, Dialifos, Thiocyclam, Triazophos und Dimethoat + Endosulfan. Je nach Befall müssen diese Mittel ein- bis zweimal, in Extremfällen auch öfter angewendet werden, und zwar noch bevor ein Blattverlust von 20% eingetreten ist (wirtschaftliche Schadensschwelle).

Nach wiederholtem Einsatz von Lindan-Präparaten und anderen Produkten (z. B. Endosulfan und Carbaryl) ist stellenweise ein zunehmender Toleranz- bzw. Resistenzgrad des Kartoffelkäfers festgestellt worden.

Literatur

Beck, W., Grosswanger, G., und Simonsberger, P., 1969: Probleme der Kartoffelkäferbekämpfung. Pflanzenschutzberichte **40**, 177–198. – Bongers, W., 1975: Aspects of hostplant relationship of the Colorado beetle. Meded. Landbouwhogesch. Wageningen **70**, 77 S. – Klein-Krautheim, F., 1950: Über die Überwinterung des Kartoffelkäfers (*Leptinotarsa decemlineata* Say) und sein Erscheinen im Frühjahr in seinen Beziehungen zu meteorologischen Faktoren. Nachrichtenbl. Dtsch. Pflanzenschutzdienstes (Braunschw.) **2**, 161–165. – Koenig, P. und Kölle, G., 1950: Solanaceen als Wirtspflanzen des Kartoffelkäfers. Z. Pflanzenkr. Pflanzenpathol. Pflanzenschutz **57**, 172–177. – Ohnesorge, B., 1966: Das Auftreten des Kartoffelkäfers in der Bundesrepublik im Zeitraum 1949–1964. Nachrichtenbl. Dtsch. Pflanzenschutzdienstes (Braunschw.) **18**, 41–43. – Skuhravý, V., 1968: Einfluß der Entblätterung und des Kartoffelkäferfraßes auf die Kartoffelernte. Anz. Schädlingskd. **41**, 180–188.

Kartoffelerdfloh

Psylliodes affinis (Payk.) (Coleoptera, Chrysomelidae)

Der Kartoffelerdfloh ist 2,0 bis 2,6 mm lang, rötlichgelb gefärbt und besitzt am Innenrand der Deckflügel einen schwarzen Saum. Er verursacht an den Blättern von Kartoffel, Tabak, Tomate und Aubergine sowie Unkräutern aus der Familie der Solanaceen (*Solanum nigrum, S. dulcamara*) einen Loch- und/oder Fensterfraß. Obwohl der Käfer regelmäßig in Kartoffelbeständen auftritt, ruft er durch seine Fraßtätigkeit nur selten auffällige Schäden hervor. Ein Einfluß auf den Ertrag dürfte hierdurch – ausgenommen bei Auberginen – jedoch kaum zustandekommen. Die Eier werden neben die Nährpflanzen in den Boden gelegt; die Larven entwickeln sich an den Wurzeln.

P. affinis kann das Kartoffel-X-Virus gelegentlich beim Fraß übertragen.

Literatur

Klinkowski, M. und Nolte, H. W., 1947: Stärkeres Auftreten des Kartoffelerdflohs *Psylliodes affinis* Payk. in Mitteldeutschland. Nachrichtenbl. Dtsch. Pflanzenschutzdienst (Berl.) NF **1**, 105–109.

3.5.7 Schmetterlinge

Wintersaateule, *Agrotis segetum*, s. S. 134.

Gammaeule, *Phytometra gamma*, s. Seite 315.

3.5.8 Haarmücken

Gartenhaarmücke, *Bibio hortulanus*, s. Seite 140.

3.5.9 Säugetiere

Feldmaus, *Microtus arvalis*, s. Seite 166.

4 Beta-Rüben

4.1 Viruskrankheiten

4.1.1 Vergilbungskrankheit
(beet yellows)

Erreger
Nekrotisches Rübenvergilbungs-Virus, RNVV (beet yellows virus, BYV),
Mildes Rübenvergilbungs-Virus, RMiVV (beet mild yellowing virus, BMYV).

Vorkommen, wirtschaftliche Bedeutung
Das Nekrotische Rübenvergilbungs-Virus besitzt weltweite Verbreitung; für das Milde Vergilbungs-Virus liegen Nachweise aus Nord-, West- und Mitteleuropa vor. In der Bundesrepublik Deutschland und Nachbarländern scheint letzteres sogar zu überwiegen. In vielen Fällen kommt es zu Mischinfektionen.
Die Häufigkeit des Krankheitsauftretens steht in Zusammenhang mit der von Umweltbedingungen stark abhängigen Entwicklung der Vektorenpopulationen. Die wirtschaftlichen Verluste schwanken daher von Jahr zu Jahr in einem größeren Bereich. Es konnten Minderungen des Rübenertrages von weit über 30% und des Zuckerertrages von über 20% nachgewiesen werden. Nach allgemeiner Schätzung sind die Verluste bei Rübenmasse mit etwa 30% und beim Zuckerertrag mit 10% anzunehmen. Mischinfektionen lassen die stärksten Einbußen erwarten.

Symptome
Bei dem Nekrotischen Rübenvergilbungs-Virus zeigt sich an den jüngsten Blättern junger Pflanzen zunächst eine Adernaufhellung. Später setzt an diesen, nun im mittleren Kreis stehenden Blättern, von der Spitze her eine Vergilbung ein. Bei älteren Pflanzen sind zunächst unscharfe, gelbliche Flecke auf den mittleren Blättern erkennbar; die anschließende Vergilbung geht rasch auf alle mittleren und älteren Blätter über. Häufig ist das noch grüne Herz von einem Kranz leuchtend gelbverfärbter Blätter umgeben. Bei späten Infektionen sind meist nur lokale Vergilbungen zu beobachten, die von den Blattadern begrenzt sein können. Vergilbte Blätter sind verdickt, gewellt, mitunter eingerollt und spröde. Sie behalten bei vorübergehend heißer Witterung ihre Turgeszens und können punkt- oder strichelförmige Nekrosen aufweisen; das Adernnetz kann für einige Zeit grün bleiben. Die Blätter sterben unter Braunfärbung vorzeitig ab. Bei hohem Anthocyangehalt nehmen sie zuvor eine orange bis rötliche Färbung an (Farbtafel 15, S. 223).
Das Milde Rübenvergilbungs-Virus führt zu ähnlichen Symptomen. Die Unterschiede bestehen darin, daß anfangs keine Adernaufhellungen eintreten und sich bei älteren Blättern eine orange-gelbliche Verfärbung ohne Nekrosen entwickelt. Vergilbte Blätter sind anfälliger gegen Schwächeparasiten und können rasch absterben (Farbtafel 15, S. 223).

Eigenschaften, Wirtskreis, Übertragung
Das Nekrotische Rübenvergilbungs-Virus besitzt eine Partikelgestalt in Form stark gewellter Fäden (10 x 1250 nm). Samenübertragung liegt wahrscheinlich nicht vor; die mechanische Übertragung bleibt ohne Bedeutung. Als Vektoren können etwa 30 Blattlausarten dienen, von denen in Mitteleuropa *Myzus persicae* (Sulz.), *Aphis fabae* Scop. und *Rhopalosiphoninus tulipaellus* (Theob.) wichtig sind. Letztere kann aus Rübenmieten abfliegen und Frühinfektionen in Feldbeständen auslösen. *Myzus persicae* kann auch anholozyklisch auf *Senecio vulgaris, Stellaria media, Capsella bursa-pastoris*, Kohlarten, Raps, Spinat, Mangold überwintern, wenn die Temperaturen nicht unter -12 °C absinken. Ein Teil der Überwinterungswirte ist virusanfällig. Feldunkräuter haben für die Überwinterung des Nekrotischen Rübenvergilbungs-Virus nur im atlantischen Küstenraum, weniger in kontinentalen Klimagebieten, eine Bedeutung; sie können als Virusreservoir angesehen werden. Das Virus kann nur wenige Tage übertragen werden (Semi-

persistenz). Die Mindestaufnahme- und Mindestabgabesaugzeiten betragen 7 bis 15 Minuten, bei Akquisitionszeiten von 30 bis 60 Minuten erfolgt eine Übertragung zu 60 bis 70%. Das Milde Rübenvergilbungs-Virus ist von isometrischer Gestalt mit einem Durchmesser von 28 nm. Als Überträger sind z. B. *Myzus persicae, Rhopalosiphoninus tulipaellus* und *Aulacorthum circumflexum* (Bckt.) bekannt. *Aphis fabae* scheint an der Virusübertragung nicht wesentlich beteiligt zu sein, daher kommt unter Feldbedingungen *Myzus persicae* die alleinige Bedeutung zu. Der Wirtskreis des Milden Vergilbungs-Virus ist begrenzt, jedoch gehören neben *Beta*-Arten, Spinat und Weißem Senf, winterannuelle Unkräuter dazu, wie *Senecio vulgaris, Capsella bursa-pastoris, Stellaria media, Veronica*-Arten und *Lamium amplexicaule*. Ihre Bedeutung als Virusreservoir steht in Abhängigkeit von der Herbstentwicklung, dem Rückflug der Vektoren auf den Winterwirt und den Überwinterungschancen. Als wichtige Virusquelle sind auch Samenträgerbestände anzusehen. Ein wesentlicher Faktor ist die anholocyclische Überdauerung des Vektors in milden Wintern. Das Virus ist im Überträger zirkulativ. Die Aufnahmesaugzeit für optimale Virusübertragung beträgt etwa 48 Stunden, die Abgabesaugzeit 24 Stunden.

Bekämpfung

Der Verhütung von Infektionen, Minderung der Virusausbreitung bzw. der Folgeschäden dienen eine Reihe integrierbarer Maßnahmen. Zunächst ist auf konsequente Trennung des Anbaus von Fabrikrüben und von Rübenstecklingen, Samenträgern und Spinat zu achten. Die Entfernungen sollten über 3 km hinausgehen. Jede acker- und pflanzenbauliche Maßnahme, die der Verbesserung der Jugendentwicklung, der Bestandesdichte oder der allgemeinen Wüchsigkeit der Pflanzen dient, mindert die Befallshöhe und die Auswirkungen der Vergilbungskrankheit auf den Ertrag. Bei früher Aussaat, raschem Aufgang, zeitig schließenden Beständen und harmonischer Düngung treten die Schäden deutlich zurück. Die Entfernung oder Vernichtung von erkrankten Nebenwirten sollte vor Abflug der Vektoren auf Rübenbestände abgeschlossen sein. Rübenmieten und Winterspinatflächen sind bis Ende April zu räumen. Unkrautbekämpfung auf der Anbaufläche, auf Randstreifen und Feldwegen reduziert die Infektionsgefahr. Der Anbau toleranter Sorten steckt noch in den Anfängen, kann aber als wesentliche Maßnahme für die Zukunft betrachtet werden. Direkte Vektorenbekämpfung s. Seite 256 und 299.

Literatur

Steudel, W., 1978: Dreijährige Versuche zur Vergilbungstoleranz der Zuckerrübensorte „Vytomo" unter natürlichen Befallsbedingungen im Raume Münster. Nachr.Bl. Dtsch. Pflschutzd. 30, 133–136. – Steudel, W., Heiling, A., 1954: Die Vergilbungskrankheit der Rübe. Mitt. Biol. Bundesanstalt L. u. F. Berlin, H. 79, 1–132. – Thielemann, R., Nagi, A., 1977: Neuere Erfahrungen zum Vorkommen zweier Vergilbungsviren in der Bundesrepublik Deutschland, zur Bedeutung der Vektoren und der Ertragsverluste. Zeitschr. Pfl.kr. Pfl.Schutz, 84, 257–269. – Wiesner, K., 1973: Zur Schädigung der Zuckerrübe durch die Milde Rübenvergilbung, durch die Nekrotische Rübenvergilbung und durch Mischinfektionen beider Viren. Arch. Phytopath. Pfl.schutz 9, 151–164.

4.1.2 Rübenmosaik

(beet mosaic)

Erreger

Rübenmosaik-Virus, RMV (beet mosaic virus, BMV)

Verbreitung, wirtschaftliche Bedeutung

Das Rübenmosaik wird in allen Ländern mit Rübenanbau beobachtet. In Mitteleuropa werden besonders die Samenträgerbestände betroffen, bei denen Einbußen bis 50% eintreten können. Bei einjährigen Rüben wurden Minderungen des Zuckerertrages bis zu 10% ermittelt; die Rüben- und Blatterträge können um 20 bis 40% reduziert sein. Bei Mischinfektionen mit Vergilbungsviren summieren sich dic Schadwirkungen.

Symptome

An den jungen Blättern zeigen sich zunächst Adernaufhellungen, später bilden sich, über die Blattspreite verteilt, unregelmäßige, gelbgrüne bis weißliche Fleckungen (Farbtafel 15, S. 223). Die Blätter sind blasig aufgetrieben, gekräuselt und verkrümmt, die Blattstiele verkürzt. Ältere

Blätter können welken und vertrocknen vorzeitig; bei späten Infektionen behalten sie ihr normales Aussehen.

Eigenschaften, Wirtskreis, Übertragung
Das Rübenmosaik-Virus hat eine Partikelgestalt in Form langer, gewellter Fäden mit der Größe von 733 x 25 nm. Das Virus ist nicht persistent und kann durch Preßsäfte mechanisch übertragen werden. Als Vektoren werden eine größere Anzahl von Blattlausarten angegeben, von denen *Myzus persicae* (Sulz.) und *Aphis fabae* Scop. für den mitteleuropäischen Raum die größte Bedeutung besitzen. Die Aufnahme- und Abgabesaugzeiten sind kurz (6 bis 10 Sekunden), das Virus ist am Vektor nach 30 Minuten nicht mehr übertragbar. Die ersten Symptome treten etwa 8 bis 12 Tage nach der Infektion ein.
Der Wirtskreis umfaßt eine große Pflanzenzahl aus vielen Familien; neben Chenopodiaceen sind Cruciferen, Papaveraceen, Caryophyllaceen und Leguminosen hervorzuheben. Als Winterwirte kommen in erster Linie Samenrüben, Winterspinat und Mangold in Betracht; daneben können überwinternde Unkräuter wie *Senecio vulgaris, Capsella bursa-pastoris, Papaver rhoeas, Trifolium incarnatum, Stellaria media* und andere als Virusreservoir dienen.

Bekämpfung
Bei Fabrikrüben ist eine Vektorenbekämpfung kaum erforderlich, zumal die acker- und pflanzenbaulichen Maßnahmen gegen die Vergilbungsviren auch gegen das Rübenmosaik wirksam werden. In Samenträgerbeständen bzw. bei der Stecklingsanzucht ist eine Blattlausbekämpfung bei hoher Population notwendig (s. Vergilbungsviren).

Literatur
BENNETT, C. W., 1964: Isolates of beet mosaic virus with different degrees of virulence. J. Amer. Soc. Sug. beet Techn. **13**, 27–32. – LEWELLEN, R. T., 1973: Inheritance of beet mosaic virus resistance in sugar beet. Phytopathology **63**, 877–881. – SCHMELZER, K., 1959: Zur Kenntnis des Wirtspflanzenkreises des Rübenmosaik-Virus (*Marmor betae* Holmes). Zentr. B. Bakt. II **112**, 12–33.

4.1.3 Wurzelbärtigkeit
(Rizomania disease)

Erreger
Adernvergilbungs-Virus, RAVV (beet necrotic yellow vein virus, BNYVV).

Verbreitung, wirtschaftliche Bedeutung
Die Krankheit wurde Anfang der 50er Jahre zuerst in Oberitalien (Poebene), später auch in Mittel- und Süditalien beobachtet. Inzwischen liegen Befunde aus Japan, Polen, Griechenland, Ostfrankreich und West- und Süddeutschland (Südhessen, Rheinland-Pfalz, Bayern) vor. Die Verluste durch Wurzelbärtigkeit haben in Italien verschiedentlich bis zu 50 bis 80% des Zuckerertrages erreicht. In Südhessen wurden Ertragsreduktionen von 50% und mehr (150 bis 200 dt/ha) festgestellt. Das Rübengewicht liegt bei schwacher Erkrankung bis 30%, bei starken Symptomen bis 50% unter dem gesunder Pflanzen; der Zuckergehalt ist um 10 bis 20% reduziert.

Symptome
Ende Juni bis Anfang Juli werden Blattaufhellungen sichtbar. Die Blattstiele sind verlängert und die Spreite bleibt schmaler. Die Pflanzen entwickeln sich verzögert, einzelne können absterben. Bei trockener Witterung kann eine Welke trotz ausreichender Bodenfeuchtigkeit eintreten. Die Pfahlwurzel ist mitunter abgestorben und vermorscht. Am Rübenkörper hat eine starke Bildung von Seitenwurzeln eingesetzt (Farbtafel 15, S. 223). Auf den Blattadern können später chlorotische bis nekrotische Flecke entstehen.

Eigenschaften, Wirtskreis, Übertragung
Die Erreger der Rizomania werden weder mit dem Samen noch durch Insekten übertragen; Nematoden scheiden ebenfalls als Vektoren aus. Der Boden bleibt jedoch für längere Zeit infektiös. Als Überträger wurde *Polymyxa betae* nachgewiesen. Der Pilz hat eine relativ weite Verbreitung und kommt in vielen Böden mit stärkerem Rübenanbau vor. Seine Entwicklung ist an hohe Bodenfeuchtigkeit gebunden und erfolgt am besten im neutralen bis alkalischen Bereich. Das Temperaturoptimum soll zwischen 23 und 27 °C liegen; bei niedrigen Temperaturen ist die Dauersporenbildung stark verzögert.

Über den Vorgang der Virusübertragung und die Lokalisation der Viruspartikeln liegen noch keine gesicherten Angaben vor. Der Befall durch *Polymyxa* allein kann die Jugendentwicklung der Rübenpflanzen verzögern. Der eigentliche Schaden steht im Zusammenhang mit der Infektion durch das BNYVV, wobei es sich in manchen Gebieten möglicherweise um einen Viruskomplex handelt, an dem das NRVV, MRVV und RMV beteiligt sein können; hohe Bodentemperaturen und stauende Nässe wirken begünstigend. Eine strenge Abhängigkeit von der Bodenart scheint nicht zu bestehen. Als Wirtspflanzen des BNYVV werden *Beta-* und *Chenopodium*-Arten angegeben; eine Übertragung auf Testpflanzen ist durch Abreibung möglich.

Bekämpfung

Der Krankheit kann in Befallslagen durch Verbesserung der Bodenstruktur und der Vermeidung von Nässe bzw. durch vorsichtigere Bewässerung und optimale Ernährung entgegengewirkt werden. Die Zuckerrübe sollte in der Fruchtfolge nicht zu eng stehen.

Literatur

HAMDORF, G., LESEMANN, D. E., 1979: Untersuchungen über das Vorkommen des beet necrotic yellow vein virus (BNYVV) in Hessen und Rheinland-Pfalz. Nachr.Bl. Dtsch. Pflschutzd. **31,** 149–153. – KOCH, F., 1976: Rizomania oder Wurzelbärtigkeit, eine neue Krankheit an Zuckerrüben. Gesunde Pflanze **28,** 150–154. – KUSZALA, M., PUTZ, C., 1977: La Rhizomanie de la Betterave sucrière en Alsace. Ann. Phytopath. **9,** 435–446. – TAMADA, T., 1975: Beet necrotic yellow vein virus. C.M.I./A.A.B. Descriptions of plant viruses. No. 144.

4.1.4 Kräuselkrankheit
(sugar beet leaf curl)

Erreger

Rübenkräusel-Virus, RKV (beet leaf curl virus, BLCV).

Verbreitung, wirtschaftliche Bedeutung

Die Krankheit ist hauptsächlich in Mitteleuropa in Rübenanbaugebieten mit leichteren Böden verbreitet. Das Vorkommen erstreckt sich von Polen über Mitteldeutschland bis Niedersachsen; in der Tschechoslowakei und der UdSSR liegen sporadische Befallsgebiete vor. Der Schaden kann sich bei den Rüben- und Krautverlusten bis zu 75% steigern; der Zuckergehalt ist stark gemindert und die technische Verarbeitung der Rüben erschwert. In den letzten Jahren ist der Befall, wohl aufgrund durchgreifender Bekämpfungsmaßnahmen, allgemein gering geblieben.

Symptome

Die Pflanzen zeigen zunächst mehr oder weniger deutliche Aufhellungen der Blattadern, teilweise sind nur die stärkeren Gefäße betroffen. Die Adern schwellen an und scheinen glasig, die Blattstiele sind verkürzt und verdickt. Die Blätter kräuseln und krümmen sich zum Vegetationspunkt, so daß eine Art „Salatkopf" entsteht. Die Herzblätter werden laufend nachgetrieben, bleiben klein, verkrümmt und chlorotisch; dadurch wächst auch der Vegetationskegel deutlich empor. Ältere Blätter sterben unter Vergilbung vorzeitig ab (Farbtafel 15, S. 223). Die Entwicklung des Rübenkörpers bleibt stark zurück. An den Blattspreiten und Stielen junger Pflanzen können nadelstichähnliche, helle Saugstellen vorliegen.

Eigenschaften, Wirtskreis, Übertragung

Das Rübenkräusel-Virus hat eine bazillenförmige Partikelgestalt (Länge 200 nm, Breite 80 nm, Abb. 135). Es ist weder mechanisch noch durch Samen übertragbar. Als Vektor dient allein die Rübenblattwanze *Piesma quadratum* Fieb. Ent-

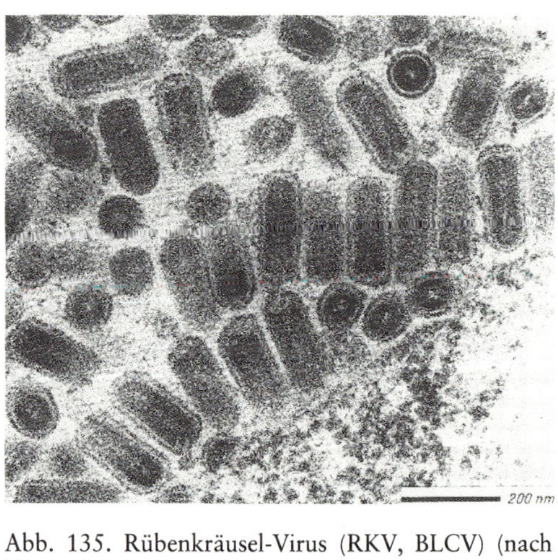

Abb. 135. Rübenkräusel-Virus (RKV, BLCV) (nach EISBEIN).

gegen früheren Befunden können Imagines und ältere Larven übertragen. Zur Virusaufnahme sind Saugzeiten von etwa 1 bis 2 Stunden (mindestens 30 Minuten), zur Abgabe von 40 Minuten notwendig. Das Virus ist zirkulativ und propagativ, d. h. es vermehrt sich im Vektor. Die Zirkulationszeit beträgt im Mittel 21 bis 28 Tage. Aus den Winterquartieren auswandernde Rübenblattwanzen sind besonders effektive Virusüberträger. Bei jungen Rübenpflanzen nimmt die Inkubationszeit 21 Tage und länger in Anspruch. Der Wirtskreis umfaßt *Beta-*, *Spinacia-*, *Chenopodium-* und *Atriplex*-Arten. Anfällige Wildpflanzen haben für die Überdauerung und Ausbreitung des Virus nur geringe Bedeutung. Neben der Überwinterung im Vektor können als Virusquellen Rübensamenträger, Winterspinat und Mangold dienen.

Bekämpfung (s. Seite 295)

Literatur

Eisbein, K., Proeseler, G., 1976: Nachweis der Partikeln des Rübenkräusel-Virus in seinem Vektor *Piesma quadratum* Fieb. Arch. Phytopath. Pflschutz **3**, 227–228. – Lassack, H., 1955: Die Ausbreitung der Rübenkräuselkrankheit und ihres Vektors, der Rübenwanze *Piesma quadratum* Fieb. Zeitschr. angew. Entom. **38**, 67–72. – Schmutterer, H., Ehrhardt, P., 1966: Zur Kenntnis des Wirtspflanzenkreises beim Rübenkräuselvirus (Beta Virus 3). Zeitschr. Pflkr. Pflschutz **73**, 271–283. – Schmutterer, H., 1967: Rübenkräuselvirus und Rübenblattwanze. Mitt. Biol. Bundesanst. Ld. u. Forstw. Berlin-Dahlem 121, 125–131. – Proeseler, G., 1978: Die Akquisitions- und Zirkulationszeit des Rübenkräusel-Virus. Arch. Phytopath. Pfl.Schutz **14**, 95–98.

4.1.5 Rübenvirosen von geringerer Bedeutung

Verzwergung
(beet dwarf)

Erreger
Gurkenmosaik-Virus, GMV (cucumber mosaic virus, CMV).
Die Blätter bleiben klein, sind nach unten eingerollt und an den Rändern gekräuselt. Zunächst stellt sich eine Adernbänderung, später eine gelblich-grüne Blattscheckung ein; Bewurzelung und Größe des Rübenkörpers bleiben zurück. An Samenträgern sind die Symptome stärker ausgeprägt. Die isometrischen Viruspartikeln (Ø 30 nm) werden durch zahlreiche Blattlausarten, insbesondere *Myzus persicae* (Sulz.), übertragen. Der Wirtskreis umfaßt über 700 Arten aus 40 Familien. Überwinternde Wirtspflanzen in Gärten, Hecken und Feldrainen dienen als Virusreservoir. Die Krankheit ist daher häufiger in der Nähe von Ortschaften zu beobachten.

Ringfleckigkeit
(beet ringspot)

Erreger
Tomatenschwarzring-Virus, ToSRV (tomato black ring virus, TBRV).
Auf den Blättern entstehen unterschiedlich geformte Ringmuster von gelblicher Färbung; der Befall kann latent sein. Als Vektoren des isometrischen Virus (Ø 30 nm) wurden Nematoden [*Longidorus elongatus* (de Man), *L. attenuatus* Hooper] nachgewiesen. Die Viruspartikeln können bei Chenopodiaceen auch mit Pflanzensaft, Pollen und Samen übertragen werden. Die primäre Infektion geht vom Boden (Nematodenpopulation) aus, wobei Unkräuter als Viruswirte Bedeutung besitzen.

Gelbfleckigkeit der Zuckerrübe
(beet yellow blotch)

Erreger
Tabak-Rattle-Virus, TRV (tobacco rattle virus, TRV); s. a. Seite 204.
Auf den Blättern chlorotische Flecke und Ringmuster. Die tubulären, einstrangigen Viruspartikel (190 x 25; 45–115 x 25 nm) werden durch Nematoden der Gattungen *Trichodorus* und *Paratrichodorus* übertragen. Der Wirtskreis umfaßt etwa 400 Arten aus 50 Familien. Die Krankheit ist meist nur auf sandigen oder moorigen Böden anzutreffen.

Viröse Fleckigkeit
(beet virus spot)

Erreger
Virus der virösen Fleckigkeit, RVFV (beet virus spot virus, BVSV).
Auf jungen Blättern chlorotische Punkte, Flecke oder Strichel, gelegentlich auch Ringe, die später

in Nekrosen übergehen. Die Viruspartikeln werden durch *Myzus persicae* (Sulz.) übertragen; die Krankheit wurde in Westeuropa nachgewiesen.

Beet cryptic Virus (BCV)
In *Beta*-Rüben wurde ein isometrisches Virus (∅ 30 nm) gefunden, dessen weitere Charakteristik noch aussteht. Es erzeugt nur an Mangoldsämlingen erkennbare Symptome. Bei Zuckerrüben scheint kein negativer Einfluß vorzuliegen; die Viruskonzentration ist meist nur gering. Die Viruspartikeln werden mit dem Samen übertragen; Handelssaatgut kann bis zu 90% infiziert sein.

Rübengelbnetzvirus RGNV
(beet yellow net virus, BYNV)
Die Blätter zeigen etwa 1 mm große chlorotische Flecke, die später netzartig angeordnet den Blattadern folgen. Die Blattspitzen vergilben, daher können Verwechslungen mit der Etch-Variante des Nekrotischen Rübenvergilbungs-Virus vorkommen. Das stäbchenförmige Virus (32 x 300 nm) wird zirkulativ durch Blattläuse, besonders *Myzus persicae* (Sulz.), übertragen. Wichtigste Wirtspflanzen sind *Beta*-Rüben. Die Krankheit blieb in Europa bisher bedeutungslos.

Westliches Rübenvergilbungsvirus
(beet western yellows virus)
An jungen Blättern bilden sich, zunächst verteilt, schwache chlorotische Aufhellungen in den Interkostalfeldern. Später vergilben die Blätter und werden zuvor spröde, brüchig. Als Vektoren der isometrischen Viruspartikeln (∅ 24 bis 30 nm) kommen verschiedene Blattlausarten [*M. persicae* (Sulz.)] in Betracht. Der Wirtskreis umfaßt Arten aus 15 Familien. Bei Mischinfektionen mit den verbreiteten Vergilbungsviren treten bei Rüben verstärkte Ertragsverluste ein. In Europa wurde das Virus bisher nur vereinzelt gefunden.

Literatur
FRITZSCHE, R., KARL, E., LEHMANN, W., PROESELER, G., 1972: Tierische Vektoren pflanzenpathogener Viren. Gustav Fischer Verlag, Stuttgart. – HEATHCOTE, G. D., 1973: Nematode transmitted viruses of sugar beet in England (1965–1972). Plant Path. **22**, 156–160. – KASSANIS, B., WHITE, R. F., WOODS, R. D., 1977: Beet crytic virus. Phytop. Zeitschr. **90**, 350–360. – NAGI, A., 1975: Beitrag zum vermutlichen Vorkommen des Beet Western Yellows Virus in Europa. Phytopath. Zeitschr. **82**, 146–151.

4.2 Pilz- und Bakterienkrankheiten

4.2.1 Wurzelbrand
(black root)

Erreger
Pleospora björlingii Byford (syn. *Pleospora betae* Björling), Konidienstadium: *Phoma betae* (Oud.) Frank,
Pythium spp.,
Aphanomyces laevis de Bary,
A. cochliobolus Drechsler.

Systematische Stellung
Ascomycotina, Loculoascomycetes, Pleosporales.
Mastigomycotina, Oomycetes, Peronosporales bzw. Saprolegniales.

Verbreitung, wirtschaftliche Bedeutung
Der Wurzelbrand ist bei Beta-Rüben eine weit verbreite Keimlingskrankheit, die insbesondere bei ungebeiztem Saatgut zu hohen Pflanzenverlusten führen kann. In früherer Zeit waren Ausfälle der Keimlinge bis zu 70% bzw. Fehlstellen bis zu 20 m^2 keine Seltenheit. In kontinentalen Gebieten sind die Aussaaten weniger gefährdet als in maritimen Bereichen. In leichtem Befall wurde früher mitunter eine Mithilfe beim Rübenverziehen gesehen, da ein gewisser Ausgleich durch die manuelle Pflege der Bestände möglich war. Mit steigender Verwendung von monogermem Saatgut und der Ablage auf Endabstand gewinnen die Keimlingskrankheiten größere Bedeutung, da sie zu Bestandsminderungen beitragen können, die unter Umständen Umbruch notwendig werden lassen. Im allgemeinen sind solche Umbrüche, die auf Wurzelbrand zurückgehen, jedoch selten; meist liegen die Ursachen für schlechten Aufgang in abiotischen Faktoren (Kälte, Nässe, Verschlämmung, Verkrustung usw.).

Symptome
Der Wurzelbrand ist eine Erkrankung der Rübenkeimlinge während der ersten Entwicklungsstadien. Zur Zeit des Auflaufens werden Fehlstellen in der Reihe oder größere Kahlstellen im Feld beobachtet; aufgegangene Keimpflanzen beginnen zu welken, vergilben und fallen nach wenigen Tagen um. Mit Beginn des Auskeimens

treten graubraune bis schwarze Flecke an den Wurzeln oder Keimblättern auf, wodurch die Pflanzen noch vor dem Erreichen der Bodenoberflächen absterben können. Nach dem Aufgang sind dunkle Verfärbungen am Hypocotyl und den Wurzeln zu erkennen. Das befallene Gewebe schrumpft ein, so daß Teile oder die ganze Pflanze unter den Keimblättern zwirnartig dünn werden (Umfallkrankheit) (Abb. 136).

Abb. 136. Wurzelbrand an Rübenkeimlingen.

Mitunter liegt eine 1/2 bis 1 cm breite ringartige Erkrankung des Wurzelhalses vor, wodurch es zu stärkeren Einschnürungen kommen kann und später an Kohlrabi erinnernde Rübenköpfe entstehen. Mit der Ausbildung des ersten Laubblattes können die Pflanzen den Schaden meist abwehren; nach Beginn des sekundären Dickenwachstums erfolgt kein Neubefall. Bei günstigen Wachstumsbedingungen werden leichtere Wurzelbranderkrankungen von den meisten Pflanzen überwunden.

Biologie der Erreger

An der Entstehung des Wurzelbrandes sind boden- und samenbürtige, pilzliche Krankheitserreger beteiligt. Zur ersten Gruppe gehören eine Reihe von *Pythium*-Arten, von denen *P. debaryanum* Hesse die größte Bedeutung zugeschrieben wird, und *Aphanomyces laevis* de Bary. Sie leben saprophytisch im Boden und werden durch hohe Bodenfeuchte bei niedriger Bodenreaktion stark gefördert. *Pythium*-Arten dringen bei der Keimung in das Innere des Knäuels und töten die Keimwurzel ab, später infizieren sie Hypocotyl und Keimblätter. An älteren Pflanzen können auch Seitenwurzeln befallen werden. *P. irregulare* wird für eine Gelbsucht der Rüben auf Heide- und Geestböden verantwortlich gemacht, wobei eine Zerstörung der Faserwurzeln eintritt. Die asexuelle Vermehrung der *Pythium*-Arten erfolgt über zweigeißelige Zoosporen in runden Zoosporangien; zur Überdauerung dienen dickwandige Oosporen (21 bis 32 µm). *Aphanomyces laevis* stellt ähnliche Ansprüche wie die *Pythium*-Arten, scheint aber am Wurzelbrandkomplex weniger häufig beteiligt zu sein. Die Infektionen treten meist etwas später ein und die Pflanzen können den Befall ausheilen. Befall an den Seitenwurzeln ist bis in den Herbst möglich; je nach Beginn und Schwere ergeben sich Wuchsminderungen bei der Rübe. *A. laevis* bildet hyphenartige, lange Zoosporangien mit 60 bis 100 zweigeißeligen Zoosporen, die sich nach dem Schlüpfen einkapseln, später mit der sekundären Zoospore auskeimen und die Pflanze infizieren. Die Überdauerung ungünstiger Umweltbedingungen geschieht durch dickwandige Oosporen (18µm), an deren Keimschlauch wiederum Zoosporangien entstehen.

Als häufigster Wurzelbranderreger wird der samenbürtige Pilz *Pleospora björlingii* (Nebenfruchtform: *Phoma betae*) angesehen. Er überwintert als derbwandiges Dauermycel in der Perikarphülle des Knäuels und geht auf die Keimlinge über, welche meist die Bodenoberfläche noch durchbrechen, ehe sich die Wurzelhalsverbräunungen auswirken. Der Erreger wird, im Gegensatz zu den *Pythium*-Arten, durch trockenes Frühlingswetter bei niedrigen Bodentemperaturen begünstigt. Die Verseuchung des Saatgutes tritt während der Knäuelreife ein; der Erreger verursacht neben einer meist unbedeutenden Blattfleckenkrankheit auch eine Stengelfäule an Samenträgern. In erkrankten Pflanzenteilen entstehen massenhaft dunkle Pyknidien mit einzelligen, farblosen, abgerundeten Sporen (3 bis 5 µm), die bei Feuchtigkeit in Schleimranken austreten, durch Regenspritzer verbreitet werden und die Rübenknäuel infizieren. Mit starker Saatgutverseuchung ist in regenreichen Gebieten und Jahren zu rechnen. Der Erreger überdauert nicht im Boden und überlebt nur kurze Zeit auf Pflanzenresten. Die sexuelle Vermehrung in Form von Pseudothecien mit quer- und längsseptierten Ascosporen (19 bis 25 x 8 bis 10 µm) hat für die Epidemiologie keine Bedeutung.

Wirtskreis
Die am Wurzelbrand beteiligten *Pythium*-Arten sind nichtspezialisierte Bodenbewohner mit weitem Wirtskreis, welcher Kulturpflanzen und Unkräuter umschließt. *Aphanomyces laevis* und *Pleospora betae* treten auch an anderen Chenopodiaceen (Spinat, Mangold, Rote Rübe) als Erreger von Keimlingskrankheiten auf.

Bekämpfung
Keimlingsinfektionen durch bodenbürtige Pilze können durch alle Maßnahmen, welche eine gesunde und rasche Entwicklung der jungen Pflanzen fördern, zurückgedrängt werden. Je länger das Jugendstadium anhält, um so größer wird die Gefahr des Befalls. Sorgfältiges Saatbeet, gute Nährstoffversorgung, flache Aussaat in erwärmten Boden führen zu raschem Aufgang und zügigem Wachstum. Befallsminderung wird erreicht durch Kalkung oder Kalkstickstoff 1 bis 2 Wochen vor der Saat. Die teilweise hohe Saatgutverseuchung mit *Pleospora betae* und der frühe Angriff von Bodenpilzen kann durch Saatgutbeizung ausgeschaltet werden. Hierzu stehen als Wirkstoffe Mancozeb (Dithane Ultra, 600 g/100 kg) bzw. Thiram (AAtiram 600 g/100 kg) zur Verfügung; verwendet werden ebenfalls Kombinationspräparate mit Thiram + Mercaptodimethur (Mesurol-Combi, 1 kg/100 kg) bzw. pilliertes Saatgut mit Beimischung der Wirkstoffkombinationen Thiram + Bendiocarb, Thiram + Carbofuran.

Der durch *P. irregulare* verursachten Gelbsucht kann durch Aufkalken der Böden, Vermeidung von Verkrustung und N-Düngung bei Befallsbeginn entgegengewirkt werden.

Literatur
Böning, K., 1965: Der Einfluß moderner Anbau- und Pflegemaßnahmen im Zuckerrübenanbau auf Krankheits- und Schädlingsbefall. Bayer. landw. Jb. **42,** 819–828. – Böttcher, J., Behr, L., 1980: Pilze der Gattung *Pythium* als Wurzelbranderreger der Zuckerrübe. Arch. Phytopath. u. Pflschutz **16,** 95–102. – Leach, L. D., MacDonald, J. D., 1976: Seedborne *Phoma betae* as influenced by area of sugarbeet production, seed processing and fungicidal seed treatments. J. Amer. Soc. Sug. beet Techn. **19,** 4–15. – Möllerström, G., Klinteberg, H. B., 1964: Black leg in sugarbeets. Socker Handl. Ser. 2, **19,** 1–15. – Papavizas, G. C., Ayers, W. A., 1974: *Aphanomyces* species and their root diseases in pea and sugarbeet. Techn. Bull. agr. res. Serr. USDA No. 1485, 158 pp. – Vukovits, G., 1963: Untersuchungen über *Pythium irregulare* Buism., den Erreger der Rübengelbsucht. PflSch. Ber. Wien **30,** 1–40.

4.2.2 Cercospora – Blattfleckenkrankheit
(Cercospora leaf spot)

Erreger
Cercospora beticola Sacc.

Systematische Stellung
Deuteromycotina, Hyphomycetales, Dematiaceae.

Verbreitung, wirtschaftliche Bedeutung
Die Krankheit ist weltweit in allen Rübenanbaugebieten bekannt und tritt bevorzugt in wärmeren Regionen und Jahren auf. Die wichtigsten europäischen Befallsgebiete liegen in Spanien, Italien, Österreich, der ČSSR und auf dem Balkan. In Deutschland ist die Krankheit zwar verbreitet, richtet aber nur lokal in einzelnen Jahren wirtschaftliche Schäden an; am stärksten gefährdet sind die niederbayerischen Anbaugebiete.

Tafel 19
Oben links: Kohlschotenrüßler *(Ceuthorhynchus assimilis)* auf Rapspflanze. Oben rechts: Durch Rapserdfloh-Larvenfraß *(Psylliodes chrysocephalus)* „ausgewinterte" Rapspflanzen. Mitte links: Larve der Kohlrübenblattwespe *(Athalia rosae)* beim Fraß an einer Senfschote. Mitte rechts: Larven der Kohlschotenmücke *(Dasineura brassicae)* in Rapsschote. Unten links: Schadbild der Kohlschotenmücke *(Dasineura brassicae)* an Rapsschoten. Unten rechts: Schnecken (*Deroceras* sp.) beim Fraß an Rapsblatt.

Die Ertragsverluste sind abhängig vom Infektionszeitpunkt und dem Verlauf der Epidemie. In extremen Fällen wurde bei anfälligen Sorten eine Reduktion des Zuckergehaltes um 12%, der Rübenmasse um 30% und der Blattmasse um 60% im Feldbestand ermittelt. Bei der 1951 in Niederbayern aufgetretenen Epidemie sind schätzungsweise Gesamtverluste bei Zucker- und Futterrüben in Höhe von 10 Millionen DM eingetreten, wobei eine durchschnittliche Minderung des Zuckergehaltes um 6%, der Rübenmasse um 10% und des Blattertrages um 50% zugrunde gelegt wurde. In den durch Klimabedingungen gefährdeten Anbaugebieten zählt der Cercospora-Befall zu den gefürchteten Blattkrankheiten bei *Beta*-Rüben.

Symptome

Mit Beginn oder Mitte des Sommers treten an den älteren Blättern, herdweise vereinzelt und zunehmend, 2 bis 3 mm große, rundliche Nekrosen auf. Das Gewebe ist anfangs dunkelbraun, später nimmt der Mittelteil graubraune bis silbergraue Färbung an. Die Flecke sind vom gesunden Gewebe durch einen roten oder braunen Ring deutlich abgegrenzt und mit einem gelblich-weißen Überzug versehen (Abb. 137); häufig sind punktförmige, dunkle Auflagerung zu erkennen. Das abgestorbene Gewebe wird brüchig, rissig und fällt gelegentlich aus. Bei starkem Befall, d. h. relativ dicht verteilten Läsionen, fließen die Blattflecke zusammen; die geschädigten Blätter sterben vorzeitig ab, vertrocknen und liegen dem Boden auf. Von den äußeren Blättern greift die Erkrankung auf die inneren über, jedoch werden die Herzblätter meist verschont. Die Pflanze wird zu weiterer, zahlreicher Neubildung von Blättern angeregt, wodurch sich der Vegetationskegel hervorhebt und einen Hals von 20 bis 25 cm Länge bilden kann. Die Blattneubildung verbraucht Nährstoffe zu Lasten der Weiterentwicklung des Rübenkörpers. Im Extremfall stirbt die Rübe ab und zersetzt sich im Boden, wenn durch Trockenheit die Bildung von neuen Blättern verhindert wird.

Biologie des Erregers

Cercospora beticola bildet bei infizierten Pflanzengeweben in der inneren Atemhöhle olivfarbene Hyphenknoten oder ein Pseudostroma, an welchem, büschelartig angeordnet, eine Vielzahl von unverzweigten Konidienträger entsteht. Sie ragen durch die Stomaöffnungen und tragen jeweils wenige, sehr lange (190 bis 360 µm), zahlreich septierte (9- bis 17fach), schmale, gestreckte oder leicht gekrümmte Konidien (Abb. 138). In der Masse bilden sie einen gelblichweißen Überzug auf den Läsionen.

Der Erreger überdauert in Form von dunklem, sclerotienartigem Mycel in Blattresten im Boden, an welchem sich im Frühjahr Konidien bilden, die zu Primärinfektionen führen. Die Lebensdauer im Boden kann bis zu zwei Jahren anhalten. Dauermycel kann auch mit dem Saatgut überleben.

Die Konidienkeimung erfolgt in einem Bereich von 6 bis 38 °C; das Optimum liegt zwischen 24 bis 32 °C bei 100 % relativer Luftfeuchte; unterhalb von 91% relativer Luftfeuchte ist die Keimung unterbunden. Die Infektion verläuft zwischen 12 °C und 37 °C; die Keimschläuche der Konidien dringen durch die Stomazellen in das Blattgewebe. Das Mycel wächst zunächst inter-, später intrazellulär. Die Inkubationszeit beträgt unter optimalen Bedingungen (25 °C, 100% relative Feuchte) 5 Tage, im Feldbestand meist 8 bis 14 Tage. Kurze Zeit nach dem Auftreten von Nekrosen setzt blattoberseits und -unterseits die Sporulation ein. Sie erreicht ihr Maximum nahe 30 °C bei 98 bis 100% relativer Feuchte. Die Konidien werden durch Regenspritzer und Wind verbreitet; die stärkste Ausbreitung verläuft daher während warmer Regenperioden, besonders an Tagen nach mäßigen Niederschlägen. Unter deutschen Verhältnissen ist mit epidemischem Auftreten nach mildem Winter und feuchtwarmem Frühjahr zu rechnen, wenn darüberhinaus im Sommer bei hoher Luft-

Tafel 20
Oben links: Aptere Virgines und Larven der Grünen Pfirsichblattlaus *(Myzus persicae)* an Kohlblatt. Oben rechts: Kolonie der Mehligen Kohlblattlaus *(Brevicoryne brassicae)* an Weißkohl. Mitte links: Vom Schwarzen Kohlerdfloh *(Phyllotreta atra)* stark befallene Rapspflanze. Mitte rechts: Schaden durch Kohlschabenraupen *(Plutella xylostella)* an Weißkohl. Unten links: Raupen des Großen Kohlweißlings *(Pieris brassicae)* an Rapsblatt. Unten rechts: Raupen der Kohleule *(Mamestra brassicae)* beim Fraß an Weißkohlkopf.

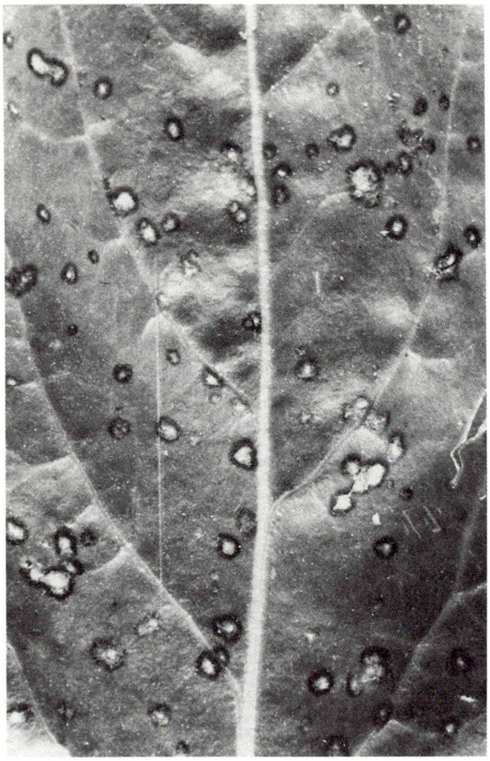

Abb. 137. Cercospora-Blattfleckenkrankheit *(C. beticola)*.

feuchtigkeit die Temperaturen überdurchschnittlich hoch (20 bis 25 °C) liegen. Der Erreger baut sich dann in den Monaten Juni bis August im Bestand soweit auf, daß ab September schwerer Befall vorliegen kann.

Wirtskreis

Cercospora beticola befällt neben Zucker- und Futterrüben auch Rote Rüben, Mangold und Spinat. Darüberhinaus werden *Beta vulgaris* ssp. *maritima*, *B. procumbens*, *B. trigyna* und *B. chiloensis* als Wirtspflanzen angegeben. Der Erreger wurde auch auf *Amaranthus retroflexus*, *Chenopodium album*, *Lactuca sativa*, *Malva rotundifolia*, *Melilotus albus*, *Polygonum convolvulus*, *P. aviculare*, *P. persicaria*, *Fagopyrum sagittatum* und *Kochia scoparia* nachgewiesen. Die Abgrenzung des Wirtskreises scheint schwierig zu sein, da *C. beticola* möglicherweise, zusammen mit anderen *Cercospora*-Arten, als Synonym von *Cercospora apii* Fres. anzusehen ist. Der Erreger tritt in verschiedenen Stämmen auf, die sich in Morphologie und Virulenz unterscheiden. Die Rübensorten zeigen unterschiedliche Anfälligkeiten, jedoch erreichen resistente Zuchtstämme nicht die Ertragsleistungen des angebauten Sortiments.

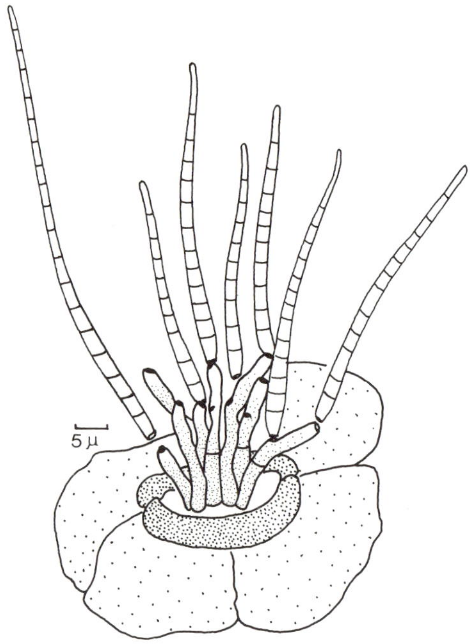

Abb. 138. *Cercospora beticola*, Konidienbildung (nach Ellis).

Bekämpfung

Die Überdauerung des Erregers im Boden kann durch Entfernen der Pflanzenreste (Blätter, Rübenköpfe) oder tiefes Unterpflügen nach der Ernte stark eingeschränkt werden. In gefährdeten Gebieten ist eine enge Fruchtfolge zu vermeiden, da häufiger Rübenanbau, besonders Monokultur, zu starkem Befallsanstieg führen kann. Bei Unterbrechung der einseitigen Fruchtfolge mit Sommergerste blieb der Befallsanstieg geringer. Durch künstliche Beregnung wird die Krankheit deutlich gefördert. Die Saatgutbeizung verhindert die Samenübertragung. Zur direkten Bekämpfung stehen Präparate auf Kupferoxychlorid-Basis sowie das noch besser wirksame Fentinacetat + Maneb (Brestan 60) zur

Verfügung. Der Verwendung von Benzimidazolfungiziden steht die verbreitete Resistenz des Pilzes entgegen. Für eine Befallsprognose sind die örtliche Lage, Niederschläge, einschließlich Tau und Nebel, die Temperaturen, Fruchtfolge, Bestandsdichte, Verunkrautung und das Vorliegen anderer Krankheiten zu berücksichtigen. Praxisreife Prognoseregeln liegen zur Zeit noch nicht vor. Die erste Behandlung sollte innerhalb von 5 bis 8 Tagen nach dem Auftreten erster Symptome einsetzen. Als kritische Befallszahl werden 10 Läsionen an etwa 5% der Pflanzen angegeben. An Futterrüben tritt die Krankheit meist früher auf, so daß diese als Indikator benutzt werden können. In vielen Gebieten ist eine Behandlung in der ersten Augusthälfte ausreichend. Bei anhaltend günstigen Infektionsbedingungen sind Wiederholungen in zweiwöchigem Abstand notwendig. Bei der Grünblattverfütterung ist eine Wartezeit von 21 Tagen (kupferhaltige Mittel) bzw. 49 Tage (Brestan 60) einzuhalten.

Literatur

Bleiholder, H., Weltzien, H. C., 1972: Beiträge zur Epidemiologie von *Cercospora beticola* Sacc. an Zuckerrübe. III. Geopathologische Untersuchungen. Phytopath. Zeitschr. 73, 93–114. – Mischke, W., 1960: Untersuchungen über den Einfluß des Bestandesklimas auf die Entwicklung der Rübenblattfleckenkrankheit (*Cercospora beticola* Sacc.) im Hinblick auf die Einrichtung eines Warndienstes. Bayer. land. Jb. 37, 197–227. – Solel, Z., Wahl, J., 1971: Pathogenic specialization of *Cercospora beticola*. Phytopathology **61**, 1081–1083. – Wenzl, H., 1959: Bedeutung und Bekämpfung der Infektion von Rübensaatgut durch *Cercospora beticola* Sacc. Pfl. Sch. Ber. Wien, **23**, 33–58.

4.2.3 Echter Mehltau
(powdery mildew)

Erreger
Erysiphe betae (Vanha) Weltzien.

Systematische Stellung
Ascomycotina, Plectomycetes, Erysiphales, Erysiphaceae.

Verbreitung, wirtschaftliche Bedeutung
Die Krankheit ist in allen Zuckerrübenanbaugebieten Europas beobachtet worden; sie kommt auch in Nordamerika, Nordafrika und Asien vor. Die Hauptbefallsgebiete liegen in Südeuropa, der Türkei, im Nahen Osten, in Südwestasien und im Südwesten der USA. Wirtschaftliche Verluste treten nur in ariden und semiariden Gebieten ein, wobei die Ertragsminderungen bei Rüben 25%, bei der Blattmasse 50% und beim Zuckerertrag 24% erreichen können.

Symptome
Meist auf der Blattoberseite bilden sich zunächst einzelne, rundliche, schmutzig weiße, mehlige Pusteln, die häufig auf die Nähe der Haupt- und Nebenadern beschränkt bleiben. Mitunter wachsen sie zusammen und bedecken eine mehr oder weniger große Blattfläche (Farbtafel 15, S. 223). Bevorzugt befallen werden die mittleren und äußeren Blätter, die bei starker Erkrankung vorzeitig vergilben und schließlich eintrocknen.

Biologie des Erregers
Das extramatrikale Mycel der Mehltaupusteln ist mit Haustorien in den Epidermiszellen verankert. An einfachen Trägern werden in kurzen Ketten, zylindrische Konidien (30 bis 50 x 13 bis 20 µm) abgeschnürt. Die größte Sporulationsrate wird bei Temperaturen über 15 °C und einer relativen Luftfeuchte von 30 bis 40% erreicht. Das Temperaturoptimum für die Keimung liegt bei 30 °C, das Minimum bzw. Maximum bei 5° bzw. 35 °C. Die höchste Keimrate wird bei 100% relativer Luftfeuchte erreicht, aber noch bei 30 bis 40% relativer Feuchte keimen bis zu 70% der Konidien aus. Die Keimung wird durch Licht positiv beeinflußt und erreicht mittags die höchsten Werte. Der Erreger ist an semiaride und aride Bedingungen sehr gut angepaßt. Im Mehltaumycel entstehen regelmäßig Cleistothecien (95 bis 120 µm), welche 3 bis 8 Asci mit jeweil 3 bis 5 Ascoporen (18 bis 30 x 12 bis 19 µm) enthalten. Sie können zur Überdauerung ungünstiger Bedingungen beitragen, jedoch ist ihre Bedeutung für den Lebenszyklus des Pilzes noch nicht voll aufgeklärt. Im Mittelmeerraum ist eine Überwinterung auf Wildrüben nachgewiesen.

Wirtskreis
Erysiphe betae ist auf *Beta*-Arten spezialisiert; der begrenzte Wirtskreis ist ein wichtiges Merkmal zur Artabgrenzung. Früher wurde der Erreger als *E. communis* oder *E. polygoni* beschrie-

ben. Neben Zucker-, Futterrübe und Mangold werden *B. vulgaris* ssp. *maritima, B. trigyna, B. corolliflora, B. patellaris, B. patrila* und *B. rapa* befallen. Die angebauten Sorten sind meist voll anfällig, jedoch sind Resistenzmerkmale bei einzelnen Zuchtstämmen vorhanden.

Bekämpfung
Das sporadische Vorkommen der Krankheit in Mitteleuropa hat Bekämpfungsmaßnahmen kaum erforderlich werden lassen. In gefährdeten Gebieten wurden Erfolge mit Kupferoxychlorid, Fentinacetat (Brestan 60) und schwefelhaltigen Präparaten erzielt. Auf systemische Präparate könnte künftig ebenfalls zurückgegriffen werden.

Literatur
DRANDAREVSKI, C. A., 1978: Powdery mildews of beet crops. In: Spencer, D. M. (Ed.): The powdery mildews. S. 323–346. Acad. Press London, New York, San Francisco. – WELTZIEN, H. C., 1963: *Erysiphe betae* (Vanha) Comb. nov., the powdery mildew of Beets. Phytopath. Zeitschr. **47**, 123–128. – BYFORD, W. J., 1978: Field experiments on sugar-beet powdery mildew, *Erysiphe betae*. Ann. appl. Biol. **88**, 377–382.

Abb. 139. Rübenrost *(Uromyces betae)*.

4.2.4 Rübenrost
(beet rust)

Erreger
Uromyces betae (Pers.) Lév.

Systematische Stellung
Basidiomycotina, Teliomycetes, Uredinales.

Vorkommen, wirtschaftliche Bedeutung
Der Rübenrost besitzt weltweite Verbreitung und tritt in Deutschland sporadisch meist nur in Gebieten mit höherer Luftfeuchtigkeit, z. B. Küstengegenden, auf. Seine wirtschaftliche Bedeutung hält sich in Grenzen.

Symptome
Auf der Oberseite und Unterseite der mittleren und äußeren Rübenblätter bilden sich meist zahlreiche, verstreut angeordnete, 1 mm große, rostbraune Pusteln. Sie werden häufig von einer chlorotischen Zone umgeben. Bei dichtem Befall welken die älteren Blätter, vertrocknen und sterben ab; die jungen Blätter bleiben aufrecht, werden jedoch unregelmäßig bis gekräuselt und vergilben langsam. Nur bei sehr schwerer Erkrankung sterben die Pflanzen ab (Abb. 139).

Biologie des Erregers
Uromyces betae ist ein autözischer Rostpilz mit vollem Entwicklungszyklus; die Spermogonien bilden sich blattoberseits in Gruppen stehend auf jungen Rübenpflanzen oder Samenträgern im Frühjahr; blattunterseits entstehen kreisförmig angeordnet, weißliche Aecidien. Die bis 1 mm großen Uredolager sind über die Blattfläche verstreut und oft um eine zentrale Pustel angelegt. Die blaßgelben, rundlichen Uredosporen zeigen feine Stachelwarzen und haben eine Größe von 19 bis 24 x 26 bis 33 µm. Ende des Sommers bilden sich dickwandige, einzellige, ovale Teleutosporen (26 bis 30 x 18 bis 22 µm), welche mit Blattresten, am Saatgut oder an Stecklingen überdauern können und im Früh-

jahr Basidiosporen freisetzen. Der Rübenrost ist empfindlich gegenüber höheren Temperaturen; die Uredosporenkeimung verläuft bei hoher Feuchtigkeit zwischen 10 bis 22 °C. Stärkere Rostentwicklung tritt bei 15 bis 22 °C ein.

Wirtskreis
Der Rübenrost befällt neben Zucker- und Futterrüben auch Rote Rüben, Spinat und Mangold sowie *B. vulgaris* ssp. *maritima, B. cycla* und *B. rapa*. Die Resistenzsituation ist wenig erforscht; Rassen mit verschiedener Virulenz wurden beobachtet.

Bekämpfung
Bei geregelter Fruchtfolge und räumlicher Trennung von Samenträgern und einjährigen Rüben können direkte Bekämpfungsmaßnahmen in der Regel unterbleiben.

Literatur
Punithalingam, E., 1968: *Uromyces betae.* C. M. I. Descriptions of path. Fungi and Bacteria, No. 177.

4.2.5 Ramularia-Blattfleckenkrankheit
(Ramularia leaf spot)

Erreger
Ramularia beticola Fautr. et Lamb.

Systematische Stellung
Deuteromycotina, Hyphomycetales, Moniliaceae

Vorkommen, wirtschaftliche Bedeutung
Die Krankheit ist in gemäßigteren Klimazonen, insbesondere in maritimen oder feuchteren, kühleren Lagen und Jahren verbreitet. Sie hat in Dänemark, der Tschechoslowakei, Österreich in der Vergangenheit zu erheblichen Schäden beigetragen. Seit wenigen Jahren wird auch in der Bundesrepublik, möglicherweise im Zusammenhang mit einer Sortenumstellung eine Zunahme des Befalls festgestellt. In Einzelfällen waren hohe Zuckerverluste zu verzeichnen, die auf die Gefährlichkeit der Krankheit aufmerksam machen.

Symptome
Auf den Blättern entstehen unregelmäßige, eckige oder runde Nekrosen von 5 bis 8 mm Durchmesser (deutlich größer als bei *Cercospora beticola*). Sie sind vom gesunden Gewebe durch einen mehr oder weniger deutlichen braunen Rand abgegrenzt. Das Innengewebe bleicht aus (weißgraue Farbe), die Flecke fließen zusammen, nehmen größere Blattpartien in Anspruch, die Blätter können einreißen bzw. das nekrotische Gewebe bricht auf. Ein weißlicher Mycelbelag kann bei feuchter Luft sichtbar werden. Die Pflanze versucht den Blattverlust durch Neubildung auszugleichen; bei schwerem Befall bleibt die Rübe kleiner und entwickelt einen erhöhten Kopf.

Biologie des Erregers
Auf den Blattflecken entsteht ein flaumartiges Mycel blattunterseits mit einfachen, büscheligen Sporenträgern, die in kurzen Ketten ein- bis zweizellige, gestreckte, an den Enden zugespitzte oder auch birnenförmige Konidien (8–15 × 5–15 µm) bilden. Optimale Keimungs- und Entwicklungsbedingungen liegen bei 18–20 °C und hoher Feuchte vor; die Infektion erfolgt über Stomazellen; der Erreger parasitiert im Schwammparenchym; die Konidienträger brechen aus den nekrotischen Flecken blattunterseits hervor. Die Inkubationszeit liegt bei 17 °C etwa um 16–18 Tage. Epidemische Ausbreitung ist daher kurzfristig möglich. Die Überwinterung erfolgt auf Blattrückständen oder Rübenköpfen; Samenübertragung scheint möglich zu sein, dürfte aber wegen allgemein vorgenommener Beizung ohne Bedeutung bleiben.

Wirtskreis
Zur Gattung *Ramularia* werden zahlreiche Species gestellt, die weitgehend alle Blattparasiten sind. Eine kritische taxonomische Bearbeitung steht noch aus, so daß über die Wirtsspezifität von *R. beticola* keine genauen Vorstellungen vorliegen. Neben Zucker- und Futterrüben können wahrscheinlich noch nahe verwandte *Chenopodiaceen* befallen werden. Die einzelnen Rübensorten zeigen Unterschiede in der Anfälligkeit.

Bekämpfung
Als hygienische Maßnahmen sind, wie bei *Cercospora beticola*, Entfernen bzw. tiefes Unterpflügen von Pflanzenrückständen zu empfehlen. In befallsgefährdeten Lagen ist den weniger anfälligen Sorten Vorzug zu geben; eine allgemeine

Sortenbeurteilung steht zur Zeit noch aus, doch sollten örtliche Erfahrungen ausgewertet werden. Es kann derzeit davon ausgegangen werden, daß gegen *Cercospora beticola* zugelassene Fungizide auch den Erreger der Ramularia-Blattkrankheit treffen.

4.2.6 Krankheiten von geringerer Bedeutung

Falscher Mehltau
(downy mildew)

Erreger
Peronospora schachtii Fuckel (syn. *P. farinosa* Fr.)
Die inneren Blätter sind gekräuselt, verdickt, und vergilben; die Herzblätter können unter Braunfärbung absterben (Abb. 140). Die Pflanzen überwachsen durch Blattneubildung die Schädigung. Blattunterseits auf den Befallsstellen zeigt sich ein grau-violetter Belag aus dichotom verzweigten Sporenträgern und ovalen Konidien (20 bis 28 × 17 bis 24 µm). Die Überwinterung des Erregers kann an Stecklingen erfolgen. Hohe Luftfeuchtigkeit und Temperaturen unter 15 °C begünstigen die Infektion und Krankheitsentwicklung.

Abb. 140. Falscher Mehltau an Zuckerrübe *(Peronospora schachtii).*

Pleospora-Blattfleckenkrankheit
(Pleospora leaf spot)

Erreger
Pleospora björlingi Byford [Konidienstadium: *Phoma betae* (Oud.) Frank].
Bis 2 cm große, braune Blattflecke mit konzentrischen Ringen, meist an Samenträgern oder älteren Blättern einjähriger Rüben. Im kranken Gewebe zahlreiche dunkle Pyknidien eingesenkt; der Erreger geht auf die Stengel und Blüten der Samenträger über und infiziert die Rübenknäuel (s. Wurzelbrand S. 272).

Alternaria-Blattbräune
(Alternaria blight)

Erreger
Alternaria tenuis Nees.
An älteren Blättern entstehen braune, unregelmäßige Flecke in den Interkostalfeldern, die

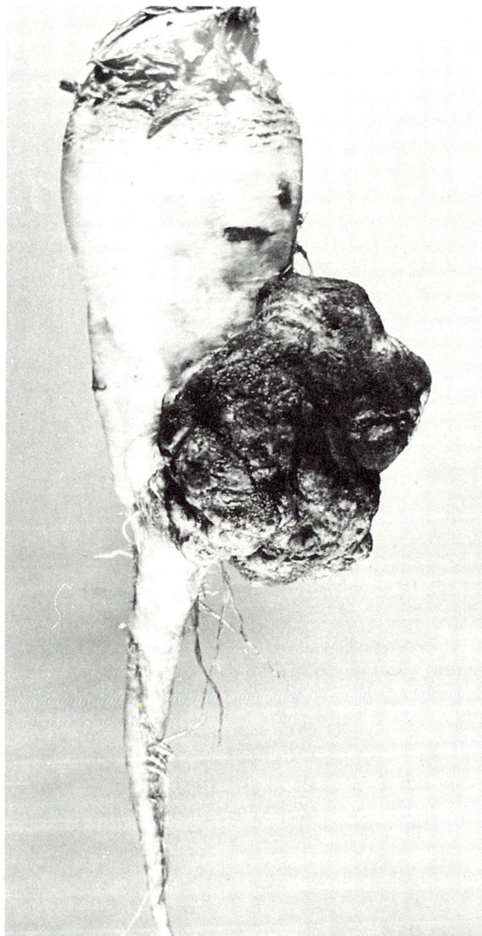

Abb. 141. Wurzelkropf an Zuckerrübe *(Agrobacterium tumefaciens).*

häufig vom Rand ausgehen. Auf dem Gewebe zeigt sich ein schwarzgrüner, samtiger Belag, der aus den Sporenträgern und braunen, keuligen, mauerförmig septierten Konidien des Erregers gebildet wird. Die Krankheit ist oft eine Folge von Trockenheitsschäden, Mangelerscheinungen oder Virusinfektionen.

Wurzelkropf
(crown gall)

Erreger
Agrobacterium tumefaciens (Smith et Townsend) Conn.
Am Rübenkörper entstehen dicht unter der Bodenoberfläche erbsen- bis faustgroße Gewebewucherungen (Tumore) mit warzig-rissiger und brauner Oberfläche (Abb. 141). Der Erreger lebt mehrere Jahre saprophytisch im Boden und dringt durch Wunden in das Parenchym; die Infektion wird durch hohe Bodenfeuchtigkeit begünstigt.

Rübenschorf
(beet scab)

Erreger
Streptomyces scabies (Thaxt.) Waksman et Henrici (s. Seite 217).
Auf dem Rübenkörper einzeln, in Gruppen oder zusammenhängend auftretende warzenartige Erhebungen, in der Mitte kraterförmig vertieft.

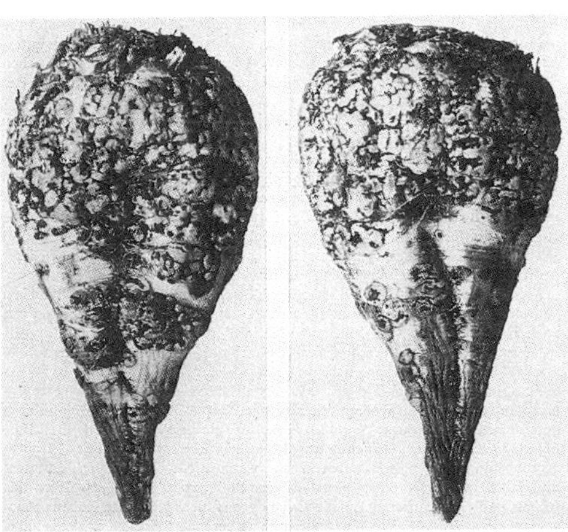

Abb. 142. Schorf an Zuckerrübe *(Streptomyces scabies)*.

Auf der Oberfläche verbräuntes, schorfiges Gewebe. Das Symptom entspricht dem Buckelschorf bei Kartoffeln (Abb. 142). Die Krankheit wird vornehmlich auf leichten, alkalischen Böden und in trockenen, warmen Jahren beobachtet. Direkte Verluste treten nicht ein, mitunter ist der Schmutzanteil erhöht.

Rotfäule
(violet root rot)

Erreger
Helicobasidium purpureum (Tul.) Pat.
Auf dem Rübenkörper fleckenartig lockere bis eng aneinanderliegende Hyphenstränge von roter bis dunkelvioletter Farbe; das darunterliegende Gewebe wird erweicht und geht in Fäule über. Die Krankheit ist in wärmeren Ländern verbreitet; in Mitteleuropa wurde sie häufiger nach Wiesenumbruch, auf verunkrauteten Flächen oder auf sandigen, kalkhaltigen Böden beobachtet. Der Erreger hat einen breiten Wirtskreis und überdauert im Boden mit kleinen Sclerotien.

Mietenfäule
(storage rot)

Erreger
Sclerotinia sclerotiorum Bref. [syn. *Whetzelinia sclerotiorum* (Sacc.) Korf et Dumont]
Botrytis cinerea Pers.
Der Rübenkörper wird während der Mieteneinlagerung, vom Kopf oder von Wunden ausgehend, in eine breiige Masse überführt. Oberflächlich hat sich ein weißlicher Pilzbelag gebildet, in dem bis erbsengroße, runde, dunkle Sclerotien eingelagert sind (*Sclerotinia*) bzw. kleinere, flache, braune Sclerotien und graugefärbter Konidienträgerrasen entstehen (*Botrytis*). Mietenfäulen sind häufiger bei zu warmer und feuchter Einlagerung, bei hoher N-Düngung und beschädigten Rüben.
Rhizoctonia solani Kühn kann an Umfallkrankheiten bei Sämlingen beteiligt sein; an ausgewachsenen Rüben entsteht eine Trockenfäule. *Thielaviopsis basicola* (Berk. et Br.) Ferraris erzeugt eine Wurzelfäule. *Phytophthora megasperma* Drechsl. verursacht an Nässestellen eine von der Rübenspitze beginnende Fäule. *Typhula betae* Rostr. und *Corticium rolfsii* (Sacc.) Curzi sind in wärmeren Ländern verbreitet und bewir-

ken starke Rübenfäulen in Feldbeständen. *Urophlyctis leproidea* (Trabut) P. Magnus erregt krebsartige Gallen am Rübenkopf.

Literatur

HEINZE, K., 1953: Die Schädlinge, Krankheiten und Schädigungen unserer Hackfrüchte (Kartoffeln und Rüben). Dunker und Humblot, Berlin.

4.3 Schädlinge

4.3.1 Nematoden

Rübenkopfälchen, Stengelälchen, Stockälchen
(stem and bulb nematode)
Ditylenchus dipsaci (Kühn)

Systematische Stellung
Tylenchida, Tylenchidae

Geographische Verbreitung
D. dipsaci kommt mit verschiedenen biologischen Rassen in Europa (Mitteleuropa, England, Spanien, Portugal, Skandinavien, Italien, UdSSR, Balkanländer), in der Türkei, in Nord- und Südafrika, Japan, Indien, Hawaii, Australien, Kanada, USA, Dominikanische Republik (Zentralkordillere), Argentinien und Brasilien vor. Der Schädling tritt somit praktisch weltweit in Gebieten mit gemäßigtem Klima auf, in den Tropen nur in höheren Lagen, wo ähnliche klimatische Bedingungen wie in den gemäßigten Zonen herrschen.

Beschreibung
Larve (2. Stadium): Schlank und fadenförmig, nach dem Schlüpfen aus dem Ei etwa 0,3 mm lang.
Weibchen: Körper schlank, etwa 1 bis 1,5 mm lang und 35 µm breit. Mundstachel geknöpft, zart und klein (etwa 10 bis 12 µm lang) (Abb. 143). Kopfsklerotisation nur schwach entwikkelt. Vulva am Beginn des letzten Körperfünftels liegend; Distanz zwischen Vulva und Anus etwa gleich der doppelten Schwanzlänge. Schwanz mit scharfer Spitze.
Männchen: Kleiner als Weibchen. Bursa vor der Spicula beginnend und sich auf etwa 2/3 der Schwanzlänge erstreckend. Schwanz mit scharfer Spitze.

Brutpflanzen
D. dipsaci bildet einige biologische Rassen (Pathotypen, Biotypen), deren Brutpflanzenspektrum sehr unterschiedlich ist.
Die Rübenrasse ist polyphag und kommt außer an Zucker- und Futterrübe auch an Roggen, Hafer, Mais, Ackerbohne, Erbse, Tabak, Raps und *Phaseolus*-Bohne vor. Wichtige Nährpflanzen dieser Rasse unter den Unkräutern sind Vogelmiere, Hederich, Ackersenf, Klettenlabkraut, Gemeines Kreuzkraut und Flughafer.

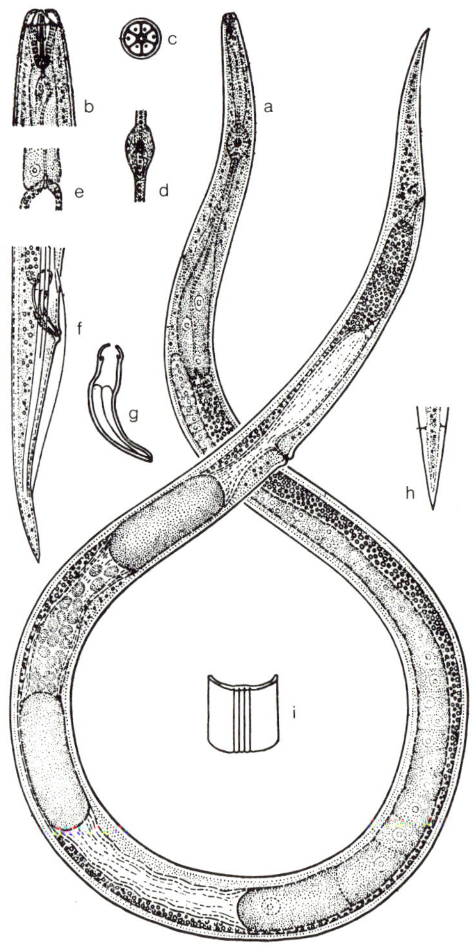

Abb. 143. *Ditylenchus dipsaci*. a = Weibchen (Totalansicht), b = Vorderende des ♀, c = Kopf in Aufsicht mit Amphiden und Labialpapillen, d = Dorsalansicht des mittleren Ösophagalbulbus, e = Verbindung zwischen Darm und Ösophagallumen, f = Hinterende des ♂, g = Spicula, h = Schwanzspitze, i = Teil der Cuticula aus der Körpermitte mit 4 Einkerbungen (nach HOOPER).

Die Roggenrasse ist ebenfalls polyphag. Sie wird außer an Roggen noch an Hafer, Mais, Raps, Rübsen, Erbse, *Phaseolus*-Bohne, Futterrübe, Ackerbohne, Tabak und einigen Unkräutern oder Ungräsern wie Franzosenkraut, Vogelmiere, Ackerhohlzahn, Flohknöterich und Windhalm gefunden.
Die Rot- und die Weißkleerasse zeigen eine hohe Spezialisierung, ebenso die Luzernerasse. Auch an Tabak tritt eine besondere Rasse auf, doch kann diese Pflanze auch von der Zwiebelrasse befallen werden. Schließlich treten bestimmte Rassen an Ackerbohne („Riesenrasse") und Kartoffel auf.
Weltweit betrachtet werden von *D. dipsaci* mehr als 450 Pflanzenarten befallen. Bei Abwesenheit von Wirtspflanzen können auch Bodenpilze zur Ernährung genutzt werden.

Schadsymptome und wirtschaftliche Bedeutung

An Rüben sind in der Kopfregion etwa ab Ende August Risse oder schorfartige, sich allmählich schwarz verfärbende Stellen zu beobachten, die tief ins Pflanzengewebe hineinreichen („Rübenkopffäule", „Wurmfäule") (Farbtafel 17, S. 257). Auf dem Rübenkörper bilden sich bei hoher Feuchtigkeit weiße Pusteln aus. Die „Wurmfäule" wird im wesentlichen durch Sekundärpathogene (Bakterien, Pilze) verursacht.
Bei Befall von Getreide, besonders Roggen, wird durch *D. dipsaci* die Stockkrankheit hervorgerufen, die sich in einem Anschwellen der basalen Stengelteile, Verdrehung und Kräuselung der Blätter sowie starker Bestockung äußert (Farbtafel 7, S. 119). Ähnliche Symptome treten bei Mais auf. An dieser Pflanzenart wird auch die Umfallkrankheit hervorgerufen, d. h. die jungen Pflanzen entwickeln sich zunächst normal, fallen aber, wenn sie 20 bis 40 cm Höhe erreicht haben, infolge des Verlustes der Standfestigkeit (schwach entwickeltes Wurzelwerk) um. An Getreide treten als weitere Folgen des Befalls ein Unterbleiben des Ährenschiebens und einer normalen Kornentwicklung ein.
An befallenem Rotklee zeigen sich Wachstumsstörungen, zwiebelartige Anschwellung der Triebe an der Basis, vergallte Sproßknospen, verdickte Nebenblätter und andere Symptome. An Luzerne bleiben die Triebe kurz und sind an der Basis um ein Mehrfaches des normalen Durchmessers angeschwollen. An den Sprossen findet man rosettenförmig vergallte Knospen.
An Tabak wird ebenfalls eine Umfallkrankheit hervorgerufen. Symptome dieser Erkrankung sind unter anderem Wuchshemmung und Gallenbildung am Stengelgrund. Das befallene Rindengewebe vermorscht, wodurch die Standfestigkeit der Pflanzen herabgesetzt wird, so daß bei stärkerem Wind ein Umbrechen zustandekommt.
An Ackerbohne kommt es zu rötlichbraunen bis schwärzlichen Stengelverfärbungen, bei Befall durch die „Riesenrasse" auch zu Wuchsstauchung, Stengelverdrehung und -verdickung, Verkrüppelung der Blätter und einer Reihe anderer Symptome.
An oberirdischen Teilen von Kartoffelpflanzen treten Wachstumsdepressionen, kleine und verkrümmte Blätter, verdickte Blattstiele und Wucherungen auf. Befallene Knollen zeigen schorfartige Flecke, unter denen das Gewebe kegelförmig zerstört ist. Durch diesen Schaden wird ein sekundäres Auftreten des Pilzes *Phoma exigua* Desm. var. *foveata* (Foist.) Boer. (s. S. 236) begünstigt.
Von Interesse ist, daß auch Nichtwirtspflanzen, in denen sich die Nematoden nicht entwickeln können, zum Teil empfindlich geschädigt werden.
Bei Getreide werden hohe Korn- und Strohverluste (bei Roggen bis 50%) und bei Klee und Luzerne eine starke Verminderung des Futterertrages bewirkt. Auch durch Ernteverluste bis zu 200 dt/ha bei Zuckerrüben und Verringerung des Zuckergehaltes (1,5%) gehört *D. dipsaci* zu den in Mitteleuropa wirtschaftlich besonders wichtigen Nematodenarten. Die Ertragsverluste an anderen Kulturpflanzen können örtlich ebenfalls ein bedeutendes Ausmaß erreichen, z. B. an Mais.
Die Bedeutung von *D. dipsaci* als Roggen- und Haferschädling sowie als Klee- und Luzerneschädling hat mit dem Rückgang des Anbaues dieser Getreidearten bzw. des Feldfutterbaues in den letzten 20 Jahren entsprechend abgenommen.

Entwicklungszyklus, Biologie und Ökologie

Das Stockälchen kann in verschiedenen Entwicklungsstadien in Pflanzen und im Boden überwintern. An Roggen kann es sich schon im November so stark in den unteren Pflanzenteilen und Blättern vermehren, daß Schäden sichtbar werden. Die stärkste Vermehrung erfolgt jedoch im Frühjahr. Ein nesterweises Auftreten ist dabei charakteristisch. An Rübe tritt *D. dipsaci* zunächst im Frühjahr auf. Im Sommer ist die Aktivität des Nematoden geringer, um im September wieder zuzunehmen.

Das Eindringen in die Pflanzen erfolgt durch Spaltöffnungen und Verletzungen. Die Saugtätigkeit, bei der Enzyme wie Amylase, Invertase, Pektinase, Chitinase, Cellulase und Proteinase abgegeben werden, führt zu einer Zerstörung der Mittellamellen. Wurzeln werden nicht befallen.

Zur Fortpflanzung ist eine Begattung erforderlich. Die Nahrungsaufnahme und Eiablage erfolgt im parenchymatischen Pflanzengewebe, wobei pro Weibchen mit etwa 200 bis 500 Eiern zu rechnen ist. Die Lebensdauer der Weibchen beträgt 45 bis 73 Tage. Im Jahr ist mit etwa 4 Generationen zu rechnen. Die Entwicklungsdauer einer Generation beträgt bei 15 °C etwa 3 bis 4 Wochen. Es finden insgesamt 4 Häutungen statt, eine davon schon im Ei.

Ältere Larven verlassen häufig die befallenen Pflanzen und suchen nach einer Wanderung im Boden neue auf. An Getreide wandern die meisten Nematoden vor dem Abreifen aus den Pflanzen in den Boden. Die im Stroh verbliebenen Tiere können in Anabiose („Trockenstarre“) fallen und so jahrelang (bis 24 Jahre) lebensfähig bleiben. Entsprechendes gilt bei Trokkenheit. Vor allem das 4. juvenile Stadium tendiert zu dieser Anabiose.

Ein starkes Auftreten des Stockälchens an Roggen wird vor allem auf leichten, humusarmen Böden mit hohem Roggenanteil (25 bis 50%) beobachtet. Winterroggen ist besonders gefährdet. An Rotklee ist der Nematode dagegen besonders auf besseren Böden im feuchtkühlen Klima anzutreffen.

Da sich verschiedene Stockälchenrassen miteinander kreuzen und die Nachkommenschaft von den Eltern abweichende Wirtspflanzenspektren aufweist, ist *D. dipsaci* im Grunde als ein Rassengemisch zu betrachten. An Ackerbohne (*Vicia faba*) kommt, wie bereits erwähnt, eine „Riesenrasse“ vor, die vermutlich einen tetraploiden Chromosomensatz besitzt.

Natürliche Feinde

Als solche können praktisch die gleichen polyphagen räuberischen Pilze und Nematoden wie bei den *Pratylenchus*-Arten angesehen werden (s. Seite 92).

Bekämpfung

Eine Verbesserung des Pflanzenwachstums durch Düngung (Kalkammon-Salpeter im Frühjahr) und einige andere Kulturmaßnahmen vermindern die Schäden durch Stockälchen mehr oder weniger stark. Auch die Düngung mit Kalk oder Kalkstickstoff kann sich positiv auswirken, da hierdurch die Resistenz und Toleranz der Pflanzen gesteigert wird.

Von grundsätzlicher Bedeutung ist die Bekämpfung der Wirtspflanzen unter den Ungräsern und Unkräutern, also vor allem des Windhalms, der Vogelmiere, des Franzosenkrautes und der Knötericharten. Falls in Bodenproben mehr als 10, nach anderen Angaben mehr als 5 Larven in 500 cm^3 Boden gefunden werden, so ist die wirtschaftliche Schadensschwelle erreicht bzw. überschritten. Nach anderen Angaben liegt die kritische Befallszahl bei *Beta*-Rüben unter der Nachweisgrenze.

Gegenmaßnahmen sind dann erforderlich, wenn eine anfällige Frucht folgen soll. Dabei gilt allgemein nach wie vor die Regel, daß *D. dipsaci* durch Fruchtfolgemaßnahmen gut zu bekämpfen ist. Mit dem Anbau gefährdeter Pflanzen ist nach starkem Auftreten für mehrere (4) Jahre auszusetzen. Gerste und Kartoffel können ohne Bedenken nachgebaut werden. Im Rübenanbau müssen die „wurmkranken“ Rüben auf den Feldern gesammelt und vernichtet werden. Resistente Rübensorten sind nicht bekannt, dagegen gibt es solche Sorten bei Roggen und Rotklee. Bei Ackerbohnen sollte kein Saatgut aus befallenen Feldern verwendet werden, da die Nematoden mit diesem verschleppt werden können.

Eine chemische Bekämpfung wird im Rübenanbau durch Anwendung von Aldicarb- und Carbofuran-Granulaten durchgeführt. Durch diese Mittel, die bei der Aussaat ausgebracht werden (Reihenbehandlung), können verschiedene Schadinsekten wie Blattläuse, Rübenfliege und Moosknopfkäfer miterfaßt werden. Nach Aldicarb-Anwendung kommt auch eine Minderung des Befalls durch Rübennematoden (*Heterodera schachtii*, s. Seite 290) zustande. Nachdem heute blaugefärbte Granulate mit Gips als Trägerstoff Verwendung finden, scheint die Gefahr von Vogelvergiftungen nicht mehr akut zu sein, da die Mittel von Vögeln offenbar nicht aufgenommen werden.

Literatur
Bönig, K., 1964: Stockälchen als Großschädlinge im Getreide- und Futterpflanzenbau und Möglichkeiten zu ihrer Bekämpfung. Bayer. Landwirtsch. Jahrb. **41,** 649–670. – Hirling, W., 1974: Schädliche Nematoden an Mais in Baden-Württemberg. I. Die Umfallkrankheit beim Mais durch *Ditylenchus dipsaci*-Befall. Anz. Schädlingskd. Pflanzenschutz Umweltschutz **47,** 33–39. – Hooper, D. J., 1972: *Ditylenchus dipsaci.* C. I. H. Descr. Plant-paras. Nemat., Set 1, No. 14. – Kotte, W., 1963: Die durch *Tylenchus dipsaci* Kühn verursachte „Umfallerkrankheit" des Tabaks. Z. Pflanzenkrankh. Pflanzenpathol. Pflanzenschutz **53,** 37–42. – Küthe, K., 1974: Der Einfluß von Rübenkopfälchenbefall (*Ditylenchus dipsaci* Filipjev) auf Schmutzprozente, Zuckergehalt und Ertrag bei Zuckerrüben. Ges. Pflanzen **26,** 48–57. – Southey, F. F., 1978: Plant Nematology. Min. Agric., Fisheries and Food London, 440 pp. – Sturhan, D., 1969: Das Rassenproblem bei *Ditylenchus dipsaci.* Mitt. Biol. Bundesanst. Land- Forstwirtsch. Berl.-Dahlem 136, 87–98.

Rübenzystenälchen, Rübennematode
(beet cyst-nematode, beet eelworm)
Heterodera schachtii Schmidt

Systematische Stellung
Tylenchida, Heteroderidae

Geographische Verbreitung
Das Rübenzystenälchen tritt in Europa von Spanien bis Finnland und von Irland bis Bulgarien, in den USA, in Kanada, in Australien und Südafrika auf.

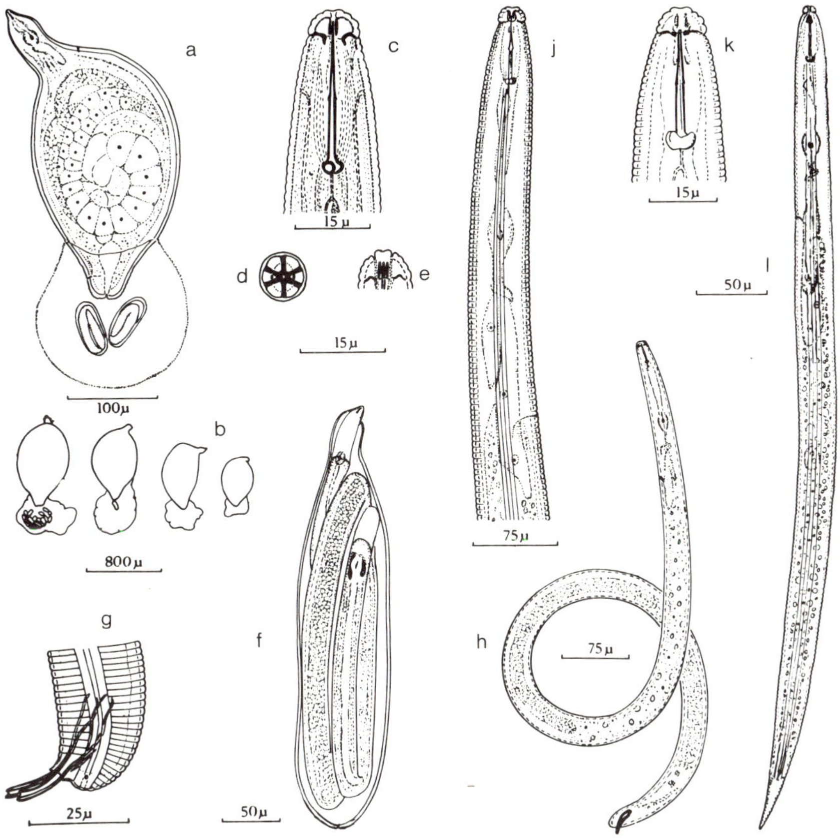

Abb. 144. *Heterodera schachtii.* a = ♀ mit Eisack, b = Zysten mit Eisäckchen, c = Kopf des ♂, d = Aufsicht des Kopfes des ♂, e = dorso-ventrale Ansicht des Kopfes des ♂ mit Amphidenöffnungen, f = Viertes männliches Stadium bei der Häutung, g = Schwanz des ♂, h = Männchen (Gesamtansicht), j = Ösophagusregion des ♂, k = Kopf der Zweitlarve, l = zweites, infektionsfähiges Larvenstadium (nach Raski et al. aus Franklin).

Beschreibung

Larve (2. Stadium): Schlank und fadenförmig, etwa 0,4 bis 0,6 mm (Ø 0,5 mm) lang. Mundstachel kräftig, etwa 25 bis 30 µm lang, mit drei basalen Verdickungen (Abb. 144).

Weibchen (Zyste): Zyste zunächst festsitzend und zitronenförmig. Länge etwa 0,6 bis 0,9 mm, Breite etwa 0,4 bis 0,5 mm. An der Pflanzenwurzel mit weißer Schutzschicht, später – im Boden liegend – bräunlich gefärbt. Zystenwand mit mikroskopisch sichtbarem Zickzackmuster. Vulvakegel deutlich hervortretend, mit zwei kleinen, bohnenförmigen Halbfenstern; Vagina mit ährenbündelförmiger Streifung (Abb. 144).

Männchen: Schlank, aalartig und freibeweglich. Länge etwa 1,2 bis 1,4 mm. Mundstachel etwa 29 µm lang, deutlich geknöpft. Lippenregion mit 3 bis 4 Ringen (Abb. 144).

Brutpflanzen

Vom polyphagen Rübenzystenälchen werden in erster Linie Chenopodiaceen und Kruziferen befallen, also Zucker-, Futter-, Rote Rübe, Spinat, Mangold, Raps, Rübsen, Kohlrübe, Kohlarten, Markstammkohl, Kohlrabi, Weißer Senf und Kresse. Unter den Unkräutern sind als Brutpflanzen Hederich, Ackersenf, Vogel- und Sternmiere, Melde, Gänsefuß-Arten, Ackerhellerkraut und Hirtentäschelkraut hervorzuheben.

Schadsymptome und wirtschaftliche Bedeutung

Befallene Rübenpflanzen zeigen ab Ende Juni eine Wachstumshemmung. Ihre Blätter sind kleiner als die gesunder Rüben und auch heller gefärbt. Bei Trockenheit treten zusätzlich nesterweise starke Welkeerscheinungen auf (Abb. 145). Das Wurzelwerk zeigt besonders deutliche Veränderungen, da die Hauptwurzeln im Wachstum zurückbleiben und infolge des Befalls ständig neue Seitenwurzeln gebildet werden. Es entsteht so ein sogenannter Wurzelbart (Farbtafel 17, S. 257). An den Seitenwurzeln lassen sich die weißen, zitronenförmigen, vollentwickelten Weibchen bzw. Zysten erkennen.

Abb. 145. Infolge von Rübenzystenälchenbefall welkende Zuckerrübenpflanzen.

Da bei starkem Auftreten, vor allem bei Spätsaaten, Ertragsverluste bis 45% und darüber eintreten können, ist *H. schachtii* zu den gefährlichsten Rübenschädlingen zu rechnen. Der Zuckergehalt wird durch den Schädling nicht negativ beeinflußt. Kohlrüben können ebenfalls empfindlich geschädigt werden und sind, wie oft auch die *Beta*-Rüben, beinig und mißgestaltet. Auch Mais, der keine Wirtspflanze ist, kann stark geschädigt werden.

Entwicklungszyklus, Biologie und Ökologie

Das Schlüpfen der Larven aus den sehr widerstandsfähigen Zysten kann sich über einen sehr langen Zeitraum erstrecken. Die Eier bzw. Larven bleiben bis zu 9 Jahren lebensfähig. Die Larven des 2. Stadiums verlassen die Zysten, nachdem sie sich dort bereits in den Eiern zum 1. Mal gehäutet haben. Nach einer Wanderphase im Boden dringen sie mit Hilfe ihres Mundstachels in Pflanzenwurzeln ein. Die Schlüpfreife kommt durch Ausscheidungen der Nährpflanzen zustande, aber auch durch andere chemische Reize.

Die Zweitlarven dringen dicht hinter der Spitze in die Faserwurzeln ein und siedeln sich parallel zur Längsachse im Wurzelgewebe an. Etwa 1 Tag nach dem Eindringen bildet sich ein Nährzellensystem (Syncytium), das für die weitere Entwicklung unentbehrlich ist. Etwa 1 bis 2 Wochen später erfolgt die 2. Häutung, wenige Tage später die dritte, nachdem die Tiere flaschenförmig angeschwollen sind (Abb. 146). Im 4. Larvenstadium schwellen die weiblichen Tiere weiter an, während die männlichen dann typisch wurmförmig aussehen. Die Männchen nehmen in diesem Stadium keine Nahrung auf, da sie mehrfach verschlungen in der 3. Larvenhaut liegen. Das 4. Larvenstadium dauert nur 4 bis 5 Tage. Nach seinem Abschluß schlüpfen die Männchen aus der Drittlarvenhaut und wandern in den Boden aus. Nach der Begattung sterben sie ab. Durch das Anschwellen der weiblichen Larven wird das Wurzelgewebe zum Aufreißen gebracht und das Hinterende der Tiere tritt nach außen. Nach Eintreten der Geschlechtsreife sondern die Weibchen Stoffe (Pheromone) ab, die die Männchen anlocken. Nach der Begattung werden die Eier – pro Weibchen

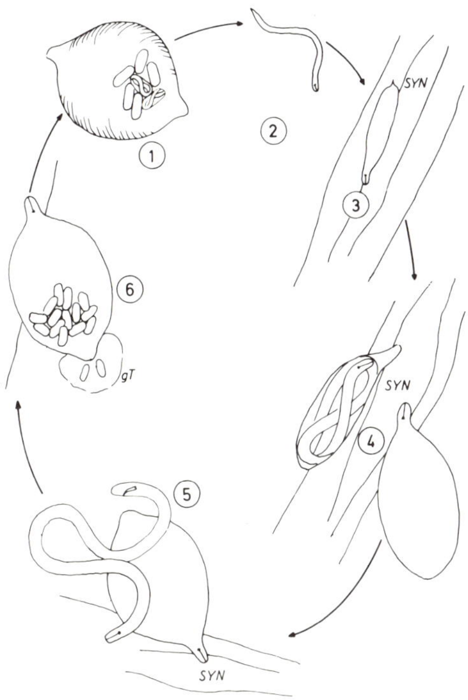

Abb. 146. Entwicklungszyklus des Rübenzystenälchens *(Heterodera schachtii)*. 1 = Zyste mit im Boden überdauernden Eiern, 2 = bewegliches 2. Larvenstadium, 3 = sekundäres 2. und 3. Larvenstadium, 4 = Männchen und Weibchen vor der Geschlechtsreife, 5 = Männchen und Weibchen vor der Kopulation, 6 = Weibchen mit Eiern, gT = gelatinöser Tropfen, Syn. = Syncytium (nach MÜLLER & WYSS).

im Durchschnitt 200 bis 300, im Maximum bis 600 – ausgebildet. Einige Eier werden in eine gelatinöse Masse am Hinterende des Weibchens abgelegt. Aus den weißlichen Weibchen entwikkelt sich im Laufe der Zeit eine zitronenförmige, bräunliche Zyste, die die Masse der Eier bzw. Larven enthält und von der Wurzel abfällt.

Im Jahr entstehen an Rübe in der Regel zwei, bei besonders günstigen Bedingungen auch drei Generationen. An Sommerraps und Weißem Senf kann sich nur eine Generation entwickeln.
Männchen sind in der Regel stärker vertreten als Weibchen, so daß sich ein Geschlechterverhältnis von etwa 2 : 1 ergibt. Bei ungünstigen Entwicklungsbedingungen der Wirtspflanzen (Licht- und Wassermangel) kann sich diese Relation noch weiter zu Gunsten der Männchen verändern.
Die Wanderung der Larven im Boden wird von der Art des Bodens, der Bodenfeuchtigkeit, Durchlüftung und Temperatur stark beeinflußt. Besonders günstig für die *H. schachtii*-Entwicklung ist die Zuckerrübe. Feldmäßig angebaute Kreuzblütler (Raps, Rübsen, Kohl, Kohlrübe, Senf) erhöhen die Nematodenpopulationen, werden aber in der Regel nicht stärker geschädigt. Der Vermehrungsfaktor des Rübennematoden nimmt mit steigender Ausgangsverseuchung des Bodens ab.

Natürliche Feinde

Der parasitische Pilz *Catenaria auxiliaris* (Kühn) tötet viele Weibchen ab, *Verticillium chlamydosporium* Godd. die Eier in den Zysten. Außerdem tritt noch ein „Verdrehungspilz“ („contortion fungus“) als Pathogen der Nematodeneier auf. Der erstgenannte Parasit dringt mit seinen Zoosporen direkt durch die Cuticula in das Nematodenweibchen ein.
Nematodenfangende Pilze (*Arthrobotrys oligospora* Fres., *A. conoides* Drechs.), die klebrige Schlingen oder Schlingennetze ausbilden, sowie räuberische Nematoden sind als natürliche Antagonisten gleichfalls erwähnenswert, außerdem Enchytraeiden und Collembolen.

Bekämpfung

Frühe Aussaat und der Einsatz hochprozentiger Kalidüngemittel wirken sich positiv aus, ebenso eine intensive Bodenbearbeitung, die durch Förderung der Durchlüftung den Larvenschlupf stimuliert. Die Larven sterben bei Fehlen der Wirtspflanzen innerhalb eines Jahres zumeist ab. Nach wie vor sind Fruchtfolgemaßnahmen zur Bekämpfung von *H. schachtii* besonders zu empfehlen. Auf befallenen Feldern ist der Anbau anfälliger Pflanzen für eine, besser noch für zwei Vegetationsperioden zu unterlassen; anschließend sollte man solche Wirtspflanzen nur jedes

4. oder 5. Jahr anbauen. Demnach dürfte der Anteil der Wirtspflanzen wie *Beta*-Rüben, Raps, Rübsen, Senf, Kohlrüben und Kohl nicht über 20 bis 25% der Ackerfläche liegen. Der Anbau von Raps, Rübsen oder Kohlarten vor Zuckerrüben muß in jedem Fall vermieden werden. Bei 5jähriger Zuckerrübenrotation kommt es zu einer deutlichen Befallssenkung (Köln-Aachener Bucht).

Es besteht auch die Möglichkeit, durch Anbau von Feind- oder Neutralpflanzen auf die Nematodenpopulationen negativ einzuwirken. Feindpflanzen bewirken den Larvenschlupf durch ihre Wurzelausscheidungen, bieten den Nematoden aber keine Entwicklungsmöglichkeiten. Es handelt sich hierbei vor allem um Luzerne, Mais, Zwiebeln, Roggen und bis zu einem bestimmten Grad auch Ölrettich. Die zuletzt genannte Pflanzenart hat während der letzten Jahre besonderes Interesse gefunden, doch erweist sich das bisher verfügbare Material hinsichtlich seiner Resistenzeigenschaften noch als zu variabel. Die Feindpflanzen dürfen nicht unmittelbar vor Wirtspflanzen angebaut werden. Neutralpflanzen beeinflussen den Schlupf nicht und bleiben ebenfalls befallsfrei. Solche sind Kartoffel, Möhre, Lupinen, Mohn und Hanf. Bei Anbau von Nichtbrutpflanzen wird die Nematodenzahl um jährlich 40% reduziert.

Der Nematodenbefall kann auch durch Anbau geeigneter Zwischenfrüchte (Futterroggen, Silomais, Wickroggen) oder Gründüngung mit Akkerbohnen und Steinklee vermindert werden. Sehr wichtig ist auch die Ausschaltung der als Nebenwirte fungierenden Unkräuter bei dem Versuch, die Nematoden durch Fruchtfolgemaßnahmen zu reduzieren.

Als wirtschaftliche Schadensschwelle (kritische Zahl) gelten bei Frühsaat etwa 2000 Eier und Larven, als „mittlere Schadensschwelle“ ca. 2500 in 500 cm^3 Boden. Zu ihrer Ermittlung müssen vor der Aussaat Bodenproben aus den befallenen Feldern entnommen werden.

Eine chemische Bekämpfung ist bis zu einem bestimmten Grade mit nematiziden Granulaten mit dem Wirkstoff Aldicarb oder Oxamyl möglich (Reihenbehandlung bei der Saat). Sie erfaßt auch andere Rübenschädlinge (s. Seite 286). Aldicarb wirkt sich positiv auf den Zuckerertrag aus. In manchen praktischen Betrieben werden auch Bodenentseuchungsmaßnahmen mit Hilfe von Gänsefußgeräten durchgeführt, wobei z.B. Dichlorpropan + Dichlorpropen oder Dichlorpropen allein eingesetzt werden.

Die Wirtschaftlichkeit chemischer Bekämpfungsmaßnahmen im Zuckerrübenanbau auf der Basis von Prognosemöglichkeiten ist infolge des großen Einflusses verschiedener Faktoren (z.B. Bodenwärme, Bodenfeuchtigkeit) auf das Behandlungsergebnis bis jetzt nicht ohne weiteres sicher zu bestimmen.

Literatur

Bankloh, H., 1976: Untersuchung zur Wirtspflanzeneignung der Kruziferen gegenüber dem Rübennematoden *Heterodera schachtii* (Schmidt) unter besonderer Berücksichtigung der Resistenzzüchtung. Diss. Univ. Göttingen, 72 S. – Fischer, R., 1968: Untersuchungen über den Einfluß der Fruchtfolge auf die Vermehrung des Rübennematoden (*Heterodera schachtii* Schmidt) und auf den Ertrag. Nachrichtenbl. Dtsch. Pflanzenschutzdienst (Berl.) NF **22,** 140 – 146. – Franklin, M.T., 1972: *Heterodera schachtii.* C. I. H. Descr. Plant-paras. Nemat., Set 1, No. 1. – Raski, D.J., 1950: The life history and morphology of the sugar beet nematode, *Heterodera schachtii* Schmidt. Phytopathologica **40,** 135–152. – Steudel, W. und Thielemann, R., 1979: Prognose von Schäden durch den Rübennematoden (*Heterodera schachtii* Schmidt) bei Zuckerrüben mittels Untersuchungen des Vorbefalls. Nachrichtenbl. Dtsch. Pflanzenschutzdienstes (Braunsch.) **31,** 179 – 181. – Steudel, W., Thielemann, R. und Haufe, W., 1981: Untersuchungen zur Populationsdynamik des Rübenzystenälchens (*Heterodera schachtii* Schmidt) in der Köln-Aachener Bucht. Mitt. Biol. Bundesanst. Land- Forstwirtsch. Ber.-Dahlem 199, 66 S..

4.3.2 Schnecken

Ackerschnecken, *Deroceras* spp., s. Seite 97.

4.3.3 Tausendfüßer

Getüpfelter Tausendfuß

(spotted snake millipede)

Blaniulus guttulatus (Bosc.) (Diplopoda, Julidae)

B. guttulatus (Abb. 147) ist sehr schlank, 7,5 bis 16 mm lang, blaßbraun gefärbt und hat an jeder

Seite eine Reihe leuchtendroter Flecke (Wehrdrüsenmündungen). Zahlreiche Beinpaare sind über die ganze Körperlänge verteilt. Die Art hat in Europa eine weite Verbreitung.
Der Getüpfelte Tausendfuß und einige andere, meist weniger häufig vorkommende Arten wie z. B. *Cylindroiulus teutonicus* Poc., können durch Ausfressen von Rübensamen und Benagen der Keimlinge einen lückigen Aufgang verursachen. Später fressen sie am Rübenkörper. Schä-

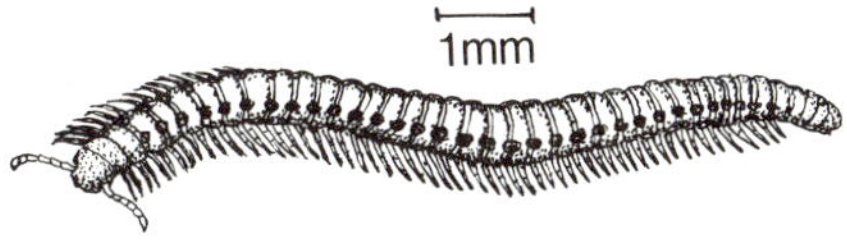

Abb. 147. Getüpfelter Tausendfuß *(Blaniulus guttulatus)*.

den kommen auch an Kartoffeln vor, an denen dadurch das Eindringen von Krankheitserregern, z. B. des Erregers der bakteriellen Naßfäule (s. Seite 211) erleichtert werden kann. Auch Bohnen- und Erbsensamen und deren Keimlinge sowie Kohl werden geschädigt. Besonders durch anhaltende Trockenheit werden die Tausendfüßer dazu gezwungen, ihren Feuchtigkeitsbedarf an Kulturpflanzen zu decken.
Die Bekämpfung der Tausendfüßer im Rübenanbau erfolgt wie bei anderen Bodenschädlingen durch Saatgutbehandlung oder Granulat-Anwendung (Lindan, Aldicarb, Carbofuran).

Literatur

Feltz, M. und Marx, R., 1959: Der Tausendfüßler *Blaniulus guttulatus* Bosc. als Zuckerrübenschädling. Nachrichtenbl. Dtsch. Pflanzenschutzdienstes (Braunschw.) **11**, 27–28. – Hahmann, K. und Müller, H. W. K., 1952: Zur Bekämpfung des Getüpfelten Tausendfußes. Ibid. **4**, 22–24. – Kinkel, H., 1955: Zur Biologie und Ökologie des Getüpfelten Tausendfußes *Blaniulus guttulatus* Gerv. Z. Angew. Entomol. 37, 401–436.

4.3.4 Collembolen

Rübenspringschwänze, Rübencollembolen
(springtails)
Onychiurus fimatus Gisin*;
O. campatus Gisin;
O. cancellatus Gisin;
O. armatus (Tullb.)

Systematische Stellung
Collembola (Springschwänze), Onychiuridae

Geographische Verbreitung
Die Arten der Gattung *Onychiurus* kommen in weiten Teilen Europas und Asiens vor.

Beschreibung
Larven und Vollkerfe: Körper langgestreckt, flügellos und weißlich gefärbt. Länge etwa 0,5 (L_1) bis 2,5 (Vollkerf) mm. Brust- und vier vordere Hinterleibssegmente etwa gleichgroß und schwach behaart. Antennen relativ kurz und 4gliedrig. Augen (Ommen) fehlend. Letztes Körpersegment ohne Springgabel auf der Bauchseite, aber mit zwei an der Spitze leicht gebogenen Analdornen (Abb. 148).

Nahrung
Die *Onychiurus*-Arten und andere im Boden lebende Collembolen ernähren sich vorzugsweise von organischer Substanz verschiedenster Art wie pflanzlichen Zersetzungsprodukten, Bakterien, Algen, Pilzsporen, Pilzhyphen u. dgl. Unter bestimmten Voraussetzungen greifen sie jedoch auch lebende Pflanzen an, wie dies wiederholt vor allem während der letzten 20 Jahre z. B. bei Zuckerrüben- und Futterrübensämlingen beobachtet wurde.

Schadsymptome und wirtschaftliche Bedeutung
An Rübenkeimlingen werden von den in Mitteleuropa nach den bisherigen Befunden praktisch bedeutsamen *Onychiurus*-Arten (z. B. *O. fimatus*) das Hypocotyl, die Keimwurzel und die Keimblätter befressen. Empfindlicher Schaden kann nur während des Keimlings- und Keimblattstadiums zustandekommen. Durch die durch den Fraß hervorgerufenen Gewebeschäden werden die Keimlinge geschwächt, knicken um und sind oft nicht mehr in der Lage, die Bodenoberfläche zu durchstoßen. Der Schaden kann ein Ausmaß erreichen, das einen Umbruch und eine Neuaussaat erforderlich macht. Die vollentwickelten Rübencollembolen verursachen stärkeren Fraßschaden, d. h. auch größere und tiefere Fraßstellen als die Larven. Voraussetzung für empfindliche Schäden ist eine hohe Populationsdichte.

---
* Die Taxonomie der Arten der Gattung *Onychiurus* ist noch nicht restlos geklärt.

Onychiurus-Arten können durch Verzehr von Pilzmycel und Pilzsporen wesentlich zur Verminderung phytopathogener Bodenpilze beitragen. Andererseits ist es jedoch auch möglich, daß sie sich an ihrer Übertragung beteiligen.

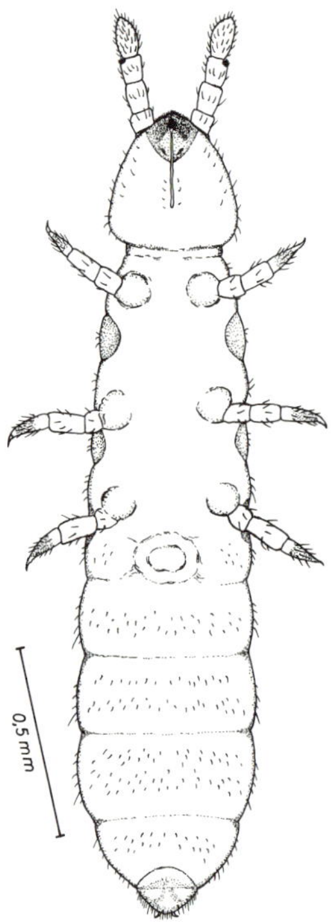

Abb. 148. An Rübensämlingen schädlicher Collembole (*Onychiurus* sp.) in Ventralansicht.

Entwicklungszyklus, Biologie und Ökologie

Collembolen werden oft als wichtiges, im Normalfall positiv zu beurteilendes Faunenelement des Bodens angesehen, da sie an der Umsetzung organischer Substanz wesentlich beteiligt sind. Die *Onychiurus*-Arten sind bei uns als typische Glieder einer durch bestimmte Bewirtschaftungsmaßnahmen verarmten Ackerbodenfauna zu betrachten. Die Lebensweise der Larven entspricht weitgehend der der Imagines. Unter mitteleuropäischen Bedingungen dürfte mit 2 Generationen im Jahr zu rechnen sein.

Wie beim Moosknopfkäfer wird die Entfernung der als Nebenwirtspflanzen dienenden Unkräuter durch Unkrautbekämpfung und die Ablage von pilliertem Monogermsaatgut auf Endabstand für die während der letzten Jahre stark gestiegene praktische Bedeutung der Springschwänze im Rübenbau mitverantwortlich gemacht. Auch ein Zwischenfruchtbau wird mit vermehrten Rübencollembolenschäden in Verbindung gebracht.

Unter Laborbedingungen weist die Fraßaktivität von *O. fimatus* an Rübensämlingen bei Temperaturen zwischen 5 und 15 °C keine signifikanten Unterschiede auf, während bei 20 °C deutlich geringere Schäden zustandekommen. Dies beweist, daß diese Art auch bei niedrigen Temperaturen schon aktiv ist und schädlich werden kann. Im Laborversuch reichen bei 5 bis 15 °C 5 bis 15 Tiere pro Keimling aus, um etwa 50% der Keimlinge abzutöten. Dies gilt besonders dann, wenn den Collembolen durch Fehlen von Unkräutern keine Alternativnahrung mehr zur Verfügung steht und sie sich zum Nahrungserwerb auf Rübenkeimlinge konzentrieren müssen. Die kritische Zahl kann bei Vorhandensein von toter organischer Substanz, von Bodenpilzen und Unkräutern bedeutend höher angesetzt werden.

Es ist wiederholt festgestellt worden, daß ein günstiges Angebot an organischer Substanz, wie es z. B. der Zwischenfruchtanbau mit sich bringt, die Vermehrung der Collembolen besonders fördert. Auf Rübenfeldern, auf denen vorher Zwischenfrüchte angebaut wurden oder andere organische Substanz in größerem Maße in den Boden gelangt ist, besteht somit erhöhte Gefahr von Collembolenschäden, falls die im Boden vorhandene Nahrung im Frühjahr für die Springschwänze nicht mehr ausreicht.

Zusammen mit den *Onychiurus*-Arten können auch andere Collembolen, wie z. B. Kugelspringschwänze (*Sminthuridae*) der Gattung *Hyphydrus* an Rübensämlingen und anderen Kulturpflanzen in frühen Entwicklungsstadien auftreten und in manchen Jahren schädlich werden.

Natürliche Feinde

Als natürliche Gegenspieler der Collembolen aus der *O. armatus*-Gruppe sind bisher Raubmilben wie *Hypoaspis aculeifer* Can., *Pergamasus* spp. und *Veigaia* spp. festgestellt worden. Außerdem sind Laufkäfer wie *Notiophilus biguttatus* (F.) und Kurzflügler (Imagines und Larven), Chilopoden, Diplopoden und Spinnen als räuberische Feinde von *Onychiurus*-Arten bekannt geworden.

Bekämpfung

Es besteht die Möglichkeit, mit der chemischen Unkrautbekämpfung bis nach dem Auflaufen zu warten, da sich hierdurch die Collembolenschäden infolge der Präsenz von Alternativnährpflanzen bedeutend reduzieren lassen. Von den Vor- und von den Zwischenfrüchten sollte nicht zuviel organische Substanz eingepflügt werden und der Aussaatzeitpunkt nicht zu früh liegen. Weiterhin ist ein zu lockeres Saatbett zu vermeiden.

Durch chemische Maßnahmen, wie sie im Zuckerrübenanbau gegen andere Bodenschädlinge wie Drahtwürmer, Moosknopfkäfer oder Nematoden üblich sind, können auch Collembolen wirksam bekämpft werden. Die Anwendung von Granulaten auf Aldicarb-, Carbofuran- oder γ-HCH-Basis (Lindan) vermindert die Zahl der schädlichen Springschwänze und führt zu einem normalen Auflaufen der Rübensämlinge.

Literatur

Baker, A. N. and Dunning, R. A., 1975: Association of populations of onychiurid *Collembola* with damage to sugarbeet seedlings. Plant Pathol. **24,** 150–154. – Heijbroek, W., 1971: De mogelijkheden voor de bestrijding van de belangrijkste voorjaarplagen. III. De springstaart (*Onychiurus armatus* Tullb.). Meded. Inst. rat. Suikprod. **83,** 1–48. – Ulber, B., 1978: Zur Frage subterraner Collembolen in Zuckerrübenbeständen. Z. Pflanzenkr. Pflanzenschutz **85,** 594–606. – Ulber, B., 1980: Untersuchungen zur Nahrungswahl von *Onychiurus fimatus* Gisin (Onychiuridae, Collembola), einem Aufgangsschädling der Zuckerrübe. Z. Angew. Entomol. **90,** 333–346. – Winner, C. und Schäufele, W. R., 1967: Untersuchungen über Schäden an Zuckerrüben durch subterrane Collembolen. Zucker **20,** 641–644.

4.3.5 Wanzen

Rübenblattwanze

(beet leaf bug)

Piesma quadratum (Fieb.) [syn. *Piesma quadrata* (Fieb.)]

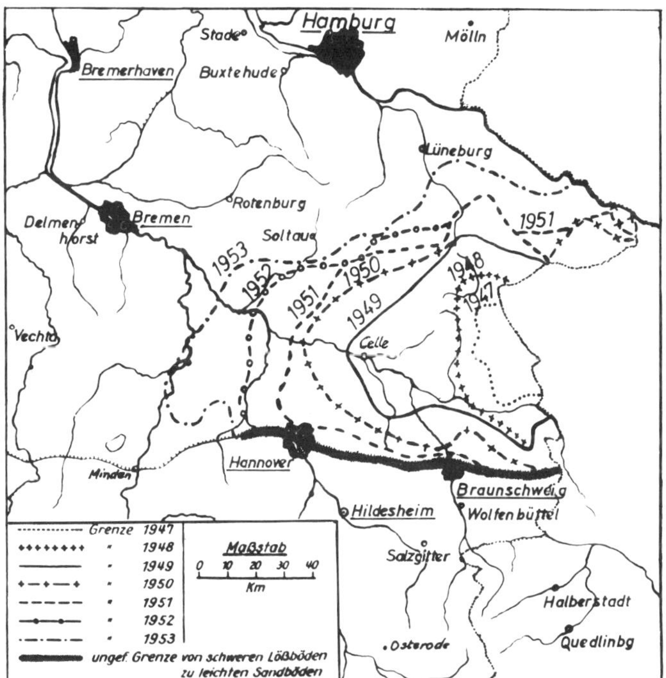

Abb. 149. Ausbreitung der Rübenblattwanze *(Piesma quadratum)* von 1947–1953 in Niedersachsen (nach Lassack, verändert).

Systematische Stellung
Heteroptera (Wanzen), Piesmatidae (Meldenwanzen)

Geographische Verbreitung
P. quadratum ist im größten Teil Europas, im Kaukasusgebiet, in Usbekistan, in Teilen Sibiriens und des Fernen Ostens der Sowjetunion verbreitet (CIE-Verbreitungskarte Nr. 189).
Virusübertragende Populationen sind in die Bundesrepublik Deutschland im wesentlichen erst in den ersten Jahren nach dem 2. Weltkrieg von Osten her eingewandert. Sie haben sich in Befallsherden in Niedersachsen, insbesondere im Gebiet Braunschweig – Wolfsburg – Gifhorn – Celle – Burgdorf – Hannover angesiedelt und gehalten (Abb. 149). In der Deutschen Demokratischen Republik werden die Bezirke Cottbus, Frankfurt/Oder, Potsdam, Dresden, Leipzig, Halle und Magdeburg als „traditionelle Befallsgebiete“ bezeichnet.

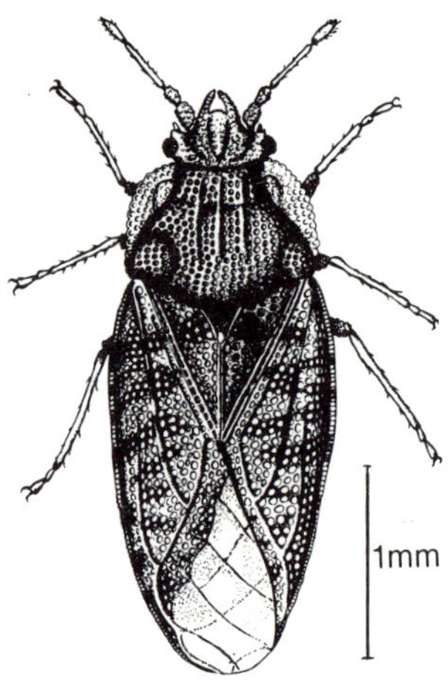

Abb. 150. Rübenblattwanze ♂ *(Piesma quadratum)* (nach FRITZSCHE et al.).

Beschreibung
Ei: Länglich oval, Hinterende abgerundet, Vorderende (Operculum) abgeschrägt. Oberfläche längsgefurcht, Färbung weißlich (frisch) bis bräunlich oder blaß orangegelb (vor dem Larvenschlupf). Länge etwa 0,6 mm, Breite etwa 0,3 mm.
Larve: Körper oval geformt, deutlich segmentiert. Färbung der L_1 blaß orangegelb, später fast weißlich, bei älteren Stadien zunehmend grünlich. Augen rot.
Vollkerf: Langgestreckt oval, etwa 3,0 bis 3,5 mm lang und 1,1 bis 1,5 mm breit. Färbung grau bis graubraun, Oberseite und Vorderflügel mit schwärzlicher Sprenkelung. Männchen im Durchschnitt meist dunkler und kleiner als Weibchen. Augen rot. Rückenschild nahezu quadratisch, mit geraden Seiten und drei Längskielen in der Mitte des vorderen Teiles (Abb. 150).

Brutpflanzen
P. quadratum lebt vor allem an Gänsefußgewächsen (Chenopodiaceae). Hierher gehören unter den Kulturpflanzen *Beta*-Rüben wie Zukker- und Futterrübe, Mangold, Gartenmelde und Spinat. An allen diesen Pflanzen ist eine Entwicklung möglich, aber auch an einigen Unkräutern, vor allem aus den Gattungen *Chenopodium* und *Atriplex*.
Stellenweise findet man Blattwanzenpopulationen, die auf Unkräuter wie *Chenopodium album* spezialisiert sind, d. h. von diesen normalerweise nicht auf Kulturpflanzen überzugehen scheinen. Solche Wanzen sind beispielsweise in Niedersachsen und anderswo in der Nähe verlassener Kalibergwerke nachweisbar.

Schadsymptome und wirtschaftliche Bedeutung
Die Rübenblattwanze ist im wesentlichen ein indirekter Schädling, da sie als alleiniger Vektor des Rübenkräusel-Virus fungiert (s. Seite 270). Außerdem kann sie einen Rickettsien-ähnlichen Organismus (RÄO, engl. RLO), der die in Mitteleuropa wirtschaftlich bisher unbedeutende Latente Rosettenkrankheit der *Beta*-Rübe hervorruft, auf Rüben, Spinat und einige Unkräuter übertragen.
Durch die Saugtätigkeit der überwinterten Wanzen an Rübensämlingen kann im Mai gelegentlich leichter direkter Schaden entstehen, wenn sich z.B. mehrere Tiere längere Zeit an einer Jungpflanze aufhalten. Es sind dann an den Kotyledonen und den ersten Folgeblättern etwa halbkreisförmige, weißliche Saugflecken und meist vorübergehende Welkeerscheinungen zu beobachten. Ähnliche geringe Saugschäden verursachen später auch die Larvenstadien.

Die wirtschaftliche Bedeutung von *P. quadratum* als Virusüberträger kann vor allem im Gebiet Braunschweig – Gifhorn – Celle in Jahren mit starker Wanzenvermehrung beachtlich sein, da sich dann größere Ertragsverluste einstellen.

Entwicklungszyklus, Biologie und Ökologie

Die überwinterten Wanzen wandern in Abhängigkeit von der Witterung im Laufe des Mai in Rübenfelder ein und beginnen mit der Saugtätigkeit an den Sämlingen. Gewöhnlich legen sie von ihren Winterquartieren in Feldgehölzen, Feldrainen, Holzhütten, Böschungen und dergleichen kommend nur einige hundert Meter im Flug zurück, können aber durch stärkere Luftbewegungen, z. B. Ostwinde bei Hochdruckwetterlagen, auch weiter verfrachtet werden. Zunächst werden die den Überwinterungsquartieren am nächsten gelegenen Reihen der Rübenfelder befallen und erst später breiten sich die Populationen allmählich über größere Bestände aus. Älteren Angaben zufolge können überwinterte Rübenblattwanzen auch „zu Fuß" in die Felder gelangen, was dann möglich ist, wenn sich die Winterquartiere in unmittelbarer Nachbarschaft, z. B. im Genist von Feldrainen befinden.

Nach der Kopulation beginnt das Weibchen in der 2. Maihälfte mit der Eiablage, wobei Blattstiele bevorzugt werden. Auch die Unterseiten der Blattspreiten werden mit Eiern belegt, wobei jedes Ei einzeln abgesetzt und an der Längsseite angeheftet wird. Im Laufe von mehreren Wochen können von einem Weibchen bis etwa 150 bis 200 Eier erzeugt werden. Im Laufe des Juni und Juli sterben die überwinterten Wanzen ab. Die Junglarven schlüpfen unter Freilandbedingungen je nach Witterung etwa 2 bis 3 Wochen nach der Eiablage und beginnen nach kurzer Wanderung während der sogenannten Wanderphase mit der Nahrungsaufnahme. Im Laufe der Larvalentwicklung, während der die Tiere sich als verhältnismäßig ortstreu erweisen, finden gewöhnlich 5 Häutungen statt. Die Entwicklungsdauer vom Ei bis zur vollentwickelten Wanze beträgt je nach Witterung etwa 1½ bis 2 Monate.

Einige Zeit nach Erreichen des Imaginalstadiums im Juli begeben sich die Rübenblattwanzen meist in die Winterquartiere, wobei trockene Plätze bevorzugt werden. Bei günstigen Witterungsbedingungen kann eine zweite Generation entstehen, deren Entwicklung jedoch nicht zum Abschluß kommt. Larven, die im Herbst noch vorhanden sind, gehen zugrunde. Selbst strenge Fröste wirken sich auf die Imagines nicht schädlich aus, wenn sie in gut ernährtem Zustand zur Überwinterung kommen. An milden Vorfrühlingstagen können die Wanzen ihre Verstecke für einige Zeit verlassen, um sich zu sonnen.

Es fällt auf, daß die an sich weit verbreitete Rübenblattwanze in der Bundesrepublik Deutschland praktisch nur im südöstlichen Niedersachsen zu stärkerer Vermehrung kommt und hier jahrgangsweise wirtschaftliche Bedeutung besitzt. Es liegt also ein ausgesprochener temporärer Massenwechsel vor, der an Gebiete mit bestimmten Umweltbedingungen gebunden ist. In diesem Gebiet werden Zucker- und Futterrüben auf leichten Heide- und Moorböden angebaut. Südlich des Mittellandkanals, wo Lehm- und Kalkböden dominieren, ist die Wanze dagegen ohne Bedeutung. Im Gradationsgebiet ist überdies die Landschaftsstruktur sehr typisch, d. h. in ebenem Gelände werden Felder und Wiesen von kleinen Kiefernwäldchen abgelöst, die den Wanzen offenbar besonders günstige Überwinterungsmöglichkeiten bieten.

Natürliche Feinde

Hierbei handelt es sich um polyphage Arthropoden wie Spinnen, parasitische Milben und die räuberischen Larven der Florfliege *Chrysopa carnea* Steph. Letztere saugen Rübenblattwanzenlarven aus. Als Parasit der Larven und Imagines tritt vor allem bei feuchter Witterung ein Pilz der Gattung *Beauveria* auf, mit dem früher in Polen Versuche zur biologischen Bekämpfung durchgeführt wurden.

Der von *P. quadratum* übertragene rickettsienähnliche Erreger der Latenten Rosettenkrankheit der *Beta*-Rüben bewirkt unter Laborbedingungen eine sehr hohe Sterblichkeit infizierter Wanzen und ist deshalb auch als ein Pathogen des Vektors zu bezeichnen.

Bekämpfung

In früheren Jahrzehnten wurde allgemein das sogenannte Fangstreifen-Umbruchverfahren angewandt. Es beruhte darauf, daß auf den Rübenschlägen zur normalen Saatzeit Anfang April Fangstreifen von Futter- und Zuckerrüben ausgesät wurden. Die Rübenblattwanzen wurden dann durch die Sämlinge angelockt und nach Beendigung des Einfluges zusammen mit den Pflanzen am Morgen tief untergepflügt.

In späterer Zeit wurden zwar noch Fangstreifen angelegt, wobei aber eine möglichst frühe Aussaat erfolgte. Nach Einflug bzw. Einwanderung der Wanzen wurden die Streifen dann zweimal im Abstand von 6 bis 7 Tagen mit Insektiziden behandelt. Anschließend erfolgte die Bestellung der Rübenfelder, ohne daß die Fangstreifen umgebrochen wurden.
Heute ist das Fangstreifenverfahren nicht mehr gebräuchlich, sondern es werden ganze Rübenfelder zur normalen Zeit bestellt und nach Einwanderung der Wanzen meist in der 2. Maidekade mit Insektiziden behandelt, wobei nach Möglichkeit nur die befallenen Randzonen Berücksichtigung finden. In der Regel wird hierzu Parathion-methyl-Staub verwendet und nur einmal appliziert. Dies führt wegen der kurzen Wirkungsdauer des Mittels jedoch dazu, daß in manchen Jahren verspätet einwandernde Wanzen nicht mehr erfaßt werden und dann kleine Populationen erhalten bleiben, aus denen sich bei günstigen Bedingungen in der Folgezeit wieder stärkere aufbauen können.
In Jahren mit starkem Auftreten der Rübenblattwanze – wie 1967 und 1972/73 – wurde Parathion-methyl-Staub auch im Sommer gegen Larven und junge Imagines eingesetzt, um die Zahl der zur Überwinterung kommenden Tiere zu reduzieren und damit auch die Gefahr der Virusübertragung im folgenden Frühjahr herabzusetzen.

Literatur

EHRHARDT, P. und SCHMUTTERER, H., 1965: Untersuchungen zum Anstich- und Saugverhalten der Rübenblattwanze *Piesma quadrata* FIEB. (Heteroptera, Piesmidae). Z. Angew. Entomol. **56**, 41–55. – HASSE, V. und SCHMUTTERER, H., 1978: Untersuchungen über den Einfluß des Pathogens der latenten Rosettenkrankheit der *Beta*-Rüben auf den Vektor *Piesma quadratum* Fieb. Z. Pflanzenkr. Pflanzenschutz **85**, 735–744. – LASSACK, H., 1956: Die Ausbreitung der Rübenkräuselkrankheit und ihres Vektors, der Rübenblattwanze *Piesma quadrata* Fieb. (Heteropt., Piesmidae) in Niedersachsen. Z. Angew. Entomol. **38**, 67–72. – STACHYRA, T., 1968: Rytmika gradacji plaszczyńca burakowego (*Piesma quadrata* Fieb.) oraz zmiany nasilenia kedzierzawki plaszczyńcowej w Europie środkowej według materiałków z lat 1903–1964. Pr. Nauk. Inst. Ochr. Rosl Warsz. **10**, 57–89. – VON HORN, A., 1969: Die Rübenblattwanzenbekämpfung im Wandel der Zeiten. Ges. Pflanzen **21**, 144–148.

Zweipunktige Wiesenwanze, *Calocoris norvegicus,* s. Seite 252.

4.3.6 Blattläuse

Schwarze Rübenblattlaus, Schwarze Bohnenblattlaus
(bean aphid)
Aphis fabae Scop. [(syn. *Doralis fabae* (Scop.)]

Systematische Stellung
Homoptera (Pflanzenläuse), Aphididae (Röhrenläuse)

Geographische Verbreitung
A. fabae ist vor allem in Gebieten mit gemäßigtem Klima weit verbreitet. Die Blattlaus kommt mit verschiedenen biologischen Formen (Rassen) z. B. in Europa, in der Türkei, im Irak, in Teilen Afrikas (z. B. den Hochlagen Ostafrikas) und in Nordamerika vor. Einige Angaben aus den Tropen und Subtropen bedürfen wegen möglicher Verwechslung mit ähnlichen Arten wie *A. craccivora* Koch der Überprüfung.

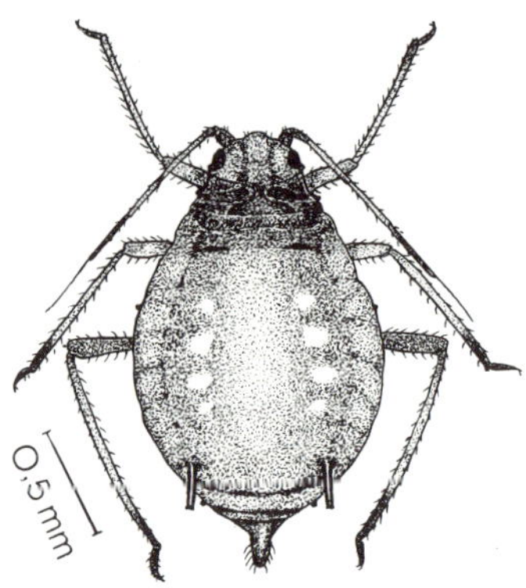

Abb. 151. Ungeflügelte Virgo der Schwarzen Rübenblattlaus *(Aphis fabae)*.

Beschreibung
Ungeflügelte, vivipare Jungfer (am Sommerwirt): Breitoval bis rundlich, 1,7 bis 2,7 mm lang, glanzlos, dunkelgraugrün bis schwarz.

Fühler hell mit dunkler Spitze, $^1/_2$ bis $^2/_3$ so lang wie Körper. Schienen weißlich; Siphonen und Schwänzchen dunkel. Hinterleib bei manchen Individuen mit 2 Reihen weißer Wachspuderflecken (Abb. 151).

Geflügelte, vivipare Jungfer (am Sommerwirt): Oval, etwa 1,8 bis 2,6 mm lang, nicht glänzend. Kopf und Brust schwarz, Hinterleib schwärzlich-grün mit dunklen Querbinden. Fühler schwarz und kürzer als Körper (Abb. 152). Siphonen und Schwänzchen dunkel. Nymphen oft mit 2 Reihen weißer Wachsflecke auf dem Hinterleib.

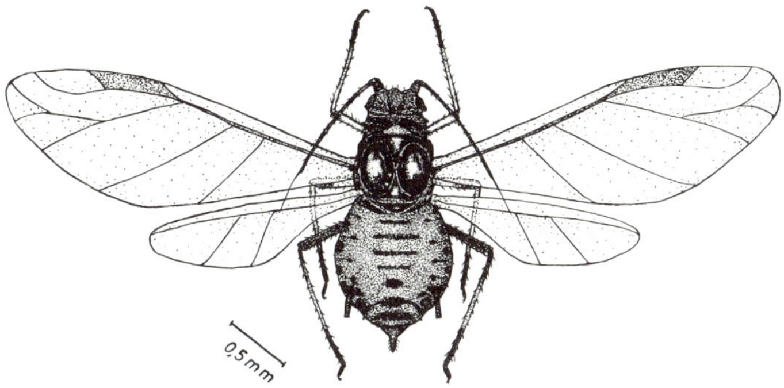

Abb. 152. Geflügelte Virgo von *Aphis fabae*.

Brutpflanzen

Die Schwarze Rübenblattlaus überwintert besonders am Pfaffenhütchen oder Spindelbaum *(Euonymus europaeus),* aber auch am Schneeball *(Viburnum opulus)* wobei sich die verschiedenen biologischen Formen/Rassen/Biotypen in bestimmten Gebieten Mitteleuropas hinsichtlich ihrer Wirtspflanzenwahl unterschiedlich verhalten. Am Falschen Jasmin oder Pfeifenstrauch kommt *A. fabae cirsiiacanthoidis* Scop. vor, die Rüben und Ackerbohnen nicht besiedeln kann. *E. europaeus* ist in den meisten Gebieten der wichtigste Primärwirt („Winterwirt") für die an Kulturpflanzen wie Rübe und Ackerbohne schädlichen Formen.

Im Spätfrühling und Sommer wird ein breites Spektrum krautiger Pflanzen besiedelt, insbesondere *Beta*-Rüben (Zucker- und Futterrübe, Rote Rübe), Ackerbohne, *Phaseolus*-Bohne, Mohn, Melde, Spinat, Schwarzer Nachtschatten, Gänsefuß, Distel, Fingerhut, Dahlie, Sonnenblume usw. Auch hierbei bestehen in Abhängigkeit von den biologischen Formen (Biotypen, Rassen) der Blattlaus Unterschiede im Wirtspflanzenkreis und in der Präferenz. Stellenweise wird auch Mais, Erbse und Kartoffel befallen, letztere aber in der Regel nur vorübergehend.

Schadsymptome und wirtschaftliche Bedeutung

An den Winterwirten kann es bei Massenbefall zu Triebstauchungen und starker Blattkräuselung kommen.

Durch starken Befall an den Unterseiten, seltener auch Oberseiten, treten an Rübenblättern Kräusel- und Einrollungserscheinungen auf (Farbtafel 17, S. 257). Rübensamenträger zeigen Kümmerwuchs und produzieren nur einen geringen Samenertrag. Die Abgabe von Honigtau, wie die Exkremente der Blattläuse genannt werden, bewirkt die Bildung klebriger Schichten auf den Blattoberseiten, auf denen sich Schwärzepilze ansiedeln und die Assimilation behindern. Sie begünstigt überdies an Ackerbohne *(Vicia faba)* die Bildung von Schokoladenflecken, die von dem Pilz *Botrytis fabae* Sard. hervorgerufen werden (s. Seite 442). An der gleichen Pflanze kommt es bei Massenbefall (Farbtafel 22, S. 310) zu Triebstauchungen und zum Absterben von Blättern, vor allem an den am schwersten befallenen Triebspitzen. Darüber hinaus werden Blüten und Hülsen, besonders deren Stiele befallen. Im Extremfall können bei trockenem Wetter auch ganze Ackerbohnenpflanzen absterben und auf diese Weise selbst größere Bestände vernichtet werden. Auch an Bohne *(Pha-*

seolus vulgaris) und Mohn kann größerer Saugschaden entstehen (Farbtafel 22, S. 310).
Indirekt wird *A. fabae* durch die Übertragung phytopathogener Viren schädlich. Hierbei kommt an *Beta*-Rüben vor allem das nicht zirkulative Rübenmosaik-Virus in Frage, außerdem das semi-persistente Nekrotische Rübenvergilbungsvirus. An Ackerbohne und Bohne werden mehrere nicht zirkulative Mosaik-Viren übertragen. Andere Viren, die an Nichtwirtspflanzen von *A. fabae* auftreten, werden mehr oder weniger zufällig weitergegeben.

Entwicklungszyklus, Biologie und Ökologie
Die schwarzglänzenden Wintereier werden von den Weibchen im Herbst, d. h. vor allem im Oktober, vorzugsweise längs der Knospen an jungen Trieben und in Vertiefungen der Zweigrinde abgelegt. Pro Weibchen ist mit 3 bis 10 Eiern zu rechnen. Die Überwinterung erfolgt ausschließlich am Winterwirt.
Die Larven schlüpfen im April, bei günstiger Witterung auch schon in der letzten Märzdekade. Dies fällt mit der Blüte der Kornelkirsche *(Cornus mas)* zusammen. Die erste, sogenannte Fundatrix-Generation entwickelt sich im Laufe der folgenden Wochen. Sie besteht ausschließlich aus ungeflügelten, weiblichen, sich parthenogenetisch fortpflanzenden Läusen, den Fundatrizen. In der folgenden Generation treten erste geflügelte Virgines neben ungeflügelten auf, in der 3. und 4. dann wesentlich mehr. Es handelt sich hierbei um die sogenannten fundatrigenen Generationen. Unter bestimmten Voraussetzungen kann an *E. europaeus* jedoch schon die 2. Generation vorwiegend oder ausschließlich aus geflügelten Läusen bestehen. Die geflügelten Blattläuse (Migrantes) fliegen ab Ende April auf die krautigen Sommerwirte (Abb. 153), wobei sie vor allem bei Unterstützung durch den Wind größere Strecken zurücklegen können. Das Flugverhalten ist dem von *Myzus persicae* ähnlich (s. Seite 255). Feldränder werden zuerst besiedelt. Die Winterwirte werden allmählich, wenn der Verholzungsprozeß der Zweige fortschreitet, befallsfrei. Dies ist spätestens Anfang Juli der Fall. Bei trockenwarmem Wetter nimmt die Zahl der Blattläuse an den Sommerwirten – es entstehen ungeflügelte und geflügelte Virgines („Exsules"), die sich parthenogenetisch fortpflanzen

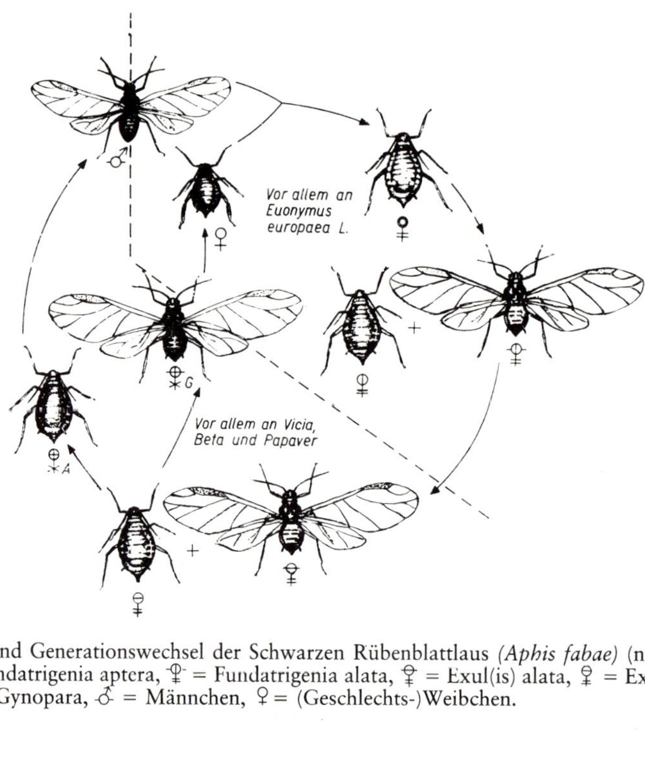

Abb. 153. Wirts- und Generationswechsel der Schwarzen Rübenblattlaus *(Aphis fabae)* (nach LAMPEL). ♀ = Fundatrix, ♀ = Fundatrigenia aptera, ♀ = Fundatrigenia alata, ♀ = Exul(is) alata, ♀ = Exul(is) aptera, ♀$_A$ = Andropara, ♀$_G$ = Gynopara, ♂ = Männchen, ♀ = (Geschlechts-)Weibchen.

und Larven absetzen – im Laufe mehrerer Generationen rasch zu. Die Massenvermehrung kann bis Mitte Juli anhalten. Anschließend geht die Populationsstärke schrittweise wieder zurück oder es erfolgt ein plötzlicher Populationszusammenbruch. Diese Erscheinung wird auf eine sich verschlechternde Wirtspflanzeneignung (Abnahme des Aminosäurespiegels im Phloem), hohe Temperaturen und die zunehmende Zahl natürlicher Antagonisten (Prädatoren, Parasiten einschließlich parasitische Pilze) zurückgeführt. Im Herbst, d. h. ab Mitte September, erfolgt ein Rückflug der an krautigen Sommerwirten, vielfach Unkräutern, entstandenen sogenannten Gynoparen zu den Winterwirten, wo von ihnen Larven abgesetzt werden, aus denen sich ungeflügelte, paarungsbedürftige Weibchen entwikkeln. Die kleinen geflügelten Männchen entstehen schon an den Sommerwirten und fliegen ebenfalls zu den Winterwirten, wo die Paarung erfolgt, nach der die Weibchen mit der Eiablage beginnen.

Die Männchen sind den ♀♀ an Zahl weit unterlegen, was aber dadurch wieder wettgemacht wird, daß sie mehr als 30 ♀♀ begatten können. Manche Kolonien der Schwarzen Rübenblattlaus, vor allem zu Beginn der Besiedlung an den Feldrändern, werden von Ameisen wie der Schwarzen Wegameise (*Lasius niger* L.) wegen ihres Honigtaues besucht. Der Ameisenbesuch übt auf die Fekundität der Blattläuse einen positiven Einfluß aus, da die Tiere mit Ameisenbetreuung mehr Larven erzeugen als solche, die nicht besucht werden. Außerdem schützen die Ameisen die Blattläuse mehr oder weniger gut gegen natürliche Feinde wie Marienkäfer.

Natürliche Feinde

Der Schwarzen Rübenblattlaus wird von vielen Prädatoren und Parasiten nachgestellt. Hierzu gehören außer polyphagen Räubern wie Spinnen, Netzflügler wie *Chrysopa carnea* Steph., Marienkäfer wie *Coccinella septempunctata* L. und *Adalia bipunctata* (L.), Schwebfliegen wie *Episyrphus balteatus* (Deg.), *Syrphus ribesii* (L.), *Scaeva pyrastri* (L.), *Syrphus corollae* (F.) und *S. vitripennis* Mg. sowie Braconiden wie *Aphidius* spp. Auch parasitische Pilze der Gattung *Entomophthora*, wie *E. aphidis* Hoffm., können besonders bei feuchtwarmem Wetter als natürliche Begrenzungsfaktoren im Massenwechselgeschehen der Blattlaus eine wichtige Rolle spielen.

Bekämpfung

Vor allem bei Ackerbohne ist eine möglichst frühe Aussaat und Wachstumsförderung durch verschiedene Kulturmaßnahmen wichtig.

Falls sich an den Winterwirten, besonders *E. europaeus*, im Winter starker Eibesatz und später bei wiederholten Kontrollen im April–Mai entsprechender Befall feststellen läßt, ist bei anhaltend günstiger Witterung mit einem Masseneinflug in die Rüben- und Ackerbohnenfelder zu rechnen. Dieser ist nach dem Auftreten von Geflügelten an den Winterwirten („Primärwirten"), wie auch die weitere Entwicklung der Populationen an den Sommerwirten („Sekundärwirten"), von Zeit zu Zeit zu kontrollieren.

Der Einflug der Geflügelten in die Rübenfelder läßt sich mit Hilfe von Gelbschalen überwachen. Auch größere Saugfallen geben gute Informationen über den Flug der Schwarzen Rübenblattlaus.

Vorbeugend anwendbare Bodenbehandlungsmittel sind bei Rüben z. B. Aldicarb-, Thiofanox- und Carbofuran-Produkte, die infolge ihrer systemischen Wirkung jüngere Rübenpflanzen über mehrere Wochen hinweg, also vor Frühbefall schützen können.

Die Bekämpfungs- bzw. wirtschaftliche Schadensschwelle ist bei Rüben dann erreicht, wenn bei Kontrollen vom 2. Laubblattpaar ab etwa 150 Läuse auf 10 Pflanzen gefunden werden. Wenn viele natürliche Feinde in den befallenen Beständen vorhanden sind, so sollte nur mit nützlingsschonenden Mitteln gearbeitet werden. Weiterhin ist zu beachten, daß bei Vorhandensein blühender Unkräuter in den Rübenfeldern nur bienenungefährliche Mittel eingesetzt werden dürfen.

Als Spritzmittel kommen für die Bekämpfung der Schwarzen Rübenblattlaus einige systemische und nicht systemische Insektizide in Frage. An Rüben können z. B. Pirimicarb, Demeton-S-methyl, Oxidemeton-methyl, Dimethoat, Cypermethrin, Deltamethrin, Azinphos-äthyl, Triazophos, Methamidophos, Mevinphos und Kombinationspräparate (z. B. Oxidemeton-methyl + Trichlorfon) eingesetzt werden. Beim Einsatz von Pirimicarb kann Wachstumsförderung zustande kommen, was unabhängig vom Blattlausbefall erfolgt. An Ackerbohne, wo wegen der extrafloralen Nektarien schon vor der Blüte Bienenbesuch möglich ist, empfehlen sich besonders Pirimicarb und Endosulfan. Pirimicarb zeichnet sich außer seiner Bienenverträglichkeit auch durch Schonung natürlicher Feinde der Schwarzen Rübenblattlaus aus, insbesondere von Marienkäfern und Florfliegen. Sowohl bei Rüben als auch bei Ackerbohnen ist eine frühzeitige Behandlung der Feldränder oft schon ausreichend. Bei Spritzung an Gartenbohnen *(Phaseolus vulgaris)* müssen die Wartezeiten besonders beachtet werden.

Literatur

DAEBELER, F. und HINZ, B., 1976: Untersuchungen über Saugschäden durch *Aphis fabae* Scop. an Zuckerrüben. Arch. Phytopathol. Pflanzenschutz **12,** 105–110. – IGLISCH, I., 1968: Über die Entstehung der Rassen der „Schwarzen Blattlaus" (*Aphis fabae* Scop. und verwandte Arten), über ihre phytopathologische Bedeutung und über die Aussichten für erfolgsversprechende Bekämpfungsmaßnahmen (Homoptera : Aphididae). Mitt. Biol. Bundesanst. Berl.-Dahlem 131, 34 S. – MÜLLER, F.P., 1970: Zur Kenntnis der Schwarzen Bohnen- oder Rübenblattlaus vom Gesichtspunkt der Prognose und des Warndienstes. Nachrichtenbl. Dtsch. Pflanzenschutzdienst (Berl.) NF **24,** 96–100. – MÜLLER, F. P., 1982: Das Problem *Aphis fabae.* Z. Angew. Entomol. **94,** 432–446. – SOL, R., 1961: Über den Eingriff von Insektiziden in das Wechselspiel von *Aphis fabae* Scop. und einigen ihrer Episiten. Entomophaga **6,** 7–33. – UNGER, K. und MÜLLER, H. J., 1953: Studien über die Bedeutung von Witterung und Klima für den Massenwechsel der Schwarzen Bohnenlaus (*Doralis fabae* Scop.). Angew. Meteorologie **1,** 257–275. – WAY, M. J., 1967: The nature and causes of annual fluctuations in numbers of *Aphis fabae* Scop. in field beans *(Vicia faba).* Ann. Appl. Biol. **59,** 175–188.

Mietenlaus

Rhopalosiphoninus tulipaellus (Theob.) [syn.: *Hyperomyzus tulipaellus* (Theob.)]

Die grünlich-braunen ungeflügelten Virgines dieser Art sind etwa 1,5 bis 2 mm lang und besitzen auf der Rückenseite breite, unterbrochene, dunkle Querbänder. Ihre Siphonen sind deutlich angeschwollen.

R. tulipaellus kann sich in Futterrübenmieten stark vermehren. Die Blattlaus ist als Vektor des semi-persistenten Nekrotischen und des zirkulativen (persistenten) Milden Rübenvergilbungs-Virus bekannt.

Grüne Pfirsichblattlaus, *Myzus persicae*, s. Seite 253.

4.3.7 Käfer

Moosknopfkäfer
(pigmy mangold beetle)
Atomaria linearis Steph.

Systematische Stellung

Coleoptera (Käfer), Cryptophagidae (Schimmelkäfer)

Geographische Verbreitung

Der Moosknopfkäfer ist in Mitteleuropa, Südosteuropa, in Teilen West- und Südeuropas sowie im südlichen Nordeuropa verbreitet.

Beschreibung

Larve: Langgestreckt, weißlich oder grauweiß; in vollentwickeltem Zustand bis etwa 3 mm lang. Kopf gut entwickelt, wenig sklerotisiert. Alle Segmente mit längeren Haaren; letztes Abdominalsegment mit zwei nach oben gerichteten Haken (Abb. 154, links).

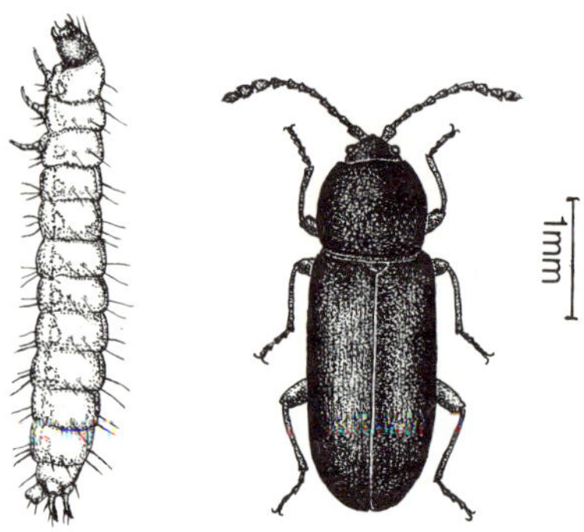

Abb. 154. Larve (links) und Vollkerf des Moosknopfkäfers *(Atomaria linearis)*.

Käfer: Sehr klein, d. h. nur etwa 1,2 bis 1,7 mm lang. Weibchen meist größer als Männchen, Körperform länglich elliptisch (Abb. 154, rechts). Färbung hellgelb (Jungkäfer) bis braun oder schwarzbraun (Altkäfer). Seitenränder des Körpers nahezu parallel; Halsschild und Flügeldecken sehr fein punktiert und grau behaart. Antennen 11gliedrig, gekeult, fast halb so lang wie Körper. Beine rotbraun.

Nähr- und Brutpflanzen

Beta-Rüben (Zucker-, Futter- und Rote Rübe), Mangold und Spinat, also Chenopodiaceen, stellen für die Käfer die geeignetste Nahrung dar. Weißer Gänsefuß *(Chenopodium album)*, Sternmiere *(Stellaria media)*, Ackerbohne, Majoran, Raps, Möhre, Erbse und Kartoffel sind als Nährpflanzen für sie weniger günstig, ermöglichen ihnen aber unter Laborbedingungen einige Wochen zu überleben. Die Käfer können sich auch von Pilzhyphen und organischen Zersetzungsprodukten wenigstens zeitweise, nach anderen Angaben von Pilzmyzel auch sehr gut ernähren. Die Entwicklung der Larven ist an *Beta*-Rüben, Mangold, Spinat und Weißem Gänsefuß möglich, die somit die Brutpflanzen darstellen, deren Zahl wesentlich geringer ist als die der Nährpflanzen des Käfers.

Schadsymptome und wirtschaftliche Bedeutung

Der gesellig fressende Käfer verursacht im Frühjahr zwei verschiedene Schadbilder, eines am Hypocotyl von Rübensämlingen, das andere an den Blättern. Der Fraß an unterirdischen Pflanzenteilen (Hypocotyl und Pfahlwurzel des Sämlings) erfolgt insbesondere durch hellgefärbte Jungkäfer, der an den Blättern durch dunkle Altkäfer.

Am Hypocotyl entstehen etwa stecknadelkopfgroße (0,5 bis 2 mm ∅), schwärzlich verfärbte Löcher (Farbtafel 16, S. 224), die bei oberflächlicher Betrachtung mit Wurzelbranderscheinungen oder Drahtwurmschäden verwechselt werden können. Diese Fraßstellen können sekundär durch pathogene Pilze infiziert werden. Stark geschädigte Sämlinge knicken leicht ab oder zeigen Verkrümmungserscheinungen und laufen dann nicht auf. Als Folge davon können besonders bei Verwendung von pilliertem, auf Endabstand gedrilltem Monogermsaatgut infolge der im Vergleich zu früher bedeutend geringeren Pflanzenpopulationen empfindliche Ausfälle entstehen. Der Fraß an den unterirdischen Pflanzenteilen wirkt sich um so negativer aus, je langsamer das Auflaufen der Rübensämlinge, z. B. bei Feuchtigkeits- und Nährstoffmangel, niedrigen Temperaturen oder verkrusteter Bodenoberfläche, erfolgt. Pflanzen, die schon das 4- bis 6-Blattstadium erreicht haben, leiden unter dem Käferfraß in der Regel bedeutend weniger.

Das zweite Schadbild, ein Loch- und Schabefraß an den oberirdischen Pflanzenteilen, beschränkt sich meist auf die Herzblätter, die später, wenn sich ihre Spreite voll entwickelt hat, unregelmäßige Löcher und Risse aufweisen (Abb. 155 und Farbtafel 16, S. 224). Dieser Schaden hat, obwohl er bei stärkerem Befall sehr auffallend sein kann, im allgemeinen keine praktische Bedeutung. Auch im Zusammenhang mit dem Larvenfraß an den Faserwurzeln wurden bisher keine wesentlichen negativen Auswirkungen auf die befallenen Pflanzen beobachtet.

Abb. Abb. 155. Vom Moosknopfkäfer *(Atomaria linearis)* durch Blattfraß geschädigte Rübenpflänzchen (nach SCHMUTTERER).

Der Moosknopfkäfer hat sich in den letzten Jahrzehnten vielerorts zu einem bedeutenden Frühschädling im Rübenanbau entwickelt, wozu die Verwendung von pilliertem Monogermsaatgut, das Ausdrillen auf Endabstand und wahrscheinlich auch die Unkrautbekämpfung im Vorauflaufverfahren (Abtötung von Alternativnährpflanzen) beigetragen haben dürfte. Schließlich kommt auch die „Vereinfachung“ früherer pflanzenbaulicher Praktiken wie die der geregelten Fruchtfolge als Ursache in Frage. Bei Unterlassung von Bekämpfungsmaßnahmen kann der Käfer auch große Bestände so schwer schädigen, daß Umbruch und eine Neubestellung erforderlich werden (Abb. 156).

Abb. 156. Starker Schaden durch Moosknopfkäfer an der Randzone (rechts) eines Rübenfeldes (stehengebliebene Reihen mit Pfeilen gekennzeichnet).

Entwicklungszyklus, Biologie und Ökologie

Die Überwinterung findet als Vollinsekt (Käfer), vielleicht auch in präimaginalen Stadien statt. Sie erfolgt in alten Pflanzenresten, im Genist von Feldrainen oder im Boden zumeist in Tiefen von 20 bis 60 cm. Im Extremfall können Käfer noch in 1,65 m Bodentiefe gefunden werden. Die Hauptmasse der Käfer überwintert in Feldern, die mit Rüben bestellt waren. Temperaturen bis –25 °C werden ohne Schaden vertragen. Eine Diapause wurde bisher nicht festgestellt.

Im Frühjahr (März–April–Mai) wandern die Käfer bei Temperaturen von über 10 °C „zu Fuß“ von den Überwinterungsquartieren in angrenzende Rübenbestände ein. Ein Randbefall ist deshalb besonders charakteristisch. Je näher neu bestellte Rübenfelder bei vorjährigen liegen, desto größer ist der an Sämlingen verursachte Schaden und desto frühzeitiger kann er auftreten. Die Wanderung ist mit großen Verlusten unter den Käfern verbunden. Die Tiere sind auch bei relativ niedrigen Temperaturen, z. B. bei 4 °C, schon laufaktiv. Auch im Herbst, manchmal sogar an milden Wintertagen, finden „Fußwanderungen“ statt.

Die Käfer leben maximal bis zu 6 Monaten, im Durchschnitt aber nur 40 bis 50 Tage. Sie können bis zum 5. Monat nach einer Reifungszeit von 3 Wochen ab Mai Eier ablegen. Die Eiablage erfolgt in Wurzelnähe in 20 bis 30 cm Bodentiefe. Als Eizahl werden durchschnittlich 20 bis 25 pro Weibchen angegeben; die Embryonalentwicklung dauert zwischen 4 bis 6 Tagen. Die Gesamtentwicklung vom Ei bis zum Käfer nimmt unter Gewächshausbedingungen bei 18 °C etwa 65 Tage in Anspruch; im Freiland sind in Abhängigkeit von der Temperatur und der Jahreszeit etwa 60 bis 90 Tage anzusetzen.

Die Junglarven leben meist in 5 bis 7 cm Bodentiefe, ältere Larven dringen in tiefere Bodenschichten ein. Die Verpuppung erfolgt in feuchten Jahren in 40 bis 60, in trockenen in 70 bis 90 cm Bodentiefe. Es werden in der Regel eine, ausnahmsweise 2 jährliche Generationen angegeben.

Das Fraßverhalten des Käfers wird sehr stark von der Feuchtigkeit beeinflußt. So findet eine Nahrungsaufnahme an den Rübenblättern nur bei hoher Luftfeuchte (über 90% r. F.) statt. Bei Trockenheit ziehen sich die Käfer in den Boden zurück und können hier auch tiefere Schichten aufsuchen.

Die Hauptflugaktivität der Moosknopfkäfer beginnt bei Temperaturen von etwa 17 bis 20 °C. Sie ist im Sommer (Juli–August) in den Abend- und frühen Nachtstunden vor allem bei schwülem Wetter besonders ausgeprägt. Kürzere Flüge sind schon ab 12 °C möglich. Wiederholt wurden im Sommer Käferschwärme von mehreren Kilometern Länge beobachtet, was darauf schließen läßt, daß die Tiere auch größere Entfernungen im Fluge überbrücken können. Die Flughöhe beträgt 3 bis 12 m.

Die Massenvermehrung des Moosknopfkäfers wird durch warme, trockene Jahre bzw. durch einen trockenen Herbst begünstigt.

Natürliche Feinde

Als Feinde der Käfer werden endoparasitische Nematoden, als Krankheitserreger bei Larven und Puppen parasitische Pilze, z. B. eine *Cephalosporium*-Art, sowie Bakterien angegeben. In einem Daueranbauversuch mit Zuckerrüben wurde im 1. Jahr die stärkste Käferzunahme, im 2. Jahr der stärkste Schaden, im 3. Jahr aber ein deutlicher Populationsrückgang („decline effect“) beobachtet. Diese Erscheinung ließ sich mit starker Käfermortalität durch parasitische Pilze in Verbindung bringen.

Bekämpfung

Als pflanzenhygienische Maßnahme wird die Entfernung von Ernterückständen empfohlen, da diese Pflanzenreste von den Käfern oft zur Überwinterung bevorzugt aufgesucht werden.

Große Bedeutung ist auch der Fruchtfolge beizumessen, d. h. ein Rübennachbau oder ein Anbau in unmittelbarer Nachbarschaft eines vorjährigen Rübenfeldes ist zu vermeiden.

Verschiedene Maßnahmen, die das Auflaufen und die Jugendentwicklung der Rüben fördern, z. B. Düngung und Bodenbearbeitung, können zu einer Schadensminderung beitragen.

Über die wirtschaftliche Schadensschwelle bei auf Endabstand gedrillten Rüben ist derzeit noch nichts Konkretes bekannt. Es ist anzunehmen, daß 10–25 Moosknopfkäfer pro 500 ml Wurzelballenerde zwischen Keimung und 4-Blattstadium einen kritischen Wert darstellen, da bei Überschreitung dieser Zahlen starke Schäden auftreten. Nach anderen Angaben sind etwa 20% geschädigte Sämlinge als Schadensschwelle anzusetzen.

In gefährdeten Rübenanbaugebieten ist es zur Regel geworden, *A. linearis* vor allem durch Saatgutbehandlung, Beidrillen von insektiziden Granulaten oder Bandbehandlung chemisch zu bekämpfen. Als Behandlungsmittel für pilliertes Monogermsaatgut kommen Carbofuran, Bendiocarb, Lindan und Mercaptodimethur, als Beidrill-Granulate Lindan, Carbofuran, Aldicarb, Thiofanox und Terbufos, für die Bandbehandlung Lindan, Carbofuran und Mercaptodimethur in Frage. Bei Einsatz von Aldicarb- und Carbofuran-haltigen Granulaten werden Rübenfliegen, früh anfliegende Blattläuse, Drahtwürmer und Rübenkopfälchen miterfaßt. Lindan kann auch als Vorsaatmittel (Spritzmittel) angewendet werden. Während der letzten Jahre wurde Rübensaatgut in den Zuckerfabriken in der Regel mit einer Carbofuran-Thiram-Kombination behandelt, die gegen Moosknopfkäfer, Drahtwurm, Springschwänze und Auflaufkrankheiten schützt. Die Zulassung des persistenten Chlorkohlenwasserstoffes Heptachlor ist Ende 1980 ausgelaufen.

Bei Verwendung von Aldicarb- und Carbofuran-haltigen Granulaten muß darauf geachtet werden, daß diese vollständig mit Erde bedeckt werden, um Vogelvergiftungen mit den sehr toxischen Wirkstoffen zu vermeiden. Seit einiger Zeit werden kleine, blaugefärbte Granulate eingesetzt, bei deren Anwendung bisher keine Vogelverluste festgestellt worden sind. Auch bei der Aussaat von pilliertem, mit Carbofuran behandeltem Saatgut ist wegen möglicher Vogelvergiftungen besondere Sorgfalt geboten.

Literatur

Bombosch, S., 1963: Untersuchungen zur Lebensweise und Vermehrung von *Atomaria linearis* Steph. (Coleopt., Cryptophagidae) auf landwirtschaftlichen Kulturfeldern. Z. Angew. Entomol. **52**, 313–342. – Bonnemaison, L. et Lyon, J. P., 1968: L'atomaire de la betterave (*Atomaria linearis* Steph.), biologie et méthodes de lutte. Ann. Epiphyt. **18**, 401–450. – Eisentraut, A., 1965: Der Moosknopfkäfer (*Atomaria linearis* Steph.) – Auftreten, Schadmaß, Biologie und Bekämpfung. Nachrichtenbl. Dtsch. Pflanzenschutzdienst (Berl.) NF **19**, 74–77. – Küthe, K. und Gessner, R., 1961: Zur Frage der Bekämpfung des Moosknopfkäfers (*Atomaria linearis* STEPH.). Ges. Pflanzen **13**, 37–43, 96–98. – Wagner, F., 1961: Zur Frage der Schädlichkeit und Bekämpfung des Moosknopfkäfers. Bayer. Landwirtsch. Jahrb. **38**, 490–495.

Maikäfer (Larven: Engerlinge)
(cockchafer: Käfer, chafer grubs: Larven)

Feldmaikäfer, *Melolontha melolontha* (L.) (syn. *Melolontha vulgaris* F.);
Waldmaikäfer, *Melolontha hippocastani* F.

Systematische Stellung

Coleoptera (Käfer), Scarabaeidae (Blatthornkäfer)

Geographische Verbreitung

Während die Verbreitung des Feldmaikäfers auf West-, Mittel- und Teile Süd-, Südost-, Ost- und Nordeuropas beschränkt ist (CIE-Verbreitungskarte Nr. 193), kommt der Waldmaikäfer über West-, Nord-, Ost- und Mitteleuropa hinaus bis Zentral- und Ostasien vor (CIE-Verbreitungskarte Nr. 194).

Beschreibung

Larve (Engerling): Bis etwa 65 mm lang und weichhäutig (Abb. 157, rechts). Färbung weiß oder schmutzigweiß. Hinterleib nach innen gebogen und am Hinterende sackartig aufgetrieben. Beine (3 Paare) und Kopfkapsel braun. Oberkiefer (Mandibeln) groß und kräftig. Letztes Hinterleibssegment mit dicht beisammenstehender, paariger Reihe von 15 bis 28 kleinen Dornen, die in der gleichen Körperregion liegende Borstenfelder deutlich überragen.

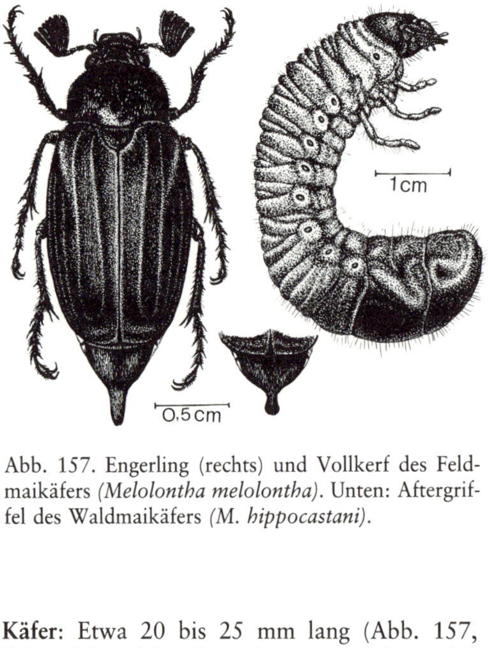

Abb. 157. Engerling (rechts) und Vollkerf des Feldmaikäfers *(Melolontha melolontha)*. Unten: Aftergriffel des Waldmaikäfers *(M. hippocastani)*.

Käfer: Etwa 20 bis 25 mm lang (Abb. 157, links); *M. melolontha* meist etwas größer als *M. hippocastani*. Deckflügel, Kopf, Fühler und Beine beim Feldmaikäfer rotbraun, beim Waldmaikäfer meist schwarz und Seitenrand der Deckflügel zumindest vorne stets schwarz gefärbt. Aftergriffel bei *M. melolontha* gleichmäßig verschmälert, bei *M. hippocastani* kleiner und hinten deutlich verbreitert (Abb. 157, unten). Fühler lamellenförmig; beim Männchen mit 7 großen, beim Weibchen mit 6 kleineren Lamellen. Seiten des Hinterleibes mit weißen, dreieckigen Flecken (Abb. 158).

Nähr- und Brutpflanzen

Sowohl die Käfer als auch die Engerlinge sind sehr polyphag, besonders die Larven. Die Maikäfer suchen Laubbäume wie Eiche, Buche, Weißbuche, Ahorn und Obstbäume, manchmal auch Nadelbäume wie Lärche, zum Blattfraß auf. Die Engerlinge schädigen praktisch alle Kulturpflanzen, Hackfrüchte (Rüben, Kartoffeln) aber besonders stark. Andere wichtige Nährpflanzen sind z.B. Getreide, Futtergräser, Rotklee, Luzerne, Kohl, Spargel, Raps, Rübsen, Tabak, Weinrebe, Hopfen und viele Wildpflanzen, von denen der Löwenzahn eine besondere Attraktivität besitzt.

Schadsymptome und wirtschaftliche Bedeutung

Die Engerlinge fressen mit ihren kräftigen Mundwerkzeugen in die unter der Erdoberfläche befindlichen Teile der Rübenkörper und in Kartoffelknollen Löcher und Gänge, während an Getreide, Mais, Klee und anderen Pflanzen die Wurzeln angefressen oder abgebissen werden. Stark geschädigte Pflanzen welken, vergilben und sterben in vielen Fällen ab (Farbtafel 17, S. 257). Ältere geschädigte Getreidepflanzen bilden Schmachtkörner aus.

Die Maikäfer-Engerlinge sind in einer Gradationsperiode, wie sie z.B. vor allem im 1. Jahrzehnt nach dem Ende des 2. Weltkrieges in weiten Teilen Mitteleuropas zu verzeichnen war, wichtige Großschädlinge des landwirtschaftlichen Pflanzenbaues. Derzeit treten sie in der Bundesrepublik Deutschland nur an bestimmten, meist relativ eng begrenzten Stellen stärker auf. Es wird jedoch für möglich gehalten, daß nach Ablauf einiger weiterer Jahre Massenvermehrungen auch wieder in größeren Gebieten zustandekommen können, falls dort reichlich Löwenzahn als besonders wichtige Brutpflanze vorhanden ist. Der Rückgang vieler Maikäferpopulationen in den letzten Jahrzehnten läßt sich nicht allein mit einem großflächigen Einsatz von Insektiziden in den Gradationsjahren begründen.

Die Käfer selbst können infolge von Blattfraß an ihren Schwarmbäumen als Forst-, gelegentlich auch als Obstbaumschädlinge auftreten, vor allem wenn es in Flugjahren zum Kahlfraß kommt.

Entwicklungszyklus, Biologie und Ökologie

Die überwinterten Maikäfer verlassen etwa in der zweiten Aprilhälfte zur Zeit der Kastanienblüte den Boden, führen in der Dämmerung zunächst spiralige Rundflüge aus, bei denen sie den

Horizont prüfen, und fliegen dann in Richtung des höchsten, silhouettenartigen Horizontabschnittes. Neben optischen Fernorientierungsmöglichkeiten gibt es auch ultraoptische, magnetische und elektrische für die Maikäfer. Sie lassen sich schließlich nach einer Flugstrecke von maximal 13 Kilometern *(M. melolontha)* auf den sogenannten Schwarmbäumen nieder, die sich meist an Waldrändern befinden. Es erfolgt dann ein Reifungsfraß von einigen Tagen Dauer und die Paarung (Abb. 158). Je nach Nährpflanze werden von einem ♀ mehrere hundert mg, im Extremfall bis über 1700 mg/Tag an Blattsubstanz aufgenommen. Danach fliegen die Weibchen in die Felder zurück, graben sich 10 bis 30 cm tief in den Boden ein und legen insgesamt etwa 50 bis 80 Eier ab, wobei sie 2 bis 3 Gelege von je 12 bis 28 Eiern absetzen. Tiefgründige, lockere und humusreiche Böden mit spärlicher Pflanzendecke in sonniger Lage werden dabei besonders bevorzugt, unbewachsene oder mit dichten Pflanzenbeständen bedeckte und frisch eingesäte Felder dagegen gemieden. Flächen mit Löwenzahn *(Taraxacum officinale)* werden besonders gern mit Eiern belegt. Die Wurzeln dieser Pflanze haben sich in Versuchen auch als die für die Engerlinge am besten geeignete Nahrung erwiesen.

Abb. 158. Maikäferpärchen bei der Kopulation.

Die Junglarven schlüpfen 4 bis 6 Wochen nach der Eiablage aus den gelblichen Eiern, leben zunächst gesellig und ernähren sich von feinen Faserwurzeln. Ihre Überwinterung erfolgt in 15 bis 20 cm Bodentiefe. Im nächsten Jahr wird der Fraß ab April fortgesetzt und es erfolgt dann die Häutung zum 2. Larvenstadium. Im Spätherbst gehen die Zweitlarven zur Überwinterung in tiefere Bodenschichten, die sie im April des kommenden Jahres wieder verlassen. In diesem 2. Jahr nach dem Flugjahr wird der größte Schadfraß hervorgerufen und es erfolgt im Sommer auch die 2. Häutung. Nach erneuter Überwinterung erfolgt dann im kommenden Frühjahr noch einmal relativ geringer Fraß bis etwa zur Sommersonnenwende, dem sich die Abwanderung zur Verpuppung in 20 bis 40 cm Bodentiefe anschließt.

Das Schlüpfen der Käfer findet schon im August statt, doch bleiben die Tiere in der Regel noch bis zum nächsten Frühjahr im Boden. Manchmal werden einzelne Maikäfer auch schon durch ungewöhnlich milde Temperaturen im Spätherbst aus dem Boden gelockt.

Eine Generation der beiden Maikäferarten dauert meist vier Jahre. Es gibt jedoch auch Populationen, die 3- oder 5jährige Zyklen aufweisen. Im übrigen unterscheidet man für bestimmte Gebiete typische Populationen, von denen manche nach langen Latenzperioden ausgesprochene Massenvermehrungen, verbunden mit empfindlichen Schäden an Kulturpflanzen zeigen (= Hauptstämme), während andere praktisch immer bedeutungslos bleiben (= Nebenstämme). Die Temperaturen im Mai während der Flugzeit der Käfer haben nur dann eine Wirkung auf den Massenwechsel, wenn extreme Verhältnisse (z. B. niedrige Temperaturen) vorliegen. Während der Zeit des Junglarvenstadiums wirken sich höhere Temperaturen in der Regel positiv aus. Nach einer Reihe warmer Sommer sind starke Flugjahre zu erwarten.

Natürliche Feinde

Wichtige Krankheitserreger sind Rickettsien wie *Rickettsiella melolonthae* (Krieg), Bakterien wie *Bacillus fribourgiensis* Witte und Pilze wie *Beauveria densa* (Link) und *B. tenella* (Delacr.) Als Prädatoren werden Laufkäfer, viele Vogelarten wie Star, Krähen (Saat- und Nebelkrähe), Lachmöwe, Amsel und Kleinsäuger wie Spitzmäuse und Maulwurf genannt. Als Parasiten der Engerlinge treten die Raupenfliege *Dexia rustica* F. und die Buckelfliege *Megaselia rufipes* Mg. sowie Nematoden (*Diplogasteroides berwigi* Rühm) auf. Den natürlichen Feinden und Krankheitserregern wird ein nachhaltiger Einfluß auf die Populationsdynamik der Maikäfer zugeschrieben.

Bekämpfung

Vorbeugende Maßnahmen gegen die Engerlinge sind z. B. Stoppelbearbeitung direkt nach der Ernte mit dem Kultivator oder der Scheibenegge. Zur Dezimierung der Schädlinge ist auch der Einsatz von Fräsen, Kartoffelschleuderradrodern und Pflegegeräten möglich. Zuckerrüben oder Mais sollten im Jahr nach starkem Maikäferflug nicht nach Wiesenumbruch angebaut werden.

Versuche zur biologischen Bekämpfung der Maikäfer-Engerlinge mit Pilzen der Gattung *Beauveria* und Rickettsien führten zwar zu hohen Abtötungsraten, doch stehen bis jetzt noch keine praxisreifen Methoden zur Verfügung. In der Schweiz konnte durch Verwendung im Freiland gesammelter, anschließend durch Bestrahlung mit Röntgenstrahlen sterilisierter und dann wieder freigelassener Männchen ein örtlicher Bekämpfungserfolg gegen *M. melolontha* erzielt werden.

Die chemische Bekämpfung richtet sich gegen die Käfer an den Schwarmbäumen während der Flugjahre und wenn nötig auch gegen die Engerlinge im 1. und 2. Larvenstadium, d. h. im Herbst des Flugjahres und im folgenden Jahr. Die Käferbekämpfung ist aus ökologischen Gründen zu bevorzugen, da hierbei nur örtlich relativ geringe Mengen an Kontaktinsektiziden ausgebracht werden müssen, während die Engerlingsbekämpfung wesentlich großflächigere Maßnahmen mit Bodeninsektiziden mit erheblichem Mittelaufwand erfordert. Lindan-, Phosalon- und Endosulfan-Präparate sind zur Käferbekämpfung geeignet, wobei die letzteren beiden Mittel bevorzugt werden sollten, da die Kontamination blühender Pflanzen oft unvermeidbar ist. Bienen werden dann aber nicht geschädigt. Die Spritzungen oder Stäubungen gegen die Käfer, für die auch Luftfahrzeuge sehr geeignet sind, können erst dann vorgenommen werden, wenn das Geschlechterverhältnis auf den Schwarmbäumen etwa 1 : 1 erreicht hat. Die Männchen finden sich hier zuerst ein. Die Bekämpfung der Engerlinge ist mit Streumitteln oder Granulaten möglich, die Lindan, Aldicarb oder andere Wirkstoffe enthalten.

Bei Engerlingen gelten im landwirtschaftlichen Pflanzenbau folgende Bekämpfungs- bzw. wirtschaftliche Schadensschwellen:

Kultur	Zahl der Engerlinge je m² im Herbst des Flugjahres	im Schadensjahr
Getreide	30–40	20
Mais	–	2
Hackfrüchte, Erbsen	5–10	3–4
Spezialkulturen z. B. Gemüse	2–3	2

Tabelle nach Horber; veränd. u. ergänzt.

Für die einzelnen Entwicklungsstadien der Engerlinge werden für empfindliche Kulturen folgende wirtschaftliche Schadensschwellen angegeben:

1. Stadium (Kopfkapselbreite 2,6 mm) 5–15 Engerlinge/m²
2. Stadium (Kopfkapselbreite 4,2 mm) 3–15 Engerlinge/m²
3. Stadium (Kopfkapselbreite 6,5 mm) 1–2 Engerlinge/m²

Falls höhere Zahlen festgestellt werden, so sollten Bekämpfungsmaßnahmen eingeleitet werden.

Literatur

Faber, W., 1961: Ergebnisse zehnjähriger Erhebungen über die Flugjahre des Maikäfers (*Melolontha melolontha* L. und *M. hippocastani* F.) in Österreich. Pflanzenschutzberichte **27**, 101–146. – Hauss, R. und Schütte, F., 1978: Über die Eiablage des Maikäfers (*Melolontha melolontha* L.) in Abhängigkeit von den Wirtspflanzen des Engerlings. Z. Angew. Entomol. **86**, 167–174. – Horber, E., 1954: Planung auf weite Sicht in der Maikäfer- und Engerlingsbekämpfung. Mitt. Schweiz. Landwirtsch. **2**, 17–52. – Hůrka, K., 1957: Experimentaluntersuchungen über die Ökologie der Maikäferengerlinge (*Melolontha hippocastani* F.). Z. Angew. Entomol. **41**, 1–16. – Lüders, W., 1976: Maikäferbekämpfung in den vergangenen 30 Jahren in Baden-Württemberg. Nachrichtenbl. Dtsch. Pflanzenschutzdienstes (Braunschw.) **28**, 33–39. – Nicklas, O. F., 1960: Standorteinflüsse und natürliche Feinde als Begrenzungsfaktoren von *Melolontha*-Larvenpopulationen eines Waldgebietes (Forstamt Lorsch, Hessen). Mitt. Biol. Bundesanst. Berl.-Dahlem 101, 1–60. – Richter, G., 1966: Prognose zum Massenwechsel des Maikäfers. Arch. Pflanzenschutz **2**, 195–216. – Schneider, F., 1952: Untersuchungen über die optische Orientierung der Maikäfer (*Melolontha vulgaris* F. und *M. hippocastani* F.) sowie die Entstehung von Schwärmbahnen und Befallskonzentrationen. Mitt. Schweiz. Entomol. Ges. **25**, 269–340. – Schütte, F., 1976: Begründung von Untersuchungen zur Populationsdynamik der Maikäfer (*Melolontha melolontha* L. und *Melolontha hippocastani* F.). Z. Pflanzenkr. Pflanzenschutz **83**, 146–158. – Schwerdtfeger, F., 1955: Untersuchungen über den Massenwechsel des Maikäfers. Allg. Forst- Jagdztg. **126**, 162–175.

Gartenlaubkäfer

(garden chafer)
Anomala horticola (L.) [syn. *Phyllopertha horticola* (L.)] (Coleoptera, Scarabaeidae)

Die weißlichen, wegen ihres gekrümmten Körpers typischen Larven (Engerlinge) dieses Blatthornkäfers haben eine ähnliche Lebensweise wie die der Maikäfer (*Melolontha melolontha* und *M. hippocastani*), d. h. sie fressen im Boden die Wurzeln und andere unterirdische Teile von Kultur- und Wildpflanzen an, wodurch ein mehr oder weniger starker Schaden entstehen kann. Im allgemeinen ist ihre Bedeutung aber wesentlich geringer als die der Maikäfer-Engerlinge. Entsprechendes gilt für die verwandten Arten *Anisoplia segetum* (Hbst.) (Gemeiner Getreidelaufkäfer), der auch milchreife Getreidekörner anfrißt, und *Amphimallon solstitiale* (L.) (Gemeiner Brachkäfer, Junikäfer).

Literatur

Schultze-Drewitz, G., 1959: Zur Biologie von *Phyllopertha horticola* L. Anz. Schädlingskd. **32**, 91–93.

Rübenaaskäfer

Brauner Rübenaaskäfer, Buckelstreifiger Rübenaaskäfer (beet carrion beetle), *Aclypea opaca* (L.) [syn. *Blitophaga opaca* (L.)]; **Schwarzer Rübenaaskäfer, Runzliger Rübenaaskäfer,** *Aclypea undata* (Müll.) [syn. *Blitophaga undata* (Müll.)]

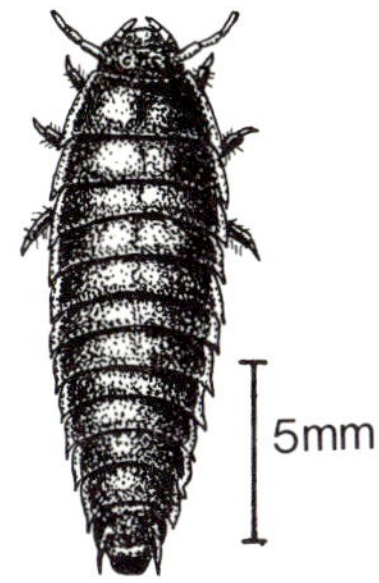

Abb. 159. Larve des Braunen Rübenaaskäfers *(Aclypea opaca)*.

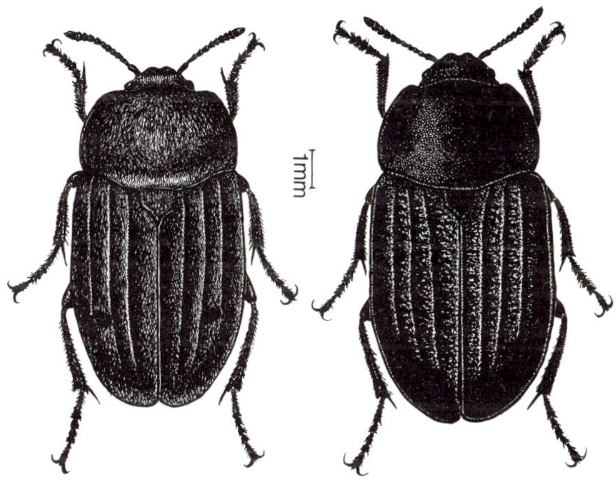

Abb. 160. Links: Brauner Rübenaaskäfer *(Aclypea opaca)*. Rechts: Schwarzer Rübenaaskäfer *(A. undata)*.

Systematische Stellung

Coleoptera (Käfer), Silphidae (Aaskäfer)

Geographische Verbreitung

A. opaca kommt von Europa bis Mittelasien sowie in Nordamerika vor, hat also eine nahezu holarktische Verbreitung. *A. undata* ist von Mittel- und Südeuropa bis ins westliche Asien einschließlich Kaukasusgebiet, in Sibirien und im

Iran zu finden. Die erstgenannte Art scheint mehr im Norden (Küstengebiete Mitteleuropas), die letztgenannte mehr im Süden Europas aufzutreten.

Beschreibung

Larve: Asselförmig, bei *A. opaca* bis etwa 15 mm, bei *A. undata* bis etwa 18 mm lang, glänzendschwarz mit gelbem Seitenrand *(A. opaca)* (Abb. 159) oder ganz schwarz gefärbt *(A. undata)*.

Käfer: *A. opaca*: 9 bis 12 mm lang, stark abgeflacht, schwarz oder dunkelbraun und mit matter, dichter, eng anliegender, goldfarbener Behaarung. Flügel mit 3 erhabenen Längsrippen und beulenartiger Aufwölbung im hinteren Drittel (Abb. 160, links). Zwischenräume zwischen den Längsstreifen fein punktiert.

A. undata: 11 bis 15 mm lang, fast unbehaart, weniger abgeflacht als *A. opaca* und schwarz gefärbt. Flügeldecken zwischen den Längsrippen runzlig, beulenartige Aufwölbung fehlend (Abb. 160, rechts).

Nähr- und Brutpflanzen

Im Gegensatz zu anderen Angehörigen der Familie Silphidae (Aaskäfer) sind *A. opaca* und *A. undata* phytophag und zugleich polyphag. Käfer und/oder Larven von *A. opaca* befressen Blätter von Zucker- und Futterrüben, Roten Rüben, Mangold, Spinat, Melde, Raps und anderen Kruziferen wie Kohl und Kohlrüben, Möhre, Kartoffel und Getreide; als Nährpflanzen von *A. undata* werden außer *Beta*-Rüben noch Getreidearten angegeben.

Schadsymptome und wirtschaftliche Bedeutung

Die Larven vollführen zunächst einen Fenster-, später einen Lochfraß, wodurch glattrandige Löcher unterschiedlicher Größe in den Blättern entstehen. Im Extremfall kommt es hierdurch z.B. bei jungen Rüben zum Kahlfraß, der sehr rasch vollzogen werden kann. Man hat festgestellt, daß die Nachkommen eines Rübenaaskäferpaares bis zu 10 m^2 Rübenfläche abfressen können.

Die Käfer fressen an Rüben und anderen Nährpflanzen vom Blattrand her. Sie zerkauen die Blattsubstanz, vermischen sie mit Verdauungssekreten und nehmen sie dann auf. An den Fraßstellen verfärbt sich das Blattgewebe dunkelgrau und zeigt ein typisches zerfasertes, zerkautes Aussehen. Der Käferfraß ist im Vergleich zu dem der Larven wesentlich weniger gefährlich.

Die *Aclypea*-Arten können in manchen Jahren, wenn im Frühjahr trockenwarme Witterung herrscht, besonders auf leichten Böden stärker auftreten und dann empfindlichen Schaden verursachen, da das Wachstum stark befressener Rübenpflanzen stagniert. Gelegentlich kommt auch Totalschaden zustande, weshalb Umbruch und Neubestellung erforderlich werden.

Entwicklungszyklus, Biologie und Ökologie

Die Käfer überwintern in der Bodenstreu sonniger Waldränder (Nadelwald), in der Grasnarbe von Wegrainen, am Fuße von Straßenbäumen bei Vorhandensein von reichlichem Grasbewuchs und an anderen geschützten Stellen. Sie verlassen ihre Winterquartiere ab Ende März und in der 1. Aprilhälfte – *A. opaca* etwas früher als *A. undata* – und fressen zunächst an jungen Blättern von Wintergetreide und wilden Gänsefußgewächsen. Nach dem Auflaufen der Pflänzchen wandern sie in Rübenfelder ein, wo sie sich bevorzugt an windgeschützten Stellen (Windschatten von Hecken und Wäldern, Senken) ansiedeln und dort ihren Fraß durchführen. Im Mai–Juni erfolgt die Eiablage wenige Zentimeter tief in den Boden unter den Brutpflanzen. Die Eizahl pro Weibchen wird mit etwa 120 Stück angegeben. Die Eier sind rund, 1 bis 2 mm groß und glänzend gelblichweiß.

Die asselförmigen, sehr gefräßigen Larven schlüpfen 5 bis 9 Tage nach der Eiablage, fressen an den Rübenpflanzen und schließen ihre Larvalentwicklung je nach Umweltbedingungen in 10 bis 21 Tagen ab (*A. opaca*). In den älteren Entwicklungsstadien wandern sie in den Feldern umher. Die Verpuppung erfolgt wenige Zentimeter tief im Boden.

Tafel 21

Oben links: *Kabatiella caulivora,* Kleestengelbrand. Oben rechts: Gelbmosaik der Gartenbohne (BYMV). Mitte links: *Pseudomonas phaseolicola,* Fettfleckenkrankheit der Bohne. Mitte rechts: *Colletotrichum lindemuthianum,* Brennfleckenkrankheit der Bohne. Unten links: *Ascochyta boltshauseri,* Sprüh- oder Braunfleckenkrankheit der Bohne. Unten rechts: *Uromyces appendiculatus,* Bohnenrost (Uredolager).

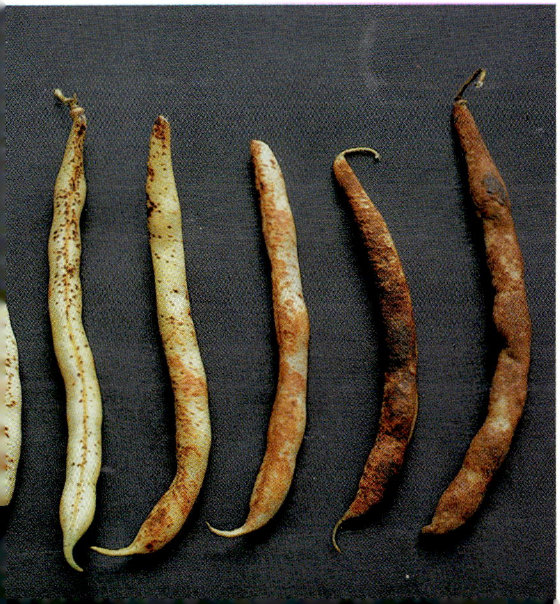

Das Schlüpfen der Jungkäfer erfolgt ab Ende Juni. Nach kurzem Fraß begeben sie sich frühzeitig – *A. undata* im Juli, *A. opaca* im August – in die Winterquartiere. Es entsteht demnach jährlich nur eine Generation.

Natürliche Feinde
Verschiedene Laufkäferarten wie *Carabus auratus* L. und *Amara aulica* (Panz.) sowie *Pterostichus lepidus* (Leske) und *Poecilus versicolor* (Sturm) treten als Prädatoren auf. Die Aaskäferlarven werden von Raupenfliegen (Tachinidae) parasitiert. Unter den Amphibien sind Frösche und Unken, unter den Vögeln Rebhühner, Krähen und Stare als Vertilger der Aaskäfer bekannt.

Bekämpfung
Frühe Aussaat und Beseitigung wilder Chenopodiaceen (Unkrautbekämpfung) ist wiederholt empfohlen worden. Sind stärkere Blattschäden eingetreten, so helfen zusätzliche Düngungsmaßnahmen, um eine möglichst rasche Regeneration der Pflanzen zu erreichen.
Die Bekämpfungs- bzw. wirtschaftliche Schadensschwelle ist dann erreicht, wenn 20% der Jungrüben kahlgefressen sind. Sollten dann noch Eier oder junge Larven gefunden werden, wird eine Spritzung z. B. mit Dimethoat-, Chlorfenvinphos-, Parathion- oder Trichlorfon-Präparaten erforderlich. Parathion-methyl-Staub ist gleichfalls wirksam. Es sollten aber nur Feldteile behandelt werden, in denen die Schadensschwelle tatsächlich überschritten wird, da die Aaskäfer meist nur nesterweise, d. h. nicht gleichmäßig stark in den Beständen auftreten.

Literatur
Blaszyk, P. und Madel, W., 1950: Beitrag zur Überwinterung und Fortpflanzungsbiologie von *Blitophaga opaca* L. (Coleopt.). Z. Angew. Entomol. **31**, 455–472. – Schmidt, H.W., 1943: Die Bekämpfung des Rübenaaskäfers. Kranke Pflanze **20**, 34–35.

Rübenerdflöhe

Südeuropäischer Rübenerdfloh, *Chaetocnema tibialis* (Ill.);

Nordeuropäischer Rübenerdfloh (sugar beet flea beetle), *Chaetocnema concinna* (Mrsh.) (beide Arten: Coleoptera, Chrysomelidae)
Der Südeuropäische Rübenerdfloh ist bronzefarbig, kupferfarbig oder metallisch grün und 1,5 bis 2,0 mm groß. Er frißt im April an keimenden Rübenpflänzchen und kann dadurch Auslaufschäden verursachen. Später führt er an den Keim- und Folgeblättern einen Fenster- und Lochfraß durch, wobei der Schaden oft an den Feldrändern am stärksten ist. Die Fraßlöcher an den Blättern haben einen Durchmesser von 1 bis 2 mm. Stark geschädigte Pflänzchen können absterben. Die Larven leben unterirdisch an den Rübenwurzeln.
Der Käfer überwintert in den obersten Schichten der Bodenstreu an sonnigen Plätzen, z. B. an Waldrändern und in der Umgebung von Hekken. Es kommt bei uns im Gegensatz zu Österreich und Ungarn nur selten zu einem stärkeren Auftreten dieser Art, die im übrigen in der Regel durch Bekämpfungsmaßnahmen, wie sie im Rübenanbau gegen andere Schädlinge an Keimlingen und Jungpflanzen üblich sind, mit erfaßt wird. Die wirtschaftliche Schadensschwelle ist erreicht, wenn 20% der Blattmasse der Rübenpflänzchen zerstört sind und der Befall bei ungünstigen Wachstumsbedingungen (Trockenheit) anhält.
Der Nordeuropäische Rübenerdfloh ist länglichoval und bis etwa 2,5 mm lang. Seine Oberseite ist metallisch grün, kupfer- oder bronzefarbig. Die verdickten Schenkel sind schwarz gefärbt, die Fühlerbasis, Teile der Schienen und Tarsen gelblich. An der Außenseite der Schienen befindet sich ein vorspringender Dorn. Beide *Chaetocnema*-Arten besitzen ein sehr gutes Springvermögen. *C. concinna* legt die Eier an die Nährpflanzen und die Larven minieren in den Blättern. Im Jahr entwickelt sich eine Generation.

Tafel 22
Oben links: Raupen und Schadbild des Erbsenwicklers *(Cydia nigricana)* an Erbse. Oben rechts: Befall durch Schwarze Bohnenlaus *(Aphis fabae)* an Ackerbohnenpflanze. Mitte links: Durch Schwarze Bohnenlaus *(A. fabae)* geschädigte Bohnen. Mitte rechts: Schaden durch Bohnenfliege *(Delia platura)* an Buschbohne. Unten links: oben: Diapauseweibchen, unten: Sommerweibchen der Gemeinen Spinnmilbe *(Tetranychus urticae)* an Hopfenblatt. Unten rechts: Nymphen und Larven der Hopfenblattlaus *(Phorodon humuli)* an Hopfen.

Die Überwinterung erfolgt als Käfer in den obersten Bodenschichten oder in der Bodenstreu.
Bei trockenwarmer Frühjahrswitterung kann der Nordeuropäische Rübenerdfloh ähnlich wie der Südeuropäische stärkeren Fraßschaden an Rübenjungpflanzen verursachen (Loch- und Fensterfraß). Die Bekämpfung ist identisch mit der von *C. tibialis*.

Literatur

Pataky, E., 1967: Der Rübenerdfloh (*Chaetocnema tibialis* Ill.), einer der gefährlichsten Keimschädlinge der Zuckerrübe in Ungarn. Z. Angew. Entomol. **59**, 239–248. – Watzl, O., 1950: Zur Lebensweise und Bekämpfung des Rübenerdflohs (*Chaetocnema tibialis* Illig.). Pflanzenschutzberichte **4**, 129–159.

Nebliger Schildkäfer
Cassida nebulosa L.;

Goldstreifiger Schildkäfer
Cassida nobilis L. (beide Arten: Coleoptera, Chrysomelidae)
C. nebulosa ist ein 6,0 bis 7,5 mm langer, breitovaler (schildförmiger) und stark abgeflachter Käfer (Abb. 161, links). Die Flügeldecken sind gelblichbraun bis rostrot und mit zahlreichen schwarzen Flecken und einem geschwärzten, gekerbten Basalrand versehen. Die Unterseite ist vorwiegend schwarz gefärbt. Als Verbreitungsgebiet des Käfers gilt die ganze paläarktische Region.
Nach der Überwinterung in der Bodenstreu oder in der Erde an sonnigen Wald- und Grabenrändern besiedeln die Käfer ab Ende April zunächst den Weißen Gänsefuß (*Chenopodium album*), an dem sie ab dem letzten Maidrittel an den Blattunterseiten ihre aus 5 bis 16 Eiern bestehenden Gelege absetzen und mit einem gelblichen Sekret bedecken. Ein Weibchen kann im Laufe mehrerer Wochen bis zu 700 Eier erzeugen. Die Larven schlüpfen etwa 8 Tage nach der Eiablage. Sie vollführen zunächst in Gruppen einen Fensterfraß, später verteilen sie sich auf den Nährpflanzen. Nachdem die Blätter der Unkräuter abgefressen sind, gehen die grünen, am Hinterende mit einer zweiteiligen, oft mit alten Häuten und Kot bedeckten Schwanzgabel versehenen Schildkäferlarven auf Rüben über bzw. sie wandern von außen her in Rübenfelder ein, deren Randzonen dann besonders stark geschädigt werden. Die älteren Stadien rufen einen Lochfraß hervor, der in einen Skelettierfraß übergehen kann, so daß dann nur noch die stärkeren Blattrippen übrigbleiben. Die Verpuppung erfolgt auf der Blattunterseite. Am Hinterende der Puppe befindet sich die abgestreifte alte Larvenhaut. Die Jungkäfer schlüpfen in der 2. Julihälfte. In der Regel wird nur 1 Generation im Jahr beobachtet; nur unter günstigen Voraussetzungen kommt es zur Entwicklung einer zweiten. Wohl mit auf Grund der Tatsache, daß heu-

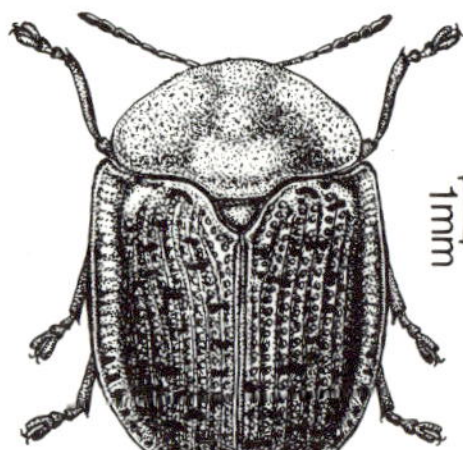

Abb. 161. Nebliger Schildkäfer (*Cassida nebulosa*, links) und Goldstreifiger Schildkäfer (*C. nobilis*, rechts).

te viele Rübenfelder durch Herbizide unkrautfrei gehalten werden, sind die Schäden durch den Nebligen Schildkäfer im Vergleich zu früher stark zurückgegangen. Die Bekämpfung des Weißen Gänsefußes in der Umgebung der Rübenfelder und in den Feldern selbst ist demnach eine wirkungsvolle Vorbeugungsmaßnahme gegen *C. nebulosa*.
Ähnliche Fraßschäden an Rüben wie *C. nebulosa* richtet der in der paläarktischen Region gleichfalls weit verbreitete Goldstreifige Schildkäfer (*Cassida nobilis* L.) (Abb. 161, rechts) an. Diese Art ist ganz auf *Beta*-Rüben übergegangen, erreicht aber trotzdem, wie auch *C. nebulosa*, nur gelegentlich und örtlich wirtschaftliche Bedeutung.

Rübenderbrüßler
(beet root weevil)
Bothynoderes punctiventris (Germ.) (Coleoptera, Curculionidae)
Der vor allem in Ost-, Südost- und Teilen Südeuropas sowie in Zentralasien verbreitete Rübenderbrüßler ist ein 10 bis 15 mm langer, länglichovaler Käfer mit schwärzlicher Grundfärbung

und grauweißer Beschuppung. Die Flügeldecken sind grau und fleckig marmoriert. Auf ihrem hellen Teil befindet sich eine dunkle Querbinde, dahinter auf einer Vorwölbung ein weißer, schwarzgerandeter Fleck. Der Rüssel ist relativ kurz und gedrungen; an seiner Basis entspringen die geknieten Fühler. Die weiße, fußlose Larve wird bis zu 13 mm lang und hat eine braune Kopfkapsel.

Außer an *Beta*-Rüben lebt der Rübenderbrüßler auch an Spinat, Möhre, Salat, Sonnenblume, Tabak und Unkräutern wie Distel, Knöterich und Gänsefuß-Arten. Die Käfer vollführen einen Blattrandfraß an jungen Blättern, aus denen sie relativ große, bogenförmige Stücke herausbeißen. Jungpflanzen können ganz abgefressen werden. Die Larven ernähren sich an *Beta*-Rüben von den Wurzeln und vom Rübenkörper, wodurch es zu Kümmerwuchs, Welke- und Absterbeerscheinungen kommt.

Die Käfer, die im Boden vorjähriger Rübenfelder überwintern, verlassen im Frühjahr das Winterlager bei Lufttemperaturen zwischen 12 und 14 °C, um zunächst kriechend neue Felder zu erreichen. Ab 22 °C können sie sich auch fliegend fortbewegen. Die Eiablage erfolgt von Mitte Mai bis Ende Juni. Pro Weibchen werden bis zu 120 Eier in kleinen Gruppen in die oberste Bodenschicht in der Umgebung der Brutpflanzen abgelegt. Die Larven schlüpfen etwa 3 Wochen später und ernähren sich zunächst von Wurzeln, dann an den Rübenkörpern (s. oben). Die Verpuppung erfolgt ab Mitte Juli in 10 bis 40 cm Bodentiefe. Das Schlüpfen der Jungkäfer findet noch im Herbst statt, doch bleiben die Tiere in der Regel in der Puppenwiege, um hier zu überwintern. Demnach tritt pro Jahr nur eine Generation auf. *B. punctiventris* ist in der Bundesrepublik Deutschland derzeit kein wichtiger Rübenschädling, dagegen jahrgangsweise in Teilen der Deutschen Demokratischen Republik und in verschiedenen osteuropäischen Ländern.

Die Schadensschwelle ist erreicht, wenn im Durchschnitt 10% der grünen Blattfläche an mindestens 30 Rübenpflänzchen zerstört worden ist.

Die Bekämpfung des Käfers erfolgte früher durch Ziehen von Fanggräben um die diesjährigen Rübenfelder, wozu besondere Geräte zur Verfügung standen, die auch mit solchen zur Stäubung der Gräben mit Insektiziden kombiniert werden konnten.

Literatur

AUERSCH, O. 1961–62: Zur Kenntnis des Rübenderbrüßlers (*Bothynoderes punctiventris* Germ.) Teil II und III. Z. Angew. Entomol. **49,** 50–77, 313–329. – EICHLER, W. und SCHRÖDTER, H., 1951: Witterungsfaktoren als Urheber der Massenvermehrung des Rübenderbrüßlers (*Bothynoderes punctiventris*) 1947–1949 in Mitteldeutschland. Ibid. **32,** 567–575. – THIELECKE, H., 1952: Biologie, Epidemiologie und Bekämpfung des Rübenderbrüßlers (*Bothynoderes punctiventris* Germ.) Beitr. Entomol. **2,** 256–315.

Fingerkäfer

Clivina fossor (L.) (Coleoptera, Carabidae)

Dieser Laufkäfer hat während der letzten zehn Jahre in Zuckerrübenbeständen mit Endablage der Samen, vor allem Schleswig-Holsteins und Niedersachsens, wiederholt beträchtlichen Schaden verursacht. Er ist etwa 6 mm lang, besitzt eine nahezu zylindrische Körperform und eine dunkel- bis rotbraune Färbung. Die Vorderbeine sind Grabbeine mit kräftigen, zahnartigen Fortsätzen.

Die sonst vor allem räuberisch lebenden und deshalb nützlichen Käfer halten sich im Frühjahr zur Zeit des Auflaufens der Rübensämlinge in Hohlräumen in den obersten Bodenschichten auf und fressen von hier aus vorwiegend die Hypocotyle an. Dieser Schadfraß, der zum Verwelken und Absterben der Rübenpflänzchen führen kann, ähnelt dem des Moosknopfkäfers (s. Seite 301). Stellenweise mußten selbst großflächige Rübenfelder wegen hoher Pflanzenverluste umgebrochen und neu bestellt werden.

C. fossor kann auch an Mais durch Befressen von Samen im Saatbett schädlich werden, da dadurch die Keimung verhindert wird.

Literatur

HOSSFELDT, R., 1972: Laufkäfer als Schädling in Betarüben. Ges. Pflanzen **24,** 168–171.

4.3.8 Schmetterlinge

Rübenmotte

(beet moth)

Scrobipalpa ocellatella (Boyd) [syn. *Lita ocellatella* (Boyd), *Phthorimaea ocellatella* (Boyd), *Gnorimoschema ocellatella* (Boyd)]

Systematische Stellung
Lepidoptera (Schmetterlinge), Plutellidae (Schabenmotten)

Geographische Verbreitung
Die Motte kommt in West- und Mitteleuropa, im Mittelmeergebiet einschließlich Nordafrika, auf Madeira, in Südost- und Osteuropa, Vorderasien und Sri Lanka vor.
In der Bundesrepublik Deutschland konzentriert sich das Auftreten des Schädlings auf klimatisch begünstigte Gebiete. Hierbei handelt es sich um Teile von Rheinland-Pfalz, Rheinhessen, Südhessen und des nordwestlichen Baden-Württemberg.

Beschreibung
Larve: Etwa 12 bis 14 mm lang und schwach behaart. Grundfärbung blaß graugelb oder grünlich. Jedes Segment mit einer Querreihe rötlicher Flecken; Rückenseite vollentwickelter Tiere mit 2 bis 3 rosa Längsstreifen. Kopfkapsel und Nackenschild braun mit dunklen Punkten.
Falter: Länge bis etwa 7 mm, Flügelspannweite bis 14 mm. Vorderflügel ledergelb, bräunlich bis schwärzlich bestäubt und mit schwarzen Punkten. Hinterflügel grauweiß und mit langen Fransen, besonders am Hinterrand.

Brutpflanzen
Ursprünglich lebte *S. ocellatella* nur auf der Wildrübe *Beta maritima*, ist aber von dieser schließlich auf Kulturrüben (Zuckerrübe, Runkelrübe, Rote Rübe, Mangold) übergegangen. Futterrüben sind oft stärker befallen als Zuckerrüben.

Schadsymptome und wirtschaftliche Bedeutung
Die Jungraupen schädigen durch Minierfraß in den Blättern und durch Zerstören der Herzblätter, die sie zusammenspinnen und mit ihren feuchten Kotkrümeln durchsetzen. Die Herzregion der befallenen Rüben beginnt zu faulen und verfärbt sich dabei schwarz (Farbtafel 16, S. 224). Aus diesem Grunde besteht eine Ähnlichkeit mit den Symptomen des Bormangels (Herz- und Trockenfäule). Auch in Blattstielen und dem Rübenkopf werden von älteren Raupen bis mehrere Zentimeter tiefe Gänge gefressen. Vielfach bildet die Pflanze bei Zerstörung des Vegetationspunktes neue Herzen. Die älteren Blätter der geschädigten Rüben können welken und vertrocknen. Die Haltbarkeit befallener Rüben wird durch Fäulnis stark vermindert.
Bei geschädigten Rüben ist ein Rückgang des Zuckerertrages beobachtet worden, außerdem eine deutliche Reduzierung des Gesamtertrages. Da der Schädling nur in klimatisch begünstigten Gebieten wie z.B. in Rheinhessen und in der Pfalz stärker auftritt, hat er in Mitteleuropa nur in den wichtigsten Befallsgebieten in Jahren mit trocken-warmer Witterung Bedeutung. In den fünfziger Jahren wurden hier beispielsweise Millionenschäden verursacht.

Entwicklungszyklus, Biologie und Ökologie
Die Überwinterung erfolgt im Puppenstadium in Pflanzenresten auf dem Feld, im Boden oder an Rüben in Mieten.
Die Falter treten ab Ende April auf, fliegen und paaren sich vor allem in den Morgenstunden und legen ihre Eier einzeln oder in kleinen Gruppen an die Brutpflanzen ab, wobei sie den Wurzelhals und abgestorbene Blattstiele oder deren Umgebung bevorzugen. Weniger stark werden Stiele, intakte Blätter und Herzblätter belegt. Die Eier sind oval und 0,4 bis 0,5 mm lang. Anfangs sind sie weißlich-hyalin, später hellgelb gefärbt. Pro Weibchen werden etwa 25 bis 100 Eier erzeugt. Die Lebensdauer beider Geschlechter beträgt etwa 11 Tage.
Die Jungraupen schlüpfen nach etwa 1 bis 1½ Wochen. Pro Rübenpflanze sind bis zu 17 Raupen (mehrere Gelege) zu beobachten. Zunächst erfolgt, wie schon erwähnt, ein Minierfraß in den Blättern, später ein Zusammenspinnen und Befressen der Herzblätter. Erstlarven sind gelblichgrau, Zweit- und Drittlarven grau bis bräunlich und solche im letzten Entwicklungsstadium mehr rötlich gefärbt. Die Larvalentwicklung dauert bei einer Temperatur von etwa 22 °C etwar 2½ Wochen. Die Verpuppung erfolgt im Sommer in den obersten Bodenschichten (bis 5 cm Tiefe) in einem Seidenkokon. Meist entwikkeln sich zwei überlappende Generationen im Jahr, manchmal bei günstigen klimatischen Bedingungen auch drei. Die zweite Generation ist gewöhnlich die schädlichste.
Trockene, warme Jahre sind eine wichtige Voraussetzung für stärkeres Auftreten des Schädlings. Zu Massenauftreten kann es vor allem dann kommen, wenn solche Jahre aufeinanderfolgen, was z.B. 1952 und 1953 sowie 1975 und 1976 der Fall war.

Natürliche Feinde
Die natürlichen Antagonisten von *S. ocellatella* sind bei uns noch nicht genauer untersucht worden. In anderen Ländern, z.B. Südosteuropas, sind Ameisen und verschiedene parasitische Schlupfwespen als solche bekannt.

Bekämpfung
Eine tiefe Winterfurche kann die Vernichtung eines Teils der Puppen bzw. Falter bewirken. Die Falter können zwar aus den Puppen schlüpfen, sich aber nicht bis an die Erdoberfläche durch den Boden emporarbeiten. Weiterhin sollte die Fruchtfolge beachtet werden (Fruchtwechsel). Beregnung kann ebenfalls eine wirksame Maßnahme sein, da dadurch unter den Raupen höhere Sterblichkeit hervorgerufen wird.
Da die Rübenmotten vom Licht angelockt werden, kann ihr Flug durch Lichtfallen überwacht werden. Hieraus könnten sich auch Prognosemöglichkeiten ergeben. Als Bekämpfungs- bzw. wirtschaftliche Schadensschwelle gilt ein Eigelege oder eine Eilarvengruppe an 10 Rübenpflanzen oder auf 2 m^2.
Die Anwendung von Insektiziden läßt nur dann Erfolge erwarten, wenn sich die Raupen noch nicht in den Rübenkörper eingebohrt haben. Sie muß sich folglich vor allem gegen junge Raupenstadien richten. Gute Ergebnisse wurden z.B. durch Spritzungen mit Metamidophos erzielt, wenn mit einem Flüssigkeitsaufwand von 800 l/ha bei beginnender „Verkotung“ der Rüben behandelt wurde. Blattlausbekämpfung mit Metamidophos, Demeton-S-methyl, Trichlorfon + Demeton-S-methyl und Azinphos kann den Befall gleichfalls vermindern.

Literatur
Berker, J. und Löcher, F. J., 1959: Untersuchungen über die Rübenmotte, *Phthorimaea ocellatella* Boyd (Lepidoptera, Gelechiidae). Z. Pflanzenkr. Pflanzenpathol. Pflanzenschutz **66**, 65–76. – Huzian, L., 1963: Adatok a répaaknázómoly (*Scrobipalpa ocellatella* Boyd). Magyarországi elterjedéséhez gradológiához és elörejelzéséhez. Bull. Fac. agric. Sci. agr. Univ. Gödöllö 1963, 419–437. – Löcher, F. J., 1963: Fortschritte in der Bekämpfung der Rübenmotte (*Phthorimaea ocellatella* Boyd). Z. Pflanzenkr. Pflanzenpathol. Pflanzenschutz **70**, 284–287. – Ticheler, J., 1965: Influence de la plante-hôte sur l'activité réproductrice de la teigne de la betterave *Scrobipalpa (Phthorimaea) ocellatella* Boyd (Lepidoptère, Plutellidae). Proc. XIIth Intern. Congr. Entomol. London 1964, 552–553.

Wintersaateule, *Agrotis segetum*, s. Seite 134.

Kohleule, *Mamestra brassicae*, s. Seite 355.

Gammaeule
(silver Y moth)
Autographa gamma (L.) [syn. *Phytometra gamma* (L.), *Plusia gamma* (L.)]

Systematische Stellung
Lepidoptera (Schmetterlinge), Noctuidae (Eulenfalter)

Geographische Verbreitung
A. gamma ist in der Paläarktis einschließlich Nordafrika weit verbreitet.

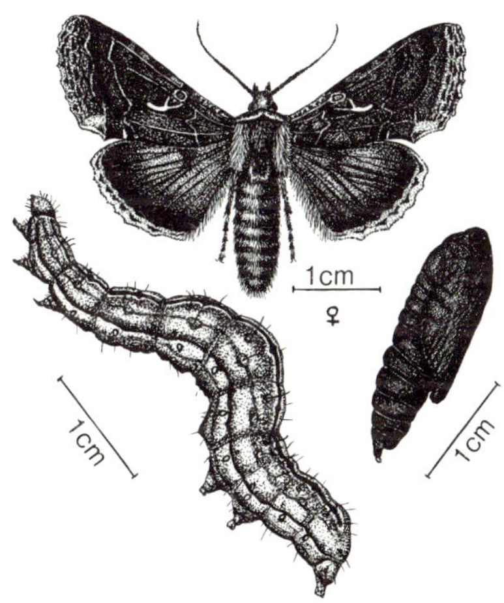

Abb. 162. Raupe, Puppe und Falter der Gammaeule *(Autographa gamma)*.

Beschreibung
Raupe: Etwa 3,5 bis 4,5 mm lang, sehr spärlich und kurz behaart. Kopf relativ klein (Abb. 162, unten links). Grundfärbung sehr variabel, d.h. grün, blaugrün, bräunlichgrün oder schwärzlich. Rücken mit 6 hellen Längsstreifen, Seite mit einer gelblichen Linie. Vordere Körperhälfte schmäler als hintere. Nur 3 Bauchfußpaare entwickelt (2 Paare reduziert), Fortbewegung daher wie bei Spannerraupen („katzbuckelnd“).

Falter: Flügelspannweite bis etwa 40 mm (Abb. 162, oben). Vorderflügel mit dunkelgrauer oder schwarzgrauer bis rötlichbrauner Färbung, helleren Flecken und Querlinien sowie etwa in der Mitte mit einem silbrigglänzenden, gammaförmigen Fleck (Name!). Hinterflügel braungrau mit breiter, dunklerer Randzone. Rückenseite des Brustabschnittes mit schopfartigen Schuppenbüscheln.

Brutpflanzen

Die Raupe der Gammaeule ist polyphag und lebt daher an vielen krautigen Kultur- und Wildpflanzen, aber auch an verholzten Gewächsen. Unter den ersteren befällt sie häufig Rüben (Zucker- und Futterrübe), Kartoffel, Kohl, Steckrübe, Stoppelrübe, Raps, Rübsen, Sonnenblume, verschiedene Leguminosen (z. B. Klee, Lupine, Luzerne, Ackerbohne, Bohne), Spinat, Salat, Möhre, Hopfen, Tabak und einige weitere Kulturpflanzen. Auch an Mais kann sie gelegentlich vorkommen. Unter den Unkräutern dienen z. B. Melde, Franzosenkraut, Vogelmiere, Knöterich, Distel, Hederich, Ackersenf und Kleine Brennessel *(Urtica urens)* als Wirtspflanzen.

Schadsymptome und wirtschaftliche Bedeutung

Die Gammaeulenraupe vollführt an den Blättern ihrer krautigen Nährpflanzen zunächst einen Fenster-, später einen Loch-, Skelettier- und Kahlfraß. Unterirdische Pflanzenteile werden nicht befressen. Zu praktisch bedeutenden Schäden kommt es nur bei Massenvermehrungen nach starkem Zuflug aus dem Süden, in sogenannten Gammaeulenjahren, besonders im Juli–August. So wurde in den Jahren 1928, 1946 und 1962 über empfindlichen Schaden an verschiedenen Kulturen berichtet. Sonst tritt der Schädling im allgemeinen nur verstreut auf.

Entwicklungszyklus, Biologie und Ökologie

A. gamma überwintert in Mitteleuropa vor allem als Falter, seltener als Puppe oder junge Raupe. Es wird angenommen, daß der größte Teil der Nachkommen aus dem Süden zugewanderter Falter im Winter zugrundegeht.

Die Schmetterlinge erscheinen ab April und beginnen ab Mai mit der Ablage ihrer blaßgrünen, halbkugeligen, fein gerippten Eier (∅ 0,6 mm), die sie meist einzeln vor allem an den Blattunterseiten anheften. Sie bevorzugen hierbei insbesondere Unkräuter. Falls solche infolge von Bekämpfungsmaßnahmen fehlen, erfolgt die Eiablage direkt an die Kulturpflanzen. Ein Weibchen kann maximal bis zu 1000 Eier erzeugen, im Durchschnitt werden jedoch nur mehrere hundert pro Weibchen abgelegt.

Die Falter sind tag- und dämmerungsaktiv und oft bei der Aufnahme von Nektar an Sommerraps-, Rotklee-, Luzerne-, Distel-, Goldruten- und anderen Blüten zu beobachten. Sehr charakteristisch ist dabei ihr Schwirrflug. Selbst bei der Nahrungsaufnahme erfolgen Flügelbewegungen.

Die Raupen schlüpfen je nach Witterung etwa 1 bis 3 Wochen nach der Eiablage und entwickeln sich im Laufe weiterer 3 bis 4 Wochen bis zur Puppe. Bei Störungen ringeln sich die frei an den Pflanzen sitzenden Tiere (Abb. 163) sofort zusammen und lassen sich zu Boden fallen. Die Puppe liegt in einem lockeren, weißlichen Seidengespinst, das die Altraupe an der Unterseite von Blättern oder anderen oberirdischen Pflanzenteilen, manchmal auch am Boden verfertigt. Die Puppenperiode dauert 2 bis 3 Wochen. In Mitteleuropa treten im Jahr 2, manchmal unter sehr günstigen Bedingungen 3 Generationen der Gammaeule auf. Die Herbstgeneration erweist sich bei uns als weitgehend steril.

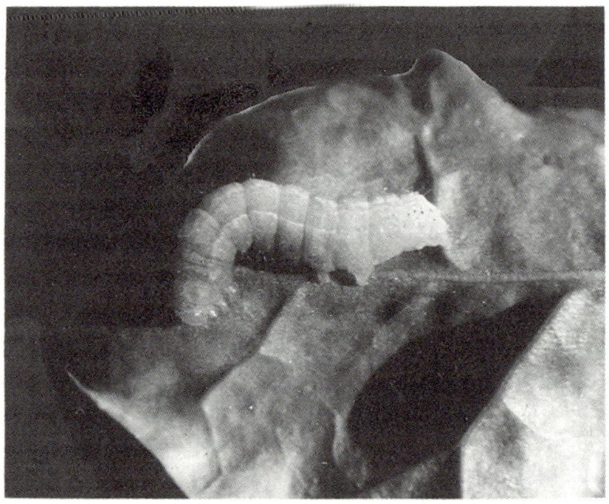

Abb. 163. Raupe der Gammaeule auf Rübenblatt.

Charakteristisch ist die Wandertendenz bei Raupen und Faltern. Bei Kahlfraß wandern die Raupen in Massen in breitem Zug von einem Feld zum anderen, aber auch sonst wird von ihnen der Aufenthaltsort im Laufe der Entwicklung öfters gewechselt. Es ist berichtet worden, daß die Falter gesellig Wanderflüge über weite Strecken ausführen. Manche von ihnen können sogar Island erreichen. In Gammaeulenjahren findet ein starker Zuflug aus dem Mittelmeergebiet statt, außerdem wird im Herbst auch ein Rückflug nach dem Süden beobachtet. Die letzten Falter fliegen noch im November. Die Massenvermehrung von *A. gamma* wird durch warme, lange Sommer und Feuchtigkeit begünstigt.

Natürliche Feinde
Bei Massenauftreten sammeln sich Krähen, Möwen und Stare in befallenen Feldern, um die Raupen zu fressen. Auch Feldsperlinge, Grasmücken und Rotschwänzchen wurden beim Vertilgen von Raupen beobachtet. Es treten überdies viele andere unspezifische Prädatoren und einige Parasiten wie die Tachiniden *Voria ruralis* (Fall.), *Pales pavida* (Mg.) und *Platymyia westermanni* (Zett.) sowie die Braconide *Apanteles congestus* (Nees) und die Encyrtide *Copidosoma truncatellum* (Dalm.) auf. Bei der zuletzt genannten Art ist Polyembryonie bekannt. Von Bedeutung sind weiterhin pathogene Viren (Polyeder-Viren), Bakterien und parasitische Pilze (*Tarichium* sp.), die beim Zusammenbruch von Kalamitäten eine wichtige Rolle spielen können.

Bekämpfung
Eine sorgfältige Unkrautbekämpfung im Bestand und an dessen Rändern kann eine Befallsminderung bewirken. Wie jedoch bereits festgestellt, ist es möglich, daß die Falter bei Fehlen von Unkräutern die Kulturpflanzen auch direkt mit Eiern belegen.
Der Gammaeulenflug kann mit Hilfe von Lichtfallen (UV- oder Mischlichtfanglampen) überwacht werden.
Als Bekämpfungs- bzw. wirtschaftliche Schadensschwelle werden 10 Raupen an 5 Rübenpflanzen bzw. auf 1 m^2 bei Vorhandensein weiterer Eier angegeben. Da ein stärkeres Auftreten des Schädlings meist erst im Spätsommer erfolgt und die Rüben beachtliche Regenerationsfähigkeiten besitzen, wird angenommen, daß niedrigere Raupenzahlen keine wirtschaftlichen Schäden bedingen.
Zur chemischen Bekämpfung eignen sich Kontaktinsektizide wie Lindan, Mevinphos und Parathion. Sie sollten in der für Erdraupen angegebenen Aufwandmenge zusammen mit mindestens 600 l Wasser pro ha in den Abend- oder Nachmittagsstunden ausgebracht werden, um befriedigende Bekämpfungsergebnisse auch gegenüber den sehr widerstandsfähigen älteren Raupen erzielen zu können.

Literatur
FANKHÄNEL, H., 1963: Zu Fragen der Massenvermehrung und des Gesundheitszustandes der Gammaeule, *Autographa gamma* L., in der DDR im Spätsommer 1962. Beitr. Entomol. **13**, 291–310. – HEDDERGOTT, H., 1963: Zum Massenauftreten der Gammaeule im Jahre 1962. Ges. Pflanzen **15**, 5–10. – KRÄMER, K., 1963: Zum Auftreten der Gammaeule, *Phytometra (Plusia) gamma* L. Anz. Schädlingskd. **36**, 175–177. – SCHREIER, O., 1962: Großauftreten der Gammaeule. Pflanzenarzt **15**, 113–115. – SCHWITULLA, H., 1963: Zur Gradation der Gammaeule (*Phytometra* (*Plusia*) *gamma* L.). Z. Pflanzenkr. Pflanzenpathol. Pflanzenschutz **70**, 513–532.

4.3.9 Blumenfliegen

Rübenfliege
(beet leafminer, spinach leafminer)
Pegomya hyoscyami (Panz.)* [syn. *Pegomy(i)a betae* (Curt.)]

Systematische Stellung
Diptera (Zweiflügler), Anthomyiidae (Blumenfliegen)

Geographische Verbreitung
P. hyoscyami ist in Europa, Asien und Amerika vor allem in Gebieten mit gemäßigtem Klima weit verbreitet, mithin in der ganzen holarktischen Zone.

Beschreibung
Larve (Made): Weißlich bis gelblichweiß, bis etwa 6 bis 8 mm lang. Vorderende zugespitzt und

* Die Trennung von *P. hyoscyami* (Panz.) und *P. betae* (Curt.), die vor einigen Jahren vorgenommen wurde, hat keine allgemeine Anerkennung gefunden. So führt das Commonwealth Institute of Entomology in London nur noch die erstgenannte wissenschaftliche Bezeichnung.

mit 2 dunklen Mundhaken. Hinterende mit 12 kurzen, warzenförmigen Fortsätzen (Abb. 164, unten links).

Puppe: Etwa 5 mm lang, braun bis rotbraun gefärbt. Hinterende mit 2 kleinen Höckern (Abb. 164, unten rechts).

Fliege: Aussehen einer kleinen Stubenfliege ähnlich (Abb. 164, oben). Länge bis etwa 6 mm. Färbung hellgrau. Rückenseite der Brust mit 3 dunkleren Längsstreifen, des Hinterleibes mit 1 medianen Längsstreifen. Beine bräunlich bis gelblich. Augen rot.

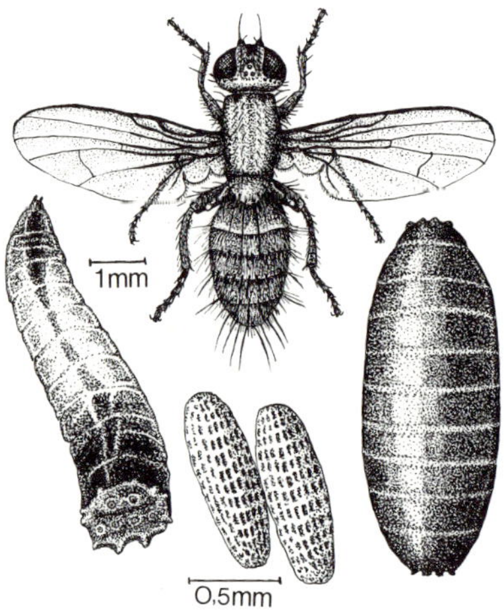

Abb. 164. Larve (unten links), Puppe (unten rechts), Eier (Mitte unten) und Vollkerf der Rübenfliege *(Pegomya hyoscyami)*.

Brutpflanzen

Die Rübenfliege lebt vor allem an Gänsefußgewächsen wie Rüben (Zucker- und Futterrübe, Rote Rübe), Mangold, Spinat und Wildpflanzen aus den Gattungen *Atriplex* und *Chenopodium*. Weitere Wirtspflanzen gehören zu den Solanaceen, von denen besonders *Hyoscyamus niger* (Bilsenkraut), *Atropa belladonna* (Tollkirsche), *Datura stramonium* (Stechapfel) und *Solanum dulcamara* (Bittersüß) befallen werden. Gelegentlich soll die Rübenfliege auch an *Solanum tuberosum* (Kartoffel) vorkommen. Die an Nachtschattengewächsen lebende Form wurde früher als eigene Art angesehen (s. Fußnote, S. 317).

Schadsymptome und wirtschaftliche Bedeutung

Die Larven der Rübenfliege führen in den Blättern ihrer Nährpflanzen einen Minierfraß durch. Nach dem Schlüpfen erzeugen sie zunächst Gang-, später Blasen- oder Platzminen (Farbtafel 16, S. 224). Die Minen sind zunächst weißlich. Hält man die geschädigten Blätter gegen das Licht, so erkennt man im Inneren die Larve(n) und ihre Exkremente. Später verfärben sich die geschädigten Blatteile bräunlich.

Durch Zerstörung assimilierender Fläche, insbesondere großer Teile der Blätter von Jungpflanzen an *Beta*-Rüben, tritt Wachstumshemmung ein, die sich später auch in mehr oder weniger starkem Ertragsverlust niederschlagen kann. Erheblich geschädigte junge Pflanzen können auch ganz absterben. Bei starkem Auftreten der Fliege und langsamer Entwicklung der Rübenpflanzen entstehen in manchen Jahren („Rübenfliegenjahren") beträchtliche Schäden. Befallener Spinat wird durch Vorhandensein von Maden in den Blättern praktisch unverkäuflich.

Entwicklungszyklus, Biologie und Ökologie

Die Fliegen schlüpfen in der 2. April- und 1. Maihälfte aus den im Boden überwinterten Puparien. Dieser Zeitpunkt fällt etwa mit der Vollblüte der Süßkirschen und dem Beginn der Roßkastanienblüte zusammen. Die Weibchen, die von hellen Farben angelockt werden, legen nach einer Reifungsfraßperiode von etwa 1 Woche, bei der sie Blütennektar aufnehmen, im Durchschnitt etwa 70 0,8 mm lange und 0,3 mm breite, weiße, mit netzartig gemusterter Haut versehene Eier einzeln oder in kleinen Gruppen parallel nebeneinander auf den Blattunterseiten (Kotyledonen und Folgeblättern) ab. Die Eiablage kann sich bis zu 6 Wochen hinziehen und durch ungünstige Witterung in Schübe zerlegt werden.

Die Larven schlüpfen je nach Temperatur nach 4 bis 10 Tagen und bohren sich sofort ins Mesophyll ein. Die Eihüllen sinken zusammen, bleiben aber noch einige Zeit am Blatt haften. Die Epidermis beider Blattseiten wird beim Minierfraß zunächst nicht beschädigt. Durch Gasentwicklung werden die Minen oft auffällig aufgeblasen. Ist das Mesophyll eines Blattes verzehrt, die Larvalentwicklung aber noch nicht beendet, so verlassen die Larven die Minen und bohren sich in neue Blätter ein. Die Larvalentwicklung dauert etwa 2 bis 3 Wochen. Die Verpuppung erfolgt in den obersten Bodenschichten, d. h. in 2 bis 5 Zentimetern Tiefe.

Das Schlüpfen der Fliegen der 2. Generation findet 2 bis 3 Wochen nach der Verpuppung, d. h. gegen Ende Juni und in der 1. Julidekade statt. Die Rüben haben sich in der Zwischenzeit so stark entwickelt, daß die zu dieser Generation zählenden Larven durch ihren Blattminierfraß im Gegensatz zu denen der 1. keinen wesentlichen Schaden mehr anrichten können. Gleiches gilt für eine 3. und unter sehr günstigen Witterungsverhältnissen auftretende 4. Generation, die sich allerdings in der Regel nicht mehr bis zum Puppenstadium entwickeln kann.

Die Rübenfliege gehört zu den Insekten, die einen typischen temporären Massenwechsel zeigen, d. h. Jahre mit starkem Auftreten wechseln mit solchen mit geringerem bzw. schwachem ab.

Natürliche Feinde

Als Parasiten der Rübenfliege sind einige Hymenopteren-Arten bekannt, darunter mehrere *Opius*- und *Phygadeuon*-Arten. In Mitteleuropa gelten *Phygadeuon pegomyiae* Hbm., *Opius spinaciae* Thoms. und *O. nitidulator* (Nees) als wichtige Gegenspieler. Hinzu kommen die Kurzflügler *Aleochara bilineata* Gylh. und *A. bipustulata* (L.). Als Eiparasiten treten gelegentlich *Trichogramma*-Arten auf. Die Fliegen werden durch den parasitischen Pilz *Entomophthora muscae* (Cohn) abgetötet. Als Eiräuber sind Wanzen wie *Anthocoris nemorum* (L.) beobachtet worden.

Bekämpfung

Frühe Aussaat und die Durchführung wachstumsfördernder Kulturmaßnahmen wirken möglichen Rübenfliegenschäden entgegen. Vorbeugend kann auch mit Bodenbehandlungsmitteln gearbeitet werden. So ist z. B. Aldicarb, Terbufos oder Carbofuran, als Granulat zusammen mit der Saat ausgebracht, infolge systemischer Wirkung ein guter Schutz für die Jungpflanzen. Beide Mittel wirken gleichzeitig gegen Moosknopfkäfer und früh zufliegende Blattläuse, Carbofuran auch gut gegen Drahtwürmer.

Die Rübenpflänzchen sind vom 2-Blattstadium an, das etwa mit der Blüte der Roßkastanie zusammenfällt, wöchentlich zu kontrollieren. Zuerst sind die am weitesten entwickelten, später auch die kleineren Pflänzchen zu untersuchen. Die Bekämpfungs- bzw. wirtschaftliche Schadensschwelle ist dann erreicht, wenn an den Rübenpflänzchen (Keimblätter nicht mitgerechnet) im 2-Blattstadium mindestens 2 Eier oder Larven, im 4-Blattstadium mindestens 6 Eier oder Larven, im 6-Blattstadium mindestens 10 Eier oder Larven und im 8-Blattstadium mindestens 18 Eier oder Larven im Durchschnitt pro Pflanze festzustellen sind und sich an vielen Pflanzen beginnender Minierfraß zeigt. Gelegentlich wird nur ein Randbefall oder Teilflächenbefall beobachtet.

Die Rübenpflänzchen können bei guten Wachstumsbedingungen beträchtliche Verluste an Blattmasse ertragen, d. h. sich rasch regenerieren. Eine chemische Bekämpfung ist deshalb in der Regel nur gegen die 1. Generation und nur in manchen Jahren („Rübenfliegenjahren“) erforderlich. Als Spritzmittel eignet sich z. B. Dimethoat, das in höherer Aufwandmenge auch gegen Blattläuse zugelassen ist, außerdem Trichlorfon, Bromophos-äthyl, Formetanat, Methamidophos, Methidathion, Chlorthiophos, Hostathion, Diazinon, Chlorfenvinphos und Parathion.

Literatur

Bremer, H. und Stapel, Ch., 1959: Zur Temperaturabhängigkeit von Rübenfliegenepidemien. Z. Pflanzenkr. Pflanzenpathol. Pflanzenschutz **66**, 636–640. – Gersdorf, E., 1960/61: Neue Beobachtungen über die Rübenfliege (*Pegomyia hyoscyami* Pz.), ihre Parasiten und ihre Begleitfauna in Niedersachsen. Z. Angew. Entomol. **47**, 377–415. – Kolbe, W., 1967: Untersuchungen über die Bekämpfung der Rübenfliege (1957–1967) unter Berücksichtigung der Blattlausbekämpfung. Höfchen-Briefe Pflanzenschutz-Nachr. **20**, 645–674. – Lüdecke, H. und Winner, C., 1956: Über Notwendigkeit und Zeitpunkt einer chemischen Bekämpfung der Rübenfliege. Zucker **9**, 341–343. – Rogoll, H., 1957: Möglichkeiten und Grenzen einer Voraussage des Auftretens der Rübenfliege (*Pegomyia hyoscyami* Pz.). Nachrichtenbl. Dtsch. Pflanzenschutzdienst (Berl.) NF **11**, 115–120.

4.3.10 Säugetiere

Waldmaus, Springmaus

(field mouse)

Apodemus sylvaticus (L.) [syn. *Sylvaemus sylvaticus* (L.)]

Systematische Stellung
Rodentia (Nagetiere), Muridae (Mäuseartige)

Geographische Verbreitung
A. sylvaticus kommt mit mehreren Unterarten in Europa bis etwa zum 65. Grad nördlicher Breite vor, außerdem im westlichen Asien bis zum Altai und Indien, in Kleinasien und Teilen Nordafrikas.

Beschreibung
Körperlänge bei beiden Geschlechtern etwa 8,8 bis 11,5 cm. Schwanz 7 bis 11,4 cm lang, spitz und meist kürzer als der Körper; Schwanzhaut leicht abreißend. Hinterfuß 1,8 bis 2,5 cm lang. Augen und Ohren groß (Abb. 165). Färbung der Rückenseite braungrau bis braunrot, der Bauchseite grauweiß mit allmählichem Übergang zur Rückenfärbung. Kehle mit kurzem oder bis zum After verlängertem, medianem, gelb gefärbtem Längsstrich.

Abb. 165. Waldmaus *(Apodemus sylvaticus)*.

Nahrung
Die Waldmaus ernährt sich in erster Linie von Sämereien, Beeren, Insekten sowie Insektenlarven. Sie plündert auch Singvogelnester. Daneben lebt sie von Zierpflanzenzwiebeln sowie Steinen und Kernen von Früchten (Kirsche, Pflaume, Apfel), Knospen und jungen Trieben.

Schadsymptome und wirtschaftliche Bedeutung
A. sylvaticus hat sich bei uns erst seit einigen Jahren zu einem wichtigen Schädling des Rübenbaues vor allem in Nordrhein-Westfalen und Niedersachsen entwickelt. Dies ist auf die Änderung der Aussaattechnik, d. h. die Einführung des vereinzelungslosen Anbaues von Zucker- und Futterrüben zurückzuführen. Die Mäuse, die im Frühjahr an Nahrungsmangel leiden, graben das auf Endabstand gedrillte, kalibrierte oder pillierte Saatgut aus, beißen die Pillenhüllmasse und das Pericarp auf und fressen den Inhalt heraus. Die Wühltätigkeit ist an trichterförmigen Vertiefungen in den Saatreihen zu erkennen. Da die Waldmäuse die Pillen wahrscheinlich durch den Geruchssinn leicht wahrnehmen können und deshalb bis zu 20 hintereinanderliegende zerstören, entstehen große Fehlstellen, deren Nachdrillen mit erheblichen Ertragseinbußen verbunden ist. Ein Tier kann pro Nacht bis 1400 Rübensamen fressen. In manchen Fällen wird auch eine Neubestellung ganzer Felder erforderlich.
Die Waldmaus muß stellen- und jahrgangsweise als bedeutender Rübenschädling angesehen werden. Die beschriebenen Schäden sind bisher vor allem bei kaltem und sehr trockenem Wetter aufgetreten, da hierdurch das Auflaufen verzögert wird. Auch der Saatzeitpunkt scheint dabei eine Rolle zu spielen. Andererseits kann *A. sylvaticus* durch Vertilgen von Insekten wie Kartoffelkäfern nützlich werden.

Entwicklungszyklus, Biologie und Ökologie
Die Waldmaus ist in erster Linie in der Abenddämmerung und während der Nacht aktiv. Sie kann gut klettern, springen und schwimmen. Im Gegensatz zu ihrem deutschen Namen kommt sie nicht nur in Feldgehölzen, lichten Wäldern und am Waldrand, sondern vor allem auch in Feldern und Gärten vor, wo sie ziemlich tiefe Baue mit 2 bis 3 Zugängen anlegt. In die 1 bis 2 Vorratskammern werden für den Winter Getreide, Erbsen, Wurzeln und dergleichen eingetragen. Im Gebirge tritt sie bis zu 2000 m Höhe auf. Während des Winters kommt diese Maus, die keinen typischen Winterschlaf hält, auch in Häusern vor. Wenn sie verfolgt wird, versucht sie sich mit großen Sprüngen in Sicherheit zu bringen.
A. sylvaticus hat eine lange Fortpflanzungsperiode, die sich bis in den Winter hineinziehen kann. Jeder der 2 bis 4 Würfe pro Jahr setzt sich aus 5 bis 9 Jungen zusammen. Die Geschlechtsreife tritt schon nach etwa 3 Wochen ein, die Lebensdauer beträgt bis zu 4 Jahren.
Das Populationsmaximum wird im Oktober/November erreicht, dann erfolgt ein Rückgang bis zum Juli. Im März wurde nur noch ein Zehntel der Populationsstärke vom vorangegangenen

Herbst festgestellt. Der Aktionsradius der Waldmaus ist mit einigen hundert Metern beachtlich. Dadurch ist es dem Tier möglich, von seinem oft am Feldrand liegenden Bau auch weit in größere Felder einzudringen und so auf beträchtlichen Flächen Schaden anzurichten.

Natürliche Feinde
Wichtige natürliche Gegenspieler der flinken Waldmaus sind vor allem Fuchs, Marder, Iltis, Wieselarten, Igel, Hauskatze und Greifvögel wie Mäusebussard, Turmfalke sowie Eulen (z. B. Schleiereulen).

Bekämpfung
Greifvogelschutz kann örtlich zur Verminderung der Waldmauspopulationen beitragen.
Die chemische Bekämpfung der Waldmaus wird dann als sinnvoll angesehen, wenn die wirtschaftliche Schadensschwelle von 2 Mäusen pro ha erreicht bzw. überschritten wird. Zur Feststellung des Mäusebestandes sind im Januar und Februar Schlagfallen auf den an die Felder angrenzenden Flächen aufzustellen. In kleineren Feldern und Gärten ist eine Abtötung der Waldmaus durch solche Schlagfallen möglich, wenn sie mit Walnußkernen oder Braumalz beködert werden. Die Fallen sind durch Maschendraht zu schützen, um den Fang von Singvögeln auszuschließen. Weiterhin kann Giftgetreide (Wirkstoff Crimidin) angewendet werden, welches in leicht mit Stroh bedeckten Drainagerohren an den Rändern gefährdeter Felder ausgelegt wird. Auch eine Ablenkungsfütterung ist empfohlen worden, da Rübensaat von den Mäusen als Nahrung nicht bevorzugt wird. In großen Feldern sind diese Maßnahmen jedoch nicht oder höchstens begrenzt praktizierbar, so daß nach anderen Möglichkeiten gesucht werden muß. Eine Anwendung fraßabschreckender Mittel (Repellentien) am Saatgut führte bis jetzt zu keinen überzeugenden Ergebnissen.

Literatur
ANONYM, 1978: Erhebung über die von Säugetieren und Vögeln in der Bundesrepublik Deutschland an Kulturpflanzen verursachten Schäden. Mitt. Biol. Bundesanst. Land- Forstwirtsch. Berl.-Dahlem 186, 144 S. – EDWARDS, P.J., 1977: Control of the woodmouse, *Apodemus sylvaticus* on arable farmland by 'Ratak'. Proc. Br. Crop. Prot. Conf. Pests Dis. **9**, 461–467. – FLOWERDEN, J. R., 1974: Field and laboratory experiments on the social behaviour and population dynamics of the Wood Mouse *(Apodemus sylvaticus)*. J. Anim. Ecol. **43**, 499–511. – PELZ, H.-J., 1979: Die Waldmaus, *Apodemus sylvaticus* L., auf Ackerflächen: Populationsdynamik, Saatschäden und Abwehrmöglichkeiten. Z. Angew. Zool. **66**, 261–280.

Wildkaninchen, *Oryctolagus cuniculus*, s. Seite 173.

Hase, Feldhase, *Lepus europaeus,* s. Seite 175.

5 Cruciferen

5.1 Viruskrankheiten

5.1.1 Wasserrüben- und Kohlrübenmosaik (turnip mosaic)

Erreger
Kohlschwarzring-Virus, KoSRV (cabbage black ring virus = turnip mosaic virus, TuMV).
Die Pflanzen zeigen Adernaufhellungen und diffuse Mosaikfleckungen; später treten auch lokale Nekrosen und ein vorzeitiges Absterben der Blätter hinzu (Farbtafel 18, Seite 258). Das Sproßwachstum und die Entwicklung des Rübenkörpers bzw. der Wurzel bleiben zurück. Bei Kopfkohl kann eine Schwarzstippigkeit (Nekrosen) die Qualität des Erntegutes stark mindern. Das weit verbreitete Virus besitzt eine fädige, gewellte Partikelgestalt (12 × 754 nm) und wird mechanisch bzw. durch Blattläuse nichtzirkulativ übertragen. Der Wirtskreis umschließt Pflanzenarten aus 20 dikotylen Familien, darunter sind alle Kohlarten, Kohlrübe (Abb. 166), Raps und zahlreiche Unkräuter. Zu den wichtigsten Virusvektoren gehören die grüne Pfirsichblattlaus [*Myzus persicae* (Sulz.)] und die mehlige Kohllaus [*Brevicoryne brassicae* (L.)]. Beim Samenanbau sollte eine von anderen Cruciferen isolierte Lage bevorzugt werden. Nur in besonderen Fällen empfiehlt sich ein Vektorenbekämpfung.

Abb. 166. Wasser- und Kohlrübenmosaik an Kohlrübe (Kohlschwarzring-Virus).

5.1.2 Gelbmosaik der Wasser- und Kohlrübe (turnip yellow mosaic)

Erreger
Wasserrübengelbmosaik-Virus, WaGMV (turnip yellow mosaic virus, TuYMV)
An weitgehend normal gestalteten Blättern entsteht eine großflächige, leuchtendgelbe Schekkung; später folgen auf älteren Blättern begrenzte Chlorosen, die zusammenfließen. Das in Westeuropa vorkommende Virus ist von isometrischer Gestalt (28 nm) und wird mechanisch durch beißende Insekten [Erdfloharten, *Phyllo-*

Abb. 167. Wasserrübengelbmosaik-Virus (WaGMV, TuYMV) (nach Brandes).

treta spp.; Rüsselkäfer, *Ceuthorhynchus assimilis* (Payk.)] übertragen (Abb. 167). Zum Wirtskreis gehören ausschließlich Cruciferen, darunter alle Kohlarten sowie Kohl- und Stoppelrübe.

5.1.3 Blumenkohlmosaik
(cauliflower mosaic)

Erreger
Blumenkohlmosaik-Virus, BlMV (cauliflower mosaic virus, CaMV).
Auf den Blättern verschiedener Kohlarten entwickeln sich Adernaufhellungen, Vergilbungen und chlorotische, später nekrotische Flecke. Bei Blumenkohl unterbleibt die Bildung der Rose. Die Verluste können bei dieser Kultur mitunter 75% erreichen. Das besonders in gemäßigten Regionen weltweit verbreitete Virus ist von isometrischer Gestalt (50 nm) und kann mechanisch, sowie durch zahlreiche Blattlausarten nicht zirkulativ oder semizirkulativ übertragen werden; die Viruspartikeln enthalten zweisträngige DNS. Zum Wirtskreis gehören neben den Kohlarten, Kohlrübe, Stoppelrübe und zahlreiche weitere Cruciferen.

5.1.4 Kräuselkrankheit der Wasser- und Kohlrübe
(turnip crinkle)

Erreger
Wasserrübenkräusel-Virus, WaGMV (turnip crinkle virus, TuCV).
Neben Blattkräuselungen und unregelmäßigen gelbgrünen Verfärbungen können Adernaufhellungen, Mißbildungen und starke Verkrümmungen an Blättern eintreten. Der Pflanzenwuchs ist reduziert und mehr oder weniger starke Stauchungen sind die Folge. Das in Europa verbreitete Virus ist von isometrischer Gestalt (28 bis 33 nm) und wird durch Preßsaft sowie Larven und Adulten von Erdflöhen (*Phyllotreta* und *Psylliodes*-Arten) übertragen. Der Wirtskreis umfaßt Pflanzenarten aus etwa 20 dikotylen Familien.

5.1.5 Milde Vergilbung der Kohl- und Wasserrübe
(turnip mild yellows)

Erreger
Mildes Wasserrübenvergilbungs-Virus, WaMiVV (turnip mild yellows virus, TuMYV).
Die bei Kohl- und Stoppelrübe nachgewiesene Virose äußert sich anfangs durch rötliche Verfärbungen der Blattspitze und -ränder mit nachfolgender Chlorose bis zur vollständigen Vergilbung bei älteren Blättern. Die Symptome sind mit Kali- oder Phosphorsäuremangel zu verwechseln. Bei Kohlrübe bleibt das Rübengewicht stark zurück. Das Virus tritt in West- und Mitteleuropa auf und wird durch Blattläuse wie *Myzus persicae* (Sulz.) und *Brevicoryne brassicae* (L.) zirkulativ übertragen. Samen- und Konsumanbau sollten räumlich getrennt werden.

Literatur
Hollings, M., 1972: Turnip crinkle virus. C.M.I./A.A.B. Descriptions of plant viruses, No. 109. – Matthews, R.E.F., 1970: Turnip yellow mosaic virus. C.M.I./A.A.B. Descriptions of plant viruses, No. 2. – Shepherd, R.J., 1970: Cauliflower mosaic virus. C.M.I./A.A.B. Descriptions of plant viruses, No. 24. – Tomlinson, J.A., 1970: Turnip mosaic virus. C.M.I./A.A.B. Descriptions of plant viruses, No. 8.

5.2 Pilz- und Bakterienkrankheiten

5.2.1 Umfallkrankheiten, Schwarzbeinigkeit
(damping-off)

Erreger
Pythium sp., *Rhizoctonia solani, Phoma lingam.*
In Anzuchtbeeten, weniger bei Freilandaussaaten, bilden sich bei hoher Bodenfeuchtigkeit am Hypocotyl der Sämlinge dunkelbraune Verfärbungen. Dabei ist das Gewebe stark eingeschnürt, so daß die Keimpflanzen umfallen oder welken (s. Wurzelbrand der Betarüben, Seite 272). Die unspezialisierten Erregerpilze können meist nur Keimlinge oder geschwächte Pflanzen angreifen; soweit nicht samenbürtig, reichern sie sich in den Anzuchtsubstraten rasch an. Wiederholte Aussaat im gleichen Substrat kann zu hohen Ausfällen führen, daher sollten Aussaat- und Anzuchterden gedämpft bzw. chemisch entseucht werden. Bei Kohlaussaaten hat sich das Einmischen von Orthocid 50 (30 g/m^2) bzw. Orthocid 83 (18 g/m^2) bewährt. Aufgelaufene Pflanzen können vorbeugend mit Fungizidlösungen überbraust werden. Hierzu eignet sich Poly-

ram Combi (0,2%) oder Orthocid (0,3 bis 0,2%). Saatgut sollte mit Metiram oder Thiram gebeizt werden.

5.2.2 Schwarzadrigkeit des Kohls
(black rot of crucifers)

Erreger
Xanthomonas campestris (Pammel) Dowson [syn. *Pseudomonas campestris* (Pammel) E. F. Smith].

Systematische Stellung
Procaryotae, Bacteria, Gruppe 7 (Gram-negative, aerobe Stäbchen und Coccen), Pseudomonadaceae.

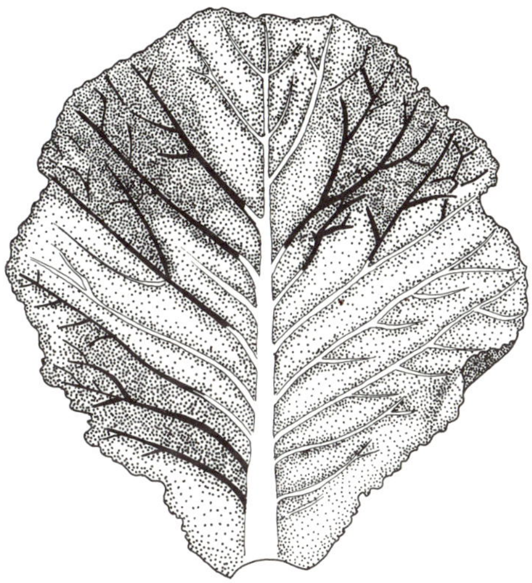

Abb. 168. Schwarzadrigkeit an Kohl, Blattsymptome (schematisch).

Verbreitung, wirtschaftliche Bedeutung
Die Krankheit ist weltweit verbreitet und hat in Nordamerika und Osteuropa in verschiedenen Jahren zu hohen Verlusten, insbesondere bei Kopfkohl, geführt. Der wirtschaftliche Schaden ist in Mittel- und Westeuropa im allgemeinen nicht bedeutend; in Jahren mit warmem, feuchtem Herbstwetter (September) sind örtlich hohe Ausfälle eingetreten.

Symptome
Die Krankheit kann in allen Entwicklungsstadien der Pflanzen eintreten. Erste Anzeichen sind an den Blatträndern durch Adernverbräunungen und partielle Gewebeerschlaffungen zu erkennen. Später vergilben kleinere oder größere Gewebebereiche unter Schwarzfärbung der Adern (Abb. 168). Jungpflanzen können absterben, bei älteren setzt bald Naßfäule und Abwerfen der äußeren Blätter ein. In extremen Fällen werden die Köpfe durch Fäulnis zerstört. Auch bei eingelagertem Kohl kann die Krankheit fortschreiten.

Biologie des Erregers
Der Erreger ist ein gramnegatives, polar begeißeltes Stäbchen (0,7 bis 3,0 × 0,4 bis 0,5 µm), welches durch Hydathoden, Stomata oder Wunden in das Pflanzengewebe eindringt. Lange Blattnässeperioden und höhere Lufttemperaturen begünstigen die Infektion. Das Bakterium parasitiert in den Gefäßen; es überdauert in Pflanzenrückständen (Kohlstrünken) und bis zu 3 Jahren am Saatgut.

Wirtskreis
Xanthomonas campestris befällt verschiedene Kohlarten und Rettich.

Bekämpfung
Wiederholter Kohlanbau auf gleicher Fläche ist zu vermeiden; bei verseuchtem Boden sollte wenigstens eine dreijährige Anbaupause eingehalten werden.

Literatur
Hayward, A.C., Waterston, J.M., 1965: *Xanthomonas campestris*. C.M.I. Descriptions of Path. fungi and bacteria No 47. – Knösel, D., 1960: Ein außergewöhnlich starkes Auftreten der Adernschwärze am Filderkraut im Jahre 1958. Zentr. Bl. Bakt. II, **113**, 212–214. – Stapp, C., 1956: Bakterielle Krankheiten. In Sorauer, P.: Handbuch der Pflanzenkrankheiten, 2. Bd. P. Parey, Berlin und Hamburg, 6. Aufl.

5.2.3 Kohlhernie
(clubroot)

Erreger
Plasmodiophora brassicae Wor.

Systematische Stellung
Myxomycota, Plasmodiophoromycetes, Plasmodiophoraceae.

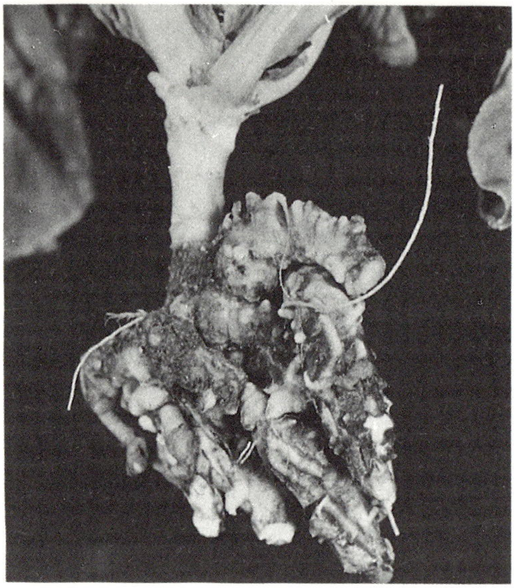

Abb. 169. Kohlhernie *(Plasmodiophora brassicae)*.

Vorkommen, wirtschaftliche Bedeutung

Die Krankheit ist weltweit unter gemäßigten Klimabedingungen verbreitet. Bei wiederholter Kultur von Kohlgewächsen auf gleicher Fläche ist mit zunehmenden Verlusten zu rechnen, die eine Höhe erreichen können, welche zu längeren Anbaupausen zwingt. Kohlhernie kann als wichtigste Erkrankung bei Kohlarten angesehen werden. Besonders betroffen ist der Anbau auf intensiv genutzten Flächen (Freilandgemüsebau mit Beregnung und Kleingärten). Bei Raps, Senf, Rübsen als Haupt- oder Zwischenfrucht blieben die Schäden bisher allgemein gering.

Symptome

Die Pflanzen bleiben in der Entwicklung deutlich zurück; bei trockenem Wetter stellen sich zunächst reversible, später anhaltende Welkeerscheinungen ein, die Blätter verfärben sich graublau; stark befallene Pflanzen sterben vollständig ab. Bei Kohlpflanzen unterbleibt die Kopfbildung, bei Blumenkohl werden „Frühblüher" beobachtet, Kohlrabi erzeugt nur kleine, kümmerliche Knollen. An den Wurzeln haben sich, mehr oder weniger zahlreich, walzenförmige bis kugelige Verdickungen mit rauher, aufgerissener oder schorfiger Oberfläche gebildet. Mitunter scheint das ganze Wurzelsystem vergallt oder die Nebenwurzeln sind stark vermehrt. Das Innere der Gallen zeigt keine Höhlungen oder Fraßgänge, das Gewebe ist weichfleischig, wässrig und geht unter Braunfärbung in eine Weichfäule über (Abb. 169).

Biologie des Erregers

Der Parasit bildet im Gallengewebe am Ende eines zweiphasigen Entwicklungszyklus einkernige, haploide Dauersporen (3 bis 5 µm) mit stacheliger Zellwand (Abb. 170). Nach einer Ruhepause erfolgt bei hoher Bodenfeuchtigkeit die Keimung, welche durch Wurzelausscheidungen von *Brassica*-Arten gefördert wird. Aus einer Pore in der Zellwand schlüpft eine zweifach, ungleich begeißelte Zoospore (3 bis 5 µm) aus. Wenn sie mit Wurzelhaaren von Wirtspflanzen in Kontakt kommt, penetriert sie nach Encystierung die Zellwand und dringt in die Wurzelhaarzelle ein. Es entsteht ein primäres Plasmodium, welches sich innerhalb weniger Tage so weit vergrößert, daß die Zelle ausgefüllt ist. Mehrere synchrone Kernteilungen führen zu Vielkernigkeit. Das Plasmodium teilt sich nach wenigen Tagen in Zoosporangien (8 µm) auf, in denen sich durch mitotische Teilungen bis zu 16 Kerne bilden; das Protoplasma differenziert sich zu einer entsprechenden Anzahl von Zoosporen, die durch einen Porus Zoosprorangium und Wurzelhaar verlassen. Sie sind von ovaler Form (2,5 bis 3,5 µm), einkernig, zweifach ungleich begeißelt und verhalten sich wie Gameten, indem sie paarweise verschmelzen. Die fusionierten Zoosporen sind der Ausgang des sekundären Stadiums der Entwicklung. Sie infizieren Epidermis- und Rindenzellen der Wurzeln. Der Parasit wächst zu einem sekundären Plasmodium aus und veranlaßt das Wirtsgewebe zur Bildung von

Tafel 23
Oben links: Durch Kohldrehherzmückenlarven *(Contarinia nasturtii)* geschädigte, „drehherzige" Weißkohlpflanze. Oben rechts: Schaden durch Larven der Kleinen Kohlfliege *(Delia radicum)* an Weißkohl (Vordergrund). Mitte links: Luzerneblattnager *(Hypera postica)* an Luzerneblatt. Mitte rechts: Durch Larven der Luzernegallmücke *(Contarinia medicaginis)* befallene (links) und befallsfreie Luzerneblüten. Unten links: Schadbild des Erbsenblasenfußes *(Kakothrips pisivorus)* an Erbsenhülsen. Unten rechts: Kolonie der Erbsenblattlaus *(Acyrthosiphon pisum)* an Erbse.

Hyperplasien und Hypertrophien, wodurch das Gallengewebe entsteht. Das vielkernige Plasmodium wird bei der Zellteilung auf die Tochterzellen verteilt und erstreckt sich über weite Bereiche der Galle. Mit dem Abschluß des Gallenwachstums erfolgt im Plasmodium Karyogamie mit anschließender Meiosis. Die einzelnen haploiden Zellkerne werden von Plasma umgeben, welches durch eine feste Zellwand abgeschlossen wird. Damit geht das Plasmodium in eine Anhäufung von Dauersporen in den Wirtszellen über. Der Lebenszyklus des Erregers verläuft weitgehend im haploiden Stadium.

Die durch Zersetzung des Gallengewebes freiwerdenden Sporen sind sehr widerstandsfähig und überdauern im Boden 6 und mehr Jahre. Winterkälte, Nässe und mäßiges Austrocknen werden ertragen; sie überleben in Komposterde und Stallmist und passieren den Darmkanal von höheren und niederen Tieren ungeschädigt. Ihre Verbreitung erfolgt mit Erdpartikeln an Maschinen und Bodenbearbeitungsgeräten, Schuhwerk und Tieren, sowie durch Bodenerosion, Oberflächenwasser oder mit erkrankten Pflanzen (Setzlinge). Keimung und Infektion verlaufen an Kohl bei hoher Bodenfeuchte und Temperaturen von 9 bis 35 °C (Optimum 20 bis 25 °C), an Kohlrübe zwischen 12 bis 33 °C (Optimum 21 °C). Späte Herbst- und frühe Frühjahrsaussaaten bzw. -pflanzungen sind daher weniger gefährdet. Die relativ niedrigen Maximaltemperaturen sind ein Grund für die Verbreitung des Erregers in gemäßigten Zonen. Die Infektionsrate ist bei 80% Sättigung der Wasserkapazität höher als bei 55 oder 30%. Auch innerhalb der Wurzeln ist die Entwicklung des Erregers an hygromorphen Typen stärker. In kalkarmen, sauren Böden mit geringer Durchlüftung und hoher Feuchte werden Sporenkeimung und Infektion begünstigt; bereits ein geringer Verseuchungsgrad des Bodens kann zu höherem Befall führen. Im alkalischen Bereich wird die Sporenkeimung gehemmt, eine Anreicherung findet daher in alkalischen Böden kaum statt. Vereinzelte Infektionen werden nur bei hohem Sporengehalt im Boden und durch Änderung des pH-Wertes im Wurzelbereich möglich. In sauren Böden geht die Verseuchung jedoch rascher zurück als in alkalischen, da hier Sporen konserviert werden.

Wirtskreis

Plasmodiophora brassicae tritt vornehmlich an Kultur- und Wildarten von Cruciferen auf. Neben Blumenkohl, Kohlrabi, Weiß-, Grün-, Rosenkohl, Chinakohl, Radieschen und Rettich werden Raps, Kohlrübe, Rübsen und Senf befallen. Zum Wirtskreis gehören auch Unkräuter wie Ackersenf und Hederich, sowie Zierpflanzen *(Alyssum, Arabis, Cheiranthus, Iberis, Matthiola)*. An Nichtcruciferen *(Papaver, Tropaeolum, Lolium, Agrostis, Dactylis)* werden Zoosporangien aber keine Gallen erzeugt. Auf der Basis der Resistenz verschiedener Zuchtlinien von *Brassica campestris* ssp. *rapifera* und ssp. *pekinensis, B. napus* und *B. oleracea* können physiologische Rassen unterschieden werden. Neben Populationen mit Virulenz an wenigen Differentialwirten, liegen solche mit breiterem Spektrum vor, wodurch es nicht berechtigt ist, von Raps- oder Kohlrassen zu sprechen.

Bekämpfung

Der Vorbeugung des Krankheitsauftretens dient eine Fruchtfolge, in welcher anfällige Kulturen nur alle 3 bis 4 Jahre, auf leichten, sauren Böden nur alle sieben Jahre (Kohl) angebaut werden. Zu Befallsflächen wird ein Sicherheitsabstand von etwa 30 m empfohlen; auf sorgfältige Unkrautbekämpfung ist zu achten. Zur Anhebung des Boden-pH-Wertes werden Kalkungen angeraten, wobei dem Kalkstickstoff wegen seiner doppelten Wirkung der Vorzug zu geben ist. Bei Gemüsekohl werden 10 dt/ha Perlka 2 bis 3 Wochen vor der Pflanzung oder 4 bis 6 dt/ha 2 Wochen vor und 4 bis 5 dt/ha 2 Wochen nach dem Pflanzen verabreicht. Auf stark gepufferten und auf sauren Böden ist die Wirkung mitunter nicht ausreichend; auch stärkere Kalkungen unterbinden den Befall nicht immer, da der pH-Wert im Wurzelbereich meist niedriger liegt. Eine direkte Bekämpfung während der Vegetationszeit gelingt nicht; vor der Saat bzw. Pflanzung kann

---

Tafel 24
Oben links: Scharfes Adernmosaik der Erbse (PEMV). Oben rechts: Blattrollmosaik der Erbse (PSMV). Mitte links: *Ascochyta pisi,* Brennfleckenkrankheit der Erbse. Mitte rechts: *Peronospora pisi,* Falscher Mehltau an Erbse. Unten links: *Erysiphe pisi,* Echter Mehltau an Erbse. Unten rechts: Blattrollkrankheit der Ackerbohne (und Erbse) (BLRV).

Dazomet (Basamidgranulat) 50 g/m² 25 cm tief eingearbeitet werden; die Wartezeiten betragen je nach Bodentemperatur 10 bis 14 Tage. Bei der Injektion von Methylisothiocyanat (Trapex) werden 125 ml/m² eingesetzt. Auf Flächen unter Glas kann thermische Bodendämpfung vorgenommen werden. Pflanzen mit gesunden, großen Wurzelballen (Setzlinge) überstehen einen Befall leichter. Erkranktes Pflanzenmaterial ist zu entfernen und zu vernichten (keine Kompostierung). Bei Raps, Senf und Rübsen waren direkte Bekämpfungsmaßnahmen bisher nicht erforderlich; die Beachtung der Fruchtfolgen ist in diesen Fällen entscheidend, insbesondere wenn kreuzblütige Zwischenfrüchte angebaut werden.

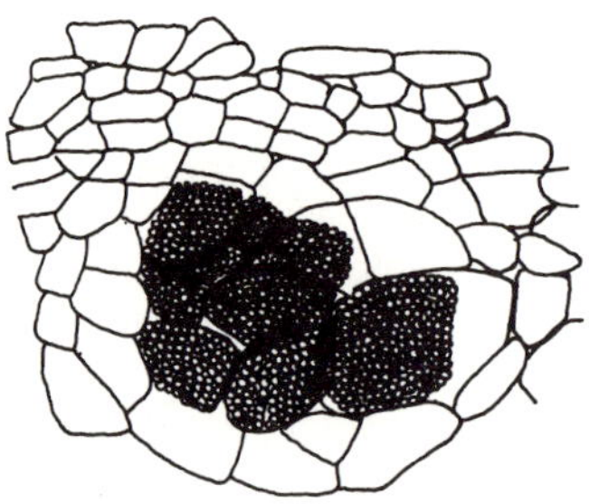

Abb. 170. *Plasmodiophora brassicae*. Dauersporen im Gallengewebe (schematisch).

Literatur

BREMER, H., 1954: Kohlhernie. Ein Sammelreferat. Zeitschr. Pflkr. Pflschutz, **61**, 4–8. – BUCZACKI, S. T., TOXOPEUS, H., MATTUSCH, P., JOHNSTON, T. D., DIXON, G. R., HOBOLTH, L. A., 1975: Study of physiologic specialization in *Plasmodiophora brassicae*: Proposals for attempted rationalization through an international approach. Trans. Brit. mycol. Soc. **65**, 295–303. – COLHOUN, J., 1958: Club root disease of crucifers caused by *Plasmodiophora brassicae* Woron. A Monograph. Phytopath. Paper No. 3 Com. myc. Inst. Kew 108 pp. – INGRAM, D. S., TOMMERUP, I. C., 1972: The life history of *Plasmodiophora brassicae* Woron. Proc. R. Soc. Lond. **180**, 103–112.

5.2.4 Rapskrebs
(rape stalk break)

Erreger

Sclerotinia sclerotiorum (Lib.) de Bary [syn. *Whetzelinia sclerotiorum* (Lib.) Korf et Dumont].

Systematische Stellung

Ascomycotina, Discomycetes, Helotiales, Sclerotiniaceae.

Verbreitung, wirtschaftliche Bedeutung

Der Rapskrebs ist hauptsächlich in wintermilden, kühlen und feuchten Lagen mit stärkerem Rapsanbau, z. B. in den norddeutschen Küstengebieten, in Fluß- und Seemarschen, verbreitet. In Abhängigkeit von den Witterungsbedingungen im Frühjahr tritt die Krankheit mit wechselnder Häufigkeit auf; Jahre mit epidemischem Befall wechseln mit solchen geringen Vorkommens. Die Verluste gehen auf das vorzeitige Aufbrechen der Schoten und eine Verringerung des Tausendkorngewichtes zurück; die Ertragsminderungen im Bestand können in Einzelfällen 30% übersteigen.

Symptome

Im unteren Teil des Haupttriebes zeigen sich ringsum handbreite, bleiche Verfärbungen. Die Triebe verdorren und sterben vorzeitig ab. Das Rindengewebe ist an den Befallsstellen zerstört; im Stengelinneren wird ein weißes, flockiges Pilzmycel sichtbar, in welches dunkle, bis erbsengroße Sclerotien eingelagert sind (Farbtafel 18, S. 258). Die Krankheit tritt meist erst nach der Rapsblüte stärker in Erscheinung.

Biologie des Erregers

Die zahlreichen, im erkrankten Gewebe gebildeten, 3 bis 15 mm großen, unregelmäßig geformten, schwarzen Sclerotien sind Überdauerungsformen, die jahrelang im trockenen Boden lebensfähig bleiben. Vereinzelt werden sie mit dem Saatgut verbreitet bzw. ausgesät. Sie treiben bei der Keimung schmale Stielchen an die Bodenoberfläche, an deren Spitze sich je ein trichterförmiges Apothecium von 6 bis 15 mm Durchmesser mit Asci und Ascosporen bildet (Abb. 171). Die Sporen werden bei trockenem Wetter ausgeschleudert, durch Wind verbreitet und infizieren Blätter und Stengel. Die Sclero-

Abb. 171. *Sclerotinia sclerotiorum,* Apothecienbildung an Bodenoberfläche.

tienkeimung verläuft im Feldbestand von Ende April bis Anfang Juni. Temperaturen unter 7 °C verzögern die Entwicklung, dessen Optimum bei 8 bis 14 °C in den oberen Bodenschichten liegt. Bis zu 4 cm tief lagernde Sclerotien erreichen mit den Apothecien die Bodenoberfläche. Die Ausschleuderung der Ascosporen wird durch Niederschläge stark reduziert. Für das epidemische Auftreten sind gute Bodenerwärmungen im März bis April, geringe Niederschläge Ende Mai bis Mitte Juni bzw. wechselhaftes Wetter und ein Inokulum von drei und mehr Apothecien/m^2 notwendig. Die Sclerotienkeimung ist in neutralen Böden stärker und geht bei geringeren pH-Werten (5,5) deutlich zurück. Die Höhe der NPK-Düngung und die Anwendung von Herbiziden bleiben ohne Einfluß auf die Ascosporenbildung. Abfallende Blütenblätter sollen die Infektion begünstigen, daher treten die Symptome meist erst nach der Blüte in größerer Zahl hervor.

Wirtskreis

Sclerotinia sclerotiorum besitzt einen sehr weiten Wirtskreis, der von den landwirtschaftlichen Kulturen Cruciferen, Leguminosen, Solanaceen, Chenopodiaceen und Umbelliferen umfaßt. Neben Blatt- und Stengelerkrankungen treten Fäulen an Rüben auf. Anzeichen einer Spezialisierung liegen nicht vor.

Bekämpfung

Dem Auftreten des Rapskrebes kann durch weitgestellte Fruchtfolge, Vermeidung feuchter Standorte, enger Standweiten und einseitiger N-Düngung entgegengewirkt werden. Gute Bodenbearbeitung und Unkrautbekämpfung haben ebenfalls günstige Auswirkungen. Durch Anwendung von Kalkstickstoff (6 dt/ha), je nach Witterungsverlauf von Ende Februar bis Anfang April, kann im Durchschnitt eine Befallsreduktion von 60 bis 70% erreicht werden. Die Pflanzen müssen bei der Applikation trocken sein; auch Nachtfröste können toxische Schäden verstärken. Kalkstickstoff wirkt über mehrere Wochen fungistatisch und verhindert die Auskeimung der Sclerotien. Gute Wirkung besitzen die Fungizide Vinclozolin (Ronilan) und Iprodion (Rovral), die zum Zeitpunkt der Vollblüte oder wenn 50 bis 60% der Blüten geöffnet sind prophylaktisch eingesetzt werden können.

Literatur

Kirchner, H. A., Pluschkell, H.J., 1973: Zum Schadauftreten des Rapskrebses (*Sclerotinia sclerotiorum* (Lib.) de Bary) im Bezirk Rostock. Nachr.Bl. Pflschutz DDR, **27,** 38–40. – Korf, R. P., Dumont, K. P., 1972: *Whetzeliana*, an new generic name for *Sclerotinia sclerotiorum* and *S. tuberosa.* Mycologia **64,** 248–251. – Krüger, W., 1975: Über die Wirkung der Witterung auf den Befall des Rapses durch *Sclerotinia sclerotiorum* (Lib.) de Bary. Nachr.Bl. Dtsch. Pflschutzd. Braunschw. **27,** 1–6. – Krüger, W., 1980: Über die Wirkung des Kalkstickstoffes auf die Apothecienbildung von *Whetzeliana sclerotiorum* (Lib.) Korf et Dumont, dem Erreger des Rapskrebses. Nachr.Bl. Dtsch. Pflschutzd. Braunschw. **32,** 17. – Krüger, W., 1976: Die wichtigsten Wurzel- und Stengelkrankheiten des Rapses in Deutschland. Gesunde Pflanzen **28,** 78–84.

5.2.5 Phoma – Wurzelhals- und Stengelfäule
(stem canker)

Erreger

Leptosphaeria maculans (Desm.) Ces. et de Not. [Konidienstadium: *Phoma lingam* (Tode ex Fr.) Desm., syn. *Plenodomus lingam* Boer. et v. Kest.].

Systematische Stellung

Ascomycotina, Loculoascomycetes, Pleosporales, Pleosporaceae.

Verbreitung, wirtschaftliche Bedeutung

Die Krankheit ist bei Winterraps verbreitet, aber erst in den letzten Jahren in Deutschland nach der Einführung erucasäurearmer Sorten örtlich häufiger aufgetreten. Über Ertragsminderungen, die vornehmlich bei Herbstinfektionen zur Auswirkung kommen, liegen nur wenige Erhebungen vor. In Einzelfällen ließen sich starke Pflanzenausfälle wenige Wochen nach der Saat durch Umfallkrankheit (siehe S. 324) feststellen, wobei *Phoma lingam* eindeutig vorherrschte. Stengelfäule an Raps trat in England, Frankreich und Australien in einzelnen Jahren stark schädigend hervor. Bei Kohlarten, insbesondere Rotkohl, sind Pflanzenschäden häufiger zu beobachten. Der Krankheit ist in Zukunft auch in Deutschland erhöhte Aufmerksamkeit zu widmen.

Symptome

Am Wurzelhals treten im Herbst, meist weniger auffällig, fleckenartige dunkle, blaugraue Verfärbungen auf. In Einzelfällen kann das Hypocotyl stärker vermorscht sein; die Pflanzen kümmern, verfärben sich bläulich, die unteren Blätter vergilben und sterben ab; größere Pflanzen brechen an der Vermorschungsstelle. Auf Blättern sind kreisrunde, chlorotische Flecke, oft im Herbst bereits mit Pyknidien besetzt, zu beobachten. Die Symptombildung führt auch im Frühjahr zu Einschnürungen des Wurzelhalses; das Gewebe wird dunkelbraun, rissig und vermorscht. Auf den Stengeln bilden sich dunkelbraune, abgegrenzte, fahle, etwas eingesunkene Flecke, teils den Stengel umfassend und mit zahlreichen Pyknidien versehen (Farbtafel 18, S. 258). Die Läsionen vermorschen auch in tieferem Gewebe; die Pflanzen knicken an den Befallsstellen um bzw. sterben vorzeitig ab. Späte Frühjahrsinfektionen äußern sich nur in fleckigen Braunverfärbungen der äußeren Markgewebezonen, meist am unteren Stengelteil (Abb. 172, a).

Bei Kohlarten kommt es, abgesehen von Umfallerscheinungen in der Anzucht, zu blaugrauen, begrenzten, oft stengelumfassenden Verfärbungen. Der Strunk wird rissig, der Wurzelhals vermorscht, die Mehrzahl der Wurzeln ist abgestorben. Die Blätter werden fahl und welken; nach der Kopfbildung können Pflanzen umbrechen. An lagerndem Kohl ist eine Fäule möglich. Auf den Befallsstellen bzw. im zerstörten Gewebe bilden sich die punktartigen, dunklen Pyknidien.

Biologie des Erregers

Leptosphaeria maculans bildet auf abgestorbenem Wirtsgewebe dunkle Perithecien (360 bis 500 µm) mit gelblichbraunen, spindelförmigen, fünfseptierten Ascosporen (35 bis 70 × 5 bis 8 µm), die am zentralen Septum eingeschnürt sind. Die asexuelle Vermehrung erfolgt durch einzellige, hyaline, zylindrische Sporen (3 bis 5 × 1,5 bis 2 µm) in dunklen in das Gewebe eingesenkten Pyknidien (Abb. 172, b). Der Erreger überlebt im Saatgut und auf Pflanzenrückständen; er besiedelt oberirdische Stoppelreste nach der Ernte in starkem Maße und bildet hier vornehmlich

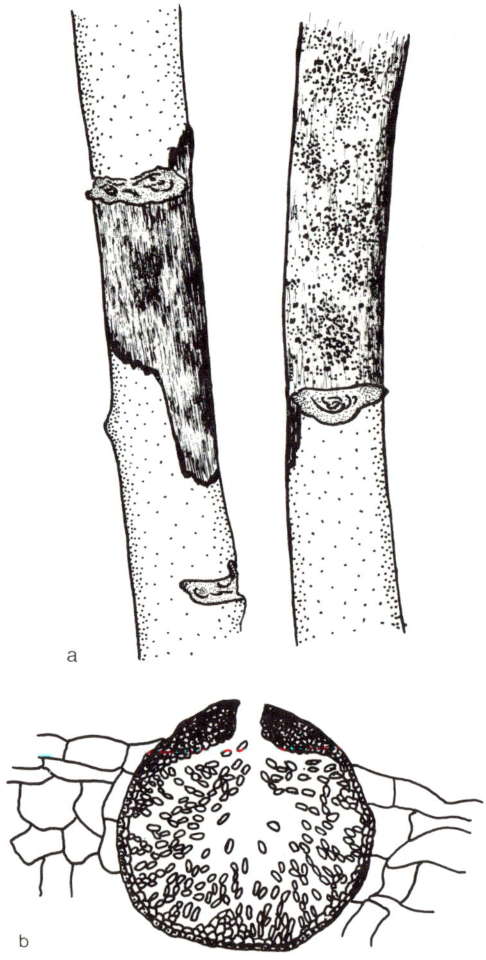

Abb. 172. Phoma-Wurzelhals- und Stengelfäule. a = Stengelbefall mit Pyknidienbildung (rechts), b = Pyknidium mit Sporen.

Perithecien. Reichliche Niederschläge und Temperaturen von durchschnittlich 15 °C begünstigen die Fruchtkörperbildung und Sporenausschleuderung. Ascosporen sind über das ganze Jahr nachzuweisen, werden aber vornehmlich im Oktober bis April freigesetzt. Sporen am Saatgut, Zuflug durch Wind, Stoppelrückstände oder alte Stengelteile können von der Aussaat bis später als Inokulum dienen. Durch Larven des Rapserdflohes werden Eintrittspforten für den Erreger geschaffen. Eine Ausbreitung im Bestand erfolgt durch Pyknosporen bei Regenwetter. Bei normaler Aussaatzeit ist der Befall oft stärker als bei späteren Terminen.

Bei Kohlarten ist die Saatgutübertragung von Bedeutung; die Setzlinge werden während der Anzucht oder beim Auspflanzen infiziert. In Samenträgerbeständen gehen Sekundärinfektionen bis an die Schoten und Samen. Die Pyknidien können auf Kohlstrünken gut überleben; eine Bodenverseuchung hat bei Kohl und Raps keine Bedeutung.

Wirtskreis

Leptosphaeria maculans hat einen breiten Wirtskreis, der sich vornehmlich auf Cruciferen beschränkt. Neben Raps werden alle Kohlarten befallen, ferner *Brassica rapa, Sinapis alba, S. arvensis, Armoracia rusticana* und *Cheiranthus cheiri*. Kreuzblütige Unkräuter können als Infektionsreservoir dienen. Der Erreger tritt in verschiedenen Stämmen mit unterschiedlicher Virulenz auf; eine Wirtsspezialisierung scheint nur begrenzt vorzuliegen.

Bekämpfung

Zur Verhütung stärkeren Auftretens der Krankheit ist der Anbau wenig anfälliger Sorten, z. B. 'Jet Neuf', 'Korina', 'Doral', zu empfehlen. Weitgestellte Fruchtfolgen scheinen nur wenig zu helfen, da die Samenübertragung und Windausbreitung des Erregers dagegen spricht. Bei optimalen Auflauf- und Wachstumsbedingungen bleiben die Infektionen geringer, Bekämpfung von Rapserdfloh (s. S. 350) und Schwarzem Kohltriebrüßler ist eine unterstützende Maßnahme. Die Saatgutbeizung mit thiramhaltigen Mitteln zeigt kaum ausreichende Wirkungen; chemische Maßnahmen während der Vegetationszeit verliefen häufig negativ, die wenigen Teilerfolge sind zur Zeit nicht abschließend zu beurteilen. Bei Kohlarten kann eine Behandlung des Saatgutes mit Heißwaser (30 Minuten, 50 °C) oder ein kombiniertes Warmwasserverfahren (24 Stunden, 30 °C + 0,2% TMTD) zur Anwendung kommen.

Literatur

Boerema, G.H., Kesteren, H. A. van, 1964: The nomenclature of two fungi parasitizing *Brassica*. Persoonia **3**, 17–28. – Daebler, F., Pluschkell, H. J., 1975: Zum Auftreten von *Phoma lingam* (Tode ex Fr.) Desm. an Winterraps in der DDR. Nachr.Bl. Dtsch. Pflschutzd. **29**, 115–116. – Gladders, P., Musa, T. M., 1980: Observations on the epidemiology of *Leptosphaeria maculans* stem canker in winter oilseed rape. Pl. Path. **29**, 28–37. – Krüger, W., 1979: Verbreitung der Wurzelhalsfäule und Stengelfäule (verursacht durch *Phoma lingam*) bei Raps in der Bundesrepublik Deutschland. Nachr.Bl. Dtsch. Pflschutzd. **31**, 145–148. – Krüger, W., 1982: Die Wurzelhals- und Stengelfäule des Rapses, verursacht durch *Phoma lingam* (stat. gen. *Leptosphaeria maculans*), eine schwer bekämpfbare Krankheit. Zeitschr. Pflschutz u. Pflkr. **89**, 498–507. – Ndimande, B., 1976: Studies on *Phoma lingam* (Tode ex Fr.) Desm. and the dry rot on oil seed rape, *Brassica napus* (L.) var. *oleifera* Metzger. Uppsala, Sweden: Agr. Coll. of Sweden, 130 pp. – Rawlinson, C. J., Muthyalu, G., 1979: Diseases of winter oil-seed rape: occurrence, effects and control. Journ. Agr. Sci. **93**, 593–606.

5.2.6 Krankheiten von geringerer Bedeutung

Raps- und Kohlschwärze
(black leaf spot of crucifers)

Erreger

Alternaria brassicicola (Schw.) Wiltsh.,
Alternaria brassicae (Berk.) Sacc.

Auf Blättern, Stengeln und Schoten bilden sich schwarzbraune, meist scharf abgegrenzte, mitunter ringförmig gezonte Läsionen, bedeckt mit schwarzem Sporenrasen (Farbtafel 18, S. 258). Die Erreger bilden dunkelbraune Ketten mit mauerförmig septierten, keulenförmigen Sporen, die in einen fädigen Fortsatz auslaufen. Die Krankheit tritt bei hoher Feuchtigkeit und Temperaturen über 20 °C in kurzer Zeit stark hervor. Wirtschaftliche Schäden treten im Kohlsamenanbau auf. Durch Beizung mit Captan (Captan 83, Orthocid 83 3 g/kg), Metiram oder Thiram kann die Saatgutübertragung und eine Keimlingsinfektion verhindert werden. Bei Chinakohl wird eine Blattbehandlung mit Vinclozolin (Ronilan) empfohlen. Die beiden *Alternaria*-Arten sind weitgehend auf Cruciferae, insbesondere *Brassica*-Arten spezialisiert. *A. brassicicola* bildet Sporen mit 4 bis 6 transversalen und wenigen longitudinalen Septen bei einer Größe von 18 bis 130 × 8 bis 30 µm; der fädige Fortsatz bleibt kurz (1/6 der Konidienlänge) (Abb. 173, a). Bei *A. brassicae* stehen die Konidien einzeln oder in kurzer Kette; sie weisen 11 bis 15 Quer- und 0 bis 3 Längssepten auf. Die Größe beträgt 75 bis 350 × 20 bis 30 µm; der Fortsatz erreicht 1/3 bis 1/2 der Konidienlänge (Abb. 173, b).

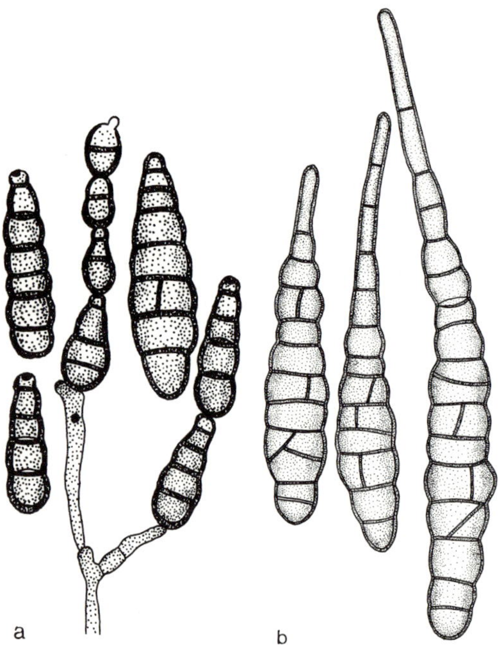

Abb. 173. Konidienform von *Alternaria*-Arten an Cruciferen. a = *A. brassicicola*, b = *A. brassicae* (nach Ellis).

Botrytis – Stengelfäule
(gray mould blight)

Erreger
Botrytis cinerea Pers.
Am Haupttrieb der Rapspflanzen entstehen zum Zeitpunkt des Schossens fahle Läsionen, die von einem grauen Pilzrasen überdeckt sind; stark befallene Stengel brechen um. Der Erreger geht von den unteren, überwinterten Blättern auf den Trieb über oder dringt durch Wachstumsrisse ein. Befallen werden dichte Bestände in feuchten Lagen. An Kohlsamenträgern kann Schotenbefall zur Minderung der Saatgutqualität führen. Bei eingelagertem Kopfkohl verursacht der Pilz auf den Blättern dunkelbraune Verfärbungen mit mausgrauem Pilzrasen (Lagerfäule). Der Erreger besitzt einen großen Wirtskreis. Im Rapsanbau bleibt der Befall meist gering, so daß keine Bekämpfungsmaßnahmen bisher erforderlich waren. Bei der Einlagerung von Weiß- und Rotkohl bzw. etwa 60 Tage später, kann Thiabendazol (Tecto Fl) prophylaktisch eingesetzt werden.

Falscher Mehltau
(downy mildew of crucifers)

Erreger
Peronospora parasitica (Pers. ex Fr.) Fries.
Auf den Blättern junger Pflanzen bilden sich gelbliche, diffuse Flecke, denen auf der Unterseite ein grauweißer Pilzrasen aufsitzt. Die Blätter können unter Vergilbung absterben; bei Kohlanzuchten ist der Ausfall an Setzlingen mitunter beträchtlich. Während bei Raps kaum wirtschaftliche Schäden eintreten, kann der Erreger bei Kopf- und Blumenkohl zu verteilten Nekrosen im Inneren des Kopfes bzw. der Rose führen, wodurch Qualität und Lagereignung stark leiden. Die Überdauerung des Pilzes erfolgt mit Oosporen auf abgestorbenem Gewebe im Boden. Von hier geht der Primärbefall von Sämlingen z. B. in Anzuchten aus. Von den zahlreichen physiologischen Rassen sind einige auf Kohl spezialisiert. Insgesamt umfaßt der Wirtskreis zahlreiche Kultur- und Wildarten der Cruciferen. Durch Vernichtung befallener Pflanzenrückstände und Anwendung von thiocarbamathaltigen Fungiziden kann Befall im Saatbeet vermieden werden. Im Feldanbau sind bei Kohl Kupferoxychlorid-Präparate zur Bekämpfung des Falschen Mehltaus zugelassen.

Echter Mehltau
(powdery mildew)

Erreger
Erysiphe polygoni DC.
An Raps, Senf, Kohlarten und Stoppelrüben treten relativ spät im Herbst weißliche, später hell-

braune Mehltaupusteln auf, mit eingelagerten dunklen Cleistothecien. Wirtschaftliche Schäden blieben in Deutschland bisher aus; an Kohl- und Stoppelrüben wurden in England Ertragsminderungen beobachtet. Auf Cruciferen können wahrscheinlich mehrere Mehltauarten parasitieren, darunter auch *E. cruciferarum* und *E. cichoracearum*.

Verticillium – Welke
(Verticillium wilt)

Erreger
Verticillium dahliae Kleb.
Die Krankheit tritt vereinzelt gegen Ende der Rapsentwicklung hervor; die Pflanzen welken und werden notreif. Die Stengelbasis und Hauptwurzeln sind grau verfärbt; im Gewebe sind zahlreiche Mikrosclerotien nachzuweisen. Die Leitbündel sind verbräunt. Der Pilz überdauert im Boden mit Mikrosclerotien und besitzt einen großen Wirtskreis. Eine lokale Anreicherung mit Befallswerten von 25% wurde in Schleswig-Holstein beobachtet.

Literatur
Bremer, H., 1953: Der Falsche Mehltau des Kohls (*Peronospora brassicae* Gäumann). Zeitschr. Pflkr. Pflschutz **60**, 126–127. – Dixon, G. R., 1978: Powdery mildews of vegetable and allied crops. In Spencer, D. M. (Ed.): The powdery mildews. Acad. Press, London, New York, San Francisco, 495–524. – Ellis, M. B., 1968: *Alternaria brassicae*. C.M.I. Descriptions of pathogenic Fungi and Bacteria No. 162. – Ellis, M. B., 1968: *Alternaria brassicicola*. C.M.I. Description of pathogenic Fungi and Bacteria No. 163. – Krüger, W., 1976: Die wichtigsten Wurzel- und Stengelkrankheiten des Rapses in Deutschland. Gesunde Pflanzen **28**, 78–84.

5.3 Schädlinge

5.3.1 Nematoden

Wurzelläsionsnematoden, *Pratylenchus* spp., s. Seite 89.

Stockälchen, *Ditylenchus dipsaci*, s. Seite 284.

Kohlzystenälchen
(cabbage cyst nematode)
Heterodera cruciferae Frankl. (Tylenchidae, Heteroderidae)
H. cruciferae ist unter anderem aus Europa, der Türkei, Mittelasien, Australien und den USA bekannt. Das Weibchen bildet an den Wurzeln von Kohlarten, Kohlrüben, Rübsen, Raps, Schwarzem und Weißem Senf, Rettich, Gartenkresse, verschiedenen Zierpflanzen und Unkräutern (sämtlich Kreuzblütler), zitronenförmige Zysten von etwa 0,5 mm Länge (Abb. 24). Bei starkem Befall ist z. B. an Kohlarten, Rübsen und Stoppelrüben eine nesterweise auftretende Wachstumshemmung zu beobachten.
Zur Bekämpfung dieses Zystenälchens muß mit dem Kruziferenanbau für einige Jahre ausgesetzt werden. Als wirtschaftliche Schadensschwelle gelten bei Kohl etwa 2500 Eier oder Larven pro 100 cm^3 Boden.

Literatur
Oostenbrink, M. en den Ouden, H., 1953: Het koolcystenaaltje, *Heterodera cruciferae* Franklin, 1945, in Nederland. Tijdschr. Plantenziekten **59**, 95–100. – Stone, A. R. and Rowe, J. A., 1976: *Heterodera cruciferae*. C.I.H. Descr. Plant-paras. Nemat., Set 6, No. 90. – Sturhan, D., 1960: Das Kohlzystenälchen (*Heterodera cruciferae* Franklin) in Bayern. Pflanzenschutz **12**, 142–144.

Rübenzystenälchen, *Heterodera schachtii*, s. Seite 287.

5.3.2 Schnecken

Ackerschnecken, *Deroceras* spp., s. Seite 97.

Gartenwegschnecke
(garden slug)
Arion hortensis Fér. (Stylommatophora, Arionidae)
A. hortensis wird bis 4 cm lang, ist grau bis dunkelbraun und an den Seiten schwärzlich gefärbt. Der abgesonderte Schleim ist gelblich. Die Gartenwegschnecke und andere *Arion*-Arten werden durch Fraß an Blättern und Abfressen von Jungpflanzen, z. B. von Raps und Rübsen sowie Beschädigung von Saatkörnern, Keimlingen und Jungpflanzen von Getreide stellenweise schädlich.

Literatur
Daxl, R., 1969: Beobachtungen zur diurnalen und saisonellen Aktivität einiger Nacktschnekkenarten. Z. Angew. Zool. **56,** 357–370.

5.3.3 Tausendfüßer

Getüpfelter Tausendfuß, *Blaniulus guttulatus*, s. Seite 290.

5.3.4. Geradflügler

Maulwurfsgrille, *Gryllotalpa gryllotalpa,* s. Seite 103.

5.3.5 Wanzen

Kohlwanze
Eurydema oleraceum (L.) (Heteroptera, Pentatomidae)
Die Kohlwanze tritt in verschiedenen Farbvarietäten auf. Sie saugt an Blättern von Kohlarten, Raps und Meerrettich. An den Saugstellen bilden sich weißliche oder gelbliche Flecke. Treten die Wanzen stärker auf, so können sie Wachstumsstörungen und Verkrüppelungserscheinungen bewirken, gelegentlich auch das Absterben geschädigter Pflanzenteile. Im Jahr kommt nur eine Generation zur Entwicklung.

Literatur
Ziarkiewicz, T., 1959: Pluskwiai róźnoskrzydle (Hemiptera – Heteroptera) występujące na róslinach krzyżowych z terenu województwa lubelskiego. Ann. Univ. M. Curie-Skłodowska **12,** 403–458.

5.3.6 Blattläuse

Mehlige Kohlblattlaus
(cabbage aphid)
Brevicoryne brassicae (L.)

Systematische Stellung
Homoptera (Pflanzenläuse), Aphididae (Röhrenläuse)

Geographische Verbreitung
Die ursprünglich aus der Paläarktis stammende Kohlblattlaus hat sich durch Verschleppung auch nach Nord- und Südamerika, Afrika und Neuseeland ausgebreitet (CIE-Verbreitungskarte Nr. 37). Sie kommt als ausgesprochen anpassungsfähige (euryöke) Art selbst in sehr warmen Gebieten der Tropen und Subtropen vor, z. B. im Zentralsudan.

Beschreibung
Ungeflügelte, vivipare Jungfer: Körper oval, grau bis grünlich, mit mehligem Wachsbelag bedeckt, 2 bis 2,6 mm lang (Abb. 174 und Farbtafel 20, S. 276). Fühler etwa halb so lang wie Körper, 3. Antennenglied länger als 4. und 5. zusammen. Beine dunkelbraun bis schwarz. Dorsalseite des Hinterleibes mit 2 Reihen dunkler Querbänder. Siphonen kurz, gedrungen und braun gefärbt, Schwänzchen dreieckig und schwarz gefärbt.

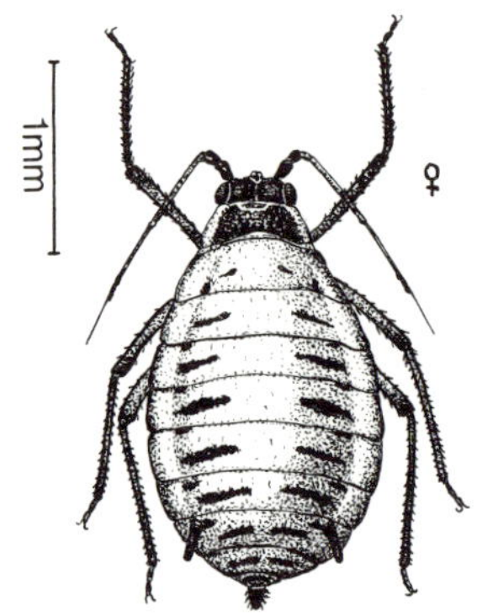

Abb. 174. Ungeflügelte Virgo der Mehligen Kohlblattlaus *(Brevicoryne brassicae).*

Geflügelte, vivipare Jungfer: Form langgestreckt-oval. Körperlänge im Durchschnitt etwa 2,5 mm. Fühler etwa $^{2}/_{3}$ so lang oder so lang wie Körper, Beine dunkelbraun. Hinterleib mit dunklen Querbinden und mehligem Wachsbelag. Siphonen kurz und gedrungen. Flügel lang und durchsichtig.

Brutpflanzen
B. brassicae saugt an verschiedenen Kohlarten, Kohlrüben, Raps, Rübsen, Senf und Radies sowie einigen kreuzblütigen Zierpflanzen und Unkräutern, z. B. aus den Gattungen *Raphanus, Erucastrum, Crambe* und *Myagrum.* Vorübergehend werden auch Arten anderer Gattungen wie *Arabis, Capsella, Matthiola, Iberis* und *Lunaria* befallen.

Abb. 175. Schaden durch die Mehlige Kohlblattlaus *(Brevicoryne brassicae)* an Weißkohl (eingerollte Blätter).

Schadsymptome und wirtschaftliche Bedeutung

An Kohl bilden sich an den Befallsstellen weißliche, unregelmäßige Flecke; außerdem kommt es zu Verkrümmungen der Blätter (Abb. 175) und zum Einrollen der Blattränder nach unten. Bei Massenbefall sind die besiedelten Pflanzenteile außer von Blattläusen mit den von den Tieren abgeworfenen Häuten und klebrigem Honigtau bedeckt. Junge Pflanzen können bei Trockenheit zum Absterben gebracht werden. Bei Besiedlung der jüngsten Blätter wird die Kopfbildung verhindert oder verzögert. An Raps zeigen befallene Blütenstände Verdrehungserscheinungen, Anthozyanfärbung und mißgebildete, oft stark hypertrophierte und vergrünte Blütenknospen, die sich nicht öffnen.

B. brassicae kann in trockenwarmen Jahren vor allem an Kohlgewächsen (Rotkohl, Weißkohl, Wirsingkohl) und Kohlrüben zu einem wichtigen Schädling werden, während der Befall an Raps, Rübsen und Senf zwar oft auffällig ist, in der Regel aber nicht zu stärkeren Ertragseinbußen führt, da meist nur einzelne Pflanzen betroffen sind und/oder der Befall oft erst bei bereits fortgeschrittener Reife erfolgt. Bei Herbstbefall von Raps – wie er nur gelegentlich beobachtet wird – kann es zu Ertragseinbußen von 20 bis 30% kommen, wenn 60 bis 100 Tiere pro Pflanze mehrere Wochen lang vorhanden sind.

Als Virusüberträger (z. B. des Blumenkohlmosaik-Virus, des Schwarzringflecken-Virus des Kohls, des Kohlrübenmosaik-Virus und des Gelbmosaik-Virus der Wasser- und Kohlrübe) besitzt die Blattlaus gleichfalls Bedeutung.

Entwicklungszyklus, Biologie und Ökologie

Die Kohlblattlaus überwintert im Eistadium vor allem an Kohlsamenträgern. Der Larvenschlupf beginnt im März–April; einige Wochen später, d. h. in der Regel im Mai, treten die (ungeflügelten) Fundatrizen auf. Etwa ab Anfang Juni entstehen geflügelte Virgines, die in Konsumkohlbestände und auf andere Kreuzblütler fliegen. Der Flug findet insbesondere bei Windstärken von 1 bis 2 statt; bei Windstärke 4 wird er eingestellt. Zunächst werden die Blattoberseiten, später die -unterseiten bevorzugt. Im Laufe des Sommers entwickeln sich mehrere, bei günstigen Bedingungen über zehn Generationen, die teils aus ungeflügelten, teils aus geflügelten Jungfern bestehen. Das Populationsmaximum liegt in den Monaten Juli und August; ein weiteres Ende September und im Oktober. Ungeflügelte Virgines erzeugen im Durchschnitt 26 bis 29, geflügelte 13 bis 23 Larven.

Die geflügelten Männchen und die ungeflügelten Weibchen treten im September und Oktober auf. Nach der Kopulation werden von den Weibchen bis zu 10 schwarzglänzende Wintereier an die bodennahen Blätter und Strünke winterharter Kohlarten (z. B. Grünkohl, Rosenkohl, Samenträger) abgelegt.

B. brassicae wird wie andere Blattlausarten durch trockenwarme Witterung stark begünstigt. Besonders wichtig ist für die Populationsentwicklung die Zeit der Entwicklung der Fundatrizen im April und Mai sowie der Juni, wenn die ersten Geflügelten auftreten. Langandauernde Niederschlagsperioden wirken sich in dieser Zeit negativ aus, da sie die Ausbreitung der Kohlblattläuse hemmen.

Natürliche Feinde

Als Räuber spielen die Larven der Schwebfliegen *Episyrphus balteatus* (Deg.) und *Scaeva pyrastri* (L.) sowie Larven und Käfer von *Coccinella septempunctata* L. die größte Rolle, stellenweise auch die Larven der Gallmücke *Aphidoletes aphidimyza* (Rond.). Hinzu kommen noch parasitische Hautflügler wie *Diaeretiella rapae* (McInt.) und parasitische Pilze der Gattung *Entomophthora. D. rapae* wird von verschiedenen Hyperparasiten in der Wirkung eingeschränkt.

Bekämpfung

Durch Kohl-Bohnen-Mischkultur wird der Kohlblattlausbefall deutlich vermindert. Glei-

ches gilt für andere Schädlinge (Kohleule, Kleine Kohlfliege, Erdflohkäfer). Konsumkohl sollte in möglichst weiter Entfernung von Kohlsamenträgern angebaut werden.
Bei gepflanztem Kohl ist eine Woche nach der Pflanzung, bei gesätem im 4-Blattstadium wöchentlich auf Blattlausbefall zu kontrollieren. Wenn an 5 von 100 Pflanzen beginnende Kolonienbildung von *B. brassicae* festgestellt wird, so ist die Bekämpfungs- bzw. wirtschaftliche Schadensschwelle erreicht.
Unter den verwendbaren Insektiziden haben sich besonders solche auf Heptenophos-, Demeton-S-methyl- und Pirimicarb-Basis bewährt. Die Wachsschicht der Kohlblattläuse und Kohlblätter ist dafür verantwortlich, daß manche anderen Mittel, die sonst gegen Blattläuse wirksam sind, bei *B. brassicae* versagen. Pirimicarb ist nützlingsschonend und sollte vor allem bei Anwesenheit zahlreicher natürlicher Feinde in den Blattlauskolonien angewendet werden. Andere anwendbare Wirkstoffe sind Methamidophos, Methomyl, Mevinphos und Parathion. Diese Insektizide erfassen auch Schmetterlingsraupen, die zusammen mit der Kohlblattlaus auftreten. Bei späterer Behandlung von Gemüse müssen Produkte mit schnellem Abbauverhalten verwendet werden, um die Wartezeiten einhalten zu können.

Literatur

BUHL, C., 1954: Die Überwinterung der Kohlblattlaus (*Brevicoryne brassicae* L.) in dem Kohlanbaugebiet an der Westküste Schleswig-Holsteins. Nachrichtenbl. Dtsch. Pflanzenschutzdienstes (Braunschw.) **6**, 86–90. – DAEBELER, F. und HINZ, B., 1980: Schadwirkung der Mehligen Kohlblattlaus (*Brevicoryne brassicae* L.) bei Herbst- und Frühjahrsbefall an Winterraps. Nachrichtenbl. Pflanzenschutz DDR **34**, 16–17. – HAFEZ, M., 1961: Seasonal fluctuations of population density of the cabbage aphid *Brevicoryne brassicae* (L.) in the Netherlands, and the role of its parasite, *Aphidius (Diaraetiella) rapae* (Curtis). Tijdschr. Plantenziekten **67**, 445–548. – MARKKULA, A., 1953: Biologisch-ökologische Untersuchungen über die Kohlblattlaus *Brevicoryne brassicae* (L.) (Hem., Aphididae). Ann. Zool. Soc. Bot. Fennicae 'Vanamo', 1–113. – STRICKLAND, H. A., 1957: Cabbage aphid assessment and damage in England and Wales 1946–1955. Plant Pathol. **6**, 1–9.

Grüne Pfirsichblattlaus, *Myzus persicae,* s. Seite 253.

5.3.7 Blattwespen

Kohlrübenblattwespe, Rübsenblattwespe
(turnip sawfly)
Athalia rosae (L.) [syn. *Athalia colibri* (Christ.)]

Systematische Stellung
Hymenoptera (Hautflügler), Tenthredinidae (Blattwespen)

Geographische Verbreitung
A. rosae ist von Europa bis zum Fernen Osten (Korea), in Nord- und Südafrika sowie in Nordamerika verbreitet.

Beschreibung
Larve (Afterraupe): Raupenähnlich und etwa 16 bis 18 mm lang (Abb. 176 unten). Haut gerunzelt und mit zahlreichen kleinen Warzen.

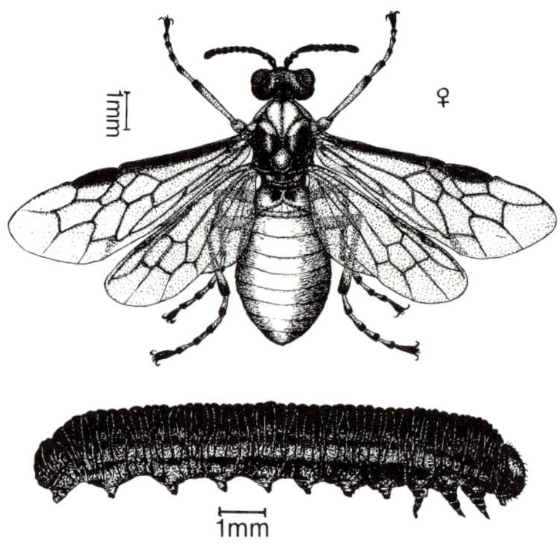

Abb. 176. Vollkerf und Larve (unten) der Kohlrübenblattwespe *(Athalia rosae)*.

Färbung junger Stadien hellgrau bis hellgrünlich, später bei älteren Larven auf dem Rücken dunkelgrün bis schwärzlich, auf der Bauchseite grau (Farbtafel 19, S. 275). Kopfkapsel schwarzglänzend. Außer drei Brustbeinpaaren sieben Bauchbeinpaare und am Hinterende des Körpers ein Nachschiebebeinpaar vorhanden.

Abb. 177. Eier der Kohlrübenblattwespe *(Athalia rosae)* am Rande eines Senfblattes.

Wespe: Etwa 6,5 bis 8,5 (∅ 6 bis 8) mm lang. Männchen kleiner als Weibchen. Hinterleib gelb bis orangegelb. Kopf und Seiten der Brust glänzend schwarz. Flügel durchsichtig, mit dunklem Vorderrand (Abb. 176). Brust ohne deutliche Einschnürung in den Hinterleib übergehend.

Brutpflanzen

Von *A. rosae* wird mit Vorliebe Weißer Senf *(Sinapis alba)* befallen. Außerdem dienen Raps, Rübsen, Schwarzer Senf, Kohlarten, Kohlrübe, Meerrettich, Radies, Rettich und eine Reihe kreuzblütiger Unkräuter wie Hederich, Ackersenf, Ackerhellerkraut, Wegrauke und Zierpflanzen wie Levkoje als weitere Nährpflanzen.

Schadsymptome und wirtschaftliche Bedeutung

Der durch junge Larven verursachte Fensterfraß ist im allgemeinen ohne wirtschaftliche Bedeutung. Ältere Larven vollführen einen Loch- und Skelettierfraß, der sich bei Massenauftreten zur völligen Entblätterung des befallenen Bestandes steigern kann. Das Schadbild ähnelt dem des Großen Kohlweißlings (*Pieris brassicae*, s. Seite 357). Weißer Senf ist besonders gefährdet, daneben auch Raps und Rübsen. Bei Kahlfraß muß mit bedeutenden Ertragseinbußen gerechnet werden, weshalb *A. rosae* als wichtiger Schädling von Kulturkruziferen gelten kann. Bei Senf, der zur Samenerzeugung angebaut wird, sind Ertragsverluste bis 50% nicht selten.

Entwicklungszyklus, Biologie und Ökologie

Im Frühjahr verpuppt sich die in einem Erdkokon liegende überwinterte Larve. Die Wespen schlüpfen im Mai und Juni, verlassen den Boden und beginnen noch am Schlüpftag mit der Begattung, nach wenigen Tagen mit der Eiablage. Das Schlüpfen der Blattwespen fällt etwa mit der Vollblüte des Winterroggens zusammen. Das Geschlechterverhältnis ist stark zugunsten der ♀♀ verschoben. Die Tiere können mit Hilfe des Windes auch größere Wanderflüge durchführen. Die ♂♂ sind flugaktiver als die ♀♀. Die Weibchen, die nach Nahrungsaufnahme an blühenden Kruziferen und Umbelliferen sowie anderen Blütenpflanzen maximal bis zu 300 Eier legen können, schneiden mit Hilfe ihrer Legesäge die Blätter seitlich an und legen in die so geschaffenen Eitaschen die Eier einzeln hinein (s. Abb. 177). Bei 18 bis 20 °C werden die meisten Eier abgelegt. Junge Blätter werden zur Eiablage besonders bevorzugt. Die Inkubationszeit der Eier beträgt 6 bis 10 Tage. Aus unbefruchteten Eiern entwickeln sich nur ♂♂.

Die jungen, graugrünlichen Larvenstadien vollführen einen Fenster- und Lochfraß vor allem an der Blattunterseite, die älteren, dunkel gefärbten fressen von der Unterseite und vom Rand her die Blätter bis auf die stärkeren Adern ab. An Weißem Senf werden durch ältere Larven auch junge Schoten angefressen. Die Larven verzehren bei 20 °C innerhalb von 24 Stunden etwa das Doppelte ihres jeweiligen Anfangskörpergewichtes an Blattsubstanz. Vor allem das letzte Larvenstadium (L_5) nimmt größere Mengen an Blattmaterial auf und kann binnen weniger Tage ganze Bestände kahlfressen. Bei Nahrungsmangel bilden die Larven „Wanderzüge" und wandern auf der Suche nach Nahrung in benachbarte Bestände ein. Nach den Häutungen bleiben die alten Häute auf den Blättern zurück. Die Verpuppung erfolgt nach einer Entwicklungszeit von 10 bis 13 Tagen (21 °C) in den obersten Bodenschichten in 1 bis 5 cm Tiefe in einem Erdkokon. Im Juli und August tritt eine zweite Wespengeneration auf, die ihre Eier an Gründüngungs- und Futterpflanzen ablegt. Bei günstiger Witterung ist sogar noch mit einer dritten Generation zu rechnen, die junge Winterrapsfelder schädi-

gen kann. Die Überwinterung erfolgt durch das letzte Larvenstadium in einem Erdkokon.
Bei einem geringen Prozentsatz der Populationen kann es zu einer Entwicklungsverzögerung („Überliegen“, Diapause) im Eonymphenstadium kommen. Diese Diapause ist nicht sehr intensiv und wird in erster Linie durch die Photoperiode induziert, während die Temperatur nur eine untergeordnete Rolle spielt.

Natürliche Feinde
Der Nematode *Mermis albicans* Sieb. parasitiert in den Larven, wobei örtlich starker Befall beobachtet werden kann. Ebenfalls in den Blattwespenlarven entwickeln sich die Raupenfliegenarten (Tachinidae) *Tachina rustica* Mg. und *Meigenia mutabilis* (Fall.). Weitere Parasiten sind Ichneumoniden (*Perilissus lutescens* Hlmgr., *Coeloconus brachyacanthus* Gmel.) und Chalcididen, doch treten diese im allgemeinen hinter die anderen genannten Arten stark zurück.
Als Prädatoren sind in erster Linie Großcarabiden zu nennen, die die zur Verpuppung abwandernden Larven dezimieren.

Bekämpfung
Als wirtschaftliche Schadensschwelle gelten 1 bis 2 Larven pro Pflanze oder 100 Larven pro m^2. An Rapssaaten im Herbst gelten 2 Larven/Pflanze als kritische Zahl (Schweiz).
In der Bundesrepublik Deutschland kommen derzeit für die Behandlung von Raps als Haupt- oder Zwischenfrucht nur Mevinphos (7 Tage Wartezeit) oder Parathion (14 Tage Wartezeit) in Frage. Eine Schädigung der Bienen durch diese bienengefährlichen Mittel ist hierbei durch Beachtung der Vorschriften zu vermeiden. In der Schweiz wird Etrimfos (Ekamet), in Österreich Toxaphen, Trichlorfon und Malathion zur Bekämpfung empfohlen.

Literatur
Becker, A., 1965: Zur Bekämpfung der Rübsenblattwespe. Nachrichtenbl. Dtsch. Pflanzenschutzdienstes (Braunschw.) **17**, 45–46. – Ohnesorge, B., 1979: Beobachtungen zur Biologie der Rübsenblattwespe, *Athalia rosae* L. (Hym., Tenthredinidae). Anz. Schädlingskd. Pflanzenschutz Umweltschutz **52**, 70–73. – Reich, R., 1961: Beiträge zur Biologie der Rübsenblattwespe (*Athalia rosae* L.). Nachrichtenbl. Dtsch. Pflanzenschutzdienst (Berl.) NF **15**, 161–175.

5.3.8 Käfer

Maikäfer (Larven: Engerlinge), *Melolontha* spp., s. Seite 303.

Schnellkäfer (Larven: Drahtwürmer), *Agriotes* spp., s. Seite 123.

Rapsglanzkäfer
(blossom beetle)
Meligethes aeneus (F.)

Systematische Stellung
Coleoptera (Käfer), Nitidulidae (Glanzkäfer)

Geographische Verbreitung
M. aeneus kommt in großen Teilen der Paläarktis und in der Nearktis (Nordamerika) vor.

Beschreibung
Larve: Bis etwa 4 mm lang und schlank. Färbung gelblichweiß. Körper spärlich beborstet; Segmente auf der Rückenseite mit je 2 bis 3 dunklen Flecken. Kopf und kurze Beine schwarzbraun (Abb. 178, rechts).

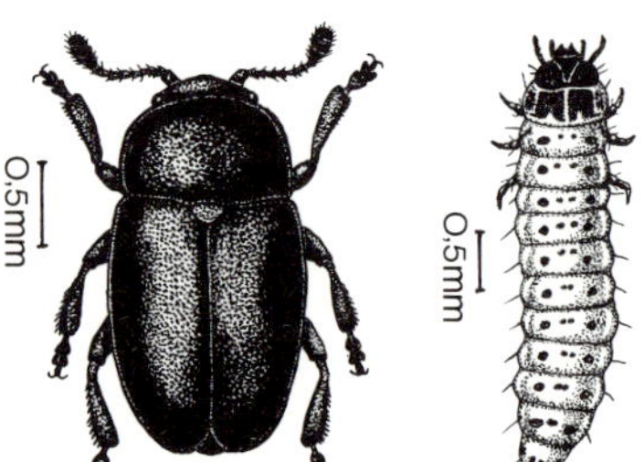

Abb. 178. Larve (rechts) und Vollkerf des Rapsglanzkäfers *(Meligethes aeneus)*.

Käfer: Etwa 1,5 bis 2,7 mm lang und oval geformt. Färbung schwarz; Flügeldecken mit grünlichem bis bläulichem Metallschimmer und mit feiner Skulptur und Behaarung. Fühler keulenförmig, Beine dunkelbraun (Abb. 178, links).

Nähr- und Brutpflanzen
Von den Kulturpflanzen werden von den Käfern und den Larven Raps und Rübsen, daneben auch Ölrettich, Schwarzer und Weißer Senf, sowie Samenträger von Kohl, Wasserrüben, Kohl-

rüben, Rettich und Radies befallen. Auch an Bohnenblüten *(Phaseolus vulgaris)* können sie sehr zahlreich auftreten. Unter den Wildpflanzen können vor allem Ackersenf und Hederich auch als Brutpflanzen dienen, daneben Wiesenschaumkraut *(Cardamine pratensis)*, Meerkohl *(Crambe maritima)* und Acker-Schotendotter *(Erysimum cheiranthoides)*.
Die Käfer fliegen im Frühjahr (Altkäfer) und im Sommer (Jungkäfer) die Blüten vieler anderer Pflanzen an, um an ihnen vor allem Pollen als Nahrung aufzunehmen.

Schadsymptome und wirtschaftliche Bedeutung
Der Käfer greift die Knospen von Kruziferen an, um an die Antheren bzw. den Pollen zu gelangen, der ihm als Nahrung dient. Die geschädigten Knospen zeigen Fraßlöcher unterschiedlicher Größe und fallen später ab. Durch Verletzung ganz junger Schoten in den Knospen weisen die angegriffenen Pflanzenteile später eine verdrehte und mißgestaltete Form auf, falls die Knospen nicht abgeworfen werden. An geschädigten Pflanzen – vor allem an den Feldrändern – finden sich nach starkem Auftreten von *M. aeneus* viele leere Blütenstiele und mißgebildete Schoten.
M. aeneus ist ein wichtiger Schädling von Winterraps, doch ist Sommerraps meist noch stärker gefährdet. Da der Käfer in vielen Jahren mit starken Populationen vertreten ist, ist oft auch im Kruziferen-Samenanbau mit Schäden zu rechnen. Weißer Senf wird zwar stark befallen, aber kaum geschädigt.
Das Ausmaß des Schadens wird durch die Zahl der Käfer, ihr zeitliches Auftreten auf den Kulturpflanzen, den Ernährungs- und Entwicklungszustand der Pflanzen und die Witterung bestimmt. Der Fraßschaden der Käfer wird umso größer, je mehr von ihnen vorhanden sind und je länger die Pflanzen durch ungünstige Witterung und infolge schlechten Ernährungszustandes in ihrer Entwicklung gehemmt werden.

Entwicklungszyklus, Biologie und Ökologie
M. aeneus hat nur eine Generation im Jahr. Die überwinterten Käfer werden schon bei etwa 8 °C, besonders aber bei 10 bis 11 °C aktiv. Sie verlassen ihre Winterquartiere ab 12 °C, um zunächst vor allem im Walde Frühlingsblumen anzufliegen. An Tagen mit Maximaltemperaturen von 15 °C führen sie dann Fernflüge durch, um in die Raps- und Rübsenfelder einzuwandern. Falls die Knospen noch geschlossen sind, fressen sie vor allem die größeren, d. h. älteren von der Seite her an, um an Pollen zu gelangen. Außer Pollen nehmen sie auch Nektar auf, manchmal auch zartes Pflanzengewebe, z. B. von Kreuzblütlerknospen. Sobald die ersten Blüten aufgehen, läßt der Schadfraß nach. Die Weibchen legen nach dem Reifungsfraß ihre Eier, nachdem sie in die Knospen ein Loch genagt haben, an Antheren und Stempel ab. Pro Weibchen ist mit einer Eizahl von etwa 200 zu rechnen. Die Larven, die etwa 4 bis 7 Tage später schlüpfen, leben im wesentlichen von Pollen und werden deshalb kaum schädlich. Ihre Verpuppung erfolgt nach etwa 3 bis 3½ Wochen dauernder Entwicklungszeit (20 bis 22 °C) im Mai und Juni im Boden. Die Puppenruhe dauert bei 20 bis 22 °C 10 bis 11 Tage.
Die Jungkäfer treten ab Juni etwa mit Beginn der Lindenblüte auf und finden sich im Sommer an Knospen und Blüten angebauter und wilder Kruziferen sowie anderer Blütenpflanzen ein, wobei sie an Kulturpflanzen größeren Fraßschaden verursachen können. Der Flug in die Winterquartiere erfolgt im Laufe des August und September. Es handelt sich hierbei in der Regel um die oberste, mit Mulm und Humus durchsetzte Bodenschicht von 2 bis 5 cm Tiefe an Grabenböschungen, Abhängen, Waldrändern und dergleichen. Die Pflanzenassoziation *Quercetum carpinetum* wird besonders bevorzugt.

Natürliche Feinde
Als Larvenräuber wurden Marienkäfer wie *Coccinella septempunctata* L. und *Malachius*-Arten nachgewiesen, ebenso die Larven von Netzflüglern (*Hemerobius* sp.). Als Larvenparasiten sind mehrere Schlupfwespenarten der Gattung *Isurgus* (z. B. *I. heterocerus* Thoms.) und *Diospilus capito* Nees bekannt.

Bekämpfung
Alle Maßnahmen, die das Wachstum des Rapses so fördern können, daß das gefährdete Knospenstadium nur kurze Zeit anhält, reduzieren den Schaden durch den Rapsglanzkäfer mehr oder weniger stark. Späte Aussaat im Herbst fördert den Befall.
Die Zuwanderung der Käfer zu den Rapsfeldern kann mit Hilfe von Gelbschalen verfolgt werden. Die Kontrolle der Bestände auf Käferbefall

muß vom Erscheinen der Blütenknospen an bis zum Blühbeginn bei Temperaturen über 15 °C vorgenommen werden. Werden bei Winterraps am Rand der Felder im Durchschnitt 5 bis 6 Käfer und später bei Sommerraps 2 Käfer pro Pflanze gefunden, so ist die Bekämpfungs- bzw. ökonomische Schadensschwelle erreicht. Ist der gesamte Bestand gleichmäßig befallen, so verringert sich diese Schwelle um etwa die Hälfte. Nach anderen Angaben können bei sehr gutem Ernährungszustand und sonstigen günstigen Wachstumsbedingungen des Rapses 6 bis 8 Käfer pro Pflanze toleriert werden. Samenträger von Kruziferen müssen schon behandelt werden, wenn 1 bis 2 Käfer pro Pflanze festzustellen sind.

Spritzungen oder Stäubungen des Rapses im Knospenstadium können z.B. mit Azinphosäthyl, Chlorfenvinphos, Deltamethrin, Methoxychlor + S421, Dialifos, Permethrin, Lindan, Methidathion, Parathion, Tetrachlorvinphos oder Phosmet durchgeführt werden. Oft genügt eine Behandlung der Feldränder, da sich der Befall zunächst auf diese konzentriert. Falls schon ein Teil der Blüten geöffnet ist oder blühende Unkräuter in den Beständen oder in unmittelbarer Nähe vorhanden sind, dürfen nur bienenungefährliche Mittel auf Metoxychlor-, Dialifos-, Endosulfan- oder Phosalon-Basis verwendet werden.

Literatur

FRITZSCHE, R., 1957: Zur Biologie und Ökologie der Rapsschädlinge aus der Gattung *Meligethes*. Z. Angew. Entomol. **40**, 222–280. – HOSSFELD, R., 1963: Synökologischer Vergleich der Fauna von Winter- und Sommerrapsfeldern. Ibid. **52**, 209–254. – KÜHNE, W., 1970: Untersuchungen über die Wirksamkeit der Feldrandbehandlung zur Bekämpfung von *Meligethes aeneus* F. und *Dasyneura brassicae* Winn. Nachrichtenbl. Dtsch. Pflanzenschutzdienstes (Braunschw.) **22**, 243–247. – MASURAT, G., 1968: Vergleichende Untersuchungen zwischen dem jährlichen Erstauftreten von Schadinsekten und Faktoren der Umwelt. Arch. Pflanzenschutz **4**, 3–29.

Hederich-Glanzkäfer

Meligethes viridescens (F.);

Meligethes coracinus Sturm;

Meligethes nigrescens Steph. (syn. *Meligethes picipes* Sturm) (alle drei Arten: Coleoptera, Nitidulidae)

Neben *M. aeneus* treten an Winterraps, vor allem aber an Sommerraps und -rübsen, auch die drei obengenannten Glanzkäferarten als Schädlinge auf. *M. viridescens* hat metallisch grüne bis blaue, *M. nigrescens* schwarze bis schwarzbraune, *M. coracinus* ebenfalls schwarze Flügeldekken mit Blei- oder Bronzeschimmer.

Die Käfer fliegen im Frühjahr erst bei Temperaturen von etwa 20 °C in die Rapsbestände ein, erscheinen also später als der Rapsglanzkäfer und werden an Winterraps meist nicht mehr nennenswert schädlich, da die Bestände dann bereits in Blüte stehen und dadurch der für die Ernährung der Käfer benötigte Pollen leicht zugänglich geworden ist. Größere Schäden sind lediglich in solchen Feldern möglich, die erst spät im Herbst gesät wurden.

Die Bekämpfung erfolgt wie bei *M. aeneus* (s. Seite 341).

Literatur

FRITZSCHE, R., 1957: Zur Biologie und Ökologie der Rapsschädlinge aus der Gattung *Meligethes*. Z. Angew. Entomol. **40**, 222–280. – NOLTE, H. W. und FRITZSCHE, R., 1952: Untersuchungen über das Vorkommen verschiedener *Meligethes*-Arten auf Raps. Beitr. Entomol. **3**, 518–529.

Großer Rapsstengelrüßler, Großer Kohltriebrüßler

Ceuthorhynchus napi Gylh.;

Gefleckter Kohltriebrüßler, Kleiner Kohltriebrüßler

(cabbage stem weevil)

Ceuthorhynchus pallidactylus (Mrsh.) [syn. *Ceuthor(r)hynchus quadridens* (Panz.)]

Systematische Stellung

Coleoptera (Käfer), Curculionidae (Rüsselkäfer)

Geographische Verbreitung

Die beiden Rüsselkäferarten leben in Europa und Teilen Nordafrikas; *C. pallidactylus* ist auch im Kaukasusgebiet und in Nordamerika nachgewiesen worden.

Der Große Rapsstengelrüßler ist in den südlichen Teilen der Bundesrepublik Deutschland im allgemeinen stärker vertreten als im Norden.

Beschreibung

Larve: Bis etwa 4 mm *(C. pallidactylus)* (Abb. 179, unten) bzw. 7 mm *(C. napi)* (Abb. 180, rechts) lang und weißlich *(C. pallidactylus)* bis gelblich *(C. napi)* gefärbt. Körper nach innen gekrümmt und beinlos. Kopfkapsel braun, bei *C. napi* im letzten Stadium gelblichbraun.

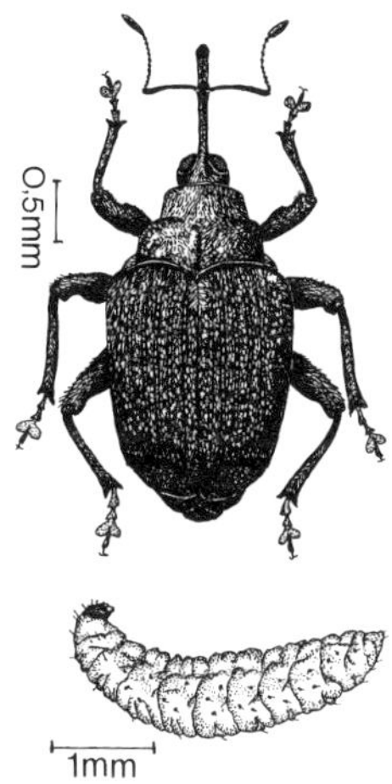

Abb. 179. Larve (unten) und Volkerf des Gefleckten Kohltriebrüßlers *(Ceuthorhynchus pallidactylus)*.

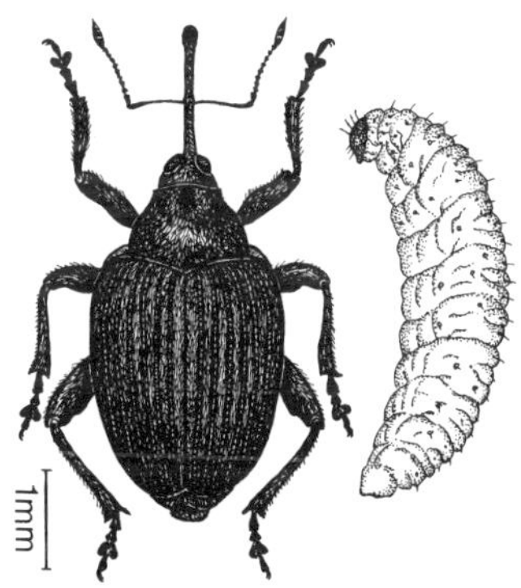

Abb. 180. Larve (rechts) und Käfer des Großen Kohltriebrüßlers *(Ceuthorhynchus napi)*.

Käfer: Körperlänge bei *C. pallidactylus* etwa 2,5 bis 3,5 mm (Abb. 179, oben), bei *C. napi* 3,2 bis 4,1 mm (Abb. 180, links). Grundfärbung schwarz bis blauschwarz. Körper und Beine bei beiden Arten mit grauer, schuppenartiger Behaarung, bei *C. pallidactylus* auch mit weißgrauen Schuppen (geflecktes Aussehen). Rüssel dünn, lang und abwärts gebogen. Halsschild ohne seitliche Höcker. Fußglieder bei *C. pallidactylus* rötlichgelb bis rostrot.

Brutpflanzen

Der Große Rapsstengelrüßler befällt Raps, Rübsen, Kohlarten und unter den wilden Kreuzblütlern z. B. den Hederich *(Raphanus raphanistrum)*. Der Gefleckte Kohltriebrüßler entwickelt sich darüber hinaus auch an Wasser- und Kohlrüben, Senf, Rettich, Radies, Gartenkresse und Wildpflanzen, z. B. aus den Gattungen *Alliaria* und *Draba*.

Schadsymptome und wirtschaftliche Bedeutung

Bei Befall durch *C. napi* platzt der Haupttrieb von Rapspflanzen an den Eiablagestellen auf (Farbtafel 14, S. 206) und entwickelt sich dann nicht normal weiter, d. h. er knickt in vielen Fällen um („S-Form" des Stengels). Als Folge entstehen dann viele schwache Seitentriebe, die Pflanzen bekommen ein strauchartiges Aussehen

Abb. 181. Infolge Schädigung durch *Ceuthorhynchus napi* verstrauchte Rapspflanze.

(Abb. 181) und haben eine verspätete und lange Blütezeit. Die Schoten stark geschädigter Pflanzen enthalten auch weniger Samen als die von gesunden. Durch den Fraß der Larven in den Stengeln und die Beschädigung der Leitgefäße wird besonders bei starkem Befall das Wachstum gehemmt. An Kohl entstehen unterhalb der Herzregion an den Eiablagestellen gallenartige Verdickungen und Verwachsungen des Gewebes. Später können noch Fäulniserscheinungen hinzukommen.

Besonders in Jahren, in denen *C. napi* stark auftritt und der Raps aufgrund ungünstiger Umweltverhältnisse wenig wüchsig ist, können beträchtliche Schäden entstehen. Auch an jungen Kohlpflanzen und bei Kohlsamenträgern sind empfindliche Einbußen möglich.

Die Larven von *C. pallidactylus* schädigen durch Fraß in Mittelrippen, Blattstielen und Stengeln der befallenen kreuzblütigen Kulturpflanzen. Bei starkem Befall wird das Wachstum deutlich gehemmt und es kann zum Abknicken von Stengeln kommen. Gemischter Befall durch beide Rüßlerarten ist häufig.

Der Gefleckte Kohltriebrüßler kann vor allem an Jungpflanzen von Raps- und Kohlarten stellen- und jahrgangsweise empfindlichen Schaden bewirken. An Kohl wird besonders in Anzuchtbeeten ein starkes Auftreten des Käfers beobachtet.

Entwicklungszyklus, Biologie und Ökologie

C. napi überwintert als Käfer im Verpuppungskokon in der Erde befallener Raps- und Kohlfelder. Schon an den ersten warmen Tagen im März, wenn die Temperatur in 2 cm Bodentiefe 6 °C und die Lufttemperatur 9 bis 12 °C erreicht hat, verlassen die Käfer das Winterlager (Abb. 182). Bei sonnigem Wetter zeigen sie dann bei Temperaturen über 12 °C eine intensive Flugaktivität und fliegen besonders in Winterraps- und Winterrübsenfelder ein, wo sie zunächst einen Reifungsfraß, d. h. Loch- und Fensterfraß von etwa 2 Wochen Dauer vollführen. Anschließend erfolgt im Laufe des April die Eiablage. Die Weibchen, die bis etwa 60 Eier erzeugen können, legen diese einzeln in kleine, von den Käfern mit dem Rüssel genagte Nischen in die Triebspitzen. An Kohlsetzlingen werden die Eier unterhalb des Vegetationskegels abgelegt. Pflanzenphysiologisch aktive Stoffe, die dem Ei vom Muttertier beigegeben werden, bewirken dann typische, gallenartige Verwachsungen, Aufplatzerscheinungen, Verkrümmungen usw. an den befallenen Pflanzen. Die Larven, die anfangs im pathologisch veränderten, später auch im gesunden Gewebe des Stengelmarkes leben, sind etwa ab Mitte Juni im 3. Stadium voll entwickelt und begeben sich dann durch Öffnungen in der Stengelwand oder aktiv in die Wand ge-

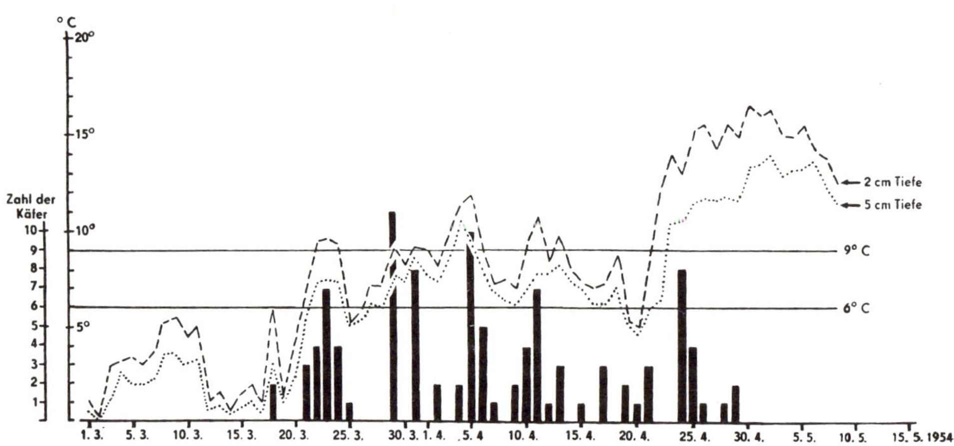

Abb. 182. Verlassen der Winterlager durch den Großen Kohltriebrüßler *(Ceuthorhynchus napi)* in Abhängigkeit von der Bodentemperatur (nach FRITZSCHE).

Abb. 183. Durch Erde teilweise verkrusteter Großer Kohltriebrüßler kurz nach dem Verlassen des Winterlagers.

fressene Löcher wenige Zentimeter tief in den Boden zur Verpuppung, die in einem Erdkokon erfolgt. Durch Bodenbearbeitungsmaßnahmen können sie später auch in tiefere Schichten geraten. Die Gesamtlarvalzeit beträgt etwa 4 bis 7 Wochen. Während der Kokonbildung und Verpuppung, die sich etwa 3 Wochen hinzieht, muß ausreichend Feuchtigkeit vorhanden sein; andernfalls kommt es zu hoher Sterblichkeit. Die Jungkäfer schlüpfen etwa Ende Juni und Anfang Juli, verbleiben aber noch bis zum nächsten Frühjahr im schützenden Kokon. Es entwickelt sich folglich nur eine Generation im Jahr.

C. napi bevorzugt im allgemeinen wärmere Gebiete im Süden und Westen der Bundesrepublik, kann aber auch in klimatisch weniger begünstigten Regionen zumindest in manchen Jahren stark auftreten.

C. pallidactylus verläßt sein Winterquartier Ende März und im April, also deutlich später als *C. napi* (Abb. 183). Er fliegt dann in Winterraps- und andere Felder ein. Nach kurzem Reifungsfraß beginnen die Weibchen etwa ab Mitte April ihre Eier in kleinen Gruppen bis zu 6 Stück meist von unten her in die Blattstiele und die Stengel abzulegen, wobei erstere deutlich bevorzugt werden. Pro Weibchen wird eine durchschnittliche Gesamteizahl von etwa 100 angenommen. Die Larven schlüpfen nach 5 bis 6 Tagen und beginnen mit dem Fraß, mit dessen Fortschreiten sie bei starkem Befall die Stengel ihrer Nährpflanzen mit Fraßgängen durchziehen bzw. partiell aushöhlen. Gallenbildungen und dergleichen entstehen bei dieser Art weder bei der Eiablage noch beim Larvenfraß. Die vollentwickelten Larven verlassen etwa Ende Mai–Anfang Juni die befallenen Pflanzen und verpuppen sich unter diesen in einem Erdkokon. Wenige Wochen später schlüpfen die Jungkäfer, arbeiten sich an die Erdoberfläche und suchen Kreuzblütler auf, an denen sie einen leichten Fraß durchführen, um dann die Winterquartiere vor allem im Bodenlaub von Hecken, Gebüsch und Wäldern aufzusuchen. Wie bei anderen heimischen *Ceuthorhynchus*-Arten entwickelt sich also nur eine Generation pro Jahr.

Natürliche Feinde

Die Braconide *Microtonus melanopus* (Ruthe) ist als Imaginalparasit vom *C. pallidactylus* bekannt. Die Larven von *C. napi* werden von *Thersilochus moderator* (L.) parasitiert. Der Parasit verpuppt sich neben der abgestorbenen Käferlarve in deren Erdkokon.

Bekämpfung

Kulturmaßnahmen zur Entwicklungsförderung von Raps und anderen gefährdeten Kreuzblütlern sind geeignet, den Schaden zu reduzieren. Der Einflug von *C. napi* und *C. pallidactylus* läßt sich durch Aufstellen von Gelbschalen und gelben Leimtafeln an den Feldrändern und in den Feldern verfolgen. Auf diese Weise kann auch der Beginn der Eiablage und damit der Termin für eine eventuelle chemische Bekämpfung bestimmt werden.

Als Bekämpfungs- bzw. wirtschaftliche Schadensschwelle wird bei *C. napi* ein Befall von mehr als 10% der auf Eiablage untersuchten Pflanzen (mehr als eine von zehn Pflanzen) angegeben. Bei *C. pallidactylus* ist diese Schwelle dann erreicht bzw. sie wird überschritten, wenn mehr als 1 Käfer an 40 Rapspflanzen gefunden

wird oder wenn von 40 Pflanzen 12 befallen sind.
Da von den beiden Käfern zunächst vor allem die Feldränder besiedelt werden, dürfte schon eine – wenn nötig wiederholte – Randbehandlung mit Methoxychlor-, Azinphos- oder Parathion-Präparaten in der Regel ausreichend wirksam sein. Da die Spritzungen schon vor der Blüte erfolgen müssen, besteht auch durch die Organophosphate Azinphos und Parathion keine Gefahr für Bienen; Methoxychlor ist ohnehin bienenungefährlich.

Literatur

Dosse, G., 1951: Der Große Kohltriebrüßler *Ceuthorrhynchus napi* (Gyll.). Biologie, Schadauftreten und Bekämpfung unter besonderer Berücksichtigung der „Gallbildung" an Kohlpflanzen. Z. Angew. Entomol. **32,** 489–566. – Fritzsche, R., 1956: Untersuchungen zur Bekämpfung der Rapsschädlinge. IV. Beiträge zur Ökologie und Bekämpfung des Großen Rapsstengelrüßlers (*Ceuthorrhynchus napi* Gyll.). Nachrichtenbl. Dtsch. Pflanzenschutzdienst (Berl.) NF **10,** 97–105. – Fröhlich, G., 1956: Methoden zur Bestimmung der Befalls- bzw. Bekämpfungstermine verschiedener Rapsschädlinge, insbesondere des Rapsstengelrüßlers (*Ceuthorrhynchus napi* Gyll.). Ibid. **10,** 48–53. – Klein, E., 1977: Schäden durch den Gefleckten Kohltriebrüßler im Frühweißkohl 1976. Ges. Pflanzen **29,** 136–138. – Kühne, W., 1977: Untersuchungen zur Befallsverbreitung der Rüsselkäfer *Ceuthorhynchus napi* Gyll., *Ceuthorhynchus quadridens* Panz. und *Ceuthorhynchus assimilis* Payk. innerhalb großflächiger Winterrapsbestände. Arch. Phytopathol. Pflanzenschutz **13,** 109–115. – Schmutterer, H., 1956: Zur Lebensweise und Bekämpfung des Großen Rapsstengelrüßlers *Ceuthorhynchus napi* (Gyll.). Z. Angew. Entomol. **39,** 302–315. – Schreier, O., 1962. Studien über Phänologie und Bekämpfung der Kohltriebrüßler (*Ceuthorhynchus napi* Gyll. und *C. quadridens* Panz.) an Raps in Österreich. Pflanzenschutzberichte **29,** 13–20.

Kohlschotenrüßler

(Swede seed weevil)
Ceuthorhynchus assimilis (Payk.) [syn. *Ceuthor(r)hynchus assimilis* (Payk.)]

Systematische Stellung
Coleoptera (Käfer), Curculionidae (Rüsselkäfer)

Geographische Verbreitung
C. assimilis tritt in Europa und in einigen Bundesstaaten der USA auf.

Beschreibung
Larve: Bis etwa 4 oder 5 mm lang, leicht nach innen gekrümmt und weißlich bis gelblich gefärbt. Kopfkapsel gelbbraun, Beine fehlend.
Käfer: Etwa 2,2 bis 3,2 mm lang, birnenförmig (Abb. 184 und Farbtafel 19, S. 275). Grundfärbung schwärzlich; Körper und Beine mit dichter grauer bis grauweißer Behaarung. Seiten des Halsschildes mit je einem kleinen Höcker. Kopf mit langem, schmalem, schwach gebogenem Rüssel und geknieten, gekeulten Fühlern.

Abb. 184. Vollkerf des Kohlschotenrüßlers *(Ceuthorhynchus assimilis).*

Brutpflanzen
C. assimilis entwickelt sich an Winter- und Sommerraps, Rübsen, an Samenträgern von Kohlarten, Rettich und Radieschen sowie an einigen wilden Kreuzblütlern, soweit diese große Schoten ausbilden.

Schadsymptome und wirtschaftliche Bedeutung
Der Käfer richtet durch seinen Fraß an Blüten, Knospen, Schoten und Stengeln in der Regel keinen bedeutenden Schaden an. An Kohlsamenträgern können im Sommer jedoch gelegentlich die Samen durch die Jungkäfer geschädigt werden. Der Fraß der Larve ist wesentlich wichtiger, da hierdurch mehrere Samen in den Schoten an- oder ausgefressen werden (Farbtafel 14, S. 206).

Der Kohlschotenrüßler gehört in Rapsanbaugebieten zu den wichtigen Schädlingen, da seine Larven das Ernteprodukt, also die Samen zerstören. Er schafft auch die Vorbedingung für stärkeren Schaden durch die Kohlschotenmücke *Dasineura brassicae*, da diese die Fraß- und Eiablagestellen des Käfers an den Schoten bevorzugt für ihre eigene Eiablage nutzt (s. Seite 366). *C. assimilis* wird auch als mechanischer Vektor des Wasserrübengelbmosaik-Virus genannt.

Entwicklungszykus, Biologie und Ökologie

Die ersten überwinterten Käfer treffen im Frühjahr zu Beginn der Blüte in den Ölfruchtbeständen ein. Die meisten Tiere fliegen aber erst zur Hauptblütezeit zu. Der Hauptzuflug erfolgt bei Temperaturen über 20 °C. Nach einer Reifungsfraßperiode von etwa 2 Wochen beginnen die Weibchen mit der Eiablage in die Schoten. Sie nagen hierzu Löcher in die Schotenwand und legen in diese ein weißglänzendes, ovales Ei. Werden mehrere Eier in einer Schote gefunden, so stammen diese von verschiedenen Weibchen. Als durchschnittliche Gesamteizahl pro Weibchen wird etwa 60 angegeben. Die Larven schlüpfen nach 8 bis 9 Tagen und beginnen mit ihrem Fraß an den Samen. Im Laufe der Larvalentwicklung, die etwa 25 bis 30 Tage dauert, werden 3 bis 5 Körner befressen und zerstört. Falls sich in unmittelbarer Nähe Larven der Kohlschotenmücke entwickeln, was aufgrund der Bindung dieses Insekts an den Kohlschotenrüßler häufig vorkommt, so sterben die jungen Rüßlerlarven ab. Die Larven aus spät abgelegten Eiern können ihre Entwicklung nicht abschließen, da der Raps vorher geschnitten wird und die Schoten dann abtrocknen. Dadurch können die Populationen in manchen Jahren stark vermindert werden. Die voll entwickelte Larve nagt ein Loch von etwa 1 mm ∅ in die Schotenwand, läßt sich zu Boden fallen und verpuppt sich in etwa 5 bis 10 cm Bodentiefe. Bei konstanten Temperaturen von etwa 15 °C wird für die Embryonal- und Postembryonalentwicklung bis zum Abwandern in den Boden ein Zeitraum von etwa 36 Tagen beansprucht. Drei Wochen nach der Verpuppung schlüpfen die Jungkäfer und begeben sich auf blühende angebaute und wilde Kruziferen, um hier Nahrung aufzunehmen. Die Abwanderung ins Winterlager, das sich oft in der Bodenstreu von Waldrändern und Hecken befindet, erfolgt schon im August. Es entwickelt sich folglich nur eine Generation im Jahr.

Natürliche Feinde

Als Eiparasiten des Kohlschotenrüßlers sind die Mymariden *Antoniella declinata* Soyka und *Anaphes autumnalis* (Foerst.), als Larvenparasiten die ektoparasitische Pteromalide *Trichomalus perfectus* (Wlk.) bekannt. Als Endoparasit der Käfer wird *Microtonus melanopus* (Ruthe) angegeben.

Bekämpfung

Der Zuflug des Kohlschotenrüßlers läßt sich mit Hilfe von Gelbschalen erfassen.

Die Kontrolle der Felder auf Befall muß von Blühbeginn bis zur Vollblüte erfolgen. Als Bekämpfungs- bzw. wirtschaftliche Schadensschwelle gilt ein Durchschnittswert von 1 Käfer pro Rapspflanze. Tritt die Kohlschotenmücke gleichzeitig auf, so liegt die kritische Zahl bei 1 Käfer pro 2 Pflanzen. Beim Zählen der Käfer im Feldbestand ist zu berücksichtigen, daß sich diese bei jeder Störung rasch fallenlassen.

Falls schon vor Beginn der Blüte Zuflug erfolgt ist, können die Käfer zusammen mit den Rapsglanzkäfern durch Spritzungen – oft nur der Feldränder – z. B. mit Azinphos-äthyl, Chlorfenvinphos, Deltamethrin, Lindan oder Parathion-Präparaten erfaßt werden. Da die Masse der Käfer aber meist erst zur Zeit der Vollblüte des Winterrapses in den Beständen eintrifft, sind sie während dieser Zeit nach Möglichkeit zusammen mit der Kohlschotenmücke mit bienenungefährlichen Mitteln (Dialifos, Endosulfan, Methoxychlor, Phosalon) zu bekämpfen. Da der Rüßler bei starkem Auftreten auch große Felder rasch vollständig besiedelt, muß er dann in der Regel im ganzen Bestand bekämpft werden.

Literatur

Ankersmit, G.W., 1956: De levenswijze en de bestrijding van de koolzaadsnuitkever (*Ceuthorrhynchus assimilis* Payk.) en de koolzaadmug (*Dasyneura brassicae* Winn.). Versl. Landbouwk. Onderz. **62**, 1–59. – Bonnemaison, L., 1957: Le charançon des siliques (*Ceuthorrhynchus assimilis* Payk.), biologie et méthodes de lutte. Ann. Épiphyt. **8**, 387–543. – Doberitz, G., 1973: Untersuchungen über die biologische Abhängigkeit der Kohlschotenmücke (*Dasyneura brassicae* Winn.) vom Kohlschotenrüßler

(*Ceuthorrhynchus assimilis* Payk.) und Vorschläge zur Verbesserung ihrer Bekämpfung. Nachrichtenbl. Dtsch. Pflanzenschutzdienst (Berl.) **27**, 145–149. – Fröhlich, G., 1956: Zur Frage der biologischen Abhängigkeit der Kohlschoten-Gallmücke (*Dasyneura brassicae* Winn.) vom Kohlschotenrüßler (*Ceuthorrhynchus assimilis* Payk.). Beitr. Entomol. **6**, 100–110. – Kirchner, H.-A., 1961: Zur Populationsdynamik des Kohlschotenrüßlers (*Ceuthorrhynchus assimilis* Payk.) und der Möglichkeit einer Prognose seines Auftretens. Nachrichtenbl. Dtsch. Pflanzenschutzdienst (Berl.) NF **15**, 41–46. – Nolte, H. W. und Fritzsche, R., 1954: Untersuchungen zur Bekämpfung der Rapsschädlinge. III. Zur Biologie und Bekämpfung des Kohlschotenrüßlers (*Ceuthorrhynchus assimilis* Payk.) und der Kohlschoten-Gallmücke (*Dasyneura brassicae* Winn.). Ibid. **8**, 128–135.

Schwarzer Kohltriebrüßler
Ceuthorhynchus picitarsis Gyll. (Coleoptera, Curculionidae)
C. picitarsis legt seine Eier im Herbst und Winter, d. h. von Oktober an bis zum Frühjahr in kleinen Gruppen in die Blattstiele und die Herzregion junger Rübsen-, Raps- und Kohlpflanzen ab, ist also wie *Psylliodes chrysocephalus* (s. Seite 350) als „Kühlbrüter" zu bezeichnen. Bei Raps kann durch die Miniertätigkeit der Larven wie bei Schäden durch den Rapserdfloh eine Auswinterung gefördert werden; gelegentlich kommt es im Frühjahr auch zum Absterben des Haupttriebes. Die Fraßtätigkeit der Larven erleichtert Infektionen durch den Erreger der Phoma-Stengelfäule.

Literatur
Dosse, G., 1951: Versuche zur Bekämpfung des Schwarzen Triebrüßlers (*Ceuthorrhynchus picitarsis* Gyll.). Anz. Schädlingskd. **24**, 146–152. – Dosse, G., 1952: Zur Biologie und Morphologie des Schwarzen Triebrüßlers *Ceuthorrhynchus picitarsis* Gyll., mit differential-diagnostischen Angaben zur Unterscheidung von *Ceuthorrhynchus napi* Gyll., *C. quadridens* Panz. und *C. picitarsis* Gyll.. Z. Angew. Entomol. **34**, 303–312.

Kohlgallenrüßler
(turnip gall weevil)
Ceuthorhynchus pleurostigma (Marsh.) (Coleoptera, Curculionidae)

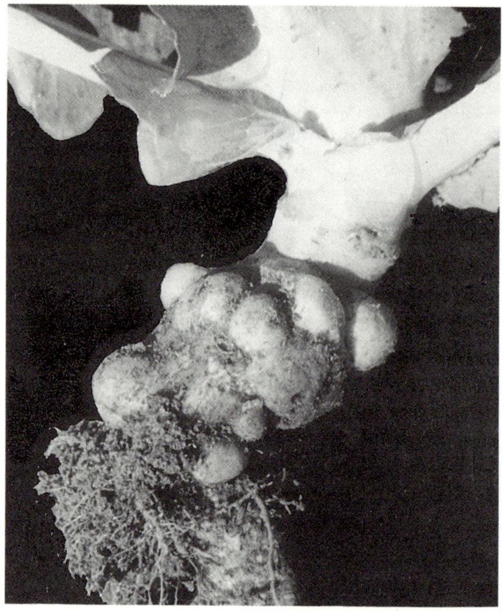

Abb. 185. Schadbild des Kohlgallenrüßlers (*Ceuthorhynchus pleurostigma*) an Kohl.

Der in Europa, in den westlichen Teilen Asiens, in Sibirien und in Nordafrika verbreitete Kohlgallenrüßler hat eine schwärzliche Grundfärbung und ist mit grauen Schuppen bedeckt. Seine Größe beträgt 2,2 bis 3,0 mm. Er tritt in Mitteleuropa in zwei verschiedenen „Stämmen" auf, von denen der „Frühjahrsstamm" etwa von April bis Juni, der „Herbststamm" im August und September, ja bei bestimmten Bedingungen bis in den Winter hinein seine Eier einzeln ins Rindengewebe des Wurzelhalses junger Kohl-, Raps- und Rübsenpflanzen sowie anderer Kulturkruziferen ablegt. Im letzteren Fall handelt es sich folglich um „Kühlbrüter". Die Larven sezernieren Stoffe, die zur Bildung von Gallen führen, in denen sich die Larvalentwicklung vollzieht (Abb. 185). Die Verpuppung findet nach dem Durchbohren der Gallenwand im Boden in einem Erdkokon statt.
Während sich die Käfer des „Frühjahrsstammes" im August und September ins Winterlager begeben, überwintert der „Herbststamm" als Larve in den befallenen Pflanzen und tritt im Sommer als Käfer in eine Diapause (Sommerruhe) ein.
Bei starker Gallenbildung am Wurzelhals kann das Wachstum junger Kohlpflanzen im Frühjahr

behindert werden, außerdem können Fäulniserreger durch die Ausbohrlöcher der Larven in die Gallen eindringen. An Raps ist eine Schädigung nur unter ungünstigen Umweltverhältnissen und bei besonders starkem Gallenbesatz zu erwarten.
Die Bekämpfung kann durch Fruchtwechsel erfolgen. Andere, d. h. besondere chemische Maßnahmen sind in der Regel nicht erforderlich, da die in Kohlanbaugebieten ohnehin ziemlich regelmäßig durchgeführte Kohlfliegenbekämpfung den Kohlgallenrüßler miterfaßt.

Literatur

SCHEIDING, U., 1956: Untersuchungen zur Biologie des Kohlgallenrüßlers *Ceuthorrhynchus pleurostigma* Marsham. Z. Angew. Entomol. 39, 186–228. – SCHRÖDTER, H. und SCHEIDING, U., 1953: Die Abhängigkeit der Aktivität des Kohlgallenrüßlers (*Ceuthorrhynchus pleurostigma* Marsh.) von klimatischen Faktoren. Nachrichtenbl. Dtsch. Pflanzenschutzdienst (Berl.) NF 7, 143–148.

Rapserdfloh

(cabbage stem flea beetle)
Psylliodes chrysocephalus (L.) [syn. *Psylliodes chrysocephala* (L.)]

Systematische Stellung
Coleoptera (Käfer), Chrysomelidae (Blattkäfer)

Geographische Verbreitung
Der Rapserdfloh kommt in Europa und in Vorderasien (Kaukasus, Kleinasien, Syrien) vor.

Beschreibung
Larve: Körper schlank (Abb. 186, links), bis etwa 6,5 oder 7,0 mm lang und schmutzigweiß gefärbt. Dunkle borstentragende Flecke auf dem ganzen Körper verteilt. Brustbeinpaare kurz. Kopf, Nackenschild und Analplatte dunkelbraun. Hinterende abgerundet und mit 2 kleinen, aufwärts gebogenen Dornfortsätzen.
Käfer: Etwa 3,0 bis 4,5 mm lang und länglichoval geformt (Abb. 186, rechts). Rückenseite stark gewölbt. Flügeldecken glänzend schwarzblau bis grünblau (seltener gelbbraun) gefärbt und mit deutlichen Punktstreifen. Vorderkopf, Fühlerbasis und Beine gelbrot. Hinterschenkel stark verdickt (gutes Sprungvermögen!), Hinterfüße deutlich vor dem Ende der Schienen entspringend.

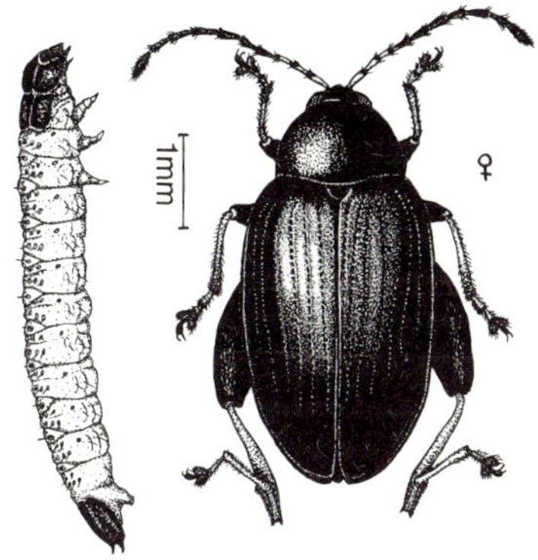

Abb. 186. Larve (links) und Vollkerf des Rapserdflohs (*Psylliodes chrysocephalus*).

Nähr- und Brutpflanzen
Der Rapserdfloh, der ursprünglich nur auf wilden Kreuzblütlern lebte, entwickelt sich heute als Larve außer an diesen Pflanzen (Ackersenf, Hederich, Windsbock, Hirtentäschelkraut, Pfennigkraut) vor allem an Winterraps und Winterrübsen, seltener auch an Kohl- und Wasserrüben, Kohl, Radieschen und Rettich. Der Käfer frißt an *Brassica*-Arten, Weißem Senf und vielen Wildkruziferen.

Schadsymptome und wirtschaftliche Bedeutung
Die Käfer verursachen einen Lochfraß vor allem an zarten Blättern und beschädigen auch Schoten und Stengel. Hierdurch entsteht aber kein bedeutender Schaden. Wesentlich wichtiger ist die Fraßtätigkeit der Larven im Innern der Blattstiele, im Herzen und in den Stengeln von Jungpflanzen. Die Blattstiele reißen auf, wenn Wasser in die Fraßstellen eindringt und gefriert. Später können die ganzen Blätter verfaulen. Durch Zerstörung des Vegetationspunktes und den Bohrfraß im Stengel werden bei starkem Befall viele Pflanzen schwer geschädigt und „wintern aus" (Farbtafel 19, S. 275).
Der Rapserdfloh zählt in Mitteleuropa zu den wichtigsten Schädlingen des Rapses und kann in Jahren mit Massenauftreten eine erhebliche Reduktion der Pflanzenpopulationen während des Winters und Frühjahrs mit entsprechenden Ertragsverlusten bedingen. Ein Befall durch *P. chrysocephalus* begünstigt Infektionen durch den Erreger der Phoma-Stengelfäule (s. Seite 333). Der Käfer kann beim Fraß auch das Was-

serrübenkräusel-Virus, das Wasserrübenrosetten-Virus und das Wasserrübengelbmosaik-Virus mechanisch übertragen.

Entwicklungszyklus, Biologie und Ökologie

Die Käfer schlüpfen im Juni und Juli und besiedeln dann Raps- und Rübsenbestände, soweit diese noch nicht abgeerntet wurden. Sie fressen an Schoten und Stengeln, ohne dadurch nennenswerten Schaden zu verursachen. Anschließend wandern sie in die Sommerquartiere an Waldrändern, Hecken, Tümpeln und dergleichen, d. h. an kühle, schattige und feuchte Stellen. Der Rest der Populationen, der zunächst auf den Feldern verblieben ist, bezieht diese Quartiere erst später. Während des Sommers scheint im Sommerlager nur wenig Nahrung aufgenommen zu werden.

Im September wandern die Käfer in Schüben bei Temperaturen von 16 bis 20 °C in die jungen Winterrapsschläge ab, wo sie zunächst an Blättern und anderen Pflanzenteilen fressen. 1 bis 2 Stunden nach Sonnenuntergang sind sie besonders aktiv, was auf die vorhergegangene Induktion einer Lichtempfindlichkeit zurückzuführen ist. Es erfolgt auch eine Umstimmung der Wärmeempfindlichkeit von 16 bis 20 °C auf 6 bis 8 °C. Gleichzeitig tritt eine starke Feuchtigkeitsabhängigkeit auf.

Etwa 1½ Wochen nach der Besiedlung der Rapsfelder beginnen die Weibchen mit der Eiablage in den Boden. Sie setzen die Eier in kleinen Gelegen, die aus 3 bis 6 Stück bestehen, in etwa 1 bis 2 cm Bodentiefe in der Nähe der Brutpflanzen ab. Der Rapserdfloh ist sehr fruchtbar, da von einem Weibchen insgesamt etwa 800 bis 1000 Eier erzeugt werden können. Es ist bemerkenswert, daß die Käfer auch bei relativ niedrigen Temperaturen noch aktiv sind (s. oben); so wird die Eiablage bei mildem Winterwetter bei Werten über 5 bis 6 °C (Kühlbrüter, Winterbrüter) fortgesetzt und zieht sich bis ins Frühjahr hin, indem die Weibchen spätestens im Mai absterben. Maximal können die Käfer bis 11 Monate alt werden. Die Larven, die wie die Eier auf hohe Feuchtigkeit angewiesen sind, dringen in die Blattstiele ein und vollführen hier einen Bohrfraß. Später besiedeln sie auch die Stengel. Ein Teil der Larven, die aus früh abgelegten Eiern stammen, ist schon im Spätherbst voll entwickelt und begibt sich zur Überwinterung in den Boden („Sommerstamm"). Die meisten Tiere bleiben aber während des Winters in den Nährpflanzen und verlassen diese erst im Laufe des Frühjahrs, um in den Boden zu gehen und sich hier später, d. h. meist im Mai und Juni, in etwa 1 bis 4 cm Bodentiefe in einem Erdkokon zu verpuppen („Herbststamm"). Im Jahr entwickelt sich demnach nur eine Generation.

Der Rapserdfloh ist stark auf Feuchtigkeit angewiesen, worauf auch die lange „Sommerruhe" zumindest teilweise zurückführbar sein dürfte. Kalte Winter wirken sich negativ auf die Populationsdynamik aus. Auch die Bodenart ist von Einfluß, da auf leichten und mittleren Böden im allgemeinen eine wesentlich stärkere Vermehrung zustandekommt als auf schweren (z. B. Marschböden).

Natürliche Feinde

Die Rapserdflohlarven werden von parasitischen Nematoden und verschiedenen Hautflüglerarten befallen, z. B. von der Ichneumonide *Thersilochus melanogaster* Thoms. sowie den Braconiden *Diospilus capito* Nees und *D. morosus* Reinh., die Käfer von einer *Microtonus* (= *Perilitus*)-Art.

Bekämpfung

Frühe Aussaat und wachstumsfördernde Maßnahmen wie reichliche Düngung führen zu kräftigeren, während der kalten Jahreszeit gegen den Rapserdfloh widerstandsfähigeren Pflanzen.

Für die Schweiz ist vor wenigen Jahren ein Simulationsmodell für die Populationsentwicklung erarbeitet worden, welches weitgehend mit Feldbeobachtungen für die Prognose des Schadens übereinstimmt.

Lange Zeit wurde zur chemischen Bekämpfung von *P. chrysocephalus* eine Saatgutinkrustierung mit Lindan (γ-HCH) durchgeführt. Auch Lindan + Thiram-Kombinationen sind wirksam. Heute wird besonders empfohlen, vor der Saat eine Saatgutpuderung mit Isophenphos + Thiram vorzunehmen. Diese schützt die jungen Winterrapspflanzen während der ersten 4 bis 6 Wochen. Wenn nach dem Auflaufen des Winterrapses hohe Käferpopulationen beobachtet werden und keine Saatgutbehandlung erfolgte, können Spritzungen mit Azinphos, Naled oder Parathion durchgeführt werden. Falls später trotzdem die wirtschaftliche Schadensschwelle von 4 bis 5 Larven pro Pflanze überschritten wird, sind Behandlungen mit Azinphos-äthyl und Parathion bei möglichst gutem Wetter im Spätwinter oder erst im Frühjahr durchzuführen. Sie erfassen die im Inneren der Pflanzen fressenden Larven.

Literatur

Bonnemaison, L. et Jourdheuil. P., 1954: L'altise d'hiver du colza (*Psylliodes chryscephala* L.). Ann. INRA, sér. C, Epiphyties **4**, 345–524. – Buhl, K., 1959: Beobachtungen und Untersuchungen über Biologie und Bekämpfung des Rapserdflohes (*Psylliodes chrysocephala* L.) in Schleswig-Holstein. Z. Pflanzenkr. Pflanzenpathol. Pflanzenschutz **66**, 321–338. – Derron, J., 1979: Verbesserung der Methoden zur Vorhersage von Schäden durch den Rapserdfloh (*Psylliodes chrysocephala* L.). Mitt. Schweiz. Landwirtsch. **27**, 21–23. – Nolte, H.-W., 1953: Beiträge zur Epidemiologie und Prognose des Rapserdflohs (*Psylliodes chrysocephala* L.). Beitr. Entomol **3**, 518–529. – Schott, H., 1961: Zur Methodik der Prognosen über das Auftreten vom Rapserdfloh (*Psylliodes chrysocephala* L.). Nachrichtenbl. Dtsch. Pflanzenschutzdienst (Berl.) NF **15**, 234–239. – Schrödter, H. und Nolte, H.-W., 1954: Die Abhängigkeit der Aktivität des Rapserdflohs (*Psylliodes chrysocephala* L.) von klimatischen Faktoren, insbesondere Licht, Temperatur und Feuchtigkeit. Beitr. Entomol. **4**, 528–543.

Kohlerdflöhe

Großer gelbstreifiger Kohlerdfloh, Gelbstreifiger Kohlerdfloh (turnip flea beetle), *Phyllotreta nemorum* (L.);
Gewelltstreifiger Kohlerdfloh, *Phyllotreta undulata* Kutsch.;
Blauseidiger Kohlerdfloh, *Phyllotreta nigripes* (F.);
Gewöhnlicher Kohlerdfloh, Grünglänzender Kohlerdfloh, *Phyllotreta cruciferae* (Goeze);
Schwarzer Kohlerdfloh, *Phyllotreta atra* (F.)

Systematische Stellung

Coleoptera (Käfer), Chrysomelidae (Blattkäfer)

Geographische Verbreitung

Alle genannten *Phyllotreta*-Arten treten in Europa und in südwestlichen Teilen Asiens auf. *P. atra* (Abb. 187, unten links) kommt auch in Turkestan vor. *P. nemorum* (Abb. 187, oben links) ist noch aus Mittel- und Ostasien (Korea) bekannt, *P. undulata* (Abb. 187, oben rechts) aus Mittelasien und Nordafrika (Algerien), *O. nigripes* (Abb. 187, unten rechts) aus Nordwestafrika und *P. cruciferae* aus Mittelasien, Nord- und Ostafrika sowie aus Kanada.

Beschreibung

Larve: Form ähnlich wie bei einem Drahtwurm, Länge in voll entwickeltem Zustand je nach Art etwa 6 bis 7 mm *(P. nemorum)* oder etwa 5 bis 6 mm (übrige Arten). Kopfkapsel braun oder schwarz. Brustbeinpaare gedrungen. Letztes Abdominalsegment bei *P. atra* und *P. cruciferae* stark sklerotisiert und mit aufwärts gebogenem Dorn.

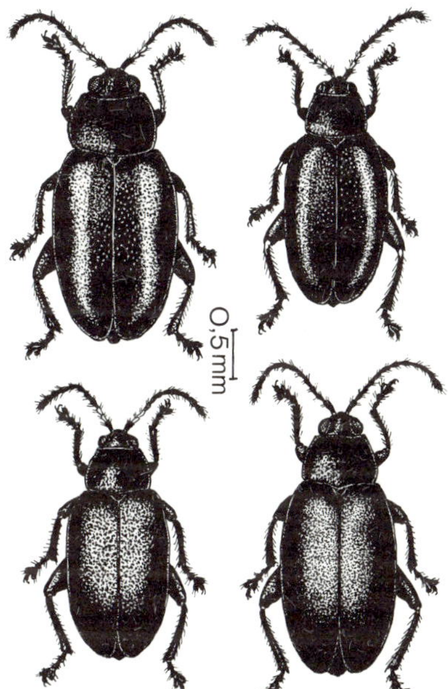

Abb. 187. Kohlerdflöhe: *Phyllotreta nemorum* (oben links), *P. undulata* (oben rechts), *P. atra* (unten links), *P. nigripes* (unten rechts).

Käfer – Körperlänge: *P. nemorum* 2,5 bis 3,0 mm, *P. undulata* 1,8 bis 2,5 mm, *P. nigripes* 1,8 bis 2,8 mm, *P. cruciferae* 1,8 bis 2,0 mm und *P. atra* 1,7 bis 2,6 mm. Färbung: *P. nemorum* und *P. undulata* schwarz mit gelbem, bei *P. undulata* deutlich gewelltem Längsstreifen auf den Flügeldecken; *P. nigripes* metallisch blau, blaugrün bis grün oder bronzefarbig; *P. cruciferae* bläulich oder metallisch grün und *P. atra* schwarz. Hinterschenkel stark verdickt (Sprungfähigkeit!), Antennen lang und schnurförmig.

Brutpflanzen

Die Kohlerdflöhe leben an vielen Kreuzblütlern. Unter den Kulturpflanzen werden z. B. alle Kohlarten, Kohlrüben, Wasserrüben, Ölrettich, Raps, Rübsen, Radieschen, Rettich und z. T. auch Meerrettich und Gartenkresse befallen. Hinzu kommen Zierpflanzen wie *Reseda* und *Matthiola* sowie viele kreuzblütige Unkräuter wie Hederich und Ackersenf.

Schadsymptome und wirtschaftliche Bedeutung

Die Käfer vollführen in erster Linie einen Fenster- und Lochfraß (Abb. 188 und Farbtafel 20, S. 276) an den Blättern, daneben einen Rand- und Schabefraß. An Jungpflanzen werden mit Vorliebe die Kotyledonen und das Hypocotyl angegriffen, an älteren auch ältere Blätter oder Schoten (Raps). Bei starkem Befall kann Kahlfraß oder vollständiges Abweiden (Sämlinge) eintreten. Der Larvenfraß vollzieht sich bei allen Arten mit Ausnahme des Großen gelbstreifigen Kohlerdflohs (*P. nemorum*), der einen Minierfraß in den Blättern durchführt, an den Wurzeln oder im Wurzelhals (*P. undulata* an Kohl). Der hierdurch verursachte Schaden hält sich jedoch in der Regel in erträglichen Grenzen.

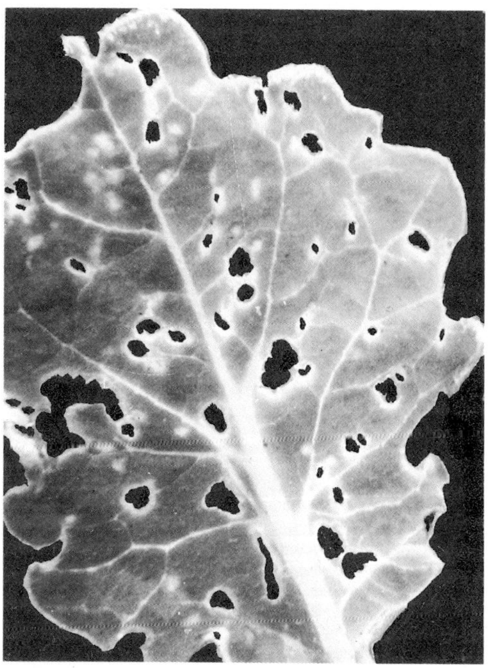

Abb. 188. Fraßschaden durch Flohkäfer (*Phyllotreta* spp.) an Ölrettichblatt.

Bei trockenwarmem Wetter im Frühjahr kann es an Sämlingen von Ölsaaten, Kohl, Rettich, Radies u. dgl. zu Massenauftreten und erheblichen Fraßschäden, im Extremfall auch zu bedeutenden Pflanzenverlusten kommen. Es kommt dabei vor, daß die Sämlinge schon abgetötet werden, bevor die Keimlinge die Erdoberfläche durchstoßen. Gehen die geschädigten Pflänzchen nicht ein, so zeigt sich an ihnen deutliche Wachstumshemmung, besonders bei Wassermangel. Die Kohlerdflöhe sind deshalb als wichtige Schädlinge verschiedener Kulturkruziferen einzustufen.

Phyllotreta-Arten können mehrere phytopathogene Viren, z. B. das Wasserrübengelbmosaik-Virus, das Rettichmosaik-Virus, das Wasserrübenkräusel-Virus und das Wasserrübenrosetten-Virus beim Fraß mechanisch übertragen.

Entwicklungszyklus, Biologie und Ökologie

Die Käfer überwintern von Oktober bis März—April in Feldrainen, Hecken, in der Bodenstreu von Waldrändern, unter Rinde und an anderen geschützten Stellen. An warmen Märztagen – manchmal auch schon früher – verlassen sie ihr Winterquartier und fressen zunächst meist an Unkräutern in der Umgebung. Eine stärkere Ausbreitung, zum Teil mit Unterstützung des Windes, erfolgt erst dann, wenn die Mittagstemperaturen über 21 °C ansteigen. Die erste Art, die das Winterlager verläßt, ist gewöhnlich *P. nigripes*, während *P. atra* und *P. cruciferae* als letzte erscheinen. Besondere Flug- und Fraßaktivität zeigen die Kohlerdflöhe bei warmem, trokkenem Wetter. In der zweiten Maihälfte und Anfang Juni erfolgt die Paarung und Eiablage. *P. nemorum* legt die Eier an Blattunterseiten, die anderen Arten setzen sie frei in der Erde unter den Nährpflanzen ab. Die Larven schlüpfen nach etwa 10 Tagen und ernähren sich meist von Faserwurzeln oder Blattsubstanz *(P. nemorum)*; ihre Entwicklung dauert etwa 2 bis 3 Wochen. Die Verpuppung erfolgt im Boden in einem Erdkokon. Alle genannten Arten außer *P. nemorum* bevorzugen hierbei etwas tiefere Schichten (bis 20 cm). Die Puppenzeit dauert etwa so lange wie die Larvalentwicklung. Die Jungkäfer erscheinen Ende Juli und Anfang August und fressen dann an älteren Pflanzen. Im Herbst wandern sie schließlich in die Winterquartiere ein. Pro Jahr entwickelt sich also meist nur eine Generation. Lediglich für *P. undulata* wird angegeben, daß milde Spätsommer- und Frühherbstwitterung noch zu einer zweiten Geschlechterfolge führen kann.

Natürliche Feinde
Als Parasit der Käfer ist die Hymenoptere *Microtonus bicolor* (Wesm.) [syn. *Perilitus bicolor* (Wesm.)] festgestellt worden. Sie befällt vor allem *P. atra.*

Bekämpfung
Frühe Aussaat der Ölfrüchte und anderer Kruziferen im Frühjahr in möglichst großer Entfernung von Überwinterungsquartieren der Käfer kann sinnvoll sein, ebenso alle Maßnahmen, durch die die Jugendentwicklung der Pflanzen gefördert wird. Eine höhere Aussaatrate kann sich ebenfalls schadensmindernd auswirken, da den Käfern dann mehr Nahrung zur Verfügung steht und die Einzelpflanze weniger leidet. Im Feldgemüsebau kann durch wiederholtes Hakken und Feuchthalten des Bodens der Befall gemindert werden.

Der Zuflug von Käfern kann durch Aufstellen von Gelbschalen an den Feldrändern überwacht werden. Falls mehr als 10 Käfer pro Schale festgestellt werden, sind die Bestände auf Schaden zu kontrollieren.

Als Bekämpfungs- bzw. wirtschaftliche Schadensschwelle gilt die Zerstörung von 10% der assimilierenden Fläche von Jungpflanzen. Wird dieser Wert bei anhaltend ungünstiger Witterung (Trockenheit) für die Pflanzenentwicklung überschritten, so sind chemische Bekämpfungsmaßnahmen erforderlich.

Eine vorbeugende Saatgutbehandlung (Inkrustierung) mit Lindan-Präparaten (*Brassica*-Arten) oder mit einer Lindan-Thiram-Kombination (Raps, Rübsen, Futterkohl) schützt die Jungpflanzen, da γ-HCH bei Anwendung dieses Verfahrens auch systemische Wirkung zeigt. Auch eine Isophenphos + Thiram-Kombination kommt bei Raps, Markstammkohl und Stoppelrüben in Frage. Zur Flächenbehandlung, d. h. Spritzung oder Stäubung, die bei trockenem, sonnigem Wetter erfolgen soll, eignen sich z. B. Azinphos-, Chlorfenvinphos-, Lindan-, Methidathion-, Methomyl-, Parathion-methyl- und Propoxur-Präparate. Durch Methomyl, Parathion und Propoxur werden gleichzeitig auch saugende Insekten erfaßt.

Literatur
Brandt, H. und Bollow, H., 1949: Die Erdflöhe. Pflanzenschutz **1**, 133–136. – Mohr, K.-H., 1960: Erdflöhe (Col., Chrys., Halticinae). Neue Brehm-Bücherei Nr. 261, A. Ziemsen Verlag, Lutherstadt-Wittenberg, 48 S. – Nielsen, J.K., 1977: Host plant relationships of *Phyllotreta nemorum* L. (Coleoptera, Chrysomelidae). I. Field studies. Z. Angew. Entomol. **84**, 396–406.

5.3.9 Schmetterlinge

Kohlschabe, Kohlmotte, Schleiermotte
(diamond back moth)
Plutella xylostella (L.) [syn. *Plutella maculipennis* (Curt.)]

Systematische Stellung
Lepidoptera (Schmetterlinge), Plutellidae (Schabenmotten)

Geographische Verbreitung
P. xylostella ist ein Schadinsekt mit weltweiter Verbreitung. Die Art kommt praktisch überall dort vor, wo Kohlanbau möglich ist, d. h. vom kühlen Nordeuropa bis zu tropischen Ländern (CIE-Verbreitungskarte Nr. 32). In warmen Klimazonen ist sie wirtschaftlich besonders wichtig.

Beschreibung
Raupe: Etwa spindelförmig (Abb. 189, unten links), schwach behaart, bis etwa 9 mm lang, mit 6 Brust- und 10 Bauchfüßen. Färbung anfangs gelblichgrau, später grünlich. Kopfkapsel zunächst schwarz, im letzten Stadium gelblich bis hellbraun und mit schwarzen Flecken.
Puppe: Färbung braun. Puppenkokon spindelförmig, netzartig, locker an Blättern oder anderen Teilen der Brutpflanzen (Abb. 189, Mitte unten).
Falter: Flügelspannweite bis 17 mm; Vorderflügel schmal, hell- bis dunkelgrau und mit weißlichem bis gelblichweißem, gewelltem Streifen am

Hinterrand (Abb. 189, oben). Rand der Hinterflügel mit langen Fransen. Flügel in Ruhestellung steil dachförmig über dem Körper; weißer Randstreifen dann auffällige, gewellte Rückenlinie bildend (Abb. 189, unten rechts). Fühler relativ lang und dünn.

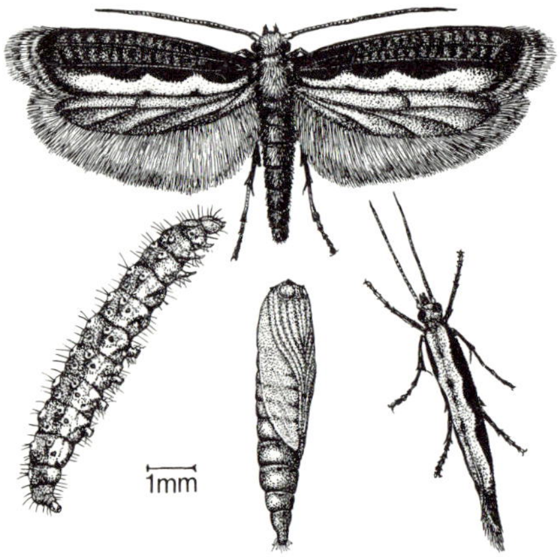

Abb. 189. Raupe (unten links), Puppe (Mitte unten) und Falter der Kohlschabe *(Plutella xylostella)*. Unten rechts: Falter in Ruhestellung.

Brutpflanzen

P. xylostella lebt polyphag praktisch an allen Kreuzblütlern. Der Schädling entwickelt sich vor allem an Kohlarten, Kohl- und Wasserrüben, Raps, Rübsen, Rettich, Radies, Meerrettich und vielen kreuzblütigen Zier- (Goldlack, Levkoje) und Wildpflanzen (Ackersenf, Hederich, Hirtentäschelkraut, Wiesenschaumkraut, Ackerhellerkraut und andere).

Schadsymptome und wirtschaftliche Bedeutung

Die Erstlarven vollführen einen Minierfraß in den Blättern, wodurch keine nennenswerten Schäden verursacht werden. Später gehen die Raupen zu einem Fensterfraß an der Blattunterseite über. Im letzten Stadium wird ein Lochfraß verursacht, der sich bei starkem Befall zum Skelettierfraß steigern kann (Farbtafel 20, S. 276). Die Raupen dringen auch in die Kohlköpfe ein. An Winterraps und Senf können die jungen Larvenstadien auch an den Schoten oder in diesen an den Samen fressen, die älteren die Blätter und Triebe zerstören.
Bei warmem, trockenem Wetter im August kann in manchen Jahren, in denen es zu Massenauftreten kommt, besonders in den nördlichen Teilen der Bundesrepublik Deutschland starker Blattschaden an Kohl und Kohlrübe eintreten, der Ertrags- und Qualitätsminderungen in bedeutendem Ausmaß nach sich zieht.

Entwicklungszyklus, Biologie und Ökologie

Die Überwinterung von *P. xylostella* erfolgt als Puppe an Pflanzenresten. Die Falter schlüpfen im Mai und sind teilweise am Tag, besonders aber während der Dämmerung aktiv. Tagsüber halten sie sich vorzugsweise an beschatteten Stellen auf den Blattober- und -unterseiten auf; abends erfolgt der Schwärmflug. Die sehr kleinen, grüngelben Eier werden von den Weibchen – 100 bis 200 pro Tier – im Zeitraum von 4 bis 10 Tagen einzeln oder in kleinen Gruppen am Abend und nachts vorwiegend auf die Blattunterseiten, seltener auf die Oberseiten und Stengel abgelegt. Nach dem Schlüpfen, das nach mehrtägiger Inkubationszeit – bei 20 °C etwa nach 4 bis 5 Tagen – erfolgt, dringen die Erstlarven ins Blatt ein, um hier zu minieren. Vom 2. Larvenstadium ab erfolgt vor allem an der Blattunterseite ein Fensterfraß. Dabei wird die Blattsubstanz abgeschabt und die obere Epidermis bleibt als „Fenster" stehen. Ältere Raupen fressen rundliche Löcher. Bei Störungen bewegen sie sich sehr lebhaft und gleiten an einem Gespinstfaden, an dem sie später wieder hochklettern können, zu Boden. Nach etwa 3 bis 4 Wochen sind die Raupen etwa in der letzten Junidekade voll entwickelt und verpuppen sich in einem netzartigen Kokon in erster Linie auf den Blattunterseiten, vor allem neben stärkeren Rippen und in Vertiefungen. Die Falter schlüpfen nach etwa 1½ bis 2 Wochen im Juli.
Im Normalfall treten 3 bis 4 Generationen im Jahr auf (Falter im Mai, Juli und August), bei trockenem und warmem Wetter noch eine weitere, wobei eine weitgehende Überschneidung zustandekommt, so daß ständig alle Stadien in den Kohlbeständen angetroffen werden.
Die Kohlmotte hat bei uns einen typischen temporären Massenwechsel, d. h. auf Jahre mit nur geringem Auftreten folgt ein solches mit Massenvermehrung. Dies ist vor allem auf Witterungsfaktoren, teilweise auch auf natürliche Feinde zurückzuführen. Bei starkem Auftreten sind wie beim Kohlweißling Wanderflüge beobachtet worden.

Natürliche Feinde
Als Prädatoren von *P. xylostella* treten verschiedene Vogelarten (z. B. Feldsperling, Feldlerche, Buchfink) und Käfer auf. Als Parasiten sind einige Hautflügler, z. B. die Ichneumonide *Angitia fenestralis* Holmgr. bekannt. Als Puppenparasiten haben vor allem *Diadegma*-Arten Bedeutung. Die Raupen werden besonders bei hoher Feuchtigkeit auch von parasitischen Pilzen wie *Entomophthora* (z. B. *E. blunckii* Lakon und *E. sphaerosperma* Fres.) befallen und abgetötet. Die Parasiten können bei günstigen Bedingungen einen wichtigen Einfluß auf die Populationsdynamik der Kohlmotte ausüben.

Bekämpfung
Frühes Pflanzen und gute Düngung kann dem Schaden dadurch entgegenwirken, daß die Kohlpflanzen beim Auftreten der Raupen schon so groß sind, daß nur geringerer Befall und damit entsprechende Ertragsverluste zu erwarten sind.
Der Falterflug ist mit Sexualpheromonfallen überwachbar. Sie sind gegenüber der 1. Generation jedoch kaum fängig. Als kritische Befallszahl (wirtschaftliche Schadensschwelle) gilt bereits 1 Raupe pro Pflanze.
Zur mikrobiologischen Bekämpfung kommen *Bacillus thuringiensis*-Präparate in Frage. Diese wirken selektiv und sind somit nützlingsschonend. Wenn notwendig, muß die Behandlung (Spritzung) wiederholt werden. Eine biologische Bekämpfung ist auch durch Eiparasiten (*Trichogramma* spp.) möglich, die in befallenen Feldern freigelassen werden.
Zur chemischen Bekämpfung sind die gleichen Produkte verwendbar, wie sie für die Bekämpfung des Großen Kohlweißlings angegeben werden (s. Seite 360).
In tropischen Ländern hat *P. xylostella* wegen intensiver Bekämpfungsmaßnahmen eine breitgefächerte Insektizidresistenz entwickelt, so daß sie heute in manchen Gebieten kaum mehr erfolgreich bekämpfbar ist. Selbst gegen neue synthetische Pyrethroide erfolgte eine Resistenzentwicklung überraschend schnell.

Literatur
DOSSE, D., 1959: Ein bisher unbekanntes Schadbild von *Plutella maculipennis* Curt. an Winterraps und Senf mit Ergänzungen zur Morphologie der Larven. Z. Pflanzenkr. Pflanzenpathol. Pflanzenschutz **66**, 150–156. – KHRISTOVA, E., 1957: *Plutella maculipennis* Curt. and its control. Nachn. Tr. Minist. Zemedel, **1**, 239–255. – SHAW, M.W., 1959: The diamond-back moth *Plutella maculipennis* (Curtis). A historical review with special reference to its occurrence in Scotland in 1958. Trans. R. Highl. Agric. Soc. Scotl. **6**, 56–80. – TAYLOR, W. E. and BARDNER, R., 1968: Effects of feeding by larvae of *Phaedon cochleariae* (F.) and *Plutella maculipennis* (Curt.) on the yield of radish and turnip plants. Ann. Appl. Biol. **62**, 249–254.

Kohlzünsler
Evergestis forficalis (L.) [syn. *Pionea forficalis* (L.)] (Lepidoptera, Pyralidae)
Die gesellig lebenden Raupen dieses Zünslers treten in manchen Jahren vor allem an geschützten Stellen in größerer Zahl in Erscheinung und schädigen dann Kohlblätter und Kohlköpfe durch einen Fenster- und Lochfraß mehr oder weniger stark.

Literatur
DUNN, J.A. and KEMPTON, D.P.H., 1976: Varietal differences in the susceptibility of Brussels sprouts to lepidopterous pests. Ann. Appl. Biol. **82**, 11–19. – KING, A.B.S., 1974: Photoperiodic induction and inheritance of diapause in *Pionea forficalis* (Lepidoptera : Pyralidae). Entomol. Exp. Appl. **17**, 397–409.

Gammaeule, *Autographa gamma,* s. Seite 315.

Kohleule
(cabbage moth)
Mamestra brassicae (L.) [syn. *Barathra brassicae* (L.)]

Systematische Stellung
Lepidoptera (Schmetterlinge), Noctuidae (Eulenfalter)

Geographische Verbreitung
Die Kohleule kommt in Europa und in großen Teilen Asiens einschließlich Japans vor.

Beschreibung
Raupe: Länge etwa 40 mm; Brust mit 3, Hinterleib mit 5 Beinpaaren. Färbung sehr variabel, d. h. grünlich, graugrün oder bräunlich (Farbtafel 20, S. 276). Rücken mit weißlich umrande-

tem, medianem Längsstreifen und dunkleren, schrägen Strichen oder Flecken (Abb. 190, unten links). Bauchsegmente mit hufeisenförmiger Zeichnung. Seiten mit breitem weißgelbem oder grünlichem Längsstreifen.

Falter: Flügelspannweite etwa 4,2 bis 4,5 cm. Vorderflügel bräunlich, graubraun oder dunkelbraun und mit dunkleren, gewellten Querbinden und einer helleren Binde in der Randzone (Abb. 190, oben). Flügelmitte mit nierenförmigem, hell begrenztem Fleck. Hinterflügel einfarbig hellbraun bis braungrau.

Gebiets- und jahrgangsweise kann *M. brassicae* zu einem wichtigen Schädling an spät gepflanztem Kohl werden, da von den Raupen befallene Köpfe nicht verwendbar bzw. unverkäuflich sind.

Entwicklungszyklus, Biologie und Ökologie

Die Überwinterung erfolgt als Puppe im Boden. Das Schlüpfen der Falter findet in der Regel in der 2. Maihälfte und im Juni statt, jedoch können manche Raupen auch „überliegen", d. h. es kommt dann erst im nächsten Jahr zum Schlüpfen der Schmetterlinge. Die Weibchen legen nach etwa 1 bis 4 Tagen ihre runden, konzentrisch gerillten Eier in Gruppen von etwa 30 bis 60 Stück vor allem an Kohl und anderen Kreuzblütlern ab. Sie leben etwa 1 bis 2 Wochen. Die durchschnittliche Zahl der Eier pro Weibchen wird mit etwa 500 angegeben; im Maximum sollen bis zu 2000 Stück pro Weibchen erzeugt werden können. Die Raupen der ersten Generation vollführen an den Blättern einen Fenster- und Lochfraß – von Ausnahmen abgesehen richten sie aber keine großen Schäden an Frühgemüsekulturen an. Junge Raupenstadien lassen sich bei Erschütterungen zu Boden fallen, wodurch eine hohe Sterblichkeit entsteht. Die Verpuppung erfolgt im Juli im Boden. Die Falter treten ab Ende Juli auf und fliegen bis Mitte September. Im August-September sind dann die Raupen der 2. Generation zu finden, die mit Vorliebe in

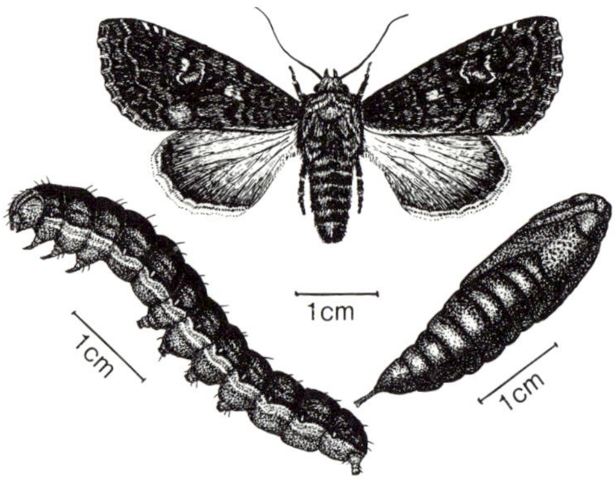

Abb. 190. Falter, Raupe und Puppe der Kohleule *(Mamestra brassicae)*.

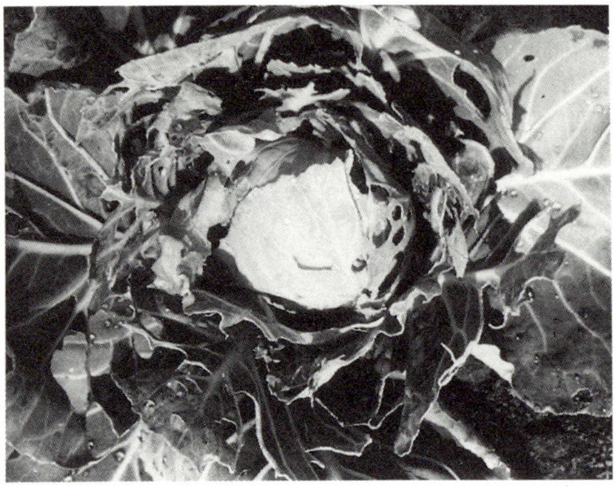

Abb. 191. Fraßschaden durch Kohleulenraupen *(Mamestra brassicae)* an Weißkohl.

Brutpflanzen

Die Raupe von *M. brassicae* lebt außer an verschiedenen Kohlgewächsen an anderen angebauten und wilden Kreuzblütlern, aber auch an Pflanzen anderer Familien wie Zwiebel, Tabak, Zuckerrübe, Salat, Mohn, Gurke, *Phaseolus*-Bohne, Erbse und gelegentlich sogar an Mais. Von den Unkräutern wird beispielsweise Franzosenkraut *(Galinsago parviflora)* befressen.

Schadsymptome und wirtschaftliche Bedeutung

Junge Raupen vollführen an den Blättern von Weißkohl und anderen Kohlarten einen Fenster- und Lochfraß (Abb. 191), ältere ausschließlich Lochfraß. Sie zerstören dadurch die Blätter, auch die in den äußeren Zonen der Köpfe. Hinzu kommt ein Verschmutzen der Kohlköpfe durch die feuchten Exkremente, was zu Fäulnis führen kann.

die Köpfe der Kohlpflanzen eindringen und dadurch besonders schädlich werden. Die vollentwickelten Raupen der letzten Generation begeben sich in den Boden zur Verpuppung. In sehr günstigen Jahren kann sich im Herbst noch eine dritte Generation entwickeln.

Natürliche Feinde
Die Raupen werden von Kernpolyeder-Viren befallen, die viele von ihnen abtöten können. Als Eiparasiten treten *Trichogramma*-Arten auf. Wespen können wichtige Prädatoren junger Raupen sein, doch besitzen letztere ein besonderes Organ zur Wahrnehmung des Wespensummtones, das sie in die Lage versetzt, sich rechtzeitig fallen zu lassen.

Bekämpfung
In England ist ein bestimmter Grad von Resistenz gegen *M. brassicae* bei Rosenkohlsorten festgestellt worden. Es wird versucht, ein Viruspräparat auf der Basis eines Kernpolyeder-Virus zur biologischen Bekämpfung der Kohleulenraupen zu entwickeln. Als biologische Bekämpfungsmaßnahme kann nach Erfahrungen in anderen Ländern auch die Freilassung von Eiparasiten der Gattung *Trichogramma* in Betracht kommen. Der Falterflug kann mit Lichtfallen überwacht werden. Entsprechendes gilt für Fallen, die mit synthetischem Sexualpheromon beködert sind.
Zur Feststellung des Raupenbesatzes sind ab Juli je 100 Kohlpflanzen zu untersuchen. Die Bekämpfungs- bzw. wirtschaftliche Schadensschwelle gilt als erreicht, wenn 10 Raupen an 100 Pflanzen festgestellt werden. Anderen Angaben zufolge liegt die Bekämpfungsschwelle bei etwa 5% befallener Pflanzen.
Es müssen vor allem die jungen Raupenstadien der 2. Generation bekämpft werden. Als geeignete insektizide Wirkstoffe gelten unter anderem Methamidophos, Methomyl, Mevinphos, Permethrin und Trichlorfon.

Literatur
GRÖNER, A., 1976: Das Kernpolyedervirus der Kohleule (*Mamestra brassicae* (L.)): Seine Produktion und Erprobung für die biologische Schädlingsbekämpfung. Z. Angew. Entomol. **82**, 138–143. – KRÄMER, K., 1963: Zur Biologie der Kohleule (*Barathra (Mamestra) brassicae* L.). Ges. Pflanzen **15**, 67–73. – NOLL, J., 1963: Über den Einfluß der Temperatur auf die Lebensweise der Imagines, auf Beginn, Verlauf und Dauer der Eiablage sowie auf die Eizahlen (Eiproduktion) bei der Kohleule (*Mamestra (Barathra) brassicae* L.) und seine Bedeutung für den Massenwechsel des Schädlings. Nachrichtenbl. Dtsch. Pflanzenschutzdienst (Berl.) NF **17**, 9–24. – NOLL, J., 1967: Eine Polyedrose als Hauptbegrenzungsfaktor für die Massenvermehrung der Kohleule (*Mamestra brassicae* L.). Arch. Pflanzenschutz **3**, 27–48.

Gemüseeule
Lacanobia oleracea (L.) [syn. *Mamestra oleracea* (L.), *Polia oleracea* (L.)] (Lepidoptera, Noctuidae)
Die Raupe von *L. oleracea* verursacht an Kohl praktisch das gleiche Schadbild wie die von *Mamestra brassicae*. Sie ist grünlichbraun und hat einen gelben Seitenstreifen. Der Falter hat rötlichbraune Vorderflügel und eine Flügelspannweite von etwa 30 bis 40 mm.
Die Bekämpfung erfolgt wie bei der Kohleule.

Wintersaateule, *Agrotis segetum*, s. Seite 134.

Großer Kohlweißling
(large cabbage white butterfly)
Pieris brassicae (L.)

Systematische Stellung
Lepidoptera (Schmetterlinge), Pieridae (Weißlinge)

Geographische Verbreitung
Der Große Kohlweißling hat in der Alten Welt eine sehr weite Verbreitung, d. h. er kommt in Europa einschließlich Madeiras und Teneriffas, in Nordafrika, in Vorder- und Mittelasien, auf Mauritius, in Teilen Indiens sowie in China vor (CIE-Verbreitungskarte Nr. 25; revidiert). In Südamerika tritt er in Chile auf, wo er zu Beginn der siebziger Jahre eingeschleppt wurde.

Beschreibung
Raupe: Länge bis zu 40 mm. Körper mit 3 Brust- und 5 Bauchbeinpaaren (Abb. 192, oben). Kopf hellgrau und mit schwarzer Fleckung. Körperfärbung gelblichgrau bis grünlichgrau; außerdem schwarze Punkte unterschiedlicher Größe und gelbe Rücken- und Seitenstreifen vorhanden.

Puppe: Färbung weißgelblich bis hellgrau. Vorderer Teil mit Spitzen, Ecken und Kanten. Körper mit Gespinstfaden („Gürtel“) mit dem Kopf nach oben am Verpuppungsort befestigt.
Falter: Flügelspannweite bis etwa 60 mm. Oberseite der Flügel weiß mit größerem schwarzem Fleck an der Spitze des Vorderflügels sowie beim Weibchen zwei runden, übereinanderstehenden Flecken und einem länglichen schwarzen Fleck

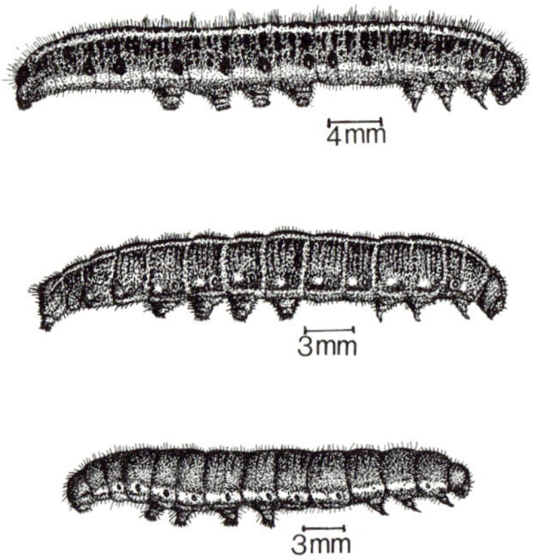

Abb. 192. Raupen des Großen Kohlweißlings (*Pieris brassicae,* oben), des Kleinen Kohlweißlings (*P. rapae,* Mitte) und des Rapsweißlings (*P. napi,* unten).

am Hinterrand (Abb. 193, links). Hinterflügel bei Männchen und Weibchen mit schwarzem Fleck etwa in der Mitte des Vorderrandes. Unterseite der Hinterflügel gelblich mit schwärzlichem Anflug.

Brutpflanzen

Die vor allem in jüngeren Entwicklungsstadien gesellig auftretenden Raupen von *P. brassicae* (Farbtafel 20, S. 276) fressen an vielen Kreuzblütlern wie den verschiedensten Kohlarten, der Kohlrübe, Raps, Rübsen, Senf und Meerrettich. Sie werden außerdem auch an einigen wilden Kruziferen-Arten wie *Raphanus raphanistrum, Sinapis arvensis, Cakile maritima, Crambe maritima* und *Lepidium latifolium* sowie Zierpflanzen wie *Tropaeolum majus* (Tropaeolaceae) gefunden.

Schadsymptome und wirtschaftliche Bedeutung

Die sehr gefräßigen Raupen vollführen bei starkem Befall an Kohl und anderen Kulturpflanzen einen Skelettierfraß, wodurch empfindlicher Schaden entsteht. Derart geschädigte Pflanzen liefern eine nicht verwendbare Ware, doch auch leichterer Fraßschaden bewirkt bereits merkliche Qualitätseinbußen. Besonders die 2.Generation kann in trockenwarmen Sommern sehr stark auftreten und dann im Konsumkohlanbau erheblich schädlich werden.

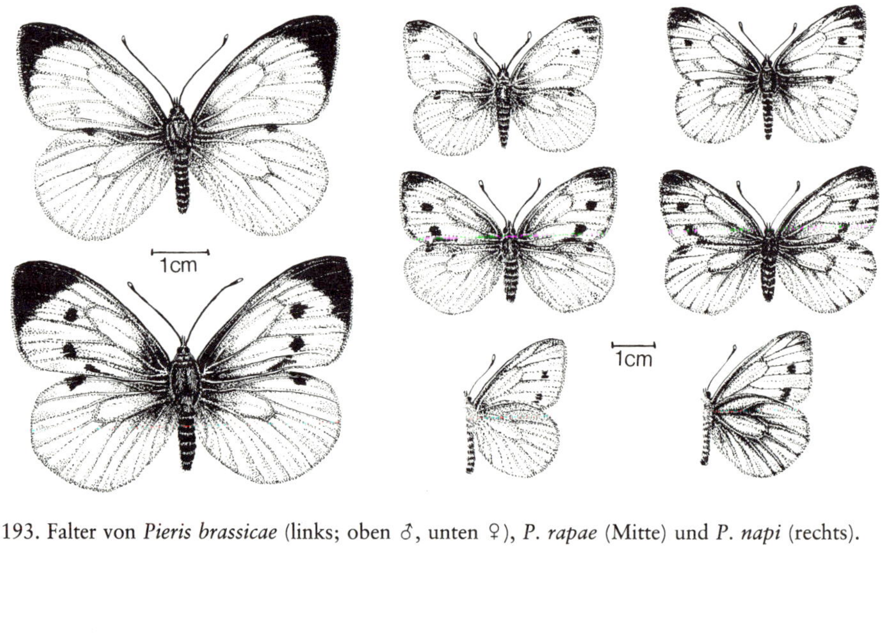

Abb. 193. Falter von *Pieris brassicae* (links; oben ♂, unten ♀), *P. rapae* (Mitte) und *P. napi* (rechts).

Entwicklungszyklus, Biologie und Ökologie

Der Große Kohlweißling gehört in Mitteleuropa zu den häufigsten Schmetterlingsarten. Sein zahlenmäßiges Auftreten ist jedoch von Jahr zu Jahr und von Ort zu Ort starken Schwankungen unterworfen.

Die Überwinterung erfolgt als Puppe an Mauern, Bäumen, Zäunen usw. Die Falter erscheinen vor allem im Mai und legen ihre gelben, auffällig längsgerippten Eier in größeren Gruppen (meist 40 bis 60 Stück) vor allem an wilde Kreuzblütler, vorzugsweise Hederich und Ackersenf, manchmal auch an Frühkohl ab. In früheren Jahren wurde z. B. in Schleswig-Holstein auch Raps, der in Sommergetreidefeldern als Aufschlag oder Durchwuchs stand, stark mit Eiern belegt. Heute steht diese Möglichkeit zu stärkerer Fortpflanzung wegen verbreiteter Herbizidanwendung praktisch nicht mehr zur Verfügung. Pro Weibchen ist mit etwa 300 bis 500 Eiern zu rechnen. Das Schlüpfen der zunächst gesellig lebenden Raupen erfolgt je nach Temperatur nach etwa 1 bis 1½ Wochen. Eine Temperatur von 23 °C und eine relative Luftfeuchte von 85% stellen optimale Bedingungen für die Raupen dar. Die Entwicklung bis zur Puppe dauert ungefähr einen Monat. Die Verpuppung erfolgt an der Nährpflanze oder nach kurzer Wanderung in deren Umgebung an Bäumen, Zäunen und Hauswänden. Zwei bis drei Wochen später schlüpfen die Falter. Sie bilden die zweite Generation, die der ersten zahlenmäßig stark überlegen ist. Die Weibchen legen ihre Eier im Gegensatz zu den Faltern der ersten Generation vorwiegend an angebauten Kreuzblütlern auf der Blattunterseite ab. Bei der Eiablage werden die Feldränder oft bevorzugt, besonders wenn diese geschützt und sonnig liegen. Kleine Kohlfelder werden großen gegenüber deutlich vorgezogen. Gegen Ende August und im September wandern die Raupen zum Teil mehr als 100 m weit, um für die Verpuppung geeignete Plätze zu finden.

In der Regel treten in Mitteleuropa nur zwei Generationen im Jahr auf, unter besonders günstigen Bedingungen ist noch eine dritte möglich, die ihre Entwicklung bis zur Puppe infolge zu niedriger Temperaturen im Herbst aber meist nicht mehr abschließen kann.

Der Pflanzeninhaltsstoff Sinigrin hat bei den *P. brassicae*-Raupen eine fraßauslösende Wirkung. Der Falter selbst ist ein sehr aktiver Blütenbesucher, da er zur Entwicklung seiner Eier reichlich Nektar benötigt. Er ist gegen kühle, regenreiche Witterung empfindlich und fliegt nur bei Sonnenschein. Bei günstiger Witterung (Hochdruckwetterlagen) führt er im Sommer scharenweise Wanderflüge durch, die ihn über weite Strecken führen können. In Mitteleuropa wandern die Frühjahrsfalter einzeln meist in nördlicher Richtung, die Sommerfalter scharenweise in der Regel nach Südwesten. Oft werden auch Flüge gegen den Wind durchgeführt, wobei Tagesstrekken von mehreren Kilometern zurückgelegt werden. Es werden in der Literatur auch Flugdistanzen von 400 km und darüber angegeben, was aber nicht allein auf aktiven Flügen beruhen kann. Ein freigelassenes, markiertes Weibchen wurde in etwa 200 km Entfernung vom Freilassungsort nach 2 Tagen wiedergefunden.

Natürliche Feinde

Der wichtigste natürliche Feind von *P. brassicae* ist die Brackwespe *Apanteles glomeratus* (L.) (Farbtafel 27, S. 379), die jedoch von mehreren Hyperparasiten befallen wird, was ihre Wirkung einschränken kann. Sie belegt die Wirtstiere mit einer größeren Zahl von Eiern. Die Parasitenlarven entwickeln sich im Raupenkörper, wobei sie lebenswichtige Organe erst kurz vor ihrer Verpuppung, die in einem gelblichen Kokon neben der absterbenden Raupe stattfindet, zu ihrer Ernährung nutzen. Der Parasitierungsprozentsatz liegt in manchen Jahren sehr hoch. Auch der Puppenparasit *Pteromalus puparum* (L.) und der Eiparasit *Trichogramma evanescens* Westw. können wichtig sein. Weitere natürliche Feinde sind parasitische Pilze, besonders *Entomophthora sphaerosperma* Fres., die vor allem im September bei feuchter Witterung Epizootien verursacht. Außerdem treten Virus-, Bakterien- (*Bacillus thuringiensis* Berl.) und Microsporidienkrankheiten auf. Die Kohlweißlingspuppen werden vor allem im Winter von Vögeln wie Meisen gefressen, die Raupen während des Sommers z. B. von Dorngrasmücken und Sperlingen, aber auch räuberischen Insekten wie dem Ohrwurm *Forficula auricularia* L. Die Falter fallen z. B. Gartenrotschwänzchen oder Wespen [*Paravespula germanica* (F.)] zum Opfer; letztere tragen auch Raupen in ihre Nester ein.

Bekämpfung

Ab Juni sind je 100 Kohlpflanzen auf Raupenbesatz zu kontrollieren. Werden insgesamt 2 Raupennester oder 20 Raupen gefunden, so ist die Bekämpfungs- bzw. wirtschaftliche Schadensschwelle erreicht. Nach anderen Angaben liegt die Bekämpfungsschwelle bei etwa 5% befallenen Pflanzen.

Im Kleinanbau ist eine mechanische Vernichtung der Eigelege (Blattunterseite!) und Raupen in möglichst frühem Stadium durchführbar. Spritzungen können mit *Bacillus thuringiensis*-Präparaten oder Kontaktinsektiziden wie z. B. Cypermethrin, Metamidophos, Methomyl, Carbaryl, Mevinphos, Permethrin, Tetrachlorvinphos und Dimethoat + Endsulfan durchgeführt werden, wobei an Kohl wegen der Gefahr überhöhter Rückstände die Insektizide mit kurzer Wirkungsdauer (meist auch mit kurzen Wartezeiten) zu bevorzugen sind. *B. thuringiensis*-Mittel sind ausgesprochen selektiv und nützlingsschonend und deshalb für integrierte Pflanzenschutzmaßnahmen besonders geeignet.

Literatur

Blunck, H., 1951: Zur Kenntnis des Massenwechsels von *Pieris brassicae* L. mit besonderer Berücksichtigung des Dürrejahres 1947. Z. Angew. Entomol. **32,** 141–171. – Blunck, H., 1954: Beobachtungen über die Wanderflüge von *Pieris brassicae* L. Beitr. Entomol. **4,** 485–528. – Brederlow, H., 1981: Zum Auftreten des Großen Kohlweißlings (*Pieris brassicae* L.) an Sommerraps. Ges. Pflanzen **33,** 140–141. – Feltwell, J., 1982: Large White Butterfly. Junk, The Hague–Boston–London, 535 S. – Nolte, H.-W., 1949: Der Kohlweißling. Neue Brehm-Bücherei, A. Ziemsen Verlag, Lutherstadt-Wittenberg, 43 S. – Roer, H., 1959: Über Flug- und Wandergewohnheiten von *Pieris brassicae* L. Z. Angew. Entomol. **44,** 272–309.

Kleiner Kohlweißling

(small cabbage white butterfly)

Pieris rapae L., (Lepidoptera, Pieridae)

Der in vielen Teilen der Welt verbreitete, ebenfalls als „Wanderfalter" bekannte Kleine Kohlweißling tritt in Mitteleuropa alljährlich als Schädling in Kohlbeständen auf. Der Falter ähnelt dem des Großen Kohlweißlings, abgesehen von geringerer Größe und 2 schwärzlichen Flekken auf der Flügeloberseite, die auch beim Männchen zumindest angedeutet sind (Abb. 193, Mitte). Die bis zu 30 mm lange Raupe (Abb. 192, Mitte) lebt einzeln an den Brutpflanzen (Abb. 194), wobei es sich um angebaute und wilde Kreuzblütler handelt. Sie ist samtartig mattgrün und hat einen gelben Mittelstreifen und zwei ebenso gefärbte Seitenlinien.

Abb. 194. Raupe des Kleinen Kohlweißlings *(Pieris napi)* an Kohlblatt.

P. rapae hat zwei Generationen im Jahr, in sehr günstigen Jahren bis zu drei. Die Überwinterung erfolgt im Puppenstadium. Der Falter legt seine Eier einzeln ab. Die Raupen der 1. Generation leben meist an Wildpflanzen, z. B. an Hirtentäschelkraut. Die Verpuppung auch der 2. Generation erfolgt an den Nährpflanzen. Der Kleine Kohlweißling ist oft mit dem Großen Kohlweißling vergesellschaftet. Der Schaden besteht in einem Loch- und Skelettierfraß an den Blättern

Tafel 25

Oben links: Gewöhnliches Ackerbohnenmosaik (BYMV). Oben rechts: Scharfes Adernmosaik an Akkerbohne (PEMV). Mitte links: *Botrytis fabae,* Schokoladenfleckenkrankheit. Mitte rechts: *Uromyces viciae-fabae,* Ackerbohnenrost (Uredolager). Unten links: Hopfenmosaik (HMV). Unten rechts: Ring- und Bandmosaik an Hopfen (NRSV).

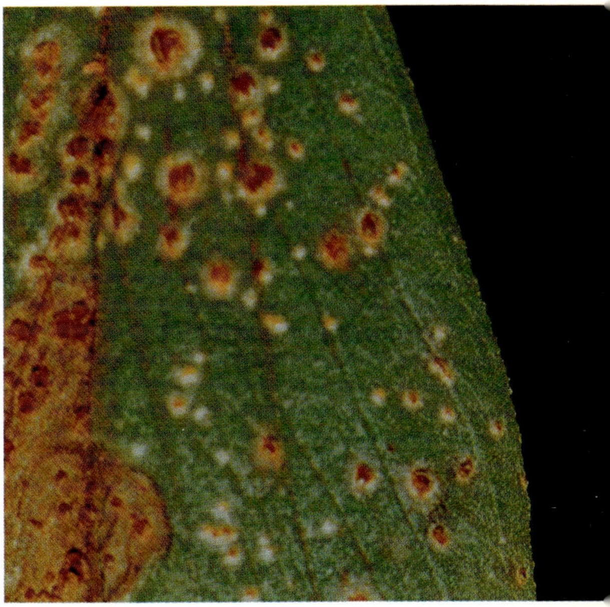

von Kohl, Steckrüben und anderen kreuzblütigen Nutzpflanzen; in vielen Fällen dringen die Raupen auch in den äußeren Bereich der Kopfregion von Kohlpflanzen ein und verschmutzen ihn mit ihren Exkrementen.

P. rapae wird zum Teil stark von Raupenparasiten wie beim Großen Kohlweißling (s. Seite 360) erfolgen, wenn die Schadensschwelle von *rum* (L.)] und Krankheitserregern (*Entomophthora sphaerosperma* Fres.) befallen.

Die Bekämpfung kann mit den gleichen Produkten wie beim Großen Kohlweißling (s. Seite 360) erfolgen, wenn die Schadensschwelle von 10 Raupen auf 100 Pflanzen erreicht oder überschritten ist. Nach anderen Angaben liegt die Bekämpfungsschwelle bei 5% befallenen Pflanzen.

Literatur

Blunck, H., 1950: Zur Kenntnis des Massenwechsels von *Pieris brassicae* L. mit besonderer Berücksichtigung des Dürrejahres 1947. Z. Angew. Entomol. **32**, 141–171. – Blunck, H., 1951: Parasiten und Hyperparasiten von *Pieris rapae* L. Z. Pflanzenkr. Pflanzenpathol. Pflanzenschutz **58**, 25–54.

Rapsweißling
(green-veined white butterfly)
Pieris napi (L.) (Lepidoptera, Pieridae)

Neben dem Kleinen Kohlweißling tritt auch noch der Rapsweißling an Kohlpflanzen und anderen Kulturkruziferen (Raps, Meerrettich) auf. Der Falter (Abb. 193, rechts) ähnelt in Größe und Färbung dem Kleinen Kohlweißling, kann von diesem aber leicht durch die dunkel bestäubten Adern der Unterseite der gelben Hinterflügel unterschieden werden. Seine Raupe wird bis 3 cm lang, ist grün gefärbt und läßt zahlreiche weiße Warzen und dunkle Punkte erkennen (Abb. 192, unten). An jeder Seite des Raupenkörpers befindet sich ein gelber Längsstreifen; die Stigmen (Atemlöcher) sind schwarz gefärbt und rotgelb umrandet. Der Fraß der einzeln lebenden Raupen gleicht dem von *P. rapae*. Pro Jahr treten 2 Generationen auf.

Die Schadensschwelle und Bekämpfung entspricht der des Kleinen Kohlweißlings.

5.3.10 Schnaken

Sumpfschnake, *Tipula paludosa,* s. Seite 137.

5.3.11 Gallmücken

Kohldrehherzmücke
(swede midge)
Contarinia nasturtii (Kieff.)

Systematische Stellung
Diptera (Zweiflügler), Cecidomyiidae (Gallmücken)

Geographische Verbreitung
C. nasturtii hat in Europa eine weite Verbreitung.

Beschreibung
Larve: Länge bis etwa 2,5 mm, Färbung weiß bis gelblichweiß (Abb. 195, links). 1. Brustsegment auf der Unterseite mit zweihöckriger Brustgräte (Sprungfähigkeit!).
Mücke: Länge etwa 1,5 bis 2 mm; ♀ im Durchschnitt größer als ♂ (Abb. 195, rechts). Fühler beim ♂ länger als Körper, beim ♀ etwa halb so lang. Brustregion braun; Hinterleib beim ♂ gelbbraun, beim ♀ gelbgrün. Hinterende des ♀ mit ausstülpbarer Legeröhre.

Brutpflanzen
Die Larve der Kohldrehherzmücke lebt in Blüten und Herzen von angebauten und wilden Kreuzblütlern. Von den Kulturpflanzen befällt sie praktisch alle Kohlarten, Kohlrübe, Rettich und Radieschen, Raps, Rübsen und Senf, von den Wildpflanzen z.B. *Nasturtium*-Arten *(N. amphibium, N. officinale, N. palustre), Raphanus*-Arten *(R. raphanistrum, R. sativus, R. caudatus)*, Ackersenf *(Sinapis arvensis), Cochlearia armorica, Thlapsi arvense, Sisymbrium officinale, Lepidium sativum* und andere.

Tafel 26:
Oben links: *Verticillium* spec., Hopfenwelke. Oben rechts: *Pseudoperonospora humuli,* Falscher Mehltau, Triebbefall (Bubiköpfe). Mitte links: *Pseudoperonospora humuli,* Falscher Mehltau, Blattbefall. Mitte rechts: *Sphaerotheca humuli,* Echter Mehltau an Hopfen. Unten links: Tabakmosaik (TMV). Unten rechts: *Peronospora tabacina,* Blauschimmelkrankheit des Tabaks.

Schadsymptome und wirtschaftliche Bedeutung
Das typische Schadbild von *C. nasturtii* an Kohlpflanzen ist eine durch die Fraßtätigkeit der Larven verursachte, charakteristische Verdrehung und Verkrümmung der Herzblätter („Drehherz“) (Farbtafel 23, S. 327). Als Folge stellt sich vielfach ein Absterben des Vegetationspunktes („Herzlosigkeit“), Mehrköpfigkeit oder völliger Ausfall der Kopf- oder Blumenbildung, manchmal auch Fäulnis in der Herzregion ein. An den Fraß- bzw. Saugstellen an Blattstielen oder Blattrippen zeigen sich später verkorkte Narben. An Samenträgern vergallen die Blüten.
Im Gemüsebau kann die Kohldrehherzmücke in manchen Jahren vor allem in ihrer 1., manchmal auch in ihrer 2. Generation an Kohl und in ihrer 3. an Kohlrübe sehr schädlich werden. Blumenkohl ist besonders empfindlich. Auch an Samenträgern kann infolge Verminderung des Samenansatzes nennenswerter Schaden verursacht werden. An Kohlrübe schaden die Larven an sich direkt nur wenig, um so mehr die oft als Folge ihres Fraßes auftretende, also sekundäre bakterielle Fäule des Rübenkörpers.

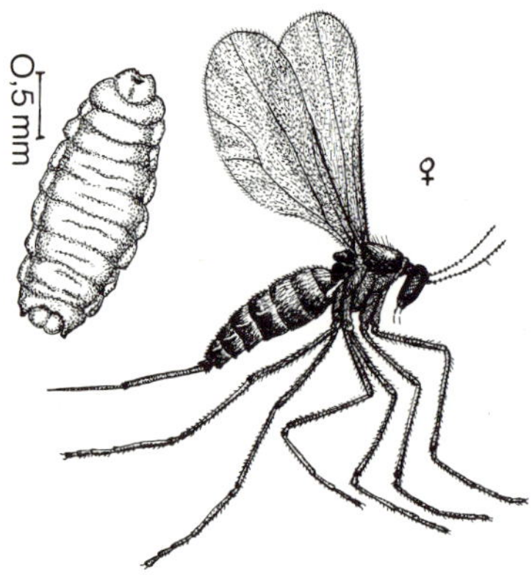

Abb. 195. Larve (links) und Mücke der Kohldrehherzmücke *(Contarinia nasturtii)*.

Entwicklungszyklus, Biologie und Ökologie
Die Überwinterung erfolgt als Larve in einem Erdkokon. Die Verpuppung findet hier im Frühjahr statt, das Schlüpfen der Mücken etwa 2 bis 3 Wochen später ab etwa Mitte Mai bis Anfang Juni, wozu hohe Bodenfeuchtigkeit erforderlich ist, bei deren Fehlen der Schlüpfvorgang vollständig unterbunden werden kann.
Pro Weibchen, das wie das Männchen nur wenige Tage lebt, ist maximal mit etwa 200 Eiern zu rechnen, die es mit Hilfe der Legeröhre tief zwischen den Blattstielen der jüngeren Herzblätter junger Nährpflanzen ablegt, wobei Gelege aus etwa 15 bis 25 Eiern abgesetzt werden. An einer Pflanze sind oft mehrere Gelege zu finden. Die Larven schlüpfen in Abhängigkeit von der Temperatur nach etwa 3 bis 9 Tagen und saugen an Blattadern, Blattstielen und am Vegetationspunkt, wodurch unter Einwirkung pflanzenphysiologisch wirksamer Sekrete die oben beschriebenen Schäden entstehen. Nach 1½ bis 2½ Wochen springen sie auf den Boden, in dem sie sich bis zu einer Tiefe von mehreren (meist 2 bis 4) Zentimetern in einem Kokon verpuppen. Vor dem Schlüpfen der Mücke etwa 1 bis 3 Wochen nach der Verpuppung verläßt die Puppe den Kokon und bohrt sich nach oben bis zur Erdoberfläche. In der 1. Julihälfte tritt eine 2., im August eine 3. Generation auf; unter besonders günstigen Witterungsbedingungen kann sogar noch eine 4. und 5. folgen.
Zur Überwinterung gehen die Larven etwa 2 bis 7 cm tief in den Boden. Ihr „Überliegen“ für einen längeren Zeitraum ist bei allen Generationen möglich. Die Tendenz zum „Überliegen“ nimmt gegen Ende des Sommers deutlich zu.
Mücken und Larven sind gegen kühle Temperaturen sehr empfindlich. Andererseits schadet ihnen auch Trockenheit, da vor allem die im Boden befindlichen Stadien sehr feuchtigkeitsbedürftig sind (s. oben). Der Schädling bevorzugt in der Regel windgeschützte Stellen sehr deutlich. Nach Trockenheit im Sommer und Frühherbst, die zum „Überliegen“ vieler Larven führt, sowie hoher Bodenfeuchtigkeit im folgenden Mai–Juni ist mit einem stärkeren Auftreten von *C. nasturtii* zu rechnen.

Natürliche Feinde
Als Parasiten kommen nicht näher untersuchte Chalcididen und Platygasteriden vor.

Bekämpfung
Fruchtwechsel in Verbindung mit pflanzenhygienischen Maßnahmen einschließlich Bekämpfung wilder Kreuzblütler kann den Befall vermindern. Tiefes Unterpflügen verhindert, daß die Puppen vor dem Schlüpfen der Mücken die Bodenoberfläche erreichen.

Auch für die Kohldrehherzmücke wird eine Überwachung des Mückenfluges, vor allem der der 1. Generation mit Hilfe von Schlüpfkäfigen empfohlen.
Die Bekämpfungs- bzw. wirtschaftliche Schadensschwelle wird mit einem Gelege (etwa 15 bis 20 Eier) an einer von 20 untersuchten Pflanzen angegeben. Als wirksame Insektizide haben sich z. B. Azinphos-methyl und Parathion erwiesen. Die Mittel müssen in Kohlanzuchtbeeten und nach dem Auspflanzen wiederholt im Abstand von etwa 1 Woche ausgebracht werden, wobei darauf zu achten ist, daß die Herzregion von oben her mit einem starken Spritzstrahl behandelt wird. Da in vielen Fällen, vor allem bei schwächerem Auftreten der Mücken, Randbefall der Felder typisch ist, dürften Randbehandlungen bei solchen Voraussetzungen bereits befriedigende Bekämpfungsergebnisse liefern.

Literatur

Hornig, H., 1954: Die Bedeutung der Drehherzmücke (*Contarinia nasturtii* Kieffer) für den Kohlrübenanbau unter besonderer Berücksichtigung der Verhältnisse in Schleswig-Holstein. Z. Angew. Entomol. **35**, 271–318. – Noll, J., 1959: Über den Einfluß von Temperatur und Bodenfeuchtigkeit auf die Larven und Puppen der Kohldrehherzmücke (*Contarinia nasturtii* Kieffer) als Grundlage für die Vorausberechnung des ersten Schlüpftermins im Frühjahr. Arch. Gartenbau **7**, 362–415. – Readshaw, J.L., 1966: The ecology of the swede midge, *Contarinia nasturtii* (Kieff.) (Diptera, Cecidomyiidae) I. – Life history and influence of temperature and moisture on development. Bull. Ent. Res. **56**, 685–700. – Stockes, B.M., 1953: The host plant range of the swede midge (*Contarinia nasturtii* Kieffer) with special reference to types of plant and damage. Tijdschr. Plantenziekten **59**, 82–90. – Thygesen, T., 1966: Krusesygegalmyggen (*Contarinia nasturtii* Kieff.). Undersøgelse af biologi og økonomisk betydning samt sorsøg med bekaempelse. Tidsskr. Planteavl **70**, 179–197.

Kohlschotenmücke

(swede seed midge, brassica bladder, pod midge)
Dasineura brassicae (Winn.) [syn. *Dasyneura brassicae* (Winn.), *Perrisia brassicae* (Winn.)]

Systematische Stellung

Diptera (Zweiflügler), Cecidomyiidae (Gallmücken)

Geographische Verbreitung

Die Kohlschotenmücke ist in Europa weit verbreitet.

Beschreibung

Larve: Bis etwa 2 mm lang, zunächst weiß, später gelblichweiß (Abb. 196, links und Farbtafel 19, S. 275). Kopfkapsel und Beine fehlend. Unterseite des 1. Brustsegmentes mit etwa löffelförmiger, vorne eingekerbter Brustgräte.

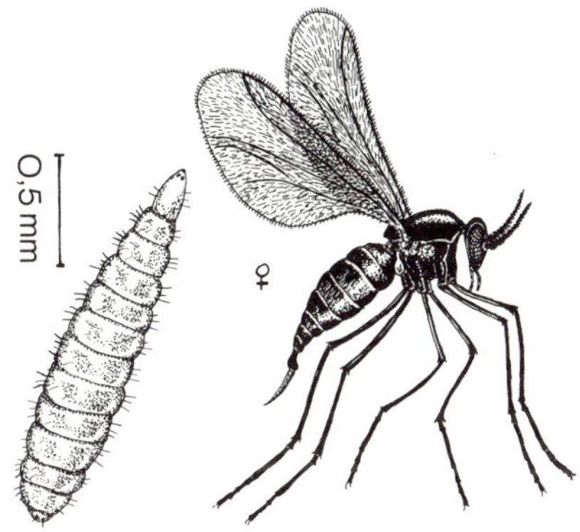

Abb. 196. Larve (links) und Mücke der Kohlschotenmücke *(Dasineura brassicae)*.

Mücke: Etwa 1,2 bis 1,5 mm lang; Körperbau sehr grazil (Abb. 196, rechts). Brustsegmente braun, oben weißlich behaart. Hinterleib rötlich und mit braunen Querstreifen. Flügel schillernd.

Brutpflanzen

D. brassicae lebt vor allem an Raps und Rübsen, Schwarzem und Weißem Senf, außerdem an Kohl-, Steckrüben-, Wasserrüben-, Rettich- und Radiessamenträgern sowie einigen Unkräutern wie Hederich, Ackersenf und vielleicht auch Hirtentäschelkraut *(Capsella bursa-pastoris)*.

Schadsymptome und wirtschaftliche Bedeutung

Durch den Fraß der Larven an den inneren Schotenwänden und Samenanlagen tritt eine frühzeitige Gelbfärbung ein. Außerdem schwellen die Schoten an (Gallbildung) und zeigen vielfach Verkrümmungserscheinungen (Farbtafel 19, S.

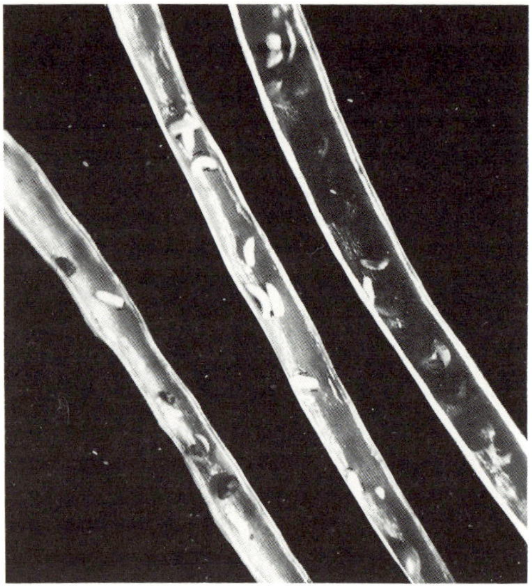

Abb. 197. Larven der Kohlschotenmücke *(Dasineura brassicae)* in Rapsschoten.

275). Schließlich platzen sie auf, so daß dann sowohl geschädigte wie normale, aber noch nicht ausgereifte Körner zu Boden fallen.

Die Kohlschotenmücke ist bei starkem Auftreten, das vor allem an den Kohlschotenrüßler gebunden ist, ein sehr wichtiger, gebietsweise sogar der wichtigste Schädling im Rapsanbau. Sie kann auch durch Befall von Kohlsamenträgern ernsthafte Verluste hervorrufen.

Entwicklungszyklus, Biologie und Ökologie

Die Mücken der 1. Generation beginnen ihren Flug in der 2. Maihälfte zur Zeit des Blühbeginns des Winterrapses; das Flugmaximum liegt jedoch meist in der 1. Junihälfte zur Zeit der Vollblüte von Winterraps und -rübsen. Die Mücken fliegen bei niedrigen und mittleren Windgeschwindigkeiten (bis 4,5 m/s) aktiv gegen den Wind. Sie können sich unter dem Schutz von Vegetation bis zu 500 m auch gegen den Wind ausbreiten, doch wird der Flug trotzdem wesentlich von der Windrichtung beeinflußt.

Während seines kurzen, nur 1 bis 2 Tage dauernden Lebens legt das Weibchen in etwa 3 Schüben jeweils bis zu etwa 20 Eier in das Innere junger Schoten ab, wobei es vor allem auf Fraß- und Einbohrlöcher von Kohlschotenrüßlern (*Ceuthorhynchus assimilis*, s. Seite 346) und Erdflohkäfern (*Phyllotreta* spp., s. Seite 351), gelegentlich auch von Rapsglanzkäfern angewiesen ist. Die Verletzungen müssen die Schotenwand durchdringen, wenn es zu erfolgreicher Eiablage kommen soll. Nach anderen Angaben erlaubt es die schwach sklerotisierte, lange Legeröhre der Mücke nur gelegentlich, durch die dünnwandigen Stellen junger, bis 10 mm langer Schoten hindurch Eier abzulegen, ohne dabei auf die Vorarbeit von anderen Schädlingen angewiesen zu sein. Pro Weibchen ist mit einem Durchschnitt von etwa 60 Eiern zu rechnen.

Die Larven schlüpfen nach wenigen Tagen und beginnen mit ihrer Saugtätigkeit an Samen und Schotenwänden. Man hat schon bis zu 140 von ihnen in einer Schote gefunden (mehrere Eiablagen!), jedoch liegen die Durchschnittszahlen meist zwischen etwa 10 und 30 (Abb. 197). Es ist zwischen drei Larvenstadien zu unterscheiden. Nach dem vorzeitigen Aufplatzen der Schoten fallen die Larven zu Boden, wo sie in den obersten Schichten, d. h. in 0,5 bis 5 cm Tiefe, zunächst einen weißlichen Kokon spinnen und sich dann verpuppen. Fünf bis acht Tage später arbeiten sich die Puppen durch Kokon und Erde an die Erdoberfläche und entlassen die Mücken.

Der Flug der Mücken der 2. Generation war in früheren Jahren z. B. in Schleswig-Holstein am stärksten. Er erfolgte ab Ende Juni–Anfang Juli und der der 3. etwa Mitte August (Abb. 198). Eine 3. Generation kann auch durch die lange Schlüpfzeit der 2. vorgetäuscht werden. Heute scheint dort, nachdem praktisch kein Sommerraps und Sommerrübsen mehr angebaut wird, die 1. Generation bedeutender zu sein. In den Kokons befindliche Larven können bis zu 5 Jahren und länger in diesem Zustand bleiben (Larvaldiapause). Dieses „Überliegen“ ist bei einem mehr oder weniger großen Teil der Population in jeder Generation zu beobachten. Die Überwinterung erfolgt stets als Kokonlarve im Boden.

Während die Mücken der 1. Generation ausschließlich Winterölfrüchte befallen, treten die der 2. und 3. Generation in erster Linie an Samenträgern, Sommerraps und -rübsen auf.

Das Auftreten und die Aktivität von *D. brassicae* wird stark von Umweltfaktoren beeinflußt. Das Schlüpfen der Mücken im Frühjahr erfolgt z. B. erst bei Temperaturen von über 13 °C. Die Eiablage erfolgt vor allem am Spätnachmittag bei Temperaturen über 19 °C. Die Gallmücken sind, um die Begattung durchführen und Eier ablegen zu können, auf Wärme und Licht besonders angewiesen. Beim Emporarbeiten der Puppen aus tieferen Schichten vor dem Schlüpfen der Mücken ist eine ausreichende Bodenfeuchtigkeit erforderlich.

Bekämpfung
In Gebieten mit starkem Auftreten der Kohlschotenmücke lassen sich die Populationen dieses Schädlings durch alleinigen Anbau von Sommerraps und Sommerrübsen reduzieren. Dabei muß jedoch bedacht werden, daß die Erträge von Sommerraps im Durchschnitt etwa mit 5 dt/ha unter denen von Winterraps liegen.
Der Beginn des Schlupfes und der Hauptschlupf der Mücken kann durch Schlupfkäfige, die im Freiland aufgestellt sind, festgestellt werden. Als Richtwert (wirtschaftliche Schadensschwelle) für eine Bekämpfung, die sich gegen die Mücken vor der Eiablage richten muß, gilt durchschnittlich 1 Mücke auf 4 Pflanzen. Die Zahl der Mükken muß durch Auszählen im Zeitraum von Blühbeginn bis Vollblüte am Vormittag bei

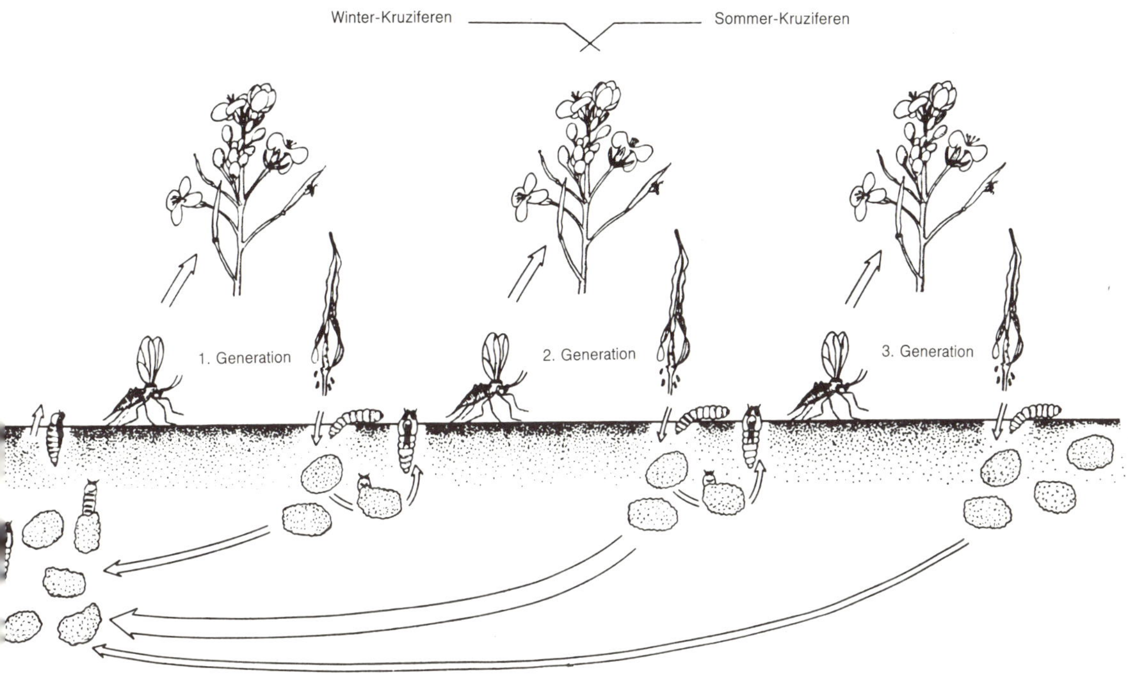

Abb. 198. Zyklus der Kohlschotenmücke *(Dasineura brassicae)* in Schleswig-Holstein (nach BUHL).

Natürliche Feinde
Von den zahlreichen Parasitenarten ist die bereits die Eier der Kohlschotenmücke belegende Proctotrupide *Platygaster oebalus* (Wlk.) zu nennen, außerdem die Chalcidide *Pseudotorymus brassicae* Ruschka und *Tetrastichus brevicornis* (Nees) sowie die Ceraphronide *Aphanogmus abdominalis* (Thoms.) und *Ceraphron serraticornis* Kieff. *P. oebalus* und *A. abdominalis* wurden bei Untersuchungen im norddeutschen Raum am häufigsten nachgewiesen.

Temperaturen über 15 °C und Windstille ermittelt werden.
Die chemische Bekämpfung erfolgt während der Rapsblüte. Sie ist mit bienenungefährlichen Mitteln, vorzugsweise Methoxychlor-Präparaten durchzuführen, die auch gegen Kohlschotenrüßler und Rapsglanzkäfer wirken. Endosulfan und Phosalon sind gleichfalls zugelassen. In vielen Fällen reicht, besonders bei großen Feldern, bei der Bekämpfung der 1. Generation eine Behandlung der Randzonen aus. Bei länger andauerndem Mückenzuflug können 2, gelegentlich sogar 3 Spritzungen notwendig werden.

Literatur

Buhl, C., 1959: Beitrag zur Frage der biologischen Abhängigkeit der Kohlschotenmücke (*Dasyneura brassica* Winn.) von dem Kohlschotenrüßler (*Ceuthorrhynchus assimilis* Payk.). Z. Pflanzenkr. Pflanzenschutz **64**, 562–568. – Fröhlich, G., 1956: Zur Biologie und Bekämpfung der Kohlschoten-Gallmücke (*Dasyneura brassicae* Winn.). Nachrichtenbl. Dtsch. Pflanzenschutzdienst (Berl.) NF **10**, 123–128. – Schütte, F., 1964/65: Beobachtungen über den Flug der Kohlschotenmücke (*Dasyneura brassicae* Winn. – Dipt., Cecidomyiidae). Z. Angew. Entomol. **55**, 365–376. – Sylvén, E., 1949: Skidgallmyggen, *Dasyneura brassicae* Winn. Statens Växskyddanst. Medd. **54**, 120 S. – Thiem, E., 1970: Die Bedeutung der Feldrandbehandlung für die Bekämpfung von *Dasyneura brassicae* Winn. (Dipt., Cecidomyiidae) und *Ceuthorrhynchus assimilis* Payk. (Col., Curculionidae) im blühenden Raps und der Einfluß dieser Insektizidmaßnahme auf das Vorkommen von *Trichomalus perfectus* Walker (Hym., Chalcidoidea, Pteromalidae) an den Larven des Kohlschotenrüßlers. Arch. Pflanzenschutz **6**, 83–98.

5.3.12 Blumenfliegen

Kohlfliegen

Kleine Kohlfliege (cabbage root fly), *Delia radicum* (L.) [syn. *Delia brassicae* (Wied.), *Hylemya brassicae* (Bch.), *Hylemyia brassicae* (Bch.), *Chortophila brassicae* (Bch.), *Erioischia brassicae* (Bch.), *Phorbia brassicae* (Bch.)];

Große Kohlfliege, Rettichfliege, *Delia floralis* (Fall.) [syn. *Hylemya floralis* (Fall.), *Chortophila floralis* (Fall.), *Erioischia floralis* (Fall.), *Phorbia floralis* (Fall.)]

Systematische Stellung
Diptera (Zweiflügler), Anthomyiidae (Blumenfliegen)

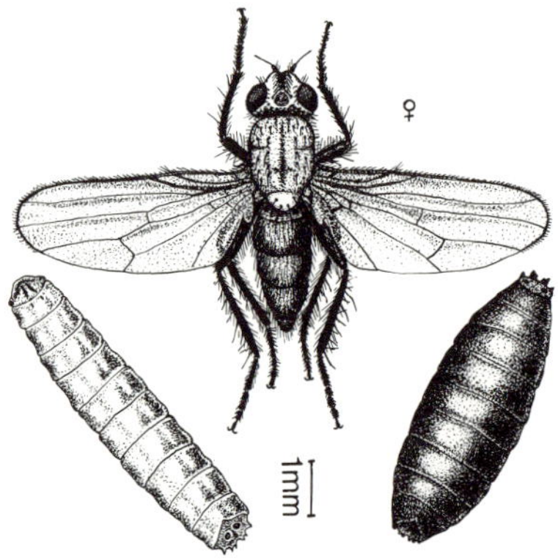

Abb. 199. Larve (unten links), Puppe (unten rechts) und Vollkerf der Kleinen Kohlfliege *(Delia radicum).*

Geographische Verbreitung
D. radicum kommt in der paläarktischen Region einschließlich Nordwestafrikas (Marokko) sowie Madeiras und der Azoren vor, außerdem in Nordamerika, wo die Fliege im vergangenen Jahrhundert eingeschleppt wurde (CIE-Verbreitungskarte Nr. 83). *D. floralis* tritt von Mittel- bis Nordeuropa im Westen bis zum Fernen Osten (Korea, Japan) auf.

Beschreibung
Larve (Made): Bei *D. radicum* bis etwa 10 mm (Abb. 199, unten links), bei *D. floralis* bis etwa 12 mm lang und glänzendweiß bis weißgelblich gefärbt. Kopf und Beine fehlend; Vorderende des Körpers mit zwei dunklen Mundhaken, Hinterende schräg abgestutzt und mit 12 warzenförmigen Höckern in symmetrischer Anordnung. Mittleres terminales, auf der Bauchseite befindliches Höckerpaar bei *D. radicum* gegabelt, bei *D. floralis* mit einer Spitze (Abb. 200).

Puparium: Bei beiden Arten tönnchenförmig (Abb. 199, rechts), 6 bis 7 mm lang, deutlich segmentiert und braun gefärbt.
Fliege: Beide Arten im Aussehen einer kleinen Stubenfliege ähnlich (Abb. 199, oben); Länge bei *D. radicum* etwa 5 bis 6 mm, bei *D. floralis* etwa 7 bis 8 mm. ♂♂ mit schwarzgrauer, ♀♀ mit braungrauer Grundfärbung. Thorax der ♂♂ mit drei schwarzen Längsstreifen. Innenseite der Hinterschenkel bei *D. radicum*-♂♂ zottig behaart, bei *D. floralis*-♂♂ mit einer Reihe langer Borsten. ♀♀ beider Arten nicht sicher unterscheidbar. Stirn beider Geschlechter silbrigweiß mit rotem Fleck.

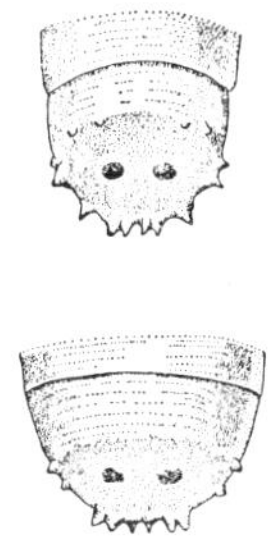

Abb. 200. Hinterende der Larven der Kleinen Kohlfliege (*Delia radicum*, oben) und der Rettichfliege (*D. floralis*, unten) (nach BUHL & SCHÜTTE).

Brutpflanzen

Beide Kohlfliegenarten befallen alle angebauten Kreuzblütler wie Kohl, Broccoli, Kohl- und Stoppelrüben, Raps, Meerrettich und eine große Zahl von Wildpflanzenarten der gleichen Familie (z. B. *Raphanus raphanistrum*, *Sinapis arvensis* und *Capsella bursa-pastoris*).
D. floralis entwickelt sich bevorzugt an Rettich und Kohlrübe.

Schadsymptome und wirtschaftliche Bedeutung

Die Kohlfliegenlarven leben an Kohlarten im Wurzelbereich und beschädigen dadurch die äußeren Wurzelzonen, während es im Innern dieser Pflanzenteile nur selten zu Minierfraß durch sie kommt. Bei Rettichen und Radies dringen die Larven dagegen regelmäßig ins Innere ein. Geschädigte Kohlpflanzen zeigen eine blaugraue bis rotviolette (Kohlrüben) Verfärbung und Welkeerscheinungen, bis sie schließlich absterben, wenn nicht durch Wurzelneubildung eine langsame Erholung möglich ist (Farbtafel 23, S. 327). Solche Pflanzen fallen aber für einen Ertrag aus.
In manchen Jahren können durch Einwirkung von Kohlfliegenlarven durch Wachstumshemmung und Absterben geschädigter Pflanzen empfindliche Verluste auftreten. Dabei spielt die Kleine Kohlfliege die Hauptrolle, während die Große meist nur örtlich Bedeutung hat.

Entwicklungszyklus, Biologie und Ökologie

Bei *D. brassicae* schlüpfen die Fliegen im April/Mai aus den im Boden überwinterten Puppen. wenn die Temperatur in 5 cm Bodentiefe etwa 16 °C erreicht hat. Dieser Zeitpunkt fällt etwa mit der Roßkastanienblüte zusammen. Etwa eine Woche nach dem Schlüpfen kann nach der Kopulation die Ablage der Eier in Gruppen von 2 bis 10 beginnen. Sie erfolgt an den Wurzelhals oder in benachbarte, kleine Bodenrisse. Bei Rosenkohl ist im Sommer auch ein Absetzen der Eier an höher gelegenen Blattachseln beobachtet worden, weshalb später an den Röschen Fraßschaden auftreten kann. Pro Weibchen ist mit etwa 100 bis 120 Eiern zu rechnen. Die Eiablage der 1. Generation ist am stärksten. Die Larven schlüpfen etwa 4 bis 8 Tage später aus den etwa 1 mm langen, weißen Eiern. Sie fressen zunächst an den Faserwurzeln und gehen mit zunehmender Größe auf die Hauptwurzel über, an der dann Fäulniserscheinungen auftreten. Die Verpuppung erfolgt nach einer Larvalzeit von 2 bis 4 Wochen in der Regel in 2 bis 10 cm Bodentiefe, seltener in befallenen Pflanzenteilen.
Außer der ersten Generation, die vor allem bei Trockenheit im Mai/Juni den größten Schaden hervorruft, tritt im Juli und August eine zweite und im September und Oktober eine dritte Generation auf. Die Puppen sind während der Überwinterung bis in 22 cm Bodentiefe zu finden.
Die Kohlfliegen nehmen beim Besuch von Blüten, z. B. Umbelliferen, Nektar auf, der die Lebensdauer und Eiproduktion deutlich positiv beeinflußt.
Bei *D. floralis* kommt im Jahr in der Regel nur eine Generation vor, in Ausnahmefällen bei günstigen Umweltbedingungen eine zweite. Diese

Art scheint in Mitteleuropa vor allem auf anmoorige Böden angewiesen zu sein. Wie bereits bemerkt, bevorzugt sie Rettich und Kohlrübe als Brutpflanze. Die Hauptflugzeit liegt zwischen Juli und September. Bei den ♀♀ der Großen Kohlfliege ist wie bei denen der Kleinen Kohlfliege eine anlockende Wirkung von Allylisothiocyanat (Senföl) nachgewiesen worden. Naphthalin wirkt dagegen abschreckend. Ein ♀ legt im Durchschnitt etwa 200 Eier ab. Auch bei dieser Art erfolgt die Überwinterung als Puppe im Boden.

Natürliche Feinde

Als Parasiten sind einige Hymenopteren-Arten, wie die sich in den Larven entwickelnde Gallwespe *Trybliographa (Cothonaspis) rapae* (Westw.) und die Kohlfliegenpuppen parasitierenden Schlupfwespen *Phygadeuon subtilis* Grav., *P. fumator* Gravenh. und *P. trichops* Thoms. bekannt. Von Bedeutung sind überdies die Kurzflügler *Aleochara bilineata* Gylh. und *A. bipustulata* (L.), deren Larven gleichfalls als Puppenparasiten auftreten. Die Käfer selbst sind polyphage Räuber. Unter den Prädatoren werden vor allem kleine Laufkäferarten der Gattung *Bembidion* genannt, die Kohlfliegeneier fressen, außerdem *Pterostichus vulgaris* (L.) und mehrere *Harpalus*-Arten.

Bekämpfung

Auf kleinen Flächen ist es möglich, die Eiablage der Kleinen Kohlfliege und damit auch den Schaden durch Anlegen einer Schaumgummischeibe um die Basis der Pflanzen nach dem Umpflanzen wesentlich zu vermindern. Beregnete Felder werden im allgemeinen weniger geschädigt als nicht beregnete.

Wenn in den ersten 3 Wochen nach dem Pflanzen durch Zählen der Eier am Wurzelhals und in dessen unmittelbarer Umgebung 25 Eier von *D. brassicae* je Pflanze gefunden werden, so bedeutet dies, daß die Bekämpfungs- bzw. wirtschaftliche Schadensschwelle erreicht ist. Die Kontrollen haben von der Blüte der Roßkastanien an zu erfolgen. Fallen, die mit Allylisothiocyanat beködert sind, lassen sich zu Prognosezwecken verwenden. Gleiches gilt für gelbe Leimtafeln und Gelbschalen.

Bei der chemischen Bekämpfung können verschiedene Verfahren angewendet werden. Vorbeugend ist der Einsatz von Bromophos-Saatgutpudern möglich. Auch können Granulate (Chlorfenvinphos, Lindan) in die Anzuchtbeete eingearbeitet werden. Weiterhin ist ein Überstreuen der vor dem Auspflanzen dicht zusammenstehenden Setzlinge möglich, dem anschließend ein sorgfältiges Überbrausen folgen kann, was zu einem guten Schutz auch bei stärkerem Kohlfliegenauftreten auf dem Feld führt. Für das Überstreuen kommen Chlorfenvinphos-, Fonofos- und Lindan-Präparate in Frage. Bei Anzucht in Töpfen kann die Topferde mit Chlorfenvinphos- und Lindan-Mitteln behandelt werden. Schließlich ist auch eine Flächenbehandlung mit Chlorfenvinphos-Mitteln vor dem Auspflanzen möglich, doch ist diese besonders kostspielig und am wenigsten umweltschonend. Nach dem Auspflanzen kann das Bandstreuverfahren Anwendung finden, wofür sich Carbofuran-, Chlorfenvinphos- und Diazinon-Granulate eignen. Weiterhin ist eine Flächen- oder Bandspritzung mit Chlorfenvinphos-Präparaten zur Zeit der Eiablage wirksam. Gleiches ist bei gesätem Kohl nach der Saat bis zum Auflaufen möglich. Eine Band- oder Flächenspritzung mit Dimethoat nach dem Auflaufen ergibt nicht in jedem Fall befriedigende Ergebnisse. Gegen Lindan-Präparate hat *D. radicum* in manchen Gebieten, z. B. in England, Resistenz entwickelt.

Nach Anwendung von Carbofuran-Granulaten beträgt die Wartezeit 70, nach der von Chlorfenvinphos-Granulaten je nach Gemüseart 42 bis 49 und nach der von Diazinon-Granulaten 60 Tage, ist somit also beträchtlich.

Literatur

ABU YAMAN, I.K., 1960: Natural control in cabbage root fly populations and influence of chemicals. Meded. Landbouwhogesch. Wageningen **60**, 1–57. – ANONYMOUS, 1980: Integrated control in brassica crops. IOBC, WPRS Bull. III/1, 144 S. – EL-TITI, A., 1977: Die Ermittlung der wirtschaftlichen Schadensschwelle für die Kleine Kohlfliege (*Erioischia brassicae* Bouché) im Blumenkohlanbau, I. und II.. Z. Pflanzenkr. Pflanzenschutz **84**, 65–77, 78–83. – FULDNER, D., 1960: Beiträge zur Morphologie und Biologie von *Aleochara bilineata* Gylh. und *A. bipustulata* L. (Coleoptera: Staphylinidae). Z. Morphol. Ökol. Tiere **49**, 312–386. – JØRGENSEN, J., 1957: Den store kålflue (*Chortophila floralis* Fall.). Nyere undersøgelser vedrørende dens biologie parasiterin og bekaempelse. Tidsskr. Planteavl **60,** 657–712. – MAAK, G., 1977: Schadwirkung der Kleinen Kohlfliege (*Phorbia brassicae* Bouché) und Möglichkeiten zur Reduzierung des Insektizidaufwandes bei der Bekämpfung. Mitt. Biol. Bundesanst. Land- Forstwirtsch. Berl.-Dahlem 177, 135 S. – MÜLLER, H.P. und SCHNITZLER, W.H., 1969: Zur Biologie der Großen Kohlfliege *Phorbia floralis* Fallén. Anz. Schädlingskd. **42,** 65–67. – SCHNITZLER, W.H., 1969: Über den Einfluß des Bodens, der Düngung, der Bewässerung, des Aussaattermins und der Sorten auf den Befall durch die Kleine Kohlfliege *Phorbia brassicae* Bouché (Diptera: Anthomyiidae). Z. Angew. Entomol. **64,** 353–377. – ZOHREN, E., 1968: Laboruntersuchungen zu Massenzucht, Lebensweise, Eiablage und Eiablageverhalten der Kohlfliege, *Chorthophila brassicae* Bouché (Diptera, Anthomyiidae). Ibid. **62,** 139–188.

5.3.13 Vögel

Ringeltaube
(wood pigeon)
Columba palumbus L.

Systematische Stellung
Columbiformes (Tauben), Columbidae (Tauben)

Geographische Verbreitung
C. palumbus kommt außer in weiten Teilen Europas in Nordwestafrika und Westasien vor. In Nordeuropa erstreckt sich das Verbreitungsgebiet bis etwa zum 65. Breitengrad.

Beschreibung
Beide Geschlechter etwa gleich groß, d.h. ca. 38 cm lang und übereinstimmend gefärbt. Große Teile des Körpers schiefergrau; Hals mit glänzend braunen und violetten Federn und weißem Fleck an jeder Seite (Abb. 201). Flügel mit weißen, im Flug besonders auffälligen Binden. Schwanz unten mit hellem Mittelstreifen, schwarze Schwanzbinde scharf abgesetzt. Jungvögel dunkler als Alttiere, mit Federn mit braunen Spitzen und zunächst ohne Halsfleck.

Nahrung
Die Ringeltaube lebt hauptsächlich von grünen Pflanzenteilen und Sämereien der verschiedensten Art. Getreidekörner und -sämlinge, Jungpflanzen, Raps, Kohl, Weißklee, junge Blätter sowie Knospen und Triebe von Laub- und Nadelbäumen, Beeren, Pflaumen und Kirschen können alle mehr oder weniger große Bestandteile ihrer Nahrung ausmachen. Tierische Kost wird nur gelegentlich aufgenommen; in England beträgt sie z.B. nur 3,5% der Gesamtnahrung.

Abb. 201. Ringeltaube *(Columba palumbus).*

Schadsymptome und wirtschaftliche Bedeutung
An Raps und Kohlpflanzen fressen die Ringeltauben die Blätter ab, indem sie die Blattstücke so herausreißen, daß nur noch die stärkeren Adern stehenbleiben. Es entsteht hierdurch eine Art „Skelettierfraß" (Abb. 202). Selbst größere Felder können auf diese Art regelrecht abgeweidet werden, was besonders im Feldgemüsebau zu erheblichen Schäden führt. Neben dem Fraßschaden entstehen weitere Verluste durch Verunreinigung von Kohl durch den Taubenkot. Während der kalten Jahreszeit geschädigte Rapsfelder können sich infolge großer Regenerationsfähigkeit meist wieder erholen. In vielen Fällen wird auch ausgesätes Getreide-, gelegentlich Erbsensaatgut aufgenommen. Ob auch Maissaatgut gefressen wird, ist noch umstritten. Weiterhin wird über den Fraß von Rübensaatgut und -keimlingen berichtet. Die Schäden an hartreifem, besonders lagerndem Getreide halten sich im allgemeinen in Grenzen. Das gleiche gilt für Verluste an Früchten im Obstbau.

Abb. 202. Schadfraß durch Ringeltauben *(Columba palumbus)* an Weißkohl.

Die größten Schäden werden in Gemüsebeständen in Niedersachsen und Nordrhein-Westfalen hervorgerufen, wo besonders Früh- und Spätkohl betroffen sind. Bedeutende Verluste kommen auch im Feldgemüseanbau vor. Neuen Schadenserhebungen zufolge ist im Bundesgebiet pro Jahr mit Verlusten von mehr als 2 Millionen DM durch Ringeltauben zu rechnen, so daß diese Art hinter dem Haussperling und dem Jagdfasan hinsichtlich ihrer wirtschaftlichen Bedeutung die 3. Stelle unter den Schadvögeln einnimmt.

Entwicklungszyklus, Biologie und Ökologie
Die Ringeltaube brütet in Mitteleuropa in der Regel zweimal im Jahr, unter günstigen Bedingungen auch drei-, selten sogar viermal. In Nordwestdeutschland dauert die Brutperiode von März bis September besonders lang, so daß bis zum November noch Nester mit noch nicht flüggen Jungvögeln festgestellt werden. Die Gelege bestehen aus 2, seltener 3 Eiern, die Nester aus aufeinandergeschichteten Zweigen mit einer relativ flachen Mulde. Die Nestlinge schlüpfen nach etwa 18 Tagen Brutdauer. Beide Geschlechter lösen sich bei der Brut ab.

Als Siedlungsraum kommen für die sehr anpassungsfähigen Ringeltauben die verschiedensten Biotope von der Ebene bis ins Gebirge in Frage. Sie nisten im Wald und am Waldrand, in Parkanlagen (Straßenbäumen) und Gärten, an Ortsrändern, in Feldgehölzen und in Gebüschen. Außerdem sind Nester sogar in Gebäuden, auf den Ostfriesischen Inseln seit einigen Jahren auch auf dem Boden zu finden. Ihre höchste Populationsdichte erreicht die Ringeltaube in Parklandschaften mit fruchtbaren Böden und stärkerem Gemüseflächenanteil.
Während der kalten Jahreszeit bilden sich Schwärme, die bis zu 1000 Vögel umfassen können. Die Tiere fliegen dann auf der Suche nach Nahrung umher. Während dieser Zeit muß auch mit starker Zuwanderung nordosteuropäischer Populationen gerechnet werden. Besonders in Eichel- und Bucheckermastjahren kommt es zu starken Ringeltaubenkonzentrationen.
Obwohl während der Brutzeit erhebliche Verluste an Eiern und Jungvögeln eintreten, hat sich die Ringeltaube vor allem in den letzten Jahrzehnten bei uns erheblich vermehrt und ist deshalb sowie wegen des zeitweisen Aufenthaltes zugewanderter starker Populationen heute zu einem „Problemvogel" für die Landwirtschaft geworden.

Natürliche Feinde
Als Nesträuber kommen vor allem Elstern und Eichelhäher in Frage. Ein weiterer wichtiger natürlicher Gegenspieler der Ringeltaube ist der Habicht, dessen Bestand heute in weiten Gebieten Mitteleuropas aber deutlich zurückgegangen ist, sich in den letzten Jahren aber offenbar teilweise wieder erholt hat, so daß er derzeit nicht mehr akut vom Aussterben bedroht zu sein scheint. In Siedlungen können gelegentlich auch Katzen durch Plündern der Nester als Ringeltaubenfeinde auftreten.

Bekämpfung
Ein Schutz von Greifvögeln wie des Habichts kann bis zu einem gewissen Grade zur Verminderung der Ringeltauben beitragen.
Optische und akustische Methoden (Schreckschußapparate) der verschiedensten Art, Abschuß und Ablenkungsfütterung haben bisher sehr unterschiedliche Ergebnisse geliefert. Dem Abschuß der Ringeltauben – auch wenn er ganzjährig möglich sein sollte – sind dadurch Gren-

zen gesetzt, daß viele Tauben im Siedlungsbereich des Menschen brüten, wo eine solche Maßnahme nicht möglich ist. Außerdem wandern, wie schon festgestellt, im Winter große Taubenschwärme aus Nordosteuropa bei uns ein, die intensiv bejagt und dadurch beunruhigt werden müßten, was eine Entlastung gefährdeter Kulturen zur Folge haben kann (England). In England wird unter anderem die systematische Zerstörung der Nester Ende Juli-Anfang August und Mitte September empfohlen, da sich während dieser Zeit die meisten Jungvögel entwickeln. Insgesamt gesehen ist das Ziel, die Schäden durch Ringeltauben im besonders gefährdeten Gemüseanbau zu vermindern, bei uns bisher noch nicht erreicht worden.

Literatur

Anonym, 1978: Erhebung über die von Säugetieren und Vögeln in der Bundesrepublik Deutschland an Kulturpflanzen verursachten Schäden. Mitt. Biol. Bundesanst. Land- Forstwirtsch. Berl.-Dahlem 186, 144 S. – Anonym, 1978: Note sur la nature de l'importance des dégâts causés par les pigeons en France. EPPO Publ. Ser. B, No. 84, 14–20. – Jones, B.E., 1974: Factors influencing wood-pigeon (*Columba palumbus*) damage to brassica crops in the Vale of Evesham. Ann. Appl. Biol. **76**, 345–350. – Keil, W., 1972: Investigations into the wood-pigeon problem in cabbage fields during winter. EPPO Bull. **6**, 49–52. – Murton, R.K., 1960: Population dynamics of the wood-pigeon (*Columba palumbus*) and methods of control. Ann. Appl. Biol. **48**, 419–422. – Murton, R. K. and Jones, B.E., 1973: The ecology and economics of damage to Brassicae by wood-pigeons, *Columba palumbus*. Ibid. **75**, 107–122.

Hänfling

Carduelis cannabina (L.);

Abb. 203. Schaden durch *Carduelis*-Arten an Rapsschoten.

Abb. 204. Schaden durch Grünfinken (*Carduelis chloris*) an Sonnenblume.

Grünfink
Carduelis chloris (L.) (beide Arten: Passeriformes, Fringillidae)
C. cannabina ist in Mitteleuropa ein Zug- oder Standvogel, *C. chloris* ein Stand- oder Strichvogel. Beide Arten werden durch Ausfressen von Samen aus den Schoten von Ölfrüchten wie Raps (Abb. 203), Rübsen und Ölrettich stellenweise lästig. Der Hänfling kann auch durch Aufhacken von Mohnkapseln schädlich werden, der Grünfink durch Fraß an Sonnenblumen (Abb. 204). Der Schaden kann vor allem dort bedeutend werden, wo Kreuzblütler oder Mohn auf begrenzter Fläche angebaut werden. Kleine, besonders wertvolle Felder (Versuche!) lassen sich durch Netze schützen.

Sperlinge, *Passer* spp., s. Seite 161.

5.3.14 Säugetiere

Feldmaus, *Microtus arvalis,* Seite 166.

Wildkaninchen, *Oryctolagus cuniculus,* s. Seite 173.

Hase, Feldhase, *Lepus europaeus,* s. Seite 175.

6 Leguminosen
Klee und Luzerne

6.1 Viruskrankheiten

Von den zahlreichen Virosen bei Luzerne und Kleearten sind nur diejenigen mit stärkerer Verbreitung in Europa angegeben.

6.1.1 Luzernemosaik

Erreger
Luzernemosaik-Virus, LMV (alfalfa mosaic virus, AMV).
Auf den Blättern anfangs grünlichgelbe Mosaikzeichnungen, später bandförmige bzw. ringartige Chlorosen in den Interkostalfeldern. Die Pflanzen sind gestaucht, die Blätter bleiben kleiner. Die Symptome sind meist nur im Frühjahr und Herbst zu beobachten, während des Sommers liegt Maskierung vor. Der Wirtskreis des aus verschiedenen bazillenartigen Partikeln aufgebauten Virus umfaß eine Vielzahl von Pflanzen aus sehr verschiedenen Familien. Die Übertragung geschieht durch zahlreiche Blattlausarten nicht zirkulativ. Samenübertragung scheint bei stimmten Virus-Wirt-Kombinationen möglich zu sein.

6.1.2 Rotkleeadernmosaik

Erreger
Rotkleeadernmosaik-Virus, RkAMV (red clover vein mosaic virus, RCVMV).
Die Blattadern zeigen Aufhellungen, auch das angrenzende Gewebe wird erfaßt. Gelegentlich bilden sich gelbliche Flecke zwischen den Adern, jedoch kein typisches Mosaik. Der Grünmasseertrag ist gemindert, die Winterfestigkeit und Widerstandsfähigkeit gegen Fußkrankheiten ist reduziert. Der Wirtskreis des fädigen Virus umfaßt Arten aus den Gattungen *Trifolium, Lathyrus, Medicago, Melilotus* und *Pisum*, ferner Amaranthaceen, Chenopodiaceen und Solanaceen. Die Viruspartikeln werden nichtzirkulativ durch verschiedene Blattlausarten wenig effektiv übertragen. Die Krankheit ist in vielen Ländern Europas und Nordamerika nachgewiesen worden.

6.1.3 Rotkleemosaik

Erreger
Bohnengelbmosaik-Virus, BGMV (bean yellow mosaic virus, BYMV).
Auf den Blättern gelbliche Mosaikzeichnungen unterschiedlicher Stärke und Gestalt; die Pflanzen können gestaucht sein. Mischinfektionen mit verschiedenen anderen Viren liegen nicht selten vor. Als Vektoren dienen zahlreiche Blattlausarten (s. Seite 399).

6.1.4 Rotkleescheckung

Erreger
Rotkleescheckungs-Virus, RkSV (red clover mottle virus, RCMV).
Der zeitweiligen Aufhellung der Blattadern folgt eine mehr oder weniger kräftige gelbliche Fleckung oder Scheckung; auch chlorotische Ringmuster können sich abzeichnen. Der Pflanzenwuchs ist gehemmt, der Ertrag an Grünmasse reduziert. Das isometrische Virus wird mechanisch und durch *Apion*-Arten übertragen; im Freiland trat die Krankheit auf Rotklee und Erbsen auf; der Wirtskreis ist nach experimentellen Arbeiten jedoch größer. Die Rotkleescheckung wurde in Nord- und Westeuropa verbreitet gefunden.

6.1.5. Weißkleemosaik

Erreger
Weißkleemosaik-Virus, WkMV (white clover mosaic virus, WClMV).
Zwischen den Blattadern bilden sich gelbgrüne, streifige Aufhellungen; ferner können chlorotische Ringmuster oder Fleckungen hinzutreten.

Die Krankheit wurde an *Trifolium-*, *Lathyrus-*, *Medicago-*, *Phaseolus-*, *Pisum-* und *Vicia-*Arten in Europa und Nordamerika gefunden. Die fädigen, stäbchenförmigen Viruspartikeln werden nur mechanisch übertragen.

Literatur

Bercks, R., 1971: White clover mosaic virus. C.M.I./A.A.B. Descriptions of Plant Viruses No. 41. – Jaspars, E.M.J., Bos, L., 1980: Alfalfa mosaic virus. CMI/AAB. Descriptions of Plant Viruses No. 229. – Valenta, V., Marcinka, K., 1971: Red clover mottle virus. C.M.I./A.A.B. Descriptions of Plant Viruses No. 74. – Varma, A., 1970: Red clover vein mosaic virus. C.M.I./A.A.B. Descriptions of Plant Viruses No. 22.

6.2 Durch Mycoplasma-ähnliche Organismen (MLO) verursachte Krankheiten

6.2.1 Blütenvergrünung, Kleeverlaubung
(phyllody)

Erreger

Mycoplasma-ähnlicher Organismus (MLO)

Die Blütenvergrünung, auch Phylloidie genannt, ist bei Weißklee seit sehr langer Zeit beschrieben, jedoch konnten die Ursachen erst im letzten Jahrzehnt aufgeklärt werden. Befallene Pflanzen zeigen einen gestauchten Habitus, blaßgrüne Färbung, Adernchlorosen und eine typische Vergrünung der Blüten. Die einzelnen Blütenteile sind hypertrophiert und erscheinen als kleine, grüne Blätter; Samenbildung bleibt aus (Farbtafel 18). Der Knöllchenbesatz an den Wurzeln ist reduziert, die N-Fixierung vermindert. Der Anteil kranker Pflanzen kann bei Samenbeständen bis zu 40% (England) erreichen. Häufig findet man die Blütenvergrünung bei Pflanzen an Wegrändern, in wenig genutzten Vorgebirgslagen oder Ödländereien.

Die Erreger sind Mycoplasmen mit pleiomorpher Form, ohne starre Zellwand und von 1 µm Größe; sie erinnern an zellwandlose Bakterien und werden auch durch Antibiotika gehemmt. Weißklee ist die häufigste Wirtspflanze, selten wird Rotklee befallen. Der Erreger besitzt einen sehr großen Wirtskreis mit etwa 80 Arten aus 27 Familien. Die Übertragung geschieht durch Zikaden aus der Familie Jassidae; zu den wichtigsten Vektoren gehören *Euscelis plebejus* (Fall.), *Aphrodes bicinctus* (Schr.) und *Macrosteles cristatus* Rib.. Die Zirkulationszeit im Vektor beträgt etwa 4 Wochen; die Mycoplasmen vermehren sich im Überträger, wahrscheinlich können sie auch an die Nachkommenschaften weitergegeben werden (transovariale Übertragung). Die Überwinterung der Mycoplasmen kann in Pflanzen oder den Zikaden erfolgen; nach milden Wintern soll die Krankheit häufiger auftreten.

Weitere durch Mycoplasma-ähnliche Organismen verursachte Krankheiten sind: Hexenbesen der Luzerne, Blattnervenverdickung an *Trifolium* (Vektoren: Blattläuse), Kleeverfall und Kleeverzwergung an *Trifolium repens* (Vektoren: Zikaden).

Literatur

Chiykowski, L.N., 1974: Additional host plants of clover phyllody in Canada. Can. J. Pl. Sci. **54**, 755–763. – Davis, R.E., Whitcomb, R.F., 1971: Mycoplasma, Rickettsiae, and Chlamydiae: Possible relation to yellows diseases and other disorders of plants and insects. Ann.Rev. Phytopath. **9**, 119–154. – Maramorosch, K., 1974: Mycoplasmas and Rickettsiae in relation to plant diseases. Ann. Rev. Microb. **28**, 301–324. – Grunewaldt-Stöcker, G., Nienhaus, F., 1977: Mycoplasma-ähnliche Organismen als Krankheitserreger in Pflanzen. Acta Phytomedica **5**, 115 p.

6.3 Pilzkrankheiten

6.3.1 Kleekrebs
(Sclerotinia rot)

Erreger

Sclerotinia trifoliorum Erikss.

Systematische Stellung

Ascomycotina, Discomycetes, Helotiales, Sclerotiniaceae.

Verbreitung, wirtschaftliche Bedeutung

Der Kleekrebs besitzt weltweite Verbreitung und ist eine der bekanntesten Erkrankungen an Kleearten. Je nach den vorherrschenden Symptomen wird die Krankheit als Sclerotinia-Fäule, Wurzel- und Kronenfäule, Stengelkrebs, Kragenfäule oder Sclerotinia-Welke beschrieben. Sie stellt in Nordeuropa eine der ernstesten Gefährdungen des Anbaus von Futterleguminosen dar und ist in vielen Fällen die Ursache von Auswinterung und Kleemüdigkeit auf Flächen mit häufigem oder ständigem Kleeanbau. In feuchten Gebieten mit starkem Rotkleeanteil kann ein großer Teil der Felder in mehr oder weniger starkem Umfang verseucht sein. Die Verluste sind mitunter so hoch, daß vorzeitiger Umbruch notwendig wird. Je nach Zahl und Größe der Befallsnester ergibt sich durch den Totalausfall erkrankter Pflanzen eine entsprechende Ertragsverminderung; lückige Bestände leiden zusätzlich unter starker Verunkrautung.

Symptome

Der Kleekrebs wird in seinen Auswirkungen meist erst im Frühjahr nach der ersten Überwinterung von Kleesaaten bemerkt. Es haben sich mehr oder weniger große Fehlstellen gebildet. Die Pflanzen sind nesterweise abgestorben und vermorscht; an den Rändern der Befallsherde ist vermindertes Wachstum zu beobachten. Die Krankheit setzt, meist wenig auffällig, im Herbst ein. An den Blättern entstehen zunächst sehr kleine (1 mm), braune Flecke; die Blätter vergilben und verdorren. Unter günstigen Bedingungen kommt es zu rascher Zerstörung von Blättern, Stengeln und Wurzeln. In den Befallsnestern wird an allen Pflanzenteilen ein weißes, wattiges Pilzmycel sichtbar, welches sich von Pflanze zu Pflanze ausbreitet und diese durch Fäulnis zerstört (Farbtafel 18, S. 258). Im Frühjahr sind an Pflanzenresten, besonders am Wurzelhals oder seinem Innern, Sclerotien zu finden.

Biologie des Erregers

Sclerotinia trifoliorum bildet während des Winters und im zeitigen Frühjahr an bzw. in Pflanzenresten anfangs weiße, später außen schwarze Sclerotien von einer Größe bis 5 mm und sehr unregelmäßiger Gestalt. Häufig sind sie mehr oder weniger kugelig, mitunter abgeplattet und mit runzliger Oberfläche. Sie verbleiben in den oberen Bodenschichten oder an der Oberfläche meist bis zum Herbst in einem Ruhestadium und keimen mit kleinen Stielchen aus, die bei Erreichen der Bodenoberfläche (Lichteinwirkung) sich zu einem schüssel- oder trichterförmigen Fruchtkörper (Apothecium) mit einem Durchmesser bis zu 4 mm weiterentwickeln. Einige Sclerotien bleiben im Boden ruhend für mehrere Jahre, wobei sie in tieferen Schichten weniger einer Parasitierung durch Pilze und Bakterien unterliegen. Andere erzeugen 2 bis 3 Jahre nacheinander jeweils neue Apothecien. Der Anbau anfälliger Pflanzen soll die Keimung stimulieren. Sclerotien bis in einer Tiefe von 50 mm bringen die Fruchtkörper mit Hilfe der Stielchen an die Bodenoberfläche. Die meisten Apothecien werden im Oktober bis November gebildet, allerdings kann die Keimung auch zu anderen Zeiten eintreten. Die Apothecien sind mit einem rötlichgelb gefärbten Hymenium ausgekleidet, in welchem die zylindrischen Asci (170 bis 180 x 10 bis 15 μm) stehen. Sie enthalten hyaline, ellipsoide Ascosporen (12 bis 18 x 5 bis 8 μm), die aktiv ausgeschleudert werden und durch Wind Verbreitung finden. Die Freisetzung der Sporen geschieht über einen Zeitraum von etwa 4 Wochen. Die Ascosporeninfektion im Spätherbst ist in den meisten Befallsgebieten die grundsätzliche Art der Krankheitsausbreitung. In Skandinavien geht die Infektion unter besonderen Verhältnissen auch von dem Mycel auskeimender Sclerotien an unteren Pflanzenteilen aus. Infektion und Fortschreiten der Krankheit werden durch klimatische Bedingungen stark beeinflußt. Regenreiche Herbstwochen begünstigen die Fruchtkörperbildung sowie die Infektion und Ausbreitung des Mycels in dichten, feuchten Beständen. Milde Winter ermöglichen eine starke Entwicklung des Kleekrebserregers, der durch kurze Kälteeinbrüche im aktiven Wachstum nur vorübergehend gehemmt wird.

Wirtskreis

Der Erreger hat einen breiten Wirtskreis, der jedoch weitgehend auf Leguminosen beschränkt ist. In den meisten Gebieten werden Rotklee und Inkarnatklee am stärksten befallen, in anderen kann Weißklee besonders betroffen sein. Die Krankheit kommt ferner an Wundklee, Luzerne, Schwedenklee, Hornklee, Gelbklee, Steinklee, Kronenwicke, Serradella, Phaseolus-Bohne, Akkerbohne und Unkräutern vor. Eine biologische Spezialisierung ist nicht bekannt. Bei Rot- und Weißklee liegen sortentypische Anfälligkeitsunterschiede vor, die als Grundlage für die Resistenzzüchtung genutzt werden. Nordafrikanische Rotkleeherkünfte und tetraploide Formen besitzen aussichtsreiche Resistenzmerkmale.

Bekämpfung

Rotkleeanbau ist auf lockeren Böden in Befallsgebieten besonders gefährdet; es wird daher eine Beweidung im Herbst bzw. Walzen im Herbst und Frühjahr empfohlen. Bei üppigen Beständen ist die Gefahr des Krankheitsbefalls erhöht; hier kann Abweiden oder Herbstschnitt von Stoppelklee günstig wirken. Auf verseuchten Flächen ist tiefes Pflügen und eine 4- bis 5jährige Fruchtfolge erforderlich; stark bodenlockernde Vorfrüchte sind zu vermeiden. Neuansaaten sollten nicht in unmittelbarer Nähe von Befallsflächen angelegt werden. Die Übertragung von Sclerotien durch Saatgut ist möglich; daher ist Samen aus gesunden Beständen zu verwenden. Eine gute Saatenreinigung ist dienlich, kann aber nicht voll effektiv sein, da Sclerotien von Kleekorngröße im Saatgut verbleiben. Bodenständige Rotkleeherkünfte sind zu bevorzugen, da aus wärmeren Gebieten eingeführte Sorten meist höhere Anfälligkeit besitzen. In Kleegrasgemischen sind die Verluste meist geringer. Hohe N-Gaben oder organische Dünger fördern den Befall; auf eine gute Kali- und Phosphorversorgung ist zu achten. Die Züchtung resistenter oder toleranter Sorten hat in Skandinavien bei Rotklee und Weißklee zu ersten Erfolgen geführt. Der Einsatz von Fungiziden (Pentachlornitrobenzol, Benomyl) zur Verhütung der Fruchtkörperbildung und Ascosporeninfektion im Herbst hat sich in der Praxis nicht eingeführt. Vinchlozolin zeigt bei Herbstanwendung auch bei mehrjährigen Kleeschlägen gute Wirkungen.

Literatur

BEHRINGER, P., 1963: Ein Beitrag zur Sicherheit des Rotklee-Anbaues, insbesondere durch Bekämpfung des Kleekrebses (*Sclerotinia trifoliorum* Erikss.) Bayer. Landw. Jahrb. **40**, 643–670. – FRANSEN, K.J., 1946: Studier over *Sclerotinia trifoliorum* Eriksson. Det Danske Forlag, Copenhagen, 220 pp. –LOVELESS, A.R., 1951: Observations on the biology of clover rot. Ann. Appl. Biol. **38**, 642–664.

6.3.2 Fusarium – Wurzelfäulekomplex

(Fusarium root rot complex)

Erreger

Fusarium oxysporum Schlecht., *Fusarium solani* (Mart.) Appel et Wallr., *Fusarium* spp.

Systematische Stellung

Deuteromycotina, Hyphomycetes, Tuberculariales.

Verbreitung, wirtschaftliche Bedeutung

Die Krankheit ist weithin bekannt; in den USA und Kanada (Nordoststaaten) stellt sie seit über 50 Jahren ein ernstes Problem dar und ist flächenweise begrenzender Faktor des Anbaues von Futterleguminosen. Die nur zweijährige Ausdauer von Rotkleebeständen steht mit der Krankheit in Beziehung und wird der höheren Anfälligkeit dieser Futterpflanze zugeschrieben.

Symptome

Die Krankheit tritt in vollentwickelten ein- bis mehrjährigen Beständen auf. Die Pflanzen sterben unter Welkeerscheinungen ab; Haupt- und Seitenwurzeln zeigen fortschreitende Fäulniserscheinungen, die letzten Endes alle Teile erfaßt. In den Beständen entstehen in wenigen Monaten große Fehlstellen.

Biologie der Erreger

Die Ursachen der Wurzelfäule konnten lange Zeit nicht geklärt werden, zumal verschiedene Erregerarten, die Kondition der Pflanzen und Umweltfaktoren eingeschlossen sind. Aus kranken Pflanzen wurden hauptsächlich verschiedene *Fusarium*-Arten isoliert, die als Pathogene bekannt sind. Daneben waren regelmäßig nichtpathogene Pilze aus verschiedenen Gattungen (*Penicillium, Trichoderma, Alternaria, Aspergillus, Mucor*) nachzuweisen. Mit dem Fortschreiten

---

Tafel 27
Oben links: Von parasitischem Pilz (*Entomophthora* sp.) abgetötete Kolonie der Bleichen Getreideblattlaus (*Metopolophium dirhodum*). Oben rechts: Larve der Blumenwanze *Anthocoris nemorum* beim Aussaugen einer Haferblattlaus (*Rhopalosiphum padi*). Mitte links: Larve der Florfliege *Chrysopa carnea* beim Aussaugen einer Pfirsichblattlaus (*Myzus persicae*). Mitte rechts: Florfliege (*Chrysopa* sp.). Unten links: Durch Brackwespen (*Aphidius* sp.) parasitierte Getreideblattläuse an Weizenähren. Unten rechts: Raupe des Großen Kohlweißlings (*Pieris brassicae*) mit Kokons der Kohlweißlingsbrackwespe (*Apanteles glomeratus*).

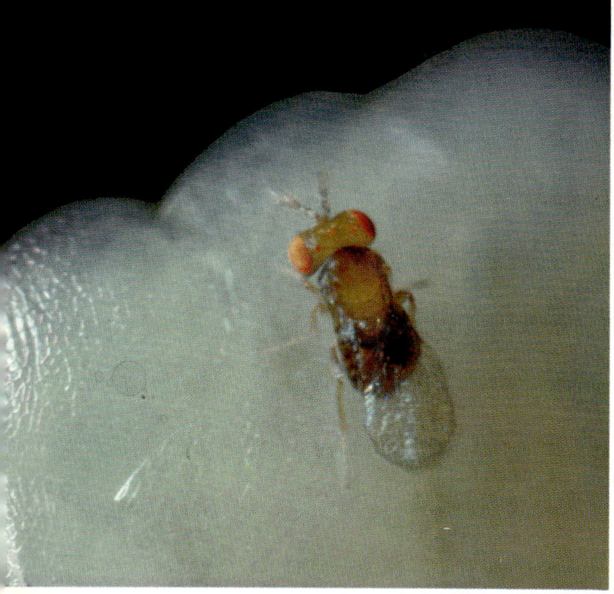

der Fäule nahmen die *Fusarium*-Arten zu, die apathogenen Formen ab. Daher wurde die Krankheit auch als Fusarium-Fäule bezeichnet. Ein besonderes Phänomen besteht darin, daß die *Fusarium*-Arten, die an Sämlingen bereits nachzuweisen sind und pathogen sein können, keine Aggressivität zeigen, wenn die Pflanzen nicht einer Streßsituation ausgesetzt wurden. Zu den die Prädisposition der Pflanzen verändernden Faktoren gehören unter anderem häufiger Schnitt, Kaliummangel, Insektenschäden an den Wurzeln, Infektionen durch Blattfleckenpilze, Nematodenbefall oder Viruserkrankungen.

Wirtskreis

Die Krankheit kann bei allen Futterleguminosen angetroffen werden. Besonders häufig kommt sie bei Rotklee, Luzerne und Weißklee vor. Die Erreger sind keine spezifischen Pathogene.

Bekämpfung

Die Reduktion der Streßeinwirkungen und die Schaffung optimaler Bedingungen für das Pflanzenwachstum können die Krankheit eindämmen. Die in Amerika angestrebte Resistenzzüchtung wird als sehr langwieriger Prozeß angesehen.

Literatur

Aubé, C., Deschêmes, J., 1967: Crown and root rots of alfalfa and redclover and the relative prevalence of associated fungi. Pl.Dis.Reptr. **51**, 573–577. – Leath, K.T., Lukezie, F.L., Crittenden, H.W., Elliott, E.S., Halisky, P.M., Howard, F.L., Ostazeski, S.A., 1971: The fusarium root rot complex of selected forage legumes in the Northeast. Pennsylv. agr. exp. sta. bull. 777, 64 pp. – Ylimäki, A., 1967: Root rot as a cause of red clover decline in leys in Finland. Ann. agric. Fenn **6**, Suppl. 1, 7–58.

6.3.3 Echter Mehltau

(powdery mildew)

Erreger

Erysiphe trifolii Grev. (syn. *Erysiphe polygoni* DC. em Salm., *Erysiphe martii* Lev., *Erysiphe communis* Grev.).

Systematische Stellung

Ascomycotina, Plectomycetes, Erysiphales, Erysiphaceae.

Verbreitung, wirtschaftliche Bedeutung.

Die Krankheit ist weltweit verbreitet; sie tritt in den klimatisch gemäßigten Gebieten häufiger auf, meist ab Mitte Juli in Perioden mit warmem, trockenem Wetter. Ertrags- und Qualitätsminderungen sind bei Rotklee nachgewiesen. Der Samenansatz wird reduziert; die Verluste an Blattmasse können auf 5% ansteigen.

Symptome

Auf der oberen Blattseite bildet sich ein grauweißer, mehliger Belag aus Mycel und Sporen; die Blätter bleiben grün, bis sie davon vollkommen bedeckt sind. Sie vergilben später und verdorren. Die Pflanzen bleiben im Wuchs zurück und können bei heißem Wetter welken (Abb. 205).

Biologie des Erregers

Erysiphe trifolii bildet Konidien (28 bis 40 x 16 bis 22 µm) an aufrechten Trägern; innerhalb von 24 Stunden wird jeweils eine Spore erzeugt, bei Tageslicht freigesetzt und mit dem Wind verbreitet. Im Herbst entstehen auf absterbenden Blättern oft in großer Zahl die dunklen, runden Cleistothecien (90 bis 125 µm) mit 5 bis 10 Asci, welche 3 bis 4 Ascsporen (20 bis 25 x 10 bis 15 µm) enthalten. Die Sexualphase hat keine erkennbare Bedeutung für die Epidemiologie. Der Pilz überwintert als Mycel in älteren Blättern; hierbei dringen die Haustorien in die Palisadenzellen ein und erreichen sogar die Leitgefäße. Für Mycelwachstum, Sporulation und Konidienkeimung sind Temperaturen von 24 °C optimal.

Tafel 28
Oben links: Weibchen des Eiparasiten *Trichogramma evanescens* auf Gelege des Maiszünslers *(Ostrinia nubilalis)*. Oben rechts: Siebenpunkt *(Coccinella septempunctata)* in Kolonie der Schwarzen Rübenblattlaus *(Aphis fabae)* an Rübe. Mitte links: Zweipunkt *(Adalia bipunctata)* an Weizenähre mit Großen Getreideblattläusen *(Sitobion avenae)*. Mitte rechts: Larven der zoophagen Gallmücke *Aphidoletes aphidimyza* beim Aussaugen von Grünen Pfirsichblattläusen *(Myzus persicae)*. Unten links: Larve der Schwebfliege *Episyrphus balteatus* beim Aussaugen einer Erbsenblattlaus *(Acyrthosiphon pisum)*. Unten rechts: Schwebfliege *(Scaeva pyrastri)* auf Wegwartenblüte.

Abb. 205. Echter Mehltau an Rotklee *(Erysiphe trifolii)*.

Wirtskreis
Der Echte Mehltau, der hauptsächlich an Rotklee und nur gelegentlich an Weißklee, Schwedenklee, Inkarnatklee, Luzerne, Esparsette und Hornklee auftritt, wurde der Sammelart *Erysiphe polygoni* zugeschrieben. Diese Species hat einen weiten Wirtskreis von fast 600 Arten, darunter über 200 Leguminosen. Neuerdings werden auf Leguminosen zwei Mehltauarten unterschieden: *E. pisi* parasitiert hauptsächlich auf *Pisum, Medicago* und *Vicia*, während *E. trifolii* auf *Trifolium, Lathyrus* und *Onobrychis* vorkommt. Auf Klee sind zahlreiche physiologische Rassen nachgewiesen, die mitunter auf einzelne Arten begrenzt sind. Die Spezialisierungsverhältnisse sind noch nicht voll überschaubar.

Bekämpfung
Direkte Maßnahmen waren bisher nur in Samenbeständen erforderlich, wobei sich Schwefelpräparate und systemische Mehltaumittel anbieten. In den USA werden Sorten mit höherer Resistenz in Befallsgebieten bevorzugt; europäische Herkünfte sind den nordamerikanischen Varietäten in der Widerstandsfähigkeit oft überlegen. Mehltau tritt bei hoher N- und P-Versorgung stärker auf; Kali wirkt befallsmindernd.

Literatur
KAPOOR, J.N., 1967: *Erysiphe trifolii*. C.M.I. Descriptions of pathogenic Fungi and Bacteria No. 156. – STURM, H., 1958: Untersuchungen über das Auftreten von Echtem Mehltau (*Erysiphe polygoni* D.C.) an Kleearten bei verschiedenen Umweltverhältnissen. Zeitschr. Acker-Pflbau **107**, 203–240.

6.3.4 Kleestengelbrand
(scorch)

Erreger
Kabatiella caulivora (Kirchn.) Karak. (syn. *Gloeosporium caulivora* Kirchn.).

Systematische Stellung
Deuteromycotina, Coelomycetes, Melanconiales, Melanconiaceae.

Verbreitung, wirtschaftliche Bedeutung
Der Stengelbrand zählt zu den wichtigsten Krankheiten des Rotklees in den gemäßigten Zonen Europas, Asiens und Nordamerikas. Schäden von über 50% wurden in Kanada beobachtet. Stärkere Verluste treten besonders im Samenbau ein.

Symptome
An Stengeln und Blattstielen bilden sich bis 5 cm lange, hellbraune, eingesunkene Läsionen, die von einem dunkelbraunen Rand umgeben sind. Auf den Blättern sind nur kleine, rundliche Flekke zu beobachten. Die Verfärbungen können den Stengel umgürten; das Gewebe reißt auf, Blattstiele und Stengel hängen herab (welken), erstere in der typischen Art eines Krummstabes (Farbtafel 21, S. 309). Auf die Krankheit wird man erst aufmerksam durch das Welken und Umknikken der Blüten- und Blatttriebe. Bei schwerem Befall sehen die Bestände fleckenweise wie verbrannt aus.

Biologie des Erregers
Auf den Läsionen bildet der Pilz weißliche, pustelförmige Lager mit einfachen Konidienträgern, an denen längliche, einzellige, leicht gekrümmte Konidien (8 bis 24 x 2,5 bis 3,5 µm) entstehen (Abb. 206). Sie werden durch Regenspritzer oder Insekten verbreitet. Unter feucht-warmen Bedingungen verläuft die Infektion und Sporulation rasch; die Krankheit erreicht den ersten Höhepunkt Anfang des Sommers vor dem ersten Schnitt. In dichten Beständen mit hoher Feuchtigkeit und geringer Lichtintensität unter dem Blattdach wird der Stengelbrand stark gefördert. Der Erreger überwintert in infizierten Pflanzen und an Blatt- und Stengelresten auf dem Boden. Im Frühjahr entstehen auf den alten Läsionen wiederum Konidien, die Primärinfektionen herbeiführen. Saatgutübertragung, wobei

infizierte Stengelstücke verschleppt werden, und Samenbefall scheinen von größerer Bedeutung zu sein als bisher angenommen wurde. Durch die Überdauerung auf Pflanzenresten sind mehrjährige Bestände stärker gefährdet.

Wirtskreis

Der Stengelbrand wird am häufigsten an Rotklee beobachtet, seltener befallen werden Inkarnatklee, Alexandrinerklee, Gelbklee, Schwedenklee und Esparsette. Weißklee und Luzerne sind weitgehend resistent. Die verschiedenen Rotkleevarietäten unterscheiden sich in der Anfälligkeit; spätblühende Sorten sind allgemein widerstandsfähiger, tetraploide sollen den diploiden überlegen sein. Der Erreger scheint in zahlreichen physiologischen Rassen vorzukommen.

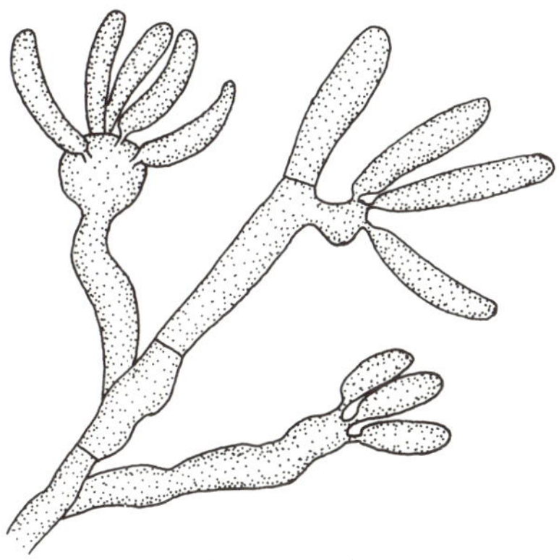

Abb. 206. *Kabatiella caulivora,* Konidienbildung.

Bekämpfung

In Fruchtfolgen mit geringem Kleeanteil stellt die Krankheit kaum eine Gefahr dar; in Befallslagen sind bodenständige, weniger anfällige Rotkleeherkünfte oder andere Kleearten zu verwenden. Durch Saatgutbeizung ist die Übertragung zu verhindern. Bei Befall sollte der ganze Bestand umgehend geschnitten werden.

Literatur

Cole, H., Couch, H.B., 1959: Etiology and epiphytology of northern anthracnose of red clover. Phytopathology **49**, 326–331. – Helms, K., 1975: Humidity, freewater and light in relation to development of *Kabatiella caulivora* (Kirchn.) Karak. in *Trifolium subterraneum* L. cv. Yarloop. Aust. J. agric. res. **26**, 511–520. – Leach, C.M., 1962: *Kabatiella caulivora,* a seedborne pathogen of *Trifolium incarnatum* in Oregon. Phytopathology **52**, 1184–1190. – Weltzien, H.C., 1958: Stengelbrenner (*Kabatiella caulivora* (Kirchn.) Karak. an Alexandrinerklee. Nachr. Bl. Dtsch. Pflschtzd. (Braunschw.) **10**, 72–74.

6.3.5 Kleeschwärze
(black blotch)

Erreger

Cymadothea trifolii (Pers. ex Fr.) Wolf (Konidienstadium: *Polythrincium trifolii* Kunze).

Systematische Stellung

Ascomycotina, Loculoascomycetes, Dothideales, Dothideaceae.

Verbreitung, wirtschaftliche Bedeutung

Die Krankheit ist in Europa, Amerika und Asien verbreitet. Die Verluste an Blattmasse sind meist von geringer Bedeutung. Befallene Pflanzen sind als Futter für Haustiere schädlich. Insbesondere bei Pferden, aber auch bei Schafen und Rindern, können nach Verzehr von frischem und getrocknetem Pflanzenmaterial Vergiftungserscheinungen eintreten, die auch zu Todesfällen führen.

Symptome

Auf der Unterseite der Fiederblätter entstehen mehr oder weniger zahlreiche, dunkeloliv bis schwarz gefärbte, erhabene, anfangs pulvrig stäubende, später verkrustete Flecke bis zu 1 mm Durchmesser. Bei starkem Befall bleiben die Pflanzen im Wuchs zurück und wirken gestaucht; die Blätter vergilben und trocknen ein (Abb. 207).

Biologie des Erregers

In den schwarzen Blattflecken bildet der Erreger ein derbes Stroma mit dichtstehenden, unverzweigten, perlschnurartig geformten Konidienträgern, an denen zweizellige, ovale bis birnenförmige, leicht braun gefärbte Konidien (17 bis 24 x 13 bis 24 μm) entstehen. Sie dienen der Ausbreitung des Pilzes im Sommer und Herbst.

Abb. 207. Kleeschwärze *(Cymadothea trifolli)*.

In dem Konidienstroma bilden sich zum Ende der Vegetationszeit Spermogonien mit einzelligen, kleinen Spermatien (3 bis 5 x 1,5 bis 2 µm) und die Anlagen eines Ascocarps nach dem Typ der Ascoloculares. Im Frühjahr wird der Fruchtkörper reif und enthält Asci mit hellbraunen, zweizelligen, länglichen Ascosporen (22 bis 26 x 6 bis 7,5 µm). Sie werden ausgeschleudert und führen zu den Primärinfektionen. Regen und Wind übernehmen die Ausbreitung. Die Krankheit tritt nach einem warmen, feuchten Frühjahr häufiger auf. Die Kleeschwärze ist relativ standorttreu und findet sich in Wiesen und Weiden immer wieder auf den gleichen Stellen; im Akkerfutterbau tritt sie, auch nach Anbaupausen, oft wiederum auf der gleichen Fläche auf.

Wirtskreis

Der Erreger kommt auf verschiedenen *Trifolium*-Arten vor. Am häufigsten befallen werden Weißklee und Schwedenklee, seltener tritt er auf Rotklee auf. Eine biologische Spezialisierung ist nicht bekannt; der Pilz kann auf die einzelnen Kleearten überwechseln.

Bekämpfung

In Befallslagen sind weniger anfällige Kleearten zu bevorzugen bzw. sollten andere Futterpflanzen gewählt werden.

Literatur

AMELUNG, D., 1966: Krankheitserreger und Schädlinge auf Futterpflanzen bzw. Futtermitteln als Ursachen für Gesundheitsstörungen bei Haustieren. Wiss. Zeitschr. Univ. Rostock **2**, 245–249. – BOOTH, C., O'ROURKE, C., 1973: *Cymadothea trifolii.* C.M.I. Descriptions of pathogenic Fungi and Bacteria No. 393.

6.3.6 Braunfleckenkrankheit an Klee, Blattschütte der Luzerne

(Stemphylium leafspots)

Erreger

Stemphylium sarcinaeforme (Cav.) Wiltsh. (syn. *Macrosporium sarcinaeforme* Cav.), *Stemphylium botryosum* Wallr.

Systematische Stellung

Deuteromycotina, Hyphomycetes, Hyphomycetales, Dematiaceae.

Verbreitung, wirtschaftliche Bedeutung

Beide Krankheiten sind in Europa und Nordamerika weit verbreitet. Sie können durch starken Blattfall im Herbst zu erheblichen Ernteausfällen und Pflanzenschädigungen führen; die Qualität des Erntegutes ist gemindert.

Symptome

Bei Rotklee und Luzerne bilden sich am Blattrand oder inmitten der Spreite unregelmäßige, leicht eingesunkene, hell- bis dunkelbraune Flekke von 1 bis 8 mm Durchmesser. Große Flecke zeigen konzentrische Ringe aus hell- und dunkelbraunem Gewebe. Die Läsionen finden sich auch an den Samenständen; an Blattstielen und Stengeln entstehen nur kleine Nekrosen (1 bis 3 mm). Die Blätter vergilben bei starker Fleckung rasch und sterben ab.

Biologie der Erreger

Beide Erregerarten bilden an den Läsionen auf der Blattunterseite einen olivgrünen Rasen aus

kurzen Konidienträgern, an deren Spitze einzelne, typisch mauerförmig unterteilte Konidien sitzen. *S. sarcinaeforme* entwickelt glattwandige, dunkelbraune rundliche bis ellipsoide Sporen (22 bis 38 x 15 bis 29 µm) mit drei transversalen und verschiedenen longitudinalen Septen, leicht eingeschnürt, mit dunklem Hilum. Die Konidien von *S. botryosum* (24 bis 39 x 19 bis 31 µm) sind dunkelbraun, oval, stachelig, mit 3 transversalen und 1 bis 3 longitudinalen Septen. Beide Arten können in alten Pflanzenteilen und im Boden lange Perioden überdauern. Infektion und Sporulation verlaufen am besten bei nassem Wetter, daher treten die Krankheiten meist erst im Spätsommer oder Herbst hervor. Der Befall beginnt am auffälligsten an durch ungünstige Bedingungen geschwächten Pflanzen; bei Luzerne können es Kalkmangelpflanzen sein. Beide Arten sind samenübertragbar.
S. botryosum wurde lange Zeit als imperfektes Stadium von *Pleospora herbarum* betrachtet; für *S. sarcinaeforme* wurde ebenfalls eine *Pleospora*-Art als Sexualform angenommen. Diese Ansichten werden neuerdings nicht gestützt.

Wirtskreis
S. sarcinaeforme tritt hauptsächlich an Rotklee und Inkarnatklee auf, kann aber eine große Zahl von *Trifolium*-Arten befallen. *S. botryosum* ist meist an Luzerne zu finden. Eine enge biologische Spezialisierung liegt nicht vor, denn beide Arten haben einen weiten Wirtskreis, der auch Pflanzen aus anderen Familien einschließt.

Bekämpfung
Zur Verhütung der Krankheit ist von gesundem Saatgut auszugehen. Bestände mit guter Pflege und rechtzeitigem Schnitt können den Befall weitgehend ausgleichen.

Literatur
Graham, J.H., Zeidlers, K.E., 1960: Pathogenicity and morphology of some leguminicolous and related species of *Stemphylium*. Phytopathology **50**, 757–760. Murray, G.M., Maxwell, D.P., Smith, P.R., 1976: Screening Trifolium species for resistance of *Stemphylium sarcinaeforme*. Pl. Dis. Reptr. **60**, 35–37.

6.3.7 Pseudopeziza-Blattfleckenkrankheit, Klappenschorf
(Pseudopeziza leafspots)

Erreger
Pseudopeziza trifolii (Bivona-Bernardi) Fuckel,
Pseudopeziza medicaginis (Lib.) Sacc.,
Pseudopeziza jonesii Nannf.,
Pseudopeziza meliloti Syd.

Systematische Stellung
Ascomycotina, Discomycetes, Helotiales, Dermateaceae.

Verbreitung, wirtschaftliche Bedeutung
Die Krankheit ist weltweit auf Futterleguminosen verbreitet; in Nordeuropa werden besonders Weiß- und Rotklee, in Mitteleuropa und in den USA Luzerne stärker betroffen, an der sie die wichtigste Blatterkrankung darstellt. Die Verluste durch Blattfall können im Bestand bzw. bei den Erntearbeiten hoch sein, auch wenn der Luzerneklappenschorf meist erst im Spätsommer oder Herbst in stärkerem Ausmaß auftritt. Im Wachstum gehemmte Pflanzen leiden besonders, wüchsige Bestände überstehen die Schäden eher. Die Blattverluste mindern den Austrieb nach dem Schnitt.

Symptome
Auf der Ober- und Unterseite der Fiederblätter bilden sich meist zahlreiche mittel- bis dunkelbraune, an den Rändern unregelmäßig gefranste Flecke von 0,5 bis 3 mm Durchmesser. Die größeren Blattflecke zeigen eine hellbraune Mitte mit dunklem Rand. Die Blätter rollen sich bei starkem Befall nach oben ein und fallen ab oder das nekrotische Gewebe fällt aus. Die Krankheit beginnt an den unteren Blättern und setzt sich nach oben fort.

Biologie der Erreger
Die Erregerarten unterscheiden sich in Morphologie und Physiologie nur geringfügig, daher werden nur Angaben über *Pseudopeziza medicaginis* angeführt. Auf dem befallenen Gewebe werden blattoberseits 0,5 bis 1 mm große, hellgefärbte Apothecien gebildet, die sich bei Feuchtigkeit zu konvexen, gallertartigen, runden Scheibchen ausdehnen. Auf ihrer Oberseite sind die Asci mit den einzelligen, hyalinen Ascosporen (10 × 5 µm) angelegt. Feuchte Bedingungen

sind für die Ascosporenausschleuderung und Verbreitung notwendig. Die Apothecienbildung hat ein Optimum bei 20 bis 25 °C. Fruchtkörper und Sporen sind gegen Austrocknung sehr widerstandsfähig. Die Krankheit kommt meist erst nach der sommerlichen Wärmeperiode bei häufigem Regen stärker vor. Die Erreger überstehen auf infizierten, abgefallenen Blättern auch die Winterbedingungen. Die älteren Apothecien können neue Ascosporen produzieren, von denen die Primärinfektionen im Bestand ausgehen. Eine asexuelle Sporenform, die für eine stärkere epidemische Verbreitung verantwortlich wäre, ist unbekannt. Die Ascosporen sind die einzigen Vermehrungs- und Infektionseinheiten.

Wirtskreis

Pseudopeziza trifolii ist vorherrschend auf Kleearten, wobei formae speciales unterschieden werden; *P. trifolii* f. sp. *trifolii pratensis* befällt Rotklee und *P. trifolii* f. sp. *trifolii repentis* tritt an Weißklee auf; die beiden Formen unterscheiden sich auch in der Sporengröße.

Pseudopeziza medicaginis parasitiert auf *Medicago*-Arten und zeigt eine biologische Spezialisierung in f. sp. *medicaginis sativae* auf Luzerne und in f. sp. *medicaginis lupulinae* auf Hopfenklee. An Luzerne tritt etwas seltener *P. jonesii* auf, die eine Gelbfleckigkeit hervorruft; an *Melilotus*-Arten wird *P. meliloti* beobachtet.

Bekämpfung

Durch frühen Schnitt kann ein Teil der Schädigung vermieden werden; alle Maßnahmen, welche die Pflanzenentwicklung fördern, dienen der Überwindung von Befallsauswirkungen. Bei Rotklee sind tetraploide Formen offenbar anfälliger als diploide. Weniger anfällige Luzernesorten wurden in den USA entwickelt. Fungizidbehandlungen haben auf Versuchsflächen höhere Samenerträge erbracht, sind aber in der Praxis nicht eingeführt.

Literatur

O'Rourke, C.J., 1976: Diseases of grasses and forage legumes in Ireland. An Foras Taluntais, Oak Park Res. Centr. Carlow 115 pp. – Schmiedeknecht, M., 1964: Morphologie, Spezialisierung und Phylogenie einiger *Pseudopeziza*-Arten. Biol. Zbl. **83**, 695–715. – Schmiedeknecht, M., 1967: Beobachtungen zur Epidemiologie und Versuche zur Schadensminderung des Luzerneklappenschorfes. Zeitschr. Pflkr. Pflschutz **74**, 290–302.

6.3.8 Stengelschwärze der Luzerne
(black stem)

Erreger

Ascochyta imperfecta Peck (syn. *Phoma herbarum* var. *medicaginis* West ex Rabenh.).

Systematische Stellung

Deuteromycotina, Coelomycetes, Sphaeropsidales, Sphaeropsidaceae.

Verbreitung, wirtschaftliche Bedeutung

Die Krankheit ist in Nord- und Südamerika, Europa, Asien und Australien verbreitet. Über starkes Auftreten, verbunden mit hohen Verlusten, wird aus Nordamerika berichtet. Anbaugebiete mit kühlem, feuchtem Frühjahrswetter sind stärker betroffen.

Symptome

An den Stengeln und Blattstielen zeigen sich langgezogene, teils streifige, dunkelbraune bis schwarze Läsionen. Bei starkem Befall ist der Stengel voll erfaßt und stirbt ab. Auf den Blättern entstehen dunkle, eckige Flecke von verschiedener Form und Größe, die zusammenfließen können. Die Pflanzen bleiben im Wachstum zurück. Gelegentlich tritt Umfallkrankheit an Sämlingen ein; der Erreger kann auch an Kronen- und Wurzelfäulen beteiligt sein.

Biologie des Erregers

In älteren Stengelläsionen, seltener in Blättern, bilden sich braune Pyknidien (100 bis 400 µm) mit ovalen bis zylindrischen Sporen (4 bis 15 x 2 bis 4 µm). Sie sind meist eine Mischung aus 0 und 1septierten Formen. Stämme ohne septierte Konidien wurden zum Teil zur Gattung *Phoma* gerechnet. Die Verbreitung der Sporen erfolgt durch Regen und Insekten. Der Pilz überdauert als Ruhemycel und als Pyknidium in den Stengelläsionen. Er kann auch mit dem Saatgut übertragen werden und soll im Boden mehrere Jahre überstehen. Für die Sporenfreisetzung und Infektion sind hohe Feuchtigkeiten erforderlich, daher tritt die Krankheit vornehmlich im Frühjahr oder Herbst im Zusammenhang mit Regenperioden in Erscheinung.

Wirtskreis

Ascochyta imperfecta hat einen Wirtskreis, zu dem vor allem Luzerne, ferner Rotklee, Gelbklee, Hornklee und Wickenarten gehören; an vielen Leguminosenarten wurde Saatgutbefall nachgewiesen. Über eine biologische Spezialisierung liegen wenige Informationen vor; häufig sind einzelne Erregerisolate am Herkunftswirt am stärksten pathogen. Die am Gelbklee auftretende Erregerform wird zuweilen als eigene Art (*Ascochyta medicaginis*) aufgefaßt.

Bekämpfung

Zur Verhütung der Krankheit werden Saatgutbeizung, längere Fruchtfolgerotationen und früher Schnitt bei beginnendem Befall empfohlen.

Literatur

Mead, H.W., 1964: Résumé of data on black stem of alfalfa caused by *Ascochyta imperfecta* Peck. Can. Pl. Dis. Surv. **44**, 134–141. – Peterson, M.L., Melchers, L.C., 1942: Studies on black stem of alfalfa caused by *Ascochyta imperfecta*. Phytopathology **32**, 590–597. – Schenck, N.C., Gerdemann, J.W., 1956: Taxonomy, pathogenicity, and host-parasite relations of *Phoma trifolii* and *Phoma herbarum* var. *medicaginis*. Phytopathology **46**, 194–200.

6.3.9 Krankheiten von geringerer Bedeutung

Falscher Mehltau
(downy mildew)

Erreger

Peronospora trifoliorum de Bary.
Im späten Frühjahr treten an den jüngeren Blättern hellgrüne bis graue Verfärbungen auf; die Blattunterseite ist an diesen Stellen mit einem violett-grauen Pilzrasen bedeckt. Später entstehen oberseits vergilbte, gefaltete Zonen oder der Erreger wächst systemisch in der Basis der Blätter. Die rundlichen bis ovalen Konidien (16 bis 36 x 22 bis 32 µm) bilden sich an dichotom verzweigten Trägern. Der Erreger kann als Mycel in Pflanzen oder im Saatgut überwintern. Bei *Medicago*-Arten werden Oosporen (20 bis 30 µm) gebildet, die im Frühjahr auskeimen. Falscher Mehltau wird auf *Trifolium-*, *Medicago-* und *Melilotus*-Arten beobachtet, am häufigsten an Luzerne (*M. sativa*), gelegentlich an Hopfenklee (*M. lupulina*). Für *Medicago*-Arten wird als eigene Art *Peronospora aestivalis* Syd. angeführt.

Blattbrand
(pepper spot)

Erreger

Leptosphaerulina trifolii (Rost.) Petrak [syn. *Pleospora trifolii* (Rost.) Petrak, *Pseudosphaeria trifolii* (Rost.) Höhnel)].
Auf Blättern und Blattstielen bilden sich zahlreiche, getrennte, runde, dunkelbraune bis schwarze, etwas eingesunkene Flecke. Die Größe der Läsionen hängt von der Befallsdichte ab; bei dichtem Besatz bleiben sie sehr klein (0,2 mm); große Flecke (3 mm) haben eine hellbraune Mitte mit dunklem Rand. Bei schwerem Befall tritt Vergilbung und Blattfall ein. Die Krankheit wird hauptsächlich an Weißklee und Luzerne in feuchten, mäßig warmen Klimabereichen (z.B. Irland) beobachtet und kann hier wirtschaftliche Verluste herbeiführen. Im verbräunten Blattgewebe bildet der Erreger dunkle Pseudothecien (120 bis 250 µm) mit bitunicaten Asci und ovalen, 3 bis 4fach transversal und 0- bis 2fach vertikal septierten Ascosporen (25 bis 50 x 10 bis 20 µm). Ein Konidienstadium wurde nicht beobachtet. Der Erreger überdauert mit den Fruchtkörpern im Winter; die Blattinfektionen erfolgen durch die Ascosporen bei hoher Feuchtigkeit. Zum Wirtskreis gehören neben Leguminosen auch Gramineen, Cruciferen und Solanaceen. Bei Luzerneherkünften liegen deutliche Anfälligkeitsunterschiede vor.

Anthraknose
(anthracnose)

Erreger

Colletotrichum trifolii Bain et Essary.
Auf den Stengeln entstehen dunkelbraune, längliche, eingesunkene Läsionen; die Pflanzen zeigen Welkeerscheinungen, Vergilbungen und Blattfall. Auf den Läsionen bilden sich zahlreiche Acervuli des Erregers mit einzelligen, länglichen, hyalinen Konidien (12 bis 24 x 3 bis 5 µm). Die Krankheit tritt wegen des höheren Temperaturoptimums des Erregers (25 bis 28 °C) in wärmeren Regionen besonders an Luzerne und Rotklee auf und gelegentlich an Serradella.

Falscher Mehltau der Luzerne
(downy mildew)

Erreger
Peronospora aestivalis Syd.
An den oberen Blättern zeigen sich im Frühjahr blaßgelbe oder helle unregelmäßige Flecke oberseits, die an der Unterseite von einem grauvioletten Pilzrasen aus Konidienträgern bedeckt sind. Die Krankheit wird von feuchtwarmer Witterung begünstigt. Bei stärkerem Befall treten Wuchsanomalien, Vergilbungen und Blattfall ein. Durch systemische Infektion bleibt die ganze Pflanze gestaucht und deformiert. Der Erreger überwintert durch Oosporen in Blattresten. Bei frühem Schnitt sind Verluste zu vermeiden.

Verticillium-Welke an Luzerne
(Verticillium wilt)

Erreger
Verticillium albo-atrum Reinke et Berth.,
Verticillium dahliae Kleb.
In zwei- und mehrjährigen Beständen treten im Spätsommer oder Herbst einzelne Pflanzen mit Welkeerscheinungen auf. Die Triebe sind im Wachstum zurückgeblieben, die Internodien sind gestaucht; mitunter werden nur einzelne Triebe erfaßt. Die Gefäße in den Wurzeln und unteren Stengelabschnitten sind verbräunt. Die Pflanzen sterben ab, die Bestände werden lückig und unterliegen starker Verunkrautung. Auf Pflanzenrückständen bilden die Erreger einen weißlichen Pilzrasen aus wirteligen Konidienträgern sowie Microsklerotien. Zur Biologie des Erregers siehe Seite 240. Bei starkem Befall müssen die Bestände bereits im zweiten bis dritten Jahr umgebrochen werden.

6.3.10 Verschiedene Rosterkrankungen an Kleearten
(clover rusts)

An verschiedenen Kleearten werden in Mittel- und Nordeuropa zahlreiche Rostpilze aus der Gattung *Uromyces* beobachtet, deren taxonomische Abgrenzungen noch nicht ausreichend erscheinen. Auf Blättern und Stengeln entstehen auffällige bis 1 mm große, braune Uredolager bzw. schwarze Teleutolager. Die wirtschaftliche Bedeutung der Kleeroste ist meist sehr gering.

Uromyces nerviphilus (Grognot) Hotson (syn. *Uromyces flectens* Lagerh.) auf *Trifolium repens* und *T. fragiferum*. Der Erreger parasitiert systemisch und bildet rotbraune, längere Zeit durch die Epidermis bedeckte Teleutolager (Mikrotyp); die Pflanzen vergilben und zeigen starke Blattverdrehungen.
Uromyces trifolii (DC.) Lev. (syn. *U. trifolii-repentis* Liro) auf *T. repens* und *T. hybridum;* autözisch, Eu-Form, relativ selten.
Uromyces fallens (Desm.) Kern [syn. *U. trifolii* (DC.) Lev.] auf *Trifolium pratense, T. incarnatum* und *T. medium*; autözische Eu-form, weit verbreitet, aber selten schädigend.
Uromyces anthyllidis Schroet. (syn. *Uromyces jaapianus* Kleb.) auf *Trifolium campestre* und *T.dubium*; heterözisch, Aecidien auf *Euphorbia cyparissias*, relativ selten.
Uromyces minor Schroet. auf *Trifolium dubium* systemisch parasitierend; bildet Aecidien und Teleutolager (Opsis-Form); in Nordeuropa vereinzelt stärker auftretend.

6.3.11 Luzernerost
(rust on lucerne)

Erreger
Uromyces striatus Schroeter [syn. *Uromyces medicaginis* (Pass.) Thum.].
Auf Blättern und jungen Stengeln entstehen hellbraune Rostpusteln (Uredolager) und später dunkelbraune Teleutolager. Spermogonien und Aecidien werden auf *Euphorbia*-Arten (z. B. *E. cyparissias*) gebildet. Zum Wirtskreis gehören *Medicago*- und *Trifolium*-Arten. Die Krankheit ist in Mittel- und Nordeuropa selten und hat zu Verlusten im Samenanbau in Mittel- und Südafrika, Israel und der UdSSR geführt. Die Species wird von einzelnen Autoren als Synonym von *U. pisi-sativi* aufgefaßt.

Literatur
Booth, C., Pirozynski, K.A., 1967: *Leptosphaerulina trifolii.* C.M.I. Descriptions of pathogenic Fungi and Bacteria. No. 146. – Laundon, G.F., Waterston, J.M., 1965: *Uromyces striatus.* C.M.I. Descriptions of pathogenic Fungi an Bacteria No. 59. – O'Rourke, C.J., 1976: Diseases of grasses and forage legumes in Ireland. An Foras Taluntais, Oak Park Res. Centr. Carlow, Dublin 115 pp.

6.4 Parasitische Samenpflanzen

6.4.1 Kleeseide
(clover dodder)
Cuscuta epithymum (L.) Murray subsp. *trifolii* Bab. et Gibs.

Die Kleeseide ist eine chlorophyllfreie, vollparasitische Blütenpflanze (Familie Convolvulaceae), deren fadenförmige, gelbliche bis leicht rötliche Stengel die Pflanzen umschlingen und völlig einspinnen. Die Blätter sind zu kaum sichtbaren Schuppen zurückgebildet; die rötlichweißen Blüten sitzen in dichten Knäueln am Stengel. Der Parasit befällt Rotklee, Weiß- und Schwedenklee, sowie Luzerne, zahlreiche Gräser und Unkräuter; er wird in den wärmeren Gebieten häufiger angetroffen, wo er besonders im Samenanbau zu Verlusten führt.
Die Befallsstellen in den Feldbeständen sind zunächst nesterweise verteilt und breiten sich aus. Befallene Pflanzen sterben durch den starken Nährstoffentzug ab. Die Kleeseide blüht ab Juli bis September und erzeugt als Frucht vielsamige Kapseln. Die Samen sind rundlich, gelblichgrau, matt, 0,8 bis 1 mm groß und überdauern einige Jahre im Boden, werden mit dem Saatgut verschleppt und können auch den Verdauungstrakt der Haustiere schadlos passieren. Die Keimpflanzen von *Cuscuta* suchen durch kreisende Bewegungen ihrer Sproßspitze Verbindung mit einer Wirtspflanze. Sobald der Kontakt hergestellt ist, wachsen Haustorien in die Leitgefäße ein; durch zahlreiche Seitensprosse wird die Wirtspflanze umsponnen und die Kleeseide geht auf Nachbarpflanzen über; inzwischen ist auch ihre Verbindung mit dem Boden durch Absterben der Keimlingswurzel verloren gegangen. Unter trockenen Bedingungen und bei fehlender Wirtspflanze gehen die Keimlinge meist zugrunde, bei Feuchtigkeit können sie jedoch längere Zeit überstehen.
Das Auftreten der Kleeseide ist zu verhindern durch einwandfreies Saatgut, welches durch elektromagnetische Reinigungsverfahren gewonnen werden kann. Befallene Flächen werden für die Saatguterzeugung nicht zugelassen. Die Befallsstellen sollten vor der Blüte mit einem DNOC-haltigen Herbizid abgespritzt werden; der dabei ebenfalls geschädigte Klee treibt jedoch wieder aus. Zur Zeit der Samenbildung der Seide können die befallenen Nester nur noch gemäht werden, und die Pflanzen sind mit Strohhäcksel vermischt unter Zusatz von Treibstoff zu verbrennen.

6.5 Schädlinge

6.5.1 Nematoden

Stockälchen, *Ditylenchus dipsaci*; s. Seite 284.

Kleezystenälchen
(clover cyst nematode)
Heterodera trifolii Goff., (Tylenchida, Heteroderidae)
H. trifolii kommt außer in Europa auch in Israel, Indien, auf Hawaii, in Neuseeland, Australien und Nordamerika vor. Der Nematode befällt Rot- und Weißklee, aber auch Ackerbohne, *Phaseolus*-Bohne, Erbse, Luzerne, Kürbis, Wiesenplatterbse und Unkräuter wie Sternmiere und Weiße Taubnessel. Bei starkem Befall kommt es zu Wachstumshemmung, Bildung schwacher Triebe und kleiner Blätter, verminderter Zahl von Blütenköpfen und Vergilbungserscheinungen.
Das Weibchen wandelt sich in eine zitronenförmige, etwa 0,6 mm lange, oft asymmetrische Zyste (Abb. 24, s. S. 94) um. Im Jahr entwickeln sich zwei Generationen.
Als wirtschaftliche Schadensschwelle gelten bei Rotklee etwa 500 Eier und/oder Larven pro 100 cm^3 Boden. Zur Bekämpfung empfiehlt sich ein Fruchtwechsel.

Literatur
MULVEY, R.H. and ANDERSON, R.V., 1974: *Heterodera trifolii.* C.I.H. Descript. Plant-paras. Nemat., Set 4, No. 46. – SEINHORST. J.W. and SEN, A.K., 1966: The population density of *Heterodera trifolii* in pastures in the Netherlands and its importance for the growth of white clover. Neth. J. Plant Pathol. 72, 169–183. – STELTER, H. und MEINL, G., 1972: Die Auswirkungen des Befalls von Rot- und Weißklee durch *Heterodera trifolii* und *Heterodera galeopsidis.* Arch. Pflanzenschutz **8**, 463–469.

6.5.2 Schnecken

Ackerschnecken, *Deroceras* spp., s. Seite 97.

6.5.3 Geradflügler

Gemeiner Ohrwurm
(common earwig)
Forficula auricularia (L.) (Dermaptera, Forficulidae)

Durch Larven und Vollkerfe des Gemeinen Ohrwurms werden in Jahren mit starker Vermehrung dieses Insekts unregelmäßig geformte Löcher in die Blätter von Rotklee, Kartoffeln, Rüben, Gemüse und von anderen Pflanzen gefressen. Hierdurch entsteht nur in einzelnen Extremfällen ein wesentlicher Schaden, wie dies bei Gemüse- und Zierpflanzen vorkommen kann. *F. auricularia* kann als Blattlausräuber auch sehr nützlich werden (s. Seite 114), weshalb dieses Insekt im Obstbau stellenweise durch Aufhängen von Blumentöpfen, die Moos oder dergleichen enthalten und als Schlupfwinkel dienen, gefördert wird.

Literatur
SKUHRAVÝ, V., 1960: Die Nahrung des Ohrwurms (*Forficula auricularia* L.) in den Feldkulturen. Acta Soc. Entomol. Cech. **57**, 329–339. – STAAR, G. und NOLTE, H.W., 1949: Auffälliges Schadauftreten des Ohrwurms (*Forficula auricularia* L.). Anz. Schädlingskd. **22**, 92–93.

6.5.4 Wanzen

Trübe Feldwanze, *Lygus rugulipennis*, und

Wiesenwanze, *Lygus pratensis,* s. Seite 252.

6.5.5 Blattläuse

Erbsenblattlaus, *Acyrthosiphon pisum;* s. Seite 428.

6.5.6 Käfer

Schnellkäfer (Larven: Drahtwürmer), *Agriotes* spp., s. Seite 123.

Maikäfer (Larven: Engerlinge), *Melolontha* spp., s. Seite 303.

Luzerneblattnager
(alfalfa weevil)
Hypera postica (Gylh.) [syn. *Phytonomus posticus* Gylh., *P. variabilis* (Hbst.), *Hypera variabilis* (Hbst.)]

Systematische Stellung
Coleoptera (Käfer), Curculionidae (Rüsselkäfer)

Geographische Verbreitung
Der Luzerneblattnager kommt in Europa, in West-, Südwest-, Süd- und Zentralasien, in Nordafrika, auf den Kanarischen Inseln und in Nordamerika (USA, Kanada) vor (CIE-Verbreitungskarte Nr. 304).

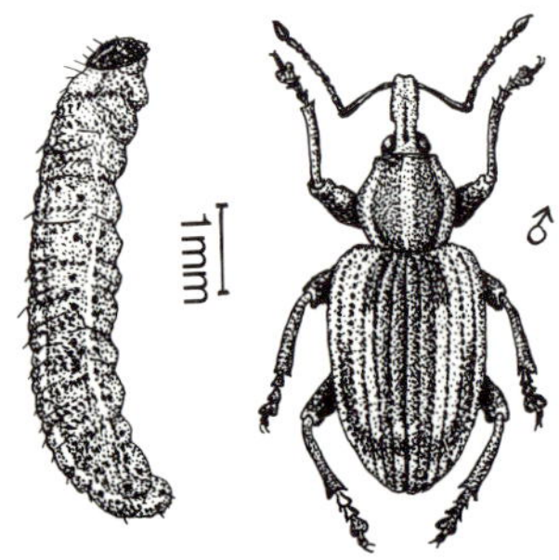

Abb. 208. Käfer (rechts) und Larve des Luzerneblattnagers *(Hypera postica).*

Beschreibung
Larve: Etwa 6 bis 8 mm lang und elliptisch (Abb. 208, links). Färbung gelblich bis grünlich, seltener rötlich. Medianer Rückenstreifen und Seitenstreifen gelblich bis weißlich. Beine fehlend, Kopfkapsel dunkelbraun.
Käfer: Länge etwa 4,5 bis 5,5 mm. Form oval, Färbung sehr variabel, jedoch vorwiegend grau bis braun. Halsschild mit schmalem, hellerem Mittel- und zwei breiteren, dunkleren, submedianen Längsstreifen (Abb. 208, rechts und Farbtafel 23, S. 327). Flügeldecken mit dunkleren Längsstreifen in der Umgebung der Naht sowie schwarzen Flecken. Fühler gekniet und gekeult.

Nähr- und Brutpflanzen
H. postica lebt und entwickelt sich vor allem an Luzerne (*Medicago sativa*) und anderen *Medicago*-Arten, an *Melilotus*- und *Vicia*-Arten. Der Käfer kann sich, insbesondere bei Nahrungsmangel, auch von anderen Leguminosen wie Serradella ernähren.

Schadsymptome und wirtschaftliche Bedeutung
Sowohl die Larven als auch die Käfer richten vor allem an den Blättern Fraßschaden an. Die Käfer nagen meist vom Blattrand ausgehende, längliche Fraßlöcher von unterschiedlicher Größe und Form zwischen die Blattadern. Sie fressen aber auch die Stengel an. Die Larven befressen die Knospen und verursachen an den Blättern, von deren Mitte ausgehend, typischen Lochfraß. Bei starkem Befall bleiben nur die Blattstiele übrig; gelegentlich werden diese an den jungen Trieben ebenfalls abgefressen.
Die Larven sind als Luzerneschädlinge wichtiger als die Käfer. Stark befressene Pflanzen bleiben im Wachstum erheblich zurück. Bei Massenauftreten, welches auf bestimmte Jahre beschränkt bleibt, kann *H. postica* zu den wichtigsten tierischen Feinden der Luzerne gerechnet werden. Am stärksten ist der erste Schnitt gefährdet.

Entwicklungszyklus, Biologie und Ökologie
Der Käfer verläßt sein Winterquartier, das sich in der Regel in Luzernefeldern oder deren Nähe befindet, in Abhängigkeit von der Frühjahrswitterung von März bis Anfang Mai. Er frißt dann an Blättern und Stengeln. Bei starkem Wind verläßt er die Pflanzen und begibt sich in die oberste Erdschicht.
Die Eiablage erstreckt sich von Mai bis in den Hochsommer hinein (4 bis 6 Wochen), konzentriert sich aber im wesentlichen auf die letzte Mai- und erste Junidekade. Hierzu bohrt der weibliche Käfer kleine Löcher in die Stengel, in welche die Eier in kleinen Gruppen abgelegt werden. Pro Weibchen können etwa bis zu 500, in manchen Fällen noch wesentlich mehr Eier (1500 bis 2000) erzeugt werden. Nach Abgabe der Eier werden die Stengelnischen mit einem Kotpfropfen verschlossen.
Die Larven schlüpfen bei 18 bis 21 °C nach etwa 1½ Wochen. Sie sind zunächst gelblich gefärbt und leben unter den Deckblättern der Blütenknospen. Nach etwa 2 Wochen besiedeln sie dann als Dritt- und Viertlarven die Blätter und vollführen den bereits beschriebenen Lochfraß. Der Hauptfraß erfolgt im Juni-Juli. Die oberen Blätter werden dabei bevorzugt. Bei oberflächlicher Betrachtung können die Larven mit Raupen verwechselt werden, doch unterscheiden sie sich von solchen durch das Fehlen der Beine. Nach etwa 4- bis 6wöchiger Entwicklungszeit, bei der 4 Larvenstadien auftreten, begeben sich die Tiere an die unteren Pflanzenteile und spinnen an Blättern und Blattachseln einen weitmaschigen Kokon, in dem sie sich verpuppen. Das Schlüpfen erfolgt etwa 2 Wochen später, wobei ein Teil des Kokons zernagt wird, damit die Jungkäfer ins Freie gelangen können. Anschließend erfolgt noch etwas Blattfraß, bis dann die Abwanderung ins Winterlager erfolgt, das entweder im Luzernefeld unter Pflanzenresten und Erdschollen oder an Feldrändern zu finden ist. *H. postica* hat in Mitteleuropa also nur eine Generation im Jahr.

Natürliche Feinde
Als räuberische Feinde der Käfer werden Spitzmäuse, Vögel (Amsel, Sperlinge, Feldlerche), Kröten, Frösche und die parasitischen Schlupfwespen *Perilitus aethiops* Nees und *Pygostolus falcatus* (Nees) angegeben. Als Eiparasit tritt *Eupelminus eccavatus* Dalm. in West- und Nordeuropa auf. Als Larvenparasiten sind einige *Bathyplectes*-Arten, vor allem *B. curculionis* (Thoms.) bekannt, außerdem die Raupenfliege *Degeeria luctuosa* Mg. Als Puppenparasit ist *Pimpla maculator* F. wichtig. Alle Stadien können durch den parasitischen Pilz *Beauveria bassiana* (Bals.) befallen und abgetötet werden.

Bekämpfung
Eine frühe Mahd beim Sichtbarwerden der ersten Fraßschäden an den Blättern vermindert die Schädlingspopulationen erheblich, da dadurch viele Larven und Eier vernichtet werden. Pflegemaßnahmen wie gute Düngung können durch Steigerung der Regenerationsfähigkeit der Luzerne möglichen Schäden ebenfalls deutlich entgegenwirken.
Als wirtschaftliche Schadensschwelle bei kleinen Pflanzen und stagnierendem Wachstum werden 100 Larven pro m^2 bzw. ein Fraß von 10% der Blattmasse angesehen.
Die chemische Bekämpfung sollte im Luzernesamenanbau mit Organophosphaten mit möglichst kurzer Wartezeit erfolgen, z. B. mit Mevinphos. Bromophos, Lindan und Parathion sind ebenfalls zugelassen. Hierbei müssen durch Beachtung der Vorschriften der Bienenschutzverordnung Bienenschäden vermieden werden.

Literatur
El M'Sadda, K., 1967: Le phytonome de la lucerne *Hypera variabilis* Herbst (Coléoptère,

Curculionidae) dans le sud-ouest de la France. Rev. Zool. Agric. Appl. **66**, 1–15. – Nolte, H.W., 1950: Beobachtungen über den Luzerneblattnager. Anz. Schädlingskd. **23**, 150. – Schmidt, H.A., 1957: Ein Massenauftreten des Luzerneblattnagers an Sommerwicken. Nachrichtenbl. Dtsch. Pflanzenschutzdienst (Berl.) NF **11**, 210–211.

Kleespitzmäuschen
(clover seed weevils)

Dunkles Kleespitzmäuschen, *Apion apricans* Hbst.;
Weißkleespitzmäuschen, *Apion dichroum* Bedel [syn. *Apion flavipes* (Payk.)]

Systematische Stellung
Coleoptera (Käfer), Curculionidae (Rüsselkäfer)

Geographische Verbreitung
A. apricans kommt in Europa, in Asien und Nordafrika vor, also in der gesamten Paläarktis; *A. dichroum* hat praktisch das gleiche Verbreitungsgebiet.

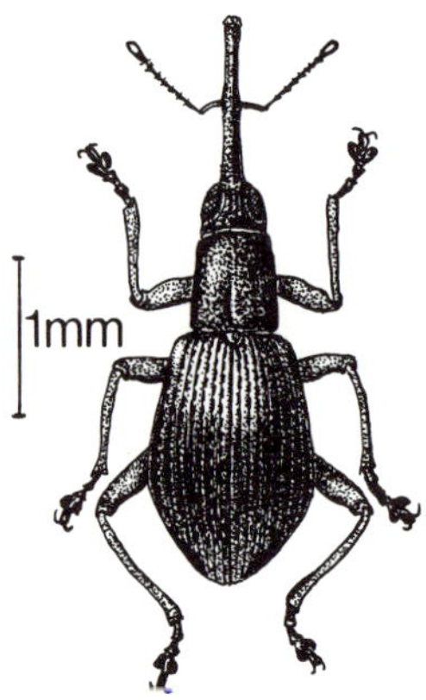

Abb. 209. Dunkles Kleespitzmäuschen *(Apion apricans).*

Beschreibung
Larve: Länge bei *A. apricans* etwa 3 bis 3,5 mm, bei *A. dichroum* 2,5 bis 3 mm. Körper leicht nach innen gekrümmt. Färbung gelblichweiß, Kopfkapsel braun; Beine fehlend.

Käfer: Körper langgestreckt birnenförmig (Abb. 209), bei *A. apricans* 2,2 bis etwa 3 mm, bei *A. dichroum* 1,8 bis 2,4 mm lang. Färbung bei beiden Arten schwarz. Alle Schenkel und Schienen sowie basale Hälfte der Fühler bei *A. dichroum* rötlichgelb, bei *A. apricans* Vorderschienen gelb, Mittel- und Hinterschienen sowie Füße schwarz. Flügeldecken mit Punktstreifen. Rüssel dünn, vorgestreckt, Länge etwa 1/3 der des Körpers.

Nähr- und Brutpflanzen
A. apricans entwickelt sich in erster Linie an Rotklee, gelegentlich auch an anderen *Trifolium*-Arten. Der Käfer kann sich vorübergehend auch an vielen anderen Kulturpflanzen ernähren, z. B. an Gerste, Kohl, *Phaseolus*-Bohne, Möhre, Salat, Sellerie, Gurke, Schwarzwurzel, Petersilie und Zierpflanzen (Sonnenblumen, Chrysantheme usw.).
A. dichroum hat als wichtigste Brutpflanze den Weißklee, wird aber auch von anderen *Trifolium*-Arten und Inkarnatklee angegeben.

Schadsymptome und wirtschaftliche Bedeutung
Die Käfer vollführen an den Kleeblättern einen charakteristischen, strich- bis kreisförmigen

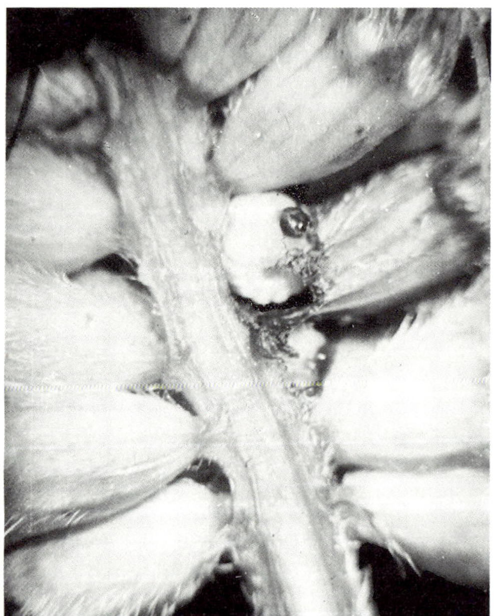

Abb. 210. Larve von *Apion* sp. in Kleeköpfchen.

Lochfraß, wodurch sie aber nur gelegentlich schädlich werden können, obwohl es in Extremfällen zu Skelettierfraß kommt. Wesentlich bedeutender ist die Fraßtätigkeit der Larven in den Blütenköpfen. Jede Larve zerstört im Laufe ihrer Entwicklung mehrere (5 bis 10) Samenanlagen (Abb. 210), so daß bei starkem Befall bis über hundert Rüßler aus einem Rotkleeköpfchen schlüpfen können und der Kleesamenertrag bedeutend gemindert wird.
Beide Kleespitzmäuschen zählen zu den wichtigsten Schädlingen im mitteleuropäischen Kleesamenanbau.

Entwicklungszyklus, Biologie und Ökologie
Die Überwinterung der Käfer erfolgt unter abgestorbenen Pflanzenteilen in Kleebeständen oder manchmal in Massen in der Bodenstreu an Waldrändern, in Hecken, Gebüschen und an Böschungen. Ab Ende April verlassen die Rüßler die Winterquartiere und wandern in die Kleefelder ein. Sie fressen dort vorzugsweise von der Unterseite her an den Blättern. Die Eiablage erfolgt im Juni und Juli. Die Weibchen, die im Durchschnitt etwa 100 Eier erzeugen, legen meist nur ein Ei pro einzelne Kleeblüte ab. Die ersten Eier werden in die noch nicht entwickelten, grünen Blütenköpfchen abgelegt. Nach der Zerstörung der Samenanlagen durch die Fraßtätigkeit der Larven erfolgt die Verpuppung in den abgestorbenen Blüten. In Kleesamenbeständen kann die Entwicklung, die mehrere Wochen dauert, auf dem Feld zum Abschluß gebracht werden. Falls Futterklee befallen ist, so erfolgt der Schnitt bereits dann, wenn sich in den Blütenköpfen noch die meisten Larven befinden, deren Entwicklung jedoch während der Heubereitung weitergeht. Das Schlüpfen der Jungkäfer erfolgt dann in Reutern oder Scheunen. In der Umgebung von Reutern wird deshalb oft besonders starker Fraßschaden beobachtet.
Im allgemeinen haben beide *Apion*-Arten im mitteleuropäischen Bereich nur eine Generation im Jahr; lediglich unter besonders günstigen Witterungsbedingungen ist eine 2. Generation möglich. Die Lebensdauer der Käfer kann länger als ein Jahr betragen.
Die Kleespitzmäuschen können besonders bei trockener und warmer Witterung stark auftreten. Im Frühjahr und Herbst unternehmen sie regelmäßig Wanderungen.

Natürliche Feinde
Die Braconide *Sigalphus floricola* und die Chalcidide *Spinthorus obscurus* sind als Parasiten von *Apion*-Arten bekannt (Schweiz). In Nordeuropa treten die parasitischen Pilze *Metarrhizium anisopliae* (Metsch.) und *Penicillium brevicompactum* Dierckx als Feinde der Kleespitzmäuschen auf.

Bekämpfung
Futterschläge sind zur Reduktion der *Apion*-Populationen möglichst früh zu schneiden.
Falls pro Blütenkopf zu Beginn der Blüte mehr als 1 Ei oder eine Eilarve gefunden wird (wirtschaftliche Schadensschwelle), so muß eine chemische Bekämpfung erfolgen. Als kritische Käferzahl werden 5 Tiere pro m^2 angesehen. Diese läßt sich durch Keschern in den Kleefeldern ermitteln.
Bei dem ein- oder zweimaligem Einsatz bienengefährlicher Kontaktinsektizide (z.B. Bromophos, Lindan, Mevinphos und Parathion) im Samenbau muß darauf geachtet werden, daß Bienenschäden vermieden werden (Beachtung der Vorschriften der Bienenschutzverordnung).

Literatur
BUHL, C. und SCHÜTTE, F., 1964: Über Auftreten und Bekämpfung von *Apion flavipes* Payk. in Weißklee-Samenbeständen. Z. Pflanzenkr. Pflanzenpathol. Pflanzenschutz **71**, 189–197. – DICKLER, E., 1967: Untersuchungen zur Besiedlung von wiesennahen Leguminosenkulturen durch Rüsselkäfer. Z. Angew. Entomol. **55**, 129–192. – SCHENKER, P., 1951: Die Kleesamenrüßler oder Kleespitzmäuschen und ihre Bekämpfung. Landwirtsch. Jahrb. Schweiz **65**, 713–725. – STEIN, W., 1967: Die Rüsselkäferfauna des Grünlands und ihre phytopathologische Bedeutung I und II. Z. Angew. Entomol. **60**, 3–59, 141–181.

Grünliches Kleespitzmäuschen
Apion virens Hbst.;

Erbsenrüßler
Apion pisi (F.);

Bleigraues Kleespitzmäuschen
Apion seniculus Kirby;

Luzernestengelrüßler

Apion tenue Kirby;

Apion assimile (L.);

Apion trifolii (L.) [syn. *Apion aestivum* (Germ.)] (alle sechs Arten: Coleoptera, Curculionidae)

Bei den erstgenannten vier Arten handelt es sich um Stengelbewohner, d. h. die Larven dieser Rüsselkäfer entwickeln sich in Blattstielen und Sproßknospen, mit Ausnahme von *A. pisi* auch in Stengeln. Als Folge davon kümmern die befallenen Pflanzen und zeigen nur schwach entwickelte Triebe. *A. virens* ist auf Rot- und Weißklee spezialisiert, während *A. pisi* auch an Luzerne, Inkarnat- und Gelbklee vorkommt. *A. seniculus* und *A. tenue* leben unter anderem an Rotklee und Luzerne. Diese *Apion*-Arten treten besonders bei trockener und warmer Witterung auf. Im Frühjahr und Herbst führen sie oft Wanderungen durch.

Die beiden zuletzt aufgeführten Spitzmausrüßler *A. assimile* und *A. trifolii* gehören wie *A. apricans* und *A. dichroum* (s. Seite 392) zu den Arten, deren Larven durch Zerstörung von Rotkleesamen im Kleesamenanbau schädlich werden können. Die *Apion*-Arten sind auch zur Übertragung des Rotkleescheckungs-Virus (s. Seite 375) befähigt.

Literatur

Bollow, H. und Diercks, R., 1960: Spitzmäuschen (*Apion*) als Schädlinge im Wurzelhals und in den unteren Stengeln des Rotklees. Pflanzenschutz **12,** 25–30. – Markkula, M. and Myllimäki, S., 1957: Investigation into the oviposition on red and alsike clover and alfalfa of *Apion apricans* Herbst, *A. assimile* Kirby, *A. flavipes* Payk., *A. seniculus* Kirby and *A. virens* Herbst (Col. Curculionidae). Ann. Entomol. Fenn. **23,** 203–207. – Stein, W., 1968: Zur Biologie, Morphologie und Verhaltensweise von *Apion virens* Herbst (Col., Curculionidae). Oecologia **1,** 49–86.

Luzernerüßler

(alfalfa snout beetle)

Otiorhynchus ligustici (L.) [syn. *Brachyrhynus ligustici* (L.)]

Systematische Stellung

Coleoptera (Käfer), Curculionidae (Rüsselkäfer)

Geographische Verbreitung

Das Verbreitungsgebiet des Luzernerüßlers liegt vor allem in Europa und im westasiatischen Raum (Kaukasus, Kleinasien). Er kommt auch in Kanada und den USA vor.

Beschreibung

Larve: Etwa 10 bis 12 mm lang und weißlich gefärbt. Körper leicht nach innen gekrümmt. Beine fehlend, Kopfkapsel braun.

Käfer: Etwa 10 bis 14 mm lang, stark gewölbt und mit schwarzer Grundfärbung. Körper fleckenartig mit graubraunen Schuppen und hell metallisch glänzenden Borsten bedeckt (Abb. 211). Hinterleib oval; Vorderflügel verwachsen, dicht und fein granuliert, Rüssel breit, am Vorderrand winklig eingeschnitten und mit deutlichem Längskiel in der Mitte der Oberseite. Schenkel an der Unterseite mit kurzem, stumpfem Zahn.

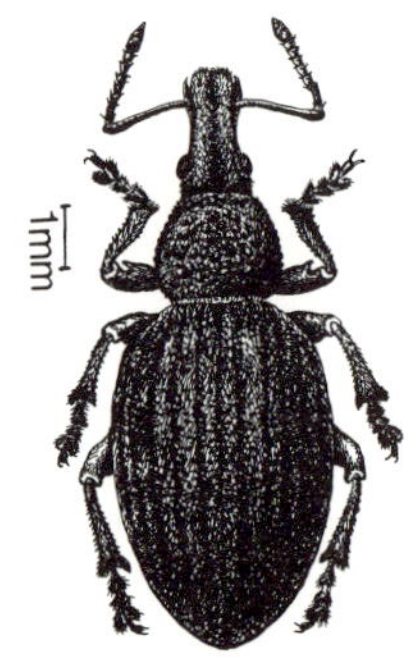

Abb. 211. Luzernerüßler *(Otiorhynchus ligustici)*.

Nähr- und Brutpflanzen

O. ligustici lebt als Käfer und Larve in erster Linie an Luzerne- und Kleearten sowie an anderen Leguminosen. Auch Hopfen kann als Nähr- und Brutpflanze dienen. Fehlen diese Pflanzen, so kann der Käfer beispielsweise an Weinrebe, jungen Rüben, Getreide, Erbse, Bohne, Lupine, Mohn, Spargel, Obstbäumen, Beerensträuchern, Salat, Zwiebel, Spinat, Kohl, Rose usw. Fraßschaden verursachen.

Schadsymptome und wirtschaftliche Bedeutung

Die Käfer vollführen an ihren Nährpflanzen einen Reifungsfraß, der sich als unregelmäßiger Blattrandfraß äußern kann. Gelegentlich kommt hierdurch Kahlfraß zustande und junge Pflanzen, z. B. Rüben, werden abgetötet. Außer Blättern werden auch Knospen, Triebe und Blüten beschädigt. An Hopfen brechen die durch Lochfraß geschädigten Triebe bei heftigem Wind leicht ab. Tritt der Käfer an dieser Pflanze stärker auf, so können die Triebe auch unmittelbar über der Erdoberfläche abgefressen werden, was besonders bei trockenwarmer Witterung während des Spitzens des Hopfens erfolgt.

Die an den Wurzeln von Leguminosen und auch von Hopfen lebenden Larven erzeugen lange, rillenförmige Fraßgänge und Löcher, was zu Welkeerscheinungen, Wachstumshemmung und bei noch stärkerem Schaden wie Ringelung oder Durchfressen der Wurzeln zum Absterben befallener Pflanzen führt. An geschädigten Hopfenstöcken treiben nur wenige Triebe aus.

O. ligustici ist als Käfer und Larve besonders in wärmeren Gegenden örtlich ein bedeutender Schädling im Luzerne- und Kleeanbau, der bei Abwanderung auf andere Kulturen auch als Käfer empfindlichen Schaden hervorrufen kann. An Hopfen und Weinrebe muß er in manchen Jahren ebenfalls als wichtiger Schädling betrachtet werden.

Abb. 212. Luzernerüßler *(Otiorhynchus ligustici)* beim Verlassen des Winterlagers.

Entwicklungszyklus, Biologie und Ökologie

Die Käfer verlassen ihre Winterlager im Boden (Abb. 212) im April und wandern dann in Luzernefelder ein. Sie sind wegen Verwachsung ihrer Deckflügel flugunfähig. Ist keine Luzerne vorhanden oder sind die Felder schon umgebrochen, so wandern die Insekten an andere Pflanzen zur Nahrungsaufnahme. Zur Eiablage erfolgt dann eine erneute Einwanderung in Luzerne- oder Kleefelder.

Es gibt seit einiger Zeit auch Populationen, die an Hopfengärten gebunden sind (Bundesrepublik Deutschland, ČSSR, Deutsche Demokratische Republik, Österreich). Dort ernähren sich die Käfer vor allem an jungen grünen Trieben, die Larven an der Basis der Stöcke und den Wurzeln.

Die Fortpflanzung erfolgt in erster Linie parthenogenetisch; Männchen treten nur relativ selten auf. Die Eier werden an den Wurzeln der Brutpflanzen der Larven einzeln oder in kleinen Gruppen abgelegt. Die durchschnittliche Eizahl pro Weibchen beträgt etwa 400, die maximale mehr als 800. Die Larven schlüpfen je nach Temperatur etwa 1½ bis 3 Wochen nach Ablage der Eier und beginnen dann mit dem Fraß, der bis zum Herbst andauert. Sie überwintern in etwa 30 bis 40 cm Tiefe im Boden in einem Erdkokon, den sie im Frühjahr wieder verlassen, um die Fraßtätigkeit bis zum Juni fortzusetzen. Erst dann erfolgt die Verpuppung bis in Bodentiefen von 40 bis 50 cm. Das Schlüpfen der Jungkäfer erfolgt noch im Sommer, doch verbleiben die Tiere in Diapause im Boden, um ihn erst im folgenden Frühjahr zu verlassen. Manche Larven verpuppen sich vor allem bei ungünstiger Witterung nach nochmaliger Überwinterung erst im 3. Jahr. Der Luzernerüßler benötigt demnach 2 bis 3 Jahre zu seiner Entwicklung.

Starke Niederschläge im Frühjahr führen in unkrautarmen Hopfengärten dazu, daß viele Käfer an der Bodenoberfläche von Schlamm eingeschlossen werden und ersticken. Trockenjahre und milde Winter fördern die Populationsentwicklung.

Natürliche Feinde

Verschiedene Vogelarten, wie z. B. Krähen, und Amphibien wie die Erdkröte (*Bufo bufo* Laur.)

können durch Vertilgen der Käfer nützlich werden. Raubkäfer wie Laufkäfer (*Carabus* spp.) und Kurzflügler (*Hister* sp.) sind gleichfalls als natürliche Gegenspieler der Käfer nachgewiesen worden, ebenso parasitische Pilze wie *Beauveria bassiana* (Bals.).

Bekämpfung

Die wirtschaftliche Schadensschwelle wird dann erreicht, wenn in Luzerne- und Kleefeldern mehr als 1 Käfer auf 40 m^2 gefunden wird. Die Ermittlung dieser Zahl erfolgt durch Abkeschern der Pflanzen, wobei 100 Kescherschläge erfolgen und für einen Hin- und Herschlag je 2 m beansprucht werden.

Zur Verhinderung der Abwanderung aus Luzerne- und Kleefeldern im April wurde früher das Anlegen von 30 bis 40 cm tiefen, steilwandigen Fanggräben um diese Felder vorgeschlagen. Durch Einbringen von Kontaktinsektiziden wie Lindan-Präparaten in diese Gräben wurden die Käfer abgetötet.

Wenn stärkerer Fraß, z. B. an Luzerne oder jungen Rüben erfolgt, können die Käfer direkt mit Kontaktinsektiziden bekämpft werden. Im Hopfenbau werden die Stöcke mit Mitteln wie Acephat, Carbofuran oder Methamidophos behandelt (Angießverfahren). Omethoat und Methidathion sind zur Bekämpfung des Luzernerüßlers in dieser Kultur gleichfalls zugelassen.

Literatur

Hanuss, K., 1958: Untersuchungen über den Klee-Luzernerüßler *Brachyrhinus (Otiorrhynchus) ligustici* L.. Z. Angew. Entomol. **43**, 233–281. – Hrdý, I., 1979: Integrierter Pflanzenschutz im Hopfenbau. Proc. Intern. Symp. JOBC/WPRS, Integrierter Pflanzenschutz in Land- u. Forstwirtsch., Wien, 267–280. – Jørgensen, J., 1953: Biology of the alfalfa snout beetle (*Otiorrhynchus ligustici* L.) in Denmark. Royal Vet. Agric. Coll. Copenhagen Yearbook, 105–146. – Leiberitz, R. und Müller, W., 1979: Auftreten und Bekämpfung des Luzernerüßlers in Hopfenanlagen des Bezirks Dresden. Nachrichtenbl. Pflanzenschutz DDR **33**, 81–84. – Pfeifer, H., 1963: Der Liebstöckelrüßler als Hopfenschädling und seine Bekämpfung. Hopfen-Rundschau **14**, 106–110.

Sitona flavescens (Mrsh.);

S. hispidulus (F.);

S. humeralis Steph.;

S. sulcifrons (Thunb.) (alle vier Arten: Coleoptera, Curculionidae)

S. humeralis kann an Luzerne und Gelbklee, die anderen drei Arten können besonders an Rotklee stärkeren Blattrandfraß verursachen. Diese Rüsselkäfer sind oft mit dem Gestreiften Blattrandkäfer (*Sitona lineatus*, s. Seite 430) vergesellschaftet und stimmen in ihrer Larvalbiologie mit diesem auch weitgehend überein. Auch die Parasiten sind identisch.

Literatur

Dieckmann, L., 1980: Beiträge zur Insektenfauna der DDR: Coleoptera – Curculionidae (Brachycerinae, Otiorhynchinae, Brachyderinae). Beitr. Entomol. **30**, 145–310. – Geiler, H., 1960/61: Zur Phänologie und Ökologie der in norddeutschen Luzernebeständen vorkommenden Insekten, unter besonderer Berücksichtigung der Coleopteren. Z. Angew. Entomol. **47**, 128–136. – Hans, H., 1963: Zur Populationsdynamik von *Sitona* Germ. (Curculionidae) auf Luzerne und Rotklee unter besonderer Berücksichtigung entomophager Parasiten. Zool. Jahrb. Abt. Syst. Ökol. Geogr. Tiere **90**, 659–696.

Gestreifter Blattrandkäfer, Linierter Blattrandkäfer, *Sitona lineatus*, s. Seite 430.

6.5.7 Schmetterlinge

Wintersaateule, *Agrotis segetum*, s. Seite 134.

Gammaeule, *Phytometra gamma,* s. Seite 315.

6.5.8 Schnaken

Sumpfschnake, *Tipula paludosa,* s. Seite 137.

6.5.9 Gallmücken

Luzerneblütengallmücke
(lucerne flower midge)
Contarinia medicaginis Kieff.

Systematische Stellung

Diptera (Zweiflügler), Cecidomyiidae (Gallmücken)

Geographische Verbreitung
Die Gallmückenart kommt in West-, Mittel-, Süd- und Osteuropa vor. Sie ist auch in Teilen Südamerikas (Peru) nachgewiesen worden.

Beschreibung
Larve: Länge bis etwa 2 mm. Färbung weißlich (junge Larven) bis orangegelb (ältere Larven). Kopfkapsel und Beine fehlend. Unterseite des 1. Brustsegmentes mit Brustgräte (Sprungfähigkeit!) mit 2 lappenartigen Fortsätzen am Vorderende.
Mücke: Länge etwa 1,6 bis 1,8 mm, Grundfärbung gelblich. Extremitäten und Querbinden auf dem Hinterleib braun.

Brutpflanzen
C. medicaginis lebt bei uns nur an Luzerne (*Medicago sativa*), in anderen Teilen ihres Verbreitungsgebietes auch an *Medicago arabica*, *M. falcata* und *M. media*.

Schadsymptome und wirtschaftliche Bedeutung
Die Saugtätigkeit der Larven in Luzerneblüten führt zu Verwachsung der Kronen- und Kelchblätter sowie einem Vergallen der Blüten, die wie kleine Zwiebeln aussehen (Farbtafel 23, S. 327). Der Samenansatz wird durch diese Gallbildung unterbunden. Die Gallen fallen nach einiger Zeit ab.
C. medicaginis ist der wichtigste Schädling des Luzernesamenanbaues, dem die Gallmücke in manchen Jahren, oft in Vergesellschaftung mit anderen Schädlingen, empfindliche Verluste zufügen kann.

Entwicklungszyklus, Biologie und Ökologie
Die Überwinterung dieser Art erfolgt als Larve in einem Erdkokon. In Mitteleuropa treten insgesamt drei Generationen im Jahr auf, die sich überlappen. Man kann meist drei, manchmal auch vier Hauptflugperioden der Mücken unterscheiden. Diese fallen in die Zeit zwischen Ende Mai und Anfang Juni, Anfang bis Mitte Juli, Anfang bis Mitte August und Ende August bis Mitte September. Die zweite, gelegentlich auch noch die dritte Flugperiode sind für den Luzernesamenanbau am bedeutendsten. An der 4. Periode sind in der Regel die wenigsten Mücken beteiligt.
Die weiblichen Mücken leben nur wenige Tage, maximal bis zu einer Woche. Sie sterben nach der Eiablage, die männlichen nach der Kopulation. Mit Hilfe ihrer Legeröhre legen die Weibchen meist 3 bis 5 Eier je Blütenknospe in die Nähe des Fruchtknotens. Ein Weibchen erzeugt etwa 60 Eier. Die oberen Blütenstände werden zur Eiablage bevorzugt, die unteren nur bei stärkerem Wind. Besonders starker Befall stellt sich an Feldrändern ein, die in Windrichtung älterer Luzernesamenfelder liegen.
Die Larven schlüpfen bei einem durchschnittlichen täglichen Temperaturmaximum von 20 °C nach etwa 4 bis 5 Tagen und bewirken durch ihre Saugtätigkeit die Umwandlung der Knospen in zwiebelähnliche Gebilde (Gallen). Pro Galle können im Durchschnitt etwa 4, im Maximum mehr als 10 Larven vorhanden sein. Sind viele Larven zu finden, so stammen diese von mehreren Gelegen meist verschiedener Weibchen. Nach 3 bis 3½ Wochen ist die Entwicklung in den sich an den Spitzen öffnenden Gallen abgeschlossen. Die Larven springen dann auf den Boden, arbeiten sich unter krümmenden Bewegungen in diesen hinein und spinnen in Abhängigkeit von der Bodenbeschaffenheit einen Kokon, in dem sie sich nach mehreren Tagen verpuppen. Etwa zwei Wochen später befreien sich die Puppen aus dem Gespinst, arbeiten sich unter drehenden Bewegungen des Hinterleibes an die Erdoberfläche empor und entlassen hier die Mükken. Ein Teil der Larven jeder Generation kann bis zu vier Jahre in Diapause gehen, d. h. die Entwicklung unterbrechen.
Die Luzerneblütengallmücke wird bei ihrer Entwicklung sehr stark von abiotischen Umweltfaktoren beeinflußt. So wirken sich besonders Trockenperioden im Frühsommer sehr stark mortalitätsfördernd bei Larven und Puppen aus. Negative Einflüsse werden auch der Einwirkung des Windes und niedriger Temperatur zugeschrieben. Dagegen kann es nach ergiebigen Niederschlägen von März bis Juni und höheren Temperaturen (Maxima über 20 °C) über einen Zeitraum von etwa 10 bis 20 Tagen zu Massenvermehrungen kommen. Wichtig ist dabei das Zusammentreffen der Mücken mit dem Blütenknospenstadium; schlüpfen sie zu spät, d. h. erst während der Vollblüte, so werden keine größeren Samenverluste mehr verursacht.

Natürliche Feinde
C. medicaginis wird von verschiedenen Hautflüglern parasitiert, z. B. von *Inostemma*-Arten

(*I. contariniae* Szel.), *Omphalo varipes* Thoms., *Phaenocarpa tapidae* Nees und *Systasis encyrtoides* (Wlk.).

Bekämpfung

Bei der Wahl der Standorte für den Luzernesamenanbau sind Tallagen und andere feuchte Stellen zu meiden. Am besten eignen sich nach Süden und Westen geneigte Hänge. Futter- und Samenschläge müssen möglichst weit voneinander entfernt liegen. Falls sich Luzerne an Wegrainen in der Umgebung der Felder ausgebreitet hat, muß sie hier abgemäht werden. Von Bedeutung ist auch tiefes Pflügen beim Umbruch und eine nicht zu starke Aussaatrate.

Durch Bodenuntersuchungen kurz vor der Flugperiode besteht die Möglichkeit, Informationen über die Stärke des zu erwartenden Auftretens der Luzerneblütengallmücke zu erhalten.

Als wirtschaftliche Schadensschwelle gelten 50 mit Eiern oder Eilarven befallene Blütenknospen pro m^2.

Die Bekämpfung mit Insektiziden muß kurz vor oder kurz nach der Flugperiode erfolgen. Hierfür eignen sich systemische Mittel aus der Gruppe der Organophosphate, z. B. Dimethoat, sowie nicht systemische wie Bromophos, Mevinphos und Parathion. Da Luzerne von Bienen beflogen wird, sind die Vorschriften der Bienenschutzverordnung zu beachten, oder es dürfen nur bienenungefährliche Mittel wie Endosulfan eingesetzt werden. Um bei Verwendung der Luzerne für Futterzwecke eine Gefährdung der Gesundheit von Haustieren zu vermeiden, müssen die für die verschiedenen Insektizide vorgeschriebenen Karenzzeiten beachtet werden.

Literatur

Coutin, R., 1962: La lutte contre la cécidomyie (*Contarinia medicaginis* Kieffer) des fleurs de lucerne. Rev. Zool. Agric. **61**, 1–22. – Fröhlich, G., 1958: Der Einfluß der Umwelt auf den Massenwechsel und die Massenvermehrung der Luzerneblütengallmücke *Contarinia medicaginis* Kieff. Nachrichtenbl. Dtsch. Pflanzenschutzdienst (Berl.) NF **12**, 161–172. – Fröhlich, G., 1959: Zur Lebensweise und Entwicklung der Luzerneblütengallmücke *Contarinia medicaginis* Kieff. Z. Angew. Entomol. **44**, 29–41. – Skuhravá, M., 1969: Die Prognose der Luzernegallmücken auf Grund von Bodengrabungen. Anz. Schädlingskd. **42**, 9–12. – Strebler, G., 1975: La prévision des pullulations des Cécidomyies nuisibles à la production des semences de lucerne; exemple de *Contarinia medicaginis* Kieffer. Rev. Zool. Agric. Pathol. Vég. **74**, 1–35.

Orangerote Luzernesproß-Gallmücke

Dasineura ignorata (Wachtl) (Diptera, Cecidomyiidae);

Gelbe Luzernesproß-Gallmücke

Dasineura lupulinae (Kieff.)

Die orangeroten Larven von *D. ignorata* erzeugen Gallen (Abb. 213) an den Trieben und Blattwinkeln von Luzerne. Andere Gallen, die sich an den Triebspitzen befinden, werden von den gelben Larven von *D. lupulinae* hervorgerufen. Die Gallbildung kommt infolge der pflanzenphysiologischen Wirkung von Stoffen zustande, die die Mückenlarven bei ihrer Fraßtätigkeit abgeben.

Beide Sproßgallmücken haben 2 Generationen im Jahr. Die erste, die im Mai und Juni auftritt, ist die gefährlichere. Die Verpuppung erfolgt im Boden. Bei stärkerem Befall ist zu empfehlen, die Luzerne zu schneiden, noch bevor die Larven in den Boden abgewandert sind.

Abb. 213. Gallen der Gelben Luzernesproß-Gallmükke (*Contarinia lupulinae*) an Luzernetrieben.

Literatur
BOLLOW, H., 1954: Die Luzerneblütengallmükke (*Contarinia medicaginis* Kieff.) und die anderen luzerneschädigenden Gallmücken-Arten. Pflanzenschutz **6**, 144–147. – LEHMANN, H., 1949: Luzerneschädlinge. 6. Die vier Gallmükken der Luzerne nebst einigen Bemerkungen über *Contarinia torquens* de Meig. Z. Pflanzenkr. Pflanzenpathol. Pflanzenschutz **56**, 9–104.

6.5.10 Säugetiere

Feldmaus, *Microtus arvalis,* s. Seite 166.

Wildkaninchen, *Oryctolagus cuniculus;* s. Seite 173.

Gartenbohne, Phaseolus-Bohne

6.6 Viruskrankheiten

6.6.1 Gelbmosaik der Gartenbohne

Erreger
Bohnengelbmosaik-Virus, BGMV (bean yellow mosaic virus, BYMV, s. a. Seite 415, 439).

Verbreitung, wirtschaftliche Bedeutung
Das Virus spaltet in viele Stämme auf und ist praktisch in ganz Europa und in anderen Erdteilen (Nord- und Südamerika, Afrika, Asien) nachgewiesen worden.
Das BGMV verursacht an Gartenbohne, insbesondere bei früher Infektion, deutliche Ertragseinbußen, da wesentlich weniger Hülsen angesetzt werden als bei gesunden Pflanzen. Es ist also wirtschaftlich bedeutend und neben dem Gewöhnlichen Bohnenmosaik-Virus das wichtigste Virus der Bohne.

Symptome
An jungen Blättern wird nach Infektion mit dem Bohnengelbmosaik-Virus ein auffälliges Mosaik mit meist größeren gelben und grünen Flecken sichtbar; die Mosaikflecken haben klare Grenzen. Die vielen verschiedenen Virusstämme verursachen unterschiedlich starke Symptome. Bei manchen Bohnensorten bleiben die Blätter klein, werden brüchig und zeigen Kräuselerscheinungen (Farbtafel 21, S. 309). Auch ein Nekrotisieren der Triebspitzen und Blattfall ist möglich, was jedoch von der Bohnensorte und vom Virusstamm abhängt. Selbst die Hülsen können rauh, fleckig und mißgestaltet sein.

Eigenschaften, Wirtskreis, Übertragung
Das Bohnengelbmosaik-Virus besteht aus langgestreckten, flexiblen Partikeln, die eine Größe von etwa 15 × 750 nm aufweisen. Der Verdünnungsendpunkt befindet sich oberhalb von 10^{-3} oder 10^{-4}.
Bei den Wirtspflanzen des Virus handelt es sich vor allem um zahlreiche Leguminosen-Arten, darunter neben Bohnen (*Phaseolus* spp.) Ackerbohne, Erbse, Luzerne, Kleearten, Wicken, Serradella und Lupinen. Unter den anfälligen Pflanzen aus anderen Familien befinden sich Mohn, Ackerdistel, Narzisse, Gladiole, Freesie und Schwertlilie. Insgesamt sind mehr als 150 Arten als Wirtspflanzen bekannt.
Das Virus ist experimentell leicht mit Preßsaft übertragbar. Es wird in der Regel zu einem geringen Prozentsatz auch mit dem Samen weitergegeben, z. B. bei Erbse, Ackerbohne und Weißem Steinklee, am besten aber bei Gelber und Weißer Lupine (bis 6%). In den Niederlanden ist ein Stamm gefunden worden, der bei *Vicia faba* bis zu 12% mit dem Samen übertragen wird. Bei Weißem Steinklee ist auch Pollenübertragbarkeit nachgewiesen worden.
Etwa 25 Blattlausarten sind als Vektoren des nicht zirkulativen (nicht persistenten) Bohnengelbmosaik-Virus bekannt. Die Grüne Pfirsichblattlaus *(Myzus persicae)* gilt als besonders leistungsfähiger Vektor. *Aphis craccivora* ist gleichfalls ein guter Überträger und infiziert nach 2 bis 4 Stunden Infektionsgelegenheitszeit die meisten Pflanzen. Andere, mehr oder weniger effiziente Vektoren sind *Acyrthosiphon pisum, Macrosiphum euphorbiae, Aphis gossypii* und *A. fabae*. Die minimale Akquisitionszeit für die Virusaufnahme beträgt bei *A. pisum* 10 Sekunden, die minimale Infektionsgelegenheitszeit 6 bis 10 Sekunden. Die verschiedenen Rassen/Biotypen der Erbsenlaus und anderer Blattlaus-

arten unterscheiden sich hinsichtlich ihrer Übertragungsfähigkeiten zum Teil sehr wesentlich.

Bekämpfung

Eine Anpflanzung von Bohnen in der Nähe ausdauernder Wirtspflanzen (Klee, Luzerne, Wikken, Gladiolen, Freesien), in denen eine Überwinterung des Virus stattfinden kann, muß vermieden werden. Durch frühe Saat und wachstumsfördernde Maßnahmen können Infektionen im Jugendstadium und damit auch größere Schäden verhindert werden. Außerdem gibt es einige weniger anfällige, tolerante oder resistente Bohnensorten, die bevorzugt angebaut werden sollten.

Da bei Ackerbohne bei Anwendung von chemischen Vektorbekämpfungsmitteln wie Endosulfan und Dimethoat auf großer Fläche eine deutliche Verminderung der Zahl infizierter Pflanzen erreicht werden kann, dürften entsprechende Maßnahmen in großen Feldbeständen von Bohnen wahrscheinlich zu ähnlichen Ergebnissen führen.

Literatur

Bos, L., 1970: Bean yellow mosaic virus. C.M.I./A.A.B. Descript. Plant Vir. No. 40. – Jones, T. T. and Diahun, S., 1977: Serologically and biologically distinct bean yellow mosaic virus strains. Phytopathology **67**, 831–838. – Hagedorn, D. J., 1974: Virus diseases of pea, *Pisum sativum*. Am. Phytopathol. Soc. Monogr. No. 9, 47 pp. – Hubbeling, N., 1955: Ziekten en beschadigingen van Bonen. Meded. Inst. Plantenziekt. Onderz. **83**, 1–80. – Quantz, L., 1953: Über das Verhalten von Buschbohnensorten gegenüber dem Bohnenmosaikvirus 1 und 2. Nachrichtenbl. Dtsch. Pflanzenschutzdienstes (Braunschw.) **5**, 129–132.

6.6.2 Gewöhnliches Mosaik der Gartenbohne

Erreger

Gewöhnliches Bohnenmosaik-Virus, BMV (bean common mosaic virus, BCMV).

Verbreitung, wirtschaftliche Bedeutung

Das mit mehreren Stämmen auftretende Virus ist weltweit verbreitet. In Mitteleuropa besitzt es wirtschaftliche Bedeutung, da es eine der wichtigsten Virosen der Gartenbohne hervorruft. Besonders bei früher Infektion anfälliger Sorten treten starke Ertragsminderungen ein. Infektionen, die zur Zeit der Hülsenbildung erfolgen, zeigen keine Auswirkungen mehr auf den Ertrag.

Symptome

Die Symptome an Gartenbohne hängen sehr stark vom jeweiligen Virusstamm, von der Bohnensorte, vom Infektionszeitpunkt und den Witterungsbedingungen ab. Normalerweise hellen sich die Blätter 1 bis 2 Wochen nach der Infektion auf; später zeigt sich an den jüngeren Blättern ein gut sichtbares hell- und dunkelgrünes Mosaikmuster. Die dunkelgrünen Zonen sind blasig aufgewölbt (Abb. 214). Die Blattspreiten sind deformiert, vielfach auch verschmälert, die Blattränder nach unten eingerollt. Die Hülsen bleiben oft kleiner als bei gesunden Pflanzen und sind gekrümmt, teilweise auch gefleckt. Bei Temperaturen unter 20 °C und über 28 °C können die Symptome maskiert sein. Bei manchen Sorten tritt bei höherer Temperatur (über

Abb. 214. Gewöhnliches Mosaik der Gartenbohne.

20 °C) nach der Blüte eine sogenannte Schwarzbeinigkeit auf, d. h. die Gefäße in der Wurzel, im Stengel, in den Blüten und in Teilen der Hülsen verfärben sich schwarzbraun und die Pflanzen welken und sterben ab. Es handelt sich hierbei um eine Überempfindlichkeitsreaktion sonst resistenter Sorten, die nur in sehr warmen Sommern und bei Aussaaten im Mai und Juni auftritt. Tolerante Sorten zeigen oft nur eine leichte Verschmälerung, Vergilbung und Wölbung systemisch infizierter Blätter.

Eigenschaften, Wirtskreis, Übertragung

Die Partikeln des Gewöhnlichen Bohnenmosaik-Virus sind gebogene Filamente, die etwa 750 nm lang und 15 nm breit sind. Der Verdünnungsendpunkt liegt meist zwischen 10^{-3} und 10^{-4}. Es besteht eine serologische Verwandtschaft mit dem Bohnengelbmosaik-Virus.

Das BMV kommt in Mitteleuropa vor allem an Bohnen (*Phaseolus* spp.) vor, daneben zählen auch viele andere Leguminosen (z. B. *Vigna* spp. und *Vicia* spp.) sowie einige Arten aus anderen Familien zum Wirtskreis des Virus.

Die Übertragung ist experimentell leicht mit Preßsaft z. B. auf anfällige Sorten von *Phaseolus vulgaris* möglich. Auch durch gegenseitige Berührung der Pflanzen kann es zu einzelnen Infektionen kommen.

Bemerkenswert ist der hohe Prozentsatz der Samenübertragung, d. h. bis 83% bei früher Infektion anfälliger Sorten. Es ist auch festgestellt worden, daß das Virus in gelagerten Bohnen selbst nach vielen Jahren noch in aktivem Zustand vorhanden ist. Eine Übertragung mit Pollen ist gleichfalls möglich. Das nicht zirkulative (nicht persistente) Virus wird im Feld vor allem von einigen Blattlausarten übertragen, von denen in Mitteleuropa *Acyrthosiphon pisum* (Erbsenlaus), *Aphis fabae* (Schwarze Bohnenlaus) und *Myzus persicae* (Grüne Pfirsichblattlaus) die bedeutendsten Vektoren sind. Die Virusaufnahme- und -abgabezeit kann kürzer als eine Stunde sein.

Bekämpfung

Nach Möglichkeit sollten nur resistente oder hochtolerante Sorten angebaut werden, von denen mehrere zur Verfügung stehen. Ist dies nicht möglich, so sind die Bohnen möglichst früh oder spät zu säen. Es ist dann darauf zu achten, daß anerkanntes Saatgut verwendet wird. Folgesaaten sollten in möglichst großem Abstand (300 bis 500 m) zu früher gesäten Bohnen erfolgen. Frühe, sorgfältige Bereinigung der Bestände ist vor allem im Samenanbau zu empfehlen. Falls möglich, sollte ein Bohnenanbau zur Saatgutgewinnung wie bei der Pflanzkartoffelerzeugung in isolierten oder blattlausarmen „Gesundlagen" erfolgen.

Eine Bekämpfung der Virusvektoren durch Spritzungen mit systemischen oder anderen Insektiziden kann die Virusausbreitung in größeren Beständen eindämmen, Infektionen durch neu zufliegende Blattläuse jedoch – wie bei anderen nicht zirkulativen Viren – nicht vollständig verhindern, da solche schon zustandekommen können, noch bevor die Vektoren durch die eingesetzten Mittel abgetötet werden.

Literatur

Bos, L., 1971: Bean common mosaic virus. C.I.M./A.A.B. Descript. Plant Vir. No. 73. – Frandsen, N. O., 1952: Untersuchungen zur Virusresistenzzüchtung bei *Phaseolus vulgaris* L. I. Phytopathologische Untersuchungen. Z. PflZücht. **31**, 381–420. – Klinkowski, M. und Behr, L., 1953: Die Schwarzbeinigkeit der *Phaseolus*-Arten. Phytopath. Z. **20**, 405–420. – Quantz, L., 1961/62: Untersuchungen über das Gewöhnliche Bohnenmosaikvirus und das Sojamosaikvirus. Phytopath. Z. **43** , 70–101. – Van der Want, J. P. H., 1954: Onderzoekingen over virusziekten van de boon (*Phaseolus vulgaris* L.). Diss. Landbouwhogeschool Wageningen, 84 pp.

6.6.3 Viruskrankheiten von geringerer Bedeutung

Viröse Streifenfleckigkeit

(„Stippelstreep"-Krankheit)

Erreger

Tabaknekrose-Virus, TNV (tobacco necrosis virus,TNV.

Das Tabaknekrose-Virus befällt außer Leguminosen auch viele andere Pflanzen.

An den Blättern infizierter Bohnenpflanzen färben sich die Adern herdweise rötlichbraun, während das an die Adern angrenzende Gewebe vergilbt und vertrocknet. Auf der Blattunterseite zeigt sich eine Rötung der Adern. Rotbraune Verfärbungen treten auch an Stengeln und Blatt-

stielen auf. Die Hülsen zeigen violett- bis rötlichbraune nekrotische Ringe, Streifen und Flecken. An manchen Pflanzen sind auch Welkeerscheinungen zu beobachten.
Das Virus, das isometrische Partikeln mit etwa 26 nm Ø besitzt, wird im Boden durch Zoosporen des Pilzes *Olpidium brassicae* übertragen und breitet sich auch durch gegenseitige Berührung der Pflanzen oder Regenspritzer im Bestand aus.
Zur Bekämpfung empfiehlt sich ein Aussetzen des Bohnenanbaues für mehrere Jahre.

Literatur

Bawden, F. C. and van der Want, J. P. H., 1949: Bean stipple-streak caused by a tobacco necrosis virus. T. Plantenziekt. **55**, 142–150. – Grogan, R. G. and Campbell, R. N., 1966: Fungi as vectors of viruses. Ann. Rev. Phytopath. **4**, 29–52. – Quantz, L., 1956: Eine für Deutschland neue Viruskrankheit der Gartenbohne durch ein Tabaknekrose-Virus. Nachrichtenbl. Dtsch. Pflanzenschutzdienstes (Braunschw.) **8**, 7–8.

Ringfleckigkeit der Gartenbohne

Erreger

Stamm des Tomatenschwarzring-Virus, ToSRV (tomato black ring virus, TBRV).
Das Tomatenschwarzring-Virus besitzt isometrische Partikeln. Es erzeugt an Bohnenblättern gelbe bis braune, teils ringförmige Flecken, was eine Verformung der Blätter bewirken kann. Die Virose kommt auch bei Lupine, Luzerne, Tabak, Erbse, Tomate und Robinie vor. An Erbse wird die Braune Ringfleckigkeit hervorgerufen. Sie äußert sich durch braune Ringe auf gelblich-grünem Hintergrund.
Die Übertragung ist mit Preßsaft möglich. Unter Feldbedingungen fungieren ektoparasitische Nematoden der Gattung *Longidorus* als Vektoren. Bei manchen Wirtspflanzen, z. B. Sojabohne und Unkräutern, kommt auch eine ausgeprägte Samenübertragung vor.

Literatur

Quantz, L., 1955: Ein Ringfleckenvirus an Buschbohnen. Phytopath. Z. **23**, 209–220.

Gelbfleckung

Erreger

Stamm des Luzernemosaik-Virus, LMV (s. Seite 375); Mittel- und Südosteuropa.

Scheckung

Erreger

Grünscheckungs-Virus der Erbse, EGSV (pea green mottle virus); Mitteleuropa.

Südliches Bohnenmosaik

Erreger

Südliches Bohnenmosaik-Virus, BSMV (bean southern mosaic virus), vermutlich Stamm des Gurkenmosaik-Virus; Westeuropa.

Literatur

Ferault, A. C., Spire, D., Bannerot, H., Bertrandy, J. et Le Tan, T., 1969: Identification dans la région Parisienne d'une marbrure du haricot comparable au bean southern mosaic virus (Zaumeyer et Harter). Ann. Phytopath. **1**, 619–626. – Quantz, L., 1955: Ein Ringfleckenvirus an Buschbohnen. Phytopath. Z. **23**, 209–220. – Schmelzer, K., Schmidt, H. E. und Wolf, P., 1972: Die Gelbfleckung, eine für Europa neue, vom Luzernemosaik-Virus verursachte Krankheit der Gartenbohne (*Phaseolus vulgaris* L.). Nachrichtenbl. Pflanzenschutzd. DDR **26**, 45–47. – Valenta, V., Gressnerova, M., Marcinka, K. and Nermut, M. V., 1969: Some properties of pea green mottle virus, a member of the cowpea mosaic group, isolated in Czechoslovakia. Acta virol. (Praha) **13**, 422–434.

6.7 Pilz- und Bakterienkrankheiten

6.7.1 Fettfleckenkrankheit
(bacterial halo blight)

Erreger

Pseudomonas phaseolicola (Burkh.) Dowson [syn. *Pseudomonas medicaginis* var. *phaseolicola* (Burkh.) Stapp et Kotte].

Systematische Stellung
Procaryotae, Bacteria, Gruppe 7 (Gram-negative, aerobe Stäbchen und Coccen), Pseudomonadaceae.

Verbreitung, wirtschaftliche Bedeutung
Die Krankheit ist weit verbreitet und tritt wahrscheinlich in allen Gebieten auf, in denen Phaseolus-Bohnen angebaut werden. Nach Deutschland wurde der Erreger Ende der zwanziger Jahre eingeschleppt und hat anfangs zu großen Ertragsausfällen beigetragen. Mit der Verlagerung des Samenanbaus in Trockengebiete ging die Krankheit zurück, stellt aber noch immer eine ernste Gefahr in feuchtkühlen Klimabereichen dar. Hoher Niederschlag in aufeinanderfolgenden Jahren kann die Saatgutverseuchung und den Feldbefall sehr begünstigen. Auch das Auftreten virulenter Rassen hat die Fettfleckenkrankheit in Nordamerika in den letzen Jahren wieder stärker in den Vordergrund gedrängt.

Symptome
Auf den Blättern entstehen wenige Millimeter große, eckige Flecke mit nekrotischem Gewebe, die von einem hellgrünen bis gelblichen Hof umgeben sind. Die Flecke vergrößern sich und werden rotbraun; das Gewebe trocknet ein und erscheint mitunter durchsichtig. Bei jungen Blättern bilden sich rasch stärkere Gelbverfärbungen, die Adern bleiben etwas länger grün (Farbtafel 21, S. 309). Auf dem Stengel treten langgestreckte Nekrosen auf, teilweise werden die Stengel umgürtet und die Triebe welken. Auf Hülsen werden dunkelgrüne, glasige, runde Flecke (Fettflecke) erkennbar; sie vergrößern sich, mehrere fließen zusammen; auf gelben Hülsen bleiben sie graubraun. Frühbefall an Hülsen führt zu Deformationen. Befallene Samen sind an den mattgrauen, leicht eingesunkenen Verfärbungen zu erkennen. Systemische Infektionen ziehen Mosaikverfärbungen und Blattmißbildungen nach sich. Die Krankheit kann im Bestand rasch fortschreiten und eine totale Vernichtung der Pflanzen verursachen.

Biologie des Erregers
Pseudomonas phaseolicola ist ein aerobes, gramnegatives, stäbchenförmiges, begeißeltes Bakterium (1,3 bis 3,2 × 0,4 bis 0,6 µm). Es wird mit dem Saatgut übertragen und überdauert an der Oberfläche der Samen oder zwischen Samenschale und Kotyledonen. Bei der Keimung entstehen erste Läsionen auf den Keimblättern, aus denen bakterienhaltige, hell cremefarbene, schleimige Tröpfchen austreten, die Ausgangspunkte für Sekundärinfektionen sind. Die Ausbreitung im Feldbestand geschieht durch Regenspritzer und künstliche Beregnung; bei gleichzeitigem starkem Wind kann die Verbreitung über größere Distanzen erfolgen. In regenreichen Sommern tritt sehr rasche Ausbreitung ein, die ganze Bestände erfaßt; durch trockenwarme Perioden wird diese gehemmt, nimmt aber bei Wetteränderung kurzfristig ihren Fortgang; die optimale Entwicklung der Krankheit erfolgt bei 16 bis 20 °C.
Die Überdauerung des Bakteriums im Boden oder auf Ernterückständen ist ohne Bedeutung. Eine Samenkontamination kann auch bei der Ernte und Aufbereitung des Saatgutes vorkommen. Der Erreger dringt durch Stomata in das Blattgewebe ein; über die Hülsen erreicht er auch die Samen.

Wirtskreis
Der Wirtskreis von *Pseudomonas phaseolicola* umfaßt *Phaseolus vulgaris, Ph. coccineus, Ph. lunatus* var. *macrocarpus, Ph. multiflorus, Ph. filiforme, Ph. acutifolius* und weitere Arten; in Australien ist *Ph. atropurpureus* als Nebenwirt bekannt. In erster Linie werden Buschbohnen befallen; Stangenbohnen leiden wegen ihres lockeren Wuchshabitus weniger. Die einzelnen Sorten zeigen deutliche Unterschiede in der Befallshöhe; relativ wenige Sorten besitzen eine sehr geringe Anfälligkeit (z. B. 'Ryco', 'Valja', 'Warox'); ein größerer Anteil eingetragener Sorten zeigt meist geringen Befall. Stark befallen werden unter anderem 'Amboy', 'Blake', 'Gazelle', 'Kolumbus', 'Ostfriesischer Speck', 'Pfalzgräfin', und 'Sotexa'. Verschiedene Herkünfte des Erregers haben unterschiedliche Virulenzeigenschaften; weniger virulente werden der Rasse 1, stärker virulente der Rasse 2 zugeordnet. Die Rasse 2 hat in Nordamerika größere Verbreitung gefunden und tritt auch in Europa auf. Nur wenige Sorten besitzen gegen diese ausreichende Resistenz (z. B. 'Dopp. Holl. Prinzeß').

Bekämpfung
Die Verhütung der Krankheit gelingt durch Verwendung gesunden Saatgutes, welches nur in niederschlagsarmen Gebieten unter entsprechender Kontrolle erzeugt werden kann. Mit der Ver-

lagerung des Samenanbaus von Mittel- nach Südeuropa und Afrika bzw. in den USA von der Ostküste nach dem mittleren Westen, konnte ein entscheidender Rückgang im Auftreten der Fettfleckenkrankheit erreicht werden. Dem Anbau wenig anfälliger Sorten ist der Vorzug zu geben; die weitere Züchtung solcher Varietäten wäre äußerst wünschenswert. Eine direkte Bekämpfung im Feldbestand ist mit den derzeit zugelassenen Präparaten nicht möglich; antibiotische Verbindungen haben als Beizmittel gute Wirkungen gezeigt, sind aber nicht in die Praxis eingeführt worden. Zu enge Fruchtfolgen sind auch aus anderen Gründen zu vermeiden.

Literatur

Hayward, A. C., Waterston, J. M., 1965: *Pseudomonas phaseolicola.* C.M.I. Descriptions of pathogenic Fungi and Bacteria No. 45. – Rudolph, K., 1967: Über die zukünftige Bedeutung der Fettfleckenkrankheit der Bohne (*Phaseolus vulgaris* L.), verursacht durch *Pseudomonas phaseolicola* (Burkholder) Dowson und Möglichkeiten einer Bekämpfung. Zeitschr. Pflkr. Pflschutz **74,** 545–552. – Rudolph, K., 1972: Die Anfälligkeit von Buschbohnensorten (*Phaseolus vulgaris* var. *nanus* L.) gegen die durch *Pseudomonas phaseolicola* (Burkholder) Dowson hervorgerufen Fettfleckenkrankheit. Nachr. Bl. Dtsch. Pflschutzd. Braunschw. **24,** 49–51. – Wallen, V. R., 1968: Identification of races of *Pseudomonas phaseolicola* from Quebec bean fields. Canad. Pl. Dis. Surv. **48,** 97–98.

6.7.2 Bohnenbrand
(bacterial brown spot)

Erreger

Xanthomonas phaseoli (E. F. Smith) Dowson [syn. *Pseudomonas phaseoli* (E. F. Smith) E. F. Smith],
Xanthomonas phaseoli (E. F. Smith) Dowson, var. *fuscans* (Burk.) Starr et Burkh. (syn. *Xanthomonas fuscans* Burkh.).

Systematische Stellung

Procaryotae, Bacteria, Gruppe 7 (Gram-negative, aerobe Stäbchen und Coccen), Pseudomonadaceae.

Verbreitung, wirtschaftliche Bedeutung

Xanthomonas phaseoli hat eine ähnliche Verbreitung wie der Erreger der Fettfleckenkrankheit (*Pseudomonas phaseolicola*). Die Varietät *fuscans* scheint in wärmeren Regionen (Afrika, Australien) häufiger, in Europa und Nordamerika seltener vorzukommen.

Symptome

Die Symptome des Bohnenbrandes haben Ähnlichkeit mit denjenigen der Fettfleckenkrankheit. Auf den Blättern entstehen gleichmäßig dunkelbraun gefärbte Flecke bis zu 2 cm Durchmesser; eine Hofbildung unterbleibt meist. Das nekrotische Gewebe ist relativ fest, reißt gewöhnlich nicht ein oder fällt heraus. An älteren Blättern sind die Läsionen zahlreicher. Auf den Hülsen bilden sich dunkelbraune, eingesunkene Flecke (bis 10 mm Durchmesser), oft in größerer Zahl und dann 1 bis 3 mm bleibend. Sie können von einem dunkelgrünen, glasigen, rötlichen oder rotbraunen Rand umgeben sein. Die Läsionen trocknen ein; in den Hülsen bilden sich in geringerer Zahl geschrumpfte Samen. Bei hellsamigen Sorten zeigen befallene Samen lokale, gelbliche Verfärbungen.

Biologie der Erreger

Die beiden Erreger sind gramnegative, begeißelte, stäbchenförmige Bakterien; die Varietät *fuscans* erzeugt in Reinkultur ein braunes diffusibles Pigment. Die Bakterien werden mit dem Saatgut übertragen, *X. phaseoli* überdauert auch in infizierten Stengeln und Blättern. Die Verbreitung im Feldbestand geschieht durch Regen, Wind und Insekten. Die Pflanzen werden über Stomata oder Wunden infiziert. Starke Regenfälle, hohe Luftfeuchtigkeit und relativ hohe Temperaturen bis 28 °C begünstigen die Krankheitsentwicklung. Wegen der Temperaturansprüche scheint die Ausbreitung des Erregers in Mitteleuropa begrenzt zu bleiben.

Wirtskreis

Beide Bakterienarten befallen besonders *Phaseolus vulgaris,* ferner *Ph. lunatus, Ph. coccineus* und andere. Innerhalb von *Xanthomonas phaseoli* werden einige physiologische Rassen mit anderen Wirtspflanzen *(Medicago, Glycine, Cassia)* unterschieden. Resistente Bohnensorten sind bisher nicht nachgewiesen, jedoch zeigen sich deutliche Toleranzunterschiede.

Bekämpfung

Die Verwendung gesunden Saatgutes ist die wichtigste Maßnahme zur Verhütung der Krankheit (s. a. Fettfleckenkrankheit, Seite 403).

Literatur

HAYWARD, A. C., WATERSTON, J. M., 1965: *Xanthomonas phaseoli*. C. M. I. Descriptions of pathogenic Fungi and Bacteria, No. 48. – HAYWARD, A. C., WATERSTON, J. M., 1965: *Xanthomonas phaseoli* var. *fuscans*. C. M. I. Descriptions of pathogenic Fungi and Bacteria, No. 49. – PATEL, P. N., WALKER, J. C., HAGEDORN, D. J., LEON GARCIA, C. DE, TELIZ-ORTIZ, M., 1964: Bacterial brown spot of bean in Central Wisconsin. Pl. Dis. Reptr. **48**, 335–337. – RUDOLPH, K., CINAR, O., 1969: Eine in Deutschland kaum bekannte Bakterienkrankheit an Bohnen, der Bohnenbrand, verursacht durch *Xanthomonas phaseoli* var. *fuscans* (Burkh.). Starr et Burkh. Nachr. Bl. Dtsch. Pflschutzd. Braunschw. **21**, 33–35.

6.7.3 Brennfleckenkrankheit

(bean anthracnose)

Erreger

Colletotrichum lindemuthianum (Sacc. et Magn.) Br. et Cav.

Systematische Stellung

Deuteromycotina, Coelomycetes, Melanconiales, Melanconiaceae.

Verbreitung, wirtschaftliche Bedeutung

Die Brennfleckenkrankheit ist weltweit verbreitet und kommt in allen Regionen vor, in denen Bohnen angebaut werden. Befallene Hülsen haben bei grünen Bohnen keinen Marktwert, auch kleine Läsionen wirken sich bereits negativ aus. Wirtschaftliche Einbußen stehen daher in direkter Beziehung zur Befallszahl. Bei Handpflücke kann sofort verlesen werden, maschinelle Ernte ist bei Befall mit zusätzlichen Aufwendungen für das Verlesen von Hand verbunden. Eine weitgehende Verhütung der Krankheit ist notwendig, da praktisch keine Toleranzgrenze vorhanden ist. Wirtschaftliche Verluste waren früher häufiger zu beklagen. Teilweise traten Totalschäden ein. Seit der Einführung widerstandsfähiger Sorten und der Verlagerung der Saatgutproduktion in aride Gebiete ging die Bedeutung der Krankheit wesentlich zurück.

Symptome

Auf den Keim- und Laubblättern entstehen, meist an den Hauptadern, langgestreckte, dunkelbraun verfärbte Nekrosen. Das Gewebe sinkt ein, die Blattadern können unterbrochen werden, knicken ein und das Gewebe reißt auf. Am Blattrand stellen sich Vergilbungen ein. Frühzeitige, starke Erkrankung führt zu Blattfall. An Blattstielen und Stengeln sind strichelförmige oder ausgeprägtere langgestreckte Braunverfärbungen sichtbar. Das kranke Gewebe kann scharf abgegrenzt und tiefer eingesunken sein, so daß der Trieb oberhalb der Befallsstelle abstirbt. Auf den Hülsen bilden sich rundliche bis 1 cm große, eingesunkene, mittelbraune Flecke mit dunklem Rand; bei einigen Sorten sind die Läsionen rötlich umsäumt. Die Hülsen werden deformiert, die Brennflecke gehen ineinander über und können größere Gewebebereiche erfassen (Farbtafel 21, S. 309). Auf den Samen entstehen unregelmäßige, etwas vertiefte, bräunliche Verfärbungen (Abb. 215); bei frühzeitigem Befall geht die Keimkraft stark zurück. Gefärbte Samenschalen bleiben meist unverändert.

Biologie des Erregers

Die Überdauerung erfolgt weitgehend mit dem Saatgut; der Erreger hat die Kotyledonen bereits infiziert, mitunter ist auch der Embryo geschädigt. Bei kurzfristig nacheinander durchgeführtem Anbau auf gleicher Fläche kann das Inokulum in Ernterückständen überleben. Der Pilz bil-

Abb. 215. Brennfleckenkrankheit an Bohnensamen (*Colletotrichum lindemuthianum*).

det unter der Epidermis runde bis längliche Acervuli (300 µm), die hervorbrechen und mit Konidienschleim bedeckt sind. Die Konidien sind einzellig, zylindrisch, hyalin, mitunter etwas gebogen und 11 bis 20 × 2,5 bis 5,5 µm groß. Ihre Verbreitung geschieht durch Regentropfen und Wind; die Infektion durch die intakte Epidermis setzt hohe Feuchtigkeit (Blattnässe) für mehrer Stunden (22 Stunden, 10 °C; 10 Stunden, 24 °C) voraus; die optimale Temperatur für eine Infektion liegt bei etwa 18 °C. Regen und Taubildung wirken auf die Inkubationszeit, die Konidienbildung und damit auf die Ausbreitung des Erregers im Bestand fördernd. Bei Trockenheit und Temperaturen über 30 °C kommt die Krankheitsentwicklung vorübergehend zum Stillstand.

Wirtskreis

Colletotrichum lindemuthianum kommt auf zahlreichen Leguminosen, insbesondere *Phaseolus*-Arten (*Ph. vulgaris, Ph. aborigineus, Ph. acutifolius, Ph. lunatus* var. *macrocarpus, Ph. mungo* und andere) vor. Zum Wirtskreis gehören ferner *Vigna sinensis, Dolichos biflorus* und *D. niger*. Der Erreger tritt in mehreren physiologischen Rassen auf, die auf Testsortimenten klar differenziert werden. Zur Zeit werden acht Rassen unterschieden, deren Verbreitung sehr unterschiedlich ist. In *Phaseolus vulgaris* liegen Resistenzgene vor, von denen das Are-Gen aus Cornell 49–242 in der Züchtung häufiger eingesetzt wird, da es Resistenz gegen fünf Rassen kontrolliert. Bisher sind gegen alle Virulenzgene des Erregers entsprechende Resistenzmerkmale nachgewiesen; die Resistenz beruht auf einer Inkompatibilität (Hypersensibilität).

Bekämpfung

Die Verwendung von gesundem Saatgut ist die wichtigste Maßnahme zur Verhütung der Krankheit. Mit der Verlagerung des Samenanbaues in Trockengebiete ging die Saatgutverseuchung sehr stark zurück. Der Samenbefall ist bei hellschaligen Sorten an den braunen Verfärbungen, bei buntschaligen jedoch nur schwer zu erkennen; daher sind in Zweifelsfällen Keimproben angebracht. Während bei Stangenbohnen die Sortenfrage weniger entscheidend ist, so sollten Buschbohnensorten mit Resistenz vorgezogen werden. Zahlreiche Sorten besitzen vollkommene Resistenz gegen die Rassen α und β, die früher am weitesten verbreitet waren. In den letzten Jahren sind Sorten mit Resistenz gegen α, β, δ und λ zugelassen worden (z. B. 'Allegro', 'Bertil', 'Bronco', 'Chicobel', 'Cordonco', 'Dubresco', 'Gazelle', 'Longking', 'Pizarro', 'Prelubel', 'Ryco', 'Simplobel', 'Satobel', 'Gabriella', 'Orbane' und andere); ohne Resistenzfaktoren sind unter anderem 'Regulex', 'Bravo', 'Comtessa', 'Dopp. holl. Prinzeß', 'Favorit', 'Meteor', 'Pfalzgräfin', 'Sotexa', 'Saxa'. Die Resistenzzüchtung gegen Brennfleckenkrankheit kann als wesentliches Element des Pflanzenschutzes angesehen werden. Saatgutbeizung blieb bisher nicht voll befriedigend und eine chemische Bekämpfung im Freiland ist bei Grünbohnen zeitlich begrenzt. Für diese Maßnahme werden Metiram-Präparate (Polyram Combi, Phytox-Super) eingesetzt, wobei die erste Behandlung unmittelbar nach Ausbildung erster Hülsen erfolgen sollte (Wartezeit 7 Tage).

Literatur

Krüger, J., Hoffmann, G. M., Hubbeling, N., 1977: The kappa race of *Colletotrichum lindemuthianum* and sources of resistance to anthracnose in *Phaseolus beans*. Euphytica **26**, 23–25. – Landes, M., Hoffmann, G. M., 1979: Zum Keimungs- und Infektionsverlauf bei *Colletotrichum lindemuthianum* auf *Phaseolus vulgaris*. Phytopath. Z. **95**, 259–273. – Landes, M., Hoffmann, G. M., 1979: Ultrahistologische Untersuchungen über die Infektionen bei kompatiblen und inkompatiblen Systemen von *Phaseolus vulgaris* und *Colletotrichum lindemuthianum*. Phytopath. Z. **96**, 330–351. – Mordue, J. E. M., 1971 *Colletotrichum lindemuthianum*. C. M. I. Descriptions of pathogenic Fungi and Bacteria No. 316.

6.7.4 Sprüh- oder Braunfleckenkrankheit
(pod spot of beans)

Erreger

Ascochyta boltshauseri Sacc. [syn. *Stagonosporopsis hortensis* (Sacc. et Malbr.) Petr., *Ascochyta hortensis* Sacc. et Malbr.]

Systematische Stellung

Deuteromycotina, Coelomycetes, Sphaeropsidales, Sphaeropsidaceae.

Verbreitung, wirtschaftliche Bedeutung
Die von *Ascochyta bolthauseri* verursachte Krankheit ist vornehmlich in Europa bekannt. In anderen Kontinenten wird *A. phaseolorum* als Erreger angegeben, dessen Zugehörigkeit bei gleicher Symptombildung ungeklärt ist. Die Krankheit besitzt weite Verbreitung, tritt aber nur in einzelnen Jahren lokal stärker in Erscheinung. Befallene Hülsen sind als Grünbohnen nicht zu verwerten, so daß in Einzelfällen wirtschaftliche Einbußen ertragen werden müssen. In Deutschland wurde in mehreren regenreichen Jahren die Krankheit in den nördlichen und südlichen Anbaugebieten häufiger beobachtet, lokal mitunter ungewöhnlich stark auftretend.

Symptome
Auf den Keimblättern bilden sich dunkelbraune, runde oder längliche, scharf begrenzte Flecke. Die Laubblätter zeigen anfangs braune Punkte, die sich zu größeren, hellbraunen, zonierten, wenig abgegrenzten Flecken ausweiten; das abgestorbene Gewebe reißt auf. Blattunterseits entstehen auf den Adern kleine dunkelbraune Strichel. Die Blätter schrumpfen und sterben ab; an den Stengeln sind ebenfalls mehr oder weniger starke Verbräunungen zu erkennen. Die Symptome sind am auffälligsten an den Hülsen; sie bestehen in nur wenige Millimeter großen, aber zahlreichen, rötlich- bis schokoladebraunen Flecken mit unscharfer Abgrenzung. Sie folgen in der Ausdehnung der Hülsenfaser und stehen damit schräg zur Längsachse der Hülse. Durch ihre große Zahl ergibt sich eine Art Sprühmuster (Sprühfleckenkrankheit); mitunter sind die Hülsen im vorderen Teil völlig verbräunt und deformiert (Farbtafel 21, S. 309). Samenbefall deutet sich durch bräunliche Fleckung mit grünlichgrauem Rand an.

Biologie des Erregers
Auf den Läsionen bilden sich in großer Zahl dunkelbraune, eingesenkte Pyknidien (200 µm) mit 2- bis 3zelligen, seltener 4- bis 5zelligen, zylindrischen Pyknidiosporen (20 bis 33 × 7 bis 10 µm). Der Pilz überdauert in oder an Samen; das Überleben im Boden ist wenig wahrscheinlich, auch Ernterückstände haben als Infektionsquelle meist keine Bedeutung. Sameninfektionen können noch bei trocknenden Hülsen eintreten. Im Feldbestand werden die Sporen durch Tau und Regen verbreitet; hohe Feuchtigkeit ist für die Keimung und Infektion erforderlich, die am besten bei 12 bis 14 °C erfolgt. Der Befall ist an geschwächten Beständen, bei ungenügender Düngung, Sonnenbrand und Windschäden meist verstärkt. Der Erreger dringt leicht in kleine Verwundungen ein; ältere Hülsen werden häufiger infiziert. Der Befall tritt daher mitunter erst spät stärker hervor.

Wirtskreis
Als Wirtspflanzen werden in erster Linie *Phaseolus*-Arten *(Ph. vulgaris, Ph. coccineus, Ph. mungo, Ph. angularis)* angesehen, obgleich auch Berichte über einen Befall an *Pisum*- und *Vicia-Arten* vorliegen. Bei den Buschbohnensorten wurden Befallsunterschiede in Feldversuchen bonitiert, ohne daß volle Resistenz sicher nachzuweisen war. Stark wachsende, frühreifende und gegen andere Krankheiten relativ widerstandsfähige Sorten sind weniger anfällig gegen die Sprühfleckenkrankheit; späte Sorten leiden, wahrscheinlich wegen ungünstiger Witterungsbedingungen im Spätsommer, stärker. Ein Überblick über das Sortenverhalten liegt zur Zeit noch nicht vor. Für eine physiologische Spezialisierung sind keine Anzeichen gegeben.

Bekämpfung
Gesundes Saatgut bietet die besten Voraussetzungen für einen befallsfreien Bestand. Saatgutreinigung, selbst durch Handauslese, bleibt wenig effektiv. Die Bestände sollten nicht zu dicht gesät werden; gutes Wachstum bei ausreichender Düngung und windgeschützte Lagen wirken sich positiv aus. Bei Saatgut- und Trockenbohnenerzeugung ist für ein rasches Trocknen der Hülsen zu sorgen. Beizungen blieben bisher unbefriedigend. Eine chemische Bekämpfung mit Thiocarbamaten wurde bislang nicht empfohlen und bietet sich höchstens in Samenbeständen an.

Literatur
GROSSMANN, F., 1957: Über ein ungewöhnlich starkes Auftreten von *Ascochyta boltshauseri* Sacc. an Bohnen *(Phaseolus vulgaris)*. Nachr. Bl. Dtsch. Pflschutzd. Braunschw. **5**, 65–68. – SNEEP, J., 1945: De Ascochyta-Vlekkenziekte van de Boon *(Phaseolus vulgaris)*.Tijdschr. Plziekten **51**, 1–16.

6.7.5 Bohnenrost
(bean rost)

Erreger
Uromyces appendiculatus (Pers.) Unger [syn. *Uromyces phaseoli* (Pers.) Wint.]

Systematische Stellung
Basidiomycotina, Teliomycetes, Uredinales, Pucciniaceae.

Vorkommen, wirtschaftliche Bedeutung
Der Bohnenrost ist weltweit verbreitet und überall dort anzutreffen, wo ein Anbau von Phaseolus-Bohnen erfolgt. Seine wirtschaftliche Bedeutung ist in Ländern mit höheren Durchschnittstemperaturen bei hoher Luftfeuchtigkeit oder starker Taubildung größer als im gemäßigten Klima Mitteleuropas. In extremen Fällen kann die Vernichtung ganzer Bestände eintreten. Unter den heimischen Bedingungen wird er meist erst spät in der Vegetationszeit und vornehmlich an Stangenbohnen in niederschlagsreichen Gebieten beobachtet. Der Befall an den Hülsen führt zu Minderungen des verwertbaren Ertrages bei grünen Bohnen.

Symptome
Auf Blättern, Hülsen und Stengeln werden verschiedene Sporenlager gebildet. Im Frühjahr sind vereinzelt blattoberseits in emporgewölbten Gewebepartien Spermogonien eingelagert; unterseits entwickeln sich auffälligere, weißgefärbte Pusteln mit becherförmigen Aecidien. Später entstehen in größerer Zahl, meist blattunterseits, zimtbraune, 1 mm große Uredolager bzw. mit fortschreitender Vegetation schwarzbraune Teleutolager. Die Uredolager sind bei manchen Sorten von einem hellen Hof umgeben. Befallene Blätter rollen sich ein, vertrocknen und werden abgeworfen. An Hülsen bilden sich meist nur Uredo- bzw. Teleutolager (Farbtafel 21, S. 309). Aecidien können gelegentlich über die ganze Vegetationszeit beobachtet werden.

Biologie des Erregers
Uromyces appendiculatus ist ein autözischer Rostpilz. Die in Gruppen oder kreisförmig angeordneten, weißlichen Aecidien enthalten eiförmige, warzige Aecidiosporen (15 bis 26 µm); die Uredosporen (20 bis 30 × 20 bis 26 µm) sind verkehrt eiförmig bis kugelig, hellbraun, locker besetzt mit feinen Stacheln. Die einzelligen Teleutosporen (28 bis 38 × 20 bis 36 µm) zeigen eine derbe, dunkelbraune Wand, der Stiel ist kurz und farblos.
Der Rostpilz überwintert mit Teleutosporen, in wärmeren Gebieten auch im Uredostadium an befallenen Pflanzenresten, an Bohnenstangen und -schnüren; Samenübertragung liegt nicht vor. Die Infektion durch die verschiedenen Sporenformen ist an hohe Luftfeuchtigkeit (über 95%) gebunden. Die Krankheit wird durch wolkige, humide Wetterlagen, hohe Taubildung bei Temperaturen von 21 bis 27 °C stark gefördert. Innerhalb von 10 bis 14 Tagen entsteht eine neue Uredosporengeneration. Die Ausbreitung der Sporen im Bestand geschieht durch Wind und Pflegemaßnahmen; laubreiche und enge Bestände sind stärker gefährdet.

Wirtskreis
Der Bohnenrost hat einen auf viele *Phaseolus*-Arten ausgedehnten Wirtskreis. Zu den Gattungen *Vigna, Dolichus, Amphicarpea* gehörende Species werden gelegentlich befallen. Auf *Phaseolus vulgaris* wurden zahlreiche physiologische Rassen identifiziert. Resistenzgene liegen bei verschiedenen *Phaseolus*-Arten vor, auf die sich die Resistenzzüchtung in verschiedenen Ländern stützt.

Bekämpfung
Rostbefallene Pflanzenrückstände sind noch im Herbst von den Anbauflächen zu entfernen; Fruchtfolgemaßnahmen können die Gefahr des Krankheitsbefalles mindern. Bohnenstangen können entseucht werden; gebrauchte Bohnenschnüre sollten nicht wieder verwendet werden. Zur direkten Bekämpfung werden beim Auftreten erster Symptome in verschiedenen Ländern Thiocarbamate in 8- 14tägigem Abstand eingesetzt. Der Anbau resistenter Sorten wird in Nordamerika und Australien vorgenommen.

Literatur
Coyne, D. P., Schuster, M. L., 1975: Genetic and breeding strategy for resistance to rust (*Uromyces phaseoli* (Reben) Wint.) in beans (*Phaseolus vulgaris* L.) Euphytica **24**, 795–803. – Groth, J. V., Shrum, R. D., 1977: Virulence in Minnesota and Wisconsin bean rust collections. Pl. Dis. Reptr. **61**, 756–760. – Laundon, G. F., Waterston, J. M., 1965: *Uromyces appendiculatus* C. M. I. Descriptions of pathogenic Fungi and Bacteria No. 57.

6.7.6 Wurzelfäulen
(root rot of bean)

Erreger
Fusarium solani f. sp. *phaseoli* (Burk.) Snyder et Hansen,
Rhizoctonia solani Kühn,
Thielaviopsis basicola (Berk. et Br.) Ferr.,
Pythium spec.
Die Krankheiten äußern sich in Form von Rot- und Braunverfärbungen an Haupt- und Nebenwurzeln; sie greifen auch auf den basalen Teil der Stengel über, reichen aber meist nur wenig über die Bodenoberfläche hinaus. Die Pflanzen kümmern im Wuchs, mitunter treten einseitige Gelbfärbungen der Blätter auf. Der Stengelgrund kann vermorschen und die Pflanzen sterben vorzeitig ab. Die Erreger sind bodenbürtige Pilze, die einen breiten Wirtskreis besitzen, wobei *F. solani* f. sp. *phaseoli* eine Ausnahme bildet. Unter normalen Anbaubedingungen sind die Wurzelfäulen im gemäßigten Klima seltener. Sie nehmen zu bei häufigem Nachbau von Bohnen bzw. Anbau von Leguminosen, bei höherer Bodenfeuchtigkeit, schlechter Bodenstruktur und später Aussaat (Zweitkultur). Die Erreger reichern sich unter diesen Bedingungen im Boden an oder finden günstige Voraussetzungen für die Infektion. Das Auftreten der Wurzelfäule kann verhütet werden, wenn die Anbaumaßnahmen auf eine optimale Pflanzenentwicklung ausgerichtet sind. Beizung des Bohnensaatgutes mit Captan- oder Thiram-haltigen Präparaten verhindert Keimlingsinfektionen bzw. Frühbefall durch Wurzelfäule.

6.7.7 Pilzkrankheiten von geringerer Bedeutung

Grauschimmelfäule
(gray mould blight)
Botrytis cinerea Pers.
An Blättern und Hülsen tritt eine wässrige Fäule ein; die Befallsstellen sind von einem grauen Pilzrasen überzogen. Bei regnerischem Wetter, dichten Pflanzenbeständen und nach Beschädigungen (Hagel) ist die Krankheit nesterweise häufiger anzutreffen. Eine chemische Bekämpfung kann mit Vinclozolin (Ronilan) zu Beginn, während oder am Ende der Blütezeit erfolgen (Wartezeit 7 Tage).

Sclerotinia-Fäule
(cottony rot of bean)
Sclerotinia sclerotiorum (Lib.) Mass. [syn. *Whetzelinia sclerotiorum* (Lib.) Korf et Dumont].
Auf Stengeln und Hülsen bildet sich ein weißes, watteartiges Mycel. Das Gewebe geht in Weichfäule über. Später entstehen auf oder in den Hülsen und Stengeln 1 cm große, dunkle Sclerotien. Bei häufigem Anbau auf gleicher Fläche oder nach anfälligen Vorkulturen (s. Rapskrebs, Seite 330) kann eine Verseuchung des Bodens eintreten. Eine chemische Bekämpfung kann wie bei der Grauschimmelfäule (s. oben) vorgenommen werden.

Bohnenwelke
(Fusarium wilt of bean)
Fusarium oxysporum Schl. f. sp. *phaseoli* Kendrick et Snyder
Die Blätter vergilben von unten nach oben, welken und fallen ab. Die Gefäße der Stengel und Blattstiele sind braun verfärbt. Der Hülsenansatz bleibt gering, die Pflanzen können vor der Ernte absterben. Der Erreger überdauert für längere Zeit im Boden und greift die Pflanzen über das Wurzelsystem an.

6.8 Schädlinge

6.8.1 Nematoden

Stockälchen, *Ditylenchus dipsaci*, s. Seite 284.

6.8.2 Schnecken

Ackerschnecken, *Deroceras* spp., s. Seite 97.

6.8.3 Tausendfüßer

Getüpfelter Tausendfuß, *Blaniulus guttulatus*, s. Seite 290.

6.8.4 Spinnmilben

Gemeine Spinnmilbe, Bohnenspinnmilbe, *Tetranychus urticae*, s. Seite 457.

6.8.5 Blattläuse

Schwarze Rübenblattlaus, Schwarze Bohnenblattlaus, *Aphis fabae*, s. Seite 296.

6.8.6 Käfer

Speisebohnenkäfer
(bean weevil)
Acanthoscelides obtectus (Say) (syn. *Bruchidius obtectus* Say) (Coleoptera, Bruchidae)
Der Speisebohnenkäfer, ursprünglich vermutlich aus Zentral- oder Südamerika stammend (Funde in Inkagräbern!), hat sich im Laufe der Zeit vor allem durch Verschleppung weltweit ausgebreitet.

Die Larve ist bis 6 mm lang, deutlich segmentiert und weißlich gefärbt. Beine fehlen (beim 1. Larvenstadium vor dem Einbohren in die Samen sind lange, dünne Beine vorhanden); die Kopfkapsel ist braun. Der Käfer ist etwa 3 bis 4 mm lang und oval geformt. Seine Grundfärbung ist braun bis schwärzlichbraun. Die Oberseite hat eine gelbgraue bis gelbgrüne, die Unterseite eine hellgraue Behaarung. Auf den Flügeldecken befinden sich hell und dunkler behaarte, längliche Flecke (Abb. 216).

durch die Samenschale deckelartig verschlossen sein. Bei starkem Auftreten kann *A. obtectus* sowohl auf dem Feld als auch im Lager bedeutenden Schaden anrichten, da beschädigte Samen für die menschliche Ernährung nicht mehr brauchbar sind. Außerdem wird die Keimfähigkeit schon bei 1 bis 2 Löchern pro Samen stark vermindert.

Der Schädling, der während des 2. Weltkrieges und in den folgenden 10 Jahren infolge Aussaat befallenen Saatgutes wichtiger war, tritt heute nur noch gelegentlich bei uns auf, vermutlich meist infolge von Einschleppung mit befallenen Bohnensamen.

Die Käfer erscheinen erst im Juli und August auf dem Feld. Falls sie schon früher ins Freiland kommen, fressen sie an den Blüten verschiedener Pflanzenarten. Die Weibchen legen durchschnittlich etwa 80 Eier in Gruppen in Bohnenhülsen im Gelbreifestadium. Zuvor nagen die Tiere von der Bauch- und Rückennaht aus Löcher in die Hülsen und legen in diese die Eier mit Hilfe ihrer Legeröhre. Brennflecken (s. Seite 405) werden bei der Eiablage vielfach besonders bevorzugt. Die Larven, die im 1. Stadium relativ lange Beine besitzen, fressen sich in die bereits

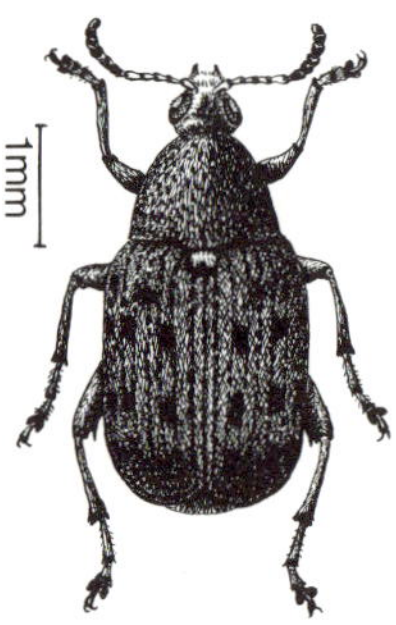

Abb. 216. Speisebohnenkäfer *(Acanthoscelides obtectus)*

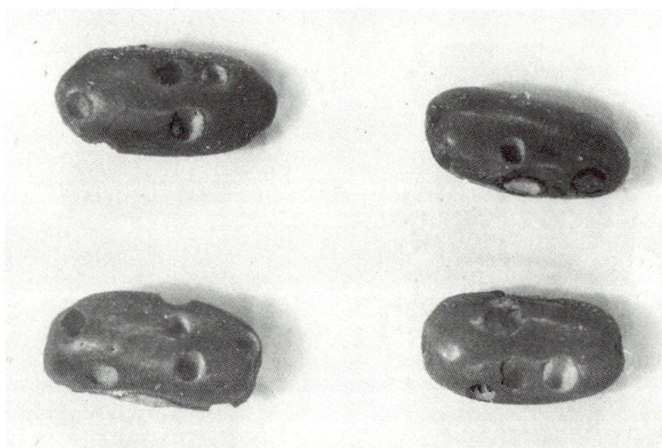

Abb. 217. Durch Speisebohnenkäferlarven *(Acanthoscelides obtectus)* geschädigte Bohnen.

Die Larven von *A. obtectus* leben in Bohnensamen (*Phaseolus* spp.); außerdem können von ihnen gelegentlich auch Ackerbohnen, Erbsen, Saatwicken und die Samen von einigen weiteren Leguminosen befallen werden.

Geschädigte Bohnensamen weisen oft mehrere runde Löcher auf (Abb. 217) und sind im Inneren zerfressen. Ein Teil der Löcher kann noch

festen Samen ein. Die Entwicklung der Larve vollzieht sich innerhalb des Samens, wo auch die Verpuppung in den durch Fraß entstandenen Höhlungen erfolgt, die nach außen hin durch die erhalten gebliebene Samenschale („Fensterchen") abgeschlossen wird. Bei Temperaturen über 16 °C und mittlerer relativer Luftfeuchtigkeit, d. h. in geheizten Räumen, ist im Jahr mit 4

bis 5 Generationen zu rechnen. In ungeheizten Lagern erfolgt die Überwinterung der Käfer in den Samen. Von den Speichern aus kann dann im folgenden Jahr wieder ein Befall der Felder erfolgen. Da Käfer und Larven längere Frostperioden nicht überstehen können, erscheint eine Überwinterung im Freiland höchstens in milden Wintern möglich. Es gibt uni- und multivoltine Populationen; letztere treten vor allem in Südeuopa auf. Als Freilandschädling hat *A. obtectus* nur eine Generation im Jahr.
Als Parasiten sind Hymenopteren wie *Bruchobius laticeps* Ashm. und Milben (*Pyemotus* sp.) bekanntgeworden.
Möglichst trockene und kühle Lagerung der Bohnen schafft Umweltbedingungen, die dem Speisebohnenkäfer keine Vermehrung ermöglichen.
Die Käfer und ihre Entwicklungsstadien können im Lager in gleicher Weise wie *B. pisorum* durch Begasung mit Phostoxin abgetötet werden. Tritt der Käfer als Freilandschädling auf, so läßt er sich durch gegebenenfalls wiederholte Anwendung von Kontaktinsektiziden wie Lindan oder Endosulfan während des Gelbreifestadiums erfassen. Auch zeitiger Drusch nach der Mahd kann sich vorteilhaft auswirken, vor allem im Hinblick auf die Reduzierung bereits in den Hülsen abgelegter Eier. Als wirtschaftliche Schadensschwelle unter Freilandbedingungen werden 5 Eier oder Eilarven je 100 Bohnenhülsen angegeben. Wenn unter Lagerbedingungen der Befall unter 5% bleiben soll, so gelten für die Dauer einer Generation 40 Käfer pro kg Bohnen, für die von zwei Generationen schon 1 Käfer pro kg als wirtschaftliche Schadensschwellen.

Literatur

BAHR, I., 1976: Über das Auftreten von Samenkäfern in Importen und an Körnerleguminosen im Inland. Nachrichtenbl. Pflanzenschutz DDR **30**, 216–220. – WEIDNER, H., 1982: Uni- und multivoltine Populationen von *Acanthoscelides obtectus* (SAY) in Europa. Anz. Schädlingskd. Pflanzenschutz Umweltschutz **55**, 177–181. – ZACHARIAE, G., 1958: Das Verhalten des Speisebohnenkäfers *Acanthoscelides obtectus* SAY (Coleoptera: Bruchidae) im Freien in Norddeutschland. Z. Angew. Entomol. **43**, 345–365. – ZACHARIAE, G., 1960: Kann sich der Speisebohnenkäfer *Acanthoscelides obtectus* SAY als Freilandschädling einbürgern? (Coleoptera: Bruchidae). Ibid. **45**, 225–267.

6.8.7 Blumenfliegen

Bohnenfliege, Wurzelfliege
(bean seed fly)
Delia platura (Mg.) [syn. *Delia cilicrura* (Rond.), *Hylemy(i)a cilicrura* (Rond.), *H. cama* (Macq.), *H. fuscipes* (Zett.), *Phorbia platura* (Mg.), *Chortophila cilicrura* (Rond.)]

Systematische Stellung
Diptera (Zweiflügler), Anthomyiidae (Blumenfliegen)

Geographische Verbreitung
Die Fliege kommt in der ganzen Paläarktis einschließlich Nordafrikas, in Nord- und Südamerika, in Nordost-, Ost- und Südafrika sowie in Australien und Neuseeland vor.

Beschreibung
Larve (Made): Etwa 5 bis 6,5 mm lang und weißlich gefärbt. Vorderende ohne Kopfkapsel, aber mit 2 dunklen Mundhaken; Beine fehlend. Hinterende mit 8 kleinen marginalen und 6 zentralen Fortsätzen.
Puparium: Etwa 5 mm lang, tönnchenförmig (langgestreckt oval), segmentiert und braun gefärbt.
Fliege: Etwa 4,5 bis 5,5 mm lang und grau gefärbt. Brust auf der Oberseite mit 3 bräunlichen, Abdomen mit schwärzlichen Längsstreifen. Hinterschienen beim ♂ kammartig beborstet.

Brutpflanzen
Die Larven von *D. platura* sind ausgesprochen polyphag. Sie befallen nach der Aussaat im Boden liegende Samen sowie Keimlinge, z. B. von Bohne *(Phaseolus vulgaris)*, Mais, Getreidearten, Luzerne, Zwiebel, Spinat, Erbse, Karotte, Gurke, Rotklee, Lupine, Tomate, Tabak, Rüben und Rettich sowie Spargeltriebe.

Schadsymptome und wirtschaftliche Bedeutung
Durch den Fraß der Bohnenfliegenlarven an den Keimblättern und am Herzen laufen die Bohnen verkrüppelt oder mit Keimblättern auf, die durchlöchert und mit bräunlichen Fraßgängen durchzogenen sind (Abb. 218, und Farbtafel 22,

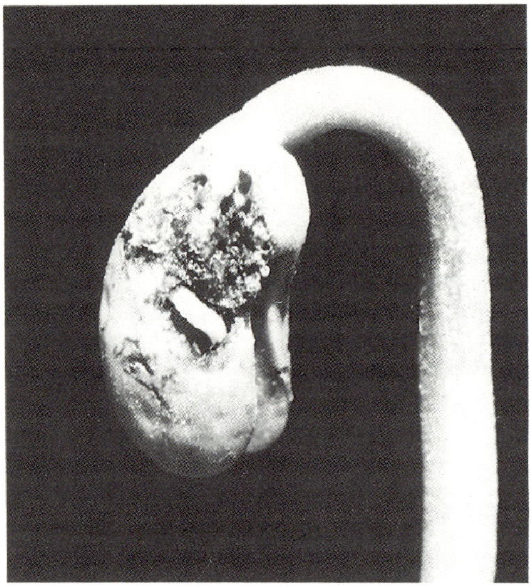

Abb. 218. Bohnenkeimling mit geschädigten Kotyledonen und Larve der Bohnenfliege *(Delia platura)*.

S. 310). Manchmal fallen die Kotyledonen auch vorzeitig ab. Bei Abtötung des Vegetationspunktes gehen die Jungpflanzen ein, andernfalls führt die Beschädigung zu starker Wachstumshemmung. Bei anderen Pflanzen werden die Keimlinge oder Triebe (z. B. bei Spargel) vor dem Durchstoßen der Erdoberfläche zerfressen. Die Schadstellen an den Keimlingen können als Eintrittspforten für andere Schadorganismen (Pilze usw.) dienen.

Die 2. Generation von *D. platura* ist besonders an Bohnen im Saatbett sehr wichtig, da sie, vor allem bei Verzögerung des Auflaufens wegen ungünstiger Wachstumsbedingungen, durch Zerstören der Keimpflanzen empfindliche Verluste verursachen kann („Bohnensterben"). Dies gilt besonders für den Gartenbau, wo die Larven auch an Spinat sehr stark auftreten und die Keimlinge zerstören können.

Die Bohnenfliege gilt im allgemeinen nicht als ausgesprochen primärer, sondern mehr als ein sekundärer Schädling, der auf anderweitige (primäre) Schädigungen seiner Brutpflanzen angewiesen ist, um sich entwickeln zu können.

Entwicklungszyklus, Biologie und Ökologie

Die Überwinterung erfolgt als Puppe im Boden. Das Schlüpfen kann bei günstiger Witterung schon Ende März, sonst von April bis Anfang Mai erfolgen. Die Fliegen legen im Durchschnitt etwa 30 bis 90 weiße Eier in die Nähe der im Boden liegenden Samen oder an die Samen selbst bzw. an Triebe (Spargel), die ihnen durch Erdspalten, die von Keimlingen und Trieben beim Keimen und beim Wachstum verursacht werden, zugänglich sind. Die Larven schlüpfen wenige (etwa 3) Tage später und dringen in den Wurzelhals, in den Stengel, in die Keimblätter und die Herzregion ein. Sie werden besonders dann schädlich, wenn die Saaten infolge ungünstiger Wachstumsverhältnisse nur langsam keimen und auflaufen (kühle Witterung). Pro Bohnenkeimling sind 1 bis 9, im Durchschnitt 4 Larven zu finden. Im Extremfall wird das Auflaufen ganz verhindert. Die Verpuppung erfolgt im Boden in etwa 2 bis 4 cm Tiefe in der Nähe geschädigter Pflanzen. Im Laufe der folgenden Wochen (Juli) schlüpft eine 2. Generation, die ihre Eier an spät gesäte Bohnen ablegt; später (September-Oktober) ist noch eine dritte möglich. Die Gesamtentwicklung vom Ei bis zur Fliege dauert bei 20 °C etwa 3½ Wochen.

D. platura tritt in bestimmten Gebieten vor allem auf solchen Flächen stark auf, die vor der Aussaat mit bestimmten Pflanzen wie Spinat oder Leguminosen bestanden waren. Windstille Plätze werden besonders bevorzugt. Kalte und regnerische Perioden haben einen ungünstigen Einfluß auf die Aktivität der Fliegen.

In wärmeren Ländern erweisen sich die polyphagen Larven auch als nützlich, da sie beispielsweise in den Eigelegen von Wanderheuschrecken auftreten und die Eier aussaugen.

Natürliche Feinde

Als Parasiten sind aus Mitteleuropa die Cynipide *Cothonaspis rapae* (Westw.) und die Staphyliniden *Aleochara bilineata* Gylh. und *A. bipustulata* (L.) bekannt.

Bekämpfung

Der Anbau von Bohnen nach Spinat oder anderen blattreichen Pflanzen (Kohl) sollte vermieden werden. Wachstumsfördernde Maßnahmen sind generell zu empfehlen, ebenso höhere Aussaatraten. Bodenbearbeitung vor der Aussaat von Bohnen zieht eiablagewillige Bohnenfliegen an, besonders wenn der Boden reichlich in Zersetzung befindliches organisches Material enthält und feucht ist.

Als wirtschaftliche Schadensschwelle gilt 1 Ei oder 1 Eilarve pro Pflanze, da schon bei so gerin-

gem Befall Pflanzenverluste eintreten können. Andererseits kann auch stärkerer Befall vorkommen, ohne daß bedeutender Schaden eintritt, vor allem bei rascher Keimung.
Die Saatgutbehandlung mit Bromophos-Mitteln sowie Dichlofenthion + Thiram-Kombinationen ist wirksam. Das in Kombinationspräparaten enthaltene Thiram hat außer einer fungiziden auch eine auflauffördernde Wirkung. Es können auch mit Piperonylbutoxid synergisierte Pyrethrum-Mittel verwendet werden.

Literatur

Barlow, C. A., 1965: Stimulation of oviposition in the Seed-Corn Maggot Fly, *Hylemya cilicrura* (Rond.) (Diptera: Anthomyiidae). Entomol. Exp. Appl. **8,** 83–95. – Blaszyk, P., 1956: Die Bekämpfung der Bohnenfliege. Anz. Schädlingskd. **29,** 179–181. – Gersdorf, E., 1961: Die „Bohnenfliege" als Maisschädling. Ges. Pflanzen **13,** 204–207. – Hassan, S. A., 1974: Beiträge zur Ökologie und zum Schadauftreten von *Delia (Hylemya) platura* Meigen (Diptera: Anthomyiidae) an Spargel in Nordbaden. Nachrichtenbl. Dtsch. Pflanzenschutzdienstes (Braunschw.) **26,** 81–84. – Van Dinther, J. B. M., 1953: Biologie en bestrijding van de bonenvliegen *Hylemyia cana* Macq. en *Hylemyia liturata* Meig. Tijdschr. Plantenziekten **59,** 217–232.

Haarfuß-Wurzelfliege

Delia florilega (Mg.) [syn. *Phorbia florilega* (Zett.), *Hylemya trichodactyla* (Rond.), *Delia liturata* (Mg.)] (Diptera, Anthomyiidae)
D. florilega ähnelt im Hinblick auf Aussehen, Lebensweise und Generationenfolge *D. cilicrura* weitgehend. Sie ist in der Alten und Neuen Welt vor allem in Gebieten mit gemäßigtem Klima verbreitet. Ihre Bekämpfung entspricht der von *D. cilicrura.*

Literatur

Borg, Å., 1976: Angrepp av bönstjälflugor (*Delia liturata* Meig. och *D. platura* Meig.) på konservärt i Västverige 1976. Växtskyddsnotiser **40,** 170–175. – Shaw, M. W., 1971: Egg-laying of some Dipterous pests of cultivated Cruciferae in north-east Scotland. J. Appl. Ecol. **8,** 353–365.

Erbse

6.9 Viruskrankheiten

Scharfes Adernmosaik

Erreger

Scharfes Adernmosaik-Virus der Erbse, ESAMV (pea enation mosaic virus, PEMV).

Verbreitung, wirtschaftliche Bedeutung

Das Virus ist in Europa und Nordamerika weit verbreitet. In der Bundesrepublik Deutschland kann es besonders im Frühsommer in vielen Leguminosenbeständen beobachtet werden. Das Scharfe Adernmosaik macht sich vor allem bei späteren Saaten in manchen Jahren stark bemerkbar und führt dann zu merklichen Ertragseinbußen (50% bis Totalverlust). Darüber hinaus tritt eine Verschlechterung der Kornqualität auf. Das Virus muß deshalb zu den wirtschaftlich besonders wichtigen Leguminosen-Viren gerechnet werden.

Symptome

Bei Erbse sind die ersten Symptome nach der Infektion Aufhellungen der Adern an den Blättern und Nebenblättern, was mit Chlorose verbunden sein kann. Die folgenden Blätter zeigen helle, meist langgestreckte und den Adern folgende Flecke (Farbtafel 24, S. 328) oder mehr rundliche zwischen den Adern. Auf der Unterseite der Adernflecke treten besonders unter Gewächshausbedingungen Gewebewucherungen („Enationen") auf. Die Blätter bleiben klein und sind mehr oder weniger stark gekräuselt, die Triebspitzen sind gekrümmt. Gelegentlich kann es im Laufe der Zeit auch zu Welke- und Nekroseerscheinungen kommen. Manche Pflanzen bilden zahlreiche Seitentriebe, bei anderen ist der Wuchs gestaucht. Die Hülsen verkümmern und weisen Wölbungen auf. An Felderbsen (Peluschken) sind die Blüten manchmal hell gefleckt und gestreift und die Blätter zeigen eine stärkere Anthozyanfärbung. Die geschilderten Symptome sind besonders bei höheren Temperaturen sehr deutlich.

Eigenschaften, Wirtskreis, Übertragung

Das Virus bildet isometrische Partikeln mit einem Durchmesser von etwa 30 nm. Der Verdünnungsendpunkt liegt oberhalb von 10^{-1} oder bei 10^{-3} bis 10^{-4}.

Bei den Wirtspflanzen handelt es sich fast ausschließlich um Leguminosen, darunter Kulturpflanzen wie Erbse, Bohne, Ackerbohne, Lupine, Luzerne, Zottelwicke und Saatwicke. Bei Luzerne ist das Virus latent.

Experimentell ist das ESAMV mit Preßsaft bei Zusatz von Karborund und bestimmten Puffern relativ gut auf Testpflanzen wie Erbse und Akkerbohne zu übertragen. Eine Samenübertragung wurde bei verschiedenen *Vicia*-Arten nachgewiesen.

Im Feld wird das Virus vor allem durch die Erbsenlaus *(Acyrthosiphon pisum,* s. Seite 428), daneben auch durch die Grünstreifige Kartoffellaus *(Macrosiphum euphorbiae,* s. Seite 260) übertragen. Bei beiden Blattlausarten gibt es Rassen/Biotypen, die unterschiedliche Vektoreigenschaften besitzen. Auch die verschiedenen Morphen und Entwicklungsstadien der Blattläuse zeigen zum Teil sehr unterschiedliche Übertragungsfähigkeiten. So sind Larven von *A. pisum* bessere Vektoren als adulte Erbsenläuse. *Myzus persicae* und *Megoura viciae* spielen im allgemeinen wegen geringerer Übertragungsleistungen unter Feldbedingungen offenbar eine weniger bedeutende Rolle, jedoch gibt es auch bei der Grünen Pfirsichblattlaus Rassen/Biotypen, die das Virus gut übertragen können. Das Virus ist in den Vektoren persistent (zirkulativ) und kann von virustragenden Erbsenläusen schon nach 5 Sekunden Anstichdauer, d. h. in die Epidermis übertragen werden. Die minimale Aufnahmezeit beträgt etwa 2 Stunden, die Zirkulationszeit (Celationszeit) bei apteren Virgines von *A. pisum* (grüne Form) 27 Stunden bis 10 Tage. *Aphis fabae* und *A. craccivora* können das Scharfe Adernmosaik-Virus nicht übertragen. Die Übertragbarkeit durch Blattläuse geht bei manchen Isolaten nach einiger Zeit verloren, bei anderen fehlt sie von vornherein.

Bekämpfung

Erbsen sollten im Frühjahr in möglichst weiter Entfernung von überwinternder Luzerne und Landsberger Gemenge angebaut werden. Durch frühe Aussaat und wachstumsfördernde Maßnahmen kann ein Befall bzw. Schaden gleichfalls vermindert werden.

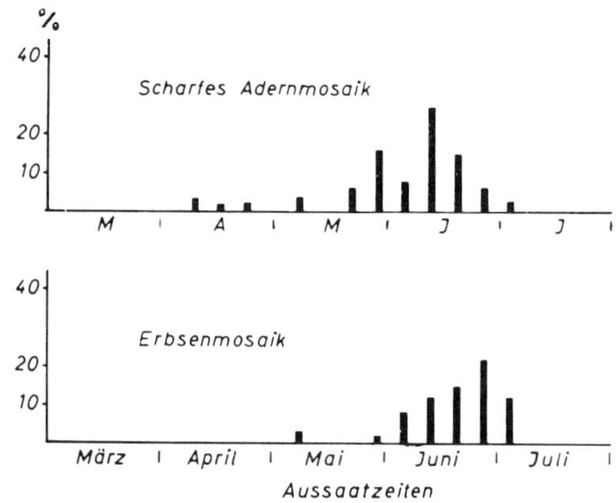

Abb. 219. Befall von Erbsen durch das Scharfe Adernmosaik-Virus und das Gewöhnliche Erbsenmosaik in Abhängigkeit von der Aussaatzeit (nach QUANTZ).

Zur Bekämpfung der Vektoren während der Flugperiode sind mehrfache Behandlungen mit systemisch wirksamen Mitteln wie Demeton-S-methyl-sulfoxid und Dimethoat vor der Blüte, oder während der Blüte zur Schonung der Bienen mit Pirimicarb erforderlich, das nicht systemisch ist und auch natürliche Feinde der Blattläuse schont. Endosulfan, ein weiterer bienenungefährlicher Wirkstoff, kann ebenfalls während der Blüte verwendet werden. Durch den Insektizideinsatz in größeren Beständen wird der Aufbau von Vektorpopulationen verhindert, was auch zu einer Minderung der Virusausbreitung führen kann.

Literatur

HAGEDORN, D. J., 1974: Virus diseases of pea, *Pisum sativum.* Am. Phytopathol. Soc. Monogr. No. 9, 47 pp. – MUSIL, R. S., MARCINKA, A. and ČIAMPOR, F., 1970: Some properties of pea enation mosaic virus. Acta Virol. (Prag) **14,** 285–294. – QUANTZ, L., 1952: Untersuchungen über das Erbsenvirus 1 („Enation"-Mosaik-Virus) I. Seine Wirtspflanzen, Ausbreitung und Überwinterung. Nachrichtenbl. Dtsch. Pflanzenschutzdienstes (Braunschw.) **4,** 24–27. – SHEPHERD, R. J., 1970: Pea enation mosaic virus. C.M.I./A.A.B. Descript. Plant Vir. No. 25. – THOTTAPPILLY, G., 1972: Zum Wirtspflanzenkreis des Enationenvirus der Erbse. Z. Pflanzenkr. Pflanzenschutz **79,** 686–693. – ULLRICH, J. und QUANTZ, L., 1964: Morphologische und anatomische Untersuchungen über pathologische Veränderungen durch das Scharfe Adernmosaik (Pea enation mosaic virus) an *Vicia faba* und *Pisum sativum* und durch eine Virose an *Trifolium repens.* Phytopath. Z. **51,** 1–18.

6.9.2 Gewöhnliches Erbsenmosaik

Erreger
Stamm des Bohnengelbmosaik-Virus, BGMV (bean yellow mosaic virus, BYMV).

Verbreitung, wirtschaftliche Bedeutung
Das Virus ist in Europa und anderen Erdteilen weit verbreitet. Es kann sich als wirtschaftlich bedeutend erweisen, da Ertragseinbußen bis zu 50% beobachtet werden. Meist halten sich die Verluste jedoch in Grenzen.

Symptome
Etwa eine Woche nach der Infektion tritt eine Gelbfärbung der Adern, später an den jungen Blättern und Nebenblättern ein deutliches Mosaik auf. Typisch sind dunkelgrüne, hellgrüne und gelbe Flecken. Je nach Erbsensorte und Virusstamm ist der Wuchs nicht gestört oder es kommen Stauchungen, Verformungen der Triebe sowie Verdrehung und Verkleinerung der Blätter vor.

Eigenschaften, Wirtskreis, Übertragung
Die Viruspartikeln sind gestreckt und gewellt. Ihre Größe beträgt etwa 15 × 800 bis 870 nm. Der Verdünnungsendpunkt befindet sich zwischen 5×10^{-3} und 10^{-6}.
Neben Erbsen und Ackerbohnen kann das Virus spontan auch Lupine, Luzerne, Wicke, Stein- und Rotklee infizieren.
Außer mit dem Preßsaft infizierter Pflanzen kann das Pathogen durch verschiedene Blattläuse übertragen werden, darunter die Erbsenlaus *(Acyrthosiphon pisum)* und die Pfirsichblattlaus *(Myzus persicae)*. Es ist nicht zirkulativ (nicht persistent). Bei Erbsen und Ackerbohnen ist außerdem eine geringe Samenübertragung festgestellt worden.

Bekämpfung
Ein Anbau von Erbsen neben Klee, insbesondere Rotklee, sowie neben anderen anfälligen Leguminosen muß vermieden werden. Läßt sich dies nicht umgehen, so sind resistente Sorten zu verwenden, von denen eine größere Anzahl zur Verfügung steht. In größeren Beständen kann eine rechtzeitige Vektorenbekämpfung, insbesondere mit systemischen Insektiziden, eine Einschränkung der Virusausbreitung bewirken. Wiederholte Mineralölspritzungen vermindern die Virusübertragung unter solchen Bedingungen ebenfalls, dürften bei Erbsen und Ackerbohnen aber nur unter besonderen Bedingungen, z. B. bei der Saatguterzeugung wirtschaftlich sein.

Literatur
BERCKS, R., 1960: Serologische Untersuchungen zur Differenzierung von Isolaten des Phaseolus-Virus 2 und ihrer Verwandtschaft mit Phaseolus-Virus 1. Phytopath. Z. **39,** 120–128. – COUSIN R., 1965: Étude de la sensibilité des veriétés de pois au virus de la mosaique commune du pois. Étude génétique de la résistance. Ann. Amélior. Plantes **15,** 23–26. – HULL, R., 1965: Virus diseases of sweet peas in England. Pl. Pathol. **14,** 150–153. – QUANTZ, L., 1961: Viruskrankheiten der Gemüsehülsenfrüchte. Mitt. Biol. Bundesanst. Ld.- u. Forstw. Berl.-Dahlem 104, 121–127.

6.9.3 Blattrollkrankheit

Erreger
Blattroll-Virus der Ackerbohne und Erbse, EABlV (bean leaf roll virus, BLRV).

Verbreitung, Eigenschaften
Siehe Blattrollkrankheit der Ackerbohne, Seite 438.

Symptome, wirtschaftliche Bedeutung
An den Blättern infizierter Pflanzen zeigt sich vor allem am Rand und zwischen den Seiten-

Abb. 220. Blattrollkrankheit der Erbse (Blattroll-Virus der Ackerbohne und Erbse).

adern eine chlorotische Aufhellung. Diese Erscheinung ist zunächst an den Triebspitzen zu bemerken, breitet sich jedoch später allmählich auf die ganze Pflanze aus. Der Wuchs ist gestaucht. Die Blattränder sind mehr oder weniger stark nach unten gebogen, die Fiederblättchen an der Spindel gegeneinander aufgerichtet (Abb. 220). Zusätzlich kann es zu einer Spitzennekrose und Fußschwärzung kommen. In den Leitbündeln sind mit Säurefuchsin anfärbbare Phloemnekrosen vorhanden.
Es sind Ertragseinbußen bis zu 85% festgestellt worden, was unterstreicht, daß die Blattrollkrankheit der Erbse eine wirtschaftlich sehr wichtige Virose ist.

Wirtskreis, Übertragung, Bekämpfung
Siehe Seite 438.

Literatur
Siehe Seite 439.

6.9.4 Viruskrankheiten von geringerer Bedeutung

Frühe Bräune

Erreger
Virus der Frühen Verbräunung der Erbse, EFVbV (pea early browning virus, PEBV).
Diese Erbsenkrankheit kommt besonders in Mittel- und Westeuropa (Niederlande, England) auf lehmigen Sandböden vor. Das Virus, das die Krankheit hervorruft, ist serologisch mit dem Tabak-Rattle-Virus (s. Seite 204) verwandt. Die Viruspartikeln sind kurze, gerade Stäbchen mit etwa 25 nm Breite. Bezüglich der Partikellänge findet man zwei dominierende Werte, nämlich 105 und 215 nm. Der Verdünnungsendpunkt liegt oberhalb von 10^{-4} bis 10^{-5}.
Infizierte Erbsenpflanzen zeigen Symptome, die in den Beständen nesterweise auftreten. An den erkrankten Pflanzen sind am Stengel, den Nebenblättern und Fiederchen violett-braune, nekrotische Flecken und bräunliche Adernverfärbungen zu finden. Die Blätter trocknen teilweise oder ganz ein. Auch die Sproßspitze kann von der Bräune befallen werden. Manchmal wachsen die Sproßspitzen oder Seitentriebe ohne deutliche Symptome weiter, um dann später wieder solche aufzuweisen. Die Hülsen zeigen unregelmäßige braune Flecke oder ringförmige Zeichnungen; die Samen sind klein, gefleckt und runzlig.
Außer Erbse kann das Virus noch eine größere Zahl anderer Pflanzenarten infizieren, darunter die Ackerbohne (*Vicia faba*) und die Feldbohne (*Phaseolus vulgaris*). Manche Virusisolate sind leicht mit dem Preßsaft übertragbar, andere dagegen nicht. Samenübertragung kommt vor und kann gering (1 bis 2%) oder sehr stark (bis 60%) sein. Als Vektoren fungieren Nematoden der Gattung *Paratrichodorus* (z. B. *P. teres* und *P. pachydermus*; Niederlande). Männchen, Weibchen und Larven sind übertragungsfähig und bleiben dies für mindestens 32 Tage nach der Virusaufnahme, auch in Abwesenheit von Wirtspflanzen (*P. primitivus*). Zur Bekämpfung ist Fruchtfolge wichtig, d. h. Vermeidung des Anbaues von Erbsen oder anderen anfälligen Pflanzen auf „verseuchten“ Feldern (Nematoden!), außerdem die Verwendung anerkannten Saatgutes.

Literatur
Bos, L. and van der Want, J. P., 1962: Early browning of pea, a disease caused by a soil- and seed borne virus.T. Plantenziekt. **68**, 368–390. – Harrison, B. D., 1973: Pea early-browning virus. C.M.I./A.A. B. Descript. Plant Vir. No. 120. – Hubbeling, N. and Kooistra, E., 1963: Resistance to early browning in peas. Euphytica (Wageningen) **12**, 258–260.

Blattrollmosaik

Erreger

Blattrollmosaik-Virus der Erbse, EBlMV (pea leaf roll mosaic virus = pea seed-borne mosaic virus, PSMV).

Das samenübertragbare Blattrollmosaik-Virus der Erbse besteht aus stäbchenförmigen, gewellten Partikeln, die etwa 750, bei manchen Isolaten bis 775 nm lang und 12 nm breit sind. Der Verdünnungsendpunkt liegt je nach Isolat bei 10^{-3}, 10^{-4} oder 10^{-5}. Es wird vermutet, daß das Virus mit dem Erreger der Falschen Blattrollkrankheit der Erbse, der unter anderem durch den Pilz *Pythium ultimum* übertragen wird, nah verwandt oder identisch ist. Das Blattrollmosaik-Virus ist mit Erbsensaatgut weltweit verschleppt worden. In der Bundesrepublik Deutschland ist die Krankheit wiederholt sehr stark in importiertem Zuchtmaterial aufgetreten. Außer Leguminosen (Erbse, Ackerbohne, Wicke) können noch viele andere Pflanzenarten aus verschiedenen Familien infiziert werden.

Erste Symptome nach der Infektion zeigen sich an Erbse nach 2 bis 3 Wochen. Es handelt sich um leichte Chlorosen und Adernaufhellungen an jungen Blättern. Zusätzlich können schwache chlorotische Scheckungen und/oder Mosaikflekkungen auftreten. Später rollen sich die Fiederblätter unterschiedlich stark nach unten ein und zeigen eine bleigraue Verfärbung (Farbtafel 24, S. 328). Das Wachstum wird mehr oder weniger stark gehemmt. An *Vicia faba*, die sich experimentell infizieren läßt, kann auch Spitzenchlorose und leichtes Blattrollen eintreten, jedoch bleibt an dieser Pflanze die Infektion meist latent. Auch an Erbse können die Symptome nach einigen Tagen wieder verschwinden. Infizierte Samen zeigen oft eine rissige Schale. Da bei früher Infektion oder bei Aufwuchs aus infizierten Samen bei bestimmten Sorten keine oder nur wenige mißgestaltete Hülsen gebildet werden, kann das Virus bei starkem Auftreten wirtschaftlich bedeutend werden.

Die Übertragung ist außer durch Samen und Preßsaft auch durch Vektoren nach dem nicht zirkulativen Modus möglich. Als Überträger sind einige Blattlausarten bekannt, darunter die Erbsenlaus *(Acyrthosiphon pisum)*, die Schwarze Bohnenlaus (*Aphis fabae*) und die Grüne Pfirsichblattlaus (*Myzus persicae)*.

Als indirekte Bekämpfungsmaßnahme empfiehlt sich die Verwendung virusfreien Saatgutes und die Aussaat resistenter Sorten.

Literatur
Hampton, R. O. and Mink, G. I., 1975: Pea seed-borne mosaic virus. C.M.I./A.A.B. Descript. Plant Vir. No. 146. – Hampton, R., Mink, G., Bos, L., Inouye, T. Musil, M., and Hagedorn, D., 1981: Host differentiation and serolgical homology of pea seed borne mosaic virus isolates. Neth. J. Plant Path. **87**, 1–10. – Musil, M., 1970: Pea leaf rolling mosaic virus and its properties. Biólogia (Bratislava) **25**, 379–392. – Musil, M., 1980: Samenübertragbarkeit des Blattrollmosaik-Virus der Erbse. Tag.-Ber. Akad. Landw.-Wiss. DDR, Berlin 184, 345–352.

Erbsenstauche

Erreger

Rotkleeadernmosaik-Virus, RkAMV (red clover vein mosaic virus, RCVMV, s. Seite 375).

Das auffälligste Symptom dieser Krankheit ist eine starke Wuchsstauchung, die mit der Entwicklung einer Spitzenrosette einhergeht. Die ganze Pflanze nimmt eine gelblich-graue Färbung an. Es kann auch zu chlorotischer Aufhellung der Triebspitze kommen, der eine Welke und Nekrose folgt. Die Hülsen sind vielfach fleckig und bleiben oft leer. Häufig sind Mischinfektionen mit dem Bohnengelbmosaik-Virus, dem Scharfen Adernmosaik-Virus und anderen Viren zu beobachten. Der Ertrag kann schon bei alleiniger Infektion mit dem Rotkleeadernmosaik-Virus um mehr als 30% zurückgehen. Außer durch Preßsaft ist das Virus durch Blattläuse wie *Acyrthosiphon pisum* und *Myzus persicae* übertragbar. Es ist nicht zirkulativ (nicht persistent).

Zur Bekämpfung empfiehlt sich unter anderem eine Vermeidung von Erbsenanbau neben Rotklee.

Literatur

HAGEDORN, D. J., 1974 Virus diseases of pea, *Pisum sativum*. Am. Phytopathol. Soc. Monogr. No. 9, 47 pp. – SANDER, E., 1959: Biological properties of red clover vein mosaic virus. Phytopathology **49**, 748–754. – WETTER, C., QUANTZ, L. und BRANDES, J., 1962: Vergleichende Untersuchungen über das Rotkleeadernmosaik-Virus. Phytopathol. Z. **44**, 151–169.

Nekrotische Stauchung

Erreger
Ackerbohnenwelke-Virus, AMV, s. Seite 440; Mitteleuropa.

Erbsenwelke

Erreger
Weißkleemosaik-Virus, WkMV, s. Seite 375; Westeuropa.

Erbsennekrose

Erreger
Erbsennekrose-Virus, ENV (pea necrosis virus); Westeuropa.

Braune Ringfleckigkeit

Erreger
Tomatenschwarzring-Virus, ToSRV, s. Seite 207, 271; West- und Mitteleuropa.

Luzernemosaik-Virus, LMV
Siehe Seite 209, 375; West-, Mittel- und Südeuropa.

Gurkenmosaik-Virus, GMV
Siehe Seite 271, West-, Mittel- und Südeuropa.

Rübenmosaik-Virus, RMV
Siehe Seite 268; West- und Mitteleuropa.

Echtes Ackerbohnenmosaik-Virus, AEMV
Siehe Seite 441; Mitteleuropa.

Literatur

BOS, L., DELEFIĆ, B. and VAN DER WANT, J. P. H., 1959: Investigations on white clover mosaic virus. T. Plantenziekt. **65**, 89–106. – BOS, L., 1970: The identification of three new viruses isolated from *Wisteria* and *Pisum* in the Netherlands, and the problem of variation within the potato Y group. Netherl. J. Plant Pathol. **76**, 8–46. – QUANTZ, L., 1957: Über das Auftreten des Gurkenmosaikvirus auf Erbsen. Angew. Bot. **31**, 166–173. – QUANTZ, L., 1958: Ein Beitrag zur Kenntnis der Erbsenvirosen in Deutschland. Nachrichtenbl. Dtsch. Pflanzenschutzdienstes (Braunschw.) **10**, 65–70. – SCHMIDT, H. E. und SCHMELZER, K., 1973: Eine nekrotische Stauchung der Erbse (*Pisum sativum* L.), hervorgerufen vom Ringmosaik-Virus der Kapuzinerkresse. Arch. Phytopathol. Pflanzenschutz **9**, 69–79.

6.10 Pilzkrankheiten

6.10.1 Aphanomyces – Wurzelfäule
(pea root rot)

Erreger
Aphanomyces euteiches Drechsl.

Systematische Stellung
Mastigomycotina, Oomycetes, Saprolegniales, Saprolegnicaeae.
Die Krankheit ist in Europa wenig verbreitet, besitzt aber eine große Bedeutung in den mittleren und nordöstlichen Staaten der USA. Als Symptom entstehen zunächst an den Nebenwurzeln, später auch an der Hauptwurzel und Stengelbasis rötlich-gelbe, graubraune bis schwarze Verfärbungen; das äußere Wurzelgewebe ist zerstört. Die Pflanzen vergilben oder bleiben in Wuchs und Ertrag stark zurück. Der Erreger überdauert im Boden mit Oosporen und kann sich durch häufigen Anbau soweit anreichern, daß über 6 und mehr Jahre keine befriedigende Erbsenkultur möglich ist. Die Infektion des Wurzelsystems geschieht durch Zoosporen bei 10 bis über 30 °C (Optimum 24 °C) und hoher Bodenfeuchte. Neben Erbsen kann der Erreger auch Arten aus den Gattungen *Lathyrus, Medicago, Melilotus, Vicia* und andere befallen. Verwechslungen mit anderen Wurzelfäulen, die gelegentlich durch *Thielaviopsis basicola, Pythium-* und *Phytophthora*-Arten hervorgerufen

werden, sind leicht möglich. Die Verhütung des Befalls kann nur über die Einhaltung einer gesunden Fruchtfolge geschehen.

Literatur

SHERWOOD, R. T., HAGEDORN, D. J., 1962: Studies on the biology of *Aphanomyces euteiches*. Phytopathology **52**, 150–154. – WALKER, J. C., 1952: Dieases of vegetable crops. McGraw-Hill Book Comp. New York, Toronto, London.

6.10.2 Ascochyta – Fuß- und Brennfleckenkrankheiten

(Ascochyta blight of pea)

Erreger

1. *Mycosphaerella pinodes* (Berk. et Blox.) Vestergr. (Konidienstadium: *Ascochyta pinodes* Jones).
2. *Phoma medicaginis* var. *pinodella* (Jones) Boerema comb. nov. (syn. *Ascochyta pinodella* Jones).
3. *Ascochyta pisi* Lib.

Systematische Stellung

1. Ascomycotina, Loculoascomycetes, Dothideales, Dothideaceae.
2. und 3. Deuteromycotina, Coelomycetes, Sphaeropsidales, Sphaerioidaceae.

Vorkommen, wirtschaftliche Bedeutung

Die Fuß- und Brennfleckenkrankheiten der Erbse haben eine weite Verbreitung in gemäßigten und subtropischen Regionen. *M. pinodes* soll in Gebieten mit feuchten, kühlen Sommern und in Küstengegenden vorherrschen, *P. medicaginis* var. *pinodella* tritt häufiger unter kontinentalen Bedingungen auf. *A. pisi* ist weltweit in regenreichen Sommern anzutreffen. Schwere Schäden im Erbsenanbau treten besonders durch die Fußkrankheiten auf. Sie können unter Umständen zum Umbruch Anlaß geben. Die oft beobachtete Anreicherung der Erreger im Boden begrenzt den Anbau auch unter sonst günstigen Bedingungen auf einen Fruchtfolgeanteil von höchstens 20%. Das häufig starke Auftreten der Brennfleckenkrankheit an Blättern und Hülsen in den traditionellen Anbaulagen Mitteleuropas gab Anlaß zur Verlagerung des Samen- und Trockenerbsenanbaus in überwiegend trockenwarme Gebiete. In regenreichen Sommern können bei Gründrusch- oder Pflückerbsen erhebliche Ertrags- und Qualitätsminderungen durch Hülsenbefall eintreten.

Symptome

Die Fußkrankheiten zeigen sich entweder kurz nach dem Auflaufen der Erbsen oder später in Form schwarzbrauner, fleckiger Verfärbungen an den Haupt- und Nebenwurzeln, am Hypokotyl und Stengelgrund (Abb. 221). Sie können zur

Abb. 221. Ascochyta-Fußkrankheit, Symptome an Hypocotyl und Stengelgrund.

völligen Zersetzung des Gewebes führen, so daß die Pflanzen umfallen. Bei verzögertem Aufgang sind Keimlinge bereits im Boden abgestorben. Weniger stark geschädigte Pflanzen bleiben in der Entwicklung zurück; eingesunkene, dunkle Flecken sind an den Keimblättern und am Hypokotyl zu finden; zum Teil ist der Stengelgrund eingeschnürt. Die Triebe bleiben schwach, die Blätter erreichen nicht die normale Größe, vergilben vorzeitig und vertrocknen. Blütenzahl, Fruchtansatz und -größe sind reduziert. Die beiden beteiligten Erreger, *Mycosphaerella pinodes* und *Phoma medicaginis* var. *pinodella* verursachen weitgehend übereinstimmende Symptome. Die an allen oberirdischen Sproßteilen auftretenden Brennfleckenkrankheiten zeigen je nach Erregerart in den Symptomen mehr oder weniger deutliche Unterschiede. Insbesondere *Ascochyta pisi* verursacht auf Blättern und Hülsen bis 1 cm große, rundliche, hellbraune oder graue, deutlich eingesunkene Flecke, die von einem dunklen, etwas erhöhten Rand eingefaßt sind. In der Mitte der Läsion finden sich einige dunkelbraune bis schwarze Pyknidien. Stark befallene Blätter sterben vorzeitig ab; die Hülsen sind mehr oder weniger verunstaltet und schrumpfen, die Kornausbildung ist reduziert (Farbtafel 24). Auf Stengeln und Blattstielen werden strichförmig langgezogene Nekrosen gebildet.

Mycosphaerella pinodes erzeugt an Blättern und Hülsen bis zu 7 mm große, rötlich-braune, nicht eingesunkene Läsionen mit unscharfer Begrenzung; zum Teil liegt eine deutlich konzentrische Zonierung vor, zum Rand nimmt die Pyknidiendichte zu.

Phoma medicaginis var. *pinodella* bildet auf den Blättern unregelmäßige, große, dunkelbraune Flecke mit diffusem Rand; die stark befallenen Blätter sterben von unten nach oben ab. Am Stengelgrund und an den Nodien finden sich streifige Nekrosen. Auf den Hülsen sind die Läsionen deutlich kleiner als bei den beiden anderen Erregern und bestehen oft nur in violettschwarzen, strichelförmigen Nekrosen, die sich schräg zur Längsachse der Hülse hinziehen. Mitunter fließen sie zusammen und bilden unscharf begrenzte, dunkelgraue Flecke.

Die Hülsenläsionen greifen auf die Samen über; es kommt zu mehr oder weniger deutlichen Verfärbungen, die sich bei Befall durch *A. pisi* in gelblichen Flecken äußern und am trockenen Samen leicht zu übersehen sind. Bräunliche, punkt- oder fleckenartige, unregelmäßige Verfärbungen mit dunklem Rand werden von *P. medicaginis* var. *pinodella* erzeugt; bei Befall durch *M. pinodes* kommt es zu einer auffälligen, dunkelbraunen bis schwarzen Fleckung. Die Symptome am Saatgut sind für eine Erkennung der einzelnen beteiligten Erreger jedoch nicht ausreichend spezifisch. Die genaue Diagnose wird bei den Brennfleckenkrankheiten auch durch das Vorkommen von Mischinfektionen erschwert.

Biologie der Erreger

Ascochyta pisi bildet auf Blättern und Hülsen braune, eingesenkte Pyknidien (100 bis 200 µm) mit hyalinen, zweizelligen, geraden oder leicht gekrümmten, zylindrischen, an den Enden abgerundeten Konidien (10 bis 16 × 3 bis 4,5 µm). Bei *P. medicaginis* var. *pinodella* entstehen ähnliche Pyknidien mit überwiegend einzelligen, kleineren Konidien (5 bis 8 (bis 12) × 2,5 bis 4 µm). Bei *M. pinodes* entwickeln sich neben den dunkelbraunen bis schwarzen Pyknidien mit zweizelligen (selten mehrzelligen), hyalinen, zylindrischen Konidien (8 bis 16 × 3 bis 4,5 µm) auf Stengeln und Hülsen Pseudothecien mit bitunicaten Asci und zweizelligen, ellipsoiden, hyalinen, leicht eingeschnürten Ascosporen (12 bis 18 × 4 bis 8 µm). Der Pilz ist homothallisch. Die Überdauerung und Übertragung der Erreger erfolgt vorrangig mit dem Saatgut. Daneben können sie auf Pflanzenrückständen überwintern oder im Boden mehrere Jahre überstehen. Letzteres gilt für *M. pinodes* und *P. medicaginis* var. *pinodella*, welche resistente Chlamydosporen im Mycel erzeugen und häufig vom Boden aus die Pflanzen angreifen. Die Pseudothecien von *M. pinodes* überdauern die Vegetationsruhe auf Pflanzenrückständen und Frühjahrsinfektionen können auch durch Ascosporen erfolgen. Fußkrankheiten treten stärker bei niedrigen Auflauftemperaturen (6 bis 8 °C) ein, da die Keimlingsentwicklung verzögert ist. Sproßinfektionen erfolgen bei 8 bis 26 °C (Optimum 15 bis 20 °C), wobei unter kühlen Bedingungen die Läsionen zahlreicher und die einzelnen Befallsflecke größer werden. Hohe Luftfeuchtigkeit (über 90%) oder Regen und Wind sind wichtige Voraussetzungen für das Ausquellen der Sporen aus den Pyknidien, für ihre Verbreitung und die Infektion. Das Eindringen der Erreger durch die Kutikula oder Stomata kann in wenigen Stunden abgeschlossen sein. Die ersten Symptome werden nach 6 bis 10 Tagen sichtbar; die Krankheit breitet sich im Bestand bei anhaltend schlechtem Wetter rasch aus. Licht stimuliert die Pyknidienbildung stark. In manchen Gebieten (Australien) gehen starke Primärinfektionen von Ascosporen aus, da die Fruchtkörper von *M. pinodes* Vegetationspausen auf Pflanzenrückständen überstehen.

Wirtskreis

Die Erreger sind bisher nur auf Leguminosen gefunden worden. *A. pisi* befällt Arten aus den Gattungen *Pisum, Lathyrus* und *Vicia*, *M. pinodes* darüber hinaus auch Phaseolus-Bohnen.

Phoma medicaginis var. *pinodella* hat einen Wirtskreis, der neben Erbsen auch Futterleguminosen (Luzerne, Rotklee) einschließt. Physiologische Rassen mit unterschiedlicher Virulenz wurden bei *A. pisi* nachgewiesen; die Erreger kommen in zahlreichen Kulturvarianten vor. Gegen die Fußkrankheiten liegt keine Resistenz vor; Ackererbsen *(Pisum arvense)* sind widerstandsfähiger als Saaterbsen, von denen die Markerbsen höchste Anfälligkeit aufweisen. Die Widerstandsfähigkeit gegen Fußkrankheiten im Keimlingsstadium wird mit dem Gehalt der Samenschale an Leuco-Anthocyanin in Zusammenhang gebracht.

Bekämpfung

Die Verwendung von befallsfreiem, in Trockengebieten kontrolliert erzeugtem Saatgut ist die wichtigste Maßnahme; zur Samenprüfung sind spezielle Testverfahren notwendig. Normale Beizung mit Thiram- oder Captan-haltigen Beizmitteln kann den Samenbefall nur teilweise ausschalten; neuerdings bewährte sich Tauchbeizung mit Thiram oder Captan (0,2% a. S.) bei 30 °C für 24 Stunden, Benzimidazole (Benomyl, Derosal) haben eine gute Wirkung gegen samenbürtige Erreger. Durch Fruchtfolgen mit 4 bis 5jährigen Anbaupausen für Erbsen, unter Ausschaltung auch anderer Wirtspflanzen, kann der Bodenverseuchung entgegengewirkt werden; auf Befallsflächen sollte mit dem Anbau von Erbsen 8 bis 10 Jahre ausgesetzt werden.

Literatur

Boerema, G. H., Dorenbosch, M. M. J., Leffring, L., 1965: A comparative study of the black stem fungi on lucerne and red clover and the footrot fungus on pea. Neth. J. Plant Path. **71**, 79–89. – Dickinson, C. H., Sheridan, J. J., 1968: Studies on the survival of *Mycosphaerella pinodes* and *Ascochyta pisi*. Ann. appl. Biol. **62**, 473–483. – Punithalingam, E., Holliday, P., 1972: *Ascochyta pisi*. C.M.I. Descriptions of pathogenic Fungi and Bacteria. No. 334. – Punithalingam, E., Holliday, P., 1972: *Mycosphaerella pinodes*. C.M.I. Descriptions of pathogenic Fungi and Bacteria. No. 340. – Wallen, V. R., 1974: Influence of three Ascochyta diseases of peas on plant development and yield. Canad. Pl. Dis. Survey **54**, 86–90.

6.10.3 Fusarium – Welke- und Fußkrankheiten

(pea wilt, Fusarium root rot)

Erreger

Fusarium oxysporum Schl. f. sp. *pisi* (van Hall) Snyder et Hansen,
Fusarium solani (Mart.) Sacc. f. sp. *pisi* (Jones) Snyder et Hansen.

Systematische Stellung

Deuteromycotina, Hyphomycetes, Tuberculariales.

Vorkommen, wirtschaftliche Bedeutung

Die Krankheiten sind in Gebieten mit stärkerem Erbsenanbau verbreitet und waren viele Jahrzehnte ein ernstes Problem; örtlich erreichten die Schäden ein Ausmaß, daß ein weiterer Anbau nicht mehr sinnvoll erschien. Die Erbsenwelke wird auch als St. Johanniskrankheit bezeichnet, da die Krankheitssymptome meist erst Ende Juni auftreten. Wegen höherer Temperaturansprüche sind die Erreger in wärmeren Gebieten von größerer Bedeutung. In Europa werden die Krankheiten besonders in den Anbaugebieten für Konservenerbsen (England, Holland, Nordwestdeutschland, Nordfrankreich) mit großen jährlichen Schwankungen beobachtet.

Symptome

Bei der Fusarium-Welke, auch Amerikanische Welke genannt, sind die ersten Anzeichen ab Ende Mai sichtbar; die Krankheit tritt nesterweise auf. Die Pflanzen bleiben im Wuchs zurück, sind graugrün verfärbt, zeigen eingerollte Blätter und verwelken unter Ausbleichung in kurzer Zeit; der Ansatz von Hülsen ist reduziert, meist werden keine Samen erzeugt. Die Pflanzen zeigen keine auffälligen Fußvermorschungen; der Stengelgrund ist leicht verdickt, die Gefäße sind im unteren Teil rötlichgelb verfärbt.
Bei einem anderen Typ der Erbsenwelke (St. Johanniskrankheit) werden die Schäden Ende Juni sichtbar. Zunächst treten Welkeerscheinungen an den unteren Blättern auf, die sich nach oben ziehen; am Stengelgrund und der Hauptwurzel haben sich dunkelbraune bis schwarze Verfärbungen und Zerstörungen des Gewebes eingestellt; die Seitenwurzeln sind meist völlig abgestorben. Die Gefäße im Inneren sind teilweise rötlich gefärbt. Die Pflanzen gehen unter Ausbleichung zugrunde.

Schließlich kann auch eine Fußfäule in verschiedenen Stadien die Pflanze abtöten bzw. mehr oder weniger schädigen.

Biologie der Erreger

Die formae speciales von *F. oxysporum* und *F. solani* sind morphologisch innerhalb der Art nicht zu unterscheiden. *F. oxysporum* bildet reichlich einzellige, ovale bis längliche Mikrokonidien (5 bis 12 × 2,2 bis 3,5 µm), meist 3 bis 5septierte Makrokonidien (3septiert, 27 bis 46 × 3 bis 5 µm) und terminale wie interkalare Chlamydosporen. Bei *F. solani* werden Mikrokonidien (8 bis 16 × 2 bis 4 µm) erzeugt; die Makrokonidien sind mehrfach septiert, zylindrisch bis sichelförmig mit deutlicher Fußzelle (40 bis 100 × 5 bis 7,5 µm). Die Chlamydosporen haben eine Größe von 10 bis 11 × 8 bis 9 µm (s. Abb. 112).

Für die Amerikanische Erbsenwelke wird die Rasse 1 von *F. oxysporum* f. sp. *pisi* verantwortlich gemacht. Sie tritt besonders bei höheren Temperaturen (25 °C) auf neutralen bis alkalischen, mäßig feuchten Flächen hervor. Der Erreger ist mit dem Samen übertragbar und kann im Boden viele Jahre saprophytisch überdauern.

Bei der St. Johanniskrankheit ist die Rasse 2 von *F. oxysporum* f. sp. *pisi* beteiligt. In vielen Fällen scheint es sich um einen Krankheitskomplex zu handeln, zu dem auch der Fußfäuleerreger *F. solani* f. sp. *pisi* hinzutritt. Die Krankheit wird ferner begünstigt durch die Einwirkung von wandernden Wurzelnematoden und den Befall durch das Erbsenzystenälchen *Heterodera göttingiana* (Liebsch.). Die Erreger finden unter mäßig feuchten, warmen Bedingungen im Boden günstige Entwicklung und können sich bei häufigem Anbau der Wirtspflanzen stark anreichern. Die Krankheit hat daher mehr lokale Bedeutung, wenn auch die Flächen über ein größeres Gebiet verstreut sein können. Die Infektionen erfolgen vom Boden über das Wurzelsystem. An absterbenden Pflanzen bilden sich Sporenlager an der Stengelbasis. Während des Drusches können die Samen kontaminiert werden.

Wirtskreis

Die beiden Erreger sind weitgehend auf Erbsen beschränkt; sie stellen biologisch spezialisierte Formen (formae speciales) von größeren Sammelarten dar. Bei *F. oxysporum* f. sp. *pisi* können auf Testsortimenten mehr als 10 Rassen unterschieden werden. Am weitesten verbreitet sind die Rassen 1 und 2, gegen welche auch Resistenz bei einzelnen Sorten vorliegt.

Bekämpfung

Die Einhaltung mehrjähriger Anbaupausen für Erbsen ist die wichtigste Verhütungsmaßnahme. Sie sollten in gefährdeten Gebieten wenigstens sechs Jahre betragen. Zahlreiche eingetragene Sorten weisen Resistenzeigenschaften gegen Rasse 1 von *F. oxysporum* f. sp. *pisi* auf, ihnen ist bei stärkerem Anbau der Vorzug zu geben. Allerdings können im Boden Rassengemische vorliegen, so daß mitunter keine volle Befallsfreiheit erreicht wird. Saatgut sollte nur aus befallsfreien Beständen gewonnen werden.

Literatur

Armstrong, G. M., Armstrong, J. K., 1974: Races of *Fusarium oxysporum* f. sp. *pisi*, causal agents of wilt of pea. Phytopathology **64,** 849–857. – Buxton, E. W., 1955: Fusarium diseases of peas. Trans. Brit. mycol. Soc. **38,** 309–316. – Fleischmann, G., 1963: Studies on the wilt of peas caused by *Fusarium oxysporum* Schl. f. *pisi* (Linf.) S. et H., race 1. Canad J. Bot. **41,** 1559–1584. – Kerr, A., 1963: The root rot-Fusarium wilt complex of peas. Austr. J. biol. Sc. **16,** 55–69. – Zogg, H., 1964: Studien über die biologische Bodenentseuchung. Untersuchungen über Fruchtfolgefragen in bezug auf Fuß- und Welkekrankheiten bei Dresch-Erbsen. Phytopath. Z. **50,** 367–378.

6.10.4 Falscher Mehltau

(downy mildew)

Erreger

Peronospora pisi Syd.

Systematische Stellung

Mastigomycotina, Oomycetes, Peronosporales, Peronosporaceae.

Verbreitung, wirtschaftliche Bedeutung

Die Krankheit ist weltweit verbreitet und kann auch in Deutschland wechselnd in Feld- und Gartenbeständen von Erbsen überall nachgewiesen werden. Größere Ertragsausfälle durch epidemisches Auftreten sind in letzter Zeit aus

Frankreich, England, Holland, Schweden und den USA bekannt geworden; vereinzelt erreichten die Verluste dabei über 30%. Da in Deutschland ein konzentrierter Erbsenanbau nicht vorliegt, blieben beachtenswerte Schäden bisher aus, allerdings sind in Kleingärten mitunter erhebliche Ertragsminderungen zu beklagen.

Symptome

An den Blättern entstehen oberseits 1 mm bis mehrere Zentimeter große, helle, durchscheinende, später gelbe bis braune Flecke, die von den Blattadern begrenzt sein können. An der Blattunterseite sind die Befallsstellen mit einem graublauen Pilzrasen bedeckt. Die Erkrankung ist regellos über die Blattspreiten verteilt. Gegen Ende der Vegetation sind an Blättern, Stengeln und Hülsen gelbweiße Verfärbungen sichtbar; das Gewebe ist verdickt oder blasig aufgetrieben (Farbtafel 24, S. 328). Die Samenbildung kann teilweise oder ganz unterbunden sein; die Samen erreichen nicht normale Größe, zeigen braune Verfärbungen und sind im Geschmack bitter. Systemischer Befall kommt an Keimpflanzen vor und äußert sich in blaßgrauer Verfärbung und Verdickung des Triebes, verbunden mit Wuchsstauchungen und Blattkräuselungen.

Biologie des Erregers

Peronospora pisi kann als Oospore an Pflanzenrückständen mehrjährig im Boden oder gelegentlich an Samen überdauern. Die Dauer der Keimruhe und das Keimungsverhalten sind noch nicht geklärt. Unzweifelhaft ist, daß von Oosporen systemische Primärinfektionen bei Keimpflanzen ausgehen und an den Trieben nach dem Auflaufen die für *Peronospora*-Arten typischen dichotomen Konidienträger mit ovalen Konidien (22 bis 26 × 20 bis 21 µm) entstehen. Sie führen zu sekundären Sproßsymptomen im Bestand. Die Konidienkeimung erfolgt im Bereich von 1 bis 20 °C (Optimum 5 °C), die Sporen haben eine relativ geringe Lebensdauer (24 Stunden bei 20 °C; 7 Tage bei 15 °C) und infizieren die Wirtspflanze durch die Epidermis- oder Stomazellen; Infektionen verlaufen bei 5 bis 25 °C, (Optimum 15 °C). Für Keimung und Infektion ist tropfbar flüssiges Wasser notwendig; Blattnässeperioden von 6 Stunden genügen für eine hohe Infektionsrate. An frühen Sorten tritt zum Zeitpunkt der Pflückreife in Blättern und Hülsen die Bildung derbwandiger Oosporen (25 bis 37 µm) ein; bei späteren Sorten ist der Vorgang verzögert, mitunter bleibt er aus. Die Oosporen sind nach kurzer Keimruhe infektionsfähig, so daß in manchen Gebieten Herbstinfektionen an Wintererbsen eintreten können.

Wirtskreis

Peronospora pisi ist nach neuerer Kenntnis auf *Pisum*-Arten spezialisiert. Daher ist die mitunter benutzte Bezeichnung *P. viciae* (Berk.) DBy unzutreffend, da diese Species bisher nur auf *Vicia*-Arten infektiös war. Für das endemische Vorkommen von *P. pisi* in Europa dürften *Vicia*-Arten als Reservoir für Neuinfektionen von Erbsenbeständen auszuschließen sein. Verschiedene Erbsensorten zeigen unterschiedliche Anfälligkeiten; bei einigen Sorten ('Cobri', 'Puget') und Herkünften von *P. abyssinicum, P. elatius* und *P. humile* liegt Resistenz vor, die sich zum Teil in nekrotischen Reaktionen äußert. Der Erreger tritt in mehreren qualitativ unterscheidbaren physiologischen Rassen (0, 1, 2, 3) auf. Im Erbsensortiment liegt keine Resistenz gegen alle bekannten Erregerrassen vor.

Bekämpfung

Die Maßnahmen zur Verhütung des Falschen Mehltaus entsprechen bezüglich Fruchtfolge und Saagutqualität denjenigen, die bei anderen boden- und samenbürtigen Krankheiten empfohlen werden. Bei stärkerem Befall wird der Einsatz von Fungiziden (Kupferoxychlorid-Präparate) notwendig, dabei würden systemische Wirkstoffe besondere Vorteile bieten. Die Anfälligkeitsunterschiede der einzelnen Sorten sollten genutzt werden; der konzentrierte Anbau weniger Sorten mit hoher Anfälligkeit ist zu vermeiden. Bei Sortenprüfungen war starker Befall auf 'Mignon', 'Trumpet', 'Galaxie' zu beobachten. Eine klare Übersicht über das Sortenverhalten liegt nicht vor und wird durch Rassenbildung des Erregers erschwert.

Literatur

ALLARD, C., 1970: Recherches sur la biologie du mildiou du pois. Ann. Phytopath. **2**, 87–115. – HEYDENDORFF, R. C. v., HOFFMANN, G. M., 1978: Zur physiologischen Spezialisierung von *Peronospora pisi* Syd. Zeitschr. Pflkr. Pflschutz **85**, 561–569. – PEGG, G. F., MENCE, M. J., 1972: The biology of *Peronospora viciae* on pea: the development of local and systemic infections and their effect on vining yield. Ann. appl. biol. 71, 19–31. – HEYDENDORFF, R. C. v., 1977: Untersuchungen zur Biologie von *Peronospora pisi* Syd., dem Erreger des falschen Mehltaus an Erbsen, als Grundlage für die Züchtung resistenter Sorten. Diss. Techn. Universität Hannover, 136 p.

6.10.5 Echter Mehltau
(powdery mildew)

Erreger
Erysiphe pisi DC. ex St. (syn. *Erysiphe polygoni* DC. em. Salm.).

Systematische Stellung
Ascomycotina, Plectomycetes, Erysiphales, Erysiphaceae.

Verbreitung, wirtschaftliche Bedeutung
Der Echte Mehltau der Erbse besitzt weltweite Verbreitung und ist praktisch überall anzutreffen, wo Wirtspflanzen kultiviert werden. In Mittel- und Nordeuropa tritt die Krankheit erst relativ spät in der Vegetationszeit auf, so daß Gründrusch- oder Pflückerbsen meist abgeerntet sind. Nur bei Spätsaaten von Leguminosen, z. B. auch als Zwischenfrucht, oder bei Trockenspeiseerbsen kommt es unter Umständen zu stärkerem Befall. Stärkere Schäden sind aus Mittelfrankreich bekannt, besonders betroffen sind die Mittelmeerländer, Südafrika, Kleinasien, Indien, in denen auch Herbstaussaaten stark leiden können.

Symptome
Auf Blättern, Stengeln und Hülsen bildet sich ein dichter, weißer, später grauer Mycelbelag, der die Organe oder die ganze Pflanze überziehen kann. Starker Befall führt bei den Blättern zu Welkeerscheinungen, Vergilbungen und vereinzelt auch zum Absterben der Pflanze. Bei Hülseninfektionen durchdringt der Erreger die Hülsenwand und geht auf die Samen über, die graubraun verfärbt werden (Farbtafel 24, S. 328).

Biologie des Erregers
In den Mehltaupusteln werden auf einfachen, kurzen Trägern einzeln stehende, selten in kurzen Ketten angeordnete, ellipsoide Konidien (31 bis 38 × 17 bis 21 µm) gebildet. Später entstehen in dem Hyphengeflecht dunkelbraune bis schwarze Cleistothecien (85 bis 126 µm), mit denen der Parasit bei Trockenheit und kühlen Temperaturen einige Wochen und Monate überdauert. Auf überlagerten Pflanzenresten werden im Frühjahr in den Fruchtkörpern Asci mit 3 bis 5 Ascosporen (22 bis 27 × 13 bis 16 µm) reif, die Ausgang für Primärinfektionen sind. Der Erreger wird ferner mit dem Saatgut übertragen. Infektionen und Entwicklung des Pilzes werden gefördert durch länger anhaltende warme, trokkene Tagesbedingungen und Nächte mit Taubildung. In regenarmen Gebieten mit hoher Bodenfeuchtigkeit bleiben die Pflanzen lange Zeit in der vegetativen und damit in einer anfälligen Phase, wodurch Epidemien begünstigt werden.

Wirtskreis
Erysiphe pisi ist auf Leguminosen spezialisiert. Neben *Pisum sativum* und *P. arvense* werden *Cicer arietinum, Cajanus cajan, Phaseolus mungo, Ph. aureus, Lens esculentum*, ferner Arten aus den Gattungen *Medicago, Vicia, Lupinus, Trifolium* und andere befallen. Es werden die biologischen Formen f. sp. *pisi* auf *P. sativum* und *P. arvense*, f. sp. *medicaginis sativae* auf *M. sativa* und *M. falcata* und f. sp. *viciae sativae* auf *V. sativa, V. sepium* und *V. sylvatica* unterschieden. Wahrscheinlich ist die biologische Spezialisierung noch größer. In mexikanischen und peruanische *Pisum*-Herkünften wurden verschiedene Resistenzgene gefunden, die sich in Kultursorten einkreuzen ließen.

Bekämpfung
Bei normaler Frühjahrsaussaat ist unter deutschen Verhältnissen eine Bekämpfung bisher nicht notwendig geworden. Die Krankheit kann durch Verwendung gesunden Saatgutes oder Saatgutbehandlung mit Captan- und Thiramhaltigen Beizmitteln weitgehend verhütet werden. Die Züchtung resistenter Sorten bietet Aussicht zu Begrenzung des Problems in den Hauptbefallsgebieten. Widerstandsfähigkeit gegen Echten Mehltau liegt bei 'Almires' und 'Andes' vor. Nur in besonderen Fällen wird eine Behandlung frühbefallener Bestände mit Schwefel-Fungiziden erforderlich (Wartezeit 7 Tage).

Literatur
DIXON, G. R., 1978: Powdery mildews of vegetable and allied crops. In Spencer, D. M. (Edit.):

The powdery mildews. Acad. Press London, New York, San Francisco, 495–524. – KAPOOR, J. N., 1967: *Erysiphe pisi*. C. M. I. Descriptions of pathogenic Fungi and Bacteria No. 155.

6.10.6 Erbsenrost
(pea rust)

Erreger
Uromyces pisi-sativi (Pers.) Liro (syn. *Uromyces pisi* ((Pers.) DC.) Wint.).
Uromyces viciae-fabae (Pers.) Schroet. (syn. *Uromyces fabae* (Pers.) De Bary, *Uromyces viciae* Fuckel).

Systematische Stellung
Basidiomycotina, Teliomycetes, Uredinales, Pucciniaceae.

Verbreitung, wirtschaftliche Bedeutung
Beide Rostpilze sind weltweit verbreitet, jedoch ist von wirtschaftlichen Schäden nur in Einzelfällen berichtet worden. Sie sind besonders in den Mittelmeerländern und an Spätaussaaten aufgetreten.

Symptome
Auf der Ober- und Unterseite der Blätter und an Stengeln entstehen 0,5 bis 1 mm große, hellbraune, stäubende Rostpusteln (Uredolager). Bei dichtem Befall können die Blätter vergilben, die Pflanzen bleiben im Wuchs zurück und der Ertrag wird gemindert. Später zeigen sich dunkelbraune bis schwarze Sporenlager (Teleutolager). Die Symptome treten meist erst während des Hochsommers häufiger in Erscheinung.

Biologie der Erreger
Uromyces pisi-sativi ist ein wirtswechselnder Rostpilz, welcher Spermogonien bzw. Aecidien auf *Euphorbia cyparissias* (Zypressen-Wolfsmilch) ausbildet (Abb. 222). Im Haplontenwirt perenniert das Rostmycel; die austreibenden Sprosse sind verlängert, die gelblich gefärbten Blätter verkürzt und verdickt. Blattoberseits entstehen stark riechende Spermogonien, blattunterseits die orangefarbigen, becherartigen Aecidien. Die Aecidiosporen sind 15 bis 22 × 12 bis 18 μm groß und mit groben und feinen Warzen besetzt. Sie bilden sich vom Frühjahr bis zum Sommer, regional bis in den Herbst. Die Uredo-

Abb. 222. Erbsenrost *(Uromyces pisi)*. Perennierender Befall an Zypressen-Wolfsmilch, rechts gesunder Trieb.

sporen sind ellipsoid, 22 bis 28 × 13 bis 24 μm groß, mit gelblicher, feingestachelter Wand. Die einzelligen Teleutosporen (22 bis 28 × 17 bis 22 μm) besitzen rostbraune Wände, besetzt mit feinen Warzen und einen kurzen Pedikel (Stiel). *Uromyces viciae-fabae* ist ein autözischer Rostpilz, dessen Aecidienstadium nur selten anzutreffen ist. Der Erreger kann mit Uredosporen in den meisten Regionen überwintern. Diese feingestachelten Sporen mit gelblich-brauner Wand sind 22 bis 28 × 19 bis 22 μm groß. In den 1 bis 2 mm großen Teleutolagern werden einzellige, braunwandige Teleutosporen (25 bis 40 × 18 bis 26 μm) mit längerem Pedikel (100 μm) gebildet (s. Ackerbohnenrost S. 443).

Wirtskreis
Uromyces pisi-sativi befällt als Dikaryontenwirt *Lathyrus-*, *Vicia-* und *Pisum-*Arten. Der Pilz bildet Rassen, die entweder nur auf *Pisum-*, *Lathyrus-* bzw. *Vicia-*Arten vorkommen. Das Erbsensortiment ist weitgehend anfällig. *Uromyces vi-*

ciae-fabae kann seine vollständige Entwicklung auf Arten der Gattungen *Lathyrus, Lens, Vicia* und *Pisum* durchlaufen. Auf Erbsen sind zahlreiche physiologische Rassen bekannt; in einzelnen Sorten liegt rassenspezifische Resistenz vor.

Bekämpfung
In Ländern mit stärkerem Befall wurden Versuche zur Bekämpfung mit Fungiziden (Thiocarbamate, Schwefel) vorgenommen, die sich in der Praxis nicht eingeführt haben. In den Mittelmeerländern werden weniger anfällige Sorten bevorzugt. Die Beseitigung des Zwischenwirtes *(E. cyparissias)* ist eine unrealistische Forderung.

Literatur
LAUNDON, G. F., WATERSTON, J. M., 1965: *Uromyces pisi-sativi.* C.M.I. Descriptions of pathogenic fungi and bacteria. No. 58. – LAUNDON, G. F., WATERSTON, J. M., 1965: *Uromyces viciae-fabae.* C.M.I. Descriptions of pathogenic Fungi and Bacteria. No. 60.

6.11 Schädlinge

6.11.1 Nematoden

Stockälchen,
Ditylenchus dipsaci, s. Seite 284.

Erbsenzystenälchen
(pea cyst nematode),
Heterodera göttingiana Liebsch. (Tylenchidae, Heteroderidae)
H. göttingiana ist in Europa und in den USA bekannt, sicher aber noch viel weiter verbreitet.
Die bevorzugten Nährpflanzen dieses Nematoden sind Erbse und Wicke (*Vicia* spp.). Daneben werden auch Ackerbohne, Linse, Sojabohne, Lupinen und Platterbsen befallen.
Die Zysten sind 0,6 bis 0,8 mm lang und zitronenförmig (Abb. 24, S. 94). Sie ähneln denen von *H. schachtii,* sind aber etwas runder. Die rotbraune Zystenwand zeigt bei mikroskopischer Untersuchung ein Zickzackmuster und eine feine, unregelmäßige Punktierung. Die Männchen sind etwa 1,2 mm lang, die Larven 0,4 bis 0,5 mm.

In befallenen Erbsenbeständen fallen nesterweise im Wachstum zurückgebliebene Pflanzen auf. Die Blätter vergilben von unten nach oben, die Blütenbildung ist gering oder unterbleibt völlig. Bei starkem Befall können die Pflanzen auch ganz absterben. Die Wurzeln sind wenig verzweigt, dünn und weich. Auch Fäulniserscheinungen können für das befallene Wurzelwerk sehr typisch sein, da im Gefolge der Nematoden oft pilzliche Fuß- und Welkekrankheitserreger, vor allem der Gattung *Fusarium* auftreten. Eine Bildung von Bakterienknöllchen unterbleibt entweder oder sie ist sehr schwach. Die Folge davon ist, daß derart geschädigte Erbsen starke Stickstoffmangelsymptome zeigen. Der Eiweißgehalt stark geschädigter Pflanzen ist niedrig.
Erbsen reagieren auf Befall durch *H. göttingiana* am empfindlichsten, während *Vicia*-Arten fast keine Schäden zeigen. Im April gesäte Erbsen werden am stärksten befallen und geschädigt, im Juli gesäte wesentlich schwächer, was sich auch in einer geringeren Zystenbildung äußert.
Das Schlüpfen der Zweitlarven erfolgt vor allem im Frühjahr. Die weitere Entwicklung vollzieht sich wie bei anderen *Heterodera*-Arten. Im Jahr tritt im allgemeinen nur eine Generation auf. Das Erbsenzystenälchen kann sich wegen der langen Lebensfähigkeit seiner Zysten – 10 Jahre und mehr bei Abwesenheit von Nährpflanzen – in phytopathologisch bedeutenden Populationen im Boden halten. Als wirtschaftliche Schadensschwelle gelten etwa 1000 Eier bzw. Larven in 100 cm^3 Boden.
Wie bei anderen *Heterodera*-Arten ist ein Fruchtwechsel als Bekämpfungsmaßnahme sehr wichtig. Gleichzeitig müssen die Unkräuter, insbesondere Leguminosen, konsequent bekämpft werden. Eine Verschleppung der Zysten in nicht befallene Felder mit Ackergeräten, Erdreich und dergleichen muß durch regelmäßige Reinigung verhindert bzw. erschwert werden.
Erbsensorten mit nennenswerter Resistenz sind bisher noch nicht verfügbar.

Literatur
OOSTENBRINK, M., 1951: Het erwtencystenaaltje, *Heterodera göttingiana* Liebscher, in Nederland, Tijdschr. Plantenziekten 57, 52–64. – STONE, A. R. and COURSE, J. A., 1974: *Heterodera goettingiana.* C.I.H. Descr. Plant-paras. Nemat., Set 4, No. 47.

6.11.2 Schnecken

Ackerschnecken, *Deroceras* spp., s. Seite 97.

6.11.3 Blasenfüßer

Erbsenblasenfuß
(pea thrips)
Kakothrips pisivorus (Westw.) [syn. *Kakothrips robustus* (Uzel)]

Systematische Stellung
Thysanoptera (Blasenfüßer), Thripidae

Geographische Verbreitung
K. pisivorus tritt im Gefolge des Anbaues von Erbsen und anderen Leguminosen in ganz Europa von England bis Südsibirien auf.

Beschreibung
Larve: Färbung gelblich bis rötlichgelb. Hinterende dunkel. Länge bis etwa 1,5 mm (2. Stadium).

Vollkerf: Länge etwa 1,2 bis 2,0 mm. Färbung dunkelbraun bis schwärzlich. Flügel sehr schmal und mit wenigen Adern; Ränder mit langen Fransen. Fühler 8-gliedrig. Weibchen mit Legeapparat.

Brut- und Nährpflanzen
Der Erbsenblasenfuß, der stellenweise mit *Thrips flavus* Schr. vergesellschaftet ist, entwickelt sich in erster Linie an Erbsen (*Pisum* spp.) und Ackerbohne *(Vicia faba)*, kann sich aber auch an anderen angebauten und wilden Leguminosen der Gattungen *Vicia, Lathyrus, Medicago, Onobrychis, Coronilla, Astragalus* und *Galega* vermehren. Als Nährpflanzen der Vollkerfe können auch Nicht-Leguminosen dienen, z. B. Ackersenf, Klatschmohn und Natternkopf.

Schadsymptome und wirtschaftliche Bedeutung
Besonders typisch für *K. pisivorus*-Befall sind verkrüppelte Blüten und Hülsen an den Erbsen und Ackerbohnen; außerdem bleibt das Triebwachstum zurück. Geschädigte Hülsen zeigen vielfach auch silbrig glänzende oder bronzefarbene Stellen und Korkflecken (Farbtafel 23, S. 327). Sie bleiben taub und können vertrocknen und abfallen. An Ackerbohnenblättern sind die Unterseiten rötlichbraun verfärbt. Der Hauptschaden wird durch die Larven hervorgerufen.
Vor allem in Perioden mit trockenwarmem Spätfrühlings- und Frühsommerwetter werden vom Erbsenblasenfuß insbesondere in Norddeutschland stellenweise bedeutende Ernteverluste bei Erbsen verursacht. Im Gartenbau ist das Insekt im allgemeinen schädlicher als im Feld. In Österreich können starke Ertragseinbußen an Ackerbohnen dann auftreten, wenn die Blasenfüßerpopulationen schon zu Beginn der Blüte hoch sind.

Entwicklungszyklus, Biologie und Ökologie
Die Überwinterung von *K. pisivorus* erfolgt im zweiten Larvenstadium im Boden in Tiefen von etwa 20 bis 35 cm. Ohne weitere Nahrungsaufnahme wird die Metamorphose zur Präpuppe und Puppe im Frühjahr im Winterquartier fortgesetzt, so daß die Vollinsekten ab Mitte bis Ende Mai auftreten. Sie fliegen vor allem im Juni an gewitterschwülen Tagen in die Erbsenbestände ein. Die Erbsenblüten üben eine anlockende Wirkung aus.
Die Eier werden im Juni und Juli mit Hilfe des Legeapparates im Zellgewebe vor allem der Staubfadenröhre abgesetzt. Bei Fehlen von Blüten ist eine Eiablage auch in junge Blätter möglich. Pro Weibchen ist mit etwa 40 Eiern zu rechnen. Die Junglarven schlüpfen nach etwa 5 bis 10 Tagen und besaugen Hülsen, Blätter und Triebe. Nach etwa 3 bis 4 Wochen sind sie vollentwickelte Zweitlarven, fallen von den Pflanzen und begeben sich in den Boden zur Überwinterung. Demnach tritt nur eine Generation pro Jahr auf.
Die Vermehrung von *K. pisivorus* wird insbesondere durch trocken-warme Witterung im Juni begünstigt. Starke Niederschläge im Juni/Juli reduzieren die Blasenfüßerpopulationen beträchtlich.

Natürliche Feinde
Als Larvenparasit ist die Zehrwespe *Tripoctenus brui* Vuill. bekannt. Ihre Larven befallen Jung- und Altlarven von *K. pisivorus*. Als Räuber treten verschiedene Vogelarten (Grasmücken, Laubsänger, Meisen) auf. Im Winterlager können durch parasitische Pilze Verluste unter den Zweitlarven verursacht werden.

Bekämpfung

Da bei spät gesäten Erbsen und Ackerbohnen die größten Verluste zustandekommen, sind frühe Saat und frühe Sorten zu empfehlen. Fruchtfolge, d. h. weite Stellung der Erbsen und Ackerbohnen innerhalb des Fruchtfolgesystems, ist gleichfalls wichtig.

Als wirtschaftliche Schadensschwelle (kritische Zahl), bei deren Überschreitung eine chemische Bekämpfung erforderlich ist, wird an Erbse das Vorhandensein von 20 Eiern oder Junglarven in 10 Blüten angesehen. Bei Ackerbohne gelten 2 Thripse pro Blüte zu Beginn der Blütezeit als kritische Zahl.

Als chemische Bekämpfungsmittel werden Organophosphate wie Trichlorfon und Endosulfan oder Kombinationen von beiden verwendet. Parathion als bienengefährliches Produkt kann nur nach rechtzeitiger Benachrichtigung der Imker der Umgebung (2 km Umkreis) eingesetzt werden, da Bienenflug an Erbse zwar verhältnismäßig selten ist, aber nicht ausgeschlossen werden kann.

Literatur

AUERSCH, O., 1963: Zum Auftreten des Erbsenblasenfußes (*Kakothrips robustus* Uzel.). Anz. Schädlingskd. 36, 113–117. – FABER, W., 1977: Schadensbedeutung und Bekämpfung des Erbsenthripses (*Kakothrips robustus* Uzel) an Pferdebohne. Pflanzenarzt **30**, 122–124. – FRANSSEN, C. J. H., 1960: Levenswijze en bestrijdingsmogelijkheden van de erwtetrips (*Kakothrips robustus* Uzel). Versl. Landbouwk. Onderz. No. 66.4, 1–51.

Frühjahrs-Ackerblasenfuß, Früher Ackerthrips

Thrips angusticeps Uzel (Thysanoptera, Thripidae)

Dieser als Vollinsekt etwa 0,7 bis 1,2 mm lange, dunkelbraun bis schwarz, als Larve intensiv gelb bis orangegelb gefärbte Blasenfuß tritt schon im April/Mai an Erbse, Kohl und Ackerbohne, aber auch an Rübe und Sommerraps in manchen Jahren sehr stark in Erscheinung und wird dann erheblich schädlich. Das Auswandern der überwinterten Thripse aus dem Boden kann sich über mehrere Monate hinziehen. Manchmal bleiben die Tiere auch für zwei Winter im Boden. Es treten kurz- und langflüglige Vollkerfe auf.

Von Schäden durch *T. angusticeps* wird vor allem aus norddeutschen Marschgebieten berichtet. Der Blasenfuß befällt regelmäßig auch Getreidearten, vor allem Sommergetreide. Durch die Saugtätigkeit der 1. Generation, die von Mitte April bis Ende Mai an den Vegetationspunkten und jungen Blättern erfolgt, treten an Erbse Absterbeerscheinungen und Verzweigungen auf, an Sommerraps, Ackerbohne und Großer Bohne Verdrehungen und Verkrüppelungen der Blätter. Die 2. Generation hat keine wirtschaftliche Bedeutung.

Zur Bekämpfung empfehlen sich zusätzliche Dünge- und andere Maßnahmen, die zur Kräftigung der gefährdeten Pflanzen beitragen. Bei Massenbefall können auch Spritzungen, z. B. mit Azinphos und Parathion durchgeführt werden.

Neben *T. angusticeps* tritt der heller gefärbte Zwiebel- oder Tabakblasenfuß *T. tabaci* Lind. gleichfalls stellenweise an Leguminosen, Zwiebeln und Lauch auf.

Seine chemische Bekämpfung ist z. B. mit Azinphos-äthyl oder Parathion möglich.

Literatur

FRANSSEN, C. J. H. en HUISMAN, P., 1958: De levenswijze en de bestrijdingsmogelijkheden van de vroege akkertrips. Versl. Landbouwk. Onderzoek **64, 10,** 1–103. – FRANSSEN, C. J. H., HUISMAN, P. en MANTEL, W. P., 1965: Thripsen in graangewassen (Levenswijze, economische betokenis en bestrijding). Versl. Landbouwk. Oderzoek 662, 97 S.

6.11.4 Blattläuse

Erbsenblattlaus*

(pea aphid)

Acyrthosiphon pisum (Harr.) [syn. *Macrosiphum pisi* (Kalt.), *Acyrthosiphon onobrychis* (Boy.), *Macrosiphum pisum* (Harr.)]

Systematische Stellung

Homoptera (Pflanzenläuse), Aphididae (Röhrenläuse)

---

* Der deutsche Name „Grüne" Erbsenlaus kann wegen der verschieden gefärbten Formen (grüne, rote, gelbe), in denen diese Blattlaus auftritt, irreführend sein und wird deshalb vermieden.

Geographische Verbreitung
A. pisum ist heute eine nahezu weltweit verbreitete, als Formenkomplex aufzufassende Blattlausart (CIE-Verbreitungskarte Nr. 23), deren Ursprungsgebiet Eurasien sein dürfte.

Beschreibung
Ungeflügelte, vivipare Jungfer: Spindelförmig, etwa 3,3 bis 5 mm lang (Abb. 223). Färbung je nach Rasse (Unterart, Biotyp) grün (Farbtafel 23, S. 327) bis leicht gelblich oder rosa bis rot. Fühler, Beine, Siphonen und Schwänzchen groß und schlank, Fühler länger als Körper, Augen dunkelrot bis schwärzlich.

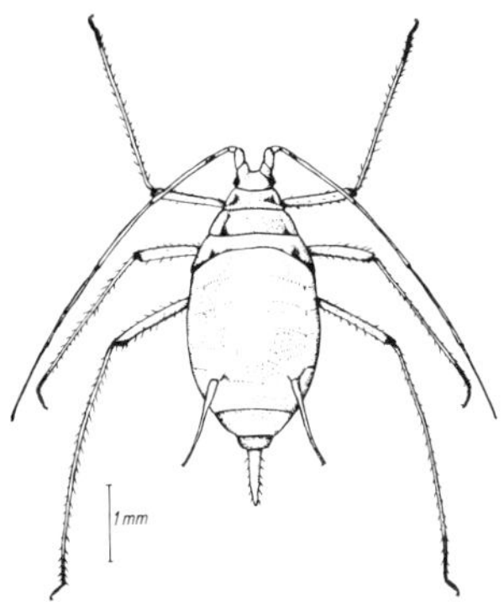

Abb. 223. Aptere Virgo der Erbsenblattlaus *(Acyrthosiphon pisum)* (nach FRITZSCHE et al.).

Geflügelte, vivipare Jungfer: Etwa 3 bis 4 mm lang. Färbung wie bei ungeflügelter Virgo; Fühler, Beine und Siphonen jedoch dunkler.

Brutpflanzen
Hinsichtlich des Brutpflanzenspektrums und der Präferenz der Pflanzen, die zu den Leguminosen gehören, bestehen bei den verschiedenen Unterarten (Biotypen) von *A. pisum* deutliche Unterschiede. Die Erbse wird z. B. meist nur von grünen Formen befallen, während an Ackerbohne, Rotklee und Luzerne mit großer Regelmäßigkeit auch rote vorkommen. Die Ackerbohne wird von den meisten – wenn nicht von allen – Biotypen besiedelt. Außer Kulturpflanzen werden auch Unkräuter wie Hirtentäschelkraut und Sträucher wie Besenginster befallen.

Schadsymptome und wirtschaftliche Bedeutung
Die Blattlaus saugt vor allem im Bereich der Triebspitzen und jungen Blätter. Bei trockenwarmem Wetter können sich in kurzer Zeit große Kolonien entwickeln, die Wachstumshemmung, besonders bei Trockenheit auch Absterben von Blättern und Trieben verursachen. Außerdem wird der Blüten- und Fruchtansatz bei Erbse und Luzerne negativ beeinflußt. Bei Massenbefall an Erbsenhülsen entstehen an diesen bräunliche Flecken.
Besondere Bedeutung hat die Erbsenlaus als indirekter Schädling, d. h. als Vektor wichtiger Leguminosen-Viren. Sie überträgt z. B. das Blattroll-Virus der Ackerbohne auf Erbse und Ackerbohne, das Scharfe Adernmosaik-Virus auf die gleichen Pflanzen, das Gewöhnliche Erbsenmosaik-Virus auf Erbse, das Bohnengelbmosaik-Virus auf Ackerbohne und das Luzernemosaik-Virus auf Luzerne. Hinzu kommen noch weitere, im allgemeinen wirtschaftlich weniger bedeutende Viren. Der Schaden, den die Blattlaus durch Virusübertragung anrichtet, ist in der Regel bedeutend höher einzuschätzen als der, der durch die Saugtätigkeit bzw. Speichelabgabe zustandekommt.

Entwicklungszyklus, Biologie und Ökologie
A. pisum bleibt das ganze Jahr über an Leguminosen, ist also eine anholozyklische (nicht wirtswechselnde) Art. Die Überwinterung erfolgt im Eistadium an basalen Teilen von Pflanzen wie *Trifolium pratense* und perennierenden *Vicia*-Arten. In winterwarmen Gebieten (Südeuropa usw.) ist sie auch in der virginoparen Form möglich. Im Frühjahr (April–Mai) schlüpfen die Larven aus den schwarzglänzenden Eiern und entwickeln sich zur ungeflügelten Fundatrix.
Von der zweiten Generation ab treten erste geflügelte Virgines auf, verstärkt dann in der dritten Geschlechterfolge. Die Alaten fliegen in Erbsen- und Ackerbohnenfelder ein. Im Laufe des Spätfrühlings und Frühsommers entwickeln sich einige, aus ungeflügelten und geflügelten Virgines bestehende Generationen. Bei Mitteltemperaturen von 20 °C ist alle 10 Tage mit einer neuen Generation zu rechnen. Eine aptere Virgo kann während der Hauptfortpflanzungsperiode während eines längeren Zeitraumes täglich 4 bis 13, insgesamt zwischen 50 und 140 Larven absetzen. Werden die Erbsenläuse durch Störungen, wie z. B. durch Prädatoren, zu einer Fallre-

aktion veranlaßt, so beeinflußt dies ihre Fekundität (Zahl der Nachkommen) negativ. Wenn die zu Boden gefallenen Läuse wieder auf Pflanzen klettern und an diesen saugen, kann auch die Ausbreitung von Viren gefördert werden, wie dies auf weitere Entfernung auch durch geflügelte Läuse erfolgt. Wie bei anderen Blattlausarten brechen die Populationen im Laufe des Juli und August aus verschiedenen Gründen (Verschlechterung der Nahrungsqualität, hohe Temperaturen, natürliche Feinde) mehr oder weniger schnell zusammen.
Die je nach Biotyp ungeflügelten oder geflügelten Männchen und die ungeflügelten Weibchen sind im Oktober und November an den für die Überwinterung dienenden, perennierenden Leguminosen zu beobachten; gleichzeitig erfolgt die Ablage der Wintereier. Ein Weibchen legt bis zu 10 Eier.
Die Frage, ob sich die roten Formen bei bestimmten Umweltbedingungen (hohe Temperaturen, starke Besiedlung der Nährpflanzen) in grüne überführen lassen, wird unterschiedlich beantwortet, während die Umwandlung von grünen in rote nicht gelingt.

Natürliche Feinde
Natürliche Antagonisten der Erbsenlaus sind vor allem Marienkäfer wie *Coccinella septempunctata* L., *Adalia bipunctata* (L.), Schwebfliegen (*Syrphus* spp.) und Brackwespen wie *Aphidius ervi* Hal. Die Erbsenläuse zeigen bei der Annäherung von Parasiten und Prädatoren heftige, oft erfolgreiche Abwehrreaktionen. Unter den parasitischen Pilzen spielen *Entomophthora*-Arten eine wichtige Rolle.

Bekämpfung
Früh oder spät, d. h. im letzteren Fall nach dem Populationszusammenbruch der Blattlaus gesäte Erbsen, werden nicht oder nur wenig geschädigt. Es gibt unter den verfügbaren Erbsensorten hinsichtlich der Anfälligkeit gegen *A. pisum* erhebliche Unterschiede. So sind auch nicht anfällige Sorten bekannt, die beim Anbau in gefährdeten Gebieten bevorzugt werden sollten.
Bei starkem Auftreten, d. h. 5 bis 10 Blattläusen pro Trieb mindestens 2 bis 3 Wochen vor der Ernte (Schadensschwelle) und der Gefahr der Virusübertragung, vor allem in später im Frühjahr gesäten Ackerbohnen- und Erbsenbeständen, kann der Einsatz von Insektiziden erforderlich werden, um damit Ertragsausfälle zu verhindern oder zu vermindern. Hierzu gehören vor allem systemische Mittel wie Demeton-S-methyl, Oxidemeton-methyl oder Dimethoat. Für den integrierten Pflanzenschutz ist jedoch der nicht systemische Wirkstoff Pirimicarb besser geeignet, da dieser vor allem Marienkäfer und ihre Larven sowie Florfliegenlarven schont. Außerdem ist er im Gegensatz zu den anderen genannten Insektiziden für Bienen nicht gefährlich. An Erbse kann gelegentlich Bienenflug vorkommen.

Literatur
Dunn, S. A. and Wright, D. W., 1955: Population studies of the pea aphid in East Anglia. Bull. Entomol. Res. **41**, 369–387. – Gottwald, R., 1970: Die Blattläuse im Luzerneanbau unter besonderer Berücksichtigung der „Erbsenlaus" *Acyrthosiphon pisum* (Harris). Arch. Pflanzenschutz **6**, 499–514. – Meier, W., 1955: Das Auftreten und die Bekämpfung der Erbsenblattlaus (*Acyrthosiphon pisum* Harris) in Dreschererbsen. Mitt. Schweiz. Landwirtsch. **3**, 26–30. – Müller, F. P., 1962: Biotypen und Unterarten der „Erbsenlaus" *Acyrthosiphum pisum* (Harris). Z. Pflanzenkr. Pflanzenpathol. Pflanzenschutz **69**, 129–136. – Suter, H., 1977: Populationsdynamik der Erbsenblattlaus *(Acyrthosiphum pisum* Harris) und ihrer Antagonisten. Diss. Nr. 5932 ETH Zürich, 145 S. – Suter, H. und Keller, S., 1977: Ökologische Untersuchungen an feldbaulich wichtigen Blattlausarten als Grundlage für die Befallsprognose. Z. Angew. Entomol. **83**, 371–393.

6.11.5 Käfer

Schnellkäfer (Larven: Drahtwürmer), *Agriotes* spp., s. Seite 123.

Gestreifter Blattrandkäfer, Linierter Blattrandkäfer
(pea and bean weevil)
Sitona lineatus (L.) [syn. *Sitona lineata* (L.)]

Systematische Stellung
Coleoptera (Käfer), Curculionidae (Rüsselkäfer)

Geographische Verbreitung: *S. lineatus* kommt in der paläarktischen Region und auf den Azoren vor. Er wurde auch nach Nordamerika eingeschleppt.

Beschreibung
Larve: Bis etwa 6 oder 7 mm lang (Ø 6,3 mm), gekrümmt und weißlich gefärbt. Beine fehlend. Kopfkapsel dunkelgelb bis dunkelbraun. Behaarung spärlich.

Käfer: Länge etwa 3,6 bis 5,3 mm. Körper mit schwarzer Grundfärbung und hellgrauer, gelbgrauer bis rötlichbrauner Beschuppung. Flügeldecken mit hellen und dunklen Längsstreifen (Abb. 224). Rüssel kurz und breit, oben mit vertiefter Mittelfurche. Fühler gekniet und gekeult. Männchen kleiner als Weibchen.

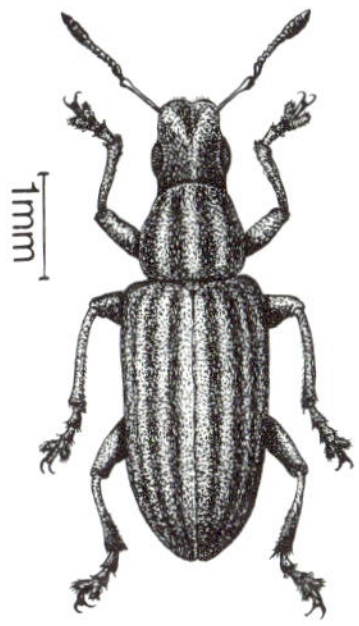

Abb. 224. Linierter Blattrandkäfer *(Sitona lineatus)*.

Nähr- und Brutpflanzen
Der Gestreifte Blattrandkäfer ernährt sich von Blättern von Leguminosen wie Erbse, Ackerbohne, Futterwicke, Luzerne, Gelb-, Rot- und Inkarnatklee sowie anderen Kleearten, *Phaseolus*-Bohne, Serradella und Platterbse. Erbse wird allen anderen Leguminosen gegenüber deutlich bevorzugt. Als Brutpflanzen sind Erbse, Ackerbohne und Saatwicke etwa gleich gut geeignet, Rotklee und Luzerne wesentlich weniger. An Gartenbohne *(Phaseolus vulgaris)* kann keine Entwicklung stattfinden.

Schadsymptome und wirtschaftliche Bedeutung
Die Larven von *S. lineatus* fressen an den Wurzelknöllchen und Wurzeln von Leguminosen. Hierdurch wird die Zahl der Knöllchen herabgesetzt. Die geschädigten Pflanzen sind geschwächt und zeigen bei stark reduziertem Stickstoffgehalt Vergilbungserscheinungen. Darüber hinaus wird auch der besondere Wert der Leguminosen als Bodenverbesserungspflanzen stark gemindert.

Abb. 225. Schadfraß des Linierten Blattrandkäfers *(Sitona lineatus)* an Erbsenfiederblatt.

Die Käfer vollführen einen typischen Blattrandfraß. Geschädigte Blätter zeigen bogenförmig ausgeschnittene Blattränder (Abb. 225); bei starkem Befall kann es vor allem an Erbse auch zu Kahlfraß kommen.
S. lineatus ist besonders in Jahren mit kühlem, trockenem Frühjahr als wichtiger Schädling des Felderbsenanbaues zu betrachten, während er an den anderen Nährpflanzen in der Regel nur eine geringe Rolle spielt.
Der Gestreifte Blattrandkäfer kann in Ackerbohnenbeständen auch das Echte Ackerbohnenmosaik-Virus und das Ackerbohnensamenverfärbungs-Virus beim Fraß übertragen.

Entwicklungszyklus, Biologie und Ökologie
Im März–April verlassen die Käfer ihre Winterlager und fliegen zunächst in Futterpflanzenbestände wie Klee und Luzerne ein. Sobald junge Erbsenpflanzen zur Verfügung stehen, fliegen die Insekten bei Temperaturen ab 18 °C, einer Lichtintensität von mindestens 30 000 Lux und

bei einer Windstärke von höchstens 0,6 m/s. oft in großer Zahl auf diese über, um an den Blättern den charakteristischen Fraß zu vollführen. Die Fraßtätigkeit erfolgt tagsüber und nachts.

Die Weibchen legen im Laufe der folgenden drei Monate bis über 1000 dunkle Eier, die sie während ihres Aufenthaltes an den Nährpflanzen wahllos zu Boden fallen lassen. Das Schlüpfen der Larven erfolgt etwa 1 ½ bis 3 Wochen nach der Eiablage. Viele Larven gehen bei ihrer Wanderung an die Wurzelknöllchen zugrunde. Bei günstiger Witterung sind Erbse, Ackerbohne und Saatwicke als Brutpflanzen ähnlich gut geeignet, bei ungünstiger findet die stärkste Vermehrung an Wicke statt.

Die Verpuppung erfolgt nach mehrwöchiger Fraßzeit in etwa 5 cm Bodentiefe. Das Schlüpfen der Jungkäfer ist 1 bis 3 Wochen später zu beobachten, d. h. etwa ab Mitte Juni. Diese Käfer fressen zunächst in Erbsenfeldern, später gehen sie auf Klee und Wicken über. Im September–Oktober suchen sie fliegend oder laufend die Überwinterungsquartiere auf, die sich z. B. in der Grasnarbe und in Klee- oder Luzernefeldern bzw. Erdrissen befinden. Es kommt nur eine Generation pro Jahr zur Entwicklung.

Sehr feuchte Winter und für den Flug ungünstige Witterung im Frühjahr sowie im Juli–August wirken sich negativ auf die Blattrandkäferpopulationen aus.

Natürliche Feinde

Als Parasiten treten verschiedene Hymenopteren, z. B. die Braconiden *Pygostolus falcatus* (Nees) und *Microtonus aethiops* (Nees) auf, außerdem die Larvaevoride *Campogaster exigua* (Mg.), die wie *P. falcatus* ein Imaginalparasit ist. Unter den parasitischen Pilzen ist *Beauveria bassiana* (Bals.) von Bedeutung.

Bekämpfung

Fruchtwechsel kann eine gewisse Entlastung bringen. Sonst lassen sich durch Maßnahmen zur Förderung des Jugendwachstums der Erbsenpflanzen, wie z. B. reichliche Düngung sowie Walzen nach der Aussaat und Kalken nach dem Auflaufen (Austrocknung der oberen Bodenschichten) die Schäden mehr oder weniger stark reduzieren.

Die wirtschaftliche Schadensschwelle ist dann erreicht, wenn mehr als 10% der Blattfläche abgefressen sind oder mehr als die Hälfte der Pflanzen Fraßschäden zeigt und das Wachstum der jungen Pflanzen bei kühlem Wetter stagniert. Als kritische Zahl für zu erwartende Schäden durch die Larven gelten 20 Käfer pro m^2.

Eine chemische Bekämpfung durch Spritzen oder Stäuben kann in der Regel nur in Jahren mit kühlem und trockenem Frühjahr bei starkem Käferzuflug erforderlich werden. Sie muß rechtzeitig durchgeführt und bei verzettelter Zuwanderung unter Umständen wiederholt werden. Die Behandlungen sollten bei warmem Wetter erfolgen. Als geeignete Mittel hierfür gelten unter anderem Azinphos-methyl-, Chlorfenvinphos- und Parathion-Präparate.

Literatur

El-Dessouki, S. A., 1971: Der Einfluß der Larven der Gattung *Sitona* (Col., Curculionidae) auf einige Leguminosen. Z. Angew. Entomol. **67**, 411–431. – Hans, H., 1959: Beiträge zur Biologie von *Sitona lineatus* L. Ibid. **44**, 343–386. – Müller, H., 1963: Zur Populationsdynamik von *Sitona* Germ. (Curculionidae) auf Luzerne und Rotklee unter besonderer Berücksichtigung entomophager Parasiten. Zool. Jahrb. Abt. Syst. Ökol. Geogr. Tiere **90**, 659–696. – Schnell, W., 1955: Synökologische Untersuchungen über Rüsselkäfer der Leguminosenkulturen. Z. Angew. Entomol. **37**, 192–238.

Großer Erbsenkäfer, Gemeiner Erbsenkäfer
(pea beetle)
Bruchus pisorum (L.) (Coleoptera, Bruchidae)

Der Große Erbsenkäfer (Abb. 226, links) stammt ursprünglich vermutlich aus Nordamerika. Er ist heute auch in der Paläarktischen Region, Australien und Südafrika verbreitet.

Die Larve hat einen gekrümmten, quergerunzelten, etwa bis 6 mm langen, weißlich gefärbten Körper. Die Beine sind zu stummelförmigen Ausstülpungen reduziert. Die Kopfkapsel ist dunkel. Der Käfer hat eine ovale Form und ist etwa 4 bis 5 mm lang. Seine Grundfärbung ist schwärzlich. Die Flügeldecken sind bräunlich bis schwärzlich und mit hell behaarten Flecken versehen. Das Pygidium (Hinterleibsende) hat eine helle Behaarung und zwei dunkle Flecke am Hinterrand. Die Fühlerbasis, die Vorderschienen (ganz oder teilweise), gelegentlich auch die Spitze der Mittelschienen, sind rötlichgelb. Der

Halsschild trägt einen weißlichen Fleck vor dem Schildchen. An der Innenseite der Hinterschenkel befindet sich ein spitzer Zahn.

Die Entwicklung der Larven von *B. pisorum* erfolgt ausschließlich in Erbsensamen, in denen ein mehr oder weniger zylindrisches Loch zu erkennen ist, welches von der Samenschale, die eine Art Deckel bildet, verschlossen wird. In diesem „Fraßloch" findet man die Larve oder Puppe, nach dem Schlüpfen auch den Käfer.

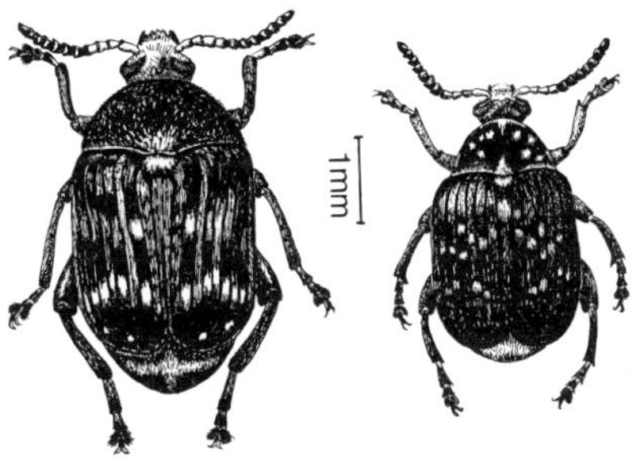

Abb. 226. Erbsenkäfer (*Bruchus pisorum,* links) und Ackerbohenkäfer (*B. rufimanus,* rechts).

Durch den Larvenfraß des Erbsenkäfers kann, wenn der Schädling stärker auftritt, vor allem in wärmeren Gebieten Europas der Speise- und Samenerbsenertrag stark beeinträchtigt werden. Der Geschmack befallener Erbsen wird so verschlechtert, daß diese für die menschliche Ernährung nicht mehr geeignet sind; außerdem wird ihre Keimfähigkeit deutlich herabgesetzt. In den letzten beiden Jahrzehnten sind in der Bundesrepublik Deutschland jedoch nur gelegentlich Schäden gemeldet worden, was bedeutet, daß die wirtschaftliche Bedeutung des Erbsenkäfers derzeit begrenzt ist.

Die Überwinterung erfolgt als Käfer. Die Schädlinge gelangen mit befallenem Saatgut in die Felder oder sie fliegen aktiv in sie ein, nachdem sie den Winter an geschützten Stellen überstanden haben. Der Zuflug erfolgt erst dann, wenn die Temperaturen über 16 °C liegen. Dies ist etwa zur Zeit der Erbsenblüte der Fall. Zunächst werden die Feldränder befallen. Die Käfer ernähren sich bis zur Eiablage von Pollen der verschiedensten Pflanzen und Gräser, aber auch von Blüten- und Laubblättern. Zur Eireife ist die Aufnahme von Erbsenpollen erforderlich.

Die Eiablage erfolgt im Juli nach Beendigung der Blüte an die Wand der jungen Hülsen. Pro Weibchen werden mehrere hundert Eier (bis 500) erzeugt. Die Junglarven durchbohren die Hülsenwände und fressen sich in die noch unreifen Samen ein. Die Einbohrstelle vernarbt. Im Inneren des Samens frißt die Larve mit fortschreitender Entwicklung das zylindrische Loch, über dem die Samenschale als „Fenster" stehenbleibt. Die Verpuppung und der Schlupf der Käfer erfolgen in der Samenhöhlung im Laufe des Sommers. Die Käfer verbleiben dann meist in Diapause in den Erbsen und gelangen mit diesen in die Lagerräume, richten hier aber keinen Schaden an.

B. pisorum ist somit im Gegensatz zum Speisebohnenkäfer (*Acanthoscelides obtectus,* s. Seite 410) nur ein Freilandschädling. Einige Käfer können bei später Ernte aus ausgefallenen Erbsen ins Freie gelangen und dort an geschützten Plätzen den Winter überstehen. Die Lebensdauer der Käfer kann bis zu 16 Monate betragen. Pro Jahr kommt nur eine Generation zur Entwicklung.

Als natürliche Feinde treten verschiedene parasitische Hymenopteren-Arten auf.

Zur Bekämpfung auf dem Feld wird tiefes Umpflügen von Ausfallerbsen empfohlen. Frühblühende Erbsensorten sind bedeutend weniger gefährdet als spätblühende.

Im Lager können die in den Erbsen befindlichen Käfer durch Begasung, wozu sich Phostoxin eignet, abgetötet werden. Die Käfer gehen auch dann zugrunde, wenn man in Säcken befindliches Saatgut bei trockenen Bedingungen für 3 bis 4 Stunden auf 50 °C erwärmt, jedoch darf diese Temperatur zur Vermeidung von Keimschäden nicht überschritten werden. Die zu behandelnden Erbsensamen müssen außerdem trocken sein.

Als wirtschaftliche Schadensschwelle werden 60 Eier oder Einbohrlöcher der Eilarven in den Hülsen pro m^2 angegeben. Wird sie überschritten, so können chemische Bekämpfungsmaßnahmen erforderlich werden, wozu sich z. B. Diazinon- und Parathion-Stäube eignen; vielfach reicht eine Stäubung aus. Während der Blüte ist zur Vermeidung von Bienenschäden Endosulfan der Vorzug zu geben, es sei denn, die Imker in 2 km Umkreis werden rechtzeitig benachrichtigt. Auch in letzterem Fall ist es empfehlenswert, Behandlungen mit bienengefährlichen Produkten nur am Abend vorzunehmen.

Literatur:
Bahr, I., 1976: Über das Auftreten von Samenkäfern in Importen und an Körnerleguminosen im Inland. Nachrichtenbl. Pflanzenschutz DDR 30, 216–220. – Bollow, H., 1956: Die Samenkäfer (Bruchidae), ihre Lebensweise und ihre Bekämpfung. Pflanzenschutz 8, 141–148.

6.11.6 Schmetterlinge

Erbsenwickler, Olivbrauner Erbsenwickler

(pea moth)
Cydia nigricana (F.) [syn. *Laspeyresia nigricana* (Steph.), *Enarmonia nigricana* (F.), *Grapholita nigricana* (Steph.)]

Systematische Stellung
Lepidoptera (Schmetterlinge), Tortricidae (Wickler)

Geographische Verbreitung
C. nigricana ist von Europa (Nord-, Nordwest-, Mittel- und Osteuropa) und Nordafrika bis zum Fernen Osten (Japan) verbreitet, außerdem infolge von Einschleppung auch in Nordamerika (Kanada, USA).

Abb. 227. Erbsenwickler *(Cydia nigricana)*.

Beschreibung
Raupe: Weißlich, gelblichweiß oder hellgrünlich (Farbtafel 22, S. 310); Rückenseite mit braunen Warzen. Länge in vollentwickeltem Zustand etwa 8 bis 10 mm. Kopfkapsel hell-, Nackenschild und Afterklappe dunkelbraun.

Falter: Länge etwa 12 bis 16 mm; Grundfärbung grau- bis hellolivbraun. Vorder- und Seitenrand der Vorderflügel schwarz und weiß gestreift; Hinterflügel einfarbig braun (Abb. 227).

Brutpflanzen
Der Erbsenwickler lebt als Raupe in erster Linie an Speise- und Futtererbsen (*Pisum* spp.), kann sich aber auch bei Fraß an Samen anderer Leguminosenarten, z. B. aus den Gattungen *Vicia, Lathyrus* und *Orobus* entwickeln.

Schadsymptome und wirtschaftliche Bedeutung
Die Raupe von *C. nigricana* frißt im Innern der Hülsen an den Samen (Farbtafel 22, S. 310). Zusätzliche Schäden können durch Verschmutzungen der Hülsen mit Kotkrümeln und sekundäre Verpilzung entstehen.
Sowohl im feldmäßigen Erbsenanbau als auch im Gartenbau treten in manchen Jahren – insbesondere solchen mit trockenwarmer Witterung – empfindliche Schäden auf; so sind stellenweise Ertragsverluste bis zu 30% festgestellt worden. Es handelt sich bei *C. nigricana* somit um einen der wichtigsten Erbsenschädlinge Mitteleuropas.

Entwicklungszyklus, Biologie und Ökologie
Die Überwinterung erfolgt als Raupe in einem Kokon in den oberen Bodenschichten. Die Verpuppung findet im Frühjahr statt. Die Flugzeit der Falter dauert von Ende Mai oder Anfang Juni bis etwa Mitte Juli, das heißt mehrere Wochen. Der Höhepunkt des Fluges kann im Juni, manchmal auch erst Anfang Juli liegen. Als maximale aktive Flugweite sind etwa 2300 m festgestellt worden. Die Falter fliegen in den Erbsenfeldern bei wärmerer Witterung am Nachmittag und Abend umher; nachts erfolgt kein Flug.
Die meisten Eier werden nach einer Präovipositionszeit von durchschnittlich 5 Tagen im Zeitraum von Mitte Juni bis Mitte Juli abgelegt. Man findet sie einzeln oder in kleinen Gruppen von zwei oder drei an allen oberirdischen Pflanzenteilen, bevorzugt jedoch an Blütenblättern, Kelchblättern und Stengeln, nach anderen Angaben an den Unterseiten der Fieder- und Nebenblätter. Pro Weibchen ist durchschnittlich mit etwa 70 bis 80, maximal mit 350 Eiern zu rechnen. Die Raupen schlüpfen bei 21 °C nach 6 bis 8 Tagen, wandern an die jungen Hülsen und bohren sich meist in der Nahtregion in diese ein.

Das Einbohren dauert 1 bis 2 Stunden. Bei ungünstigen Umweltbedingungen wie extrem feuchtem oder trockenem Wetter tritt während der Wanderperiode eine erhöhte Sterblichkeit auf. Vom Schlüpfen bis zum Eindringen können mehrere, manchmal bis zu 24 Stunden vergehen.

Nur selten sind mehr als 2 Raupen pro Hülse festzustellen, was damit zusammenhängt, daß später eindringende Raupen von den bereits vorhandenen verzehrt werden. Die Larven dringen in die sich entwickelnden Samen ein und fressen in diese Höhlungen hinein. Im Laufe ihrer Entwicklung können sie bis zu 4 Samen ganz oder teilweise zerstören.

Nach 2 bis 3½ Wochen platzen im Juli–August die befallenen Hülsen entweder von selbst vorzeitig auf, so daß sich die Raupen zu Boden fallen lassen können, oder die Tiere nagen ein rundes Loch in die Hülsenwand, durch welches sie ins Freie gelangen. Die Gesamtaufenthaltsdauer in den Erbsenhülsen beträgt bei 21 °C im Durchschnitt etwa 22 Tage. Die Raupen begeben sich schließlich in den Boden, wo sie in einer Tiefe bis zu 10 cm einen ovalen Seidenkokon zur Überwinterung spinnen. Es schließt sich dann in der Regel eine Diapause von etwa 4 bis 6 Wochen an, die in eine Winterruhe übergeht. Im Frühjahr verlassen die Tiere den Überwinterungskokon und begeben sich in die oberste Bodenschicht, wo sie einen neuen Kokon spinnen, in dem sie sich verpuppen. Unter besonders günstigen Bedingungen ist die Entwicklung von zwei Generationen pro Jahr möglich, d. h. im August–September schlüpfen einige Falter, die aus Raupen stammen, die bereits bis Ende Juli ihre Entwicklung beendet hatten.

Natürliche Feinde

Die Raupen werden von verschiedenen Hymenopteren-Arten wie der Braconide *Ascogaster quadridentatus* Wesm., der Ichneumonide *Glypta haesitator* Grav. und *Pristomerus vulnerator* (Panz.) parasitiert. Während der Entwicklung bzw. der Überwinterung können sie auch parasitischen Pilzen wie *Paecilomyces fumosoroseus* (Wize) und *Beauveria bassiana* (Bals.) zum Opfer fallen.

Bekämpfung

Eine Fruchtfolge und tiefes Pflügen werden als befallssenkende Maßnahmen angesehen. Erbsenfelder sollten grundsätzlich in möglichst großem Abstand von vorjährigen angebaut werden. Frühe Aussaat kurzblühender und kurzstrohiger Sorten zur Verhinderung des zeitlichen Zusammentreffens von Hauptfalterflug und Blüte vermag den Befall ebenfalls deutlich zu reduzieren.

Der Beginn des Falterfluges kann mit Hilfe von Schlupfkäfigen, der Flug der männlichen Falter mit Pheromonfallen, die mit dem synthetischen Sexuallockstoff (E,E)-8, 10-dodecanylacetat beködert sind, überwacht werden.

Wenn bei Probegrabungen im Frühjahr 2 gesunde Puppen pro m^2 gefunden werden, so ist mit einem 10%igen Befall zu rechnen. Als wirtschaftliche Schadensschwelle gelten etwa 27 Eier pro m^2 oder 1 Ei an 3 Pflanzen. Falls nach Erreichen dieser Werte die Eiablage anhält, sollte eine chemische Bekämpfung durchgeführt werden.

Als wirksame Insektizide haben sich z. B. Diazinon, Trichlorfon und Parathion erwiesen. Die Behandlung muß bei starkem, langanhaltendem Falterflug bzw. Befall unter Umständen wiederholt werden und sollte noch vor dem Einbohren der Raupen in die Hülsen erfolgen, da sonst oft unbefriedigende Ergebnisse erzielt werden. In großen Feldern reicht oft wegen des typischen Randbefalls eine Randbehandlung aus. Bei Behandlung blühender Erbsen müssen die Bienenschutzvorschriften beachtet werden (s. Seite 437).

Literatur

Franssen, C. J. H., 1954: De levenswijze en de bestrijdingsmogelijkheden van de erwtenpeulboorder. Versl. Landbouwk. Onderz. 60, 1–50. – Fröhlich, G. und Sarwar, S. L., 1977: Beitrag zur Lebensweise und Entwicklung des Olivbraunen Erbsenwicklers (*Laspeyresia nigricana* Steph.) Arch. Phytopathol. Pflanzenschutz **13**, 117–125. – Lewis, T. and Macanlay, E. D. M., 1976: Design and elevation of sex attractant traps for pea moth, *Cydia nigricana* (Steph.) and the effect of plume shape on catches. Ecol. Entomol. **1**, 175–187. – Wheatley, G. A. and Dunn, J. A., 1962: The influence of diapause on the time of emergence of the pea moth, *Laspeyresia nigricana* (Steph.). Ann. Appl. Biol. **50**, 609–611. – Wright, D. W., Geering, Q. A. and Dunn, J. A., 1951: Varietal differences in the suceptibility of peas to attack of the pea moth, *Laspeyresia nigricana* (Steph.). Bull. Entomol. Res. **41**, 663–677.

6.11.7 Gallmücken

Erbsengallmücke
(pea midge)
Contarinia pisi (Winn.)

Systematische Stellung
Diptera (Zweiflügler), Cecidomyiidae (Gallmücken)

Geographische Verbreitung
Die Erbsengallmücke kommt in ganz Europa überall dort vor, wo ihre Brutpflanzen angebaut werden.

Beschreibung
Larve: Weißlich (junge Larve) bis gelblich (ältere Larve) gefärbt. Länge etwa 2,5 bis 3 mm. Beine und Kopfkapsel fehlend, Unterseite des 1. Brustsegmentes mit Brustgräte (Sprungfähigkeit!).

Mücke: Länge etwa 2 mm, Grundfärbung blaß- bis bräunlichgelb. Antennen dunkel. Flügel glashell und mit dunkler, dichtstehender Behaarung. Beine gelb. Hinterleib mit dunklen Querbinden.

Abb. 228. Schaden durch die Erbsengallmücke *(Contarinia pisi)* an Erbse.

Brutpflanzen
C. pisi entwickelt sich vor allem an *Pisum*-Arten, d. h. Speise- und Futtererbsen, kommt aber auch an Ackerbohne *(Vicia faba)* vor.

Schadsymptome und wirtschaftliche Bedeutung
Durch die Fraßtätigkeit der Gallmückenlarven bzw. die Auswirkung pflanzenphysiologisch wirksamer Stoffe, die von diesem Entwicklungsstadium abgegeben werden, zeigen die Erbsentriebe Stauchungserscheinungen bzw. einen rosettenartigen Wuchs. Befallene Blüten sind mißgebildet, d. h. der Kelch ist angeschwollen und die Blütenblätter verkümmern (Abb. 228), was dazu führt, daß entweder infolge Knospenfall gar kein Fruchtansatz zustandekommt oder nur kleine, verkrüppelte Hülsen entstehen, die später abfallen können. Ältere Hülsen sind bei Befall verfärbt, oft blasig aufgetrieben und zeigen im Innern unregelmäßig ausgebildete Samen.
In Jahren mit trockenem Frühsommer kann *C. pisi* – oft zusammen mit dem Erbsenwickler – vor allem in größeren Erbsenanbaugebieten empfindlichen Schaden verursachen. Somit handelt es sich bei dieser Gallmücke um ein wirtschaftlich bedeutsames Schadinsekt.

Entwicklungszyklus, Biologie und Ökologie
Die Gallmücken der 1. Generation schlüpfen ab Mitte Mai, doch kann sich die Schlüpfperiode über längere Zeit, d. h. bis in den Sommer hinziehen. Die Tiere sind bei Temperaturen ab 14 °C aktiv und bei einer Lebensdauer von nur wenigen Tagen ausgesprochen kurzlebig. Ihr Ausbreitungsradius beträgt maximal bis etwa 1 km.
Die Weibchen legen mit Hilfe ihres ausstülpbaren Hinterendes (Legeröhre) im Durchschnitt etwa 60 Eier in Gruppen von durchschnittlich 30 Stück ab. Hierfür wählen sie vor allem Blütenknospen, Blüten und Stellen zwischen jungen Blättern an den Triebspitzen aus. Etwa 4 Tage später schlüpfen die Larven, die gesellig an den jungen Pflanzenteilen saugen. Sie sind nach etwa 10 bis 14 Tagen voll entwickelt, springen auf den Boden, in dessen obersten Schichten sie einen Kokon spinnen und sich anschließend verpuppen. Etwa 2 Wochen später, d. h. etwa gegen Ende Juni, schlüpfen dann die Mücken der 2. Generation, die nach der Paarung ihre Eier bevorzugt an junge Hülsen ablegen. In manchen Gebieten Mitteleuropas ist die 2. Generation nur

sehr schwach ausgebildet, weshalb der Hülsenbefall keine Rolle spielt. In diesem Fall überwintert die Masse der Larven der 1. Generation. Nach dem Schlüpfen treten die Larven gesellig in den Hülsen auf, wobei oft 20 bis 40 Tiere, manchmal sogar bis zu 300 pro Hülse gefunden werden können. Wie die Larven in die Hülsen gelangen, ist noch nicht restlos geklärt. Man nimmt an, daß sie Einbohrlöcher von *C. nigricana* nutzen. Die Tiere schädigen vor allem durch ihre Saugtätigkeit an den Hülseninnenwänden.
Die Larven verlassen die Hülsen nach deren vorzeitigem Vergilben und Aufplatzen und begeben sich in etwa 6 bis 8 cm Bodentiefe, wo sie in einem rundlichen Kokon („Winterkokon") bis zum nächsten Frühjahr in Diapause liegenbleiben. Erst dann erfolgt in der Regel die Verpuppung, wobei Bodentemperatur und -feuchtigkeit eine große Rolle spielen. Sie beginnt, wenn sich die Temperatur in 2 cm Bodentiefe der 15 °C-Marke nähert und binnen weniger Tage mindestens 15 bis 20 mm Niederschläge fallen. Die Larven verlassen vorher den „Winterkokon" und bilden dicht unter der Erdoberfläche einen dünnwandigen, länglichen „Sommerkokon", in dem sie sich verpuppen. Das Schlüpfen der Mücken findet dann statt, wenn der Boden gut durchwärmt ist, d. h. wenn die Temperatur in 2 cm Bodentiefe mehr als 15 °C beträgt. Zu diesem Zweck befreit sich die Puppe aus dem Kokon, arbeitet sich an die Erdoberfläche und gibt hier die Mücke frei. Diapauselarven, die auch schon in der 1. Generation auftreten können, sind in der Lage, zwei Jahre im Boden zu überliegen.
Nach Wärme im Vorsommer benötigt *C. pisi* auch höhere Luftfeuchtigkeit, um sich stark vermehren zu können.

Natürliche Feinde

Mehrere Hymenopteren-Arten, darunter der Eiparasit *Sactogaster pisi* Först. (Scelionidae) (Schweiz) und der Larvenparasit *Pirene graminea* (Hal.) (Pteromalidae) sind in Mitteleuropa beobachtet worden. In den Niederlanden kommt auch *Polymecus hopkinsi* Crawf. in Erbsengallmückenlarven zur Entwicklung.

Bekämpfung

Ein Fruchtwechsel und Anbau von Erbsen in mindestens 1 km Entfernung zu vorjährigen Feldern sollte beachtet werden. Tiefes Pflügen und Vernichten des Erbsenstrohs nach der Ernte wird gleichfalls empfohlen. Frühe Aussaat schnell abblühender und abreifender Sorten hilft wie beim Erbsenwickler zur Vermeidung größerer Schäden.
Um über den Mückenflug verläßliche Informationen zu erhalten, wird empfohlen, Schlupfkäfige mit Larven zu versehen und im Freien auf Mückenschlupf zu überwachen; wenn die ersten Mücken erscheinen, sind Kontrollen in den Feldern zu beginnen.
Als wirtschaftliche Schadensschwelle gilt ein Eigelege an den Blütenknospen von drei Erbsenpflanzen oder 27 Eigelege pro m^2. Werden diese Zahlen überschritten, so sollte eine Spritzung durchgeführt werden, die bei weiterem Zuflug unter Umständen mehrfach in Abständen von 3 bis 5 Tagen wiederholt werden muß.
Als wirksame chemische Bekämpfungsmittel haben sich unter anderem Fenitrothion, Diazinon und Parathion erwiesen, da sie die eierlegenden Mücken erfassen. Die Temperatur bei der Spritzung sollte oberhalb von 15 °C liegen. 48 Stunden vor der Behandlung blühender Erbsen müssen die Imker der Umgebung (2 km Umkreis) über die beabsichtigte Maßnahme informiert werden, obwohl Bienen nur relativ selten in Erbsenfelder einfliegen.

Literatur

Diehl, O., 1957: Die Erbsengallmücke, ein Schädling im Erbsenanbau. Anz. Schädlingskd. **30**, 58. – Franssen, C. H. J., 1960: Het vaststellen van de door de Erwtenknopmade (*Contarinia pisi* Winn.) vervoorzaakte schade en de bestrijding van dit insect. Tijdschr. Plantenziekten **66**, 249–258. – Geissler, K., 1966: Untersuchungen zur Morphologie und Ökologie der Erbsengallmücke *Contarinia pisi* Winn. Arch. Pflanzenschutz **2**, 39–75. – Geissler, K., 1966: Untersuchungen zur Bekämpfung der Erbsengallmücke (*Contarinia pisi* Winn.). Ibid. **2**, 83–104. – Thygesen, T., 1971: Ærtegalmyggen (*Contarinia pisi* Winn.) og andre skadelige insekter i oertedyrkningen. Biologi og bekæmpelse. Tidsskr. Planteavl **75**, 825–842.

6.11.8 Minierfliegen

Erbsenminierfliege

Phytomyza horticola Gour. (syn. *Phytomyza atricornis* Mg.) (Diptera, Agromyzidae)

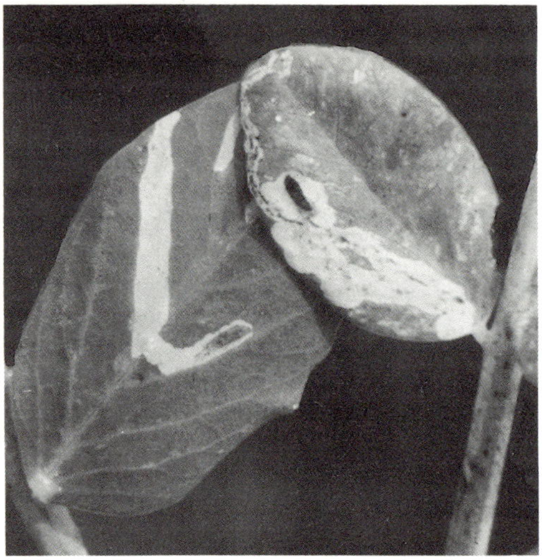

Abb. 229. Minen der Erbsenminierfliege *(Phytomyza horticola)* an Erbsenblatt.

Die Larven der Erbsenminierfliege verursachen in Erbsenblättern auffällige Gangminen (Abb. 229). Obwohl diese Art an manchen Erbsensorten stärker auftreten kann und auch an Ackerbohne vorkommt, hat sie in Mitteleuropa keine wirtschaftliche Bedeutung.

6.11.9 Vögel

Sperlinge, *Passer* spp., s. Seite 161 und Abb. 230.

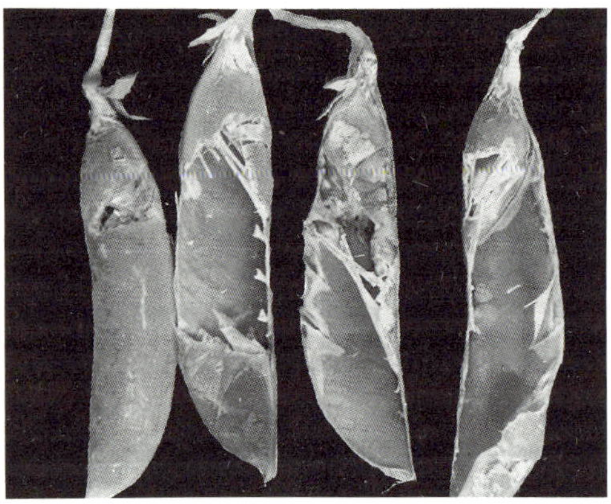

Abb. 230. Sperlingsschaden an Erbsenhülsen.

Ackerbohne

6.12. Viruskrankheiten

6.12.1 Blattrollkrankheit

Erreger
Blattroll-Virus der Ackerbohne (und Erbse), EABlV (pea leaf roll virus, PLRV, s. Seite 415)

Verbreitung, wirtschaftliche Bedeutung
Das Virus kommt in West-, Mittel-, Südost- und Osteuropa vor. Da es den Hülsenansatz und damit auch den Samenertrag vor allem bei früher Infektion bei Ackerbohne bis zu 93% reduzieren kann, gehört es in Mitteleuropa zu den wichtigsten Schaderregern an *Vicia faba* und anderen Leguminosen.

Symptome
An Ackerbohne wird bei frühem Befall der gesamte Habitus verändert, bei späterem nur der der Spitzenregion. Die infizierten Blätter sind leicht zugespitzt und am Rand zwischen den Adern vergilbt. Die Fiederblätter sind verdickt und hart, mehr oder weniger stark nach oben eingerollt und stellen sich an den Blattstielen aufrecht gegeneinander (Farbtafel 24, S. 328). Später kann es zur Vergilbung der ganzen Pflanze und Blattfall kommen. Im Stielteil sind mit Säurefuchsin färbbare Nekrosen festzustellen. Blattrollkranke Pflanzen werden oft besonders stark von der Schokoladenfleckigkeit (*Botrytis fabae*, s. Seite 442) befallen.

Eigenschaften, Wirtskreis, Übertragung
Das Blattroll-Virus der Ackerbohne besitzt kleine, isometrische Partikeln und gehört zu den Luteoviren.
Bis jetzt sind mehr als 70 Leguminosen-Arten oder Unterarten als Wirtspflanzen festgestellt worden, darunter neben der Ackerbohne auch die Erbse (s. Seite 415). Nach experimenteller Übertragung erkranken auch Rot- und Weißklee, die latent infiziert sein können, ebenso die Luzerne.
Eine Saftübertragung des Virus ist nicht mög-

lich. Auch eine Samenübertragung ist bisher nicht mit Sicherheit nachgewiesen worden.

Im Feld erfolgt die Virusübertragung durch Blattläuse, von denen die Erbsenlaus (*Acyrthosiphon pisum*; s. Seite 429) (grüne und rote Formen/Biotypen) der wichtigste Überträger ist. Weitere Vektoren sind *Macrosiphum euphorbiae* und *Myzus persicae*. Die Grüne Pfirsichblattlaus ist ein schlechterer Vektor, während die Schwarze Bohnenlaus *(Aphis fabae)* und die Wickenlaus *(Megoura viciae)* das Virus überhaupt nicht übertragen können. Das EABlV ist im Vektor zirkulativ (persistent) und kann von *A. pisum* (grüne Form) nach einer Akquisitionsgelegenheitszeit von mindestens einer Stunde aufgenommen und nach einer Zirkulationszeit (Celationszeit) von 28 Stunden bis 11 Tagen sowie einer Inokulationsgelegenheitszeit von mindestens 45, nach anderen Angaben von 15 Minuten wieder abgegeben werden. Die geflügelten Virgines von *A. pisum* (grüne Form) sind wesentlich schlechtere Überträger als die ungeflügelten.

Bekämpfung

Durch frühe Aussaat von Ackerbohnen können stärkere Schäden vermieden werden. Ein Anbau in der Nähe von Luzerne, Weiß- oder Rotklee als wichtigen mehrjährigen Wirtspflanzen des Virus sollte vermieden werden. Einige Ackerbohnensorten sind weniger anfällig bzw. resistent.

Eine Vektorenbekämpfung durch Saatgutbehandlung mit systemischen Insektiziden ist vor allem bei späteren Saaten angebracht. Außerdem sind ein- oder mehrmalige Spritzungen mit Mitteln wie Dimethoat, Oxidemeton-methyl oder Pirimicarb wirksam, da dadurch vor allem in größeren Beständen die Virusausbreitung infolge Abtötung der Vektoren vermindert wird. Bei Gefahr von Bienenschäden während der Blüte ist die Verwendung von Pirimicarb, das bienenungefährlich und nützlingsschonend ist, sowie des ebenfalls bienenungefährlichen Endosulfan angezeigt.

Literatur

Meier, W., Bérces, J. und Bamert, A., 1959: Die Blattrollkrankheit der Erbsen. Mitt. Schweiz. Landw. 7, 177–184. – Meier, W., Bérces, J. und Bamert, A., 1968: Epidemiologie und Bekämpfung der Erbsenvirosen. Ibid. **16**, 37–50. – Quantz, L. und Völk, J., 1954: Die Blattrollkrankheit der Ackerbohne und Erbse, eine neue Viruskrankheit der Leguminosen. Nachrichtenbl. Dtsch. Pflanzenschutzdienstes (Braunschw.) **6**, 177–182. – Schmidt, H. E., Dubnik, H., Karl, E., Schmidt, H. B. und Kamann, H., 1977: Verminderung von Virusinfektionen der Ackerbohne (*Vicia faba* L.) im Rahmen der Blattlausbekämpfung auf Großflächen. Nachrichtenbl. Pflanzenschutz DDR **31**, 247–250. – Schmutterer, H. und Thottappilly, G., 1972: Zur wirtschaftlichen Bedeutung und Ausbreitung des Erbsenblattrollvirus im Ackerbohnenbestand sowie zur chemischen Bekämpfung der Vektoren. Z. Pflanzenkr. Pflanzenschutz **79**, 478–484. – Thottappilly, G., 1969: Zur Kenntnis des Wirtspflanzenkreises beim Blattrollvirus der Erbse. Ibid. **76**, 67–78.

6.12.2 Gewöhnliches Ackerbohnenmosaik

Erreger

Gewöhnlicher Erbsenmosaikstamm des Bohnengelbmosaik-Virus (pea common mosaic virus) sowie Bohnengelbmosaik-Virus, BGMV (bean yellow mosaic virus) (s. a. Seite 399 und 415).

Verbreitung, wirtschaftliche Bedeutung

Die Verbreitung des Virus entspricht der des Gelbmosaiks der Gartenbohne (s. Seite 399).

Bei früher Infektion können Ertragsverluste von mehr als 50% eintreten. Die Virose gehört deshalb zu den wichtigsten Erkrankungen der Akkerbohne. In manchen Gebieten der Bundesrepublik Deutschland ist diese Viruskrankheit die wichtigste an Ackerbohne überhaupt; Entsprechendes gilt auch für die DDR.

Symptome

Nach der Infektion tritt zunächst eine Adernaufhellung ein, der ein ausgeprägtes Mosaik mit heller und dunkler Musterung folgt (Farbtafel 25, S. 361). Junge infizierte Blätter zeigen anfangs eine leichte Kräuselung, später können die Ränder etwas abwärts gebogen sein.

Eigenschaften, Wirtskreis, Übertragung, Bekämpfung

Siehe Seite 399 und 400.

Literatur

Siehe Seite 400.

6.12.3 Enationenmosaik

Erreger
Scharfes Adernmosaik-Virus der Erbse, ESAMV (pea enation mosaic virus, PEMV, s. a. Seite 413).

Verbreitung, wirtschaftliche Bedeutung
Verbreitung s. a. Seite 413.
Das Enationenmosaik der Ackerbohne verursacht empfindliche Ertragseinbußen und gehört deshalb zu den wichtigsten Viruskrankheiten von *Vicia faba.*

Symptome
Befallene Ackerbohnenpflanzen zeigen vor allem bei früher Infektion Wachstumshemmung. Die Blätter sind deformiert und weisen punkt- bis strichförmige Flecken vor allem im Bereich der stärkeren Adern auf (Farbtafel 25, S. 361). Auf den Blattunterseiten kann es zu leistenartigen Gewebewucherungen, sogenannten Enationen kommen. Später tritt im Bereich der hellen Adernflecke vielfach eine Nekrotisierung ein. Auf den Interkostalfeldern ist eine undeutliche Mosaikfleckung zu erkennen. Die Hülsen bleiben oft klein und sind verkrüppelt.

Eigenschaften, Wirtskreis, Übertragung, Bekämpfung
Siehe Seite 414.

Literatur
Siehe Seite 414.

6.12.4 Viruskrankheiten von geringerer Bedeutung

Samenverfärbung

Erreger
Ackerbohnensamenverfärbungs-Virus, ASaVV (broad bean stain virus, BBSV.
Diese Krankheit hat eine sehr weite Verbreitung, was teilweise durch ihre Samenübertragbarkeit zu erklären ist. Ihre wirtschaftliche Bedeutung an Ackerbohne ist in Mitteleuropa bisher jedoch gering geblieben. Als Wirtspflanzen dienen fast ausschließlich Leguminosen.
Die Blätter infizierter Pflanzen zeigen eine milde, gelblichgraue Mosaikfleckung. Große Teile der Fiederblätter können bis auf kleine graue Flecken eine chlorotische Verfärbung aufweisen. Vielfach sind die Blätter auch gefaltet und beulenartig aufgetrieben. Der Wuchs der Pflanzen ist gestaucht. Bei kühler Witterung treten die Symptome besonders deutlich hervor. Im ganzen gesehen sind diese Folgen des Virusbefalls denen sehr ähnlich, wie sie das Echte Ackerbohnenmosaik-Virus (s. Seite 441) verursacht. Auf der Samenschmalseite treten gelegentlich nekrotische, dunkelbraune Flecken oder bandartige Verfärbungen auf. Der Hülsenansatz und Samenertrag kann erheblich, d. h. bis über 60% verringert werden. An Erbse wird von dem Virus die Erbsenscheckung hervorgerufen.
Das isometrische Virus (Ø 25 nm) kann experimentell durch Preßsaft, im Feld durch Kontakt kranker mit gesunden Pflanzen sowie beim Fraß durch die Rüsselkäfer *Apion vorax*, *A. aethiops, Sitona lineatus* und *S. hispidulus* übertragen werden. Auch eine Samenübertragung bis zu 10% ist möglich.
Zur Bekämpfung ist die Verwendung von gesundem Saatgut wichtig. Die Vektoren können durch Applikation von Kontaktinsektiziden ausgeschaltet bzw. reduziert werden.

Literatur
Gibbs, A. J. and Smith, H. G., 1970: Broad bean stain virus. C.M.I./A.A.B. Descript. Plant Vir. No. 29. – Gibbs, A. J., Giussani-Belli, G. and Smith, H. G., 1968: Broad-bean stain and true broad-bean mosaic viruses. Ann. Appl. Biol. **61,** 99–107. – Jones, A. T., 1978: Incidence, field spread, seed transmission and effect of broad bean stain virus and Echtes Ackerbohnenmosaik-Virus in *Vicia faba* in eastern Scotland. Ibid. **88,** 137–144.

Ackerbohnenwelke

Erreger
Ackerbohnenwelke-Virus, AWV (broad bean wilt virus, BBWV)
Der weltweit verbreitete Erreger dieser Krankheit besteht aus isometrischen Partikeln mit etwa 25 nm Durchmesser.
Das Virus hat einen sehr großen Wirtskreis. Es handelt sich dabei fast ausschließlich um dikotyle Pflanzen, darunter auch Erbse, Lupinen und Unkräuter wie *Stellaria media* (Vogelmiere) und *Senecio vulgaris* (Kreuzkraut). Als Symptome treten an *Vicia faba* Adernaufhellung, Nekrose

der Spitzenblätter, Welkeerscheinungen, Wachstumshemmung und häufig auch Absterben der befallenen Pflanzen auf. Falls eine partielle „Wiedergenesung" erfolgt, so zeigen die betroffenen Pflanzen zusammengerollte, verdrehte, blasig aufgetriebene Blätter mit einer dunkelgrünen Mosaikfleckung. Manchmal sind auch ringartige Scheckungen festzustellen. An Erbse wird von dem Virus die nekrotische Stauchung hervorgerufen. Hierbei kommt es zu einer Blattchlorose und zum Einrollen der Blätter nach oben sowie Absterbeerscheinungen vor allem im Bereich der Triebspitzen. Bei frühem Befall können die Erbsenpflanzen auch ganz absterben. Der Ackerbohnen- und Erbsenertrag wird stark reduziert, doch hält sich die wirtschaftliche Bedeutung der Ackerbohnenwelke in Mitteleuropa bisher in Grenzen.

Das Virus kann experimentell leicht mit dem Preßsaft, unter Freilandbedingungen von mehr als 20 Blattlausarten übertragen werden. Es ist nicht zirkulativ (nicht persistent). *Myzus persicae* wird als wichtigster Vektor angesehen; daneben haben *Acyrthosiphon pisum, Macrosiphum euphorbiae* und *Aphis craccivora* Bedeutung. Samenübertragung ist bisher nicht festgestellt worden.

Beim Anbau von Ackerbohnen und Erbsen ist die Umgebung von ausdauernden Wirtspflanzen des Ackerbohnenwelke-Virus nach Möglichkeit zu meiden. Spritzungen mit systemischen Organophosphaten vermindern die Virusausbreitung in größeren Beständen.

Literatur

Schmelzer, K., 1960: Untersuchungen über das Ringmosaik-Virus der Kapuzinerkresse. Z. Pflanzenkr. Pflanzenpathol. Pflanzenschutz **67**, 193–210. – Taylor, R. H. and Stubbs, L. L., 1972: Broad bean wilt virus. C.M.I./A.A.B. Descript. Plant Vir. No. 81.

Echtes Ackerbohnenmosaik

Erreger

Echtes Ackerbohnenmosaik-Virus, AEMV (broad bean true mosaic virus, BBTMV).

Diese Virose kommt in Europa und im nordwestlichen Afrika vor. Das Virus bildet isometrische Partikeln mit etwa 25 nm Durchmesser. Sein Verdünnungsendpunkt liegt oberhalb von 10^{-4}.

Die Wirtspflanzen sind, soweit bekannt, sämtlich Leguminosen, darunter neben der Ackerbohne die Erbse, nach experimenteller Infektion auch die Bohne *(Phaseolus vulgaris)*. Die Symptome sind je nach Wirtspflanze und Virusstamm sehr verschieden. Zunächst treten nach der Infektion Adernchlorosen auf, dann zeigt sich meist ein grobmustriges bis streifiges Blattmosaik, das oft mit Blattkräuselung und -deformation verbunden ist. Außerdem können infizierte Pflanzen einen gestauchten Wuchs, kleine Blätter und Nekrosen an den Internodien aufweisen. Der Samenertrag wird bei früher Infektion bis zu 70% vermindert.

Das Echte Ackerbohnenmosaik-Virus ist durch virushaltigen Preßsaft leicht übertragbar. Weiterhin ist eine Saatgutübertragung möglich; so hat man bis zu 26%ige Infektion der Samen einzelner kranker Pflanzen beobachtet. Als Vektoren im Feldbestand wurden die Rüsselkäfer *Apion vorax, A. aethiops* und *Sitona lineatus* ermittelt. Sie kontaminieren ihre Mundwerkzeuge beim Fraß an kranken Pflanzen und übertragen das Virus dann bei der Nahrungsaufnahme mechanisch auf gesunde. Blattläuse oder Nematoden kommen als Vektoren nicht in Frage.

Zur Bekämpfung des bisher in Mitteleuropa meist nur sporadisch, in England stärker auftretenden AEMV empfiehlt sich vor allem die Verwendung von gesundem Saatgut aus virusfreien Beständen.

Literatur

Gibbs, A. J. and Paul, H. L., 1970: Echtes Ackerbohnenmosaik-Virus. C.M.I./A.A.B. Descript. Plant Vir. No. 20. – Paul, H. L., 1963/64: Untersuchungen über das Echte Ackerbohnenmosaik-Virus. Phytopath. Z. **49**, 161–176. – Quantz, L., 1953: Untersuchungen über ein samenübertragbares Mosaikvirus der Ackerbohne (*Vicia faba* L.). Phytopath. Z. **20**, 421–448. – Cockbain, A. J., Cook, S. M. and Bowern R., 1975: Transmission of broad bean stain virus and Echtes Ackerbohnenmosaik-Virus to field beans *(Vicia faba)* by weevils. Ann. Appl. Biol. **81**, 331–339

Scheckung

Erreger

Ackerbohnenscheckungs-Virus, ASV (broad bean mottle virus); Westeuropa.

Luzernemosaik-Virus, LMV
Siehe Seite 375; West- und Mitteleuropa.

Literatur

BAWDEN, F.C., CHAUDHURI, R. P. and KASSANIS, B., 1951: Some properties of broad-bean mottle virus. Ann. Appl. Biol. 38, 774–784. – BOS, L., 1969: Enige ontwikkelingen over virusziekten van peulfruchten. Jubileuuitgave 30 Jaren P. S. C., 139–140.

6.13 Pilz- und Bakterienkrankheiten

6.13.1 Schokoladen- oder Braunfleckenkrankheit

(chocolate spot of broad bean)

Erreger
Botrytis fabae Sard.

Systematische Stellung
Deuteromycotina, Hyphomycetes, Hyphomycetales, Moniliaceae.

Verbreitung, wirtschaftliche Bedeutung
Die Krankheit ist weltweit verbreitet, wirtschaftliche Schäden sind nur unter anhaltend kühlen, regnerischen Verhältnissen eingetreten. Dabei können sich allerdings hohe Verluste bis zum Totalausfall der Ernte einstellen. Die Krankheit ist einer der Gründe für die relative Ertragsunsicherheit bei der Ackerbohne in Mitteleuropa.

Symptome
Auf den Blättern, Stengeln, Blütenständen und Hülsen entstehen kleine, spritzerartig verteilte, scharf abgegrenzte Flecke. Sie haben meist runde Gestalt und schokoladenbraune Färbung; häufig sind sie von einem rötlichen oder auch graugrünen Rand umgeben. Die Mittelzone hellt sich später auf und trocknet aus (Farbtafel 25, S. 361). Unter feuchtwarmen Witterungsbedingungen kann die Krankheit in eine aggressive Phase übergehen, wobei die Blattflecke rasch zusammenfließen, die Blätter werden weitgehend zerstört, hängen herab und fallen ab, größere Teile des Stengels sind braunverfärbt; ganze Pflanzen können schließlich absterben.

Biologie des Erregers
Botrytis fabae bildet an köpfchenartig verzweigten Trägern einzellige, ovale, hyaline, meist 16 bis 25 × 13 bis 16 µm große Konidien. Auf den Blättern im Bestand sind sie meist selten zu finden, entstehen aber rasch in einer feuchten Kammer. Die Konidien werden durch Wind und Regen verbreitet. Anhaltende Nässe fördert die Infektion und die Ausbreitung des Erregers im Gewebe. Ackerbohnen zeigen hohe Anfälligkeit bei Unterversorgung mit Kali und Phosphor, sowie bei stauender Nässe. Der Erreger überdauert in Pflanzenrückständen auf dem Boden, sowie in Form flacher, dunkler Sclerotien im Boden oder am Samen. Neben *B. fabae* wird oft auch *Botrytis cinerea* auf Ackerbohnen nachgewiesen. Dieser Pilz läßt sich durch die geringere Konidiengröße (8 bis 12 × 6 bis 10 µm) unterscheiden. Er besitzt eine wesentlich geringere Virulenz.

Wirtskreis
B. fabae befällt *Vicia*-Arten, insbesondere *Vicia sativa*; darüber hinaus wurde der Erreger auch auf *Phaseolus*-Bohnen, Erbsen und Linsen nachgewiesen. Eine physiologische Spezialisierung scheint nicht vorzuliegen.

Bekämpfung
In windgeschützten Lagen, dichten Beständen und auf feuchten Böden tritt die Krankheit am häufigsten auf. Diese Bedingungen sind durch Standortwahl möglichst auszugleichen. Frühe Aussaaten sind zu bevorzugen, durch die Bekämpfung der Unkräuter wird eine rasche Abtrocknung der Bestände erreicht; breitere Standreihen fördern die Durchlüftung. Unter günstigen Kulturbedingungen ist mit den geringsten Schadauswirkungen zu rechnen. Das Saatgut sollte mit Thiram gebeizt werden. Fungizidanwendungen sind beim Anbau von Feldgemüse (Dicke Bohnen) in manchen Jahren notwendig; hierzu werden Behandlungen mit Vinclozolin (Ronilan) empfohlen. Die Wartezeit beträgt 7 Tage.

Literatur

BREMER, H., 1954: Schokoladen- oder Braunflecken der Ackerbohnen (*Botrytis fabae* Sard.) Zeitschr. Pflkr. Pflschutz **61**, 402–405. – GERLACH, W., RUDNICK, M., 1972: Ein bemerkenswertes Auftreten der Schokoladenfleckenkrankheit der Ackerbohnen in Schleswig-Holstein (Erreger: *Botrytis fabae* Sardina). Nachr. Bl. Dtsch. Pflschutzd. (Braunschw.) **24**, 115–117.

6.13.2 Ackerbohnenrost
(rust of broad-bean)

Erreger
Uromyces viciae-fabae (Pers.) Schroet.

Systematische Stellung
Basidiomycotina, Teliomycetes, Uredinales, Pucciniaceae.

Verbreitung, wirtschaftliche Bedeutung
Die Krankheit ist weltweit verbreitet, bleibt aber allgemein von untergeordneter Bedeutung. Unter örtlich günstigen Bedingungen, bei später Aussaat und in wärmeren Gebieten (Südosteuropa) können wirtschaftliche Verluste eintreten.

Symptome
Blattoberseits und -unterseits, an Blattstielen und Trieben bilden sich zerstreute, 0,5 bis 1 mm große, hellbraune Rostpusteln (Uredolager); später werden bis 2 mm große, dunkelbraune bis schwarze Teleutolager erkennbar (Farbtafel 25). Spermogonien und Aecidien sind sehr selten zu finden. Je nach Befallszeitpunkt und Befallshöhe treten geringere oder stärkere Entwicklungsstörungen an den Pflanzen ein; Blattfall ist bei früher Infektion möglich.

Biologie des Erregers
Der autözische Rostpilz überwintert als Teleutospore oder Uredomycel in wärmeren Regionen. Die Teleutosporenkeimung erfolgt im Herbst und im Frühjahr. Spermogonien und Aecidien werden häufiger auf *Lathyrus tuberosus, L. sativum, Lens culinaris* und *Vicia sepium* beobachtet. Die Uredosporen sind oval, feinstachelig und 22 bis 28 × 19 bis 22 µm groß, die Teleutosporen (25 bis 40 × 18 bis 26 µm) einzellig, mit glatter brauner Wand. Die Sporen werden durch Wind verbreitet und sind relativ widerstandsfähig gegen höhere Temperaturen. Hohe Luftfeuchte, späte Aussaat und Beregnung begünstigen den Befall.

Wirtskreis
Zum Wirtskreis gehören *Lathyrus-, Lens-, Pisum-* und *Vicia*-Arten. Der Erreger bildet physiologische Rassen.

Bekämpfung
Der Anbau wenig anfälliger Sorten ist in Befallsgebieten zu empfehlen. Eine Fungizidanwendung war bisher nur in Ausnahmefällen sinnvoll (s. Erbsenrost S. 426).

Literatur
Laundon, G. F., Waterston, J. M., 1965: *Uromyces viciae-fabae.* C. M. I. Descriptions of pathogenic Fungi and Bacteria. No. 60.

6.13.3 Ascochyta – Brennfleckenkrankheit
(Ascochyta blight of broad bean)

Erreger
Ascochyta fabae Speg. (syn. *Ascochyta pisi* var. *filiicola* Wollenw. et Hochapf.)

Systematische Stellung
Deuteromycotina, Coelomycetes, Sphaeropsidales, Sphaeropsidaceae.

Verbreitung, wirtschaftliche Bedeutung
Die Krankheit ist weltweit verbreitet; sie tritt häufiger in Ländern mit unbefriedigender Saatgutproduktion auf. Im allgemeinen sind wirtschaftliche Schäden bisher ausgeblieben.

Symptome
Auf Blättern, weniger häufig auf Stengeln, treten hellbraune, eingesunkene, scharf abgegrenzte, bis 1 cm große Nekrosen auf, die von einem dunklen Rand umgeben sind. An den Hülsen sind die Flecke tiefer eingesunken, dunkelbraun bis schwarz und fließen mitunter zusammen. Die Läsionen gehen durch die Hülsenwand und erreichen die Samen, an denen sich unspezifische, dunkelbraune Verfärbungen einstellen. Sproßbefall kann bis zu den Triebspitzen fortschreiten, die dann meist absterben. In dem nekrotischen Gewebe bilden sich, mitunter konzentrisch angeordnet, die Pyknidien des Erregers.

Biologie des Erregers
Ascochyta fabae bildet gelblichbraune Pyknidien (200 bis 250 µm) mit zweizelligen, selten mehrzelligen, hyalinen, zylindrischen Sporen (16 bis 24 × 3,5 bis 6 µm). Sie werden durch Regen verbreitet. Der Erreger überdauert mit Mycel im Saatgut.

Wirtskreis
Hauptwirtspflanze ist *Vicia faba*, selten werden *Pisum*-Arten befallen.

Bekämpfung
Verwendung von Saatgut aus gesunden Beständen.

Literatur
PUNITHALINGAM, E., HOLLIDAY, P., 1975: *Ascochyta fabae*. C. M. I. Descriptions of pathogenic Fungi and Bacteria No. 461.

6.13.4 Bakterielle Schwarzbeinigkeit und Blattfleckenkrankheit

(black leg of broad bean)

Erreger
Pseudomonas fabae (Yu.) Burkholder.

Systematische Stellung
Procaryotae, Bacteria, Gruppe 7 (Gram-negative, aerobe Stäbchen und Coccen), Pseudomonadaceae.

Verbreitung, wirtschaftliche Bedeutung
Die Krankheit ist in Mitteleuropa lokal vereinzelt oder stärker aufgetreten und hat teilweise größere Ertragsverluste herbeigeführt.

Symptome
Die unteren Stengelteile und die Wurzeln sind streifig, dunkelbraun bis schwarz verfärbt. Das Stengelgewebe sinkt riefenförmig ein. An Blättern und Hülsen bilden sich mehr oder weniger ausgedehnte, unregelmäßige Schwarzverfärbungen mit diffusem Rand; die Hülseninnenwand ist stärker verfärbt, auf der Samenschale entstehen dunkle Flecke.

Biologie des Erregers
Das gramnegative, stäbchenförmige (1 bis 1,3 × 0,4 bis 0,7 μm), polar begeißelte Bakterium wird mit dem Saatgut übertragen und erzeugt bereits bei Keimlingen starke Wurzelverfärbungen. Die Ausbreitung im Bestand geschieht durch Regen, Insekten und Wind. Bestände auf schlechten Standorten, bei hoher Verunkrautung und Blattlausbefall sind in feuchten Jahren besonders betroffen. Neben *Ps. fabae* sind weitere Bakterienarten auf Ackerbohne pathogen, darunter *Erwinia carotovora* var. *atroseptica, Pseudomonas syringae, Ps. mors prunorum* und nicht identifizierte *Bacillus*-Arten.

Bekämpfung
Die Verwendung gesunden Saatgutes ist die wichtigste Maßnahme; auch durch Auswahl geeigneter Standorte, günstiger Kulturbedingungen und Bekämpfung des Unkrautes kann der Befall verhütet werden.

Literatur
GRIESBACH, E., 1976: Die Bakteriosen der Akkerbohne. Symptombild und Erreger. Nachr.Bl. Dtsch. Pflschutzd. DDR **30**, 233–236. – SCHMIEDEKNECHT, M., GÖRLITZ, H., 1966: Zum Auftreten einer Bakteriose an Ackerbohnen in der Deutschen Demokratischen Republik. Nachr.Bl.Dtsch. Pflschutzd. Berlin **20**, 37–41.

6.14 Schädlinge

6.14.1 Nematoden

Stockälchen, *Ditylenchus dipsaci,* s. Seite 284.

6.14.2 Blasenfüßer

Erbsenblasenfuß, *Kakothrips pisivorus*, s. Seite 427.

Frühjahrs-Ackerblasenfuß, Früher Ackerthrips, *Thrips angusticeps*, s. Seite 428.

6.14.3 Blattläuse

Wickenblattlaus
(vetch aphid)
Megoura viciae Buckt. (Homoptera, Aphididae)
Die Wickenblattlaus kann an jungen Trieben, Blättern und Blüten von Ackerbohne und *Lathyrus*-Arten große Kolonien bilden. Der durch ihre Saugtätigkeit verursachte Schaden ist in der Regel jedoch gering. Die Blattlaus ist grün gefärbt und besitzt schwarze Beine, Fühler und Siphonen (Abb. 231). Die erwachsenen ungeflügelten Virgines werden bis 5 mm lang. Die Art hat kei-

nen Wirtswechsel, lebt also das ganze Jahr über auf Leguminosen.
M. viciae kann verschiedene Viren, wie das zirkulative Scharfe Adernmosaik-Virus der Erbse, das nicht zirkulative Bohnengelbmosaik-Virus und das zirkulative Blattroll-Virus der Ackerbohne (und Erbse) übertragen, ist im allgemeinen aber kein besonders leistungsfähiger Vektor.

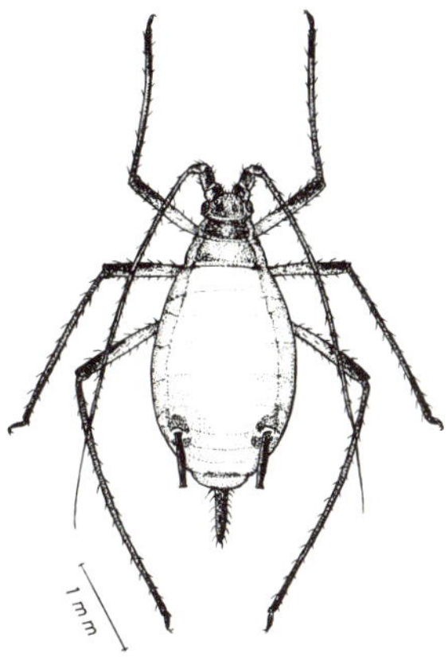

Abb. 231. Ungeflügelte Virgo der Wickenblattlaus *(Megoura viciae)*.

Literatur
LEES, A. D., 1967: The production ot the apterous and alate forms in the aphid *Megoura viciae* Buckton, with special reference to the role of crowding. J. Insect Physiol. **13**, 289–318. – SIDDIG, S. A., 1966: Untersuchungen über Morphologie, Bionomie und Bekämpfung der Wikkenlaus *Megoura viciae* Buckt. Diss. Univ. Gießen, 79 S.

Erbsenblattlaus, *Acyrthosiphon pisum,* s. Seite 428.

Schwarze Rübenblattlaus, Schwarze Bohnenblattlaus, *Aphis fabae,* s. Seite 296.

Erdnußblattlaus, Schwarze Wickenlaus
(groundnut aphid)
Aphis craccivora Koch (Homoptera, Aphididae)
Die Erdnußblattlaus kann allein oder zusammen mit der Schwarzen Bohnenlaus (*Aphis fabae*) in Ackerbohnenbeständen auftreten und beträchtlichen Saugschaden hervorrufen. Sie wird oft mit *A. fabae* verwechselt. Die erwachsenen Ungeflügelten von *A. craccivora* haben eine dunkel pigmentierte, glänzende Rückenhaut, die von *A. fabae* eine matte. Bei den *A. craccivora*-Nymphen ist die für die von *A. fabae* oft typische Doppelreihe weißer Wachsflecke nicht vorhanden. *A. craccivora* hat auch längere Siphonen ($^{1}/_{10}$ bis $^{1}/_{4}$ der Körperlänge) als *A. fabae.*
Die polyphage Erdnußblattlaus, die hauptsächlich in tropischen und subtropischen Gebieten vorkommt, macht keinen Wirtswechsel durch und lebt in erster Linie an Leguminosen. Sie kann verschiedene Viren übertragen; so ist sie beispielsweise ein relativ guter Vektor des Bohnengelbmosaik-Virus an *Vicia faba.*

Literatur
FALK, U., 1958: *Aphis craccivora* Koch – eine Doppelgängerin der Schwarzen Bohnenlaus. Nachrichtenbl. Dtsch. Pflanzenschutzdienst (Berl.) NF **12,** 187–189. – MÜLLER, F. P., 1970: Zur Kenntnis der Schwarzen Bohnen- und Rübenblattlaus vom Gesichtspunkt der Prognose und des Warndienstes. Ibid. **24,** 96–100.

6.14.4 Käfer

Linierter Blattrandkäfer, *Sitona lineatus,* s. Seite 430.

Ackerbohnenkäfer, Pferdebohnenkäfer
(bean seed beetle)
Bruchus rufimanus Boh.

Systematische Stellung
Coleoptera (Käfer), Bruchidae (Samenkäfer)

Geographische Verbreitung
B. rufimanus kommt in Europa, auf den Kanaren und Azoren, in Teilen Asiens unter Einschluß Japans, in Nord- und Südafrika und in Nordamerika vor, wo der Käfer eingeschleppt wurde.

Beschreibung
Larve: Weißlich bis gelblich und etwa 5 mm lang. Kopfkapsel braun, Beine stark reduziert (kegelförmige Wülste).
Käfer: Oval, etwa 3,5 bis 5 mm lang. Grundfär-

bung dunkelbraun, Deckflügel mit ockergelben und weißlichen Haarbüscheln (Abb. 226, rechts). Hinterende des Körpers nicht von Haarbüscheln bedeckt, Vorderbeine gelbrot. Innenkante der Hinterschienen dornartig vorspringend.

Brutpflanzen

Die Entwicklung des Ackerbohnenkäfers erfolgt in den Samen von Ackerbohne (Pferdebohne), Erbse, *Phaseolus*-Bohne, Linse und von wilden *Vicia*-Arten.

Schadsymptome und wirtschaftliche Bedeutung

Die von *B. rufimanus* an befallenen Leguminosen-Samen hervorgerufenen Befallssymptome stimmen mit den von *B. pisorum* bewirkten weitgehend überein, d. h. es sind zylindrische Einbohrlöcher nachweisbar, die von der erhalten gebliebenen Samenschale fensterartig verschlossen werden. In den Löchern sind Larven und Puppen oder auch Käfer zu finden, solange diese die Samen noch nicht verlassen haben. Befallene Körner haben oft auch eine rissige Schale.

Der Pferdebohnenkäfer tritt in Gebieten, in denen *V. faba* längere Zeit und auf größeren Flächen angebaut wird, in manchen Jahren sehr stark auf. In der Deutschen Demokratischen Republik wurden Befallsprozentsätze von über 80% der Samen festgestellt. Befallene Samen verlieren stark an Gewicht (etwa 11%) und sind für die menschliche Ernährung praktisch nicht mehr verwendbar, außerdem wird die Keimfähigkeit stark reduziert. Die Einbohrlöcher der Larven in den Hülsen werden zudem oft von Erregern der Brennfleckenkrankheit (*Ascochyta fabae* Speg., s. Seite 443) infiziert.

Entwicklungszyklus, Biologie und Ökologie

B. rufimanus ist ein reiner Freilandschädling. Nach dem Verlassen der Winterquartiere erscheint er im Mai in den jungen Ackerbohnenbeständen. Zunächst werden die Randzonen der Felder bevorzugt besiedelt, später verteilen sich die Käfer stärker, vor allem in kleineren Beständen.

Die Tiere nehmen Nektar an extrafloralen Nektarien der Ackerbohnenpflanzen als Nahrung auf. Die Eiablage erfolgt im Juni und Juli vor allem an die untersten Hülsen. An einer Hülse können zum Teil mehr als 30 Eier gefunden werden. Ein Weibchen legt durchschnittlich etwa 40 Eier ab. Die Sterblichkeit der Larven ist erheblich. Pro Samen entwickelt sich gewöhnlich nur eine Larve.

Die Jungkäfer schlüpfen in Abhängigkeit von der Witterung in der 2. August- oder 1. Septemberhälfte. Sie durchdringen dabei die Hülsenwand, in die sie ein kreisrundes Loch nagen. Ein Teil von ihnen bleibt in den Samen zurück und kommt so mit ins Lager. Werden die Samen dann im folgenden Jahr als Saatgut verwendet, so gelangen die Schädlinge mit diesem in die Felder zurück. Die im August/September geschlüpften Käfer begeben sich bald in die Winterquartiere, die sich unter der Borke älterer Bäume befinden können. Von hier aus besiedeln sie im nächsten Frühjahr vorzugsweise die nächstgelegenen Ackerbohnenfelder. Je weiter die Felder von den Überwinterungsquartieren entfernt sind, desto geringer ist der Zuflug.

Kühle, niederschlagsreiche Herbstwitterung fördert den Befall im folgenden Jahr, während ihn ein nasser, warmer Januar/Februar vermindert. Hohe relative Luftfeuchtigkeit und hohe Temperaturen aktivieren die Käfer deutlich bei der Eiablage, die unter 18 °C nur noch sehr gering ist. Lückige, dünnstehende Bestände weisen stärkeren Schaden auf als dichtstehende.

Natürliche Feinde

Über Parasiten und Prädatoren von *B. rufimanus* ist bei uns bisher nichts Konkretes bekannt. In anderen Ländern treten Milben und Hautflügler aus verschiedenen Familien als Parasiten auf.

Bekämpfung

Eine Anbaupause von einem Jahr wirkt sich stark populationsmindernd auf den Ackerbohnenkäfer aus. Neue Felder sollten in möglichst weiter Entfernung von vorjährigen angelegt werden. Ausgefallene, befallene Samen sind tief unterzupflügen. Befallenes Erntegut kann auf dem Lager unter anderem durch Begasung mit Phostoxin von Käfern befreit werden.

Im Feldbestand gilt als Bekämpfungs- bzw. wirtschaftliche Schadensschwelle eine Käferzahl von 10 an 100 Pflanzen.

Eine chemische Bekämpfung sollte zur Vermeidung von Bienenverlusten vor Blühbeginn durchgeführt werden. Auch dann sollten bienenungefährliche Mittel wie Endosulfan vorgezogen werden, da die Möglichkeit besteht, daß die Akkerbohnen wegen der extrafloralen Nektarien von Bienen beflogen werden. Bei Verwendung bienengefährlicher Mittel sind die Vorschriften der Bienenschutzverordnung zu beachten.

Literatur

FRANSSEN, C. J. H., 1955: De bestrijding van de tuinbonenkever, *Bruchus rufimanus* Boh., volgens de ontwikkeling van het gewas. Tijdschr. Plantenziekten **61**, 52–55. – JUCHNOWICZ, I., ROMANKOW, W. und RUSZKOWSKI, J. 1957: Wyniki badań nad biologią i zwalczaniem strąkowca bobowego – *Bruchus rufimanus* Boh. (Coleoptera, Bruchidae). Bull. Ent. Pologne **27**, 21–36. – SCHOLZ, J. und DÖRNER, H. J., 1976: Untersuchungen über das Auftreten, die Schadwirkung und Bekämpfung des Ackerbohnenkäfers in Ackerbohnenbeständen der Bezirke Halle und Leipzig. Nachrichtenbl. Pflanzenschutz DDR 30, 212–216. – ŠEDIVY, J., 1972: Škodlivost zrnokaza bobového (*Bruchus rufimanus* Boh.) na vikvi seté a bobu obecném. Ochr. Rostl. **8**, 101–106.

6.14.5 Minierfliegen

Ackerbohnenminierfliege

Liriomyza brassicae (Ril.) (syn. *Phytobia crucifericola* Hering) (Diptera, Agromyzidae)

Die Larven der Ackerbohnenminierfliege fressen in den Blättern von *Vicia faba* zunächst Gang-, später Platzminen. Diese weltweit verbreitete Fliege kommt sonst vor allem an Kruziferen wie Kohlarten, Raps, Rübsen sowie anderen Kulturpflanzen vor. Der durch den Minierfraß verursachte Schaden bleibt meist in Grenzen.

Literatur

BREMER, H., 1955: Die Ackerbohnen-Minierfliege *Phytobia (Cephalomyza) crucifericola.* Nachrichtenbl. Dtsch. Pflanzenschutzdienstes (Braunschw.) 7, 4.

7 Hopfen

7.1 Viruskrankheiten

7.1.1 Hopfenmosaik
(hop mosaic)

Erreger
Hopfenmosaik-Virus, HoMV (hop mosaic virus, HMV).
Die Blätter der Seitentriebe zeigen Aufhellungen an einzelnen Adernteilen und chlorotische Bänderungen. Die Internodien bleiben verkürzt, die Seitentriebe gestaucht (Farbtafel 25, S. 361); an den Zapfen stellen sich Mißbildungen ein. Während des Spätsommers können die Symptome maskiert sein. Die Krankheitsbilder unterliegen von Jahr zu Jahr starken Schwankungen in der Ausprägung. Befallene Pflanzen weisen hohe Ertragsminderungen auf; die Krankheit ist in Europa weit verbreitet. Das an Hopfen und einigen Unkräutern *(Stellaria media, Chenopodium album, Plantago major, Polygonum aviculare)* vorkommende stäbchen- bis fadenförmige Virus (650 × 14 nm) wird nicht zirkulativ durch *Myzus persicae, Macrosiphum euphorbiae* und *Phorodon humuli* (Frühjahrsform) übertragen. Milde Stämme des Virus sind weit verbreitet; Sorten des Golding-Typ werden stark geschädigt, andere zeigen mitunter deutliche Toleranz. Kranke Pflanzen sind durch Rodung aus dem Bestand zu entfernen; der Anbau toleranter Sorten ist zu empfehlen.

7.1.2 Mosaikchlorose
(hop mosaic chlorosis)

Erreger
Mosaikchlorose-Virus, HoMCV (hop mosaic chlorosis-virus, HMCV).
Die Blätter sind bis auf die Adern chlorotisch aufgehellt, dabei entstehen auch mosaikartige Musterungen. Die Blattspreiten werden deformiert, die Pflanzen bleiben im Wuchs zurück. Die fädigen Viruspartikeln werden durch die Hopfenblattlaus *(Phorodon humuli)* übertragen; mechanische Übertragung ist ebenfalls möglich. Die Virose ist in Osteuropa bekannt und kann durch Vektorenbekämpfung eingeschränkt werden.

7.1.3 Nesselkrankheit
(hop nettle head)

Erreger
Arabismosaik-Virus, ArMV (arabis mosaic virus, AMV).
Befallene Pflanzen haben verkürzte Internodien, hellgrüne bis gelbgrüne, kleine Blätter mit nesselartiger Zähnung. Die Blattadern treten unterseits stärker hervor, teilweise bilden sich Enationen. Die Triebspitzen hängen herab, mitunter sind die Blätter am Rand gekräuselt und eingerollt. Neben dem Arabismosaik-Virus ist meist das Nekrotische Ringflecken-Virus der Kirsche beteiligt. Die isometrischen Viruspartikeln (30 nm) werden mechanisch und durch den Nematoden *Xiphinema diversicaudatum* übertragen. Kranke und symptomlose, benachbarte Pflanzen sind aus dem Bestand zu entfernen. Die Krankheit ist in Europa verbreitet. Der Erreger besitzt einen großen Wirtskreis unter den Kulturpflanzen (Himbeere, Erdbeere, Gurke, Salat, Sellerie) und Unkräutern.

7.1.4 Ring- und Bandmosaik
(ring and band pattern mosaic)

Erreger
Stämme des Nekrotischen Ringflecken-Virus der Kirsche, KiNRV (Prunus necrotic ringspot virus, NRSV); Serotypen: Apfeltyp, Kirschtyp.
Auf den unteren Blättern bilden sich ab Anfang Juni regellos angeordnete chlorotische Ringe, Fleckungen oder Bänder (Farbtafel 25, S. 361); die Blattsymmetrie kann gestört sein, Auftreibungen und Verkrümmungen liegen mehr oder weniger deutlich vor. Bei schwacher Erkrankung kann im Juli–August Maskierung der Symptome eintreten. Mitunter sind nur einzelne Seitentrie-

be im unteren Pflanzenbereich sichtbar erkrankt. Ertragsausfälle und Qualitätsminderungen (α-Säuren) bis zu 30% sind bekanntgeworden. Die Virose ist auch in Deutschland weit verbreitet, einzelne Sorten sind total bzw. mehr oder weniger latent verseucht, d. h. zeigen keine augenfälligen Symptome.
Durch beide Serotypen wird auch das sog. „Nekrotische Kräuselmosaik des Hopfens" verursacht. Die Blätter bleiben kleiner, rollen sich nach unten ein; die Blattadern bleiben grün, während sich die Interkostalfelder gelblich färben und später unter Bräunung (Nekrosen) absterben; die Blattspreiten reißen auf. An den Trieben entstehen nekrotische Streifen; die Zapfen bleiben klein; Ertragsminderungen bis zu 50% wurden ermittelt.
Die isometrischen Viruspartikeln (22 nm) werden durch Pfropfung übertragen; Abreibung auf krautige Pflanzen gelingt mit geringer Effektivität; der Nematode *Longidorus macrosoma* Hooper kann als Vektor dienen. Die verschiedenen Stämme des Virus können serologisch differenziert werden; Apfel- und Kirschtypen sind Herkunftsbezeichnungen des Virus für die Entwicklung von Seren zur Identifizierung. Der Apfeltyp ist in Deutschland am weitesten verbreitet. Das NRSV hat einen größeren Wirtskreis und verursacht Krankheiten unter anderem bei Sauerkirschen, Süßkirschen, Mandeln und Rosen. Bei Kirschen sind die Viruspartikeln pollenübertragbar; als allgemeine Vektoren können Milben (*Aculus* sp.) und der Nematode *Longidorus macrosoma* dienen.
Zur Verhütung des Ring- und Bandmosaiks bei Hopfen sind kranke Pflanzen aus den Beständen zu entfernen. Neuanpflanzungen sollen mit virusfreien Klonen erfolgen. Durch Warmluftbehandlung (37 bis 40 °C) und anschließende Triebspitzenbewurzelung bzw. durch Meristemkultur und Virustestung sind gesunde Pflanzen (Mutterpflanzen) zu erzielen, die der weiteren Vermehrung dienen. Resistente Sorten liegen nicht vor, Anfälligkeits- bzw. Symptomunterschiede ließen sich feststellen.

7.1.5 Gelbnetzkrankheit
(hop yellow net)

Erreger
Hopfengelbnetz-Virus, HoGV (hop yellow net virus, HYNV)

Die Blattadern sind gelb gebändert, später werden die Interkostalfelder stärker chlorotisch. Meist behalten die größeren Adern ihre grüne Färbung. Die Blätter oder der Pflanzenhabitus sind sonst unverändert. Zum Übertragungsmechanismus ist noch wenig bekannt.

Literatur
Barbara, D. J., Adams, A. N., 1981: Hop mosaic virus. CMI/AAB Descriptions of Plant Viruses, Nr. 241. – Bock, K. R., 1967: Hop mosaic virus. Rep. E. Malling Res. Str. 1966, 1963–1965. – Fulton, R. W., 1970: Prunus necrotic ringspotvirus. CMI/AAB Descriptions of plant viruses Nr. 5. – Mc Namara, D. C., Sander, E., Eppler, A., 1980: The distribution of virus-vector nematodes in the hop-growing region of the Tettnang, West-Germany. Zeitschr. Pflkr. Pflschtz 87, 73–82. – Schmelzer, K., Schmidt, H. E., 1977: Spezialkulturen. In Klinkowski, M.: Pflanzliche Virologie. Die Virosen an landwirtschaftlichen Kulturen, Sonderkulturen und Sporenpflanzen (Ed. K. Schmelzer, D. Spaar), Bd. 2, 294–364, Akademie-Verlag, Berlin. – Thresh, J. M., Adams, A. N., Barbara, D. J., Clark, M. F., 1977: The detection of three viruses of hop *(Humulus lupulus)* by enzyme-linked immunosorbent assay (Elisa). Ann. Appl. Biol. 87, 57–65.

7.2 Pilzkrankheiten

7.2.1 Hopfenwelke
(Verticillium wilt of hop)

Erreger
Verticillium albo-atrum Reinke et Berth., *Verticillium dahliae* Kleb.

Systematische Stellung
Deuteromycotina, Hyphomycetes, Hyphomycetales, Moniliaceae.

Verbreitung, wirtschaftliche Bedeutung
Die Hopfenwelke wurde zuerst in England (1924) beobachtet und erreichte in den dreißiger Jahren größere Bedeutung, besonders in Kent. In Deutschland wurde sie erstmals 1952 im größ-

ten, geschlossenen Hopfenanbaugebiet (Hallertau/Bayern) nachgewiesen. In den Folgejahren wurden zunehmend größere Flächen betroffen, die bislang stärksten Ausfälle und Verluste traten in diesem Gebiet 1973 ein. Bei einer Anbaufläche von 16 535 ha wurde ein auf die Fläche bezogener Totalausfall der Ernte von 817 ha errechnet. Allein bei der hochanfälligen Sorte ‚Hallertauer Mittelfrüher' trat ein Ertragsverlust von 725 ha ein. Die Höhe des Gesamtschadens wurde auf 12 Millionen DM geschätzt. In anderen Hopfenanbaugebieten Deutschlands blieb die Welke von geringerer Bedeutung; auch in anderen europäischen Ländern, den USA, in Australien und Neuseeland ist die Krankheit weniger schwerwiegend.

Symptome

Kranke Pflanzen zeigen anfangs, wenig auffällig, verkürzte Internodien und Seitentriebe. Später stellen sich Vergilbungen der Blätter ein, begleitet von unregelmäßigen, dunkelbraunen Nekrosen in den Interkostalfeldern; die Blattränder wölben sich nach oben und vertrocknen. Die Chlorosen setzen bei den untersten Blättern ein und greifen langsam oder rascher fortschreitend bis auf die obersten Pflanzenteile über. Die Pflanze kann Gerüsthöhe erreichen, bleibt aber in der Entwicklung von Seitentrieben stark zurück und stirbt meist vor der Pflückernte ab bzw. ist völlig vergilbt (Farbtafel 26, S. 362). Erste Symptome sind ab Mitte Juni zu beobachten; die stärksten Welkeerscheinungen treten zwischen Blüte und Ausdoldung auf. Mitunter wird nur einer von den meist zwei aufgeleiteten Trieben erfaßt. In manchen Jahren verläuft die Symptombildung schleichend und milder, in anderen akut und heftiger. Das Gefäßsystem (Xylem) welkender Pflanzen ist über weite Strecken verbräunt. Bei schwacher Erkrankung können die Triebe im unteren Teil anschwellen.

Biologie der Erreger

Verticillium albo-atrum und *V. dahliae* sind typische Bodenpilze, die in Form von Dauermycel bzw. Mikrosclerotien *(V. dahliae)* ungünstige Bedingungen längere Zeit überstehen (s. Verticillium-Welke S. 240). An Dauerorganen können sich mehrfach nacheinander Konidien an wirteligen Trägern bilden. Keimhyphen der Konidien oder Überdauerungsformen wachsen in die Wurzeln der Hopfenpflanze ein, durchdringen den Zentralzylinder und gelangen in das Xylem. Sobald die Lignifizierung der Zellwände beginnt, ist die Infektion erschwert; durch Suberineinlagerung in der Endodermis kann der Befall verhindert sein, daher sind junge Wurzeln oder Wurzelverletzungen hauptsächliche Eintrittspforten. Die weitere Ausbreitung des Erregers im Xylem kann durch Konidien erfolgen, die mit dem Wasserstrom nach oben getragen werden. Die Hyphen der Pilze durchwachsen die Querwände (Hoftüpfel) der Tracheiden und gelangen schließlich bis in die Gefäße von Blättern und Blüten; gleichzeitig werden mehr oder weniger große Teile des Wurzelsystems und Rhizoms besiedelt. Mit der Ausbreitung im Sproß geht die Entwicklung der Welkesymptome von unten nach oben einher. Es wird angenommen, daß die Infektionen an den jungen Wurzeln vom Boden aus die größere Bedeutung besitzen. Der Übergang der Erreger aus dem Rhizom in die jungen Triebe erfolgt wahrscheinlich nicht in jedem Jahr ohne Schwierigkeiten, da das Xylem beim Austrieb neu angelegt wird. Daher können infizierte Hopfenstöcke durchaus wieder gesund werden bzw. sich erholen. Die Erreger gelangen durch infizierte Pflanzenreste (Triebe, Blätter) in den Boden bzw. verbleiben in abgestorbenen Wurzeln. Eine passive Verbreitung geschieht durch Bodenerosion, bei der Bodenbearbeitung und durch Ackergeräte, auch Unkräuter sind als Nebenwirte für die Erhaltung des Infektionspotentials im Boden von Bedeutung.

Niedrige Bodentemperaturen in den Monaten April bis Juni begünstigen den Welkebefall, höhere Temperaturen im Juli und August scheinen der Krankheitsentwicklung entgegenzuwirken. Einflüsse der Bodenfeuchte sind weniger ausgeprägt; in feuchteren Sommern treten Welkeerscheinungen meist früher auf, jedoch wird der damit verbundenen geringeren Temperatur die größere Bedeutung zugesprochen. Geringe biologische Aktivität im Boden, Durchlüftungsmängel in unteren Profilzonen (ab 40 cm) und Staunässe begünstigen die Hopfenwelke. Die Krankheit ist verbreitet auf Parabraunerden und Braunerden mit Tondurchschlämmung aus Löß und Lößlehm, humosen Hangfußböden aus Lößlehm und Pelosol-Braunerden; geringere Gefahr besteht auf Parabraunerden und Pararendzinen aus Löß. Hohe Stickstoffgaben, insbesondere in Nitratform, können die Welke fördern; bei geringer N-Versorgung bleibt die Infektion auf untere Pflanzenteile beschränkt und die Krankheitssymptome entwickeln sich in abgeschwächter Form oder es liegt latenter Befall vor.

In die Pathophysiologie der Welke sind wahrscheinlich verschiedene Prozesse eingeschlossen; zellwand- und pektinlösende Enzyme führen zu Gefäßblockierungen durch Ablagerung gummoser Substanzen; auf die Bedeutung von Toxinen und Eingriffe in den Wuchsstoffhaushalt wird verschiedentlich hingewiesen. Abwehrreaktionen und Äthylenbildung in der Pflanze scheinen Alterungsprozesse einzuleiten, welche die Symptome verstärken. Die Welke tritt nicht durch übersteigerte Transpiration, sondern mangelnde Wasserleitung in den Gefäßen ein.

Wirtskreis

Beide Erregerarten zeigen keine Spezialisierung, sondern befallen Pflanzenarten aus zahlreichen Familien (s. Verticilliumwelke S. 240). Die Virulenz einzelner Pilzstämme kann unterschiedlich sein; der akute Verlauf der Hopfenwelke wird aggressiven Erregerherkünften zugesprochen. Die Hopfensorten zeigen deutliche Anfälligkeitsunterschiede. Stark anfällig ist 'Hallertauer Mittelfrüher'; als anfällig werden 'Hallertauer Gold' und 'Brewers Gold' bezeichnet; wenig anfällig bis resistent verhielten sich bisher 'Hersbrucker Spät', 'Spalter' und 'Hüller Bitterer'; als resistent sind in Deutschland 'Northern Brewer', 'Record' und 'Star' anzusehen. Die Widerstandsfähigkeit von 'Northern Brewer' reicht unter englischen Verhältnissen nicht aus, da offenbar dort Pilzstämme mit hoher Virulenz vorliegen. Die Ursachen der Resistenz werden in einer raschen Suberineinlagerung in die Endodermis gesehen, wodurch dem Erreger der Eintritt in das Gefäßsystem erschwert oder unmöglich wird. Bei anfälligen Sorten ist auch der Abstand der ersten Seitenwurzel zur Spitze der Hauptwurzel deutlich länger. Zusätzlich scheinen Abwehrmechanismen unter Beteiligung oxydierter phenolischer Inhaltsstoffe nach der Infektion die Ausbreitung des Pilzes im Xylem zu hemmen, wozu auch die induzierte Bildung von Thyllen beiträgt.

Bekämpfung

Beide Krankheitserreger sind in Kulturböden häufig nachzuweisen, trotzdem sollten die Möglichkeiten zur Weiterverbreitung bei der Bodenbearbeitung, der Pflege (Schnitt), bei Pflanzenschutzmaßnahmen und beim Transport von Hopfenreben zur Pflückmaschine Beachtung finden. Kranke Reben dürfen nicht wieder in Hopfengärten eingebracht werden. Bei sorgfältig durchgeführter Kompostierung der gehäckselten Pflanzenrückstände, bei der die Temperaturen auf über 40 °C ansteigen, werden die Erreger nach mehreren Tagen abgetötet. Für Neuanpflanzungen sind gesunde Fechser zu verwenden; Gerüstmaterial aus befallenen Gärten sollte vor Wiederbenutzung entseucht werden. Eine sorgfältige Unkrautbekämpfung schaltet Nebenwirte der Erreger aus. Verletzungen der Wurzeln bei der Bearbeitung und Schädigungen durch konzentriert an der Pflanze ausgebrachten Handelsdünger sind zu vermeiden. Die Höhe der N-Düngung sollte auf 200 kg/ha begrenzt bleiben, dabei ist früher, breitwürfiger Anwendung von langsam wirkenden Düngemitteln der Vorzug zu geben. Eine direkte chemische Bekämpfung der Erreger der Hopfenwelke ist zur Zeit in wirtschaftlichem Ausmaß nicht möglich. Mit einzelnen Fungiziden (Dichlofluanid, Fentinacetat, Benomyl) wurden nur Teilerfolge erzielt. Als entscheidende Maßnahme hat sich die Umstellung auf weniger anfällige Sorten bewährt; leider fällt dadurch eine der wertvollsten Aromasorten ('Hallertauer Mittelfrüher') für den weiteren Anbau stark zurück.

Literatur

Pegg, G. F., 1974: Verticillium diseases. Rev. Pl. Path. **53**, 157–182. – Rintelen, J., 1974: Die Verticillium-Welke des Hopfens. Z. Pflkr. und Pflschutz **81**, 305–315. – Sewell, G. W. F., Wilson, J. F., 1974: The influence of normal tillage and of noncultivation on Verticillium wilt of the hop. Ann. Appl. biol. **76**, 37–47. – Talboys, P. W., 1958: Some mechanisms contributing to Verticillium resistance in the hop root. Trans. Brit. myc. Soc. **41**, 227–241. – Wittmann, O., 1971: Boden- und Verticillium-Welke des Hopfens. Bayer. Landw. Jb. **48**, 206–236.

7.2.2 Falscher Mehltau
(hop downy mildew)

Erreger

Pseudoperonospora humuli (Miy. et Tak.) Wilson.

Systematische Stellung
Mastigomycotina, Oomycetes, Peronosporales, Peronosporaceae.

Verbreitung, wirtschaftliche Bedeutung
Der Falsche Mehltau des Hopfens ist heute weltweit verbreitet (ausgenommen sind Australien, Neuseeland), nachdem er zunächst in Japan (1905), den USA (1902), England (1920) und Deutschland (1924) beobachtet wurde. Die hohe epidemische Potenz des Erregers hat vor der Einführung von Fungiziden auf Kupferbasis in den meisten Hopfenanbaugebieten jahreweise zu katastrophalen Ernteausfällen geführt. Die Krankheit wird in gemäßigten Klimabereichen bis in die Gegenwart stark gefürchtet, da je nach Witterungsablauf der Ausbruch einer Epidemie während der gesamten Kulturzeit erfolgen kann und Infektionen noch kurz vor dem Pflücktermin die Qualität des Erntegutes mindern. Der Hopfen zählt aus diesem Grund zu den pflanzenschutzintensivsten Kulturen.

Symptome
Erste Krankheitserscheinungen werden beim Austrieb erkennbar; bereits in jungen Stadien sind einzelne Triebe verdickt, gelblich grün verfärbt, das Wachstum ist verzögert, die Blätter bleiben klein, nach unten eingerollt und hellgrün (Farbtafel 26, S. 362). Auf der Blattunterseite hat sich ein dichter, grauvioletter Pilzrasen entwickelt. Die Krankheit geht auf weitere Haupt-, Boden- oder Seitentriebe über, die in allen Stadien infiziert werden können und ähnlich deformierte Sprosse (Bubiköpfe) bilden. Bei jungen, erst teilweise entfalteten Blättern wird die ganze Spreite erfaßt, an älteren entstehen Blattflecke, die durch die Adern begrenzt werden und eckige Form aufweisen. Das befallene Gewebe stirbt unter Braunfärbung ab (Farbtafel 26, S. 362). Die Blätter weisen die höchste Anfälligkeit im Alter von 10 bis 20 Tagen auf, später gehen die Blattflecke deutlich zurück. An den Blütenhüllen bzw. Zapfen entstehen Deformationen und rotbraune, streifige Verfärbungen.

Biologie des Erregers
Pseudoperonospora humuli ist ein obligater, interzellulärer Parasit, der durch Haustorien den Wirtszellen die notwendigen Nährstoffe entzieht. Aus den Stomaöffnungen an der Blattunterseite wachsen dichtgedrängt die dichotom verzweigten Sporangienträger hervor; die Zoosporangien sind oval, 27 × 17 µm groß und enthalten 4 bis 7 oder mehr zweigeißelige Zoosporen (12 bis 14 × 8 bis 10 µm) (Abb. 232).

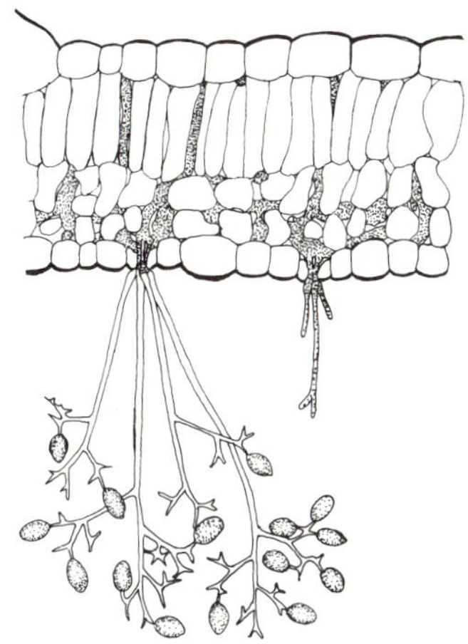

Abb. 232. *Pseudoperonospora humuli,* Zoosporangienträger, Zoosporangien und Zoosporen.

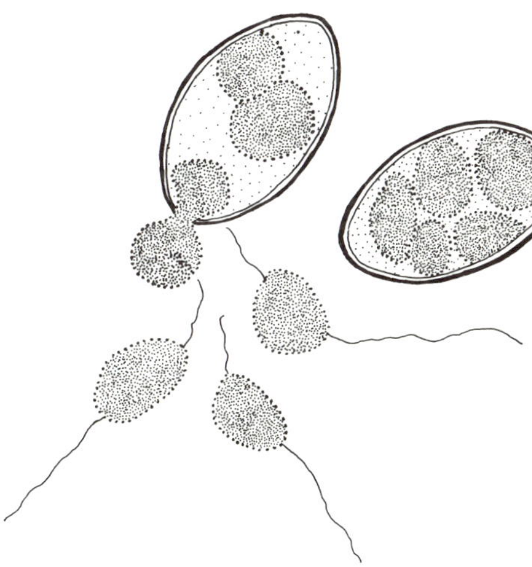

Abb. 233. Zoosporangien und Zoosporen von *Pseudoperonospora humuli.*

Die runden Oosporen (28 bis 50 × 20 bis 48 µm) haben eine glatte Wand. Der Pilz überdauert als Mycel in den Rhizomen des Hopfens. Der Befall des Wurzelstockes kann 4 Jahre und länger anhalten; jedes Jahr treiben einzelne infizierte Sprosse aus, die Ausgangspunkte für Sekundärinfektionen sind. Die Sporangien bilden sich nachts bei hoher Luftfeuchte. Sie werden morgens reif und besonders mittags bei sinkender relativer Feuchte durch den Wind verbreitet. Ihre Lebensdauer beträgt etwa 2 Tage, in Ausnahmefällen 10 Tage. Wenn keine neuen Sporangien entstehen, nimmt die Population in wenigen Tagen stark ab. Zur Auskeimung wird tropfbar flüssiges Wasser benötigt; die Zoosporen schlüpfen bei 20 °C innerhalb weniger Stunden (Abb. 233). Die für eine hohe Infektion notwendige Blattnässeperiode beträgt bei 22 °C nur 4 Stunden, bei 10 °C etwa 7 Stunden. Die Sporulation setzt bei 21 bis 25 °C innerhalb von 3 Tagen ein, bei ungünstigen Verhältnissen wird sie bis zu 11 Tage (29 °C) bzw. 23 Tage (5 °C) verzögert. Vorübergehend ungünstige Bedingungen hindern den Erreger nicht daran, bei Besserung der Verhältnisse wieder epidemisch zu werden. Für die epidemische Entwicklung des Erregers sind häufige, leichte Regen bei mittleren Temperaturen entscheidend. Unter diesen Bedingungen werden nachts ausreichend Sporangien gebildet, die bei längerer Blattnässe auch günstige Infektionsbedingungen vorfinden; Taunächte sind meist ohne Bedeutung.

In Blättern, Stengeln und häufiger in den Blütenhüllen werden mitunter reichlich Oosporen gebildet. Die Keimung konnte nur vereinzelt nachgewiesen werden, so daß ihre Bedeutung für die Epidemiologie als Überdauerungsform noch nicht voll abzuschätzen ist. Die Wurzelstockinfektion ist als entscheidend anzusehen; sie erfolgt entweder durch das Einwachsen von Mycel aus sekundärinfizierten Basaltrieben, hauptsächlich durch Zoosporeninfektionen an der Stengelbasis oder gelegentlich durch in den Boden gewaschene Sporangien. Die Wurzelstockerkrankung ist beim Rückschnitt der vorjährigen Triebe an ihrer angeschwollenen Basis zu erkennen, die Schnittfläche zeigt eine graubraune Verfärbung.

Wirtskreis

Pseudoperonospora humuli tritt vornehmlich an Kultur- und Wildhopfen *(Humulus lupulus)* auf. Daneben sind als Wirtspflanzen *Humulus japonicus, Cannabis sativa, Urtica-* und *Parietaria-*Arten nachgewiesen. Die verschiedenen Hopfensorten zeigen Befallsunterschiede; vollresistente Formen sind nicht im praktischen Anbau.

Bekämpfung

Falscher Mehltau des Hopfens ist durch Kulturmaßnahmen, Standort- und Sortenwahl nicht entscheidend zu verhindern. Die hohen Ansprüche an die Qualität des Erntegutes lassen keine Toleranz zu. Der Erreger überwintert in den Hopfengärten und tritt unter feuchten Bedingungen in kurzer Zeit epidemisch auf; andererseits ist die rasch wachsende Pflanze in allen Stadien bis zur Pflückernte anfällig. Weltweit ist der Hopfenanbau daher an intensive chemische Pflanzenschutzmaßnahmen gebunden, deren Ausmaß von den Witterungsbedingungen und der Höhe des Inokulums abhängt. Kurzfristige Prognoseverfahren auf dieser Basis sind erarbeitet oder in Erprobung. Sie sollen zu einem gezielten Einsatz von Fungiziden führen und den Pflanzenschutz ökonomisch und ökologisch optimieren. Langjährige, teils bittere Erfahrungen gaben den Hopfenbauern Veranlassung, routinemäßige Applikationen anzuwenden; bei gesicherter Voraussage der Infektionsgefahr kann ihre Zahl in manchen Jahren erheblich reduziert werden. Aus dem Weinbau übernommen, haben sich Kupferpräparate bis zur Gegenwart bewährt. Ihrer alleinigen Anwendung steht die Anreicherung von Kupfer im Boden entgegen; sie bleiben jedoch notwendig, da einige organische Wirkstoffe nur bis zur beginnenden Ausdoldung eingesetzt werden dürfen. Bei den in neuester Zeit entwickelten systemischen Fungiziden ergeben sich gewisse Änderungen in der Art und Zahl der Applikationen.

Auf der Basis von Kupferoxychlorid stehen zahlreiche Präparate zur Verfügung; zum Teil sind andere Wirkstoffe z. B. Folpet (Turbofal), Schwefel (Wacker 83 V), Curzate + Schwefel (Cufolan), Metalaxyl (Ridomil plus) beigemischt; die Wartezeiten betragen 7 bis 10 Tage. Die Dithiocarbamat-haltigen Fungizide, z. B. Mancozeb (Dithane Ultra), Captan + Mancozeb (Colosan, Pomuran), Metiram (Polyram combi), Propineb (Antracol), Vondozeb (Triziman D) sind bis zur beginnenden Ausdoldung zugelassen (Wartezeit bis 35 Tage). Die Folpetpräparate haben eine Wartezeit von 7 Tagen. Aluminiumfosetyl (Aliette) weist wie Metalaxyl systemische Eigenschaften auf (Wartezeit 14 Tage). Fentinacetat + Maneb (Brestan 60) wird beim Austrieb eingesetzt.

Das Ziel aller Maßnahmen besteht in der Minderung oder Ausschaltung der Primärinfektionen und einer vollständigen Unterdrückung von Sekundärinfektionen bis zur Ernte. Daher werden Behandlungen sofort nach dem Schneiden, beim Austrieb, vor dem Anleiten, nach dem ersten Ackern, bis zur Blüte, ab Blüte bis kurz vor Ausdoldung bzw. der Pflückernte empfohlen. Kupferpräparate werden im Spätstadium in letzter Zeit stärker bevorzugt. Metalaxyl (Ridomil) kann auch als Granulat vor dem Austrieb auf den Boden ausgebracht werden und begrenzt die aus dem Hopfenstock hervorgehenden frühen Primärinfektionen. Zinkhaltige Fungizide können die Auswirkungen von Wachstumsstockungen (Frost, Hagel, Staunässe, Trockenheit) mindern.

Literatur

Bantea, V., Abraham, P., 1967: Ein Beitrag zur Biologie des Falschen Mehltaus (*Pseudoperonospora humuli* (Miyabe et Takahashi) Wilson) an Hopfen. Nachr.Bl. Dtsch. Pflschutzd. Braunschw. **21**, 90–94. – Coley-Smith, J. R., 1964: Persistance and identification of downy mildew *Pseudoperonospora humuli* (Miy. and Tak.) Wilson. Ann. appl. biol. **50**, 235–243. – Kremheller, H. T., 1979: Untersuchungen zur Epidemiologie und Prognose des Falschen Mehltaus an Hopfen (*Pseudoperonospora humuli* (Miy. et Tak.) Wilson) Diss. T. U. München, Lehrst. Phytopathologie. – Royle, D. J., 1973: Quantitative relationships between infection by the hop downy mildew pathogen, *Pseudoperonospora humuli*, and weather and inoculum factors. Ann. apl. biol. **73**, 19–30.

7.2.3 Echter Mehltau
(powdery mildew of hop)

Erreger

Sphaerotheca humuli DC. (Burr).

Systematische Stellung

Ascomycotina, Plectomycetes, Erysiphales, Erysiphaceae.

Verbreitung, wirtschaftliche Bedeutung

Die Krankheit ist seit langer Zeit in den englischen Hopfenanbaugebieten bekannt; sie tritt auch in Westeuropa, den USA und der UdSSR auf. Stärkerer Befall wurde in Deutschland erstmals 1972 in der Hallertau beobachtet. Krankheitsepidemien haben in England und den USA teilweise zu Totalausfällen geführt. Mit der Ausweitung des Anbaus anfälliger Sorten (z. B. 'Northern Brewer') und der Einschränkung von Pflegemaßnahmen stieg der Befall in England in den letzten Jahrzehnten deutlich an.

Symptome

An jungen Blättern entstehen zunächst lokale, blasenartige Auftreibungen, die kurze Zeit später von einem weißlichen, lockeren Pilzmycel überzogen sind. Bei schwerem Befall treten Blattverkrümmungen hinzu. Auf älteren Blättern entwickeln sich mehlige, weiße, später bräunlich gefärbte Pusteln auf beiden Blattseiten, vornehmlich blattoberseits (Farbtafel 26). Basaltriebe können gelegentlich mit einem dichten, weißen Mycel überzogen sein. Der Pilz siedelt sich auch auf den Zapfen (Dolden) an, die bei Frühbefall von weißem Mycel bedeckt sind und deformiert werden; spätere Infektionen führen zu Rotverfärbungen und Notreife. Die Zapfen brechen auseinander und fallen zu Boden.

Biologie des Erregers

Sphaerotheca humuli bildet in den Mehltaupusteln, kettenartig angeordnet, Konidien (28 bis 33 × 15 bis 20 µm) und später kugelige, dunkle Cleistothecien (76 bis 90 µm) mit mycelartigen Anhängseln. Sie enthalten einen Ascus mit acht Ascosporen (16 bis 21 × 12 bis 15 µm) und überwintern auf Blatt- und Blütenrückständen auf der Bodenoberfläche. Der Erreger kann auch als Mycel in ruhenden Knospen am Hopfenstock die Vegetationspause überstehen. Reife Cleistothecien werden im November und ab März beobachtet; der Austritt der Ascosporen beginnt im April bei Neuaustrieb der Pflanzen, wobei Regen für ihre Freisetzung und Verbreitung notwendig ist. Die Keimung erfolgt bei hoher Luftfeuchtigkeit optimal zwischen 10 bis 20 °C. Appressorien- und Haustorienbildung verlaufen innerhalb von 12 bis 15 Stunden; nach 48 Stunden tritt sekundäre Hyphenentwicklung ein; die Konidienbildung steigt bis eine Woche nach der Infektion stark an.

Im allgemeinen bleibt die Population des Erregers im Hopfengarten bis Mitte Juli auf einem geringen Niveau und steigt bis Mitte August stark an. Innerhalb kurzer Zeit kann ein hoher Befallsgrad erreicht werden. Für die Mehltauentwicklung sind die Temperaturen wichtiger als die Feuchtigkeitsverhältnisse. Die Konidienkeimung verläuft in einem Temperaturbereich von 5 bis 30 °C mit einem Optimum zwischen 20 und 25 °C bei 70 bis 80% relativer Luftfeuchte. Höhere Temperaturen, Regengüsse und starkes Sonnenlicht hemmen die Ausweitung des Befalls. Die Cleistothecien entstehen in den Mehltaupusteln ab Juli und entwickeln sich besonders reichlich an den Zapfen, die teilweise eine dunkle Färbung annehmen. Knospeninfektionen an basalen Trieben erfolgen im Herbst; Triebinfektionen im Frühjahr sind besonders nach milden Wintern zu erwarten.

Wirtskreis
Der Echte Hopfenmehltau ist auf Wild- und Kulturformen des Hopfens spezialisiert. Seine natürlichen Populationen weisen beträchtliche Varianten in der Virulenz auf, die früher von geringer Bedeutung blieben, da alle Kultursorten anfällig waren und eine Rassenselektion nicht eintrat. Resistenzgene aus italienischen Wildhopfenherkünften konnten inzwischen in englische Kultursorten eingekreuzt werden. Zu den resistenten Sorten gehören 'Wye Challenger', 'Target', 'Saxon' und 'Vicking'; zum Teil liegt gleichzeitig Resistenz gegen *Pseudoperonospora humuli* oder die *Verticillium*-Arten vor. Das verbreitete Auftreten virulenter Rassen beim Echten Mehltau hat die Bedeutung der Resistenz für den praktischen Anbau gemindert.

Bekämpfung
In englischen Anbaugebieten wurde in letzter Zeit aus wirtschaftlichen Gründen zum Teil die Bodenbearbeitung und das Entfernen nachgewachsener Bodentriebe zurückgestellt, damit fand der Erreger bessere Überwinterungsmöglichkeiten auf Blatt- und Blütenresten, auf der Bodenoberfläche und in Triebknospen. In diesem Übergang zum non-cultivation-System wird die Hauptursache für den Befallsanstieg in den letzten Jahren gesehen. Die Verwendung von Kupferoxychloridpräparaten gegen *Pseudoperonospora humuli* zeigt Nebeneffekte gegen Echten Mehltau, dagegen haben Dithiocarbamate eine eher fördernde Wirkung.
Neben der Bodenbearbeitung und Pflege der Hopfenstöcke (mechanisches oder chemisches Ausputzen), wodurch die Überwinterung des Erregers entscheidend unterdrückt wird, sind bei Befallsbeginn Fungizide auf der Basis von Triadimefon (Bayleton Spezial), Triforin (Saprol) oder Schwefel (Cosan 80, Kumulus S, Netzschwefel) zu empfehlen. Die Behandlungen dienen in erster Linie dem Schutz der Blüten, die durch Übertritt des Mehltaus von den Blättern, an denen der Schaden meist gering bleibt, starke Einbußen an Gewicht und Qualität erfahren können. Schwefelbehandlungen sollten abends erfolgen, um Pflanzenschäden, die bei hohen Mittagstemperaturen eintreten können, zu vermeiden.

Literatur
Royle, D. J., 1978: Powdery mildew of the hop. In Spencer, D. M. (Edit.): The powdery mildews. Acad. Press London, New York, San Francisco 381–409.

7.3 Schädlinge

7.3.1 Nematoden

Hopfenzystenälchen
(hop cyst nematode)
Heterodera humuli Filipj. (Tylenchida, Heteroderidae)
Diese Nematodenart kommt in vielen Teilen Europas, in Israel, in Südafrika, Neuseeland, in den USA und Kanada vor. Sie bildet zitronenförmige (Abb. 24, S. 94), etwa 0,4 bis 0,6 mm große Zysten. Die Art hat im Jahr meist nur eine, selten zwei Generationen. Der Schlupf der Larven erfolgt vor allem im April und Mai.
Der durch *H. humuli* verursachte Schaden wird verschieden beschrieben; so werden gelbliche Blätter („Vergilbung") oder die Bildung ungelappter, nesselähnlicher Blätter, die an kurzen, gekrümmten Stengeln sitzen, die die Fähigkeit zum Winden verlieren, in der Literatur genannt. In anderen Fällen wurden trotz starken Befalls keine Schadsymptome beobachtet. Außer an Hopfen kommt die Art auch an Brennessel (*Urtica* spp.) und Hanf vor.
Zur Bekämpfung empfiehlt sich die Verwendung von Pflanzgut aus gesunden Anlagen und eine sorgfältige Reinigung der Fechser sowie der Bearbeitungsgeräte zur Verhinderung einer Verschleppung von Zysten.

Literatur
DE GRISSE, A., and GILLARD, A., 1963: Morphology and biology of the hop cyst eelworm (*Heterodera humuli* Filipjev 1934). Nematologica 5, 41–48. – SIMON, L., 1958: Nematologische Untersuchungen an Hopfen. II. Zur Morphologie und Biologie von *Heterodera humuli* Filipjev 1934. Nematologica 3, 269–273. – STONE, A. R. and ROWE, J. A., 1977: *Heterodera humuli*. C. I. H. Descript. Plant-paras. Nemat., Set 7, No. 105.

7.3.2 Spinnmilben

Gemeine Spinnmilbe, Bohnenspinnmilbe, Hopfenspinnmilbe
(hop red spider mite)
Tetranychus urticae Koch [syn. *Tetranychus telarius* (L.), *T. altheae* v. Hanst.]

Systematische Stellung
Acari (Milben), Tetranychidae (Spinnmilben)

Geographische Verbreitung
T. urticae ist weltweit verbreitet.

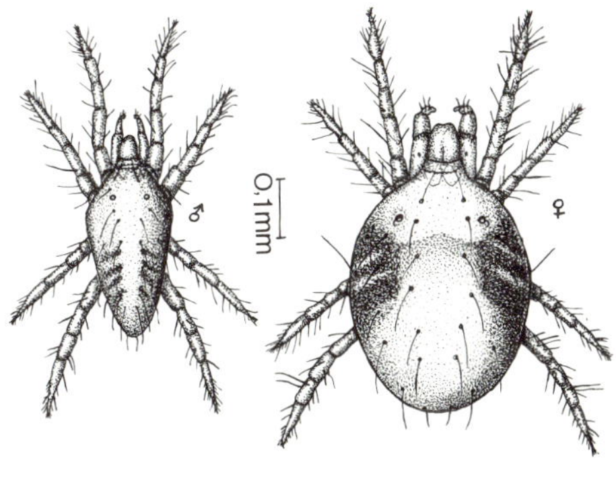

Abb. 234. Gemeine Spinnmilbe *(Tetranychus urticae)* ♂ (links) und ♀ (rechts).

Abb. 235. Hopfenblätter mit Saugschäden durch die Gemeine Spinnmilbe *(Tetranychus urticae)*.

Beschreibung
Ei: Rundlich geformt, zunächst weißlich und nahezu durchsichtig, später vor dem Schlüpfen der sechsbeinigen Larven mit leichtem orangegelbem Anflug.
Weibchen (Abb. 234, rechts): Körper nicht geteilt, etwa 0,4 bis 0,5 mm lang, oval und stark gewölbt. Färbung im Sommer gelblich bis grünlichgelb oder grünbraun, im Herbst und Winter orangegelb bis zinnoberrot (Diapausetiere) (Farbtafel 22, S. 310). Körpermitte mit zwei seitlichen, dunklen, manchmal bis zum Hinterleibsende reichenden Flecken. Körper und Beine (4 Paare) mit langen Borsten.
Männchen: Kleiner und schlanker als Weibchen (Abb. 234, links), Abdomen stark verjüngt. 4 Beinpaare mit langen Borsten. Rote Augenflecke sichtbar.

Brutpflanzen
T. urticae ist extrem polyphag, d. h. es sind mehr als 200 Wirtspflanzenarten dieses Schädlings bekannt. Unter den Kulturpflanzen befällt die Spinnmilbe in Mitteleuropa z. B. angebauten und wilden Hopfen, *Phaseolus*-Bohne, Ackerbohne, Erbse, Kartoffel, Mais, Klee, Zuckerrübe, Luzerne, Tomate, Gurke, Sellerie und Erdbeere. Außerdem tritt sie auch an Obstgehölzen wie Apfel und vielen anderen Holzpflanzen sowie an Weinrebe als Schädling auf.

Schadsymptome und wirtschaftliche Bedeutung
Durch die Saugtätigkeit der Milben in den äußeren Zellschichten von Hopfenblättern entsteht zunächst fleckenweise (Abb. 235) eine bräunliche bis fahlrötliche Verfärbung („Kupferbrand"), bis die Blätter schließlich vertrocknen und abfallen. Früh befallene Zapfen (Dolden) schließen sich nicht und die Zapfenblätter verfärben sich kupferrot. Bei Spätbefall vergilben die Zapfenblätter. Diese Symptome erscheinen zunächst an den unteren, später auch an den oberen Teilen der Hopfenpflanzen.

Abb. 236. Bohnenblatt mit Saugschaden durch die Gemeine Spinnmilbe *(Tetranychus urticae)*.

An Kartoffel bilden sich zunächst in der Nähe der Blattadern braunschwarze Flecke. Schließlich vertrocknen die Blätter, bleiben aber an der Pflanze hängen. Derartige Schäden breiten sich vom Feldrand her aus.

An Bohnenblättern und Blättern anderer krautiger Nährpflanzen entstehen infolge von Chlorophyllschäden und Eindringen von Luft in die geschädigten Stellen zunächst mehr oder weniger punktförmige, weißliche Stellen, die sich dann allmählich vergrößern und ineinander übergehen (Abb. 236). Später werden die Blätter – mit Ausnahme der Umgebung der stärkeren Adern, die länger grün gefärbt bleibt – gelblich bis bräunlich, um dann abzufallen. Bei schwachem Befall kann das Wachstum von Bohnenpflanzen jedoch angeregt werden.

Die Gemeine Spinnmilbe ist besonders an Hopfen, in trockenwarmen Jahren stellenweise auch an Kartoffeln und Feldgemüsekulturen wie Bohnen als ernster Schädling zu betrachten, da sie sehr starke Blattverluste und im Gefolge davon Ertragseinbußen verursachen kann. An Hopfen, wo sie in einigen Anbaugebieten nach der Hopfenblattlaus *Phorodon humuli* (s. Seite 460) als zweitwichtigster Schädling betrachtet wird, ist durch den Befall ein Rückgang der Alpha-Säure als wichtigstem Bestandteil der Bitterstoffe bis zu 14% und des Bitterwertes bis zu 12% zu verzeichnen.

In mitteleuropäischen Gewächshäusern tritt die Milbe vor allem an Gurke als Großschädling auf, greift aber auch viele Zierpflanzen an.

Entwicklungszyklus, Biologie und Ökologie

Die weiblichen Spinnmilben legen ihre Eier einzeln ab, entweder direkt auf die Blattunterseite oder auf Spinnfäden, die vor allem bei starkem Befall reichlich erzeugt werden und Blätter und Triebe überziehen. In diesen Fäden finden sich auch zahlreiche dunkle Kotttröpfchen. Pro Weibchen ist im Durchschnitt mit mehr als 90 (maximal etwa 120) Eiern zu rechnen. Die Larven schlüpfen wenige Tage nach der Eiablage und beginnen bald darauf mit der Saugtätigkeit, vorwiegend an der Blattunterseite. Nach drei Häutungen (Stadien: Larve, Protonymphe, Deutonymphe, adultes Tier) ist die Entwicklung zum geschlechtsreifen Männchen oder Weibchen abgeschlossen. Wenn keine Befruchtung stattfindet, entwickeln sich nur Männchen (Arrhenotokie). Die Lebensdauer der Weibchen beträgt im Durchschnitt 30, die der Männchen 22 Tage. Bei günstiger, d. h. trockenwarmer Witterung ist im Freiland pro Jahr mit etwa 9, in sehr günstigen Jahren mit bis zu 15 Generationen zu rechnen. Bei einer Durchschnittstemperatur von 22 °C kann sich eine Generation schon in 5 ½ Tagen entwickeln. Die Ausbreitung der Milben wird durch den Wind erheblich gefördert.

Im Herbst treten, bedingt durch kurze Photoperioden und niedrige Temperaturen, orangerot gefärbte Diapauseweibchen auf, die in Rissen von Hopfengerüststangen, unter Rindenschuppen, in Pflanzenresten wie abgestorbenen Trieben, Blattstücken oder in Verstecken am Boden und dergleichen überwintern. Das Verlassen der Winterlager erfolgt dann, wenn die Lufttemperatur in 2 m Höhe 17 °C erreicht, was in der Regel ab Anfang Mai der Fall ist.

Jahre mit einer mittleren Tagestemperatur von 13 °C im Mai und mit Niederschlägen, die in diesem Monat 50 bis 70 mm nicht übersteigen, sind für Massenvermehrungen von *T. urticae* besonders günstig. Lange andauernde Regenperioden vermindern die Milbenpopulationen drastisch, vor allem wenn sie mit niedrigen Temperaturen einhergehen.

Natürliche Feinde
Als Räuber kommen Blasenfüßer wie *Cryptothrips nigripes* Reut. und *Scolothrips longicornis* Priesn., Marienkäfer wie *Stethorus punctillum* Weise, Kurzflügler wie *Oligota flavicornis* Boisd. & Lacord., Milben wie *Typhlodromus tiliae* Oudm., Netzflügler wie *Chrysopa carnea* Steph., Wanzen wie *Anthocoris nemorum* (L.) und *Triphleps majuscula* (Reut.) sowie verschiedene Miriden in Betracht. Die natürlichen Antagonisten können bei günstigen Bedingungen einen deutlichen Einfluß auf die Populationsdynamik der Spinnmilben ausüben.

Bekämpfung
Kalimangel und überhöhte Stickstoffdüngung können den Spinnmilbenbefall begünstigen, weshalb auf ausgeglichene Nährstoffversorgung der Pflanzen zu achten ist. Pflanzenreste sind in den Boden einzuarbeiten, um an ihnen befindliche, überwinterungsbereite Milben abzutöten.
Es hat sich gezeigt, daß während der Vegetationszeit mehrere Behandlungen mit akariziden Wirkstoffen erforderlich werden, wenn ein starker Befall durch *T. urticae* unter Kontrolle gebracht werden soll. Wichtig ist dabei, daß die Weibchen nach der Überwinterung erfaßt werden, noch bevor sie ihre Eier abgelegt haben.
Geeignete Wirkstoffe an Hopfen sind, zum Teil mit Einschränkungen (s. rechts), derzeit z. B. Binapacryl, Azinphos-äthyl + Omethoat, Cyhexatin und Dinobuton; an Bohne Azocyclotin, Demeton-S-methyl, Oxidemeton-methyl, Diazinon, Mevinphos und Triazophos. Der Einsatz von synthetischen Pyrethroiden gegen andere Schädlinge kann, wie früher der des DDT, den Aufbau hoher Spinnmilbenpopulationen bewirken („pest resurgence") (Abb. 237), in erster Linie wohl infolge starker Schädigung natürlicher Feinde durch diese breitwirkenden Mittel. Beim Einsatz solcher Produkte, z. B. bei der Blattlausbekämpfung (s. Seite 462), muß deshalb der Populationsentwicklung der Milben besondere Beachtung gewidmet werden.
T. urticae kann wie andere Spinnmilbenarten Resistenz gegen Bekämpfungsmittel entwickeln, wenn der Schädling damit einige Zeit intensiv behandelt wird. In Mitteleuropa ist an Hopfen eine Resistenz z. B. gegen Parathion, Demeton-S-methyl, Demeton, Oxidemeton-methyl, Dimethoat, Thiometon, Fenitrothion, Mevinphos, Malathion und Dimefox bekanntgeworden. Diese Widerstandsfähigkeit stellt sich relativ rasch ein, erreicht einen hohen Grad und ist sehr stabil. Auch Kreuzresistenz ist nachgewiesen worden. Eine sehr ausgeprägte Resistenz gegen chemische Bekämpfungsmittel hat sich auch in Gewächshäusern herausgebildet, was mit ein wichtiger Grund dafür ist, daß dort biologische Bekämpfungsmaßnahmen mit Hilfe der Raubmilbe *Phytoseiulus persimilis* Ath.-Henr. mit Erfolg praktiziert werden.
Manche Autoren vertreten die Ansicht, daß einer Resistenzentwicklung bei *T. urticae* und anderen Spinnmilben durch geeigneten Wechsel von Akariziden vorgebeugt werden kann, was von anderen jedoch in Zweifel gezogen wird.

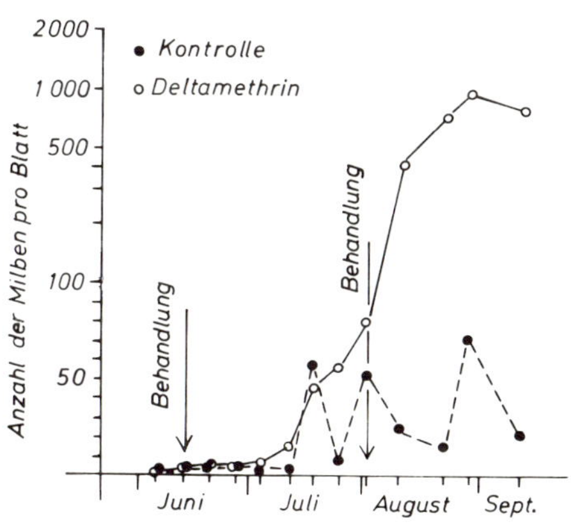

Abb. 237. Populationsentwicklung der Gemeinen Spinnmilbe *(Tetranychus urticae)* nach Anwendung von Deltamethrin zur Blattlausbekämpfung an Hopfen (nach HRDÝ, verändert).

Literatur
CRANHAM, J. E., 1974: Resistance to organophosphates in red spider mite, *Tetranychus urticae*, from English hop gardens. Ann. Appl. Biol. **78**, 99–111. – FRITZSCHE, R., 1959: Untersuchungen zur Bekämpfung der Spinnmilben (*Tetranychus urticae* Koch) an Stangen- und Buschbohnen (*Phaseolus vulgaris* L.). Z. Angew. Zool. **46**, 35–58. – GASSER, R., 1951: Zur Kenntnis der Gemeinen Spinnmilbe (*Tetranychus urticae* Koch). Mitt. Schweiz. Entomol. Ges. **24**, 217–262. – HRDÝ, I., 1980: Integrierter Pflanzenschutz im Hopfenbau. Int. Symp. Integr. Pflanzenschutz in Land- u. Forstwirtsch., Wien 1979, 267–280. – KOLBE, W., 1966: Untersu-

chungen über die Bekämpfung resistenter Spinnmilbenstämme im Hopfenbau. Pflanzenschutz-Nachr. **19,** 247–281. – Linke, W., 1953: Untersuchungen über Biologie und Epidemiologie der Gemeinen Spinnmilbe *Tetranychus althaeae* v. Hanst., unter besonderer Berücksichtigung des Hopfens als Wirtspflanze. Höfchen-Briefe **6,** 185–238.

7.3.3 Blattläuse

Hopfenblattlaus
(hop aphid, damson hop aphid)
Phorodon humuli (Schr.) [syn. *Myzus humuli* (Schr.)]

Systematische Stellung
Homoptera (Pflanzenläuse), Aphididae (Röhrenläuse)

Geographische Verbreitung
P. humuli kommt in weiten Teilen der Paläarktis (Europa, Asien) vor.

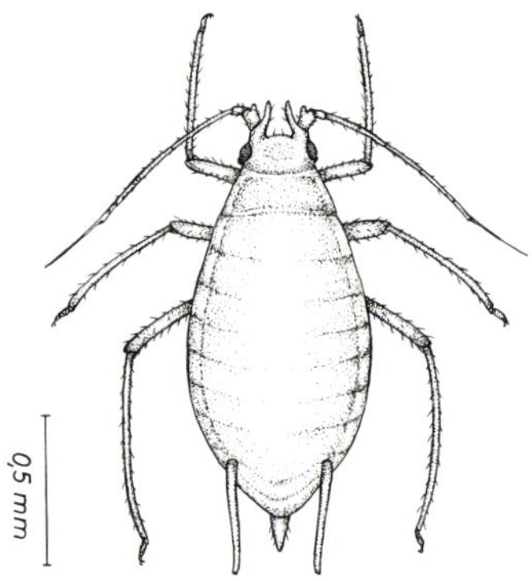

Abb. 238. Ungeflügelte Virgo der Hopfenblattlaus *(Phorodon humuli)* (nach Fritzsche et al.).

Beschreibung
Ungeflügelte, vivipare Virgo: Am Winterwirt hellgrün mit grünem Rückenstreifen, am Sommerwirt hellgrün oder gelblichgrün bis fast weiß gefärbt (Farbtafel 22, S. 310). Größe etwa 1,0 bis 1,9 mm. Länge der Fühler etwa $^2/_3$, der Siphonen etwa $^1/_4$ des Körpers. Stirnhöcker lang ausgezogen (Abb. 238).

Geflügelte, vivipare Virgo (am Winter- und Sommerwirt): Kopf und Dorsalteil des Brustabschnittes schwarzbraun bis schwarz. Hinterleib mit drei Seitenflecken und einem zerteilten Mittelfleck.

Brutpflanzen
Als Sommerwirt dient dieser wirtswechselnden Art lediglich angebauter und wilder Hopfen (*Humulus lupulus, H. japonicus*). Vorübergehend sollen auch die Blattunterseiten der Großen Brennessel *(Urtica dioica)* besiedelt werden.
Als Winterwirte (Primärwirte) sind verschiedene Gehölzpflanzen der Gattung *Prunus* wie Zwetsche *(Prunus domestica)*, Schlehe *(P. spinosa)*, Spätblühende Traubenkirsche *(P. serotina)*, Kirschpflaume *(P. cerasifera)*, Pfirsich *(P. persica)*, Faulbaum *(P. padus)* und *P. pisardii* bekannt.

Schadsymptome und wirtschaftliche Bedeutung
An den Winterwirten rollen sich bei starkem Befall die Blätter nach unten ein, wodurch aber nur geringer Schaden entsteht. Meist kommt es aber nur zu leichten Blattwölbungen.
Von *P. humuli* befallene Hopfenblätter vergilben, werden brüchig und rollen sich nach unten ein. Im Laufe der Zeit können sie auch ganz absterben. Wenn die Läuse mit fortschreitender Vegetationsperiode bevorzugt an der Basis der Deck- und Vorblätter der Hopfendolden saugen, verfärben sich die Zapfen braun und verkümmern. Durch die abgespritzten Exkremente der Blattläuse („Honigtau") entsteht auf den Blattoberseiten ein glänzender, klebriger Belag. Später siedeln sich auf diesem Schwärzepilze an, so daß sich eine Rußtauschicht bildet, durch die die Assimilation negativ beeinflußt wird.
Die Hopfenblattlaus gilt in mitteleuropäischen Hopfenanbaugebieten als der wichtigste tierische Schädling, da sie erhebliche Ertragseinbußen verursachen kann. Besonders empfindlicher Schaden entsteht durch Besiedlung der Hopfendolden. Das Ernteprodukt wird mengen- und wertmäßig vermindert, wodurch der Handels- und Brauwert zurückgeht. Auch eine negative Veränderung der für das Brauen von Bier bedeutenden Inhaltsstoffe kommt durch den Befall zustande.
P. humuli ist auch zur Übertragung von Viren, z. B. des nicht zirkulativen Hopfenmosaik-Virus sowie des Mosaikchlorose-Virus befähigt.

Entwicklungszyklus, Biologie und Ökologie

Das Schlüpfen der Larven der 1. Generation (Fundatrix-Generation) an den Winterwirten erfolgt im März–April zur Zeit des Austriebs der *Prunus*-Knospen. Die Fundatrizen sind relativ wenig aktiv. In der Tschechoslowakei (NW-Böhmen) gelten 3 °C als unterste Temperaturgrenze für die Entwicklung dieser Blattlausgeneration. Sie erzeugt parthenogenetisch die 1. Fundatrigenien-Generation, die sich aus ungeflügelten Läusen zusammensetzt. Diese entwickelt sich bei einer mittleren Tagestemperatur von 9,5 bis 12 °C im Zeitraum von 14 bis 18 Tagen. Die Tiere verteilen sich über die ganze Nährpflanze. Ab der folgenden 3. Generation, d. h. etwa Mitte Mai, treten erste Geflügelte auf, die in die Hopfengärten abwandern (Abb. 239). Insgesamt entstehen am Winterwirt etwa 6 fundatrigene Generationen, wobei der Anteil der Geflügelten um so schneller zunimmt, je schlechter sich die Ernährungsverhältnisse gestalten. Alle diese Geschlechterfolgen bestehen aus weiblichen, sich parthenogenetisch fortpflanzenden Läusen (Exules). Die Blattläuse können sich an den Winterwirten noch bis zum Juli/August sogar in stärkeren Kolonien halten, woraus sich erklärt, daß die Zuwanderung Geflügelter zum Hopfen über einen langen Zeitraum hinweg erfolgt. Wegen der langen Besiedlung der Winterwirte (Primärwirte) wird *P. humuli* als fakultativ-migrierende Art betrachtet. Der Hauptzuflug zum Hopfen erfolgt in der Regel in der 2. Mai- und 1. Junihälfte. Bei Windstille bevorzugt die Blattlaus beim Befallsflug die bodennahen Luftschichten (10 bis 50 cm Höhe). Durch Luftströmungen können die Läuse auch bis in 1500 m Höhe getragen und so über größere Gebiete verteilt werden. Radioaktiv markierte Tiere wurden in der Tschechoslowakei noch in 22 km Entfernung vom Freilassungsort nachgewiesen.

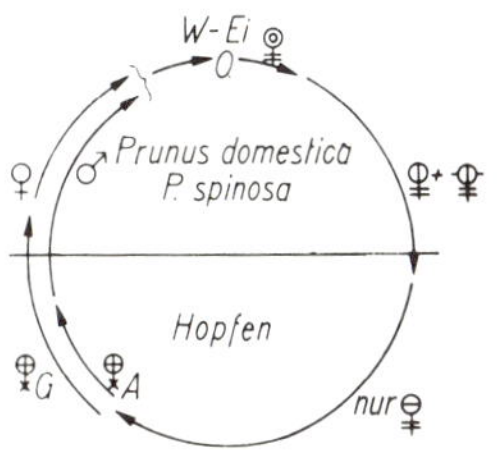

Abb. 239. Zyklus der Hopfenblattlaus *(Phorodon humuli)* (Erklärung der Symbole s. Abb. 127, S. 255; nach FRITZSCHE et al.).

Auf dem Sommerwirt siedeln sich die zugewanderten Geflügelten meist an den jungen, gelbgrünen Hopfenblättern an. Post-Migrationsflüge erfolgen – wenn überhaupt – nur über kurze Entfernungen von 50 bis 150 m. Die durchschnittliche Zahl der Nachkommen der von den Winterwirten zugeflogenen Läuse beträgt 21. Es werden am Sommerwirt mehrere (etwa 7 bis 9) Generationen ausschließlich ungeflügelter Läuse gebildet. Die durchschnittliche Zahl der Nachkommen bei diesen Geschlechterfolgen beträgt zunächst 30, nach anderen Angaben über 80, geht aber mit fortschreitender Vegetationszeit zurück.

Im Herbst, d. h. von der letzten Augustdekade ab, findet die Rückwanderung zu den Winterwirten durch geflügelte Gynoparen und später auch Männchen wie bei anderen wirtswechselnden Blattlausarten statt. Die Gynoparen setzen 7 bis 15 Larven an der Blattunterseite der Winterwirte ab. Die ersten Weibchen treten in der 2. Septemberhälfte auf. Die Ablage der Eier (6 bis 12/Weibchen) erfolgt nach der Kopulation im Oktober, bevorzugt in Winkeln zwischen Knospen und Zweigen.

Natürliche Feinde

Wie bei anderen Blattlausarten sind auch bei *P. humuli* Räuber wie Anthocoriden [*Anthocoris nemorum* (L.)], Chrysopiden, zoophage Gallmücken, Syrphiden, Coccinelliden [*Adalia bipunctata* (L.), *Propylea quattuordecimpunctata* (L.), *Coccinella septempunctata* L.] und der Ohrwurm *Forficula auricularia* L. sowie Parasiten (Braconiden) wichtig.

Bekämpfung

Die Bekämpfungs- bzw. Schadensschwelle liegt bei *P. humuli* bei etwa 50 bis 100 Blattläusen pro Blatt. Dieser Wert wird ziemlich regelmäßig überschritten.

Die Hopfenblattlaus muß wegen ihrer Fortpflanzungskapazität und wegen der langen Zuflugperiode von den Winterwirten im Laufe der Vegetationsperiode in der Regel chemisch bekämpft werden. In normalen Jahren müssen 3 bis 4, in „Blattlausjahren" über 5 Behandlungen durchgeführt werden.

Der intensive Insektizideinsatz hat dazu geführt, daß sich in Mittel- und Westeuropa eine breit gefächerte Resistenz und Kreuzresistenz gegen Chlorkohlenwasserstoffe, Organophosphate und Carbamate entwickelt hat. In der Tschechoslowakei ist auch Resistenz gegen Mittel nachgewiesen worden, die dort im Hopfenbau überhaupt nicht zum Einsatz gekommen sind. In der Bundesrepublik Deutschland zur Zeit vom Amtlichen Pflanzenschutzdienst noch empfohlene Mittel sind z. B. Acephat, Omethoat, Propoxur, Methomyl, Methidathion, Endosulfan und Mevinphos, doch sind aus den oben geschilderten Gründen mit diesen Produkten auch Mißerfolge möglich. Kürzlich wurden im Tettnanger Hopfenanbaugebiet Resistenzerscheinungen gegen alle diese chlorierten Kohlenwasserstoffe, Organophosphate und Carbamate nachgewiesen (Abb. 240). Ein Resistenznachweis ist durch Ermittlung der Esteraseaktivität und die Tauchmethode möglich. Lediglich Pyrethroide wie Cypermethrin, Deltamethrin und Permethrin sind bisher noch gut wirksam, doch muß bei öfters wiederholter, längerfristiger Anwendung dieser breitwirkenden und persistenten Insektizide ebenfalls mit Resistenzerscheinungen gerechnet werden. In der Schweiz ist bereits eine Resistenz gegen Deltamethrin nachgewiesen worden. Es ist zu beachten, daß Pyrethroide die Populationen der Spinnmilbe *Tetranychus urticae* offenbar vor allem durch Ausschaltung der natürlichen Feinde fördern können (s. Seite 459). Mit Juvenoiden (Juvenilhormon-Analogen) wurden gute Ergebnisse erzielt, jedoch stehen aus dieser Gruppe bis jetzt noch keine ökonomisch anwendbaren Handelspräparate für die Hopfenblattlausbekämpfung zur Verfügung.

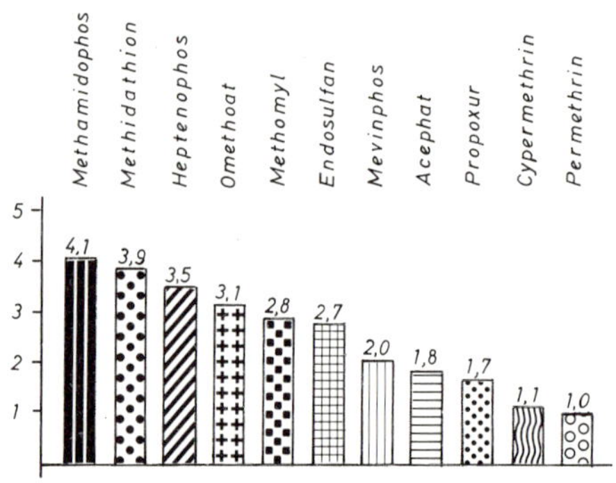

Abb. 240. Insektizidresistenz bei der Hopfenblattlaus. Quotienten aus Mortalität (in %) eines sensiblen Stammes und Mortalität von Tettnanger Herkünften von *Phorodon humuli* (jeweils 60 Minuten nach Durchführung des Tauchtestes) (nach Herdeg).

Literatur

Born, M., 1968: Beiträge zur Bionomie von *Phorodon humuli* (Schrank 1801). Arch. Pflanzenschutz **4**, 37–52. – Campbell, C. A. M., 1977: Regulation of damson hop aphid (*Phorodon humuli* Schrank) on hops (*Humulus lupulus* L.) by predators. J. Hort. Sci. **53**, 235–242. – Herdeg, G., 1982: Untersuchungen zur Insektizidresistenz der Hopfenblattlaus (*Phorodon humuli* Schrank) im Hopfenanbaugebiet Tettnang. Z. Pflanzenkr. Pflanzenschutz **89**, 468–474. – Hrdý, I., 1979: Integrierter Pflanzenschutz im Hopfenbau. Proc. Int. Symp. IOBC/WPRS Pflanzenschutz i. Land- u. Forstwirtsch., Wien 1979, 267–280. – Kolbe, W., 1966: Untersuchungen über die Bekämpfung von Blattläusen und Spinnmilben im Hopfenbau. Pflanzenschutz-Nachr. **19**, 193–246. – Meier, W., 1976: Blattlausbekämpfung in Hopfenanlagen. Schweiz. Brauerei-Rundsch. **87**, 32–36.

7.3.4 Käfer

Schnellkäfer (Larven: Drahtwürmer), *Agriotes* spp., s. Seite 123.

Maikäfer (Larven: Engerlinge), *Melolontha* spp., s. Seite 303.

Luzernerüßler, *Otiorhynchus ligustici*, s. Seite 394.

7.3.5 Schmetterlinge

Schattenwickler

Pseudociaphila branderiana (L.) (syn. *Cnephasia virgaureana* Tr., *C. wahlbomiana* auct.) (Lepidoptera, Tortricidae)

Die sehr polyphage Raupe des Schattenwicklers frißt im Frühjahr an jungen zusammengesponnenen Hopfenblättern. Manchmal bohrt sie sich auch in Triebspitzen und Blattstiele ein. In man-

chen Jahren kann stärkerer Schaden verursacht und dadurch die Entwicklung der Bestände negativ beeinflußt werden. Außer Hopfen werden besonders Klee und Luzerne sowie Erbse und andere Leguminosen, Rüben, Mais, Tabak, Erdbeere, Obstbäume und Beerensträucher (Johannisbeeren) befallen, außerdem viele Wildpflanzen.
Als wirksame chemische Bekämpfungsmaßnahmen gelten im Hopfenbau Spritzungen mit Acephat und Methomyl.

Literatur

Bollow, H., 1959: Das Auftreten des Schattenwicklers (*Cnephasia wahlbomiana* L.) im Jahre 1959 in Bayern. Pflanzenschutz **11**, 86–87. – Klemm, M., 1958: Das Auftreten des Schattenwicklers (*Cnephasia wahlbomiana* L.) in Süddeutschland. Nachrichtenbl. Dtsch. Pflanzenschutzdienstes (Braunschw.) **10**, 167–170.

Maiszünsler, *Ostrinia nubilalis*, s. Seite 189.

Kartoffelbohrer
(rosy rusty moth)
Hydraecia micacea (Esp.) (Lepidoptera, Noctuidae)

Die weißlichgrauen bis rötlichen, im vollentwickelten Zustand 40 bis 50 mm langen Raupen des Kartoffelbohrers befallen Hopfen, Mais, Rüben, Kartoffeln und einige weitere Kulturpflanzen. Sie fressen an Hopfen den Wurzelhals oder die Wurzeln an oder aus, was zum Absterben der geschädigten Pflanzenteile führt. An Mais wird der Stengelgrund und der Wurzelhals befressen, an Kartoffel dringen die Raupen in die Stengel ein, an Rüben werden die Kronen und Wurzeln geschädigt. Der Schädling hat in Mitteleuropa nur eine Generation pro Jahr.
Zur Bekämpfung werden im Hopfenbau Acephat, Methamidophos und Carbofuran im Gießverfahren angewendet.

Literatur

Scherney, F., 1970: *Hydroecia micacea* Esp. als Schädling an Hopfen und Mais. Ges. Pflanzen **22**, 106–108.

7.3.6 Säugetiere

Reh, *Capreolus capreolus*, s. Seite 175.

8 Tabak

8.1 Viruskrankheiten

8.1.1 Tabakmosaik
(tobacco mosaic)

Erreger
Tabakmosaik-Virus, TMV (tobacco mosaic virus, TMV)
Befallene Pflanzen sind mehr oder weniger stark gehemmt im Wuchs; die Blätter zeigen ausgeprägte Mosaikzeichnungen aus hell- und dunkelgrünen Bereichen; die Interkostalfelder sind aufgewölbt, die Blätter verschmälert und deformiert (Farbtafel 26, S. 362). Die Krankheit kann bereits im Saatbeet vorkommen; symptomlose Pflanzen werden in das Freiland gesetzt und können ein Infektionsreservoir darstellen. Die stäbchenförmigen Viruspartikeln (18×300 nm, Abb. 241) sind bei den Pflege- und Erntemaßnahmen mechanisch leicht übertragbar. Sie überdauern in trockenen Pflanzenrückständen und dem Erntegut für längere Zeit. Das Tabakmosaikvirus (TMV) hat einen sehr großen Wirtskreis. Als Maßnahme zur Verhütung der Krankheit ist das Sterilisieren der Anzuchterden zu nennen; kranke Pflanzen sind aus dem Bestand zu entfernen. Ein mehrjähriger Anbau auf gleicher Fläche sollte vermieden werden. Erkrankte und gesunde Blätter sind getrennt zu ernten. Vor Handpflegearbeiten in der Anzucht sind die Hände zu desinfizieren. Die Krankheit ist relativ weit verbreitet und führt teils zu erheblichen Minderungen von Ertrag und Qualität.

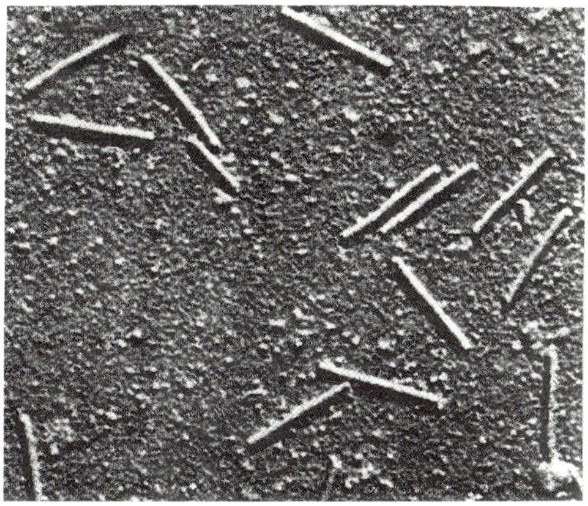

Abb. 241. Tabakmosaik-Virus (TMV) (nach BRANDES).

8.1.2 Tabakrippenbräune
(tobacco veinal necrosis)

Erreger
Stämme des Kartoffel-Y-Virus, KYV (potato virus Y, PVY) (s. a. Seite 198)
Nach deutlicher Aufhellung der Adern treten an diesen blattunterseits starke Bräunungen bzw. Nekrosen auf. Die Blätter biegen sich nach unten, die Interkostalfelder sind ausgebeult und enthalten unregelmäßige, nekrotische Flecke. Ältere Blätter sterben vorzeitig ab und zeigen bei der Trocknung starke Bräunung; an den Stengeln bilden sich streifige, bräunliche Verfärbungen. Das Virus wird durch Blattläuse, z. B. *Myzus persicae* (Sulz.) und *Aphis nasturtii* Kalt. nicht zirkulativ übertragen. Durch Anbau widerstandsfähiger Sorten kann der Virose entgegengetreten werden.

8.1.3 Tabakmauche
(tobacco rattle)

Erreger
Tabakmauche-Virus (= Tabak-Rattle-Virus) , TRV (tobacco rattle virus, TRV) (s. a. Seite 204)
Befallene Pflanzen bleiben im Wuchs zurück; auf den Blättern entstehen einzelne, größere Nekrosen, die auch Blattadern und Stiele erfassen. Die Blätter knicken an den Nekrosestellen ein; ferner werden Kräuselungen und stärkere Deformationen bis zum Einreißen der Blattspreiten beobachtet. An den Stengeln bilden sich mitunter schwarzbraune, streifige Verfärbungen bis in

das Mark hinein. Die Symptome können auch stark an das TMV erinnern. Die Krankheit tritt besonders auf sandigen und anmoorigen Böden in Jahren mit häufig wechselhafter Witterung auf. Unter feucht-kühlen Bedingungen kann der Zusammenbruch infizierter Pflanzen rasch erfolgen. Die Viruspartikeln werden durch Nematodenarten der Gattungen *Trichodorus* und *Paratrichodorus* übertragen (s. Seite 207). Die Virose wurde daher früher als bodenbürtig bezeichnet. Der sehr große Wirtskreis schließt auch Kartoffeln, Kohlarten, Zierpflanzen und Unkräuter ein. Neben der gesunden Anzucht der Tabaksetzlinge wird das Entfernen kranker Pflanzen aus dem Feldbestand als wesentliche Verhütungsmaßnahme betrachtet.

8.1.4 Viruskrankheiten von geringerer Bedeutung

Als wenig bedeutsam im europäischen Tabakanbau sind Virosen anzusehen, die durch folgende Viren verursacht werden:
Gurkenmosaik-Virus: großer Wirtskreis, Übertragung durch Blattläuse.
Luzernemosaik-Virus: sehr großer Wirtskreis, Übertragung durch Blattläuse (s. Seite 209, 375).
Tomatenbronzeflecken-Virus: auf Tomaten häufiger, Vektoren sind Blasenfußarten.
Kartoffel-X-Virus: auf Solanaceen, mechanische Übertragung (s. Seite 201).
Tabakringflecken-Virus: großer Wirtskreis, Übertragung durch Nematoden (*Xiphinema* spp.).

Literatur

Harrison, B. D., 1970: Tobacco rattle virus. C. M. I./A. A. B. Descriptions of plant viruses No. 12. – Klinkowski, M., Schmelzer, K., 1957: Beiträge zur Kenntnis des Virus der Tabak-Rippenbräune. Phytopath. Z. 28, 285–306. – Richter, J., Klinkowski, M., 1960: Das Tabakmosaikvirus (TMV) – Modellobjekt der pflanzlichen Virusforschung (Sammelreferat). Zbl. Bakt. II Abt. **113**, 700–765. – Schmelzer, K., Schmidt, H. E., 1977: Spezialkulturen. In Klinkowski, M.: Pflanzliche Virologie. Die Virosen an landwirtschaftlichen Kulturen, Sonderkulturen und Sporenpflanzen in Europa Bd. 2, 294–364, Akademie-Verlag Berlin.

8.2 Pilz- und Bakterienkrankheiten

8.2.1 Blauschimmelkrankheit
(blue mould of tobacco)

Erreger
Peronospora tabacina Adam.

Systematische Stellung
Mastigomycotina, Oomycetes, Peronosporales, Peronosporaceae.

Verbreitung, wirtschaftliche Bedeutung
Das frühere Verbreitungsgebiet umfaßte Australien, Nord- und Südamerika. Seit 1959 tritt die Krankheit auch in Europa auf. Ausgehend von England wurde der Erreger innerhalb eines kurzen Zeitraumes über Holland und Deutschland, wenig später auch über die osteuropäischen Länder und Balkanstaaten verbreitet. Damit waren sehr hohe Ertragseinbußen verbunden. Durch regenreiche, kühlere Jahre begünstigt, erfolgte epidemische Entwicklung, die bis zu Totalausfällen und insgesamt zu finanziellen Verlusten in Millionenhöhe führten. Der Tabakanbau ging in vielen Ländern deutlich zurück.

Symptome
Bei Jungpflanzen äußert sich die Krankheit im Anzuchtbeet durch lokale Aufwölbungen und Aufhellungen der Blätter, die Ränder sind nach unten eingerollt; unterseits ist ein flockig weißlicher Pilzrasen zu erkennen. Die Blätter erschlaffen, liegen der Erde auf, sterben ab und vertrocknen. Innerhalb weniger Tage können die Sämlinge abgestorben sein. An ausgepflanzten Setzlingen entstehen runde, mißfarbig gelbe Flecke, gelegentlich auch 1 bis 2 cm große Nekrosen. Später sind chlorotische Flecke von wechselnder Größe zu erkennen; das Gewebe stirbt unter Braunverfärbung ab, meist werden die Blattflecke durch die Adern scharf begrenzt (Farbtafel 26, S. 362). Blattunterseits entwickelt sich ein graublauer Pilzrasen. Die Erkrankung beginnt an den unteren Blättern und setzt sich nach oben fort. Bei schwerem Befall sind Verbräunungen auch an Blattadern, Stengeln und Wurzeln zu erkennen. Unter fördernden Bedingungen nimmt die Krankheit einen raschen Verlauf, ganze Bestände brechen innerhalb kurzer Zeit zusammen. Bei Trockenheit und hoher

Wärme stoppt die Krankheitsentwicklung vorübergehend und die Pflanzen erholen sich langsam.

Biologie des Erregers

Peronospora tabacina bildet, meist an der Blattunterseite aus Stomata hervortretende, dichotom verzweigte Träger mit elliptischen bis ovalen, hyalinen Konidien (16 bis 27 × 12 bis 20 µm). In älterem Gewebe werden derbwandige, dunkle Oosporen (30 µm) erzeugt. Die Konidien gelangen leicht durch Wind, Regen, Insekten zur Verbreitung, auch über größere Distanz. Sie keimen mit Keimschlauch bei 3 bis 29 °C (Optimum 15 bis 23 °C) und hoher relativer Luftfeuchte (98%) aus. Die über Epidermiszellen eingedrungenen Hyphen wachsen interzellulär und entnehmen durch Haustorien Nahrung aus den Wirtszellen. Der Zeitraum von der Infektion bis zur Sporulation beträgt etwa 7 Tage. Die Konidien bleiben relativ lange lebensfähig unter kühlen, feuchten Bedingungen. Neben lokalen Infektionen ist eine systemische Besiedlung der Pflanze möglich; der Pilz kann vom Blatt über die Stengel bis in die Blütenstände wachsen, womit Wuchsstörungen und Absterbeerscheinungen bei der Wirtspflanze verbunden sind.

Der Erreger kann in wintermilden Regionen auf Tabakpflanzen, Wurzelsprossen, ausgesamten Pflanzen oder Wildarten überleben. Die Ausbreitung von den Überwinterungsherden erfolgt in kurzer Zeit über weite Entfernungen. Ein epidemischer Ausbruch der Krankheit setzt nach wärmeren Nächten (Temperaturen über 10 °C), gefördert durch Nebel und leichten Regen, ein. Bei Temperaturen unter 10 °C ist nur langsame Entwicklung möglich; nächtliche Temperaturen über 17 bis 20 °C wirken sich ähnlich aus, da das infizierte Gewebe rasch abstirbt und die Sporulation gering bleibt. Bei relativer Luftfeuchte unter 97% ist die Sporulation stark reduziert; starke Regenfälle waschen das Inokulum ab. In den Südstaaten der USA wird der Januartemperatur für die Oosporenkeimung Bedeutung beigemessen. Die Oosporen bilden bei der Keimung eine Primärkonidie; der Keimvorgang wurde bisher so selten beobachtet, daß Zweifel bestehen, ob die Oosporen für die Überdauerung von Bedeutung sind.

Wirtskreis

Der Erreger ist auf Solanaceen beschränkt; neben *Nicotiana tabacum* werden zahlreiche andere Arten befallen. Es wird angenommen, daß der Erreger von wildwachsenden Formen *(N. glauca, N. repanda, N. attenuata)* in den Südstaaten der USA auf Kulturbestände übergegangen ist. Zum Wirtskreis zählen ferner *Lycopersicon esculentum, L. pimpinellifolium, Capsicum annuum* und *Solanum melongena. Nicotiana rustica* wird als resistent angesehen. Resistente Kultursorten von *N. tabacum* liegen nicht vor, jedoch werden Anfälligkeitsunterschiede beobachtet.

Bekämpfung

Zur Einschränkung der Überdauerung des Erregers wird die restlose Vernichtung von Ernterückständen empfohlen. Nach der Ernte sind die Felder zu räumen und Pflanzenreste möglichst tief einzupflügen. Die Jungpflanzenanzucht ist in unverseuchter Erde bei Temperaturen von 7 °C vorzunehmen. Begasungen der Pflanzen mit Paradichlorbenzol haben eine gute Wirkung, ebenfalls Einstäuben mit Zineb (Phytox-Staub) oder Spritzbehandlungen mit Dithiocarbamaten (Maneb, Propineb). Es sollten nur gesunde Setzlinge ausgepflanzt werden. Im Feldbestand ist bei Infektionsgefahr der Einsatz von Fungiziden prophylaktisch oder spätestens bei Befallsbeginn zu empfehlen; hierzu stehen Mancozeb (Dithane Ultra), Maneb oder Propineb (Antracol) zur Verfügung. Bei Kupferpräparaten ist mit phytotoxischen Nebenwirkungen zu rechnen.

Literatur

McGrath, H., Miller, P. R., 1958: Blue mold of tobacco. Pl. Dis. Reptr. Suppl. 250, 1–35. – Klinkowski, M., Schmiedeknecht, M., 1960: Der falsche Mehltau des Tabaks, *Peronospora tabacina* Adam, eine für Deutschland bisher unbekannte Tabakkrankheit. Nachr.Bl. Dtsch. Pflschutzd. Berlin **14**, 61–74. – Peyrot, J., 1962: Tobacco blue mold in Europe. F. A. O. Pl. Prot. Bull. **10**, 73–80. – Rayner, R. W., Hopkins, J. C. F., 1962: Blue mould of tobacco. A review of current information. Misc. Publ. commonw. mycol. Inst. **16**, 16 pp.

8.2.2 Krankheiten von geringerer Bedeutung

Wildfeuerkrankheit

(tobacco wildfire)

Erreger

Pseudomonas tabaci (Wolf et Foster) Stevens.

Auf den Blättern entwickeln sich zunächst chlorotische Flecke bis 2 cm Durchmesser; das Zentrum verfärbt sich braun und stirbt ab, umgeben von einem deutlichen, chlorotischen Hof. Die Krankheit tritt bereits im Saatbeet auf und kann zu hohen Ausfällen führen. Die Ausbreitung des stäbchenförmigen, polar begeißelten, gramnegativen Bakteriums (0,5 bis 0,7 × 1,4 bis 2,8µm) erfolgt durch Regen oder Beregnung. Durch Dämpfung der Aussaatbeete und Beizung des Saatgutes können die Pflanzenausfälle vermieden werden.

Tabak-Stengelfäule
(stem rot of tobacco)

Erreger
Phytophthora nicotianae var. *parasitica* (Dastur) Water.
Die Stengel verfärben sich in Bodennähe fleckenweise dunkelbraun; die Läsionen erfassen auch das Mark, welches eintrocknet. Schwerer Befall kann zum Absterben der Pflanzen führen. Der bodenbürtige Krankheitserreger überdauert mit Chlamydosporen; auf dem Pflanzengewebe werden Zoosporangien (38 × 30 µm) gebildet; schwere Regenfälle oder Böden mit hohem Wassergehalt begünstigen Ausbreitung und Infektion; zum Wirtskreis gehört eine größere Zahl Kulturpflanzen. Dämpfung des Saatbeetes und Vermeidung des Nachbaus von Tabak im Feld tragen zur Verhütung der Krankheit bei.

Wurzelbräune
(black root rot)

Erreger
Thielaviopsis basicola (Berk. et Br.) Ferr.
Der Erreger verursacht eine Wurzelfäule an Tabak und zahlreichen anderen Kulturpflanzen. Einzelne Wurzeln zeigen zunächst stellenweise Braunverfärbungen, die Wurzelrinde ist zerstört. Größere Teile des Wurzelsystems können erfaßt werden, wodurch das Pflanzenwachstum gehemmt wird. Geschwächte Pflanzen sind meist anfälliger gegen andere Krankheiten. Sämlinge sind besonders gefährdet, daher ist eine sorgfältige Anzucht in gedämpfter Erde erforderlich.

Froschaugenkrankheit
(frog-eye disease of tobacco)

Erreger
Cercospora nicotianae Ellis et Everh.
An den Blättern bilden sich 2 bis 15 mm große, kreisrunde Flecke von bräunlicher Farbe, mit schmutziggrauem Zentrum und dunklem bzw. rötlichem, etwas erhabenem Rand. Die im Saatbeet und Freiland auftretende Erkrankung erfaßt vornehmlich physiologisch geschwächte Blätter, die vollständig zerstört werden können. Der Pilz bildet auf den Läsionen an dunkelbraunen, büschelig stehenden Trägern langgestreckte, hyaline, schmale, mehrfach septierte Konidien (35 bis 300 × 3 bis 5 µm). Durch günstige Anzuchtbedingungen und ausgeglichene Nährstoffversorgung kann der Krankheit begegnet werden. Bei starkem Befall wurden im Ausland Fungizidbehandlungen mit Dithiocarbamaten oder Benzimidazolen empfohlen.

Literatur
Bradbury, J. F., 1967: *Pseudomonas tabaci.* C. M. I. Descriptions of pathogenic Fungi and Bacteria. No. 129. – Mulder, J. L., Holliday, P., 1974: *Cercospora nicotianae.* C. M. I. Descriptions of pathogenic Fungi and Bacteria No. 416. – Subramanian, C. V., 1968: *Thielaviopsis basicola.* C. M. I. Descriptions of pathogenic Fungi and Bacteria. No. 170. – Waterhouse, G. M., Waterston, J. M., 1964: *Phytophthora nicotianae* var. *parasitica.* C. M. I. Descriptions of pathogenic Fungi and Bacteria. No. 35.

8.3 Schädlinge

8.3.1 Nematoden

Stockälchen, *Ditylenchus dipsaci*, s. Seite 284.

Wurzelläsionsnematoden, Läsionenälchen, *Pratylenchus* spp., s. Seite 89.

8.3.2 Schnecken

Ackerschnecken, *Deroceras* spp., s. Seite 97.

8.3.3 Blattläuse

Grüne Pfirsichblattlaus, *Myzus persicae*, s. Seite 253.

8.3.4 Käfer

Schnellkäfer (Larven: Drahtwürmer), *Agriotes* spp. und andere Arten, s. Seite 123.

Maikäfer (Larven: Engerlinge), *Melolontha* spp., s. Seite 303.

8.3.5 Schmetterlinge

Wintersaateule, *Agrotis segetum*, s. Seite 134.

Kohleule, *Mamestra brassicae*, s. Seite 355.

Gammaeule, *Autographa gamma,* s. Seite 315.

Bildquellen

BASF, Landwirtschaftl. Versuchsstation Limburghof: Farbtafel 5 (Mitte rechts).

Bezirkspflanzenschutzamt Neustadt/Wstr.: Abb. 55; Farbtafel 16 (unten links).

Biologische Bundesanstalt für Land- und Forstwirtschaft, Darmstadt: Abb. 96.

Gauß, R., Kirchzarten: Abb. 26, 30, 33, 34, 45, 47, 49, 50, 53, 57, 59, 62, 63, 64, 70, 75, 77, 78, 79, 80, 81, 82, 86, 87, 93, 97, 123, 131, 147, 154, 157, 159, 160, 161, 162, 164, 165, 174, 176, 178, 179, 180, 184, 186, 187, 189, 190, 192, 193, 195, 196, 199, 201, 208, 209, 211, 216, 224, 226, 227, 234.

Guggenheim, R., REM-Labor Universität Basel; Harr, J., SANDOZ AG, Basel: Abb. 12, 15, 17, 18, 90.

Hindorf, H., Institut für Pflanzenkrankheiten, Universität Bonn: Abb. 3; Farbtafel 2 (oben rechts).

Hoffmann, G. M., Lehrstuhl für Phytopathologie, München-Weihenstephan: Abb. 1, 2, 4, 5, 6, 7, 8, 9, 10, 11, 13, 14, 16, 19, 20, 89, 91, 104, 105, 106, 107, 108, 109, 110, 111, 112, 113, 114, 135, 136, 137, 138, 139, 142, 166, 167, 168, 169, 170, 171, 172, 173, 205, 206, 207, 215, 221, 222, 232, 233, 241; Farbtafel 1 (unten links, rechts), Farbtafel 2 (oben links, Mitte rechts; unten links, rechts), Farbtafel 3, Farbtafel 4 (oben links, rechts; Mitte links, unten rechts), Farbtafel 5 (oben links, rechts; unten links, rechts), Farbtafel 8 (Mitte links), Farbtafel 11, Farbtafel 12 (oben links, rechts; Mitte links, rechts; unten links), Farbtafel 15 (Mitte links, unten links), Farbtafel 18 (oben links; unten links, rechts) Farbtafel 21, Farbtafel 23, Farbtafel 25 (oben links, rechts; Mitte links; unten links, rechts), Farbtafel 26 (oben links, rechts; Mitte links, rechts; unten links).

Huth, W., Institut für Viruskrankheiten, BBA Braunschweig: Farbtafel 1 (oben links, rechts; Mitte links, rechts).

Kiewnick, L., Pflanzenschutzamt, Landwirtschaftskammer Rheinland: Farbtafel 2 (Mitte links), Farbtafel 5 (Mitte links).

Koch, F., Kleinwanzlebener Saatzucht AG: Abb. 140, 141; Farbtafel 15 (Mitte rechts, unten rechts).

Kröber, H., Institut für Mikrobiologie, BBA Berlin: Farbtafel 4 (Mitte rechts, unten links).

Krüger, W., Institut für Pflanzenschutz in Ackerbau u. Grünland der BBA, Kiel-Kitzeberg: Abb. 93; Farbtafel 8 (oben links, rechts; Mitte rechts, unten links, rechts), Farbtafel 18 (oben rechts; Mitte links, rechts).

Landesanstalt für Pflanzenschutz (Maria Geigenmüller), Stuttgart: Farbtafel 28 (oben links).

Langerfeld, E., Institut für Pflanzenschutz in Ackerbau u. Grünland der BBA, Braunschweig: Farbtafel 12 (unten rechts).

Roßbauer, G., Bayer. Landesanstalt für Bodenkultur u. Pflanzenbau, Freising-München: Farbtafel 25 (unten rechts).

Schlegel, Chr., Landwirtschaftsamt Ladenburg: Farbtafel 26 (unten rechts).

Schmutterer, H., Institut für Phytopathologie und Angewandte Zoologie, Gießen: Abb. 21, 22, 23, 24, 25, 27, 28, 29, 31, 32, 35, 36, 37, 38, 39, 40, 41, 42, 43, 44, 46, 48, 51, 52, 54, 56, 58, 60, 61, 65, 66, 67, 68, 69, 71, 72, 73, 74, 76, 83, 84, 85, 88, 94, 95, 98, 99, 100, 101, 102, 103, 115, 116, 117, 118, 119, 120, 121, 122, 124, 125, 126, 127, 128, 129, 130, 132, 133, 134, 143, 144, 145, 146, 148, 149, 150, 151, 152, 153, 155, 156, 158, 163, 175, 177, 181, 182, 183, 185, 188, 191, 194, 197, 198, 200, 202, 203, 204, 210, 212, 213, 214, 217, 218, 219, 220, 223, 225, 228, 229, 230, 231, 235, 236, 237, 238, 239, 240; Farbtafel 6, Farbtafel 7, Farbtafel 9, Farbtafel 10, Farbtafel 13, Farbtafel 14, Farbtafel 16 (oben links, rechts; Mitte links, rechts; unten rechts), Farbtafel 17, Farbtafel 19, Farbtafel 20, Farbtafel 22, Farbtafel 24, Farbtafel 27, Farbtafel 28 (oben rechts; Mitte links, rechts; unten links, rechts).

Teuteberg, A., Institut für Pflanzenschutz in Ackerbau u. Grünland der BBA, Kiel-Kitzeberg: Farbtafel 25 (Mitte rechts).

Thielemann, R., Institut für Nematologie der BBA, Außenstelle Elsdorf: Farbtafel 15 (oben links, rechts).

Register

Kursivschrift kennzeichnet die gültigen wissenschaftlichen Namen, **halbfett** gedruckte Seitenzahlen verweisen auf die Haupteintragungen.

Aaskrähe **164,** 195
Abacarus hystrix 19
ABC-Krankheit (Kartoffel) 210
Acanthoscelides obtectus **410,** 443
Ackerbohnenkäfer 433, 445
Ackerbohnenminierfliege **447**
Ackerbohnenrost **443**
Ackerbohnensamenverfärbungs-Virus 431, **440**
Ackerbohnenscheckungs-Virus **441**
Ackerbohnenwelke **440**
Ackerbohnenwelke-Virus 418, **440**
Ackerschnecken **97,** 189, 290, 335, 390, 409, 427, 468
Aclypea opaca **307**
Aclypea spp. 308
Aclypea undata **307**
Acremoniella atra **182**
Acremoniella verrucosa **182**
Actinomyces scabies 216
Acyrthosiphon dirhodum 109
Acyrthosiphon onobrychis 428
Acyrthosiphon pisum 390, 399, 401, 414, 415, 417, **428,** 439, 441, 445
Adalia bipunctata 114, 256, 299, 430, 461
Adernvergilbungs-Virus (Beta-Rübe) **269**
Ährenwickler **130,** 189
Aelia acuminata **107**
Aeolothrips intermedius 107
Agonum 155
Agonum dorsale 114
Agriolimax agrestis 97
Agriolimax reticulatus 97
Agriotes lineatus **123**
Agriotes obscurus **123**
Agriotes sp. 125
Agriotes spp. 126, 189, 261, 340, 390, 430, 462, 469
Agriotes sputator **127**
Agrobacterium tumefaciens 282, **283**
Agromyza albipennis 151
Agromyza ambigua 151
Agromyza megalopsis 151
Agromyza nigrella 151
Agropyron mosaic 19
Agropyron mosaic virus 19
Agrotis exclamationis **137**
Agrotis ipsilon **137**
Agrotis segetum **134,** 193, 207, 265, 315, 357, 396, 469
Aleochara bilineata 319, 370, 412
Aleochara bipustulata 319, 370, 412
Aleochara laevigata 161
alfalfa mosaic virus 209, 375
alfalfa snout beetle 394
alfalfa weevil 390
Alternaria-Blattbräune **282**
Alternaria blight 282
Alternaria brassicae **333,** 334
Alternaria brassicicola **333,** 334
Alternaria porri f. sp. *solani* **238,** 239
Alternaria solani 238
Alternaria spp. 88, 378
Alternaria tenuis **282**
Amara aulica 311
Ampelomyces spp. 32
Amphimallon solstitiale 307
Anas platyrhynchus **165**
Anaphes autumnalis 347
Anaphes flavipes 129
Andean potato latent virus 210
Angitia fenestralis 355
Anguina tritici 88, **93**
Anisoplia segetum 307
Anomala horticola **307**
Anser anser **166**
Anthocoris nemorum 114, 256, 319, 459, 461
Antoniella declinata 347
anthracnose (clover, lucerne) 387
Anthraknose (Klee, Luzerne) **387**
Apamea sordens **132**
Apanteles congestus 317
Apanteles glomeratus 359, 363
Apanteles rubecula 363
Aphanogmus abdominalis 368
Aphanomyces cochliobolus **272**
Aphanomyces euteiches **418**
Aphanomyces laevis **272,** 274
Aphanomyces-Wurzelfäule (Erbse) **418**
Aphidius ervi 430
Aphidius spp. 115, 256, 299
Aphidoletes aphidimyza 256, 337
Aphidula rhamni 259
Aphis craccivora 296, 399, 414, 441, **445**
Aphis fabae 199, 267, 268, 269, **296,** 399, 401, 409, 414, 417, 439, **445**
Aphis fabae cirsiiacanthoidis 297
Aphis frangulae 260
Aphis gossypii 119, 199, 201, 204, **260,** 399
Aphis nasturtii 198, 199, 201, 202, 204, **259,** 465
Aphrodes bicinctus 376
Apion aestivum 394

Apion aethiops 440, 441
Apion assimile **394**
Apion apricans **392**, 394
Apion dichroum **392**, 394
Apion flavipes 392
Apion pisi **393**, 394
Apion seniculus **393**, 394
Apion sp. 392, 393
Apion spp. 394
Apion tenue **394**
Apion trifolii **394**
Apion virens **393**
Apion vorax 440, 441
Apodemus sylvaticus **319**
arabis mosaic virus 449
Arabismosaik-Virus 449
Arion hortensis **335**
Arion spp. 335
Armillariella mellea **244**
Arthrobotrys 92, 95
Arthrobotrys conoides 289
Arthrobotrys oligospora 289
Arthrobotrys spp. 247
Arvicola terrestris **170**
Ascochyta-Blattdürrekrankheit **87**
ascochyta blight of broad bean 443
ascochyta blight of pea 419
Ascochyta boltshauseri **406**, 407
Ascochyta Brennfleckenkrankheit (Ackerbohne) **443**, 446
Ascochyta fabae **443**, 446
Ascochyta Fuß- und Brennfleckenkrankheiten (Erbse) **419**
Ascochyta hortensis 406
Ascochyta imperfecta **386**
Ascochyta medicaginis 387
Ascochyta pinodella 419
Ascochyta pinodes 419
Ascochyta pisi 329, **419**, 420
Ascochyta pisi var. filiicola 443
Aspergillus spp. 378
Athalia colibri 338
Athalia rosae **338**
Atomaria linearis 225, **300**
Aucuba-Mosaik (Kartoffel) **208**
Augenfleckenkrankheit (Halmbruch, Getreide) 38
Aulacorthum circumflexum 268
Aulacorthum solani 198, 199, **261**
Ausrufezeichen **137**
Autographa gamma **315**, 355, 469
A-Virus-Mosaik (Kartoffel) **200**, **204**

Bacillus fribourgiensis 305
Bacillus subtilis 218
Bacillus thuringiensis 192, 355, 359, 360
bacterial blight (cereals) 87
bacterial brown spot (bean) 404
bacterial halo blight (bean) 402
bacterial stripe blight (cereals) 87
bacterial wilt (potato) 215
Bakterielle Blattdürre des Hafers **87**
Bakterielle Blattfleckenkrankheit an Hafer und Gerste **87**
Bakterielle Braunfäule (Kartoffel) **215**
Bakterielle Naßfäule (Kartoffel) 291
Bakterielle Schwarzbeinigkeit und Blattfleckenkrankheit (Ackerbohne) **444**
Bakterienringfäule (Kartoffel) **214**
Barathra brassicae 355
barley flea beetle 130
barley yellow dwarf 15
barley yellow dwarf virus 15
barley yellow mosaic 16
barley yellow mosaic virus 16
barley stripe mosaic 17
barley stripe mosaic virus 17
Basale Spelzenfäule an Weizen und Gerste 87
basal glume rot 87
Bathyplectes curculionis 391
bean anthracnose 405
bean aphid 296
bean common mosaic virus 400
bean leaf roll virus 415
bean rost 408
bean seed beetle 445
bean seed fly 411
bean southern mosaic virus 402
bean weevil 410
bean yellow mosaic virus 375, 399, 415, 439
Beauveria 295
Beauveria bassiana 109, 136, 264, 265, 391, 396, 432, 435
Beauveria densa 305
Beauveria spp. 306
Beauveria tenella 305
beet cryptic virus 272
beet cyst-nematode 287
beet dwarf 271
beet eelworm 287
beet leaf bug **293**
beet leaf curl virus 270
beet leafminer 317
beet mild yellowing virus 267
beet mosaic 268
beet mosaic virus 268
beet moth 313
beet necrotic yellow vein virus 269
beet ringspot 271
beet root weevil 312
beet rust 280
beet scab 283
beet virus spot 271
beet virus spot virus 271
beet western yellows virus 272
beet yellow blotch 271
beet yellow net virus 272

beet yellows 267
beet yellows virus 267
Bembidion 155
Bembidion spp. 370
Bergfink **165**
Bezahnter Getreideblasenfuß **104**
Bibio hortulanus **140**, 265
Bibio hortulanus var. *marci* **140**
Bibio johannis **140**
Bibio marci 140
Bibio spp. 140
Bipolaris maydis 186
Bipolaris turcica 185
Bipolaris zeicola 187
bird cherry aphid 109
blackberry aphid 116
black blotch (clover) 383
black dot (potato) 242
black leaf spot of crucifers 333
black leg (potato) 211
black leg of broad bean 444
black loose smut on oats **74**
black root (beet) 272
black root rot (tobacco) 468
black rot of crucifers 325
black scurf (potato) 231
black stem (alfalfa) 386
Blaniulus guttulatus **290**, 326
Blattbrand (Klee und Luzerne) 387
Blattfleckigkeit (Mais) **177**
Blattnervenverdickungen *(Trifolium)* 376
Blattrollkrankheit der Ackerbohne 329, 415, **438**
Blattrollkrankheit der Erbse 415, 416
Blattrollkrankheit der Kartoffel **197**
Blattrollmosaik der Erbse 329, **417**
Blattrollmosaik-Virus der Erbse 417
Blattroll-Virus der Ackerbohne 254
Blattroll-Virus der Ackerbohne und Erbse 415, 429, **438**, **445**
Blattroll-Virus der Kartoffel **197**, 199, 204, 254, 261
Blattschütte (Luzerne) **384**
Blaues Blatthähnchen **127**
Blaues Getreidehähnchen **127**
Blauschimmelkrankheit (Tabak) **466**
Blauseidiger Kohlerdfloh **351**
Bleiche Getreideblattlaus **109**, 189
Bleigraues Kleespitzmäuschen **393**
Blithophaga opaca 307
Blithophaga undata 307
blossom beetle 340
blue mould of tobacco 466
Blütenvergrünung, Kleeverlaubung **376**
Blumenkohlmosaik **324**
Blumenkohlmosaik-Virus 254, **324**, 337
Bohnenbrand **404**
Bohnenfliege **411**
Bohnengelbmosaik-Virus 254, 261, 375, **399**, 415, 417, 429, 439, 445
Bohnenrost **408**
Bohnenspinnmilbe 409, **457**
Bohnenwelke **409**
Bothynoderes punctiventris **312**
Botrytis cinerea **88**, **243**, **283**, **334**, 409, 442
Botrytis fabae 297, 438, **442**
Botrytis-Stengelfäule (Raps) **334**
Brachfliege 152, **159**
Brachylacon murinus **127**
Brachyrhynus ligustici 394
Brandfleckenkrankheit (Erbse) 329
Branta bernicla **166**
brassica bladder 365
Braune Ringfleckigkeit (Erbse) 418
Brauner Rübenaaskäfer 307
Braunfleckenkrankheit (Klee) **384**
Braunrost (Weizen, Roggen) 58, 69
Braunspelzigkeit (Weizen) 51
Brennfleckenkrankheit (Ackerbohne) 446
Brennfleckenkrankheit (Bohne) **405**
Brevicoryne brassicae 323, 324, **336**
broad bean mottle virus 442
broad bean stain virus 440
broad bean true mosaic virus 441
broad bean wilt virus 440
brown leaf rust of barley 61
Bruchidius obtectus 410
Bruchobius laticeps 411
Bruchus pisorum 411, **432**, 446
Bruchus rufimanus 433, **445**
Buchfink **165**
Buckelstreifiger Rübenaaskäfer 307
buckthorn-potato aphid 259
Büscheltriebkrankheit (Kartoffel) **208**
Bufo bufo 395
Bukettkrankheit (Kartoffel) 207
Buntes Getreidehähnchen **127**

cabbage aphid 336
cabbage black ring virus 323
cabbage cyst nematode 335
cabbage moth 355
cabbage root fly 368
cabbage stem flea beetle 349
Calliptula bicolor 155, 159
Calocoris norvegicus 204, **252**, 296
Calonectria nivalis **20**, 23
Campogaster exigua 432
Capreolus capreolus **175**, 195, 463
Carabus auratus 311
Carabus cancellatus 264
Carabus granulatus 264
Carabus sp. 104
Carabus violaceus 99
Carduelis cannabina 373
Carduelis chloris 163, 373, 374
Carduelis spp. 373
carrion crow 164

Cassida nebulosa **312**
Cassida nobilis **312**
Catenaria auxiliaris 289
cauliflower mosaic 324
cauliflower mosaic virus 324
Cephalosporium spp. 302
Cephus pygmaeus **116**
Ceraphron serraticornis 368
Ceratobasidium spec. **42,** 66, 233, 234
Cercospora apii 278
Cercospora beticola **274,** 277, 278, 281, 282
Cercospora Blattfleckenkrankheit (Beta-Rübe) **274**
Cercospora Blattfleckenkrankheit (Kartoffel) **243**
Cercospora concors **243**
Cercospora leaf spot (beet) 274
Cercospora nicotianae **468**
Cercosporella herpotrichoides 38
cereal cyst-nematode 93
cereal leaf beetles 127
cereal sawflies 118
Cervus dama **176,** 195
Cervus elaphus **176,** 195
Ceuthorhynchus assimilis 207, 324, **346,** 366
Ceuthorhynchus napi 207, **342**
Ceuthorhynchus pallidactylus **342**
Ceuthorhynchus picitarsis **348**
Ceuthorhynchus pleurostigma **348**
Ceuthorhynchus spp. 345
Ceuthor(r)hynchus assimilis 346
Ceuthor(r)hynchus quadridens 342
Chaetocnema concinna **311**
Chaetocnema spp. 311
Chaetocnema tibialis **311**
chafer grubs 303
chaffinch 165
Chlorops pumilionis **157**
Chlorops taeniopus 157
chocolate spot of broad bean 442
Chortophila brassicae 368
Chortophila cilicrura 411
Chortophila floralis 368
Chrysocharis seiuncta 145
Chrysopa carnea 114, 256, 295, 299, 459
Chrysopa sp. 114
Chrysopa spp. 129
Cistogaster globosa 109
Cladosporium herbarum **87**
Cladosporium spp. 88
Claviceps gigantea 86
Claviceps microcephala 86
Claviceps purpurea **85,** 86
clickbeetles 124
Clivinia fossor **313**
Clonostachys araucariae var. *rosea* **243**
Clonostachys – Knollenfäule (Kartoffel) **243**
clover cyst nematode 389
clover dodder 389
clover rusts 388
clover seed weevils 392
clubroot 325
Cnephasia longana **130,** 189
Cnephasia pumicana **130**
Cnephasia spp. 132
Cnephasia virgaureana 462
Cnephasia wahlbomiana 462
cob rot of corn 181
Coccinella septempunctata 114, 133, 256, 264, 299, 337, 341, 430, 461
Cochliobolus carbonus **187**
Cochliobolus heterostrophus **186**
Cochliobolus sativus **84**
cockchafer 303
cocksfoot mottle 19
cocksfoot mottle virus 19
Coelinius niger 159
Coeloconus brachyacanthus 340
Coleus monedula **164**
Collembolen 288, **291**
Colletotrichum atramentarium **242**
Colletotrichum graminicola **180, 182**
Colletotrichum lindemuthianum **405,** 406
Colletotrichum trifolii **387**
Colletotrichum – Welke (Kartoffel) **242**
Collyria calcitrator 118
Colorado beetle 262
Columba livia **165**
Columba palumbus **371**
common bunt of wheat 75
common earwig 390
common green capsid 252
common scab (potato) 216
common vole 166
Coniosporium spp. 88
Contarinia medicaginis **396**
Contarinia nasturtii **363**
Contarinia pisi **436**
Contarinia tritici **146**
contortion fungus 289
Copidosoma truncatellum 317
corn rust 188
corn smut **182**
corn thrips 105
Corticium rolfsii 283
Corticium solani 231
Corvus corone cornix **164**
Corvus corone pulchroniger **164,** 195
Corvus frugilegus **164**
Corynebacterium sepedonicum **214**
Corynebacterium spp. 215
cotton aphid 260
cottony rot of bean 409
covered smut of barley 81
covered smut of oats 83
Cremefarbenes Kartoffelzystenälchen **244**
Cricetus cricetus **170**
crown gall 283

crown rust of oats 69
Cryptothrips nigripes 459
cucumber mosaic virus 271
Cuscuta epithymum subsp. *trifolii* **389**
Cydia nigricana **434**
Cylindrocarpon 90
Cylindroiulus teutonicus 291
Cymadothea trifolii **383,** 384

damping off (Getreide) 88, 177, 324
damson hop aphid 460
Damwild **176,** 195
dark moulds (cereals) 87
Darluca filum 60
Dasineura brassicae 347, **365**
Dasineura ignorata **398**
Dasineura lupulinae **398**
Dasyneura brassicae 365
Degeeria luctuosa 391
Delia brassicae 368
Delia cilicrura 411, 413
Delia coarctata **159**
Delia floralis **368**
Delia florilega 413
Delia liturata 413
Delia platura **411**
Delia radicum **368**
Deroceras 97, 99, 100
Deroceras agreste **97**
Deroceras laeve **100**
Deroceras reticulatum **97,** 98
Deroceras sp. 98
Deroceras spp. 189, 290, 335, 390, 409, 427, 468
Dexia rustica 306
Diadegma spp. 355
Diaeretiella rapae 337
diamond-back moth 353
Diaparsis carinifer 130
Dicranotropis hamata 18
Didymella exitialis **87**
Dilophosphora alopecuri **88**
*Diospilus capito*341
Diospilos morosus 350
Diplodia maydis 180, **182**
Diplogasteroides berwigi 306
Ditylenchus destructor **249,** 250
Ditylenchus dipsaci 93, 189, 250, **284,** 335, 389, 409, 426, 444, 468
Dohle **164**
Dolerus spp. **118**
Doralis fabae 296
downy mildew (alfalfa) 388
downy mildew (beet) 282
downy mildew (clover) 387
downy mildew (crucifers) 334
downy mildew (pea) 422
Drechslera avenacea 53
Drechslera avenae **53**
Drechslera foot rot (cereals) 84
Drechslera graminea **46,** 47, 48, 51
Drechslera maydis 186
Drechslera sorokiniana **84,** 177
Drechslera teres **51, 52**
Drechslera – Wurzel-, Halm- und Blattkrankheit (Getreide) **84**
dry rot (potato) 234
Dürrfleckenkrankheit (Kartoffel) **238**
Düsterer Humusschnellkäfer **124,** 127
Dunkles Kleespitzmäuschen **392**
dwarf bunt 78

early blight (potato) 238
early-dying disease (potato) 240
Echter Mehltau (Beta-Rübe) 222, **279,**
Echter Mehltau (Erbse) 329, **424,**
Echter Mehltau (Getreide) **28,** 37, 51, 58
Echter Mehltau (Hopfen) **455**
Echter Mehltau (Kartoffel) **243**
Echter Mehltau (Klee) **381**
Echter Mehltau (Kruziferen) **334**
Echtes Ackerbohnenmosaik **441**
Echtes Ackerbohnenmosaik-Virus 418, 431, **441**
Eichelhäher **195**
Elster **195**
Empoasca decipiens 253
Empoasca flavescens 253
Empoasca pteridis 253
Empoasca spp. **253**
Enarmonia nigricana 434
Enationenmosaik (Ackerbohne) 440
Endria inimica 18
Engerlinge 128, 164, 189, 204, 261, **303,** 307, 340, 390, 462, 469
Entomophthora 126, 130
Entomophthora aphidis 114, 299
Entomophthora blunckii 355
Entomophthora elateridiphaga 127
Entomophthora muscae 161, 319
Entomophthora planchoniana 114
Entomophthora sphaerosperma 355, 359, 360
Entomophthora spp. 114, 129, 139, 256, 299, 337, 430
Entomophthora thaxteriana 114
Episyrphus balteatus 114, 256, 299, 337
Erbsenblasenfuß **427, 444**
Erbsenblattlaus 390, **428,** 445
Erbsengallmücke **436**
Erbsenlaus 401, 414, 417, 429, 439
Erbsenminierfliege 437
Erbsenmosaik-Virus 254
Erbsennekrose 418
Erbsennekrose-Virus 418
Erbsenrost **425**
Erbsenrüßler **393**
Erbsenstauche **417**
Erbsenwelke 418

Erbsenwickler **434**
Erbsenzystenälchen **426**
Erdflohkäfer 338
Erdkröte 395
Erdnußblattlaus **445**
ergot 85
Erioischia brassicae 368
Erioischia floralis 368
Erwinia carotovora var. *atroseptica* **211**, 212, 444
Erwinia carotovora var. *carotovora* **211**, 212
Erysiphe betae 222, **279**
Erysiphe cichoracearum **243**, 335
Erysiphe communis 279, 381
Erysiphe cruciferarum 335
Erysiphe graminis **28**, 29, 30, 51
Erysiphe graminis f. sp. *agropyri* 30
Erysiphe graminis f. sp. *avenae* 30
Erysiphe graminis f. sp. *hordei* 30
Erysiphe graminis f. sp. *secalis* 30
Erysiphe graminis f. sp. *tritici* 30
Erysiphe martii 381
Erysiphe pisi 329, **424**
Erysiphe pisi f. sp. *medicaginis* 424
Erysiphe pisi f. sp. *pisi* 424
Erysiphe pisi f. sp. *viciae sativae* 424
Erysiphe polygoni 279, **334**, 381, 424
Erysiphe trifolii **381**, 382
Eudarluca australis 60
Eudarluca caricis 60
Eupelminus eccavatus 391
Europäisches Maismosaik **177**
Europäisches Maismosaik-Virus 177
Europäisches Streifenmosaik (Weizen) **17**
Europäisches Streifenmosaik-Virus 17
European corn borer 189
European wheat striate mosaic 17
European wheat striate mosaic virus 17
Eurydema oleraceum **336**
Eurygaster maura **107**
Euscelis plebejus 211, 376
Evergestis forficalis **355**
Euxoa segetum 134
Euxoa tritici **137**
Exolygus pratensis 252
Exolygus rugulipennis **252**
eyespot of cereals 38

fallow deer 176
Falsche Blattrollkrankheit der Erbse 417
Falscher Mehltau (Beta-Rüben) **282**
Falscher Mehltau (Cruciferen) **334**
Falscher Mehltau (Erbse) 329, **422**
Falscher Mehltau (Hopfen) **452**
Falscher Mehltau (Klee) **387**
Falscher Mehltau (Luzerne) **388**
Farnschnecke **100**
Federbuschsporenkrankheit (Getreide) **88**
Feldhase 174, **175**, 321, 374
Feldmaikäfer **303**, 304
Feldmaus 164, **166**, 266, 359, 399
Feldsperling **161**, 194
Fettfleckenkrankheit (Gartenbohne) **402**
field mouse 319
field slugs **97**
Fingerkäfer **313**
flag smut 83
Florfliege 295, 300
Flugbrand (Gerste, Weizen) 69, **71**
Forficula auricularia 114, 161, 264, 359, **390**, 461
Fringilla coelebs **165**
Fringilla montifringilla **165**
Fritfliege **151**, 182, 193
frit fly 151
frog-eye disease of tobacco 468
Froschaugenkrankheit (Tabak) **468**
Frühe Bräune (Erbse) 416
Früher Ackerthrips **428**
Frühjahrs-Ackerblasenfuß 107, **428**
Fusarium 90, 94, 426
Fusarium avenaceum **20**, 23, 177, 178
Fusarium coeruleum 234
Fusarium culmorum **20**, 21, 22, 23, **177**, **178**, 179, 180, **181**
Fusarium diseases of cereals 20
Fusarium equiseti **177**
Fusarium graminearum **20**, 22, 23, **177**, 178, **181**
Fusarium Kolbenfäule (Mais) **181**
Fusarium-Krankheiten (Getreide) **20**, 48, 51
Fusarium moniliforme 177, 178, **181**
Fusarium nivale **20**, 21, 22, 23, 48
Fusarium oxysporum **177**, **378**
Fusarium oxysporum f. sp. phaseoli **409**
Fusarium oxysporum f. sp. pisi **421**
Fusarium poae **181**
Fusarium root rot (clover) 378
Fusarium root rot (pea) 421
Fusarium sambucinum 234
Fusarium solani **378**
Fusarium solani f. sp. phaseoli **409**
Fusarium solani f. sp. pisi **421**
Fusarium solani var. coeruleum **234**, 235
Fusarium spp. 20, 21, 23, 144, 178, 190, 192, 378, 381
Fusarium-Stengelfäule (Mais) 178
Fusarium sulphureum **234**
Fusarium-Welke und Fußkrankheiten (Erbse) **421**
Fusarium wilt of bean 409
Fusarium-Wurzelfäulekomplex (Klee) 378

Gaeumannomyces graminis **43**, 45, 46, 66
Gaeumannomyces graminis var. avenae 43, 44, 45
Gaeumannomyces graminis var. graminis 43, 44, 45
Gaeumannomyces graminis var. tritici 44, 45, 46
Gammaeule 265, **315**, 355
gangrene 236
garden chafer 307

garden slug 335
Garrulus glandarius **195**
Gartenhaarmücke **140**, 266
Gartenlaubkäfer **307**
Gartenwegschnecke **335**
Gedeckter Gerstenbrand **81**
Gedeckter Haferbrand **83**
Gefleckter Kohltriebrüßler **342**
Gelbe Luzernespoß-Gallmücke **398**
Gelbe Weizengallmücke **146**
Gelbe Weizenhalmfliege **157**
Gelber Kartoffelnematode **244**
Gelbfleckigkeit der Zuckerrübe **271**
Gelbfleckung (Bohne) 402
Gelbmosaik (Bohne) **399**
Gelbmosaik (Wintergerste) 88
Gelbmosaik-Virus der Wasser- und Kohlrübe 337
Gelbnetzkrankheit (Hopfen) **450**
Gelbrost (Getreide) **54**, 66
Gelbstreifiger Kohlerdfloh **351**
Gelbverzwergung (Gerste) **15**, 48
Gelbverzwergung (Hafer) 48
Gelbverzwergungs-Virus (Gerste) **15**, 111
Gemeine Getreidewanze **107**
Gemeine Spinnmilbe 252, 409, **457**
Gemeiner Brachkäfer 307
Gemeiner Erbsenkäfer **432**
Gemeiner Getreidelaufkäfer 307
Gemeiner Getreideblasenfuß **104**
Gemeiner Ohrwurm **390**
Gemüseeule **357**
Genetzte Ackerschnecke **97**
German marmot 170
Gerstenfliege **157**
Gerstenhartbrand **81**
Gerstenminierfliege **150**
Gerstenschwarzbrand **82**
Gerstenvergilbungsmosaik **16**, 48
Gerstenvergilbungsmosaik-Virus **16**
Gestreifter Blattrandkäfer 396, **430**
Getreideblasenfüßer **104**
Getreideblattläuse **109**, 189
Getreideblattwespen **118**
Getreidehähnchen **127**
Getreidehalmwespe **116**
Getreidelaufkäfer **121**, 164
Getreidethripse **104**
Getreidewickler **130**
Getreidezystenälchen 95
Getüpfelter Tausendfuß **290**, 336
Gewelltstreifiger Kohlerdfloh **351**
Gewöhnlicher Erbsenmosaikstamm des Bohnengelbmosaik-Virus **439**
Gewöhnlicher Kohlerdfloh **351**
Gewöhnliches Ackerbohnenmosaik **439**
Gewöhnliches Bohnenmosaik-Virus **400**, 401
Gewöhnliches Erbsenmosaik 415
Gewöhnliches Erbsenmosaik-Virus 261, 429
Gewöhnliches Getreidezystenälchen **93**, 189
Gewöhnliches Mosaik der Gartenbohne **400**
Gibberella avenaceae **20**, 21
Gibberella cyanogena 236
Gibberella fujikuroi **178**, 179, 180, **181**
Gibberella zeae **20**, 23, **178**, **181**
glasshouse potato aphid 261
Globodera 94
Globodera pallida **244**
Globodera rostochiensis 94, 204, 233, **244**, 248
Globodera spp. 245
Gloeosporium caulivora 382
Glomerella tucumanensis 180
glume blotch 33
Glypta haesitator 435
Gnorimoschema ocellatella 313
golden potato cyst nematode 244
Goldfarbenes Kartoffelzystenälchen 204, **244**
Goldstreifiger Schildkäfer **312**
gout fly 157
grain aphid 109
Gramineen-Wurzelgallenälchen **97**
Gramineenzystenälchen 97
Grapholita nigricana 434
Graue Ackerschnecke **97**
Graugans **166**
Grauschimmel (Kartoffel) **243**
Grauschimmelfäule (Bohne) **409**
Grauschimmelfäule (Getreide) **88**
Gravenhorstia cerinops 136
gray mould blight (bean) 409
gray mould blight (cereals) 88
gray mould blight (crucifers) 334
greasy cutworm 137
green veined white butterfly 363
Griphosphaeria nivalis **20**
Große Getreideblattlaus **109**, **189**
Große grüne Laubheuschrecke 202, 211
Große Kohlfliege **368**
Große Wühlmaus **170**
Großer Erbsenkäfer **432**
Großer gelbstreifiger Kohlerdfloh 351
Großer Kohltriebrüßler **342**
Großer Kohlweißling 339, **357**
Großer Rapsstengelrüßler 207, **342**
groundnut aphid 445
Grüne Futterwanze **252**, 253
Grüne Pfirsichblattlaus 197, 199, 204, 209, **253**, 338, 399, 401, 414, 415, 417, 439, 468
Grünfink **374**
Grünfleckige Kartoffelblattlaus **261**
Grünglänzender Kohlerdfloh **351**
Grünliches Kleespitzmäuschen **393**
Grünscheckungs-Virus (Erbse) **402**
Grünstreifige Kartoffelblattlaus 204, **260**, 414
Grünstreifige Kartoffellaus 414
Gryllotalpa gryllotalpa **103**, 336
Gryllotalpa vulgaris 103

Gurkenblattlaus **260**
Gurkenmosaik-Virus 210, 261, 271, 402, 418, 466

Haarfußwurzelfliege **413**
Hadena basilinea 132
Hänfling **373**
Haferblasenfuß **104**
Haferblattlaus **109**, 189
Haferflugbrand 69, **74**
Haferkronenrost **69**
Hafermilbe **100**
Hafermosaik 88
Hafernematode **93**, 189
Haferzystenälchen **93**, 189
Hallimasch **244**
Halmbruchkrankheit (Getreide) **38**
halo blight of oats 87
Hamster **170**
hamster 170
Haplodiplosis equestris 143
Haplodiplosis marginata **143**
Haplodiplosis marginatus 143
Haplothrips aculeatus **104**
Haplothrips spp. 105, 107
Hapsidolema lichenis 127
Harpalus spp. 370
Hase **175**, 321, 374
hart 176
Haussperling **161**
Haustaube **165**
head smut of corn 184
head smut of grasses 83
heart and dart moth **137**
Hederich-Glanzkäfer **342**
Helicobasidium purpureum **243**, 283
Hellgrüne Brombeerlaus **116**
Helminthosporium-Blattfleckenkrankheit **185**
Helminthosporium carbonum 187
Helminthosporium gramineum 46
Helminthosporium leaf diseases of corn 185
Helminthosporium maydis 186
Helminthosporium sativum 84, 177
Helminthosporium turcicum 185
Hemerobius sp. 341
Hemiteles sp. 118
Herbstschnake **139**
Hessenfliege **141**
Hessenmücke **141**
Hessian fly 141
Heterodera avenae **93**, 97, 189
Heterodera bifenestra 97
Heterodera cruciferae 94, **335**
Heterodera göttingiana 94, 422, **426**
Heterodera hordecalis **97**
Heterodera humuli 94, **456**
Heterodera iri 97
Heterodera mani 97
Heterodera pallida 244
Heterodera rostochiensis 244
Heterodera schachtii 94, 247, 286, **287**, 335, 426
Heterodera spp. 93, 97, 426
Heterodera trifolii 94, **389**
Hexamermis cornuta 264
Hexenbesen der Luzerne 376
Hexenbesenkrankheit (Kartoffel) 211
Hister sp. 396
Hippodamia variegata 114
hop aphid 460
hop cyst nematode 456
hop downy mildew 452
hop mosaic 449
hop mosaic chlorosis 449
hop mosaic chlorosis-virus 449
hop mosaic virus 449
hop nettle head 449
hop red spider mite 457
hop yellow net 450
hop yellow net virus 450
Hopfenblattlaus 458, **460**
Hopfengelbnetz-Virus **450**
Hopfenmosaik **449**
Hopfenmosaik-Virus **449**, 460
Hopfenspinnmilbe **457**
Hopfenwelke **450**
Hopfenzystenälchen **456**
house sparrow 161
Hyalestes obsoletus 211
Hydraecia micacea 193, **463**
Hydrellia griseola **151**
Hylemya brassicae 368
Hylemya floralis 368
Hylemya trichodactyla 413
Hylemyia brassicae 368
Hylemy(i)a cama 411
Hylemy(i)a cilicrura 411
Hylemy(i)a coarctata 159
Hylemy(i)a fuscipes 411
Hypera postica **390**
Hypera variabilis 390
Hyphidrus 292
Hyperomyzus tulipaellus 300
Hypoaspis aculeifer 292
Hypochnus solani 231

Inostemma contariniae 398
Inostemma spp. 397
Isostasius inserens 149
Isostasius punctiger 149
Isurgus heterocerus 341
Itoplectis maculator 132

jackdaw 164
Jagdfasan 165, **193**
Javesella 18
Javesella discolor 18
Javesella dubia 18

Javesella obscurella 18
Javesella pellucida 18, 177
jay 195
Johannishaarmücke **140**
Junikäfer 307

Kabatiella caulivora **382**
Kakothrips pisivorus **427**
Kakothrips robustus 427
Kaninchenfloh 175
Kartoffel-Aucuba-Virus **208**, 254, 259
Kartoffel-A-Virus **200**, 254, 259, 261
Kartoffelblattroll-Virus **197**, 198
Kartoffelbohrer 193, **463**
Kartoffelbüscheltrieb-Virus **208**
Kartoffelerdfloh **265**
Kartoffelkrätzeälchen **249**
Kartoffelkäfer 202, 207, **262**
Kartoffelkrebs **220**
Kartoffel-M-Virus **203**, 261
Kartoffelnematoden **244**
Kartoffel-S-Virus **202**
Kartoffel-X-Virus **201**, 265, 466
Kartoffel-Y-Virus **198**, 199, 204, 209, 254, 259, **465**
Kartoffelzystenälchen **244**
Keimlingskrankheiten **177**
Kernpolyeder-Viren 357
Khuskia oryzae 182
Klappenschorf (Luzerne, Klee) **385**
Kleekrebs **376**
Kleeschwärze **383**
Kleeseide **389**
Kleespitzmäuschen **392**, 393
Kleestengelbrand **382**
Kleeverfall (Blütenvergrünung) 376
Kleeverlaubung 376
Kleeverzwergung 376
Kleezystenälchen **389**
Kleine Kohlfliege 338, **368**
Kleiner Kohltriebrüßler **342**
Kleiner Kohlweißling 358, **360**
Knaulgrasscheckung **19**
Knaulgrasscheckungs-Virus **19**
Knollenfäule 249
Knollennaßfäule (Kartoffel) **211**
Kohlblattlaus 337, 338
Kohldrehherzmücke **363**
Kohlerdflöhe **351**, 352
Kohleule 315, 338, **355**
Kohlgallenrüßler **348**
Kohlhernie **325**
Kohlmotte **353**
Kohlrübenmosaik-Virus 337
Kohlrübenblattwespe **338**
Kohlschabe **353**
Kohlschnake **139**
Kohlschotenmücke 347, **365**
Kohlschotenrüßler 207, **346**, 366, 368
Kohlschwarzring-Virus **323**
Kohlwanze **336**
Kohlweißling 354, 359
Kohlzünsler **355**
Kohlzystenälchen **335**
Kopfbrand (Mais) **184**
Kräuselkrankheit (Kartoffel) 200
Kräuselkrankheit (Beta-Rübe) 222, **270**
Kräuselkrankheit (Wasser- u. Kohlrübe) **324**
Kraut- und Knollenfäule (Kartoffel) **226**
Kreuzdornblattlaus 204, **259**
Kugelspringschwänze 292

Lacanobia oleracea **357**
Lacon murinus 127
Lampoplex alkae 191
Laodelphax striatellus 177
large cabbage white butterfly 357
Läsionenälchen **89**, 189, 468
Laspeyresia nigricana 434
Lasius niger 299
late blight (potato) 226
Latente Anden-Viruskrankheit 210
Latente Rosettenkrankheit (Beta-Rübe) 294
Latentes Anden-Kartoffel-Virus 210
leaf rust (cereals) 58
leaf scorch 87
leatherjacket 137
Lema lichenis 127
Lema melanopa 127
Lema melanopus 127
Lemophagus curtus 129
Leptinotarsa decemlineata 207, **262**
Leptohylemyia coarctata 159
Leptosphaeria avenaria f. sp. avenaria 33
Leptosphaeria avenaria f. sp. triticea 33, 36
Leptosphaeria maculans 258, **331**
Leptosphaeria nodorum 33
Leptosphaeria trifolii **387**
Lepus europaeus **175**, 321
Limothrips cerealium **104**
Limothrips denticornis **104**
Limothrips spp. 105
Linierter Blattrandkäfer 396, **430**, 445
Liriomyza brassicae **447**
Lita ocellatella 313
Longidorus 208, 402
Longidorus attenuatus 208, 271
Longidorus elongatus 208, 271
Longidorus macrosoma 450
Longidorus spp. 402
lucerne flower midge 396
Luzerneblattnager **390**
Luzerneblütengallmücke **396**
Luzernemosaik **375**
Luzernemosaik-Virus **209**, 254, 261, **375**, **402**, 418, 429, 442, 466
Luzernerost **388**

Luzernerüßler **394**, 462
Luzernestengelrüßler **394**
Lygocoris pabulinus **252**
Lygus pabulinus 252
Lygus pratensis 109, **252**, 390
Lygus rugulipennis 109, **252**, 390

Macrocentrus collaris 137
Macrophomina phaseoli 180
Macrosiphum avenae 109
Macrosiphum dirhodum 109
Macrosiphum euphorbiae 198, 199, 201, 204, 210, **260**, 399, 414, 439, 441, 449
Macrosiphum fragariae 116
Macrosiphum pisi 428
Macrosiphum pisum 428
Macrosiphum solani 261
Macrosiphum solanifolii 260
Macrosporium sarcinaeforme 384
Macrosteles cristatus 376
Macrosteles spp. 211
Märzhaarmücken **140**
magpie 195
Maikäfer 127, 189, 261, **303**, 340, 390, 462, 469
Maisbeulenbrand 152, 182, 190, 192
Maisblattflecken-Virus **177**
Maisrost **188**
Maiszünsler 182, **189**, 463
maize leaf fleck 177
maize leaf fleck virus 177
maize mosaic 177
maize rough-dwarf 177
maize rough-dwarf virus 177
Malachius spp. 341
Mamestra brassicae 315, **355**, 469
Mamestra oleracea 357
Marienkäfer 300
Markushaarmücke **140**
marsh cranefly **137**
Marsonia secalis 26
Maulwurf **175**
Maulwurfsgrille **103**, 164, 336
Mausgrauer Sandschnellkäfer **127**
Mayetiola destructor **141**
Mayetiola secalis 141
Medaillonfleckenkrankheit (Getreide) 38
Megaselia rufipes 139, 264, 306
Megoura viciae 414, 439, **444**
Mehlige Kohlblattlaus **336**
Meigenia mutabilis 340
Meligethes aeneus **340**
Meligethes coracinus **342**
Meligethes nigrescens **342**
Meligethes picipes **342**
Meligethes viridescens **342**
Meloidogyne 97
Meloidogyne hapla **250**, 251
Meloidogyne naasi **97**
Meloidogyne spp. 251
melon aphid 260
Melolontha hippocastani **303**
Melolontha melolontha **303**
Melolontha spp. 127, 189, 204, 261, 340, 390, 462, 469,
Melolontha vulgaris 303
Mermis albicans 340
Mermis sp. 133
Metarrhizium anisopliae 393
Metasyrphus corollae 114
Metastolburkrankheit (Kartoffel) 211
Metopolophium dirhodum 15, **109**, 189
Microgaster tiro 132
Micronectriella nivalis **20**, 48
Microphanurus semistriatus 109
Microtonus aethiops 432
Microtonus bicolor 353
Microtonus melanopus 345, 347
Microtonus sp. 350
Microtrombidium demeijrei 155
Microtus arvalis **166**, 265, 374, 399
Mietenfäule (Beta-Rüben) **283**
Mietenlaus **300**
Milde Vergilbung der Kohl- und Wasserrübe **324**
Mildes Rübenvergilbungs-Virus 222, 254, 261, 267, 268
Mildes Wasserrübenvergilbungs-Virus **324**
millet kernel smut 83
Mittlere Getreidespitzwanze **107**
MLO 211, 376
mole 175
mole cricket 103
Monographella nivalis 21
Mononchus aquaticus 92
Moosknopfkäfer 127, 225, 286, 292, 293, **300**, 313
Mop-top-Virus (Kartoffel) 219
Mosaikchlorose (Hopfen) **449**
Mosaikchlorose-Virus (Hopfen) **449**, 460
Mosaik-Viren (Kartoffel) 197, 298
Mucor spp. 378
Mutterkorn **85**
M-Virus-Mosaik (Kartoffel) **203**, 254
Mycoplasma-ähnlicher Organismus (MLO) 211, **376**
Mycosphaerella pinodes **419**
Mycosphaerella spp. 37
Mycosphaerella tassiana 87
Myzodes persicae 253
Myzus humuli 460
Myzus persicae 177, 197, 198, 199, 201, 202, 204, 209, 210, **253**, 261, 267, 268, 269, 271, 272, 298, 323, 324, 338, 399, 401, 414, 415, 417, 439, 441, 449, 465, 468
Myxomatose-Virus 174, 175

Nabis ferus 129
Nebelkrähe **164**
Nebliger Schildkäfer **312**

Nekrotisches Ringflecken-Virus der Kirsche **449**
Nekrotisches Rübenvergilbungs-Virus 222, 254, **267**, 298
Nekrotische Stauchung (Erbse) 418, 441
Nematophthora gynophila 95
Neoaplectana bibionis 141
Nesselkrankheit (Hopfen) **449**
net blotch of barley 51
Netzfleckenkrankheit (Gerste) 51, 66
nigra loose smut 83
Nigrospora oryzae 182
Nördliches Wurzelgallenälchen **250**
Nordeuropäischer Rübenerdfloh **311**
Nosema perezoides 136
Nothiophilus biguttulatus 292
nouthern corn leaf blight 185
nuda loose smut 71

oat leaf blotch 53
oat slugworm 128
oat sterile dwarf 18
oat sterile dwarf virus 18
Ohrwurm 359
Oligota flavicornis 459
Olivbrauner Erbsenwickler **434**
Olpidium brassicae 402
omnivorous leaf tier 130
Omphalo varipes 398
Onychiurus armatus **291**
Onychiurus campatus **291**
Onychiurus cancellatus **291**
Onychiurus fimatus **291**
Onychiurus spp. 291
Oospora pustulans **243**
Ophiobolus graminis 43
Ophiobolus graminis var. avenae 43
Ophiobolus oryzae 43
Ophiobolus porphyrogonus 237
Opius nitidulator 319
Opius spinaciae 319
Opius spp. 319
Orangerote Luzernesproß-Gallmücke **398**
Orangerote Weizengallmücke **146**
orange wheat blossom midge 146
Orius spp. 107
Oryctolagus cuniculus **173**, 321, 374, 399
Oscinella frit **151**, 152, 156, 157
Oscinella pusilla **157**
Oscinis frit 151, 193
Ostrinia nubilalis **189**, 463
Otiorhynchus ligustici **394**, 462
Oulema lichenis 20, **127**
Oulema melanopa 127
Oulema melanopus 20, **127**
Oulema spp. 129

Pachynematus spp. **118**
Paecilomyces farinosus 264
Paecilomyces fumosoroseus 435
Paecilomyces spp. 136
Pales pavida 317
Paracodrus apterogynus 126
Parastichtis basilinea 132
Parastolburkrankheit (Kartoffel) 211
Paratrichodorus 207, 271, 416, 466
Paratrichodorus pachydermus 251, 416
Paratrichodorus primitivus 416
Paratrichodorus spp. **251**
Paratrichodorus teres 251
Paravespula germanica 359
Passer domesticus **161**, 194
Passer montanus **161**, 194
Passer spp. 374, 438
pea and bean weevil 430
pea aphid 428
pea common mosaic virus 439
pea cyst nematode 426
pea early browning virus 416
pea enation mosaic virus 413, 440
pea green mottle virus 402
pea leaf roll mosaic virus 417
pea leaf roll virus 438
pea midge 436
pea moth 434
pea necrosis virus 418
pea root rot 418
pea rust 425
pea seed-borne mosaic virus 417
pea thrips 427
pea wilt 421
peach potato aphid 253
Pectobacterium 212
Pediobius sp. 118
Pegomya hyoscyami 225, **317**
Pegomy(i)a betae 317
Peleteria rubescens 136
Penicillium brevicompactum 393
Penicillium spp. 378
pepper spot (clover) 387
Pergamasus spp. 292
Perilissus lutescens 340
Perilitus aethiops 391
Perilitus bicolor 353
Perilitus sp. 350
Perillus bioculatus 265
Peronospora aestivalis **388**
Peronospora farinosa 282
Peronospora parasitica **334**
Peronospora pisi 329, **422**, 423
Peronospora schachtii **282**
Peronospora tabacina **466**, 467
Peronospora trifoliorum **387**
Peronospora viciae 423
Perrisia brassicae 365
Pferdebohnenkäfer **445**
Propfenbildung (Kartoffel) **204**

Phaenocarpa tapidae 398
Phaeocytosporella zeae 180
Phaeocytostroma ambigua 180
Phasianus colchicus 165, **193**
Phasianus torquatus 193
pheasant 193
Phialophora radicicola 44, 46
Phoma betae **272,** 274, **282**
Phoma exigua 285
Phoma exigua var. *exigua* 238
Phoma exigua var. *foveata* **236**
Phoma herbarum var. medicaginis 386
Phoma lingam **324, 331**
Phoma medicaginis var. *pinodella* **419**
Phoma-Trockenfäule (Kartoffel) **236**
Phoma-Wurzelhals- und Stengelfäule (Raps) **331,** 349
Phorbia brassicae 368
Phorbia coarctata 159
Phorbia florilega 413
Phorbia floralis 368
Phorbia platura 411
Phorodon humuli 199, 449, 458, **460**
Phryxe vulgaris 136
Phthorimaea ocellatella 313
Phygadeuon fumator 370
Phygadeuon pegomyiae 319
Phygadeuon spp. 319
Phygadeuon subtilis 370
Phygadeuon trichocubioleps 370
Phygadeuon trichops 161, 370
phyllody (clover) 376
Phyllopertha horticola 307
Phyllotreta atra **351**
Phyllotreta cruciferae **351**
Phyllotreta nemorum **351**
Phyllotreta nigripes **351**
Phyllotreta spp. 323, 324, 351, 366
Phyllotreta undulata **351**
Phyllotreta vittula **130**
Phytobia cruciferícola 447
Phytometra gamma **265,** 315, 396
Phytomonas solanacearum 215
Phytomyza atricornis 437
Phytomyza horticola **437**
Phytonomus posticus 390
Phytonomus variabilis 390
Phytophaga destructor 141
Phytophthora erythroseptica **243**
Phytophthora infestans 172, **226,** 236, 249
Phytophthora megasperma 283
Phytophthora nicotianae var. parasitica **468**
Phytophthora spp. 228, 418
Phytoseiulus persimilis 459
Pica pica **195**
Pieris brassicae 339, **357**
Pieris napi 358, **363**
Pieris rapae 358, **360**
Piesma quadratum 270, **293**
pigeon 165
pigmy mangold beetle 300
pink rot (potato) 243
Pionea forficalis 355
Pirene graminea 437
Pirene penetrans 149
Plasmodiophora brassicae **325**
Platygaster equestris 145
Platygaster herickii 143
Platygaster hiemalis 143
Platygaster oebalus 367
Platygaster tuberosus 149
Platymyia westermanni 317
Plenodomus lingam 331
Pleospora betae 272
Pleospora björlingii **272, 282**
Pleospora-Blattfleckenkrankheit (Beta-Rübe) **282**
Pleospora herbarum 385
Pleospora leaf spot (beet) 282
Pleospora trifolii 387
Plusia gamma 315
Plutella maculipennis 353
Plutella xylostella **353**
pod midge 365
pod spot of beans 406
Poecilus versicolor 311
Polia oleracea 357
Polyeder-Viren 139
Polymecus hopkinsi 437
Polymyxa betae 269
Polymyxa graminis 16, **88**
Polymyxa root rot (cereals) 88
Polymyxa-Wurzelfäule (Getreide) 88
Polythrincium trifolii **383**
potato and rose aphid 260
potato aucuba virus 208
potato blight 226
potato bug 252
potato leaf roll virus 197
potato mop top virus 208
potato tuber-rot nematode 249
potato virus A 200
potato virus M 203
potato virus S 202
potato virus X 201
potato virus Y 198, 465
potato wart disease 220
powdery mildew 28, 279, 334, 381, 424
powdery mildew of hop 455
powdery scab 218
Praon spp. 115, 256
Pratylenchus crenatus **89**
Pratylenchus fallax 91
Pratylenchus neglectus **89**
Pratylenchus penetrans **89,** 157
Pratylenchus spp. 89, 189, 286, 335, 468
Pratylenchus thornei **89**
Prionchulus punctatus 92

Pristocnerus vulnerator 435
Propylea quattuordecimpunctata 114, 461
prunus necrotic ringspot virus **449**
Pseudocerosporella herpotrichoides 24, **38**, 42, 66
Pseudociaphila branderiana **462**
Pseudomonas atrofaciens 87
Pseudomonas campestris 325
Pseudomonas coronafaciens **87**
Pseudomonas fabae **444**
Pseudomonas medicaginis var. phaseolicola 402
Pseudomonas mors prunorum 444
Pseudomonas phaseoli 404
Pseudomonas phaseolicola **402**
Pseudomonas solanacearum **215**
Pseudomonas striafaciens **87**
Pseudomonas syringae 444
Pseudomonas tabaci **467**
Pseudoperonospora humuli 362, **452**, 456
Pseudopeziza-Blattfleckenkrankheit (Luzerne, Klee) **385**
Pseudopeziza jonesii **385**
Pseudopeziza leafspots 385
Pseudopeziza medicaginis **385**
Pseudopeziza medicaginis f. sp. *medicaginis lupulinae* 386
Pseudopeziza medicaginis f. sp. *medicaginis sativae* 386
Pseudopeziza meliloti **385**, 386
Pseudopeziza trifolii **385**
Pseudopeziza trifolii f. sp. *trifolii pratensis* 386
Pseudopeziza trifolii f. sp. *trifolii repentis* 386
Pseudosphaeria trifolii 387
Pseudotorymus brassicae 367
Psylliodes affinis **265**
Psylliodes chrysocephalus 348, **349**
Psylliodes spp. 324
Pteromalus puparium 359, 360
Pterostichus lepidus 311
Pterostichus vulgaris 370
Puccinia anomala 61
Puccinia coronata 55, 68, **69**
Puccinia coronata f. sp. *agrostis* 70
Puccinia coronata f. sp. *arrhenatheri* 70
Puccinia coronata f. sp. *avenae* 69, 70
Puccinia coronata f. sp. *festucae* 70
Puccinia coronata f. sp. *lolii* 70
Puccinia coronata f. sp. *secalis* 69, 70
Puccinia dispersa 59
Puccinia glumarum 54
Puccinia graminis 55, 59, **63**, 69, 70
Puccinia graminis ssp. *graminicola* 65
Puccinia graminis ssp. *graminicola* f. sp. *agrostis* 65
Puccinia graminis ssp. *graminicola* f. sp. *avenae* 65
Puccinia graminis ssp. *graminicola* f. sp. *oryzae* 65
Puccinia graminis ssp. *graminicola* f. sp. *phlei-pratensis* 65
Puccinia graminis ssp. *graminicola* f. sp. *poae* 65
Puccinia graminis ssp. *graminicola* f. sp. *secalis* 65
Puccinia graminis ssp. *graminicola* f. sp. *tritici* 65
Puccinia graminis ssp. *graminis* var. *graminis* 65
Puccinia graminis ssp. *graminis* var. *stakmanii* 65
Puccinia hordei 55, 58, **61**, 69
Puccinia hordei-murini 62
Puccinia maydis 188
Puccinia polysora 188
Puccinia recondita 55, **58**, 69
Puccinia recondita f. sp. *secale* 59
Puccinia recondita f. sp. *tritici* 59
Puccinia rubigo-vera 58
Puccinia secalis 59
Puccinia simplex 61
Puccinia sorghi **188**
Puccinia striiformis **54**, 56, 57, 66
Puccinia striiformis f. sp. *agropyri* 57
Puccinia striiformis f. sp. *dactylidis* 57
Puccinia striiformis f. sp. *hordei* 57
Puccinia striiformis f. sp. *tritici* 57
Puccinia triticina 59
Pulverschorf (Kartoffel) **218**, 236
Pyemotus sp. 411
Pygostolus falcatus 391, 432
Pyrausta nubilalis 189
Pyrenophora aveane **53**
Pyrenophora graminea **46**, 47, 66
Pyrenophora teres 48, **51**, 52, 66
Pythium debaryanum 88, 273
Pythium graminicolum 88
Pythium irregulare 88, 273, 274
Pythium sp. **324**
Pythium spp. 88, 177, 178, **272**, 273, 324, **409**, 418
Pythium ultimum **243**, 417
Pythium-Wurzelfäule (Getreide) 88

Queckeneule **132**
Queckenmosaik **19**
Queckenmosaik-Virus **19**

rabbit 173
Rabenkrähe **164**, 165
Ramularia beticola **281**
Ramularia-Blattfleckenkrankheit (Beta-Rübe) **281**, 282
ramularia leaf spot 281
rape stalk break 330
Rapserdfloh 333, 348, **349**
Rapsglanzkäfer 207, **340**, 366, 368
Rapsweißling 358, **363**
Rapskrebs **330**
Raps- und Kohlschwärze **333**
Rauhverzwergung (Mais) 177
Raygrasmosaik-virus **18**
red clover mottle virus 375
red clover vein mosaic virus 375, 417
Reh **175**, 195, 463
Rettichfliege **368**
Rhaphidophora graminis 43

Rhizoctonia bataticola 180
Rhizoctonia cerealis 42
Rhizoctonia solani 42, 172, 204, **231**, 283, **324**, 409
Rhizoctonia-Krankheit (Kartoffel) 172, **231**
Rhizoglyphus echinopus 249
Rhopalosiphoninus tulipaellus 267, 268, 300
Rhopalosiphum maidis 177
Rhopalosiphum padi 15, **109**, 177, 189
Rhoptromeris spp. 155
Rhynchosporium-Blattfleckenkrankheit (Getreide) **26**, 51
Rhynchosporium graminicola 26
Rhynchosporium leaf blotch 26
Rhynchosporium secalis 26, 27, 28, 51, 58
Rhynchosporium secalis f. sp. *agropyri* 27
Rhynchosporium secalis f. sp. *hordei* 27
Rhynchosporium secalis f. sp. *phalaris* 27
Rickettsiella melolonthae 305
Rickettsiella tipulae 139
ring and band pattern mosaic 449
Ringelgans **166**
Ringeltaube **371**
Ringfleckigkeit (Gartenbohne) 402
Ringfleckigkeit (Zuckerrübe) **271**
ring rot (potato) 214
Ring- und Bandmosaik (Hopfen) **449**
Rispenbrand (Glatthafer) 83
rizomania disease 269
RLO 294
rock 164
roe deer 175
Roggenstengelbrand **83**
root lesion nematodes 89
root rot of bean 409
rose grain aphid 109
Rostkrankheiten an Kleearten 388
rosy rusty moth 463
Rotfäule (Kartoffel) 243
Rotfäule (Rübe) **283**
Rothalsiges Getreidehähnchen **127**
Rothirsch **176**, 195
Rotkleeadernmosaik **375**
Rotkleeadernmosaik-Virus **375**, 417
Rotkleemosaik **375**
Rotkleescheckung **375**
Rotkleescheckungs-Virus **375**, 394
Rübenaaskäfer **307**
Rübenblattwanze **293**
Rübenderbrüßler **312**
Rübenerdflöhe **311**
Rübenfliege 127, 225, 259, 286, **317**
Rübengelbnetzvirus **272**
Rübenkopfälchen 93, 189, **284**
Rübenkopffäule 285
Rübenkräusel-Virus **270**, 294
Rübenmosaik 222, **268**
Rübenmosaik-Virus 254, 261, **268**, 418
Rübenmotte 225, **313**, 315
Rübennematode 286, **287**
Rübenringflecken-Serotyp (Kartoffel) 210
Rübenrost **280**
Rübenschorf 217, **283**
Rübenzystenälchen **287**, 335
Rübsenblattwespe **338**
Runzliger Rübenaaskäfer **307**
rustic shoulder knot moth 132
rust of broad bean 443
rust on lucerne 388
ryegrass mosaic 18
ryegrass mosaic virus 18

Saatkrähe **164**
Saatschnellkäfer **123**
Sactogaster pisi 437
Salatschnellkäfer **127**
St. Mark's fly 140
Samenverfärbung **440**
Sattelmücke **143**
Scaeva pyrastri 114, 299, 337
Scharfer Augenfleck (Getreide) **42**, 66
Scharfes Adernmosaik (Erbse) 329, **413**, 417
Scharfes Adernmosaik-Virus der Ackerbohne 429
Scharfes Adernmosaik-Virus der Erbse 261, **413**, 429, 440, 445
Scharfes Adernmosaik-Virus (Erbse) 261, **413**, **440**
Schattenwickler **462**
Scheckung (Bohne) 402
Schermaus **170**
Schleiermotte **353**
Schleimkrankheit (Kartoffel) **215**
Schnecken 164
Schneeschimmel (Getreide) 48
Schnellkäfer **123**, 189, 261, 340, 430, 462, 469
Schokoladen- o. Braunfleckenkrankheit (Ackerbohne) 438, **442**
Schwärzepilze (Getreide) 66, **87**
Schwarzadrigkeit des Kohls **325**
Schwarzbeinigkeit (Cruciferen) **324**
Schwarzbeinigkeit (Getreide) **43**, **66**
Schwarzbeinigkeit (Kartoffel) **211**
Schwarze Bohnenblattlaus **296**, 409, 417
Schwarze Bohnenlaus 401, 417, 439, 445
Schwarze Rübenblattlaus **296**, 410, 445
Schwarze Wegameise 299
Schwarze Wickenlaus **445**
Schwarzer Kohlerdfloh **351**
Schwarzer Kohltriebrüßler 333, **348**
Schwarzer Rübenaaskäfer **307**
Schwarzringflecken-Virus des Kohls 254, 261, 337
Schwarzrost (Getreide) **63**, 69
Schwarzspelzigkeit (Getreide) **87**
Schwedisches Getreidezystenälchen **97**
Sclerotinia rot 376
Sclerotinia sclerotiorum **242**, 258, **283**, **330**, **409**
Sclerotinia-Stengelfäule **242**, 409
Sclerotinia trifoliorum 258, **376**

Sclerotium bataticola 180
Scolothrips longicornis 459
scorch 382
Scotia segetum 134
Scrobipalpa ocellatella **313**
Selandria serva **118**
Septoria avenae f. sp. *avenae* 33, **37**
Septoria avenae f. sp. *triticea* 33, **36**, 37
Septoria-Blatt- u. Ährenkrankheiten (Getreide) **33**, 41, 60
Septoria diseases **33**
Septoria nodorum **33**, **34**, 35, 36, 51, 147
Septoria nodorum f. sp. *hordei* 35
Septoria nodorum f. sp. *nodorum* 35
Septoria passerinii **33**, **38**
Septoria secalis **33**, **38**
Septoria spp. 35, 36, 60
Septoria tritici **33**, **36**, 37, 51
Septoria tritici var. *lolicola* 37
sharp eyespot 42
Sigalphus floricola 393
Silberschorf (Kartoffel) **243**
Silpha obscura 264
silver scurf 243
silver Y moth **315**
Siphona geniculata 139
Sitobion avenae 15, **109**, 189
Sitobion fragariae **116**
Sitodiplosis mosellana **146**
Sitona flavescens **396**
Sitona hispidulus **396**, 440
Sitona humeralis **396**
Sitona lineata 430
Sitona lineatus 396, **430**, 440, 441, 445
Sitona sulcifrons **396**
skin spot 243
small cabbage white butterfly **360**
Sorosporium reilianum 184
southern corn leaf blight 185
Speisebohnenkäfer **410**, 433
Sperlinge **161**, 374, 438
Sphacelotheca cruenta 185
Sphacelotheca reiliana **184**, 185
Sphacelotheca sorghi 185
Sphaerotheca humuli 362, **455**
Sphaerotheca scripta 256
Spilopsyllus cuniculi 175
spinach leafminer 317
Spindelknollenkrankheit (Kartoffel) **210**
Spindelknollen-Viroid der Kartoffel **210**
Spinthorus obscurus 393
Spitzer Augenfleck (Getreide) 42
Spondylocladium atrovirens **243**
Spongospora subterranea 218
Spongospora subterranea f. sp. *subterranea* 208, 219, 229
spotted snake millipede 290
Springmaus **319**
springtails 291
Springschwänze **291**
Sprüh- oder Braunfleckenkrankheit (Bohne) **406**
stag **176**
Stagonosporopsis hortensis 406
stalk break 242
stalk rot of corn 177
stalk smut of rye 83
Staphylinus olens 109
Staphylinus spp. 264
Staubbrand (Kolbenhirse) **83**
Steinbrand (Weizen) **75**
stem and bulb nematode 284
stem canker (rape) **331**
Stemphylium botryosum 384
Stemphylium leafspot 384
Stemphylium sarcinaeforme **384**
Stemphylium spp. 88
stem rot of tobacco 468
stem rust of grains and grasses 63
Stengelälchen 93, 189, **284**
Stengelbunt (Pfropfenbildung) **204**, 208
Stengelschwärze der Luzerne **386**
Stenomalus micans 159
Stenotarsonemus spirifex **100**, 103
Stenothrips graminum **104**
Stenothrips spp. 105
Sterile Verzwergung (Hafer) **18**
Stethorus punctillum 459
„Stippelstreep"-Krankheit (Bohne) **401**
St. Johanniskrankheit (Erbse) 421
Stockälchen 93, 189, **284**, 335, 389, 409, 426, 444, 468
Stockente **165**
Stockkrankheit 285
Stolburkrankheit (Kartoffel) **211**
Stoppelwurzelälchen **251**
storage rot 283
Streifenbrand (Gräser) **83**
Streifenbrand (Weizen) **83**
Streifenkrankheit (Gerste) **46**
Streifenkrankheit (Hafer) **53**
Streifenmosaik (Gerste) **17**, 48
Streifenmosaik-Virus (Gerste) **17**
Streptomyces scabies 171, **216**, 283
stripe disease of barley 46
stripe rust of cereals 54
stripe smut 83
stripe smut of wheat 83
stubby root nematodes 251
Stubenfliege 318
Südeuropäischer Rübenerdfloh **311**, 312
Südliches Bohnenmosaik-Virus 402
sugar beet flea beetle 311
sugar beet leaf curl 270
Sumpfschnake **137**, 193, 363, 396
Sus scrofa **195**
S-Virus (Kartoffel) 197, 199, **202**, 204

S-Viruskrankheit (Kartoffel) **202**
Swede midge 363
Swede seed midge 365
Swede seed weevil 346
Sylvaemus sylvaticus 319
Synchytrium endobioticum 172, **220**
Syrphus corollae 256, 299
Syrphus ribesii 299
Syrphus spp. 430
Syrphus vitripennis 114, 256, 299
Systasis encyrtoides 398

Tabakblasenfuß 428
Tabakmauche 465
Tabakmauche-Virus 204, 465
Tabakmosaik **465**
Tabakmosaik-Virus 98, **465**
Tabaknekrose-Virus 210, **401**
Tabak-Rattle-Virus **204**, 207, 251, 271, 465
Tabakringflecken-Virus 466
Tabakrippenbräune 259, **465**
Tabakrippenbräune-Virus 199
Tabak-Stengelfäule **468**
Tachina rustica 340
take-all diseases of cereals 43
Talpa europaea **175**
Tarichium auxiliare 95, 247
tarnished plant bug 252
Tarsonemus spirifex **100**
Tetranychus altheae 457
Tetranychus telarius 457
Tetranychus urticae 252, 409, **457**
Tetrastichus brevicornis 367
Tetrastichus julis 129
Thanatephorus cucumeris **42**, 231, 233
Thersilochus moderator 345
Thielaviopsis basicola 283, **409**, 418, **468**
Thrips angusticeps 107, **428**
Thrips tabaci 428
Tilletia brevifaciens 78
Tilletia caries **75**, 80, 101
Tilletia contraversa 76, 77, **78**, 101
Tilletia foetida 75
Tilletia intermedia 76, 77
Tilletia leavis 75
Tilletia pancicii 80
Tilletia secalis 80
Tilletia tritici 75
Tilletia tritici f. n. *monococci* 78
Tilletia tritici-repentis 78
Tilletia triticoides 76, 77
Tipula czizeki **139**
Tipula oleracea **139**
Tipula paludosa **137**, 193, 363
tobacco mosaic 465
tobacco mosaic virus 465
tobacco necrosis virus 401
tobacco rattle virus **204**, 251, 271, 465
tobacco veinal necrosis 465
tobacco wildfire 467
Tomatenbronzeflecken-Virus 466
Tomatenschwarzring-Virus **207**, 210, 271, **402**, 418
tomato black ring virus 207, 271, 402
Traubenkirschenlaus **109**
tree sparrow 161
Trespenbrand **83**
Trichoderma spp. 378
Trichodorus 207
Trichodorus primitivus 251
Trichodorus spp. **251**, 271, 466
Trichogramma evanescens 191, 359
Trichogramma spp. 319, 355, 357
Trichomalus perfectus 347
Trichometasphaeria turcica **185**
Triphleps majuscula 459
Tripoctemus brui 427
Trocken- und Weißfäule (Kartoffel) **234**
Trübe Feldwanze 109, **252**, 390
Trybliographa (Cothonaspis) rapae 370
Trybliographa spaniandra 161
Tuburcinia agropyri 83
Tuburcinia occulta 83
Tüpfelfleckenkrankheit (Kartoffel) **243**
turnip crinkle 324
turnip crinkle virus 324
turnip flea beetle 351
turnip gall weevil **348**
turnip mild yellows 324
turnip mild yellows virus 324
turnip mosaic 323
turnip mosaic virus 323
turnip moth 134
turnip sawfly 338
turnip yellow mosaic 323
turnip yellow mosaic virus 323
twist of cereals 88
Tylenchinema oscinellae 155
Typhlodromus tiliae 459
Typhula betae 283
Typhula blight 24
Typhula-Fäule (Getreide) **24**, 51
Typhula graminum 24
Typhula idahoensis **24**, 25, 26
Typhula incarnata **24**, 25, 51
Typhula ishikariensis **24**, 25, 26
Typhula itoana 24
Typhula spp. 25

Umfallkrankheit 177, 272, 285, **324**
Unbezahnter Getreidethrips **104**
Urocystis agropyri **83**
Urocystis occulta **83**
Urocystis tritici 83
Uromyces anthyllidis 388
Uromyces appendiculatus **408**
Uromyces betae **280**

Uromyces fallens 388
Uromyces flectens 388
Uromyces hordei 61
Uromyces jaapianus 388
Uromyces medicaginis 388
Uromyces minor 388
Uromyces nerviphilus 388
Uromyces phaseoli 408
Uromyces pisi 425
Uromyces pisi-sativi **425**
Uromyces striatus **388**
Uromyces trifolii 388
Uromyces trifolii-repentis 388
Uromyces viciae 425
Uromyces viciae-fabae **425, 443**
Urophlyctis leproidea 284
Ustilago avenae 69, **74**
Ustilago bullata 82, **83**
Ustilago crameri **83**
Ustilago hordei **81**
Ustilago kolleri 75, 82, **83**
Ustilago maydis 120, **182**,185
Ustilago nigra **82**
Ustilago nuda 69, **71**, 82
Ustilago perennans **83**
Ustilago secalis 71
Ustilago striiformis **83**
Ustilago tritici f. sp. *duri* 73
Ustilago tritici 71
Ustilago vavilovii 71
Ustilago zeae 182

Veigaia spp. 292
Vergilbungskrankheit (Beta-Rübe) **267**
Verticillium spp. 90, 456
Verticillium alboatrum **240**, 241, **388**, **450**
Verticillium chlamydosporium 95, 289
Verticillium dahliae **240**, 241, **335**, **388**, **450**
Verticillium nigrescens 241
Verticillium nubilum 241
Verticillium spp. 241
Verticillium tricorpus 241
Verticillium-Welke **240, 335, 388**
Verticillium wilt 240, 335, 388
verticillium wilt of hop 450
Verzwergung (Beta-Rübe) **271**
vetch aphid **444**, 445
violet root rot 243, 283
Violette Wurzelfäule (Kartoffel) **243**
Viröse Fleckigkeit (Beta-Rübe) **271**
Viröse Streifenfleckigkeit (Bohne) **401**
Virus der Frühen Bräune der Erbse 252
Virus der Frühen Verbräunung (Erbse) 416
Virus der Rauhverzwergung (Mais) **177**
Virus der sterilen Verzwergung des Hafers **18**
Virus der virösen Fleckigkeit 271
Viviana cinera 123
Voria ruralis 317

Waldmaikäfer **303**
Waldmaus **319**
Wässrige Wundfäule (Kartoffel) **243**
Wasserrübengelbmosaik-Virus 323, 347, 350
Wasserrübenkräusel-Virus 324, 349
Wasserrübenmosaik-Virus 254
Wasserrübenrosetten-Virus 350
Wasserrüben- und Kohlrübenmosaik **323**
Wasserrübenvergilbungs-Virus 254
watery wound rot 243
Weidelgrasmosaik **18**
Weißkleemosaik **375**
Weißkleemosaik-Virus **375**, 418
Weißkleespitzmäuschen **392**
Weißer Kartoffelnematode **244**
Weizenälchen **93**
Weizeneule **137**
Weizengallenälchen **93**
Weizengallmücken **146**
Weizenhalmfliege 152, **157**, 158
Weizenmosaik 88
Welkekrankheit der Kartoffel **211**
Westliches Rübenvergilbungsvirus **272**
wheat blossom midge 146
wheat bulb fly 159
wheat gall nematode 93
wheat stem sawfly 116
Whetzelinia sclerotiorum 242, 283, 330, 409
white clover mosaic virus 375
white line dart 137
white potato cyst nematode 244
Wickenblattlaus **444**, 445
Wickenlaus 439
Wiesenwanze 109, **252**, 390
wild duck 165
Wildfeuerkrankheit (Tabak) **467**
Wildkaninchen **173**, 321, 374
Wildschwein **195**
Wintersaateule **134**, 193, 207, 265, 315, 357, 396, 469
wood pigeon 371
Wurzelbärtigkeit (Beta-Rübe) 222, **269**
Wurzelbräune (Tabak) **468**
Wurzelbrand (Beta-Rübe) **272**, 301
Wurzelfäule (Getreide) **88**
Wurzelfäulen (Bohne) **409**
Wurzelkropf (Zuckerrübe) 282, **283**
Wurzelläsionsnematoden **89**, 189, 335, 468
Wurzeltöterkrankheit (Kartoffel) 231

Xanthomonas campestris **325**
Xanthomonas fuscans 404
Xanthomonas phaseoli **404**
Xanthomonas phaseoli var. *fuscans* 404
Xanthomonas solanacearum 215
Xanthomonas translucens 87
Xiphinema 466
Xiphinema diversicaudatum 449
X-Virus-Mosaik (Kartoffel) **201**

Y-Virus-Mosaik (Kartoffel) **198**
Y-Virus an Tabak 259

Zabrus spp. 121
Zabrus tenebrioides **121**

Zweipunktige Wiesenwanze 204, **252**, 296
Zwergrost (Gerste) **61**, 69
Zwergsteinbrand (Weizen) **78**
Zwiebelblasenfuß 428